中国企业年鉴 2014

CHINA ENTERPRISE YEARBOOK

中国企业年鉴编委会/编

编 纂 说 明

一、《中国企业年鉴》（以下称《年鉴》）于 2011 年在《中国企业管理年鉴》的基础上，更名改版，本卷为连续出版的第 24 卷。

二、《年鉴》是由国务院国有资产监督管理委员会主管，中国企业联合会、中国企业家协会组织编写的全国大型资料性年刊，是中国出版工作者协会年鉴工作委员会第一批认证的"中国年鉴资源全文数据库核心年鉴"。

三、《年鉴》继续由我国经济界、企业界老前辈袁宝华、陈锦华、张彦宁同志担任顾问，中国企业联合会、中国企业家协会会长王忠禹担任编委会主任；国务院国资委、工信部等部委领导同志担任编委会副主任。同时聘请了社会各界有关专家、学者、领导和企业家担任理事会成员、特约编委和特约撰稿人。

四、《年鉴》是中国国内迄今为止唯一一部反映和纪录中国企业改革与发展历程的史鉴，融政策性、权威性和实用性于一体，从不同层面、多元视角、各个领域真实客观地记录中国企业改革、管理和发展的新成就和新经验，热情讴歌先进企业的骄人业绩和企业家的领军风采。

五、《年鉴》秉承"鉴往知来，服务现实，保存资料，惠及后代"的重要使命，奉行"时代性、系统性、权威性和连续性"的办刊方针，为中国的各类企业和企业家以及众多研究和关注中国企业改革发展的专家学者提供数据信息和参考资料。

六、《年鉴》（2014）共设 9 个篇章，即：A. 重要经济文献；B. 经济法律法规选编；C. 企业发展概况；D. 行业发展概况；E. 企业管理综述；F. 企业论坛；G. 国民经济和社会发展统计资料；H. 附录；I. 图片资料。

七、本卷涉及全国性统计数据，暂未包括港澳台地区，其统计数据截至 2013 年 12 月 31 日。国民经济和社会发展统计资料中的数据采用国家统计局公布的初步统计数据；由于统计口径、方法不尽相同，如有行业、地方的统计数据与上述数据不完全一致的情况，以国家统计局的数据为准。

八、本卷编辑工作得到了全体特约编委、特约撰稿人和中国企业联合会有关部门同志的热心帮助和鼎立支持，在此一并表示诚挚的谢意。

九、自 2011 年改版后，每卷同步出版多媒体全文检索电子光盘（CD-ROM），随书赠送。

《中国企业年鉴》编辑部

2014 年 10 月

▲ 习近平在辽宁考察

2013 年 8 月 30 日，中共中央总书记、国家主席、中央军委主席习近平在沈阳机床（集团）有限责任公司了解企业自主创新情况。

（新华社记者：鞠　鹏　摄）

▲ 李克强在河北考察

2013 年 6 月 7 日，中共中央政治局常委、国务院总理李克强在河北邢台市考察光伏企业。

（新华社记者：黄敬文　摄）

▲ 王忠禹会见潘基文一行

2013 年 6 月 18 日，中国企业联合会、中国企业家协会会长王忠禹出席了在钓鱼台国宾馆举行的全球契约中国成员企业 CEO 座谈会，并会见了正在中国访问的联合国秘书长潘基文一行 10 人。

（记者：林瑞泉　摄）

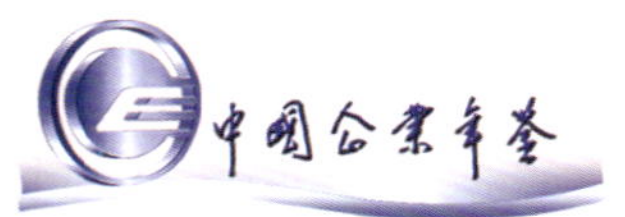

▲ 张毅赴中国石油大庆、长庆油田了解情况

2013 年 9 月 4 日，国务院国资委党委书记张毅来到油田 1205 钻井队钻探现场、第二采油厂聚南 2—2 加注站等地，与一线干部职工亲切交流，询问生产生活和工作情况，倾听意见、建议和心声。

（国资委网站）

▲ 苗圩会见韩国三星集团副会长李在镕

2013 年 6 月 20 日，工业和信息化部部长苗圩会见了韩国三星集团副会长李在镕，就三星集团进一步加强与中国业界合作以及信息通信有关技术发展趋势等问题交换了意见。

（工信部网站）

▲ 李德成出席关注气候中国峰会

2013 年 7 月 30 日，中国企业联合会、中国企业家协会常务副会长兼理事长李德成（左一）参加了在北京举行的“生态文明 · 美丽家园”关注气候中国峰会。

（记者：林瑞泉　摄）

▲ 黄海嵩出席第 102 届国际劳工大会

2013 年 6 月 13—17 日，中国企业联合会、中国企业家协会驻会副会长黄海嵩作为中国雇主代表，出席了在瑞士日内瓦召开的第 102 届国际劳工大会，并作了题为“加强雇主组织能力建设，促进企业可持续发展”的大会发言。

（供稿：中国企业联合会国际联络部）

▲ 第九届全国会员代表大会暨九届一次理事（扩大）会议在京召开

2013 年 2 月 27 日，中国企业联合会、中国企业家协会在北京召开了第九届全国会员代表大会暨九届一次理事(扩大)会议。大会选举产生了第九届理事会会长、副会长(含常务副会长、驻会副会长)、秘书长(理事长)、常务理事、理事。会议审议并表决一系列章程（修正案）及议案。来自各行业协会、中央企业、全国各地企业和地方企业联合会、企业家协会的代表以及社会各界代表 700 多人参加会议。

（记者：林瑞泉　摄）

2013 年 3 月 31 日，由中国企业联合会和国务院国有资产监督管理委员会企业改革局、工业和信息化部产业政策司、中小企业司共同主办的主题为“创新驱动：新机遇　新挑战”的全国企业管理创新大会在北京隆重召开。

（记者：林瑞泉　摄）

▲ 全国企业管理创新大会在京召开

▲ 全国企业文化年会在京召开

2013 年 6 月 22—23 日，由中国企业联合会、中国企业家协会主办的主题为：“提升企业软实力，推动企业新发展”的全国企业文化年会（2013）在北京召开。

（记者：林瑞泉　摄）

▲ 2013 中国企业 500 强排行榜发布

2013 年 8 月 30 日—9 月 1 日，中国企业联合会、中国企业家协会在云南省昆明市发布第 12 个中国企业 500 强排行榜暨中国大企业高峰会，同时，还发布了 2013 中国制造业企业 500 强、2013 中国服务业企业 500 强、2013 中国 100 大跨国公司。

（记者：林瑞泉　摄）

▲ 全球契约中国网络年会在京举行

2012 年 11 月 28 日，以“引领与践行——新形势下的中国企业可持续发展”为主题的全球契约中国网络年会在北京举行。

（记者：林瑞泉　摄）

中国企业年鉴2014
china enterprise yearbook

编 委 会

刘洪远　山西省企业联合会、山西省企业家协会常务副会长兼秘书长
刘育才　中国商业企业管理协会常务副会长兼秘书长
刘建军　河北省企业家协会秘书长
安　进　安徽江淮汽车股份有限公司董事长、党委书记
许力为　红云红河烟草（集团）有限责任公司党委书记
孙　波　国家质量监督检验检疫总局质量管理司司长
孙文序　国家工商行政管理总局消费者权益保护局巡视员
孙庆生　企业管理出版社总编辑
次仁彭多　西藏自治区企业联合会、企业家协会负责人
李　玲　中国机械工业企业管理协会执行副会长兼秘书长
李　强　天津钢管集团股份有限公司党委书记、董事长
李天宝　渤海船舶重工有限责任公司董事长
李西人　陕西省企业家协会秘书长
李朴民　国家发展和改革委员会秘书长
李其华　江西省企业联合会、江西省企业家协会秘书长
李振中　全国打击侵权假冒领导小组办公室副主任
李寿生　中国石油和化学工业联合会常务副会长、党委副书记
李明星　中国企业联合会、中国企业家协会驻会副会长
李长华　江苏省企业联合会、江苏省企业家协会秘书长
李和仁　中国交通企业管理协会常务副秘书长
李普强　内蒙古企业联合会、内蒙古企业家协会秘书长
李建明　中国企业联合会、中国企业家协会副理事长
李建疆　云南省企业联合会、云南省企业家协会副会长兼秘书长
束国刚　中广核工程有限公司总经理
杨　鹏　宁夏企业和企业家联合会秘书长
杨问田　北京印钞有限公司董事长兼总经理
杨连盛　广东省企业联合会、广东省企业家协会执行副会长
杨廷成　青海省企业联合会、青海省企业家协会副秘书长
吴荣启　贵州省企业联合会、贵州省企业家协会会长
吴义国　工业和信息化部中小企业司副司长
吴显名　四川省企业联合会、四川省企业家协会执行副会长兼秘书长
何训班　国家工商行政管理总局外资局局长
辛仁周　工业和信息化部产业政策司副司长
冷明权　海南省企业联合会、海南省企业家协会执行副会长兼秘书长
沈　莹　国务院国有资产监督管理委员会财务监督与考核评价局局长
宋志平　中国建筑材料集团有限公司董事长、党委书记
宋东升　中国水电建设集团国际工程有限公司董事长
宋振海　山东省企业联合会常务副会长兼秘书长
宋　鑫　中国黄金集团公司总经理、党委书记
张志骧　中国企业联合会、中国企业家协会党委副书记、纪委书记
张艳艳　中国企业联合会咨询和培训中心主任
张　健　广东省广播电视网络股份有限公司董事长
张启曾　新疆企业联合会、新疆业家协会常务副会长
张祥明　重庆市企业联合会、重庆市企业家协会常务副会长兼秘书长
张　麟　大冶有色金属集团控股有限公司董事长、党委书记
陈卫东　浙江省企业联合会、浙江省企业家协会常务副会长兼秘书长
陈建华　恒力集团有限公司董事长、总裁
陈经纬　经纬集团董事局主席
邵安林　鞍山钢铁集团公司副总经理、鞍钢矿业公司经理
林左鸣　中国航空工业集团公司董事长、党组书记
林金本　福建省能源集团有限责任公司董事长、党委书记
周渝波　国务院国有资产监督管理委员会政策法规局局长
宗庆后　杭州娃哈哈集团有限公司董事长兼总经理
官永久　企业管理出版社副社长兼副总编辑

主　　编：李德成　黄海嵩
副 主 编：刘　鹏　卢卫东
执行副主编：官永久
责任编辑：尹　青
编　　辑：崔立凯
黄宜成　杨天良

特约撰稿人

撰稿人：（按姓氏笔画排序）

马　超　中国企业联合会雇主工作部国际合作处副处长
王永干　中国电力企业联合会顾问
王华俊　中国有色金属工业协会副秘书长
王德春　中国钢铁工业协会综合部副部长
毛元斌　国务院国有资产监督管理委员会企业改革局集团处处长
石毅华　国家统计局综合司调研员
朱小群　中国（民）私营经济研究会助理研究员
任　慧　中国思想政治工作研究会、中宣部思想政治工作研究所助理研究员
汤家轩　中国煤炭工业协会技术管理中心主任
孙淮滨　中国纺织工业协会产业部副主任
李　兰　中国企业家调查系统秘书长
李培松　中国轻工业联合会研究室主任
李战军　中国房地产业协会中房研协技术服务有限公司所长
李德洁　中国企业联合会企业文化工作部助理研究员
杨　特　国家发展和改革委员会政策研究室
吴义国　工业和信息化部中小企业司副司长
肖春华　中国交通年鉴社编辑部主任
辛　灵　商务部研究院对外投资合作研究所
辛仁周　国家工业和信息化部产业政策司副司长
张明钟　国家工业和信息化部信息中心统计分析处
陈国栋　国务院国有资产监督管理委员会综合局处长
陈立新　中国建筑材料联合会秘书处副主任
邵杨辉　中国企业联合会咨询与培训中心
邵红亚　中国企业联合会、中国企业家协会办公室主任
林瑞泉　《中国企业报》记者
欧阳晓明　中华全国工商业联合会经济部部长
周　蕊　中国企业联合会企业创新工作部
周　欣　中国企业联合会雇主工作部劳动关系处副处长
周　密　商务部研究院对外投资合作研究所副主任、研究员
周志成　中国物流与采购联合会研究室
周业勤　中国房地产业研究会、中国房地产业协会研究员
赵志平　中国石油和化学工业联合会信息与市场部主任
赵明霞　中国纺织工业协会产业部行业分析师
赵新敏　中国机械工业联合会统计与信息工作部主任
姚明宽　国家发展和改革委员会资源节约和综合利用司综合处处长
贺登才　中国物流与采购联合会副会长、中国物流学会副会长
聂平香　商务部研究院外资研究部副研究员
黄　蕾　中国电子信息产业发展研究院工业化研究中心、中小企业研究所所长
黄澄清　国家工业和信息化部信息中心主任
谢又乔　国家发展和改革委员会经济运行局高级工程师
谭　晓　国家人力资源和社会保障部政策研究司处长

地方企联、 企协工作站

站长名单：（按姓氏笔画排序）

马晓丽　青海省企业联合会、青海省企业家协会会员工作部主任
王森林　云南省企业联合会、云南省企业家协会研究部主任
王惠璋　海南省企业联合会、海南省企业家协会秘书长助理、研究策划部主任
王昌宏　贵州省企业联合会、贵州省企业家协会副秘书长
王新哲　河南省企业联合会、河南省企业家协会研究部副主任
井红霞　新疆企业联合会、新疆企业家协会副秘书长
古建忠　江西省企业联合会、江西省企业家协会办公室副主任
朱家驹　安徽省企业联合会、安徽省企业家协会副秘书长
庄德彬　黑龙江省企业联合会、企业家协会常务副会长兼秘书长
刘绍华　湖北省企业联合会、湖北省企业家协会综合工作部、咨询培训部部长
刘建军　河北省企业家协会秘书长
杜怀明　甘肃省企业联合会副秘书长
李　珍　陕西省企业联合会会员工作部部长
李　韬　广西企业与企业家联合会会员工作部主任
李西人　陕西省企业家协会秘书长
李　阳　宁夏企业和企业家联合会行政助理
李贞国　河北省企业联合会办公室主任
李晓东　山西省企业联合会、山西省企业家协会常务副秘书长兼会员工作部主任
杨泽新　广东省企业联合会、广东省企业家协会广东企业年鉴编辑部主编
张玉萍　内蒙古企业联合会、内蒙古企业家协会办公室主任
张　恒　四川省企业联合会、四川省企业家协会会员工作部部长
张　强　辽宁省企业联合会、辽宁省企业家协会综合部部长
郑　璀　福建省企业与企业家联合会会员工作部副主任
赵静姝　江苏省企业联合会、江苏省企业家协会会员工作部
段晓凡　山东省企业联合会会员中心副主任
徐增康　浙江省企业联合会、浙江省企业家协会副秘书长
郭庆华　重庆市企业联合会、重庆市企业家协会会长助理兼会员工作部主任
商　艳　湖南省企业联合会、湖南省企业家协会副秘书长
温池洪　吉林省企业联合会、吉林省企业家协会副秘书长
穆克宪　天津市企业联合会、天津市企业家协会研究部部长

特约协办单位、 特约理事单位

特约协办单位：（排序不分先后）

国家电网公司
中国建筑材料集团有限公司
中国华融资产管理股份有限公司
香江集团
经纬集团
深圳海雅（集团）有限公司

特约理事单位：（排序不分先后）

天津钢管集团股份有限公司
鞍钢矿业公司
东北特殊钢集团有限责任公司
大冶有色金属集团控股有限公司
中国通用咨询投资有限公司
中国黄金集团公司
隆鑫控股有限公司
东风汽车公司
安徽江淮汽车股份有限公司
江铃汽车集团公司
中国航空工业集团公司
中联重科股份有限公司
中国新兴（集团）总公司
山东科达集团有限公司
恒力集团有限公司
四川长虹电子集团有限公司
杭州金鱼电器集团有限公司
广东省广播电视网络股份有限公司
中建材集团进出口公司
中国华能集团公司
中国电力国际有限公司
大亚湾核电运营管理有限责任公司
中广核工程有限公司
大唐电信科技产业集团
娃哈哈集团有限公司
广东大哥大集团有限公司

浙江大东南股份有限公司

上海东浩兰生国际服务贸易（集团）有限公司

中和环球控股有限公司

华侨城集团公司

安徽旅游集团有限责任公司

招商银行

武汉农村商业银行股份有限公司

阳光保险集团股份有限公司

国家开发投资公司

中信国安集团有限公司

大连万达集团

中国平煤神马集团

红云红河烟草（集团）有限责任公司

以提高发展质量促经济转型升级

——在2013中国企业500强发布暨中国大企业高峰会上

（代序）

中国企业联合会
中国企业家协会 会长 王忠禹

国际金融危机爆发以来，全球经济跌宕起伏，由危机前的快速发展转入深度调整，对各国大企业的发展产生了深远影响。2012年，世界经济复苏疲软乏力，呈现低速增长态势；中国经济虽然增长减速，但总体上实现了平稳发展。在复杂严峻的内外部环境中，中国大企业保持了较快发展，在稳增长、调结构、促就业等方面作出了较大贡献，突出表现在以下五个方面：

一是总体规模迈上新台阶。中国企业500强在2012年实现营业收入500 200亿元，较上年增长11.4%，首次跨上500 000亿元的新台阶；实现净利润21 700亿元，较上年增长3.6%。与此形成鲜明对比的是，世界大企业发展出现徘徊停滞局面；世界500强、美国500强2012年营业收入仅比上年增长了2.8%和2.7%，净利润分别比上年下降了5.5%和0.14%。

二是在国民经济中的地位更加凸显。中国企业500强是一个庞大的企业群体，2012年营业收入总和相当于当年中国GDP的96.3%，在国民经济中占有重要地位。2012年纳税总额为36 500亿元，占全国税收总额的36.3%；对国家税收的贡献长期保持在35.0%以上。2012年职工人数比上年增加882 600人，占当年中国全部新增就业人数的6.97%，对促进就业同样作出了较大贡献。

三是产业结构发生积极变化。近年来，中国服务业与制造业大企业之间的增长速度差距在不断缩小。2012年，中国服务业企业500强实现营业收入204 800亿元，较上年增长15.1%；中国制造业企业500强实现营业收入233 800亿元，较上年增长7.7%。服务业大企业增长速度首次超过制造业大企业。此外，在中国企业500强中，制造业企业的数量和收入占比都有所减少，服务业企业的地位有所增强。这其中有制造业发展明显放缓的影响，但也在一定程度上反映了大企业产业结构的积极变化。

四是跨国经营取得一定进展。2012年，中国100大跨国公司的平均跨国指数为14.0%，比上年提高1.1个百分点；显示出中国大企业的国际化经营水平在不断提高。这100家企业2012年末拥有海外资产44 800亿元，比上年增长17.4%，实现海外收入47 800亿元，比上年增长9.8%。海外资产的较快增长，表明中国大企业的对外投资、跨国兼并取得了明显进展。

五是在世界大企业中的地位更加巩固。近年来，世界500强中最为引人注目的变化就是中国企业群体的崛起。中国企业500强2012年的营业收入折合79 300亿美元，相当于同年美国企业500强的65.7%，接近2/3。在世界500强中，中国内地企业达到86家，相当于英、法、德3个国家的总和，比排名第三的日本多出24家；这86家企业实现营业收入47 900亿美元，占世界500强的15.8%，比上年提高2.8个百分点。中国大企业在世界经济大企业中的地位更加巩固。此外，中国入围企业的经营绩效整体上要好于世界500强的平均水平。

与此同时，我们也要看到，中国大企业发展还存在许多突出矛盾和问题，一些问题变得更加尖锐。主要是转变发展方式进展较慢，总体经营效率不高；近年来企业亏损面有所加大，经济效益增长落后于资产增长；不少行业产能过剩，设备利用率和盈利能力下滑；缺乏研发投入稳定增长的长效机制，发明专利占比偏低。特别是与国际先进企业相比，中国大企业在创新能力、资源利用能力、品牌影响力、国际化经营能力等方面还存在较大差距，制约了企业的持续健康发展。

2013年是中国全面贯彻落实党的十八大精神的开局之年，中国经济总体上保持平稳运行态势。2013年前7个月，主要指标仍处于预期的合理区间，经济结构调整稳中有进，转型升级稳中提质；在目前国际经济不稳定的情况下，取得这样的成果很不容易。当前经济环境更加错综复杂，有利条件与不利因素并存，经济既有增长动力，也有下行压力，给企业经营发展带来严峻挑战。党的十八大报告勾画了到2020年全面建成小康社会的宏伟蓝图，深刻阐述了中国经济社会的发展道路和前进方向；新一届中央政府明确提出"努力打造中国经济升级版"。立足当前，着眼长远，深入贯彻落实科学发展观，坚定不移地走创新发展道路，着力提高发展质量，促进经济转型升级，是时代赋予中国大企业的历史使命。

一、把握形势变化趋势，提升战略管理能力

应当看到，国际金融危机的深层次影响不断显现，低速增长成为全球经济新常态。中国经济的潜在增长率也出现下降趋势，当前正处在由高速增长到中高速乃至中速增长的转换时期。最近两年中国企业500强的扩张速度明显放缓，也充分证明了这一点。对此，中国大企业要有深入的分析和及时的把握，要深刻认识提高增长质量与效益的重要性和紧迫性，尽快改变长期以来在高速增长条件下形成的发展理念和经营方式，加快推动企业科学发展，积极应对国内外环境变化带来的挑战。

经济增速适度放缓，为推进转型升级提供了宽松的环境，有助于企业加快从速度效益型向质量效益型转变，从要素驱动向创新驱动转变。广大企业要从中国经济中速增长的现实出发，重新审视增长模式、盈利模式以及在产业链中的位置，对企业发展战略进行再思考、再定位。特别是要提高战略管理能力，建立起有利于战略调整的灵敏机制，以适应更加激烈的市场竞争。在这方面，中国许多大企业都进行了积极探索。中国铁物通过对前期发展道路的反思，确定了专注于铁路物资和钢铁供应链集成服务的战略定位，建立了基于战略执行的考核机制，在此基础上着力转变发展方式，调整优化业务结构，经营业绩屡创新高。宝钢致力于成为全球最具竞争力的钢铁企业，在企业扩张方面实

现了从新建为主到兼并重组与新建相结合的转变，为中国钢铁行业跨区域重组提供了良好的示范和借鉴。实践表明，只有以战略统领转型升级，创新发展模式，企业才能处变不惊，增强驾驭复杂局面的能力。

二、强化创新驱动，着力推进绿色发展

创新是企业提高竞争力最为深厚的力量源泉，是转型升级的核心动力。当前全球已经进入了创新发展的关键时期，中国大企业要切实发挥在国家创新体系中的主体作用，主动参与产业标准的制定与修订工作，推动全行业不断提高产品与服务质量；要大力提升获取社会创新资源的能力，通过协同创新突破行业共性技术和前沿技术；要稳步提高研发投入，强化人力资本建设，健全研发体系，力争在产业关键技术领域取得突破。中国北斗区域卫星导航系统的建成，AC313 大型民用直升机的成功自主研制，在世界上首次实现青蒿素的高效人工合成，就是这方面最为突出的成功典范。

当前，环境治理已经成为中国经济转型升级的重要抓手，发展环保产业、发展绿色低碳技术，是现阶段中国培育新的经济增长点、推进技术进步的重要突破口。为此，国务院专门部署了大气污染防治十项措施，发布了《关于加快发展节能环保产业的意见》；中国企业联合会、中国工业经济联合会、中国上市公司协会共同向全国企业发出了关注气候变化的倡议。中国大企业应当顺势而为，以建设资源节约型、环境友好型企业为基本方向，着力推进绿色创新、绿色发展。要将减碳技术、去碳技术和无碳技术作为企业科技创新的重点领域，加大工作力度，为企业节能减排、治理环境提供坚强的技术支撑。要加快推进绿色低碳技术的商业化应用，不断开发绿色低碳产品，打造绿色供应链和产业链，在环境友好的基础上实现可持续发展。中国建材、大唐电力等企业，加强节能减排技术研发，推进节能减排技术产业化，积极构建节能技术服务体系，明显提高了资源能源使用效率。大企业要积极行动起来，走在推进绿色发展的前列。

三、大力推进结构调整，提高资源利用效率

从中外大企业的对比来看，中国企业的整体盈利能力仍处于较低水平。中国企业 500 强 2012 年的资产净利润率为 1.4%，明显低于美国 500 强 2.3% 的水平。这其中一个很重要的原因，就是一些企业过度追求总量指标，低水平盲目扩张，对资产的使用效率关注不够，相应的投入没有带来应有的产出。因此，大力推进结构调整，提高资源利用效率，就成为企业提高竞争力、改善效益的现实途径。

加快推进结构调整，要紧紧围绕提高核心竞争力、打造优势产业链的目标，按照盘活存量、优化增量的原则，不断优化企业内外部资源配置。一方面要充分挖掘潜力，加大内部资源整合力度，实现资源利用价值最大化。另一方面，要灵活运用兼并重组手段，发挥优胜劣汰机制作用，促进资源向优势企业积聚，在更大范围内实现优化配置。需要强调的是，在当前形势下，加强技术改造，对于现有企业提高发展的质量和效益，是更加重要、更为现实的选择。广大企业对此应当给予高度重视。要坚持技改与基建并重，优化投资结构，加大技术改造投入，提高现有装备的技术工艺水平，并在此基础上不断优化产品结构，提高产品的技术含量和附加值。近年来，国电集团公司通过科学延伸发电产业链，加快发展相关产业，形成了以发电为主，煤炭、科技环保、金融保险、物资物流协同发展的格

局，在企业内部结构调整上取得了显著成效。新兴际华以加快转变发展方式为主线，大力推进产业、产品和资产等七大结构调整，实现了收入与利润的持续稳健上升，成功走出了一条军需企业集团转型升级的“新兴之路”。中国重汽高度重视提高技术装备水平，近年来先后投入 80 亿元资金用于技术改造，整体工艺装备在国内一直处于领先水平，部分关键生产线和工艺达到国际先进水平，极大地巩固了自身在国内重卡行业的龙头地位。

四、稳妥推进国际化，积极参与国际竞争

当前，国际经济的缓慢复苏和经济结构的深刻调整，为中国企业参与国际竞争、拓展发展空间提供了宝贵机遇。中国大企业应当抓住这一机遇，积极稳妥地推进国际化布局，提升国际化经营水平。针对以往中国企业国际化中存在的问题，以下几点需要引起企业的高度重视：一是要充分做好前期的信息收集工作，做好国际化人才和技术储备，确保国际化经营的稳妥推进。二是要统筹好国内和国际两个市场和两种资源，建立起全球一体化的企业管理体系。三是要加强协调与合作，避免因相互之间的恶性竞争而加大国际化风险，降低国际化经营绩效。四是要做好国际化经营风险管控，加强与当地企业、社区的合作，努力降低各类风险的发生。

一批先行企业在国际化经营方面进行了积极探索，为改善中国大企业国际化经营绩效积累了宝贵经验。2013 年 2 月 26 日，中海油以 151 亿美元最终完成了收购加拿大尼克森公司的交易，这是中国企业成功完成的最大一笔海外并购。红豆集团抓住“走出去”战略机遇，实现了由“境外据点”到“境外园区”、由产品“走出去”到资本、品牌、市场、管理、人才“走出去”的根本性转变。本地化是华为保持稳健发展的战略之一，目前外籍员工已经占到华为西欧员工总数的 60.0% 以上，而且更多地在西欧市场第一线充当骨干力量。中交集团在“走出去”过程中，建立了海外合规风险管理体系，通过设置合规审查，阻断合规风险，保障了企业海外战略的顺利实施。这些企业的成功经验和做法，值得广大企业学习借鉴。

五、加强企业文化建设，树立诚信经营的良好形象

企业文化是企业发展的内在动力，是企业软实力的集中体现。优秀的企业文化，可以凝聚起巨大的正能量，推动企业健康发展。中国大企业需要从战略高度，对加强企业文化建设给予应有的重视。要善于以企业使命、企业价值观为核心，提升企业文化的内涵和生命。要注重实效，努力实现制度和文化的协调统一，实现理念和操作的协调统一。建立具有多样性、包容性特点的开放性创新文化，形成有利于创新发展的良好氛围。加强社会责任文化建设，积极履行社会责任，提升企业责任竞争力。多年来，沙钢集团全面实施企业文化提升战略，使企业文化成为广大员工同心协力建设一流钢铁企业的价值取向和行为准则，为应对钢铁行业进入微利时代的严峻考验，实现高效稳健发展，提供了坚强的精神支柱和文化动力。

诚信文化是企业文化建设的重要组成部分，诚信经营对树立和提升企业的社会形象，具有不可替代的重要作用。相反，缺乏诚信，漠视对消费者、对社会应当担负的责任和义务，往往会对企业自身产生致命性的伤害，需要引起企业的高度重视。广大企业要视诚信为生命，将诚信经营作为根本

的行为准则，落实到企业经营发展的方方面面。要切实担负起主体责任，维护市场公平竞争秩序；恪守职业道德和职业操守，营造“守信光荣、失信可耻”的文化氛围；加强制度建设，依法合规经营，主动接受社会监督；坚决抵制商业贿赂，不借助违法手段谋取商业利益。总之，只有将诚信建设作为企业的立身之本，持之以恒地加以推进，企业才能真正赢得消费者的信任，赢得社会的尊敬，树立起良好的企业形象，为企业持续健康发展奠定坚实的基础。

中国已经进入全面建成小康社会决定性阶段，在新形势下加快推进中国大企业转型发展、创新发展，提高发展质量和效益，是一项艰巨的事业，也是广大企业应当担负的历史责任。我相信，只要我们进一步增强责任感和使命感，进一步增强转变发展方式的自觉性和坚定性，大力弘扬勇于创新的时代精神，就一定能战胜前进道路上的艰难险阻，赢得主动，赢得优势，赢得未来，为实现中国经济持续健康发展、打造中国经济升级版作出积极贡献。

目　次

A　重要经济文献

B　经济法律法规选编

法　律

行政法规

法规性文件

国务院部门规章

C　企业发展概况

D 行业发展概况

E 企业管理综述

F 企业论坛

G 国民经济和社会发展统计资料

H 附　录

I 图片资料

重点企业

优秀企业

重要经济文献

政府工作报告

——2014年3月5日在第十二届全国人民代表大会第二次会议上

国务院总理　李克强

各位代表：

现在，我代表国务院，向大会作政府工作报告，请予审议，并请全国政协各位委员提出意见。

一、2013年工作回顾

过去一年是本届政府依法履职的第一年，任务艰巨而繁重。面对世界经济复苏艰难、国内经济下行压力加大、自然灾害频发、多重矛盾交织的复杂形势，全国各族人民在以习近平同志为总书记的党中央领导下，从容应对挑战，奋力攻坚克难，圆满实现全年经济社会发展主要预期目标，改革开放和社会主义现代化建设取得令人瞩目的重大成就。

——经济运行稳中向好。国内生产总值达到569 000亿元，比上年增长7.7%。居民消费价格涨幅控制在2.6%。城镇登记失业率4.1%。城镇新增就业1 310万人，创历史新高。进出口总额突破40 000亿美元，再上新台阶。

——居民收入和经济效益持续提高。城镇居民人均可支配收入实际增长7.0%，农村居民人均纯收入实际增长9.3%，农村贫困人口减少1 650万人，城乡居民收入差距继续缩小。规模以上工业企业利润增长12.2%。财政收入增长10.1%。

——结构调整取得积极成效。粮食产量超过12 000亿斤，实现“十连增”。服务业增加值比重达到46.1%，首次超过第二产业。中西部地区生产总值比重继续提高，区域发展协调性增强。全社会用电量增长7.5%，货运量增长9.9%，主要实物量指标与经济增长相互匹配。

——社会事业蓬勃发展。教育、科技、文化、卫生等领域取得新进步。神舟十号遨游太空，嫦娥三号成功登月，蛟龙深潜再创纪录，这表明中国人民完全有能力、有智慧实现建成创新型国家的目标。

过去一年，困难比预料的多，结果比预想的好。经济社会发展既有量的扩大，又有质的提升，为今后奠定了基础。这将鼓舞我们砥砺前行，不断创造新的辉煌。

一年来，我们坚持稳中求进工作总基调，统筹稳增长、调结构、促改革，坚持宏观政策要稳、微观政策要活、社会政策要托底，创新宏观调控思路和方式，采取一系列既利当前、更惠长远的举措，稳中有为，稳中提质，稳中有进，各项工作实现了良好开局。

一是着力深化改革开放，激发市场活力和内生动力。在国内外环境错综复杂、宏观调控抉择两难的情况下，我们深处着力，把改革开放作为发展的根本之策，放开市场这只“看不见的手”，用好政府这只“看得见的手”，促进经济稳定增长。

我们从政府自身改起，把加快转变职能、简政放权作为本届政府开门第一件大事。国务院机构改革有序实施，分批取消和下放了416项行政审批等事项，修订政府核准的投资项目目录，推动工商登记制度改革。各地积极推进政府职能转变和机构改革，大幅减少行政审批事项。扩大“营改增”试点，取消和免征行政事业性收费348项，减轻企业负担1 500多亿元。这些都为市场松了绑，为企业添了力，全国新注册企业增长27.6%，民间投资比重上升到63.0%。全面放开贷款利率管制，在全国进行中小企业股份转让系统试点。启动不动产统一登记。简政放权等改革，极大地激发了市场活力、发展动力和社会创造力。

我们推动开放向深度拓展。设立中国上海自由贸易试验区，探索准入前国民待遇加负面清单的管理模式。提出建设丝绸之路经济带、21世纪海上丝绸之路的构想。打造中国—东盟自贸区升级版。与瑞士、冰岛签署自由贸易协定。实施稳定外贸增长的政策,改善海关、检验检疫等监管服务。成功应对光伏"双反"等重大贸易摩擦。推动高铁、核电等技术装备走出国门,对外投资大幅增加,出境旅游近亿人次。开放的持续推进,扩大了发展的新空间。

二是创新宏观调控思路和方式,确保经济运行处于合理区间。面对跌宕起伏的经济形势,我们保持定力,明确守住稳增长、保就业的下限和防通胀的上限,只要经济在合理区间运行,就集中精力抓住转方式调结构不放松,保持宏观政策基本取向不动摇,以增强市场信心、稳定社会预期。

2013年上半年,出口大幅波动,经济持续下行,中央财政收入一度出现多年少有的负增长,银行间同业拆放利率一度异常升高,国际上出现中国经济可能"硬着陆"的声音。针对这种情况,我们坚持实施积极的财政政策和稳健的货币政策,不采取短期刺激措施,不扩大赤字,不超发货币,而是增加有效供给,释放潜在需求,沉着应对市场短期波动,保障经济运行不滑出合理区间,让市场吃了"定心丸",成为经济稳中向好的关键一招。2013年财政赤字控制在预算范围内,广义货币 M_2 增长13.6%,符合调控要求。

在保持总量政策稳定的同时,积极盘活存量、用好增量。优化财政支出,整合压缩专项转移支付。中央党政机关和事业单位一般性支出压减5.0%,各地也压减一般性支出,腾出的资金用于改善民生、发展经济。对小微企业实行税收优惠,600多万户企业受益。通过审计,摸清全国政府性债务底数。加强金融监管和流动性管理,保持金融稳健运行。

三是注重调整经济结构,提高发展质量和效益。针对阻碍发展的结构性问题,我们注重精准发力,运用市场手段和差别化政策,在优化结构中稳增长,在创新驱动中促转型,推动提质增效升级,为长远发展铺路搭桥。

巩固和加强农业基础。推进现代农业综合配套改革试点,支持发展多种形式适度规模经营。全面完成1.5万座小型水库除险加固,新解决农村6 300多万人饮水安全问题。加强生态保护与建设,全国森林覆盖率上升到21.6%。

加快产业结构调整。鼓励发展服务业,支持战略性新兴产业发展,第四代移动通信正式商用。积极化解部分行业产能严重过剩矛盾。推进节能减排和污染防治,能源消耗强度下降3.7%,二氧化硫、化学需氧量排放量分别下降3.5%、2.9%。

加强基础设施建设。南水北调东线一期工程提前通水,中线一期主体工程如期完工。推进地下管网等城市基础设施建设。拓展油气和电力输配网络。非化石能源发电量比重达到22.3%。加强民航、水运、信息、邮政网络建设,铁路、高速公路运营里程均超过10万千米,其中高速铁路运营里程达到1.1万千米,居世界首位。

推进创新驱动发展。全社会研发支出占国内生产总值比重超过2.0%。深化科技体制改革,实施知识、技术创新等工程。超级计算、智能机器人、超级杂交稻等一批关键技术实现重大突破。

四是切实保障和改善民生,促进社会公平正义。在财政收支矛盾较大的情况下,我们竭诚尽力,始终把改善民生作为工作的出发点和落脚点,注重制度建设,兜住民生底线,推动社会事业发展。

保障群众基本生活。实施大学生就业促进计划,应届高校毕业生绝大部分实现就业。加强农村转移劳动力就业服务和职业培训,对城镇就业困难人员进行就业援助。推进养老保险、社会救助制度建设,城乡低保标准分别提高13.1%和17.7%,企业退休人员基本养老金水平提高10.0%。新开工保障性安居工程666万套,基本建成544万套,上千万住房困难群众乔迁新居。

推进教育发展和改革。启动教育扶贫工程,实施农村义务教育薄弱学校改造计划,学生营养改善计划惠及3 200万孩子。对集中连片特困地区乡村教师发放生活补助,贫困地区农村学生上重点高校人数比上年增长8.5%。

深化医药卫生体制改革。基本医保总体实现全覆盖,城乡居民基本医保财政补助标准增加到人均280元。基本药物制度覆盖80.0%以上村卫生室。28个省份开展大病医疗保险试点。启动疾病应急救助试点。全面实施国家基本公共卫生服务项目,农村免费孕前检查使600万个家庭受益。

促进文化事业和文化产业健康发展。推出一批文化精品,扩大公益性文化设施向社会免费开放。深化文化体制改革,加强文化市场建设,文化产业增加值增长15.0%以上。完善全民健身服务体系,成功节俭举办第十二届全国运动会。

五是改进社会治理方式,保持社会和谐稳定。面对自然灾害等各种突发事件,我们有序有力,坚持以人为本,依法依规、科学应对,既进行有效处置,又探索建立新机制,以提高社会治理水平。

2013年,中国发生四川芦山地震、甘肃岷县漳县地震、黑龙江松花江嫩江流域洪涝、南方高温干旱、沿海强台风等严重自然灾害,出现人感染禽流感疫情。我们健全分级负责、相互协同的抗灾救灾应急机制,中央统筹帮助支持,地方就近统一指挥,最大限度保护了人民群众生命财产安全。

加强安全生产和市场监管。完善相关机制,严肃查处重大安全事故并追究有关人员责任,重特大事故下降16.9%。重组食品药品监管机构,深入开展食品药品安全专项整治,对婴幼儿奶粉质量按照药品管理办法严格监管,努力让人民吃得放心、用得安心。

推进依法行政,国务院提请全国人大常委会制定修订法律34件,提出废止劳动教养制度议案,制定修订行政法规47件。完善信访和调解联动工作体系,预防和化解社会矛盾。依法打击各类违法犯罪活动。

全面贯彻中央八项规定精神,开展群众路线教育实践活动,坚决反对"四风",严格执行"约法三章"。中央国家机关"三公"经费减少35.0%,31个省份本级公务接待费减少26.0%。加大廉政建设和反腐败工作力度,一批违法违纪分子受到惩处。

2013年是中国外交工作开创新局的一年。习近平主席等新一届国家领导人出席二十国集团领导人峰会、亚太经合组织领导人非正式会议、上海合作组织峰会、金砖国家领导人会晤、东亚领导人系列会议等重大多边活动,访问一系列国家,取得丰硕成果。周边外交工作进入新阶段。经济外交取得新进展。同发展中国家交流合作迈上新台阶,同主要大国关系在互动中稳定发展,在重大国际和地区事务及热点问题上发挥负责任大国作用。坚定维护国家领土主权和海洋权益。中国的对外影响力进一步提升。

过去一年的成就来之不易。这是以习近平同志为总书记的党中央正确领导的结果,是全党全军全国各族人民团结奋斗的结果。我代表国务院,向全国各族人民,向各民主党派、各人民团体和各界人士,表示诚挚感谢!向香港特别行政区同胞、澳门特别行政区同胞、台湾同胞和海外侨胞,表示诚挚感谢!向关心和支持中国现代化建设事业的各国政府、国际组织和各国朋友,表示诚挚感谢!

过去一年政府工作中行之有效的思路和做法,要在今后的实践中继续坚持、不断探索与完善。同时,我们清醒认识到,前进道路上还有不少困难和问题。主要是:经济稳中向好基础还不牢固,增长的内生动力尚待增强。财政、金融等领域仍存在一些风险隐患,部分行业产能严重过剩,宏观调控难度增大。农业增产农民增收难度加大。一些地区大气、水、土壤等污染严重,节能减排任务艰巨。就业结构性矛盾较大。住房、食品药品安全、医疗、养老、教育、收入分配、征地拆迁、社会治安等方面群众不满意的问题依然较多,生产安全重特大事故时有发生。社会信用体系不健全。腐败问题易发多发,公职人员中不廉不勤现象仍然存在。这些问题,有的是发展过程中产生的,有的是工作不到位造成的。对存在的问题,政府要先从自身找原因、想办法。民之所望是我们施政所向。要牢记责任使命,增强忧患意识,敢于担当,毫不懈怠,扎实有效解决问题,决不辜负人民的厚望。

二、2014年工作总体部署

2014年,中国面临的形势依然错综复杂,有利条件和不利因素并存。世界经济复苏存在不稳定、不确定因素,一些国家宏观政策调整带来变数,新兴经济体又面临新的困难和挑战。全球经济格局深度调整,国际竞争更趋激烈。中国支撑发展的要素条件也在发生深刻变化,深层次矛盾凸显,正处于结构调整阵痛期、增长速度换挡期,到了爬坡过坎的紧要关口,经济下行压力依然较大。同时要看到,中国发展仍处在可以大有作为的重要战略机遇期,工业化、城镇化持续推进,区域发展回旋余地大,今后一个时期保持经济中高速增长有基础也有条件。我们必须防微虑远,趋利避害,一定要牢牢把握发展的主动权。

2014 年政府工作的总体要求是：高举中国特色社会主义伟大旗帜，以邓小平理论、“三个代表”重要思想、科学发展观为指导，全面贯彻落实党的十八大和十八届二中、三中全会精神，贯彻落实习近平同志系列重要讲话精神，坚持稳中求进工作总基调，把改革创新贯穿于经济社会发展各个领域各个环节，保持宏观经济政策连续性稳定性，增强调控的前瞻性针对性，全面深化改革，不断扩大开放，实施创新驱动，坚持走中国特色新型工业化、信息化、城镇化、农业现代化道路，加快转方式调结构促升级，加强基本公共服务体系建设，着力保障和改善民生，切实提高发展质量和效益，大力推进社会主义经济建设、政治建设、文化建设、社会建设、生态文明建设，实现经济持续健康发展和社会和谐稳定。

2014 年经济社会发展的主要预期目标是：国内生产总值增长 7.5% 左右，居民消费价格涨幅控制在 3.5% 左右，城镇新增就业 1 000 万人以上，城镇登记失业率控制在 4.6% 以内，国际收支基本平衡，努力实现居民收入和经济发展同步。加强对增长、就业、物价、国际收支等主要目标的统筹平衡。这里，着重对两个目标加以说明。

关于经济增长。中国仍是一个发展中国家，还处于社会主义初级阶段，发展是解决中国所有问题的关键，必须牢牢扭住经济建设这个中心，保持合理的经济增长速度。经过认真比较、反复权衡，把增长预期目标定在 7.5% 左右，兼顾了需要和可能。这与全面建成小康社会的目标相衔接，有利于增强市场信心，有利于调整优化经济结构。稳增长更是为了保就业，既要满足城镇新增就业的需要，又要为农村转移劳动力进城务工留出空间，根本上是为了增加城乡居民收入、改善人民生活。实现 2014 年经济增长目标有不少积极因素，但必须付出艰辛努力。

关于价格水平。把居民消费价格涨幅控制在 3.5% 左右，考虑了 2013 年涨价翘尾影响和 2014 年新涨价因素，也表明我们抑制通胀、保障民生的决心和信心。中国农业连年增产，工业品总体上供大于求，粮食等物资储备充裕，进出口调节能力较强，保持物价总水平基本稳定具备许多有利条件。但 2014 年推动价格上涨的因素不少，不能掉以轻心，必须做好物价调控，切实防止对群众生活造成大的影响。

实现 2014 年经济社会发展的目标任务，要把握好以下原则和政策取向。

第一，向深化改革要动力。改革是最大的红利。当前改革已进入攻坚期和深水区，必须紧紧依靠人民群众，以壮士断腕的决心、背水一战的气概，冲破思想观念的束缚，突破利益固化的藩篱，以经济体制改革为牵引，全面深化各领域改革。要从群众最期盼的领域改起，从制约经济社会发展最突出的问题改起，从社会各界能够达成共识的环节改起，使市场在资源配置中起决定性作用和更好发挥政府作用，积极推进有利于结构调整的改革，破除制约市场主体活力和要素优化配置的障碍，让全社会创造潜力充分释放，让公平正义得以彰显，让全体人民共享改革发展成果。

第二，保持经济运行处在合理区间。完善宏观调控政策框架，守住稳增长、保就业的下限和防通胀的上限，继续实施积极的财政政策和稳健的货币政策。2014 年拟安排财政赤字 13 500 亿元，比上年增加 1 500 亿元，其中中央财政赤字 9 500 亿元，由中央代地方发债 4 000 亿元。财政赤字和国债规模随经济总量扩大而有所增加，但赤字率稳定在 2.1%，体现了财政政策的连续性。货币政策要保持松紧适度，促进社会总供求基本平衡，营造稳定的货币金融环境。加强宏观审慎管理，引导货币信贷和社会融资规模适度增长。2014 年广义货币 M_2 预期增长 13.0% 左右。要加强财政、货币和产业、投资等政策协同配合，做好政策储备，适度适时预调微调，确保中国经济这艘巨轮行稳致远。

第三，着力提质增效升级、持续改善民生。我们追求的发展，是提高质量效益、推进转型升级、改善人民生活的发展。要在稳增长的同时，推动发展从主要依靠要素投入向更多依靠创新驱动转变，从主要依靠传统比较优势向更多发挥综合竞争优势转换，从国际产业分工中低端向中高端提升，从城乡区域不平衡向均衡协调迈进。完善政绩考核评价体系，切实把各方面积极性引导到加快转方式调结构、实现科学发展上来，不断增加就业和居民收入，不断改善生态环境，使经济社会发展更有效率、更加公平、更可持续。

三、2014 年重点工作

做好 2014 年政府工作，要以深化改革为强大动力，以调整结构为主攻方向，以改善民生为根本目的，统筹兼顾，突出重点，务求实效。

(一)推动重要领域改革取得新突破

改革是 2014 年政府工作的首要任务。要以经济体制改革为重点，区别情况，分类推进，抓好牵一发而动全身的举措，力求取得实质性进展，更多释放改革红利。

深入推进行政体制改革。进一步简政放权，这是政府的自我革命。2014 年要再取消和下放行政审批事项 200 项以上。深化投资审批制度改革，取消或简化前置性审批，充分落实企业投资自主权，推进投资创业便利化。确需设置的行政审批事项，要建立权力清单制度，一律向社会公开。清单之外的，一律不得实施审批。全面清理非行政审批事项。基本完成省市县政府机构改革，继续推进事业单位改革。在全国实施工商登记制度改革，落实认缴登记制，由先证后照改为先照后证，由企业年检制度改为年报公示制度，让市场主体不断迸发新的活力。

加强事中事后监管。坚持放管并重，建立纵横联动协同管理机制，实现责任和权力同步下放、放活和监管同步到位。推广一站式审批、一个窗口办事，探索实施统一市场监管。加快社会信用体系建设，推进政府信息共享，推动建立自然人、法人统一代码，对违背市场竞争规则和侵害消费者权益的企业建立黑名单制度，让失信者寸步难行，让守信者一路畅通。

抓好财税体制改革这个重头戏。实施全面规范、公开透明的预算制度。着力把所有政府性收入纳入预算，实行全口径预算管理。各级政府预算和决算都要向社会公开，部门预算要逐步公开到基本支出和项目支出，所有财政拨款的“三公”经费都要公开，打造阳光财政，让群众看明白、能监督。提高一般性转移支付比例，专项转移支付项目要减少 1/3，今后还要进一步减少。推进税收制度改革，把“营改增”试点扩大到铁路运输、邮政服务、电信等行业，清费立税，推动消费税、资源税改革，做好房地产税、环境保护税立法相关工作。进一步扩展小微企业税收优惠范围，减轻企业负担。抓紧研究调整中央与地方事权和支出责任，逐步理顺中央与地方收入划分，保持现有财力格局总体稳定。建立规范的地方政府举债融资机制，把地方政府性债务纳入预算管理，推行政府综合财务报告制度，防止和化解债务风险。

深化金融体制改革。继续推进利率市场化，扩大金融机构利率自主定价权。保持人民币汇率在合理均衡水平上的基本稳定，扩大汇率双向浮动区间，推进人民币资本项目可兑换。稳步推进由民间资本发起设立中小型银行等金融机构，引导民间资本参股、投资金融机构及融资中介服务机构。建立存款保险制度，健全金融机构风险处置机制。实施政策性金融机构改革。加快发展多层次资本市场，推进股票发行注册制改革，规范发展债券市场。积极发展农业保险，探索建立巨灾保险制度。发展普惠金融，促进互联网金融健康发展，完善金融监管协调机制，密切监测跨境资本流动，守住不发生系统性和区域性金融风险的底线。让金融成为一池活水，更好地浇灌小微企业、“三农”等实体经济之树。

增强各类所有制经济活力。坚持和完善基本经济制度。优化国有经济布局和结构，加快发展混合所有制经济，建立健全现代企业制度和公司法人治理结构。完善国有资产管理体制，准确界定不同国有企业功能，推进国有资本投资运营公司试点。完善国有资本经营预算，提高中央企业国有资本收益上缴公共财政比例。制定非国有资本参与中央企业投资项目的办法，在金融、石油、电力、铁路、电信、资源开发、公用事业等领域，向非国有资本推出一批投资项目。制定非公有制企业进入特许经营领域具体办法。实施铁路投融资体制改革，在更多领域放开竞争性业务，为民间资本提供大显身手的舞台。完善产权保护制度，公有制经济财产权不可侵犯，非公有制经济财产权同样不可侵犯。

(二)开创高水平对外开放新局面

开放与改革相伴而生、相互促进。要构建开放型经济新体制，推动新一轮对外开放，在国际市场汪洋大海中搏击风浪，倒逼深层次改革和结构调整，加快培育国际竞争新优势。

扩大全方位主动开放。坚持积极有效利用外资，推动服务业扩大开放，打造内外资企业一视同仁、公平竞争的营商环境，使中国继续成为外商投资首选地。建设好、管理好中国上海自由贸易试验区，形成可复制可推广的体制机制，并开展若干新的试点。扩展内陆沿边开放，让广袤大地成为对外开放的热土。

从战略高度推动出口升级和贸易平衡发展。2014 年进出口总额预期增长 7.5% 左右。要稳定和完善出口政策，加快通关便利化改革，扩大跨境电子商务试点。鼓励实施进口政策，增加国内短缺产品进口。引导加工贸易转型升级，支持企业打造自主品牌和国际营销网络，发展服务贸易和服务外包，提升中国制造在国际分工中的地位。鼓励通信、铁路、电站等大型成套设备出口，让中国装备享誉全球。

在走出去中提升竞争力。推进对外投资管理方式改革，实行以备案制为主，大幅下放审批权限。健全金融、法律、领事等服务保障，规范走出去秩序，促进产品出口、工程承包与劳务合作。抓紧规划建设丝绸之路经济带、21 世纪海上丝绸之路，推进孟中印缅、中巴经济走廊建设，推出一批重大支撑项目，加快基础设施互联互通，拓展国际经济基础合作新空间。

统筹多双边和区域开放合作。推动服务贸易协定、政府采购协定、信息技术协定等谈判，加快环保、电子商务等新议题谈判。积极参与高标准自贸区建设，推进中美、中欧投资协定谈判，加快与韩国、澳大利亚、海湾合作委员会等自贸区谈判进程。坚持推动贸易和投资自由化便利化，实现与各国互利共赢，形成对外开放与改革发展良性互动新格局。

（三）增强内需拉动经济的主引擎作用

扩大内需是经济增长的主要动力，也是重大的结构调整。要发挥好消费的基础作用和投资的关键作用，打造新的区域经济支撑带，从需求方面施策，从供给方面发力，构建扩大内需长效机制。

把消费作为扩大内需的主要着力点。通过增加居民收入提高消费能力，完善消费政策，培育消费热点。要扩大服务消费，支持社会力量兴办各类服务机构，重点发展养老、健康、旅游、文化等服务，落实带薪休假制度。要促进信息消费，实施“宽带中国”战略，加快发展第四代移动通信，推进城市百兆光纤工程和宽带乡村工程，大幅提高互联网网速，在全国推行“三网融合”，鼓励电子商务创新发展。维护网络安全。要深化流通体制改革，清除妨碍全国统一市场的各种关卡，降低流通成本，促进物流配送、快递业和网络购物发展。充分释放十几亿人口蕴藏的巨大消费潜力。

把投资作为稳定经济增长的关键。加快投融资体制改革，推进投资主体多元化，再推出一批民间投资示范项目，优化投资结构，保持固定资产投资合理增长。中央预算内投资拟增加到 4 576 亿元，重点投向保障性安居工程、农业、重大水利、中西部铁路、节能环保、社会事业等领域，发挥好政府投资“四两拨千斤”的带动作用。

把培育新的区域经济带作为推动发展的战略支撑。深入实施区域发展总体战略，优先推进西部大开发，全面振兴东北地区等老工业基地，大力促进中部地区崛起，积极支持东部地区经济率先转型升级，加大对革命老区、民族地区、边疆地区、贫困地区支持力度。要谋划区域发展新棋局，由东向西、由沿海向内地，沿大江大河和陆路交通干线，推进梯度发展。依托黄金水道，建设长江经济带。以海陆重点口岸为支点，形成与沿海连接的西南中南、东北、西北等经济支撑带。推进长三角地区经济一体化，深化泛珠三角区域经济合作，加强环渤海及京津冀地区协同发展。实施差别化经济政策，推动产业转移，发展跨区域大交通大流通，形成新的区域经济增长极。

海洋是我们宝贵的蓝色国土。要坚持陆海统筹，全面实施海洋战略，发展海洋经济，保护海洋环境，坚决维护国家海洋权益，大力建设海洋强国。

（四）促进农业现代化和农村改革发展

农业是扩内需调结构的重要领域，更是安天下稳民心的产业。要坚持把解决好“三农”问题放在全部工作的重中之重，以保障国家粮食安全和促进农民增收为核心，推进农业现代化。坚守耕地红线，提高耕地质量，增强农业综合生产能力，确保谷物基本自给、口粮绝对安全，把 13 亿中国人的饭碗牢牢端在自己手中。

强化农业支持保护政策。提高小麦、稻谷最低收购价格，继续执行玉米、油菜籽、食糖临时收储政策。探索建立农产品目标价格制度，市场价格过低时对生产者进行补贴，过高时对低收入消费者进行补贴。农业新增补贴向粮食重要农产品、新型农业经营主体、主产区倾斜。增加对粮油猪等生产大县的奖励补助，扶持牛羊肉生产。发挥深松整地对增产的促进作用，2014 年启动 1 亿亩试点。统筹整合涉农资金。不管财力多么紧张，都要确保农业投入只增不减。

夯实农业农村发展基础。国家集中力量建设一批重大水利工程，2014 年拟安排中央预算内水利投资 700 多亿元，支持引水调水、骨干水源、江河湖泊治理、高效节水灌溉等重点项目。各地要加强中小型水利项目建设，解决好用水“最后一公里”问题。加快建成一批旱涝保收高标准农田，抓紧培育一批重要优良品种，研发推广一批新型高效农业机械。完善农村水电路气信等基础设施，改造农村危房 260 万户，改建农村公路 20 万千米。高度重视农村留守儿童、妇女、老人和“空心村”问题。2014 年再解决 6 000 万农村人口的饮水安全问题，经过今明两年努力，要让所有农村居民都能喝上干净的水。

积极推进农村改革。坚持和完善农村基本经营制度，赋予农民更多财产权利。保持农村土地承包关系长久不变，抓紧土地承包经营权及农村集体建设用地使用权确权登记颁证工作，引导承包地经营权有序流转，慎重稳妥进行农村土地制度改革试点。坚持家庭经营基础性地位，培育专业大户、家庭农场、农民合作社、农业企业等新型农业经营主体，发展多种形式适度规模经营。培育新型职业农民。完善集体林权制度改革。加快国有农牧林场改革。健全农业社会化服务体系，推进供销合作社综合改革试点。农村改革要从实际出发，试点先行，切实尊重农民意愿，坚决维护农民合法权益。

创新扶贫开发方式。加快推进集中连片特殊困难地区区域发展与扶贫攻坚。国家加大对跨区域重大基础设施建设和经济协作的支持，加强生态保护和基本公共服务。地方要优化整合扶贫资源，实行精准扶贫，确保扶贫到村到户。引导社会力量参与扶贫事业。2014 年再减少农村贫困人口 1 000 万人以上。我们要继续向贫困宣战，决不让贫困代代相传。

（五）推进以人为核心的新型城镇化

城镇化是现代化的必由之路，是破除城乡二元结构的重要依托。要健全城乡发展一体化体制机制，坚持走以人为本、四化同步、优化布局、生态文明、传承文化的新型城镇化道路，遵循发展规律，积极稳妥推进，着力提升质量。今后一个时期，着重解决好现有“三个 1 亿人”问题，促进约 1 亿农业转移人口落户城镇，改造约 1 亿人居住的城镇棚户区和城中村，引导约 1 亿人在中西部地区就近城镇化。

有序推进农业转移人口市民化。推动户籍制度改革，实行不同规模城市差别化落户政策。把有能力、有意愿并长期在城镇务工经商的农民工及其家属逐步转为城镇居民。对未落户的农业转移人口，建立居住证制度。使更多进城务工人员随迁子女纳入城镇教育、实现异地升学，实施农民工职业技能提升计划。稳步推进城镇基本公共服务常住人口全覆盖，使农业转移人口和城镇居民共建共享城市现代文明。

加大对中西部地区新型城镇化的支持。提高产业发展和集聚人口能力，促进农业转移人口就近从业。加快推进交通、水利、能源、市政等基础设施建设，增强中西部地区城市群和城镇发展后劲。优化东部地区城镇结构，进一步提升城镇化质量和水平。

加强城镇化管理创新和机制建设。要更大规模加快棚户区改造，决不能一边高楼林立，一边棚户连片。以国家新型城镇化规划为指导，做好相关规划的统筹衔接。提高城镇建设用地效率，优先发展公共交通，保护历史文化和自然景观，避免千城一面。加强小城镇和村庄规划管理。探索建立农业转移人口市民化成本分担、多元化城镇建设投融资登记制。通过提高建设和管理水平，让我们的城镇各具特色、宜业宜居，更加充满活力。

（六）以创新支撑和引领经济结构优化升级

创新是国家经济结构调整优化的原动力。要把创新放在国家发展全局的核心位置，促进科技与经济社会发展紧密结合，推动中国产业向全球价值链高端跃升。

加快科技体制改革。强化企业在技术创新中的主体地位，鼓励企业设立研发机构，牵头创建产学研协同创新联盟。全面落实企业研发费用加计扣除等普惠性措施。把国家自主创新示范区股权激励、科技成果处置权收益权改革等试点政策，扩大到更多科技园区和科教单位。加大政府对基础研究、前沿技术、社会公益技术、重大共性关键技术的投入，健全公共科技服务平台，完善科技重大专项实施机制。改进与加强科研项目和资金管理，实行国家创新调查和科技报告制度，鼓励科研人员创办企业。加强知识产权保护和运用，重视科普工作和科学精神建设。深入实施人才发展规划，统筹重大人才工程，鼓励企业建立研发人员报酬与市场业绩挂钩机制，使人才的贡献与回报相匹配，让各类人才脱颖而出、人尽其才、才尽其用。

产业结构调整要依靠改革，进退并举。进，要更加积极有为。优先发展生产性服务业，推进服务业综合改革试点和示范建设，促进文化创意和设计服务与相关产业融合发展，加快发展保险、商务、科技等服务业。促进信息化与工业化深度融合，推动企业加快技术改造、提升精准管理水平，完善设备加速折旧等政策，增强传统产业竞争力。设立新兴产业创业创新平台，在新一代移动通信、集成电路、大数据、先进制造、新能源、新材料等方面赶超先进，引领未来产业发展。退，要更加主动有序。坚持通过市场竞争实现优胜劣汰，鼓励企业兼并重组。对产能严重过剩的行业，强化环保、能耗、技术等标准，清理各种优惠政策，消化一批存量，严控新上增量。2014年要淘汰钢铁2 700万吨、水泥4 200万吨、平板玻璃3 500万标准箱等落后产能，确保“十二五”淘汰任务提前一年完成，真正做到压下来，决不再反弹。

（七）加强教育、卫生、文化等社会建设

繁荣发展社会事业是促进社会公正、增进人民福祉的有效途径。要深化社会体制改革，以更大的投入和更有力的举措，推动经济社会协调发展。

促进教育事业优先发展、公平发展。继续加大教育资源向中西部和农村倾斜，促进义务教育均衡发展。全面改善贫困地区义务教育薄弱学校办学条件。贫困地区农村学生上重点高校人数要再增长10.0%以上，使更多农家子弟有升学机会。加强农村特别是边远贫困地区教师队伍建设，扩大优质教育资源覆盖面，改善贫困地区农村儿童营养状况。发展学前教育，实施特殊教育提升计划。继续增加中央财政教育投入，提高使用效率并强化监督。深化教育综合改革，积极稳妥改革考试招生制度，扩大省级政府教育统筹权和高校办学自主权，鼓励发展民办学校。加快构建以就业为导向的现代职业教育体系。我们要为下一代提供良好的教育，努力使每一个孩子有公平的发展机会。

推动医改向纵深发展。巩固全民基本医保，通过改革整合城乡居民基本医疗保险制度。完善政府、单位和个人合理分担的基本医疗保险筹资机制，城乡居民基本医保财政补助标准提高到人均320元。在全国推行城乡居民大病保险。加强城乡医疗救助、疾病应急救助。县级公立医院综合改革试点扩大到1 000个县，覆盖农村5亿人口。扩大城市公立医院综合改革试点。破除以药补医，理顺医药价格，创新社会资本办医机制。巩固完善基本药物制度和基层医疗卫生机构运行新机制。健全分级诊疗体系，加强全科医生培养，推进医师多点执业，让群众能够就近享受优质医疗服务。构建和谐医患关系。提高重大传染病、慢性病和职业病、地方病防治能力，人均基本公共服务补助标准增加到35元。扶持中医药和民族医药事业发展。坚持计划生育基本国策不动摇，落实一方是独生子女的夫妇可生育两个孩子政策。为了人民的身心健康和家庭幸福，我们一定要坚定不移推进医改，用中国式办法解决好这个世界性难题。

文化是民族的血脉。要培育和践行社会主义核心价值观，加强公民道德和精神文明建设。继续深化文化体制改革，完善文化经济政策，增强文化整体实力和竞争力。促进基本公共文化服务标准化均等化，发展文化艺术、新闻出版、广播电影电视、档案等事业，繁荣发展哲学社会科学，倡导全民阅读。提升文化产业发展水平，培育和规范文化市场。传承和弘扬优秀传统文化，重视保护文物。加快文化走出去，发展文化贸易，加强国际传播能力建设，提升国家文化软实力。发展全民健身、竞技体育和体育产

业。中国是历史悠久的文明古国,也一定能建成现代文化强国。

推进社会治理创新。注重运用法治方式,实行多元主体共同治理,健全村务公开、居务公开和民主管理制度,更好发挥社会组织在公共服务和社会治理中的作用。加强应急管理,提高公共安全和防灾救灾减灾能力,做好地震、气象、测绘等工作。改革信访工作制度,及时就地化解社会矛盾。加强行政复议工作。深入开展普法教育,加大法律援助。加强社会治安综合治理,坚决打击暴力恐怖犯罪活动,维护国家安全,形成良好社会秩序,共同建设平安中国。

(八)统筹做好保障和改善民生工作

民惟邦本,本固邦宁。政府工作的根本目的,是让全体人民过上好日子。要坚持建机制、补短板、兜底线,保障群众基本生活,不断提高人民生活水平和质量。

就业是民生之本。坚持实施就业优先战略和更加积极的就业政策,优化就业创业环境,以创新引领创业,以创业带动就业。2014 年高校毕业生将达 727 万人,要开发更多就业岗位,实施不间断的就业创业服务,提高大学生就业创业比例。加大对城镇就业困难人员帮扶力度,确保“零就业”家庭至少有一人就业,做好淘汰落后产能职工安置和再就业工作。统筹农村转移劳动力、退役军人等就业工作。努力实现更加充分、更高质量就业,使劳动者生活更加体面、更有尊严。

收入是民生之源。要深化收入分配体制改革,努力缩小收入差距。健全企业职工工资决定和正常增长机制,推进工资集体协商,构建和谐劳动关系。加强和改进国有企业负责人薪酬管理。改革机关事业单位工资制度,在事业单位逐步推行绩效工资,健全医务人员等适应行业特点的薪酬制度,完善艰苦边远地区津贴增长机制。多渠道增加低收入者收入,不断扩大中等收入者比重。使城乡居民收入与经济同步增长,广大人民群众普遍感受到得实惠。

社保是民生之基。重点是推进社会救助制度改革,继续提高城乡低保水平,全面实施临时救助制度,为特殊困难群众基本生活提供保障,为人民创业奋斗解除后顾之忧。建立统一的城乡居民基本养老保险制度,完善与职工养老保险的衔接办法,改革机关事业单位养老保险制度,鼓励发展企业年金、职业年金和商业保险。完善失业保险和工伤保险制度。落实社会救助和保障标准与物价水平挂钩联动机制。发展老龄事业,保障妇女权益,关心青少年发展,加强未成年人保护和困境家庭保障,做好残疾人基本公共服务和残疾预防,支持慈善事业发展。让每一个身处困境者都能得到社会关爱和温暖。

完善住房保障机制。以全体人民住有所居为目标,坚持分类指导、分步实施、分级负责,加大保障性安居工程建设力度,2014 年新开工 700 万套以上,其中各类棚户区 470 万套以上,加强配套设施建设。提高大城市保障房比例。推进公租房和廉租房并轨运行。创新政策性住房投融资机制和工具,采取市场化运作方式,为保障房建设提供长期稳定、成本适当的资金支持。各级政府要增加财政投入,提高建设质量,保证公平分配,完善准入退出机制,年内基本建成保障房 480 万套,让翘首以盼的住房困难群众早日迁入新居。针对不同城市情况分类调控,增加中小套型商品房和共有产权住房供应,抑制投机投资性需求,促进房地产市场持续健康发展。

人命关天,安全生产这根弦任何时候都要绷紧。要严格执行安全生产法律法规,全面落实安全生产责任制,坚决遏制重特大安全事故发生。大力整顿和规范市场秩序,继续开展专项整治,严厉打击制售假冒伪劣行为。建立从生产加工到流通消费的全程监管机制、社会共治制度和可追溯体系,健全从中央到地方直至基层的食品药品安全监管体制。严守法规和标准,用最严格的监管、最严厉的处罚、最严肃的问责,坚决治理餐桌上的污染,切实保障“舌尖上的安全”。

(九)努力建设生态文明的美好家园

生态文明建设关系人民生活,关乎民族未来。雾霾天气范围扩大,环境污染矛盾突出,是大自然向粗放发展方式亮起的红灯。必须加强生态环境保护,下决心用硬措施完成硬任务。

出重拳强化污染防治。以雾霾频发的特大城市和区域为重点,以细颗粒物($PM_{2.5}$)和可吸入颗粒物

(PM_{10})治理为突破口，抓住产业结构、能源效率、尾气排放和扬尘等关键环节，健全政府、企业、公众共同参与新机制，实行区域联防联控，深入实施大气污染防治行动计划。2014年要淘汰燃煤小锅炉5万台，推进燃煤电厂脱硫改造1 500万千瓦、脱硝改造1.3亿千瓦、除尘改造1.8亿千瓦，淘汰黄标车和老旧车600万辆，推广新能源汽车，在全国供应国四标准车用柴油。实施清洁水行动计划，加强饮用水源保护，推进重点流域污染治理。实施土壤修复工程。整治农业面源污染，建设美丽乡村。我们要像对贫困宣战一样，坚决向污染宣战。

推动能源生产和消费方式变革。加大节能减排力度，控制能源消费总量，2014年能源消耗强度要降低3.9%以上，二氧化硫、化学需氧量排放量都要减少2.0%。要提高非化石能源发电比重，发展智能电网和分布式能源，鼓励发展风能、太阳能、生物质能，开工一批水电、核电项目。加强天然气、煤层气、页岩气勘探开采与应用。推进资源性产品价格改革，建立健全居民用水、用气阶梯价格制度。实施建筑能效提升、节能产品惠民工程，发展清洁生产、绿色低碳技术和循环经济，提高应对气候变化能力。强化节水、节材和资源综合利用。加快开发应用节能环保技术和产品，把节能环保产业打造成生机勃勃的朝阳产业。

推进生态保护与建设。继续实施退耕还林还草，2014年拟安排500万亩。实施退牧还草、天然林保护、防沙治沙、水土保持、石漠化治理、湿地恢复等重大生态工程。加强三江源生态保护。落实主体功能区制度，推动建立跨区域、跨流域生态补偿机制。生态环保功在当代、利在千秋。各级政府和全社会都要进一步积极行动起来，呵护好我们赖以生存的共同家园。

做好政府工作，必须加强自身改革建设。各级政府要忠实履行宪法和法律赋予的职责，按照推进国家治理体系和治理能力现代化的要求，加强建设法治政府、创新政府、廉洁政府，增强政府执行力和公信力，努力为人民提供优质高效服务。

深入贯彻依法治国基本方略，把政府工作全面纳入法治轨道，用法治思维和法治方式履行职责。加强政府法制工作，改革行政执法体制。创新政府管理理念和方式，健全决策、执行、监督机制，推进政府向社会购买服务的改革。加强公务员队伍建设，全面提高公务员素质。所有公务员都要以人民利益至上，廉洁奉公，勤勉尽责，真正当好人民公仆。

各级政府必须厉行节约，反对浪费，坚持过紧日子。要严格执行"约法三章"：政府性楼堂馆所一律不得新建和改扩建，财政供养人员总量只减不增，"三公"经费只减不增。启动公务用车制度改革。加强行政监察，纠正行业不正之风。加大审计和审计结果公告力度。2014年要对土地出让金收支和耕地保护情况进行全面审计。深入推进反腐倡廉制度建设，坚决查处腐败案件，对任何腐败分子都要依法严惩、决不姑息。

各级政府要自觉接受同级人大及其常委会的监督，接受人民政协的民主监督，认真听取人大代表、民主党派、工商联、无党派人士和各人民团体的意见。加大政务公开，完善新闻发言人制度，及时回应社会关切。我们是人民政府，所有工作都要充分体现人民意愿，全面接受人民监督。

中国是统一的多民族国家，各民族都是中华民族的平等一员。要全面正确贯彻党的民族政策，坚持和完善民族区域自治制度，促进民族团结进步、共同繁荣发展。认真落实中央支持少数民族和民族地区发展的政策措施。扶持人口较少民族发展，继续实施兴边富民行动。保护和发展少数民族优秀传统文化。中华民族大家庭的各族儿女和睦相处、和衷共济、和谐发展、心心相印，一定会更加幸福安康、兴旺发达。

全面贯彻党的宗教工作基本方针，促进宗教关系和谐，发挥宗教界人士和信教群众在促进经济社会发展中的积极作用。

团结海内外华侨华人和归侨侨眷，发挥侨胞参与祖国现代化建设、促进祖国和平统一、推进中外人文交流的独特作用，使海内外中华儿女的凝聚力不断增强。

过去一年，国防和军队建设扎实推进，全军和武警部队展现出新的风貌和战斗力水平。新的一年，要紧紧围绕党在新形势下的强军目标，全面加强军队革命化现代化正规化建设，不断提高军队信息化条件下威慑和实战能力。统筹推进各方向各领域军事斗争准备，加强和改进思想政治建设，加快全面建设现代后勤步伐，加强国防科研和高新技术武器装备发展。狠抓依法治军、从严治军。深化国防和军队改革，加强军事战略指导，完善现代军事力量体系。加强国防动员和后备力量建设，强化日常战备和边防海防空防管控。推动军民融合深度发展。加快建设现代化武装警察力量。坚决完成抢险救灾、反恐维稳、维和护航和处置突发事件等任务，积极参加和支援国家经济建设。各级政府要一如既往关心支持国防和军队建设，密切鱼水情谊，使军政军民团结坚如磐石。

我们将坚定不移贯彻"一国两制"方针，全面准确落实基本法，保持香港、澳门长期繁荣稳定。支持香港特别行政区、澳门特别行政区行政长官和政府依法施政，大力发展经济、有效改善民生、依法推进民主、维护社会和谐。进一步扩大内地与港澳合作，促进港澳自身竞争力提升。在国家全面深化改革和现代化进程中，香港、澳门一定会实现更好发展。

我们将全面贯彻对台工作大政方针，坚持"九二共识"，维护一个中国框架，巩固增进两岸政治互信，促进经济融合，推动交流合作，开展协商谈判，秉持"两岸一家亲"的理念，维护骨肉情谊，凝聚同胞心力，为建设中华民族美好家园、实现祖国和平统一大业贡献力量。我们期待双方越走越近，越走越亲，使两岸关系和平发展成为不可阻挡、不可逆转的历史潮流。

2014 年是和平共处五项原则提出 60 周年。中国人民热爱和平、渴望发展，中国现代化建设需要长期稳定的国际环境。我们将继续高举和平、发展、合作、共赢的旗帜，始终不渝走和平发展道路，始终不渝奉行互利共赢的开放战略。坚决维护国家主权、安全、发展利益，切实维护中国公民和法人海外合法权益。全面推进周边外交，巩固睦邻友好，深化互利合作。维护二战胜利成果和战后国际秩序，决不允许开历史倒车。加强同发展中国家团结与合作，维护发展中国家共同利益。深化同各大国战略对话与务实合作，推动建立长期稳定健康发展的大国关系。办好亚太经合组织领导人非正式会议。中国是一个负责任的大国，我们将积极参与国际多边事务，为解决全球性问题和热点问题发挥建设性作用，切实维护国际公平正义，推动国际秩序朝着更加公正合理方向发展。中国愿同世界各国一道，推进人类持久和平，实现共同发展繁荣。

人民赋予重托，奋斗创造未来。让我们紧密团结在以习近平同志为总书记的党中央周围，高举中国特色社会主义伟大旗帜，齐心协力，开拓进取，扎实工作，为全面建成小康社会、建成富强民主文明和谐的社会主义现代化国家，实现中华民族伟大复兴的中国梦而努力奋斗！

关于 2013 年国民经济和社会发展计划执行情况与 2014 年国民经济和社会发展计划草案的报告（节选）

——2014 年 3 月 5 日在第十二届全国人民代表大会第二次会议上

国家发展和改革委员会

各位代表：

受国务院委托，现将 2013 年国民经济和社会发展计划执行情况与 2014 年国民经济和社会发展计划草案提请十二届全国人大二次会议审议，并请全国政协各位委员提出意见。

一、2013 年国民经济和社会发展计划执行情况

2013 年，面对错综复杂的国内外形势，各地区、各部门按照党中央、国务院的决策部署，坚持稳中求进工作总基调，坚持统筹稳增长、调结构、促改革，坚

持宏观政策要稳、微观政策要活、社会政策要托底的有机统一,依据十二届全国人大一次会议审议批准的国民经济和社会发展计划,扎实做好各方面工作,经济社会发展实现了良好开局,计划执行情况总体是好的。

(一)经济运行处于合理区间。保持政策定力,创新调控思路和调控方式,经济社会发展稳中有进、稳中向好

一是经济运行总体平稳。初步核算,国内生产总值568 800亿元,增长7.7%,完成预期目标。全国公共财政收入129 100亿元,增长10.1%,财政赤字12 000亿元。全年新增人民币贷款88 900亿元,年末广义货币供应量(M_2)增长13.6%。规模以上工业企业实现利润62 800亿元,比上年增长12.2%。重点领域、重要时段煤电油气运需求得到较好保障。

二是内需继续成为增长主动力。社会消费品零售总额237 800亿元,增长13.1%,一些新的消费模式和消费领域表现出巨大活力,电子商务市场交易额超过100 000亿元,增长25.0%以上。全社会固定资产投资447 100亿元,增长19.3%。民间投资增长23.1%,占固定资产投资(不含农户)比重达到63.0%,比上年提高1.8个百分点。内需对经济增长的贡献率达到104.4%。

三是物价总水平基本稳定。全年居民消费价格上涨2.6%,控制在预期目标范围内。重要商品的收储、投放和进出口调节工作有序开展。生猪、蔬菜市场价格政策性保险试点积极推进。价格收费检查和反价格垄断执法力度加大,全年共查处价格违法案件34 400起,实施经济制裁312 500万元。

(二)结构调整取得新进展。突出重点,有扶有控,着力提质增效升级,为经济发展增添后劲

一是产业结构调整稳步推进。技术创新和培育新兴产业成效显著。研究与试验发展经费支出占国内生产总值比例达到2.1%,完成预期目标。嫦娥三号探测器、神舟十号载人飞船、蛟龙号载人深潜器等重大创新成果举世瞩目。节能环保、新一代信息技术、新能源、高端装备制造、新材料等战略性新兴产业发展加快,第四代移动通信开始大规模商用。高技术制造业增加值增长11.8%,比规模以上工业增加值增速高2.1个百分点。传统产业改造升级加快,化解产能过剩矛盾力度加大。下发了坚决遏制产能严重过剩行业盲目扩张的通知,出台了化解产能严重过剩矛盾的指导意见和配套政策措施,着力化解钢铁、水泥、电解铝、平板玻璃、船舶等行业产能严重过剩矛盾。服务业发展环境优化。出台了促进信息消费、养老服务业、健康服务业发展等政策意见和全国物流园区发展规划,继续推进服务业综合改革试点,服务业增加值增长8.3%,占国内生产总值比重达到46.1%,首次超过第二产业。基础产业加快发展。新建铁路投产里程5 586千米,其中高速铁路1 672千米;新建公路里程70 300千米,其中高速公路8 260千米;建成万吨级以上泊位110个;新增民航通航机场10个。能源生产保持稳定,原煤、原油、天然气产量分别增长0.8%、1.8%和9.4%,能源结构进一步优化,非化石能源占一次能源消费比重9.8%,比上年提高0.4个百分点。

二是城乡发展一体化有序推进。认真落实强农惠农富农政策,中央预算内投资用于"三农"建设的比重超过一半。农业综合生产能力增强,粮食总产量达到60 200万吨,实现"十连增",肉蛋奶、果菜鱼等农产品供应稳定。农业科技进步贡献率达到55.2%,比上年提高0.7个百分点。农村安全饮水普及率提高到88.5%,新建和改造农村电网线路21.1万千米,新建改建农村公路21万千米,新增农村沼气用户80万户,改造农村危房266万户。支持建设粮食收储仓容440万吨、农产品批发市场114个。中央对积极稳妥推进新型城镇化作出全面部署,国家新型城镇化规划编制基本完成。常住人口城镇化率为53.73%,比上年提高1.16个百分点。

三是区域发展协调性增强。西部地区交通、水利、能源等重大基础设施建设得到加强,新开工重点工程20项,投资总规模3 265亿元,内陆沿边地区开发开放步伐加快。东北地区等老工业基地振兴战略深入推进,城区老工业区搬迁改造试点、独立工矿区改造搬迁工程试点启动实施,全国老工业基地调整改造规划、资源型城市可持续发展规划出台。中部地区长江中游城市群、中原经济区发展的集聚效应进一步显现,承接产业转移示范区建设进展顺利。

东部地区产业转型升级加快，海洋经济发展试点有序推进。主体功能区规划深入实施。区域合作和对口支援顺利推进，对革命老区、民族地区、边疆地区和贫困地区的支持继续加大，集中连片特殊困难地区区域发展与扶贫攻坚规划顺利实施。玉树灾后恢复重建任务全面完成，四川芦山和甘肃岷县漳县地震灾后恢复重建进展顺利。

四是节能减排和环境保护步伐加快。国家适应气候变化战略、循环经济发展战略及近期行动计划、加快发展节能环保产业的意见发布实施，大气污染防治行动计划颁布施行。重点领域和重点企业节能减排积极推进，重点流域和区域水环境综合治理扎实开展。天然林资源保护、京津风沙源治理、石漠化治理、退耕还林、退牧还草等生态建设深入推进，完成造林面积 609 万公顷。资源节约利用和环境保护各项指标基本实现：单位国内生产总值能耗和二氧化碳排放量分别下降 3.7% 和 4.36%，二氧化硫、化学需氧量、氨氮、氮氧化物排放量分别下降 3.48%、2.93%、3.14%、4.72%，万元工业增加值用水量下降 5.7%，城市污水处理率和城市生活垃圾无害化处理率分别达到 87.9% 和 85.8%。积极建设性参与应对气候变化国际谈判和交流合作。

（三）改革开放力度加大。经济体制改革全面推进，为稳增长和调结构创造良好体制机制环境

一是行政体制改革成效明显。国务院机构改革顺利进行，行政审批制度改革深入开展，取消和下放 416 项行政审批等事项，出台了严格控制新设行政许可的措施。政府向社会力量购买服务的指导意见发布实施。公司注册资本登记制度改革加快推进。不动产统一登记制度开始建立。

二是财税金融改革深入推进。交通运输业和部分现代服务业营改增试点在全国推开，全年减轻企业税负超过 1 400 亿元。提高小微企业增值税和营业税起征点，600 多万户企业受益。贷款利率管制全面放开。中小企业股份转让系统试点扩大至全国。信贷资产证券化试点扩大。新股发行体制改革、加强中小投资者权益保护等指导意见出台。创新了企业债券品种和审批方式。

三是投资体制改革取得积极进展。重新修订政府核准的投资项目目录，需报中央管理层面核准的企业投资项目减少 60.0%。改进中央预算内投资补助贴息管理办法，下放了 31 类点多面广量大单项资金少的中央预算内投资补助贴息项目安排权。铁路投融资体制改革深入推进。对民间投资 36 条及 42 项实施细则落实情况进行了第三方评估，鼓励民间投资健康发展的政策措施进一步落实和完善。

四是资源性产品价格形成机制不断完善。推出成品油价格形成新机制，出台了支持油品质量升级的价格政策，调整了非居民用天然气门站价格，提高了可再生能源电价附加和环保电价标准，完善核电、水电和光伏发电上网电价机制，顺利实现电煤价格并轨。

五是农村改革积极推进。全国农村集体土地所有权确权登记颁证工作基本完成，农村土地承包经营权确权登记试点范围扩大到 105 个县（市、区）。国有林场改革试点在 7 个省展开。

六是社会领域改革稳步开展。深化收入分配制度改革的若干意见发布实施。28 个省（自治区、直辖市）启动实施城乡居民大病保险试点，县级公立医院综合改革试点扩大到 1 000 多家。前两批非时政类报刊出版单位转企改制试点基本完成。食品药品监管体制进一步完善。

与此同时，国有企业和重点行业改革继续深化，黑龙江省“两大平原”现代农业综合配套改革试验启动实施，对 11 个国家综合配套改革试验区进行了第三方评估和自评估。

对外开放继续深化。外贸进出口总额增长 7.6%，比上年加快 1.4 个百分点。全年非金融类外商直接投资 1 176 亿美元，增长 5.3%，服务业实际使用外资比重首次过半，外商投资加快向中西部地区梯度转移。非金融类境外直接投资 902 亿美元，增长 16.8%。中国上海自由贸易试验区挂牌运行。推动世贸组织多哈回合谈判达成“早期收获”协议，与冰岛、瑞士签署自贸协定。积极落实丝绸之路经济带、21 世纪海上丝绸之路战略构想，协调推进孟中印缅经济走廊、中巴经济走廊建设。

（四）人民生活继续改善。加大投入力度，完善政策措施，促进经济社会协调发展

一是就业保持总体稳定。城镇新增就业 1 310

万人，年末城镇登记失业率4.05%，超额完成预期目标。高校毕业生就业创业扶持政策得到较好落实，面向就业困难人员的就业援助制度进一步健全，公共就业服务设施建设继续推进。

二是居民收入继续增长。城镇居民人均可支配收入和农村居民人均纯收入分别实际增长7.0%和9.3%。农村居民收入增速连续4年快于城镇居民，农村贫困人口减少1 650万人，城乡居民收入差距继续缩小。

三是社会保障制度覆盖面不断扩大。基本养老保险和医疗保险制度的城乡统筹加快推进，城乡低保制度进一步规范，临时救助制度在26个省份建立。社会救助和保障标准与物价上涨挂钩的联动机制得到完善。年末参加城镇基本养老和新型农村社会养老保险人数分别达到34 600万人和47 400万人，增加2 083万人和1 082万人。企业退休人员基本养老金水平提高10.0%，城镇居民医保和新农合参保财政补助标准由每人每年240元提高到280元。

四是教育事业稳步发展。农村学前教育推进工程继续实施，义务教育学校标准化建设深入推进，贫困地区义务教育薄弱学校基本办学条件持续改善。进城务工人员随迁子女接受义务教育后在当地参加升学考试政策得到较好落实。农村学生上重点高校比例提升。九年义务教育巩固率92.3%，提高0.5个百分点；高中阶段教育毛入学率86.0%，提高1.0个百分点；普通高等学校招生699.8万人，研究生招生77.9万人，其中全日制研究生招生61.1万人。

五是医疗卫生服务体系继续完善。公共卫生服务体系、医疗服务体系、计划生育服务体系、全科医生培养基地和医药卫生信息化建设得到加强。人均基本公共卫生服务经费标准从25元提高到30元。每千人口医疗卫生机构床位数4.55张，增长7.3%。人口自然增长率4.9‰，实现计划目标。

六是公共文化服务体系不断健全。广播电视村村通、文化信息资源共享等文化惠民工程扎实推进，国家文化和自然遗产保护设施建设专项继续实施。旅游法和国民旅游休闲纲要出台，全年旅游总收入29 500亿元，增长14.0%。群众体育保障水平提高，全年新增体育场地51 800个。

七是保障性安居工程建设加快。全年基本建成城镇保障性安居工程住房544万套，新开工666万套，均超过计划目标。

在国内外环境错综复杂的情况下，经济保持平稳发展，社会大局和谐稳定，成绩来之不易。这是党中央、国务院科学决策、正确领导的结果，是各地区、各部门齐心协力、狠抓落实的结果，是全国各族人民艰苦奋斗、共同努力的结果。

在看到成绩的同时，我们也清醒地认识到，经济社会发展还面临不少矛盾和困难。世界经济继续呈缓慢复苏态势，仍存在不稳定不确定因素。国内发展中不平衡不协调不可持续的问题依然突出，稳中向好的基础尚不稳固。一是经济增长的动力不足。新的消费增长点不多，投资接续能力偏弱，出口形势仍然严峻。二是结构优化升级任务依然艰巨。部分行业产能过剩问题严重，科研成果向生产力转化不足，一些企业生产经营困难。三是制约农业稳定发展的问题凸显。资源环境约束趋紧，农田水利基础设施仍然薄弱，现有生产经营体制不完全适应现代农业发展要求，农业生产成本上升、比较效益下降。四是资源消耗和环境污染问题突出。节能减排形势严峻，特别是大范围多频次的雾霾天气，严重影响人民群众的生活和健康。五是财政金融潜在风险不容忽视。部分地方和行业债务负担较重，一些企业负债率过高，金融机构不良资产有所增加，流动性风险管理难度增大。同时，结构性就业矛盾突出，部分大城市住房价格上涨过快，房地产领域存在风险隐患，食品药品质量、安全生产、收入分配、征地拆迁等方面也存在一些比较突出的问题。对此，我们一定高度重视，切实采取措施，认真加以解决。

二、2014年经济社会发展的总体要求、主要目标和政策取向（略）

三、2014年经济社会发展的主要任务（略）

经济法律法规选编

中华人民共和国商标法

（根据2013年8月30日第十二届全国人民代表大会常务委员会第四次会议《关于修改〈中华人民共和国商标法〉的决定》修订　2013年8月30日中华人民共和国主席令第6号公布　自2014年5月1日起施行）

第一章　总　则

第一条　为了加强商标管理，保护商标专用权，促使生产、经营者保证商品和服务质量，维护商标信誉，以保障消费者和生产、经营者的利益，促进社会主义市场经济的发展，特制定本法。

第二条　国务院工商行政管理部门商标局主管全国商标注册和管理的工作。

国务院工商行政管理部门设立商标评审委员会，负责处理商标争议事宜。

第三条　经商标局核准注册的商标为注册商标，包括商品商标、服务商标和集体商标、证明商标；商标注册人享有商标专用权，受法律保护。

本法所称集体商标，是指以团体、协会或者其他组织名义注册，供该组织成员在商事活动中使用，以表明使用者在该组织中的成员资格的标志。

本法所称证明商标，是指由对某种商品或者服务具有监督能力的组织所控制，而由该组织以外的单位或者个人使用于其商品或者服务，用以证明该商品或者服务的原产地、原料、制造方法、质量或者其他特定品质的标志。

集体商标、证明商标注册和管理的特殊事项，由国务院工商行政管理部门规定。

第四条　自然人、法人或者其他组织在生产经营活动中，对其商品或者服务需要取得商标专用权的，应当向商标局申请商标注册。

本法有关商品商标的规定，适用于服务商标。

第五条　两个以上的自然人、法人或者其他组织可以共同向商标局申请注册同一商标，共同享有和行使该商标专用权。

第六条　法律、行政法规规定必须使用注册商标的商品，必须申请商标注册，未经核准注册的，不得在市场销售。

第七条　申请注册和使用商标，应当遵循诚实信用原则。

商标使用人应当对其使用商标的商品质量负责。各级工商行政管理部门应当通过商标管理，制止欺骗消费者的行为。

第八条　任何能够将自然人、法人或者其他组织的商品与他人的商品区别开的标志，包括文字、图形、字母、数字、三维标志、颜色组合和声音等，以及上述要素的组合，均可以作为商标申请注册。

第九条　申请注册的商标，应当有显著特征，便于识别，并不得与他人在先取得的合法权利相冲突。

商标注册人有权标明“注册商标”或者注册标记。

第十条　下列标志不得作为商标使用：

（1）同中华人民共和国的国家名称、国旗、国徽、国歌、军旗、军徽、军歌、勋章等相同或者近似的，以及同中央国家机关的名称、标志、所在地特定地点的名称或者标志性建筑物的名称、图形相同的；

（2）同外国的国家名称、国旗、国徽、军旗等相同或者近似的，但经该国政府同意的除外；

（3）同政府间国际组织的名称、旗帜、徽记等相同或者近似的，但经该组织同意或者不易误导公众的除外；

(4)与表明实施控制、予以保证的官方标志、检验印记相同或者近似的,但经授权的除外;

(5)同"红十字""红新月"的名称、标志相同或者近似的;

(6)带有民族歧视性的;

(7)带有欺骗性,容易使公众对商品的质量等特点或者产地产生误认的;

(8)有害于社会主义道德风尚或者有其他不良影响的。

县级以上行政区划的地名或者公众知晓的外国地名,不得作为商标。但是,地名具有其他含义或者作为集体商标、证明商标组成部分的除外;已经注册的使用地名的商标继续有效。

第十一条 下列标志不得作为商标注册:

(1)仅有本商品的通用名称、图形、型号的;

(2)仅直接表示商品的质量、主要原料、功能、用途、重量、数量及其他特点的;

(3)其他缺乏显著特征的。

前款所列标志经过使用取得显著特征,并便于识别的,可以作为商标注册。

第十二条 以三维标志申请注册商标的,仅由商品自身的性质产生的形状、为获得技术效果而需有的商品形状或者使商品具有实质性价值的形状,不得注册。

第十三条 为相关公众所熟知的商标,持有人认为其权利受到侵害时,可以依照本法规定请求驰名商标保护。

就相同或者类似商品申请注册的商标是复制、摹仿或者翻译他人未在中国注册的驰名商标,容易导致混淆的,不予注册并禁止使用。

就不相同或者不相类似商品申请注册的商标是复制、摹仿或者翻译他人已经在中国注册的驰名商标,误导公众,致使该驰名商标注册人的利益可能受到损害的,不予注册并禁止使用。

第十四条 驰名商标应当根据当事人的请求,作为处理涉及商标案件需要认定的事实进行认定。认定驰名商标应当考虑下列因素:

(1)相关公众对该商标的知晓程度;

(2)该商标使用的持续时间;

(3)该商标的任何宣传工作的持续时间、程度和地理范围;

(4)该商标作为驰名商标受保护的记录;

(5)该商标驰名的其他因素。

在商标注册审查、工商行政管理部门查处商标违法案件过程中,当事人依照本法第十三条规定主张权利的,商标局根据审查、处理案件的需要,可以对商标驰名情况作出认定。

在商标争议处理过程中,当事人依照本法第十三条规定主张权利的,商标评审委员会根据处理案件的需要,可以对商标驰名情况作出认定。

在商标民事、行政案件审理过程中,当事人依照本法第十三条规定主张权利的,最高人民法院指定的人民法院根据审理案件的需要,可以对商标驰名情况作出认定。

生产、经营者不得将"驰名商标"字样用于商品、商品包装或者容器上,或者用于广告宣传、展览以及其他商业活动中。

第十五条 未经授权,代理人或者代表人以自己的名义将被代理人或者被代表人的商标进行注册,被代理人或者被代表人提出异议的,不予注册并禁止使用。

就同一种商品或者类似商品申请注册的商标与他人在先使用的未注册商标相同或者近似,申请人与该他人具有前款规定以外的合同、业务往来关系或者其他关系而明知该他人商标存在,该他人提出异议的,不予注册。

第十六条 商标中有商品的地理标志,而该商品并非来源于该标志所标示的地区,误导公众的,不予注册并禁止使用;但是,已经善意取得注册的继续有效。

前款所称地理标志,是指标示某商品来源于某地区,该商品的特定质量、信誉或者其他特征,主要由该地区的自然因素或者人文因素所决定的标志。

第十七条 外国人或者外国企业在中国申请商标注册的,应当按其所属国和中华人民共和国签订的协议或者共同参加的国际条约办理,或者按对等原则办理。

第十八条 申请商标注册或者办理其他商标事宜,可以自行办理,也可以委托依法设立的商标代理机构办理。

外国人或者外国企业在中国申请商标注册和办理其他商标事宜的，应当委托依法设立的商标代理机构办理。

第十九条 商标代理机构应当遵循诚实信用原则，遵守法律、行政法规，按照被代理人的委托办理商标注册申请或者其他商标事宜；对在代理过程中知悉的被代理人的商业秘密，负有保密义务。

委托人申请注册的商标可能存在本法规定不得注册情形的，商标代理机构应当明确告知委托人。

商标代理机构知道或者应当知道委托人申请注册的商标属于本法第十五条和第三十二条规定情形的，不得接受其委托。

商标代理机构除对其代理服务申请商标注册外，不得申请注册其他商标。

第二十条 商标代理行业组织应当按照章程规定，严格执行吸纳会员的条件，对违反行业自律规范的会员实行惩戒。商标代理行业组织对其吸纳的会员和对会员的惩戒情况，应当及时向社会公布。

第二十一条 商标国际注册遵循中华人民共和国缔结或者参加的有关国际条约确立的制度，具体办法由国务院规定。

第二章 商标注册的申请

第二十二条 商标注册申请人应当按规定的商品分类表填报使用商标的商品类别和商品名称，提出注册申请。

商标注册申请人可以通过一份申请就多个类别的商品申请注册同一商标。

商标注册申请等有关文件，可以以书面方式或者数据电文方式提出。

第二十三条 注册商标需要在核定使用范围之外的商品上取得商标专用权的，应当另行提出注册申请。

第二十四条 注册商标需要改变其标志的，应当重新提出注册申请。

第二十五条 商标注册申请人自其商标在外国第一次提出商标注册申请之日起6个月内，又在中国就相同商品以同一商标提出商标注册申请的，依照该外国同中国签订的协议或者共同参加的国际条约，或者按照相互承认优先权的原则，可以享有优先权。

依照前款要求优先权的，应当在提出商标注册申请的时候提出书面声明，并且在3个月内提交第一次提出的商标注册申请文件的副本；未提出书面声明或者逾期未提交商标注册申请文件副本的，视为未要求优先权。

第二十六条 商标在中国政府主办的或者承认的国际展览会展出的商品上首次使用的，自该商品展出之日起6个月内，该商标的注册申请人可以享有优先权。

依照前款要求优先权的，应当在提出商标注册申请的时候提出书面声明，并且在3个月内提交展出其商品的展览会名称、在展出商品上使用该商标的证据、展出日期等证明文件；未提出书面声明或者逾期未提交证明文件的，视为未要求优先权。

第二十七条 为申请商标注册所申报的事项和所提供的材料应当真实、准确、完整。

第三章 商标注册的审查和核准

第二十八条 对申请注册的商标，商标局应当自收到商标注册申请文件之日起9个月内审查完毕，符合本法有关规定的，予以初步审定公告。

第二十九条 在审查过程中，商标局认为商标注册申请内容需要说明或者修正的，可以要求申请人做出说明或者修正。申请人未做出说明或者修正的，不影响商标局做出审查决定。

第三十条 申请注册的商标，凡不符合本法有关规定或者同他人在同一种商品或者类似商品上已经注册的或者初步审定的商标相同或者近似的，由商标局驳回申请，不予公告。

第三十一条 两个或者两个以上的商标注册申请人，在同一种商品或者类似商品上，以相同或者近似的商标申请注册的，初步审定并公告申请在先的商标；同一天申请的，初步审定并公告使用在先的商标，驳回其他人的申请，不予公告。

第三十二条 申请商标注册不得损害他人现有的在先权利，也不得以不正当手段抢先注册他人已经使用并有一定影响的商标。

第三十三条 对初步审定公告的商标，自公告之日起3个月内，在先权利人、利害关系人认为违反本法第十三条第二款和第三款、第十五条、第十六条第一款、第三十条、第三十一条、第三十二条规定的，或者任何人认为违反本法第十条、第十一条、第十二条规定的，可以向商标局提出异议。公告期满无异议的，予以核准注册，发给商标注册证，并予公告。

第三十四条 对驳回申请、不予公告的商标，商标局应当书面通知商标注册申请人。商标注册申请人不服的，可以自收到通知之日起 15 日内向商标评审委员会申请复审。商标评审委员会应当自收到申请之日起 9 个月内做出决定，并书面通知申请人。有特殊情况需要延长的，经国务院工商行政管理部门批准，可以延长 3 个月。当事人对商标评审委员会的决定不服的，可以自收到通知之日起 30 日内向人民法院起诉。

第三十五条 对初步审定公告的商标提出异议的，商标局应当听取异议人和被异议人陈述事实和理由，经调查核实后，自公告期满之日起 12 个月内做出是否准予注册的决定，并书面通知异议人和被异议人。有特殊情况需要延长的，经国务院工商行政管理部门批准，可以延长 6 个月。

商标局做出准予注册决定的，发给商标注册证，并予公告。异议人不服的，可以依照本法第四十四条、第四十五条的规定向商标评审委员会请求宣告该注册商标无效。

商标局做出不予注册决定，被异议人不服的，可以自收到通知之日起 15 日内向商标评审委员会申请复审。商标评审委员会应当自收到申请之日起 12 个月内做出复审决定，并书面通知异议人和被异议人。有特殊情况需要延长的，经国务院工商行政管理部门批准，可以延长 6 个月。被异议人对商标评审委员会的决定不服的，可以自收到通知之日起 30 日内向人民法院起诉。人民法院应当通知异议人作为第三人参加诉讼。

商标评审委员会在依照前款规定进行复审的过程中，所涉及的在先权利的确定必须以人民法院正在审理或者行政机关正在处理的另一案件的结果为依据的，可以中止审查。中止原因消除后，应当恢复审查程序。

第三十六条 法定期限届满，当事人对商标局做出的驳回申请决定、不予注册决定不申请复审或者对商标评审委员会做出的复审决定不向人民法院起诉的，驳回申请决定、不予注册决定或者复审决定生效。

经审查异议不成立而准予注册的商标，商标注册申请人取得商标专用权的时间自初步审定公告 3 个月期满之日起计算。自该商标公告期满之日起至准予注册决定做出前，对他人在同一种或者类似商品上使用与该商标相同或者近似的标志的行为不具有追溯力；但是，因该使用人的恶意给商标注册人造成的损失，应当给予赔偿。

第三十七条 对商标注册申请和商标复审申请应当及时进行审查。

第三十八条 商标注册申请人或者注册人发现商标申请文件或者注册文件有明显错误的，可以申请更正。商标局依法在其职权范围内作出更正，并通知当事人。

前款所称更正错误不涉及商标申请文件或者注册文件的实质性内容。

第四章 注册商标的续展、变更、转让和使用许可

第三十九条 注册商标的有效期为 10 年，自核准注册之日起计算。

第四十条 注册商标有效期满，需要继续使用的，商标注册人应当在期满前 12 个月内按照规定办理续展手续；在此期间未能办理的，可以给予 6 个月的宽展期。每次续展注册的有效期为 10 年，自该商标上一届有效期满次日起计算。期满未办理续展手续的，注销其注册商标。

商标局应当对续展注册的商标予以公告。

第四十一条 注册商标需要变更注册人的名义、地址或者其他注册事项的，应当提出变更申请。

第四十二条 转让注册商标的，转让人和受让人应当签订转让协议，并共同向商标局提出申请。受让人应当保证使用该注册商标的商品质量。

转让注册商标的，商标注册人对其在同一种商品上注册的近似的商标，或者在类似商品上注册的相同或者近似的商标，应当一并转让。

对容易导致混淆或者有其他不良影响的转让，商标局不予核准，书面通知申请人并说明理由。

转让注册商标经核准后，予以公告。受让人自公告之日起享有商标专用权。

第四十三条　商标注册人可以通过签订商标使用许可合同，许可他人使用其注册商标。许可人应当监督被许可人使用其注册商标的商品质量。被许可人应当保证使用该注册商标的商品质量。

经许可使用他人注册商标的，必须在使用该注册商标的商品上标明被许可人的名称和商品产地。

许可他人使用其注册商标的，许可人应当将其商标使用许可报商标局备案，由商标局公告。商标使用许可未经备案不得对抗善意第三人。

第五章　注册商标的无效宣告

第四十四条　已经注册的商标，违反本法第十条、第十一条、第十二条规定的，或者是以欺骗手段或者其他不正当手段取得注册的，由商标局宣告该注册商标无效；其他单位或者个人可以请求商标评审委员会宣告该注册商标无效。

商标局做出宣告注册商标无效的决定，应当书面通知当事人。当事人对商标局的决定不服的，可以自收到通知之日起15日内向商标评审委员会申请复审。商标评审委员会应当自收到申请之日起九个月内做出决定，并书面通知当事人。有特殊情况需要延长的，经国务院工商行政管理部门批准，可以延长3个月。当事人对商标评审委员会的决定不服的，可以自收到通知之日起30日内向人民法院起诉。

其他单位或者个人请求商标评审委员会宣告注册商标无效的，商标评审委员会收到申请后，应当书面通知有关当事人，并限期提出答辩。商标评审委员会应当自收到申请之日起9个月内做出维持注册商标或者宣告注册商标无效的裁定，并书面通知当事人。有特殊情况需要延长的，经国务院工商行政管理部门批准，可以延长3个月。当事人对商标评审委员会的裁定不服的，可以自收到通知之日起30日内向人民法院起诉。人民法院应当通知商标裁定程序的对方当事人作为第三人参加诉讼。

第四十五条　已经注册的商标，违反本法第十三条第二款和第三款、第十五条、第十六条第一款、第三十条、第三十一条、第三十二条规定的，自商标注册之日起5年内，在先权利人或者利害关系人可以请求商标评审委员会宣告该注册商标无效。对恶意注册的，驰名商标所有人不受5年的时间限制。

商标评审委员会收到宣告注册商标无效的申请后，应当书面通知有关当事人，并限期提出答辩。商标评审委员会应当自收到申请之日起12个月内做出维持注册商标或者宣告注册商标无效的裁定，并书面通知当事人。有特殊情况需要延长的，经国务院工商行政管理部门批准，可以延长6个月。当事人对商标评审委员会的裁定不服的，可以自收到通知之日起30日内向人民法院起诉。人民法院应当通知商标裁定程序的对方当事人作为第三人参加诉讼。

商标评审委员会在依照前款规定对无效宣告请求进行审查的过程中，所涉及的在先权利的确定必须以人民法院正在审理或者行政机关正在处理的另一案件的结果为依据的，可以中止审查。中止原因消除后，应当恢复审查程序。

第四十六条　法定期限届满，当事人对商标局宣告注册商标无效的决定不申请复审或者对商标评审委员会的复审决定、维持注册商标或者宣告注册商标无效的裁定不向人民法院起诉的，商标局的决定或者商标评审委员会的复审决定、裁定生效。

第四十七条　依照本法第四十四条、第四十五条的规定宣告无效的注册商标，由商标局予以公告，该注册商标专用权视为自始即不存在。

宣告注册商标无效的决定或者裁定，对宣告无效前人民法院做出并已执行的商标侵权案件的判决、裁定、调解书和工商行政管理部门做出并已执行的商标侵权案件的处理决定以及已经履行的商标转让或者使用许可合同不具有追溯力。但是，因商标注册人的恶意给他人造成的损失，应当给予赔偿。

依照前款规定不返还商标侵权赔偿金、商标转让费、商标使用费，明显违反公平原则的，应当全部或者部分返还。

第六章　商标使用的管理

第四十八条　本法所称商标的使用，是指将商标用于商品、商品包装或者容器以及商品交易文书上，或者将商标用于广告宣传、展览以及其他商业活动中,用于识别商品来源的行为。

第四十九条 商标注册人在使用注册商标的过程中,自行改变注册商标、注册人名义、地址或者其他注册事项的,由地方工商行政管理部门责令限期改正;期满不改正的,由商标局撤销其注册商标。

注册商标成为其核定使用的商品的通用名称或者没有正当理由连续3年不使用的,任何单位或者个人可以向商标局申请撤销该注册商标。商标局应当自收到申请之日起9个月内做出决定。有特殊情况需要延长的,经国务院工商行政管理部门批准,可以延长3个月。

第五十条 注册商标被撤销、被宣告无效或者期满不再续展的,自撤销、宣告无效或者注销之日起1年内,商标局对与该商标相同或者近似的商标注册申请,不予核准。

第五十一条 违反本法第六条规定的,由地方工商行政管理部门责令限期申请注册,违法经营额5万元以上的,可以处违法经营额20.0%以下的罚款,没有违法经营额或者违法经营额不足5万元的,可以处1万元以下的罚款。

第五十二条 将未注册商标冒充注册商标使用的,或者使用未注册商标违反本法第十条规定的,由地方工商行政管理部门予以制止,限期改正,并可以予以通报,违法经营额5万元以上的,可以处违法经营额20.0%以下的罚款,没有违法经营额或者违法经营额不足5万元的,可以处1万元以下的罚款。

第五十三条 违反本法第十四条第五款规定的,由地方工商行政管理部门责令改正,处10万元罚款。

第五十四条 对商标局撤销或者不予撤销注册商标的决定,当事人不服的,可以自收到通知之日起15日内向商标评审委员会申请复审。商标评审委员会应当自收到申请之日起9个月内做出决定,并书面通知当事人。有特殊情况需要延长的,经国务院工商行政管理部门批准,可以延长3个月。当事人对商标评审委员会的决定不服的,可以自收到通知之日起30日内向人民法院起诉。

第五十五条 法定期限届满,当事人对商标局做出的撤销注册商标的决定不申请复审或者对商标评审委员会做出的复审决定不向人民法院起诉的,撤销注册商标的决定、复审决定生效。

被撤销的注册商标,由商标局予以公告,该注册商标专用权自公告之日起终止。

第七章　注册商标专用权的保护

第五十六条 注册商标的专用权,以核准注册的商标和核定使用的商品为限。

第五十七条 有下列行为之一的,均属侵犯注册商标专用权:

(1)未经商标注册人的许可,在同一种商品上使用与其注册商标相同的商标的;

(2)未经商标注册人的许可,在同一种商品上使用与其注册商标近似的商标,或者在类似商品上使用与其注册商标相同或者近似的商标,容易导致混淆的;

(3)销售侵犯注册商标专用权的商品的;

(4)伪造、擅自制造他人注册商标标识或者销售伪造、擅自制造的注册商标标识的;

(5)未经商标注册人同意,更换其注册商标并将该更换商标的商品又投入市场的;

(6)故意为侵犯他人商标专用权行为提供便利条件,帮助他人实施侵犯商标专用权行为的;

(7)给他人的注册商标专用权造成其他损害的。

第五十八条 将他人注册商标、未注册的驰名商标作为企业名称中的字号使用,误导公众,构成不正当竞争行为的,依照《中华人民共和国反不正当竞争法》处理。

第五十九条 注册商标中含有的本商品的通用名称、图形、型号,或者直接表示商品的质量、主要原料、功能、用途、重量、数量及其他特点,或者含有的地名,注册商标专用权人无权禁止他人正当使用。

三维标志注册商标中含有的商品自身的性质产生的形状、为获得技术效果而需有的商品形状或者使商品具有实质性价值的形状,注册商标专用权人无权禁止他人正当使用。

商标注册人申请商标注册前,他人已经在同一种商品或者类似商品上先于商标注册人使用与注册商标相同或者近似并有一定影响的商标的,注册商标专用权人无权禁止该使用人在原使用范围内继续使用该商标,但可以要求其附加适当区别标识。

第六十条 有本法第五十七条所列侵犯注册商标专用权行为之一，引起纠纷的，由当事人协商解决；不愿协商或者协商不成的，商标注册人或者利害关系人可以向人民法院起诉，也可以请求工商行政管理部门处理。

工商行政管理部门处理时，认定侵权行为成立的，责令立即停止侵权行为，没收、销毁侵权商品和主要用于制造侵权商品、伪造注册商标标识的工具，违法经营额5万元以上的，可以处违法经营额5倍以下的罚款，没有违法经营额或者违法经营额不足5万元的，可以处25万元以下的罚款。对5年内实施两次以上商标侵权行为或者有其他严重情节的，应当从重处罚。销售不知道是侵犯注册商标专用权的商品，能证明该商品是自己合法取得并说明提供者的，由工商行政管理部门责令停止销售。

对侵犯商标专用权的赔偿数额的争议，当事人可以请求进行处理的工商行政管理部门调解，也可以依照《中华人民共和国民事诉讼法》向人民法院起诉。经工商行政管理部门调解，当事人未达成协议或者调解书生效后不履行的，当事人可以依照《中华人民共和国民事诉讼法》向人民法院起诉。

第六十一条 对侵犯注册商标专用权的行为，工商行政管理部门有权依法查处；涉嫌犯罪的，应当及时移送司法机关依法处理。

第六十二条 县级以上工商行政管理部门根据已经取得的违法嫌疑证据或者举报，对涉嫌侵犯他人注册商标专用权的行为进行查处时，可以行使下列职权：

（1）询问有关当事人，调查与侵犯他人注册商标专用权有关的情况；

（2）查阅、复制当事人与侵权活动有关的合同、发票、账簿以及其他有关资料；

（3）对当事人涉嫌从事侵犯他人注册商标专用权活动的场所实施现场检查；

（4）检查与侵权活动有关的物品；对有证据证明是侵犯他人注册商标专用权的物品，可以查封或者扣押。

工商行政管理部门依法行使前款规定的职权时，当事人应当予以协助、配合，不得拒绝、阻挠。

在查处商标侵权案件过程中，对商标权属存在争议或者权利人同时向人民法院提起商标侵权诉讼的，工商行政管理部门可以中止案件的查处。中止原因消除后，应当恢复或者终结案件查处程序。

第六十三条 侵犯商标专用权的赔偿数额，按照权利人因被侵权所受到的实际损失确定；实际损失难以确定的，可以按照侵权人因侵权所获得的利益确定；权利人的损失或者侵权人获得的利益难以确定的，参照该商标许可使用费的倍数合理确定。对恶意侵犯商标专用权，情节严重的，可以在按照上述方法确定数额的1倍以上3倍以下确定赔偿数额。赔偿数额应当包括权利人为制止侵权行为所支付的合理开支。

人民法院为确定赔偿数额，在权利人已经尽力举证，而与侵权行为相关的账簿、资料主要由侵权人掌握的情况下，可以责令侵权人提供与侵权行为相关的账簿、资料；侵权人不提供或者提供虚假的账簿、资料的，人民法院可以参考权利人的主张和提供的证据判定赔偿数额。

权利人因被侵权所受到的实际损失、侵权人因侵权所获得的利益、注册商标许可使用费难以确定的，由人民法院根据侵权行为的情节判决给予300万元以下的赔偿。

第六十四条 注册商标专用权人请求赔偿，被控侵权人以注册商标专用权人未使用注册商标提出抗辩的，人民法院可以要求注册商标专用权人提供此前3年内实际使用该注册商标的证据。注册商标专用权人不能证明此前3年内实际使用过该注册商标，也不能证明因侵权行为受到其他损失的，被控侵权人不承担赔偿责任。

销售不知道是侵犯注册商标专用权的商品，能证明该商品是自己合法取得并说明提供者的，不承担赔偿责任。

第六十五条 商标注册人或者利害关系人有证据证明他人正在实施或者即将实施侵犯其注册商标专用权的行为，如不及时制止将会使其合法权益受到难以弥补的损害的，可以依法在起诉前向人民法院申请采取责令停止有关行为和财产保全的措施。

第六十六条 为制止侵权行为，在证据可能灭失或者以后难以取得的情况下，商标注册人或者利害关系人可以依法在起诉前向人民法院申请保全证据。

第六十七条 未经商标注册人许可，在同一种商品上使用与其注册商标相同的商标，构成犯罪的，除赔偿被侵权人的损失外，依法追究刑事责任。

伪造、擅自制造他人注册商标标识或者销售伪造、擅自制造的注册商标标识，构成犯罪的，除赔偿被侵权人的损失外，依法追究刑事责任。

销售明知是假冒注册商标的商品，构成犯罪的，除赔偿被侵权人的损失外，依法追究刑事责任。

第六十八条 商标代理机构有下列行为之一的，由工商行政管理部门责令限期改正，给予警告，处1万元以上10万元以下的罚款；对直接负责的主管人员和其他直接责任人员给予警告，处0.5万元以上5万元以下的罚款；构成犯罪的，依法追究刑事责任：

（1）办理商标事宜过程中，伪造、变造或者使用伪造、变造的法律文件、印章、签名的；

（2）以诋毁其他商标代理机构等手段招徕商标代理业务或者以其他不正当手段扰乱商标代理市场秩序的；

（3）违反本法第十九条第三款、第四款规定的。

商标代理机构有前款规定行为的，由工商行政管理部门记入信用档案；情节严重的，商标局、商标评审委员会并可以决定停止受理其办理商标代理业务，予以公告。

商标代理机构违反诚实信用原则，侵害委托人合法利益的，应当依法承担民事责任，并由商标代理行业组织按照章程规定予以惩戒。

第六十九条 从事商标注册、管理和复审工作的国家机关工作人员必须秉公执法，廉洁自律，忠于职守，文明服务。

商标局、商标评审委员会以及从事商标注册、管理和复审工作的国家机关工作人员不得从事商标代理业务和商品生产经营活动。

第七十条 工商行政管理部门应当建立健全内部监督制度，对负责商标注册、管理和复审工作的国家机关工作人员执行法律、行政法规和遵守纪律的情况，进行监督检查。

第七十一条 从事商标注册、管理和复审工作的国家机关工作人员玩忽职守、滥用职权、徇私舞弊，违法办理商标注册、管理和复审事项，收受当事人财物，牟取不正当利益，构成犯罪的，依法追究刑事责任；尚不构成犯罪的，依法给予处分。

第八章 附 则

第七十二条 申请商标注册和办理其他商标事宜的，应当缴纳费用，具体收费标准另定。

第七十三条 本法自1983年3月1日起施行。1963年4月10日国务院公布的《商标管理条例》同时废止；其他有关商标管理的规定，凡与本法抵触的，同时失效。

本法施行前已经注册的商标继续有效。

中华人民共和国消费者权益保护法

（根据2013年10月25日第十二届全国人民代表大会常务委员会第五次会议《关于修改〈中华人民共和国消费者权益保护法〉的决定》修订 2013年10月25日中华人民共和国主席令第7号公布 自2014年3月15日起施行）

第一章 总 则

第一条 为保护消费者的合法权益，维护社会经济秩序，促进社会主义市场经济健康发展，制定本法。

第二条 消费者为生活消费需要购买、使用商品或者接受服务，其权益受本法保护；本法未作规定的，受其他有关法律、法规保护。

第三条 经营者为消费者提供其生产、销售的商品或者提供服务，应当遵守本法；本法未作规定的，应当遵守其他有关法律、法规。

第四条 经营者与消费者进行交易，应当遵循自愿、平等、公平、诚实信用的原则。

第五条 国家保护消费者的合法权益不受侵害。

国家采取措施，保障消费者依法行使权利，维护消费者的合法权益。

国家倡导文明、健康、节约资源和保护环境的消费方式，反对浪费。

第六条 保护消费者的合法权益是全社会的共同责任。

国家鼓励、支持一切组织和个人对损害消费者合法权益的行为进行社会监督。

大众传播媒介应当做好维护消费者合法权益的宣传，对损害消费者合法权益的行为进行舆论监督。

第二章 消费者的权利

第七条 消费者在购买、使用商品和接受服务时享有人身、财产安全不受损害的权利。

消费者有权要求经营者提供的商品和服务，符合保障人身、财产安全的要求。

第八条 消费者享有知悉其购买、使用的商品或者接受的服务的真实情况的权利。

消费者有权根据商品或者服务的不同情况，要求经营者提供商品的价格、产地、生产者、用途、性能、规格、等级、主要成分、生产日期、有效期限、检验合格证明、使用方法说明书、售后服务，或者服务的内容、规格、费用等有关情况。

第九条 消费者享有自主选择商品或者服务的权利。

消费者有权自主选择提供商品或者服务的经营者，自主选择商品品种或者服务方式，自主决定购买或者不购买任何一种商品、接受或者不接受任何一项服务。

消费者在自主选择商品或者服务时，有权进行比较、鉴别和挑选。

第十条 消费者享有公平交易的权利。

消费者在购买商品或者接受服务时，有权获得质量保障、价格合理、计量正确等公平交易条件，有权拒绝经营者的强制交易行为。

第十一条 消费者因购买、使用商品或者接受服务受到人身、财产损害的，享有依法获得赔偿的权利。

第十二条 消费者享有依法成立维护自身合法权益的社会组织的权利。

第十三条 消费者享有获得有关消费和消费者权益保护方面的知识的权利。

消费者应当努力掌握所需商品或者服务的知识和使用技能，正确使用商品，提高自我保护意识。

第十四条 消费者在购买、使用商品和接受服务时，享有人格尊严、民族风俗习惯得到尊重的权利，享有个人信息依法得到保护的权利。

第十五条 消费者享有对商品和服务以及保护消费者权益工作进行监督的权利。

消费者有权检举、控告侵害消费者权益的行为和国家机关及其工作人员在保护消费者权益工作中的违法失职行为，有权对保护消费者权益工作提出批评、建议。

第三章 经营者的义务

第十六条 经营者向消费者提供商品或者服务，应当依照本法和其他有关法律、法规的规定履行义务。

经营者和消费者有约定的，应当按照约定履行义务，但双方的约定不得违背法律、法规的规定。

经营者向消费者提供商品或者服务，应当恪守社会公德，诚信经营，保障消费者的合法权益；不得设定不公平、不合理的交易条件，不得强制交易。

第十七条 经营者应当听取消费者对其提供的商品或者服务的意见，接受消费者的监督。

第十八条 经营者应当保证其提供的商品或者服务符合保障人身、财产安全的要求。对可能危及人身、财产安全的商品和服务，应当向消费者作出真实的说明和明确的警示，并说明和标明正确使用商品或者接受服务的方法以及防止危害发生的方法。

宾馆、商场、餐馆、银行、机场、车站、港口、影剧院等经营场所的经营者，应当对消费者尽到安全保障义务。

第十九条 经营者发现其提供的商品或者服务

存在缺陷，有危及人身、财产安全危险的，应当立即向有关行政部门报告和告知消费者，并采取停止销售、警示、召回、无害化处理、销毁、停止生产或者服务等措施。采取召回措施的，经营者应当承担消费者因商品被召回支出的必要费用。

第二十条 经营者向消费者提供有关商品或者服务的质量、性能、用途、有效期限等信息，应当真实、全面，不得作虚假或者引人误解的宣传。

经营者对消费者就其提供的商品或者服务的质量和使用方法等问题提出的询问，应当作出真实、明确的答复。

经营者提供商品或者服务应当明码标价。

第二十一条 经营者应当标明其真实名称和标记。

租赁他人柜台或者场地的经营者，应当标明其真实名称和标记。

第二十二条 经营者提供商品或者服务，应当按照国家有关规定或者商业惯例向消费者出具发票等购货凭证或者服务单据；消费者索要发票等购货凭证或者服务单据的，经营者必须出具。

第二十三条 经营者应当保证在正常使用商品或者接受服务的情况下其提供的商品或者服务应当具有的质量、性能、用途和有效期限；但消费者在购买该商品或者接受该服务前已经知道其存在瑕疵，且存在该瑕疵不违反法律强制性规定的除外。

经营者以广告、产品说明、实物样品或者其他方式表明商品或者服务的质量状况的，应当保证其提供的商品或者服务的实际质量与表明的质量状况相符。

经营者提供的机动车、计算机、电视机、电冰箱、空调器、洗衣机等耐用商品或者装饰装修等服务，消费者自接受商品或者服务之日起6个月内发现瑕疵，发生争议的，由经营者承担有关瑕疵的举证责任。

第二十四条 经营者提供的商品或者服务不符合质量要求的，消费者可以依照国家规定、当事人约定退货，或者要求经营者履行更换、修理等义务。没有国家规定和当事人约定的，消费者可以自收到商品之日起7日内退货；7日后符合法定解除合同条件的，消费者可以及时退货，不符合法定解除合同条件的，可以要求经营者履行更换、修理等义务。

依照前款规定进行退货、更换、修理的，经营者应当承担运输等必要费用。

第二十五条 经营者采用网络、电视、电话、邮购等方式销售商品，消费者有权自收到商品之日起7日内退货，且无须说明理由，但下列商品除外：

（1）消费者定做的；

（2）鲜活易腐的；

（3）在线下载或者消费者拆封的音像制品、计算机软件等数字化商品；

（4）交付的报纸、期刊。

除前款所列商品外，其他根据商品性质并经消费者在购买时确认不宜退货的商品，不适用无理由退货。

消费者退货的商品应当完好。经营者应当自收到退回商品之日起7日内返还消费者支付的商品价款。退回商品的运费由消费者承担；经营者和消费者另有约定的，按照约定。

第二十六条 经营者在经营活动中使用格式条款的，应当以显著方式提请消费者注意商品或者服务的数量和质量、价款或者费用、履行期限和方式、安全注意事项和风险警示、售后服务、民事责任等与消费者有重大利害关系的内容，并按照消费者的要求予以说明。

经营者不得以格式条款、通知、声明、店堂告示等方式，作出排除或者限制消费者权利、减轻或者免除经营者责任、加重消费者责任等对消费者不公平、不合理的规定，不得利用格式条款并借助技术手段强制交易。

格式条款、通知、声明、店堂告示等含有前款所列内容的，其内容无效。

第二十七条 经营者不得对消费者进行侮辱、诽谤，不得搜查消费者的身体及其携带的物品，不得侵犯消费者的人身自由。

第二十八条 采用网络、电视、电话、邮购等方式提供商品或者服务的经营者，以及提供证券、保险、银行等金融服务的经营者，应当向消费者提供经营地址、联系方式、商品或者服务的数量和质量、价款或者费用、履行期限和方式、安全注意事项和风险警示、售后服务、民事责任等信息。

第二十九条 经营者收集、使用消费者个人信息,应当遵循合法、正当、必要的原则,明示收集、使用信息的目的、方式和范围,并经消费者同意。经营者收集、使用消费者个人信息,应当公开其收集、使用规则,不得违反法律、法规的规定和双方的约定收集、使用信息。

经营者及其工作人员对收集的消费者个人信息必须严格保密,不得泄露、出售或者非法向他人提供。经营者应当采取技术措施和其他必要措施,确保信息安全,防止消费者个人信息泄露、丢失。在发生或者可能发生信息泄露、丢失的情况时,应当立即采取补救措施。

经营者未经消费者同意或者请求,或者消费者明确表示拒绝的,不得向其发送商业性信息。

第四章　国家对消费者合法权益的保护

第三十条　国家制定有关消费者权益的法律、法规、规章和强制性标准,应当听取消费者和消费者协会等组织的意见。

第三十一条　各级人民政府应当加强领导,组织、协调、督促有关行政部门做好保护消费者合法权益的工作,落实保护消费者合法权益的职责。

各级人民政府应当加强监督,预防危害消费者人身、财产安全行为的发生,及时制止危害消费者人身、财产安全的行为。

第三十二条　各级人民政府工商行政管理部门和其他有关行政部门应当依照法律、法规的规定,在各自的职责范围内,采取措施,保护消费者的合法权益。

有关行政部门应当听取消费者和消费者协会等组织对经营者交易行为、商品和服务质量问题的意见,及时调查处理。

第三十三条　有关行政部门在各自的职责范围内,应当定期或者不定期对经营者提供的商品和服务进行抽查检验,并及时向社会公布抽查检验结果。

有关行政部门发现并认定经营者提供的商品或者服务存在缺陷,有危及人身、财产安全危险的,应当立即责令经营者采取停止销售、警示、召回、无害化处理、销毁、停止生产或者服务等措施。

第三十四条　有关国家机关应当依照法律、法规的规定,惩处经营者在提供商品和服务中侵害消费者合法权益的违法犯罪行为。

第三十五条　人民法院应当采取措施,方便消费者提起诉讼。对符合《中华人民共和国民事诉讼法》起诉条件的消费者权益争议,必须受理,及时审理。

第五章　消费者组织

第三十六条　消费者协会和其他消费者组织是依法成立的对商品和服务进行社会监督的保护消费者合法权益的社会组织。

第三十七条　消费者协会履行下列公益性职责:

(1)向消费者提供消费信息和咨询服务,提高消费者维护自身合法权益的能力,引导文明、健康、节约资源和保护环境的消费方式;

(2)参与制定有关消费者权益的法律、法规、规章和强制性标准;

(3)参与有关行政部门对商品和服务的监督、检查;

(4)就有关消费者合法权益的问题,向有关部门反映、查询,提出建议;

(5)受理消费者的投诉,并对投诉事项进行调查、调解;

(6)投诉事项涉及商品和服务质量问题的,可以委托具备资格的鉴定人鉴定,鉴定人应当告知鉴定意见;

(7)损害消费者合法权益的行为,支持受损害的消费者提起诉讼或者依照本法提起诉讼;

(8)对损害消费者合法权益的行为,通过大众传播媒介予以揭露、批评。

各级人民政府对消费者协会履行职责应当予以必要的经费等支持。

消费者协会应当认真履行保护消费者合法权益的职责,听取消费者的意见和建议,接受社会监督。

依法成立的其他消费者组织依照法律、法规及其章程的规定,开展保护消费者合法权益的活动。

第三十八条　消费者组织不得从事商品经营和营利性服务,不得以收取费用或者其他牟取利益的方式向消费者推荐商品和服务。

第六章　争议的解决

第三十九条　消费者和经营者发生消费者权益争议的，可以通过下列途径解决：

（1）与经营者协商和解；

（2）请求消费者协会或者依法成立的其他调解组织调解；

（3）向有关行政部门投诉；

（4）根据与经营者达成的仲裁协议提请仲裁机构仲裁；

（5）向人民法院提起诉讼。

第四十条　消费者在购买、使用商品时，其合法权益受到损害的，可以向销售者要求赔偿。销售者赔偿后，属于生产者的责任或者属于向销售者提供商品的其他销售者的责任的，销售者有权向生产者或者其他销售者追偿。

消费者或者其他受害人因商品缺陷造成人身、财产损害的，可以向销售者要求赔偿，也可以向生产者要求赔偿。属于生产者责任的，销售者赔偿后，有权向生产者追偿。属于销售者责任的，生产者赔偿后，有权向销售者追偿。

消费者在接受服务时，其合法权益受到损害的，可以向服务者要求赔偿。

第四十一条　消费者在购买、使用商品或者接受服务时，其合法权益受到损害，因原企业分立、合并的，可以向变更后承受其权利义务的企业要求赔偿。

第四十二条　使用他人营业执照的违法经营者提供商品或者服务，损害消费者合法权益的，消费者可以向其要求赔偿，也可以向营业执照的持有人要求赔偿。

第四十三条　消费者在展销会、租赁柜台购买商品或者接受服务，其合法权益受到损害的，可以向销售者或者服务者要求赔偿。展销会结束或者柜台租赁期满后，也可以向展销会的举办者、柜台的出租者要求赔偿。展销会的举办者、柜台的出租者赔偿后，有权向销售者或者服务者追偿。

第四十四条　消费者通过网络交易平台购买商品或者接受服务，其合法权益受到损害的，可以向销售者或者服务者要求赔偿。网络交易平台提供者不能提供销售者或者服务者的真实名称、地址和有效联系方式的，消费者也可以向网络交易平台提供者要求赔偿；网络交易平台提供者作出更有利于消费者的承诺的，应当履行承诺。网络交易平台提供者赔偿后，有权向销售者或者服务者追偿。

网络交易平台提供者明知或者应知销售者或者服务者利用其平台侵害消费者合法权益，未采取必要措施的，依法与该销售者或者服务者承担连带责任。

第四十五条　消费者因经营者利用虚假广告或者其他虚假宣传方式提供商品或者服务，其合法权益受到损害的，可以向经营者要求赔偿。广告经营者、发布者发布虚假广告的，消费者可以请求行政主管部门予以惩处。广告经营者、发布者不能提供经营者的真实名称、地址和有效联系方式的，应当承担赔偿责任。

广告经营者、发布者设计、制作、发布关系消费者生命健康商品或者服务的虚假广告，造成消费者损害的，应当与提供该商品或者服务的经营者承担连带责任。

社会团体或者其他组织、个人在关系消费者生命健康商品或者服务的虚假广告或者其他虚假宣传中向消费者推荐商品或者服务，造成消费者损害的，应当与提供该商品或者服务的经营者承担连带责任。

第四十六条　消费者向有关行政部门投诉的，该部门应当自收到投诉之日起 7 个工作日内，予以处理并告知消费者。

第四十七条　对侵害众多消费者合法权益的行为，中国消费者协会以及在省、自治区、直辖市设立的消费者协会，可以向人民法院提起诉讼。

第七章　法律责任

第四十八条　经营者提供商品或者服务有下列情形之一的，除本法另有规定外，应当依照其他有关法律、法规的规定，承担民事责任：

（1）商品或者服务存在缺陷的；

（2）不具备商品应当具备的使用性能而出售时未作说明的；

（3）不符合在商品或者其包装上注明采用的商

品标准的；

(4)不符合商品说明、实物样品等方式表明的质量状况的；

(5)生产国家明令淘汰的商品或者销售失效、变质的商品的；

(6)销售的商品数量不足的；

(7)服务的内容和费用违反约定的；

(8)对消费者提出的修理、重作、更换、退货、补足商品数量、退还货款和服务费用或者赔偿损失的要求，故意拖延或者无理拒绝的；

(9)法律、法规规定的其他损害消费者权益的情形。

经营者对消费者未尽到安全保障义务，造成消费者损害的，应当承担侵权责任。

第四十九条　经营者提供商品或者服务，造成消费者或者其他受害人人身伤害的，应当赔偿医疗费、护理费、交通费等为治疗和康复支出的合理费用，以及因误工减少的收入。造成残疾的，还应当赔偿残疾生活辅助具费和残疾赔偿金。造成死亡的，还应当赔偿丧葬费和死亡赔偿金。

第五十条　经营者侵害消费者的人格尊严、侵犯消费者人身自由或者侵害消费者个人信息依法得到保护的权利的，应当停止侵害、恢复名誉、消除影响、赔礼道歉，并赔偿损失。

第五十一条　经营者有侮辱诽谤、搜查身体、侵犯人身自由等侵害消费者或者其他受害人人身权益的行为，造成严重精神损害的，受害人可以要求精神损害赔偿。

第五十二条　经营者提供商品或者服务，造成消费者财产损害的，应当依照法律规定或者当事人约定承担修理、重作、更换、退货、补足商品数量、退还货款和服务费用或者赔偿损失等民事责任。

第五十三条　经营者以预收款方式提供商品或者服务的，应当按照约定提供。未按照约定提供的，应当按照消费者的要求履行约定或者退回预付款；并应当承担预付款的利息、消费者必须支付的合理费用。

第五十四条　依法经有关行政部门认定为不合格的商品，消费者要求退货的，经营者应当负责退货。

第五十五条　经营者提供商品或者服务有欺诈行为的，应当按照消费者的要求增加赔偿其受到的损失，增加赔偿的金额为消费者购买商品的价款或者接受服务的费用的3倍；增加赔偿的金额不足500的，为500元。法律另有规定的，依照其规定。

经营者明知商品或者服务存在缺陷，仍然向消费者提供，造成消费者或者其他受害人死亡或者健康严重损害的，受害人有权要求经营者依照本法第四十九条、第五十一条等法律规定赔偿损失，并有权要求所受损失2倍以下的惩罚性赔偿。

第五十六条　经营者有下列情形之一，除承担相应的民事责任外，其他有关法律、法规对处罚机关和处罚方式有规定的，依照法律、法规的规定执行；法律、法规未作规定的，由工商行政管理部门或者其他有关行政部门责令改正，可以根据情节单处或者并处警告、没收违法所得、处以违法所得一倍以上10倍以下的罚款，没有违法所得的，处以50万元以下的罚款；情节严重的，责令停业整顿、吊销营业执照：

(1)提供的商品或者服务不符合保障人身、财产安全要求的；

(2)在商品中掺杂、掺假，以假充真，以次充好，或者以不合格商品冒充合格商品的；

(3)生产国家明令淘汰的商品或者销售失效、变质的商品的；

(4)伪造商品的产地，伪造或者冒用他人的厂名、厂址，篡改生产日期，伪造或者冒用认证标志等质量标志的；

(5)销售的商品应当检验、检疫而未检验、检疫或者伪造检验、检疫结果的；

(6)对商品或者服务作虚假或者引人误解的宣传的；

(7)拒绝或者拖延有关行政部门责令对缺陷商品或者服务采取停止销售、警示、召回、无害化处理、销毁、停止生产或者服务等措施的；

(8)对消费者提出的修理、重作、更换、退货、补足商品数量、退还货款和服务费用或者赔偿损失的要求，故意拖延或者无理拒绝的；

(9)侵害消费者人格尊严、侵犯消费者人身自由或者侵害消费者个人信息依法得到保护的权利的；

(10)法律、法规规定的对损害消费者权益应当予以处罚的其他情形。

经营者有前款规定情形的，除依照法律、法规规定予以处罚外，处罚机关应当记入信用档案，向社会公布。

第五十七条 经营者违反本法规定提供商品或者服务，侵害消费者合法权益，构成犯罪的，依法追究刑事责任。

第五十八条 经营者违反本法规定，应当承担民事赔偿责任和缴纳罚款、罚金，其财产不足以同时支付的，先承担民事赔偿责任。

第五十九条 经营者对行政处罚决定不服的，可以依法申请行政复议或者提起行政诉讼。

第六十条 以暴力、威胁等方法阻碍有关行政部门工作人员依法执行职务的，依法追究刑事责任；拒绝、阻碍有关行政部门工作人员依法执行职务，未使用暴力、威胁方法的，由公安机关依照《中华人民共和国治安管理处罚法》的规定处罚。

第六十一条 国家机关工作人员玩忽职守或者包庇经营者侵害消费者合法权益的行为的，由其所在单位或者上级机关给予行政处分；情节严重，构成犯罪的，依法追究刑事责任。

第八章 附 则

第六十二条 农民购买、使用直接用于农业生产的生产资料，参照本法执行。

第六十三条 本法自 1994 年 1 月 1 日起施行。

行政法规

征信业管理条例

（2012 年 12 月 26 日国务院第 228 次常务会议通过　2013 年 1 月 21 日中华人民共和国国务院令第 631 号公布　自 2013 年 3 月 15 日起施行）

第一章　总　则

第一条　为了规范征信活动，保护当事人合法权益，引导、促进征信业健康发展，推进社会信用体系建设，制定本条例。

第二条　在中国境内从事征信业务及相关活动，适用本条例。

本条例所称征信业务，是指对企业、事业单位等组织（统称“企业”）的信用信息和个人的信用信息进行采集、整理、保存、加工，并向信息使用者提供的活动。

国家设立的金融信用信息基础数据库进行信息的采集、整理、保存、加工和提供，适用本条例第五章规定。

国家机关以及法律、法规授权的具有管理公共事务职能的组织依照法律、行政法规和国务院的规定，为履行职责进行的企业和个人信息的采集、整理、保存、加工和公布，不适用本条例。

第三条　从事征信业务及相关活动，应当遵守法律法规，诚实守信，不得危害国家秘密，不得侵犯商业秘密和个人隐私。

第四条　中国人民银行（简称“国务院征信业监督管理部门”）及其派出机构依法对征信业进行监督管理。

县级以上地方人民政府和国务院有关部门依法推进本地区、本行业的社会信用体系建设，培育征信市场，推动征信业发展。

第二章　征信机构

第五条　本条例所称征信机构，是指依法设立，主要经营征信业务的机构。

第六条　设立经营个人征信业务的征信机构，应当符合《中华人民共和国公司法》规定的公司设立条件和下列条件，并经国务院征信业监督管理部门批准：

（1）主要股东信誉良好，最近 3 年无重大违法违规记录；

（2）注册资本不少于人民币 5 000 万元；

（3）有符合国务院征信业监督管理部门规定的保障信息安全的设施、设备和制度、措施；

（4）拟任董事、监事和高级管理人员符合本条例第八条规定的任职条件；

（5）国务院征信业监督管理部门规定的其他审慎性条件。

第七条　申请设立经营个人征信业务的征信机构，应当向国务院征信业监督管理部门提交申请书和证明其符合本条例第六条规定条件的材料。

国务院征信业监督管理部门应当依法进行审查，自受理申请之日起 60 日内作出批准或者不予批准的决定。决定批准的，颁发个人征信业务经营许可证；不予批准的，应当书面说明理由。

经批准设立的经营个人征信业务的征信机构，凭个人征信业务经营许可证向公司登记机关办理登记。

未经国务院征信业监督管理部门批准，任何单位和个人不得经营个人征信业务。

第八条 经营个人征信业务的征信机构的董事、监事和高级管理人员，应当熟悉与征信业务相关的法律法规，具有履行职责所需的征信业从业经验和管理能力，最近3年无重大违法违规记录，并取得国务院征信业监督管理部门核准的任职资格。

第九条 经营个人征信业务的征信机构设立分支机构、合并或者分立、变更注册资本、变更出资额占公司资本总额5.0%以上或者持股占公司股份5.0%以上的股东的，应当经国务院征信业监督管理部门批准。

经营个人征信业务的征信机构变更名称的，应当向国务院征信业监督管理部门办理备案。

第十条 设立经营企业征信业务的征信机构，应当符合《中华人民共和国公司法》规定的设立条件，并自公司登记机关准予登记之日起30日内向所在地的国务院征信业监督管理部门派出机构办理备案，并提供下列材料：

(1)营业执照；

(2)股权结构、组织机构说明；

(3)业务范围、业务规则、业务系统的基本情况；

(4)信息安全和风险防范措施。

备案事项发生变更的，应当自变更之日起30日内向原备案机构办理变更备案。

第十一条 征信机构应当按照国务院征信业监督管理部门的规定，报告上一年度开展征信业务的情况。

国务院征信业监督管理部门应当向社会公告经营个人征信业务和企业征信业务的征信机构名单，并及时更新。

第十二条 征信机构解散或者被依法宣告破产的，应当向国务院征信业监督管理部门报告，并按照下列方式处理信息数据库：

(1)与其他征信机构约定并经国务院征信业监督管理部门同意，转让给其他征信机构；

(2)不能依照前项规定转让的，移交给国务院征信业监督管理部门指定的征信机构；

(3)不能依照前两项规定转让、移交的，在国务院征信业监督管理部门的监督下销毁。

经营个人征信业务的征信机构解散或者被依法宣告破产的，还应当在国务院征信业监督管理部门指定的媒体上公告，并将个人征信业务经营许可证交国务院征信业监督管理部门注销。

第三章 征信业务规则

第十三条 采集个人信息应当经信息主体本人同意，未经本人同意不得采集。但是，依照法律、行政法规规定公开的信息除外。

企业的董事、监事、高级管理人员与其履行职务相关的信息，不作为个人信息。

第十四条 禁止征信机构采集个人的宗教信仰、基因、指纹、血型、疾病和病史信息以及法律、行政法规规定禁止采集的其他个人信息。

征信机构不得采集个人的收入、存款、有价证券、商业保险、不动产的信息和纳税数额信息。但是，征信机构明确告知信息主体提供该信息可能产生的不利后果，并取得其书面同意的除外。

第十五条 信息提供者向征信机构提供个人不良信息，应当事先告知信息主体本人。但是，依照法律、行政法规规定公开的不良信息除外。

第十六条 征信机构对个人不良信息的保存期限，自不良行为或者事件终止之日起为5年；超过5年的，应当予以删除。

在不良信息保存期限内，信息主体可以对不良信息作出说明，征信机构应当予以记载。

第十七条 信息主体可以向征信机构查询自身信息。个人信息主体有权每年两次免费获取本人的信用报告。

第十八条 向征信机构查询个人信息的，应当取得信息主体本人的书面同意并约定用途。但是，法律规定可以不经同意查询的除外。

征信机构不得违反前款规定提供个人信息。

第十九条 征信机构或者信息提供者、信息使用者采用格式合同条款取得个人信息主体同意的，应当在合同中作出足以引起信息主体注意的提示，并按照信息主体的要求作出明确说明。

第二十条 信息使用者应当按照与个人信息主体约定的用途使用个人信息，不得用作约定以外的用途，不得未经个人信息主体同意向第三方提供。

第二十一条 征信机构可以通过信息主体、企业交易对方、行业协会提供信息，政府有关部门依法已公开的信息，人民法院依法公布的判决、裁定等渠道，采集企业信息。

征信机构不得采集法律、行政法规禁止采集的企业信息。

第二十二条 征信机构应当按照国务院征信业监督管理部门的规定，建立健全和严格执行保障信息安全的规章制度，并采取有效技术措施保障信息安全。

经营个人征信业务的征信机构应当对其工作人员查询个人信息的权限和程序作出明确规定，对工作人员查询个人信息的情况进行登记，如实记载查询工作人员的姓名，查询的时间、内容及用途。工作人员不得违反规定的权限和程序查询信息，不得泄露工作中获取的信息。

第二十三条 征信机构应当采取合理措施，保障其提供信息的准确性。

征信机构提供的信息供信息使用者参考。

第二十四条 征信机构在中国境内采集的信息的整理、保存和加工，应当在中国境内进行。

征信机构向境外组织或者个人提供信息，应当遵守法律、行政法规和国务院征信业监督管理部门的有关规定。

第四章 异议和投诉

第二十五条 信息主体认为征信机构采集、保存、提供的信息存在错误、遗漏的，有权向征信机构或者信息提供者提出异议，要求更正。

征信机构或者信息提供者收到异议，应当按照国务院征信业监督管理部门的规定对相关信息作出存在异议的标注，自收到异议之日起20日内进行核查和处理，并将结果书面答复异议人。

经核查，确认相关信息确有错误、遗漏的，信息提供者、征信机构应当予以更正；确认不存在错误、遗漏的，应当取消异议标注；经核查仍不能确认的，对核查情况和异议内容应当予以记载。

第二十六条 信息主体认为征信机构或者信息提供者、信息使用者侵害其合法权益的，可以向所在地的国务院征信业监督管理部门派出机构投诉。

受理投诉的机构应当及时进行核查和处理，自受理之日起30日内书面答复投诉人。

信息主体认为征信机构或者信息提供者、信息使用者侵害其合法权益的，可以直接向人民法院起诉。

第五章 金融信用信息基础数据库

第二十七条 国家设立金融信用信息基础数据库，为防范金融风险、促进金融业发展提供相关信息服务。

金融信用信息基础数据库由专业运行机构建设、运行和维护。该运行机构不以营利为目的，由国务院征信业监督管理部门监督管理。

第二十八条 金融信用信息基础数据库接收从事信贷业务的机构按照规定提供的信贷信息。

金融信用信息基础数据库为信息主体和取得信息主体本人书面同意的信息使用者提供查询服务。国家机关可以依法查询金融信用信息基础数据库的信息。

第二十九条 从事信贷业务的机构应当按照规定向金融信用信息基础数据库提供信贷信息。

从事信贷业务的机构向金融信用信息基础数据库或者其他主体提供信贷信息，应当事先取得信息主体的书面同意，并适用本条例关于信息提供者的规定。

第三十条 不从事信贷业务的金融机构向金融信用信息基础数据库提供、查询信用信息以及金融信用信息基础数据库接收其提供的信用信息的具体办法，由国务院征信业监督管理部门会同国务院有关金融监督管理机构依法制定。

第三十一条 金融信用信息基础数据库运行机构可以按照补偿成本原则收取查询服务费用，收费标准由国务院价格主管部门规定。

第三十二条 本条例第十四条、第十六条、第十七条、第十八条、第二十二条、第二十三条、第二十四条、第二十五条、第二十六条适用于金融信用信息基础数据库运行机构。

第六章 监督管理

第三十三条 国务院征信业监督管理部门及其派出机构依照法律、行政法规和国务院的规定，履行对征信业和金融信用信息基础数据库运行机构的监督管理职责，可以采取下列监督检查措施：

(1)进入征信机构、金融信用信息基础数据库运行机构进行现场检查，对向金融信用信息基础数据库提供或者查询信息的机构遵守本条例有关规定的情况进行检查；

（2）询问当事人和与被调查事件有关的单位和个人，要求其对与被调查事件有关的事项作出说明；

（3）查阅、复制与被调查事件有关的文件、资料，对可能被转移、销毁、隐匿或者篡改的文件、资料予以封存；

（4）检查相关信息系统。

进行现场检查或者调查的人员不得少于2人，并应当出示合法证件和检查、调查通知书。

被检查、调查的单位和个人应当配合，如实提供有关文件、资料，不得隐瞒、拒绝和阻碍。

第三十四条 经营个人征信业务的征信机构、金融信用信息基础数据库、向金融信用信息基础数据库提供或者查询信息的机构发生重大信息泄露等事件的，国务院征信业监督管理部门可以采取临时接管相关信息系统等必要措施，避免损害扩大。

第三十五条 国务院征信业监督管理部门及其派出机构的工作人员对在工作中知悉的国家秘密和信息主体的信息，应当依法保密。

第七章 法律责任

第三十六条 未经国务院征信业监督管理部门批准，擅自设立经营个人征信业务的征信机构或者从事个人征信业务活动的，由国务院征信业监督管理部门予以取缔，没收违法所得，并处5万元以上50万元以下的罚款；构成犯罪的，依法追究刑事责任。

第三十七条 经营个人征信业务的征信机构违反本条例第九条规定的，由国务院征信业监督管理部门责令限期改正，对单位处2万元以上20万元以下的罚款；对直接负责的主管人员和其他直接责任人员给予警告，处1万元以下的罚款。

经营企业征信业务的征信机构未按照本条例第十条规定办理备案的，由其所在地的国务院征信业监督管理部门派出机构责令限期改正；逾期不改正的，依照前款规定处罚。

第三十八条 征信机构、金融信用信息基础数据库运行机构违反本条例规定，有下列行为之一的，由国务院征信业监督管理部门或者其派出机构责令限期改正，对单位处5万元以上50万元以下的罚款；对直接负责的主管人员和其他直接责任人员处1万元以上10万元以下的罚款；有违法所得的，没收违法所得。给信息主体造成损失的，依法承担民事责任；构成犯罪的，依法追究刑事责任：

（1）窃取或者以其他方式非法获取信息；

（2）采集禁止采集的个人信息或者未经同意采集个人信息；

（3）违法提供或者出售信息；

（4）因过失泄露信息；

（5）逾期不删除个人不良信息；

（6）未按照规定对异议信息进行核查和处理；

（7）拒绝、阻碍国务院征信业监督管理部门或者其派出机构检查、调查或者不如实提供有关文件、资料；

（8）违反征信业务规则，侵害信息主体合法权益的其他行为。

经营个人征信业务的征信机构有前款所列行为之一，情节严重或者造成严重后果的，由国务院征信业监督管理部门吊销其个人征信业务经营许可证。

第三十九条 征信机构违反本条例规定，未按照规定报告其上一年度开展征信业务情况的，由国务院征信业监督管理部门或者其派出机构责令限期改正；逾期不改正的，对单位处2万元以上10万元以下的罚款；对直接负责的主管人员和其他直接责任人员给予警告，处1万元以下的罚款。

第四十条 向金融信用信息基础数据库提供或者查询信息的机构违反本条例规定，有下列行为之一的，由国务院征信业监督管理部门或者其派出机构责令限期改正，对单位处5万元以上50万元以下的罚款；对直接负责的主管人员和其他直接责任人员处1万元以上10万元以下的罚款；有违法所得的，没收违法所得。给信息主体造成损失的，依法承担民事责任；构成犯罪的，依法追究刑事责任：

（1）违法提供或者出售信息；

（2）因过失泄露信息；

（3）未经同意查询个人信息或者企业的信贷信息；

（4）未按照规定处理异议或者对确有错误、遗漏的信息不予更正；

（5）拒绝、阻碍国务院征信业监督管理部门或者其派出机构检查、调查或者不如实提供有关文件、资料。

第四十一条 信息提供者违反本条例规定，向征信机构、金融信用信息基础数据库提供非依法公开的个人不良信息，未事先告知信息主体本人，情节严重或者造成严重后果的，由国务院征信业监督管理部门或者其派出机构对单位处2万元以上20万元以下的罚款；对个人处1万元以上5万元以下的罚款。

第四十二条 信息使用者违反本条例规定，未按照与个人信息主体约定的用途使用个人信息或者未经个人信息主体同意向第三方提供个人信息，情节严重或者造成严重后果的，由国务院征信业监督管理部门或者其派出机构对单位处2万元以上20万元以下的罚款；对个人处1万元以上5万元以下的罚款；有违法所得的，没收违法所得。给信息主体造成损失的，依法承担民事责任；构成犯罪的，依法追究刑事责任。

第四十三条 国务院征信业监督管理部门及其派出机构的工作人员滥用职权、玩忽职守、徇私舞弊，不依法履行监督管理职责，或者泄露国家秘密、信息主体信息的，依法给予处分。给信息主体造成损失的，依法承担民事责任；构成犯罪的，依法追究刑事责任。

第八章 附 则

第四十四条 本条例下列用语的含义：

（1）信息提供者，是指向征信机构提供信息的单位和个人，以及向金融信用信息基础数据库提供信息的单位。

（2）信息使用者，是指从征信机构和金融信用信息基础数据库获取信息的单位和个人。

（3）不良信息，是指对信息主体信用状况构成负面影响的下列信息：信息主体在借贷、赊购、担保、租赁、保险、使用信用卡等活动中未按照合同履行义务的信息，对信息主体的行政处罚信息，人民法院判决或者裁定信息主体履行义务以及强制执行的信息，以及国务院征信业监督管理部门规定的其他不良信息。

第四十五条 外商投资征信机构的设立条件，由国务院征信业监督管理部门会同国务院有关部门制定，报国务院批准。

境外征信机构在境内经营征信业务，应当经国务院征信业监督管理部门批准。

第四十六条 本条例施行前已经经营个人征信业务的机构，应当自本条例施行之日起6个月内，依照本条例的规定申请个人征信业务经营许可证。

本条例施行前已经经营企业征信业务的机构，应当自本条例施行之日起3个月内，依照本条例的规定办理备案。

第四十七条 本条例自2013年3月15日起施行。

中华人民共和国著作权法实施条例

（根据2013年1月16日国务院第231次常务会议《国务院关于修改〈中华人民共和国著作权法实施条例〉的决定》修订 2013年1月30日中华人民共和国国务院令第633号公布 自2013年3月1日起施行）

第一条 根据《中华人民共和国著作权法》（简称“著作权法”），制定本条例。

第二条 著作权法所称作品，是指文学、艺术和科学领域内具有独创性并能以某种有形形式复制的智力成果。

第三条 著作权法所称创作，是指直接产生文学、艺术和科学作品的智力活动。

为他人创作进行组织工作，提供咨询意见、物质条件，或者进行其他辅助工作，均不视为创作。

第四条 著作权法和本条例中下列作品的含义：

（1）文字作品，是指小说、诗词、散文、论文等以文字形式表现的作品；

（2）口述作品，是指即兴的演说、授课、法庭辩论等以口头语言形式表现的作品；

（3）音乐作品，是指歌曲、交响乐等能够演唱或者演奏的带词或者不带词的作品；

（4）戏剧作品，是指话剧、歌剧、地方戏等供舞台演出的作品；

（5）曲艺作品，是指相声、快书、大鼓、评书等以说唱为主要形式表演的作品；

（6）舞蹈作品，是指通过连续的动作、姿势、表情等表现思想情感的作品；

（7）杂技艺术作品，是指杂技、魔术、马戏等通过形体动作和技巧表现的作品；

（8）美术作品，是指绘画、书法、雕塑等以线条、色彩或者其他方式构成的有审美意义的平面或者立体的造型艺术作品；

（9）建筑作品，是指以建筑物或者构筑物形式表现的有审美意义的作品；

（10）摄影作品，是指借助器械在感光材料或者其他介质上记录客观物体形象的艺术作品；

（11）电影作品和以类似摄制电影的方法创作的作品，是指摄制在一定介质上，由一系列有伴音或者无伴音的画面组成，并且借助适当装置放映或者以其他方式传播的作品；

（12）图形作品，是指为施工、生产绘制的工程设计图、产品设计图，以及反映地理现象、说明事物原理或者结构的地图、示意图等作品；

（13）模型作品，是指为展示、试验或者观测等用途，根据物体的形状和结构，按照一定比例制成的立体作品。

第五条 著作权法和本条例中下列用语的含义：

（1）时事新闻，是指通过报纸、期刊、广播电台、电视台等媒体报道的单纯事实消息；

（2）录音制品，是指任何对表演的声音和其他声音的录制品；

（3）录像制品，是指电影作品和以类似摄制电影的方法创作的作品以外的任何有伴音或者无伴音的连续相关形象、图像的录制品；

（4）录音制作者，是指录音制品的首次制作人；

（5）录像制作者，是指录像制品的首次制作人；

（6）表演者，是指演员、演出单位或者其他表演文学、艺术作品的人。

第六条 著作权自作品创作完成之日起产生。

第七条 著作权法第二条第三款规定的首先在中国境内出版的外国人、无国籍人的作品，其著作权自首次出版之日起受保护。

第八条 外国人、无国籍人的作品在中国境外首先出版后，30日内在中国境内出版的，视为该作品同时在中国境内出版。

第九条 合作作品不可以分割使用的，其著作权由各合作作者共同享有，通过协商一致行使；不能协商一致，又无正当理由的，任何一方不得阻止他方行使除转让以外的其他权利，但是所得收益应当合理分配给所有合作作者。

第十条 著作权人许可他人将其作品摄制成电影作品和以类似摄制电影的方法创作的作品的，视为已同意对其作品进行必要的改动，但是这种改动不得歪曲篡改原作品。

第十一条 著作权法第十六条第一款关于职务作品的规定中的“工作任务”，是指公民在该法人或者该组织中应当履行的职责。

著作权法第十六条第二款关于职务作品的规定中的“物质技术条件”，是指该法人或者该组织为公民完成创作专门提供的资金、设备或者资料。

第十二条 职务作品完成两年内，经单位同意，作者许可第三人以与单位使用的相同方式使用作品所获报酬，由作者与单位按约定的比例分配。

作品完成两年的期限，自作者向单位交付作品之日起计算。

第十三条 作者身份不明的作品，由作品原件的所有人行使除署名权以外的著作权。作者身份确定后，由作者或者其继承人行使著作权。

第十四条 合作作者之一死亡后，其对合作作品享有的著作权法第十条第一款第五项至第十七项规定的权利无人继承又无人受遗赠的，由其他合作作者享有。

第十五条 作者死亡后，其著作权中的署名权、修改权和保护作品完整权由作者的继承人或者受遗赠人保护。

著作权无人继承又无人受遗赠的，其署名权、修改权和保护作品完整权由著作权行政管理部门保护。

第十六条 国家享有著作权的作品的使用，由国务院著作权行政管理部门管理。

第十七条 作者生前未发表的作品，如果作者未明确表示不发表，作者死亡后50年内，其发表权可由继承人或者受遗赠人行使；没有继承人又无人受遗赠的，由作品原件的所有人行使。

第十八条 作者身份不明的作品，其著作权法第十条第一款第五项至第十七项规定的权利的保护期截止于作品首次发表后第50年的12月31日。作者身份确定后，适用著作权法第二十一条的规定。

第十九条 使用他人作品的，应当指明作者姓名、作品名称；但是，当事人另有约定或者由于作品使用方式的特性无法指明的除外。

第二十条 著作权法所称已经发表的作品，是指著作权人自行或者许可他人公之于众的作品。

第二十一条 依照著作权法有关规定，使用可以不经著作权人许可的已经发表的作品的，不得影响该作品的正常使用，也不得不合理地损害著作权人的合法利益。

第二十二条 依照著作权法第二十三条、第三十三条第二款、第四十条第三款的规定使用作品的付酬标准，由国务院著作权行政管理部门会同国务院价格主管部门制定、公布。

第二十三条 使用他人作品应当同著作权人订立许可使用合同，许可使用的权利是专有使用权的，应当采取书面形式，但是报社、期刊社刊登作品除外。

第二十四条 著作权法第二十四条规定的专有使用权的内容由合同约定，合同没有约定或者约定不明的，视为被许可人有权排除包括著作权人在内的任何人以同样的方式使用作品；除合同另有约定外，被许可人许可第三人行使同一权利，必须取得著作权人的许可。

第二十五条 与著作权人订立专有许可使用合同、转让合同的，可以向著作权行政管理部门备案。

第二十六条 著作权法和本条例所称与著作权有关的权益，是指出版者对其出版的图书和期刊的版式设计享有的权利，表演者对其表演享有的权利，录音录像制作者对其制作的录音录像制品享有的权利，广播电台、电视台对其播放的广播、电视节目享有的权利。

第二十七条 出版者、表演者、录音录像制作者、广播电台、电视台行使权利，不得损害被使用作品和原作品著作权人的权利。

第二十八条 图书出版合同中约定图书出版者享有专有出版权但没有明确其具体内容的，视为图书出版者享有在合同有效期限内和在合同约定的地域范围内以同种文字的原版、修订版出版图书的专有权利。

第二十九条 著作权人寄给图书出版者的两份订单在6个月内未能得到履行，视为著作权法第三十二条所称图书脱销。

第三十条 著作权人依照著作权法第三十三条第二款声明不得转载、摘编其作品的，应当在报纸、期刊刊登该作品时附带声明。

第三十一条 著作权人依照著作权法第四十条第三款声明不得对其作品制作录音制品的，应当在该作品合法录制为录音制品时声明。

第三十二条 依照著作权法第二十三条、第三十三条第二款、第四十条第三款的规定，使用他人作品的，应当自使用该作品之日起2个月内向著作权人支付报酬。

第三十三条 外国人、无国籍人在中国境内的表演，受著作权法保护。

外国人、无国籍人根据中国参加的国际条约对其表演享有的权利，受著作权法保护。

第三十四条 外国人、无国籍人在中国境内制作、发行的录音制品，受著作权法保护。

外国人、无国籍人根据中国参加的国际条约对其制作、发行的录音制品享有的权利，受著作权法保护。

第三十五条 外国的广播电台、电视台根据中国参加的国际条约对其播放的广播、电视节目享有的权利，受著作权法保护。

第三十六条 有著作权法第四十八条所列侵权行为，同时损害社会公共利益，非法经营额5万元以上的，著作权行政管理部门可处非法经营额1倍以上5倍以下的罚款；没有非法经营额或者非法经营额5万元以下的，著作权行政管理部门根据情节轻重，可处25万元以下的罚款。

第三十七条 有著作权法第四十八条所列侵权行为，同时损害社会公共利益的，由地方人民政府著作权行政管理部门负责查处。

国务院著作权行政管理部门可以查处在全国有重大影响的侵权行为。

第三十八条 本条例自2002年9月15日起施行。1991年5月24日国务院批准、1991年5月30日国家版权局发布的《中华人民共和国著作权法实施条例》同时废止。

信息网络传播权保护条例

（根据2013年1月16日国务院第231次常务会议《国务院关于修改〈信息网络传播权保护条例〉的决定》修订 2013年1月30日中华人民共和国国务院令第634号公布 自2013年3月1日起施行）

第一条 为保护著作权人、表演者、录音录像制作者（统称“权利人”）的信息网络传播权，鼓励有益于社会主义精神文明、物质文明建设的作品的创作和传播，根据《中华人民共和国著作权法》（简称“著作权法”），制定本条例。

第二条 权利人享有的信息网络传播权受著作权法和本条例保护。除法律、行政法规另有规定的外，任何组织或者个人将他人的作品、表演、录音录像制品通过信息网络向公众提供，应当取得权利人许可，并支付报酬。

第三条 依法禁止提供的作品、表演、录音录像制品，不受本条例保护。

权利人行使信息网络传播权，不得违反宪法和法律、行政法规，不得损害公共利益。

第四条 为了保护信息网络传播权，权利人可以采取技术措施。

任何组织或者个人不得故意避开或者破坏技术措施，不得故意制造、进口或者向公众提供主要用于避开或者破坏技术措施的装置或者部件，不得故意为他人避开或者破坏技术措施提供技术服务。但是，法律、行政法规规定可以避开的除外。

第五条 未经权利人许可，任何组织或者个人不得进行下列行为：

（1）故意删除或者改变通过信息网络向公众提供的作品、表演、录音录像制品的权利管理电子信息，但由于技术上的原因无法避免删除或者改变的除外；

（2）通过信息网络向公众提供明知或者应知未经权利人许可被删除或者改变权利管理电子信息的作品、表演、录音录像制品。

第六条 通过信息网络提供他人作品，属于下列情形的，可以不经著作权人许可，不向其支付报酬：

（1）为介绍、评论某一作品或者说明某一问题，在向公众提供的作品中适当引用已经发表的作品；

（2）为报道时事新闻，在向公众提供的作品中不可避免地再现或者引用已经发表的作品；

（3）为学校课堂教学或者科学研究，向少数教学、科研人员提供少量已经发表的作品；

（4）国家机关为执行公务，在合理范围内向公众提供已经发表的作品；

（5）将中国公民、法人或者其他组织已经发表的、以汉语言文字创作的作品翻译成的少数民族语言文字作品，向中国境内少数民族提供；

（6）不以营利为目的，以盲人能够感知的独特方式向盲人提供已经发表的文字作品；

（7）向公众提供在信息网络上已经发表的关于政治、经济问题的时事性文章；

（8）向公众提供在公众集会上发表的讲话。

第七条 图书馆、档案馆、纪念馆、博物馆、美术馆等可以不经著作权人许可，通过信息网络向本馆馆舍内服务对象提供本馆收藏的合法出版的数字作品和依法为陈列或者保存版本的需要以数字化形式复制的作品，不向其支付报酬，但不得直接或者间接获得经济利益。当事人另有约定的除外。

前款规定的为陈列或者保存版本需要以数字化形式复制的作品，应当是已经损毁或者濒临损毁、丢失或者失窃，或者其存储格式已经过时，并且在市场上无法购买或者只能以明显高于标定的价格购买的作品。

第八条 为通过信息网络实施九年制义务教育或者国家教育规划,可以不经著作权人许可,使用其已经发表作品的片断或者短小的文字作品、音乐作品或者单幅的美术作品、摄影作品制作课件,由制作课件或者依法取得课件的远程教育机构通过信息网络向注册学生提供,但应当向著作权人支付报酬。

第九条 为扶助贫困,通过信息网络向农村地区的公众免费提供中国公民、法人或者其他组织已经发表的种植养殖、防病治病、防灾减灾等与扶助贫困有关的作品和适应基本文化需求的作品,网络服务提供者应当在提供前公告拟提供的作品及其作者、拟支付报酬的标准。自公告之日起30日内,著作权人不同意提供的,网络服务提供者不得提供其作品;自公告之日起满30日,著作权人没有异议的,网络服务提供者可以提供其作品,并按照公告的标准向著作权人支付报酬。网络服务提供者提供著作权人的作品后,著作权人不同意提供的,网络服务提供者应当立即删除著作权人的作品,并按照公告的标准向著作权人支付提供作品期间的报酬。

依照前款规定提供作品的,不得直接或者间接获得经济利益。

第十条 依照本条例规定不经著作权人许可、通过信息网络向公众提供其作品的,还应当遵守下列规定:

(1)除本条例第六条第一项至第六项、第七条规定的情形外,不得提供作者事先声明不许提供的作品;

(2)指明作品的名称和作者的姓名(名称);

(3)依照本条例规定支付报酬;

(4)采取技术措施,防止本条例第七条、第八条、第九条规定的服务对象以外的其他人获得著作权人的作品,并防止本条例第七条规定的服务对象的复制行为对著作权人利益造成实质性损害;

(5)不得侵犯著作权人依法享有的其他权利。

第十一条 通过信息网络提供他人表演、录音录像制品的,应当遵守本条例第六条至第十条的规定。

第十二条 属于下列情形的,可以避开技术措施,但不得向他人提供避开技术措施的技术、装置或者部件,不得侵犯权利人依法享有的其他权利:

(1)为学校课堂教学或者科学研究,通过信息网络向少数教学、科研人员提供已经发表的作品、表演、录音录像制品,而该作品、表演、录音录像制品只能通过信息网络获取;

(2)不以营利为目的,通过信息网络以盲人能够感知的独特方式向盲人提供已经发表的文字作品,而该作品只能通过信息网络获取;

(3)国家机关依照行政、司法程序执行公务;

(4)在信息网络上对计算机及其系统或者网络的安全性能进行测试。

第十三条 著作权行政管理部门为了查处侵犯信息网络传播权的行为,可以要求网络服务提供者提供涉嫌侵权的服务对象的姓名(名称)、联系方式、网络地址等资料。

第十四条 对提供信息存储空间或者提供搜索、链接服务的网络服务提供者,权利人认为其服务所涉及的作品、表演、录音录像制品,侵犯自己的信息网络传播权或者被删除、改变了自己的权利管理电子信息的,可以向该网络服务提供者提交书面通知,要求网络服务提供者删除该作品、表演、录音录像制品,或者断开与该作品、表演、录音录像制品的链接。通知书应当包含下列内容:

(1)权利人的姓名(名称)、联系方式和地址;

(2)要求删除或者断开链接的侵权作品、表演、录音录像制品的名称和网络地址;

(3)构成侵权的初步证明材料。

权利人应当对通知书的真实性负责。

第十五条 网络服务提供者接到权利人的通知书后,应当立即删除涉嫌侵权的作品、表演、录音录像制品,或者断开与涉嫌侵权的作品、表演、录音录像制品的链接,并同时将通知书转送提供作品、表演、录音录像制品的服务对象;服务对象网络地址不明、无法转送的,应当将通知书的内容同时在信息网络上公告。

第十六条 服务对象接到网络服务提供者转送的通知书后,认为其提供的作品、表演、录音录像制品未侵犯他人权利的,可以向网络服务提供者提交书面说明,要求恢复被删除的作品、表演、录音录像制品，或者恢复与被断开的作品、表演、录音录像制品的链接。书面说明应当包含下列内容：

（1）服务对象的姓名（名称）、联系方式和地址；

（2）要求恢复的作品、表演、录音录像制品的名称和网络地址；

（3）不构成侵权的初步证明材料。

服务对象应当对书面说明的真实性负责。

第十七条 网络服务提供者接到服务对象的书面说明后，应当立即恢复被删除的作品、表演、录音录像制品，或者可以恢复与被断开的作品、表演、录音录像制品的链接，同时将服务对象的书面说明转送权利人。权利人不得再通知网络服务提供者删除该作品、表演、录音录像制品，或者断开与该作品、表演、录音录像制品的链接。

第十八条 违反本条例规定，有下列侵权行为之一的，根据情况承担停止侵害、消除影响、赔礼道歉、赔偿损失等民事责任；同时损害公共利益的，可以由著作权行政管理部门责令停止侵权行为，没收违法所得，非法经营额5万元以上的，可处非法经营额1倍以上5倍以下的罚款；没有非法经营额或者非法经营额5万元以下的，根据情节轻重，可处25万元以下的罚款；情节严重的，著作权行政管理部门可以没收主要用于提供网络服务的计算机等设备；构成犯罪的，依法追究刑事责任：

（1）通过信息网络擅自向公众提供他人的作品、表演、录音录像制品的；

（2）故意避开或者破坏技术措施的；

（3）故意删除或者改变通过信息网络向公众提供的作品、表演、录音录像制品的权利管理电子信息，或者通过信息网络向公众提供明知或者应知未经权利人许可而被删除或者改变权利管理电子信息的作品、表演、录音录像制品的；

（4）为扶助贫困通过信息网络向农村地区提供作品、表演、录音录像制品超过规定范围，或者未按照公告的标准支付报酬，或者在权利人不同意提供其作品、表演、录音录像制品后未立即删除的；

（5）通过信息网络提供他人的作品、表演、录音录像制品，未指明作品、表演、录音录像制品的名称或者作者、表演者、录音录像制作者的姓名（名称），或者未支付报酬，或者未依照本条例规定采取技术措施防止服务对象以外的其他人获得他人的作品、表演、录音录像制品，或者未防止服务对象的复制行为对权利人利益造成实质性损害的。

第十九条 违反本条例规定，有下列行为之一的，由著作权行政管理部门予以警告，没收违法所得，没收主要用于避开、破坏技术措施的装置或者部件；情节严重的，可以没收主要用于提供网络服务的计算机等设备；非法经营额5万元以上的，可处非法经营额1倍以上5倍以下的罚款；没有非法经营额或者非法经营额5万元以下的，根据情节轻重，可处25万元以下的罚款；构成犯罪的，依法追究刑事责任：

（1）故意制造、进口或者向他人提供主要用于避开、破坏技术措施的装置或者部件，或者故意为他人避开或者破坏技术措施提供技术服务的；

（2）通过信息网络提供他人的作品、表演、录音录像制品，获得经济利益的；

（3）为扶助贫困通过信息网络向农村地区提供作品、表演、录音录像制品，未在提供前公告作品、表演、录音录像制品的名称和作者、表演者、录音录像制作者的姓名（名称）以及报酬标准的。

第二十条 网络服务提供者根据服务对象的指令提供网络自动接入服务，或者对服务对象提供的作品、表演、录音录像制品提供自动传输服务，并具备下列条件的，不承担赔偿责任：

（1）未选择并且未改变所传输的作品、表演、录音录像制品；

（2）向指定的服务对象提供该作品、表演、录音录像制品，并防止指定的服务对象以外的其他人获得。

第二十一条 网络服务提供者为提高网络传输效率，自动存储从其他网络服务提供者获得的作品、表演、录音录像制品，根据技术安排自动向服务对象提供，并具备下列条件的，不承担赔偿责任：

（1）未改变自动存储的作品、表演、录音录像制品；

（2）不影响提供作品、表演、录音录像制品的原网络服务提供者掌握服务对象获取该作品、表演、录音录像制品的情况；

（3）在原网络服务提供者修改、删除或者屏蔽该作品、表演、录音录像制品时,根据技术安排自动予以修改、删除或者屏蔽。

第二十二条 网络服务提供者为服务对象提供信息存储空间,供服务对象通过信息网络向公众提供作品、表演、录音录像制品,并具备下列条件的,不承担赔偿责任:

(1)明确标示该信息存储空间是为服务对象所提供,并公开网络服务提供者的名称、联系人、网络地址;

(2)未改变服务对象所提供的作品、表演、录音录像制品;

(3)不知道也没有合理的理由应当知道服务对象提供的作品、表演、录音录像制品侵权;

(4)未从服务对象提供作品、表演、录音录像制品中直接获得经济利益;

(5)在接到权利人的通知书后,根据本条例规定删除权利人认为侵权的作品、表演、录音录像制品。

第二十三条 网络服务提供者为服务对象提供搜索或者链接服务,在接到权利人的通知书后,根据本条例规定断开与侵权的作品、表演、录音录像制品的链接的,不承担赔偿责任;但是,明知或者应知所链接的作品、表演、录音录像制品侵权的,应当承担共同侵权责任。

第二十四条 因权利人的通知导致网络服务提供者错误删除作品、表演、录音录像制品,或者错误断开与作品、表演、录音录像制品的链接,给服务对象造成损失的,权利人应当承担赔偿责任。

第二十五条 网络服务提供者无正当理由拒绝提供或者拖延提供涉嫌侵权的服务对象的姓名(名称)、联系方式、网络地址等资料的,由著作权行政管理部门予以警告;情节严重的,没收主要用于提供网络服务的计算机等设备。

第二十六条 本条例下列用语的含义:

信息网络传播权,是指以有线或者无线方式向公众提供作品、表演或者录音录像制品,使公众可以在其个人选定的时间和地点获得作品、表演或者录音录像制品的权利。

技术措施,是指用于防止、限制未经权利人许可浏览、欣赏作品、表演、录音录像制品的或者通过信息网络向公众提供作品、表演、录音录像制品的有效技术、装置或者部件。

权利管理电子信息,是指说明作品及其作者、表演及其表演者、录音录像制品及其制作者的信息,作品、表演、录音录像制品权利人的信息和使用条件的信息,以及表示上述信息的数字或者代码。

第二十七条 本条例自2006年7月1日起施行。

外资保险公司管理条例

(根据2013年5月30日《国务院关于修改〈中华人民共和国外资保险公司管理条例〉的决定》修订
2013年5月30日中华人民共和国国务院令第636号公布 自2013年8月1日起施行)

第一章 总 则

第一条 为了适应对外开放和经济发展的需要,加强和完善对外资保险公司的监督管理,促进保险业的健康发展,制定本条例。

第二条 本条例所称外资保险公司,是指依照中华人民共和国有关法律、行政法规的规定,经批准在中国境内设立和营业的下列保险公司:

(1)外国保险公司同中国的公司、企业在中国境内合资经营的保险公司(简称“合资保险公司”);

(2)外国保险公司在中国境内投资经营的外国资本保险公司(简称“独资保险公司”);

(3)外国保险公司在中国境内的分公司(简称“外国保险公司分公司”)。

第三条 外资保险公司必须遵守中国法律、法规,不得损害中国的社会公共利益。

外资保险公司的正当业务活动和合法权益受中国法律保护。

第四条 中国保险监督管理委员会(简称“中国保监会”)负责对外资保险公司实施监督管理。中国保监会的派出机构根据中国保监会的授权,对本辖区的外资保险公司进行日常监督管理。

第二章 设立与登记

第五条 设立外资保险公司,应当经中国保监会批准。

设立外资保险公司的地区,由中国保监会按照有关规定确定。

第六条 设立经营人身保险业务的外资保险公司和经营财产保险业务的外资保险公司,其设立形式、外资比例由中国保监会按照有关规定确定。

第七条 合资保险公司、独资保险公司的注册资本最低限额为2亿元人民币或者等值的自由兑换货币;其注册资本最低限额必须为实缴货币资本。

外国保险公司分公司应当由其总公司无偿拨给不少于2亿元人民币或者等值的自由兑换货币的营运资金。

中国保监会根据外资保险公司业务范围、经营规模,可以提高前两款规定的外资保险公司注册资本或者营运资金的最低限额。

第八条 申请设立外资保险公司的外国保险公司,应当具备下列条件:

(1)经营保险业务30年以上;

(2)在中国境内已经设立代表机构2年以上;

(3)提出设立申请前1年年末总资产不少于50亿美元;

(4)所在国家或者地区有完善的保险监管制度,并且该外国保险公司已经受到所在国家或者地区有关主管当局的有效监管;

(5)符合所在国家或者地区偿付能力标准;

(6)所在国家或者地区有关主管当局同意其申请;

(7)中国保监会规定的其他审慎性条件。

第九条 设立外资保险公司,申请人应当向中国保监会提出书面申请,并提交下列资料:

(1)申请人法定代表人签署的申请书,其中设立合资保险公司的,申请书由合资各方法定代表人共同签署;

(2)外国申请人所在国家或者地区有关主管当局核发的营业执照(副本)、对其符合偿付能力标准的证明及对其申请的意见书;

(3)外国申请人的公司章程、最近3年的年报;

(4)设立合资保险公司的,中国申请人的有关资料;

(5)拟设公司的可行性研究报告及筹建方案;

(6)拟设公司的筹建负责人员名单、简历和任职资格证明;

(7)中国保监会规定提供的其他资料。

第十条 中国保监会应当对设立外资保险公司的申请进行初步审查,自收到完整的申请文件之日起6个月内作出受理或者不受理的决定。决定受理的,发给正式申请表;决定不受理的,应当书面通知申请人并说明理由。

第十一条 申请人应当自接到正式申请表之日起1年内完成筹建工作;在规定的期限内未完成筹建工作,有正当理由的,经中国保监会批准,可以延长3个月。在延长期内仍未完成筹建工作的,中国保监会作出的受理决定自动失效。筹建工作完成后,申请人应当将填写好的申请表连同下列文件报中国保监会审批:

(1)筹建报告;

(2)拟设公司的章程;

(3)拟设公司的出资人及其出资额;

(4)法定验资机构出具的验资证明;

(5)对拟任该公司主要负责人的授权书;

(6)拟设公司的高级管理人员名单、简历和任职资格证明;

(7)拟设公司未来3年的经营规划和分保方案;

(8)拟在中国境内开办保险险种的保险条款、保险费率及责任准备金的计算说明书;

(9)拟设公司的营业场所和与业务有关的其他设施的资料;

(10)设立外国保险公司分公司的,其总公司对该分公司承担税务、债务的责任担保书;

(11)设立合资保险公司的,其合资经营合同;

(12)中国保监会规定提供的其他文件。

第十二条 中国保监会应当自收到设立外资保险公司完整的正式申请文件之日起60日内,作出批准或者不批准的决定。决定批准的，颁发经营保险业务许可证；决定不批准的，应当书面通知申请人并说明理由。

经批准设立外资保险公司的，申请人凭经营保险业务许可证向工商行政管理机关办理登记，领取营业执照。

第十三条 外资保险公司成立后，应当按照其注册资本或者营运资金总额的20.0%提取保证金，存入中国保监会指定的银行；保证金除外资保险公司清算时用于清偿债务外，不得动用。

第十四条 外资保险公司在中国境内设立分支机构，由中国保监会按照有关规定审核批准。

第三章 业务范围

第十五条 外资保险公司按照中国保监会核定的业务范围，可以全部或者部分依法经营下列种类的保险业务：

（1）财产保险业务，包括财产损失保险、责任保险、信用保险等保险业务；

（2）人身保险业务，包括人寿保险、健康保险、意外伤害保险等保险业务。

外资保险公司经中国保监会按照有关规定核定，可以在核定的范围内经营大型商业风险保险业务、统括保单保险业务。

第十六条 同一外资保险公司不得同时兼营财产保险业务和人身保险业务。

第十七条 外资保险公司可以依法经营本条例第十五条规定的保险业务的下列再保险业务：

（1）分出保险；

（2）分入保险。

第十八条 外资保险公司的具体业务范围、业务地域范围和服务对象范围，由中国保监会按照有关规定核定。外资保险公司只能在核定的范围内从事保险业务活动。

第四章 监督管理

第十九条 中国保监会有权检查外资保险公司的业务状况、财务状况及资金运用状况，有权要求外资保险公司在规定的期限内提供有关文件、资料和书面报告，有权对违法违规行为依法进行处罚、处理。

外资保险公司应当接受中国保监会依法进行的监督检查，如实提供有关文件、资料和书面报告，不得拒绝、阻碍、隐瞒。

第二十条 除经中国保监会批准外，外资保险公司不得与其关联企业从事下列交易活动：

（1）再保险的分出或者分入业务；

（2）资产买卖或者其他交易。

前款所称关联企业，是指与外资保险公司有下列关系之一的企业：

（1）在股份、出资方面存在控制关系；

（2）在股份、出资方面同为第三人所控制；

（3）在利益上具有其他相关联的关系。

第二十一条 外国保险公司分公司应当于每一会计年度终了后3个月内，将该分公司及其总公司上一年度的财务会计报告报送中国保监会，并予公布。

第二十二条 外国保险公司分公司的总公司有下列情形之一的，该分公司应当自各该情形发生之日起10日内，将有关情况向中国保监会提交书面报告：

（1）变更名称、主要负责人或者注册地；

（2）变更资本金；

（3）变更持有资本总额或者股份总额10.0%以上的股东；

（4）调整业务范围；

（5）受到所在国家或者地区有关主管当局处罚；

（6）发生重大亏损；

（7）分立、合并、解散、依法被撤销或者被宣告破产；

（8）中国保监会规定的其他情形。

第二十三条 外国保险公司分公司的总公司解散、依法被撤销或者被宣告破产的，中国保监会应当停止该分公司开展新业务。

第二十四条 外资保险公司经营外汇保险业务的，应当遵守国家有关外汇管理的规定。

除经国家外汇管理机关批准外，外资保险公司在中国境内经营保险业务的，应当以人民币计价结算。

第二十五条 本条例规定向中国保监会提交、

报送文件、资料和书面报告的,应当提供中文本。

第五章 终止与清算

第二十六条 外资保险公司因分立、合并或者公司章程规定的解散事由出现,经中国保监会批准后解散。外资保险公司解散的,应当依法成立清算组,进行清算。

经营人寿保险业务的外资保险公司,除分立、合并外,不得解散。

第二十七条 外资保险公司违反法律、行政法规,被中国保监会吊销经营保险业务许可证的,依法撤销,由中国保监会依法及时组织成立清算组进行清算。

第二十八条 外资保险公司因解散、依法被撤销而清算的,应当自清算组成立之日起60日内在报纸上至少公告3次。公告内容应当经中国保监会核准。

第二十九条 外资保险公司不能支付到期债务,经中国保监会同意,由人民法院依法宣告破产。外资保险公司被宣告破产的,由人民法院组织中国保监会等有关部门和有关人员成立清算组,进行清算。

第三十条 外资保险公司解散、依法被撤销或者被宣告破产的,未清偿债务前,不得将其财产转移至中国境外。

第六章 法律责任

第三十一条 违反本条例规定,擅自设立外资保险公司或者非法从事保险业务活动的,由中国保监会予以取缔;依照刑法关于擅自设立金融机构罪、非法经营罪或者其他罪的规定,依法追究刑事责任;尚不够刑事处罚的,由中国保监会没收违法所得,并处违法所得1倍以上5倍以下的罚款,没有违法所得或者违法所得不足20万元的,处20万元以上100万元以下的罚款。

第三十二条 外资保险公司违反本条例规定,超出核定的业务范围、业务地域范围或者服务对象范围从事保险业务活动的,依照刑法关于非法经营罪或者其他罪的规定,依法追究刑事责任;尚不够刑事处罚的,由中国保监会责令改正,责令退还收取的保险费,没收违法所得,并处违法所得1倍以上5倍以下的罚款,没有违法所得或者违法所得不足10万元的,处10万元以上50万元以下的罚款;逾期不改正或者造成严重后果的,责令限期停业或者吊销经营保险业务许可证。

第三十三条 外资保险公司违反本条例规定,有下列行为之一的,由中国保监会责令改正,处5万元以上30万元以下的罚款;情节严重的,可以责令停止接受新业务或者吊销经营保险业务许可证:

(1)未按照规定提存保证金或者违反规定动用保证金的;

(2)违反规定与其关联企业从事交易活动的;

(3)未按照规定补足注册资本或者营运资金的。

第三十四条 外资保险公司违反本条例规定,有下列行为之一的,由中国保监会责令限期改正;逾期不改正的,处1万元以上10万元以下的罚款:

(1)未按照规定提交、报送有关文件、资料和书面报告的;

(2)未按照规定公告的。

第三十五条 外资保险公司违反本条例规定,有下列行为之一的,由中国保监会处10万元以上50万元以下的罚款:

(1)提供虚假的文件、资料和书面报告的;

(2)拒绝或者阻碍依法监督检查的。

第三十六条 外资保险公司违反本条例规定,将其财产转移至中国境外的,由中国保监会责令转回转移的财产,处转移财产金额20.0%以上等值以下的罚款。

第三十七条 外资保险公司违反中国有关法律、行政法规和本条例规定的,中国保监会可以取消该外资保险公司高级管理人员一定期限直至终身在中国的任职资格。

第七章 附 则

第三十八条 对外资保险公司的管理,本条例未作规定的,适用《中华人民共和国保险法》和其他有关法律、行政法规和国家其他有关规定。

第三十九条 香港特别行政区、澳门特别行政区和台湾地区的保险公司在内地设立和营业的保险公司,比照适用本条例。

第四十条 本条例自2002年2月1日起施行。

中华人民共和国外国人入境出境管理条例

（2013年7月3日国务院第15次常务会议通过　2013年7月12日中华人民共和国国务院令第637号公布　自2013年9月1日起施行）

第一章　总　则

第一条　为了规范签证的签发和外国人在中国境内停留居留的服务和管理，根据《中华人民共和国出境入境管理法》（简称“出境入境管理法”）制定本条例。

第二条　国家建立外国人入境出境服务和管理工作协调机制，加强外国人入境出境服务和管理工作的统筹、协调与配合。

省、自治区、直辖市人民政府可以根据需要建立外国人入境出境服务和管理工作协调机制，加强信息交流与协调配合，做好本行政区域的外国人入境出境服务和管理工作。

第三条　公安部应当会同国务院有关部门建立外国人入境出境服务和管理信息平台，实现有关信息的共享。

第四条　在签证签发管理和外国人在中国境内停留居留管理工作中，外交部、公安部等国务院部门应当在部门门户网站、受理出境入境证件申请的地点等场所，提供外国人入境出境管理法律法规和其他需要外国人知悉的信息。

第二章　签证的类别和签发

第五条　外交签证、礼遇签证、公务签证的签发范围和签发办法由外交部规定。

第六条　普通签证分为以下类别，并在签证上标明相应的汉语拼音字母：

（1）C字签证，发给执行乘务、航空、航运任务的国际列车乘务员、国际航空器机组人员、国际航行船舶的船员及船员随行家属和从事国际道路运输的汽车驾驶员；

（2）D字签证，发给入境永久居留的人员；

（3）F字签证，发给入境从事交流、访问、考察等活动的人员；

（4）G字签证，发给经中国过境的人员；

（5）J1字签证，发给外国常驻中国新闻机构的外国常驻记者；J2字签证，发给入境进行短期采访报道的外国记者；

（6）L字签证，发给入境旅游的人员；以团体形式入境旅游的，可以签发团体L字签证；

（7）M字签证，发给入境进行商业贸易活动的人员；

（8）Q1字签证，发给因家庭团聚申请入境居留的中国公民的家庭成员和具有中国永久居留资格的外国人的家庭成员，以及因寄养等原因申请入境居留的人员；Q2字签证，发给申请入境短期探亲的居住在中国境内的中国公民的亲属和具有中国永久居留资格的外国人的亲属；

（9）R字签证，发给国家需要的外国高层次人才和急需紧缺专门人才；

（10）S1字签证，发给申请入境长期探亲的因工作、学习等事由在中国境内居留的外国人的配偶、父母、未满18周岁的子女、配偶的父母，以及因其他私人事务需要在中国境内居留的人员；S2字签证，发给申请入境短期探亲的因工作、学习等事由在中国境内停留居留的外国人的家庭成员，以及因其他私人事务需要在中国境内停留的人员；

（11）X1字签证，发给申请在中国境内长期学习的人员；X2字签证，发给申请在中国境内短期学习的人员；

（12）Z字签证，发给申请在中国境内工作的人员。

第七条　外国人申请办理签证，应当填写申请表，提交本人的护照或者其他国际旅行证件以及符合规定的照片和申请事由的相关材料。

(1)申请 C 字签证,应当提交外国运输公司出具的担保函件或者中国境内有关单位出具的邀请函件;

(2)申请 D 字签证,应当提交公安部签发的外国人永久居留身份确认表;

(3)申请 F 字签证,应当提交中国境内的邀请方出具的邀请函件;

(4)申请 G 字签证,应当提交前往国家(地区)的已确定日期、座位的联程机(车、船)票;

(5)申请 J1 字及 J2 字签证,应当按照中国有关外国常驻新闻机构和外国记者采访的规定履行审批手续并提交相应的申请材料;

(6)申请 L 字签证,应当按照要求提交旅行计划行程安排等材料;以团体形式入境旅游的,还应当提交旅行社出具的邀请函件;

(7)申请 M 字签证,应当按照要求提交中国境内商业贸易合作方出具的邀请函件;

(8)申请 Q1 字签证,因家庭团聚申请入境居留的,应当提交居住在中国境内的中国公民、具有永久居留资格的外国人出具的邀请函件和家庭成员关系证明,因寄养等原因申请入境的,应当提交委托书等证明材料;申请 Q2 字签证,应当提交居住在中国境内的中国公民、具有永久居留资格的外国人出具的邀请函件等证明材料;

(9)申请 R 字签证,应当符合中国政府有关主管部门确定的外国高层次人才和急需紧缺专门人才的引进条件和要求,并按照规定提交相应的证明材料;

(10)申请 S1 字及 S2 字签证,应当按照要求提交因工作、学习等事由在中国境内停留居留的外国人出具的邀请函件、家庭成员关系证明,或者入境处理私人事务所需的证明材料;

(11)申请 X1 字签证应当按照规定提交招收单位出具的录取通知书和主管部门出具的证明材料;申请 X2 字签证,应当按照规定提交招收单位出具的录取通知书等证明材料;

(12)申请 Z 字签证,应当按照规定提交工作许可等证明材料。

签证机关可以根据具体情况要求外国人提交其他申请材料。

第八条 外国人有下列情形之一的,应当按照驻外签证机关要求接受面谈:

(1)申请入境居留的;

(2)个人身份信息、入境事由需要进一步核实的;

(3)曾有不准入境、被限期出境记录的;

(4)有必要进行面谈的其他情形。

驻外签证机关签发签证需要向中国境内有关部门、单位核实有关信息的,中国境内有关部门、单位应当予以配合。

第九条 签证机关经审查认为符合签发条件的,签发相应类别签证。对入境后需要办理居留证件的,签证机关应当在签证上注明入境后办理居留证件的时限。

第三章 停留居留管理

第十条 外国人持签证入境后,按照国家规定可以变更停留事由、给予入境便利的,或者因使用新护照、持团体签证入境后由于客观原因需要分团停留的,可以向停留地县级以上地方人民政府公安机关出入境管理机构申请换发签证。

第十一条 在中国境内的外国人所持签证遗失、损毁、被盗抢的,应当及时向停留地县级以上地方人民政府公安机关出入境管理机构申请补发签证。

第十二条 外国人申请签证的延期、换发、补发和申请办理停留证件,应当填写申请表,提交本人的护照或者其他国际旅行证件以及符合规定的照片和申请事由的相关材料。

第十三条 外国人申请签证延期、换发、补发和申请办理停留证件符合受理规定的,公安机关出入境管理机构应当出具有效期不超过 7 日的受理回执,并在受理回执有效期内作出是否签发的决定。

外国人申请签证延期、换发、补发和申请办理停留证件的手续或者材料不符合规定的,公安机关出入境管理机构应当一次性告知申请人需要履行的手续和补正的申请材料。

申请人所持护照或者其他国际旅行证件因办理证件被收存期间,可以凭受理回执在中国境内合法停留。

第十四条 公安机关出入境管理机构作出的延长签证停留期限决定，仅对本次入境有效，不影响签证的入境次数和入境有效期，并且累计延长的停留期限不得超过原签证注明的停留期限。

签证停留期限延长后，外国人应当按照原签证规定的事由和延长的期限停留。

第十五条 居留证件分为以下种类：

(1)工作类居留证件，发给在中国境内工作的人员；

(2)学习类居留证件，发给在中国境内长期学习的人员；

(3)记者类居留证件，发给外国常驻中国新闻机构的外国常驻记者；

(4)团聚类居留证件，发给因家庭团聚需要在中国境内居留的中国公民的家庭成员和具有中国永久居留资格的外国人的家庭成员，以及因寄养等原因需要在中国境内居留的人员；

(5)私人事务类居留证件，发给入境长期探亲的因工作、学习等事由在中国境内居留的外国人的配偶、父母、未满18周岁的子女、配偶的父母，以及因其他私人事务需要在中国境内居留的人员。

第十六条 外国人申请办理外国人居留证件，应当提交本人护照或者其他国际旅行证件以及符合规定的照片和申请事由的相关材料，本人到居留地县级以上地方人民政府公安机关出入境管理机构办理相关手续，并留存指纹等人体生物识别信息。

(1)工作类居留证件，应当提交工作许可等证明材料；属于国家需要的外国高层次人才和急需紧缺专门人才的，应当按照规定提交有关证明材料。

(2)学习类居留证件，应当按照规定提交招收单位出具的注明学习期限的函件等证明材料。

(3)记者类居留证件，应当提交有关主管部门出具的函件和核发的记者证。

(4)团聚类居留证件，因家庭团聚需要在中国境内居留的，应当提交家庭成员关系证明和与申请事由相关的证明材料；因寄养等原因需要在中国境内居留的，应当提交委托书等证明材料。

(5)私人事务类居留证件，长期探亲的，应当按照要求提交亲属关系证明、被探望人的居留证件等证明材料；入境处理私人事务的，应当提交因处理私人事务需要在中国境内居留的相关证明材料。

外国人申请有效期1年以上的居留证件的，应当按照规定提交健康证明。健康证明自开具之日起6个月内有效。

第十七条 外国人申请办理居留证件的延期、换发、补发，应当填写申请表，提交本人的护照或者其他国际旅行证件以及符合规定的照片和申请事由的相关材料。

第十八条 外国人申请居留证件或者申请居留证件的延期、换发、补发符合受理规定的，公安机关出入境管理机构应当出具有效期不超过15日的受理回执，并在受理回执有效期内作出是否签发的决定。

外国人申请居留证件或者申请居留证件的延期、换发、补发的手续或者材料不符合规定的，公安机关出入境管理机构应当一次性告知申请人需要履行的手续和补正的申请材料。

申请人所持护照或者其他国际旅行证件因办理证件被收存期间，可以凭受理回执在中国境内合法居留。

第十九条 外国人申请签证和居留证件的延期、换发、补发，申请办理停留证件，有下列情形之一的，可以由邀请单位或者个人、申请人的亲属、有关专门服务机构代为申请：

(1)未满16周岁或者已满60周岁以及因疾病等原因行动不便的；

(2)非首次入境且在中国境内停留居留记录良好的；

(3)邀请单位或者个人对外国人在中国境内期间所需费用提供保证措施的。

外国人申请居留证件，属于国家需要的外国高层次人才和急需紧缺专门人才以及前款第一项规定情形的，可以由邀请单位或者个人、申请人的亲属、有关专门服务机构代为申请。

第二十条 公安机关出入境管理机构可以通过面谈、电话询问、实地调查等方式核实申请事由的真实性，申请人以及出具邀请函件、证明材料的单位或者个人应当予以配合。

第二十一条 公安机关出入境管理机构对有下列情形之一的外国人，不予批准签证和居留证件的

延期、换发、补发,不予签发停留证件:

(1)不能按照规定提供申请材料的;

(2)在申请过程中弄虚作假的;

(3)违反中国有关法律、行政法规规定,不适合在中国境内停留居留的;

(4)不宜批准签证和居留证件的延期、换发、补发或者签发停留证件的其他情形。

第二十二条 持学习类居留证件的外国人需要在校外勤工助学或者实习的,应当经所在学校同意后,向公安机关出入境管理机构申请居留证件加注勤工助学或者实习地点、期限等信息。

持学习类居留证件的外国人所持居留证件未加注前款规定信息的,不得在校外勤工助学或者实习。

第二十三条 在中国境内的外国人因证件遗失、损毁、被盗抢等原因未持有效护照或者国际旅行证件,无法在本国驻中国有关机构补办的,可以向停留居留地县级以上地方人民政府公安机关出入境管理机构申请办理出境手续。

第二十四条 所持出境入境证件注明停留区域的外国人、出入境边防检查机关批准临时入境且限定停留区域的外国人,应当在限定的区域内停留。

第二十五条 外国人在中国境内有下列情形之一的,属于非法居留:

(1)超过签证、停留居留证件规定的停留居留期限停留居留的;

(2)免办签证入境的外国人超过免签期限停留且未办理停留居留证件的;

(3)外国人超出限定的停留居留区域活动的;

(4)其他非法居留的情形。

第二十六条 聘用外国人工作或者招收外国留学生的单位,发现有下列情形之一的,应当及时向所在地县级以上地方人民政府公安机关出入境管理机构报告:

(1)聘用的外国人离职或者变更工作地域的;

(2)招收的外国留学生毕业、结业、肄业、退学,离开原招收单位的;

(3)聘用的外国人、招收的外国留学生违反出境入境管理规定的;

(4)聘用的外国人、招收的外国留学生出现死亡、失踪等情形的。

第二十七条 金融、教育、医疗、电信等单位在办理业务时需要核实外国人身份信息的,可以向公安机关出入境管理机构申请核实。

第二十八条 外国人因外交、公务事由在中国境内停留居留证件的签发管理,按照外交部的规定执行。

第四章 调查和遣返

第二十九条 公安机关根据实际需要可以设置遣返场所。

依照出境入境管理法第六十条的规定对外国人实施拘留审查的,应当在24小时内将被拘留审查的外国人送到拘留所或者遣返场所。

由于天气、当事人健康状况等原因无法立即执行遣送出境、驱逐出境的,应当凭相关法律文书将外国人羁押在拘留所或者遣返场所。

第三十条 依照出境入境管理法第六十一条的规定,对外国人限制活动范围的,应当出具限制活动范围决定书。被限制活动范围的外国人,应当在指定的时间到公安机关报到;未经决定机关批准,不得变更生活居所或者离开限定的区域。

第三十一条 依照出境入境管理法第六十二条的规定,对外国人实施遣送出境的,作出遣送出境决定的机关应当依法确定被遣送出境的外国人不准入境的具体期限。

第三十二条 外国人被遣送出境所需的费用由本人承担。本人无力承担的,属于非法就业的,由非法聘用的单位、个人承担;属于其他情形的,由对外国人在中国境内停留居留提供保证措施的单位或者个人承担。

遣送外国人出境,由县级以上地方人民政府公安机关或者出入境边防检查机关实施。

第三十三条 外国人被决定限期出境的,作出决定的机关应当在注销或者收缴其原出境入境证件后,为其补办停留手续并限定出境的期限。限定出境期限最长不得超过15日。

第三十四条 外国人有下列情形之一的,其所持签证、停留居留证件由签发机关宣布作废:

(1)签证、停留居留证件损毁、遗失、被盗抢的;

(2)被决定限期出境、遣送出境、驱逐出境,其所持签证、停留居留证件未被收缴或者注销的；

(3)原居留事由变更，未在规定期限内向公安机关出入境管理机构申报，经公安机关公告后仍未申报的；

(4)有出境入境管理法第二十一条、第三十一条规定的不予签发签证、居留证件情形的。

签发机关对签证、停留居留证件依法宣布作废的，可以当场宣布作废或者公告宣布作废。

第三十五条 外国人所持签证、停留居留证件有下列情形之一的，由公安机关注销或者收缴：

(1)被签发机关宣布作废或者被他人冒用的；

(2)通过伪造、变造、骗取或者其他方式非法获取的；

(3)持有人被决定限期出境、遣送出境、驱逐出境的。

作出注销或者收缴决定的机关应当及时通知签发机关。

第五章 附 则

第三十六条 本条例下列用语的含义：

(1)签证的入境次数，是指持证人在签证入境有效期内可以入境的次数；

(2)签证的入境有效期，是指持证人所持签证入境的有效时间范围。非经签发机关注明，签证自签发之日起生效，于有效期满当日北京时间24时失效；

(3)签证的停留期限，是指持证人每次入境后被准许停留的时限，自入境次日开始计算；

(4)短期，是指在中国境内停留不超过180日(含180日)；

(5)长期、常驻，是指在中国境内居留超过180日。

本条例规定的公安机关出入境管理机构审批期限和受理回执有效期以工作日计算，不含法定节假日。

第三十七条 经外交部批准，驻外签证机关可以委托当地有关机构承办外国人签证申请的接件、录入、咨询等服务性事务。

第三十八条 签证的式样由外交部会同公安部规定。停留居留证件的式样由公安部规定。

第三十九条 本条例自2013年9月1日起施行。1986年12月3日国务院批准，1986年12月27日公安部、外交部公布，1994年7月13日、2010年4月24日国务院修订的《中华人民共和国外国人入境出境管理法实施细则》同时废止。

铁路安全管理条例

(2013年7月24日国务院第18次常务会议通过 2013年8月17日中华人民共和国国务院令第639号公布 自2014年1月1日起施行)

第一章 总 则

第一条 为了加强铁路安全管理，保障铁路运输安全和畅通，保护人身安全和财产安全，制定本条例。

第二条 铁路安全管理坚持安全第一、预防为主、综合治理的方针。

第三条 国务院铁路行业监督管理部门负责全国铁路安全监督管理工作，国务院铁路行业监督管理部门设立的铁路监督管理机构负责辖区内的铁路安全监督管理工作。国务院铁路行业监督管理部门和铁路监督管理机构统称铁路监管部门。

国务院有关部门依照法律和国务院规定的职责，负责铁路安全管理的有关工作。

第四条 铁路沿线地方各级人民政府和县级以上地方人民政府有关部门应当按照各自职责，加强保障铁路安全的教育，落实护路联防责任制，防范和制止危害铁路安全的行为，协调和处理保障铁路安全的有关事项，做好保障铁路安全的有关工作。

第五条 从事铁路建设、运输、设备制造维修的单位应当加强安全管理，建立健全安全生产管理制度，落实企业安全生产主体责任，设置安全管理机构或者配备安全管理人员，执行保障生产安全和产品质量安全的国家标准、行业标准，加强对从业人员的安全教育培训，保证安全生产所必需的资金投入。

铁路建设、运输、设备制造维修单位的工作人员应当严格执行规章制度，实行标准化作业，保证铁路安全。

第六条 铁路监管部门、铁路运输企业等单位应当按照国家有关规定制定突发事件应急预案，并组织应急演练。

第七条 禁止扰乱铁路建设、运输秩序。禁止损坏或者非法占用铁路设施设备、铁路标志和铁路用地。

任何单位或者个人发现损坏或者非法占用铁路设施设备、铁路标志、铁路用地以及其他影响铁路安全的行为，有权报告铁路运输企业，或者向铁路监管部门、公安机关或者其他有关部门举报。接到报告的铁路运输企业、接到举报的部门应当根据各自职责及时处理。

对维护铁路安全作出突出贡献的单位或者个人，按照国家有关规定给予表彰奖励。

第二章 铁路建设质量安全

第八条 铁路建设工程的勘察、设计、施工、监理以及建设物资、设备的采购，应当依法进行招标。

第九条 从事铁路建设工程勘察、设计、施工、监理活动的单位应当依法取得相应资质，并在其资质等级许可的范围内从事铁路工程建设活动。

第十条 铁路建设单位应当选择具备相应资质等级的勘察、设计、施工、监理单位进行工程建设，并对建设工程的质量安全进行监督检查，制作检查记录留存备查。

第十一条 铁路建设工程的勘察、设计、施工、监理应当遵守法律、行政法规关于建设工程质量和安全管理的规定，执行国家标准、行业标准和技术规范。

铁路建设工程的勘察、设计、施工单位依法对勘察、设计、施工的质量负责，监理单位依法对施工质量承担监理责任。

高速铁路和地质构造复杂的铁路建设工程实行工程地质勘察监理制度。

第十二条 铁路建设工程的安全设施应当与主体工程同时设计、同时施工、同时投入使用。安全设施投资应当纳入建设项目概算。

第十三条 铁路建设工程使用的材料、构件、设备等产品，应当符合有关产品质量的强制性国家标准、行业标准。

第十四条 铁路建设工程的建设工期，应当根据工程地质条件、技术复杂程度等因素，按照国家标准、行业标准和技术规范合理确定、调整。

任何单位和个人不得违反前款规定要求铁路建设、设计、施工单位压缩建设工期。

第十五条 铁路建设工程竣工，应当按照国家有关规定组织验收，并由铁路运输企业进行运营安全评估。经验收、评估合格，符合运营安全要求的，方可投入运营。

第十六条 在铁路线路及其邻近区域进行铁路建设工程施工，应当执行铁路营业线施工安全管理规定。铁路建设单位应当会同相关铁路运输企业和工程设计、施工单位制定安全施工方案，按照方案进行施工。施工完毕应当及时清理现场，不得影响铁路运营安全。

第十七条 新建、改建设计开行时速 120 千米以上列车的铁路或者设计运输量达到国务院铁路行业监督管理部门规定的较大运输量标准的铁路，需要与道路交叉的，应当设置立体交叉设施。

新建、改建高速公路、一级公路或者城市道路中的快速路，需要与铁路交叉的，应当设置立体交叉设施，并优先选择下穿铁路的方案。

已建成的属于前两款规定情形的铁路、道路为平面交叉的，应当逐步改造为立体交叉。

新建、改建高速铁路需要与普通铁路、道路、渡槽、管线等设施交叉的，应当优先选择高速铁路上跨方案。

第十八条 设置铁路与道路立体交叉设施及其附属安全设施所需费用的承担，按照下列原则确定：

（1）新建、改建铁路与既有道路交叉的，由铁路方承担建设费用；道路方要求超过既有道路建设标准建设所增加的费用，由道路方承担；

（2）新建、改建道路与既有铁路交叉的，由道路方承担建设费用；铁路方要求超过既有铁路线路建设标准建设所增加的费用，由铁路方承担；

（3）同步建设的铁路和道路需要设置立体交叉设施以及既有铁路道口改造为立体交叉的，由铁路方和道路方按照公平合理的原则分担建设费用。

第十九条 铁路与道路立体交叉设施及其附属安全设施竣工验收合格后，应当按照国家有关规定移交有关单位管理、维护。

第二十条 专用铁路、铁路专用线需要与公用铁路网接轨的，应当符合国家有关铁路建设、运输的安全管理规定。

第三章 铁路专用设备质量安全

第二十一条 设计、制造、维修或者进口新型铁路机车车辆，应当符合国家标准、行业标准，并分别向国务院铁路行业监督管理部门申请领取型号合格证、制造许可证、维修许可证或者进口许可证，具体办法由国务院铁路行业监督管理部门制定。

铁路机车车辆的制造、维修、使用单位应当遵守有关产品质量的法律、行政法规以及国家其他有关规定，确保投入使用的机车车辆符合安全运营要求。

第二十二条 生产铁路道岔及其转辙设备、铁路信号控制软件和控制设备、铁路通信设备、铁路牵引供电设备的企业，应当符合下列条件并经国务院铁路行业监督管理部门依法审查批准：

（1）有按照国家标准、行业标准检测、检验合格的专业生产设备；

（2）有相应的专业技术人员；

（3）有完善的产品质量保证体系和安全管理制度；

（4）法律、行政法规规定的其他条件。

第二十三条 铁路机车车辆以外的直接影响铁路运输安全的铁路专用设备，依法应当进行产品认证的，经认证合格方可出厂、销售、进口、使用。

第二十四条 用于危险化学品和放射性物品运输的铁路罐车、专用车辆以及其他容器的生产和检测、检验，依照有关法律、行政法规的规定执行。

第二十五条 用于铁路运输的安全检测、监控、防护设施设备，集装箱和集装化用具等运输器具，专用装卸机械、索具、篷布、装载加固材料或者装置，以及运输包装、货物装载加固等，应当符合国家标准、行业标准和技术规范。

第二十六条 铁路机车车辆以及其他铁路专用设备存在缺陷，即由于设计、制造、标识等原因导致同一批次、型号或者类别的铁路专用设备普遍存在不符合保障人身、财产安全的国家标准、行业标准的情形或者其他危及人身、财产安全的不合理危险的，应当立即停止生产、销售、进口、使用；设备制造者应当召回缺陷产品，采取措施消除缺陷。具体办法由国务院铁路行业监督管理部门制定。

第四章 铁路线路安全

第二十七条 铁路线路两侧应当设立铁路线路安全保护区。铁路线路安全保护区的范围，从铁路线路路堤坡脚、路堑坡顶或者铁路桥梁（含铁路、道路两用桥，下同）外侧起向外的距离分别为：

（1）城市市区高速铁路为 10 米，其他铁路为 8 米；

（2）城市郊区居民居住区高速铁路为 12 米，其他铁路为 10 米；

（3）村镇居民居住区高速铁路为 15 米，其他铁路为 12 米；

（4）其他地区高速铁路为 20 米，其他铁路为 15 米。

前款规定距离不能满足铁路运输安全保护需要的，由铁路建设单位或者铁路运输企业提出方案，铁路监督管理机构或者县级以上地方人民政府依照本条第三款规定程序划定。

在铁路用地范围内划定铁路线路安全保护区的，由铁路监督管理机构组织铁路建设单位或者铁路运输企业划定并公告。在铁路用地范围外划定铁路线路安全保护区的，由县级以上地方人民政府根据保障铁路运输安全和节约用地的原则，组织有关铁路监督管理机构、县级以上地方人民政府国土资源等部门划定并公告。

铁路线路安全保护区与公路建筑控制区、河道管理范围、水利工程管理和保护范围、航道保护范围或者石油、电力以及其他重要设施保护区重叠的，由县级以上地方人民政府组织有关部门依照法律、行政法规的规定协商划定并公告。

新建、改建铁路的铁路线路安全保护区范围，应当自铁路建设工程初步设计批准之日起30日内，由县级以上地方人民政府依照本条例的规定划定并公告。铁路建设单位或者铁路运输企业应当根据工程竣工资料进行勘界，绘制铁路线路安全保护区平面图，并根据平面图设立标桩。

第二十八条 设计开行时速120千米以上列车的铁路应当实行全封闭管理。铁路建设单位或者铁路运输企业应当按照国务院铁路行业监督管理部门的规定在铁路用地范围内设置封闭设施和警示标志。

第二十九条 禁止在铁路线路安全保护区内烧荒、放养牲畜、种植影响铁路线路安全和行车瞭望的树木等植物。

禁止向铁路线路安全保护区排污、倾倒垃圾以及其他危害铁路安全的物质。

第三十条 在铁路线路安全保护区内建造建筑物、构筑物等设施，取土、挖砂、挖沟、采空作业或者堆放、悬挂物品，应当征得铁路运输企业同意并签订安全协议，遵守保证铁路安全的国家标准、行业标准和施工安全规范，采取措施防止影响铁路运输安全。铁路运输企业应当派员对施工现场实行安全监督。

第三十一条 铁路线路安全保护区内既有的建筑物、构筑物危及铁路运输安全的，应当采取必要的安全防护措施；采取安全防护措施后仍不能保证安全的，依照有关法律的规定拆除。

拆除铁路线路安全保护区内的建筑物、构筑物，清理铁路线路安全保护区内的植物，或者对他人在铁路线路安全保护区内已依法取得的采矿权等合法权利予以限制，给他人造成损失的，应当依法给予补偿或者采取必要的补救措施。但是，拆除非法建设的建筑物、构筑物的除外。

第三十二条 在铁路线路安全保护区及其邻近区域建造或者设置的建筑物、构筑物、设备等，不得进入国家规定的铁路建筑限界。

第三十三条 在铁路线路两侧建造、设立生产、加工、储存或者销售易燃、易爆或者放射性物品等危险物品的场所、仓库，应当符合国家标准、行业标准规定的安全防护距离。

第三十四条 在铁路线路两侧从事采矿、采石或者爆破作业，应当遵守有关采矿和民用爆破的法律法规，符合国家标准、行业标准和铁路安全保护要求。

在铁路线路路堤坡脚、路堑坡顶、铁路桥梁外侧起向外各1 000米范围内，以及在铁路隧道上方中心线两侧各1 000米范围内，确需从事露天采矿、采石或者爆破作业的，应当与铁路运输企业协商一致，依照有关法律法规的规定报县级以上地方人民政府有关部门批准，采取安全防护措施后方可进行。

第三十五条 高速铁路线路路堤坡脚、路堑坡顶或者铁路桥梁外侧起向外各200米范围内禁止抽取地下水。

在前款规定范围外，高速铁路线路经过的区域属于地面沉降区域，抽取地下水危及高速铁路安全的，应当设置地下水禁止开采区或者限制开采区，具体范围由铁路监督管理机构会同县级以上地方人民政府水行政主管部门提出方案，报省、自治区、直辖市人民政府批准并公告。

第三十六条 在电气化铁路附近从事排放粉尘、烟尘及腐蚀性气体的生产活动，超过国家规定的排放标准，危及铁路运输安全的，由县级以上地方人民政府有关部门依法责令整改，消除安全隐患。

第三十七条 任何单位和个人不得擅自在铁路桥梁跨越处河道上下游各1 000米范围内围垦造田、拦河筑坝、架设浮桥或者修建其他影响铁路桥梁安全的设施。

因特殊原因确需在前款规定的范围内进行围垦造田、拦河筑坝、架设浮桥等活动的，应当进行安全论证，负责审批的机关在批准前应当征求有关铁路运输企业的意见。

第三十八条 禁止在铁路桥梁跨越处河道上下游的下列范围内采砂、淘金：

（1）跨河桥长500米以上的铁路桥梁，河道上游500米，下游3 000米；

（2）跨河桥长100米以上不足500米的铁路桥梁，河道上游500米，下游2 000米；

（3）跨河桥长不足100米的铁路桥梁，河道上游

500米，下游1 000米。

有关部门依法在铁路桥梁跨越处河道上下游划定的禁采范围大于前款规定的禁采范围的，按照划定的禁采范围执行。

县级以上地方人民政府水行政主管部门、国土资源主管部门应当按照各自职责划定禁采区域、设置禁采标志，制止非法采砂、淘金行为。

第三十九条 在铁路桥梁跨越处河道上下游各500米范围内进行疏浚作业，应当进行安全技术评价，有关河道、航道管理部门应当征求铁路运输企业的意见，确认安全或者采取安全技术措施后，方可批准进行疏浚作业。但是，依法进行河道、航道日常养护、疏浚作业的除外。

第四十条 铁路、道路两用桥由所在地铁路运输企业和道路管理部门或者道路经营企业定期检查、共同维护，保证桥梁处于安全的技术状态。

铁路、道路两用桥的墩、梁等共用部分的检测、维修由铁路运输企业和道路管理部门或者道路经营企业共同负责，所需费用按照公平合理的原则分担。

第四十一条 铁路的重要桥梁和隧道按照国家有关规定由中国人民武装警察部队负责守卫。

第四十二条 船舶通过铁路桥梁应当符合桥梁的通航净空高度并遵守航行规则。

桥区航标中的桥梁航标、桥柱标、桥梁水尺标由铁路运输企业负责设置、维护，水面航标由铁路运输企业负责设置，航道管理部门负责维护。

第四十三条 下穿铁路桥梁、涵洞的道路应当按照国家标准设置车辆通过限高、限宽标志和限高防护架。城市道路的限高、限宽标志由当地人民政府指定的部门设置并维护，公路的限高、限宽标志由公路管理部门设置并维护。限高防护架在铁路桥梁、涵洞、道路建设时设置，由铁路运输企业负责维护。

机动车通过下穿铁路桥梁、涵洞的道路，应当遵守限高、限宽规定。

下穿铁路涵洞的管理单位负责涵洞的日常管理、维护，防止淤塞、积水。

第四十四条 铁路线路安全保护区内的道路和铁路线路路堑上的道路、跨越铁路线路的道路桥梁，应当按照国家有关规定设置防止车辆以及其他物体进入、坠入铁路线路的安全防护设施和警示标志，并由道路管理部门或者道路经营企业维护、管理。

第四十五条 架设、铺设铁路信号和通信线路、杆塔应当符合国家标准、行业标准和铁路安全防护要求。铁路运输企业、为铁路运输提供服务的电信企业应当加强对铁路信号和通信线路、杆塔的维护和管理。

第四十六条 设置或者拓宽铁路道口、铁路人行过道，应当征得铁路运输企业的同意。

第四十七条 铁路与道路交叉的无人看守道口应当按照国家标准设置警示标志；有人看守道口应当设置移动栏杆、列车接近报警装置、警示灯、警示标志、铁路道口路段标线等安全防护设施。

道口移动栏杆、列车接近报警装置、警示灯等安全防护设施由铁路运输企业设置、维护；警示标志、铁路道口路段标线由铁路道口所在地的道路管理部门设置、维护。

第四十八条 机动车或者非机动车在铁路道口内发生故障或者装载物掉落的，应当立即将故障车辆或者掉落的装载物移至铁路道口停止线以外或者铁路线路最外侧钢轨5米以外的安全地点。无法立即移至安全地点的，应当立即报告铁路道口看守人员；在无人看守道口，应当立即在道口两端采取措施拦停列车，并就近通知铁路车站或者公安机关。

第四十九条 履带车辆等可能损坏铁路设施设备的车辆、物体通过铁路道口，应当提前通知铁路道口管理单位，在其协助、指导下通过，并采取相应的安全防护措施。

第五十条 在下列地点，铁路运输企业应当按照国家标准、行业标准设置易于识别的警示、保护标志：

（1）铁路桥梁、隧道的两端；

（2）铁路信号、通信光（电）缆的埋设、铺设地点；

（3）电气化铁路接触网、自动闭塞供电线路和电力贯通线路等电力设施附近易发生危险的地点。

第五十一条 禁止毁坏铁路线路、站台等设施设备和铁路路基、护坡、排水沟、防护林木、护坡草坪、铁路线路封闭网及其他铁路防护设施。

第五十二条 禁止实施下列危及铁路通信、信号设施安全的行为：

（1）在埋有地下光（电）缆设施的地面上方进行钻探，堆放重物、垃圾，焚烧物品，倾倒腐蚀性物质；

（2）在地下光（电）缆两侧各 1 米的范围内建造、搭建建筑物、构筑物等设施；

（3）在地下光（电）缆两侧各 1 米的范围内挖砂、取土；

（4）在过河光（电）缆两侧各 100 米的范围内挖砂、抛锚或者进行其他危及光（电）缆安全的作业。

第五十三条 禁止实施下列危害电气化铁路设施的行为：

（1）向电气化铁路接触网抛掷物品；

（2）在铁路电力线路导线两侧各 500 米的范围内升放风筝、气球等低空飘浮物体；

（3）攀登铁路电力线路杆塔或者在杆塔上架设、安装其他设施设备；

（4）在铁路电力线路杆塔、拉线周围 20 米范围内取土、打桩、钻探或者倾倒有害化学物品；

（5）触碰电气化铁路接触网。

第五十四条 县级以上各级人民政府及其有关部门、铁路运输企业应当依照地质灾害防治法律法规的规定，加强铁路沿线地质灾害的预防、治理和应急处理等工作。

第五十五条 铁路运输企业应当对铁路线路、铁路防护设施和警示标志进行经常性巡查和维护；对巡查中发现的安全问题应当立即处理，不能立即处理的应当及时报告铁路监督管理机构。巡查和处理情况应当记录留存。

第五章 铁路运营安全

第五十六条 铁路运输企业应当依照法律、行政法规和国务院铁路行业监督管理部门的规定，制定铁路运输安全管理制度，完善相关作业程序，保障铁路旅客和货物运输安全。

第五十七条 铁路机车车辆的驾驶人员应当参加国务院铁路行业监督管理部门组织的考试，考试合格方可上岗。具体办法由国务院铁路行业监督管理部门制定。

第五十八条 铁路运输企业应当加强铁路专业技术岗位和主要行车工种岗位从业人员的业务培训和安全培训，提高从业人员的业务技能和安全意识。

第五十九条 铁路运输企业应当加强运输过程中的安全防护，使用的运输工具、装载加固设备以及其他专用设施设备应当符合国家标准、行业标准和安全要求。

第六十条 铁路运输企业应当建立健全铁路设施设备的检查防护制度，加强对铁路设施设备的日常维护检修，确保铁路设施设备性能完好和安全运行。

铁路运输企业的从业人员应当按照操作规程使用、管理铁路设施设备。

第六十一条 在法定假日和传统节日等铁路运输高峰期或者恶劣气象条件下，铁路运输企业应当采取必要的安全应急管理措施，加强铁路运输安全检查，确保运输安全。

第六十二条 铁路运输企业应当在列车、车站等场所公告旅客、列车工作人员以及其他进站人员遵守的安全管理规定。

第六十三条 公安机关应当按照职责分工，维护车站、列车等铁路场所和铁路沿线的治安秩序。

第六十四条 铁路运输企业应当按照国务院铁路行业监督管理部门的规定实施火车票实名购买、查验制度。

实施火车票实名购买、查验制度的，旅客应当凭有效身份证件购票乘车；对车票所记载身份信息与所持身份证件或者真实身份不符的持票人，铁路运输企业有权拒绝其进站乘车。

铁路运输企业应当采取有效措施为旅客实名购票、乘车提供便利，并加强对旅客身份信息的保护。铁路运输企业工作人员不得窃取、泄露旅客身份信息。

第六十五条 铁路运输企业应当依照法律、行政法规和国务院铁路行业监督管理部门的规定，对旅客及其随身携带、托运的行李物品进行安全检查。

从事安全检查的工作人员应当佩戴安全检查标志，依法履行安全检查职责，并有权拒绝不接受安全检查的旅客进站乘车和托运行李物品。

第六十六条 旅客应当接受并配合铁路运输企业在车站、列车实施的安全检查，不得违法携带、夹带管制器具，不得违法携带、托运烟花爆竹、枪支弹药等危险物品或者其他违禁物品。

禁止或者限制携带的物品种类及其数量由国务院铁路行业监督管理部门会同公安机关规定，并在车站、列车等场所公布。

第六十七条 铁路运输托运人托运货物、行李、包裹，不得有下列行为：

（1）匿报、谎报货物品名、性质、重量；

（2）在普通货物中夹带危险货物，或者在危险货物中夹带禁止配装的货物；

（3）装车、装箱超过规定重量。

第六十八条 铁路运输企业应当对承运的货物进行安全检查，并不得有下列行为：

（1）在非危险货物办理站办理危险货物承运手续；

（2）承运未接受安全检查的货物；

（3）承运不符合安全规定、可能危害铁路运输安全的货物。

第六十九条 运输危险货物应当依照法律法规和国家其他有关规定使用专用的设施设备，托运人应当配备必要的押运人员和应急处理器材、设备以及防护用品，并使危险货物始终处于押运人员的监管之下；危险货物发生被盗、丢失、泄漏等情况，应当按照国家有关规定及时报告。

第七十条 办理危险货物运输业务的工作人员和装卸人员、押运人员，应当掌握危险货物的性质、危害特性、包装容器的使用特性和发生意外的应急措施。

第七十一条 铁路运输企业和托运人应当按照操作规程包装、装卸、运输危险货物，防止危险货物泄漏、爆炸。

第七十二条 铁路运输企业和托运人应当依照法律法规和国家其他有关规定包装、装载、押运特殊药品，防止特殊药品在运输过程中被盗、被劫或者发生丢失。

第七十三条 铁路管理信息系统及其设施的建设和使用，应当符合法律法规和国家其他有关规定的安全技术要求。

铁路运输企业应当建立网络与信息安全应急保障体系，并配备相应的专业技术人员负责网络和信息系统的安全管理工作。

第七十四条 禁止使用无线电台（站）以及其他仪器、装置干扰铁路运营指挥调度无线电频率的正常使用。

铁路运营指挥调度无线电频率受到干扰的，铁路运输企业应当立即采取排查措施并报告无线电管理机构、铁路监管部门；无线电管理机构、铁路监管部门应当依法排除干扰。

第七十五条 电力企业应当依法保障铁路运输所需电力的持续供应，并保证供电质量。

铁路运输企业应当加强用电安全管理，合理配置供电电源和应急自备电源。

遇有特殊情况影响铁路电力供应的，电力企业和铁路运输企业应当按照各自职责及时组织抢修，尽快恢复正常供电。

第七十六条 铁路运输企业应当加强铁路运营食品安全管理，遵守有关食品安全管理的法律法规和国家其他有关规定，保证食品安全。

第七十七条 禁止实施下列危害铁路安全的行为：

（1）非法拦截列车、阻断铁路运输；

（2）扰乱铁路运输指挥调度机构以及车站、列车的正常秩序；

（3）在铁路线路上放置、遗弃障碍物；

（4）击打列车；

（5）擅自移动铁路线路上的机车车辆，或者擅自开启列车车门、违规操纵列车紧急制动设备；

（6）拆盗、损毁或者擅自移动铁路设施设备、机车车辆配件、标桩、防护设施和安全标志；

（7）在铁路线路上行走、坐卧或者在未设道口、人行过道的铁路线路上通过；

（8）擅自进入铁路线路封闭区域或者在未设置行人通道的铁路桥梁、隧道通行；

（9）擅自开启、关闭列车的货车阀、盖或者破坏施封状态；

（10）擅自开启列车中的集装箱箱门，破坏箱体、阀、盖或者施封状态；

（11）擅自松动、拆解、移动列车中的货物装载加固材料、装置和设备；

（12）钻车、扒车、跳车；

（13）从列车上抛扔杂物；

(14)在动车组列车上吸烟或者在其他列车的禁烟区域吸烟;

(15)强行登乘或者以拒绝下车等方式强占列车;

(16)冲击、堵塞、占用进出站通道或者候车区、站台。

第六章　监督检查

第七十八条　铁路监管部门应当对从事铁路建设、运输、设备制造维修的企业执行本条例的情况实施监督检查,依法查处违反本条例规定的行为,依法组织或者参与铁路安全事故的调查处理。

铁路监管部门应当建立企业违法行为记录和公告制度,对违反本条例被依法追究法律责任的从事铁路建设、运输、设备制造维修的企业予以公布。

第七十九条　铁路监管部门应当加强对铁路运输高峰期和恶劣气象条件下运输安全的监督管理,加强对铁路运输的关键环节、重要设施设备的安全状况以及铁路运输突发事件应急预案的建立和落实情况的监督检查。

第八十条　铁路监管部门和县级以上人民政府安全生产监督管理部门应当建立信息通报制度和运输安全生产协调机制。发现重大安全隐患,铁路运输企业难以自行排除的,应当及时向铁路监管部门和有关地方人民政府报告。地方人民政府获悉铁路沿线有危及铁路运输安全的重要情况,应当及时通报有关的铁路运输企业和铁路监管部门。

第八十一条　铁路监管部门发现安全隐患,应当责令有关单位立即排除。重大安全隐患排除前或者排除过程中无法保证安全的,应当责令从危险区域内撤出人员、设备,停止作业;重大安全隐患排除后方可恢复作业。

第八十二条　实施铁路安全监督检查的人员执行监督检查任务时,应当佩戴标志或者出示证件。任何单位和个人不得阻碍、干扰安全监督检查人员依法履行安全检查职责。

第七章　法律责任

第八十三条　铁路建设单位和铁路建设的勘察、设计、施工、监理单位违反本条例关于铁路建设质量安全管理的规定的,由铁路监管部门依照有关工程建设、招标投标管理的法律、行政法规的规定处罚。

第八十四条　铁路建设单位未对高速铁路和地质构造复杂的铁路建设工程实行工程地质勘察监理,或者在铁路线路及其邻近区域进行铁路建设工程施工不执行铁路营业线施工安全管理规定,影响铁路运营安全的,由铁路监管部门责令改正,处10万元以上50万元以下的罚款。

第八十五条　依法应当进行产品认证的铁路专用设备未经认证合格,擅自出厂、销售、进口、使用的,依照《中华人民共和国认证认可条例》的规定处罚。

第八十六条　铁路机车车辆以及其他专用设备制造者未按规定召回缺陷产品,采取措施消除缺陷的,由国务院铁路行业监督管理部门责令改正;拒不改正的,处缺陷产品货值金额1.0%以上10.0%以下的罚款;情节严重的,由国务院铁路行业监督管理部门吊销相应的许可证件。

第八十七条　有下列情形之一的,由铁路监督管理机构责令改正,处2万元以上10万元以下的罚款:

(1)用于铁路运输的安全检测、监控、防护设施设备,集装箱和集装化用具等运输器具、专用装卸机械、索具、篷布、装载加固材料或者装置、运输包装、货物装载加固等,不符合国家标准、行业标准和技术规范;

(2)不按照国家有关规定和标准设置、维护铁路封闭设施、安全防护设施;

(3)架设、铺设铁路信号和通信线路、杆塔不符合国家标准、行业标准和铁路安全防护要求,或者未对铁路信号和通信线路、杆塔进行维护和管理;

(4)运输危险货物不依照法律法规和国家其他有关规定使用专用的设施设备。

第八十八条　在铁路线路安全保护区内烧荒、放养牲畜、种植影响铁路线路安全和行车瞭望的树木等植物,或者向铁路线路安全保护区排污、倾倒垃圾以及其他危害铁路安全的物质的,由铁路监督管理机构责令改正,对单位可以处5万元以下的罚款,对个人可以处2 000元以下的罚款。

第八十九条 未经铁路运输企业同意或者未签订安全协议，在铁路线路安全保护区内建造建筑物、构筑物等设施，取土、挖砂、挖沟、采空作业或者堆放、悬挂物品，或者违反保证铁路安全的国家标准、行业标准和施工安全规范，影响铁路运输安全的，由铁路监督管理机构责令改正，可以处10万元以下的罚款。

铁路运输企业未派员对铁路线路安全保护区内施工现场进行安全监督的，由铁路监督管理机构责令改正，可以处3万元以下的罚款。

第九十条 在铁路线路安全保护区及其邻近区域建造或者设置的建筑物、构筑物、设备等进入国家规定的铁路建筑限界，或者在铁路线路两侧建造、设立生产、加工、储存或者销售易燃、易爆或者放射性物品等危险物品的场所、仓库不符合国家标准、行业标准规定的安全防护距离的，由铁路监督管理机构责令改正，对单位处5万元以上20万元以下的罚款，对个人处1万元以上5万元以下的罚款。

第九十一条 有下列行为之一的，分别由铁路沿线所在地县级以上地方人民政府水行政主管部门、国土资源主管部门或者无线电管理机构等依照有关水资源管理、矿产资源管理、无线电管理等法律、行政法规的规定处罚：

（1）未经批准在铁路线路两侧各1 000米范围内从事露天采矿、采石或者爆破作业；

（2）在地下水禁止开采区或者限制开采区抽取地下水；

（3）在铁路桥梁跨越处河道上下游各1 000米范围内围垦造田、拦河筑坝、架设浮桥或者修建其他影响铁路桥梁安全的设施；

（4）在铁路桥梁跨越处河道上下游禁止采砂、淘金的范围内采砂、淘金；

（5）干扰铁路运营指挥调度无线电频率正常使用。

第九十二条 铁路运输企业、道路管理部门或者道路经营企业未履行铁路、道路两用桥检查、维护职责的，由铁路监督管理机构或者上级道路管理部门责令改正；拒不改正的，由铁路监督管理机构或者上级道路管理部门指定其他单位进行养护和维修，养护和维修费用由拒不履行义务的铁路运输企业、道路管理部门或者道路经营企业承担。

第九十三条 机动车通过下穿铁路桥梁、涵洞的道路未遵守限高、限宽规定的，由公安机关依照道路交通安全管理法律、行政法规的规定处罚。

第九十四条 违反本条例第四十八条、第四十九条关于铁路道口安全管理的规定的，由铁路监督管理机构责令改正，处1 000元以上5 000元以下的罚款。

第九十五条 违反本条例第五十一条、第五十二条、第五十三条、第七十七条规定的，由公安机关责令改正，对单位处1万元以上5万元以下的罚款，对个人处500元以上2 000元以下的罚款。

第九十六条 铁路运输托运人托运货物、行李、包裹时匿报、谎报货物品名、性质、重量，或者装车、装箱超过规定重量的，由铁路监督管理机构责令改正，可以处2 000元以下的罚款；情节较重的，处2 000元以上2万元以下的罚款；将危险化学品谎报或者匿报为普通货物托运的，处10万元以上20万元以下的罚款。

铁路运输托运人在普通货物中夹带危险货物，或者在危险货物中夹带禁止配装的货物的，由铁路监督管理机构责令改正，处3万元以上20万元以下的罚款。

第九十七条 铁路运输托运人运输危险货物未配备必要的应急处理器材、设备、防护用品，或者未按照操作规程包装、装卸、运输危险货物的，由铁路监督管理机构责令改正，处1万元以上5万元以下的罚款。

第九十八条 铁路运输托运人运输危险货物不按照规定配备必要的押运人员，或者发生危险货物被盗、丢失、泄漏等情况不按照规定及时报告的，由公安机关责令改正，处1万元以上5万元以下的罚款。

第九十九条 旅客违法携带、夹带管制器具或者违法携带、托运烟花爆竹、枪支弹药等危险物品或者其他违禁物品的，由公安机关依法给予治安管理处罚。

第一百条 铁路运输企业有下列情形之一的，由铁路监管部门责令改正，处2万元以上10万元以下的罚款：

（1）在非危险货物办理站办理危险货物承运手续；

（2）承运未接受安全检查的货物；

（3）承运不符合安全规定、可能危害铁路运输安全的货物；

（4）未按照操作规程包装、装卸、运输危险货物。

第一百零一条 铁路监管部门及其工作人员应当严格按照本条例规定的处罚种类和幅度，根据违法行为的性质和具体情节行使行政处罚权，具体办法由国务院铁路行业监督管理部门制定。

第一百零二条 铁路运输企业工作人员窃取、泄露旅客身份信息的，由公安机关依法处罚。

第一百零三条 从事铁路建设、运输、设备制造维修的单位违反本条例规定，对直接负责的主管人员和其他直接责任人员依法给予处分。

第一百零四条 铁路监管部门及其工作人员不依照本条例规定履行职责的，对负有责任的领导人员和直接责任人员依法给予处分。

第一百零五条 违反本条例规定，给铁路运输企业或者其他单位、个人财产造成损失的，依法承担民事责任。

违反本条例规定，构成违反治安管理行为的，由公安机关依法给予治安管理处罚；构成犯罪的，依法追究刑事责任。

第八章 附 则

第一百零六条 专用铁路、铁路专用线的安全管理参照本条例的规定执行。

第一百零七条 本条例所称高速铁路，是指设计开行时速250千米以上（含预留），并且初期运营时速200千米以上的客运列车专线铁路。

第一百零八条 本条例自2014年1月1日起施行。2004年12月27日国务院公布的《铁路运输安全保护条例》同时废止。

法规性文件

国务院关于印发能源发展“十二五”规划的通知

（2013 年 1 月 1 日　国发〔2013〕2 号）

各省、自治区、直辖市人民政府，国务院各部委、各直属机构：

现将《能源发展“十二五”规划》印发给你们，请认真贯彻执行。

前　言

能源是人类生存和发展的重要物质基础，攸关国计民生和国家安全。推动能源生产和利用方式变革，调整优化能源结构，构建安全、稳定、经济、清洁的现代能源产业体系，对于保障我国经济社会可持续发展具有重要战略意义。

本规划根据《中华人民共和国国民经济和社会发展第十二个五年规划纲要》（简称“十二五”规划纲要）编制，主要阐明我国能源发展的指导思想、基本原则、发展目标、重点任务和政策措施，是“十二五”时期我国能源发展的总体蓝图和行动纲领。

第一章　发展基础和背景

第一节　发展基础

“十一五”时期，我国能源快速发展，供应能力明显提高，产业体系进一步完善，基本满足了经济社会发展需要，为“十二五”能源发展奠定了坚实基础。

能源供应能力显著增强。一次能源生产总量连续五年位居世界第一，2010 年达到 29.7 亿吨标准煤；电力装机规模比 2005 年增长将近一倍，达到 9.7 亿千瓦，居世界第二。

清洁能源比重逐步增加。2010 年，我国水电装机规模达到 2.2 亿千瓦，位居世界第一；核电在建规模 2 924 万千瓦，占世界核电在建规模的 40.0% 以上；“十一五”时期新增风电装机规模约 3 000 万千瓦，2010 年并网规模位居世界第二；太阳能热水器集热面积继续保持世界第一。

能源重大科技专项顺利实施。资源勘探开发、加工转化技术水平显著提高，重大装备自主创新能力进一步增强。年产 600 万吨煤炭综采成套装备实现国产化，深海油气钻井平台建造取得重大突破，具备了百万千瓦级压水堆核电站自主设计、制造、建设和运营能力，掌握了大型风电设备制造技术，特高压等先进输电技术研发应用居世界领先水平。

节能环保成效明显。“十一五”时期，单位国内生产总值能耗下降 19.1%，电力行业实施“上大压小”，单位火电供电标准煤耗下降 37 克，脱硫机组比重持续增加。

能源国际合作稳步推进。境外能源资源开发取得新进展，西北、东北、西南和海上四大能源进口战略通道格局初步形成，我国在国际能源事务中的作用逐步增强。

煤电油气运保障协调机制逐步完善。国家石油储备规模逐步扩大，应急保障能力不断增强，有效应对了汶川地震、玉树地震和南方雨雪冰冻等特大自然灾害，保障了北京奥运会、上海世博会等重大活动成功举办。

"十一五"时期能源发展成就

表1

指　标	单　位	2005年	2010年	年均增长率(%)
工　业				
一次能源生产总量	亿吨标准煤	21.6	29.7	6.6
其中:煤炭	亿　吨	23.5	32.4	6.6
原　油	亿　吨	1.8	2.0	2.1
天然气	亿立方米	493.0	948.0	14.0
非化石能源	亿吨标准煤	1.6	2.8	11.8
一次能源消费总量	亿吨标准煤	23.6	32.5	6.6
电力装机规模	亿千瓦	5.2	9.7	13.3
其中:水　电	亿千瓦	1.2	2.2	12.9
火　电	亿千瓦	3.9	7.1	12.7
核　电	万千瓦	685.0	1 082.0	9.6
风　电	万千瓦	126.0	3 100.0	89.8

第二节　面临形势

"十二五"时期,世情国情继续发生深刻变化,世界政治经济形势更加复杂严峻,能源发展呈现新的阶段性特征,我国既面临由能源大国向能源强国转变的难得历史机遇,又面临诸多问题和挑战。

从国际看,全球气候变化、国际金融危机、欧洲主权债务危机、地缘政治等因素对国际能源形势产生重要影响,世界能源市场更加复杂多变,不稳定性和不确定性进一步增加。

一是能源资源竞争日趋激烈。一些发达国家长期形成的能源资源高消耗模式难以改变,发展中国家工业化和现代化进程加快,能源消费需求将不断增加,全球能源资源供给长期偏紧的矛盾将更加突出。未来10年,发展中国家能源需求增量占全球增量的85.0%左右,消费重心逐步东移。发达国家竭力维护全球能源市场主导权,进一步强化对能源资源和战略运输通道的控制。能源输出国加强对资源的控制,构建战略联盟强化自身利益。能源的战略属性、政治属性更加凸显,围绕能源资源的博弈日趋激烈。

二是能源供应格局深刻调整。作为全球油气输出重地的西亚、北非地区局势持续动荡。美国和加拿大页岩气、页岩油等非常规资源开发取得重大突破,推动全球化石能源结构变化。美国出台了《未来能源安全蓝图》,提出"能源独立"新主张,加大本土能源资源开发,调整石油进口来源。日本福岛核电站核泄漏事故不仅影响了世界核电发展进程,而且对全球能源开发利用方式产生了深远影响。欧盟制定了2020年能源战略,启动战略性能源技术计划,着力发展可再生能源,减少对化石能源的依赖。世界能源生产供应及利益格局正在发生深刻调整和变化。

三是全球能源市场波动风险加剧。在能源资源供给长期偏紧的背景下,国际能源价格总体呈现上涨态势。金融资本投机形成"投机溢价",国际局势动荡形成"安全溢价",生态环境标准提高形成"环境溢价",能源价格将长期高位震荡。发达国家能源需求增长减弱,已形成适应较高能源成本的经济结构,并将继续掌控世界能源资源和市场主导权,能源市场波动将主要给发展中国家带来风险和压力。

四是围绕气候变化的博弈错综复杂。气候变化已成为涉及各国核心利益的重大全球性问题,围绕排放权和发展权的谈判博弈日趋激烈。发达国家一方面利用自身技术和资本优势加快发展节能、新能源、低碳等新兴产业,推行碳排放交易,强化其经济竞争优势;另一方面,通过设置碳关税、"环境标准"等贸易壁垒,进一步挤压发展中国家发展空间。我国作为最大的发展中国家,面临温室气体减排和低碳技术产业竞争的双重挑战。

五是能源科技创新和结构调整步伐加快。国际金融危机以来，世界主要国家竞相加大能源科技研发投入，着力突破节能、低碳、储能、智能等关键技术，加快发展战略性新兴产业，抢占新一轮全球能源变革和经济科技竞争的制高点。高效、清洁、低碳已经成为世界能源发展的主流方向，非化石能源和天然气在能源结构中的比重越来越大，世界能源将逐步跨入石油、天然气、煤炭、可再生能源和核能并驾齐驱的新时代。

从国内看，能源发展的长期矛盾和短期问题相互交织，国内因素与国际因素互相影响，资源和环境约束进一步加剧，节能减排形势严峻，能源资源对外依存度快速攀升，能源控总量、调结构、保安全面临全新的挑战。

一是资源制约日益加剧，能源安全形势严峻。一方面，我国能源资源短缺，常规化石能源可持续供应能力不足。油气人均剩余可采储量仅为世界平均水平的6.0%，石油年产量仅能维持在2亿吨左右，常规天然气新增产量仅能满足新增需求的30.0%左右。煤炭超强度开采。另一方面，粗放式发展导致我国能源需求过快增长，石油对外依存度从21世纪初的26.0%上升至2011年的57.0%。与此同时，我国油气进口来源相对集中，进口通道受制于人，远洋自主运输能力不足，金融支撑体系亟待加强，能源储备应急体系不健全，应对国际市场波动和突发性事件能力不足，能源安全保障压力巨大。

二是生态环境约束凸显，绿色发展迫在眉睫。我国能源结构以煤为主，开发利用方式粗放，资源环境压力加大。大量水资源被消耗或污染，煤矸石堆积大量占用和污染土地，酸雨影响面积达120万平方千米，主要污染物和温室气体排放总量居世界前列。国内生态环境难以继续承载粗放式发展，国际上应对气候变化的压力日益增大，迫切需要绿色转型发展。

三是发展方式依然粗放，能效水平亟待提高。我国服务业发展滞后，能源密集型产业低水平过度发展、比重偏大，钢铁、有色、建材、化工四大高载能产业用能约占能源消费总量一半，单位产值能耗高。我国人均能源消费已达到世界平均水平，但人均国内生产总值仅为世界平均水平的一半；单位国内生产总值能耗不仅远高于发达国家，也高于巴西、墨西哥等发展中国家。较低的能效水平，与我国所处的发展阶段和国际产业分工格局有关，集中反映了我国发展方式粗放、产业结构不合理等突出问题，迫切需要实行能源消费强度和消费总量双控制，形成倒逼机制，推动在转方式、调结构方面取得实质性进展。

四是能源基础设施建设滞后，协调发展任重道远。我国区域经济和能源发展不平衡、不协调，能源供需逆向分布矛盾突出，基础设施建设相对薄弱，跨区输煤输电能力不足，缺煤缺电和窝煤窝电并存现象时有发生。城乡能源基础设施和用能水平差距大，农村能源建设和服务薄弱，农村电网建设和改造滞后，个别地方还没有用上电，全国仍有大量农户以秸秆和薪柴为生活燃料，减少能源贫困和推进城乡能源协调发展任重道远。

五是自主创新能力不足，能源产业大而不强。能源科技创新投入不足，研发力量较为分散，领军人才稀缺，自主创新基础薄弱，能源装备制造整体水平与国际先进水平相比仍有较大差距，关键核心技术和先进大型装备对外依赖程度较高，能源产业总体上大而不强，迫切需要进一步深化能源科技体制改革，大力提升能源科技自主创新能力。

六是体制约束日益显现，深化改革势在必行。能源产业行政垄断、市场垄断和无序竞争现象并存，价格机制不完善。煤电矛盾日益突出。风电、太阳能发电、小水电和分布式发电上网受到电力系统及运行机制制约。能源行业管理薄弱，缺位与错位现象并存，资源管理亟待规范，行业统计亟待加强。推动能源科学发展，迫切需要加快推进能源体制改革。

第二章 指导方针和目标

第一节 指导思想

高举中国特色社会主义伟大旗帜，全面深入贯彻落实党的十八大精神，以邓小平理论、“三个代表”重要思想、科学发展观为指导，以科学发展为主题，以加快转变发展方式为主线，着力推进能源体制机制创新和科技创新，着力加快能源生产和利用方式变革，强化节能优先战略，全面提升能源开发转化和利用效率，控制能源消费总量，构建安全、稳定、经济、清洁的现代能源产业体系，保障经济社会可持续发展。

第二节　基本原则

——坚持节约优先。实施能源消费强度和消费总量双控制，努力构建节能型生产消费体系，促进经济发展方式和生活消费模式转变，加快构建节能型国家和节约型社会。

——坚持立足国内。立足国内资源优势和发展基础，着力增强能源供给保障能力，完善能源储备应急体系，合理控制对外依存度，提高能源安全保障水平。

——坚持多元发展。着力提高清洁低碳化石能源和非化石能源比重，大力推进煤炭高效清洁利用，科学实施传统能源替代，加快优化能源生产和消费结构。

——坚持保护环境。树立绿色、低碳发展理念，统筹能源资源开发利用与生态环境保护，在保护中开发，在开发中保护，积极培育符合生态文明要求的能源发展模式。

——坚持深化改革。充分发挥市场机制作用，统筹兼顾，标本兼治，加快推进重点领域和关键环节改革，理顺价格机制，构建有利于促进能源可持续发展的体制机制。

——坚持科技创新。加快创新型人才队伍建设，加强基础科学研究和前沿技术攻关，增强能源科技创新能力。依托重点能源工程，推动重大核心技术和关键装备自主创新。

——坚持国际合作。统筹国内国际两个大局，大力拓展能源国际合作范围、渠道和方式，提升能源“走出去”和“引进来”水平，推动建立国际能源新秩序，努力实现合作共赢。

——坚持改善民生。统筹城乡和区域能源发展，加强能源基础设施和基本公共服务能力建设，尽快消除能源贫困，努力提高人民群众用能水平。

第三节　主要目标

根据对“十二五”时期经济社会发展趋势的总体判断，按照“十二五”规划纲要总体要求，综合考虑安全、资源、环境、技术、经济等因素，2015 年能源发展的主要目标是：

——能源消费总量与效率。实施能源消费强度和消费总量双控制，能源消费总量 40 亿吨标煤，用电量 61 500 亿千瓦时，单位国内生产总值能耗比 2010 年下降 16.0%。能源综合效率提高到 38.0%，火电供电标准煤耗下降到 323 克/千瓦时，炼油综合加工能耗下降到 63 千克标准油/吨。

——能源生产与供应能力。着眼于提高安全保障水平、增强应急调节能力，适度超前部署能源生产与供应能力建设，一次能源供应能力 43 亿吨标准煤，其中国内生产能力 36.6 亿吨标准煤。石油对外依存度控制在 61.0% 以内。

——能源结构优化。非化石能源消费比重提高到 11.4%，非化石能源发电装机比重达到 30.0%。天然气占一次能源消费比重提高到 7.5%，煤炭消费比重降低到 65.0% 左右。

——国家综合能源基地建设。加快建设山西、鄂尔多斯盆地、内蒙古东部地区、西南地区、新疆五大国家综合能源基地。到 2015 年，五大基地一次能源生产能力达到 26.6 亿吨标准煤，占全国 70.0% 以上；向外输出 13.7 亿吨标准煤，占全国跨省区输送量的 90.0%。

——生态环境保护。单位国内生产总值二氧化碳排放比 2010 年下降 17.0%。每千瓦时煤电二氧化硫排放下降到 1.5 克，氮氧化物排放下降到 1.5 克。能源开发利用产生的细颗粒物（$PM_{2.5}$）排放强度下降 30.0% 以上。煤炭矿区土地复垦率超过 60.0%。

——城乡居民用能。全面实施新一轮农村电网改造升级，实现城乡各类用电同网同价。行政村通电，无电地区人口全部用上电，天然气使用人口达到 2.5 亿人，能源基本公共服务水平显著提高。

——能源体制机制改革。电力、油气等重点领域改革取得新突破，能源价格市场化改革取得新进展，能源财税机制进一步完善，能源法规政策和标准基本健全，初步形成适应能源科学发展需要的行业管理体系。

"十二五"时期能源发展主要目标

表 2

类　别	指　标	单　位	2010 年	2015 年	年均增长(%)	属　性
能源消费总量与效率	一次能源消费总量	亿吨标准煤	32.5	40.0	4.3	预期性
	非化石能源消费比重	%	8.6	11.4	(2.8)	约束性
	全社会用电量	万亿千瓦时	4.2	6.2	8.0	预期性
	单位国内生产总值能耗	吨标准煤/万元	0.8	0.7	(-16.0)	约束性
	火电供电标准煤耗	克/千瓦时	333.0	323.0	-0.6	预期性
	电网综合线损率	%	6.5	6.3	(-0.2)	预期性能源
能源生产与供应	国内一次能源生产能力	亿吨标准煤	29.7	36.6	4.3	预期性
	煤炭生产能力	亿　吨	32.4	41.0	4.8	预期性
	原油生产能力	亿　吨	2.0	2.0	0.0	预期性
	天然气生产能力	亿立方米	948.0	1 565.0	10.5	预期性
	非化石能源生产能力	亿吨标准煤	2.8	4.7	10.9	预期性
电力发展	电力装机容量	亿千瓦	9.7	14.9	9.0	预期性
	其中:煤　电	亿千瓦	6.6	9.6	7.8	预期性
	水　电	亿千瓦	2.2	2.9	5.7	预期性
	核　电	万千瓦	1 082.0	4 000.0	29.9	预期性
	天然气发电	万千瓦	2 642.0	5 600.0	16.2	预期性
	风　电	万千瓦	3 100.0	10 000.0	26.4	预期性
	太阳能发电	万千瓦	86.0	2 100.0	89.5	预期性
生态环境保护	单位国内生产总值二氧化碳排放下降				(-17.0)	约束性
	煤电二氧化硫排放系数	克/千瓦时	2.9	1.5	-12.4	约束性
	煤电氮氧化物排放系数	克/千瓦时	3.4	1.5	-15.1	约束性
民生改善	居民人均生活用电量	千瓦时	380.0	620.0	10.3	预期性
	绿色能源示范县	个	108.0	200.0	13.1	预期性
	使用天然气人口	亿　人	1.8	2.5	6.8	预期性

注:1. (　)内为 5 年累计数;

2. 国内生产总值以 2010 年不变价格计算,其他涉及价值量计算同;

3. 天然气生产能力包括常规天然气、煤层气和页岩气;

4. 2015 年水电装机中含 3 000 万千瓦抽水蓄能电站容量。

国务院关于印发"十二五"国家自主创新能力建设规划的通知

(2013 年 1 月 15 日　国发〔2013〕4 号)

各省、自治区、直辖市人民政府,国务院各部委、各直属机构:

现将《"十二五"国家自主创新能力建设规划》印发给你们,请认真贯彻执行。

为贯彻落实《中华人民共和国国民经济和社会发展第十二个五年规划纲要》、《国家中长期科学和技术发展规划纲要(2006—2020年)》和《中共中央国务院关于深化科技体制改革加快国家创新体系建设的意见》(中发〔2012〕6号),引导创新主体行为,指导全社会加强自主创新能力建设,加快推进创新型国家建设,制定本规划。本规划主要涉及创新基础设施、创新主体、创新人才队伍和制度文化环境等方面。

一、建设基础与面临形势

(一)建设基础

"十一五"期间,我国坚持把增强自主创新能力作为科学技术发展的战略基点和提高综合国力的关键,大力推进科技进步和创新,强化了对经济社会发展和国家安全保障的支撑。

1. 激励自主创新的法律和政策效果初步显现。修订了科学技术进步法和专利法,公布实施反垄断法、企业所得税法等法律法规,为自主创新提供了有力的法律制度保障。国家中长期科技发展规划纲要配套政策及其实施细则逐步落实,财政科技投入和全社会研发投入年均增长超过20.0%,全社会研究开发投入占国内生产总值的比例由1.4%提高到1.8%。国家中长期人才规划纲要和教育规划纲要颁布实施,高层次、高技能人才队伍不断壮大,从事研发活动人员数量跃居世界首位。国家知识产权战略纲要颁布实施,发明专利授权量大幅增长,上升到世界第3位。

2. 自主创新基础条件不断完善。实施《国家自主创新基础能力建设"十一五"规划》和《2004—2010年国家科技基础条件平台建设纲要》,建设了一批达到或接近国际先进水平的重大科技基础设施,构建了科技资源开放共享的全国大型科学仪器设备协作共用网,国家重点实验室和野外观测台站(网)分别达到327家和105个,国家工程中心、国家工程实验室、国家认定企业技术中心分别达到391家、91家、729家,各类国家检测中心、产品检测实验室等加快发展,科技进步和创新的物质技术基础进一步夯实。

3. 创新主体发展能力明显提升。技术创新工程有效推进,以企业为主体的技术创新体系建设取得积极进展,企业研发经费、研发人员和发明专利授权量年均分别增长25.0%、15.0%和30.0%,涌现出一大批具有国际竞争力的创新型企业。知识创新工程、"211工程"和"985工程"加快实施,公益类科研机构改革进一步深化,高等院校和科研院所的原始创新能力显著增强。国家技术转移示范机构、国家大学科技园、生产力促进中心和科技孵化器等科技中介服务机构不断壮大,分别达到134家、86家、2 200多家和1 000多家,创新创业服务能力明显提升。

4. 创新驱动经济社会发展的作用不断增强。超级计算机、移动通信、高速列车、大型飞机和核能等领域取得一批标志性创新成果并实现产业化,形成了若干新的经济增长点。新一代可循环钢铁流程工艺、清洁煤电成套装备、特高压输变电、新能源汽车和半导体照明等一批核心关键技术取得突破,为提升产业竞争力和促进节能减排降耗作出了积极贡献。超级稻、矮败小麦、禽流感疫苗、肿瘤靶向治疗、抗肝炎新药以及生产安全、食品安全和污染控制等领域的重大技术研发与推广应用,为农业增产和民生改善提供了技术保障。

(二)面临形势

"十二五"是我国建设创新型国家的关键时期,全面建成小康社会、加快转变经济发展方式对自主创新能力建设提出了更高、更紧迫的要求。

1. 加强创新能力建设是提升国家竞争力的迫切要求。国际金融危机影响深远,主要国家纷纷调整创新战略,不断优化创新政策环境,加大创新基础设施建设投入,世界进入依靠创新繁荣实体经济的深度调整期。创新全球化加速了人才、技术等创新要素的国际流动,为各国提升创新能力带来了重大机遇和严峻挑战。要在全球经济大调整、大变革中掌握主动权,必须加快提升创新能力,抢占科技发展制高点,构筑国际竞争新优势。

2. 加强创新能力建设是实现重大科技突破的重要举措。当前,能源资源、信息通信、人口健康、现代农业和先进材料等关系现代化建设进程的重要领域正孕育革命性突破,将催生一批战略性新兴产业,引发以绿色、健康和智能为特征的新产业革命,推动产业结构重大调整。要避免与新科技革命和产业革命带来的重大历史机遇失之交臂,必须实现创新能力质的飞跃。

3. 加强创新能力建设是加快转变经济发展方式的重要支撑。当前经济、产业的竞争已前移到科技进步和创新能力的竞争,特别是随着我国工业化迅速推进,劳动力、原材料和环境保护等成本持续上升,经济社会发展面临的资源能源和生态环境约束压力进一步加大,迫切需要依靠创新实现转型发展。我国经济总量已跃居世界第二位,主要产业面临由大转强的艰巨任务,迫切需要以提高经济增长质量和效益为中心,强化创新驱动,加快实现产业结构优化升级和经济发展方式转变。

4. 加强创新能力建设是破解社会发展难题的客观需要。解决好人民群众普遍关心的基本公共服务问题,构建和谐社会,迫切需要加快教育、医疗卫生、文化和公共安全等重要社会服务领域创新能力建设,构筑惠及全民的低成本、高质量、广覆盖的社会服务保障体系,缩小城乡、区域间基本公共服务保障水平的差距,满足国民基本公共服务需求。

当前,我国自主创新能力建设仍存在一些突出问题,主要表现在:创新能力建设缺乏系统前瞻布局,与世界先进水平相比还有较大差距;创新资源配置重复分散、使用效率不高、共享不足;企业创新动力和活力不足,技术创新的主体作用没有得到充分发挥;投入不足与结构不合理并存,持续投入机制尚未形成;知识产权保护等创新环境有待完善。面对新形势和新要求,必须把科技创新作为提高社会生产力和综合国力的战略支撑,摆在国家发展全局的核心位置,以战略眼光和全球视野,抓住机遇,应对挑战,充分利用现有基础,着力加强薄弱环节,以更大力度推进我国自主创新能力建设。

二、指导思想、建设目标和总体部署

(一)指导思想

以邓小平理论、“三个代表”重要思想、科学发展观为指导,着眼国家全局性和长远性发展需求,实施创新驱动发展战略,以体制机制改革为保障,统筹创新能力建设布局,加强自主创新的物质技术基础和人才队伍建设,促进创新资源合理配置,增强创新主体动力和全社会创新活力,更加注重协同创新,全面提升原始创新、集成创新和引进消化吸收再创新的能力和水平,加快创新型国家建设,为经济社会发展提供有力保障。

(二)建设目标

到“十二五”末,我国自主创新能力建设的目标是:

——创新基础条件建设布局更加合理。投入运行和在建的重大科技基础设施总量接近50个,形成一批世界一流的科学中心。重点建设和完善100家国家工程中心,新建若干家国家工程(重点)实验室,认定一批国家级企业技术中心,产业技术创新、重大技术装备研制和重点工程设计的支撑条件更加完善。

——重点领域创新能力明显提升。农业、制造业、战略性新兴产业、能源和综合交通运输等产业创新能力大幅提升,教育、医疗卫生、文化和公共安全等社会领域创新能力建设取得重要进展。

——创新主体实力明显增强。企业技术创新主体地位进一步强化,大中型工业企业研发投入占主营业务收入比例达到1.5%,一批创新型企业进入世界500强。建成若干一流科研机构,创新能力和研究成果进入世界同类科研机构前列;建设一批高水平研究型大学,一批优势学科达到世界一流水平,关键核心技术的有效供给能力明显提升。

——区域创新能力布局不断优化。初步形成东中西部分工协作、功能互补、多层次合作的区域创新体系。区域性创新服务平台建设得到加强。

——创新环境更加完善。创新人才队伍结构更加合理,涌现一批高端创新人才、工程技术人才和创新服务人才,每万名就业人员的研发人力投入达到43人年。知识产权保护得到切实加强。每万人发明专利拥有量提高到3.3件,专利质量和专利技术实施率明显提高。

(三)总体部署

“十二五”时期,我国自主创新能力建设的总体部署是:加强政府统筹规划指导,更加发挥市场在资源配置中的基础性作用,引导社会创新主体积极参与，重点推进科学研究实验设施和各类创新基地建设，加强科技资源整合共享和高效利用，健全国家标准、计量、检测和认证技术体系，支撑科技跨越发展；加快推进重点产业关键核心技术研发和工程化能力建设，提升重点社会领域创新能力和公共服务水平，构建各具特色、协调发展的区域创新体系，支撑经济社会创新发展；加强创新主体能力、人才队伍和制度等创新环境建设，深化国际交流与合作，强化知识产权创造、运用、保护和管理能力，激发全社会创新活力，提高创新效率和效益。

三、加强科技创新基础条件建设

（一）科学研究实验设施

1. 规划建设国家重大科技基础设施。瞄准科技前沿和国家重大战略需求，坚持有所为、有所不为，以能源科学、生命科学、地球系统与环境科学、粒子物理和核物理科学、空间和天文科学、材料科学、工程技术科学等7个领域为重点，统筹国家重大科技基础设施建设布局。“十二五”时期，综合考虑科学目标、技术基础、科研需求和工程队伍等因素，优先安排海底科学观测网、转化医学研究设施、中国南极天文台等16项重大科技基础设施建设。

2. 加强国家重点实验室建设。按照明确定位、完善布局、规范管理、共建共享的原则，进一步加强国家（重点）实验室建设。围绕重大科技任务、重大科学工程、重大科学方向探索开展国家实验室建设。加强高等学校和科研院所国家重点实验室建设，打造国际一流水平的基础研究骨干基地。在明确定位标准、系统规划设计的基础上建设企业国家重点实验室，引领和带动行业技术进步。积极推进港澳地区国家重点实验室伙伴实验室建设。围绕部门、地方优势和特色，培育国家重点实验室。

3. 提高科研装备水平。加强科学规划和系统设计，改善科研装备条件，进一步提高现有科研仪器设备的使用效率。继续推进重大科研装备自主研制，探索科研装备自主开发有效模式。强化重大科学仪器设备开发和应用，增强科研条件资源的自主装备能力。

4. 稳步推进国家野外科学观测研究站（网）建设。加强农业、气象、生态、环保、交通、水利等领域野外科学观测研究站（网）建设。加快推进野外科学观测研究站（网）的信息化，改善观测环境和科研条件，形成一批联网运行和资源共享的综合性、专业性野外科学观测研究基地。

（二）科技资源与信息平台

1. 加强自然科技资源库建设。继续开展自然科技资源的搜集、保藏和安全保护，整合和完善科学植物园、动植物种质资源库、微生物菌（毒）种和人类遗传资源库、临床样本和疾病信息资源库、实验材料和标准物质资源库、岩矿化石和生物标本资源库。

2. 推动重点领域科技资源平台建设。在信息、生物、新材料、航空航天、能源、海洋、节能减排等重点领域以及新兴、前沿和交叉学科领域，推动多学科交叉集成、面向社会开放服务的科技资源平台建设。

3. 加快科学数据平台建设。实施科研信息化应用推进工程，强化国家重要科研信息化基础设施的综合应用和服务能力。加强中国科技资源共享网建设，构建科技资源从数据获取、存储、处理、挖掘到开放共享的完整信息服务链。建设集中与分散相结合的国家科学数据中心群，形成国家科学数据分级分类共享服务体系。抢救濒临丢失的重要科学数据。继续加强专利、工艺、标准、科技报告等科技文献资源的整合和开放。

（三）标准计量检测认证平台

1. 加强标准和认证认可体系建设。完善国家和行业技术标准资源服务平台，加强标准化与科技创新、产业升级协同发展，加快关键技术标准研制，提高参与制定国际标准的能力。推进科技基础条件平台标准化工作，加强科技资源标准化整理工作，提高数字化表达水平。完善信息安全产品国家认证制度，突破食品安全、碳排放、新能源、节能环保、交通运输工具、再制造、农业和生物、医药、现代服务业等领域认证认可关键技术，提升标准和认证认可技术支撑能力。

2. 加强检验检测平台建设。整合资源，构建以国家级机构为龙头、区域性机构为基础、企业及社会检测资源为补充的检验检测体系。重点支持战略性新兴产业、现代服务业、现代农业等产业和领域检验检测能力建设，研制关键检测技术、方法和装备。在产业集聚地和主要进出口口岸规划建设一批综合性检验检测平台，增强适应产业创新和国际化发展的检验检测能力。

3. 积极推进计量测试平台建设。掌握基本物理常数、量子基准关键技术及精确测量先进方法、国际关键比对技术与方法，前瞻布局建设和完善计量基标准和重大精密测量基础设施，构建产业发展急需的计量测试平台；在新材料、新能源、智能电网、生物与食品安全、先进制造、应对气候变化、环境保护、城市矿产、医药安全和国防建设等领域形成满足需求的有效测量和溯源能力，健全高端分析仪器量值溯源体系，构建满足国内需求并与国际接轨的国家计量基标准和量值传递体系。

四、增强重点产业持续创新能力

（一）农业创新能力

1. 加强农业技术创新平台建设。围绕我国粮食安全、种业发展、主要农产品供给、农产品质量安全、生物安全、农林生态保护等，加强农业重点实验室、农业应用研究示范基地、科学观测实验站、品种改良中心、种质库（圃）等创新基地和平台建设。依托公益性行业科研专项等国家科技计划，围绕动植物良种、生态林业、生态农业、海洋农业、农机装备、新型肥药、农产品精深加工、高效栽培、绿色种植、健康养殖、节本降耗、节水灌溉、植物病虫害统防统治、动物疫病防控、农业防灾减灾、农业农村信息化、水文水资源监测、水土流失防控、河口海岸滩涂开发治理和保护等方面重大技术需求，建设和完善一批关键共性技术创新平台。开展农业面源污染监测、防治科技攻关，提升农业可持续发展的能力。结合实施转基因生物新品种培育科技重大专项、粮食丰产科技工程和种业科技创新工程等，建设产学研结合、育繁推一体化的现代种业创新体系，增强良种良法开发和推广应用能力。

2. 推进农业创新资源集聚。推进现代农业产业技术体系建设，完善以产业需求为导向、以农产品为单元、以产业链为主线、以综合试验站为基点的新型农业科技资源组合模式。积极培育以企业为主导的农业产业技术创新战略联盟，推进国家农业高新技术产业示范区和国家农业科技园区建设，构建适应高产、优质、高效、生态、安全农业发展要求的技术体系。

3. 加快农业技术推广体系建设。健全乡镇或区域性农业技术推广、动植物疫病防控、农产品质量监管等公共服务机构，构建以国家农技推广机构为主导，农业科研单位、有关学校、农民专业合作社、涉农企业、群众性科技组织、农民技术人员广泛参与的多元化农技推广体系，促进农业科技信息传播和成果推广应用。加快重大关键农业技术推广应用和农机农艺融合。大力实施科技特派员农村科技创业行动，鼓励创办领办科技型企业和技术合作组织，继续完善农业科技专家大院、星火科技 12396 等科技服务模式。继续实施星火计划、科技富民强县专项行动计划、科普惠农兴村计划，全面提升现代农业专业化、社会化技术服务和推广应用能力。

（二）制造业创新能力

1. 加强制造业共性技术创新平台建设。以制造业结构调整和优化升级必需的基础工艺、基础材料、基础元器件、关键零部件和软件系统为重点，集聚、整合产业链各环节的创新资源，创新组织模式，搭建一批关键共性技术研发和工程化平台，为提升制造业新技术和新产品开发能力提供有力支撑。

2. 提高重大成套技术装备开发能力。围绕重大成套技术装备设计验证以及节能减排、资源综合利用和循环经济等关键技术开发，完善和提升产业技术创新、检测检验和系统验证服务等平台，培育发展专业化的工业设计、研发机构。完善相应的研发和推广应用体系，提升重大成套技术装备的系统设计能力和集成创新能力、配套产业的新技术和新产品开发能力。

3. 推动工业化和信息化深度融合。加强生产过程智能化和生产装备数字化应用示范，提升集散控制、数字控制等自动化和信息化技术集成创新能力。推进国家新型工业化产业示范基地建设。实施制造业信息化科技工程。根据行业技术发展要求，培育和发展网络制造等现代制造模式，促进“生产型制造”向“服务型制造”转变。

制造业创新能力建设重点

专栏1

序　号	制造业	创新能力
1	装备制造	机械基础零部件、基础工艺、高端仪器仪表、先进实用农机装备、煤机装备、海洋技术装备等设计、实验及检测，制造信息化、快速制造和再制造。
2	船　舶	散货船、油船、集装箱船等传统船型升级换代，船用中低速柴油机、船用电站，高技术船舶、绿色船舶设计制造，数字化船型设计数据库。
3	汽　车	高效内燃机、高效传动与驱动、材料与结构轻量化、整车优化、普通混合动力、汽车节能技术等研发试验平台。
4	钢　铁	新一代钢铁可循环流程工艺技术，高性能、高质量及升级换代关键钢材品种。
5	有色金属	高效、低耗、低污染新型冶炼、共伴生矿高效利用、矿山尾矿综合利用、有色金属短流程低能耗加工等技术与装备。
6	石　化	大型特大型石化技术装备。
7	建　材	无机非金属材料、非金属矿精深加工及节能减排、资源综合利用。
8	轻　工	新型电池、农用新型塑料、酶制剂、食品加工、节能环保电光源、绿色智能家电。
9	纺　织	高新技术纤维和新一代功能性、差别化纤维，高效节能纺纱、织造和印染以及产业用纺织品。

（三）战略性新兴产业创新能力

1. 加强战略性新兴产业创新平台和标准化建设。前瞻部署一批前沿技术研发平台，完善一批产业关键核心技术创新平台，重点建设一批工程化验证平台，为培育战略性新兴产业提供有力支撑。强化战略性新兴产业知识产权与技术标准前瞻布局，支持以企业为核心的专利战略联盟和技术标准联盟建设，掌握一批主导产业发展的知识产权和有国际影响力的技术标准，抢占战略性新兴产业技术发展制高点。

2. 推进战略性新兴产业创新成果应用示范。实施战略性新兴产业创新成果应用示范工程。依托产业创新资源聚集区，布局建设一批重大成果应用示范基地，支持商业模式创新，探索政府采购支持新方式，发展产业链完善、创新能力强、特色鲜明的创新集群，提升战略性新兴产业关键技术的工程化和产业化能力。

战略性新兴产业创新能力建设重点

专栏2

序　号	新兴产业	创新能力
1	节能环保	高效节能、低耗零排、环境安全、资源循环利用。
2	新一代信息技术	新一代无线通信、卫星移动通信、下一代广播电视网、下一代互联网、云计算、物联网、新型显示技术、半导体照明，信息技术服务。
3	生　物	新药创制、高性能诊疗设备，合成生物与先进生物制造，医药、重要农作物及畜禽、微生物菌（毒）种等基因资源信息库。
4	高端装备制造	航空产品、卫星载荷研制，智能控制系统、高档数控机床、轨道交通装备、深海运载和探测技术装备、深部矿产资源探测装备。
5	新能源	新一代核电装备、大型风电机组系统集成及零部件设计试验平台，新型太阳能发电、智能电网、下一代生物燃料、大规模储能。
6	新材料	新型功能材料、先进结构材料、高性能复合材料、分离膜材料、有机硅材料、纳米材料、共性基础材料。
7	新能源汽车	插电式混合动力汽车、纯电动汽车、燃料电池汽车、车用动力电池、驱动电机、动力总成、管理控制系统。

（四）现代服务业创新能力

1. 加强服务业公共技术创新平台和标准体系建设。在金融服务、现代物流、商贸服务、高技术服务等领域，加强公共技术创新平台建设，开发和推广应用新技术，发展服务新产品，推进服务业结构优化升级。围绕发展信息系统集成服务、互联网增值服务、信息安全服务和数字内容服务等，建立和完善新兴服务业标准体系，加快形成先进服务业标准创制能力，提升专业化服务水平。

2. 加快服务业创新基地建设。依托有比较优势区域，建设主体功能突出、创新基础较好的区域性服务业创新中心和产业化基地，利用信息化技术手段，大力发展新兴业态，促进服务业规模化、品牌化和网络化发展。引导推动国家高技术服务业发展试点省（市）和国家高技术服务产业基地加强技术创新平台建设，延伸和完善产业链，促进高技术服务业集群发展。推动有条件城市加快发展各类高技术服务组织和机构，支撑服务业创新发展。

（五）能源产业和综合交通运输创新能力

1. 推进能源产业和综合交通运输绿色发展。加快形成和提升新型煤化工、油气勘探、农村水电开发等重大节能减排技术创新能力，研究推广动力煤配制新技术，加强电力需求侧管理技术、电网资源优化技术等开发与推广能力，提高资源综合开发利用水平。实施低碳技术创新及产业化示范工程，加强碳捕集、利用和封存等技术研发和应用能力。加快建设智能化数字交通管理、综合交通运输和绿色交通等领域中带动性强的关键技术研发平台；建设全国交通数据中心，构建综合交通信息服务平台。

2. 提高能源生产运行和交通运输安全的技术保障能力。在能源产业领域，重点围绕煤矿、电站、油气田生产安全和电网、油气管网运行安全等，完善一批研发和工程化设施，提升安全防控技术支撑能力；在综合交通运输领域，构建覆盖设计、建设、运行、管理等环节的安全技术创新体系，重点加强铁路、公路、水运和航空等重大基础设施耐久性评价与安全保障技术创新平台建设，提高安全事故主动防控能力。

3. 强化能源和交通重大工程建设的技术支撑。集聚整合行业优势创新资源，加强关键技术、装备和工艺创新能力建设，加速创新成果转化，保障国家煤炭基地、大型水（核）电站、智能电网、近海海域和深水油气田勘探开发、高速铁路、高速公路、大型公路桥梁、航道整治、沿海深水港口、干线机场、综合交通枢纽等重大工程顺利建设。

能源产业和综合交通运输创新能力建设重点

专栏3

序　号	能源产业和综合交通运输	创新能力
1	电　力	特高压输电、高效清洁燃煤电站、核电站安全。
2	煤　炭	褐煤综合利用、煤制芳烃、煤制天然气、煤制乙二醇、煤炭液化、煤制烯烃。
3	石油天然气	三次采油、海洋深水工程、石油地球物理、高含硫气藏开采、测井技术、非常规天然气开发。
4	铁　路	高速铁路勘察设计、轨道交通通信信号、重载机车车辆，高速铁路基础设施耐久性评价、高速铁路产品质量检测检验。
5	公　路	公路养护技术装备、新型道路材料、公路长大桥建设、桥梁结构安全、公路隧道建设、陆地交通灾害防治、交通安全应急。
6	水　运	港口水工建筑、疏浚技术装备。
7	民　航	新一代空管系统、技术及装备，适航审定、航空运输信息系统、低空飞行监视、指挥和信息系统。
8	综合交通枢纽	客运一体化服务系统、货运联程集疏运系统、运营管理信息共享系统、防灾救灾和应急疏散系统。

五、提高重点社会领域创新能力

(一)教育领域

1. 加强教育信息化应用体系建设。推动"宽带网络校校通""优质资源班班通""网络学习空间人人通"建设,构建和完善网络教学体系。全面推进教育信息化应用,鼓励有条件的学校推进数字化学习中心、数字化校园、数字化图书馆和虚拟实验室建设,促进课堂互动教学、网络互动学习,提升教育教学技术水平。加快发展开放灵活的教育资源公共服务平台,促进优质教育资源普及共享。加大教育信息化培训力度,推广教师信息化教育技术能力标准,加强教师、技术人员和管理人员专业化培训,提高教师应用信息技术的水平。

2. 提高教育信息化的技术支撑能力。开发适应多终端共享要求的内容资源、学习工具和资源生成系统,提高教育信息化技术装备水平。加强数字化教学设施、特殊教育技术手段等技术创新。建设教育信息技术集成推广、教育技术装备与系统、教育支撑软件开发等创新平台,提升教学标准评测认证和教育资源质量审定评测能力。

3. 加强教育管理信息化建设。制定国家教育管理信息标准与编码规范,制定学校信息化管理业务标准与规范等教育信息化标准。搭建安全高效的国家教育管理公共服务平台,建设教育管理信息系统,完善教育基础信息数据库,提高教育管理效率和服务能力。建立健全数字化校园网络信息安全监管机制。

(二)医疗卫生领域

1. 加强医疗卫生公共服务技术能力建设。推进医疗卫生信息化,完善国家、省和地市三级卫生信息平台。推进公共卫生、医疗服务、医疗保障、基本药物和综合管理等业务应用系统建设。加快临床信息资源库与数据库建设,促进相互关联与整合。建立城乡居民电子健康档案和电子病历资源库,提高临床路径实用性和电子化水平。推进医疗卫生服务先进适用技术、装备和系统的研发、产业化,并加快推广应用。

2. 推进医疗卫生技术基础能力建设。加强基础性卫生信息标准研发,统一卫生领域术语信息标准和代码标准,研究制定公共卫生和医院信息化功能规范及业务流程规范。研究制定适应业务需求的数据标准、交换标准和技术标准及临床决策智能知识库。推进中医药标准建设和中药质量认证。建立和完善重大公共卫生、传染病和高等级生物安全实验室监测预警体系。

3. 强化疾病防治技术能力建设。加强心脑血管病、肿瘤、糖尿病、慢性呼吸系统疾病等慢性病、地方病和职业病早期预警、预防干预与诊断治疗共性关键技术研发能力建设,加强病因、致病机理等相关基础研究,健全"预防—诊断—治疗"技术体系。围绕常见病、多发病、传染病和地方病,加快新型诊疗技术、装备、诊断试剂、疫苗和药物的开发与工程化能力建设,建立和完善相关标准,提高"发生—甄别—处置"系统诊疗能力。加强中医药研究体系建设,提高中医药防病治病能力。建立精神疾病与心理健康等临床诊疗标准,完善基础与临床医学研究体系。加强妇幼保健技术能力建设,预防和减少出生缺陷。加强中国人群特有的营养健康、慢性疾病以及生殖健康、老年健康等的预测、预防和干预研究,健全综合防治体系。

(三)文化领域

1. 推进文化科技创新能力建设。着眼现代文化产业体系建设需要,在出版、印刷、传媒、影视、演艺、网络游戏、网络音乐、动漫等领域推动建设技术创新平台和产学研战略联盟,支持数字文化创意、数字出版、数字影视制作、数字投送等创新技术应用,形成一批文化资源数据库,增强文化科技创新基础能力。实施文化科技创新工程,突破一批核心、关键、共性技术,推进相关技术标准研制,充分利用信息技术等先进技术支撑文化装备、材料、工艺、软件、系统的研制和发展,提高科技对传统文化业态的升级改造和对新兴文化业态的培育能力。依托国家高新技术园区、国家可持续发展实验区、国家级文化产业(试验)示范园区、国家文化产业示范基地、国家动漫游戏产业振兴基地等建立国家级文化和科技融合示范基地,促进文化与科技创新资源和要素互动衔接,加快培育和发展文化创意、数字出版、数字印刷、数字媒体、动漫游戏等新兴文化产业。跟踪新媒体发展趋势，充分发挥基于互联网和移动通信技术的新媒体在催生文化新业态、优化文化产业结构、完善文化产业链等方面的重要作用。

2. 创新公共文化服务手段和服务内容。充分利用信息技术，大力开发新型文化产品，增强公共文化产品供给能力，满足人民群众多样化文化需求，使城乡居民平等享受公共文化服务。加快现代科技在图书馆、文化馆（站）等公共文化场馆中的普及和应用，充分发挥信息技术和直播卫星技术在农家书屋、全民阅读、文化信息资源共享、数字图书馆推广、公共电子阅览室、国家公共文化服务体系示范区（项目）创建等重点文化惠民工程建设中的作用，完善公共文化服务网络，构建技术先进、传输快捷、覆盖广泛的现代传播体系。加强国际传播能力建设，构建网络化国际文化交流服务平台，创新中国文化"走出去"方法和手段，提升中国文化的表现力和传播力。

（四）公共安全领域

1. 增强突发事件监测预警技术能力。健全地质地震灾害、气象灾害、水旱灾害、生态环境灾害、海洋灾害、生物灾害和森林草原火灾等自然灾害监测体系和预警预报信息发布平台，完善食品安全、突发急性传染病、群体性不明原因疾病、动物疫情和职业危害等公共卫生事件信息平台和监测预警网络，建立社会安全基础数据库，形成统一指挥、功能齐全、反应灵敏、运转高效的监测预警体系。完善国家重大工程和公共基础设施监测监控平台，建立和完善水利水电工程、区域及跨区域电网、油气管线、高速铁路、机场、道桥、隧道、港口、发电厂、核设施、城市大型复杂建筑和国家基础信息网络等监测监控及信息安全保障技术体系。

2. 提高应急管理技术水平。进一步加强国家应急平台建设，完善公共安全网络和信息技术标准与应用规范，强化跨部门、跨区域协同处置突发事件的技术支撑能力。加快应急管理基础数据库建设，推进重要技术资料、历史资料收集管理和共享，为妥善应对各类突发公共事件提供可靠基础数据。在重大事故灾难与应急救援、职业危害预防控制、自然灾害防治、公共卫生保障、社会安全防范等领域，加强安全保障关键共性技术开发与转化，加大公共安全关键技术和装备的攻关力度，增强防范和处置突发事件的能力。

公共安全保障能力建设重点

专栏4

序　号	公共安全	保障能力
1	自然灾害	水旱灾害等重大自然灾害防御和应对，应急物资调度、应急广播。
2	事故灾难	煤矿重大事故预防与应急技术，环境污染事故应急处置技术。
3	公共卫生	食品安全快速检测溯源，食品安全信息监测，食品安全科研基础数据共享，食品药品安全风险评估。
4	信息安全	信息安全测试评估、存储、监控、实时防护。
5	生物安全	转基因生物安全，药品安全及监控，高等级生物安全实验室。

六、强化区域创新发展能力

（一）加快建设各具特色的区域创新体系

结合区域经济社会发展的特色和优势，加快区域创新能力布局建设，构建运行高效的区域创新网络，鼓励创新资源密集的区域率先实现创新驱动发展，支持具有特色创新资源的区域加快提高创新能力。东部地区要发挥开放和科教资源密集优势，集聚国际创新资源，重点提升长江三角洲、珠江三角洲、京津冀等区域的自主创新能力，支撑产业高端化、国际化发展。中部地区要发挥承东启西区位和产业技术基础齐全的优势，强化与东西部地区的人才、技术和设备等创新要素对接，加强产业配套创新能力建设。西部地区要发挥特色资源和产业优势，加快产业技术研发与产业化能力建设，形成若干有较强创新能力的特色优势资源综合利用加工基地、新能源基地和先进装备制造基地。东北地区等老工业基地要发挥产业和科技基础较强的优势，强化现代产业科技支撑体系，推动高端装备制造业发展和传统制造业转型升级，加快新型工业化进程。以交通、水利、农业、气象、质检、环保等为重点，推进跨区域公共技术创新和服务平台建设，探索建立有效的跨区运行机制和模式，着力解决水污染控制、大气污染防治、污染土壤修复、农业面源污染防治、公共安全等综合性问题。

（二）推进重点创新集聚区建设与发展

加强北京中关村、武汉东湖、上海张江等国家自主创新示范区建设，推进体制机制创新和政策先行先试，加快创新支撑条件建设，探索创新驱动发展的新思路、新模式。推动国家高新技术产业开发区和国家经济技术开发区以提升自主创新能力为核心的“二次创业”，加快建立服务于知识技术密集型产业发展的共性技术创新平台和公共服务平台，优化创新创业环境，增强园区自主创新和持续发展能力。推进国家创新型试点城市建设，带动形成一批各具特色、充满活力的省级创新型城市，构建特色鲜明、优势互补的创新型城市群，培育若干有国际影响力的区域经济增长极。

七、推进创新主体能力建设

（一）加强企业技术创新基础能力建设

1. 深入实施国家技术创新工程。鼓励产业技术创新战略联盟按产业发展需求构建创新链，推进创新型企业建设，加大对企业创新基础能力建设支持力度，促进创新资源向企业集聚。鼓励符合条件的企业承担或参与企业国家重点实验室、工程实验室、工程中心以及中试和技术转移平台建设，鼓励企业承担国家和地方科技计划项目。深化转制院所改革，增强行业关键共性技术开发服务能力和技术辐射能力。

2. 加强企业研发机构建设。采取有效政策措施，引导企业加大产业发展前沿技术研发力度。实施企业技术创新百强工程，重点建设一批国家认定企业技术中心，大力发展省市、行业认定企业技术中心，完善重大新产品研发与技术升级支撑体系。鼓励有条件的企业在海外建立研发中心，提升企业新产品、新工艺和新技术开发能力。

3. 推进中小企业创新服务体系建设。在中小企业集聚区布局建设一批技术创新服务平台，增强产品创新、工艺创新和服务创新支撑能力。实施中小企业信息化推进工程，完善第三方信息化应用服务平台，搭建行业应用平台，加快中小企业信息化建设步伐。

企业技术创新基础能力建设重点

专栏5

序　号	企业技术创新	基础能力
1	国家技术创新工程	以提升企业自主创新能力和产业核心竞争力为主旨，促进政产学研用紧密结合，进一步创新管理，着力建立企业主导产业技术研发创新的体制机制，引导和支持创新要素向企业集聚。构建一批支撑经济结构战略性调整的产业技术创新战略联盟，建设完善一批面向企业的技术创新服务平台，培育形成一批具有较强国际竞争力的创新型企业，推动一批重大科技成果产业化应用，培育一批高端化、集约化、专业化的创新型园区。
2	企业技术创新百强工程	选择高技术产业、国民经济支柱产业和我国具有比较优势的重点产业的行业排头兵企业，培育百家在产业自主创新中具有领军作用的大企业集团和创新优势企业，培育一批组织健全、实力雄厚的企业研究开发机构。

（二）提升高等院校和科研院所创新能力

深入实施“211工程”“985工程”和“高等学校创新能力提升计划”，重点完善基础研究、应用基础研究平台，整合高等院校优势创新资源，建设一批高水平研究型大学，加强跨学科交叉研究机构、跨校研究中心建设，增强高等院校创新人才培养能力、基础研究和前沿技术创新能力。持续稳定支持基础研究类和社会公益类科研机构，实施中科院“创新2020”，在重点领域形成国际一流的优势学科和研究基地，大幅提升科研院所原始创新能力和重大技术系统集成能力。依托具有较强研究开发和技术辐射能力的科研院所，利用现有基础条件和综合优势，合理布局一批国家重大公益性科技基础设施。大力推动协同创新，建立与产业、区域经济紧密结合的技术研发和成果转化机制，提升高校和科研院所服务国家重大需求、支撑产业结构调整和促进区域协调发展的能力。

高等院校和科研院所创新能力建设重点

专栏6

序　号	高等院校和科研院所	创新能力
1	高等学校创新能力提升计划	瞄准科学前沿和国家发展重大需求，加强重点学科建设，有效整合创新资源，构建协同创新的新模式与新机制，认定并支持一批“2011计划协同创新中心”，集聚和培养一批拔尖创新人才，取得一批重大标志性成果，提高高等学校创新能力。
2	中科院“创新2020”	建设基础前沿科学中心、战略高技术研发中心和重大公益性科技综合研究中心以及国家宏观决策科技支持系统，组织实施战略性先导科技专项，优化布局建设区域创新集群和开放共享的创新基础设施，着力解决关系国家全局和长远发展的基础性、战略性、前瞻性重大科技问题。

（三）增强科技中介机构创新服务能力

1. 积极推进各类科技中介服务机构发展。引导科技中介服务机构向服务专业化、功能社会化、组织网络化、运行规范化方向发展。加强骨干中介机构技术服务能力建设，提升技术服务设备水平，培养高水平人才和从业人员。推动中介机构应用现代科学技术，创新服务方式与手段，推动业务向技术集成、产品设计、工艺配套以及管理咨询等领域拓展。发挥行业协会、学会和产业组织作用，加强对科技咨询、技术评估、信息服务和创业投资服务等中介服务机构的指导，增强中介机构专业化服务能力。

2. 提高科技中介机构服务创新的水平。以提高创业服务能力为重点，大力推进大学科技园、留学人员创业园、科技企业孵化器发展，为科技型初创企业提供优质、高效、全方位服务。以加速创新成果转移扩散为目标，增强国家技术转移中心、生产力促进中心和技术交易中心等组织专业化服务能力。大力发展创业投资服务机构，吸引社会资金支持创新活动。加强科技信息机构的信息采集与综合加工能力建设，提升政策咨询与评估机构的决策咨询与技术支撑能力，面向社会提供科技信息和决策咨询服务以及第三方技术评估服务。

（四）进一步深化企业主导的产学研合作

加强协同创新，积极探索推进产学研相结合的有效模式。鼓励行业骨干企业与高等院校、科研院所、上下游企业、行业协会等共建研发组织，建设产业关键共性技术创新平台。支持企业牵头组织高等院校和科研院所共同承担国家科技计划项目，探索企业选题、共同研发的新模式。建立企业主导的产业技术创新战略联盟，强化其组织技术创新合作、创新平台建设、技术转移扩散、人才联合培养等功能。

八、加强创新人才队伍建设

（一）科技创新领军人才

实施创新人才推进计划和青年人才开发计划，设立科学家工作室，依托高等院校、科研院所和大型骨干企业，加快建设一批创新人才培养示范基地和国家青年英才培养基地，培养造就一批世界水平的科学家、中青年科技创新领军人才、科技创新创业人才和青年拔尖人才等。统筹实施“千人计划”等引才引智计划，在前沿技术和新兴产业领域建设一批海外高层次人才创新创业基地，为引进的世界科技发展前沿战略科学家、学术带头人和优秀创新团队提供研发条件保障。推荐优秀科学家参与国际科技组织和重大国际科技合作计划并担任重要职务，增强我国科技创新领军人才运用国内外科技资源的能力。

（二）产业创新紧缺人才

以国家科技计划和重大工程为平台，以产业技术创新战略联盟和产学研合作项目为纽带，建设一批工程创新实训基地，实施专业技术人才知识更新工程，加快培养经济社会发展重点领域紧缺专门人才。实施国家高技能人才振兴计划，依托大型骨干企业、职业院校和职业培训机构，加快国家级高技能人才培养和实训基地建设。深入实施“卓越工程师教育培养计划”，推行校企合作、工学结合和顶岗实习等高技能人才培养模式，造就一大批工程技术领军人才和具有创新意识的高技能人才。加快工程教育和工程师资格国际互认进程，培养专业化、国际化、复合型工程技术人才队伍。加强基层农业技术推广人才队伍建设。鼓励支持生产一线人员立足本职岗位开展技术创新，提升科学素质和劳动技能。

（三）创新创业服务人才

加强服务于创新创业的各类人才培养。以服务科研开发为目标，培养一批具有较高专业技能的科研支撑人员。着眼产业技术发展需求，培养一批了解产业科技前沿和市场需求的信息分析专门人才。围绕提高创业服务水平，培养一批人事代理、人才测评、心理咨询、人才选拔、就业指导等方面专业人才。依托国家知识产权人才培训基地，加快国家（地方）知识产权人才库和专业人才信息网络建设，重点培养社会急需的企业知识产权管理和中介服务人才。实施科普人才队伍建设工程，加强科普人才培养与在职培训，壮大科普人才队伍。

（四）完善创新人才使用激励机制

改进科技成果管理制度，鼓励探索知识、技术、管理、技能等要素参与分配的机制，探索有利于创新人才发挥作用的多种分配方式，支持企业创新人才以股权、期权等多种形式参与收益分配。鼓励非职务创新。逐步完善政府奖励、用人单位奖励和社会奖励互为补充的多层次创新奖励体系，按照国家有关规定规范和鼓励社会力量设立创新奖项，表彰在创新活动中作出突出贡献的公民或者组织。布局建设一批人才特区，探索创新人才培养、使用、流动、评价制度，为创新创业人才开发提供示范。建立创业基地，通过创业辅导、资助启动资金、税收减免等多种方式，支持创新创业人才开发。

九、完善创新能力建设环境

（一）整合共享创新资源

积极推进体制机制改革，促进创新资源有效共享、高效利用，加强科技资源和科技产出调查，统筹创新资源配置，深化跨部门、跨区域和跨行业开放合作，完善公共科技资源共建共享机制。完善财政资金支持的科技基础设施运行管理和绩效评估机制，推进高等院校和科研院所构建多种模式的创新资源开放共享机制，鼓励和引导创新资源向社会开放。加强国家、行业、地方的重点实验室、工程中心、工程实验室和公共技术服务平台的统筹衔接，完善部省会商、院地合作、部门共建等协同机制，促进中央与地方创新资源优化配置及有效整合。

（二）加强知识产权创造、运用、保护和管理

加快构建以国家知识产权数据中心为核心、区域（行业）知识产权信息服务中心为支撑、知识产权中介服务机构与维权援助机构为基础的知识产权信息服务体系，提升知识产权信息公共服务能力。强化国家科技重大专项、国家科技计划的知识产权前瞻布局，加强重大科技项目知识产权全过程管理。落实完善国家资助开发的科研成果授权和利益分享机制。建立重大经济活动知识产权审议机制，构建知识产权分析预警体系，提高知识产权创造和布局

针对性。深入开展企事业单位知识产权试点示范工作，实施中小企业知识产权战略推进工程和知识产权优势企业培育工程，增强企事业单位的知识产权运用能力。加强知识产权专业服务机构、知识产权维权援助机构的技术支撑能力和知识产权价值评估能力建设，促进知识产权转移转化。大力推进使用正版软件。完善知识产权保护措施，依法惩治侵犯知识产权的违法犯罪行为，为科技创新营造良好环境。

（三）推进科学普及能力建设

构建开放程度高、延伸范围广的信息化、网络化全国科普设施体系，合理规划科技馆、自然科学博物馆等科普设施建设。推进科研机构、高等院校向社会开放，开展科普活动。引导社会加大科普投入，繁荣科普创作。推进科技计划成果科普化，推动科普网站、虚拟博物馆和虚拟科技馆建设，利用手机、互联网和移动电视等新媒体技术和手段，创新科普传播方式方法，提升科学资源的普及效率和水平。完善全国科普信息资源共享和交流平台，完善国家科普统计制度，集成国内外科普信息资源，健全科普资源配送体系。

（四）大力培育创新文化

营造“尊重知识、尊重人才、鼓励探索、宽容失败”的创新文化氛围，开展创新方法培训，强化科学精神、创造性思维和创新能力教育培训。拓宽创新文化传播渠道，支持产业组织、社会公益组织和有关国际组织联合搭建创新交流平台，打造若干具有国际影响的创新论坛，加强自主创新成果展示；引导和支持电视台、电台、网络、手机、报刊等传播创新理念，宣传创新案例，报道创新动态，普及创新知识。

（五）提升国际合作水平

根据我国发展需要，制定科技发展国际化战略，积极开展全方位、多层次、高水平的科技国际合作。加大引进国际科技创新资源的力度。加强我国科研机构、高等院校、企业与国外科研机构的合作交流，合理规划、有序推进联合实验室、联合研究中心建设。在具备条件的地方和行业，建立与发展需求密切结合的国际技术转移中心，形成不同层次、不同形式的国际科技合作平台。积极参与气候变化、重大疾病、公共安全等全球性重大科技合作，大力推进政府间合作和科研项目合作，不断探索合作新模式。加强内地与港澳台地区科技交流，建立更加紧密的科技合作关系。

十、规划实施

（一）加强组织领导

各相关部门要高度重视，充分发挥积极性和主动性，抓紧制定具体措施，分解任务，明确责任，创新机制，确保规划提出的各项任务落到实处。各地区要结合本地区特点和发展需求，制订相应专项规划，切实推进本地区自主创新能力建设。建立部门之间、中央与地方之间的工作会商制度和协调机制，加强相关规划的有机衔接，形成共同推进规划落实的良好局面。

（二）完善支持政策措施

深入贯彻落实科学技术进步法等相关法律法规，进一步完善促进国家自主创新能力建设的法律法规和政策，加强产业政策、财税政策、金融政策等与创新能力建设的衔接协调。根据世界贸易组织的有关规定，进一步研究并完善支持企业创新和科研成果产业化的财税金融政策，全面落实企业研发费用加计扣除、企业研究开发仪器设备加速折旧、进口国内不能生产的研发设施税收减免等税收激励政策，加快建立和完善知识产权质押贷款、风险投资等投融资政策。鼓励采用和推广具有自主知识产权的技术标准。建立健全技术产权交易市场。

（三）保障资金投入

进一步完善和落实促进全社会研发经费逐步增长的相关政策措施，探索建立多元化、多渠道、多层次的科技投入体系。发挥政府在科技投入中的引导作用，鼓励和吸引全社会加大对自主创新能力建设的投入力度。推进金融机构、社会团体、企业、个人以及国外投资者参与高水平的研发设施建设。

（四）强化监督评估

强化规划实施的监测、评估和督促检查，采取有效措施解决规划实施中遇到的问题，根据实际情况及时调整和完善规划的具体任务部署。建立综合评价和第三方评价制度，完善考核指标体系和监督机制，鼓励社会各界积极参与规划实施的监督。

国务院关于印发循环经济发展战略及近期行动计划的通知

（2013 年 1 月 23 日　国发〔2013〕5 号）

各省、自治区、直辖市人民政府，国务院各部委、各直属机构：

现将《循环经济发展战略及近期行动计划》印发给你们，请认真贯彻执行。

发展循环经济是我国的一项重大战略决策，是落实党的十八大推进生态文明建设战略部署的重大举措，是加快转变经济发展方式，建设资源节约型、环境友好型社会，实现可持续发展的必然选择。

近年来，各地区、各部门大力推动循环经济发展，循环经济理念进一步确立，产业体系逐步完善，发展水平不断提高，经济、社会和环境效益进一步显现。当前，我国已进入全面建成小康社会的决定性阶段，随着工业化、城镇化和农业现代化持续推进，我国能源资源需求将呈刚性增长，废弃物产生量将不断增加，经济增长与资源环境之间的矛盾更加突出，发展循环经济的要求更为迫切。

为指导和推动循环经济加快发展，实现"十二五"规划纲要提出的资源产出率提高 15% 的目标，国家编制了《循环经济发展战略及近期行动计划》，对发展循环经济作出战略规划，对今后一个时期的工作进行具体部署。各地区、各部门要从战略和全局的高度，充分认识加快发展循环经济的重要意义，落实工作责任，完善工作机制，加强协调配合，进一步加大工作力度，采取切实有效的措施，确保完成各项目标任务，全面提高生态文明水平。

第一章　现状与形势

第一节　"十一五"循环经济发展取得的主要成效

循环经济理念逐步树立。国家把发展循环经济作为一项重大任务纳入国民经济和社会发展规划，要求按照减量化、再利用、资源化，减量化优先的原则，推进生产、流通、消费各环节循环经济发展。一些地方将发展循环经济作为实现转型发展的基本路径。

循环经济试点取得明显成效。经国务院批准，在重点行业、重点领域、产业园区和省市开展了两批国家循环经济试点，各地区结合实际开展了本地循环经济试点。通过试点，总结凝练出 60 个发展循环经济的模式案例，涌现出一大批循环经济先进典型，探索了符合我国国情的循环经济发展道路。

法规标准体系初步建立。循环经济促进法于 2009 年 1 月 1 日起施行，标志着我国循环经济进入法制化管理轨道。公布实施了《废弃电器电子产品回收处理管理条例》《再生资源回收管理办法》等法规规章，发布了 200 多项循环经济相关国家标准。一些地区制定了地方循环经济促进条例。

政策机制逐渐完善。深化资源性产品价格改革，实行了差别电价、惩罚性电价、阶梯水价和燃煤发电脱硫加价政策。实施成品油价格和税费改革，提高了成品油消费税单位税额，逐步理顺成品油价格。中央财政设立了专项资金支持实施循环经济重点项目和开展示范试点。开展资源税改革试点,制定了鼓励生产和购买使用节能节水专用设备、小排量汽车、资源综合利用产品和劳务等的税收优惠政策。完善了环保收费政策。出台了支持循环经济发展的投融资政策。

技术支撑不断增强。将循环经济技术列入国家中长期科技发展规划,支持了一批关键共性技术研发。实施了一批循环经济技术产业化示范项目,推广应用了一大批先进适用的循环经济技术。汽车零部件再制造技术已达到国际领先水平,废旧家电和报废汽车回收拆解、废电池资源化利用、共伴生矿和尾矿资源回收利用等一大批技术和装备取得突破。

产业体系日趋完善。产业废物综合利用已形成较大规模,产业循环链接不断深化,再生资源回收体系逐步完善,垃圾分类回收制度逐步建立,“城市矿产”资源利用水平得到提升,再制造产业化稳步推进,餐厨废弃物资源化利用开始起步。

“十一五”以来,通过发展循环经济,我国单位国内生产总值能耗、物耗、水耗大幅度降低,资源循环利用产业规模不断扩大,资源产出率有所提高,初步扭转了工业化、城镇化加快发展阶段资源消耗强度大幅上升的势头,促进了结构优化升级和发展方式转变,为保持经济平稳较快发展提供了有力支撑,为改变“大量生产、大量消费、大量废弃”的传统增长方式和消费模式探索出了可行路径。

“十一五”时期循环经济发展情况

表 1

指标名称	单 位	2005 年	2010 年	2010 年比 2005 年提高(%)
能源产出率	万元/吨标准煤	1.0	1.2	24.0
水资源产出率	元/立方米	41.9	66.7	59.0
矿产资源总回收率	%	30.0	35.0	[5.0]
共伴生矿综合利用率	%	35.0	40.0	[5.0]
工业固体废物综合利用量	亿 吨	7.7	16.2	110.1
工业固体废物综合利用率	%	55.8	69.0	[13.2]
主要再生资源回收利用总量	亿 吨	0.8	1.5	77.4
主要再生有色金属产量占有色金属总产量比重	%	19.3	26.7	[7.4]
农业灌溉用水有效利用系数	—	0.5	0.5	11.1
工业用水重复利用率	%	75.1	85.7	[10.6]
秸秆综合利用率	%	—	70.6	—

注:1. 能源产出率、水资源产出率按2010年可比价计算。
2. 主要再生资源包括废金属、废纸、废塑料、报废汽车、废轮胎、废弃电器电子产品、废玻璃、废铅酸电池等。(下同)
3. 主要再生有色金属包括再生铜、再生铝、再生铅三种。(下同)
4. [ ]内为提高的百分点。(下同)

同时必须清醒地看到,我国循环经济发展规模还有待扩大、发展水平有待提高,主要表现在:循环经济理念尚未在全社会得到普及,一些地方和企业对发展循环经济的认识还不到位;循环经济促进法配套法规规章尚不健全,生产者责任延伸等制度尚未全面建立;部分资源性产品价格形成机制尚未理顺,有利于循环经济发展的产业、投资、财税、金融等政策有待完善;循环经济技术创新体系和先进适用技术推广机制不健全,技术创新能力亟须加强;统计基础工作比较薄弱,评价制度不健全,循环经济能力建设、服务体系、宣传教育等有待加强。这些矛盾和问题已严重制约循环经济的发展,必须尽快加以研究解决。

第二节 循环经济发展面临的形势

资源约束强化。我国主要资源人均占有量远低于世界平均水平，加上增长方式仍较粗放，国内资源供给难以保障经济社会发展需要，能源、重要矿产、水、土地等资源短缺矛盾将进一步加剧，重要资源对外依存度将进一步攀升，可持续发展面临能源资源瓶颈约束的严峻挑战。

环境污染严重。我国环境状况总体恶化的趋势尚未得到根本遏制，重点流域水污染严重，一些地区大气污染问题突出，“垃圾围城”现象较为普遍，农业面源污染、重金属和土壤污染问题严重，重大环境事件时有发生，给人民群众身体健康带来危害。

应对气候变化压力加大。我国是最易受气候变化影响的国家之一，气候变化导致农业生产不稳定性增加，局部地区干旱高温危害严重，生物多样性减少，生态系统脆弱性增加。近年来，我国温室气体排放快速增长，人均排放量不断攀升，减排压力不断加大。

绿色发展成为国际潮流。近年来，为应对国际金融危机和全球气候变化的挑战，发达国家纷纷加快发展绿色产业，将其作为推进经济增长和转型的重要途径，一些国家利用技术优势，在国际贸易中制造绿色壁垒。在新一轮经济科技的竞争中，走绿色低碳循环的发展道路是必然的选择。

无论是从国内能源资源供给和生态环境承载能力看，还是从全球发展趋势和温室气体排放空间看，我国都无法继续靠粗放型的增长方式推进现代化进程。当前我国已进入全面建成小康社会的关键时期，也是发展循环经济的重要机遇期，必须积极创造有利条件，着力解决突出矛盾和问题，加快推进循环经济发展，从源头减少能源资源消耗和废弃物排放，实现资源高效利用和循环利用，改变“先污染、后治理”的传统模式，推动产业升级提升和发展方式转变，促进经济社会持续健康发展。

第二章 指导思想、基本原则和主要目标

第一节 指导思想

以邓小平理论、“三个代表”重要思想、科学发展观为指导，落实节约资源和保护环境的基本国策，围绕提高资源产出率，遵循“减量化、再利用、资源化，减量化优先”的原则，坚持统筹规划、重点突破、全面推进相结合，因地制宜、示范引领、推广普及相结合，制度创新、技术创新、管理创新相结合，政府推动、企业实施、公众参与相结合，健全激励约束机制，积极构建循环型产业体系，推动资源再生利用产业化，推行绿色消费，形成覆盖全社会的资源循环利用体系，加快转变经济发展方式，推进资源节约型、环境友好型社会建设，提高生态文明水平。

第二节 基本原则

强化理念，减量优先。推动全社会树立减量化、再利用、资源化的循环经济理念，坚持减量化优先，从源头上减少生产、流通、消费各环节能源资源消耗和废弃物产生，大力推进再利用和资源化，促进资源永续利用。

完善机制，创新驱动。健全法规标准，完善经济政策，充分发挥市场配置资源的基础性作用，形成有效的激励和约束机制，增强发展循环经济的内生动力。加强制度创新、技术创新、管理创新，提升循环经济发展水平。

改造存量，优化增量。对现有各类产业园区、重点企业进行循环化改造，提高资源产出率。产业园区、企业和项目要从规划、设计、施工、运行、管理等各环节贯彻循环经济的要求。按照自然资源开发利用和产品生产制造产业即动脉产业的特点，统筹对废弃物资源化利用相关产业即静脉产业进行合理布局，推动动脉产业与静脉产业协同发展。

示范引领，全面推进。在农业、工业、服务业各产业，城市、园区、企业各层面，生产、流通、消费各环节培育一批循环经济示范典型，全面推广循环经济典型模式，推动循环经济形成较大规模。

因地制宜，突出特色。根据主体功能定位、区域经济特点、资源禀赋和环境承载力等状况，科学确定各地区循环经济发展重点，合理规划布局，发挥区域优势，突出地方特色，切实发挥循环经济促进经济转型升级的作用。

高效利用，安全循环。提高资源利用效率，推动

资源由低值利用向高值利用转变，提高再生利用产品附加值，避免资源低水平利用和“只循环不经济”。强化监管，防止资源循环利用过程中产生二次污染，确保再生产品质量安全，实现经济效益与环境效益、社会效益相统一。

第三节　主要目标

循环经济发展的中长期目标是：循环型生产方式广泛推行，绿色消费模式普及推广，覆盖全社会的资源循环利用体系初步建立，资源产出率大幅提高，可持续发展能力显著增强。到“十二五”末的目标（近期目标）是：主要资源产出率比“十一五”末提高15.0%，资源循环利用产业总产值达到18 000亿元。

“十二五”时期循环经济发展主要指标

表2

指标名称	单　位	2010年	2015年	2015年比2010年提高(%)
主要资源产出率提高	%	—	—	15.0
能源产出率	万元/吨标准煤	1.2	1.5	18.5
水资源产出率	元/立方米	66.7	95.2	43.0
建设用地土地产出率提高	%	—	—	43.0
资源循环利用产业总产值	万亿元	1.0	1.8	80.0
矿产资源总回收率	%	35.0	40.0	[5.0]
共伴生矿综合利用率	%	40.0	45.0	[5.0]
工业固体废物综合利用量	亿　吨	16.2	31.3	93.2
工业固体废物综合利用率	%	69.0	72.0	[3.0]
主要再生资源回收利用总量	亿　吨	1.5	2.1	43.6
主要再生资源回收率	%	65.0	70.0	[5.0]
主要再生有色金属产量占有色金属总产量比重	%	26.7	30.0	[3.3]
农业灌溉水有效利用系数	—	0.5	0.5	6.0
工业用水重复利用率	%	85.7	>90.0	[>4.3]
城镇污水处理设施再生水利用率	%	<10.0	>15.0	[>5.0]
城市生活垃圾资源化利用比例	%	—	30.0	—
秸秆综合利用率	%	70.6	80.0	[9.4]
综合利用发电装机容量	万千瓦	2 600.0	7 600.0	192.3

注：1. 主要资源产出率的资源核算品种包括：3种能源资源（煤炭、石油、天然气），9种矿产资源（铁矿、铜矿、铝土矿、铅矿、锌矿、镍矿，石灰石、磷矿、硫铁矿），木材和工业用粮。

2. 主要资源产出率、能源产出率、水资源产出率、资源循环利用产业总产值按2010年可比价计算。

3. 综合利用发电指煤矸石、煤泥、油母页岩等低热值燃料发电。

第三章　构建循环型工业体系

在工业领域全面推行循环型生产方式，实施清洁生产，促进源头减量；推进企业间、行业间、产业间共生耦合，形成循环链接的产业体系；鼓励产业集聚发展，实施园区循环化改造，实现能源梯级利用、水资源循环利用、废物交换利用、土地节约集约利用，促进企业循环式生产、园区循环式发展、产业循环式组合，构建循环型工业体系。到2015年，单位工业增加值能耗、用水量分别比2010年降低21.0%、

30.0%，工业固体废物综合利用率达到72.0%，50.0%以上的国家级园区和30.0%以上的省级园区实施了循环化改造。

第一节 煤炭工业

推动煤矿绿色开采。根据资源赋存条件选择先进高效的开采技术，推广矸石充填、以矸换煤等即采即填技术工艺，鼓励采用保水开采、煤与瓦斯共采等开采方式，提高煤炭资源回采率。

推进煤系共伴生资源综合开发利用。加强煤系高岭土（岩）、油母页岩、硅藻土、石墨、膨润土、耐火土等共伴生矿综合利用，提高产品附加值。鼓励煤层气发电或将煤层气作为矿区、城市的生产生活用气。推动矿井水用于矿区补充水源和周边地区生产、生活和生态用水。

实施系统节能降耗。鼓励煤矿和选煤厂开展系统节能，淘汰老旧设备和选煤工艺，加强工序能耗管理，加大风机、水泵及选煤厂技术改造，加强洗煤废水循环利用，减少电耗、水耗和介质消耗。加大煤泥脱水技术的攻关力度，提高煤泥利用率。

推进矿区生态环境保护。鼓励利用矿区矸石对采空区进行填充，对沉陷区进行立体生态整治，利用矸石、灰渣等进行土地复垦，发展生态农业和旅游业等适宜产业。鼓励复垦土地的再利用。

构建煤基循环经济产业链。推进煤矸石、洗中煤、煤泥发电以及煤矸石制砖和生产水泥，构建煤—电—建材产业链。推进煤制烯烃、煤制乙二醇、煤制合成氨等已纳入国家相关规划的示范项目建设，构建煤—焦—化等煤基多联产产业链。

到2015年，原煤入洗率达到60.0%以上，煤矸石综合利用率达到75.0%，煤层气（瓦斯）抽采利用率达到60.0%，煤层气发电装机容量超过285万千瓦，低热值煤炭资源综合利用发电装机容量达到7 600万千瓦，矿井水综合利用率达到75%，土地复垦率达到60.0%。煤炭工业发展循环经济模式见图1。

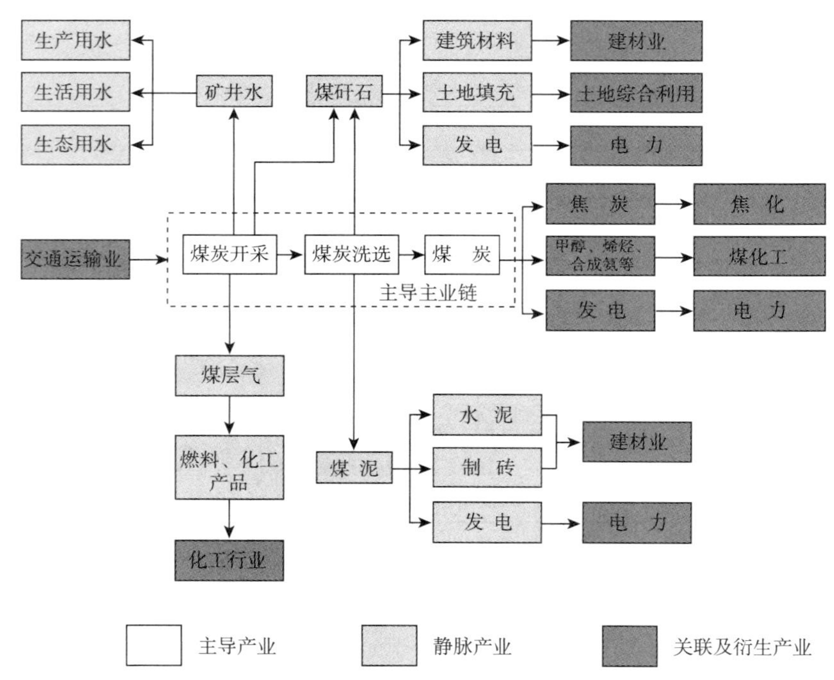

图1 煤炭工业发展循环经济基本模式图

第二节 电力工业

加强节能降耗。调整优化电源结构，淘汰落后小火电机组，提高火电机组技术装备水平。加大锅炉、风机、水泵等设备节能改造，推广等离子无油点火等节能技术，降低厂用电率。鼓励发展热电联产和热电冷三联供，严格实行“以热定电”。加快智能电网建设和电网节能技术改造，提高电网传输效率，有效降低线损。在有条件的地方鼓励将中水、海水等非常规水源作为冷却水。推进粉煤灰、脱硫石膏综合利用。鼓励利用粉煤灰生产建材产品，推广粉煤灰在市政建设、筑路等工程中的应用，有序推进在高铝粉煤灰中提取氧化铝，支持粉煤灰经超细化加工作为造纸、橡胶等的填充材料。鼓励利用脱硫石膏生产纸面石膏板、高档装饰建材及改良盐碱土壤等。

支持可再生能源发电和资源综合利用电厂建设。加强准入监管，优先支持风能、太阳能、生物质能等可再生能源发电以及符合条件的煤层气、煤矸石、余热余压、垃圾等综合利用电厂并网发电。强化电力调度交易监管，推行节能发电调度，提高可再生能源和综合利用电厂发电量比例，促进区域间电力交易，减少“窝电”。推广分布式能源。

构建发电与相关产业的循环经济链。构建发电—粉煤灰—建材、筑路、建筑工程，发电—高铝粉煤灰—氧化铝，发电—脱硫石膏—建材及装饰材料，发电—余热—海水淡化—浓海水制盐—盐化工，煤矸石、垃圾、污泥—发电—灰渣—建材等产业链。

到2015年，火电平均供电煤耗降到325克标准煤/千瓦时，粉煤灰综合利用率达到70.0%，脱硫石膏综合利用率达到80.0%，生物质发电装机容量达到1 300万千瓦。电力工业发展循环经济模式见图2。

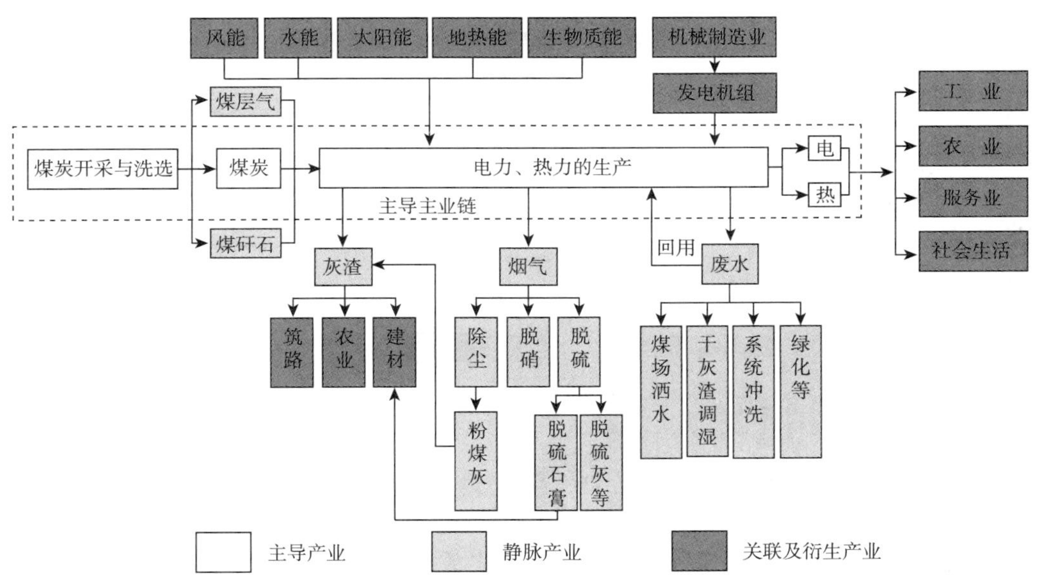

图2　电力工业发展循环经济基本模式图

第三节　钢铁工业

推进铁矿石资源综合开发利用。加强低品位矿产及难分选矿产综合利用。推动高磷铁矿、高硫铁矿中磷、硫等伴生元素的提取利用。推进铁尾矿伴生金属的高效提取利用、富铁老尾矿低成本再选和低铁富硅尾矿高值整体利用。鼓励利用尾矿砂生产建材、进行井下充填和开展生态环境治理等。

强化节能降耗。加快淘汰落后高炉、转炉等。推广连铸坯热送热装和直接轧制技术。优化烧结、球团生产工艺，提高精料水平。优化高炉炉料结构。推广干熄焦、干法除尘、烧结余热回收、干式压差发电(TRT)、高效喷煤、蓄热式燃烧、全燃煤气发电等技术。推动建立企业能源管理中心。

推动余热余压、固体废物和废水资源化利用。大力推广焦炉、高炉、转炉副产煤气回收利用和各工序余热余压发电，鼓励燃气蒸汽联合循环发电。鼓励转炉渣、含铁尘泥、氧化铁皮回炉烧结，利用高炉渣、转炉渣生产水泥等建材产品。推动利用焦油、焦炉煤气、粗苯等焦化副产品生产化工产品。鼓励建立企业内部水循环系统，对废水进行分质串级循环利用。

鼓励钢铁生产系统与社会生活系统循环链接。在有条件的地区，鼓励钢铁企业利用余热资源为城市供暖供热，利用再生水、矿井水、海水淡化水等非常规水补充新水。大力推动钢铁企业消纳铬渣、废塑料等废弃物。建立废钢回收体系，支持钢铁企业建设废钢加工配送基地。

构建钢铁行业循环经济产业链。构建焦化、冶炼—副产煤气、余热余压—发电，冶炼—废渣—建材，冶炼—含铁尘泥—烧结，炼焦—焦油、煤气—化工产品，冶炼—钢铁产品—废钢铁—电炉炼钢等产业链。

到2015年，吨钢综合能耗降到580千克标准煤，吨钢耗新水量降到4立方米，废钢回收利用量达到1.3亿吨，冶炼废渣综合利用率达到97.0%，重点钢铁企业焦炉干熄焦普及率达到95.0%以上。钢铁工业发展循环经济模式见图3。

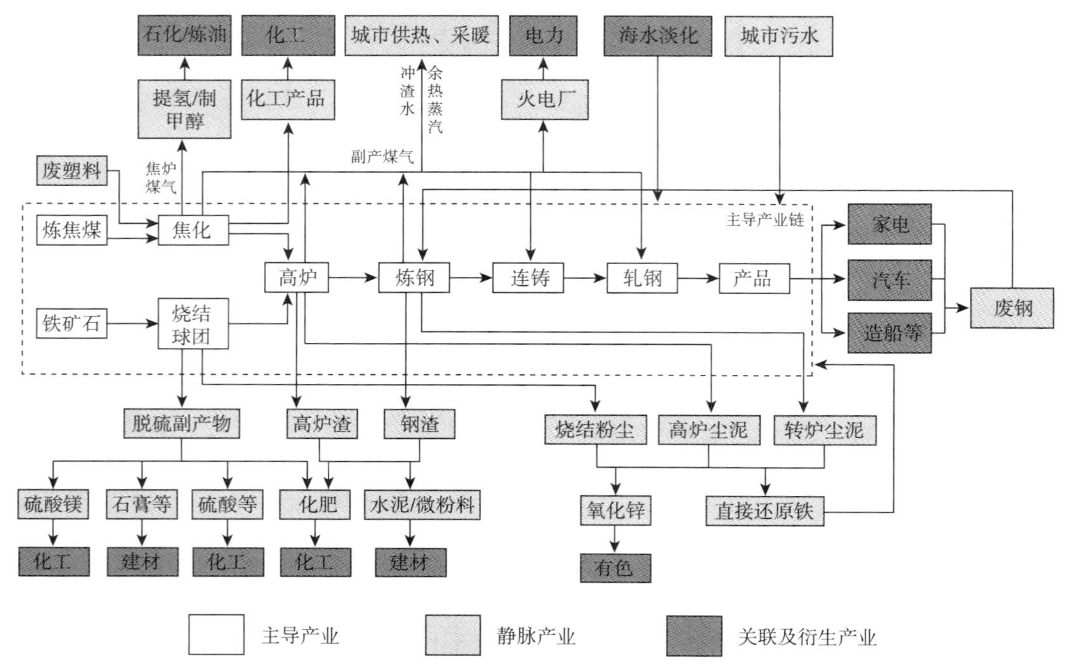

图3　钢铁工业发展循环经济基本模式图

第四节　有色金属工业

推进共伴生矿和尾矿综合开发利用。加强对低品位矿、共伴生矿、难选冶矿、尾矿等的综合利用。大力推进铜、钴、镍尾矿多元素与铅、锌、银多元素伴生矿的综合利用，推进低品位铝土矿浮选脱硅工艺技术优化，加快铝土矿高效选矿药剂开发，推进黄金尾矿硫化物深度分选及有价组分提取。加快开发和推广铜、镍、铅、锌、铝等矿产加压浸出、生物冶金等技术、工艺及设备。加强稀贵金属矿产资源和复杂难处理贵金属共生矿综合开发利用。

强化节能降耗。淘汰落后冶炼、加工等产能，大力推广先进适用技术和装备，优化生产工艺流程，强化节能管理。重点推广新型阴极结构铝电解槽、低温高效铝电解等先进节能工艺技术。推进氧气底吹熔炼技术、闪速技术等广泛应用。加快短流程连续炼铅、液态铅渣直接还原炼铅等技术开发和推广应用。鼓励热送热装、直接铸造。

推动冶炼废渣、废气、废液和余热资源化利用。推进从冶炼废渣中提取有价组分，从赤泥中提取回收铁、贵金属、碱等，从铜冶炼渣、阳极泥中提取稀贵金属，从铅锌冶炼废渣中提取镉、锗、铁等，从黄金矿渣和氰化尾渣中提取铜、银、铅等。推动冶炼废液的综合利用，从氧化铝母液回收镓、钪等，从电解液回收镍等。推动从冶炼废气中回收铅、锌、铜、锑、铋和硫、磷等。加强余热利用和冶炼废水循环利用。

推进废有色金属再生利用。淘汰再生金属落

后产能,抑制低水平重复建设。推进再生铜、再生铝等再生金属高值利用,提高在有色金属产量中的比重。支持从废铅酸蓄电池提取废酸和铅等,从废镀锌钢板提取锌,从废感光材料提取银,从废催化剂提取铂族元素和稀土材料等,从废弃电子产品提取贵金属。支持利用境外可用作原料的废有色金属资源。

构建有色金属行业循环经济产业链。构建采选—尾矿—有价组分—冶炼—有色金属,冶炼—废渣—有色金属,冶炼—炉渣—建材,冶炼—尾气—磷、硫—化工产品,冶炼—余热—发电,冶炼—有色金属—再生金属—冶炼等产业链。

到2015年,铜冶炼综合能耗降到300千克标准煤/吨,铝锭综合交流电耗降到13 300千瓦时/吨,赤泥综合利用率达到20.0%,工业用水循环利用率达到87.0%,主要再生有色金属产量达到1 200万吨。有色金属工业发展循环经济模式见图4。

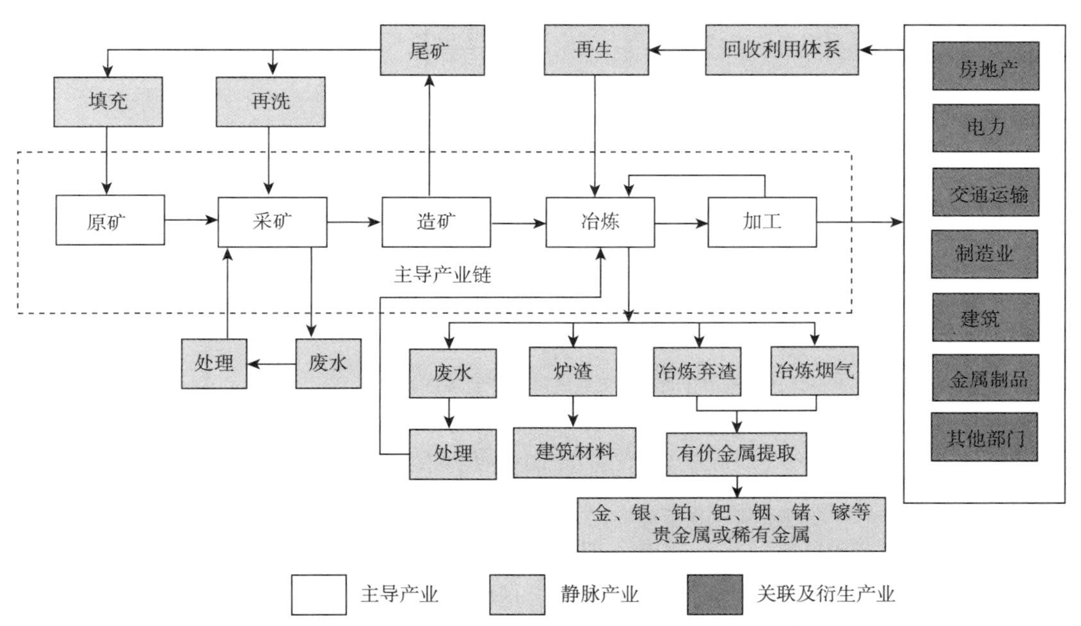

图4 有色金属工业发展循环经济基本模式图

第五节 石油石化工业

加强油气资源综合开发利用。推广高效油气分离、原油稳定和伴生气处理、高效真空加热等技术,加强对非常规油气资源的开采回收,鼓励有条件的地区运用二氧化碳驱油技术,提高油气采收率。加强油田伴生气、酸性气体等回收利用,推动油砂、油页岩利用产业化发展,加强高含硫化氢天然气中硫磺的综合利用。大力推动天然气分布式能源和大型液化天然气(LNG)接收站的冷能利用,提高天然气利用效率。

加强节能降耗。原油开采环节全面实施抽油机、驱动电机节能改造,推广不加热集油技术和油田采出水余热回收利用技术。加快淘汰落后工艺设备。鼓励采用先进的节能环保技术和装备,重点推广优化换热流程、提高冷凝液回收率、优化中段回流取热比例、降低汽化率、增加塔顶循环回流换热等节能技术。

推动废渣、废气、废水资源化利用。鼓励从石油炼制废催化剂中提取钴、铑、钯等稀贵金属。加强炼制各环节余热余压的回收利用。鼓励采用自动点火系统,加强火炬气回收,探索利用火炬气发电。提高硫黄回收率。推动稠油产出污水等采油废水深度处理回用,以及石化废水分类处理利用。

构建石油石化行业循环经济产业链。构建油气开采—油砂、油页岩—炼油,炼化—废催化剂—稀贵金属,炼化—废气—硫黄—化工产品,炼化—废气—供热、发电,炼化—余热余压—发电等产业链。

到 2015 年,原油加工综合能耗降到 86 千克标准煤/吨,乙烯综合能耗降到 857 千克标准煤/吨,石油石化行业单位工业增加值用水量比 2010 年减少 30.0%。石油石化工业发展循环经济模式见图 5。

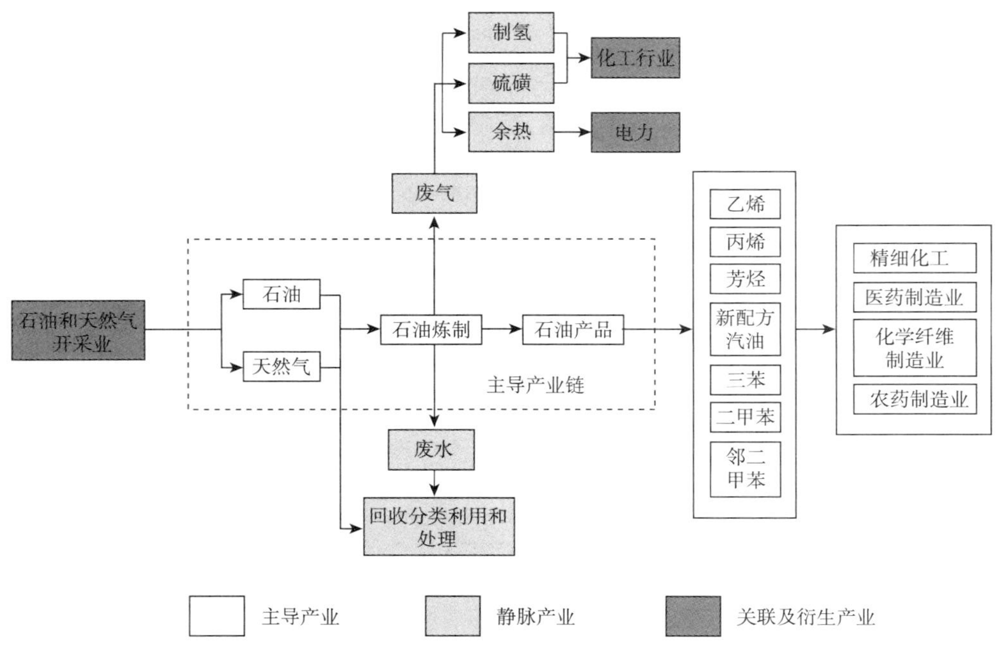

图 5　石油石化工业发展循环经济基本模式图

第六节　化学工业

推动磷、硫、钾等矿产资源综合开发利用。加强对中低品位磷矿、硫铁矿、硼铁矿、钾矿等资源的开发利用。推进磷矿中氟、碘,硫铁矿和硼铁矿中铁,盐湖中锂、钾、钠、硼、镁等伴生资源的综合利用。

推进节能降耗。合成氨行业实施"上大压小"淘汰落后产能,重点推广先进煤气化、节能高效脱硫脱碳、低位能余热吸收制冷等技术。烧碱行业要逐步淘汰隔膜法烧碱工艺,提高离子膜法烧碱工艺比重。纯碱行业重点推动蒸汽多级利用、变换气制碱技术,积极推广应用新型盐析结晶器和循环泵等。电石行业要加快采用大型密闭式电石炉,重点推广电石炉炉气利用、空心电极等节能技术。煤化工行业鼓励再生水、矿井水利用及余热回收发电。

推动"三废"资源化利用。纯碱行业重点推动氨碱废渣用于锅炉烟气湿法脱硫和蒸氨废液综合利用。氯碱化工行业重点推动利用电石渣生产水泥或用于脱硫,加强电石渣上清液回收利用以及电石炉尾气中一氧化碳、氢气综合利用。磷化工行业重点推动磷石膏制建材、分解制酸并联产水泥,黄磷炉尾气回收生产碳一化学品及热能回收利用。硫化工行业重点推动利用硫酸生产废渣炼钢和生产水泥,加强余热回收利用。煤化工行业重点推进废渣用于生产水泥等建材产品,推广煤制烯烃水循环利用、碎粉加压气化含酚废水治理、中水回用、高浓盐水处理、低温余热利用、高温气体热利用等技术。

构建化学工业循环经济产业链。构建磷矿—磷肥—磷石膏—建材,磷石膏—制酸—废渣—水泥,磷矿—磷肥—尾气—磷酸,电石—聚氯乙烯—电石渣—水泥,合成氨—造气炉渣—建材,焦化—废渣—水泥等产业链。

到 2015 年,合成氨综合能耗低于 1 350 千克标准煤/吨,烧碱(离子膜)综合能耗降到 330 千克标准煤/吨,电石综合能耗降到 1 050 千克标准煤/吨,行业平均中水回用率达到 90.0%,固体废物综合利用率达到 75.0%。化学工业发展循环经济模式见图 6。

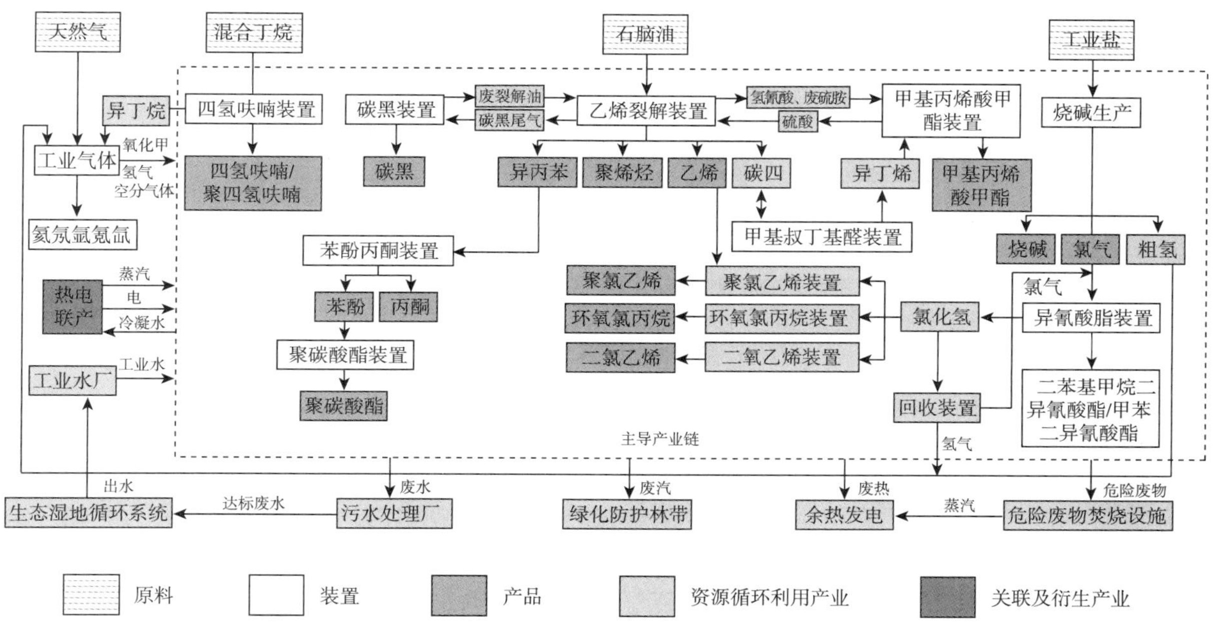

图6　化学工业发展循环经济基本模式图

第七节　建材工业

加强节能降耗。重点推进窑炉等热工设备节能改造。继续推广大型新型干法水泥生产线，推进水泥粉磨、熟料生产等节能改造。推广纯低温余热发电等窑炉余热梯级利用技术，推进玻璃生产线低温余热发电。加强粉尘回收利用。进一步扩大禁止生产和使用实心黏土砖范围。

推动利废建材规模化发展。推进利用矿渣、煤矸石、粉煤灰、尾矿、工业副产石膏、建筑废弃物和废旧路面材料等大宗固体废物生产建材。在大宗固体废物产生量、堆存量大的地区，优先发展高档次、高掺量的利废新型建材产品。推动废玻璃、废玻纤、废陶瓷、废复合材料、废碎石及石粉等回收利用并生产建材产品。培育利废建材行业龙头企业。

发展绿色建材产品。鼓励发展绿色建材产品。重点加快发展节能玻璃、太阳能玻璃、复合多功能墙体材料、木塑复合材料等新材料。提高高标号水泥及高性能混凝土的应用比例，推进水泥及混凝土用量的减量化。

推进水泥窑协同资源化处理废弃物。鼓励水泥窑协同资源化处理城市生活垃圾、污水厂污泥、危险废物、废塑料等废弃物，替代部分原料、燃料，推进水泥行业与相关行业、社会系统的循环链接。

构建建材行业循环经济产业链。构建工业生产—废渣—建材，建筑废弃物、路面材料—建材，水泥、玻璃生产—余热—发电，水泥—粉尘—水泥，玻璃—废玻璃—玻璃，陶瓷—废陶瓷—陶瓷，石材—废碎石、石粉—人造石、砖，复合材料—废复合材料—复合材料等产业链。

到 2015 年，水泥熟料综合能耗降到 112 千克标准煤/吨，平板玻璃综合能耗降到 15 千克标准煤/重量箱，日用陶瓷综合能耗降到 1 110 千克标准煤/吨，水泥生产线纯低温余热发电比例提高到 70.0% 以上，玻璃生产线余热发电比例提高到 30.0% 以上，新型墙体材料比重达到 65.0% 以上，水泥窑协同资源化处理废弃物生产线比例达 10.0% 。建材工业发展循环经济模式见图 7。

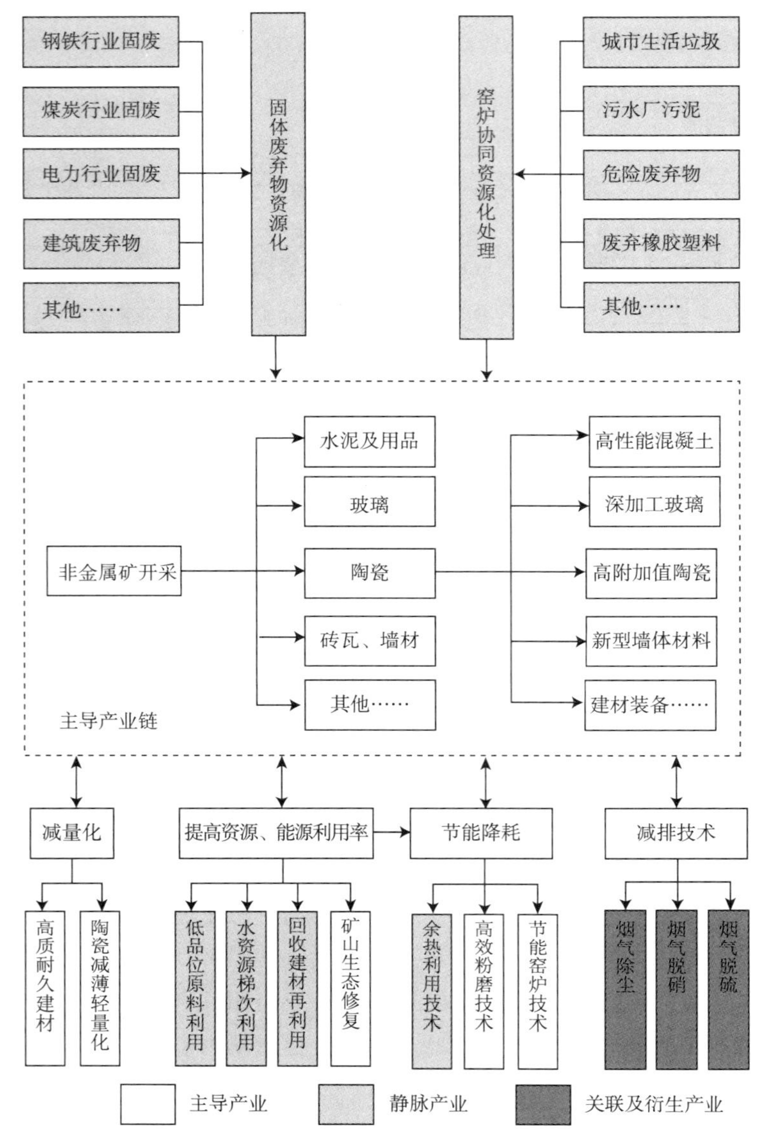

图7　建材工业发展循环经济基本模式图

第八节　造纸工业

推进节能降耗。淘汰小制浆、小造纸等落后产能。推广低固形物连蒸、低能耗蒸煮、新型高速纸机、纸板机等先进节能工艺设备。鼓励使用高得率木片磨浆系统。推广无元素氯漂白、氧脱木素等工艺。鼓励生产低白度纸和本色纸等清洁产品。

加强废物资源化利用。鼓励从制浆黑液中回收碱，利用黑液中的有机物发电，推动副产白泥用于生产水泥或氧化钙。推进造纸废水资源化利用，鼓励应用厌氧生化技术生产沼气，加强废水循环利用。鼓励利用树皮、锯木屑等备料工序剩余物、造纸废水处理污泥作为锅炉燃料。

推进造纸行业与上下游产业一体化发展。推进林浆纸一体化发展，鼓励利用林业速生材、间伐材、小径材、林竹“三剩物”及农作物秸秆等制浆。提高废纸回收利用率，积极推动新闻纸全部使用再生纸。

构建造纸行业循环经济产业链。构建制浆—黑液—白泥—水泥，制浆—黑液—白泥—氧化钙—碱—制浆，制浆—黑液—白泥—精制碳酸钙填料—造纸，纸浆—黑液等有机质—燃烧余热—热电—制浆、造纸，制浆、造纸—废液—沼气—热能、发电—制浆、造纸，制浆、造纸—固体废物—燃料—热电—制浆、造纸,废纸—制浆—造纸等产业链。

到2015年,纸及纸板综合能耗降到530千克标准煤/吨,纸浆综合能耗降到370千克标准煤/吨,纸浆、纸及纸板生产平均取水量降到70立方米/吨,废纸利用率达到72.0%。造纸工业发展循环经济模式见图8。

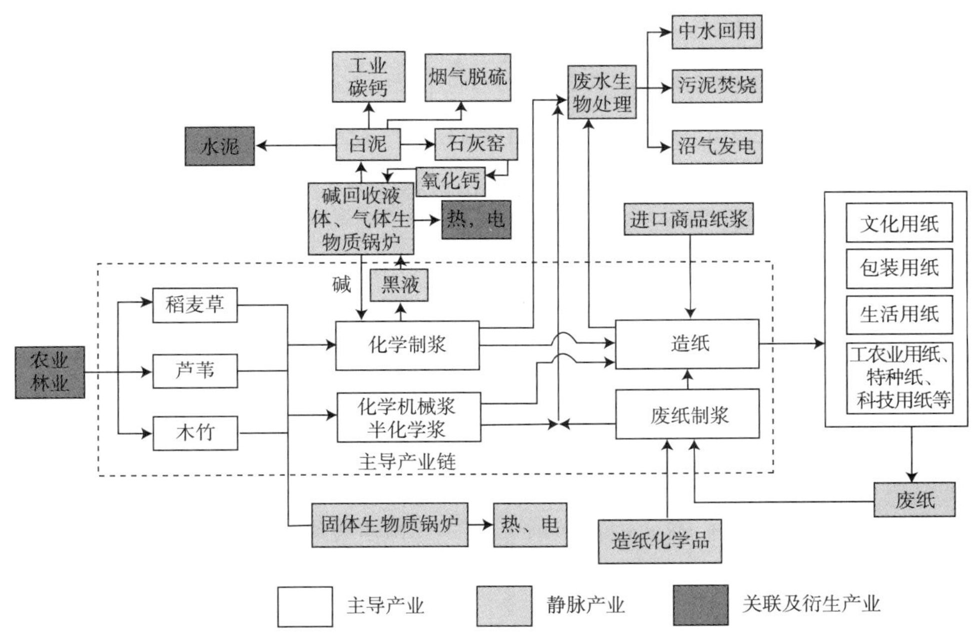

图8 造纸工业发展循环经济基本模式图

第九节 食品工业

加强节能降耗。加快淘汰落后产能,加快推广节能、节水、节粮工艺技术和装备。优化生产工艺,实现生产过程中水和热的循环梯级利用。大幅度减少食品过度包装。

推进食品加工副产物和废弃物资源化利用。粮食加工行业重点推进利用稻壳、米糠、麦胚、麸皮等副产物生产稻壳碳、米糠油、米糠蛋白、玉米油、麦胚油、膳食纤维等。肉类、水产品加工行业重点推进利用皮毛、内脏、血液等副产物生产医药、生化产品等。发酵、酿酒行业重点推进利用酒糟、废液等进行无害化处理,将其作为生产饲料、有机肥料、生物质能等原料利用。制糖行业重点推进利用蔗渣发电、造纸、生产建材产品,利用废糖蜜制酒精等。饮料行业重点对果渣、茶渣等进行无害化处理,将其作为生产饲料或肥料的原料利用。加强废水循环利用。加强过期食品、召回食品的无风险资源化利用。

推动食品行业与上下游产业一体化发展。鼓励食品行业向上下游产业延伸,建立从原料生产到终端消费的全产业链,促进各环节有效衔接。推广以种植、养殖、加工一体化为特征的工农业复合型循环经济发展模式。

构建食品行业循环经济产业链。构建稻谷加工—稻壳—稻壳碳、生物质能,稻谷加工—米糠—米糠油、米糠蛋白,小麦加工—麦胚、麸皮—麦胚油、膳食纤维,肉类加工—皮毛、内脏、血液—医药、生化产品等,发酵/酿酒—酒糟、残渣—无害化处理—有机肥、饲料,发酵/酿酒—废液—沼气,甘蔗制糖—蔗渣—造纸、建材,蔗渣—发电—灰渣—无害化处理—有机肥,制糖—废糖蜜—酒精,水果蔬菜加工—果渣—饲料,茶叶加工—茶渣—无害化处理—肥料等产业链。

到2015年,食品行业单位工业增加值能耗、用水量分别比2010年降低16.0%、30.0%,食品工业副产品综合利用率提高到80.0%以上。食品工业发展循环经济模式见图9。

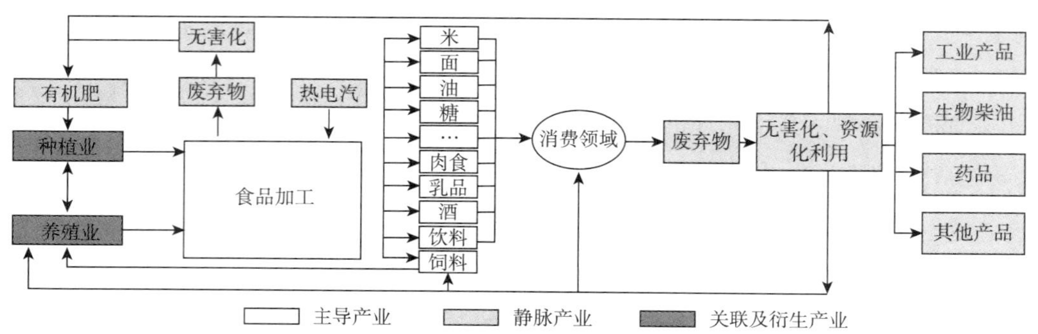

图 9　食品工业发展循环经济基本模式图

第十节　纺织工业

推进节能降耗。加快淘汰落后产能，加大工艺设备节能节水改造力度。推广应用高效节能电机和空调自动控制技术，优化能源系统。推广使用可生物降解浆料和清洁型气相导热油，从源头减少有毒有害物质的使用。印染行业全面推广高效短流程前处理工艺，以及冷轧堆染色、气流染色、数码喷印等印染加工技术。加快开发替代石油的生物质纺织纤维材料，鼓励利用废聚酯瓶、废旧丙纶等生产高附加值再生纤维，减少原生资源消耗。

加强废弃物资源化利用。鼓励进行废水循环利用和废水、废气热能回收利用。推动从印染废水中回收染化料、助剂，从印染废碱液中回收碱。鼓励利用化纤生产废气制酸。加强对生产废料、边角料的再利用。

推动废旧纺织品再生利用规范化发展。以废旧职业装再生利用为突破口，完善社会化废旧纺织品回收再利用体系。选择经济合理的废旧纺织品再生利用技术路线，推动废旧纺织品分类与安全环保加工处理，鼓励利用废旧纺织品生产建筑保温材料等产品。

构建纺织行业循环经济产业链。构建印染—废液—碱，化纤生产—废气—制酸，纺织—废水、废气—热能—纺织，纺织—边角料—纺织，纺织品—废旧纺织品—再利用产成品—纺织品，纺织品—废旧纺织品—保温材料，废弃聚酯—化纤—纺织品等产业链。

到 2015 年，纺织行业单位工业增加值能耗、取水量比 2010 年分别下降 20.0%、30.0%，纺织纤维再利用总量达到 800 万吨。纺织工业发展循环经济模式见图 10。

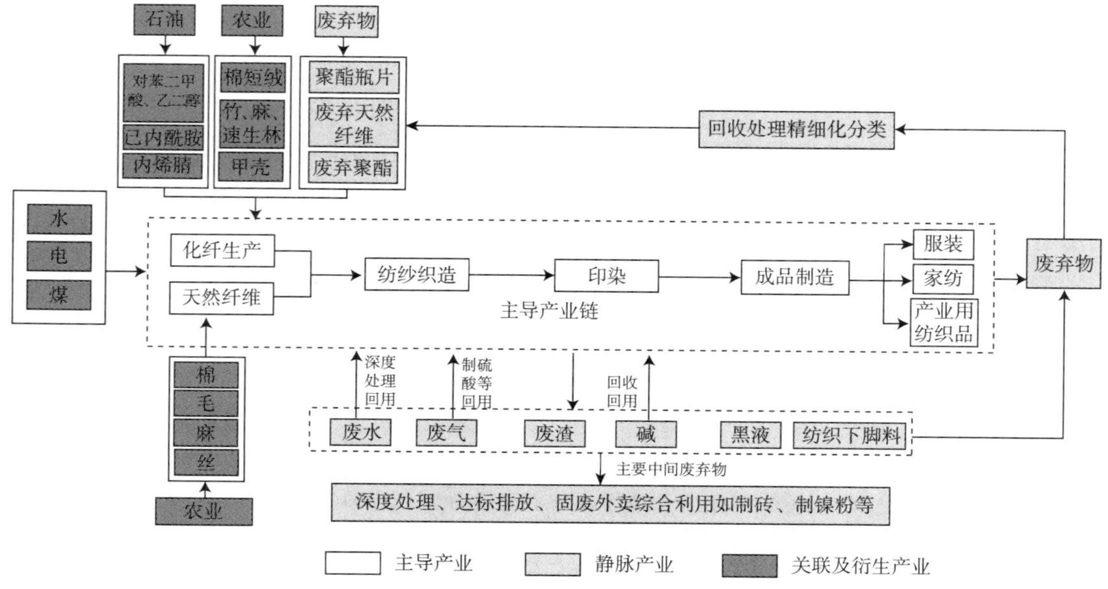

图 10　纺织工业发展循环经济基本模式图

第十一节　产业园区

按照"布局优化、企业集群、产业成链、物质循环、集约发展"的要求,推进新建、搬迁企业和项目园区化、集聚化发展,推动各类产业园区实施循环化改造,构建循环经济产业链,实现企业、产业间的循环链接,提高产业关联度和循环化程度,促进园区绿色低碳循环发展。到 2015 年,50.0% 以上的国家级园区和 30.0% 以上的省级园区实施循环化改造。

构建园区循环经济产业链。根据物质流和产业关联性,对园区进行功能分区,合理布局企业、产业、基础设施及生活区。推进园区改造提升传统产业,培育发展战略性新兴产业,促进产业结构优化升级。重化工业要实现园区化发展,按照"横向耦合、纵向延伸、循环链接"的原则构建产业链,形成园区企业之间原料(产品)互供、资源共享的一体化。专业性产业园区要纵向延伸产业链。综合性产业园区要"补链"招商,促进产业横向耦合。工农业复合型产业园区要推进农副产品深加工利用,延长产业链,提高附加值。提高新建和搬迁改造园区的产业关联度和循环化程度。

推进园区资源高效循环利用。实施清洁生产,促进源头减量。推动园区内企业废物交换利用、废水循环利用、能源梯级利用、土地节约集约利用。推进园区生活污水再生利用,建设雨水收集利用设施,鼓励有条件的地区发展海水淡化产业。大力发展清洁能源和可再生能源。鼓励专业化服务公司为园区废物管理提供"嵌入式"服务。

推行园区基础设施绿色化。对园区内供水、供电、供热、道路、通信等公共基础设施实施绿色化改造,促进共建共享、集成优化。加快园区污染物集中治理设施建设及升级改造,鼓励园区创新环境服务模式,积极推进污水、垃圾处理设施建设和运行专业化、社会化。

第四章　构建循环型农业体系

在农业领域加快推动资源利用节约化、生产过程清洁化、产业链接循环化、废物处理资源化,形成农林牧渔多业共生的循环型农业生产方式,加快农业机械化,推进农业现代化,改善农村生态环境,提高农业综合效益,促进农业发展方式转变。到 2015 年,农业灌溉用水有效利用系数达到 0.53,秸秆综合利用率提高到 80.0%,设施渔业养殖废水处理与综合利用率达 80.0% 以上,林业"三剩物"综合利用率达 80.0% 以上。

第一节　种植业

发展节约型种植业。加快淘汰老旧农业机械,推广使用节能型农业机械,推进抽水泵站节能改造,推广普及节能型太阳能蔬菜大棚。推广普及管道输水、膜下滴灌、水肥一体化等高效节水灌溉技术,支持旱作农业示范基地建设,加大旱作节水农业技术推广力度。大力推广测土配方施肥技术,科学使用化肥,鼓励农民增施有机肥,减少不合理化肥施用量。淘汰落后施药机械,推广使用高效、低毒、低残留农药。开展有机农产品基地建设。推进粮食生产全过程机械化,加快粮食烘干、仓储设施建设,减少粮食田间损失和仓储损耗。

推动农作物秸秆综合利用。因地制宜推广农作物秸秆饲料化、肥料化、基料化、原料化、燃料化等利用方式,重点推进秸秆过腹还田、腐熟还田和机械化还田,鼓励利用富含营养成分的花生、豆类等秸秆加工制作饲料,推广应用秸秆栽培食用菌,发展新型秸秆代木、功能型秸秆木塑复合型材,推广秸秆制沼集中供气、固化成型燃料等。

推动农田残膜、灌溉器材回收利用。建立政府推动、农户参与、企业实施的农田残膜、灌溉器材回收机制,形成使用、回收、再利用各个环节相互配套的回收利用体系。支持建设农田残膜、灌溉器材回收、初加工网点及深加工利用项目。

第二节　林　业

加强林竹加工业节能降耗。大力发展木材精深加工,严格控制木材粗加工项目。加快淘汰高耗能落后工艺、技术和设备,推动木材、竹材加工设备节能改造。

推动林竹废弃物资源化利用。鼓励利用采伐、造材、加工等林业"三剩物"和次小薪柴生产板材、培养食用菌等,鼓励对食用菌培养基进行再利用。推动利用竹业"三剩物"生产竹炭、活性炭、精制醋粉等产品以及进行延伸加工利用。

构建林业循环经济产业链。构建林业—"三剩物"、次小薪柴—板材,林业加工—木屑—食用菌—培养基—饲料、肥料,竹业—"三剩物"—竹炭、活性炭,竹业—"三剩物"—醋液—醋粉—药品、保健品,竹业—竹屑—型材,林竹—制浆—造纸等产业链。

第三节　畜牧业

推进畜禽养殖清洁生产。推进适度规模养殖，鼓励养殖与种植相结合，建设标准化畜禽养殖场，推广畜禽清洁养殖、雨污分流、干湿分离和设施化处理技术。支持深加工集成养殖模式，发展饲料生产、畜禽养殖、畜禽产品加工及深加工一体化养殖业。发展畜禽圈舍、沼气池、厕所、日光温室"四位一体"生态农业。

加强畜禽粪污资源化利用。鼓励利用畜禽粪便发展农村户用和集中供气沼气工程，鼓励利用畜禽粪便、秸秆、有机生活垃圾等多种原料发展超大型沼气工程。推广堆肥处理、工厂化生产有机肥、好氧发酵农田直接施用技术，促进养殖粪污资源化利用和无害化处理。

推动畜禽加工副产物和废弃物利用。鼓励利用畜禽血液、脏器、骨组织、皮毛绒、蛋壳等生产医药、保健品、生活用品等，提高畜禽加工附加值。支持开展屠宰废水循环利用。

构建农牧业循环经济产业链。构建畜禽粪便—沼气—发电，畜禽粪便—沼气—沼渣、沼液—无害化处理—肥料、农药—农林作物，畜禽加工—副产物—生化制品等产业链。

第四节　渔　业

推行设施渔业清洁生产。开展渔航更新改造，发展设施渔业及浅海立体生态养殖。推广使用优质良种和安全高效配合饲料，集成标准化饲养、疫病防控、安全用药等关键技术，发展循环水节水养殖。科学确定养殖容量，合理控制养殖密度，实现养殖水域空间资源合理利用。鼓励利用稻田、盐碱地、采矿塌陷区发展水产养殖。

延伸渔业循环产业链。促进水产养殖业与种植业有效对接，实现鱼、粮、果、菜协同发展。鼓励利用鱼类、虾蟹、贝藻以及水产加工副产物，生产氨基酸、调味品、保健品等产品。推进老旧渔船及网具材料的综合利用。

第五节　工农业复合

推进种植业、养殖业、农产品加工业、生物质能产业、农林废弃物循环利用产业、高效有机肥产业、休闲农业等产业循环链接，形成无废高效的跨企业、跨农户循环经济联合体，构建粮、菜、畜、林、加工、物流、旅游一体化和一、二、三产业联动发展的现代工农复合型循环经济产业体系。大力推广农业循环经济典型模式，重点培育推广畜（禽）—沼—果（菜、林、果）复合型模式、农林牧渔复合型模式、上农下渔模式、工农业复合型模式等，提升农业综合效益。工农复合型循环经济模式见图11。

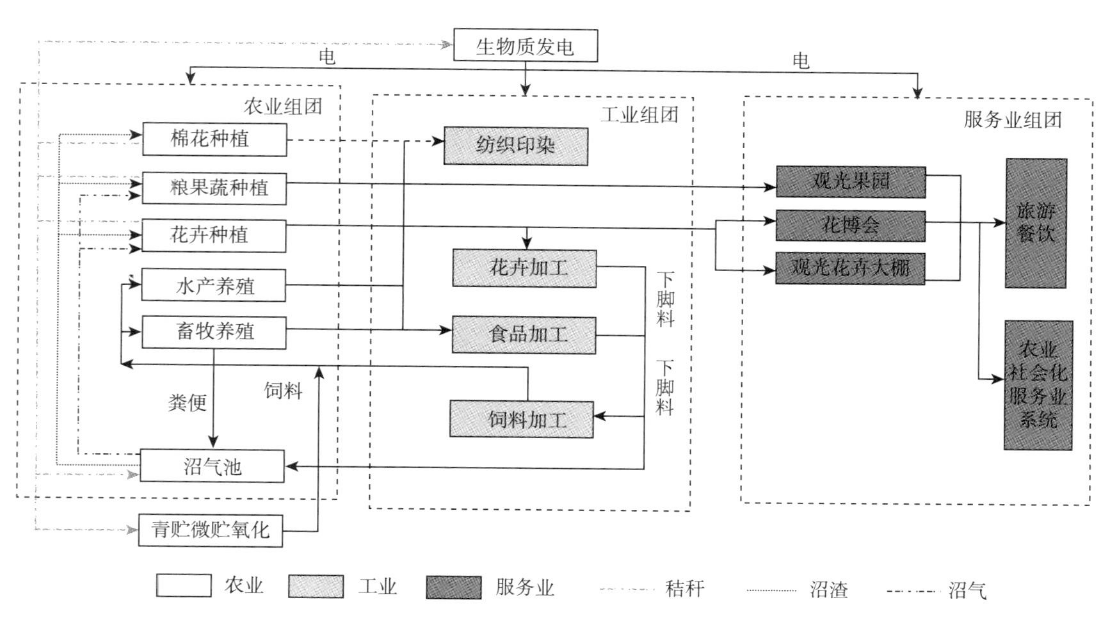

图11　工农复合型循环经济基本模式图

第五章 构建循环型服务业体系

加快构建循环型服务业体系，推进服务主体绿色化、服务过程清洁化，促进服务业与其他产业融合发展，充分发挥服务业在引导人们树立绿色循环低碳理念，转变消费模式方面的积极作用。

第一节 旅游业

推进旅游业开发、管理、消费各环节绿色化，积极构建循环型旅游服务体系。

推进旅游景区建设和管理绿色化。加强旅游资源保护性开发，严格执行旅游项目环境影响评价制度，合理确定景区游客容量。设施建设要采用节能环保产品，积极利用可再生能源，配套建设污水再生利用、雨水收集、垃圾无害化处理系统。支持旅游景区使用节能环保交通工具，开发绿色旅游产品，科学设置垃圾分类回收装置，推进废弃物分类回收和资源化利用。

引导低碳旅游和绿色消费。大力倡导低碳旅游出行方式，在旅游景区加强生态科普宣传教育，传播绿色低碳理念，减少使用一次性用品，引导游客分类投放废弃物，自觉保护景区环境。

第二节 通信服务业

推进绿色基站建设。鼓励采用分布式基站网络结构。通过载波智能功效、智能调整等手段降低设备能耗。推广以自然冷热源和蓄电池温控为基础的空调升温启动技术，合理采用风光互补、分布式冷却系统以及电池组在线维护管理，实施传统基站节能改造。合理设计供电方案，推广应用绿色电源。

推进绿色数据中心建设。加快老旧设备退网，鼓励建设云计算、仓储式及集装箱式数据机房，推动广泛应用先进节能技术，加大节能改造力度，提高数据中心和机房的能源利用效率。

鼓励回收废旧通信产品。推动通信运营商回收基站中的废旧铅酸电池。依托通信运营商服务网点，探索采用押金制等方式建立废旧手机、电池、充电器等通信产品的回收体系，提高回收率。推进手机充电器、电池标准化工作。

到 2015 年，通信基站能耗比 2010 年降低 25. 0%，通信基站废旧铅酸蓄电池回收率达 90. 0%以上。

第三节 零售批发业

积极推行清洁生产。开展清洁生产审计、ISO 14000环境管理体系认证。推动现有商用建筑进行保温、隔热改造并对采暖、制冷、通风、照明、冷藏等系统进行节能改造，采用自动控制扶梯等节能设备和技术。鼓励发展连锁经营、统一配送、电子商务等现代流通方式，运用物联网技术强化资源整合和供应链全程优化。

推进废弃物回收利用。鼓励零售批发企业对废弃包装物、废弃食品、垃圾等进行分类回收。鼓励批发零售企业采用以旧换新等方式回收废旧商品。严格执行“限塑令”，禁止销售、使用超薄塑料购物袋，落实塑料购物袋有偿使用政策。

推动绿色消费。充分发挥零售批发业连接生产和消费环节的桥梁作用，支持零售批发业采购节能环保产品，鼓励商贸流通企业开设绿色产品销售专区、专柜等，向消费者推介绿色产品，扩大绿色产品消费，带动绿色产品生产。积极培育租赁业、旧货业发展，促进产品再利用。

到 2015 年，营业面积在 1 万平方米以上的大型超市、百货店、专业店等零售业万元营业额能耗显著下降。

第四节 餐饮住宿业

推进餐饮住宿业绿色化。推动餐饮住宿业对照明、空调、锅炉系统进行节能改造，使用节能节水产品和无磷高效洗涤剂，分类排放生活垃圾，分类存放餐厨废弃物。鼓励大型住宿餐饮企业建设具有集中加工、采购、贮存和配送功能的厨房。

倡导绿色服务。倡导减少使用一次性木筷、快餐盒以及客房一次性牙刷、剃须刀等用品。鼓励企业开设绿色客房并给予消费者相应优惠。鼓励餐饮企业实行分餐制，按照营养均衡的要求，适量配餐，提供科学合理的菜单及不同规格的盛具。

到 2015 年，餐饮住宿业单位增加值能耗明显降低，一次性用品使用率大幅降低。

第五节 物流业

提高物流运行效率。大力发展多式联运，促进多种运输方式合理分工运行，削减总行驶量。强化产地物流功能，实行“减量化”运输。支持建立以城市为中心的公共配送体系，优化城市配送网络，鼓励统一配送和共同配送。鼓励使用节能环保和新能源车辆。推广可多次利用的周转包装，支持托盘共用系统建设，实现包装物的梯级利用，加强对废弃包装物的回收和再生处理。

加快绿色仓储建设。合理规划和优化仓库布局，采用现代化储存保养技术，降低各类仓储损耗。完善仓储设施节能环保标准。规范有毒化学品、放射性物品、易燃易爆物品的仓储保管。支持仓储设施利用太阳能和其他清洁能源。支持建设绿色生态型物流园区。

到2015年，初步建立起低碳、循环、高效的绿色物流体系，物流设施能源利用效率明显提高，车辆空驶率稳步降低。

第六章 推进社会层面循环经济发展

加快完善再生资源和垃圾分类回收体系，推动再生资源利用产业化，发展再制造，推进餐厨废弃物资源化利用，实施绿色建筑行动和绿色交通行动，推行绿色消费，实施大循环战略，加快建设循环型社会。

第一节 完善再生资源回收体系

完善再生资源回收网络。加快建设城市社区和乡村回收站点、分拣中心、集散市场三位一体的回收网络。鼓励各类投资主体积极参与建设、改造回收站点，建设符合环保要求的专业分拣中心，逐步建设一批分拣技术先进、环保处理设施完备、劳动保护措施健全的废旧商品回收分拣集聚区。

健全生活垃圾分类回收体系。完善生活垃圾分类回收、密闭运输、集中处理体系，在社区及家庭推行垃圾分类排放。鼓励居民分开盛放和投放厨余垃圾，建立高水分有机生活垃圾收运系统，实现厨余垃圾单独收集、循环利用。

加强重点再生资源回收。落实有关优惠政策，做好废金属、废塑料、废玻璃、废纸等传统再生资源的回收，提高回收率。创新回收方式，强化监督管理，推进废电器电子产品、报废汽车、废旧轮胎、包装物、废旧纺织品的回收，推动废铅酸电池、废镉镍电池、废弃含汞荧光灯、废温度计、废弃农药包装物等有害废物的回收。

到2015年，构建起先进完整的再生资源回收体系，垃圾分类工作取得明显进展，主要品种再生资源回收率达到70.0%。

第二节 推动再生资源利用产业化发展

推动废旧机电产品、电线电缆、通信设备、汽车、家电、手机、铅酸电池、塑料、橡胶、玻璃等再生资源利用的规模化、产业化发展。到2015年，主要再生资源利用总量将达到2.7亿吨，产值达到12 000亿元，就业人员1 800万人。

推进再生资源规模化利用。鼓励再生资源加工利用企业集聚发展，进行园区化管理。加快培育再生资源龙头企业，鼓励通过兼并、重组、联营等方式，加快行业整合力度，提高产业集中度。

推进再生资源高值化利用。加快淘汰落后生产工艺和技术设备，推动再生资源分选、拆解、破碎、加工利用技术和装备升级。支持再生资源利用企业延长产业链，加快形成覆盖分拣、拆解、加工、资源化利用和无害化处理等环节的完整产业链，着力加强深度加工利用，提高产品附加值。提高废弃电器电子产品、报废机动车、报废船舶等的拆解及利用水平。做好执法部门罚没产品的回收利用工作。

推进再生资源清洁安全利用。严格执行环保、安全、卫生、质量标准，推动再生资源利用企业建设完善的环保设施，规范再生资源拆解、利用行为，避免二次污染，确保生产环节清洁安全和再生利用产品质量安全。

第三节 发展再制造

建立旧件逆向回收体系。支持建立以汽车4S店、特约维修站点为主渠道，回收拆解企业为补充的汽车零部件回收体系。规范建立专业化再制造旧件回收企业和区域性再制造旧件回收物流集散中心。积极利用现有再生资源回收网络，回收计算机服务器、硒鼓、墨盒等易回收产品。开展消费者交回旧件并以置换价购买再制造产品(以旧换再)的工作,扩大再制造旧件回收规模。

抓好重点产品再制造。重点推进机动车零部件、机床、工程机械、矿山机械、农用机械、冶金轧辊、复印机、计算机服务器以及墨盒、硒鼓等的再制造,探索航空发动机、汽轮机再制造,继续推进废旧轮胎翻新。

推动再制造产业化发展。支持建设再制造产业示范基地,促进产业集聚发展。支持再制造企业加快技术升级改造。建立再制造产品质量保障体系和销售体系,促进再制造产品生产与售后服务一体化。鼓励专业化再制造服务公司为企业提供整体解决方案和专项服务。建立再制造旧件回收、产品营销、溯源等信息化管理系统。

到2015年,实现年再制造发动机80万台,变速箱、启动机、发电机等800万件,工程机械、矿山机械、农用机械等20万台套,再制造产业年产值达500亿元左右。

第四节　实施绿色建筑行动

推进既有建筑供热计量和节能改造。北方采暖地区以围护结构、供热计量、管网热平衡为重点,夏热冬冷地区以建筑门窗、外遮阳、自然通风为重点,加快实施节能改造。大力推进大型公共建筑和办公建筑采暖、空调、通风、照明等节能改造。

新建建筑严格执行节能标准。严把设计关口,加强施工图审查,城镇建筑设计阶段100%达到节能标准要求。加强施工监管和稽查,确保工程质量和安全,施工阶段节能标准执行率达到95.0%以上。严格执行节能专项验收,达不到节能标准的不予通过竣工验收,强制进行整改。鼓励有条件的地区提高建筑节能标准。

发展绿色建筑。加强新区绿色规划,积极推进绿色建筑设计和施工。重点推动党政机关、学校、医院以及影剧院、博物馆、科技馆、体育馆等建筑执行绿色建筑标准。在商业房地产、工业厂房中推广绿色建筑,鼓励商品住宅装修一次到位,倡导简约适度装修。推动雨水收集和利用。

推进建筑废物资源化利用。推进建筑废物集中处理、分级利用,生产高性能再生混凝土、混凝土砌块等建材产品。因地制宜建设建筑废物资源化利用和处理基地。

“十二五”期间,北方采暖地区完成既有居住建筑供热计量和节能改造4亿平方米以上,夏热冬冷地区既有居住建筑节能改造5 000万平方米以上,公共建筑和公共办公区建筑节能改造1.2亿平方米,新建绿色建筑8亿平方米。到2015年,城镇新建建筑15.0%以上达到绿色建筑标准要求。

第五节　构建绿色综合交通运输体系

基础设施建设环节体现循环经济要求。按照绿色循环低碳的要求,构建综合交通运输体系。统筹衔接各种运输方式,加快实现“零距离换乘”和“无缝化衔接”。合理布局铁路、公路、水路和机场基础设施,科学确定建设规模,系统提升土地、能源、水等资源的利用效率。新建机场、车站、码头严格执行建筑节能标准,充分利用自然光、太阳能等可再生能源,积极使用节能环保产品。鼓励再生利用道路沥青以及利用粉煤灰筑路、建桥等。

运营服务环节大力提高能源资源利用效率。引导采用绿色环保型交通工具,加快淘汰老旧机车、船舶。加快现有机场、车站、港口节能节水改造。提高电气化铁路比重,扩大新材料、新技术的应用,降低非牵引能耗。大力推广甩挂运输、不停车收费系统(ETC),推进船舶靠岸使用岸电技术改造,优化港口装卸工艺,减少二次搬运。优化航线网络结构,鼓励机场提供地面供电替代飞机自发电。

倡导绿色出行。完善城市交通系统,加强城市步行和自行车交通系统建设,加快发展轨道交通,推进不同公共交通体系之间以及市内公交系统与铁路、高速公路、机场等之间无缝衔接。引导居民外出多乘公共交通,少开私家车。在有条件的地区探索实行拼车出行,推广电话叫车、网络叫车,降低出租车空驶率。

到2015年,铁路、公路、水路、民航、邮政、城市轨道交通行业基础设施建设和运营服务环节的资源能源利用效率全面提高,污染排放得到有效控制。

第六节　推进餐厨废弃物资源化利用

建立餐厨废弃物资源化利用体系。推动建立规范的餐饮企业、单位食堂餐厨废弃物定点收集、密闭运输、集中处理体系，逐步建立家庭厨余垃圾收运体系。支持餐厨废弃物资源化利用设施建设，鼓励利用餐厨废弃物生产沼气、生物柴油、工业油脂、有机肥等。加快餐厨废弃物资源化利用技术研发，不断优化技术工艺路线，加大推广应用力度。

强化餐厨废弃物管理。推动对城市餐厨废弃物收集、运输、处理实行许可或备案制。加大对餐厨废弃物资源化利用和无害化处理的监管，严厉打击用“地沟油”等餐厨废弃物生产食用油等违法行为。

到2015年，50.0%的设区城市初步实现餐厨废弃物分类收运和资源化利用，餐厨废弃物资源化利用能力达到3万吨/日。

第七节　推行绿色消费

树立绿色消费理念。推动全社会树立和践行文明、节约、绿色、低碳、循环的消费理念，引导节约消费、适度消费，反对铺张浪费。发扬勤俭节约的优良传统，摒弃讲排场、摆阔气、奢侈浪费的陋习，提高全社会节能、节水、节材、节粮意识。

倡导绿色生活方式。鼓励消费者购买和使用节能环保产品、节能省地住宅，减少使用一次性用品。鼓励自备购物袋，禁止使用超薄塑料购物袋。强化法规标准建设，限制企业对商品进行过度包装，引导消费者抵制过度包装商品。倡导绿色、环保、简约、实用的装修理念，抵制奢华、过度装修住宅。鼓励外出就餐适度点餐、餐后打包，婚丧嫁娶等红白喜事用餐从简操办。倡导生态旅游，杜绝随意丢弃垃圾，自觉进行垃圾分类。鼓励网上购物、视频会议、无纸化办公，珍爱野生动植物。

政府机构带头节约。政府机关要在节能、节水、节纸、节粮等方面率先垂范，切实建设节约型政府。强化政府绿色采购制度，严格执行强制或优先采购节能环保产品制度，提高政府采购中再生产品和再制造产品的比重。政府机关食堂完善用餐收费制度，健全公务接待用餐管理制度，避免政府机关食堂、公务接待用餐浪费。

第八节　实施大循环战略

在推动企业内部、园区内部、产业内部实行清洁生产和资源循环利用的基础上，遵循生态循环规律，实施大循环战略，推动产业之间、生产与生活系统之间、国内外之间的循环式布局、循环式组合、循环式流通，加快构建循环型社会，全面推进循环发展，实现资源利用可循环、环境容量可承载、经济发展可持续。

推进产业循环式组合。加强物质流分析和管理，科学规划，统筹产业带、产业园区和基地的空间布局，消除各种限制性障碍，打破地区封锁和部门利益，搭建循环经济技术、市场、产品等公共服务平台，鼓励企业间、产业间建立物质流、资金流、产品链紧密结合的循环经济联合体，促进工业、农业、服务业等产业间循环链接、共生耦合，实现资源跨企业、跨行业、跨产业、跨区域循环利用。中西部地区在承接产业转移时，要按照产业循环式组合的要求，推进产业集聚发展，合理布局建设项目，避免走先污染、后治理的老路。东部地区要通过推进产业循环式组合，促进产业结构优化升级。

促进生产与生活系统的循环链接。构建布局合理、资源节约、环保安全、循环共享的生产生活共生体系。推动生产系统的余能、余热等在社会生活系统中的循环利用，推动煤层气、沼气、高炉煤气和焦炉煤气等资源在城市居民供热、供气以及出租车等方面的应用，鼓励在有条件的地区发展煤层气公共汽车。推动中水在社会生活系统中的应用，提高城市生活污水在工业生产系统中的应用水平。完善再生水用于农业浇灌的标准，开展示范应用。推动矿井水用作生活、生态用水。推动沿海缺水地区利用海水淡化水作为企业生产和生活用水。推进钢铁、电力、水泥行业等生产过程协同资源化处理废弃物，将生活废弃物作为生产过程的原料、燃料。

推进资源循环利用国内外大循环。充分利用国内外两个市场、两种资源，不断增强经济社会发展的能源资源保障能力。加快转变对外经济发展方式，推进加工贸易转型升级，提升我国产业在全球产业分工中的价值。在实施“走出去”战略和对外援助时，把循环经济理念融入到规划、建设、施工、运行、管理等各环节，加强绿色循环低碳工程建设，树立我国负责任、注重可持续发展的大国形象。扩大再生资源进口种类和规模。严格再生资源进口监管，对沿海地区以进口再生资源加工利用为主的企业和项目实行圈区化管理，推进进口再生资源的清洁、安全和高效利用。

第七章　实施循环经济“十百千”示范行动

通过实施循环经济“十百千”示范行动，实现技术突破和管理创新，推动循环经济形成较大规模。

第一节　实施循环经济十大示范工程

资源综合利用示范工程。推动共伴生矿及尾矿、工业固体废物、道路和建筑废物综合利用以及非常规水源利用。建设60个矿产资源综合利用示范基地。建设8个煤系共伴生高岭土、铝矾土综合利用工程和30个煤层气、煤矸石、矿井水综合利用工程。建设30个黑色和有色金属共伴生矿及尾矿有价组分提取和综合利用工程。建设2～3个赤泥综合利用示范基地，3～5个高铝粉煤灰综合利用基地，实施一批冶炼废渣、化工废渣、脱硫石膏和磷石膏等工业副产石膏综合利用工程。建设6个建筑和道路废物资源化利用示范工程。建设20个海水淡化示范项目，20个雨水收集利用和再生水利用示范工程。

产业园区循环化改造示范工程。选择100家基础条件好、改造潜力大的国家级和省级开发区开展循环化改造示范。支持改造30个化工、纺织、制革等单一产业园区，推动延伸产业链；支持改造60个综合性园区和重化工集中的园区，推动产业间横向耦合、纵向延伸、循环链接；支持改造10个工农业复合型产业园区，推动农林产品及副产物深加工利用。通过示范，凝练和推广一批适合我国国情的园区循环化改造范式，提高园区主要资源产出率、土地产出率、资源循环利用率，基本实现“零排放”。

再生资源回收体系示范工程。建设80个左右网点布局合理、管理规范、回收方式多元化、重点品种回收率高的再生资源回收体系示范城市，规范建设100个废旧商品回收分拣集聚区，培育100个组织化规模化程度高、技术先进的龙头企业，推动一批商贸流通企业参与回收体系，促进再生资源交易和流通，提高再生资源回收率。

“城市矿产”基地建设示范工程。建设50个技术先进、环保达标、管理规范、利用规模化、辐射作用强的国家“城市矿产”示范基地，推动废钢铁、废有色金属、废塑料、废橡胶等再生资源集中拆解处理、集中治理污染、合理延伸产业链，促进“城市矿产”资源高值化利用和集聚化发展，切实解决再生资源利用中存在的经营分散、技术落后、利用水平低和二次污染等问题。

再制造产业化示范试点工程。建设5～10个国家级再制造产业示范基地，推动再制造业集聚发展。选择30家左右具有一定基础的汽车零部件再制造企业开展示范，重点支持建立发动机、变速箱等旧件回收、再制造加工、检测和质量控制体系。选择一批企业开展机床、工程机械、农业机械、矿山机械、办公用品等再制造试点。培育20家左右再制造专业化服务机构。

餐厨废弃物资源化利用和无害处理示范试点工程。选择100个城市开展餐厨废弃物资源化利用和无害化处理示范试点，支持回收利用体系和能力建设。通过示范试点，建立符合我国国情的覆盖餐厨废弃物产生、收集、运输、处理全过程的管理制度，健全标准和规范，完善工艺技术路线，实现餐厨废弃物安全、高效利用和无害化处理。

生产过程协同资源化处理废弃物示范工程。发挥建材、钢铁、电力等行业消纳废弃物的功能，培育60家左右协同资源化处理废弃物示范企业，消纳铬渣、污泥、生活垃圾、危险废物等。通过示范，推动建立相关技术标准和规范，探索建立企业与政府在协同资源化处理废弃物方面的合作机制。

农业循环经济示范工程。在13个粮食主产区、棉秆等单一品种秸秆集中度高的地区以及交通干道、机场、高速公路沿线等重点地区，实施秸秆综合利用试点示范工程。支持建设一批农产品加工副产物资源化利用、稻田综合种养植（殖）、畜禽粪便能源化利用、工厂化循环水养殖节水示范工程。结合富营养化江河湖泊综合治理，支持建设水上经济植物规模化种植示范工程。实施以农村生活、生产废弃物处理利用和村级环境服务设施建设为重点的农村清洁工程。

循环型服务业示范工程。选择100家左右管理水平较高的餐饮住宿企业开展绿色化改造示范工程。培育1 000家零售业节能环保示范企业。选择一批物流企业开展绿色物流示范试点。选择一批旅游景区实施旅游业循环经济示范工程。通过实施示范工程,推动服务行业实行清洁生产,推行绿色服务模式,引导消费者建立绿色消费方式。

资源循环利用技术产业化示范推广工程。选择基础较好、技术力量较强的科研单位或大型企业,支持建设一批循环经济重点工程实验室、技术中心、工程研究中心和质量检测中心。加强源头减量、循环利用、再制造、零排放、产业链接等循环经济关键共性技术研发。构建产学研对接平台和科研成果产业化机制,建设一批资源循环利用技术产业化示范基地和示范项目,加大先进适用技术的推广应用力度。

第二节　创建百个循环经济示范城市(县)

选择100个左右城市(县),创建国家循环经济示范城市(县)。示范城市(县)要全面推行循环型生产方式和绿色消费模式,率先构建起覆盖全社会的资源循环利用体系,资源产出率提高幅度超出全国平均水平,通过发展循环经济探索实现转型发展的道路。

第三节　培育千家循环经济示范企业(园区)

选择1 000家骨干企业或园区,树立循环经济典型。示范企业(园区)的资源产出率、土地产出率、单位产值能耗、物耗、水耗、产业废弃物综合利用率、工业用水重复利用率等指标达到国内领先水平和国际先进水平。

实施循环经济"十百千"示范行动,以企业自主投资为主,国家和地方政府通过现有政策和资金渠道给予必要的资金支持。中央补助资金重点支持相关公益性基础设施、公共服务平台、重点项目、能力建设及关键共性技术产业化示范和推广应用。鼓励金融机构和社会主体将资金投向循环经济重大工程。鼓励企业通过自有资本、银行贷款、上市融资、发行债券等方式实施循环经济重大工程。

第八章　保障措施

第一节　完善经济政策

产业政策。落实《产业结构调整指导目录》《外商投资产业指导目录》《限制用地项目目录》和《禁止用地项目目录》。进一步提高高耗能、高耗水、高耗地、高排放行业准入门槛,严格节能、环保、土地、安全方面的约束。发布国家鼓励、限制和淘汰的技术、工艺、设备、材料和产品名录,再制造产品目录和限制生产、销售的一次性产品名录及管理办法。鼓励煤矸石、余热余压、垃圾和沼气等发电上网。研究制定在脱硫石膏产生量大的地区限制开采天然石膏的政策。保障符合国家产业政策和投资管理规定的循环经济项目用地。

投资政策。各级政府要将循环经济项目列为重点投资领域。加强固定资产投资项目资源循环利用管理,项目申请报告和可行性研究报告应包含循环经济相关内容。发挥政府投资的引导作用,吸引社会各类资金投向循环经济。

价格和收费政策。深化资源性产品价格改革,进一步发挥市场机制在资源性产品价格形成中的作用。推行城市居民生活用水阶梯式价格和非居民用水超定额累进加价制度。试行居民用电阶梯电价制度,完善电力峰谷分时电价政策,加大差别电价、惩罚性电价实施力度,完善鼓励煤矸石、余热余压、垃圾和沼气等发电的价格政策,试行脱硝价格政策。对污泥处理处置费用,研究实行纳入污水处理收费和财政补贴共同承担的政策。研究减征实现废水"零排放"企业和园区污水处理费的政策,严格执行对实现废水"零排放"的企业免征排污费的政策。研究鼓励生产过程协同资源化处理废弃物的价格政策。研究建立建筑垃圾排放收费制度,改革生活垃圾处理收费方式,提高征收率。研究建立餐厨废弃物处理收费制度。

财政政策。中央和省级人民政府依法设立循环经济发展专项资金,支持循环经济重大工程、重点项目及能力建设。创新循环经济发展专项资金支持方式,扩大财政资金的杠杆效应。落实并完善废弃电器电子产品处理基金征收补贴政策。研究鼓励再制造产品推广应用和强制回收产品、包装物的专项政策。加大新型墙体材料专项基金对发展新型墙体材料的支持力度。研究制定激励流通企业采购节能环保产品的政策。对已报废老旧农机并取得回收拆解证明的农民,优先给予农机购置补贴。对属排污费资金支持范围的循环经济类项目给予优先支持。国有资本经营预算要支持企业发展循环经济项目。建立对国家认定再生产品的推广机制。加大政府采购支持力度,优先采购节能节水环保产品和再生利用产品。

税收政策。继续落实和完善资源综合利用税收优惠政策。研究制定并完善促进再生资源回收体系建设的税收政策。研究完善减少使用一次性消费品的税收政策。对国内不能生产、国家鼓励引进的循环经济技术装备,在规定范围内减免进口关税。研究完善鼓励资源性产品进口的关税政策。积极推进环境税费改革。

金融政策。鼓励银行业金融机构对循环经济重点项目和循环经济“十百千”示范工程给予包括信用贷款在内的多元化信贷支持,创新信贷产品,拓宽抵押担保范围,完善担保方式。支持循环经济示范试点企业发行企业(公司)债券、项目收益债券、可转换债券和短期融资券、中期票据等直接融资工具。探索循环经济示范试点园区内的中小企业发行集合债券、集合票据。支持符合条件的资源循环利用企业申请境内外上市和再融资。鼓励设立循环经济创业投资基金,研究设立循环经济产业投资基金。各地要根据国家有关政策制定支持循环经济发展的配套投融资政策和实施方案。

第二节　健全法规和标准

加快法规建设。完善循环经济促进法相关配套法规规章,研究制定限制商品过度包装条例、循环经济发展专项资金管理办法、汽车零部件再制造管理办法、再制造旧件和再制造产品进出口管理目录及管理办法、强制回收的产品和包装物名录及管理办法、餐厨废弃物管理及资源化利用条例、农业机械报废回收办法等法规规章。加快修订报废汽车回收管理办法、商品零售场所塑料袋有偿使用管理办法。

建立健全标准和计量体系。加快制定可降解产品、再生利用产品、餐厨废弃物资源化产品、利废建材等产品标准和农业机械禁用及报废标准,完善节能、节水、资源综合利用产品标准。健全过度包装商品标准。制定生产过程协同资源化处理废弃物,再生资源回收、拆解、利用和再制造质量控制等相关规范。深化循环经济标准化试点工作。建立完善循环经济计量检测体系。

第三节　加强管理监督

实行生产者责任延伸制度。完善相关法律法规,建立生产者责任延伸制度,推动生产者落实废弃产品回收、处理等责任。落实废弃电器电子产品处理基金管理办法。研究建立强制回收产品和包装物、汽车、轮胎、手机、充电器生产者责任制。

加强循环经济管理。继续开展资源综合利用企业(产品)和资源综合利用电厂认定。开展循环经济项目、企业、园区认定试点。强化再生资源回收企业备案管理。对报废汽车、废弃电器电子产品拆解企业依法实行严格的资质管理。对资源消耗量和废物排放量大的重点企业实施动态跟踪管理。继续巩固“限塑”成果,适时研究扩大“限塑”范围。深入推进禁止生产和使用实心黏土砖工作。建立低效用地评价机制,规范推进农村建设用地和工矿废弃土地复垦利用。研究制定管理措施,在有条件使用再生水的地区限制将城市自来水作为城市道路清扫、城市绿化和景观用水。鼓励建设静脉产业园,对生活垃圾、餐厨废弃物、建筑废弃物、“城市矿产”等资源化利用和无害化处理实行园区化管理。

探索市场化管理机制。研究建立强制回收产品和包装物、重点再生利用产品、汽车零部件等再制造产品的标识管理制度。研究建立循环经济认证认可体系。鼓励专业化服务公司采用市场化模式对企业和园区进行循环化改造。研究试行手机、充电器、饮料瓶等废旧产品押金回收制度。

加强监督检查。组织开展循环经济促进法、清洁生产促进法、节约能源法等法律法规的执法监督行动。加强对地方政府、各类产业园区、企业落实循环经济政策措施情况的监督检查。组织开展国家循环经济相关名录执行情况的监督检查。加大对生产、销售过度包装商品行为的查处力度。严厉查处资源综合利用、再生资源拆解处理造成二次污染的企业。加强对再制造产品标识使用的监督检查,强化产品质量监管。

第四节　强化技术和服务支撑

加快共性关键技术开发。制定循环经济科技发展规划，在国家、地方科技计划（专项）中，加大对循环经济共性关键技术研发的支持力度。支持建立各类循环经济技术支撑机构。推动组建重点领域循环经济产业联盟，加强产学研用结合，共同研究解决循环经济关键和共性技术问题。引进、消化、吸收和再创新循环经济关键技术和装备。

加强技术装备产业化示范。实施循环经济技术产业化示范工程，重点支持共伴生矿和尾矿综合开发和回收利用、废物资源化利用、可回收利用材料、有毒有害原材料替代、再制造、再生资源高值利用、延长产业链和相关产业链接、"零排放"等关键技术和装备产业化示范。

加快先进适用技术推广应用。加强循环经济技术推广体系建设。建立循环经济技术遴选、评定及推广机制。发布国家鼓励的循环经济技术、工艺、设备名录。探索通过政府买断的方式对先进适用技术进行推广应用。实施循环经济"走出去"战略，加快具有竞争力的循环经济关键技术装备的出口。

健全循环经济服务体系。培育和扶持一批为发展循环经济提供规划、设计、建设、改造、运营的专业化服务公司。鼓励发展循环经济信息服务业。鼓励科研院所、行业协会等为企业提供循环经济技术、管理等咨询服务。鼓励构建全国性、区域性、行业性的废弃物逆向物流交易平台、交易中心或交易市场。鼓励建立循环经济产品、技术、装备等的展示、展览、交易平台。

第五节　建立循环经济统计评价制度

完善循环经济统计制度。健全循环经济统计指标体系，完善统计核算方法，建立统计核算制度和数据发布制度。建立健全循环经济统计调查制度，做好数据采集和分析工作。开展区域层面资源产出率统计试点。发布国家层面资源产出率指标。

建立循环经济评价体系。制定循环经济评价指标体系，把资源产出率作为评价循环经济发展成效的综合性指标。研究制定循环经济示范城市（县）、园区、企业评价指标体系。研究建立区域循环经济发展成效评价机制，对发展循环经济成绩显著的单位和个人依法给予表彰和奖励。

加强统计能力建设。加强循环经济统计基础工作，各级统计部门要有人员负责循环经济统计，保障必要的工作经费。推动企业健全计量器具，完善统计台账，提高统计的准确性和及时性。

第六节　强化宣传教育和人才培养

加大宣传力度。组织开展形式多样的宣传培训活动，通过广播电视、报刊杂志、互联网、手机等多种途径普及循环经济知识，宣传典型案例，推广示范经验。新闻单位要加大循环经济公益宣传力度，在重要版面、重要频道、重要时段增加报道频次。鼓励开展各种形式的循环文化创意活动。在全国建设一批技术先进、管理规范、特征显著、教育示范作用强的循环经济教育示范基地。开展"反食品浪费行动"，推动餐饮企业、机关和企事业单位食堂、公务宴请、家庭等各方面节约粮食。

强化教育和人才培养。把循环经济理念和知识纳入基础教育、职业教育、高等教育相关课程，研究在高等学校、职业学校设置循环经济类专业。制定循环经济培训纲要，编制循环经济培训教材，实施循环经济培训计划。鼓励教材重复使用，降低循环利用成本。利用各级党校、行政学院和高等学校的培训力量，加强对各级领导干部、政府及企业管理人员的循环经济培训。

第七节　积极开展交流合作

积极开展国际交流与合作。加强与有关国际组织、政府在循环经济领域的交流与合作，研究和借鉴国际先进经验，鼓励从海外引进循环经济技术和管理等方面的高层次人才。将循环经济作为中国对外援助培训的重要内容，利用各种国际交流平台，宣传循环经济理念和模式。建设中日韩循环经济示范基地。

积极开展两岸三地交流与合作。加强与香港、澳门、台湾在循环经济领域的交流，开展人才、技术、项目的深度合作，不断拓展合作内容，创新合作方式，共同推动绿色发展。

第八节　加强组织领导

国务院建立健全发展循环经济组织协调机制，研究有关重大问题，部署重大任务，把握实施进度和效果，进行定期监督检查。各级人民政府和有关部门要切实履行职责，扎实开展工作，确保完成各项目标任务。

地方各级人民政府对本地区发展循环经济工作负总责，切实加强组织领导和统筹协调，建立相应的工作机制，抓紧编制实施本地区循环经济发展规划和年度推进计划，出台配套政策，明确任务分工，做到层层有责任，逐级抓落实。

国务院有关部门要按照职责分工做好相关工作，出台配套政策措施，加强协调配合，形成工作合力。充分发挥发展循环经济部际联席会议的作用，发展改革委要会同有关部门加强对计划实施的指导、支持以及监督和评估，制定实施全国循环经济年度推进计划，针对计划实施中出现的新情况新问题，适时提出解决办法，重大问题及时向国务院报告。

国务院办公厅关于强化企业技术创新主体地位全面提升企业创新能力的意见

（2013 年 1 月 28 日　国办发〔2013〕8 号）

各省、自治区、直辖市人民政府，国务院各部委、各直属机构：

《国家中长期科学和技术发展规划纲要（2006—2020 年）》实施以来，以企业为主体、市场为导向、产学研相结合的技术创新体系建设取得积极进展，激励企业创新的政策措施逐步完善，企业研发投入的积极性不断提高，研发能力得到增强，重点产业领域取得一批创新成果，为产业升级和结构调整提供了有力支撑。但目前我国企业创新能力依然薄弱，许多领域缺乏具有自主知识产权的核心技术，企业尚未真正成为创新决策、研发投入、科研组织和成果应用的主体，制约企业创新的体制机制障碍仍然存在。为深入贯彻落实党的十八大精神和《中共中央、国务院关于深化科技体制改革加快国家创新体系建设的意见》（中发〔2012〕6 号），全面提升企业创新能力，经国务院同意，现提出以下意见：

一、指导思想和主要目标

（一）指导思想

坚持以邓小平理论、“三个代表”重要思想、科学发展观为指导，围绕促进科技与经济社会发展紧密结合，统筹发挥市场配置资源的基础性作用和政府的引导支持作用，以深入实施国家技术创新工程为重要抓手，建立健全企业主导产业技术研发创新的体制机制，促进创新要素向企业集聚，增强企业创新能力，加快科技成果转化和产业化，为实施创新驱动发展战略、建设创新型国家提供有力支撑。

（二）主要目标

到 2015 年，基本形成以企业为主体、市场为导向、产学研相结合的技术创新体系。培育发展一大批创新型企业，企业研发投入明显提高，大中型工业企业平均研发投入占主营业务收入比例提高到 1.5%，行业领军企业达到国际同类先进企业水平，企业发明专利申请和授权量实现翻一番。企业主导的产学研合作深入发展，建设一批产业技术创新战略联盟和产业共性技术研发基地，突破一批核心、关键和共性技术，形成一批技术标准，转化一批重大科技成果。企业创新环境进一步优化，形成一批资源整合、开放共享的技术创新服务平台，面向企业的科技公共服务能力大幅度提高，涌现出一大批富有活力的科技型中小企业和民办科研机构。到 2020 年，企业主导产业技术研发创新的体制机制更加完善，企业创新能力大幅度提升，形成一批创新型领军企业，带动经济发展方式转变实现重大进展。

二、重点任务

（一）进一步完善引导企业加大技术创新投入的机制

企业要按照社会主义市场经济体制的要求，不断深化自身改革，适应市场化和全球化竞争的需要，增强创新驱动发展的内在动力；要明确企业主要负责人对技术研发的责任，加强研发能力和品牌建设，建立健全技术储备制度，提高持续创新能力和核心竞争力。各级政府要鼓励和引导企业加大研发投入，大力培育创新型企业，充分发挥其对技术创新的示范引领作用。推进科研项目经费后补助工作，鼓励和引导企业按照国家战略和市场需求先行投入开展研发项目。建立健全国有企业技术创新的经营业绩考核制度，落实和完善国有企业研发投入视同利润的考核措施，加强对不同行业研发投入和产出的分类考核。中央国有资本经营预算产业升级与发展专项资金要加大对中央企业技术创新的支持力度。国家科技计划项目征集和指南编制要充分听取企业专家的意见，产业化目标明确的重大科技项目由有条件的企业牵头组织实施。加强国家科技奖励对企业技术创新的引导激励。

（二）支持企业建立研发机构

引导企业围绕市场需求和长远发展，建立研发机构，健全组织技术研发、产品创新、科技成果转化的机制，大幅度提高大中型工业企业建立研发机构的比例。在明确定位和标准的基础上，引导企业建设国家重点实验室，围绕产业战略需求开展基础研究。在行业骨干企业建设一批国家工程（技术）研究中心、国家工程实验室，支持企业开展技术成果工程化研究。加强国家认定企业技术中心和技术创新示范企业工作。对企业国家重点实验室、国家工程（技术）研究中心、国家认定的企业技术中心以及科技类民办非企业单位，依据相关规定给予进口科技开发用品或科教用品的税收优惠政策。对民办科研机构等新型研发组织，在承担国家科技任务、人才引进等方面与同类公办科研机构实行一视同仁的支持政策。

（三）支持企业推进重大科技成果产业化

建立健全按产业发展重大需求部署创新链的科研运行机制和政策导向，推进新技术、新材料、新工艺、新模式、高端装备等的集成应用，实施国家高技术产业化示范项目、国家科技成果转化引导基金、国家重大科技成果转化项目、国家文化科技创新工程等，大力培育发展战略性新兴产业。组织实施用户示范工程，采取政策引导、鼓励社会资本投入等方式，促进科技成果推广应用，运用高新技术改造提升传统产业。依托国家自主创新示范区、国家高新技术产业开发区、国家创新型（试点）城市、国家高技术产业基地、国家新型工业化示范基地、信息化与工业化融合示范区、国家农业科技园区、国家级文化和科技融合示范基地、国家现代服务业产业化基地等，完善技术转移和产业化服务体系，吸引企业在区内设立研发机构，集聚高端人才，培育发展创新型产业集群。

（四）大力培育科技型中小企业

国家中小企业发展专项资金、中小企业技术改造资金等要大力支持中小企业技术创新和改造升级。扩大科技型中小企业技术创新基金规模，继续实施科技型中小企业创业投资引导基金、新兴产业创投计划、中小企业创新能力建设计划和中小企业信息化推进工程，强化火炬计划、星火计划、国家重点新产品计划对中小企业产品和技术创新的政策引导作用，引导和支持中小企业创新创业。综合采用买（卖）方信贷、知识产权和股权质押贷款、融资租赁、科技小额贷款、公司（企业）债券、集合信托、科技保险等方式，支持科技型企业开展技术创新融资。为小型微型科技企业创造公平竞争的市场环境，促进其健康发展。

（五）以企业为主导发展产业技术创新战略联盟

支持行业骨干企业与科研院所、高等学校签订战略合作协议，建立联合开发、优势互补、成果共享、风险共担的产学研用合作机制，组建产业技术创新战略联盟。支持联盟按规定承担产业技术研发创新重大项目，制订技术标准，编制产业技术路线图，构建联盟技术研发、专利共享和成果转化推广的平台及机制。积极探索依托符合条件的联盟成员单位建设国家重点实验室。深入开展联盟试点，加强对联盟的分类指导和监督评估。围绕培育发展战略性新兴产业，结合实施国家科技重大专项，通过联盟研发重大创新产品，掌握核心关键技术，构建产业链。围绕改造提升传统产业，通过联盟开展共性技术攻关，解决制约产业升级的重大制造装备、关键零部件、基础原材料、基础工艺及高端分析检测仪器设备等难题。围绕发展现代服务业，通过联盟加强技术创新、商业模式创新和管理创新，培育现代服务业新业态。

（六）依托转制院所和行业领军企业构建产业共性技术研发基地

针对重点行业和技术领域特点和需求，在钢铁、有色金属、装备制造、建材、纺织、煤炭、电力、油气、新能源与可再生能源、电子信息、生物医药、化工、轻工、现代农业、现代服务业等产业，依托骨干转制院所、行业特色高等学校和行业领军企业，通过体制机制创新，整合相关科研资源，推动建设一批产业共性技术研发基地，加强共性技术研发和成果推广扩散。对产业共性技术研发基地的运行管理、技术扩散服务的绩效实行定期评价。

（七）强化科研院所和高等学校对企业技术创新的源头支持

鼓励科研院所和高等学校与企业共建研发机构，共建学科专业，实施合作项目，加强对企业技术创新的理论、基础和前沿先导技术支持。实施卓越工程师教育培养等计划，推行产学研合作教育模式和“双导师”制，鼓励高等学校和企业联合制定人才培养标准，共同建设课程体系和教学内容，共同实施培养过程，共同评价培养质量。推动科研院所、高等学校面向市场转移科技成果，有条件的科研院所、高等学校应建立专业技术转移机构和技术成果供需平台。完善落实股权、期权激励和奖励等收益分配政策，以及事业单位国有资产处置收益政策和人事考核评价制度，鼓励科研院所、高等学校科技人员转化科技成果。

（八）完善面向企业的技术创新服务平台

面向行业技术创新需求，促进科技资源整合和优势互补，推动形成一批专业领域技术创新服务平台，培育一批专业化、社会化、网络化的示范性科技中介服务机构。以中央财政资金为引导，带动地方财政和社会投入，支持围绕地方特色优势产业和战略性新兴产业创新发展的区域公共科技服务平台建设。推动平台面向中小企业提供研发设计、检验检测、技术转移、大型共用软件、知识产权、标准、质量品牌、人才培训等服务，提高专业化服务能力和网络化协同水平。探索通过购买公共服务等方式，引导建立促进技术创新服务平台有效运行的良好机制。加快建设技术交易市场体系、科技创业孵化网络和科技企业加速成长机制。

（九）加强企业创新人才队伍建设

在海外高层次人才引进计划、创新人才推进计划等相关重大人才工程和政策实施中，支持企业引进海外高层次人才，引导和支持归国留学人员创业。加强专业技术人才和高技能人才队伍建设，培养科技领军人才、优秀创新团队。加强对企业科研和管理骨干的培训。健全科技人才流动机制，鼓励科研院所、高等学校和企业创新人才双向流动和兼职。继续坚持企业院士专家工作站、博士后工作站、科技特派员等科技人员服务企业的有效方式，不断完善评价制度，构建长效机制，对于服务企业贡献突出的科技人员，采取优先晋升职务职称等奖励措施。广泛开展职工合理化建议、技术革新、技能大赛等群众性技术创新活动，对有突出贡献的职工优先晋升技术技能等级，充分调动职工参与技术创新的积极性，提高企业职工科技素质。

（十）推动科技资源开放共享

健全科技资源开放共享制度，深入开展全国科技资源调查，促进科技资源优化配置和高效利用。建立健全科研院所、高等学校、企业的科研设施和仪器设备等科技资源向社会开放的合理运行机制。加大国家重点实验室、国家工程实验室、国家工程（技术）研究中心、大型科学仪器中心、分析测试中心等向企业开放服务的力度，将资源开放共享情况作为其运行绩效考核的重要指标。加强对国家科技基础条件平台开放服务工作的绩效评价和奖励补助，积极引导其对企业开展专题服务。加强区域性科研设备协作，提高对企业技术创新的支撑服务能力。

（十一）提升企业技术创新开放合作水平

鼓励企业通过人才引进、技术引进、合作研发、委托研发、建立联合研发中心、参股并购、专利交叉许可等方式开展国际创新合作。加强国际科技创新信息收集分析，为企业开展国际科技合作提供服务。鼓励企业到海外建立研发机构，联合科研院所承担国际科技合作项目。支持企业参加各类国际标准组织，积极参与国际技术标准制修订。鼓励和支持企业向国外申请知识产权。加大国家科技计划开放合作力度，鼓励跨国公司依法在我国设立研发机构，与我国企业、科研院所和高等学校开展合作研发，共建研发平台，联合培养人才。

（十二）完善支持企业技术创新的财税金融等政策

完善和落实企业研发费用税前加计扣除政策，加大企业研发设备加速折旧政策的落实力度。完善高新技术企业认定办法，落实税收优惠政策。促进科技和金融结合，在风险可控原则下和国家允许的业务范围内，加大政策性银行对企业转化科技成果和进出口关键技术设备的支持力度，鼓励商业银行开发支持企业技术创新的贷款模式、产品和服务，加大对企业技术创新的融资支持。建立健全首台（套）重大技术装备保险机制，支持企业研发和推广应用重大创新产品。加大对符合条件的创新型企业上市融资以及已上市创新型企业再融资和市场化并购重组的支持力度，支持科技成果出资入股并确认股权。切实加强知识产权保护，依法惩治侵犯知识产权的违法犯罪行为。

三、组织实施

（一）加强组织领导，强化统筹推进

各地方、各部门要切实增强责任感和紧迫感，围绕全面实施创新驱动发展战略，加大推进技术创新的力度，全面提升企业创新能力。科技、发展改革、财政、教育、工业和信息化、农业、人力资源社会保障、国资、金融、工会等有关部门和单位要建立深入实施国家技术创新工程的联合推进机制，发挥各自优势，加强协同创新，形成工作合力。各地方要结合实际，制定贯彻本意见的具体方案。要充分调动各方面的积极性，共同推进企业技术创新工作。

（二）加强监测评估，务求取得实效

要加强分类指导，建立监测评价机制，对各项重点任务推进和各项政策措施落实的情况进行督促检查，定期总结和发布工作进展情况。逐步建立企业技术创新调查制度。对探索性强的政策任务要加强研究，通过试点积累经验，并及时总结推广。要加强宣传和舆论引导，大力宣传企业技术创新工作的重要意义、政策措施、进展成效和先进经验，营造有利于工作顺利推进的良好社会氛围。

国务院关于推进物联网有序健康发展的指导意见

（2013 年 2 月 5 日　国发〔2013〕7 号）

各省、自治区、直辖市人民政府，国务院各部委、各直属机构：

物联网是新一代信息技术的高度集成和综合运用，具有渗透性强、带动作用大、综合效益好的特点，推进物联网的应用和发展，有利于促进生产生活和社会管理方式向智能化、精细化、网络化方向转变，对于提高国民经济和社会生活信息化水平，提升社会管理和公共服务水平，带动相关学科发展和技术创新能力

增强,推动产业结构调整和发展方式转变具有重要意义,我国已将物联网作为战略性新兴产业的一项重要组成内容。目前,在全球范围内物联网正处于起步发展阶段,物联网技术发展和产业应用具有广阔的前景和难得的机遇。经过多年发展,我国在物联网技术研发、标准研制、产业培育和行业应用等方面已初步具备一定基础,但也存在关键核心技术有待突破、产业基础薄弱、网络信息安全存在潜在隐患、一些地方出现盲目建设现象等问题,急需加强引导加快解决。为推进我国物联网有序健康发展,现提出以下指导意见:

一、指导思想、基本原则和发展目标

(一)指导思想

以邓小平理论、"三个代表"重要思想、科学发展观为指导,加强统筹规划,围绕经济社会发展的实际需求,以市场为导向,以企业为主体,以突破关键技术为核心,以推动需求应用为抓手,以培育产业为重点,以保障安全为前提,营造发展环境,创新服务模式,强化标准规范,合理规划布局,加强资源共享,深化军民融合,打造具有国际竞争力的物联网产业体系,有序推进物联网持续健康发展,为促进经济社会可持续发展作出积极贡献。

(二)基本原则

统筹协调。准确把握物联网发展的全局性和战略性问题,加强科学规划,统筹推进物联网应用、技术、产业、标准的协调发展。加强部门、行业、地方间的协作协同。统筹好经济发展与国防建设。

创新发展。强化创新基础,提高创新层次,加快推进关键技术研发及产业化,实现产业集聚发展,培育壮大骨干企业。拓宽发展思路,创新商业模式,发展新兴服务业。强化创新能力建设,完善公共服务平台,建立以企业为主体、产学研用相结合的技术创新体系。

需求牵引。从促进经济社会发展和维护国家安全的重大需求出发,统筹部署、循序渐进,以重大示范应用为先导,带动物联网关键技术突破和产业规模化发展。在竞争性领域,坚持应用推广的市场化。在社会管理和公共服务领域,积极引入市场机制,增强物联网发展的内生性动力。

有序推进。根据实际需求、产业基础和信息化条件,突出区域特色,有重点、有步骤地推进物联网持续健康发展。加强资源整合协同,提高资源利用效率,避免重复建设。

安全可控。强化安全意识,注重信息系统安全管理和数据保护。加强物联网重大应用和系统的安全测评、风险评估和安全防护工作,保障物联网重大基础设施、重要业务系统和重点领域应用的安全可控。

(三)发展目标

总体目标。实现物联网在经济社会各领域的广泛应用,掌握物联网关键核心技术,基本形成安全可控、具有国际竞争力的物联网产业体系,成为推动经济社会智能化和可持续发展的重要力量。

近期目标。到2015年,实现物联网在经济社会重要领域的规模示范应用,突破一批核心技术,初步形成物联网产业体系,安全保障能力明显提高。

——协同创新。物联网技术研发水平和创新能力显著提高,感知领域突破核心技术瓶颈,明显缩小与发达国家的差距,网络通信领域与国际先进水平保持同步,信息处理领域的关键技术初步达到国际先进水平。实现技术创新、管理创新和商业模式创新的协同发展。创新资源和要素得到有效汇聚和深度合作。

——示范应用。在工业、农业、节能环保、商贸流通、交通能源、公共安全、社会事业、城市管理、安全生产、国防建设等领域实现物联网试点示范应用,部分领域的规模化应用水平显著提升,培育一批物联网应用服务优势企业。

——产业体系。发展壮大一批骨干企业,培育一批"专、精、特、新"的创新型中小企业,形成一批各具特色的产业集群,打造较完善的物联网产业链,物联网产业体系初步形成。

——标准体系。制定一批物联网发展所急需的基础共性标准、关键技术标准和重点应用标准,初步形成满足物联网规模应用和产业化需求的标准体系。

——安全保障。完善安全等级保护制度,建立健全物联网安全测评、风险评估、安全防范、应急处置等机制,增强物联网基础设施、重大系统、重要信息等的安全保障能力,形成系统安全可用、数据安全可信的物联网应用系统。

二、主要任务

(一)加快技术研发,突破产业瓶颈

以掌握原理实现突破性技术创新为目标,把握技术发展方向,围绕应用和产业急需,明确发展重点,加强低成本、低功耗、高精度、高可靠、智能化传感器的研发与产业化,着力突破物联网核心芯片、软件、仪器仪表等基础共性技术,加快传感器网络、智能终端、大数据处理、智能分析、服务集成等关键技术研发创新,推进物联网与新一代移动通信、云计算、下一代互联网、卫星通信等技术的融合发展。充分利用和整合现有创新资源,形成一批物联网技术研发实验室、工程中心、企业技术中心,促进应用单位与相关技术、产品和服务提供商的合作,加强协同攻关,突破产业发展瓶颈。

(二)推动应用示范,促进经济发展

对工业、农业、商贸流通、节能环保、安全生产等重要领域和交通、能源、水利等重要基础设施,围绕生产制造、商贸流通、物流配送和经营管理流程,推动物联网技术的集成应用,抓好一批效果突出、带动性强、关联度高的典型应用示范工程。积极利用物联网技术改造传统产业,推进精细化管理和科学决策,提升生产和运行效率,推进节能减排,保障安全生产,创新发展模式,促进产业升级。

(三)改善社会管理,提升公共服务

在公共安全、社会保障、医疗卫生、城市管理、民生服务等领域,围绕管理模式和服务模式创新,实施物联网典型应用示范工程,构建更加便捷高效和安全可靠的智能化社会管理和公共服务体系。发挥物联网技术优势,促进社会管理和公共服务信息化,扩展和延伸服务范围,提升管理和服务水平,提高人民生活质量。

(四)突出区域特色,科学有序发展

引导和督促地方根据自身条件合理确定物联网发展定位,结合科研能力、应用基础、产业园区等特点和优势,科学谋划,因地制宜,有序推进物联网发展,信息化和信息产业基础较好的地区要强化物联网技术研发、产业化及示范应用,信息化和信息产业基础较弱的地区侧重推广成熟的物联网应用。加快推进无锡国家传感网创新示范区建设。应用物联网等新一代信息技术建设智慧城市,要加强统筹、注重效果、突出特色。

(五)加强总体设计,完善标准体系

强化统筹协作,依托跨部门、跨行业的标准化协作机制,协调推进物联网标准体系建设。按照急用先立、共性先立原则,加快编码标识、接口、数据、信息安全等基础共性标准、关键技术标准和重点应用标准的研究制定。推动军民融合标准化工作,开展军民通用标准研制。鼓励和支持国内机构积极参与国际标准化工作,提升自主技术标准的国际话语权。

(六)壮大核心产业,提高支撑能力

加快物联网关键核心产业发展,提升感知识别制造产业发展水平,构建完善的物联网通信网络制造及服务产业链,发展物联网应用及软件等相关产业。大力培育具有国际竞争力的物联网骨干企业,积极发展创新型中小企业,建设特色产业基地和产业园区,不断完善产业公共服务体系,形成具有较强竞争力的物联网产业集群。强化产业培育与应用示范的结合,鼓励和支持设备制造、软件开发、服务集成等企业及科研单位参与应用示范工程建设。

(七)创新商业模式,培育新兴业态

积极探索物联网产业链上下游协作共赢的新型商业模式。大力支持企业发展有利于扩大市场需求的物联网专业服务和增值服务,推进应用服务的市场化,带动服务外包产业发展,培育新兴服务产业。鼓励和支持电信运营、信息服务、系统集成等企业参与物联网应用示范工程的运营和推广。

(八)加强防护管理,保障信息安全

提高物联网信息安全管理与数据保护水平,加强信息安全技术的研发,推进信息安全保障体系建设,建立健全监督、检查和安全评估机制,有效保障物联

网信息采集、传输、处理、应用等各环节的安全可控。涉及国家公共安全和基础设施的重要物联网应用,其系统解决方案、核心设备以及运营服务必须立足于安全可控。

(九)强化资源整合,促进协同共享

充分利用现有公共通信和网络基础设施开展物联网应用。促进信息系统间的互联互通、资源共享和业务协同,避免形成新的信息孤岛。重视信息资源的智能分析和综合利用,避免重数据采集、轻数据处理和综合应用。加强对物联网建设项目的投资效益分析和风险评估,避免重复建设和不合理投资。

三、保障措施

(一)加强统筹协调形成发展合力

建立健全部门、行业、区域、军地之间的物联网发展统筹协调机制,充分发挥物联网发展部际联席会议制度的作用,研究重大问题,协调制定政策措施和行动计划,加强应用推广、技术研发、标准制定、产业链构建、基础设施建设、信息安全保障、无线频谱资源分配利用等的统筹,形成资源共享、协同推进的工作格局和各环节相互支撑、相互促进的协同发展效应。加强物联网相关规划、科技重大专项、产业化专项等的衔接协调,合理布局物联网重大应用示范和产业化项目,强化产业链配套和区域分工合作。

(二)营造良好发展环境

建立健全有利于物联网应用推广、创新激励、有序竞争的政策体系,抓紧推动制定完善信息安全与隐私保护等方面的法律法规。建立鼓励多元资本公平进入的市场准入机制。加快物联网相关标准、检测、认证等公共服务平台建设,完善支撑服务体系。加强知识产权保护,积极开展物联网相关技术的知识产权分析评议,加快推进物联网相关专利布局。

(三)加强财税政策扶持

加大中央财政支持力度,充分发挥国家科技计划、科技重大专项的作用,统筹利用好战略性新兴产业发展专项资金、物联网发展专项资金等支持政策,集中力量推进物联网关键核心技术研发和产业化,大力支持标准体系、创新能力平台、重大应用示范工程等建设。支持符合现行软件和集成电路税收优惠政策条件的物联网企业按规定享受相关税收优惠政策,经认定为高新技术企业的物联网企业按规定享受相关所得税优惠政策。

(四)完善投融资政策

鼓励金融资本、风险投资及民间资本投向物联网应用和产业发展。加快建立包括财政出资和社会资金投入在内的多层次担保体系,加大对物联网企业的融资担保支持力度。对技术先进、优势明显、带动和支撑作用强的重大物联网项目优先给予信贷支持。积极支持符合条件的物联网企业在海内外资本市场直接融资。鼓励设立物联网股权投资基金,通过国家新兴产业创投计划设立一批物联网创业投资基金。

(五)提升国际合作水平

积极推进物联网技术交流与合作,充分利用国际创新资源。鼓励国外企业在我国设立物联网研发机构,引导外资投向物联网产业。立足于提升我国物联网应用水平和产业核心竞争力,引导国内企业与国际优势企业加强物联网关键技术和产品的研发合作。支持国内企业参与物联网全球市场竞争,推动我国自主技术和标准走出去,鼓励企业和科研单位参与国际标准制定。

(六)加强人才队伍建设

建立多层次多类型的物联网人才培养和服务体系。支持相关高校和科研院所加强多学科交叉整合,加快培养物联网相关专业人才。依托国家重大专项、科技计划、示范工程和重点企业,培养物联网高层次人才和领军人才。加快引进物联网高层次人才,完善配套服务,鼓励海外专业人才回国或来华创业。

各地区、各部门要按照本意见的要求,进一步深化对发展物联网重要意义的认识,结合实际,扎实做好相关工作。各部门要按照职责分工,尽快制定具体实施方案、行动计划和配套政策措施,加强沟通协调,抓好任务措施落实,确保取得实效。

国务院办公厅关于印发贯彻实施质量发展纲要2013年行动计划的通知

（2013年2月27日　国办发〔2013〕18号）

各省、自治区、直辖市人民政府，国务院各部委、各直属机构：

《贯彻实施质量发展纲要2013年行动计划》已经国务院同意，现印发给你们，请认真贯彻执行。

为贯彻党的十八大精神，推动实施《质量发展纲要（2011—2020年）》，明确2013年质量工作重点，特制定本行动计划。

一、强化惠民生产品和服务的质量监管

以改善大气环境质量为重点，推进实施清洁生产促进工程，完善节能减排和循环经济标准体系和认证认可制度，严格高耗能、高污染、质量低劣项目的准入和退出管理。加强车用汽油、柴油产品质量监管。构建食品进口注册工作体系。在旅游、金融、汽车售后和社区服务等重点民生领域启动服务质量满意度调查试点，探索建立服务质量统计监测与测评体系。推动物流服务、金融服务、生活性服务及产品售后服务等重点服务行业提升服务质量。开展计量惠民专项行动和能效标识产品专项执法打假。（国家发改委、工业和信息化部、环境保护部、农业部、商务部、国务院国资委、工商总局、质检总局等负责）

二、加强服务"三农"产品质量安全监管

开展农机、化肥等重点农业生产资料的产品质量监督抽查，开展农药质量市场抽查和专项监督检查，组织实施全国饲料质量安全、生鲜乳质量安全和养殖环节"瘦肉精"监测计划，开展兽药残留监控和兽用抗菌药专项整治，以种子等农业投入品为重点，开展"打假护农"专项行动和市场大检查。开展"百项能效标准推进工程"，推进全国农业标准化示范县（场、区）创建。（农业部、工商总局、质检总局等负责）

三、加强重点工程和重大设备质量安全监管

加强对装备制造基础设备、能源生产设备、石油化工设备、交通运输设备质量监理，为南水北调、铁路建设、西气东输等重点工程施工质量安全提供保障。组织开展工程质量通病治理专项行动，开展保障性安居工程质量督查。针对风景名胜区栈道、护栏、码头等基础设施和客运索道、大型游乐设施等特种设备开展监督检查。加强商业和公共场所电梯安全监管。（质检总局牵头，工业和信息化部、住房城乡建设部、交通运输部、铁道部、商务部、国务院国资委、能源局、南水北调办等参加）

四、探索建立"中国精品"培育机制

完善工业企业品牌培育管理体系，提升农产品品牌价值，建立中国知名品牌数据库。深入推进品牌消费集聚区建设。组织开展品牌价值评价工作。在我国先进制造业和现代服务业中，以拥有自主知识产权、技术含量高、附加值高、品牌影响大的产品和服务项目为重点，探索培育一批能与国际顶尖品牌相媲美的"中国制造"和"中国服务"高端品牌。（国家发改委、工业和信息化部、财政部、农业部、商务部、国务院国资委、工商总局、质检总局、旅游局等负责）

五、加强质量安全风险排查整治和监测评估

以解决公众反映强烈的食品中有毒有害化学物

质、农畜产品滥用抗生素、机动车安全隐患等质量安全问题为重点，开展风险排查整治。以酒类、化肥为重点，探索建立质量安全违法责任追溯制度和公开违法违规记录的制度。开展学校食堂食品、功能保健品和化妆品专项整治。引导企业积极开展交通及铁路产品、有机产品、服务外包等认证。开展儿童用品、家用电器等消费品质量安全风险监测。探索建立产品伤害监测数据直报系统，开展产品伤害专项调查，发布产品伤害预警信息。建立国际邮路生物安全保障制度。加强口岸新型冠状病毒等传染病防控工作。（工业和信息化部、交通运输部、农业部、商务部、卫生部、国务院国资委、工商总局、质检总局、食品药品监管局、食品安全办等负责）

六、组织开展“质检利剑行动”

严查彻办食品、儿童用品、化妆品、农资、建材、汽配制假售假等违法大案要案。严厉打击葡萄酒、橄榄油等产品制售和进口环节中的违法行为，加大对进口商品的通报召回工作力度。加大对质量违法大案要案、社会关注热点问题的督查督办力度。建立质量失信“黑名单”制度。（质检总局牵头，工业和信息化部、农业部、商务部、卫生部、工商总局等参加）

七、落实企业质量安全社会责任

在大中型企业推广实施企业首席质量官制度。督促汽车生产经营者严格履行“三包”责任，严格实施缺陷汽车召回、重大质量安全事故报告以及重点、大型企业发布年度社会责任报告制度。在消费品生产企业中探索建立产品质量状况主动报告制度。实施产品质量安全约谈制度。开展质量创新示范基地建设，树立一批质量管理先进标杆，推广先进质量管理方法。开展企业质量攻关、质量创新成果分享活动。（工业和信息化部、国务院国资委、工商总局、质检总局等负责）

八、加快质量诚信体系建设

探索实施质量信用分级分类管理。建立企业质量信用档案数据库。推进乳制品、大米、面粉、食用油、白酒、特种设备等重点产品质量安全追溯物联网应用示范工程建设。开展虚假违法医疗、药品和保健食品广告专项整治。开展旅游行业“讲诚信、促发展”主题活动。组织旅游市场专项检查，打击旅游经营中违法违规行为。建立旅游服务质量评价体系。（国家发改委、工业和信息化部、商务部、工商总局、质检总局、旅游局、食品安全办等负责）

九、开展全国“质量月”等系列主题活动

筹备召开全国质量大会。鼓励各地开展质量文化主题公园、城市质量节、质量安全周、质量夏令营等主题活动。大力宣传质量法律法规，弘扬质量先进典型，曝光质量违法案件。开展质量万里行、农资打假下乡、清新居室行动和质量专家企业行等专项活动。加快国家级、省级和市级中小学质量教育基地建设，广泛开展中小学质量教育社会实践活动。在汽车、农业机械、家用电器行业骨干企业开展可靠性提升试点。（质检总局牵头，中央宣传部及国务院有关部门参加）

十、强化质量工作考核激励

推动将质量指标纳入国家统计指标体系。完善国家、省、市、县四级质量状况分析报告制度，规范质量统计信息公开程序。加强地方政府质量工作绩效管理，完善质量评价指标。制定《政府质量工作专项绩效考核实施方案（试行）》，将质量安全与质量发展考核指标纳入地方政府绩效管理指标体系。开展“质量强市”示范城市创建活动，在各创建城市组织实施市民质量满意度测评。开展首届中国质量奖评选表彰。（中央组织部、监察部、质检总局、统计局等负责）

地方各级人民政府要加强对质量工作的组织领导和统筹协调，结合本地实际，参照以上工作安排和部门分工，制定本地区的具体工作方案，细化任务，明确时限和要求，逐级落实责任，确保各项任务的完成。

国务院关于印发计量发展规划（2013—2020年）的通知

（2013年3月2日　国发〔2013〕10号）

各省、自治区、直辖市人民政府，国务院各部委、各直属机构：

现将《计量发展规划（2013—2020年）》印发给你们，请认真贯彻执行。

计量是实现单位统一、保证量值准确可靠的活动，关系国计民生。计量发展水平是国家核心竞争力的重要标志之一。为贯彻党的十八大精神，进一步夯实计量基础，全面提升计量整体能力和水平，特制定本规划。

一、发展现状与形势

党和国家历来高度重视计量工作。新中国成立后尤其是改革开放以来，基础性、前沿性和共性计量科研成果大量涌现，具有中国特色的计量发展与管理制度逐步形成。国家计量基标准、社会公用计量标准、量传溯源①体系不断完善，保证了全国单位制的统一和量值的准确可靠；专用、新型、实用型计量测试技术研究水平和服务保障能力进一步增强；计量法律法规和监管体制逐步完善；国际比对和国际合作进一步加强，我国计量测量能力居于世界前列。但是，计量工作的基础仍较为薄弱。国家新一代计量基准持续研究能力不足；量子计量基准相关研究尚处于攻坚阶段，与发达国家仍有很大差距；社会公用计量标准建设迟缓，部分领域量传溯源能力仍存在空白；法律法规和监管体制滞后于社会主义市场经济发展需要，监管手段不完备，计量人才特别是高精尖人才缺乏。

本世纪第二个10年，是我国全面建成小康社会、加快推进社会主义现代化建设的关键时期，是深化改革开放、加快转变经济发展方式的攻坚时期。计量发展面临新的机遇和挑战：世界范围内的计量技术革命将对各领域的测量精度产生深远影响；生命科学、海洋科学、信息科学和空间技术等快速发展，带来巨大计量测试需求；国民经济安全运行以及区域经济协调发展、自然灾害有效防御等领域的量传溯源体系空白需尽快填补；促进经济社会发展、保障人民群众生命健康安全、参与全球经济贸易等，需要不断提高计量检测能力。夯实计量基础、完善计量体系、提升计量整体水平已成为提高国家科技创新能力、增强国家综合实力、促进经济社会又好又快发展的必然要求。

二、指导思想、基本原则和发展目标

（1）指导思想。高举中国特色社会主义伟大旗帜，以邓小平理论、“三个代表”重要思想、科学发展观为指导，突出基础建设、法制建设和人才队伍建设，加强基础前沿和应用型计量测试技术研究，统筹规划国家计量基标准和社会公用计量标准发展，进一步完善量传溯源体系、计量监管和诚信体系，为推动科技进步、促进经济社会发展和国防建设提供重要的技术基础和技术保障。

（2）基本原则。——突出重点，夯实基础。加强计量科学技术基础研究，夯实计量技术基础；加快计量科学技术成果转化，带动科学技术、高技术产业以及企业科研等相关测试领域的发展与创新；加强国

① 量传溯源是量值传递和量值溯源的简称。量值传递指通过对测量仪器的校准或检定，将国家测量标准所实现的单位量值通过各等级的测量标准传递到工作测量仪器的活动，以保证测量所得的量值准确一致。量值溯源是量值传递的逆过程。

家计量基标准和社会公用计量标准建设，满足重点领域、重大工程对计量测试技术的需求。

——统筹兼顾，服务发展。统筹社会计量资源，合理布局国家计量科技创新实验基地以及国家计量基标准和社会公用计量标准等基础建设；统筹计量基础研究和应用计量技术研究，兼顾区域、领域、行业和社会发展需求。

——完善法制，依法监管。完善计量法律法规体系；完善计量监管手段，推进公正执法；完善计量行政监管方式，推进规范执法；强化计量法制理念，推进文明执法。

（3）发展目标。到2020年，计量科技基础更加坚实，量传溯源体系更加完善，计量法制建设更加健全，基本适应经济社会发展的需求。

科学技术领域：建立一批国家新一代高准确度、高稳定性量子计量基准，攻克前沿技术。突破一批关键测试技术，为高技术产业、战略性新兴产业发展提供先进的计量测试技术手段。提升一批国家计量基标准、社会公用计量标准的服务和保障能力。研制一批新型的标准物质①，保证重点领域检测、监测数据结果的溯源性、可比性和有效性。建设一批符合新领域发展要求的计量实验室，推动创新实验基地建设跨越式发展。

法制监管领域：完成《中华人民共和国计量法》及相关配套法规、规章制修订工作。建立权责明确、行为规范、监督有效、保障有力的计量监管体系，建立民生计量、能源资源计量、安全计量等重点领域长效监管机制。诚信计量体系基本形成，全社会诚信计量意识普遍增强。

经济社会领域：量传溯源体系更加完备，测试技术能力显著提高，进一步扩大在食品安全、生物医药、节能减排、环境保护以及国防建设等重点领域的覆盖范围。国家计量科技基础服务平台（基地）、产业计量测试服务体系、区域发展计量支撑体系等初步建立，计量服务与保障能力普遍提升。

计量发展量化目标

专栏1

序　号	目　标
1	完成《中华人民共和国计量法》修订；
2	国家计量基标准、标准物质和量传溯源体系覆盖率达到95.0%以上；
3	国家一级标准物质数量增长100%，国家二级标准物质品种增加100%；
4	国家计量基准实现国际等效比例达到85.0%以上；
5	得到国际承认的校准测量能力达到1 400项以上，其中90.0%以上达到国际先进水平；
6	国家重点管理计量器具受检率达到95.0%以上；
7	全国范围内引导并培育10万家诚信计量示范单位；
8	实现万家重点耗能企业能源资源计量数据实时、在线采集。

三、加强计量科技基础研究

（4）加强计量科技基础及国家计量基标准研究。加强计量科技基础及前沿技术研究，特别是物理常数等精密测量和量子计量基准研究，应对国际单位制中以量子物理为基础的自然基准取代实物基准的重大技术革命，建立新一代高准确度、高稳定性量子计量基准。突破关键技术，建立一批经济社会发展急需的国家计量基标准、社会公用计量标准。加快改造和提升国家计量基标准能力和水平。

① 标准物质是具有足够均匀和稳定的特定特性的物质，其特性被证实适用于测量中或标称特性检查中的预期用途。

计量科技基础研究重点项目

专栏 2

序　号	重点项目
1	基本物理常数精密测量技术研究；
2	量子基准核心量子器件研究；
3	基于铯钟、光钟的新一代时间频率基准研究；
4	新一代量子计量基准研究；
5	生物计量基准研究；
6	超快光学、太赫兹精密测量技术以及单光子测量技术研究；
7	新一代基于原子尺度的纳米计量技术研究；
8	新材料计量测试技术及复杂环境下材料微纳结构测量技术研究；
9	经济安全、生物安全、医疗安全、能源资源、生态建设、环境保护、应对气候变化、防灾减灾等领域计量溯源技术研究；
10	高频天线计量关键技术研究；
11	智能和互联式测量、嵌入式和普及式测量技术研究等。

(5)加强标准物质研究和研制。开展基础前沿标准物质研究，扩大国家标准物质覆盖面，填补国家标准物质体系的缺项和不足。加强标准物质定值、分离纯化、制备、保存等相关技术、方法研究，提高技术指标。加快标准物质研制，提高质量和数量，满足食品安全、生物、环保等领域和新兴产业检测技术配套和支撑需求。完善标准物质量传溯源体系，保证检测、监测数据结果的溯源性、可比性和有效性。

国家标准物质研究和研制的重点领域和重点方向

专栏 3

序　号	重点领域和重点方向
1	食品安全领域，重点方向：食品中有机化学品残留、食品添加剂、食品中营养成分、食品中元素及形态、食品包装材料及持久性有机污染物检测以及食品中生化计量技术、物化特性及电离辐射计量技术、食品安全前沿性计量技术研究和相关标准物质的研制；
2	临床检验领域，重点方向：与心脑血管疾病、肿瘤等重大疾病早期预警和诊断、疾病危险因素早期干预等相关标准物质的定值、制备、稳定化技术研究以及相关高等级标准物质研制；
3	生物领域，重点方向：基因核酸标准物质，蛋白质、脂质和毒素标准物质，微生物标准物质，生物工程多糖标准物质等标准物质的研制以及相关前沿计量测试技术研究；
4	环保领域，重点方向：有机物标准物质，土壤、温室气体、烟道排放气体、交通工具尾气等检测用标准物质的研制及相关计量测试技术研究；
5	材料科学领域，重点方向：石油、煤炭和生物燃料理化性质方面的标准物质，工业产品、工业原材料中有害物质检测用标准物质，接触角、表面张力等界面特性方面标准物质，纳米薄膜厚度、薄膜表面成分、材料微观结构、碳基材料/纳米材料的特性量值方面的标准物质的研制及相关计量测试技术研究。

(6)加强实用型、新型和专用计量测试技术研究。加快新型传感器技术、功能安全技术等新型计量测试技术和测试方法研究，加快转化和应用，填补新领域计量测试技术空白。加快航空航天、海洋监测、交通运输等专用计量测试技术研究，提升专业计量测试水平。提高食品安全、药品安全、突发事故的检测报警、环境和气候监测等领域的计量测试技术水平，增强快速检测能力。将计量测试嵌入到产品研发、制造、质量提升、全过程工艺控制中，实现关键量准确测量与实时校准。加强仪器仪表核心零(部)件、核心控制技术研究，培育具有核心

技术和核心竞争力的仪器仪表品牌产品。

（7）加强量传溯源所需技术和方法研究。加强与微观量、复杂量、动态量、多参数综合参量等相关的量传溯源所需技术和方法的研究。加强经济安全、生态安全、国防安全等领域量值测量范围扩展、测量准确度提高等量传溯源所需技术和方法的研究。加强互联网、物联网、传感网等领域计量传感技术、远程测试技术和在线测量等相关量传溯源所需技术和方法的研究。加强计量对能源资源的投入产出、流通过程中的统计与测量，以及对贸易、税收、阶梯电价等国家政策的支持方式和模式研究。

（8）推进计量科技创新。大力推动计量科技与物理、化学、材料、信息等学科的交叉融合，完善学科布局。加强高校、科研院（所）以及部门科研项目的合作，开展重点领域、重点专业、重点技术难题专项合作研究。改善对环境控制和设施配套有较高要求并与先进测量、高精密测量相适应的超高、超宽和洁净实验条件以及计量科技创新实验环境。构建以计量前沿科研为主体、计量科研创新发展为手段、服务产业技术创新为重点、推动创新型国家建设为宗旨的“检学研”相结合的计量技术创新体系。

（9）加快科技成果转化。计量科研项目的立项、论证等要与高技术产业、战略性新兴产业的科研项目对接，把科研成果的转化作为应用型计量技术研究课题立项、执行、验收的全过程评审指标。加快计量科研成果的推广和应用。建立计量科研机构与企业技术机构交流平台，加强计量技术机构与企业联合立项、联合攻关、联合研发力度，开展计量科研成果展示、科研人员技术交流、技术合作或共同开发等，促进计量科研成果转化和有效应用。

（10）积极参与计量国际比对。积极参加计量基标准国际比对，增加作为主导实验室组织计量国际比对的数量，提高我国量值的国际等效性。加强对计量国际比对各环节管理，为参与和组织计量国际比对提供便利。积极参与国际同行评审，加快校准测量能力建设，提升我国在国际计量领域的竞争力和国际影响力。

（11）制修订计量技术规范。及时制修订计量技术规范，满足量传溯源及计量执法需要。加大经济发展、节能减排、安全生产、医疗卫生等领域的计量技术规范制修订力度。加强部门（行业）和地方计量技术规范制修订工作管理，促进计量技术规范协调统一。增强实质性参与制修订国际建议①的能力，推动我国量值与国际量值等效一致。

四、加强计量服务与保障能力建设

（12）提升量传溯源体系服务与保障能力。统筹国家计量基标准、社会公用计量标准建设，科学规划量传溯源体系。加速提升时间频率等关键量和温室气体、水、粮食、能源资源等重点对象量传溯源能力。加快食品安全、节能减排、环境保护等重点领域国家计量基标准和社会公用计量标准建设，填补量传溯源体系空白。全面提升各级计量技术机构量传溯源能力。根据需要合理配置计量标准，做好企（事）业单位的内部量传溯源工作，保证量值准确可靠。

国家量值传递能力提升

专栏4

序　号	能力提升
1	国家计量基标准保存单位的能力提升：加快国家计量基标准建立，加大国家计量基标准改造力度，加强相关标准物质的研制，完善实验基础条件，提升国家计量量传溯源源头的计量基标准水平和量传溯源能力；
2	各大区计量测试中心能力提升：建立大区级别计量标准，完善实验基础条件，重点开展量传溯源计量技术与方法的应用研究等，提升各大区量传溯源能力以及服务区域经济发展的能力；
3	部门（专业）计量技术机构（计量站）能力提升：完善实验基础条件，开展专用计量技术与方法研究等，满足海洋、农（林）业、气象、水利、地震、电力、通信、铁路交通等部门（专业）发展需求；

① 国际建议：国际法制计量组织的出版物之一，旨在提出某种测量器具必须具备的计量特性并规定了检查其合格与否的方法和设备。

续表

序　号	能力提升
4	省级计量技术机构能力提升：建立社会公用计量标准，完善实验基础条件，开展实用型计量技术研究和计量测试工作，全面提升量传溯源服务能力，适应各省（区、市）高技术产业、战略性新兴产业、节能减排等重点领域、重大工程和重点项目建设以及当地产业发展需求；
5	地（市）级计量技术机构能力提升：完善适应本地区经济社会发展和强制检定需要的社会公用计量标准、计量检定实验条件，重点满足食品安全、安全生产以及特种设备安全、节能减排、环境保护等领域的发展需要；
6	县级计量技术机构能力提升：完善适应县域经济社会发展和强制检定需要的社会公用计量标准、计量检定实验条件，重点满足食品安全、安全生产、贸易结算、医疗卫生等领域发展需要；
7	企（事）业计量能力提升：建立企（事）业内部量传溯源所需的计量标准，加强对计量标准、工作计量器具的管理，采用先进的计量器具和检测仪器设备，提升生产工艺过程控制、产品质量升级的相关计量技术支撑能力。

（13）完善国家计量科技基础服务平台（基地）。以国家计量基标准和社会公用计量标准建设为主体，以量传溯源体系为基本架构，进一步完善国家计量科技基础服务平台（基地）。加强大型计量科学仪器、设备共享，营造开放、共享的计量研究实验环境。加强科技文献数据、计量科研数据和科研成果数据共享，促进科研成果的转化、推广和应用。强化平台（基地）信息化建设，不断充实国家计量基标准和社会公用计量标准、计量科研成果、计量服务能力和水平等信息。

（14）构建国家产业计量测试服务体系。整合相关科研院所、高等院校、企（事）业单位等资源，在高技术产业、战略性新兴产业、现代服务业等经济社会重点领域，研究具有产业特点的量值传递技术和产业关键领域关键参数的测量、测试技术，开发产业专用测量、测试装备，研究服务产品全寿命周期的计量技术，构建国家产业计量测试服务体系。

国家产业计量测试服务重点领域

专栏5

序　号	重点领域1
1	节能环保产业：为高效节能产业、节能环保产业和资源循环利用产业的新技术发展提供计量检定、校准及测试等服务；
2	新一代信息技术产业：为信息网络产业、电子核心基础产业、高端软件和新兴信息服务产业提供计量检定、校准及测试服务；
3	生物产业：为生物医药产业、生物医学工程、生物农业产业、生物制造产业等提供计量检定、校准及测试技术服务；
4	高端装备制造业：为航空装备产业、卫星及应用产业、轨道交通装备产业、海洋工程装备产业、智能制造装备产业等提供计量检定、校准及测试服务；
5	新能源产业：为核电技术、风能、太阳能、生物质能等新能源产业发展提供计量检定、校准及测试服务；
6	新材料产业：为新型功能材料、先进结构材料、高性能复合材料等产业发展提供计量检定、校准及测试服务；
7	其他重点产业。

（15）构建区域发展计量支撑体系。整合区域内现有计量技术机构、专业计量站、部门计量技术机构以及企（事）业单位的计量技术能力，结合主体功能区规划定位，加强计量技术服务与保障能力建设。建立满足区域发展需要的国家计量基标准和社会公用计量标准，完善量传溯源体系。加强相关计量测试技术的研究，开展计量检测等活动，提升现代计量测试水平和服务区域经济发展的能力。

区域发展计量技术保障能力建设重点

专栏6

序　号	建设重点1
1	西部地区计量技术保障能力建设:根据西部地区战略发展定位,重点提高服务电力、天然气、煤炭、森林、矿山等能源资源的计量技术支撑能力,服务西气东输、西电东送、高原铁路等重大工程建设的技术支撑能力;
2	中部地区计量技术保障能力建设:根据中部地区战略发展定位,围绕粮食生产基地、能源原材料基地、现代装备制造及高技术产业基地建设,重点提升服务农业、煤炭、电力、交通运输业等计量技术支撑能力,提升服务农业商品生产基地和能源原材料基地建设以及农产品加工转化和资源深度开发的计量技术支撑能力;
3	东部地区计量技术保障能力建设:根据东部地区发展战略定位,围绕重点发展高技术产业和资源消耗小、附加价值高的出口产业,重点提升服务信息产业、核电、生物、医药、新材料、海洋、太阳能光伏与半导体光源产业等高技术产业发展的计量技术支撑能力;
4	东北地区等老工业基地计量技术保障能力建设:根据东北地区的发展战略定位,围绕巩固和提升全国最重要的商品粮食生产基地、重要林业基地、能源原材料基地、机械工业和医药工业基地,重点提升服务大型铸锻件、核电设备、风电机组、先进船舶和海洋工程装备、大型农业机械、高速动车组、大功率机车、高档数控机床等相关产业发展的计量技术支撑能力。

(16)构建国家能源资源计量服务体系。完善与能源资源计量相关的国家计量基标准和社会公用计量标准体系建设,加强能源资源监管和服务能力建设,开展城市能源资源计量建设示范,开展能源资源计量检测技术研究、交流及计量检测技术研究成果转化,促进节能减排。开展计量检测、能效计量比对等节能服务活动,促进用能单位节能降耗增效。开展专业技术人才培训,提高专业素质,构建能源资源计量服务体系。

(17)加强企业计量检测和管理体系建设。依据测量管理体系有关标准和国际建议要求,完善计量检测体系认证制度,推动大、中型企业建立完善计量检测和管理体系。加强计量检测公共服务平台建设,为大宗物料交接、产品质量检验以及企业间的计量技术合作提供检测服务。生产企业特别是大、中型企业要加强计量基础设施建设,建立符合要求的计量实验室和计量控制中心,加强对计量检测数据的应用和管理,合理配置计量检测仪器和设备,实现生产全过程有效监控。积极采用先进的计量测试技术,推动企业技术创新和产品升级。新建企业、新上项目等,要把计量检测能力建设作为保证企业产品质量、提高企业生产效率、实现企业现代化和精细化管理的重要技术手段,与其他基础建设一起设计、一起施工、一起投入使用。

(18)增强国防建设服务保障能力。

(19)加强国际计量交流合作。建立国际计量交流合作平台,加强国际计量技术交流合作,促进我国量值国际等效,促进对外贸易稳定增长。扩大计量双边、多边合作与交流,参与重要国际合作计划和项目,扩大互认国和互认产品范围,满足“一次测试、一张证书、全球互认”的发展需求。

五、加强计量监督管理

(20)加强计量法律法规体系建设。加快《中华人民共和国计量法》及相关配套法规、规章的制修订,建立健全有中国特色的计量监管体制和机制。全面梳理相关法规规章,形成统一、协调的计量法律法规体系。制定强制管理的计量器具目录,强化贸易结算、安全防护、医疗卫生、环境监测、资源管理、司法鉴定、行政执法等重点领域计量器具监管。制修订能效标识监管、过度包装监管等方面的行政法规或规章,推动相关监管制度的建立和实施。

(21)加强计量监管体系建设。进一步健全计量监管体系,提高监管效率,保证全国单位制统一和量值准确可靠。加强重点计量器具的监督,完善计量器具制造许可、型式批准、强制检定、产品质量监督检查等管理制度,提高计量器具产品质量。用简便、快速、有效的计量执法装备充实执法一线,完善计量监管手段,提高执法人员综合素质和执法水平。加强对计量检定技术机构监管,规范检定行为。建立强制检定计量器具档案。完善部门计量监管机制,加大监管力度。充分发挥新闻舆论、社会团体、人民群众等社会监督作用。

(22)推进诚信计量体系建设。在服务业领域推进诚信计量体系建设,加强诚信计量教育,树立诚信计量理念。强化经营者主体责任,培养自律意识,推动经营者开展诚信计量自我承诺活动,培育诚信计量示范单位。加强计量技术机构诚信建设,增强计量检测数据的可信度和可靠性。实施诚信计量分类监管,建立诚信计量信用信息收集与发布和计量失信"黑名单"制度,建立守信激励和失信惩戒机制。

(23)强化民生计量监管。加强对食品安全、贸易结算、医疗卫生、环境保护等与人民群众身体健康和切身利益相关的重点领域计量监管。在服务业领域推行计量器具强制检定合格公示制度,依法接受社会监督。强化食品安全等重点领域相关标准物质的制造、销售和使用中的监管,促进标准物质规范使用。强化对定量包装商品生产企业计量监管,改革完善定量包装商品生产企业计量保证能力监管模式,有针对性地开展计量专项整治,维护消费者合法权益。

(24)强化能源资源计量监管。加强对用能单位能源资源计量器具配备、强制检定的监管。开展能源资源计量审查、能效对标计量诊断等活动,培育能源资源计量示范单位。按照相关法律法规要求,强化用能单位能源资源计量的主体责任,引导用能单位合理配备和正确使用能源资源计量器具,建立能源资源计量管理体系,实现实时监测。加强对能源资源计量数据分析、使用和管理,对各类能源资源消费实行分类计量。积极采用先进计量测试技术和先进的管理方法,实现从能源采购到能源消耗全过程监管。

(25)强化安全计量监管。加强安全用计量器具提前预测、自动报警、检测数据自动存贮、实时传输等相关功能的研发和应用,提高智能化水平。加强与安全相关计量器具的制造监管,为生产安全、环境安全、交通安全等提供高质量的计量器具。加强重点行业安全用计量器具的强制检定,督促使用单位建立和完善安全用计量器具的管理制度,按要求配备经检定合格的计量器具,确保安全用强制检定计量器具依法处于受控状态。加强安全用计量器具的监督抽查。建立计量预警机制和风险分析机制,制定计量突发事件的应急预案。

(26)严厉打击计量违法违规行为。加强计量作弊防控技术和查处技术研究,提高依法快速查处、快速处理能力。加大计量器具制造环节监管,严厉查处制造带有作弊功能的计量器具。加强市场监管,对重点产品加大检查力度,严厉查办利用高科技手段从事计量违法行为。严厉打击能效标识虚标和商品过度包装行为。加强执法协作,建立健全查处重大计量违法案件快速反应机制和执法联动机制,加强行业性、区域性计量违法问题的集中整治和专项治理。建立健全计量违法举报奖励制度,保护举报人的合法权益。做好行政执法与刑事司法衔接,加大计量违法行为的刑事司法打击力度。

六、保障措施

(27)加强组织领导。各级人民政府要高度重视计量工作,把计量发展规划纳入到国民经济和社会发展规划中,及时研究制定支持计量发展的政策措施。各地要按照计量量传溯源体系特点和要求,整体规划计量发展目标,合理布局本地区计量发展重点,建立完善的计量服务与保障体系。各部门、各行业、各单位要按照规划要求,组织编制实施方案,分解细化目标,落实相关责任,确保规划提出的各项任务完成。要加强国家、地区、部门有关年度工作计划与规划的衔接,把规划的总体要求安排到年度计划中。

(28)加大投入力度。各级人民政府要增加对公益性计量技术机构的投入。发展改革、财政、科技、人力资源社会保障等部门要制定相应的价格、投资、财政、科技以及人才支持政策。加强对计量重大科研项目的支持,促进计量科技研发和重点科研项目、科研成果的转化和应用。增加强制检定所需计量检定设备投入,完善基层计量执法手段,提升计量执法能力和水平。支持开展计量惠民活动,把与人民生活、生命健康安全密切相关的计量器具的强制检定所需费用逐步纳入财政预算。

(29)加强队伍建设。依托重大科研项目、重点建设平台和国际合作项目,加大学科带头人培养力度。强化高层次科技人才开发,着力培养具有世界科技前沿水平的高级专家、高层次领军人才。加大优秀科技人才引进,重视青年科技英才培养,支持青年人才主持重点科技项目。加强计量相关学科、专业以及课程建设，完善全过程计量人才培养机制。加强计量技术人员相关职业资格制度建设，加强计量行政管理人才培养，提升计量队伍的业务水平和监管能力。加强计量文化建设，构建“度万物、量天地、衡公平”的计量文化体系。加强计量基础知识普及教育和宣传，形成公平交易、诚信计量的良好社会氛围。

（30）强化评估考核。加强对规划实施评估，定期分析进展情况。实施规划中期评估，评估后需调整的规划内容，由规划编制部门提出具体方案，报国务院批准后实施。规划编制部门要对规划最终实施总体情况进行全面评估并向社会公布规划实施情况及成效。地方各级人民政府、各有关部门要建立落实规划的工作责任制，按照职责分工，对规划的实施情况进行检查考核，对规划实施过程中取得突出成绩的单位和个人予以表彰奖励。

国务院关于促进海洋渔业持续健康发展的若干意见

（2013 年 3 月 8 日　国发〔2013〕11 号）

各省、自治区、直辖市人民政府，国务院各部委、各直属机构：

我国是海洋大国，海洋渔业是现代农业和海洋经济的重要组成部分。改革开放以来，海洋渔业快速发展，结构不断优化，海水产品产量大幅增长，渔民收入显著增加，有力地促进了经济社会发展。但是，我国海洋渔业发展方式仍然粗放，设施装备条件较差，近海捕捞过度和环境污染加剧。为促进海洋渔业持续健康发展，现提出以下意见：

一、总体要求

（1）指导思想。以邓小平理论、“三个代表”重要思想、科学发展观为指导，深入贯彻落实党的十八大精神，坚定不移地建设海洋强国，以加快转变海洋渔业发展方式为主线，坚持生态优先、养捕结合和控制近海、拓展外海、发展远洋的生产方针，着力加强海洋渔业资源和生态环境保护，不断提升海洋渔业可持续发展能力；着力调整海洋渔业生产结构和布局，加快建设现代渔业产业体系；着力提高海洋渔业设施装备水平、组织化程度和管理水平，不断提高海洋渔业综合生产能力、抗风险能力和国际竞争力；着力加强渔村建设和优化渔民就业结构，切实保障和改善民生。

（2）基本原则。

——坚持资源利用与生态保护相结合。合理开发利用海洋渔业资源，严格控制并逐步减轻捕捞强度，积极推进从事捕捞作业的渔民（简称“捕捞渔民”）转产转业。加强海洋渔业资源环境保护，养护水生生物资源，改善海洋生态环境。

——坚持转变发展方式与创新体制机制相结合。大力发展海洋渔业产业化经营，加快推进发展方式由数量增长型向质量效益型转变。完善海洋渔业经营制度，健全行业准入和退出机制，不断增强自身发展活力。

——坚持发展生产与改善民生相结合。提高海洋渔业设施装备水平和组织化程度，强化安全生产管理和服务，保障渔民生命财产安全。加强渔村建设，改善渔区基础设施条件，推进渔区社会事业全面发展，不断提高渔民生活水平。

——坚持市场调节与政策扶持相结合。充分发挥市场配置资源的基础性作用，建立现代渔业多元化投入机制。将海洋渔业作为公共财政投入的重点领域，改善基础设施和装备条件，提高科技支撑能力，健全基本公共服务体系。

（3）发展目标。到 2015 年，海水产品产量稳定在 3 000 万吨左右，海水养殖面积稳定在 220 万公顷左右，其中海上养殖面积控制在 115 万公顷以内；近海捕捞强度有效控制，外海和远洋渔业综合生产能力不断增强，海水产品精深加工规模不断扩大；渔业组织化程度明显提高，渔民收入稳步增长；渔船装备水平明显提高，安全生产能力进一步提升；现代渔业产业体系和支撑保障体系基本形成；水生生物资源养护和修复能力明显提升，渔业生态环境有所改善。

到2020年，海洋渔业基础设施状况显著改善，物质装备水平进一步提高，科技支撑能力显著提升，海水养殖生态健康高效，渔船数量和捕捞强度与渔业资源可再生能力大体相适应，海水产品供给品种丰富、质量安全，海洋渔业生态环境明显改善，渔民生产生活条件显著改善，形成生态良好、生产发展、装备先进、产品优质、渔民增收、平安和谐的现代渔业发展新格局。

二、加强海洋渔业资源和生态环境保护

（4）全面开展渔业资源调查。健全渔业资源调查评估制度，科学确定可捕捞量，研究制定渔业资源利用规划。每5年开展一次渔业资源全面调查，常年开展监测和评估，重点调查濒危物种、水产种质等重要渔业资源和经济生物产卵场、江河入海口、南海等重要渔业水域。加强渔业资源调查船建设，完善监测网络，提高渔业资源调查监测水平。

（5）大力加强渔业资源保护。严格执行海洋伏季休渔制度，积极完善捕捞业准入制度，开展近海捕捞限额试点，严格控制近海捕捞强度。加强濒危水生野生动植物和水产种质资源保护，建设一批水生生物自然保护区和水产种质资源保护区，严厉打击非法捕捞、经营、运输水生野生动植物及其产品的行为。完善海洋渔船管理制度，逐步减少渔船数量和功率总量。发展海洋牧场，加强人工鱼礁投放，加大渔业资源增殖放流力度，科学评估资源增殖保护效果。

（6）切实保护海洋生态环境。加强海洋生态环境监测体系建设，强化监测能力。严格控制陆源污染物向水体排放，实施重点海域排污总量控制制度。严格控制围填海工程建设，强化海上石油勘探开发等项目管理，加强渔业水域生态环境损害评估和生物多样性影响评价，完善和落实好补救措施。控制近海养殖密度，加强投入品管理，减少养殖污染。切实加强“三沙”（西沙、中沙和南沙）捕捞管理，保护生态环境。加强渔船油污、生活垃圾等废弃物排放管理，减少对近海、外海和远洋的环境污染。

三、调整海洋渔业生产结构和布局

（7）科学发展海水养殖。按照《全国海洋功能区划（2011—2020年）》等相关涉海规划，制定并落实水域、滩涂养殖规划，引导渔民依法规范养殖。加大水产养殖池塘标准化改造力度，推进近海养殖网箱标准化改造，大力推广生态健康养殖模式。推广深水抗风浪网箱和工厂化循环水养殖装备，鼓励有条件的渔业企业拓展海洋离岸养殖和集约化养殖。加强水产原种保护和良种培育，建设一批标准化、规模化的良种生产基地，提高水产良种覆盖率。加强水产饲料研发，积极推广使用人工配合饲料。加强水生动物疫病防控和水产品质量安全管理。

（8）积极稳妥发展外海和远洋渔业。有序开发外海渔业资源，发展壮大大洋性渔业。巩固提高过洋性渔业，推动产业转型升级。积极参与开发南极海洋生物资源。加强远洋渔业科技研发，提高远洋渔业资源调查、探捕能力。

（9）大力发展海水产品加工和流通。积极发展海水产品精深加工，加快研制加工处理机械、生产线和废弃物处理设备，全面提升水产品加工工艺、装备现代化和质量安全水平。加强海水产品冷链物流体系和批发市场建设，积极发展海上冷藏加工，实现产地和销地有效对接。充分利用国内外“两种资源、两个市场”，保持水产品国际贸易稳定协调发展。鼓励海洋渔业龙头企业、渔民专业合作社开展品牌创建，提高海水产品附加值。强化海水产品市场信息服务，发展电子商务，降低流通成本，提高流通效率。

四、提高海洋渔业设施和装备水平

（10）加快渔船更新改造。升级改造海洋捕捞渔船，逐步淘汰老、旧、木质渔船，发展钢质渔船，鼓励发展选择性好、高效节能的捕捞渔船。全面提升远洋渔业装备水平，培育一批现代化远洋渔业船队。加强渔船建造管理，落实好老旧渔船报废工作，逐步建立定点拆解和木质渔船退出机制，坚决取缔违法

违规造船，严格限制建造对渔业资源破坏强度大的底拖网、帆张网和单船大型有囊灯光围网等作业类型渔船。

（11）加强渔业装备研发。加大对渔船装备技术研发的投入，依托高等院校、科研院所和骨干企业，整合科研资源，建立研发平台和技术创新联盟，培养渔业知识和装备设计制造技术兼备的人才队伍，系统开展渔业装备共性和关键技术研究。

（12）加强渔港建设和管理。科学规划、合理利用岸线资源，完善渔港布局，加快建设进度，尽快形成以中心渔港、一级渔港为龙头，以二、三级渔港和避风锚地为支撑的渔港防灾减灾体系。重点加强渔港防波堤、护岸、码头和渔政执法设施等公益性基础设施建设，同步建设和完善港区渔需物资供应、船舶维修、海水产品加工、市场等经营性服务设施。理顺渔港建设管理体制，强化渔港管理和维护，明晰渔港设施所有权、使用权、经营权和监督权。建立健全渔港及其设施保护制度。

五、进一步改善渔民民生

（13）积极推进渔村建设。统筹规划，合理布局，以渔港建设带动渔区小城镇和渔村发展。开展渔区村庄整治，加强渔区基础设施建设，重点解决饮水安全、用电、道路等问题。完善社会保障制度，促进渔区教育、文化、卫生、养老等社会事业全面发展。落实扶持政策，启动实施以船为家渔民上岸安居工程。

（14）切实促进捕捞渔民转产转业。编制捕捞渔民转产转业规划，加大转产转业政策扶持力度，调动渔民减船转产积极性。支持发展海水养殖、海水产品加工和休闲渔业，延长产业链，提高渔业效益，拓宽渔民转产转业和增收渠道。落实相关就业创业扶持政策，加强渔民职业技能培训，鼓励用人单位积极吸纳渔民就业。

六、提高海洋渔业组织化程度和管理水平

（15）提高组织化程度和科技水平。创新渔业组织形式和经营方式，培育壮大渔民专业合作社和海洋渔业龙头企业。鼓励渔民以股份合作等形式创办各种专业合作组织，引导龙头企业与合作组织有效对接。鼓励龙头企业向渔业优势产区集中，培育壮大主导产业，加快建设一批现代渔业示范区。大力发展海洋渔业科技教育事业，深化海洋渔业科研机构改革，加强涉渔专业和学科建设，创新渔业科技人才培养模式，加快培育新型渔民和渔业实用人才。深化水产技术推广体系改革，发挥各级水产科研机构、技术推广部门优势，鼓励和支持渔民专业合作社、龙头企业开展技术推广、病害防治等社会化服务，提高水产技术推广能力。

（16）加强渔政执法。严厉打击“三无”（无捕捞许可证、无船舶登记证书、无船舶检验证书）、“大机小标”（实际功率大于铭牌标定功率）渔船及各类非法捕捞和养殖行为。制定禁止或者限制使用的渔具目录。

（17）强化涉外渔业管理。深化双多边渔业合作，积极参与国际渔业条约、协定和标准规范的制订，建立健全与国际渔业管理规则相适应的远洋渔业管理制度，提升远洋渔业管理水平。加强渔民及渔业企业的教育和管理，严格遵守有关法律法规和国际条约。

（18）大力加强渔业安全生产管理。健全安全生产责任和管理制度，加强宣传和培训，深入开展“平安渔业示范县”和“文明渔港”创建。加快建设渔船信息动态管理和电子标识系统，进一步规范渔船流转管理，加强渔业安全应急管理体系建设，尽快普及配备渔船救生筏、船舶自动识别系统、卫星监控系统、渔船通信设备等安全设施。强化海洋渔业气象服务，完善渔业安全应急预案，合理布局救助力量。积极引导渔船编队生产，鼓励渔船开展相互支援和自救互救。

七、强化保障措施

（19）支持基础设施建设。加大国家固定资产投资对海洋渔业的支持，加快渔政、渔港、水生生物自然保护区和水产种质资源保护区等基础设施建设，继续支持海洋渔船升级改造、水产原良种工程和水生生物疫病防控体系建设。

（20）加大财政支持力度。统筹考虑并完善捕捞

渔民转产转业补助与渔业油价补贴政策，研究提高转产转业补助标准，调整油价补贴方式，使之与渔业资源保护和产业结构调整相协调。继续实施渔业海难救助政策。保障渔政、资源调查、品种资源保护、疫病防控、质量安全监管等经费。继续实施增殖放流和水产养殖生态环境修复补助政策。加大对水产育种、病害防治、资源养护、渔业装备等科技创新和成果转化的支持力度。

(21)完善金融保险等扶持政策。金融机构要根据渔业生产的特点，创新金融产品和服务方式，合理确定贷款规模、利率和期限，简化贷款流程，提高服务效率，加强信贷支持。支持符合条件的海洋渔业企业上市融资和发行债券，形成多元化、多渠道海洋渔业投融资格局。研究完善渔业保险支持政策，积极开展海水养殖保险。调整完善渔业资源增殖保护费征收政策，专项用于渔业资源养护。将渔业纳入农业用水、用电、用地等方面的优惠政策范围。

(22)强化法制建设。进一步研究完善渔业方面的法律、法规和规章。征收、征用渔业水域、滩涂的，要按照物权法、土地管理法、海域使用管理法等规定予以补偿安置。

八、加强组织领导

(23)加强部门协调。各有关部门要认真履行职责，密切配合，加强工作指导，加大工作力度，积极落实各项政策措施；进一步改进渔业服务，精简行政审批事项和程序，减少办证数量，坚决制止涉渔乱收费等侵害渔民合法权益的行为，切实减轻渔民负担。国家发改委、财政部要落实加快海洋渔业发展的资金。农业部要认真履行规划指导、监督管理、协调服务职能，做好海洋渔业发展和生态保护工作。

(24)落实地方责任。沿海省级人民政府要对海洋渔业发展工作负总责，逐级落实责任制，建立协调机制，强化渔业行政管理体制和执法体系。沿海地方各级人民政府要将海洋渔业发展纳入当地经济和社会发展规划，明确发展目标，研究制定本地区促进海洋渔业发展的实施方案。

国务院办公厅关于印发2013年食品安全重点工作安排的通知

(2013年4月7日　国办发〔2013〕25号)

各省、自治区、直辖市人民政府，国务院各部委、各直属机构：

《2013年食品安全重点工作安排》已经国务院同意，现印发给你们，请认真贯彻执行。

2012年，各地区、各有关部门按照国务院的部署，深入开展食品安全治理整顿，强化日常监管，严惩重处食品安全违法犯罪，消除了一大批食品安全隐患，保持了食品安全形势总体稳定向好。但制约我国食品安全的突出矛盾尚未根本解决，问题仍时有发生。为进一步提高食品安全保障水平，根据《国务院关于加强食品安全工作的决定》(国发〔2012〕20号)和国务院关于地方改革完善食品药品监督管理体制的有关精神，现就2013年食品安全重点工作作出如下安排：

一、全面排查隐患，深化治理整顿

(一)深入开展风险隐患排查整治

各地区、各有关部门要集中力量全面组织开展食品安全风险隐患大排查大整治，在种植、养殖、屠宰、生产、流通、餐饮以及进出口等各环节广泛排查各类食品安全风险隐患，深挖带有行业共性的隐患和“潜规则”。重点排查列入《食品中可能违法添加的非食用物质和易滥用的食品添加剂名单》的物质。

强化进口食品检验检疫和监督管理，坚决依法处理不合格食品，防止不合格食品进入流通和消费领域。在此基础上，建立风险隐患清单，实施整治督办制度，坚决清理整顿不符合食品安全条件的生产经营单位，坚决取缔"黑工厂"、"黑作坊"和"黑窝点"，切实净化食品市场和消费环境，有效防范系统性、区域性食品安全风险。

（二）开展饲料农药兽药专项整治

全面加强对饲料、农药和兽药生产经营企业的监管，严格执行许可准入制度。严厉打击在饲料中添加激素类药品或其他禁用药品、在农药兽药中添加违禁物质等违法生产销售行为。以蔬菜、水果、茶叶种植基地和畜禽、水产品养殖场（小区）为重点，严厉查处使用禁用农药兽药或其他违禁物质、超范围超剂量使用农药兽药、将人用药品用于动物、不执行休药期规定等违法违规行为。

（三）开展私屠滥宰和"注水肉"等违法违规行为专项整治

严格屠宰行业准入，加强定点屠宰企业资格证牌使用管理。规范屠宰检疫和肉品品质检验行为，落实"两章两证"（即肉品品质检验合格章、生猪检疫合格验讫章、肉品品质检验合格证、动物检疫合格证明）制度，严惩重处只收费不检疫等违法行为，严厉打击销售未经检疫检验或检疫检验不合格肉品的违法行为。坚决取缔私屠滥宰窝点。严惩收购加工病死畜禽、向畜禽注水或注入其他物质等违法违规行为。加强对农贸市场和超市等生鲜肉经营场所、肉制品加工企业和餐饮服务单位等生鲜肉采购单位的监督检查，督促落实进货查验、索证索票制度。

（四）开展保健食品专项整治

完善保健食品生产、经营行政许可制度，整顿、关闭不符合规定的保健食品生产经营单位。以减肥、辅助降血糖、缓解体力疲劳类保健食品为重点开展整治，对生产环节非法添加药物成分的，依法吊销相关批准证明文件；涉嫌犯罪的，依法移交公安机关立案侦查。严厉查处套用、冒用批准文号、违法发布广告等行为。

（五）开展食品标签标识问题专项整治

进一步细化完善食品标签标识管理规定，着力解决食品标签标识不规范问题。强化食品出厂检验、流通环节食品标签标识检查，严厉打击篡改生产日期、伪造产地、违法涂改标签、伪造冒用食品生产经营许可证及"三品一标"（即无公害农产品、绿色食品、有机农产品和农产品地理标志）标识等违法行为。

（六）切实巩固治理整顿成果

各地区、各有关部门要继续严厉打击食品非法添加和滥用食品添加剂行为，进一步深化乳制品、酒类、调味品、食品包装材料、"地沟油"等综合治理和专项整治。扩大食品安全监督检查、市场巡查、执法抽检的频次、范围，督促企业规范内部管理，切实巩固各项治理整顿成果。及时总结治理整顿经验，细化完善监管措施，健全长效机制。

二、严惩违法犯罪，加强应急处置

（一）进一步加大打击惩处力度

各级监管部门要认真履行职责，坚持重典治乱，切实提高对食品安全违法行为的惩处力度。公安机关要进一步巩固"打四黑除四害"专项行动成果，严厉打击在饲料、农药兽药、保健食品中非法添加违禁物质和为谋财有危害食品安全等违法犯罪行为，强化刑事责任追究。建立健全公安机关和监管部门之间案件移交、立案等衔接机制，提高办案效率。地方各级人民政府要积极支持公安机关明确机构和人员负责打击食品安全违法犯罪工作。地方各级食品安全综合协调机构要协调有关方面加快完善技术鉴定相关制度，明确技术鉴定机构，积极为公安机关提供技术支持并协调解决鉴定费用。

（二）强化食品安全应急处置

各地区、各有关部门要根据政府机构改革和职能转变要求，完善各级各类食品安全预案，建立各级人民政府及相关部门共同参与的协调联动工作平台，明确部门应急处置职责。制定食品安全事故调查处理办法，规范事故调查处理流程，提高事故查处效率。各地要积极组织开展应急演练，切实提高快速响应能力。发生食品安全事故后，及时启动应急预案，有序开展事故调查、危害控制、医疗救治、分析评估、信息发布等工作，确保食品安全事故在第一时间得到有效处置，最大限度地减少损失和危害。

（三）加强舆情监测和信息发布

各地区、各有关部门要全面建立食品安全舆情监测制度，密切监测舆情特别是网络舆情，强化信息通报。完善食品安全信息发布机制，加强信息发布前的相互沟通，确保信息的科学性、准确性和及时性，重大食品安全信息统一归口发布。针对人民群众关心的食品安全热点问题，及时、客观、准确发布权威信息，回应社会关注。

三、加强能力建设，夯实基层基础

（一）健全食品安全监管体制机制

要按照有关规定，加快改革完善食品安全监管体制，切实加强地方各级食品安全监管机构能力建设，确保职能、机构、队伍、装备及时划转到位，保障机构人员编制和工作经费，建立健全工作机制，提升工作水平。地方各级人民政府要切实负起责任，全面梳理查找监管漏洞和盲区，结合实际逐项明确细化监管分工和要求，特别是要针对群众反映强烈的监管职责不清问题，尽快明确监管责任主体和要求。建立健全部门间、区域间食品安全监管联动机制，强化跨部门、跨区域信息通报和案件协查，及时彻底查处不合格产品。全面落实食品安全有奖举报制度，完善投诉举报机制，充分发挥群众监督作用。

（二）健全基层食品安全监管体系

推进食品安全工作重心下移，力量配置下移，强化基层食品安全管理责任，确保县级人民政府食品安全监管责任到位，乡镇、街道食品安全管理责任到位。充分发挥基层派出机构及乡镇农产品质量安全监管公共服务机构的作用，加快构建覆盖社区（村）的协管员队伍。加强乡镇、街道与监管部门的沟通协作，密切协管员队伍与监管执法队伍的衔接配合，全面推行基层食品安全网格化监管，加快形成分区划片、包干负责的基层食品安全工作责任网。

（三）完善相关法律法规

推动食品安全法、保健食品监督管理条例、餐厨废弃物管理及资源化利用条例等法律法规的制修订，强化相关法律法规的衔接，完善监管执法依据，加大惩处力度。明确食品安全刑事案件侦办中的行为定性、案件管辖、证据规格等法律适用问题，特别是行政执法证据在刑事诉讼中的运用问题。推动地方加快畜禽屠宰、食品生产加工小作坊和食品摊贩管理等方面的立法工作。

（四）加快食品安全标准建设

健全标准审评程序和制度，增强标准制定的透明度。2013年底前，基本完成食品相关标准的清理，完善食品中致病微生物、食品添加剂使用、食品生产经营规范、农药兽药残留等方面的标准，制修订蜂蜜、食用植物油等产品标准和配套检验方法标准。各地要结合实际做好食品安全地方标准的制修订和企业标准的备案工作，省级人民政府有关部门依照规定向社会公布备案的食品安全企业标准。加强食品安全标准的宣传培训及跟踪评价，及时做好标准的解读工作。

（五）做好风险监测评估工作

组织实施国家食品安全风险监测计划，强化农产品质量安全例行监测，加强农产品产地环境监测。按照“统一计划实施、统一经费渠道、统一数据库、统一结果分析”的要求，建立统一的食品安全风险监测体系。逐步规范食源性疾病监测、报告工作，在优势农产品主产区建立食用农产品质量安全风险监测点，初步建成统一的风险监测数据库。加快国家食品安全风险评估中心建设，加强评估基础数据采集和相关研究，重点围绕食品安全突出问题开展风险评估。进一步完善《食品中可能违法添加的非食用物质和易滥用的食品添加剂名单》《保健食品中可能非法添加的物质名单》《饲料、养殖中禁用药物和物质清单》。

（六）加强检验检测能力建设

按照“提高现有能力水平、按责按需、填平补齐、避免重复建设、实现资源共享”的原则，统筹各级食品安全检验能力，特别是最急需、最薄弱环节以及中西部地区和基层的食品安全检验能力建设。组织开展县级食品检验资源整合试点，推动县域内食品安全检验人员和设备的统筹使用，检验经费的统一归口管理，检验建设项目的统筹规划安排，检验任务的统一部署实施，提高基层整体检验水平。支持农贸市场检验检测站建设，补助检验检测经费。严格检验机构管理，规范委托检验行为。规范食品快速检测试剂及设备的技术认定，明确生产资质要求。继续推动提升食品企业检测水平。

（七）推进食品安全监管信息化建设

根据国家重大信息化工程建设规划，充分利用现有信息化资源，按照统一的设计要求和技术标准，建设国家食品安全信息平台，2013 年底前，完成主系统和子系统的总体规划和设计。统筹规划建设食品安全电子追溯体系，统一追溯编码，确保追溯链条的完整性和兼容性，重点加快婴幼儿配方乳粉和原料乳粉、肉类、蔬菜、酒类、保健食品电子追溯系统建设。

四、加强诚信建设，落实主体责任

（一）督促企业强化内部管理

各级监管部门要严格督促食品生产经营单位强化内部管理，建立健全质量安全管理体系，保障食品安全投入，配备专、兼职安全管理人员，严格落实进货查验、出厂检验、食品安全事故报告等制度。强化农民合作社、农业产业化龙头企业、农产品批发市场等生产经营主体的农产品质量安全管理责任。2013 年底前，督促所有规模以上食品生产企业和相应的经营单位设置食品安全管理机构，明确分管负责人。推进食品安全责任强制保险制度试点，开展食品生产企业首席质量官制度试点。

（二）加强食品安全诚信体系建设

制定进一步加强食品安全信用体系建设工作的指导意见，完善诚信信息共享机制和失信行为联合惩戒机制。建立实施“黑名单”制度，公布失信食品企业名单，促进行业自律。加快规模以上乳制品、肉类食品加工企业和酒类流通企业诚信管理体系建设。加强对食品相关行业协会的监督指导，充分发挥行业协会作用。

（三）大力开展食品安全宣传

将食品安全纳入公益性宣传范围，列入国民素质教育内容和中小学相关课程。打造一批精品科普栏目、节目、宣传片，利用报刊、广播、电影、电视、互联网、手机等各类媒介，深入宣传党和政府抓食品安全工作的决心、部署和成效，普及食品安全知识，提高全社会的食品安全意识、认知水平和应对风险能力。组织好 2013 年食品安全宣传周等重大宣传活动。支持新闻媒体开展舆论监督。加强对食品安全监管先进人物和诚信经营典型的宣传，发挥示范引导作用。

（四）强化食品安全培训

各级监管部门要制定年度培训计划，开展食品安全法律法规、业务技能、工作作风等方面的培训，提高监管人员的责任意识和业务素质。加强对协管员队伍的基础知识培训。强化对食品从业人员的职业道德和专业知识培训。各级食品安全监管人员、各类食品生产经营单位负责人、主要从业人员全年接受不少于 40 小时的食品安全集中培训。

五、加强组织保障，严格责任追究

（一）加强组织领导

地方各级人民政府要进一步落实食品安全属地管理责任，切实加强对本地区食品安全工作的统一领导和组织协调，主要负责人要亲自抓，分管负责人要直接负责，逐级落实工作责任。建立稳定的食品安全资金投入保障机制，将食品安全监管人员经费及行政管理、风险监测、监督抽检、标准制修订、应急处置、科普宣教等各项工作经费纳入财政预算，强化对经费的统筹分配和使用，进一步向基层倾斜，提高资金使用效率。进一步加大食品安全科技研发投入，集中力量开展重大科技攻关。积极开展农产品质量安全监管示范县（市）等各类示范创建工作。

（二）强化协调配合

各地区、各有关部门要密切配合，通力协作，形成全程监管合力。各级监管部门要认真履行职责，切实提高执行力，确保监管到位，坚决杜绝有案不查、推诿扯皮等问题。各级食品安全综合协调机构要加强综合协调和监督指导，及时解决工作中的重点难点问题，开展督促检查，确保各项工作扎实推进。

（三）强化考核评价

进一步完善食品安全绩效评价指标体系，逐级健全督查考核制度，加强对地方政府、监管部门食品安全工作的考核。将信息通报、行政执法、违法行为处理等列入对监管部门履职情况考核的内容。将食品安全纳入社会管理综合治理考核、政府绩效考核内容。发生重大食品安全事故的地方在文明城市、卫生城市等评优创建活动中实行一票否决。

（四）严格责任追究

健全食品安全责任追究制，细化责任追究对象、方式、程序。县级以上地方各级政府要督促各监管部门建立具体到单位、人员、岗位的责任制。监察部门要依法依纪严肃追究重大食品安全事件中失职渎职责任。

国务院关于地方改革完善食品药品监督管理体制的指导意见

（2013 年 4 月 10 日　国发〔2013〕18 号）

各省、自治区、直辖市人民政府，国务院各部委、各直属机构：

按照党的十八大、十八届二中全会精神和第十二届全国人民代表大会第一次会议审议通过的《国务院机构改革和职能转变方案》，决定组建国家食品药品监督管理总局，对食品药品实行统一监督管理。为确保食品药品监管工作上下联动、协同推进，平稳运行、整体提升，现就地方改革完善食品药品监督管理体制提出如下意见：

一、充分认识改革完善食品药品监督管理体制的重要意义

食品药品安全是重大的基本民生问题，党中央、国务院高度重视，人民群众高度关切。近年来，国家采取了一系列重大政策举措，各地区、各有关部门认真抓好贯彻落实，不断加大监管力度，我国食品药品安全保障水平稳步提高，形势总体稳定趋好。但实践中食品监管职责交叉和监管空白并存，责任难以完全落实，资源分散配置难以形成合力，整体行政效能不高。同时，人民群众对药品的安全性和有效性也提出了更高要求，药品监督管理能力也需要加强。改革完善食品药品监管体制，整合机构和职责，有利于政府职能转变，更好地履行市场监管、社会管理和公共服务职责；有利于理顺部门职责关系，强化和落实监管责任，实现全程无缝监管；有利于形成一体化、广覆盖、专业化、高效率的食品药品监管体系，形成食品药品监管社会共治格局，更好地推动解决关系人民群众切身利益的食品药品安全问题。

各地区要充分认识改革完善食品药品监管体制的重要性和紧迫性，切实履行对本地区食品药品安全负总责的要求，抓紧抓好本地区食品药品监管体制改革和机构调整工作。

二、加快推进地方食品药品监督管理体制改革

地方食品药品监管体制改革，要全面贯彻党的十八大和十八届二中全会精神，以邓小平理论、“三个代表”重要思想、科学发展观为指导，以保障人民群众食品药品安全为目标，以转变政府职能为核心，以整合监管职能和机构为重点，按照精简、统一、效能原则，减少监管环节、明确部门责任、优化资源配置，对生产、流通、消费环节的食品安全和药品的安全性、有效性实施统一监督管理，充实加强基层监管力量，进一步提高食品药品监督管理水平。

（一）整合监管职能和机构

为了减少监管环节，保证上下协调联动，防范系统性食品药品安全风险，省、市、县级政府原则上参照国务院整合食品药品监督管理职能和机构的模式，结合本地实际，将原食品安全办、原食品药品监管部门、工商行政管理部门、质量技术监督部门的食品安全监管和药品管理职能进行整合，组建食品药品监督管理机构，对食品药品实行集中统一监管，同时承担本级政府食品安全委员会的具体工作。地方各级食品药品监督管理机构领导班子由同级地方党委管理，主要负责人的任免须事先征求上级业务主管部门的意见，业务上接受上级主管部门的指导。

（二）整合监管队伍和技术资源

参照《国务院机构改革和职能转变方案》关于“将工商行政管理、质量技术监督部门相应的食品安全监督管理队伍和检验检测机构划转食品药品监督管理部门”的要求，省、市、县各级工商部门及其基层派出机构要划转相应的监管执法人员、编制和相关经费，省、市、县各级质监部门要划转相应的监管执法人员、编制和涉及食品安全的检验检测机构、人员、装备及相关经费，具体数量由地方政府确定，确保新机构有足够力量和资源有效履行职责。同时，整合县级食品安全检验检测资源，建立区域性的检验检测中心。

（三）加强监管能力建设

在整合原食品药品监管、工商、质监部门现有食品药品监管力量基础上，建立食品药品监管执法机构。要吸纳更多的专业技术人员从事食品药品安全监管工作，根据食品药品监管执法工作需要，加强监管执法人员培训，提高执法人员素质，规范执法行为，提高监管水平。地方各级政府要增加食品药品监管投入，改善监管执法条件，健全风险监测、检验检测和产品追溯等技术支撑体系，提升科学监管水平。食品药品监管所需经费纳入各级财政预算。

（四）健全基层管理体系

县级食品药品监督管理机构可在乡镇或区域设立食品药品监管派出机构。要充实基层监管力量，配备必要的技术装备，填补基层监管执法空白，确保食品和药品监管能力在监管资源整合中都得到加强。在农村行政村和城镇社区要设立食品药品监管协管员，承担协助执法、隐患排查、信息报告、宣传引导等职责。要进一步加强基层农产品质量安全监管机构和队伍建设。推进食品药品监管工作关口前移、重心下移，加快形成食品药品监管横向到边、纵向到底的工作体系。

三、认真落实食品药品监督管理责任

（一）地方政府要负总责

地方各级政府要切实履行对本地区食品药品安全负总责的要求，在省级政府的统一组织领导下，切实抓好本地区的食品药品监管体制改革，统筹做好生猪定点屠宰监督管理职责调整工作，确保职能、机构、队伍、装备等及时划转到位，配套政策措施落实到位，各项工作有序衔接。要加强组织协调，强化保障措施，落实经费保障，实现社会共治，提升食品药品安全监管整体水平。

（二）监管部门要履职尽责

要转变管理理念，创新管理方式，建立和完善食品药品安全监管制度，建立生产经营者主体责任制，

强化监管执法检查，加强食品药品安全风险预警，严密防范区域性、系统性食品药品安全风险。农业部门要落实农产品质量安全监管责任，加强畜禽屠宰环节、生鲜乳收购环节质量安全和有关农业投入品的监督管理，强化源头治理。各地可参照国家有关部门对食用农产品监管职责分工方式，按照无缝衔接的原则，合理划分食品药品监管部门和农业部门的监管边界，切实做好食用农产品产地准出管理与批发市场准入管理的衔接。卫生部门要加强食品安全标准、风险评估等相关工作。各级政府食品安全委员会要切实履行监督、指导、协调职能，加强监督检查和考核评价，完善政府、企业、社会齐抓共管的综合监管措施。

（三）相关部门要各负其责

各级与食品安全工作有关的部门要各司其职，各负其责，积极做好相关工作，形成与监管部门的密切协作联动机制。质监部门要加强食品包装材料、容器、食品生产经营工具等食品相关产品生产加工的监督管理。城管部门要做好食品摊贩等监管执法工作。公安机关要加大对食品药品犯罪案件的侦办力度，加强行政执法和刑事司法的衔接，严厉打击食品药品违法犯罪活动。要充分发挥市场机制、社会监督和行业自律作用，建立健全督促生产经营者履行主体责任的长效机制。

四、确保食品药品监督管理体制改革有序推进

食品药品安全工作社会关注度高，各方面对体制改革的期待高，各地区、各有关部门务必精心组织、周密部署，加快推进步伐，取得让人民群众满意的实效。

（一）加强领导，扎实推进

省级政府负责制定出台体制改革工作方案和配套措施，统筹本地区食品药品监管机构改革工作。地方各级政府要成立食品药品监管机构改革领导小组，主要领导亲自负责。食品药品日常监管任务繁重，要尽可能缩短改革过渡期。省、市、县三级食品药品监督管理机构改革工作，原则上分别于2013年上半年、9月底和年底前完成。国务院各有关部门要支持地方政府的工作，不干预地方政府的改革措施。

（二）协调配合，平稳过渡

改革过渡期间，食品安全各环节的监管责任和药品监管责任仍由原系统承担，并按既定部署做好相关工作。各有关部门要顾全大局，相互支持，密切配合，做好人、财、物的划转工作。要有针对性地做好干部职工的思想政治工作，确保思想不乱、队伍不散、工作不断，确保各项工作上下贯通、运转顺畅，及时处理食品药品安全突发事件，实现与新建机构食品药品安全监管工作的平稳过渡。

（三）严肃纪律，强化指导

地方各级政府、各有关部门要严格执行有关编制、人事、财经纪律，严禁在体制改革过程中超编进人、超职数配备领导干部、突击提拔干部，严防国有资产流失。对违反规定的，要追究有关人员的责任。中央编办、国家食品药品监督管理总局要及时掌握和研究解决地方机构改革过程中出现的新情况、新问题，加强协调指导、督促检查，加大支持力度，为地方改革创造良好条件。

（四）加强宣传，营造氛围

地方各级政府、各有关部门和新闻单位，要开展多种形式的宣传教育活动，大力宣传食品药品安全形势和政策，让广大干部群众充分了解改革的目的意义、目标任务、重大措施，进一步统一思想、凝聚共识，形成全社会支持改革、参与改革的良好舆论环境。

做好食品药品安全工作事关重大，影响深远。实现食品药品安全的长治久安，必须形成社会共治的格局。地方各级政府要以此次体制改革和机构调整为契机，在明确监管部门职责、加强监管能力建设、充实基层监管力量、落实好属地管理责任的同时，推动制定地方性法规，强化食品药品生产经营者的法律责任，夯实食品药品安全基础，确保本地区食品药品安全。要深刻认识食品药品安全监管工作的艰巨性和长期性，多措并举、标本兼治、统

筹推进，着力提高食品药品产业整体素质，创造公平法治诚信市场环境，加快构建符合国情、科学合理的食品药品安全体系，全面提升食品药品安全水平。

国务院批转发改委关于2013年深化经济体制改革重点工作意见的通知

（2013年5月18日　国发〔2013〕20号）

各省、自治区、直辖市人民政府，国务院各部委、各直属机构：

国务院同意发改委《关于2013年深化经济体制改革重点工作的意见》，现转发给你们，请认真贯彻执行。

党的十八大提出要加快完善社会主义市场经济体制，全社会热切期待改革取得新突破。顺应人民愿望，把握时代要求，不失时机深化重要领域改革，意义十分重大。现就2013年深化经济体制改革重点工作提出以下意见：

一、指导思想和总体要求

2013年深化经济体制改革工作的指导思想是，以邓小平理论、“三个代表”重要思想、科学发展观为指导，全面贯彻党的十八大精神，坚定不移走中国特色社会主义道路，坚持社会主义市场经济改革方向，以更大的勇气、智慧和韧性，大力推动促进经济转型、民生改善和社会公正的改革，坚决破除妨碍科学发展的体制机制弊端，促进经济持续健康发展与社会和谐稳定，使改革红利更多更公平惠及全体人民，为全面建成小康社会、实现中华民族伟大复兴的中国梦作出积极贡献。

总体要求是，正确处理好政府与市场、政府与社会的关系，处理好加强顶层设计与尊重群众首创精神的关系，处理好增量改革与存量优化的关系，处理好改革创新与依法行政的关系，处理好改革、发展、稳定的关系，确保改革顺利有效推进。

二、大力推进年度重点改革

2013年改革重点工作是，深入推进行政体制改革，加快推进财税、金融、投资、价格等领域改革，积极推动民生保障、城镇化和统筹城乡相关改革。

（一）行政体制改革

1. 深化政府机构改革。完成新组建部门“三定”规定制定和相关部门“三定”规定修订工作。组织推进地方行政体制改革，研究制定关于地方政府机构改革和职能转变的意见。（中央编办牵头）

2. 简政放权，下决心减少审批事项。抓紧清理、分批取消和下放投资项目审批、生产经营活动和资质资格许可等事项，对确需审批、核准、备案的项目，要简化程序、限时办结相关手续。严格控制新增审批项目。（中央编办、国家发改委、人力资源社会保障部、法制办等负责）

3. 创新政府公共服务提供方式。加快出台政府向社会组织购买服务的指导意见，推动公共服务提供主体和提供方式多元化。出台行业协会商会与行政机关脱钩方案。改革工商登记和社会组织登记制度。深化公务用车制度改革。（财政部、中央编办、国家发改委、民政部、人力资源社会保障部、国务院国资委、工商总局、国管局等负责）

（二）财税体制改革

4. 完善财政预算制度，推动建立公开、透明、规范、完整的预算体制。完善财政转移支付制度，减

少、合并一批专项转移支付项目，增加一般性转移支付规模和比例。（财政部牵头）

5. 扩大营业税改征增值税试点范围，在全国开展交通运输业和部分现代服务业营改增试点，择机将铁路运输和邮电通信等行业纳入试点范围。合理调整消费税征收范围和税率，将部分严重污染环境、过度消耗资源的产品等纳入征税范围。扩大个人住房房产税改革试点范围。（财政部、税务总局会同住房城乡建设部等负责）

6. 将资源税从价计征范围扩大到煤炭等应税品目，清理煤炭开采和销售中的相关收费基金。开展深化矿产资源有偿使用制度改革试点。（财政部、国家发改委、税务总局、国土资源部等负责）

7. 建立健全覆盖全部国有企业的国有资本经营预算和收益分享制度。落实和完善对成长型、科技型、外向型小微企业的财税支持政策。（财政部、国务院国资委、科技部、工业和信息化部、税务总局等负责）

（三）金融体制改革

8. 稳步推进利率汇率市场化改革。逐步扩大存贷款利率浮动幅度，建立健全市场基准利率体系。完善人民币汇率形成机制，充分发挥市场供求在汇率形成中的基础性作用。稳步推进人民币资本项目可兑换，建立合格境内个人投资者境外投资制度，研究推动符合条件的境外机构在境内发行人民币债券。（人民银行会同国家发改委、财政部、银监会、证监会、外汇局等负责）

9. 完善场外股权交易市场业务规则体系，扩大中小企业股份转让系统试点范围。健全投资者尤其是中小投资者权益保护政策体系。推进煤炭、铁矿石、原油等大宗商品期货和国债期货市场建设。（证监会、国家发改委、财政部、人民银行、能源局等负责）

10. 推进制定存款保险制度实施方案，建立健全金融机构经营失败风险补偿和分担机制，形成有效的风险处置和市场退出机制。加快和规范发展民营金融机构和面向小微企业、“三农”的中小金融机构。（人民银行、银监会、财政部等负责）

（四）投融资体制改革

11. 抓紧清理有碍公平竞争的政策法规，推动民间资本有效进入金融、能源、铁路、电信等领域。按照转变政府职能、简政放权的原则，制定政府投资条例、企业投资项目核准和备案管理条例。（法制办、国家发改委、财政部、工业和信息化部、交通运输部、人民银行、国务院国资委、银监会、能源局等负责）

12. 改革铁路投融资体制。建立公益性运输补偿制度、经营性铁路合理定价机制，为社会资本进入铁路领域创造条件。支线铁路、城际铁路、资源开发性铁路所有权、经营权率先向社会资本开放，通过股权置换等形式引导社会资本投资既有干线铁路。（国家发改委、财政部、交通运输部、铁路局等负责）

（五）资源性产品价格改革

13. 推进电价改革，简化销售电价分类，扩大工商业用电同价实施范围，完善煤电价格联动机制和水电、核电上网价格形成机制。推进全国煤炭交易市场体系建设。推进天然气价格改革，逐步理顺天然气与可替代能源的比价关系。推进大用户直购电和售电侧电力体制改革试点。（国家发改委牵头）

14. 在保障人民群众基本生活需求的前提下，综合考虑资源节约利用和环境保护等因素，建立健全居民生活用电、用水、用气等阶梯价格制度。（国家发改委牵头）

（六）基本民生保障制度改革

15. 整体推进城乡居民大病保险，整合城乡基本医疗保险管理职能，逐步统一城乡居民基本医疗保险制度，健全全民医保体系。研究制定基础养老金全国统筹方案。健全保障性住房分配制度，有序推进公租房、廉租房并轨。（人力资源社会保障部、卫生计生委、中央编办、财政部、住房城乡建设部等负责）

16. 建立健全最低生活保障、就业困难群体就业援助、重特大疾病保障和救助等制度，健全并落实社会救助标准与物价涨幅挂钩的机制。整合社会救助资源，逐步形成保障特困群体基本生存权利和人格尊严的长效保底机制。（民政部、财政部、人力资源社会保障部、国家发改委、卫生计生委等负责）

17. 建立最严格的覆盖生产、流通、消费各环节的食品药品安全监管制度。建立健全部门间、区域间食品药品安全监管联动机制。完善食品药品质量标准和安全准入制度。加强基层监管能力建设。充分发挥群众监督、舆论监督作用,全面落实食品安全投诉举报机制。建立实施黑名单制度,形成有效的行业自律机制。(食品药品监管总局牵头)

18. 建立健全最严格的环境保护监管制度和规范科学的生态补偿制度。建立区域间环境治理联动和合作机制。完善生态环境保护责任追究制度和环境损害赔偿制度。制定加强大气、水、农村(土壤)污染防治的综合性政策措施。深入推进排污权、碳排放权交易试点,研究建立全国排污权、碳排放交易市场,开展环境污染强制责任保险试点。制定突发环境事件调查处理办法。研究制定生态补偿条例。(环境保护部、国家发改委、财政部、林业局等负责)

(七)城镇化和统筹城乡相关改革

19. 研究制定城镇化发展规划。以增强产业发展、公共服务、吸纳就业、人口集聚功能为重点,开展中小城市综合改革试点。优化行政层级和行政区划。实施好经济发达镇行政管理体制改革试点。有序推进城乡规划、基础设施和公共服务一体化,创新城乡社会管理体制。(国家发改委、中央编办、住房城乡建设部、民政部、农业部等负责)

20. 根据城市综合承载能力和转移人口情况,分类推进户籍制度改革,统筹推进相关公共服务、社会保障制度改革,有序推进农业转移人口市民化,将基本公共服务逐步覆盖到符合条件的常住人口。(公安部、国家发改委、财政部、人力资源社会保障部、卫生计生委、教育部、民政部、农业部、法制办等负责)

21. 积极稳妥推进土地管理制度、投融资体制等促进城镇化健康发展的改革,调研并制定相关配套政策。完善地方债务风险控制措施,规范发展债券、股权、信托等投融资方式,健全鼓励社会资本投资城乡基础设施、公共服务项目的政策和相关机制。(国家发改委、国土资源部、财政部、人民银行、银监会、证监会、保监会等负责)

22. 建立健全农村产权确权、登记、颁证制度。依法保障农民土地承包经营权、宅基地使用权、集体收益分配权。开展国有林场改革试点。研究提出国有林区改革指导意见。探索建立农村产权交易市场。推进小型水利工程管理体制改革。(国土资源部、国家发改委、农业部、财政部、水利部、林业局等负责)

三、继续深化已出台的各项改革

对已经部署并正在推进的各项改革,有关部门按职能分工,切实抓好落实,力求年内取得新的进展。

(一)继续推进国有企业改革

推动大型国有企业公司制股份制改革,大力发展混合所有制经济。推进国有经济战略性调整和国有企业并购重组,着力培育一批具有国际竞争力的大企业。完善各类国有资产监督管理制度。加快解决国有企业办社会负担和历史遗留问题。

(二)继续深化开放型经济体制改革

进一步扩大金融、物流、教育、科技、医疗、体育等服务业对外开放。完善口岸管理体制,推进通关便利化改革。加快海关特殊监管区域整合优化,完善政策和功能,开展保税工厂改革试点。加快制定并出台中国(上海)自由贸易试验区建设方案,推进港澳和内地服务贸易自由化,探索建立与国际接轨的外商投资管理体制。积极实施自由贸易区战略,建立健全双边、多边和区域投资贸易合作新机制。健全境外投资规划、协调、服务和管理机制,完善风险防控体系。继续深化流通体制改革。

(三)加快教育、文化、医药卫生等社会事业各项改革

围绕促进教育公平、提高教育质量,深化教育体制改革。加快推进文化领域政事、政企、政资分开,完善公共文化服务体系,优化促进文化产业创新发展的制度环境。深化医药卫生体制改革,加快公立医院改革,完善社会办医政策,逐步形成多元化办医格局。稳步推进事业单位分类改革,推进事业单位人事、收入分配和社会保险制度等改革,加快管办分离和建立法人治理结构。

（四）加快完善科技创新体制机制

构建以企业为主体、市场为导向、产学研相结合的技术创新体系，扩大国家自主创新示范区先行先试政策试点范围，整合资源实施科技重大专项，完善科技成果转移转化的激励政策，加强科技资源开放共享，发挥科技在经济发展中的支撑作用。

（五）深化收入分配制度改革

贯彻落实深化收入分配制度改革的若干意见，制定出台合理提高劳动报酬、加强国有企业收入分配调控、整顿和规范收入分配秩序等重点配套方案和实施细则。

四、完善改革协调推进机制

各地区、各部门要将改革工作放到更加突出的位置，切实完成各项改革任务，确保取得明显成效。

认真做好改革方案研究制定工作。深入调查研究，充分听取各方面意见，科学制定方案，统筹好改革力度与社会可承受程度，使改革更好地集中民智、体现民意、惠及民生。

扎实抓好改革方案实施和社会引导工作。牵头部门要明确提出工作方案、时间进度和阶段性目标。参与部门要各司其职，积极主动配合。要注重政策宣传和舆情引导，及时回应社会关切，为改革创造良好的舆论氛围和社会环境。

积极推进各项改革试点工作。继续推进综合配套改革试点，优先在试验区部署重大改革任务，发挥其探索创新、示范带动作用。及时总结和推广试点经验。围绕迫切需要推进的重大改革，组织实施一批攻关性试点。鼓励各地因地制宜进行改革试点。

进一步加强组织领导和统筹协调工作。各地区、各部门要把推进改革作为领导干部业绩考核的重要内容。发展改革委要采取建立联席会议、专题会议制度等多种形式，加强统筹安排，健全工作机制，协调解决重大问题，做好督促检查工作，及时将改革进展情况和重要问题报告国务院。

国务院办公厅关于金融支持经济结构调整和转型升级的指导意见

（2013年7月1日　国办发〔2013〕67号）

各省、自治区、直辖市人民政府，国务院各部委、各直属机构：

当前，中国经济运行总体平稳，但结构性矛盾依然突出。金融运行总体是稳健的，但资金分布不合理问题仍然存在，与经济结构调整和转型升级的要求不相适应。为深入贯彻党的十八大、中央经济工作会议和国务院常务会议精神，更好地发挥金融对经济结构调整和转型升级的支持作用，更好地发挥市场配置资源的基础性作用，更好地发挥金融政策、财政政策和产业政策的协同作用，优化社会融资结构，持续加强对重点领域和薄弱环节的金融支持，切实防范化解金融风险，经国务院同意，现提出以下指导意见：

一、继续执行稳健的货币政策，合理保持货币信贷总量

统筹兼顾稳增长、调结构、控通胀、防风险，合理保持货币总量。综合运用数量、价格等多种货币政策工具组合，充分发挥再贷款、再贴现和差别存款准备金动态调整机制的引导作用，盘活存量资金，用好增量资金，加快资金周转速度，提高资金使用效率。

对中小金融机构继续实施较低的存款准备金率，增加“三农”、小微企业等薄弱环节的信贷资金来源。稳步推进利率市场化改革，更大程度发挥市场在资金配置中的基础性作用，促进企业根据自身条件选择融资渠道、优化融资结构，提高实体经济特别是小微企业的信贷可获得性，进一步加大金融对实体经济的支持力度。（人民银行牵头，国家发改委、工业和信息化部、财政部、银监会、证监会、保监会、外汇局等参加）

二、引导、推动重点领域与行业转型和调整

坚持有扶有控、有保有压原则，增强资金支持的针对性和有效性。大力支持实施创新驱动发展战略。加大对有市场发展前景的先进制造业、战略性新兴产业、现代信息技术产业和信息消费、劳动密集型产业、服务业、传统产业改造升级以及绿色环保等领域的资金支持力度。保证重点在建续建工程和项目的合理资金需求，积极支持铁路等重大基础设施、城市基础设施、保障性安居工程等民生工程建设，培育新的产业增长点。按照“消化一批、转移一批、整合一批、淘汰一批”的要求，对产能过剩行业区分不同情况实施差别化政策。对产品有竞争力、有市场、有效益的企业，要继续给予资金支持；对合理向境外转移产能的企业，要通过内保外贷、外汇及人民币贷款、债权融资、股权融资等方式，积极支持增强跨境投资经营能力；对实施产能整合的企业，要通过探索发行优先股、定向开展并购贷款、适当延长贷款期限等方式，支持企业兼并重组；对属于淘汰落后产能的企业，要通过保全资产和不良贷款转让、贷款损失核销等方式支持压产退市。严禁对产能严重过剩行业违规建设项目提供任何形式的新增授信和直接融资，防止盲目投资加剧产能过剩。（国家发改委、工业和信息化部、财政部、商务部、人民银行、国务院国资委、银监会、证监会、保监会、外汇局等按职责分工负责）

三、整合金融资源支持小微企业发展

优化小微企业金融服务。支持金融机构向小微企业集中的区域延伸服务网点。根据小微企业不同发展阶段的金融需求特点，支持金融机构向小微企业提供融资、结算、理财、咨询等综合性金融服务。继续支持符合条件的银行发行小微企业专项金融债，所募集资金发放的小微企业贷款不纳入存贷比考核。逐步推进信贷资产证券化常规化发展，盘活资金支持小微企业发展和经济结构调整。适度放开小额外保内贷业务，扩大小微企业境内融资来源。适当提高对小微企业贷款的不良贷款容忍度。加强对科技型、创新型、创业型小微企业的金融支持力度。力争全年小微企业贷款增速不低于当年各项贷款平均增速，贷款增量不低于上年同期水平。鼓励地方人民政府建立小微企业信贷风险补偿基金，支持小微企业信息整合，加快推进中小企业信用体系建设。支持地方人民政府加强对小额贷款公司、融资性担保公司的监管，对非融资性担保公司进行清理规范。鼓励地方人民政府出资设立或参股融资性担保公司，以及通过奖励、风险补偿等多种方式引导融资性担保公司健康发展，帮助小微企业增信融资，降低小微企业融资成本，提高小微企业贷款覆盖面。推动金融机构完善服务定价管理机制，严格规范收费行为，严格执行不得以贷转存、不得存贷挂钩、不得以贷收费、不得浮利分费、不得借贷搭售、不得一浮到顶、不得转嫁成本，公开收费项目、服务质价、效用功能、优惠政策等规定，切实降低企业融资成本。（国家发改委、科技部、工业和信息化部、财政部、人民银行、工商总局、银监会、证监会、保监会、外汇局等按职责分工负责）

四、加大对“三农”领域的信贷支持力度

优化“三农”金融服务，统筹发挥政策性金融、商业性金融和合作性金融的协同作用，发挥直接融资优势，推动加快农业现代化步伐。鼓励涉农金融机构在金融服务空白乡镇设立服务网点，创新服务方式，努力实现农村基础金融服务全覆盖。支持金融机构开发符合农业农村新型经营主体和农产品批发商特点的金融产品和服务，加大信贷支持力度，力争全年“三农”贷款增速不低于当年各项贷款平均增速，贷款增量不低于上年同期水平。支持

符合条件的银行发行"三农"专项金融债。鼓励银行业金融机构扩大林权抵押贷款，探索开展大中型农机具、农村土地承包经营权和宅基地使用权抵押贷款试点。支持农业银行在总结试点经验的基础上，逐步扩大县域"三农金融事业部"试点省份范围。支持经中央批准的农村金融改革试点地区创新农村金融产品和服务。（财政部、国土资源部、农业部、商务部、人民银行、林业局、法制办、银监会等按职责分工负责）

五、进一步发展消费金融促进消费升级

加快完善银行卡消费服务功能，优化刷卡消费环境，扩大城乡居民用卡范围。积极满足居民家庭首套自住购房、大宗耐用消费品、新型消费品以及教育、旅游等服务消费领域的合理信贷需求。逐步扩大消费金融公司的试点城市范围，培育和壮大新的消费增长点。加强个人信用管理。根据城镇化过程中进城务工人员等群体的消费特点，提高金融服务的匹配度和适应性，促进消费升级。（人民银行牵头，国家发改委、工业和信息化部、商务部、银监会等参加）

六、支持企业"走出去"

鼓励政策性银行、商业银行等金融机构大力支持企业"走出去"。以推进贸易投资便利化为重点，进一步推动人民币跨境使用，推进外汇管理简政放权，完善货物贸易和服务贸易外汇管理制度。逐步开展个人境外直接投资试点，进一步推动资本市场对外开放。改进外债管理方式，完善全口径外债管理制度。加强银行间外汇市场净额清算等基础设施建设。创新外汇储备运用，拓展外汇储备委托贷款平台和商业银行转贷款渠道，综合运用多种方式为用汇主体提供融资支持。（人民银行牵头，外交部、国家发改委、财政部、商务部、海关总署、银监会、证监会、保监会、外汇局等参加）

七、加快发展多层次资本市场

进一步优化主板、中小企业板、创业板市场的制度安排，完善发行、定价、并购重组等方面的各项制度。适当放宽创业板对创新型、成长型企业的财务准入标准。将中小企业股份转让系统试点扩大至全国。规范非上市公众公司管理。稳步扩大公司（企业）债、中期票据和中小企业私募债券发行，促进债券市场互联互通。规范发展各类机构投资者，探索发展并购投资基金，鼓励私募股权投资基金、风险投资基金产品创新，促进创新型、创业型中小企业融资发展。加快完善期货市场建设，稳步推进期货市场品种创新，进一步发挥期货市场的定价、分散风险、套期保值和推进经济转型升级的作用。（证监会牵头，国家发改委、科技部、工业和信息化部、财政部、人民银行、工商总局、法制办等参加）

八、进一步发挥保险的保障作用

扩大农业保险覆盖范围，推广菜篮子工程保险、渔业保险、农产品质量保证保险、农房保险等新型险种。建立完善财政支持的农业保险大灾风险分散机制。大力发展出口信用保险，鼓励为企业开展对外贸易和"走出去"提供投资、运营、劳动用工等方面的一揽子保险服务。深入推进科技保险工作。试点推广小额信贷保证保险，推动发展国内贸易信用保险。拓宽保险覆盖面和保险资金运用范围，进一步发挥保险对经济结构调整和转型升级的积极作用。（保监会牵头，国家发改委、科技部、工业和信息化部、财政部、农业部、商务部、人民银行、林业局、银监会、外汇局等参加）

九、扩大民间资本进入金融业

鼓励民间资本投资入股金融机构和参与金融机构重组改造。允许发展成熟、经营稳健的村镇银行在最低股比要求内，调整主发起行与其他股东持股比例。尝试由民间资本发起设立自担风险的民营银行、金融租赁公司和消费金融公司等金融机构。探索优化银行业分类监管机制，对不同类型银行业金融机构在经营地域和业务范围上实行差异化准入管理，建立相应的考核和评估体系，为实体经济发展提供广覆盖、差异化、高效率的金融服务。（银监会牵

头，人民银行、工商总局、法制办等参加）

十、严密防范金融风险

深入排查各类金融风险隐患，适时开展压力测试，动态分析可能存在的风险触点，及时锁定、防控和化解风险，严守不发生系统性区域性金融风险的底线。继续按照总量控制、分类管理、区别对待、逐步化解的原则，防范化解地方政府融资平台贷款等风险。认真执行房地产调控政策，落实差别化住房信贷政策，加强名单制管理，严格防控房地产融资风险。按照理财与信贷业务分离、产品与项目逐一对应、单独建账管理、信息公开透明的原则，规范商业银行理财产品，加强行为监管，严格风险管控。密切关注并积极化解“两高一剩”（高耗能、高污染、产能过剩）行业结构调整时暴露的金融风险。防范跨市场、跨行业经营带来的交叉金融风险，防止民间融资、非法集资、国际资本流动等风险向金融系统传染渗透。支持银行开展不良贷款转让，扩大银行不良贷款自主核销权，及时主动消化吸收风险。稳妥有序处置风险，加强疏导，防止因处置不当等引发新的风险。加快信用立法和社会信用体系建设，培育社会诚信文化，为金融支持经济结构调整和转型升级营造良好环境。（人民银行牵头，国家发改委、工业和信息化部、财政部、住房城乡建设部、法制办、银监会、证监会、保监会、外汇局等参加）

国务院关于促进光伏产业健康发展的若干意见

（2013 年 7 月 4 日　国发〔2013〕24 号）

各省、自治区、直辖市人民政府，国务院各部委、各直属机构：

发展光伏产业对调整能源结构、推进能源生产和消费革命、促进生态文明建设具有重要意义。为规范和促进光伏产业健康发展，现提出以下意见：

一、充分认识促进光伏产业健康发展的重要性

近年来，我国光伏产业快速发展，光伏电池制造产业规模迅速扩大，市场占有率位居世界前列，光伏电池制造达到世界先进水平，多晶硅冶炼技术日趋成熟，形成了包括硅材料及硅片、光伏电池及组件、逆变器及控制设备的完整制造产业体系。光伏发电国内应用市场逐步扩大，发电成本显著降低，市场竞争力明显提高。

当前，在全球光伏市场需求增速减缓、产品出口阻力增大、光伏产业发展不协调等多重因素作用下，我国光伏企业普遍经营困难。同时，我国光伏产业存在产能严重过剩、市场无序竞争，产品市场过度依赖外需、国内应用市场开发不足，技术创新能力不强、关键技术装备和材料发展缓慢，财政资金支持需要加强、补贴机制有待完善，行业管理比较薄弱、应用市场环境亟待改善等突出问题，光伏产业发展面临严峻形势。

光伏产业是全球能源科技和产业的重要发展方向，是具有巨大发展潜力的朝阳产业，也是我国具有国际竞争优势的战略性新兴产业。我国光伏产业当前遇到的问题和困难，既是对产业发展的挑战，也是促进产业调整升级的契机，特别是光伏发电成本大幅下降，为扩大国内市场提供了有利条件。要坚定信心，抓住机遇，开拓创新，毫不动摇地推进光伏产业持续健康发展。

二、总体要求

（一）指导思想

深入贯彻党的十八大精神，以邓小平理论、“三个代表”重要思想、科学发展观为指导，创新体制机制，完善支持政策，通过市场机制激发国内市场有效需求，努力巩固国际市场；健全标准体系，规范产业

发展秩序,着力推进产业重组和转型升级;完善市场机制,加快技术进步,着力提高光伏产业发展质量和效益,为提升经济发展活力和竞争力作出贡献。

(二)基本原则

远近结合,标本兼治。在扩大光伏发电应用的同时,控制光伏制造总产能,加快淘汰落后产能,着力推进产业结构调整和技术进步。

统筹兼顾,综合施策。统筹考虑国内外市场需求、产业供需平衡、上下游协调等因素,采取综合措施解决产业发展面临的突出问题。

市场为主,重点扶持。发挥市场机制在推动光伏产业结构调整、优胜劣汰、优化布局以及开发利用方面的基础性作用。对不同光伏企业实行区别对待,重点支持技术水平高、市场竞争力强的骨干优势企业发展,淘汰劣质企业。

协调配合,形成合力。加强政策的协调配合和行业自律,支持地方创新发展方式,调动地方、企业和消费者的积极性,共同推动光伏产业发展。

(三)发展目标

把扩大国内市场、提高技术水平、加快产业转型升级作为促进光伏产业持续健康发展的根本出路和基本立足点,建立适应国内市场的光伏产品生产、销售和服务体系,形成有利于产业持续健康发展的法规、政策、标准体系和市场环境。2013—2015 年,年均新增光伏发电装机容量 1 000 万千瓦左右,到 2015 年总装机容量达到 3 500 万千瓦以上。加快企业兼并重组,淘汰产品质量差、技术落后的生产企业,培育一批具有较强技术研发能力和市场竞争力的龙头企业。加快技术创新和产业升级,提高多晶硅等原材料自给能力和光伏电池制造技术水平,显著降低光伏发电成本,提高光伏产业竞争力。保持光伏产品在国际市场的合理份额,对外贸易和投融资合作取得新进展。

三、积极开拓光伏应用市场

(一)大力开拓分布式光伏发电市场

鼓励各类电力用户按照"自发自用,余量上网,电网调节"的方式建设分布式光伏发电系统。优先支持在用电价格较高的工商业企业、工业园区建设规模化的分布式光伏发电系统。支持在学校、医院、党政机关、事业单位、居民社区建筑和构筑物等推广小型分布式光伏发电系统。在城镇化发展过程中充分利用太阳能,结合建筑节能加强光伏发电应用,推进光伏建筑一体化建设,在新农村建设中支持光伏发电应用。依托新能源示范城市、绿色能源示范县、可再生能源建筑应用示范市(县),扩大分布式光伏发电应用,建设 100 个分布式光伏发电规模化应用示范区、1 000 个光伏发电应用示范小镇及示范村。开展适合分布式光伏发电运行特点和规模化应用的新能源智能微电网试点、示范项目建设,探索相应的电力管理体制和运行机制,形成适应分布式光伏发电发展的建设、运行和消费新体系。支持偏远地区及海岛利用光伏发电解决无电和缺电问题。鼓励在城市路灯照明、城市景观以及通讯基站、交通信号灯等领域推广分布式光伏电源。

(二)有序推进光伏电站建设

按照"合理布局、就近接入、当地消纳、有序推进"的总体思路,根据当地电力市场发展和能源结构调整需要,在落实市场消纳条件的前提下,有序推进各种类型的光伏电站建设。鼓励利用既有电网设施按多能互补方式建设光伏电站。协调光伏电站与配套电网规划和建设,保证光伏电站发电及时并网和高效利用。

(三)巩固和拓展国际市场

积极妥善应对国际贸易摩擦,推动建立公平合理的国际贸易秩序。加强对话协商,推动全球产业合作,规范光伏产品进出口秩序。鼓励光伏企业创新国际贸易方式,优化制造产地分布,在境外开展投资生产合作。鼓励企业实施"引进来"和"走出去"战略,集聚全球创新资源,促进光伏企业国际化发展。

四、加快产业结构调整和技术进步

(一)抑制光伏产能盲目扩张

严格控制新上单纯扩大产能的多晶硅、光伏电池及组件项目。光伏制造企业应拥有先进技术和较强的自主研发能力，新上光伏制造项目应满足单晶硅光伏电池转换效率不低于20.0%、多晶硅光伏电池转换效率不低于18.0%、薄膜光伏电池转换效率不低于12.0%，多晶硅生产综合电耗不高于100千瓦时/千克。加快淘汰能耗高、物料循环利用不完善、环保不达标的多晶硅产能，在电力净输入地区严格控制建设多晶硅项目。

（二）加快推进企业兼并重组

利用“市场倒逼”机制，鼓励企业兼并重组。加强政策引导和推动，建立健全淘汰落后产能长效机制，加快关停淘汰落后光伏产能。重点支持技术水平高、市场竞争力强的多晶硅和光伏电池制造企业发展，培育形成一批综合能耗低、物料消耗少、具有国际竞争力的多晶硅制造企业和技术研发能力强、具有自主知识产权和品牌优势的光伏电池制造企业。引导多晶硅产能向中西部能源资源优势地区聚集，鼓励多晶硅制造企业与先进化工企业合作或重组，降低综合电耗、提高副产品综合利用率。

（三）加快提高技术和装备水平

通过实施新能源集成应用工程，支持高效率晶硅电池及新型薄膜电池、电子级多晶硅、四氯化硅闭环循环装置、高端切割机、全自动丝网印刷机、平板式镀膜工艺、高纯度关键材料等的研发和产业化。提高光伏逆变器、跟踪系统、功率预测、集中监控以及智能电网等技术和装备水平，提高光伏发电的系统集成技术能力。支持企业开发硅材料生产新工艺和光伏新产品、新技术，支持骨干企业建设光伏发电工程技术研发和试验平台。支持高等院校和企业培养光伏产业相关专业人才。

（四）积极开展国际合作

鼓励企业加强国际研发合作，开展光伏产业前沿、共性技术联合研发。鼓励有条件的国内光伏企业和基地与国外研究机构、产业集群建立战略合作关系。支持有关科研院所和企业建立国际化人才引进和培养机制，重点培养创新能力强的高端专业技术人才和综合管理人才。积极参与光伏行业国际标准制定，加大自主知识产权标准体系海外推广，推动检测认证国际互认。

五、规范产业发展秩序

（一）加强规划和产业政策指导

根据光伏产业发展需要，编制实施光伏产业发展规划。各地区可根据国家光伏产业发展规划和本地区发展需要，编制实施本地区相关规划及实施方案。加强全国规划与地方规划、制造产业与发电应用、光伏发电与配套电网建设的衔接和协调。加强光伏发电规划和年度实施指导。完善光伏电站和分布式光伏发电项目建设管理制度，促进光伏发电有序发展。

（二）推进标准化体系和检测认证体系建设

建立健全光伏材料、电池及组件、系统及部件等标准体系，完善光伏发电系统及相关电网技术标准体系。制定完善适合不同气候区及建筑类型的建筑光伏应用标准体系，在城市规划、建筑设计和旧建筑改造中统筹考虑光伏发电应用。加强硅材料及硅片、光伏电池及组件、逆变器及控制设备等产品的检测和认证平台建设，健全光伏产品检测和认证体系，及时发布符合标准的光伏产品目录。开展太阳能资源观测与评价，建立太阳能信息数据库。

（三）加强市场监管和行业管理

制定完善并严格实施光伏制造行业规范条件，规范光伏市场秩序，促进落后产能退出市场，提高产业发展水平。实行光伏电池组件、逆变器、控制设备等关键产品检测认证制度，未通过检测认证的产品不准进入市场。严格执行光伏电站设备采购、设计监理和工程建设招投标制度，反对不正当竞争，禁止地方保护。完善光伏发电工程建设、运行技术岗位资质管理。加强光伏发电电网接入和运行监管。建立光伏产业发展监测体系，及时发布产业发展信息。加强对《中华人民共和国可再生能源法》及配套政策的执法监察。地方各级政府不得以征收资源使用费等名义向太阳能发电企业收取法律法规规定之外的费用。

六、完善并网管理和服务

（一）加强配套电网建设

电网企业要加强与光伏发电相适应的电网建设和改造，保障配套电网与光伏发电项目同步建成投产。积极发展融合先进储能技术、信息技术的微电网和智能电网技术，提高电网系统接纳光伏发电的能力。接入公共电网的光伏发电项目，其接网工程以及接入引起的公共电网改造部分由电网企业投资建设。接入用户侧的分布式光伏发电，接入引起的公共电网改造部分由电网企业投资建设。

（二）完善光伏发电并网运行服务

各电网企业要为光伏发电提供并网服务，优化系统调度运行，优先保障光伏发电运行，确保光伏发电项目及时并网，全额收购所发电量。简化分布式光伏发电的电网接入方式和管理程序，公布分布式光伏发电并网服务流程，建立简捷高效的并网服务体系。对分布式光伏发电项目免收系统备用容量费和相关服务费用。加强光伏发电电网接入和并网运行监管。

七、完善支持政策

（一）大力支持用户侧光伏应用

开放用户侧分布式电源建设，支持和鼓励企业、机构、社区和家庭安装、使用光伏发电系统。鼓励专业化能源服务公司与用户合作，投资建设和经营管理为用户供电的光伏发电及相关设施。对分布式光伏发电项目实行备案管理，豁免分布式光伏发电应用发电业务许可。对不需要国家资金补贴的分布式光伏发电项目，如具备接入电网运行条件，可放开规模建设。分布式光伏发电全部电量纳入全社会发电量和用电量统计，并作为地方政府和电网企业业绩考核指标。自发自用发电量不计入阶梯电价适用范围，计入地方政府和用户节能量。

（二）完善电价和补贴政策

对分布式光伏发电实行按照电量补贴的政策。根据资源条件和建设成本，制定光伏电站分区域上网标杆电价，通过招标等竞争方式发现价格和补贴标准。根据光伏发电成本变化等因素，合理调减光伏电站上网电价和分布式光伏发电补贴标准。上网电价及补贴的执行期限原则上为20年。根据光伏发电发展需要，调整可再生能源电价附加征收标准，扩大可再生能源发展基金规模。光伏发电规模与国家可再生能源发展基金规模相协调。

（三）改进补贴资金管理

严格可再生能源电价附加征收管理，保障附加资金应收尽收。完善补贴资金支付方式和程序，对光伏电站，由电网企业按照国家规定或招标确定的光伏发电上网电价与发电企业按月全额结算；对分布式光伏发电，建立由电网企业按月转付补贴资金的制度。中央财政按季度向电网企业预拨补贴资金，确保补贴资金及时足额到位。鼓励各级地方政府利用财政资金支持光伏发电应用。

（四）加大财税政策支持力度

完善中央财政资金支持光伏产业发展的机制，加大对太阳能资源测量、评价及信息系统建设、关键技术装备材料研发及产业化、标准制定及检测认证体系建设、新技术应用示范、农村和牧区光伏发电应用以及无电地区光伏发电项目建设的支持。对分布式光伏发电自发自用电量免收可再生能源电价附加等针对电量征收的政府性基金。企业研发费用符合有关条件的，可按照税法规定在计算应纳税所得额时加计扣除。企业符合条件的兼并重组，可以按照现行税收政策规定，享受税收优惠政策。

（五）完善金融支持政策

金融机构要继续实施“有保有压”的信贷政策，支持具有自主知识产权、技术先进、发展潜力大的企业做优做强，对有市场、有订单、有效益、有信誉的光伏制造企业提供信贷支持。根据光伏产业特点和企业资金运转周期，按照风险可控、商业可持续、信贷准入可达标的原则，采取灵活的信贷政策，支持优质企业正常生产经营，支持技术创新、兼并重组和境外投资等具有竞争优势的项目。创新金融产品和服务，支持中小企业和家庭自建自用分布式光伏发电系统。严禁资金流向盲目扩张产能项目和落后产能项目建设，对国家禁止建设的、不符合产业政策的光伏制造项目不予信贷支持。

（六）完善土地支持政策和建设管理

对利用戈壁荒滩等未利用土地建设光伏发电项目的，在土地规划、计划安排时予以适度倾斜，不涉及转用的，可不占用土地年度计划指标。探索采用租赁国有未利用土地的供地方式，降低工程的前期投入成本。光伏发电项目使用未利用土地的，依法办理用地审批手续后，可采取划拨方式供地。完善光伏发电项目建设管理并简化程序。

八、加强组织领导

各有关部门要根据本意见要求，按照职责分工抓紧制定相关配套文件，完善光伏发电价格、税收、金融信贷和建设用地等配套政策，确保各项任务措施的贯彻实施。各省级人民政府要加强对本地区光伏产业发展的管理，结合实际制定具体实施方案，落实政策，引导本地区光伏产业有序协调发展。健全行业组织机构，充分发挥行业组织在加强行业自律、推广先进技术和管理经验、开展统计监测和研究制定标准等方面的作用。加强产业服务，建立光伏产业监测体系，及时发布行业信息，搭建银企沟通平台，引导产业健康发展。

国务院关于加快发展节能环保产业的意见

（2013 年 8 月 1 日　国发〔2013〕30 号）

各省、自治区、直辖市人民政府，国务院各部委、各直属机构：

资源环境制约是当前我国经济社会发展面临的突出矛盾。解决节能环保问题，是扩内需、稳增长、调结构，打造中国经济升级版的一项重要而紧迫的任务。加快发展节能环保产业，对拉动投资和消费，形成新的经济增长点，推动产业升级和发展方式转变，促进节能减排和民生改善，实现经济可持续发展和确保 2020 年全面建成小康社会，具有十分重要的意义。为加快发展节能环保产业，现提出以下意见：

一、总体要求

（一）指导思想

牢固树立生态文明理念，立足当前、着眼长远，围绕提高产业技术水平和竞争力，以企业为主体、以市场为导向、以工程为依托，强化政府引导，完善政策机制，培育规范市场，着力加强技术创新，大力提高技术装备、产品、服务水平，促进节能环保产业快速发展，释放市场潜在需求，形成新的增长点，为扩内需、稳增长、调结构，增强创新能力，改善环境质量，保障改善民生和加快生态文明建设作出贡献。

（二）基本原则

创新引领，服务提升。加快技术创新步伐，突破关键核心技术和共性技术，缩小与国际先进水平的差距，提升技术装备和产品的供给能力。推行合同能源管理、特许经营、综合环境服务等市场化新型节能环保服务业态。

需求牵引，工程带动。营造绿色消费政策环境，推广节能环保产品，加快实施节能、循环经济和环境保护重点工程，释放节能环保产品、设备、服务的消费和投资需求，形成对节能环保产业发展的有力拉动。

法规驱动，政策激励。健全节能环保法规和标准，强化监督管理，完善政策机制，加强行业自律，规范市场秩序，形成促进节能环保产业快速健康发展的激励和约束机制。

市场主导，政府引导。充分发挥市场配置资源的基础性作用，以市场需求为导向，用改革的办法激发各类市场主体的积极性。针对产业发展的薄弱环节和瓶颈制约，有效发挥政府规划引导、政策激励和调控作用。

（三）主要目标

产业技术水平显著提升。企业技术创新和科技成果集成、转化能力大幅提高，能源高效和分质梯级利用、污染物防治和安全处置、资源回收和循环利用等关键核心技术研发取得重点突破，装备和产品的质量、性能显著改善，形成一大批拥有知识产权和国际竞争力的重大装备和产品，部分关键共性技术达到国际先进水平。

国产设备和产品基本满足市场需求。通过引进消化吸收和再创新，努力提高产品技术水平，促进我国节能环保关键材料以及重要设备和产品在工业、农业、服务业、居民生活各领域的广泛应用，为实现节能环保目标提供有力的技术保障。用能单位广泛采用“节能医生”诊断、合同能源管理、能源管理师制度等节能服务新机制改善能源管理，城镇污水、垃圾处理和脱硫、脱硝设施运营基本实现专业化、市场化、社会化，综合环境服务得到大力发展。建设一批技术先进、配套健全、发展规范的节能环保产业示范基地，形成以大型骨干企业为龙头、广大中小企业配套的产业良性发展格局。

辐射带动作用得到充分发挥。完善激励约束机制，建立统一开放、公平竞争、规范有序的市场秩序。节能环保产业产值年均增速在15.0%以上，到2015年，总产值达到45 000亿元，成为国民经济新的支柱产业。通过推广节能环保产品，有效拉动消费需求；通过增强工程技术能力，拉动节能环保社会投资增长，有力支撑传统产业改造升级和经济发展方式加快转变。

二、围绕重点领域，促进节能环保产业发展水平全面提升

当前，要围绕市场应用广、节能减排潜力大、需求拉动效应明显的重点领域，加快相关技术装备的研发、推广和产业化，带动节能环保产业发展水平全面提升。

（一）加快节能技术装备升级换代，推动重点领域节能增效

推广高效锅炉。发展一批高效锅炉制造基地，培育一批高效锅炉大型骨干生产企业。重点提高锅炉自动化控制、主辅机匹配优化、燃料品种适应、低温烟气余热深度回收、小型燃煤锅炉高效燃烧等技术水平，加大高效锅炉应用推广力度。

扩大高效电动机应用。推动高效电动机产业加快发展，建设15～20个高效电机及其控制系统产业化基地。大力发展三相异步电动机、稀土永磁无铁芯电机等高效电机产品，提高高效电机设计、匹配和关键材料、装备，以及高压变频、无功补偿等控制系统的技术水平。

发展蓄热式燃烧技术装备。建设一批以高效燃烧、换热及冷却技术为特色的制造基地，加快重大技术、装备的产业化示范和规模化应用。重点是综合采用优化炉膛结构、利用预热、强化辐射传热等节能技术集成，提高加热炉燃烧效率；在预混和蓄热结合、蓄热体材料研发、蓄热式燃烧器小型化方面力争取得突破。

加快新能源汽车技术攻关和示范推广。加快实施节能与新能源汽车技术创新工程，大力加强动力电池技术创新，重点解决动力电池系统安全性、可靠性和轻量化问题，加强驱动电机及核心材料、电控等关键零部件研发和产业化，加快完善配套产业和充电设施，示范推广纯电动汽车和插电式混合动力汽车、空气动力车辆等。

推动半导体照明产业化。整合现有资源，提高产业集中度，培育10～15家掌握核心技术、拥有知识产权和知名品牌的龙头企业，建设一批产业链完善的产业集聚区，关键生产设备、重要原材料实现本地化配套。加快核心材料、装备和关键技术的研发，着力解决散热、模块化、标准化等重大技术问题。

（二）提升环保技术装备水平，治理突出环境问题

示范推广大气治理技术装备。加快大气治理重

点技术装备的产业化发展和推广应用。大力发展脱硝催化剂制备和再生、资源化脱硫技术装备,推进耐高温、耐腐蚀纤维及滤料的开发应用,加快发展选择性催化还原技术和选择性非催化还原技术及其装备,以及高效率、高容量、低阻力微粒过滤器等汽车尾气净化技术装备,实施产业化示范工程。

开发新型水处理技术装备。推动形成一批水处理技术装备产业化基地。重点发展高通量、持久耐用的膜材料和组件,大型臭氧发生器,地下水高效除氟、砷、硫酸盐技术,高浓度难降解工业废水成套处理装备,污泥减量化、无害化、资源化技术装备。

推动垃圾处理技术装备成套化。采取开展示范应用、发布推荐目录、完善工程标准等多种手段,大力推广垃圾处理先进技术和装备。重点发展大型垃圾焚烧设施炉排及其传动系统、循环流化床预处理工艺技术、焚烧烟气净化技术和垃圾渗滤液处理技术等,重点推广300吨/日以上生活垃圾焚烧炉及烟气净化成套装备。

攻克污染土壤修复技术。重点研发污染土壤原位稳定剂、异位固定剂,受污染土壤生物修复技术、安全处理处置和资源化利用技术,实施产业化示范工程,加快推广应用。

加强环境监测仪器设备的开发应用。提高细颗粒物($PM_{2.5}$)等监测仪器设备的稳定性,完善监测数据系统,提升设备生产质量控制水平。开发大气、水、重金属在线监测仪器设备,培育发展一批掌握核心技术、产品质量可靠、市场认可度高的骨干企业。加快大气、水等环境质量在线实时监测站点及网络建设,配备技术先进、可靠性高的环境监测仪器设备。

(三)发展资源循环利用技术装备,提高资源产出率

提升再制造技术装备水平。提升再制造产业创新能力,推广纳米电刷镀、激光熔覆成形等产品再制造技术。研发无损拆解、表面预处理、零部件疲劳剩余寿命评估等再制造技术装备。重点支持建立10~15个国家级再制造产业聚集区和一批重大示范项目,大幅度提高基于表面工程技术的装备应用率。

建设"城市矿产"示范基地。推动再生资源清洁化回收、规模化利用和产业化发展。推广大型废钢破碎剪切、报废汽车和废旧电器破碎分选等技术。提高稀贵金属精细分离提纯、塑料改性和混合废塑料高效分拣、废电池全组分回收利用等装备水平。支持建设50个"城市矿产"示范基地,加快再生资源回收体系建设,形成再生资源加工利用能力8 000万吨以上。

深化废弃物综合利用。推动资源综合利用示范基地建设,鼓励产业聚集,培育龙头企业。积极发展尾矿提取有价元素、煤矸石生产超细纤维等高值化利用关键共性技术及成套装备。开发利用产业废物生产新型建材等大型化、精细化、成套化技术装备。加大废旧电池、荧光灯回收利用技术研发。支持大宗固体废物综合利用,提高资源综合利用产品的技术含量和附加值。推动粮棉主产区秸秆综合利用。加快建设餐厨废弃物无害化处理和资源化利用设施。

推动海水淡化技术创新。培育一批集研发、孵化、生产、集成、检验检测和工程技术服务于一体的海水淡化产业基地。示范推广膜法、热法和耦合法海水淡化技术以及电水联产海水淡化模式,完善膜组件、高压泵、能量回收装置等关键部件及系统集成技术。

(四)创新发展模式,壮大节能环保服务业

发展节能服务产业。落实财政奖励、税收优惠和会计制度,支持重点用能单位采用合同能源管理方式实施节能改造,开展能源审计和"节能医生"诊断,打造"一站式"合同能源管理综合服务平台,专业化节能服务公司的数量、规模和效益快速增长。积极探索节能量交易等市场化节能机制。

扩大环保服务产业。在城镇污水处理、生活垃圾处理、烟气脱硫脱硝、工业污染治理等重点领域,鼓励发展包括系统设计、设备成套、工程施工、调试运行、维护管理的环保服务总承包和环境治理特许经营模式,专业化、社会化服务占全行业的比例大幅提高。加快发展生态环境修复、环境风险与损害评价、排污权交易、绿色认证、环境污染责任保险等新兴环保服务业。

培育再制造服务产业。支持专业化公司利用表面修复、激光等技术为工矿企业设备的高值易损部件提供个性化再制造服务，建立再制造旧件回收、产品营销、溯源等信息化管理系统。推动构建废弃物逆向物流交易平台。

三、发挥政府带动作用，引领社会资金投入节能环保工程建设

（一）加强节能技术改造

发挥财政资金的引导带动作用，采取补助、奖励、贴息等方式，推动企业实施锅炉（窑炉）和换热设备等重点用能装备节能改造，全面推动电机系统节能、能量系统优化、余热余压利用、节约和替代石油、交通运输节能、绿色照明、流通零售领域节能等节能重点工程，提高传统行业的工程技术节能能力，加快节能技术装备的推广应用。开展数据中心节能改造，降低数据中心、超算中心服务器、大型计算机冷却耗能。

（二）实施污染治理重点工程

落实企业污染治理主体责任，加强大气污染治理，开展多污染物协同防治，督促推动重点行业企业加大投入，积极采用先进环保工艺、技术和装备，加快脱硫脱硝除尘改造，炼油行业加快工艺技术改造，提高油品标准，限期淘汰黄标车、老旧汽车。启动实施安全饮水、地表水保护、地下水保护、海洋保护等清洁水行动，加快重点流域、清水廊道、规模化畜禽养殖场等重点水污染防治工程建设，推动重点高耗水行业节水改造。实施土壤环境保护工程，以重金属和有机污染物为重点，选择典型区域开展土壤污染治理与修复试点示范。加大重点行业清洁生产推行力度，支持企业采用源头减量、减毒、减排以及过程控制等先进成熟清洁生产技术，实施汞污染削减、铅污染削减、高毒农药替代工程。

（三）推进园区循环化改造

引导企业和地方政府加大资金投入，推进园区（开发区）循环化改造，推动各类园区建设废物交换利用、能量分质梯级利用、水分类利用和循环使用、公共服务平台等基础设施，实现园区内项目、企业、产业有效组合和循环链接，打造园区的“升级版”。推动一批国家级和省级开发区提高主要资源产出率、土地产出率、资源循环利用率，基本实现“零排放”。

（四）加快城镇环境基础设施建设

以地方政府和企业投入为主，中央财政适当支持，加快污水垃圾处理设施和配套管网地下工程建设，推进建筑中水利用和城镇污水再生利用。探索城市垃圾处理新出路，实施协同资源化处理城市废弃物示范工程。到 2015 年，所有设市城市和县城具备污水集中处理能力和生活垃圾无害化处理能力，城镇污水处理规模达到 2 亿立方米/日以上；城镇生活垃圾无害化处理能力达到 87 万吨/日以上，生活垃圾焚烧处理设施能力达到无害化处理总能力的 35.0% 以上。加强城镇园林绿化建设，提升城镇绿地功能，降减热岛效应。推动生态园林城市建设。

（五）开展绿色建筑行动

到 2015 年，新增绿色建筑面积 10 亿平方米以上，城镇新建建筑中二星级及以上绿色建筑比例超过 20.0%；建设绿色生态城（区）。提高新建建筑节能标准，推动政府投资建筑、保障性住房及大型公共建筑率先执行绿色建筑标准，新建建筑全面实行供热按户计量；推进既有居住建筑供热计量和节能改造；实施供热管网改造 2 万千米；在各级机关和教科文卫系统创建节约型公共机构 2 000 家，完成公共机构办公建筑节能改造 6 000 万平方米，带动绿色建筑建设改造投资和相关产业发展。大力发展绿色建材，推广应用散装水泥、预拌混凝土、预拌砂浆，推动建筑工业化。积极推进太阳能发电等新能源和可再生能源建筑规模化应用，扩大新能源产业国内市场需求。

四、推广节能环保产品，扩大市场消费需求

（一）扩大节能产品市场消费

继续实施并研究调整节能产品惠民政策，实施能效“领跑者”计划，推动超高效节能产品市场消费。强化能效标识和节能产品认证制度实施力度，引导消费者购买高效节能产品。继续采取补贴方式，推

广高效节能照明、高效电机等产品。研究完善峰谷电价、季节性电价政策，通过合理价差引导群众改变生活模式，推动节能产品的应用。在北京、上海、广州等城市扩大公共服务领域新能源汽车示范推广范围，每年新增或更新的公交车中新能源汽车的比例达到60.0%以上，开展私人购买新能源汽车和新能源出租车、物流车补贴试点。到2015年，终端用能产品能效水平提高15.0%以上，高效节能产品市场占有率提高到50.0%以上。

（二）拉动环保产品及再生产品消费

研究扩大环保产品消费的政策措施，完善环保产品和环境标志产品认证制度，推广油烟净化器、汽车尾气净化器、室内空气净化器、家庭厨余垃圾处理器、浓缩洗衣粉等产品，满足消费者需求。放开液化石油气（LPG）市场管控，扩大农村居民使用量。开展再制造“以旧换再”工作，对交回旧件并购买“以旧换再”再制造推广试点产品的消费者，给予一定比例补贴，近期重点推广再制造发动机、电动机等。落实相关支持政策，推动粉煤灰、煤矸石、建筑垃圾、秸秆等资源综合利用产品应用。

（三）推进政府采购节能环保产品

完善政府强制采购和优先采购制度，提高采购节能环保产品的能效水平和环保标准，扩大政府采购节能环保产品范围，不断提高节能环保产品采购比例，发挥示范带动作用。政府普通公务用车要优先采购1.8升（含）以下燃油经济性达到要求的小排量汽车和新能源汽车，择优选用纯电动汽车，研究对硒鼓、墨盒、再生纸等再生产品以及汽车零部件再制造产品的政府采购支持措施。鼓励政府机关、事业单位采取购买服务的方式，提高能源、水等资源利用效率，降低使用成本。抓紧研究制定政府机关及公共机构购买新能源汽车的实施方案。

五、加强技术创新，提高节能环保产业市场竞争力

（一）支持企业技术创新能力建设

强化企业技术创新主体地位，鼓励企业加大研发投入，支持企业牵头承担节能环保国家科技计划项目。国家重点建设的节能环保技术研究中心和实验室优先在骨干企业布局。发展一批由骨干企业主导、产学研用紧密结合的产业技术创新战略联盟等平台。支持区域节能环保科技服务平台建设。

（二）加快掌握重大关键核心技术

充分发挥国家科技重大专项、科技计划专项资金等的作用，加大节能环保关键共性技术攻关力度，加快突破能源高效和分质梯级利用、污染物防治和安全处置、资源回收和循环利用、二氧化碳热泵、低品位余热利用、供热锅炉模块化等关键技术和装备。瞄准未来技术发展制高点，提前部署碳捕集、利用和封存技术装备。

（三）促进科技成果产业化转化

选择节能环保产业发展基础好的地区，建设一批产业集聚、优势突出、产学研用有机结合、引领示范作用显著的节能环保产业示范基地，支持成套装备及配套设备、关键共性技术和先进制造技术的生产制造和推广应用。加强知识产权保护，推进知识产权投融资机制建设，鼓励设立中小企业公共服务平台、出台扶持政策，支持中小型节能环保企业开展技术创新和产业化发展。筛选一批技术先进、经济适用的节能环保装备设备，扩大推广应用。

（四）推动国际合作和人才队伍建设

鼓励企业、科研机构开展国际科技交流与合作，支持企业节能环保创新人才队伍建设。依托“千人计划”和海外高层次创新创业人才基地建设，加快吸引海外高层次人才来华创新创业。依托重大人才工程，大力培养节能环保科技创新、工程技术等高端人才。

六、强化约束激励，营造有利的市场和政策环境

（一）健全法规标准

加快制（修）订节能环保标准，逐步提高终端用能产品能效标准和重点行业单位产品能耗限额标

准，按照改善环境质量的需要，完善环境质量标准和污染物排放标准体系，提高污染物排放控制要求，扩大监控污染物范围，强化总量控制和有毒有害污染物排放控制，充分发挥标准对产业发展的催生促进作用，推动传统产业升级改造。完善节能环保法律法规，推动加快制定固定资产投资项目节能评估和审查法，制定节能技术推广管理办法。严格节能环保执法，严肃查处各类违法违规行为，做好行政执法与刑事司法的衔接，依法加大对环境污染犯罪的惩处力度。认真落实执法责任追究制。加强对节能环保标准、认证标识、政策措施等落实情况的监督检查。加快建立节能减排监测、评估体系和技术服务平台。

（二）强化目标责任

完善节能减排统计、监测、考核体系，健全节能减排预警机制，强化节能减排目标进度考核，建立健全行业节能减排工作评价制度。将考核结果作为领导班子和领导干部综合考核评价的重要内容，纳入政府绩效管理，落实奖惩措施，实行问责制。完善节能评估和审查制度，发挥能评对控制能耗总量和增量的重要作用。落实万家企业节能量目标，加大对重点耗能企业节能的评价考核力度。落实节能减排目标责任制，形成促进节能环保产业发展的倒逼机制。

（三）加大财政投入

加大中央预算内投资和中央财政节能减排专项资金对节能环保产业的投入，继续安排国有资本经营预算支出支持重点企业实施节能环保项目。地方各级人民政府要提高认识，加大对节能环保重大工程和技术装备研发推广的投入力度，解决突出问题。要进一步转变政府职能，完善财政支持方式和资金管理办法，简化审批程序，强化监管，充分调动各方面积极性，推动节能环保产业积极有序发展。

（四）拓展投融资渠道

大力发展绿色信贷，按照风险可控、商业可持续的原则，加大对节能环保项目的支持力度。积极创新金融产品和服务，按照现有政策规定，探索将特许经营权等纳入贷款抵（质）押担保物范围。支持绿色信贷和金融创新，建立绿色银行评级制度。支持融资性担保机构加大对符合产业政策、资质好、管理规范的节能环保企业的担保力度。支持符合条件的节能环保企业发行企业债券、中小企业集合债券、短期融资券、中期票据等债务融资工具。选择资质条件较好的节能环保企业，开展非公开发行企业债券试点。稳步发展碳汇交易。鼓励和引导民间投资和外资进入节能环保领域。

（五）完善价格、收费和土地政策

加快制定实施鼓励余热余压余能发电及背压热电、可再生能源发展的上网和价格政策。完善电力峰谷分时电价政策，扩大应用面并逐步扩大峰谷价差。对超过产品能耗（电耗）限额标准的企业和产品，实行惩罚性电价。严格落实燃煤电厂脱硫、脱硝电价政策和居民用电阶梯价格，推行居民用水用气阶梯价格。

深化市政公用事业市场化改革，完善供热计量价格和收费管理办法，完善污水处理费和垃圾处理费政策，将污泥处理费用纳入污水处理成本，完善对自备水源用户征收污水处理费的制度。改进垃圾处理费征收方式，合理确定收费载体和标准，提高收缴率和资金使用效率。对城镇污水垃圾处理设施、“城市矿产”示范基地、集中资源化处理中心等国家支持的节能环保重点工程用地，在土地利用年度计划安排中给予重点保障。严格落实并不断完善现有节能、节水、环境保护、资源综合利用的税收优惠政策。

（六）推行市场化机制

建立主要终端用能产品能效“领跑者”制度，明确实施时限。推进节能发电调度。强化电力需求侧管理，开展城市综合试点。研究制定强制回收产品和包装物目录，建立生产者责任延伸制度，推动生产者落实废弃产品回收、处理等责任。采取政府建网、企业建厂等方式，鼓励城镇污水垃圾处理设施市场化建设和运营。深化排污权有偿使用和交易试点，建立完善排污权有偿使用和交易政策体系，研究制定排污权交易初始价格和交易价格政策。开展碳排放权交易试点。健全污染者付费制度，完善矿产资源补偿制度，加快建立生态补偿机制。

（七）支持节能环保产业"走出去"和"引进来"

鼓励有条件的企业承揽境外各类环保工程、服务项目。结合受援国需要和我国援助能力，加大环境保护、清洁能源、应对气候变化等领域的对外援助力度，支持开展相关技术、产品和服务合作。培育建设一批国家科技兴贸创新基地。鼓励节能环保企业参加各类双边或国际节能环保论坛、展览及贸易投资促进活动等，充分利用相关平台进行交流推介，开展国际合作，增强"走出去"的能力。引导外资投向节能环保产业，丰富外商投资方式，拓宽外商投资渠道，不断完善外商投资软环境。继续支持引进先进的节能环保核心关键技术和设备。国家支持节能环保产业发展的政策同等适用于符合条件的外商投资企业。

（八）开展生态文明先行先试

在做好生态文明建设顶层设计和总体部署的同时，总结有效做法和成功经验，开展生态文明先行示范区建设。根据不同区域特点，在全国选择有代表性的100个地区开展生态文明先行示范区建设，探索符合我国国情的生态文明建设模式。稳步扩大节能减排财政政策综合示范范围，结合新型城镇化建设，选择部分城市为平台，整合节能减排和新能源发展相关财政政策，围绕产业低碳化、交通清洁化、建筑绿色化、服务集约化、主要污染物减量化、可再生能源利用规模化等挖掘内需潜力，系统推进节能减排，带动经济转型升级，为跨区域、跨流域节能减排探索积累经验。通过先行先试，带动节能环保和循环经济工程投资和绿色消费，全面推动资源节约和环境保护，发挥典型带动和辐射效应，形成节能减排、生态文明的综合能力。

（九）加强节能环保宣传教育

加强生态文明理念和资源环境国情教育，把节能环保、生态文明纳入社会主义核心价值观宣传教育体系以及基础教育、高等教育、职业教育体系。加强舆论监督和引导，宣传先进事例，曝光反面典型，普及节能环保知识和方法，倡导绿色消费新风尚，形成文明、节约、绿色、低碳的生产方式、消费模式和生活习惯。

各地区、各部门要按照本意见的要求，进一步深化对加快发展节能环保产业重要意义的认识，切实加强组织领导和协调配合，明确任务分工，落实工作责任，扎实开展工作，确保各项任务措施落到实处，务求尽快取得实效。

国务院办公厅关于金融支持小微企业发展的实施意见

（2013年8月8日　国办发〔2013〕87号）

各省、自治区、直辖市人民政府，国务院各部委、各直属机构：

小微企业是国民经济发展的生力军，在稳定增长、扩大就业、促进创新、繁荣市场和满足人民群众需求等方面，发挥着极为重要的作用。加强小微企业金融服务，是金融支持实体经济和稳定就业、鼓励创业的重要内容，事关经济社会发展全局，具有十分重要的战略意义。为进一步做好小微企业金融服务工作，全力支持小微企业良性发展，经国务院同意，现提出以下意见：

一、确保实现小微企业贷款增速和增量"两个不低于"的目标

继续坚持"两个不低于"的小微企业金融服务目标，在风险总体可控的前提下，确保小微企业贷款增速不低于各项贷款平均水平、增量不低于上年同期水平。在继续实施稳健的货币政策、合理保持全年货币信贷总量的前提下，优化信贷结构，腾挪信贷资源，在盘活存量中扩大小微企业融资增量，在新增信

贷中增加小微企业贷款份额。充分发挥再贷款、再贴现和差别准备金动态调整机制的引导作用，对中小金融机构继续实施较低的存款准备金率。进一步细化“两个不低于”的考核措施，对银行业金融机构的小微企业贷款比例、贷款覆盖率、服务覆盖率和申贷获得率等指标，定期考核，按月通报。要求各银行业金融机构在商业可持续和有效控制风险的前提下，单列小微企业信贷计划，合理分解任务，优化绩效考核机制，并由主要负责人推动层层落实。（人民银行、银监会按职责分工负责）

二、加快丰富和创新小微企业金融服务方式

增强服务功能、转变服务方式、创新服务产品，是丰富和创新小微企业金融服务方式的重点内容。进一步引导金融机构增强支小助微的服务理念，动员更多营业网点参与小微企业金融服务，扩大业务范围，加大创新力度，增强服务功能；牢固树立以客户为中心的经营理念，针对不同类型、不同发展阶段小微企业的特点，不断开发特色产品，为小微企业提供量身定做的金融产品和服务。积极鼓励金融机构为小微企业全面提供开户、结算、理财、咨询等基础性、综合性金融服务；大力发展产业链融资、商业圈融资和企业群融资，积极开展知识产权质押、应收账款质押、动产质押、股权质押、订单质押、仓单质押、保单质押等抵质押贷款业务；推动开办商业保理、金融租赁和定向信托等融资服务。鼓励保险机构创新资金运用安排，通过投资企业股权、基金、债权、资产支持计划等多种形式，为小微企业发展提供资金支持。充分利用互联网等新技术、新工具，不断创新网络金融服务模式。（人民银行、银监会、证监会、保监会按职责分工负责）

三、着力强化对小微企业的增信服务和信息服务

加快建立“小微企业—信息和增信服务机构—商业银行”利益共享、风险共担新机制，是破解小微企业缺信息、缺信用导致融资难的关键举措。积极搭建小微企业综合信息共享平台，整合注册登记、生产经营、人才及技术、纳税缴费、劳动用工、用水用电、节能环保等信息资源。加快建立小微企业信用征集体系、评级发布制度和信息通报制度，引导银行业金融机构注重用好人才、技术等“软信息”，建立针对小微企业的信用评审机制。建立健全主要为小微企业服务的融资担保体系，由地方人民政府参股和控股部分担保公司，以省（区、市）为单位建立政府主导的再担保公司，创设小微企业信贷风险补偿基金。指导相关行业协会推进联合增信，加强本行业小微企业的合作互助。充分挖掘保险工具的增信作用，大力发展贷款保证保险和信用保险业务，稳步扩大出口信用保险对小微企业的服务范围。（国家发改委、工业和信息化部、财政部、商务部、人民银行、工商总局、银监会、证监会、保监会等按职责分工负责）

四、积极发展小型金融机构

积极发展小型金融机构，打通民间资本进入金融业的通道，建立广覆盖、差异化、高效率的小微企业金融服务机构体系，是增加小微企业金融服务有效供给、促进竞争的有效途径。进一步丰富小微企业金融服务机构种类，支持在小微企业集中的地区设立村镇银行、贷款公司等小型金融机构，推动尝试由民间资本发起设立自担风险的民营银行、金融租赁公司和消费金融公司等金融机构。引导地方金融机构坚持立足当地、服务小微的市场定位，向县域和乡镇等小微企业集中的地区延伸网点和业务，进一步做深、做实小微企业金融服务。鼓励大中型银行加快小微企业专营机构建设和向下延伸服务网点，提高小微企业金融服务的批量化、规模化、标准化水平。（银监会牵头）

五、大力拓展小微企业直接融资渠道

加快发展多层次资本市场，是解决小微企业直接融资比例过低、渠道过窄的必由之路。进一步优化中小企业板、创业板市场的制度安排，完善发行、定价、并购重组等方面的政策和措施。适当放宽创业板市场对创新型、成长型企业的财务准入标准，尽快启动上市小微企业再融资。建立完善全国中小企业股份转让系统（下称“新三板”），加大产品创新力

度，增加适合小微企业的融资品种。进一步扩大中小企业私募债券试点，逐步扩大中小企业集合债券和小微企业增信集合债券发行规模，在创业板、“新三板”、公司债、私募债等市场建立服务小微企业的小额、快速、灵活的融资机制。在清理整顿各类交易场所基础上，将区域性股权市场纳入多层次资本市场体系，促进小微企业改制、挂牌、定向转让股份和融资，支持证券公司通过区域性股权市场为小微企业提供挂牌公司推荐、股权代理买卖等服务。进一步建立健全非上市公众公司监管制度，适时出台定向发行、并购重组等具体规定，支持小微企业股本融资、股份转让、资产重组等活动。探索发展并购投资基金，积极引导私募股权投资基金、创业投资企业投资于小微企业，支持符合条件的创业投资企业、股权投资企业等发行企业债券，专项用于投资小微企业，促进创新型、创业型小微企业融资发展。（证监会、国家发改委、科技部等按职责分工负责）

六、切实降低小微企业融资成本

进一步清理规范各类不合理收费，是切实降低小微企业综合融资成本的必然要求。继续对小微企业免征管理类、登记类、证照类行政事业性收费。规范担保公司等中介机构的收费定价行为，通过财政补贴和风险补偿等方式合理降低费率。继续治理金融机构不合理收费和高收费行为，开展对金融机构落实收费政策情况的专项检查，对落实不到位的金融机构要严肃处理。（国家发改委、工业和信息化部、财政部、人民银行、银监会等按职责分工负责）

七、加大对小微企业金融服务的政策支持力度

对小微企业金融服务予以政策倾斜，是做好小微企业金融服务、防范金融风险的必要条件。进一步完善和细化小微企业划型标准，引导各类金融机构和支持政策更好地聚焦小微企业。充分发挥支持性财税政策的引导作用，强化对小微企业金融服务的正向激励；在简化程序、扩大金融机构自主核销权等方面，对小微企业不良贷款核销给予支持。建立科技金融服务体系，进一步细化科技型小微企业标准，完善对各类科技成果的评价机制。在银行业金融机构的业务准入、风险资产权重、存贷比考核等方面实施差异化监管。继续支持符合条件的银行发行小微企业专项金融债，用所募集资金发放的小微企业贷款不纳入存贷比考核。逐步推进信贷资产证券化常规化发展，引导金融机构将盘活的资金主要用于小微企业贷款。鼓励银行业金融机构适度提高小微企业不良贷款容忍度，相应调整绩效考核机制。继续鼓励担保机构加大对小微企业的服务力度，推进完善有关扶持政策。积极争取将保险服务纳入小微企业产业引导政策，不断完善小微企业风险补偿机制。（国家发改委、科技部、工业和信息化部、财政部、人民银行、税务总局、统计局、银监会、证监会、保监会等按职责分工负责）

八、全面营造良好的小微金融发展环境

推进金融环境建设，营造良好的金融环境，是促进小微金融发展的重要基础。地方人民政府要在健全法制、改善公共服务、预警提示风险、完善抵质押登记、宣传普及金融知识等方面，抓紧研究制定支持小微企业金融服务的政策措施；切实落实融资性担保公司、小额贷款公司、典当行、投资（咨询）公司、股权投资企业等机构的监管和风险处置责任，加大对非法集资等非法金融活动的打击惩处力度；减少对金融机构正常经营活动的干预，帮助维护银行债权，打击逃废银行债务行为；化解金融风险，切实维护地方金融市场秩序。有关部门要研究采取有效措施，积极引导小微企业提高自身素质，改善经营管理，健全财务制度，增强信用意识。（国家发改委、工业和信息化部、公安部、财政部、商务部、人民银行、税务总局、工商总局、银监会、证监会、保监会等按职责分工负责）

各地区、各有关部门和各金融机构要按照国务院的统一部署，进一步提高对小微企业金融服务重要性的认识，明确分工，落实责任，形成合力，真正帮助小微企业解决现实难题。银监会要牵头组织实施督促检查工作，确保各项政策措施落实到位。从2014年开始，各省级人民政府、人民银行、银监会、证监会和保监会要将本地区或本领域上一年度小微企

业金融服务的情况、成效、问题、下一步打算及政策建议，于每年1月底前专题报告国务院。各银行业金融机构有关落实情况及下一步工作和建议，由银监会汇总后报国务院。

国务院关于化解产能严重过剩矛盾的指导意见

（2013年10月6日　国发〔2013〕41号）

各省、自治区、直辖市人民政府，国务院各部委、各直属机构：

化解产能严重过剩矛盾是当前和今后一个时期推进产业结构调整的工作重点。为积极有效地化解钢铁、水泥、电解铝、平板玻璃、船舶等行业产能严重过剩矛盾，同时指导其他产能过剩行业化解工作，特制定本意见。

一、充分认识化解产能严重过剩矛盾的重要性和紧迫性

在市场经济条件下，供给适度大于需求是市场竞争机制发挥作用的前提，有利于调节供需，促进技术进步与管理创新。但产品生产能力严重超过有效需求时，将会造成社会资源巨大浪费，降低资源配置效率，阻碍产业结构升级。

受国际金融危机的深层次影响，国际市场持续低迷，国内需求增速趋缓，中国部分产业供过于求矛盾日益凸显，传统制造业产能普遍过剩，特别是钢铁、水泥、电解铝等高消耗、高排放行业尤为突出。2012年底，中国钢铁、水泥、电解铝、平板玻璃、船舶产能利用率分别仅为72.0%、73.7%、71.9%、73.1%和75.0%，明显低于国际通常水平。钢铁、电解铝、船舶等行业利润大幅下滑，企业普遍经营困难。值得关注的是，这些产能严重过剩行业仍有一批在建、拟建项目，产能过剩呈加剧之势。如不及时采取措施加以化解，势必会加剧市场恶性竞争，造成行业亏损面扩大、企业职工失业、银行不良资产增加、能源资源瓶颈加剧、生态环境恶化等问题，直接危及产业健康发展，甚至影响到民生改善和社会稳定大局。

当前，中国出现产能严重过剩主要受发展阶段、发展理念和体制机制等多种因素的影响。在加快推进工业化、城镇化的发展阶段，市场需求快速增长，一些企业对市场预期过于乐观，盲目投资，加剧了产能扩张；部分行业发展方式粗放，创新能力不强，产业集中度低，没有形成由优强企业主导的产业发展格局，导致行业无序竞争、重复建设严重；一些地方过于追求发展速度，过分倚重投资拉动，通过廉价供地、税收减免、低价配置资源等方式招商引资，助推了重复投资和产能扩张；与此同时，资源要素市场化改革滞后，政策、规划、标准、环保等引导和约束不强，投资体制和管理方式不完善，监督检查和责任追究不到位，导致生产要素价格扭曲，公平竞争的市场环境不健全，市场机制作用未能有效发挥，落后产能退出渠道不畅，产能过剩矛盾不断加剧。

产能严重过剩越来越成为中国经济运行中的突出矛盾和诸多问题的根源。企业经营困难、财政收入下降、金融风险积累等，都与产能严重过剩密切相连。化解产能严重过剩矛盾必然带来阵痛，有的行业甚至会伤筋动骨，但从全局和长远来看，遏制矛盾进一步加剧，引导好投资方向，对加快产业结构调整，促进产业转型升级，防范系统性金融风险，保持国民经济持续健康发展意义重大。因此，要坚决控制增量、优化存量，深化体制改革和机制创新，加快建立和完善以市场为主导的化解产能严重过剩矛盾长效机制。这是一项复杂的系统工程，任务十分艰巨，要精心谋划、总体部署、统筹安排，积极稳妥加以推进。

二、总体要求、基本原则和主要目标

（一）总体要求

全面贯彻落实党的十八大精神，以邓小平理论、

“三个代表”重要思想、科学发展观为指导，坚持以转变发展方式为主线，把化解产能严重过剩矛盾作为产业结构调整的重点，按照尊重规律、分业施策、多管齐下、标本兼治的总原则，立足当前，着眼长远，着力加强宏观调控和市场监管，坚决遏制产能盲目扩张；着力发挥市场机制作用，完善配套政策，“消化一批、转移一批、整合一批、淘汰一批”过剩产能；着力创新体制机制，加快政府职能转变，建立化解产能严重过剩矛盾长效机制，推进产业转型升级。

（二）基本原则

——坚持尊重市场规律与改善宏观调控相结合。发挥企业市场主体作用，强化企业责任意识；加强市场供需趋势研判和信息引导，综合运用法律、经济以及必要的宏观调控手段，加强政策协调，形成化解产能严重过剩矛盾、引导产业健康发展的合力。

——坚持开拓市场需求与产业转型升级相结合。保持投资合理增长，培育新的消费增长点，扩大国内市场规模，巩固拓展国际市场，消化国内过剩产能。强化需求升级导向，培育高端产品市场，促进产能结构优化，带动产业转型升级。

——坚持严格控制增量与调整优化存量相结合。严格要素供给和投资管理，遏制盲目扩张和重复建设；推进企业兼并重组，整合压缩过剩产能；实施境外投资和产业重组，转移国内过剩产能；强化资源能源和环境硬约束，加快淘汰落后产能；统筹区域协调发展，优化产业布局。

——坚持完善政策措施与深化改革创新相结合。完善和细化化解产能严重过剩矛盾的配套政策措施，建立中央和地方联动机制，加强协调服务，发挥部门合力，落实地方责任；深化重点领域改革和体制机制创新，形成有利于发挥市场竞争机制作用、有效化解产能严重过剩的体制机制环境。

（三）主要目标

通过5年努力，化解产能严重过剩矛盾工作取得重要进展：

——产能规模基本合理。钢铁、水泥、电解铝、平板玻璃、船舶等行业产能总量与环境承载力、市场需求、资源保障相适应，空间布局与区域经济发展相协调，产能利用率达到合理水平。

——发展质量明显改善。兼并重组取得实质性进展，产能结构得到优化；清洁生产和污染治理水平显著提高，资源综合利用水平明显提升；经济效益实现好转，盈利水平回归合理，行业平均负债率保持在风险可控范围内，核心竞争力明显增强。

——长效机制初步建立。公平竞争的市场环境得到完善，企业市场主体作用充分发挥。过剩行业产能预警体系和监督机制基本建立，资源要素价格、财税体制、责任追究制度等重点领域改革取得重要进展。

三、主要任务

（一）坚决遏制产能盲目扩张

严禁建设新增产能项目。严格执行国家投资管理规定和产业政策，加强产能严重过剩行业项目管理，各地方、各部门不得以任何名义、任何方式核准、备案产能严重过剩行业新增产能项目，各相关部门和机构不得办理土地（海域）供应、能评、环评审批和新增授信支持等相关业务。

分类妥善处理在建违规项目。对未按土地、环保和投资管理等法律法规履行相关手续或手续不符合规定的违规项目，地方政府要按照要求进行全面清理。凡是未开工的违规项目，一律不得开工建设；凡是不符合产业政策、准入标准、环保要求的违规项目一律停建；对确有必要建设的项目，在符合布局规划和环境承载力要求，以及等量或减量置换原则等基础上，由地方政府提出申请报告，报国家发改委、工业和信息化部并抄报国土资源部、环境保护部等相关职能部门，国家发改委、工业和信息化部商国土资源部、环境保护部等职能部门，在委托咨询机构评估的基础上出具认定意见，各相关部门依法依规补办相关手续。对未予认定的在建违规项目一律不得续建，由地方政府自行妥善处理；对隐瞒不报在建违规项目，一经查实，立即停建，金融机构停止发放贷款，国土、环保部门依据土地管理法、环境保护法等法律法规予以处理，对涉及失职渎职和权钱交易等问题的予以严肃查处，对监管不力的要严肃追究相关人员的责任。同时，按照谁违规谁负责的原则，做好债务、人员安置等善后工作。所有在建违规项目的处理结果均应向社会公开。

(二)清理整顿建成违规产能

全面清理整顿。各省级人民政府依据行政许可法、土地管理法、环境保护法等法律法规,以及能源消耗总量控制指标、产业结构调整指导目录、行业规范和准入条件、环保标准等要求,对产能严重过剩行业建成违规项目进行全面清理,提出整顿方案并向社会公示后,报国家发改委、工业和信息化部、国土资源部、环境保护部等部门备案;对不符合备案要求的,各有关部门要及时反馈意见。

加强规范管理。各级政府要加强对建成违规产能的规范管理,工业主管部门加强行业规范和准入管理,国土、环保部门严格监督检查,质检部门进行质量保障能力综合评价,依法颁发产品生产许可证。对工艺装备落后、产品质量不合格、能耗及排放不达标的项目,列入淘汰落后年度任务加快淘汰。

(三)淘汰和退出落后产能

坚决淘汰落后产能。分解落实年度目标,在提前一年完成"十二五"钢铁、电解铝、水泥、平板玻璃等重点行业淘汰落后产能目标任务基础上,通过提高财政奖励标准,落实等量或减量置换方案等措施,鼓励地方提高淘汰落后产能标准,2015 年底前再淘汰炼铁 1 500万吨、炼钢 1 500 万吨、水泥(熟料及粉磨能力)1 亿吨、平板玻璃 2 000 万重量箱。"十三五"期间,结合产业发展实际和环境承载力,通过提高能源消耗、污染物排放标准,严格执行特别排放限值要求,加大执法处罚力度,加快淘汰一批落后产能。中央企业在淘汰和退出落后产能方面要发挥示范带头作用。

引导产能有序退出。完善激励和约束政策,研究建立过剩产能退出的法律制度,引导企业主动退出过剩行业。分行业制修订并严格执行强制性能耗限额标准,对超过能耗限额标准和环保不达标的企业,实施差别电价和惩罚性电价、水价等差别价格政策。产能严重过剩行业项目建设,须制定产能置换方案,实施等量或减量置换,在京津冀、长三角、珠三角等环境敏感区域,实施减量置换。项目所在地省级人民政府须制定产能等量或减量置换方案并向社会公示,行业主管部门对产能置换方案予以确认并公告,同时将置换产能列入淘汰名单,监督落实。鼓励各地积极探索政府引导、企业自愿、市场化运作的产能置换指标交易,形成淘汰落后与发展先进的良性互动机制。

(四)调整优化产业结构

推进企业兼并重组。完善和落实促进企业兼并重组的财税、金融、土地等政策措施。协调解决企业跨地区兼并重组重大问题,理顺地区间分配关系,促进行业内优势企业跨地区整合过剩产能。支持兼并重组企业整合内部资源,优化技术、产品结构,压缩过剩产能。鼓励和引导非公有制企业通过参股、控股、资产收购等多种方式参与企业兼并重组。研究出台促进企业做优做强的指导意见,推动优强企业引领行业发展,支持和培育优强企业发展壮大,提高产业集中度,增强行业发展的协调和自律能力。

优化产业空间布局。科学制定产业布局规划,在坚决遏制产能盲目扩张和严控总量的前提下,有序推进产业布局调整和优化。按照区域发展总体战略要求,适应城镇化发展需要,结合地方环境承载力、资源能源禀赋、产业基础、市场空间、物流运输等条件,有序推进产业梯度转移和环保搬迁、退城进园,防止落后产能转移。支持跨地区产能置换,引导国内有效产能向优势企业和更具比较优势的地区集中,推动形成分工合理、优势互补、各具特色的区域经济和产业发展格局。

(五)努力开拓国内市场需求

扩大国内有效需求。适应工业化、城镇化、信息化、农业现代化深入推进的需要,挖掘国内市场潜力,消化部分过剩产能。推广钢结构在建设领域的应用,提高公共建筑和政府投资建设领域钢结构使用比例,在地震等自然灾害高发地区推广轻钢结构集成房屋等抗震型建筑;推动建材下乡,稳步扩大钢材、水泥、铝型材、平板玻璃等市场需求。优化航运运力结构,加快淘汰更新老旧运输船舶。

着力改善需求结构。强化需求升级导向,实施绿色建材工程,发展绿色安全节能建筑,制(修)订相关标准规范,提高建筑用钢、混凝土以及玻璃等产品使用标准,带动产品升级换代。推动节能、节材和轻量化,促进高品质钢材、铝材的应用,满足先进制造业发展和传统产业转型升级需要。加快培育海洋工程装备、海上工程设施市场。

(六)积极拓展对外发展空间

巩固扩大国际市场。鼓励企业积极参加各类贸易促进活动,创新国际贸易方式。拓展对外工程承包领域,提升对外承包工程质量和效益,积极承揽重大基础设施和大型工业、能源、通信、矿产资源开发等项目,带动国内技术、装备、产品、标准和服务等出口,培育“中国建设”国际品牌。适应国际新规范、新公约、新标准要求,增强节能环保船舶设计制造能力,稳定船舶出口市场。

扩大对外投资合作。鼓励优势企业以多种方式“走出去”,优化制造产地分布,消化国内产能。建立健全贸易投资平台和“走出去”投融资综合服务平台。推动设立境外经贸合作区,吸引国内企业入园。按照优势互补、互利共赢的原则,发挥钢铁、水泥、电解铝、平板玻璃、船舶等产业的技术、装备、规模优势,在全球范围内开展资源和价值链整合;加强与周边国家及新兴市场国家投资合作,采取多种形式开展对外投资,建设境外生产基地,提高企业跨国经营水平,拓展国际发展新空间。

(七)增强企业创新驱动发展动力

突破核心关键技术。利用市场机制和经济杠杆倒逼企业增强技术创新的内在动力,推动企业转型和产业升级,提升以产品质量、标准、技术为核心要素的市场竞争力。着力构建以企业为主体、市场为导向、产学研相结合的技术创新体系,集中精力突破、掌握一批关键共性技术。鼓励企业实施技术改造,推广应用更加节能、安全、环保、高效的钢铁、电解铝、水泥、平板玻璃工艺技术,提升高技术船舶、海洋工程装备设计制造能力。

加强企业管理创新。深化国有企业改革,引导国有资本从产能严重过剩行业向战略性新兴产业和公共事业领域转移。鼓励企业强化战略管理、培育知名品牌,加强产品创新、组织创新、商业模式创新,提升有效供给,创造有效需求。提高企业管理信息化水平,推进精细化管理。注重发挥企业家才能,加强创新型人才队伍建设,完善以人为本的企业人才激励机制。总结推广企业管理创新优秀成果,实施企业管理创新示范工程。

(八)建立长效机制

创新政府管理。加强产业、土地、环保、节能、金融、质量、安全、进出口等部门协调配合,强化用地、用海和岸线审查,严格环保和质量监督管理,坚持银行独立审贷,形成法律法规约束下责任清晰的市场监管机制。深化投资体制改革,强化事中和事后纵横协管。加强对产能严重过剩行业动态监测分析,建立产能过剩信息预警机制。

营造公平环境。保障各种所有制经济依法平等使用生产要素、公平参与市场竞争、同等受到法律保护。切实减少对企业生产经营活动的行政干预,坚决清理废除地方政府在招商引资中采取土地、资源、税收、电价等损害公平竞争的优惠政策,以及地方保护、市场分割的限制措施。加强知识产权保护和质量体系建设,打击假冒伪劣产品,整顿规范市场秩序,形成有利于创新创业的市场环境。

完善市场机制。推进资源税改革和环境保护税立法。理顺资源、要素价格的市场形成机制,完善差别化价格政策,提高产业准入的能耗、物耗、水耗和生态环保标准,切实发挥市场配置资源的基础性作用。以资源环境承载力上限,倒逼超标产能退出、节能减排达标和自然环境改善。完善转移支付制度,建立生态环保补偿责任制。

四、分业施策

对产能严重过剩行业,要根据行业特点,开展有选择、有侧重、有针对性的化解工作。

钢铁。重点推动山东、河北、辽宁、江苏、山西、江西等地区钢铁产业结构调整,充分发挥地方政府的积极性,整合分散钢铁产能,推动城市钢厂搬迁,优化产业布局,压缩钢铁产能总量 8 000 万吨以上。逐步提高热轧带肋钢筋、电工用钢、船舶用钢等钢材产品标准,修订完善钢材使用设计规范,在建筑结构纵向受力钢筋中全面推广应用 400 兆帕及以上强度高强钢筋,替代 335 兆帕热轧带肋钢筋等低品质钢材。加快推动高强钢筋产品的分类认证和标识管理。落实公平税赋政策,取消加工贸易项下进口钢材保税政策。

水泥。加快制修订水泥、混凝土产品标准和相关设计规范,推广使用高标号水泥和高性能混凝土,尽快取消32.5复合水泥产品标准,逐步降低32.5复合水泥使用比重。鼓励依托现有水泥生产线,综合利用废渣发展高标号水泥和满足海洋、港口、核电、隧道等工程需要的特种水泥等新产品。支持利用现有水泥窑无害化协同处置城市生活垃圾和产业废弃物,进一步完善费用结算机制,协同处置生产线数量比重不低于10.0%。强化氮氧化物等主要污染物排放和能源、资源单耗指标约束,对整改不达标的生产线依法予以淘汰。

电解铝。2015年底前淘汰16万安培以下预焙槽,对吨铝液电解交流电耗大于13 700千瓦时,以及2015年底后达不到规范条件的产能,用电价格在标准价格基础上上浮10.0%。严禁各地自行出台优惠电价措施,采取综合措施推动缺乏电价优势的产能逐步退出,有序向具有能源竞争优势特别是水电丰富地区转移。支持电解铝企业与电力企业签订直购电长期合同,推广交通车辆轻量化用铝材产品的开发和应用。鼓励国内企业在境外能源丰富地区建设电解铝生产基地。

平板玻璃。制(修)订平板玻璃和制品标准和应用规范,在新建建筑和既有建筑改造中使用符合节能标准的门窗,鼓励采用低辐射中空玻璃,支持既有生产线升级改造,提高优质浮法玻璃原片比重。发展功能性玻璃,鼓励原片生产深加工一体化,平板玻璃深加工率达到50.0%以上,培育玻璃精深加工基地。加快河北、广东、江苏、山东等重点产区和环境敏感区域结构调整。支持联合重组,形成一批产业链完整、核心竞争力强的企业集团。

船舶。提高海洋开发装备水平,加强海洋保障能力建设,充分挖掘航运、海洋工程、渔业、行政执法、应急救援等领域船舶装备的国内需求潜力,调整优化船舶产品结构。加大出口船舶信贷金融扶持,鼓励有实力的企业建立海外销售服务基地。提高满足国际新规范、新公约、新标准的船舶产品研发和建造能力,鼓励现有造船产能向海洋工程装备领域转移,支持中小企业转型转产,提升高端产能比重。提高行业准入标准,对达不到准入条件和一年以上未承接新船订单的船舶企业实施差别化政策。支持企业兼并重组,提高产业集中度。

五、政策措施

(一)完善行业管理

充分发挥行业规划、政策、标准的引导和约束作用,落实工业转型升级规划和行业发展规划,修订完善钢铁、水泥产业政策和铝、水泥、平板玻璃、船舶行业准入条件。加强行业准入和规范管理,公告符合条件的生产线和企业名单。适时发布产能严重过剩行业产能利用、市场供需等相关信息。定期发布淘汰落后产能企业名单。加强产品质量管理,推行产能严重过剩行业产品质量分类监管。发挥行业协会在行业自律、信息服务等方面的重要作用。

(二)强化环保硬约束监督管理

加强环保准入管理,严格控制区域主要污染物排放总量,完善区域限批措施。抓紧研究完善污染物排放和环境质量标准,特别是对京津冀等环境敏感区域要提高相关环境标准。开展环境质量、重点污染源排放情况动态监测,对污染物排放超标企业实施限产、停产等措施。对产能严重过剩行业企业强化执法监督检查,曝光环境违法企业名单,加大处罚力度,责令限期整改,污染排放严重超标的企业要停产整顿,对经整改整顿仍不符合污染物排放标准和特别排放限值等相关规定的企业,予以关停。

(三)加强土地和岸线管理

强化项目用地、岸线管理,对产能严重过剩行业企业使用土地、岸线进行全面检查,对违规建设项目使用土地、岸线进行清理整顿,对发现的土地违法行为依法进行查处。加强对产能严重过剩行业新增使用土地、岸线的审核,对未经核准、备案的项目,一律不得批准使用土地、岸线。各地要取消产能严重过剩行业项目用地优惠政策。政府土地储备机构有偿收回企业环保搬迁、兼并重组、淘汰落后等退出的土地,按规定支付给企业的土地补偿费,可以用于支持企业做好善后处理工作和转型发展。

（四）落实有保有控的金融政策

对产能严重过剩行业实施有针对性的信贷指导政策，加强和改进信贷管理。对未取得合法手续的建设项目，一律不得放贷、发债、上市融资。依法保护金融债权。鼓励商业银行按照风险可控和商业可持续原则，加大对产能严重过剩行业企业兼并重组整合过剩产能、转型转产、产品结构调整、技术改造和向境外转移产能、开拓市场的信贷支持。对整合过剩产能的企业，积极稳妥开展并购贷款业务，合理确定并购贷款利率，贷款期限可延长至 7 年。大力发展各类机构投资，鼓励创新基金品种，开拓企业兼并重组融资渠道。加大企业“走出去”的贷款支持力度、适当简化审批程序，完善海外投资保险产品，研究完善“走出去”投融资服务体系，支持产能向境外转移。

（五）完善和规范价格政策

按照体现资源稀缺性和环境成本的原则，深化资源性产品价格改革。继续实施并完善非居民用水超定额加价和环保收费政策。完善差别电价政策，各地对产能严重过剩行业优惠电价政策进行清理整顿，禁止自行实行电价优惠和电费补贴。对钢铁、水泥、电解铝、平板玻璃等高耗能行业，能耗、电耗、水耗达不到行业标准的产能，实施差别电价和惩罚性电价、水价。

（六）完善财税支持政策

中央财政加大对产能严重过剩行业实施结构调整和产业升级的支持力度，各地财政结合实际安排专项资金予以支持。中央财政利用淘汰落后产能奖励资金等现有资金渠道，适当扩大资金规模，支持产能严重过剩行业压缩过剩产能。完善促进企业兼并重组的税收政策，鼓励企业重组，提高市场竞争力。对向境外转移过剩产能的企业，其出口设备及产品可按现行规定享受出口退税政策。修订完善资源综合利用财税优惠政策，支持生产高标号水泥、高性能混凝土以及利用水泥窑处置城市垃圾、污泥和产业废弃物。

（七）落实职工安置政策

各级政府要切实负起责任，将化解产能严重过剩矛盾中企业下岗失业人员纳入就业扶持政策体系。落实促进自主创业、鼓励企业吸纳就业和帮扶就业困难人员就业等各项政策，加强对下岗失业人员的免费职业介绍、职业指导等服务，提供职业培训，开展创业指导和创业培训，落实自主创业税费减免、小额担保贷款等政策，扶持下岗失业人员以创业带动就业。切实做好下岗失业人员社会保险关系接续和转移，按规定落实好其社会保障待遇，依法妥善处理职工劳动关系。

（八）建立项目信息库和公开制度

建立全国统一的投资项目信息库，充分发挥信息化在市场监管中的作用。结合取消和下放项目行政审批，以及加强事中、事后监管的要求，率先建立钢铁、电解铝等产能严重过剩行业项目信息库，涵盖现有生产企业在建项目和已核准或备案项目的动态情况。加强建设项目信息公开和服务，并与国土、环保、金融等信息系统互联互通，形成协同监管机制。同时，建立和完善举报查处制度，鼓励和引导社会参与监管。

（九）强化监督检查

把化解产能严重过剩矛盾工作列为落实中央重大决策部署监督检查的重要内容，加强对本意见贯彻落实情况的监督检查，落实地方政府主体责任。认真执法问责，对工作开展不力的地方和部门，进行通报批评，建立健全责任延伸制度。强化案件查办，对违法违规建设产能严重过剩行业项目监管不力的，按照国家有关规定追究相关责任人的责任。将遏制重复建设、化解产能严重过剩矛盾工作列入地方政府政绩考核指标体系。及时公开化解产能严重过剩进展情况，发挥新闻媒体舆论引导和社会公众的监督作用。

六、实施保障

各地区、各部门要进一步提高认识，把思想和行动统一到中央的决策部署上来，切实履行职责，加强协调配合，以高度的责任感、使命感和改革创新精神，合力推进化解产能严重过剩矛盾各项工作。国土资源部门要进一步加强供地用地管理，把好土地关口；环境保护部门要继续强化环境监管，管好环保门槛;金融部门要改进和加强信贷管理,用好信贷闸门。各有关部门要按照本意见的要求,根据职责分工抓紧制定配套文件,完善配套政策,确保各项任务得到贯彻实施。各省级人民政府对本地区化解产能严重过剩矛盾工作负总责,结合实际制定具体实施方案并组织实施,高度重视和有效防范社会风险,切实加强组织领导和监督检查,稳扎稳打做好化解产能严重过剩工作,保障本意见各项任务顺利实施。加强宣传引导,做好政策解读,营造化解产能严重过剩矛盾的良好社会氛围。

国务院办公厅关于促进煤炭行业平稳运行的意见

(2013 年 11 月 18 日　国办发〔2013〕104 号)

各省、自治区、直辖市人民政府,国务院各部委、各直属机构:

2012 年以来,受市场需求下降、煤炭工业转型升级滞后以及税费负担与历史包袱较重等因素影响,煤炭行业出现结构性产能过剩、价格下跌、企业亏损等问题,运行困难加大。为促进煤炭行业平稳运行和持续健康发展,经国务院同意,现提出以下意见:

一、坚决遏制煤炭产量无序增长

全面贯彻党中央、国务院关于化解产能严重过剩矛盾的总体要求,完善法规政策,科学调控煤炭总量。严格新建煤矿准入标准,停止核准新建低于 30 万吨/年的煤矿、低于 90 万吨/年的煤与瓦斯突出矿井。新建煤矿必须严格履行基本建设程序,严厉查处未批先建、批小建大等违规行为。要从完善安全生产管理入手,逐步淘汰 9 万吨/年及以下煤矿,重点关闭不具备安全生产条件的煤矿,加快关闭煤与瓦斯突出等灾害隐患严重的煤矿。煤炭企业必须严格按照核准的煤矿建设规模和生产能力组织生产,严禁违规建设和超能力生产。建立煤矿产能登记及公告制度,提高超能力生产处罚标准,加大处罚力度,定期公布处罚结果。有效整合资源,鼓励煤炭企业兼并重组,以大型企业为主体,在大型煤炭基地内有序建设大型现代化煤矿,促进煤炭集约化生产。(能源局、煤矿安监局、国家发改委按职责分工负责)

二、切实减轻煤炭企业税费负担

2013 年年底前,财政部、国家发改委要对重点产煤省份煤炭行业收费情况进行集中清理整顿,坚决取缔各种乱收费、乱集资、乱摊派,切实减轻煤炭企业负担。在清理整顿涉煤收费基金的同时,加快推进煤炭资源税从价计征改革。请财政部、国家发改委抓紧组织落实有关工作,并向国务院作出汇报。(财政部、国家发改委、税务总局、国土资源部、能源局、工业和信息化部按职责分工负责)

三、加强煤炭进出口环节管理

按照节能减排和环境保护要求,研究制定商品煤质量国家标准。加强对进口煤炭商品的质量检验,将褐煤纳入法定检验目录。研究完善差别化煤炭进口关税政策,鼓励优质煤炭进口,禁止高灰分、高硫分劣质煤炭的生产、使用和进口。进一步做好煤炭进出口总量、结构、趋势等的监测分析,根据国内外市场变化适时调整煤炭出口相关政策措施。(国家发改委、环境保护部、商务部、财政部、税务总局、海关总署、质检总局、能源局按职责分工负责)

四、提高煤炭企业生产经营水平

引导煤炭企业加强市场供需分析,优化生产布局,科学确定采掘关系,依法有序组织生产,严禁私采乱挖和超层越界开采;加强煤矿补充地质勘探和资源储备,摸清老矿区外围资源储量,延长矿区服务年限。加强企业内部精细化管理,压缩非生产性支出,合理控制生产经营成本,提高内控管理和安全生产水平,增加企业效益。要保持矿区和谐稳定与煤矿安全运转,进一步加大安全生产投入,保障一线职工人身安全及合法权益。充分发挥行业协会在自律管理、统计监测、信息发布、推广先进技术和管理经验、研究制订标准等方面的重要作用,引导行业健康发展。(能源局、煤矿安监局、国家发改委、国土资源部、国务院国资委按职责分工负责)

五、营造煤炭企业良好发展环境

着力解决老矿区、老企业历史遗留问题。原国有重点煤矿承担的办社会职能中,已分离转移至地方的学校、公安等机构的运转费用,按相关政策规定纳入当地财政预算;尚未分离的职能,地方政府要采取有效措施加快移交。落实相关政策,解决原国有重点企业破产煤矿遗留的离退休人员医疗保障及社会化管理、社会职能移交等问题。建立完善退出机制,对资不抵债且扭亏无望的煤矿,要依法及时关闭破产。支持煤炭企业发展矿区循环经济,加快建设一批煤电一体化项目。研究出台有效措施,推动煤炭企业与用户签订中长期煤炭合同。加强煤炭行业与制造业规划及生产运行的配套衔接,促进煤炭供应侧与需求侧协调均衡发展。地方各级政府及其有关部门要根据煤炭市场变化情况,及时调整完善企业考核机制。树立煤炭市场全国一盘棋的思想,不得出台限制煤炭正常流通的地方保护性措施。(财政部、人力资源社会保障部、国务院国资委、国家发改委、能源局、铁路局,中国铁路总公司,省级人民政府按职责分工负责)

促进煤炭行业平稳运行任务紧迫,责任重大。各地区、各部门要按照本意见的要求,结合实际,扎实做好各项工作。国务院有关部门、各产煤省(区、市)人民政府要按照职能定位,明确分工,落实责任,密切配合,加强统筹领导和监督检查,确保各项政策措施落到实处,见到实效。

国务院关于全国中小企业股份转让系统有关问题的决定

(2013 年 12 月 13 日　国发〔2013〕49 号)

各省、自治区、直辖市人民政府,国务院各部委、各直属机构:

为更好地发挥金融对经济结构调整和转型升级的支持作用,进一步拓展民间投资渠道,充分发挥全国中小企业股份转让系统(简称“全国股份转让系统”)的功能,缓解中小微企业融资难,按照党的十八大、十八届三中全会关于多层次资本市场发展的精神和国务院第 13 次常务会议的有关要求,现就全国股份转让系统有关问题作出如下决定:

一、充分发挥全国股份转让系统服务中小微企业发展的功能

全国股份转让系统是经国务院批准,依据证券法设立的全国性证券交易场所,主要为创新型、创业型、成长型中小微企业发展服务。境内符合条件的股份公司均可通过主办券商申请在全国股份转让系统挂牌,公开转让股份,进行股权融资、债权融资、资产重组等。申请挂牌的公司应当业务明确、产权清晰、依法规范经营、公司治理健全,可以尚未盈利,但须履行信息披露义务,所披露的信息应当真实、准确、完整。

二、建立不同层次市场间的有机联系

在全国股份转让系统挂牌的公司,达到股票上市条件的,可以直接向证券交易所申请上市交易。在符合《国务院关于清理整顿各类交易场所切实防

范金融风险的决定》(国发〔2011〕38 号)要求的区域性股权转让市场进行股权非公开转让的公司,符合挂牌条件的,可以申请在全国股份转让系统挂牌公开转让股份。

三、简化行政许可程序

挂牌公司依法纳入非上市公众公司监管,股东人数可以超过 200 人。股东人数未超过 200 人的股份公司申请在全国股份转让系统挂牌,证监会豁免核准。挂牌公司向特定对象发行证券,且发行后证券持有人累计不超过 200 人的,证监会豁免核准。依法需要核准的行政许可事项,证监会应当建立简便、快捷、高效的行政许可方式,简化审核流程,提高审核效率,无需再提交证监会发行审核委员会审核。

四、建立和完善投资者适当性管理制度

建立与投资者风险识别和承受能力相适应的投资者适当性管理制度。中小微企业具有业绩波动大、风险较高的特点,应当严格自然人投资者的准入条件。积极培育和发展机构投资者队伍,鼓励证券公司、保险公司、证券投资基金、私募股权投资基金、风险投资基金、合格境外机构投资者、企业年金等机构投资者参与市场,逐步将全国股份转让系统建成以机构投资者为主体的证券交易场所。

五、加强事中、事后监管,保障投资者合法权益

证监会应当比照证券法关于市场主体法律责任的相关规定,严格执法,对虚假披露、内幕交易、操纵市场等违法违规行为采取监管措施,实施行政处罚。全国股份转让系统要制定并完善业务规则体系,建立市场监控系统,完善风险管理制度和设施,保障技术系统和信息安全,切实履行自律监管职责。

六、加强协调配合,为挂牌公司健康发展创造良好环境

国务院有关部门应当加强统筹协调,为中小微企业利用全国股份转让系统发展创造良好的制度环境。市场建设中涉及税收政策的,原则上比照上市公司投资者的税收政策处理;涉及外资政策的,原则上比照交易所市场及上市公司相关规定办理;涉及国有股权监管事项的,应当同时遵守国有资产管理的相关规定。各省(区、市)人民政府要加强组织领导和协调,建立健全挂牌公司风险处置机制,切实维护社会稳定。

国务院部门规章

粉煤灰综合利用管理办法

（2013年1月5日　中华人民共和国国家发展和改革委员会、科学技术部、工业和信息化部、财政部、国土资源部、环境保护部、住房和城乡建设部、交通运输部、国家税务总局、国家质量监督检验检疫总局令第19号公布　自2013年3月1日起施行）

第一章　总　则

第一条　为节约资源、保护环境、发展循环经济，深入推进粉煤灰综合利用健康发展，根据《中华人民共和国循环经济促进法》《中华人民共和国清洁生产促进法》《中华人民共和国固体废物污染环境防治法》等有关法律法规，制定本办法。

第二条　中华人民共和国境内粉煤灰的产生、储运、综合利用等活动，适用本办法。

第三条　本办法所称粉煤灰是指：燃煤电厂以及煤矸石、煤泥资源综合利用电厂（下称"产灰单位"）锅炉烟气经除尘器收集后获得的细小飞灰和炉底渣。

第四条　本办法所称粉煤灰综合利用是指：从粉煤灰中进行物质提取，以粉煤灰为原料生产建材、化工、复合材料等产品，粉煤灰直接用于建筑工程、筑路、回填和农业等。

第五条　国家发改委负责全国粉煤灰综合利用的组织协调和监督检查工作，国务院有关部门负责各自职责范围内的相关工作。

地方各级资源综合利用主管部门负责本办法的贯彻实施和本行政区域的监督、管理和协调工作，有关部门负责各自职责范围内的相关工作。

相关行业协会、社会团体组织开展粉煤灰综合利用技术培训和交流，加强行业自律。

第六条　粉煤灰综合利用应遵循"谁产生、谁治理，谁利用、谁受益"的原则，减少粉煤灰堆存，不断扩大粉煤灰综合利用规模，提高技术水平和产品附加值。

第二章　综合管理

第七条　国家发改委会同国务院有关部门组织编制粉煤灰综合利用实施方案。各省级资源综合利用主管部门会同有关部门编制本行政区域的粉煤灰综合利用实施方案，并纳入地方经济社会发展规划，报国家发改委备案。

第八条　国家发改委会同科技部、工业和信息化部、财政部、国土资源部、环境保护部、住房城乡建设部、交通运输部、税务总局、质检总局等部门负责制定完善粉煤灰综合利用的相关政策、技术、产品导向目录和标准，组织开展粉煤灰清洁高效利用关键技术、设备的研发与产业化示范，推动粉煤灰在建筑、建材、化工等更多领域的广泛应用。

第九条　产灰单位须按照《中华人民共和国固体废物污染环境防治法》和环境保护部门有关规定申报登记粉煤灰产生、贮存、流向、利用和处置等情况，同时报同级资源综合利用主管部门备案。

地市级环境保护部门、资源综合利用主管部门负责统计和掌握本地区粉煤灰产生、贮存、流向、利用、处置等数据信息。各省（区、市）环境保护部门和资源综合利用主管部门应于每年6月底前，将本地区上年度统计数据报环境保护部和国家发改委。

第十条　新建和扩建燃煤电厂，项目可行性研究报告和项目申请报告中须提出粉煤灰综合利用方案，明确粉煤灰综合利用途径和处置方式。

综合利用方案中涉及粉煤灰存储、装运的设施和装备以及产灰单位自行建设粉煤灰综合利用工程的要与主体工程同时设计、同时施工、同时建成。

综合利用方案中涉及为其他单位提供粉煤灰的,用灰单位应符合国家产业政策且具备相应的处理能力。

第十一条 新建电厂应综合考虑周边粉煤灰利用能力,以及节约土地、防止环境污染,避免建设永久性粉煤灰堆场(库),确需建设的,原则上占地规模按不超过3年储灰量设计,且粉煤灰堆场(库)选址、设计、建设及运行管理应当符合《一般工业固体废物贮存、处置场污染控制标准》(GB 18599—2001)等相关要求。

第十二条 产灰单位灰渣处理工艺系统应按照干湿分排、粗细分排、灰渣分排的原则进行分类收集,并配备相应储灰设施。已投运的电厂要改造、完善粉煤灰储、装、运系统,包括加工分选、磨细和灰场综合治理等设施。

产灰单位既有湿排灰堆场(库),应制订粉煤灰综合利用专项方案和污染防治专项方案,并报所在地市级资源综合利用主管部门和环境保护部门备案。新建电厂应以便于利用为原则,不得湿排粉煤灰。

堆场(库)中的粉煤灰应按环境保护部门有关规定严格管理。

第十三条 在堆场(库)提取粉煤灰,产灰单位应与用灰单位签订取灰安全及环保协议,产灰单位应对用灰单位从指定地点装运未经加工的粉煤灰(包括从湿排灰堆场(库)取灰点、电厂储装运设施中取原灰)提供装载方便,并维护灰场和生产现场的安全。

第十四条 粉煤灰运输须使用专用封闭罐车,并严格遵守环境保护等有关部门规定和要求,避免二次污染。

第十五条 粉煤灰建材产品和利用粉煤灰或制品建造的道路、港口、桥涵、大坝及其他建筑工程,必须符合国家或行业的有关质量标准,质量技术监督部门和工程质量管理部门应依法监督管理。

第三章 鼓励措施

第十六条 鼓励对粉煤灰进行以下高附加值和大掺量利用:

(1)发展高铝粉煤灰提取氧化铝及相关产品;

(2)发展技术成熟的大掺量粉煤灰新型墙体材料;

(3)利用粉煤灰作为水泥混合材并在生料中替代黏土进行配料;

(4)利用粉煤灰作商品混凝土掺和料等。

第十七条 鼓励产灰单位对粉煤灰进行分选加工,生产的符合国家或行业标准的成品粉煤灰,可以适当收取费用,其收费标准根据加工成本和质量,由产、用灰双方商定。

鼓励产灰单位与用灰单位签订长期供应协议。

第十八条 用灰单位可以按照《国家鼓励的资源综合利用认定管理办法》有关要求和程序申报资源综合利用认定。符合条件的用灰单位,可根据国家有关规定,申请享受资源综合利用相关优惠政策。

第十九条 鼓励在具备条件的建筑、筑路等工程中使用符合国家或行业质量标准的粉煤灰及其制品。

第二十条 对粉煤灰大掺量、高附加值关键共性技术的自主创新研究,相关部门应给予一定支持。对获得国家和地方资金支持的粉煤灰综合利用项目,所在地区科技、投资、环保等部门要对项目进展、资金使用、环境影响情况进行监督检查,并进行资源综合利用效果的后评估。

第二十一条 各级资源综合利用主管部门应会同相关部门,根据本地区实际情况制定相应的鼓励和扶持措施。

第二十二条 相关部门、各级地方政府对在粉煤灰综合利用工作中有突出贡献的产灰、用灰、运灰、设计、科研和管理等单位及个人按规定予以表彰和奖励。

第四章 法律责任

第二十三条 新建电厂兴建永久性储灰场违反第十一条规定的,由国土资源等部门监督其限期整改。对环境造成污染的,由环境保护部门依法予以处罚。

第二十四条 任何单位及个人不得在灰场(库)非指定区域擅自取灰,凡擅自取灰影响灰场(库)安全,造成财产损失或引发安全事故的,有关部门要依法追究相关责任。

第二十五条 违反本办法第十四条、第十五条规定的，由环境保护、质量技术监督等部门根据情节轻重及有关规定予以行政处罚，资源综合利用主管部门监督整改。

第二十六条 有关部门依照本办法及相关规定对单位、个人处以罚款和没收财物时，应遵守《中华人民共和国行政处罚法》相关规定，同时必须使用财政部门统一制发的罚没票据。

第五章 附 则

第二十七条 各省级资源综合利用主管部门应根据本办法，并结合当地实际情况，制定实施细则。

第二十八条 本办法自2013年3月1日起施行。原国家经贸委等六部门联合发布的《粉煤灰综合利用管理办法》（国经贸节〔1994〕14号）同时废止。

快递市场管理办法

（2013年1月11日 中华人民共和国交通运输部令第1号公布 自2013年3月1日起施行）

第一章 总 则

第一条 为加强快递市场管理，维护国家安全和公共安全，保护用户合法权益，促进快递服务健康发展，依据《中华人民共和国邮政法》及有关法律、行政法规，制定本办法。

第二条 从事快递业务经营活动应当遵守本办法。

第三条 本办法所称快递，是指在承诺的时限内快速完成的寄递活动。寄递，是指将信件、包裹、印刷品等物品按照封装上的名址递送给特定个人或者单位的活动，包括收寄、分拣、运输、投递等环节。

第四条 经营快递业务的企业应当依法经营，诚实守信，公平竞争，为用户提供迅速、准确、安全、方便的快递服务。

第五条 公民的通信自由和通信秘密受法律保护。除因国家安全或者追查刑事犯罪的需要，由公安机关、国家安全机关或者检察机关依照法律规定的程序对通信进行检查外，任何组织或者个人不得以任何理由侵犯他人的通信自由和通信秘密。

第六条 国务院邮政管理部门负责对全国快递市场实施监督管理。

省、自治区、直辖市邮政管理机构负责对本行政区域的快递市场实施监督管理。

按照国务院规定设立的省级以下邮政管理机构负责对本辖区的快递市场实施监督管理。

第七条 国务院邮政管理部门和省、自治区、直辖市邮政管理机构以及省级以下邮政管理机构（统称“邮政管理部门”）对快递市场实施监督管理，应当遵循公开、公平、公正以及鼓励竞争、促进发展的原则，规范快递服务，满足经济社会发展的需要。

邮政管理部门应当加强快递市场安全监督管理，维护寄递安全与信息安全。

第八条 快递行业协会应当依照法律、行政法规及其章程规定，制定快递行业规范，加强行业自律，为企业提供信息、培训等方面的服务，促进快递行业的健康发展。

第二章 经营主体

第九条 国家对快递业务实行经营许可制度。经营快递业务，应当依照《中华人民共和国邮政法》的规定，向邮政管理部门提出申请，取得快递业务经营许可；未经许可，任何单位和个人不得经营快递业务。

第十条 邮政管理部门根据企业的服务能力审核经营许可的业务范围和地域范围，对符合规定条件的，发放快递业务经营许可证，并注明经营许可的业务范围和地域范围。

经营快递业务的企业应当在经营许可范围内依法从事快递业务经营活动，不得超越经营许可业务范围和地域范围。

第十一条 任何单位和个人不得伪造、涂改、冒用、租借、倒卖和非法转让快递业务经营许可证。

取得快递业务经营许可的企业不得以任何方式将快递业务委托给未取得快递业务经营许可的企业经营，不得以任何方式超越经营许可范围委托经营。

第十二条 取得快递业务经营许可的企业设立分公司、营业部等非法人分支机构，凭企业法人快递业务经营许可证（副本）及所附分支机构名录，到分支机构所在地工商行政管理部门办理注册登记。企业分支机构取得营业执照之日起20日内到所在地邮政管理部门办理备案手续。

快递业务经营许可证（副本）载明的股权关系、注册资本、业务范围、地域范围发生变更的，或者增设、撤销分支机构的，应当报邮政管理部门办理变更手续，并持变更后的快递业务经营许可证办理工商变更登记。

第十三条 快递企业进行合并、分立的，应当在合并、分立协议签订之日起20日内，向颁发快递业务经营许可证的邮政管理部门备案。

备案应当提交以下材料：

（1）快递业务经营许可证；

（2）合并、分立协议；

（3）上一年度快递业务经营许可年度报告书。

合并、分立后新设立的企业法人经营快递业务的，应当依法取得快递业务经营许可。合并、分立涉及外商投资企业的，应当遵守国家有关外商投资快递业务的相关规定。

第十四条 以加盟方式经营快递业务的，被加盟人与加盟人均应当取得快递业务经营许可，加盟不得超越被加盟人的经营许可范围。被加盟人与加盟人应当签订书面协议约定双方的权利义务，明确用户合法权益发生损害后的赔偿责任。参与加盟经营的企业，应当遵守共同的服务约定，使用统一的商标、商号、快递服务运单和收费标准，统一提供跟踪查询和用户投诉处理服务。

第十五条 经营快递业务的企业应当按照国务院邮政管理部门的规定，向颁发快递业务经营许可证的邮政管理部门提交年度报告书。

第三章 快递服务

第十六条 经营快递业务的企业应当按照快递服务标准，规范快递业务经营活动，保障服务质量，维护用户合法权益，并应当符合下列要求：

（1）填写快递运单前，企业应当提醒寄件人阅读快递运单的服务合同条款，并建议寄件人对贵重物品购买保价或者保险服务；

（2）企业分拣作业时，应当按照快件（邮件）的种类、时限分别处理、分区作业、规范操作，并及时录入处理信息，上传网络，不得野蛮分拣，严禁抛扔、踩踏或者以其他方式造成快件（邮件）损毁；

（3）企业应当在承诺的时限内完成快件（邮件）的投递；

（4）企业应当将快件（邮件）投递到约定的收件地址和收件人或者收件人指定的代收人。

第十七条 经营快递业务的企业投递快件（邮件），应当告知收件人当面验收。快件（邮件）外包装完好的，由收件人签字确认。投递的快件（邮件）注明为易碎品及外包装出现明显破损的，企业应当告知收件人先验收内件再签收。企业与寄件人另有约定的除外。

对于网络购物、代收货款以及与用户有特殊约定的其他快件（邮件），企业应当与寄件人在合同中明确投递验收的权利义务，并提供符合约定的验收服务，验收无异议后，由收件人签字确认。

第十八条 经营快递业务的企业应当在营业场所公示或者以其他方式向社会公布其服务种类、服务时限、服务价格、损失赔偿、投诉处理等服务承诺事项。服务承诺事项发生变更的，企业应当及时发布服务提示公告。

第十九条 经营快递业务的企业应当遵循公平原则，以书面合同确定企业与用户双方的权利和义务。

对免除或者限制企业责任及涉及快件（邮件）损失赔偿的条款，应当在快递运单上以醒目的方式列出，并予以特别说明。

第二十条 在快递服务过程中，快件（邮件）发生延误、丢失、损毁和内件不符的，经营快递业务的企业应当按照与用户的约定，依法予以赔偿。

企业与用户之间未对赔偿事项进行约定的，对于购买保价的快件（邮件），应当按照保价金额赔偿。对于未购买保价的快件（邮件），按照《中华人民共和国邮政法》《中华人民共和国合同法》等相关法律规定赔偿。

第二十一条 经营快递业务的企业应当建立与用户沟通的渠道和制度，向用户提供业务咨询、查询等服务，并及时处理用户投诉。

经营快递业务的企业对邮政管理部门转办的用户申诉，应当及时妥善处理，并按照国务院邮政管理部门的规定给予答复。

第二十二条 经营快递业务的企业应当按照国家有关规定建立突发事件应急机制。发生重大服务阻断、暂停快递业务经营活动时，经营快递业务的企业应当按照有关规定在24小时内向邮政管理部门和其他有关部门报告，并向社会公告；以加盟方式开展快递业务经营的，被加盟人、加盟人应当分别向所在地邮政管理部门报告。

经营快递业务的企业在事故处理过程中，应当对所有与事故有关的资料进行记录和保存。相关资料和书面记录至少保存1年。

第二十三条 经营快递业务的企业应当妥善应对快递业务高峰期，做好业务量监测，加强服务网络统筹调度，及时向社会发布服务提示，认真处理用户投诉。

第二十四条 经营快递业务的企业对无法投递的快件（邮件），应当退回寄件人。

对无法投递又无法退回寄件人的快件（邮件），企业应当登记，并按照国务院邮政管理部门的规定和快递服务标准处理；其中无法投递又无法退回的进境国际快件（邮件），应当依照相关规定交由有关部门处理。

第二十五条 经营快递业务的企业在从事快递业务的同时，向用户提供代收货款服务的，应当建立有关安全管理制度，与寄件人的合同中应当对代收货款服务的权利义务进行约定。

提供代收货款服务，涉及金融管理规定的，应当接受相关部门的监督管理。

第二十六条 经营快递业务的企业应当按照国家关于快递业务员职业技能的规定，加强快递从业人员职业技能培训，组织符合条件的快递从业人员参加职业技能鉴定。

第二十七条 经营快递业务的企业不得实施下列行为：

（1）违反国家规定，收寄禁止寄递的物品，或者未按规定收寄限制寄递的物品；

（2）相互串通操纵市场价格，损害其他经营快递业务的企业或者用户的合法权益；

（3）冒用他人名称、商标标识和企业标识，扰乱市场经营秩序；

（4）违法扣留用户快件（邮件）；

（5）违法提供从事快递服务过程中知悉的用户信息；

（6）法律、法规禁止的其他行为。

第二十八条 快递从业人员不得实施下列行为：

（1）扣留、倒卖、盗窃快件（邮件）；

（2）违法提供从事快递服务过程中知悉的用户信息；

（3）法律、法规禁止的其他行为。

第四章　快递安全

第二十九条 任何组织和个人不得利用快递服务网络从事危害国家安全、社会公共利益或者他人合法权益的活动。下列物品禁止寄递：

（1）法律、行政法规禁止流通的物品；

（2）危害国家安全和社会政治稳定以及淫秽的出版物、宣传品、印刷品等；

（3）武器、弹药、麻醉药物、生化制品、传染性物品和爆炸性、易燃性、腐蚀性、放射性、毒性等危险物品；

（4）妨害公共卫生的物品；

（5）流通的各种货币；

（6）法律、行政法规和国家规定禁止寄递的其他物品。

第三十条 经营快递业务的企业应当遵守《中华人民共和国邮政法》《邮政行业安全监督管理办法》等相关规定，建立并严格执行收寄验视制度，加强生产安全和应急管理。

第三十一条 经营快递业务的企业对不能确定安全性的可疑物品，应当要求用户出具相关部门的安全证明。用户不能出具安全证明的，不予收寄。

经营快递业务的企业收寄已出具安全证明的物品时，应当如实记录收寄物品的名称、规格、数量、重量、收寄时间、寄件人和收件人名址等内容。记录保存期限不少于1年。

第三十二条 经营快递业务的企业接受网络购物、电视购物和邮购等经营者委托提供快递服务的，应当遵守邮政管理部门的规定，与委托方签订安全保障协议，并向颁发快递业务经营许可证的邮政管理部门备案。

第三十三条 经营快递业务的企业设置快件（邮件）处理场所，应当事先征询邮政管理部门及有关部门意见，并按照国家有关规定预留相关工作场地，其设计和建设应当符合国家安全机关和海关依法履行职责的要求。

第五章 监督管理

第三十四条 国家鼓励和引导经营快递业务的企业采用先进技术，充分利用交通运输资源，促进规模化、品牌化、网络化经营。

第三十五条 邮政管理部门应当结合邮政行业安全监督管理的实际，指导和监督经营快递业务的企业落实安全责任制，依法对经营快递业务的企业实施安全监督检查，并依照相关规定对妨害或者可能妨害行业安全的经营快递业务的企业进行调查和处理。

邮政管理部门应当加强对突发事件的管理，督促经营快递业务的企业定期组织开展突发事件应急演练。

第三十六条 国务院邮政管理部门建立以公众满意度、时限准时率和用户申诉率为核心的快递服务质量评价体系，指导评定机构定期测试评估快递行业服务水平，评定服务质量等级，并向社会公告。

第三十七条 邮政管理部门应当依法及时处理用户对经营快递业务的企业提出的申诉，并自接到申诉之日起30日内作出答复。

任何单位和个人有权向邮政管理部门举报违反本办法的行为。邮政管理部门接到举报后，应当依法及时处理。

第三十八条 邮政管理部门应当加强对经营快递业务的企业及其从业人员遵守本办法情况的监督检查。

邮政管理部门依法实施监督检查，可以采取下列措施：

（1）进入有关场所进行检查；

（2）查阅、复制有关文件、资料、凭证；

（3）约谈有关单位和人员；

（4）经邮政管理部门负责人批准，查封与违法活动有关的场所，扣押用于违法活动的运输工具以及相关物品，对信件以外的涉嫌夹带禁止寄递或者限制寄递物品的快件（邮件）开拆检查。

第三十九条 邮政管理部门工作人员应当严格按照法定程序进行监督检查。实施监督检查时，应当出示执法证件，并由两名或者两名以上工作人员共同进行。被检查单位及其有关人员应当予以配合，不得拒绝、阻碍，并对有关情况予以保密。

邮政管理部门工作人员对监督检查过程中知悉的被检查单位的技术秘密和业务秘密，应当保密。

第六章 法律责任

第四十条 经营快递业务的企业违反快递服务标准，严重损害用户利益，由邮政管理部门责令改正，处0.5万元以上3万元以下的罚款。

第四十一条 违反本办法第十条规定的，由邮政管理部门责令改正，处0.5万元以上3万元以下的罚款。

第四十二条 违反本办法第十一条第二款规定的，由邮政管理部门责令改正，处1万元以下的罚款；情节严重的，处1万元以上3万元以下的罚款。

第四十三条 违反本办法第十四条规定的，由邮政管理部门责令改正，处0.5万元以上3万元以下的罚款。

第四十四条 违反本办法第十六条第（二）项规定的，由邮政管理部门处1万元罚款；情节严重的，处1万元以上3万元以下的罚款。

第四十五条 违反本办法第十八条、第二十一条、第二十二条、第三十一条规定的，由邮政管理部门责令改正，处0.3万元以上3万元以下的罚款。

第四十六条 违反本办法第二十四条第二款规定，未按照国务院邮政管理部门规定处理无法投递又无法退回寄件人的快件的，由邮政管理部门对快递企业处0.3万元以上1万元以下的罚款；情节严重的，处1万元以上3万元以下的罚款。

第四十七条 违反本办法第二十七条第（一）

项、第(五)项规定的,分别依照《中华人民共和国邮政法》第七十五条、第七十六条的规定予以处罚。

违反本办法第二十七条第(四)项规定的,由邮政管理部门责令改正,对快递企业处1万元以上3万元以下的罚款。

违反本办法第二十七条第(二)项、第(三)项规定的,由国家有关部门依法处理。

第四十八条 违反本办法第二十八条规定的,由邮政管理部门责令改正,依法没收违法所得,对直接责任人员处0.5万元以上1万元以下的罚款;构成犯罪的,依法追究刑事责任。

第四十九条 邮政管理部门工作人员违反本办法第三十七条第一款、第三十九条规定的,依法给予行政处分;构成犯罪的,依法追究刑事责任。

第五十条 拒绝、阻碍邮政管理部门及其工作人员依法履行监督检查职责的,依照《中华人民共和国邮政法》第七十七条的规定予以处罚。

第五十一条 公民、法人或者其他组织认为邮政管理部门的具体行政行为侵犯其合法权益的,可以依法向上一级邮政管理部门申请行政复议或者直接向人民法院起诉。

经营快递业务的企业逾期不履行邮政管理部门处罚决定的,由邮政管理部门依法申请人民法院强制执行。

第七章 附 则

第五十二条 本办法自2013年3月1日起施行。交通运输部2008年7月12日发布的《快递市场管理办法》(交通运输部令2008第4号)同时废止。

全国中小企业股份转让系统有限责任公司管理暂行办法

(2013年1月31日 中国证券监督管理委员会令第89号公布 自公布之日起施行)

第一章 总 则

第一条 为加强对全国中小企业股份转让系统有限责任公司(简称“全国股份转让系统公司”)的管理,明确其职权与责任,维护股票挂牌转让及相关活动的正常秩序,根据《公司法》《证券法》等法律、行政法规,制定本办法。

第二条 全国中小企业股份转让系统(简称“全国股份转让系统”)是经国务院批准设立的全国性证券交易场所。

第三条 股票在全国股份转让系统挂牌的公司(简称“挂牌公司”)为非上市公众公司,股东人数可以超过200人,接受中国证券监督管理委员会(简称“中国证监会”)的统一监督管理。

第四条 全国股份转让系统公司负责组织和监督挂牌公司的股票转让及相关活动,实行自律管理。

第五条 全国股份转让系统公司应当坚持公益优先的原则,维护公开、公平、公正的市场环境,保证全国股份转让系统的正常运行,为全国股份转让系统各参与人提供优质、高效、低成本的金融服务。

第六条 全国股份转让系统的股票挂牌转让及相关活动,必须遵守法律、行政法规和各项规章规定,禁止欺诈、内幕交易、操纵市场等违法违规行为。

第七条 中国证监会依法对全国股份转让系统公司、全国股份转让系统的各项业务活动及各参与人实行统一监督管理,维护全国股份转让系统运行秩序,依法查处违法违规行为。

第二章 全国股份转让系统公司的职能

第八条 全国股份转让系统公司的职能包括:

(1)建立、维护和完善股票转让相关技术系统和设施;

(2)制定和修改全国股份转让系统业务规则;

(3)接受并审查股票挂牌及其他相关业务申请,安排符合条件的公司股票挂牌;

(4)组织、监督股票转让及相关活动;

(5)对主办券商等全国股份转让系统参与人进行监管;

(6)对挂牌公司及其他信息披露义务人进行监管;

(7)管理和公布全国股份转让系统相关信息;

(8)中国证监会批准的其他职能。

第九条 全国股份转让系统公司应当就股票挂牌、股票转让、主办券商管理、挂牌公司管理、投资者适当性管理等依法制定基本业务规则。

全国股份转让系统公司制定与修改基本业务规则,应当经中国证监会批准。制定与修改其他业务规则,应当报中国证监会备案。

第十条 全国股份转让系统挂牌新的证券品种或采用新的转让方式,应当报中国证监会批准。

第十一条 全国股份转让系统公司应当为组织公平的股票转让提供保障,公布股票转让即时行情。未经全国股份转让系统公司许可,任何单位和个人不得发布、使用或传播股票转让即时行情。

第十二条 全国股份转让系统公司收取的资金和费用应当符合有关主管部门的规定,并优先用于维护和完善相关技术系统和设施。

全国股份转让系统公司应当制定专项财务管理规则,并报中国证监会备案。

第十三条 全国股份转让系统公司应当从其收取的费用中提取一定比例的金额设立风险基金。风险基金提取和使用的具体办法,由中国证监会另行制定。

第十四条 全国股份转让系统的登记结算业务由中国证券登记结算有限责任公司负责。全国股份转让系统公司应当与其签订业务协议,并报中国证监会备案。

第三章 全国股份转让系统公司的组织结构

第十五条 全国股份转让系统公司应当按照《公司法》等法律、行政法规和中国证监会的规定,制定公司章程,明确股东会、董事会、监事会和经理层之间的职责划分,建立健全内部组织机构,完善公司治理。

全国股份转让系统公司章程的制定和修改,应当经中国证监会批准。

第十六条 全国股份转让系统公司的股东应当具备法律、行政法规和中国证监会规定的资格条件,股东持股比例应当符合中国证监会的有关规定。

全国股份转让系统公司新增股东或原股东转让所持股份的,应当报中国证监会批准。

第十七条 全国股份转让系统公司董事会、监事会的组成及议事规则应当符合有关法律、行政法规和中国证监会的规定,并报中国证监会备案。

第十八条 全国股份转让系统公司董事长、副董事长、监事会主席及高级管理人员由中国证监会提名,任免程序和任期遵守《公司法》和全国股份转让系统公司章程的有关规定。

前款所述高级管理人员的范围,由全国股份转让系统公司章程规定。

第十九条 全国股份转让系统公司应当根据需要设立专门委员会。各专门委员会的组成及议事规则报中国证监会备案。

第四章 全国股份转让系统公司的自律监管

第二十条 全国股份转让系统实行主办券商制度。在全国股份转让系统从事主办券商业务的证券公司称为主办券商。

主办券商业务包括推荐股份公司股票挂牌,对挂牌公司进行持续督导,代理投资者买卖挂牌公司股票,为股票转让提供做市服务及其他全国股份转让系统公司规定的业务。

第二十一条 全国股份转让系统公司依法对股份公司股票挂牌、定向发行等申请及主办券商推荐文件进行审查,出具审查意见。

全国股份转让系统公司应当与符合条件的股份公司签署挂牌协议,确定双方的权利义务关系。

第二十二条 全国股份转让系统公司应当督促申请股票挂牌的股份公司、挂牌公司及其他信息披露义务人,依法履行信息披露义务,真实、准确、完整、及时地披露信息,不得有虚假记载、误导性陈述或者重大遗漏。

第二十三条 挂牌公司应当符合全国股份转让系统持续挂牌条件,不符合持续挂牌条件的,全国股份转让系统公司应当及时作出股票暂停或终止挂牌的决定,及时公告,并报中国证监会备案。

第二十四条 挂牌股票转让可以采取做市方式、协议方式、竞价方式或证监会批准的其他转让方式。

第二十五条 全国股份转让系统实行投资者适当性管理制度。参与股票转让的投资者应当具备一定的证券投资经验和相应的风险识别和承担能力，了解熟悉相关业务规则。

第二十六条 因突发性事件而影响股票转让的正常进行时，全国股份转让系统公司可以采取技术性停牌措施；因不可抗力的突发性事件或者为维护股票转让的正常秩序，可以决定临时停市。

全国股份转让系统公司采取技术性停牌或者决定临时停市，应当及时报告中国证监会。

第二十七条 全国股份转让系统公司应当建立市场监控制度及相应技术系统，配备专门市场监察人员，依法对股票转让实行监控，及时发现、及时制止内幕交易、市场操纵等异常转让行为。

对违反法律法规及业务规则的，全国股份转让系统公司应当及时采取自律监管措施，并视情节轻重或根据监管要求，及时向中国证监会报告。

第二十八条 全国股份转让系统公司应当督促主办券商、律师事务所、会计师事务所等为挂牌转让等相关业务提供服务的证券服务机构和人员，诚实守信、勤勉尽责，严格履行法定职责，遵守法律法规和行业规范，并对出具文件的真实性、准确性、完整性负责。

第二十九条 全国股份转让系统公司发现相关当事人违反法律法规及业务规则的，可以依法采取自律监管措施，并报中国证监会备案。依法应当由中国证监会进行查处的，全国股份转让系统公司应当向中国证监会提出查处建议。

第五章 监督管理

第三十条 全国股份转让系统公司应当向中国证监会报告股东会、董事会、监事会、总经理办公会议和其他重要会议的会议纪要，全国股份转让系统运行情况，全国股份转让系统公司自律监管职责履行情况、日常工作动态以及中国证监会要求报告的其他信息。

全国股份转让系统公司的其他报告义务，比照执行证券交易所管理有关规定。

第三十一条 中国证监会有权要求全国股份转让系统公司对其章程和业务规则进行修改。

第三十二条 中国证监会依法对全国股份转让系统公司进行监管，开展定期、不定期的现场检查，并对其履职和运营情况进行评估和考核。

全国股份转让系统公司及相关人员违反本办法规定，在监管工作中不履行职责，或者不履行本办法规定的有关义务，中国证监会比照证券交易所管理有关规定进行查处。

第六章 附 则

第三十三条 全国股份转让系统公司为其他证券品种提供挂牌转让服务的，比照本办法执行。

第三十四条 在证券公司代办股份转让系统的原 STAQ、NET 系统挂牌公司和退市公司及其股份转让相关活动，由全国股份转让系统公司负责监督管理。

第三十五条 本办法自公布之日起施行。

税收票证管理办法

（2013 年 2 月 25 日 国家税务总局令第 28 号公布 自 2014 年 1 月 1 日起施行）

第一章 总 则

第一条 为了规范税收票证管理工作，保证国家税收收入的安全完整，维护纳税人合法权益，适应税收信息化发展需要，根据《中华人民共和国税收征收管理法》及其实施细则等法律法规，制定本办法。

第二条 税务机关、税务人员、纳税人、扣缴义务人、代征代售人和税收票证印制企业在中华人民共和国境内印制、使用、管理税收票证,适用本办法。

第三条 本办法所称税收票证,是指税务机关、扣缴义务人依照法律法规,代征代售人按照委托协议,征收税款、基金、费、滞纳金、罚没款等各项收入(统称"税款")的过程中,开具的收款、退款和缴库凭证。税收票证是纳税人实际缴纳税款或者收取退还税款的法定证明。

税收票证包括纸质形式和数据电文形式。数据电文税收票证是指通过横向联网电子缴税系统办理税款的征收缴库、退库时,向银行、国库发送的电子缴款、退款信息。

第四条 国家积极推广以横向联网电子缴税系统为依托的数据电文税收票证的使用工作。

第五条 税务机关、代征代售人征收税款时应当开具税收票证。通过横向联网电子缴税系统完成税款的缴纳或者退还后,纳税人需要纸质税收票证的,税务机关应当开具。

扣缴义务人代扣代收税款时,纳税人要求扣缴义务人开具税收票证的,扣缴义务人应当开具。

第六条 税收票证的基本要素包括:税收票证号码、征收单位名称、开具日期、纳税人名称、纳税人识别号、税种(费、基金、罚没款)、金额、所属时期等。

第七条 纸质税收票证的基本联次包括收据联、存根联、报查联。收据联交纳税人作完税凭证;存根联由税务机关、扣缴义务人、代征代售人留存;报查联由税务机关做会计凭证或备查。

省、自治区、直辖市和计划单列市(简称"省")税务机关可以根据税收票证管理情况,确定除收据联以外的税收票证启用联次。

第八条 国家税务总局统一负责全国的税收票证管理工作。其职责包括:

(1)设计和确定税收票证的种类、适用范围、联次、内容、式样及规格;

(2)设计和确定税收票证专用章戳的种类、适用范围、式样及规格;

(3)印制、保管、发运需要全国统一印制的税收票证,刻制需要全国统一制发的税收票证专用章戳;

(4)确定税收票证管理的机构、岗位和职责;

(5)组织、指导和推广税收票证信息化工作;

(6)组织全国税收票证检查工作;

(7)其他全国性的税收票证管理工作。

第九条 省以下税务机关应当依照本办法做好本行政区域内的税收票证管理工作。其职责包括:

(1)负责本级权限范围内的税收票证印制、领发、保管、开具、作废、结报缴销、停用、交回、损失核销、移交、核算、归档、审核、检查、销毁等工作;

(2)指导和监督下级税务机关、扣缴义务人、代征代售人、自行填开税收票证的纳税人税收票证管理工作;

(3)组织、指导、具体实施税收票证信息化工作;

(4)组织税收票证检查工作;

(5)其他税收票证管理工作。

第十条 扣缴义务人和代征代售人在代扣代缴、代收代缴、代征税款以及代售印花税票过程中应当做好税收票证的管理工作。其职责包括:

(1)妥善保管从税务机关领取的税收票证,并按照税务机关要求建立、报送和保管税收票证账簿及有关资料;

(2)为纳税人开具并交付税收票证;

(3)按时解缴税款、结报缴销税收票证;

(4)其他税收票证管理工作。

第十一条 各级税务机关的收入规划核算部门主管税收票证管理工作。

国家税务总局收入规划核算司设立主管税收票证管理工作的机构;省、市(不含县级市,下同)、县税务机关收入规划核算部门应当设置税收票证管理岗位并配备专职税收票证管理人员;直接向税务机关税收票证开具人员、扣缴义务人、代征代售人、自行填开税收票证的纳税人发放税收票证并办理结报缴销等工作的征收分局、税务所、办税服务厅等机构(简称"基层税务机关")应当设置税收票证管理岗位,由税收会计负责税收票证管理工作。税收票证管理岗位和税收票证开具(含印花税票销售)岗位应当分设,不得一人多岗。

扣缴义务人、代征代售人、自行填开税收票证的纳税人应当由专人负责税收票证管理工作。

第二章 种类和适用范围

第十二条 税收票证包括税收缴款书、税收收入退还书、税收完税证明、出口货物劳务专用税收票证、印花税专用税收票证以及国家税务总局规定的其他税收票证。

第十三条 税收缴款书是纳税人据以缴纳税款，税务机关、扣缴义务人以及代征代售人据以征收、汇总税款的税收票证。具体包括：

(1)《税收缴款书(银行经收专用)》。由纳税人、税务机关、扣缴义务人、代征代售人向银行传递，通过银行划缴税款(出口货物劳务增值税、消费税除外)到国库时使用的纸质税收票证。其适用范围是：①纳税人自行填开或税务机关开具，纳税人据以在银行柜面办理缴税(转账或现金)，由银行将税款缴入国库；②税务机关收取现金税款、扣缴义务人扣缴税款、代征代售人代征税款后开具，据以在银行柜面办理税款汇总缴入国库；③税务机关开具，据以办理"待缴库税款"账户款项缴入国库。

(2)《税收缴款书(税务收现专用)》。纳税人以现金、刷卡(未通过横向联网电子缴税系统)方式向税务机关缴纳税款时，由税务机关开具并交付纳税人的纸质税收票证。代征人代征税款时，也应开具本缴款书并交付纳税人。为方便流动性零散税收的征收管理，本缴款书可以在票面印有固定金额，具体面额种类由各省税务机关确定，但是，单种面额不得超过100元。

(3)《税收缴款书(代扣代收专用)》。扣缴义务人依法履行税款代扣代缴、代收代缴义务时开具并交付纳税人的纸质税收票证。扣缴义务人代扣代收税款后，已经向纳税人开具了税法规定或国家税务总局认可的记载完税情况的其他凭证的，可不再开具本缴款书。

(4)《税收电子缴款书》。税务机关将纳税人、扣缴义务人、代征代售人的电子缴款信息通过横向联网电子缴税系统发送给银行，银行据以划缴税款到国库时，由税收征管系统生成的数据电文形式的税收票证。

第十四条 税收收入退还书是税务机关依法为纳税人从国库办理退税时使用的税收票证。具体包括：

(1)《税收收入退还书》。税务机关向国库传递，依法为纳税人从国库办理退税时使用的纸质税收票证。

(2)《税收收入电子退还书》。税务机关通过横向联网电子缴税系统依法为纳税人从国库办理退税时，由税收征管系统生成的数据电文形式的税收票证。

税收收入退还书应当由县以上税务机关税收会计开具并向国库传递或发送。

第十五条 出口货物劳务专用税收票证是由税务机关开具，专门用于纳税人缴纳出口货物劳务增值税、消费税或者证明该纳税人再销售给其他出口企业的货物已缴纳增值税、消费税的纸质税收票证。具体包括：

(1)《税收缴款书(出口货物劳务专用)》。由税务机关开具，专门用于纳税人缴纳出口货物劳务增值税、消费税时使用的纸质税收票证。纳税人以银行经收方式，税务收现方式，或者通过横向联网电子缴税系统缴纳出口货物劳务增值税、消费税时，均使用本缴款书。纳税人缴纳随出口货物劳务增值税、消费税附征的其他税款时，税务机关应当根据缴款方式，使用其他种类的缴款书，不得使用本缴款书。

(2)《出口货物完税分割单》。已经缴纳出口货物增值税、消费税的纳税人将购进货物再销售给其他出口企业时，为证明所售货物完税情况，便于其他出口企业办理出口退税，到税务机关换开的纸质税收票证。

第十六条 印花税专用税收票证是税务机关或印花税票代售人在征收印花税时向纳税人交付、开具的纸质税收票证。具体包括：

(1)印花税票。印有固定金额，专门用于征收印花税的有价证券。纳税人缴纳印花税，可以购买印花税票贴花缴纳，也可以开具税收缴款书缴纳。采用开具税收缴款书缴纳的，应当将纸质税收缴款书或税收完税证明粘贴在应税凭证上，或者由税务机关在应税凭证上加盖印花税收讫专用章。

(2)《印花税票销售凭证》。税务机关和印花税票代售人销售印花税票时一并开具的专供购买方报销的纸质凭证。

第十七条 税收完税证明是税务机关为证明纳税人已经缴纳税款或者已经退还纳税人税款而开具的纸质税收票证。其适用范围是：

（1）纳税人、扣缴义务人、代征代售人通过横向联网电子缴税系统划缴税款到国库（经收处）后或收到从国库退还的税款后，当场或事后需要取得税收票证的；

（2）扣缴义务人代扣代收税款后，已经向纳税人开具税法规定或国家税务总局认可的记载完税情况的其他凭证，纳税人需要换开正式完税凭证的；

（3）纳税人遗失已完税的各种税收票证（《出口货物完税分割单》、印花税票和《印花税票销售凭证》除外），需要重新开具的；

（4）对纳税人特定期间完税情况出具证明的；

（5）国家税务总局规定的其他需要为纳税人开具完税凭证情形。

税务机关在确保纳税人缴、退税信息全面、准确、完整的条件下，可以开展前款第四项规定的税收完税证明开具工作，具体开具办法由各省税务机关确定。

第十八条 税收票证专用章戳是指税务机关印制税收票证和征、退税款时使用的各种专用章戳，具体包括：

（1）税收票证监制章。套印在税收票证上，用以表明税收票证制定单位和税收票证印制合法性的一种章戳。

（2）征税专用章。税务机关办理税款征收业务，开具税收缴款书、税收完税证明、《印花税销售凭证》等征收凭证时使用的征收业务专用公章。

（3）退库专用章。税务机关办理税款退库业务，开具《税收收入退还书》等退库凭证时使用的，在国库预留印鉴的退库业务专用公章。

（4）印花税收讫专用章。以开具税收缴款书代替贴花缴纳印花税时，加盖在应税凭证上，用以证明应税凭证已完税的专用章戳。

（5）国家税务总局规定的其他税收票证专用章戳。

第十九条 《税收缴款书（税务收现专用）》《税收缴款书（代扣代收专用）》《税收缴款书（出口货物劳务专用）》《出口货物完税分割单》，印花税票和税收完税证明应当视同现金进行严格管理。

第二十条 税收票证应当按规定的适用范围填开，不得混用。

第二十一条 国家税务总局增设或简并税收票证及税收票证专用章戳种类，应当及时向社会公告。

第三章 设计和印制

第二十二条 税收票证及税收票证专用章戳按照税收征收管理和国家预算管理的基本要求设计，具体式样另行制发。

第二十三条 税收票证实行分级印制管理。

《税收缴款书（出口货物劳务专用）》《出口货物完税分割单》、印花税票以及其他需要全国统一印制的税收票证由国家税务总局确定的企业印制；其他税收票证，按照国家税务总局规定的式样和要求，由各省税务机关确定的企业集中统一印制。

禁止私自印制、倒卖、变造、伪造税收票证。

第二十四条 印制税收票证的企业应当具备下列条件：

（1）取得印刷经营许可证和营业执照；

（2）设备、技术水平能够满足印制税收票证的需要；

（3）有健全的财务制度和严格的质量监督、安全管理、保密制度；

（4）有安全、良好的保管场地和设施。

印制税收票证的企业应当按照税务机关提供的式样、数量等要求印制税收票证，建立税收票证印制管理制度。

税收票证印制合同终止后，税收票证的印制企业应当将有关资料交还委托印制的税务机关，不得保留或提供给其他单位及个人。

第二十五条 税收票证应当套印税收票证监制章。

税收票证监制章由国家税务总局统一制发各省税务机关。

第二十六条 除税收票证监制章外，其他税收票证专用章戳的具体刻制权限由各省税务机关确定。刻制的税收票证专用章戳应当在市以上税务机关留底归档。

第二十七条 税收票证应当使用中文印制。民族自治地方的税收票证，可以加印当地一种通用的民族文字。

第二十八条 负责税收票证印制的税务机关应当对印制完成的税收票证质量、数量进行查验。查验无误的，办理税收票证的印制入库手续；查验不合格的，对不合格税收票证监督销毁。

第四章 使 用

第二十九条 上、下级税务机关之间，税务机关税收票证开具人员、扣缴义务人、代征代售人、自行填开税收票证的纳税人与税收票证管理人员之间，应当建立税收票证及税收票证专用章戳的领发登记制度，办理领发手续，共同清点、确认领发种类、数量和号码。

税收票证的运输应当确保安全、保密。

数据电文税收票证由税收征管系统自动生成税收票证号码，分配给税收票证开具人员，视同发放。数据电文税收票证不得重复发放、重复开具。

第三十条 税收票证管理人员向税务机关税收票证开具人员、扣缴义务人和代征代售人发放视同现金管理的税收票证时，应当拆包发放，并且一般不得超过一个月的用量。

视同现金管理的税收票证未按照本办法第三十九条规定办理结报的，不得继续发放同一种类的税收票证。

其他种类的税收票证，应当根据领用人的具体使用情况，适度发放。

第三十一条 税务机关、扣缴义务人、代征代售人、自行填开税收票证的纳税人应当妥善保管纸质税收票证及税收票证专用章戳。县以上税务机关应当设置具备安全条件的税收票证专用库房；基层税务机关、扣缴义务人、代征代售人和自行填开税收票证的纳税人应当配备税收票证保险专用箱柜。确有必要外出征收税款的，税收票证及税收票证专用章戳应当随身携带，严防丢失。

第三十二条 税务机关对结存的税收票证应当定期进行盘点，发现结存税收票证实物与账簿记录数量不符的，应当及时查明原因并报告上级或所属税务机关。

第三十三条 税收收入退还书开具人员不得同时从事退库专用章保管或《税收收入电子退还书》复核授权工作。印花税票销售人员不得同时从事印花税收讫专用章保管工作。外出征收税款的，税收票证开具人员不得同时从事现金收款工作。

第三十四条 税收票证应当分纳税人开具；同一份税收票证上，税种(费、基金、罚没款)、税目、预算科目、预算级次、所属时期不同的，应当分行填列。

第三十五条 税收票证栏目内容应当填写齐全、清晰、真实、规范，不得漏填、简写、省略、涂改、挖补、编造；多联式税收票证应当一次全份开具。

第三十六条 因开具错误作废的纸质税收票证，应当在各联注明"作废"字样、作废原因和重新开具的税收票证字轨及号码。《税收缴款书(税务收现专用)》《税收缴款书(代扣代收专用)》，税收完税证明应当全份保存；其他税收票证的纳税人所持联次或银行流转联次无法收回的，应当注明原因，并将纳税人出具的情况说明或银行文书代替相关联次一并保存。开具作废的税收票证应当按期与已填用的税收票证一起办理结报缴销手续，不得自行销毁。

税务机关开具税收票证后，纳税人向银行办理缴税前丢失的，税务机关参照前款规定处理。

数据电文税收票证作废的，应当在税收征管系统中予以标识；已经作废的数据电文税收票证号码不得再次使用。

第三十七条 纸质税收票证各联次各种章戳应当加盖齐全。

章戳不得套印，国家税务总局另有规定的除外。

第三十八条 税务机关税收票证开具人员、扣缴义务人、代征代售人、自行填开税收票证的纳税人与税收票证管理人员之间，基层税务机关与上级或所属税务机关之间，应当办理税收票款结报缴销手续。

税务机关税收票证开具人员、扣缴义务人、代征代售人向税收票证管理人员结报缴销视同现金管理的税收票证时，应当将已开具税收票证的存根联、报查联等联次，连同作废税收票证、需交回的税收票证及未开具的税收票证(含未销售印花税票)一并办理结报缴销手续；已开具税收票证只设一联的，税收票证管理人员应当查验其开具情况的电子记录。

其他各种税收票证结报缴销手续的具体要求，由各省税务机关确定。

第三十九条 税收票款应当按照规定的时限办理结报缴销。税务机关税收票证开具人员、代征代售人开具税收票证（含销售印花税票）收取现金税款时，办理结报缴销手续的时限要求是：

（1）当地设有国库经收处的，应于收取税款的当日或次日办理税收票款的结报缴销；

（2）当地未设国库经收处和代征代售人收取现金税款的，由各省税务机关确定办理税收票款结报缴销的期限和额度，并以期限或额度条件先满足之日为准。

扣缴义务人代扣代收税款的，应按税法规定的税款解缴期限一并办理结报缴销。

其他各种税收票证的结报缴销时限、基层税务机关向上级或所属税务机关缴销税收票证的时限，由各省税务机关确定。

第四十条 领发、开具税收票证时，发现多出、短少、污损、残破、错号、印刷字迹不清及联数不全等印制质量不合格情况的，应当查明字轨、号码、数量，清点登记，妥善保管。

全包、全本印制质量不合格的，按照本办法第五十一条规定销毁；全份印制质量不合格的，按开具作废处理。

第四十一条 由于税收政策变动或式样改变等原因，国家税务总局规定停用的税收票证及税收票证专用章戳，应由县以上税务机关集中清理，核对字轨、号码和数量，造册登记，按照本办法第五十一条规定销毁。

第四十二条 未开具税收票证（含未销售印花税票）发生毁损或丢失、被盗、被抢等损失的，受损单位应当及时组织清点核查，并由各级税务机关按照权限进行损失核销审批。《税收缴款书（出口货物劳务专用）》《出口货物完税分割单》，印花税票发生损失的，由省税务机关审批核销；《税收缴款书（税务收现专用）》《税收缴款书（代扣代收专用）》，税收完税证明发生损失的，由市税务机关审批核销；其他各种税收票证发生损失的，由县税务机关审批核销。

毁损残票和追回的税收票证按照本办法第五十一条规定销毁。

第四十三条 视同现金管理的未开具税收票证（含未销售印花税票）丢失、被盗、被抢的，受损税务机关应当查明损失税收票证的字轨、号码和数量，立即向当地公安机关报案并报告上级或所属税务机关；经查不能追回的税收票证，除印花税票外，应当及时在办税场所和广播、电视、报纸、期刊、网络等新闻媒体上公告作废。

受损单位为扣缴义务人、代征代售人或税收票证印制企业的，扣缴义务人、代征代售人或税收票证印制企业应当立即报告基层税务机关或委托印制的税务机关，由税务机关按前款规定办理。

对丢失印花税票和印有固定金额的《税收缴款书（税务收现专用）》负有责任的相关人员，税务机关应当要求其按照面额赔偿；对丢失其他视同现金管理的税收票证负有责任的相关人员，税务机关应当要求其适当赔偿。

第四十四条 税收票证专用章戳丢失、被盗、被抢的，受损税务机关应当立即向当地公安机关报案并逐级报告刻制税收票证专用章戳的税务机关；退库专用章丢失、被盗、被抢的，应当同时通知国库部门。重新刻制的税收票证专用章戳应当及时办理留底归档或预留印鉴手续。

毁损和损失追回的税收票证专用章戳按照本办法第五十一条规定销毁。

第四十五条 由于印制质量不合格、停用、毁损、损失追回、领发错误，或者扣缴义务人和代征代售人终止税款征收业务、纳税人停止自行填开税收票证等原因，税收票证及税收票证专用章戳需要交回的，税收票证管理人员应当清点、核对字轨、号码和数量，及时上交至发放或有权销毁税收票证及税收票证专用章戳的税务机关。

第四十六条 纳税人遗失已完税税收票证需要税务机关另行提供的，应当登报声明原持有联次遗失并向税务机关提交申请；税款经核实确已缴纳入库或从国库退还的，税务机关应当开具税收完税证明或提供原完税税收票证复印件。

第五章 监督管理

第四十七条 税务机关税收票证开具人员、税收票证管理人员工作变动离岗前，应当办理税收票证、税收票证专用章戳、账簿以及其他税收票证资料的移交。移交时应当有专人监交，监交人、移交人、接管人三方共同签章，票清离岗。

第四十八条 税务机关应当按税收票证种类、领用单位设置税收票证账簿，对各种税收票证的印制、领发、用存、作废、结报缴销、停用、损失、销毁的数量、号码进行及时登记和核算，定期结账。

第四十九条 基层税务机关的税收票证管理人员应当按日对已结报缴销税收票证的完整性、准确性和税收票证管理的规范性进行审核；基层税务机关的上级或所属税务机关税收票证管理人员对基层税务机关缴销的税收票证，应当定期进行复审。

第五十条 税务机关应当及时对已经开具、作废的税收票证、账簿以及其他税收票证资料进行归档保存。

纸质税收票证、账簿以及其他税收票证资料，应当整理装订成册，保存期限 5 年；作为会计凭证的纸质税收票证保存期限 15 年。

数据电文税收票证、账簿以及其他税收票证资料，应当通过光盘等介质进行存储，确保数据电文税收票证信息的安全、完整，保存时间和具体办法另行制定。

第五十一条 未填用的《税收缴款书（出口货物劳务专用）》《出口货物完税分割单》，印花税票需要销毁的，应当由两人以上共同清点，编制销毁清册，逐级上缴省税务机关销毁；未填用的《税收缴款书（税务收现专用）》《税收缴款书（代扣代收专用）》，税收完税证明需要销毁的，应当由两人以上共同清点，编制销毁清册，报经市税务机关批准，指派专人到县税务机关复核并监督销毁；其他各种税收票证、账簿和税收票证资料需要销毁的，由税收票证主管人员清点并编制销毁清册，报经县或市税务机关批准，由两人以上监督销毁；税收票证专用章戳需要销毁的，由刻制税收票证专用章戳的税务机关销毁。

第五十二条 税务机关应当定期对本级及下级税务机关、税收票证印制企业、扣缴义务人、代征代售人、自行填开税收票证的纳税人税收票证及税收票证专用章戳管理工作进行检查。

第五十三条 税务机关工作人员违反本办法的，应当根据情节轻重，给予批评教育、责令做出检查、诫勉谈话或调整工作岗位处理；构成违纪的，依照《中华人民共和国公务员法》《行政机关公务员处分条例》等法律法规给予处分；涉嫌犯罪的，移送司法机关。

第五十四条 扣缴义务人未按照本办法及有关规定保管、报送代扣代缴、代收代缴税收票证及有关资料的，按照《中华人民共和国税收征收管理法》及相关规定进行处理。

扣缴义务人未按照本办法开具税收票证的，可以根据情节轻重，处以 0.1 万元以下的罚款。

第五十五条 税务机关与代征代售人、税收票证印制企业签订代征代售合同、税收票证印制合同时，应当就违反本办法及相关规定的责任进行约定，并按约定及其他有关规定追究责任；涉嫌犯罪的，移送司法机关。

第五十六条 自行填开税收票证的纳税人违反本办法及相关规定的，税务机关应当停止其税收票证的领用和自行填开，并限期缴销全部税收票证；情节严重的，可以处以 0.1 万元以下的罚款。

第五十七条 非法印制、转借、倒卖、变造或者伪造税收票证的，依照《中华人民共和国税收征收管理法实施细则》的规定进行处理；伪造、变造、买卖、盗窃、抢夺、毁灭税收票证专用章戳的，移送司法机关。

第六章　附　则

第五十八条 各级政府部门委托税务机关征收的各种基金、费可以使用税收票证。

第五十九条 本办法第六条、第七条、第二十五条、第三十六条、第三十七条、第四十六条所称税收票证，不包括印花税票。

第六十条 本办法所称银行，是指经收预算收入的银行、信用社。

第六十一条 各省税务机关应当根据本办法制定具体规定，并报国家税务总局备案。

第六十二条 本办法自 2014 年 1 月 1 日起施行。1998 年 3 月 10 日国家税务总局发布的《税收票证管理办法》（国税发〔1998〕32 号）同时废止。

快递业务经营许可管理办法

（2013 年 4 月 12 日　中华人民共和国交通运输部令第 4 号公布　自公布之日起施行）

第一章　总　则

第一条　为规范快递业务经营许可管理，促进快递行业健康发展，根据《中华人民共和国邮政法》、《中华人民共和国行政许可法》及其他有关法律、行政法规的规定，制定本办法。

第二条　快递业务经营许可的申请、审批和监督管理，适用本办法。

第三条　国务院邮政管理部门和省、自治区、直辖市邮政管理机构以及按照国务院规定设立的省级以下邮政管理机构（统称“邮政管理部门”）负责快递业务经营许可的管理工作。

第四条　快递业务经营许可管理，应当遵循公开、公平、公正以及便利高效的原则。

第五条　经营快递业务，应当依法取得邮政管理部门颁发的《快递业务经营许可证》，并接受邮政管理部门及其他有关部门的监督管理；未经许可，任何单位和个人不得经营快递业务。

第二章　许可条件

第六条　申请经营快递业务，应当符合《中华人民共和国邮政法》第五十二条的规定，具备下列条件：

（1）符合企业法人条件；

（2）在省、自治区、直辖市范围内经营的，注册资本不低于人民币 50 万元，跨省、自治区、直辖市经营的，注册资本不低于人民币 100 万元，经营国际快递业务的，注册资本不低于人民币 200 万元；

（3）有本办法第七条、第八条、第九条规定的与申请经营的地域范围相适应的服务能力；

（4）有严格的服务质量管理制度，包括服务承诺、服务项目、服务价格、服务地域、赔偿办法、投诉受理办法等，有完备的业务操作规范，包括收寄验视、分拣运输、派送投递、业务查询等制度；

（5）有健全的安全保障制度和措施，包括保障寄递安全、快递服务人员和用户人身安全、用户信息安全的制度，符合国家标准的各项安全措施，开办代收货款业务的，应当以自营方式提供代收货款服务，具备完善的风险控制措施和资金结算系统，并明确与委托方和收件人之间的权利、义务；

（6）法律、行政法规规定的其他条件。

第七条　申请在省、自治区、直辖市范围内经营快递业务的，应当具备以下服务能力：

（1）具备在省、自治区、直辖市范围内经营快递业务的网络和运递能力；

（2）经营同城快递业务的，须提供寄递快件（邮件）的电话查询服务，经营省内异地快递业务的，除提供上述电话查询服务外，还应当有提供寄递快件（邮件）跟踪查询的信息网络；

（3）有符合《快递业务员国家职业技能标准》并通过资格认定的快递业务员，经营同城快递业务的，快递业务员中具备初级以上资格的不低于 30.0%，经营省内异地快递业务的，快递业务员中具备初级以上资格的不低于 40.0%。

第八条　申请跨省、自治区、直辖市经营快递业务的，应当具备以下服务能力：

（1）具备与申请经营地域范围相适应的网络和运递能力；

（2）有封闭的、面积适宜的快件（邮件）处理场所，符合国务院邮政管理部门及国家安全机关依法履行职责的要求，并配备相应的处理设备、监控设备和消防设施；

（3）有统一的计算机管理系统，有可提供寄递快件（邮件）跟踪查询的信息网络，并配置符合规定的数据接口，能够根据要求向邮政管理部门提供寄递快件（邮件）的有关数据；

（4）有符合《快递业务员国家职业技能标准》并通

过资格认定的快递业务员，企业及其各分支机构快递业务员中，具备初级以上资格的均不低于40.0%。

第九条 申请经营国际快递业务的，应当具备以下服务能力：

(1)具备经营国际快递业务的网络和运递能力；

(2)有封闭的、面积适宜的快件(邮件)处理场所，符合国务院邮政管理部门及国家安全机关、海关依法履行职责的要求，并配备相应的处理设备、监控设备和消防设施；

(3)有统一的计算机管理系统，有可提供寄递快件(邮件)跟踪查询的信息网络，并配置符合规定的数据接口，能够根据要求向邮政管理部门和有关部门提供寄递快件(邮件)的报关数据；

(4)有符合《快递业务员国家职业技能标准》并通过资格认定的快递业务员，企业及其各分支机构快递业务员中，具备初级以上资格的均不低于50.0%；

(5)有获得专业资格的报关、报检、报验人员。

第十条 外商不得投资经营信件的国内快递业务。

国内快递业务，是指从收寄到投递的全过程均发生在中华人民共和国境内的快递业务。

邮政企业以外的经营快递业务的企业(下称“快递企业”)，不得经营由邮政企业专营的信件寄递业务，不得寄递国家机关公文。

第三章 审批程序

第十一条 申请快递业务经营许可，在省、自治区、直辖市范围内经营的，应当向所在地省、自治区、直辖市邮政管理机构提出申请；跨省、自治区、直辖市经营或者经营国际快递业务的，应当向国务院邮政管理部门提出申请。

第十二条 申请快递业务经营许可，应当向邮政管理部门提交下列申请材料：

(1)快递业务经营许可申请书；

(2)工商行政管理部门出具的企业名称预核准通知书或者企业法人营业执照；

(3)验资报告、场地使用证明以及本办法第六、七、八、九条规定条件的相关材料；

(4)法律、行政法规规定的其他材料。

第十三条 邮政管理部门应当自受理之日起45日内对申请材料审查核实，作出批准或者不予批准的决定。予以批准的，颁发《快递业务经营许可证》；不予批准的，书面通知申请人并说明理由。

邮政管理部门审查快递业务经营许可的申请，应当考虑国家安全等因素，并征求有关部门的意见。

第十四条 申请人凭《快递业务经营许可证》向工商行政管理部门办理设立或者变更登记。

第十五条 取得快递业务经营许可的企业设立分公司、营业部等非法人分支机构，凭企业法人快递业务经营许可证(副本)及所附分支机构名录，到分支机构所在地工商行政管理部门办理注册登记。企业分支机构取得营业执照之日起20日内到所在地省级以下邮政管理机构办理备案手续。

经营快递业务的企业合并、分立或者撤销分支机构的，应当向邮政管理部门备案。

第十六条 《中华人民共和国邮政法》公布前按照国家有关规定，经国务院对外贸易主管部门批准或者备案，并向工商行政管理部门依法办理登记后经营国际快递业务的国际货物运输代理企业，依照《中华人民共和国邮政法》第八十五条规定领取《快递业务经营许可证》的，应当向国务院邮政管理部门提交下列材料：

(1)《快递业务经营许可证》领取申请书；

(2)国务院对外贸易主管部门批准或备案文件；

(3)工商行政管理部门依法颁发的营业执照；

(4)分支机构名录。

第四章 许可证管理

第十七条 经营快递业务的企业，应当按照《快递业务经营许可证》的许可范围和有效期限经营快递业务。

《快递业务经营许可证》的有效期限为5年。

经营快递业务的企业，应当在《快递业务经营许可证》有效期届满30日前向颁发许可证的邮政管理部门提出申请，换领许可证。

第十八条 《快递业务经营许可证》管理实行年度报告制度。经营快递业务的企业应当在每年4月30日前向颁发《快递业务经营许可证》的邮政管理部门提交下列材料：

(1)年度报告书，包括年度经营情况、遵守法律法规情况等；

（2）《快递业务经营许可证》副本原件；

（3）企业法人营业执照复印件。

第十九条 《快递业务经营许可证》企业名称、企业类型、股权关系、注册资本、经营范围、经营地域和分支机构等事项发生变更的，应当报邮政管理部门办理变更手续，并换领许可证。

第二十条 快递企业在《快递业务经营许可证》有效期内停止经营的，应当提前书面告知颁发许可证的邮政管理部门，交回《快递业务经营许可证》，并按邮政管理部门规定妥善处理未投递的快件。

第二十一条 遇有下列情形之一的，邮政管理部门应当依法办理快递业务经营许可的注销手续：

（1）《快递业务经营许可证》有效期届满未延续的；

（2）企业法人资格依法终止的；

（3）申请人自取得《快递业务经营许可证》后无正当理由超过6个月未经营快递业务的，或者自行连续停业6个月以上的；

（4）《快递业务经营许可证》有效期内停止经营的；

（5）快递业务经营许可依法被撤销、撤回的，或者《快递业务经营许可证》被依法吊销的；

（6）法律、行政法规规定的其他情形。

第二十二条 邮政管理部门应当对《快递业务经营许可证》的颁发、变更、注销等事项向社会公告。

第二十三条 《快递业务经营许可证》由国务院邮政管理部门统一印制。

任何组织和个人不得伪造、涂改、冒用、租借、买卖和转让《快递业务经营许可证》。

第五章　监督检查

第二十四条 邮政管理部门依法对取得《快递业务经营许可证》的企业进行监督检查，被检查企业应当接受和配合监督检查。

第二十五条 监督检查的主要内容：

（1）经营快递业务的企业名称、法定代表人（负责人）、经营地址、经营范围、经营地域、经营期限等重要事项，应当与《快递业务经营许可证》登记事项相符合；

（2）《快递业务经营许可证》变更、延续、注销等手续的执行和办理情况；

（3）经营快递业务的企业应当持续符合颁发《快递业务经营许可证》的条件；

（4）法律、行政法规规定的其他内容。

第二十六条 邮政管理部门进行监督检查时，监督检查人员不得少于2人，并应当出示执法证件；应当记录监督检查的情况和处理结果，由监督检查人员签字后归档。

第二十七条 邮政管理部门进行监督检查时，不得妨碍经营快递业务的企业正常的生产经营活动，不得收取任何费用。

第二十八条 公民、企业和其他组织发现邮政管理部门的工作人员在实施行政许可和监督检查过程中有违法行为，有权向邮政管理部门举报，接到举报的邮政管理部门应当及时核实、处理。

第六章　法律责任

第二十九条 违反本办法第五条、第十七条第一款规定的，依照《中华人民共和国邮政法》第七十二条规定予以处罚。

第三十条 申请快递业务经营许可时，申请人隐瞒真实情况，弄虚作假，骗取经营许可的，由邮政管理部门依法撤销经营许可，并可处以1万元以上3万元以下的罚款。

伪造、涂改、冒用、租借、买卖和转让《快递业务经营许可证》的，邮政管理部门可处以1万元以上3万元以下罚款，构成犯罪的，依法追究刑事责任。

第三十一条 快递企业设立分支机构、合并、分立，未向邮政管理部门备案的，依照《中华人民共和国邮政法》第七十三条规定予以处罚。

除前款规定外，经营快递业务的企业，未按本办法规定办理备案、变更手续，或者未按期提交年度报告书的，由邮政管理部门责令改正，并可处以1万元以下的罚款；办理备案和变更手续、提交年度报告书，隐瞒真实情况、弄虚作假的，由邮政管理部门责令改正，并可处以1万元以上3万元以下的罚款。

第三十二条 快递企业停止经营快递业务，未书面告知邮政管理部门并交回《快递业务经营许可证》，或者未按照国务院邮政管理部门的规定妥善处理尚未投递的快件的，依照《中华人民共和国邮政法》第七十三条规定予以处罚。

第三十三条 违反本办法第二十四条规定，依照《中华人民共和国邮政法》第七十七条规定予以处罚。

第三十四条 经营快递业务的企业对邮政管理部门根据本办法作出的具体行政行为不服的，可以依法申请行政复议，也可以向人民法院提起行政诉讼。

经营快递业务的企业逾期不履行行政处罚决定的，由作出行政处罚决定的邮政管理部门申请人民法院强制执行。

第三十五条 邮政管理部门工作人员在快递业务经营许可管理工作中滥用职权、玩忽职守、徇私舞弊的，由主管机关或者监察机关给予行政处分；涉嫌构成犯罪的，由司法机关追究刑事责任。

第七章 附 则

第三十六条 除本办法第十六条规定的企业外，《中华人民共和国邮政法》公布前依法向工商行政管理部门办理登记后经营快递业务的企业，不具备经营快递业务的条件的，应当自本办法实施之日起一年内达到经营快递业务的条件，并依法取得快递业务经营许可，逾期不能取得快递业务经营许可的，不得继续经营快递业务。

第三十七条 本办法自 2009 年 10 月 1 日起施行。

化学品物理危险性鉴定与分类管理办法

（2013 年 7 月 10 日 国家安全生产监督管理总局令第 60 号公布 自 2013 年 9 月 1 日起施行）

第一章 总 则

第一条 为了规范化学品物理危险性鉴定与分类工作，根据《危险化学品安全管理条例》，制定本办法。

第二条 对危险特性尚未确定的化学品进行物理危险性鉴定与分类，以及安全生产监督管理部门对鉴定与分类工作实施监督管理，适用本办法。

第三条 本办法所称化学品，是指各类单质、化合物及其混合物。

化学品物理危险性鉴定，是指依据有关国家标准或者行业标准进行测试、判定，确定化学品的燃烧、爆炸、腐蚀、助燃、自反应和遇水反应等危险特性。

化学品物理危险性分类，是指依据有关国家标准或者行业标准，对化学品物理危险性鉴定结果或者相关数据资料进行评估，确定化学品的物理危险性类别。

第四条 下列化学品应当进行物理危险性鉴定与分类：

（1）含有一种及以上列入《危险化学品目录》的组分，但整体物理危险性尚未确定的化学品；

（2）未列入《危险化学品目录》，且物理危险性尚未确定的化学品；

（3）以科学研究或者产品开发为目的，年产量或者使用量超过 1 吨，且物理危险性尚未确定的化学品。

第五条 国家安全生产监督管理总局负责指导和监督管理全国化学品物理危险性鉴定与分类工作，公告化学品物理危险性鉴定机构（简称“鉴定机构”）名单以及免予物理危险性鉴定与分类的化学品目录，设立化学品物理危险性鉴定与分类技术委员会（简称“技术委员会”）。

县级以上地方各级人民政府安全生产监督管理部门负责监督和检查本行政区域内化学品物理危险性鉴定与分类工作。

第六条 技术委员会负责对有异议的鉴定或者分类结果进行仲裁，公布化学品物理危险性的鉴定情况。

国家安全生产监督管理总局化学品登记中心（简称“登记中心”）负责化学品物理危险性分类结果的评估与审核，建立国家化学品物理危险性鉴定与分类信息管理系统，为化学品物理危险性鉴定与分类工作提供技术支持，承担技术委员会的日常工作。

第二章　危险性鉴定

第七条　鉴定机构应当依照有关法律法规和国家标准或者行业标准的规定，科学、公正、诚信地开展鉴定工作，保证鉴定结果真实、准确、客观，并对鉴定结果负责。

第八条　化学品生产、进口单位（以下统称化学品单位）应当对本单位生产或者进口的化学品进行普查和物理危险性辨识，对其中符合本办法第四条规定的化学品向鉴定机构申请鉴定。

化学品单位在办理化学品物理危险性鉴定过程中，不得隐瞒化学品的危险性成分、含量等相关信息或者提供虚假材料。

第九条　化学品物理危险性鉴定按照下列程序办理：

（1）申请化学品物理危险性鉴定的化学品单位向鉴定机构提交化学品物理危险性鉴定申请表以及相关文件资料，提供鉴定所需要的样品，并对样品的真实性负责；

（2）鉴定机构收到鉴定申请后，按照有关国家标准或者行业标准进行测试、判定。除与爆炸物、自反应物质、有机过氧化物相关的物理危险性外，对其他物理危险性应当在20个工作日内出具鉴定报告，特殊情况下由双方协商确定。

送检样品应当至少保存180日，有关档案材料应当至少保存5年。

第十条　化学品物理危险性鉴定应当包括下列内容：

（1）与爆炸物、易燃气体、气溶胶、氧化性气体、加压气体、易燃液体、易燃固体、自反应物质、自燃液体、自燃固体、自热物质、遇水放出易燃气体的物质、氧化性液体、氧化性固体、有机过氧化物、金属腐蚀物等相关的物理危险性；

（2）与化学品危险性分类相关的蒸气压、自燃温度等理化特性，以及化学稳定性和反应性等。

第十一条　化学品物理危险性鉴定报告应当包括下列内容：

（1）化学品名称；

（2）申请鉴定单位名称；

（3）鉴定项目以及所用标准、方法；

（4）仪器设备信息；

（5）鉴定结果；

（6）有关国家标准或者行业标准中规定的其他内容。

第十二条　申请化学品物理危险性鉴定的化学品单位对鉴定结果有异议的，可以在收到鉴定报告之日起15个工作日内向原鉴定机构申请重新鉴定，或者向技术委员会申请仲裁。技术委员会应当在收到申请之日起20个工作日内作出仲裁决定。

第十三条　化学品单位应当根据鉴定报告以及其他物理危险性数据资料，编制化学品物理危险性分类报告。

化学品物理危险性分类报告应当包括下列内容：

（1）化学品名称；

（2）重要成分信息；

（3）物理危险性鉴定报告或者其他有关数据及其来源；

（4）化学品物理危险性分类结果。

第十四条　化学品单位应当向登记中心提交化学品物理危险性分类报告。登记中心应当对分类报告进行综合性评估，并在30个工作日内向化学品单位出具审核意见。

第十五条　化学品单位对化学品物理危险性分类的审核意见有异议的，可以在收到审核意见之日起15个工作日内向技术委员会申请仲裁。技术委员会应当在收到申请之日起20个工作日内作出仲裁决定。

第十六条　化学品单位应当建立化学品物理危险性鉴定与分类管理档案，内容应当包括：

（1）已知物理危险性的化学品的危险特性等信息；

（2）已经鉴定与分类化学品的物理危险性鉴定报告、分类报告和审核意见等信息；

（3）未进行鉴定与分类化学品的名称、数量等信息。

第十七条　化学品单位对确定为危险化学品的化学品以及国家安全生产监督管理总局公告的免予物理危险性鉴定与分类的危险化学品，应当编制化学品安全技术说明书和安全标签，根据《危险化学品登记管理办法》办理危险化学品登记，按照有关危险化学品的法律、法规和标准的要求，加强安全管理。

第十八条 鉴定机构应当于每年1月31日前向国家安全生产监督管理总局上报上一年度鉴定的化学品品名和工作总结。

第三章 法律责任

第十九条 化学品单位有下列情形之一的，由安全生产监督管理部门责令限期改正，可以处1万元以下的罚款；拒不改正的，处1万元以上3万元以下的罚款：

（1）未按照本办法规定对化学品进行物理危险性鉴定或者分类的；

（2）未按照本办法规定建立化学品物理危险性鉴定与分类管理档案的；

（3）在办理化学品物理危险性的鉴定过程中，隐瞒化学品的危险性成分、含量等相关信息或者提供虚假材料的。

第二十条 鉴定机构在物理危险性鉴定过程中有下列行为之一的，处1万元以上3万元以下的罚款；情节严重的，由国家安全生产监督管理总局从鉴定机构名单中除名并公告：

（1）伪造、篡改数据或者有其他弄虚作假行为的；

（2）未通过安全生产监督管理部门的监督检查，仍从事鉴定工作的；

（3）泄露化学品单位商业秘密的。

第四章 附 则

第二十一条 对于用途相似、组分接近、物理危险性无显著差异的化学品，化学品单位可以向鉴定机构申请系列化学品鉴定。

多个化学品单位可以对同一化学品联合申请鉴定。

第二十二条 对已经列入《危险化学品目录》的化学品，发现其有新的物理危险性的，化学品单位应当依照本办法进行物理危险性鉴定与分类。

第二十三条 本办法自2013年9月1日起施行。

电信和互联网用户个人信息保护规定

（2013年7月16日 中华人民共和国工业和信息化部令第24号公布 自2013年9月1日起施行）

第一章 总 则

第一条 为了保护电信和互联网用户的合法权益，维护网络信息安全，根据《全国人民代表大会常务委员会关于加强网络信息保护的决定》《中华人民共和国电信条例》和《互联网信息服务管理办法》等法律、行政法规，制定本规定。

第二条 在中华人民共和国境内提供电信服务和互联网信息服务过程中收集、使用用户个人信息的活动，适用本规定。

第三条 工业和信息化部和各省、自治区、直辖市通信管理局（统称“电信管理机构”）依法对电信和互联网用户个人信息保护工作实施监督管理。

第四条 本规定所称用户个人信息，是指电信业务经营者和互联网信息服务提供者在提供服务的过程中收集的用户姓名、出生日期、身份证件号码、住址、电话号码、账号和密码等能够单独或者与其他信息结合识别用户的信息以及用户使用服务的时间、地点等信息。

第五条 电信业务经营者、互联网信息服务提供者在提供服务的过程中收集、使用用户个人信息，应当遵循合法、正当、必要的原则。

第六条 电信业务经营者、互联网信息服务提供者对其在提供服务过程中收集、使用的用户个人信息的安全负责。

第七条 国家鼓励电信和互联网行业开展用户个人信息保护自律工作。

第二章 信息收集和使用规范

第八条 电信业务经营者、互联网信息服务提供者应当制定用户个人信息收集、使用规则，并在其经营或者服务场所、网站等予以公布。

第九条 未经用户同意，电信业务经营者、互联网信息服务提供者不得收集、使用用户个人信息。

电信业务经营者、互联网信息服务提供者收集、使用用户个人信息的，应当明确告知用户收集、使用信息的目的、方式和范围，查询、更正信息的渠道以及拒绝提供信息的后果等事项。

电信业务经营者、互联网信息服务提供者不得收集其提供服务所必需以外的用户个人信息或者将信息用于提供服务之外的目的，不得以欺骗、误导或者强迫等方式或者违反法律、行政法规以及双方的约定收集、使用信息。

电信业务经营者、互联网信息服务提供者在用户终止使用电信服务或者互联网信息服务后，应当停止对用户个人信息的收集和使用，并为用户提供注销号码或者账号的服务。

法律、行政法规对本条第一款至第四款规定的情形另有规定的，从其规定。

第十条 电信业务经营者、互联网信息服务提供者及其工作人员对在提供服务过程中收集、使用的用户个人信息应当严格保密，不得泄露、篡改或者毁损，不得出售或者非法向他人提供。

第十一条 电信业务经营者、互联网信息服务提供者委托他人代理市场销售和技术服务等直接面向用户的服务性工作，涉及收集、使用用户个人信息的，应当对代理人的用户个人信息保护工作进行监督和管理，不得委托不符合本规定有关用户个人信息保护要求的代理人代办相关服务。

第十二条 电信业务经营者、互联网信息服务提供者应当建立用户投诉处理机制，公布有效的联系方式，接受与用户个人信息保护有关的投诉，并自接到投诉之日起15日内答复投诉人。

第三章 安全保障措施

第十三条 电信业务经营者、互联网信息服务提供者应当采取以下措施防止用户个人信息泄露、毁损、篡改或者丢失：

（1）确定各部门、岗位和分支机构的用户个人信息安全管理责任；

（2）建立用户个人信息收集、使用及其相关活动的工作流程和安全管理制度；

（3）对工作人员及代理人实行权限管理，对批量导出、复制、销毁信息实行审查，并采取防泄密措施；

（4）妥善保管记录用户个人信息的纸介质、光介质、电磁介质等载体，并采取相应的安全储存措施；

（5）对储存用户个人信息的信息系统实行接入审查，并采取防入侵、防病毒等措施；

（6）记录对用户个人信息进行操作的人员、时间、地点、事项等信息；

（7）按照电信管理机构的规定开展通信网络安全防护工作；

（8）电信管理机构规定的其他必要措施。

第十四条 电信业务经营者、互联网信息服务提供者保管的用户个人信息发生或者可能发生泄露、毁损、丢失的，应当立即采取补救措施；造成或者可能造成严重后果的，应当立即向准予其许可或者备案的电信管理机构报告，配合相关部门进行的调查处理。

电信管理机构应当对报告或者发现的可能违反本规定的行为的影响进行评估；影响特别重大的，相关省、自治区、直辖市通信管理局应当向工业和信息化部报告。电信管理机构在依据本规定作出处理决定前，可以要求电信业务经营者和互联网信息服务提供者暂停有关行为，电信业务经营者和互联网信息服务提供者应当执行。

第十五条 电信业务经营者、互联网信息服务提供者应当对其工作人员进行用户个人信息保护相关知识、技能和安全责任培训。

第十六条 电信业务经营者、互联网信息服务提供者应当对用户个人信息保护情况每年至少进行一次自查，记录自查情况，及时消除自查中发现的安全隐患。

第四章 监督检查

第十七条 电信管理机构应当对电信业务经营者、互联网信息服务提供者保护用户个人信息的情况实施监督检查。

电信管理机构实施监督检查时，可以要求电信业务经营者、互联网信息服务提供者提供相关材料，进入其生产经营场所调查情况，电信业务经营者、互联网信息服务提供者应当予以配合。

电信管理机构实施监督检查，应当记录监督检查的情况，不得妨碍电信业务经营者、互联网信息服务提供者正常的经营或者服务活动，不得收取任何费用。

第十八条 电信管理机构及其工作人员对在履行职责中知悉的用户个人信息应当予以保密，不得泄露、篡改或者毁损，不得出售或者非法向他人提供。

第十九条 电信管理机构实施电信业务经营许可及经营许可证年检时，应当对用户个人信息保护情况进行审查。

第二十条 电信管理机构应当将电信业务经营者、互联网信息服务提供者违反本规定的行为记入其社会信用档案并予以公布。

第二十一条 鼓励电信和互联网行业协会依法制定有关用户个人信息保护的自律性管理制度，引导会员加强自律管理，提高用户个人信息保护水平。

第五章 法律责任

第二十二条 电信业务经营者、互联网信息服务提供者违反本规定第八条、第十二条规定的，由电信管理机构依据职权责令限期改正，予以警告，可以并处1万元以下的罚款。

第二十三条 电信业务经营者、互联网信息服务提供者违反本规定第九条至第十一条、第十三条至第十六条、第十七条第二款规定的，由电信管理机构依据职权责令限期改正，予以警告，可以并处1万元以上3万元以下的罚款，向社会公告；构成犯罪的，依法追究刑事责任。

第二十四条 电信管理机构工作人员在对用户个人信息保护工作实施监督管理的过程中玩忽职守、滥用职权、徇私舞弊的，依法给予处理；构成犯罪的，依法追究刑事责任。

第六章 附 则

第二十五条 本规定自2013年9月1日起施行。

非煤矿山外包工程安全管理暂行办法

（2013年8月23日 国家安全生产监督管理总局令第62号公布 自2013年10月1日起施行）

第一章 总 则

第一条 为了加强非煤矿山外包工程的安全管理和监督，明确安全生产责任，防止和减少生产安全事故（简称“事故”），依据《中华人民共和国安全生产法》《中华人民共和国矿山安全法》和其他有关法律、行政法规，制定本办法。

第二条 在依法批准的矿区范围内，以外包工程的方式从事金属非金属矿山的勘探、建设、生产、闭坑等工程施工作业活动，以及石油天然气的勘探、开发、储运等工程与技术服务活动的安全管理和监督，适用本办法。

从事非煤矿山各类房屋建筑及其附属设施的建造和安装，以及露天采矿场矿区范围以外地面交通建设的外包工程的安全管理和监督，不适用本办法。

第三条 非煤矿山外包工程（简称“外包工程”）的安全生产，由发包单位负主体责任，承包单位对其施工现场的安全生产负责。

外包工程有多个承包单位的，发包单位应当对多个承包单位的安全生产工作实施统一协调、管理。

第四条 承担外包工程的勘察单位、设计单位、监理单位、技术服务机构及其他有关单位应当依照法律、法规、规章和国家标准、行业标准的规定，履行各自的安全生产职责，承担相应的安全生产责任。

第五条 非煤矿山企业应当建立外包工程安全生产的激励和约束机制，提升非煤矿山外包工程安全生产管理水平。

第二章 发包单位的安全生产职责

第六条 发包单位应当依法设置安全生产管理机构或者配备专职安全生产管理人员，对外包工程的安全生产实施管理和监督。

发包单位不得擅自压缩外包工程合同约定的工期，不得违章指挥或者强令承包单位及其从业人员冒险作业。

发包单位应当依法取得非煤矿山安全生产许可证。

第七条 发包单位应当审查承包单位的非煤矿山安全生产许可证和相应资质，不得将外包工程发包给不具备安全生产许可证和相应资质的承包单位。

承包单位的项目部承担施工作业的，发包单位除审查承包单位的安全生产许可证和相应资质外，还应当审查项目部的安全生产管理机构、规章制度和操作规程、工程技术人员、主要设备设施、安全教育培训和负责人、安全生产管理人员、特种作业人员持证上岗等情况。

承担施工作业的项目部不符合本办法第二十一条规定的安全生产条件的，发包单位不得向该承包单位发包工程。

第八条 发包单位应当与承包单位签订安全生产管理协议，明确各自的安全生产管理职责。安全生产管理协议应当包括下列内容：

(1)安全投入保障；

(2)安全设施和施工条件；

(3)隐患排查与治理；

(4)安全教育与培训；

(5)事故应急救援；

(6)安全检查与考评；

(7)违约责任。

安全生产管理协议的文本格式由国家安全生产监督管理总局另行制定。

第九条 发包单位是外包工程安全投入的责任主体，应当按照国家有关规定和合同约定及时、足额向承包单位提供保障施工作业安全所需的资金，明确安全投入项目和金额，并监督承包单位落实到位。

对合同约定以外发生的隐患排查治理和地下矿山通风、支护、防治水等所需的费用，发包单位应当提供合同价款以外的资金，保障安全生产需要。

第十条 石油天然气总发包单位、分项发包单位以及金属非金属矿山总发包单位，应当每半年对其承包单位的施工资质、安全生产管理机构、规章制度和操作规程、施工现场安全管理和履行本办法第二十七条规定的信息报告义务等情况进行一次检查；发现承包单位存在安全生产问题的，应当督促其立即整改。

第十一条 金属非金属矿山分项发包单位，应当将承包单位及其项目部纳入本单位的安全管理体系，实行统一管理，重点加强对地下矿山领导带班下井、地下矿山从业人员出入井统计、特种作业人员、民用爆炸物品、隐患排查与治理、职业病防护等管理，并对外包工程的作业现场实施全过程监督检查。

第十二条 金属非金属矿山总发包单位对地下矿山一个生产系统进行分项发包的，承包单位原则上不得超过3家，避免相互影响生产、作业安全。

前款规定的发包单位在地下矿山正常生产期间，不得将主通风、主提升、供排水、供配电、主供风系统及其设备设施的运行管理进行分项发包。

第十三条 发包单位应当向承包单位进行外包工程的技术交底，按照合同约定向承包单位提供与外包工程安全生产相关的勘察、设计、风险评价、检测检验和应急救援等资料，并保证资料的真实性、完整性和有效性。

第十四条 发包单位应当建立健全外包工程安全生产考核机制，对承包单位每年至少进行一次安全生产考核。

第十五条 发包单位应当按照国家有关规定建立应急救援组织，编制本单位事故应急预案，并定期组织演练。

外包工程实行总发包的，发包单位应当督促总承包单位统一组织编制外包工程事故应急预案；实行分项发包的，发包单位应当将承包单位编制的外包工程现场应急处置方案纳入本单位应急预案体系，并定期组织演练。

第十六条 发包单位在接到外包工程事故报告后，应当立即启动相关事故应急预案，或者采取有效措施，组织抢救，防止事故扩大，并依照《生产安全事故报告和调查处理条例》的规定，立即如实地向事故发生地县级以上人民政府安全生产监督管理部门和负有安全生产监督管理职责的有关部门报告。

外包工程发生事故的，其事故数据纳入发包单位的统计范围。

发包单位和承包单位应当根据事故调查报告及其批复承担相应的事故责任。

第三章　承包单位的安全生产职责

第十七条　承包单位应当依照有关法律、法规、规章和国家标准、行业标准的规定，以及承包合同和安全生产管理协议的约定，组织施工作业，确保安全生产。

承包单位有权拒绝发包单位的违章指挥和强令冒险作业。

第十八条　外包工程实行总承包的，总承包单位对施工现场的安全生产负总责；分项承包单位按照分包合同的约定对总承包单位负责。总承包单位和分项承包单位对分包工程的安全生产承担连带责任。

总承包单位依法将外包工程分包给其他单位的，其外包工程的主体部分应当由总承包单位自行完成。

禁止承包单位转包其承揽的外包工程。禁止分项承包单位将其承揽的外包工程再次分包。

第十九条　承包单位应当依法取得非煤矿山安全生产许可证和相应等级的施工资质，并在其资质范围内承包工程。

承包金属非金属矿山建设和闭坑工程的资质等级，应当符合《建筑业企业资质等级标准》的规定。

承包金属非金属矿山生产、作业工程的资质等级，应当符合下列要求：

（1）总承包大型地下矿山工程和深凹露天、高陡边坡及地质条件复杂的大型露天矿山工程的，具备矿山工程施工总承包二级以上（含本级，下同）施工资质；

（2）总承包中型、小型地下矿山工程的，具备矿山工程施工总承包三级以上施工资质；

（3）总承包其他露天矿山工程和分项承包金属非金属矿山工程的，具备矿山工程施工总承包或者相关的专业承包资质，具体规定由省级人民政府安全生产监督管理部门制定。

承包尾矿库外包工程的资质，应当符合《尾矿库安全监督管理规定》。

承包金属非金属矿山地质勘探工程的资质等级，应当符合《金属与非金属矿产资源地质勘探安全生产监督管理暂行规定》。

承包石油天然气勘探、开发工程的资质等级，由国家安全生产监督管理总局或者国务院有关部门按照各自的管理权限确定。

第二十条　承包单位应当加强对所属项目部的安全管理，每半年至少进行一次安全生产检查，对项目部人员每年至少进行一次安全生产教育培训与考核。

禁止承包单位以转让、出租、出借资质证书等方式允许他人以本单位的名义承揽工程。

第二十一条　承包单位及其项目部应当根据承揽工程的规模和特点，依法健全安全生产责任体系，完善安全生产管理基本制度，设置安全生产管理机构，配备专职安全生产管理人员和有关工程技术人员。

承包地下矿山工程的项目部应当配备与工程施工作业相适应的专职工程技术人员，其中至少有1名注册安全工程师或者具有5年以上井下工作经验的安全生产管理人员。项目部具备初中以上文化程度的从业人员比例应当不低于50.0%。

项目部负责人应当取得安全生产管理人员安全资格证后方可上岗。承包地下矿山工程的项目部负责人不得同时兼任其他工程的项目部负责人。

第二十二条　承包单位应当依照法律、法规、规章的规定以及承包合同和安全生产管理协议的约定，及时将发包单位投入的安全资金落实到位，不得挪作他用。

第二十三条　承包单位应当依照有关规定制定施工方案，加强现场作业安全管理，定期排查并及时治理事故隐患，落实各项规章制度和安全操作规程。

承包单位发现事故隐患后应当立即治理；不能立即治理的应当采取必要的防范措施，并及时书面报告发包单位协商解决，消除事故隐患。

地下矿山工程承包单位及其项目部的主要负责人和领导班子其他成员应当严格依照《金属非金属

地下矿山企业领导带班下井及监督检查暂行规定》执行带班下井制度。

第二十四条 承包单位应当接受发包单位组织的安全生产培训与指导，加强对本单位从业人员的安全生产教育和培训，保证从业人员掌握必需的安全生产知识和操作技能。

第二十五条 外包工程实行总承包的，总承包单位应当统一组织编制外包工程应急预案。总承包单位和分项承包单位应当按照国家有关规定和应急预案的要求，分别建立应急救援组织或者指定应急救援人员，配备救援设备设施和器材，并定期组织演练。

外包工程实行分项承包的，分项承包单位应当根据建设工程施工的特点、范围以及施工现场容易发生事故的部位和环节，编制现场应急处置方案，并配合发包单位定期进行演练。

第二十六条 外包工程发生事故后，事故现场有关人员应当立即向承包单位及项目部负责人报告。

承包单位及项目部负责人接到事故报告后，应当立即如实地向发包单位报告，并启动相应的应急预案，采取有效措施，组织抢救，防止事故扩大。

第二十七条 承包单位在登记注册地以外的省、自治区、直辖市从事施工作业的，应当向作业所在地的县级人民政府安全生产监督管理部门书面报告外包工程概况和本单位资质等级、主要负责人、安全生产管理人员、特种作业人员、主要安全设施设备等情况，并接受其监督检查。

第四章 监督管理

第二十八条 承包单位发生较大以上责任事故或者 1 年内发生 3 起以上一般事故的，事故发生地的省级人民政府安全生产监督管理部门应当向承包单位登记注册地的省级人民政府安全生产监督管理部门通报。

发生重大以上事故的，事故发生地省级人民政府安全生产监督管理部门应当邀请承包单位的安全生产许可证颁发机关参加事故调查处理工作。

第二十九条 安全生产监督管理部门应当加强对外包工程的安全生产监督检查，重点检查下列事项：

（1）发包单位非煤矿山安全生产许可证、安全生产管理协议、安全投入等情况；

（2）承包单位的施工资质、应当依法取得的非煤矿山安全生产许可证、安全投入落实、承包单位及其项目部的安全生产管理机构、技术力量配备、相关人员的安全资格和持证等情况；

（3）违法发包、转包、分项发包等行为。

第三十条 安全生产监督管理部门应当建立外包工程安全生产信息平台，将承包单位取得有关许可、施工资质和承揽工程、发生事故等情况载入承包单位安全生产业绩档案，实施安全生产信誉评定和公告制度。

第三十一条 外包工程发生事故的，事故数据应当纳入事故发生地的统计范围。

第五章 法律责任

第三十二条 发包单位违反本办法第六条的规定，违章指挥或者强令承包单位及其从业人员冒险作业的，责令改正，处 2 万元以上 3 万元以下的罚款；造成损失的，依法承担赔偿责任。

第三十三条 发包单位与承包单位、总承包单位与分项承包单位未依照本办法第八条规定签订安全生产管理协议的，责令限期改正，处 1 万元以上 2 万元以下的罚款。

第三十四条 有关发包单位有下列行为之一的，责令限期改正，给予警告，并处 1 万元以上 3 万元以下的罚款：

（1）违反本办法第十条、第十四条的规定，未对承包单位实施安全生产监督检查或者考核的；

（2）违反本办法第十一条的规定，未将承包单位及其项目部纳入本单位的安全管理体系，实行统一管理的；

（3）违反本办法第十三条的规定，未向承包单位进行外包工程技术交底，或者未按照合同约定向承包单位提供有关资料的。

第三十五条 对地下矿山实行分项发包的发包单位违反本办法第十二条的规定，在地下矿山正常生产期间，将主通风、主提升、供排水、供配电、主供风系统及其设备设施的运行管理进行分项发包的，责令限期改正，处 2 万元以上 3 万元以下罚款。

第三十六条 承包地下矿山工程的项目部负责

人违反本办法第二十一条的规定，同时兼任其他工程的项目部负责人的，责令限期改正，处0.5万元以上1万元以下罚款。

第三十七条 承包单位有下列行为之一的，责令限期改正，给予警告，并处1万元以上3万元以下罚款：

（1）违反本办法第二十二条的规定，将发包单位投入的安全资金挪作他用的；

（2）未按照本办法第二十三条的规定排查治理事故隐患的。

第三十八条 承包单位违反本办法第二十条规定对项目部疏于管理，未定期对项目部人员进行安全生产教育培训与考核或者未对项目部进行安全生产检查的，责令限期改正，处1万元以上3万元以下罚款。

承包单位允许他人以本单位的名义承揽工程的，移送有关部门依法处理。

第三十九条 承包单位违反本办法第二十七条的规定，在登记注册的省、自治区、直辖市以外从事施工作业，未向作业所在地县级人民政府安全生产监督管理部门书面报告本单位取得有关许可和施工资质，以及所承包工程情况的，责令限期改正，处1万元以上3万元以下的罚款。

第四十条 安全生产监督管理部门的行政执法人员在外包工程安全监督管理过程中滥用职权、玩忽职守、徇私舞弊的，依照有关规定给予处分；构成犯罪的，依法追究刑事责任。

第四十一条 本办法规定的行政处罚，由县级人民政府以上安全生产监督管理部门实施。

有关法律、行政法规、规章对非煤矿山外包工程安全生产违法行为的行政处罚另有规定的，依照其规定。

第六章 附 则

第四十二条 本办法下列用语的含义：

（1）非煤矿山，是指金属矿、非金属矿、水气矿和除煤矿以外的能源矿，以及石油天然气管道储运（不含成品油管道）及其附属设施的总称；

（2）金属非金属矿山，是指金属矿、非金属矿、水气矿和除煤矿、石油天然气以外的能源矿，以及选矿厂、尾矿库、排土场等矿山附属设施的总称；

（3）外包工程，是指发包单位与本单位以外的承包单位签订合同，由承包单位承揽与矿产资源开采活动有关的工程、作业活动或者技术服务项目；

（4）发包单位，是指将矿产资源开采活动有关的工程、作业活动或者技术服务项目，发包给外单位施工的非煤矿山企业；

（5）分项发包，是指发包单位将矿产资源开采活动有关的工程、作业活动或者技术服务项目，分为若干部分发包给若干承包单位进行施工的行为；

（6）总承包单位，是指整体承揽矿产资源开采活动或者独立生产系统的所有工程、作业活动或者技术服务项目的承包单位；

（7）承包单位，是指承揽矿产资源开采活动有关的工程、作业活动或者技术服务项目的单位；

（8）项目部，是指承包单位在承揽工程所在地设立的，负责其所承揽工程施工的管理机构；

（9）生产期间，是指新建矿山正式投入生产后或者矿山改建、扩建时仍然进行生产，并规模出产矿产品的时期。

第四十三条 省、自治区、直辖市人民政府安全生产监督管理部门可以根据本办法制定实施细则，并报国家安全生产监督管理总局备案。

第四十四条 本办法自2013年10月1日起施行。

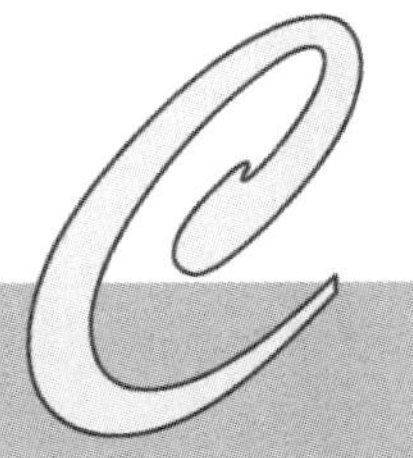

企业发展概况

2013年发展和改革工作综述

国家发展和改革委员会政策研究室

2013年，面对错综复杂的国内外形势，各地区、各部门在党中央、国务院的团结带领下，深入贯彻落实党的十八大精神，坚持稳中求进工作总基调，坚持统筹稳增长、调结构、促改革，坚持宏观政策要稳、微观政策要活、社会政策要托底的有机统一，以提高经济发展质量和效益为中心，大力深化改革开放，积极扩大国内需求，加快推进结构调整和转型升级，着力保障和改善民生，稳中有为，稳中提质，稳中有进，发展改革各项工作取得新的成绩，圆满实现全年经济社会发展主要预期目标，主要体现在六个方面：

一、促进经济平稳运行

2013年，面对世界经济复苏艰难、国内经济下行压力加大、自然灾害频发、多重矛盾交织的复杂形势，中央审时度势、果断决策，创新宏观调控思路和方式，采取一系列既利当前、更惠长远的举措；各地区、各部门认真落实中央确定的各项宏观经济政策，加强重点工作，经济增长、物价涨幅和新增就业等主要经济指标处于年度预期目标的合理区间。2013年，实现国内生产总值568 845亿元，比上年增长7.7%。其中，第一产业增加值56 957亿元，增长4.0%；第二产业增加值249 684亿元，增长7.8%；第三产业增加值262 204亿元，增长8.3%。

（一）创新宏观调控思路和方式

面对跌宕起伏的经济形势，保持政策定力，守住稳增长、保就业的下限和防通胀的上限，保持宏观政策基本取向不动摇，坚持实施积极的财政政策和稳健的货币政策。财政政策方面，不采取短期刺激措施，不扩大赤字，全年财政赤字12 000亿元，控制在预算范围内；同时，优化财政支出，整合压缩专项转移支付，中央党政机关和事业单位一般性支出压减5.0%，各地也压减一般性支出，腾出的资金用于改善民生、发展经济。货币政策方面，合理保持货币信贷总量，即使面对6月份银行间同业拆放利率一度异常升高的情况，也没有超发货币，而是沉着应对市场短期波动，加强金融监管和流动性管理，保持金融稳健运行，让市场吃了“定心丸”。同时，积极盘活存量、用好增量，加大金融对经济结构调整和转型升级地支持力度，促进经济稳中求进、稳中提质。全年社会融资规模为173 000亿元，按可比口径计算，比上年多15 000亿元，年末广义货币 M_2 余额为1 107 000亿元，增长13.6%，符合调控要求。

（二）努力扩大国内外有效需求

按照积极扩大国内需求的要求，努力发挥好消费的基础性作用和投资的关键性作用。促进消费需求方面：努力增加中低收入者收入，增强城乡居民消费能力；着力培育发展信息、养老、家政、文化旅游、医疗健康等新的消费热点；大力营造让居民放心消费的环境，严厉打击掺杂使假、价格欺诈等违法行为，促进消费较快增长。2013年，社会消费品零售总额237 800亿元，增长13.1%，一些新的消费模式和消费领域表现出巨大活力，电子商务市场交易额超过100 000亿元，增长25.0%以上。稳定投资需求方面：进一步发挥政府投资的引导作用，调整优化投资安排，集中资金加快实施“十二五”规划明确的重点建设任务，加大对既能改善民生、又能接续形成新增长点的棚户区改造及城镇基础设施和能源、交通等项目建设的投入力度，同时，落实好鼓励引导民间投资健康发展的各项措施。2013年，全社会固定资产投资447 100亿元，增长19.3%。民间投资增长23.1%，占固定资产投资（不含农户）比重达到

63.0%，比上年提高1.8个百分点。稳定外需方面：完善稳定外贸增长的各项政策，提高贸易便利化水平，减少进出口环节行政事业性收费，发展短期出口信用保险、扩大保险规模，加快发展服务贸易，积极推动跨境电子商务发展，加强多双边和区域合作，促进边境贸易，妥善应对贸易摩擦；进一步扩大进口，完善进口贴息政策。2013年，外贸进出口总额增长7.6%，比上年加快1.4个百分点。总的来看，内需继续成为增长主动力，对经济增长的贡献率达到104.4%。见表1。

2009—2013年三大需求对国内生产总值增长的贡献率

表1

年　度（年）	最终消费支出（%）	资本形成（%）	货物和服务净出口（%）
2009	49.8	87.6	-37.4
2010	43.1	52.9	4.0
2011	56.5	47.7	-4.2
2012	51.8	50.4	-2.2
2013	50.0	54.4	-4.4

（三）加强经济运行调节

加强经济运行动态监测和综合分析，注重研判先行指标的走势，特别是与经济运行调节相关的煤电油气运指标走势，增强经济运行调节的预见性和针对性。进一步提高煤电油气运等要素的保障水平。充分发挥煤电油气运保障工作部际协调机制的作用，加强煤炭产运需衔接，统筹电力供需平衡，做好电力迎峰度夏、度冬等保障供应工作，搞好成品油和天然气的总量平衡和稳定供应，强化需求侧管理，加强重点物资运输协调，做好重点时段的客货运输协调，较好地满足了重点地区、重大活动、重要时段和居民生活对煤电油气运的合理需求，为经济平稳运行提供了有力支撑。

二、稳定价格总水平

2013年，国际市场部分大宗商品价格稳中略降，中国输入性通胀压力明显缓解；国内重要农产品供给充足，工业消费品价格持续走低，价格运行的宏观环境相对宽松。全年居民消费价格上涨2.6%，控制在预期目标范围内。

1. 保障市场供应。认真落实“米袋子”省长负责制和“菜篮子”市长负责制，着力搞好重要商品的产运销衔接、储备吞吐和进出口调节。针对季节性、气候性因素导致的部分地区农副产品价格波动较大情况，及时投放肉类储备、加强蔬菜跨区调运等措施，有效保障了重点时段、重点地区的市场供应。不断完善北方大城市冬春蔬菜储备制度，生猪、蔬菜市场价格政策性保险试点积极推进。

2. 搞活市场流通。实施降低流通费用提高流通效率综合工作方案。加强粮油棉糖仓储物流设施建设，特别是增强粮食主产区仓容能力。大力发展冷链物流，健全农超对接，支持农产品批发市场升级改造。加强流通环节价格监管，规范流通领域收费行为。

3. 完善调控机制。加强价格监测预警，及时发布市场供求信息。充分考虑社会可承受能力，把握好政府管理价格调整的力度和节奏。进一步完善社会救助和保障标准与物价上涨挂钩联动机制。加强舆论引导，积极宣传解读价格政策，合理引导社会预期。

4. 强化价格监管。继续清理涉农涉企以及民生等领域不合理收费，深入开展教育、医疗、银行、工商等价格和收费检查，规范旅游、生活必需品、农产品等领域价格秩序，严肃查处价格违法行为。价格收费检查和反价格垄断执法力度进一步加大，全年共查处价格违法案件34 400起，实施经济制裁312 500万元。见图1。

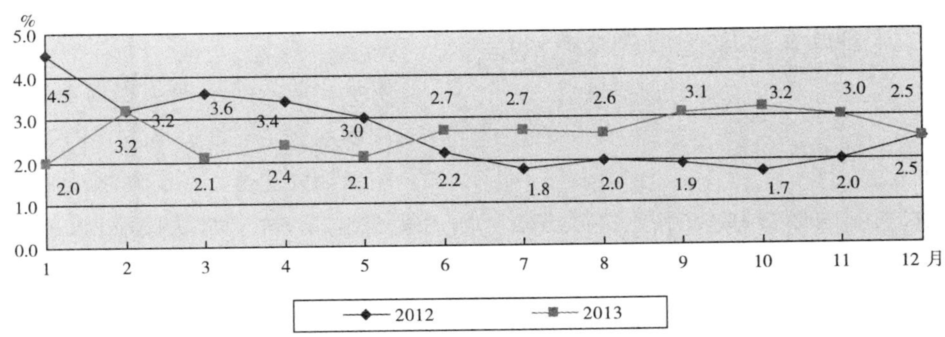

图1　2012—2013 年居民消费价格当月同比涨幅情况

三、保持农业农村经济发展好势头

坚持把解决好“三农”问题作为工作的重中之重，努力促进农业发展、农民增收和农村繁荣。农业综合生产能力增强，粮食总产量达到6亿多吨，实现“十连增”，肉、蛋、奶、果、菜、鱼等农产品供应稳定。见图2。

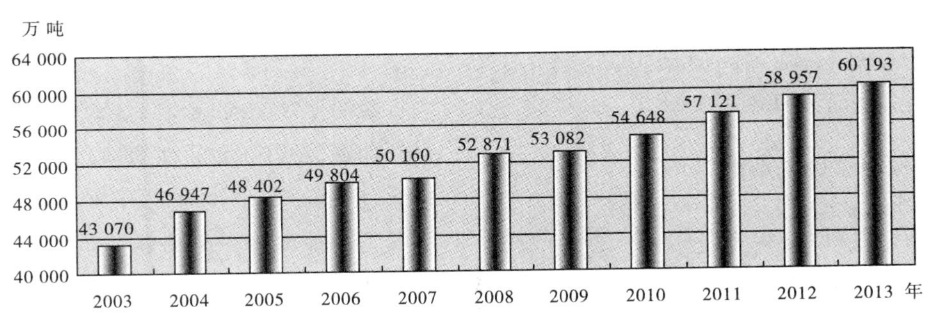

图2　2003—2013 年粮食连续10年增产情况

（一）保障主要农产品稳定生产

继续开展粮食稳定增产行动，全国新增千亿斤粮食生产能力规划、高标准农田建设总体规划等加快实施，重点粮食品种最低收购价继续提高。加快农业科技创新和推广，大力促进农业机械化，农业科技进步贡献率达到55.2%，比上年提高0.7个百分点。大力发展现代种业，推进农作物病虫害专业化统防统治和测土配方施肥，优化品种结构，努力提高单产水平。落实和完善棉花、油料、糖料生产扶持政策，扩大粮棉油糖高产创建规模。继续推进生猪、奶牛、肉牛、肉羊标准化规模养殖，积极应对禽流感疫情，扶持家禽业发展，出台促进海洋渔业持续健康发展的政策措施，畜牧业和渔业养殖业继续保持稳定增长。

（二）加强农业农村基础设施

继续推进高标准农田和水利设施建设，推进大中型灌区改造与建设、大型灌排泵站更新改造、节水灌溉增效示范等重点工程。2013年，累计安排农林水利中央预算内投资1 089亿元，主要用于新增千亿斤粮食田间工程、重大水利工程等农业基础设施建设，农村饮水安全、农村沼气、农村小水电、垦区林区棚户区改造等农村民生工程，以及天然林资源保护、重点防护林、石漠化治理、退牧还草等生态建设。农村安全饮水普及率提高到88.5%，新建和改造农村电网线路21.1万千米，新建改建农村公路21万千米，新增农村沼气用户80万户。游牧民定居工程、垦区危房、林业棚户区（危旧房）改造加快推进，启动实施以船为家渔民上岸安居工程，改造农村危房266

万户。支持建设粮食收储仓容 440 万吨、农产品批发市场 114 个。退牧还草工程继续实施,新增草原围栏 5 810 万亩,补播改良重度退化草原 1 936 万亩。

(三)扎实推进农村改革

坚持和完善农村基本经营制度,引导农村土地承包经营权有序流转,推进土地适度规模经营。创新农业生产经营体制,加大对农民合作社、社会化服务组织和产业化龙头企业的政策扶持。推进现代农业综合配套改革试点,印发实施黑龙江省两大平原现代农业综合配套改革试验总体方案,探索破解制约现代农业发展的体制机制问题和深层次矛盾。

四、推动经济结构优化升级

针对阻碍发展的结构性问题,突出重点,有扶有控,在优化结构中稳增长,在创新驱动中促转型,着力提质增效升级,为经济发展增添后劲。

(一)产业结构调整稳步推进

技术创新和培育新兴产业成效显著。研究与试验发展经费支出占国内生产总值比例达到 2.09%,完成预期目标。深化科技体制改革,实施知识、技术创新等工程。超级计算、智能机器人、超级杂交稻等一批关键技术实现重大突破。嫦娥三号探测器、神舟十号载人飞船、蛟龙号载人深潜器等重大创新成果举世瞩目。节能环保、新一代信息技术、新能源、高端装备制造、新材料等战略性新兴产业发展加快,第四代移动通信开始大规模商用。高技术制造业增加值增长 11.8%,比规模以上工业增加值增速高 2.1 个百分点。传统产业改造升级加快,化解产能过剩矛盾力度加大。下发了坚决遏制产能严重过剩行业盲目扩张的通知,出台了化解产能严重过剩矛盾的指导意见和配套政策措施,着力化解钢铁、水泥、电解铝、平板玻璃、船舶等行业产能严重过剩矛盾。服务业发展环境优化。出台了促进信息消费、养老服务业、健康服务业发展等政策意见和全国物流园区发展规划,继续推进服务业综合改革试点,服务业增加值增长 8.3%,占国内生产总值比重达到 46.1%,首次超过第二产业。

(二)基础设施建设继续强化

南水北调东线一期工程提前通水,中线一期主体工程如期完工。推进地下管网等城市基础设施建设。拓展油气和电力输配网络。非化石能源发电量比重达到 22.3%。加快民航、水运、信息、邮政网络建设,新建铁路投产里程 5 586 千米,其中高速铁路 1 672 千米;新建公路里程 70 300 千米,其中高速公路 8 260 千米;建成万吨级以上泊位 110 个;新增民航通航机场 10 个。截至 2013 年末,铁路、高速公路运营里程均超过 10 万千米,其中高速铁路运营里程达到 11 000 千米,居世界首位。能源生产保持稳定,原煤、原油、天然气产量分别增长 0.8%、1.8% 和 9.4%,能源结构进一步优化,非化石能源占一次能源消费比重 9.8%,比上年提高 0.4 个百分点。

(三)城乡区域发展协调性增强

西部地区交通、水利、能源等重大基础设施建设得到加强,新开工重点工程 20 项,投资总规模 3 265 亿元,内陆沿边地区开发开放步伐加快。东北地区等老工业基地振兴战略深入推进,城区老工业区搬迁改造试点、独立工矿区改造搬迁工程试点启动实施,全国老工业基地调整改造规划、资源型城市可持续发展规划出台。中部地区长江中游城市群、中原经济区发展的集聚效应进一步显现,承接产业转移示范区建设进展顺利。东部地区产业转型升级加快,海洋经济发展试点有序推进。主体功能区规划深入实施。区域合作和对口支援顺利推进,对革命老区、民族地区、边疆地区和贫困地区的支持继续加大,集中连片特殊困难地区区域发展与扶贫攻坚规划顺利实施。玉树灾后恢复重建任务全面完成,四川芦山和甘肃岷县漳县地震灾后恢复重建进展顺利。中央对积极稳妥推进新型城镇化作出全面部署,国家新型城镇化规划编制基本完成。2013 年常住人口城镇化率为 53.7%,比上年提高 1.2 个百分点。

(四)节能减排和环境保护步伐加快

强化节能目标考核,开展省级人民政府节能目标责任现场评价考核。实施节能重点工程，安排中央预算内投资23.4亿元、中央财政资金17亿元，支持重点节能项目1 009个。加强节能评估审查，建立国家能评预警调控机制，严控高耗能、高排放和产能过剩行业新上项目。开展万家企业节能低碳行动，积极推进重点用能单位能耗在线监测系统试点建设工作。大力推动循环经济发展。印发循环经济发展战略及近期行动计划，深化示范试点，园区循环化改造示范、国家"城市矿产"示范基地、餐厨废弃物资源化利用和无害化处理试点深入展开。国家适应气候变化战略、循环经济发展战略及近期行动计划、加快发展节能环保产业的意见发布实施，大气污染防治行动计划颁布施行。重点领域和重点企业节能减排积极推进，重点流域和区域水环境综合治理扎实开展。天然林资源保护、京津风沙源治理、石漠化治理、退耕还林、退牧还草等生态建设深入推进，完成造林面积609万公顷。资源节约利用和环境保护各项指标基本实现：单位国内生产总值能耗和二氧化碳排放量分别下降3.7%和4.4%，二氧化硫、化学需氧量、氨氮、氮氧化物排放量分别下降3.5%、2.9%、3.1%、4.7%，万元工业增加值用水量下降5.7%，城市污水处理率和城市生活垃圾无害化处理率分别达到87.9%和85.8%。积极建设性参与应对气候变化国际谈判和交流合作。见图3。

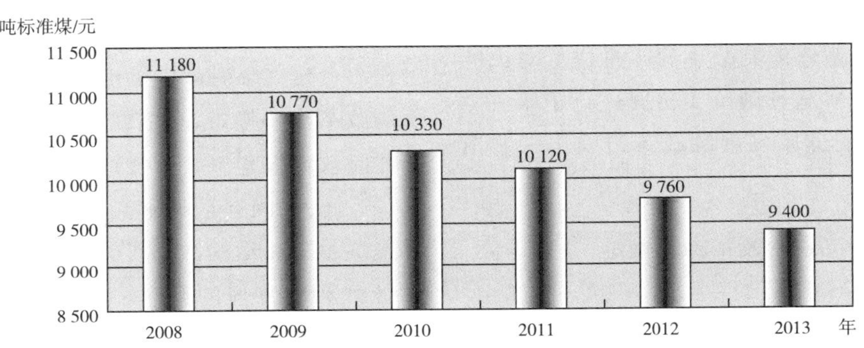

图3　2008—2013年单位国内生产总值能耗下降情况（2005年价格）

五、全面深化改革扩大开放

党的十八届三中全会对今后一个时期全面深化改革进行了总体部署，提出了全面深化改革的顶层设计和总体规划。各地方各部门进一步加大工作力度，着力深化改革开放，激发市场主体活力和经济发展内生动力，为稳增长和调结构创造良好体制机制环境，新的改革红利初步显现。

（一）行政体制改革迈出重要步伐

国务院机构改革和职能转变稳步推进，简政放权力度加大，分批取消和下放334项行政审批等事项，出台了严格控制新设行政许可的措施。各地积极推进政府职能转变和机构改革，大幅减少行政审批事项。政府向社会力量购买服务的指导意见发布实施。行业协会商会与行政机关脱钩、公务用车制度改革、社会组织管理制度改革方案均已上报。

（二）财税体制改革取得积极进展

扩大了营业税改征增值税试点范围，交通运输业和部分现代服务业营改增试点从8月1日起在全国范围内推开，全年减轻企业税负超过1 400亿元。铁路运输和邮政服务业将从2014年1月1日起纳入试点范围。进一步完善扶持小微企业的税收制度，从8月1日起，对部分小微企业暂免征收增值税和营业税，600多万户企业受益。煤炭资源税费改革准备工作基本就绪。预算公开工作稳步推进。

（三）金融体制改革取得新成效

利率市场化改革迈出重大步伐，除个人住房贷款外的金融机构贷款利率管制全面放开，金融机构同业存单利率实现市场化。场外交易市场建设有序推进，中小企业股份转让系统试点扩大至全国。新股发行体制改革、优先股试点相关指导意见出台。期货市场建设取得积极成效,国债期货、焦煤、动力煤、铁矿石期货成功挂牌交易。存款保险制度建设、民营资本发起设立民营银行、人民币资本项目可兑换、建立个人投资者境外投资制度、维护投资者特别是中小投资者合法权益等改革准备工作抓紧进行。信贷资产证券化试点进一步扩大。创新了企业债券品种和审批方式。

(四)投资体制改革取得重要进展

重新修订政府核准的投资项目目录,需报中央管理层面核准的企业投资项目减少60.0%。改进中央预算内投资补助贴息管理办法,下放了31类点多面广量大单项资金少的中央预算内投资补助贴息项目安排权。铁路投融资体制改革深入推进。对民间投资36条及42项实施细则落实情况进行了第三方评估,鼓励民间投资健康发展的政策措施进一步落实和完善。

(五)资源性产品价格改革稳步推进

抓住物价稳定的有利时机,加快以资源性产品为重点的价格改革,先后在成品油、天然气、电力和铁路货运等领域取得重大进展。推出成品油价格新机制,取消调价幅度、缩短调价周期,进一步理顺了成品油价格形成机制。出台非居民用天然气价格调整政策,区分存量增量,存量气分步调整、增量气一步到位,确立了与可替代能源挂钩的价格动态调整机制。调整销售电价分类结构。进一步完善核电价格形成机制,利用价格杠杆促进光伏产业发展,对电解铝行业实行阶梯电价,出台居民阶梯电价完善政策。加强和规范水资源费征收标准管理,明确了"十二五"末水资源费改革目标、时间表;加快推进城镇居民阶梯水价改革。按照与公路货物运输保持合理比价关系的思路,调整了铁路货运价格。研究放开民办医院医疗服务价格,提出药品支付指导价格管理改革试点方案。出台燃煤电厂脱硝、除尘和光伏发电等环保电价政策,提高可再生能源电价附加标准。出台优质优价的油品质量升级价格政策。

(六)统筹城乡改革逐步推开

全国农村集体土地所有权确权登记发证工作基本完成,包括宅基地在内的集体建设用地使用权地籍调查和确权登记发证工作加快推进,农村土地承包经营权登记试点范围扩大到105个县(市、区)。国有林场改革在7个省份开始试点。集体林权制度改革中的明晰产权、承包到户任务基本完成。小型水利工程管理体制改革指导意见出台实施。户籍制度改革相关准备工作抓紧进行。

(七)民生领域改革取得新进展

国家出台了深化收入分配制度改革的若干意见。城乡居民大病保险加快推进,28个省(自治区、直辖市)启动实施城乡居民大病保险试点,多数省份计划用2—3年时间全面建立大病保险制度。县级公立医院综合改革试点扩大到1 000多家。24个省份出台建立临时救助制度的意见。食品药品监管体制改革稳步推进,监管工作力度不断加大。前两批非时政类报刊出版单位转企改制试点基本完成。

此外,国有企业和重点行业改革继续深化,国有经济布局和结构战略性调整继续推进,中央企业数量由2012年底的117家调整为目前的113家。铁路行业实现政企分开,铁路投融资体制改革取得突破性进展。综合配套改革试点工作深入推进,对试点成效进行了系统总结评估。国务院批准建立了经济体制改革工作部际联席会议制度,改革协调推进机制进一步完善。

(八)对外开放向深度拓展

与此同时,国家大力实施稳定外贸增长的政策,改善海关、检验检疫等监管服务,成功应对光伏"双反"等重大贸易摩擦。2013年外贸进出口总额增长7.6%,比上年加快1.4个百分点。推进外商投资管理体制改革,促进外商投资管理由全面核准向备案与核准相结合转变。继续鼓励外资投向现代农业、高新技术、先进制造、节能环保、新能源、现代服务业等领域,发布《中西部地区外商投资优势产业目录(2013年修订)》,调整优化了中西部地区鼓励重点和方向。做好外资并购安全审查工作。2013年非金融类外商直接投资1 176亿美元,增长5.3%,服务业实际使用外资比重首次过半,外商投资加快向中西部地区梯度转移。推进境外投资管理体制改革,将一般性境外投资项目由核准制改为备案制。推动高铁、核电等技术装备走出国门。2013 年非金融类境外直接投资 902 亿美元,增长 16.8%。积极落实丝绸之路经济带、21 世纪海上丝绸之路战略构想,协调推进孟中印缅经济走廊、中巴经济走廊建设。启动实施中国(上海)自由贸易试验区建设,探索准入前国民待遇加负面清单的管理模式。推动世贸组织多哈回合谈判达成"早期收获"协议,与冰岛、瑞士签署自贸协定,打造中国—东盟自贸区升级版。

六、着力保障和改善民生

始终把改善民生作为工作的出发点和落脚点,加大投入力度,完善政策措施,注重制度建设,兜住民生底线,促进经济社会协调发展。

(一)实施更加积极的就业政策

落实高校毕业生就业创业扶持政策,进一步健全面向就业困难人员的就业援助制度,加强农村转移劳动力就业服务和职业培训,对城镇就业困难人员进行就业援助,扎实推进公共就业服务设施建设。全年城镇新增就业 1 310 万人,年末城镇登记失业率 4.1%,超额完成预期目标。见图 4。

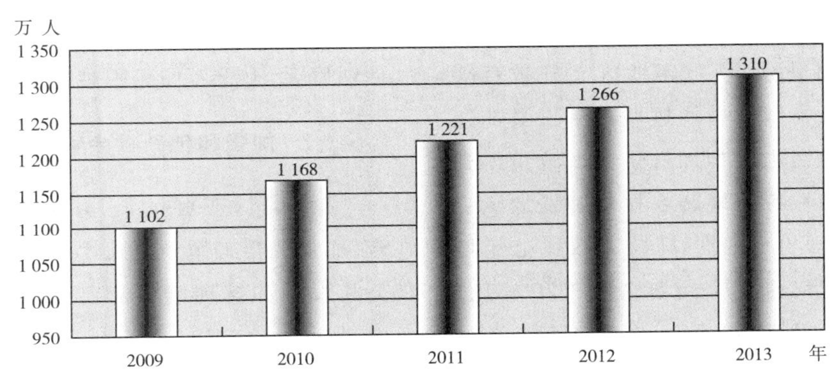

图 4　2009—2013 年城镇新增就业人数

(二)促进居民收入继续增长

城镇居民人均可支配收入和农村居民人均纯收入分别实际增长 7.0% 和 9.3%。农村居民收入增速连续 4 年快于城镇居民,农村贫困人口减少 1 650 万人,城乡居民收入差距继续缩小。见图 5。

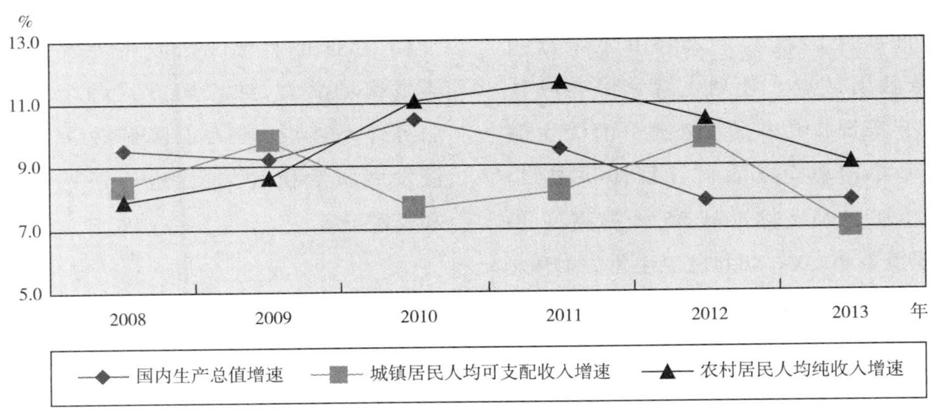

图 5　城乡居民收入增速与国内生产总值增速比较

(二)不断扩大社会保障制度覆盖面

加快推进基本养老保险和医疗保险制度的城乡统筹,进一步规范城乡低保制度,推进社会救助制度建设。社会救助和保障标准与物价上涨挂钩的联动机制得到完善。年末参加城镇基本养老和新型农村社会养老保险人数分别达到 34 600 万人和 47 400 万人,增加 2 083 万人和 1 082 万人。企业退休人员基本养老金水平提高 10.0%,城镇居民医保和新农合参保财政补助标准由每人每年 240 元提高到 280 元,城乡低保标准分别提高 13.1% 和 17.7%。

(三)稳步发展教育事业

启动教育扶贫工程,继续实施农村学前教育推进工程和农村义务教育薄弱学校改造计划,深入推进义务教育学校标准化建设,贫困地区义务教育薄弱学校基本办学条件持续改善。进城务工人员随迁子女接受义务教育后在当地参加升学考试政策得到较好落实。对集中连片特困地区乡村教师发放生活补助,贫困地区农村学生上重点高校人数比上年增长 8.5%。实施学生营养改善计划惠及 3 200 万孩子。九年义务教育巩固率 92.3%,提高 0.5 个百分点;高中阶段教育毛入学率 86.0%,提高 1.0 个百分点;普通高等学校招生 699.8 万人,研究生招生 77.9 万人,其中全日制研究生招生 61.1 万人。

(四)完善医疗卫生服务体系

进一步加强公共卫生服务体系、医疗服务体系、计划生育服务体系、全科医生培养基地和医药卫生信息化建设。全面实施国家基本公共卫生服务项目,启动疾病应急救助试点。计划生育家庭奖励扶助和特别扶助标准实现提标扩面,免费孕前优生健康检查目标人群基本覆盖全部农村计划怀孕夫妇。人均基本公共卫生服务经费标准从 25 元提高到 30 元,基本药物制度覆盖 80.0% 以上村卫生室,每千人口医疗卫生机构床位数 4.55 张,增长 7.3%。

(五)健全公共文化服务体系

促进文化事业和文化产业健康发展。广播电视村村通、地市级公共文化设施、文化信息资源共享、西新工程、农家书屋等重点文化惠民工程扎实推进,国家文化和自然遗产保护设施建设专项继续实施。大力发展哲学社会科学。出台旅游法和国民旅游休闲纲要,加强旅游基础设施建设,全年旅游总收入29 500 亿元,增长 14.0%。完善全民健身服务体系,群众体育保障水平提高,全年新增体育场地 5.2 万个。

(六)加快推进保障性安居工程建设

加强保障性住房建设和管理,支持和吸引社会资本参与保障性住房建设。全年基本建成城镇保障性安居工程住房 544 万套,新开工 666 万套,均超过计划目标,上千万住房困难群众乔迁新居。

(七)加强和创新社会管理

完善社区服务体系,夯实基层社会管理服务平台,加强社会工作专业人才队伍建设,提升城乡基层公共服务和管理能力。妥善解决群众合法合理诉求,加大社会治安、安全生产、食品药品安全监督等工作力度,坚决纠正损害群众利益的行为,维护社会和谐稳定。

2014 年是全面深化改革的第一年,也是完成“十二五”规划目标任务的关键一年。要全面贯彻落实党的十八大和十八届二中、三中全会精神,按照党中央、国务院决策部署,坚持稳中求进工作总基调,把改革创新贯穿于经济社会发展各个领域各个环节,保持宏观经济政策连续性和稳定性,着力激发市场活力,加快转方式调结构,加强基本公共服务体系建设,着力保障和改善民生,切实提高经济发展质量和效益,促进经济持续健康发展、社会和谐稳定。

(撰稿:杨　特)

2013 年国民经济运行态势综述

国家发展和改革委员会经济运行局

2013 年，面对极其错综复杂的国内外形势，党中央、国务院进一步加强对经济工作的领导，顺势把握国际国内经济走势，充分发挥市场机制作用，坚持和改善宏观调控，沿着经济社会发展的预期目标，采取一系列创新性政策措施，推进经济社会平稳发展，实现稳中有进，进中趋好的良好局面，各项重要指标取得新成就。全年经济运行总体平稳，经济增长方式有新改观，农业生产再获丰收，结构调整加快推进，改革开放力度继续加大，生态文明建设不断前行，人民生活进一步改善，经济社会发展持续呈现出长期向好的基本格局。

一、经济增长速度处于合理区间

2013 年，分析中国经济运行的总体走势，清楚地看出全年实现了稳中有进，进中趋好的发展势头，特别是下半年逐渐回升，缓解了上半年下行的压力，预期 7.5% 的全年增长目标顺利超额实现。

一季度，国家把稳增长突出放在重要位置，促进经济平稳较快发展，特别强调宏观调控要立足当前、着眼长远，要有灵活性和针对性，统筹各项政策举措，使经济运行处于合理区间。据国家统计局统计，一季度实现国内生产总值 138 753 亿元，按可比价格计算比上年同期增长 7.7%。

二季度，国家强调稳中有为的政策取向，既要保证全年经济增长 7.5% 的预期目标实现，又要控制年初预定的 3.5% 通货膨胀率，有的放失地稳定经济运行态势。据国家统计局统计，二季度经济同比增长 7.5%，比一季度略有下降，但回落幅度很小；上半年累计实现国内生产总值 248 009 亿元，按可比价格计算比上年同期增长 7.6%，保持在全年预期目标之上。

三季度，针对上半年经济运行出现季度下行态势，国家提出下半年经济工作“稳定宏观、放活微观、托底民生”的总体政策举措，重点强调统筹稳增长、调结构、促改革，以提高经济增长质量和效益，促进经济发展方式转变，保持经济平稳运行，确保实现全年经济社会发展主要任务。据国家统计局统计，三季度经济同比增长 7.8%，增幅比二季度反弹 0.3 个百分点，前三季度累计实现国内生产总值 386 762 亿元，按可比价格计算比上年同期增长 7.7%，增幅比上半年回升 0.1 个百分点。

四季度，在国家一系列“稳增长、调结构、促改革”政策措施推动下，经济增长基本面有新改观，社会预期不断向好，实体经济稳中趋升，农业生产形势喜人，工业生产逐步回升，投资、消费等关键指标也有新回暖，经济运行总体平稳。据国家统计局统计，四季度经济同比增长 7.7%，增幅保持基本平稳。

各季度经济增长速度始终处于 7.5% ~7.8% 的合理区间，高低增速差值仅为 0.3 个百分点，波动幅度很小。据国家统计局公布，全年国内生产总值初步计算为 568 845 亿元，按可比价格计算比上年增长 7.7%，增幅与上年持平，比年初预定目标高出 0.2 个百分点。（注：国家统计局最终核算，2012 年国内生产总值为 519 470 亿元，比当年初步核算数增加 528 亿元，增速 7.7% 保持不变。）

二、产业结构调整取得新进展

2013 年，在全年实现的国内生产总值中，第一产业增加值为 56 957 亿元，比上年增长 4.0%，增幅比上年回落 0.5 个百分点，占国内生产总值的 10.0%，对经济增长的贡献率为 5.4%，拉动经济增长 0.4 个百分点；第二产业增加值为 249 684 亿元，比上年增长 7.8%，增幅比上年回落 0.1 个百分点，占国内生产总值的 43.9%，对经济增长的贡献率为 44.8%，拉动经济增长 3.5 个百分点；第三产业增加值为 262 204亿元，比上年增长 8.3%，增幅比上年上升 0.2 个百分点，占国内生产总值的 46.1%，对经济增长的贡献率为 49.8%，拉动经济增长 3.8 个百分点。

国家统计局发布的统计数据显示，产业结构调整取得了历史性变化，第三产业占国内生产总值的比重首次超过第二产业，与大量消耗资源、严重污染环境和资本密集型的第二产业特别是重化工业相比，显示出对资源更加珍惜，对环境更趋友好，对增加就业机会更多，对经济增长的贡献更大，这是中国经济发展的前景和方向。第三产业的壮大发展，是改革开放 30 多年来中国经济结构调整力度不断加大、产业结构逐步优化升级最显著的特征之一。根据国家统计局 1979—2012 年统计数据分析，中国第三产业增加值年均实际增长 10.8%，高出同时期国内生产总值增速 1.0 个百分点。

第二产业的增长，主要还是依赖工业。国家统计局统计，2013 年全部工业增长值为 210 689 亿元，比上年增长 7.6%，工业生产继续保持稳定增长，占第二产业增加值的 84.4%，对第二产业增长的贡献率为 82.4%，拉动第二产业增长 6.3 个百分点。在产业结构调整的同时，工业结构调整也进一步优化，国家统计局公布的数据显示，全年在规模以上工业中，高技术制造业增加值比上年增长 11.8%，高于规模以上工业增幅 2.1 个百分点。

三、农业生产再获丰收

2013 年，国家继续坚持把解决“三农”问题作为全部工作的重中之重，不断加大强农、惠农、富农的政策力度，解决“三农”问题工作快速推进，调动了亿万农民的积极性，有力推动了农村发展和农民增收，农业特别是粮食生产实现了“十速增”，农民收入实现了“十速快”，农村面貌实现了年年新。

由于政策利好，降水增多，积极抗灾等有利因素，全国粮食总产量首次突破 6 亿吨大关。据国家统计局公布，2013 年全国粮食总产量达到 60 194 万吨，比上年增加 1 236 万吨，增产 2.1%，实现连续 10 年增产。

粮食增产的因素来自两个方面：一是扩大粮食播种面积，据国家统计局对全国 31 个省区市农业生产经营户的抽样调查和农业生产经营单位的全面统计，全年全国粮食播种面积为 11 195 万公顷，比上年增加 75 万公顷，增长 0.7%；由于播种面积增加，增产粮食 396 万吨，对粮食增产的贡献率为 32.0%。二是单位面积产量增加，据国家统计局统计，全年粮食单位面积产量为 5 376.8 千克/公顷，比上年提高 74.2 千克，增长 1.4%；由于粮食单产量提高，增产粮食 840 万吨，对粮食增产的贡献率为 68.0%。

与此同时，占全国秋粮产量 60% 的北方地区，延续了近两三年降雨偏多的天气，因雨水充沛促使粮食增产。降水量最多的东北、内蒙古四省区虽然局部地方遭受洪涝灾害，仍对全国粮食增产作出了 66.4% 的贡献。南方一些地区出现了干旱和超高温天气以及强台风等灾害影响，粮食有所减产，缺失了部分粮食，但全国粮食增产的大局没有受到大的影响。

全年除农业主产品粮食增产外，其他农产品也有不同程度的增长。其中，油料产量 3 531 万吨，增长 2.8%；糖料产量 13 759 万吨、增长 2.0%；肉类产量 8 536 万吨，增长 1.8%；水产品产量 6 172 万吨，增长 4.5%；木材产量 8 367 万立方米，增长 2.3%。只有个别农产品产量有所下降，其中棉花产量 631 万吨，减产 7.7%；牛奶产量 3 531 万吨，减产 5.7%。

四、内需拉动经济增长的力度继续加大

2013 年，国家在扩大开放，加快发展对外经济的同时，下大力气促进内需更快增长，特别是增加居民消费方面采取多种举措，使其成为扩大内需的主要拉动力。主要是把国民收入更多地分配给城乡居民，加大公共财政对民生领域的投入，不断完善社会保障制度，改善城乡消费环境，消除居民消费的后顾之忧，促进居民增加消费。

据国家统计局统计，全年实现社会消费品零售总额 237 810 亿元，比上年增长 13.1%，扣除价格因素实际增长 11.5%，市场销售呈现平稳较快增长势头。其中，城镇消费品零售额为 205 858 亿元，增长 12.9%，农村消费品零售额为 31 952 亿元，增长 14.6%，分别占社会消费品零售总额的 86.6% 和

13.4%。全年实现全社会固定资产投资447 074亿元,比上年增长19.3%,扣除价格因素实际增长18.9%,也呈现较快增长势头。在全部固定资产投资中,房地产开发投资86 013亿元,增长19.8%,占固定资产投资总额的19.3%,其中,住宅投资58 951亿元,增长19.4%,占房地产投资额的68.5%。全年实现货物进出口总额258 267亿元(41 600亿美元),比上年增长7.6%,其中出口137 170亿元(22 096亿美元),增长7.9%,进口121 097亿元(19 054亿美元),增长7.3%;进出口差额16 072亿元(2 592亿美元),增加1 514亿元(289亿美元)。

按上述数据分析,在2013年经济增长中,国内社会需求的贡献率为104.4%,拉动经济增长8.0个百分点,其中最终消费的贡献率为50.0%,拉动经济增长3.8个百分点,资本形成总额的贡献率为54.4%,拉动经济增长4.2个百分点;国外需求中,货物净出口总额的贡献率为-4.4%,拉减经济增长0.3个百分点。内需的增长,有力地弥补了外需不足的不利影响。从中也可以看出,货物进出口总额的增幅较前几年有所下降,但全年41 600亿美元的进出口总额,使中国成为全球第一货物贸易大国,是世界120多个国家和地区的最大贸易伙伴。

五、城镇化不断向前推进

2013年,国家强化城镇化工作,坚持把城镇化提到和创新工业化、现代农业化、经济社会信息化同步发展的高度,通过解决三农问题、推动区域协调发展、扩大社会需求和产业优化升级等多种途径,同时深入探索破解城乡户籍制度二元机构问题,采取积极有效的政策措施,推动中国城镇化进程,这是实现中国特色社会主义现代化的必经之路,是人类社会发展的客观趋势。

改革开放以来,中国城镇化进程不断加快并取得明显进展,根据国家统计局统计数据分析,中国城镇常住人口已由改革开放初期1978年的1.7亿人增加到2013年的7.3亿人,城镇化率达到53.7%,基本接近世界平均水平。

一个拥有13亿多人口的发展中大国实现城镇化,在人类发展史上没有先例,在快速发展的城镇化过程中也出现了不少矛盾,积累了比较突出的问题。当前,中国城镇化发展已经站在新的历史起点上,既面临巨大机遇,也须破解诸多难题,涉及经济、社会、文化、生态建设等各个方面,需要解决好"人到哪里去,土地怎么用,钱从哪里来,布局怎样合理,管理如何科学"等重点问题,引导城镇化稳步健康发展。为此,国家在年末召开了改革开放以来的第一次城镇化工作会议,明确了推进城镇化的指导思想、主要目标、基本原则和重点任务,从战略和全局高度上作出了一系列重大部署,特别提出要以人为本,推动农业转移人口市民化,切实解决好已经转移到城镇就业的农业转移人口落户问题,努力提高农民工能入城镇的素质和能力。

六、生态环境持续得到治理

2013年,国家规定并严守生态保护红线,由国土空间生态保护扩展到能源资源利用和环境质量改善等方面,特别加大对传统重化工业落后产能的淘汰力度,其中对钢铁、水泥、平板玻璃、电解铝等行业坚持优胜淘汰、大力压缩产能,引导传统重化工业走循环经济发展道路,促进产业结构全年优化升级和生态环境保护。有关部门继续关停了一批钢铁、水泥、平板玻璃、电解铝等技术落后、产能过剩的生产能力,并通过整合重组调整产业结构,节能减排和环境治理取得新进展。国家统计局初步计算,全年全国能源消费总量为37.5万吨标准煤,比上年增长3.7%,增幅与上年基本持平;其中,煤炭消费量增长3.7%,原油消费量增长3.4%,电力消费量增长7.5%,天然气消费量增长13.0%。全年全国万元国内生产总值能耗为0.737吨标准煤,比上年下降3.7%,降幅比上年多0.1个百分点。全年单位国内生产总值二氧化碳排放量下降3.7%,二氧化硫、化学需氧量排放量分别下降3.5%和2.0%,为确保"十二五"规划目标实现奠定了坚实基础。由此,全年全国城市空气质量基本保持稳定,适应气压变化的能力得到加强,生态文明建设取得新进展,为经济社会发展提供了有利的环境条件。

与此同时,2013年中国雾霾天气频发,受影响的地区由北向南蔓延扩散,引起社会各界和人民群众的广泛关注。对此,国家予以高度重视,把解决雾霾天气问题提到议事日程。国务院适时采取应对措施,于当年9月12日发布《大气污染防治行动计划》,决定加大综合治理力度,大力推广节能意识,减少污染物排放等10项具体措施;各地区各部门积极响应,把国家的要求化为实际行动,采取适合当地当时的各种有效举措,有力地减少雾霾灾害,还广大人民群众一个节能减排、洁净明亮的空气环境,改善人民的生活质素。

七、人民生活进一步改善

2013年,国家坚持民生优先发展的基本思路,迫切关注人民群众的利益需求,以科学发展观为导向,真切地实施以人为本、执政为民的政策措施,特别是扩大公共财政造福民生的支出,不断提高人民生活水平,努力改善人民生活质量,推动社会事业加快发展。

就业状况稳步推进。2013年国家继续落实就业优先战略,充分发挥政府、市场、企业对就业的带动作用,加强对高校毕业生、进城农民工、城镇就业困难人员等重点人群就业创业服务,强化职业技能培训,提高就业人员的技术素质,积极拓宽就业渠道,不断增加就业岗位,就业人员稳定增加。据国家统计局统计,全年城镇新增就业1 310万人,比上年增加44万人,超过预期400万人;全年新增农民工630万人,比上年增加356万人。年末城镇登记失业率为4.05%,低于上年末4.09%水平,控制在年初预期目标4.5%以内。

城乡居民收入明显增加。2013年国家坚持调整收入分配关系,积极保障广大人民群众特别是困难群体的整体收入,城乡居民收入持续较大幅度提高。据国家统计局统计,全年城镇居民人均可支配收入26 955元,比上年增长9.7%,扣除价格因素实际增长7.0%;全年农村居民人均纯收入8 896元,比上年增长12.4%,扣除价格因素实际增长9.3%;农村居民实际收入增速连年高于城镇居民收入水平。2013年,国家统计局首次公布了城乡统一的居民收入数据,全年全国居民人均可支配收入为18 311元,比上年增长10.9%,扣除价格因素实际增长8.1%,高于当年人均国内生产总值实际增长7.1%的水平。全年城乡居民食品消费支出占消费总支出的比重为35.0%和37.7%,分别比上年下降1.2个和1.6个百分点。

居民消费价格总水平保持平稳。2013年国家坚持把稳定物价、控制通货膨胀作为宏观调控的重要任务,加强价格综合调控监管,使物价控制在预期目标范围之内。据国家统计局公布,居民消费价格逐月回落,全年物价总水平比上年上涨2.6%,涨幅与上年持平,比预期目标低0.9个百分点。其中食品价格上涨4.7%,居住价格上涨2.8%,涨幅分别比上年下降0.1个和上升0.7个百分点。

社会事业加快发展。2013年国家继续统筹城乡协调发展,在推进城镇化的同时,把公共服务进一步延伸到农村,整合社会保障体系,扩大社会保障覆盖面,提高社会保障特别是医疗和养老保障水平。据国家统计局公布,到年末,全国城镇各类医疗保险参保人数为57 322万人,比上年增加3 680万人,其中,城镇居民参保人数29 906万人,增加2 750万人,城镇职工参保人数27 416万人,增加930万人。全年农村居民参加新型农村合作医疗人数为62 331万人,参合率达到99.0%。到年末,全国城乡各类养老保险参保人数为81 962万人,比上年增加3 166万人,其中城乡居民参保人数49 750万人,增加1 381万人,城镇职工参保人数32 212万人,增加1 785万人。

八、改革成为经济社会发展新活力

2013年,是深入贯彻落实党的十八大精神和实施"十二五"规划的重要之年,国家继续深化体制改革,加大重要领域和关键环节的改革力度,缓解并逐步破解体制性、机制性障碍,促进经济社会持续平稳发展,为此采取有力有效有利改革举措,特别是政府简政放权、推进市场化改革迈出了重要步伐,当年2月15日,国务院印发了《关于取消和下放一批行政审批项目的决定》,再次取消和下放64项行政审批事项和18个子项,新一届政府成立以来累计取消和下放行政审批事项达416项,同时出台改革性文件200余份。从中不难发现,改革犹如一条红线,贯穿于经济社会发展各个领域和各个环节。财金领域,放开贷款利率管制,让民间资本的市场能量加快释放，暂免小微企业增值税和营业税，减轻市场主体负担，促其加快发展。贸易领域，建立上海自贸实验区，使外贸投资环境进一步改善，工商登记制度改革在地方试点的基础上，即将在全国范围内铺开。投融资体制改革方面，推动民间资本进入金融、能源、铁路、电信等领域，在市场引导下进行公平竞争。行政体制改革方面，在精简机构、简政放权的同时，推出了一系列添活力、稳增长的改革措施，国家层面出台100多份改革性文件，各地出台200余份改革性文件。国有企业改革方面，积极发展混合所有制经济，重组整合做大做强，提高市场竞争力，确保国有企业的主导地位。

各领域各关键环节的改革措施竞相出台，调动了市场主体的积极性，激发了市场的竞争力，促进经济社会发展取得明显成效，有效地证实了改革是体制创新的原动力。正如当年11月12日党的十八届三中全会《关于全面深化改革若干重大问题的决定》中指出：深化改革必须立足于以经济建设为中心，发挥经济体制改革的牵引作用，着力解决市场体系不完善、政府干预过多和监管不到位的问题，使改革成为经济社会发展的新活力。

2013年，经济运行态势平稳，经济社会发展成效显著，既有量的扩大，又有质的提高，为今后发展奠定了基础。但由于中国正处在发展转型的关键时期，长期积累的深层次矛盾还未得到根本缓解，经济趋稳回升的基础还需继续巩固，经济运行中也出现了一些新情况、新问题。机遇和挑战并存，因此必须把握经济工作的核心要求，进一步激发经济社会发展的内生动力和活力，在稳中求进、进中求好的进程中着力改革创新，并贯穿于经济社会发展的全过程和各个领域、各个重要环节，推动经济社会发展的良好态势延续下去，促进经济社会持续、平稳、健康发展。

（撰稿：谢文乔）

2013年产业布局与结构调整进展情况综述

工业和信息化部产业政策司

2013年是“十二五”规划承上启下十分重要的一年。各地区、各部门按照转变经济发展方式和调整产业结构的要求，继续深化改革，完善政策，改善环境，充分发挥企业的主体作用，中国产业结构调整在三次产业结构、产业技术结构、组织结构和区域布局结构等方面都取得了新的进展。

一、三次产业结构调整取得明显进展

加快发展服务业，是进一步扩大内需、促进就业、转变经济发展方式的重要举措，对稳增长、调结构、促改革、惠民生，全面建成小康社会具有重要意义。2013年的《政府工作报告》指出：“坚持生产性服务业和生活性服务业并重，现代服务业和传统服务业并举，进一步发展壮大服务业。”2013年9月28日，发布了《国务院关于促进健康服务业发展的若干意见》（国发〔2013〕40号），提出：“到2020年，基本建立覆盖全生命周期、内涵丰富、结构合理的健康服务业体系，打造一批知名品牌和良性循环的健康服务产业集群，并形成一定的国际竞争力，基本满足广大人民群众的健康服务需求。健康服务业总规模达到80 000亿元以上，成为推动经济社会持续发展的重要力量。”2013年9月6日，发布了《国务院关于加快发展养老服务业的若干意见》（国发〔2013〕35号），提出：“到2020年，全面建成以居家为基础、社区为依托、机构为支撑的，功能完善、规模适度、覆盖城乡的养老服务体系。养老服务产品更加丰富，市场机制不断完善，养老服务业持续健康发展。”

通过多方面努力，2013年，中国第三产业增长速度由2012年的8.1%上升到8.3%，第二产业增长速度由2012年的7.9%降低到2013年的7.8%，三次产业在GDP中的占比由2012年的10.1∶45.3∶44.6

变化为 10.0∶43.9∶46.1。第三产业增加值占 GDP 的比重提升了 1.5 个百分点，增长幅度之大是往年不曾有过的。第三产业增加值占 GDP 的比重首次超过第二产业，成为国民经济的第一大产业。这是中国产业结构调整和产业结构变动的一件大事。据此，有的学者认为，中国已进入以第三产业为主导的发展阶段；也有的学者将 2013 年称为中国进入后工业社会的元年。实际上，2013 年中国三次产业结构变动情况，既是第三产业增长较快的结果，也与修订三次产业划分密切相关。2014 年 2 月 24 日发布的《统计公报》指出，根据《国民经济行业分类》（GB/T 4754—2011），2013 年对三次产业划分进行了修订，将"农、林、牧、渔业"中的"农、林、牧、渔服务业"，"采矿业"中的"开采辅助活动"，"制造业"中的"金属制品、机械和设备修理业"等三个大类调入第三产业。这产生的具体数额难以估算，但对第三产业绝对数额和相对数量变化的影响较大。

二、大力促进战略性新兴产业发展

2013 年 1 月 1 日，发布了《国务院关于印发能源发展"十二五"规划的通知》（国发〔2013〕2 号），提出了大规模并网光伏发电系统、太阳能热发电示范工程，100 兆瓦级风、光、储、输综合供能系统示范工程和 10 兆瓦级水、光、气、储互补发电系统示范工程，推进新能源建设。2013 年 2 月 5 日，发布了《国务院关于推进物联网有序健康发展的指导意见》（国发〔2013〕7 号），提出的总体目标是：实现物联网在经济社会各领域的广泛应用，掌握物联网关键核心技术，基本形成安全可控、具有国际竞争力的物联网产业体系，成为推动经济社会智能化和可持续发展的重要力量。2013 年 8 月 1 日，发布了《国务院关于印发"宽带中国"战略及实施方案的通知》（国发〔2013〕31 号），提出："在光通信、新一代移动通信、下一代互联网、下一代广播电视网、移动互联网、云计算、数字家庭等重点领域，加大对关键设备核心芯片、高端光电子器件、操作系统等高端产品研发及产业化的支持力度。"2013 年 8 月 12 日，发布了《国务院关于加快发展节能环保产业的意见》（国发〔2013〕30 号），提出：企业技术创新和科技成果集成、转化能力大幅提高，能源高效和分质梯级利用、污染物防治和安全处置、资源回收和循环利用等关键核心技术研发取得重点突破，装备和产品的质量、性能显著改善，形成一大批拥有知识产权和国际竞争力的重大装备和产品，部分关键共性技术达到国际先进水平。节能环保产业产值年均增速在 15.0% 以上，到 2015 年，总产值达到 45 000 亿元，成为国民经济新的支柱产业。2013 年 8 月 14 日，发布了《国务院关于促进信息消费、扩大内需的若干意见》（国发〔2013〕32 号），提出：加快推进中国主导的新一代移动通信技术时分双工模式移动通信长期演进技术（TD—LTE）网络建设和产业化发展。面向移动互联网、云计算、大数据等热点，加快实施智能终端产业化工程，支持研发智能手机、智能电视等终端产品，促进终端与服务一体化发展。

2013 年战略性新兴产业实现较快增长，节能环保、生物、新一代信息技术以及新能源等领域重点产业主营业务收入达到 167 000 亿元，比上年增长 15.6%，高于工业平均增速。产业经济效益良好，重点产业利润总额达 7 643.2 亿元，比上年增长 20.7%，明显高于工业总体增速。战略性新兴产业继续成为社会资本追逐的热点领域，2013 年年末，战略性新兴产业 A 股上市公司总市值占总体市值的比重达到了 20.7%，较 2012 年年末提升了 5.8 个百分点。2013 年，战略性新兴产业成为社会投资的热点领域，创业板战略性新兴产业领域公司占比达到 90.0% 以上。新能源产业发展良好，光伏设备及元器件制造、风能原动设备制造的主营业务收入增速从 2012 年的负增长回升到 2013 年的 13.0% 和 21.5%。新兴产业创投计划支持设立创业投资基金已经达到 190 只，基金规模达到 510 多亿元，已经投资超过 500 家创新型中小企业，其中投资于节能环保和新能源领域的基金有 44 只，规模超过 120 亿元。

三、化解产能严重过剩矛盾

产能严重过剩加剧资源环境瓶颈制约，对产业健康良性发展以及就业和金融安全产生巨大危害，如不及时纠正，将对稳增长、防通胀、控风险的大局造成不利影响。2012 年底，中国钢铁、水泥、电解铝、平板玻璃、船舶产能利用率分别仅为 72.0%、73.7%、71.9%、73.1% 和 75.0%，明显低于国际通常水平。党中央、国务院高度重视产能过剩问题，中央经济工作会议把化解钢铁、水泥、电解铝、平板玻璃、船舶等行业产能过剩矛盾作为 2013 年的工作重点。2013 年 5 月 10 日，国家发改委、工业和信息化部印发了《关于坚决遏制产能严重过剩行业盲目扩张的通知》(发改产业〔2013〕892 号)，要求各地充分认识遏制严重过剩产能的重要性和紧迫性、严禁核准产能严重过剩行业新增产能项目、坚决停建产能严重过剩行业违规在建项目、加强领导严格监督检查。2013 年 10 月 6 日，印发了《国务院关于化解产能严重过剩矛盾的指导意见》(国发〔2013〕41 号)，强调要着力发挥市场机制作用，完善配套政策，“消化一批、转移一批、整合一批、淘汰一批”过剩产能；提出的主要政策措施是：完善行业管理、强化环保硬约束监督管理、加强土地和岸线管理、落实有保有控的金融政策、完善和规范价格政策、完善财税支持政策、落实职工安置政策、建立项目信息库和公开制度，强化监督检查。

在各方面的共同努力下，化解产能过剩工作取得初步成效，一些行业固定资产投资增幅明显下降。2013 年，钢铁行业固定资产投资 6 726 亿元，比上年增长 0.7%，比 2012 年 3.0% 的增幅明显降低；水泥、平板玻璃行业固定资产投资分别下降 3.7%、5.8%。2013 年，中国化解产能过剩取得进展是初步的。受往年投资增长较快和在建项目陆续投产的影响，产能过剩行业仍然保持了较快增长的态势。2013 年，全国粗钢产量 7.8 亿吨，增长 7.6%，增幅较 2012 年提高 4.5 个百分点；电解铝产量 2 206 万吨，增长 17.7%，增幅较 2012 年提高 5.4 个百分点；水泥产量 24.1 亿吨，增长 9.3%，增幅较上年提高 4.0 个百分点。平板玻璃产量 7.8 亿重量箱，增长 11.2%。2013 年，中国已有炼钢产能近 10 亿吨，产能利用率仅 72.0%，明显低于正常水平。因此，化解产能严重过剩矛盾仍需付出巨大努力。

四、稳步推进淘汰落后产能

淘汰落后产能是化解产能严重过剩矛盾和促进产业结构调整的重要举措。2013 年 3 月 28 日，工业和信息化部部长苗圩同志主持召开了淘汰落后产能工作部际协调小组第四次会议。会议审定了 2013 年淘汰落后产能目标任务，研究部署了 2013 年重点工作，参加会议单位通报了本部门 2012 年淘汰落后产能工作情况及 2013 年工作安排。2013 年 4 月，工业和信息化部向各省、自治区、直辖市人民政府下达了 2013 年 19 个工业行业淘汰落后产能目标任务，具体为：炼铁 263 万吨，炼钢 781 万吨，焦炭 1 405 万吨，铁合金 172.5 万吨，电石 113.3 万吨，电解铝 27.3 万吨，铜冶炼 66.5 万吨，铅冶炼 87.9 万吨，锌冶炼 14.3 万吨，水泥(熟料及磨机)7 345 万吨，平板玻璃 2 250 万重量箱，造纸 455 万吨，酒精 30.3 万吨，味精 28.5 万吨，柠檬酸 7 万吨，制革 690 万标张，印染 236 150 万米，化纤 31.4 万吨，铅蓄电池极板 1 420万千伏安时、组装 1 067 万千伏安时。工业和信息化部分别在 2013 年 7 月 18 日和 9 月 9 日，公告了 19 个工业行业淘汰落后产能企业名单。2013 年 9 月 10 日，发布了《国务院关于印发大气污染防治行动计划的通知》(国发〔2013〕37 号)，提出：按照《部分工业行业淘汰落后生产工艺装备和产品指导目录(2010 年本)》《产业结构调整指导目录(2011 年本)(修正)》的要求，采取经济、技术、法律和必要的行政手段，提前一年完成钢铁、水泥、电解铝、平板玻璃等 21 个重点行业的“十二五”落后产能淘汰任务。2015 年再淘汰炼铁 1 500 万吨、炼钢 1 500 万吨、水泥(熟料及粉磨能力)1 亿吨、平板玻璃 2 000 万重量箱。对未按期完成淘汰任务的地区，严格控制国家安排的投资项目，暂停对该地区重点行业建设项目办理审批、核准和备案手续。2016 年、2017 年，各地区要制定范围更宽、标准更高的落后产能淘汰政策，再淘汰一批落后产能。

各地认真落实国家关于淘汰落后产能的部署，相关工作取得积极进展。截至 2013 年底，国家公告的各地落后产能绝大部分已经拆除。2013 年 12 月 16—28 日，河南省淘汰落后产能工作领导小组办公室(省工业和信息化厅)组织 18 个成员单位，通过听取汇报、检查现场、查阅资料等方式，分 5 个验收组对全省列入 2013 年淘汰落后产能公告的 47 家企业逐一进行检查验收。其中，46 家企业的落后产能主体设备已拆除完毕且无法恢复生产，通过了现场检查验收；济源市太行水泥有限公司虽已经停产并签订了落后设备拆除协议，但因职工安置问题相关设备尚未拆除，不符合验收条件。2013 年 11 月 25—27 日，西藏自治区工信厅、财政厅、能源办组成工作组，对列入工业和信息化部公告的日喀则地区雪莲工业贸易公司 20 万吨水泥生产线淘汰落后产能情况进行现场检查、考核和验收。该公司 2 条直径 3 × 11 米机立窑生产线和 1 条直径 2.2 × 8 米机立窑生产线已全部拆除，完成了国家下达的 2013 年度淘汰落后产能目标任务。这是西藏自治区第一次有计划地开展淘汰落后产能工作，具有重要的示范意义。

五、促进产业组织结构调整

2013 年 1 月 23 日，工业和信息化部会同国家发改委等部门印发了《关于加快推进重点行业企业兼并重组的指导意见》（工信部联产业〔2013〕16 号），提出："推动重点行业企业兼并重组，要以产业政策为引导、以产业发展的重点关键领域为切入点，鼓励大型骨干企业开展跨地区、跨所有制兼并重组；鼓励企业通过兼并重组延伸产业链，组成战略联盟；鼓励企业"走出去"，参与全球资源整合与经营，提升国际化经营能力，增强国际竞争力。"2013 年 7 月 4 日，发布了《国务院关于促进光伏产业健康发展的若干意见》（国发〔2013〕24 号），强调要加快推进企业兼并重组。利用"市场倒逼"机制，鼓励企业兼并重组。重点支持技术水平高、市场竞争力强的多晶硅和光伏电池制造企业发展，培育形成一批综合能耗低、物料消耗少、具有国际竞争力的多晶硅制造企业和技术研发能力强、具有自主知识产权和品牌优势的光伏电池制造企业。2013 年 7 月 5 日，为进一步规范行政许可行为，提高监管工作透明度，以服务投资者为宗旨，遵循公开、公平、公正和便民的原则，证监会发布了《上市公司并购重组行政许可审核情况公示》。

各省（区、市）结合实际，积极营造有利于企业兼并重组的政策环境。2013 年 4 月，发布了《青海省人民政府办公厅关于印发电解铝铁合金等五个行业兼并重组和结构调整实施方案的通知》（青政办〔2013〕76 号）。2013 年 5 月，甘肃省发布了《关于加快推进重点行业企业兼并重组的实施意见》（甘工信发〔2013〕361 号）；2013 年 6 月，四川省人民政府发布了《关于推进煤矿企业兼并重组的实施意见》（川府发〔2013〕15 号）。6 月，发布了《山西省人民政府关于进一步加强兼并重组整合煤矿建设工作的意见》（晋政发〔2013〕13 号）。7 月 8 日，河北省工业和信息化厅发布《河北省白酒行业企业兼并重组实施方案》（冀工信产业〔2013〕223 号）。7 月，福建省经贸委联合福建发改委等 14 家单位联合发布《关于加快推进重点行业企业兼并重组九条措施的通知》（闽经贸企业〔2013〕588 号）。

随着各项政策的不断完善和各地工作力度的加大，2013 年中国企业兼并重组特别是重点行业的兼并重组取得积极进展。机械工业行业集中度进一步提高，优势企业成长较快，骨干和中坚作用进一步凸显。前 10 强销售收入增速 19.0%，占 500 强总体的 46.1%，比上年提升 0.3 个百分点；前 100 强企业增速 6.3%，占 500 强总体的 80.5%，比上年提升 1.4 个百分点；10 强销售收入占 100 强的比例为 57.3%。500 家大、中型企业，收入过千亿元的企业 11 家，其中上汽集团突破万亿元大关。建材、有色等行业企业兼并重组稳步推进。2013 年 3 月 29 日，河南利源煤焦集团有限公司、河南顺成集团煤焦有限公司、河南诚宇焦化有限公司和河南豫龙焦化有限公司 4 家煤焦化企业重组成立河南中安煤焦化集团，河南省煤焦化企业重组初见成效。2013 年，中国企业海外并购积极推进，总金额为 515 亿美元。由于受多方面因素的影响，钢铁行业产业集中度不升反降，导致竞争加剧。2013 年，粗钢产量前 10 名的钢铁企业集团产量占全国总量的比重为 39.4%，比 2012 年下降 6.5 个百分点，比 2010 年下降 9.2 个百分点；前 30 家占 55.1%，下降 5.9 个百分点；前 50 家占 65.3%，下降 4.6 个百分点。而 2011 年美国前 10 家钢铁企业集中度已经超过 90.0%。

六、积极推进产业布局调整

2013 年，习近平总书记提出了建设"一带一路"的战略构想，这是以习近平同志为总书记的党中央主动应对全球形势深刻变化、统筹国内国际两个大局作出的重大战略决策,对改善中国区域间产业布局也必将产生重大影响。2013 年 9 月 7 日,习近平总书记在哈萨克斯坦纳扎尔巴耶夫大学发表演讲时表示,为了使各国经济联系更加紧密、相互合作更加深入、发展空间更加广阔,我们可以用创新的合作模式,共同建设"丝绸之路经济带",以点带面,从线到片,逐步形成区域大合作。2013 年 10 月 3 日,习近平主席在印尼国会发表演讲时表示,中国愿同东盟国家加强海上合作,使用好中国政府设立的中国—东盟海上合作基金,发展好海洋合作伙伴关系,共同建设 21 世纪"海上丝绸之路"。"一带一路"贯穿欧亚大陆,涉及 65 个国家,共有 44 亿人口,国内生产总值 21 万亿美元,分别占全球的 62.5% 和 28.6%。2013 年中国与沿线国家贸易额 1.04 万亿美元,占中国对外贸易总额的1/4。欧亚大陆是全球面积最大、人口最多、经济活力最集中的区域,一头是活跃的东南亚经济圈,一头是发达的欧洲经济圈,中间是广阔的腹地国家,资源丰富,但经济发展相对滞后,与中国的经贸合作起步虽然比较晚,但潜力巨大。2013 年,国家继续出台扶持中西部发展的政策措施。2013 年 2 月 7 日,印发了《国务院办公厅关于开展对口帮扶贵州工作的指导意见》(国办发〔2013〕11 号),支持贵州省经济发展。2013 年 9 月 13 日,印发了《国务院办公厅关于同意建立宁夏内陆开放型经济试验区建设部际联席会议制度的函》(国办函〔2013〕89 号),促进宁夏对外开放和经济发展;印发了《国务院办公厅关于印发中央国家机关及有关单位对口支援赣南等原中央苏区实施方案的通知》(国办发〔2013〕90 号),支持赣南等原中央苏区经济社会发展。国家发改委和工业和信息化部印发了《关于重点产业布局调整和产业转移的指导意见》,提出了推动重点产业布局调整和产业转移的指导思想、基本原则、主要任务和政策措施。

在市场机制和相关政策的引导下,2013 年中西部地区固定资产投资保持较快增长。全年全社会固定资产投资 447 074 亿元,比上年增长 19.3%,扣除价格因素,实际增长 18.9%。其中,东部地区投资 179 092 亿元,比上年增长 17.9%;中部地区投资 105 894 亿元,增长 22.2%;西部地区投资 109 228 亿元,增长 22.8%;东北地区投资 47 367 亿元,增长 18.4%。2013 年,中国钢铁产业布局逐渐由资源型布局向沿海沿江、消费型转变。湛江、防城港钢铁基地已开始进入建设阶段。首钢贵阳特殊钢和青岛钢铁启动了城市钢厂搬迁工作。鞍钢鲅鱼圈、首钢京唐、宝钢宁波等沿海钢厂的布局基本形成,宝钢、武钢、沙钢、马钢等沿江布局钢厂的影响力逐渐增强。电解铝和有色金属工业进一步向西部地区转移。

(撰稿:辛仁周)

2013 年大企业发展综述

中国企业联合会　中国企业家协会　课题组

2013 年 9 月,中国企业联合会、中国企业家协会参照国际通行做法,连续第 12 年发布中国企业 500 强,连续第 9 年发布中国制造业企业 500 强和中国服务业企业 500 强。以上 3 个企业 500 强榜单包括了中国不同产业、不同地区共计 1 084 家大企业;其中制造业企业 500 强和服务业企业 500 强分别有 268 家和 148 家入围中国企业 500 强。

通过多年来的快速发展,中国大企业的规模不断扩大,其中中国企业 500 强 2012 年的营业收入规模已经相当于美国 500 强的 2/3,已经成为全球重要的大企业群体之一,对中国经济发展的贡献更加突出,但是中国大企业的国际竞争力与影响力,并没有与中国大企业的规模实现同步成长。在中国大企业总量规模与国际地位均取得显著进展的前提下,如何有效提高大企业发展质量与效益,成为新形势下推进中国大企业持续健康发展的关键任务。当前和今后一个时期,继续深入开展对中国大企业发展问题的研究,寻找加快中国大企业整体竞争力和影响力提升的策略，具有十分重要的意义。

一、2013 中国大企业发展的趋势与特征

2012 年全球经济运行质量明显劣于之前的主流预期，经济增速持续低迷，不确定性进一步增强。2012 年，世界经济整体增长了 3.2%；其中发达经济体增长了 1.2%，新兴市场与发展中经济体增长了 5.1%。IMF 在 2011 年 10 月曾乐观预测 2012 年世界经济将增长 4.0%；2012 年 7 月，IMF 将预测值调低至 3.5%；10 月进一步调降至 3.3%，其中预测发达经济体增长 1.3%，新兴市场与发展中经济体增长 5.3%。既便是如此，由于经济形势的进一步恶化，最终的经济增速仍全面低于 IMF 在 2012 年 10 月份的预测值，世界经济增长的现实，远没有主流机构预期的那么乐观。

2012 年是中国实施“十二五”规划承上启下的重要一年，也是推动经济调整和产业升级的关键一年。尽管 2012 年世界经济形势跌宕起伏，经济数据低于预期；国内经济形势亦复杂严峻，全年经济仅增长 7.8%，为 2002 年以来的最低值；但中国大企业仍然实现了比较快的增长，为宏观经济目标的实现作出了较大贡献。与往年相比，2012 年中国大企业的发展呈现出以下特点。

（一）大企业规模继续扩大，经营效益有所改善

1. 营业收入总量迈上新台阶，入围门槛持续提高。营业收入、资产迈上新台阶。中国企业 500 强首次跨上 500 000 亿元台阶，2013 中国企业 500 强实现营业收入 500 200 亿元，较上年增加了 51 200 亿元；500 家企业营业收入总和已经相当于 2012 年度 GDP 的 96.3%，在国民经济中的地位更加凸显。500 强资产总额达到 1 509 700 亿元，突破了1 500 000 亿元大关。2013 中国制造业企业 500 强营业收入 233 800 亿元，2013 中国服务业企业 500 强营业收入 204 800 亿元，双双站在了 200 000 亿元台阶之上。

增速明显放缓。2013 中国企业 500 强的整体规模继续扩大，但自国际金融危机以来，中国企业 500 强营业收入增速已经显著放缓。2013 中国企业 500 强营业收入总额增长了 11.4%，增速大幅回落 12.2 个百分点；资产总额增长了 16.0%，增幅下降 4.4 个百分点。2013 中国制造业企业 500 强营业收入增长了 7.7%，增幅大幅下降 14.3 个百分点；资产总额增长了 9.1%，增速回落 8.2 个百分点。2013 中国服务业企业 500 强营业收入、资产总额增长了 15.1% 和 17.7%，分别下降了 5.7 个百分点和 3.2 个百分点。

三大榜单入围门槛持续提高。2013 中国企业 500 强的入围门槛提高到了 1 986 700 万元，增长了 13.5%。2013 中国制造业企业 500 强的入围门槛由上年的 64 亿元提高到 70.6 亿元，提高了 10.3%。2013 中国服务业企业 500 强入围门槛为 24.16 亿元，增长了 6.4%。

2. 税收贡献依然突出，盈利增速放缓。500 强企业对国家税收的贡献仍然十分突出。2013 中国企业 500 强纳税总额达到 36 500 亿元，增长了 10.9%，占 2012 年中国税收总额的 36.3%；从单个企业看，2013 中国企业 500 强中，有 69 家企业的纳税额超过 100 亿元，增加了 9 家。2013 中国制造业企业 500 强纳税总额达到了 15 900 亿元，较上年 15 300 亿元增长了 3.9%；近年来，中国制造业企业 500 强的纳税贡献稳定在 17.0% 上下，但 2013 中国制造业企业 500 强纳税总额只占 2012 年全国税收总收入的 15.8%，比上年减少 1.2 个百分点。2013 中国服务业企业 500 强纳税总额为 12 700 亿元，占全国税收的 12.6%，比上年提升了 0.6 个百分点。

盈利增长整体放缓，服务业仍有亮点。2013 中国企业 500 强的归属母公司利润总额 21 700 亿元，较 2012 中国企业 500 强的利润总额 21 000 亿元仅增长了 3.6%；其中 237 家企业的净利润出现正增长，4 家扭亏为盈，216 家企业的净利润出现负增长，33 家企业新出现亏损，7 家企业亏损进一步扩大。2013 中国企业 500 强中，亏损企业有 43 家，增加了 30 家，亏损面大幅增加。2013 中国制造业企业 500 强共实现净利润 5 202.9 亿元，减少了 17.5%，连续两年下降，且下降幅度比上年扩大 3.8 个百分点。2013 中国服务业企业 500 强实现净利润总额为 15 500亿元，增长了 13.6%。

利润率指标有所下降。2013 中国企业 500 强收入利润率为 4.3%，降低了 0.3 个百分点；2013 中国企业 500 强平均资产利润率为 1.4%，降低了 0.1 个

百分点；中国企业500强的收入利润率与资产利润率连续两年出现下滑。2013中国制造业企业500强收入利润率为2.2%，降低了0.7个百分点；2013中国制造业企业500强平均资产利润率为2.4%，降低了0.7个百分点。2013中国服务业企业500强收入利润率为7.6%，降低了0.1个百分点；2013中国服务业企业500强资产利润率为1.3%，降低了0.04个百分点。

3. 为就业做出积极贡献，人均绩效有所提升。中国企业500强对促进就业做出了较大贡献。2013中国500强雇员比上年增加了882 600人，占全部新增就业人数的7.0%。三大榜单的人均营业收入均有较大幅度提升，2013中国企业500强人均营业收入162.9万元，增长了9.4%；2013中国制造业企业500强人均营业收入为184.9万元，提高了7.9%；2013服务业企业500强人均营业收入为166万元，增长14.3%。三大榜单人均利润指标存在明显分化；2013中国企业500强人均利润为7.1万元，小幅增长1.9%；2013中国制造业企业500强人均利润为4.1万元，降低了20.0%；2013服务业企业500强人均利润为12.6万元，增长11.5%。

4. 千亿俱乐部继续扩容，企业规模两极分化。2013中国企业500强中，千亿俱乐部成员继续增加，但收入规模的两极分化进一步加剧。进入"1 000亿元俱乐部"的企业进一步增加，达到123家，增加了16家；其中有16家民营企业，增加了1家。中国石油化工集团公司、中国石油天然气集团公司2012年营业收入均已突破26 000亿元，中国石油化工集团公司的营业收入在2013年很有可能顺利突破30 000亿元。千亿俱乐部的123家企业营业收入总额为349 700亿元，占全部500强营业收入的69.9%。2013中国企业500强排名第1位的中国石油化工集团公司拥有资产总计达19 600亿元，实现营业收入28 300亿元；而排名第500位的天津纺织集团（控股）有限公司的资产和营业收入分别为229.3亿元、198.7亿元。2012中国企业500强首位企业营业收入相当于末位企业的142.5倍，资产相当于末位企业的85.4倍；在中国企业500强整体继续做大的同时，规模的内部分化十分明显。

（二）技术创新持续活跃，专利成果显著增长

1. 整体研发投入继续增长，平均研发强度有所下降。平均研发强度连续两年下滑。由于缺乏研发投入稳定增长的长效机制，受盈利增长下滑影响，中国大企业的研发投入增速整体下滑，研发投入负增长企业数量较上年有明显增加。2013中国企业500强有430家企业填报了研发数据，共投入研发资金5 425亿元，增长了11.4%，增幅较上年有明显回落，增速也略低于营业收入增速；平均研发费用为12.6亿元，增长了11.4%；430家企业的平均研发强度为1.3%，研发强度已经连续两年下滑。2013中国企业500强中，研发投入资金最大的5家企业均超过100亿元；研发强度超过5.0%的有12家企业，超过10.0%的有2家公司。2012年，430家企业中有104家企业的研发投入出现了负增长，负增长企业数量较上年增加了28家。2013中国制造业企业500强中有472家填报了研发投入数据，共投入研发费用总额为4 273.6亿元，提高了9.0%；平均研发费用为9.1亿元，增长了8.3%。2013中国制造业企业500强的平均研发强度为1.9%，与上年持平。

2. 专利数和发明专利数量都大幅提高。研发成果持续快速增长。2013中国企业500强共拥有专利33.3万项，增加了28.8%；其中共有发明专利8.5万项，增加了13.1%，占全部专利数量的25.5%。从平均数据看，398家企业平均每家企业拥有专利数量836.1项，增长了22.0%；平均拥有发明专利228.2项，增长了15.4%。2013中国制造业企业500强共拥有专利27.8万项，增长了24.1%；其中发明专利7.5万项，增长了21.0%，占全部拥有专利数量27.0%；从平均数来看，449家企业平均每家拥有专利620.1项，增长了21.8%；平均拥有发明专利180.9项，增长了18.4%。

（三）兼并重组持续活跃，结构发生积极变化

1. 兼并重组持续活跃，产业结构调整渐见成效。兼并重组持续活跃。2013中国企业500强共有144家企业实施了兼并重组活动。2012年，144家企业共并购重组了1 061家企业，说明2012年的并购重组活动仍然十分活跃。和上年一样，2012年的并购

重组活动仍然是由国有企业主导的。2012 年,93 家国有企业共兼并重组了 860 企业,占全部并购数量的 81.1%;51 家民营企业共兼并重组了 201 家企业,占 18.9%;国有企业平均兼并重组了 9.3 家,民营企业平均兼并重组了 3.9 家。从兼并重组的行业看,2011 年中国兼并重组最为活跃的主要在煤炭、建材、电力行业。

中国企业 500 强产业结构发生积极变化。在 2013 中国企业 500 强中,制造业企业的数量和收入占比都有所减少,服务业地位有所加强。2013 中国企业 500 强中,制造业企业有 268 家,减少 4 家;服务业企业 148 家,增加 3 家;金属加工类企业数量有所减少,接近消费端的企业数量有所增加。近年来,服务业与制造业大企业之间的增速差距不断缩小;2013 中国服务业企业 500 强营业收入增速为 15.1%,2013 中国制造业企业 500 强营业收入增速为 7.7%,服务业 500 强营业收入增速首次超过了制造业 500 强。这其中有制造业发展明显放缓的影响,但也在一定程度上反映了大企业产业结构的积极变化。

2. 国有企业占据主导地位,民营企业地位进一步加强。2013 中国企业 500 强与往年相比,所有制结构没有发生变化,国有及国有控股企业仍旧保持主导地位。2013 中国企业 500 强中,国有及国有控股企业共有 310 家,占总数的 62.0%;实现营业收入 409 000 亿元,增长了 12.1%,占 500 强企业营业收入总额的 81.9%;资产总额为 1 377 600 亿元,增长了 14.1%,占 500 强资产总额的 91.3%;实现利润总额为 18 700 亿元,增长了 5.6%,占 500 强企业利润总额的 85.9%。在 2013 中国企业 500 强中,民营企业共有 190 家,占总数的 38.0%;实现营业收入 90 300亿元,增长了 15.3%,占 500 强企业营业收入总额的 18.1%;资产总额为 132 200 亿元,增长了 24.8%,占 500 强资产总额的 8.7%;实现利润总额为 3 100 亿元,增长了 0.3%,占 500 强企业利润总额的 14.1%。

制造业与服务业 500 强中民营企业有所增加。在 2013 中国制造业企业 500 强中,有 209 家国有企业,减少 7 家,占总数的 41.8%;有 291 家民营企业,占总数的 58.2%;中国制造业企业 500 强中的民营企业连续 4 年增加。2013 中国服务业企业 500 强中,国有及国有控股企业共计 285 家,减少 2 家,占全部企业的 57.0%;民营企业共计 215 家,增加 2 家,占 43.0%。

3. 中西部地区大企业进一步崛起,区域分布发生积极变化。中西部地区上榜企业数量有所增加,区域来源更趋多元化。10 多年来,中国大企业发展都存在地区间的发展不平衡问题,大企业主要集中在东部沿海的经济发达地区。近年来中西部地区大企业数量有所增加。2013 中国企业 500 强中,东部地区有 355 家企业上榜;中部地区有 59 家企业上榜;西部地区有 65 家企业上榜,增加了 3 家;东北地区有 21 家,减少了 3 家。从 2002 年中国企业联合会第一次发布中国企业 500 强以来,东部地区的大企业数量都占 70.0% 以上;这种格局近 10 多年来没有发生大的变化。和上年一样,全国共有 29 个省(自治区、直辖市)有企业进入 2013 中国企业 500 强,西藏、宁夏没有企业入围。2013 中国制造业企业 500 强总部所在地涉及了 30 个省(自治区、直辖市),只有西藏没有企业入围 2013 中国制造业企业 500 强;其中东部地区有 345 家企业,中部地区有 61 家企业,西部地区有 69 家企业,东北地区有 25 家企业。2013 中国服务业企业 500 强榜单中,企业地区分布集中度有所降低,地区分布更加均衡;全国共有 28 个省(自治区、直辖市)的企业进入 2013 中国服务业企业 500 强,贵州、西藏、甘肃没有企业入围;其中东部有 364 家,与上一年保持一致;中部地区为 60 家,增加 1 家;西部地区为 55 家,减少 2 家;东北地区为 19 家,减少 1 家。

(四)差距进一步缩小,国际地位显著提升

1. 在世界 500 强中稳居第二。近年来,世界 500 强最为引人注目的变化就是中国企业群体的崛起。2012 年中国经济增长了 7.8%,尽管增速与以前相比明显下滑,但在世界范围内仍然属于高增长水平,增速明显快于主要发达经济体。在国民经济继续维持较快增长的推动下,中国大企业急促保持着快速增长态势,入围世界 500 强的企业持续快速增加。在 2013 世界 500 强中,中国有 95 家大企业入围;其中来自中国内地的大企业快速增长到 86 家,净增了

16家。中国内地上榜的大企业数量已经相当于英国、法国与德国的总和,比排名第3位的日本多24家。中国大企业在世界500强榜单中已经稳居第2位,在世界经济格局中的地位进一步提升。北京作为2013世界500强中48家企业总部所在地,一举超越东京成为世界500强企业总部最多的城市。

在营业收入、净利润、总资产和归属母公司股东权益等总量指标中,中国内地上榜企业在主要经济体中都居第2位,并且远远领先于紧随其后的其他经济体。中国内地上榜的86家企业共实现营业收入47 900亿美元,占2013世界500强营业收入总额的15.8%,提升了2.8个百分点;实现净利润2 568.5亿美元,占全部500强的16.7%,提升了3.6个百分点。86家内地上榜企业的总资产为192 900亿美元,占全部500强的15.9%,提升了2.8个百分点;归属母公司股东权益总额为21 700亿美元,占全部500强的14.9%,提升了2.0个百分点。

与2013世界500强总体水平相比,中国内地入围企业业绩整体占优。86家企业共实现营业收入47 924.2亿美元,净利润2 568.5亿美元;收入净利率、资产净利率、净资产收益率分别为5.4%、1.3%、11.8%,比2013世界500强的收入净利率(5.1%)、资产净利率(1.3%)、净资产收益率(10.6%)分别高出0.3个百分点、0.06个百分点和1.2个百分点。与其他主要经济体相比,中国入围企业的三项指标虽然明显低于美国上榜企业,但均高于日本、法国、德国与英国上榜企业。但从亏损面看,中国内地入围企业中有10家出现亏损,亏损面为11.6%,略高于总体亏损面。

中国内地上榜企业行业代表性进一步加强。2013世界500强中,中国上榜企业已经涉及采矿与原油生产、商业储蓄银行、金属产品等27个行业,占全部52个行业的51.9%;其中内地上榜企业涉及26个行业。上榜行业与上年相比增加了电子与电气设备、能源、制药3个行业,行业覆盖面进一步拓宽。

中国大企业与国际大企业规模差距进一步缩小。当前全世界1/3的经济增长要靠中国带动,贡献率是美国的3倍。2013中国企业500强营业收入增速明显快于世界500强和美国500强,年度增长率高出近12.0个百分点,对世界经济增长的贡献更为突出。中国企业500强与世界500强、美国500强相比的相对营业收入占比、资产占比与归属母公司权益占比在近三年都呈现持续上升趋势,中国大企业与世界大企业、美国大企业之间的规模差距在进一步缩小。2013中国企业500强的营业收入为79 300亿美元,相当于2013美国企业500强的65.8%,接近2/3;相当于2013世界500强的26.2%。

2. 国际化水平有所提升。国际化经营继续稳步推进。当前国际经济的持续恶化和经济结构的深刻调整,为中国企业参与国际竞争、拓展发展空间提供了宝贵机会,中国大企业抓住这一机会,积极稳妥地推进了国际化布局。2012年,中国境内投资者共对全球141个国家和地区的4 425家境外企业进行了直接投资,累计实现非金融类直接投资772.2亿美元,同比增长28.6%。2012年,中国企业海外并购的案例数和并购总额均再创新高,其平均并购额为3.4亿美元;全年海外并购共计112起,与上年同期相比上升1.8%;并购总额为298.3亿美元,同比上升6.1%。

跨国指数稳步提升。2013中国100大跨国公司平均跨国指数为14.0%,比上年提高了1.1个百分点。2013中国100大跨国公司入围门槛为14.9亿元,提高了6.1亿元;2013中国100大跨国公司共拥有海外资产44 869亿元,增长了17.4%;实现海外收入47 796亿元,增长了9.8%;海外员工624 209人,增长了28.6%。海外资产的较快增长,表明中国大企业的对外投资、跨国兼并取得了明显进展。

二、2013中国大企业发展中存在的主要问题

2012年,中国大企业通过自身努力,克服国内外经济环境的不利影响,在经济增速下行背景下,取得了令人满意的成绩。但透过成绩,我们也应该看到中国大企业发展中依然存在的问题。尤其是与世界500强、美国500强相比,我们还存在很大的差距,国际竞争力仍然不强,中国大企业需要继续加快追赶的步伐。

(一)缺乏应对经济中速增长的适应能力

企业管理本质上是企业与变化着的背景或环境

不断对话的过程,企业对环境的快速反应能力是企业为获取投资扩张战略所需关键能力;系统的战略反应能力,即感知变化的能力、设计应变方案的能力和迅速采取行动的能力,关系到能力系统的生存。2011—2012 年,中国以 500 强为代表的大企业,特别是重化工企业、外向型企业以及部分消费类企业,都不同程度受到经济增速下行带来的冲击。显然,许多企业十分不适应"较低"的经济增长速度和固定资产投资增速,大企业在应对市场变化特别是急剧变化时的灵活性或快速反应能力较低。由于大企业的规模庞大,通常横跨多个产业领域和区域,内部关系复杂,从市场第一线到最上层的战略决策中心要经历许多程序,且不一定能做出有效、正确的决策,因而常常导致大企业在应对市场变化时缺乏灵活性。

在面对急剧变化的市场环境,特别是面对中速甚至可能中低速增长的环境,部分中国大企业特别是与消费者密切接触的大企业,也在努力转型,海尔、华为、苏宁、大连万达等企业。但占据中国企业 500 强绝大多数的传统制造加工业、资源能源类企业、金融企业在转型升级方面则行动缓慢,依旧习惯于在过去经济快速增长的惯性和模式。

(二)中国企业 500 强产业升级进展缓慢

2013 中国企业 500 强中,制造业企业有 268 家,比上年减少 4 家;服务业企业 148 家,比上年增加 3 家,服务业地位有所加强;金属加工类企业数量有所减少,接近消费端的企业数量有所增加。但总体上看,中国企业 500 强的重化工特征依然十分突出,现代服务业、高端制造业、信息产业的发展严重滞后。

为统一比较口径,大致按照广义重化工业、广义金融业、广义信息业、广义商贸服务业、广义设备制造业、广义消费品生产业、广义运输业、广义地产业、广义保健服务业和其他共 10 个大类对中国企业 500 强、世界 500 强和美国 500 强重新进行行业分类统计。广义分类统计结果表明,无论是从行业企业分布数量看,还是从行业营业收入额以及行业收入额在 500 强总收入中所占比重看,2013 中国企业 500 强都表现出非常显著的重化工特征。来自广义重化工行业的企业数量达到了 135 家,占 500 强的 27.0%,营业收入占 500 强总收入的 31.9%。广义制造业在 2013 中国企业 500 强中有 79 家企业上榜,占广义行业分布第二位,反映了中国正处于工业化阶段的基本特征。在 2013 世界 500 强中,虽然广义重化工业的企业数量同样占行业分布第一位,但其营业收入占比只有 27.6%,明显低于中国企业 500 强中重化工业的占比。而且在 2013 世界 500 强中,广义金融业的上榜企业为 106 家,仅比广义重化工业少 2 家,其营业收入占比为 21.1%,比中国企业 500 强中广义金融业收入占比高出 9.6 个百分点。美国 500 强的服务化特征十分突出,在 2013 美国 500 强中,占据行业数量分布第一位的是广义商贸服务业,一共有 78 家企业上榜,其营业收入占美国 500 强的 19.5%,在全部行业中同样占据第一位;其次是广义金融业,有 72 家企业上榜,营业收入占比为 17.7%。

中国企业 500 强中,广义信息业发展明显落后,广义保健服务业的发展尚处于起步阶段。在 2013 世界 500 强和 2013 美国 500 强中,分别有 63 家和 62 家广义信息业企业上榜,上榜企业数量均在广义行业大类中居于第 3 位;广义信息业营业收入占比在 2013 世界 500 强和 2013 美国 500 强中均位居广义行业第 4 位,分别达到了 12.0% 和 13.2%。而在 2013 中国企业 500 强中,广义信息业只有 11 家企业上榜,除了 4 家通信企业外,其实真正的信息业企业只有 7 家;广义信息业对中国企业 500 强营业收入的贡献非常小,仅占营业收入的 4.0%,居于行业大类第 7 位。2013 美国 500 强中有 28 家广义保健服务业企业入围,贡献了 2013 美国 500 强营业收入的 4.9%;2013 世界 500 强中有 7 家广义保健服务业企业入围,贡献了 2013 世界 500 强营业收入的 1.1%;而在 2013 中国企业 500 强中,仍然没有相关企业入围,中国广义保健服务业的发展总体上看尚处于起步阶段,企业规模还有待进一步做大。

(三)缺乏研发投入稳定增长的保障机制

世界银行 2013 年发表的一份报告则指出中国急需技术创新,长期依赖于粗放式增长模式的中国大企业在技术创新方面存在有明显的不足。中国在基础原料、重大装备制造和关键核心技术等方面,与国际先进水平差距较大。许多重要产业对外技术依存度高,核心技术受制于人。虽然很多产品标注为中国制造,但研发设计、关键部件和市场营销都在国外,40.0%以上的产品销售额,要支付给国外专利持有者,只有加工、封装等劳动力密集型环节在国内,产品附加值低。改革开放以来,中国创新投入逐年增长,企业创新取得明显成效。2011 年中国科研投入 8 610 亿元,已经相当于当年 GDP 总量的 1.8%,但仍然远低于美日等西方发达国家科研投入比,仅相当于中等发达国家水平。与世界 500 强 5.0% 以上的研发强度相比,中国大企业创新投入明显不足;这在很大程度上影响了中国企业国际竞争力的提升,也不足以为打造中国经济升级版提供强力创新支撑。

与世界一流大企业将创新作为企业长期战略,尤其是作为应对危机和走出危机的重要手段相比,中国大企业对创新的重视度明显不够,尤其是缺乏长期创新战略。中国大企业长期以来并没有建立起确保研发投入稳定增长的机制,大多数的大企业都是根据自身盈利和资金状况来安排研发支出;在一些战略短视的大企业中,实际上是把研发投入作为企业的利润调节器来使用,而不是把科技研发当做是打造技术竞争优势与核心竞争力的长期战略。

(四)与国际大企业相比还存在明显差距

中国大企业的盈利能力明显低于美国大企业。2013 中国企业 500 强的资产净利率为 1.4%,回落了 0.2 个百分点;2013 美国 500 强的资产净利率为 2.3%,回落了 0.1 个百分点。2013 中国企业 500 强的净资产收益率为 11.4%,下降 1.0 个百分点;2013 美国 500 强的净资产收益率为 13.4%,下降 0.8 个百分点。2013 中国企业 500 强的收入净利率为 4.3%,下降了 0.3 个百分点;2013 美国 500 强的收入净利率为 6.8%,下降了 0.2 个百分点。无论是资产利润率、净资产利润率,还是收入利润率,中国大企业均明显低于美国大企业,而且中美两国大企业之间资产利润率、净资产利润率、收入利润率的差距在 2012 年有所扩大。在剔除了银行业以后,中国实体大企业的盈利状况与美国实体大企业的差距更为显著;2013 中国企业 500 强 485 家非银行企业的收入利润率仅为 2.6%,2013 美国 500 强 482 家非银行企业的整体收入利润率为 6.4%,远高于中国实体大企业。这一点也表明,与美国金融体系很好地支持了实体经济发展相比,中国金融系统没有有效发挥应有功能,而是造成了实体经济的失血或贫血。

在很多行业中,中国大企业还缺乏国际竞争力。在 2013 世界 500 强中,中国内地上榜的 86 家企业分别来自 26 个行业,上榜企业主要来自采矿与原油生产、金属产品、商业储蓄银行、车辆与零部件、工程与建筑、贸易等行业。在 2013 世界 500 强的 56 个行业中,有 44 个行业都有美国大企业入围,比中国大企业多 18 个行业。虽然在电子与电气设备、能源、制药三个行业中初次有了中国大企业的上榜,但依然有 26 个行业中从来没有出现过中国大企业。在航空与管道运输服务、信息技术与计算机软件、食品生产与销售等众多领域,中国大企业还需要加快成长步伐,进一步做大做强。

中国大企业的人均产出水平明显低于国际大企业。2013 中国企业 500 强的雇员总数量为 3 071.5 万人,人均营业收入为 162.9 万元;折合为美元,2013 中国企业 500 强的人均营业收入为 25.8 万美元。2013 美国企业 500 强的雇员总数量为 2 629.5 万人,人均营业收入为 45.9 万美元。中国大企业的人均营业收入仅相当于美国大企业的 56.2%。2013 中国企业 500 强的人均净利润为 1.1 万美元,2013 美国 500 强的人均净利润为 3.1 万美元;中国大企业的人均净利润仅相当于美国大企业的 36.1%。在 2013 世界 500 强中,86 家中国内地企业的人均营业收入为 24.4 万美元,相当于总体水平的 52.6%,相当于美国上榜企业的 47.7%;中国内地上榜企业的人均净利润为 1.4 万美元,相当于总体平均水平的 53.0%,相当于美国上榜企业的 40.2%。

2013 年国有经济及中央企业经济运行情况综述

国务院国有资产监督管理委员会综合局

2013 年，在党中央、国务院的正确领导下，广大国有企业积极应对错综复杂的经济形势，坚持稳中求进，深入推动改革，加快结构调整和转型升级，认真履行社会责任，实现了经济运行总体平稳，有力促进了国有经济发展壮大和国民经济平稳较快发展。

一、国有经济稳步发展壮大

（一）国有企业基本情况

截至 2013 年底，113 家国务院国资委监管企业、75 个中央部门（单位）和全国 36 个省级单位（自治区、直辖市、新疆生产建设兵团及计划单列市）所属的非金融国有及国有控股企业（统称“全国国有企业”）共计 159 184 户。其中，国务院国资委监管企业拥有各级子企业 40 716 户；中央部门（单位）管理企业及其各级子企业 12 904 户；地方管理企业及各级子企业 107 857 户，其中地方国资委监管企业及其各级子企业 70 194 户。

（二）经济规模稳步扩大

截至 2013 年年底，全国国有企业资产总额 1 181 000亿元，比上年增长 17.9%。所有者权益（净资产）总额 394 000 亿元，同比增长 15.5%，其中，归属于母公司所有者权益 318 000 亿元，增长 15.6%；少数股东权益 76 000 亿元，增长 15.2%。合并国有资产总量 287 000 亿元，增长 14.1%。年末从业人员 3 919.3 万人，增长 0.8%；年末职工人数 3 720.6 万人，增长 0.8%。2013 年世界 500 强中国内地上榜的 85 家企业中，国有企业占到九成以上，国资委系统监管的企业有 67 家。2013 年中国企业 500 强中，国有企业达到 310 家，继续保持主体地位，占 62.0%。

（三）经济效益稳中向好

2013 年，国有企业加强经济形势研判，及时调整经营策略，加强市场调研，调整优化结构，强化经营管理，提高服务质量，创新商业模式，经济效益稳步提高。2013 年，实现营业收入 477 000 亿元，比上年增长 10.0%；实现利润总额 27 000 亿元，同比增长 6.9%；实现净利润 20 000 亿元，增长 5.6%；归属于母公司所有者的净利润 14 000 亿元，与上年持平；上交税金总额 39 000 亿元，同比增长 4.9%，占全国税收收入的 35.1%。

（四）国有经济布局和结构调整持续推进

2013 年，广大国有企业紧密结合国家战略和地方经济社会发展规划，深入推进经济布局和结构调整，推动国有资本更多投向基础设施、优势资源、战略性新兴产业和现代服务业，助推结构优化和转型升级，一批大企业集团在国民经济发展中发挥了很强的带动作用。国有企业着眼于做优做强和持续健康发展，加快清理低效无效资产，进一步推动优质资源更多向主业集中；加快重组整合，减少企业管理层级，不断优化组织结构；按照市场化退出机制，适时依法实施破产重整。2013 年，各地国资委积极利用产权市场推动监管企业结构调整和低效无效资产转让，全国产权市场公开转让企业国有产权 1 101 亿元，比上年增长 23.2%，平均增值率为 15.9%。

（五）可持续发展能力进一步增强

2013 年，国有企业不断加强科技创新、安全生产、节能减排、环境保护和生态文明建设，取得明显成效，为实施创新驱动发展战略打下了良好基础，促进了安全发展、绿色发展、和谐发展。2013 年，全国国有企业科技资金来源 6 199.2 亿元，比上年增长

13.7%,其中,政府拨款1 027.4亿元,同比增长6.9%,企业自筹资金4 681.5亿元,增长15.4%。科技支出合计6 148.4亿元,增长15.4%,其中,研究开发费用支出4 452.5亿元,增长8.8%,占全国研究与试验发展经费的37.4%;购买新技术、科研设备等支出698.4亿元,增长58.1%;其他科技支出997.5亿元,增长26.0%。拥有自主知识产权专利38.9万项,其中,当年新增专利10.6万项。安全生产费用投入不断加大,支出安全生产费用1 616.3亿元,增长7.6%。节能减排、环境保护及生态建设投入稳步增长,当年支出节能减排费用515.2亿元,增长17.7%;支出环境保护及生态恢复费用629.2亿元,增长16.2%。

二、中央企业经济持续稳定增长

(一)中央企业基本情况

1. 规模继续扩大,保值增值状况良好。截至2013年底,国资委履行出资人职责的中央企业共计113家,与上年持平,拥有各级子企业40 716户,比上年增加2 360户;年末从业人员1 275.2万人,比上年增加15.6万人,增长2.7%;资产总额350 000亿元,比上年增加37 000亿元,增长11.7%;所有者权益总额128 000亿元,比上年增加11 000亿元,增长9.8%,其中,归属于母公司所有者权益93 000亿元,同比增长8.7%;少数股东权益35 000亿元,增长12.9%;合并国有资产总量93 000亿元,增长8.7%。扣除客观增减因素后,2013年中央企业平均国有资本保值增值率为106.4%。有107家中央企业在境外和港澳地区设立了境外单位7 176户,其中,境外子企业4 611户,境外机构2 565个,资产总额(不含境内业务境外上市和境外企业返回内地投资)43 000亿元,比上年增长16.1%,约占中央企业的12.2%;所有者权益12 000亿元,增长7.0%,约占中央企业的9.4%,平均净资产收益率为7.7%,平均总资产报酬率为4.2%。

2. 经济效益小幅提升,税费较快增长。2013年,中央企业实现营业收入244 000亿元,比上年增加20 000亿元,增长9.1%;实现利润总额13 127.9亿元,比上年增加460.8亿元,增长3.6%;实现净利润9 382.8亿元,比上年增加179.4亿元,增长1.9%;平均净资产收益率(含少数股东损益及权益)7.6%,比上年下降0.6个百分点;平均成本费用利润率5.6%,比上年下降0.3个百分点。中央企业应交税金不断增长,2013年应交税金总额19 074.7亿元,比上年增加1 318.5亿元,增长7.4%;实交税金总额19 281.8亿元,比上年增加919亿元,增长5.0%,其中已交税金总额超过1 000亿元的中央企业有4家,分别为中国石油(4 157.3亿元),中国石化(3 096.3亿元),国家电网(1 355.8亿元)和中国海油(1 200.9亿元)。

3. 上市公司资产持续增加,收益稳步增长。截至2013年底,91家中央企业纳入合并范围的上市公司370户,比上年净增加3户,其中境内上市公司252户,境内外同时上市公司29户,纯境外上市公司89户。上市公司资产总额192 000亿元,占中央企业的54.9%,比上年增长13.0%;所有者权益总额74 000亿元,占中央企业的57.9%,同比增长11.0%;实现营业总收入150 000亿元,占中央企业的61.5%,增长9.5%;实现利润总额10 571.6亿元,占中央企业的80.5%,增长11.1%;实现净利润8 058.3亿元,占中央企业的85.9%,增长12.0%;净资产收益率为11.3%,比上年上升0.1个百分点;年末职工人数678.7万人,增长2.6%;年末离退休人员194.7万人,增长3.9%。

(二)中央企业经济运行实现稳中有进

1. 中央企业多措并举保增长。2013年,面对复杂严峻的国内外经济环境,中央企业保增长任务十分艰巨。围绕国务院国资委确定的保增长工作目标,中央企业加强形势研判,及时调整经营策略,强化经济运行动态监控,结合实际做好应对措施和预案,针对产能过剩矛盾突出、市场需求不足带来的下行压力,许多企业注重优化产品结构,创新商业模式,完善营销网络,积极拓展利用好国内外两个市场,市场份额进一步扩大;针对企业经营状况分化现象,中央企业加强分类指导。企业主要负责人深入重点盈利单位和困难子企业,诊断并帮助解决生产经营中的突出困难和问题,鼓励盈利大户多做贡献,狠抓亏损大户止亏减亏;针对成本上升、效益增速放缓的双重压力，中央企业全力抓好管理提升，大力推进降本增效，对标先进找差距，完善管理提效率，经营业绩持续改善。通过艰苦努力，中央企业基本实现2013年保增长工作目标，在全年营业收入增速下滑1.4个百分点的情况下，利润增速加快1.1个百分点；实现增加值56 000亿元，比上年增长10.7%，圆满完成保增长工作任务。

2. 生产经营总体保持稳定增长，部分指标再创新高。2013年，中央企业重点监测的26项生产经营指标中，有22项实现正增长，与2012年持平；有16项增速快于上年同期，比2012年增加9项。其中，造船承接新船订单额、房地产签约销售面积、轨道交通装备订单合同额、建筑企业新签合同额、汽车产量、汽车销量、房地产施工面积、氧化铝产量、原油产量、移动电话用户数和煤炭销售量等11项指标同比增幅超10.0%，分别为75.4%、35.7%、34.9%、20.1%、13.7%、13.4%、12.6%、12.0%、11.1%、11.0%和10.3%。能源供需保持稳定。2013年中央企业原油产量30 608.2万吨（含海外权益产量），比上年增长11.1%；成品油产量25 549.1万吨，同比增长4.3%；成品油销量30 039万吨，增长3.5%；天然气产量1 506.7亿立方米，增长15.3%；天然气销量1 315.4亿立方米，增长12.9%；原煤产量90 044.5万吨，增长9.1%；商品煤销量104 755.5万吨，增长10.3%；发电量33 971亿千瓦时，增长6.9%；售电量42 660.3亿千瓦时，增长7.9%。原材料产销基本稳定。钢材产量13 304.1万吨，增长6.2%；钢材销量13 252.9万吨，增长6.8%；乙烯产量1 499.4万吨，增长5.2%；尿素产量1 020.3万吨，下降8.2%；水泥产量36 093.3万吨，增长18.9%；氧化铝产量1 642.5万吨，增长12.0%；电解铝产量694.3万吨，下降0.6%。交通运输平稳运行。航空运输总周转量508.7亿吨千米，增长7.5%，其中，客运总周转量366.2亿吨千米，增长9.5%，货物运输总周转量142.6亿吨千米，增长2.7%；水运企业运输总周转量31 248.2亿吨海里，下降2.6%，其中，集装箱运输量2 749.2万标准箱，增长4.5%。汽车、建筑、房地产业保持较快增长。汽车产量877.4万辆，增长13.7%；汽车销量878.4万辆，增长13.4%；建筑施工企业新签合同额46 205.5亿元，增长20.1%；房地产签约销售面积4 495.4万平方米，增长35.7%；房地产签约销售额5 628.6亿元，增长31.3%。

3. 结构调整、转型升级取得新成效。2013年，为适应行业发展和市场竞争的需要，中央企业战略性重组和非主业退出步伐明显加快，企业国有产权交易新增挂牌金额和实际成交金额同比大幅增长，资源配置不断优化，全年共完成固定资产投资30 000亿元，比上年增长15.5%。投资安排日趋合理科学，主要集中在石油石化、电力和电信等关系国家安全和国民经济命脉的重要行业和关键领域，部分困难企业大幅压缩了投资规模，投资冲动得到有效抑制。钢铁、水泥、电解铝、平板玻璃、船舶等行业中央企业按照国家要求，积极调整优化产品结构，主动淘汰落后产能，着力化解产能过剩带来的矛盾和风险。中央企业努力完善科研体制，科技投入逐年增加，人才队伍不断充实，研发能力进一步增强，自主知识产权数量大幅增加，战略性科技项目取得重大突破，自主创新能力进一步提升。2013年，中央企业科技投入支出合计4 282.9亿元，比上年增长11.9%，其中，研究开发费用支出合计3 278亿元，同比增长8.8%；购买新技术、科研设备等支出370.8亿元，增长28.9%。拥有工程院和中科院院士分别为234人和48人，占全国比重为23.2%和6.5%；拥有“千人计划”“百千万人才工程”等国家人才计划人员915人；拥有科技人员、R&D研发人员和高级技工与技师分别为157.4万人、72.7万人和209.8万人，分别占职工总数的12.2%、5.6%和16.3%。拥有国内研发机构2 508个，较上年增加188个；拥有境外研发机构55个，较上年增加18个；拥有国家级研发机构351个，较上年增加12个，一批企业充分发挥自身科技优势，积极帮扶中小企业，起到了良好的示范带动作用，发挥了科技创新的骨干作用。拥有自主知识产权专利数量达到255 113项，当年新增专利70 292项，比上年增加18 637项。本年度共有42家中央企业的74个项目荣获国家科技奖励，占获奖项目总数的28.4%，其中科技进步特等奖和一等奖占到总项目数的44.5%。一大批国家战略性科技创新项目取得重要进展，突破了一批关键核心技术。“载人航天空间交会对接工程”项目取得了多个首次——首次成功运营管理载人空间实用平台，首次实现空间飞行器组合体的运行、控制和管理，首次实现中国航天员于在轨载人航天器上健康生活和高效工作，首次实现将中国女航天员送入太空并安全返回；“蛟龙号”国产化率达到90.0%；TD－LTE－A 4G技术的全面推广应用等，都为实施创新驱动发展战略、建设创新型国家作出了积极贡献。

4. 国际化经营取得新进展。2013年，中央企业加快走出去步伐，不断提升国际化经营水平，境外经营规模稳步扩大，对外投资和工程承包稳定增长。中央企业境外经营单位全年实现营业总收入43 300亿元，比上年增长8.8%，占中央企业的17.9%；实现利润总额1 336.8亿元，占中央企业的10.3%。境外投资继续高速增长，全年中央企业境外投资总额约670亿美元，同比增长8.9%，占同期中国非金融类对外直接投资总额的74.4%，主要集中在能源及矿产资源等领域，涉及130多个国家和地区。原油海外权益产量10 267.6万吨，增长26.9%；天然气海外权益产量311.6亿立方米，增长39.4%；对外承包工程规模迅速扩大，全年对外承包工程营业额为821.6亿美元，增长43.4%，约占同期中国对外承包营业额的60.0%，主要集中在电力、交通、管道建设等领域。境外工程项目影响力和技术含量不断提高，中央企业在世界各地承建的一大批大型工程项目，多采用世界领先建造技术，影响力不断扩大。

5. 积极履行社会责任，发挥表率作用。2013年，中央企业坚持底线思维，持续加强安全管理，不断加大安全生产投入，生产安全事故总体呈减少态势。中央企业全年共提取安全生产费用834.1亿元，较上年增长8.3%；发生较大以上安全事故24起，同比减少4起。节能减排工作成效明显。全年实现节能量3 103万吨标准煤，万元产值（可比价）综合能耗下降3.2%，二氧化硫、化学需氧量、氮氧化物和氨氮排放量分别下降5.9%、11.0%、10.6%和7.4%，与2010年相比，二氧化硫、化学需氧量、氨氮和氮氧化物排放量分别下降了19.8%、24.1%、17.6%和31.1%，降幅分别超全国平均水平9.9，16.3，15.6和24.0个百分点，提前超额完成了中央企业“十二五”污染物减排目标，有力支撑了国家“十二五”节能减排目标的实现，中央企业在全社会节能减排中的表率作用进一步发挥。2013年中央企业广泛参与社会公益事业，积极规范有序地开展对外捐赠工作，对外捐赠共支出33.8亿元，增长27.1%，其中，公益性捐赠16.8亿元，增长38.9%，救济性捐赠14.6亿元，增长39.1%。

（三）存在的矛盾和问题

2013年，中央企业经济运行中还存在着一些需要关注的矛盾和问题。

1. 运行质量和效益有待进一步提高。2013年中央企业成本费用总额支出235 000亿元，比上年增长8.5%；销售费用7 279.5亿元，同比增长13.8%。全年营业毛利率为16.2%，下降0.5个百分点；成本费用利润率5.7%，下降0.2个百分点；净资产收益率7.6%，下降0.6个百分点；总资产报酬率5.3%，下降0.4个百分点；资产负债率63.4%，上升0.7个百分点；营业收入增长8.4%，下降1.4个百分点；利润总额增长3.8%，低于营业收入4.6个百分点。部分企业经营风险较大，少数企业亏损严重。

2. 生产经营下行压力较大。2013年中央企业重点监测的26项生产经营指标中，有4项同比下降，有10项增速较2012年有所放缓。其中，造船完工量同比降幅最大，达22.5%；另外，房地产施工面积、造船完工量、发电设备签订合同额和水运总周转量等4项指标增速放缓幅度超5.0个百分点，分别达到16.5，9.0，5.8和5.3个百分点。

3. 资金面总体偏紧。中央企业“两金”占用快速增长，2013年底应收账款达19 000亿元，增长13.7%，高于营业收入5.3个百分点，应收账款周转率13次，下降0.8次；存货达47 000亿元，比上年增长12.7%，高于营业收入4.3个百分点，存货周转率4.5次，同比下降0.3次。存货和应收账款合计占流动资产的比重达50.1%，较上年扩大0.9个百分点。资金使用成本持续上升，利息支出持续增加，在2010—2012年增长近70.0%的基础上，2013年又增长7.2%，达3 723亿元，相当于利润总额的28.4%。银行普遍取消贷款利率下浮优惠政策，钢铁、有色金属等产能过剩行业及房地产业贷款难度加大。在高库存、高欠款、高利息的共同作用下，企业循环不畅，资金明显偏紧，现金净流出的“失血”现象增多。

4. 安全生产形势依然不容乐观。2013 年，中央企业发生较大及以上安全生产事故 24 起，死亡人数共 191 人。其中，特别重大生产安全事故 2 起，死亡 95 人；重大安全生产事故 1 起，死亡 11 人；较大生产安全事故 21 起，死亡 85 人。部分高危行业重特大生产安全事故集中多发，安全生产形势仍然较为严峻。

5. 国际化经营仍存在问题和挑战。世界经济缓慢复苏，国际贸易保护主义愈演愈烈，贸易摩擦不断增多；伊拉克、乌克兰等地缘政治风险逐步加剧；国际金融、商品市场潜在风险不断加大，给中央企业加快实施走出去战略、开拓国际市场、推广国际化经营带来了一系列新的困难和挑战。

（撰稿：陈国栋）

2013 年国有大型企业改革发展情况综述

国务院国有资产监督管理委员会企业改革局

2013 年是“十二五”计划的居中之年，也是国务院国资委全面、深入贯彻落实党的十八大、十八届三中全会精神，承前启后、继往开来，大力深化以中央企业为中坚力量的国有大型企业改革的开局之年。

一、开启新的全面深化国有大型企业改革的顶层设计

党的十八届三中全会通过的《中共中央关于全面深化改革若干重大问题的决定》，对全面深化国有资产和国有企业改革进行了总体部署，提出了新思路、新任务、新举措。国务院国资委以此为基本遵循，在深刻总结提炼 35 年国有企业改革发展成功经验与薄弱环节的基础上，进一步解放思想、开拓创新，集中精力，启动新的全面深化国有大型企业改革的顶层设计。

为贯彻落实党的十八届三中全会精神，国务院国资委在国有企业改革进入“深水区”的背景下，2013 年和今后一个时期，深化国有企业改革，重点是抓住两个关键环节。

（一）加快国有企业股权多元化改革，积极发展混合所有制经济

国务院国资委成立以来，积极推动国有企业在改制中引入非公投资。目前，非公资本投资国有企业取得了积极进展。中央企业及其子企业引入非公资本形成混合所有制企业已占企业总户数的半数以上。2005—2013 年，国有控股上市公司通过股票市场发行的可转债，引入民间投资累计达 638 项，数额累计 15 146 亿元。截至 2013 年底，中央企业及其子企业控股的上市公司总共是 378 家，上市公司中非国有股权的比例已经超过 53.0%。地方国有企业控股的上市公司 681 户，上市公司非国有股权的比例已经超过 60.0%。2010 年新 36 条颁布以来，到 2013 年年底，民间投资参与各类企业国有资产产权的交易数量的总数是 4 473 宗，占交易总宗数的 81.0%，金额共计 1 749 亿元，占交易总额的 66.0%。

国务院国资委强调，发展混合所有制经济是深化国有企业改革的“重头戏”。总的考虑如下：大部分国有企业通过股权多元化的改革，逐步发展成为混合所有制企业；国有企业在发展混合所有制经济中将逐步降低国有股权的比例；大力支持各种非公资本特别是民营资本参与国有企业的股权多元化改革；国有企业通过实施股权多元化改革，一方面吸引更多的社会资本与国有资本共同发展，另一方面促进国有企业进一步完善公司治理结构和内部运行机制；在具体实施中，实行一企一策，分类进行研究，分类提出措施，不搞“一刀切”；改革要统筹安排，系统推进，稳妥操作，强化公开透明和规范运作，防止国有资产流失，维护社会稳定。

具体而言，股权多元化改革主要采取以下四种

形式。其一,涉及国家安全的少数国有企业和国有资本投资公司、国有资本运营公司,仍然采用国有独资企业或国有独资公司形式。其二,涉及国民经济命脉的重要行业和关键领域的国有企业,可改制为国有绝对控股的公司制企业。其三,涉及支柱产业和高新技术产业等行业的重要国有企业,可一户一策、逐步适度地改制为国有绝对或相对控股的公司制企业。其四,国有资本不需要控制的完全竞争性领域的国有企业,可采取通过市场竞争,胜出者继续保持国有控股,败退者采取国有参股或全部退出。

国务院国资委将通过多种方式推进具备条件的国有企业改制上市,暂不具备上市条件的国有企业通过引入各类投资者,实现股权多元化。鼓励具有资金、技术、管理优势的非公企业以及社保基金、保险基金和股权投资基金等机构投资者参与国有企业改制重组。

(二)研究制定推进中央企业改组新建国有资本投资运营公司

自2013年底开始,国务院国资委抓紧研究组建或改组国有资本投资运营公司的条件、程序及其运作规则。国有资产投资运营公司以产业资本投资为主,着力培育产业竞争力。国有资本投资运营公司主要开展股权运营,改善国有资本的分布结构和质量效益,实现国有资本保值增值。

国务院国资委指出,组建或改建国有资本投资运营公司,是一项探索性很强的工作。组建或者改建国有资本投资运营公司的目标是按照党的十八届三中全会的要求以管资本为主来加强国有资产的监管,实现这一目标,主要有两条途径,一是有些中央企业集团所属的子企业股权多元化改革完成之后,具备条件的中央企业集团可以改建为国有资本投资公司。二是根据国有经济发展的情况和企业的发展情况,新设国有资本运营公司,于2010年经国务院批准成立的中国国新控股有限责任公司就是这项工作的首个范例。

国务院国资委强调,国有资本投资运营公司与所出资企业要更加紧密地强化以资本为纽带的投资与被投资关系,更加突出市场化的改革措施和管理手段,更加充分地体现国有经济的活力和竞争力。组建或改组国有资本投资运营公司,国务院国资委作为国有资产出资人代表的职责定位没有变。

国务院国资委正在按照整体规划、分类实施、稳妥推进的原则,在符合条件的中央企业开展试点,在试点基础上总结经验,逐步推进。

二、继续深化已经开展的各项国有企业改革

35年的改革开放,使中国国有企业管理体制与经营机制发生了深刻变化,正如党的十八届三中全会作出的科学判断:“国有企业总体上已经同市场经济相融合”。

但随着改革的深化,一些制约国有企业走向市场化、国际化的因素充分显现。主要有五个方面的障碍。一是相当一部分国有大型企业公司制股份制改革步伐缓慢,国有企业的公司治理还不完善,企业经营机制还不能完全适应市场经济要求,市场化选人用人和激励约束机制还未真正形成。二是历史包袱。国有企业还有大量的历史遗留问题尚未解决,普遍存在着企业办社会问题。三是既得利益集团尚未根除。四是外部配套改革还不到位,对全面深化国有企业改革形成不利影响。五是完善的市场主体和可靠的信用体系尚未完全建立。

针对上述问题,国务院国资委专门组织力量进行了深入研究,积极推进2013年的中央企业改革工作,具体而言:

(一)推进中央企业改制上市

报经国务院同意,国务院国资委2013年先后批复了中国电力建设集团有限公司、中国煤炭科工集团有限公司、中国盐业总公司、中国广核集团有限公司、中国能源建设集团有限公司和中国建筑设计集团有限公司等6家中央企业的整体改制上市方案;批复中国北方机车车辆工业集团公司境外上市并发行H股方案。批复东航传媒有限公司、西安航煤有限公司等中央企业重要子企业的改制上市方案。

促进中央企业上市公司规范运作,提高经营质量。国务院国资委在2012年推出中央企业控股上市公司综合实力试排名的基础上,通过广泛征求企业意见,进一步完善指标评价体系。2013年国务院

国资委对2012年度中央企业上市公司综合实力进行了正式排名，排名发布后，在中央企业中引起广泛关注，激励上市公司查找差距和不足，进一步提升经营质量，完善市场主体地位，提高信用可靠度。由证监会、国务院国资委联合牵头设立，国家发改委、财政部等有关部门参加的上市公司规范运作专题工作小组，致力于推动国有大型企业上市公司提高规范运作水平。

(二)继续推进规范董事会建设

截至2013年底，设立董事会的中央企业已达52家。国资企依法落实董事会职权，严格董事履职责任。建立健全股东会、董事会、监事会和经理层协调运转、有效制衡的公司法人治理结构。建立国有企业长效激励和约束机制，强化国有企业经营投资责任追究。

2013年，国务院国资委加强了董事会对企业高管薪酬管理体系的建立和完善。印发《董事会薪酬与考核委员会高管薪酬管理工作流程》等文件，指导各董事会做好企业高管薪酬管理工作。研究确定中央企业专职外部董事报酬管理方案，分析上市公司独立董事报酬依据与数额，分类规范董事报酬管理。

(三)稳妥推进中央企业并购重组和资源整合

稳步推进中央企业重组整合。报请国务院同意，国务院国资委会同有关部门将中国华粮物资集团公司整体并入中粮集团有限公司，进一步增强中粮集团有限公司在粮食流通领域的能力；将中国第二重型机械集团公司与中国机械工业集团有限公司联合重组成为中国机械工业集团有限公司，稳妥推动中央装备制造行业的结构调整。国务院国资委继续协调企业内部整合、改革脱困等工作。

针对中央企业并购中存在战略偏差、风险防控不力、制度不健全、操作不规范等问题，国务院国资委印发了《关于规范中央企业并购的意见》(国资发改革〔2013〕30号)，明确要求三级以下企业、债务风险重点监控及特别监管企业不得实施并购，严格控制并购主业之外的企业。文件出台后，中央企业实施的非主业并购大幅减少。国务院国资委适时推动中央企业之间的资源整合与合作。将中国诚通控股集团有限公司下属中国唱片总公司整体并入中国华录集团有限公司，实现品牌资源、音视频资源与信息技术的优势互补。

推动中央企业清理处置低效无效资产。国务院国资委针对当前中央企业低效无效资产存量过大，已经严重制约企业竞争力提升的现实情况，为进一步夯实企业资产质量，2013年8月印发了《国资委关于清理和处置低效无效资产的通知》(国资发改革〔2013〕208号)，要求中央企业在三年内基本完成低效无效资产的清理处置工作。国资委推动陷入10余年经营困境的华诚投资管理有限公司实现破产终结，经报国务院同意，华诚投资管理有限公司不再作为国资委履行出资人职责企业。

(四)深化国有企业内部三项制度改革

抓紧建立健全企业管理人员能上能下、员工能进能出、收入能增能减的制度，为企业赢得市场竞争提供制度保障。探索推进国有企业重大信息公开，提高国有企业运营透明度。

探索建立职业经理人制度，更好发挥企业家作用。在总结经验的基础上，国务院国资委继续加大国有企业高管人员市场化选聘和管理力度，在国有企业集团层面逐步建立职业经理人制度，并对企业领导人员实行分层分类管理。2013年以后国务院国资委将从直接管理的中央企业中选择几家开展由董事会直接选聘和管理经理层(包括总经理)的试点。

合理确定并严格规范国有企业管理人员薪酬水平、职务待遇、职务消费和业务消费。建立健全根据企业经营管理的绩效、风险和责任来确定薪酬的制度，不断完善企业薪酬激励约束机制。对市场化聘任的企业管理人员，研究建立市场化薪酬协商机制，以适应建立职业经理人制度的需要。国务院国资委加快研究制订有关国有企业负责人职务待遇、职务消费和业务消费方面的管理办法。同时，国务院国资委2013年研究提出了企业党组织发挥政治核心作用、职工民主管理的有效途径。

指导中央和地方企业规范改制。国务院国资委与中编办、国防科工局及有关中央企业沟通，研究下一步推进中央军工科研院所改革的有关工作思路。就青海省西部矿业职工持股政策问题、内蒙古阿拉善盟所属企业有关改制事项复函进行了政策解答。

（五）做好中国国新利用外汇储备支持中央企业“走出去”工作，为新建的国有资产经营公司运营积累经验

2013年，国务院国资委印发了《关于国新国际投资有限公司对外投资及公司运作有关事项的通知》（国资改革〔2013〕79号），明确国务院国资委指导监督中国国新控股有限责任公司的子公司国新国际投资有限公司运作的方式和主要内容；对国新国际投资有限公司9个投资项目研究提出意见；组织召开中国国新控股有限公司与13家中央装备制造企业投资对接会议；研究中国国新控股有限责任公司业绩考核、预算应急保障资金管理使用等工作。

（六）探索企业员工持股办法，为实行混合所有制改革探索路子

允许混合所有制企业实行企业员工持股，形成资本所有者和劳动者利益共同体，是深化国有企业改革的一项重要措施。国务院国资委正在积极探索在确保国有资产在从实物与货币形式的相互转化过程中保值增值，防止国有资产流失的基础上，实行企业员工持股的有效途径。

（七）国务院国资委引导中央企业提升管理水平取得阶段性成果

自2012年启动、2013年加大力度推动以来，国务院国资委引导中央企业积极开展管理提升活动，中央企业管理提升活动取得显著成效。活动双方主要采取以下措施：一是上下协同联动。国务院国资委专门成立了管理提升活动领导小组，明确目标、内容、路径和考核评价机制；中央企业也都建立了相应机构和工作机制。二是紧贴企业需求。国务院国资委对国内外经济形势和企业生产经营形势进行了深入研究分析，从适应市场化、国际化的客观需要出发、从中央企业的内在需求出发，设计活动内容和工作方案。三是明确目标导向。国务院国资委结合中央企业“十二五”“做强做优、世界一流”的改革发展核心目标，将中央企业与世界一流企业的管理水平进行了对标研究，找出了中央企业亟待提升的管理短板和瓶颈问题，在此基础上，提出了活动的主要目标，并对活动的考核评价及长效机制建设提出了具体要求。四是突出基层企业。各中央企业把基层企业管理提升作为活动开展的重要切入点和突破口，做到了“基层动员、基层诊断、基层对标”三到位。五是夯实管理基础。中央企业按照国资委要求，始终抓住强化基础管理这条主线，补齐管理短板，梳理和完善制度和流程，推进管理的规范化、制度化、信息化。

（八）国务院国资委继续牵头推进培育世界一流企业有关工作

2013年1月，国务院国资委印发《中央企业做强做优、培育具有国际竞争力的世界一流企业要素指引》（国资发改革〔2013〕17号）和《中央企业做强做优、培育具有国际竞争力的世界一流企业对标指引》（国资发改革〔2013〕18号），指导中央企业进一步对照世界一流企业的要素内涵，大力开展对标工作，不断做强做优。

（九）认真履行多元投资主体企业股东职责，为推进股权多元化改革奠定体制基础

2013年针对8家企业股东履职的实际情况，国务院国资委组织办理履行股东多元化中央企业股东职责工作。一是对于中国商用飞机有限责任公司、国家核电技术有限公司、南光（集团）有限公司等3家企业，按照2009年底出台的《国资委关于履行多元投资主体企业股东职责暂行办法》，履行股东职责，参加三家企业年度股东会并发表意见，办理其股东会决议的书面传签；二是对于中国联合网络通信集团有限公司、广东核电集团有限公司、中国华录集团有限公司等3家国务院国资委直接持股、2013年以前国务院国资委未直接履行股东职责的企业，通过修订公司章程、变动股权结构等措施，将其纳入直接履行股东职责企业范畴，并开始进行实际操作；三是国务院国资委密切关注中国南方电网有限责任公司、上海贝尔股份有限公司等2家国务院国资委目前仍然不直接持有股权的企业以及其他中央企业进行混合所有制改革的股权变动趋向。2013年国务院国资委受理国有独资的中央企业章程修改事宜33件，其中有32件完成。

三、国有企业平稳发展

2013 年 1—12 月，全国国有及国有控股企业，包括中央管理的企业和 36 个省(自治区、直辖市、计划单列市)国有及国有控股企业。中央管理的企业包括：113 户国资委监管的中央企业以及中央部门所属的国有及国有控股企业，不含国有金融类企业，以下简称国有企业，主要经济效益指标同比稳定增长。

(一)2013 年全国国有企业主要经济效益指标情况

1. 营业总收入增长速度高于全国经济增长速度。1—12 月，国有企业累计实现营业总收入 464 749.2 亿元，同比增长 10.1%。①中央管理的企业 284 407.1 亿元，同比增长 8.8%。②地方国有企业 180 342.1 亿元，同比增长 12.3%。

2. 实现利润增长速度有所回落。1—12 月，国有企业累计实现利润总额 24 050.5 亿元，同比增长 5.9%。①中央管理的企业 16 652.8 亿元，同比增长 7.4%。②地方国有企业 7 397.7 亿元，同比增长 2.7%。

1—12 月，实现利润同比增幅较大的行业为交通行业、电子行业、汽车行业、施工房地产行业等。实现利润同比降幅较大的行业为有色行业、煤炭行业、化工行业、机械行业等。

3. 应交税费平稳增长。1—12 月，国有企业应交税费 36 812 亿元，同比增长 7.8%。①中央管理的企业 28 030.2 亿元，同比增长 9.2%。②地方国有企业 8 781.8 亿元，同比增长 3.4%。

(二)国务院国资委监管的中央企业在 2003—2010 年高速发展的基础上，2010—1013 年期间继续稳定增长

2013 年度中央企业累计实现营业收入 242 000 亿元，同比增长 8.4%；上交税费总额 20 000 亿元，同比增长 5.2%；累计实现利润总额 13 000 亿元，同比增长 3.8%。

2012 年度中央企业累计实现营业收入 225 000 亿元，同比增长 9.4%；实现利润总额 13 000 亿元，同比增长 2.7%；累计上缴税金总额 19 000 亿元，同比增长 13.0%；中央工业企业百元营业收入上缴税金 7.6 元，比全国规模以上工业企业高出 3.1 元。

2011 年度中央企业累计实现营业收入 202 409 亿元，同比增长 20.8%；应交税费总额 16 803.9 亿元，同比增长 19.7%；累计实现利润总额 9 173.3 亿元，同比增长 6.4%，其中：归属于母公司所有者的净利润 6 086.4 亿元，同比增长 7.2%。

2010 年度中央企业累计实现营业收入 166 969 亿元，同比增长 32.1%；上交税费总额 14 058.2 亿元，同比增长 27.7%；累计实现利润总额 8 489.8 亿元，同比增长 40.2%，其中：归属于母公司所有者的净利润 5 621.5 亿元，同比增利 1 500.1 亿元，增长 36.4%。2003—2010 年和 2010—2013 年中央企业经营状况变动趋势见图 1、图 2、图 3、图 4、图 5、图 6。

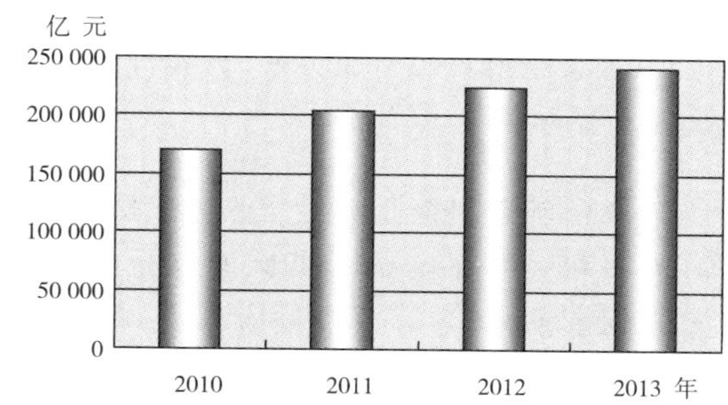

图 1　2010—2013 年中央企业实现营业收入情况

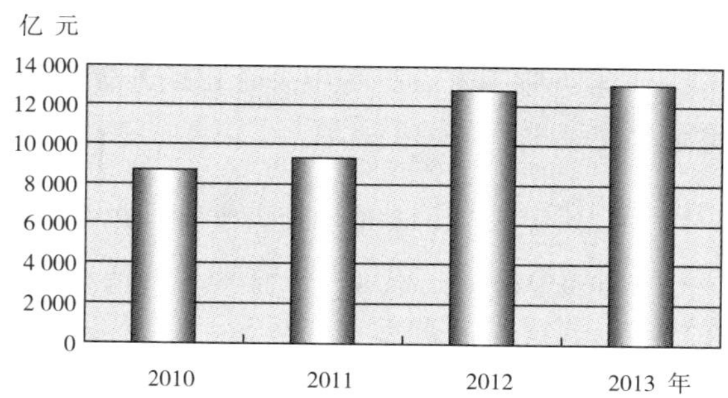

图 2　2010—2013 年中央企业实现利润总额情况

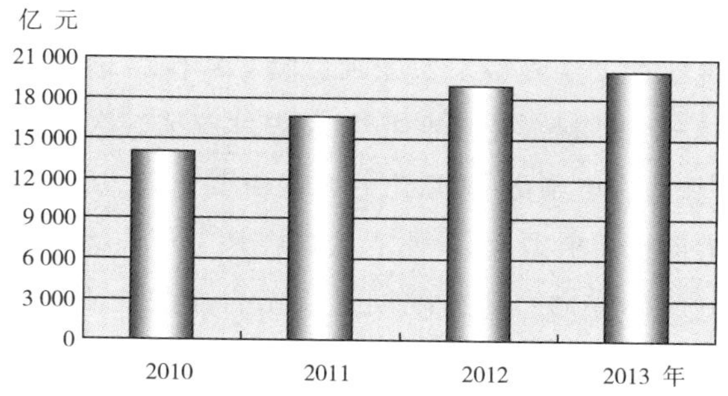

图 3　2010—2013 年中央企业上缴税金总额情况

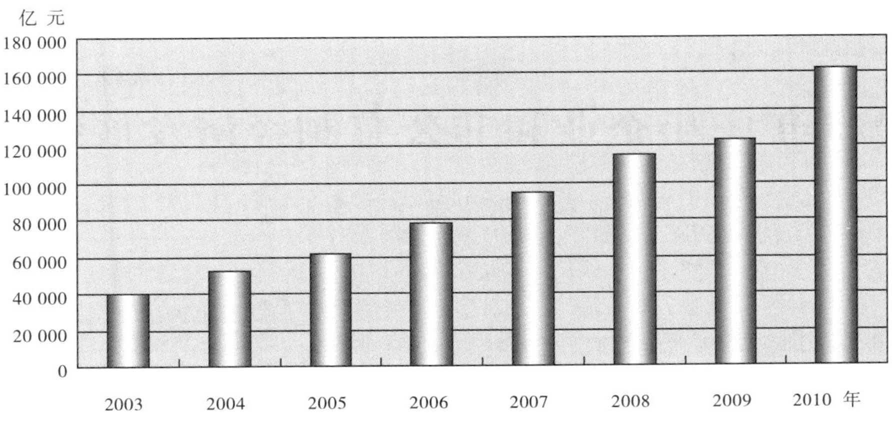

图 4 2003—2010 年中央企业实现营业收入情况

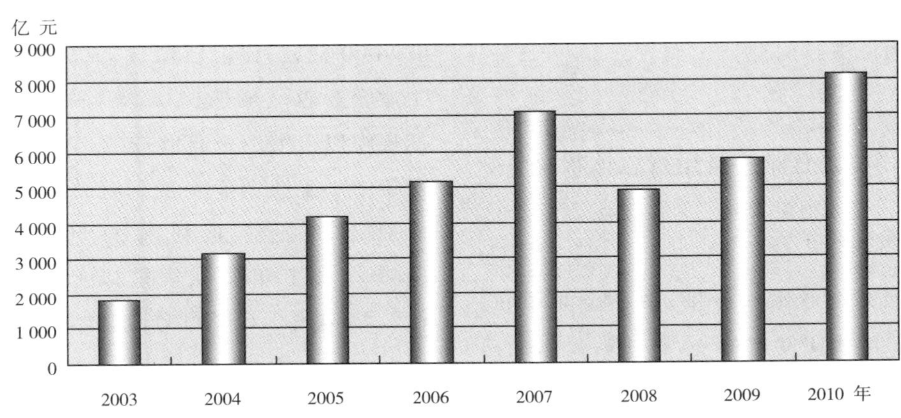

图 5 2003—2010 年中央企业实现利润总额情况

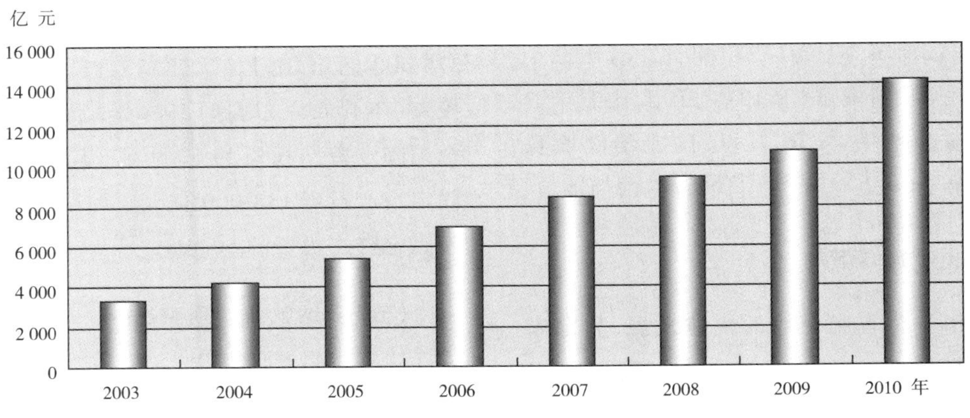

图 6 2003—2010 年中央企业上缴税金总额情况

2003—2010 年中央企业实现营业收入和上缴税金连年增长，增长趋势明显；净利润受国际经济危机影响，有波动，2010 年三项经营指标特别是净利润克服国际经济波动的影响大幅提高。2010—2013 年中央企业营业收入和上缴税费总额仍呈增长趋势，实现利润总额受国际金融危机影响增长趋缓。

（撰稿：毛元斌）

2013 年中小企业和非公有制经济发展综述

工业和信息化部中小企业司

在中国，中小企业和非公经济高度关联，互为主体，中小企业 95.0% 以上是非公经济，而非公经济 95.0% 是中小企业。中小企业和非公经济是中国企业中数量最大、最具活力的企业群体，在经济增长、推动创新、增加税收、吸纳就业、改善民生等方面具有不可替代的作用。

一、中小企业和非公有制经济运行总体状况

（一）经济总量继续扩大

在国家一系列方针政策引导下，中小企业和非公有制经济继续保持快速发展势头，企业数量增加，规模实力增强，成为支撑经济增长的重要力量。国家工商总局数据显示，截至 2013 年年底，全国实有私营企业 1 254 万户，比上年底增加 168 万户，比上年增长 15.5%，占实有企业数量由上年底的 79.4% 增长至 82.1%；注册资本（金）393 000 亿元，比上年增长 26.4%，户均注册资本（金）314 万元，比上年增长 9.6%。个体工商户 4 436 万户，比上年底增长 9.3%；资金数额 24 000 亿元，比上年增长 23.1%。

（二）经济贡献持续增加

中小企业和非公有制企业的快速发展，为国家财政提供了大量的税收，对财政收入的贡献日益增强。国家统计局数据显示，2013 年全国规模以上中小工业企业（简称“中小工业企业”）实现税金总额 22 000 亿元，占规模以上工业企业税金总额的比重由上年底的 47.7% 增长至 48.9%，比重较上年提高 1.2 个百分点；比上年增长 14.9%，增速比同期规模以上工业企业（11.0%）高 3.9 个百分点，比同期规模以上大型工业企业（7.5%）高 7.4 个百分点。

（三）经济效益持续好转

中小企业在经济总量不断扩大，规模速度不断提升的同时，经济效益也在持续改善。国家统计局数据显示，2013 年中小工业企业实现主营业务收入 619 000 亿元，比上年增长 13.9%，比同期规模以上工业企业收入增速（11.2%）高 2.7 个百分点，比同期规模以上大型企业增速（7.5%）高 6.4 个百分点。全年中小工业企业实现利润总额 38 000 亿元，占规模以上工业企业利润的 60.7%，比上年增长 15.8%，比上年同期规模以上工业企业利润增速（12.2%）高 3.6 个百分点，比上年同期规模以上大型工业企业增速（7.0%）高 8.8 个百分点。

（四）投资增速平稳增长

随着民间投资环境的逐步改善，民间投资的积极性逐步提高。2013 年，全国民间固定资产投资 275 000 亿元，比上年增长 23.1%，比全国固定资产投资（不含农户）增速（19.6%）高 3.5 个百分点，占全国固定资产投资的 62.9%。其中，工业企业民间固定资产投资 138 000 亿元，同比增长 21.0%，占民间固定资产投资的 50.4%。

（五）吸纳就业作用突出

中小企业和非公有制企业是社会就业的重要渠道，吸纳了大部分劳动力就业，有效缓解了社会就业压力，为维护社会和谐稳定做出了重大贡献。国家工商总局数据显示，截至 2013 年年底，全国私营企业从业人员 12 522 万人，比 2012 年的 11 296 万人增加 1 226 万人，增长 10.9%。全国个体工商户从业人员 9 336 万人，比 2012 年的 8 628 万人增加 708 万人，增长 8.2%。2013 年，新增私营企业和个体工商

户从业人员 1 184 万人，占新增城镇就业人口的 90.4%。

（六）出口保持较快增长

随着经济实力的增强和外贸政策环境的优化，越来越多的非公有制企业实施“走出去”战略，奋力开拓国际市场。海关总署数据显示，2013 年，非公有制企业（不含外商投资企业）出口总值 9 168 亿美元，占全国出口总值的比重由上年年底的 37.6% 增长至 41.5%，比重较上年提高 3.9 个百分点；比上年增长 19.1%，比全国出口增速（7.9%）高 11.2 个百分点。

二、中国促进中小企业非公有制经济发展的政策措施

党中央、国务院高度重视中小企业和非公有制经济的发展，先后就促进中小企业发展做出一系列决策部署，出台了一系列法律和政策措施促进中小企业和非公有制经济发展。

（一）进一步改善政策发展环境

2002 年，全国人大颁布了《中小企业促进法》，以此为标志，中国中小企业发展步入法制化轨道。2005 年国务院出台《国务院关于鼓励支持和引导个体私营等非公有制经济发展的若干意见》，这是新中国成立以来第一个支持非公有制经济发展的国务院文件，核心就是推进公平竞争。2009 年，为应对国际金融危机，出台了《国务院关于进一步促进中小企业发展的若干意见》，提振信心，使中小企业率先企稳回升起到积极作用。2010 年，出台了《国务院关于鼓励和引导民间投资健康发展的若干意见》。2012 年，国务院出台《关于进一步支持小型微型企业健康发展的意见》，这是首次针对小微企业发展出台的政策意见，标志着中国在扶持中小企业发展的政策取向上发生了转变，政策更加注重环境，更加注重服务，更加注重普惠，更加注重小微企业。

（二）进一步增强财政资金支持

根据中小企业发展的特点和薄弱环节，围绕国家宏观经济目标和产业发展规划，中央财政先后设立了科技型中小企业技术创新基金、中小企业发展专项资金、中小企业国际市场开拓资金等专项政策，采取无偿资助、贷款贴息等方式，促进中小企业技术创新和科技成果转化，加快转型升级，拓宽融资渠道，发展特色产业，开拓国际市场，以及改善公共服务环境等。近年来，中央财政支持中小企业资金规模实现了较快增长，由 2008 年的 49.9 亿元增至 2013 年的 150 亿元。

（三）进一步实施优惠税收政策

国家近些年出台了一系列税收优惠政策，加大了中小企业发展的税收政策力度，进一步减轻小型微型企业和个体工商户的税费负担。一是大幅度提高增值税和营业税的起征点。增值税：将销售货物、应税劳务的起征点幅度分别由月销售额2 000～5 000元、1 500～3 000 元提高到5 000～20 000元。营业税：将按期纳税的起征点幅度由月销售额1 000～5 000 元提高到5 000～20 000 元。二是免征金融机构对小微企业贷款印花税。2011 年 11 月 1 日起至 2014 年 10 月 31 日，三年内免征金融机构与小型、微型企业签订的借款合同印花税。三是对小微企业月销售额不超过20 000 元的增值税小规模纳税人和营业税纳税人，暂免征收增值税和营业税。四是营改增试点在全国范围内推开。2013 年 8 月 1 日起，将交通运输业和部分现代服务业“营改增”试点在全国范围内推开，适当扩大部分现代服务业范围，将广播影视作品的制作、播映、发行等纳入试点。据测算，全部试点地区 2013 年企业将减轻负担约 1 200 亿元。五是对符合条件的国家中小企业公共服务示范平台中的技术类服务平台纳入现行科技开发用品进口税收优惠政策范围。

（四）进一步减轻企业税费负担

收费问题是企业反映最多，也是企业十分反感的问题。国务院有关部门着重开展了治理和规范涉企行政事业性收费、经营服务性收费和社会团体收费等工作，对中央和地方涉企收费进行统一清理规范。一是从 2012 年 1 月 1 日至 2014 年 12 月 31 日，对小型微型企业免征管理类、登记类、证照类行政事业性收费，具体包括企业注册登记费、税务发票工本

费、海关监管手续费、货物原产地证明书费、农机监理费等22项，每年可减轻小型微型企业负担约50亿元。二是2013年推动取消和减免了33项全国性和314项地方性的行政事业性收费项目，降低了20类行政事业性收费标准，取消和下放了89项评比达标表彰项目。三是自2013年1月1日起，取消和免征税务发票工本费、户口簿工本费、户口迁移证和准迁证工本费、企业注册登记费、房屋租赁管理费等30项涉及企业和居民的行政事业性收费，每年可减轻企业和居民负担约105亿元。

（五）进一步缓解融资难题

2013年7月，国务院召开了全国小微企业金融服务经验交流电视电话会，对加强小微企业金融服务进行部署，提出了明确要求。国务院办公厅印发了《关于金融支持小微企业发展的实施意见》。据人民银行统计，截至2013年年底，主要金融机构及小型农村金融机构、外资银行人民币小微企业贷款余额132 100亿元，同比增长14.2%，比同期全部企业贷款增速高2.8个百分点。一是加大对中小企业的信贷支持力度。中国银监会发布了《中国银监会关于进一步做好小微企业金融服务工作的指导意见》（银监发〔2013〕37号）要求金融机构实现“两个不低于”目标，即：小微企业贷款增速不低于各项贷款平均增速，增量不低于上年同期。二是加快融资担保体系建设。2013年，中央财政共安排18亿元担保专项资金，支持816家担保机构为15.7万户中小企业提供低保费担保服务，新增贷款担保业务额8 776亿元。对符合条件的321家中小企业信用担保（再担保）机构免征3年营业税。三是拓宽中小企业融资渠道。积极发展中小板市场，加快发展创业板市场，努力扩大中小企业上市规模。建立和完善中小板和创业板上市公司再融资及并购制度，完善中小企业上市育成机制。积极推进中小企业集合债券和集合票据的试点工作，适当简化审批手续。截至2013年底，中小企业板和创业板共上市1 056家企业，首发融资7 103亿元。“新三板”扩容至全国，已有649家企业挂牌。四是推进中小企业信用体系建设。推进中小企业信用制度建设，建立多层次的中小企业信用评估体系，发挥信用担保、信用评级和信用调查等信用中介的作用，增进中小企业信用。在有条件的地区开展中小企业信用体系试验区建设，探索建立中小企业征信系统。

（六）进一步加快政府采购规模

财政部会同工业和信息化部出台了政府采购促进中小企业发展暂行办法，自2012年1月1日起，采取预留采购份额、评审优惠、鼓励联合体投标和分包等措施，大力支持中小企业特别是小型微型企业参与政府采购。财政部数据显示，2013年，政府采购合同授予中小企业的总采购额为12 454亿元，占采购总规模的76.0%。在授予中小企业的合同总额中，授予小微企业的采购额为5 765亿元，占授予中小微企业总采购额的46.3%。

（七）进一步推进结构调整升级

中小企业技术创新和结构调整，既是“十二五”中小企业成长规划的要求，也是提升中小企业发展质量和效益的重要措施。工业和信息化部出台了促进中小企业“专精特新”发展的指导意见，推动一批中小企业做优做强，开发生产一批“专精特新”的产品和技术。为充分发挥中小企业在促进就业方面的作用，工业和信息化部联合国家发改委、财政部等共9部门印发了促进劳动密集型中小企业健康发展的指导意见，引导中小企业提高发展质量和水平。连续9年持续实施中小企业信息化推进工程，推动中小企业两化深度融合，引导信息化服务商加强中小企业信息化服务，免费为中小企业提供信息化培训达1 500万人次。

（八）进一步完善服务体系建设

以中小企业公共服务平台网络建设和国家示范平台认定为重点，积极推进中小企业服务体系建设。2011年以来，中央财政累计安排9亿元支持26个省（自治区、直辖市）及5个计划单列市启动了中小企业公共服务平台网络建设，带动服务资源2.8万家，年服务中小企业124万家。培育和认定了412家国家中小企业公共服务示范平台。推动地方中小企业公共服务平台和小企业创业基地建设，省级认定了1 700多家示范平台、1 600多家小企业创业基地。继续实施国家中小企业银河培训工程和企业经营管理人才素质提升工程,2012 年完成对 50 万中小企业经营管理人员和 1 265 名领军人才的培训。

(九)进一步推进合作交流工作

支持中小企业经济技术交流合作和走出去,也是中小企业工作的重要内容。中国政府与有关国家和国际组织在中小企业领域的合作与交流步伐加快。中国—东盟中小企业投资基金、中国—比利时直接股权投资基金和中意曼达林基金相继批准成立。继续深化与法国、德国、韩国、欧盟等双边和多边合作机制及政策磋商,帮助中小企业“走出去”。工业和信息化部和广东省等 6 部 1 省每年 9 月份在广州举办中国国际中小企业博览会(简称“中博会”),目前已成功举办 10 届。建立了与美国、韩国、日本、欧盟、中东欧、阿盟等在中小企业领域的双边和多边合作机制。

(撰稿:吴义国)

2013 年民营企业发展综述

中国民(私)营经济研究会

2013 年,面对复杂的国内外经济形势,中国民营经济在严峻挑战面前继续展现出蓬勃的生机和活力,各项主要经济指标均呈现良好发展态势,保持了较快的发展速度和较高的发展质量,在促进国民经济平稳较快发展、保障和改善民生等方面做出了巨大贡献。尽管受国际金融危机深层次的影响,世界经济复苏进程缓慢,国内经济下行压力加大,但国际环境总体看依然存在很大机遇,中国经济社会发展基本面长期向好的趋势也没有改变,民营经济应该坚定信心,转变经济发展方式,克服困难,抓住这一重要战略机遇期,实现又好又快发展。

一、民营经济保持良好发展态势

2013 年中国民营经济继续展现出蓬勃的生机和活力,保持了较快的发展速度和较高的发展质量。

民营经济数量规模继续扩大。截至 2013 年底,中国登记注册的私营企业达到 1 253.9 万户,个体工商户达到 4 436.3 万户,比上年分别增长 15.5% 和 9.3%(见表 1、图 1)。私营企业注册资金 393 000 亿元,户均注册资金达到 313.4 万元,比上年分别增长 26.4% 和 9.3%。个体工商户注册资金达 24 300 亿元,户均注册资金达到 5.5 万元,比上年分别增长 23.1% 和 12.2%(见表 2、图 2)。

2006—2013 年个体、私营企业户数及增长率情况

表 1

年 份	私营企业户数(万户)	增长率(%)	个体工商户户数(万户)	增长率(%)
2006	544.1	15.3	2 595.6	5.3
2007	603.1	10.8	2 741.5	5.6
2008	657.4	9.0	2 917.3	6.4
2009	740.2	12.6	3 197.4	9.6
2010	845.2	14.2	3 452.9	8.0
2011	967.7	14.5	3 756.5	8.8
2012	1 085.7	12.2	4 059.3	8.1
2013	1 253.9	15.5	4 436.3	9.3

注:1. 表中历年私营企业户数均包含分支机构数量;
2. 数据来源:国家工商总局。

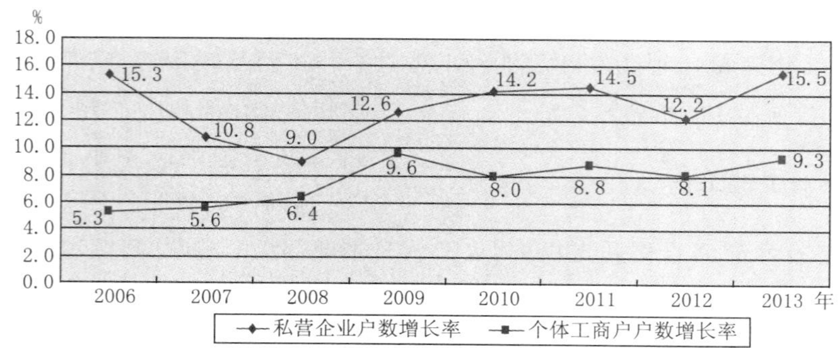

图1　2006—2013年个体私营企业户数增长率变化情况

2006—2013年个体私营企业注册资金数额及增长率情况

表2

年　份	私营企业注册资金（万亿元）	增长率（%）	户　均注册资金（万元）	个体工商户注册资金（亿元）	增长率（%）	户　均注册资金（万元）
2006	7.6	23.9	139.7	6 468.8	11.4	2.5
2007	9.4	23.5	155.7	7 350.8	13.6	2.7
2008	11.7	25.0	178.6	9 006.0	22.5	3.1
2009	14.6	24.8	197.8	10 856.6	20.5	3.4
2010	19.2	31.1	227.1	13 387.6	23.3	3.9
2011	25.8	34.3	266.5	16 177.6	20.8	4.3
2012	31.1	20.6	286.5	19 766.7	22.2	4.9
2013	39.3	26.4	313.4	24 300.0	23.1	5.5

注：1. 表中历年私营企业户数均包含分支机构数量；
2. 数据来源：国家工商总局。

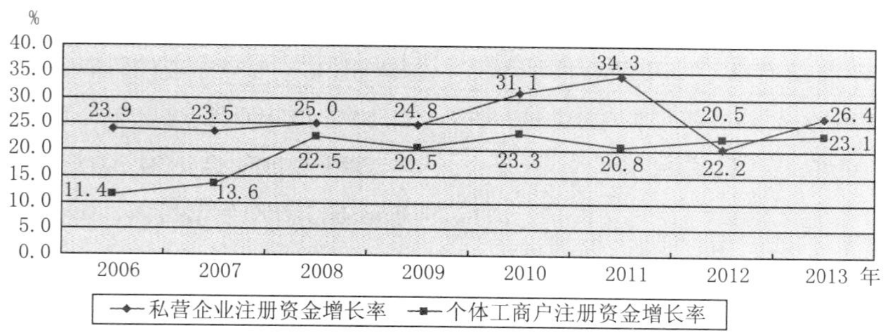

图2　2006—2013年个体私营企业注册资金数额增长率变化情况

（一）民间投资所占比重继续增长

截至2013年底，内资民营经济城镇固定资产投资共完成270 000亿元，同比增长22.8%，占全国城镇固定资产投资的比重达到62.0%；其中私营企业累计完成114 000亿元，同比增长23.1%，占比达到26.2%，其增速明显高于全国、国有及国有控股以及外商和港澳台商投资企业（见表3）。虽然内资民营经济和私营企业的城镇固定资产投资的增速较上年都有了一定程度的下降，但其投资比重首次突破全部城镇固定资产投资总额的60.0%，充分显示了民间投资的活跃程度依然不减，迸发出更大的投资活力。

2009—2013 年按经济类型分城镇固定资产投资变化情况

表 3

年 份	指 标	全国总计	国有及国有控股	外商及港澳台商投资	内资民营经济	私营企业
2009	绝对值(亿元)	194 139.0	86 536.0	14 111.0	93 492.0	33 610.0
	增长率(%)	30.5	35.2	-0.5	32.5	34.9
	比 重	100.0	44.6	7.3	48.2	17.3
2010	绝对值(亿元)	241 414.9	102 129.7	15 832.9	123 452.3	49 910.6
	增长率(%)	24.5	18.0	12.2	32.0	32.2
	比 重	100.0	42.3	6.6	51.1	20.7
2011	绝对值(亿元)	301 932.8	107 485.8	18 798.1	175 648.9	71 838.8
	增长率(%)	23.8	11.1	18.7	42.3	32.9
	比 重	100.0	35.6	6.2	58.2	23.8
2012	绝对值(亿元)	364 835.1	123 693.5	20 814.2	220 327.1	92 939.5
	增长率(%)	20.6	14.7	10.7	25.4	30.3
	比 重	100.0	33.9	5.7	60.4	25.5
2013	绝对值(亿元)	436 528.0	144 056.0	22 017.0	270 455.0	114 408.5
	增长率(亿元)	19.6	16.5	5.8	22.8	23.1
	比 重	100.0	33.0	5.0	62.0	26.2

说明:1. 根据2009—2013 年《中国统计年鉴》;
2. 内资民营投资总量=全社会城镇固定资产投资-国有及国有控股企业投资-外资及港澳台商企业投资。

(二)民营工业拉动实体经济发展

2013 年私营规模以上工业企业增加值累计增速为 11.4%,较之 2012 年出现了一定程度的回落,但仍高于国有工业企业的 8.3% 和全部工业企业 9.7% 的平均水平(见表 4、图 3)。规模以上私营工业企业全年实现利润 20 876.2 亿元,比上年增长 14.8%,明显高于全国 12.2%、国有及国有控股企业 6.4%、集体企业 2.1%、股份制企业 11.0% 的增长率。民营企业在不断夯实实体经济基础的过程中,工业企业贡献突出。

2007—2013 年工业增加值增长速度情况

表 4　　单位:%

年 份	工业增加值	国有及国有控股企业	私营企业	股份制企业	外商及港澳台投资企业
2007	18.5	13.8	26.7	20.6	17.5
2008	12.9	9.1	20.4	15.0	9.9
2009	11.0	6.9	18.7	13.3	6.2
2010	15.7	13.6	20.0	16.8	14.5
2011	13.9	9.9	19.5	15.8	10.4
2012	10.0	6.4	14.6	11.8	6.3
2013	9.7	8.3	11.4	10.8	8.9

数据来源:国家统计局。

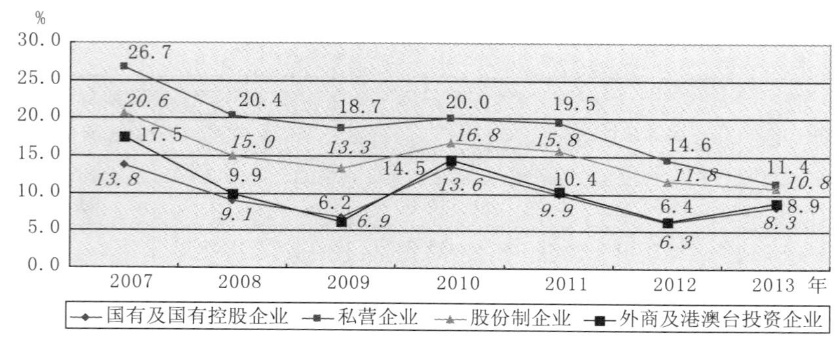

图3　2007—2013 年按类型分工业增加值增速情况

(三)民营经济对外贸易势头良好

在鼓励民营经济发展政策措施的引导下,广大民营进出口企业积极调整产品结构,努力拓展营销渠道,大力开发国际市场,取得良好效果,其中一般贸易增速持续快于加工贸易。2013 年全年,外商投资企业出口10 442.7美元,增长 2.1%,占总体比重下降 2.7 个百分点;国有企业出口金额下滑 4.1%,占比降低 1.9 个百分点。与此相比,民营企业全年出口总额 9 300.5 亿美元,增长 23.1%,高于整体增幅 15.2 个百分点,占比急速攀升 4.6 个百分点,达到 42.1%(见表 5)。这样的成绩,在外需普遍疲弱的 2013 年显得尤为不易。

2008—2013 年各类企业出口情况

表 5

单位:亿美元、%

年　份	总　值	同比增长	国有企业			外资企业			民营企业		
			金　额	比　重	同比增长	金　额	比　重	同比增长	金　额	比　重	同比增长
2008	14 285.5	17.3	2 572.3	18.0	14.4	7 906.2	55.3	13.7	3 807.0	26.6	27.9
2009	12 016.6	-15.9	1 909.9	15.9	-25.7	6 722.3	55.9	-15.0	3 384.4	28.2	-11.1
2010	15 779.3	31.3	2 343.6	14.9	22.7	8 623.1	54.6	28.3	4 812.7	30.5	42.2
2011	18 986.0	20.3	2 672.2	14.1	14.1	9 954.7	52.4	15.4	6 352.9	33.5	32.0
2012	20 484.2	7.9	2 564.2	12.5	-4.0	10 233.6	50.0	2.8	7 686.4	37.5	21.0
2013	22 100.0	7.9	2 356.8	10.6	-8.1	10 442.7	47.3	2.1	9 300.5	42.1	23.1

资料来源:商务部。

(四)个体工商户主要集中于第三产业

2013 年个体工商户在第一产业实有 933 600 户,占比为 2.1%。第二产业实有 3 243 600 户,占比为 7.3%。第三产业实有 40 185 700 户,占比为 90.6%。新登记个体工商户超过六成集中在批发和零售业。2013 年新登记批发和零售业个体工商户达到5 591 100 户,占新登记个体工商户总量的 65.5%,同比增长率 18.3%。从事农林牧渔业个体工商户发展迅速,新登记数量同比增速达到 65.8%(见表 6)。

2013 年全国新登记个体工商户行业占比前 10 位

表 6

行　业	数量占比(%)	同比增长率(%)
批发和零售业	65.5	18.3
住宿和餐饮业	8.8	30.1
居民服务、修理和其他服务业	8.6	21.7
制造业	6.0	14.4
农、林、牧、渔业	3.9	65.8
交通运输、仓储和邮政业	3.3	-29.9
租赁和商务服务业	1.8	32.7
信息传输、软件和信息技术服务业	0.5	-62.2
文化、体育和娱乐业	0.4	0.9
建筑业	0.3	24.9

资料来源:国家工商总局。

(五)民营经济组织结构进一步优化

随着市场经济的进一步发展完善,企业组织形式和出资方式更加灵活,公司制企业发展迅速。截至2013年底,民营上市公司新增230家,累计所有民营上市公司数量达到1 518家,占全部上市公司总量的62.1%(见表7、图4)。

2006—2013年全国民营上市公司情况

表7

年份	民营上市公司数量(家)	当年新增数量(家)	增长率(%)
2006	437	23	8.2
2007	503	66	15.1
2008	559	56	11.1
2009	634	75	13.4
2010	907	273	43.1
2011	1 162	255	28.1
2012	1 288	123	10.8
2013	1 518	230	17.9

资料来源:Wind、SEEC。

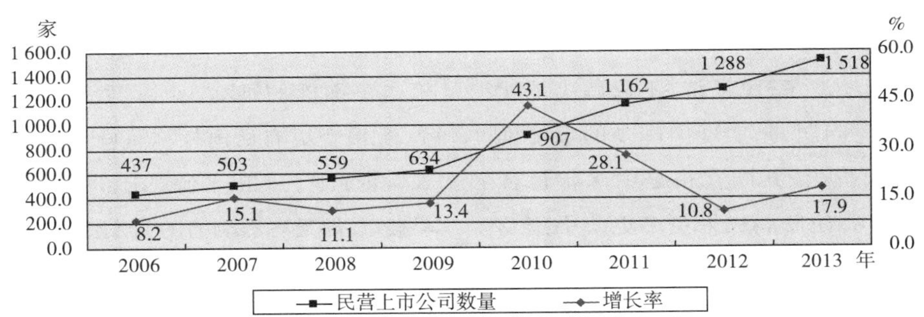

图4 2006—2013年民营上市公司数量及增长率变化情况

(六)民营经济持续创造就业岗位,大量吸纳新增劳动力就业

截至2013年底,全国个体私营企业从业人员总计达到近21 900万人,较2012年底增加了1 900万人,增长了9.7%,其中私营企业从业人员达到12 500万人,个体工商户从业人员达到9 300万人,分别较2012年底增长了10.9%和8.2%(见表8、图5)。民营经济特别是中小企业的快速发展,为大量城镇无业人员、农村剩余劳动力、高校毕业生、国企分流人员等群体创造了众多就业岗位,已经成为吸纳社会就业、增加城乡居民工资性收入、不断改善人民生活的主要来源。

2007—2012年全国个体私营企业就业基本情况

表8

年份	私营企业		个体工商户	
	绝对值(万人)	增长率(%)	绝对值(万人)	增长率(%)
2007	7 253.1	10.1	5 496.2	6.5
2008	7 904.0	9.0	5 776.4	5.1
2009	8 607.0	8.9	6 585.4	14.0
2010	9 407.6	9.3	7 007.6	6.4
2011	10 353.6	10.1	7 945.3	13.4
2012	11 296.1	9.1	8 628.3	8.6
2013	12 500.0	10.9	9 300.0	8.2

资料来源:国家工商总局。

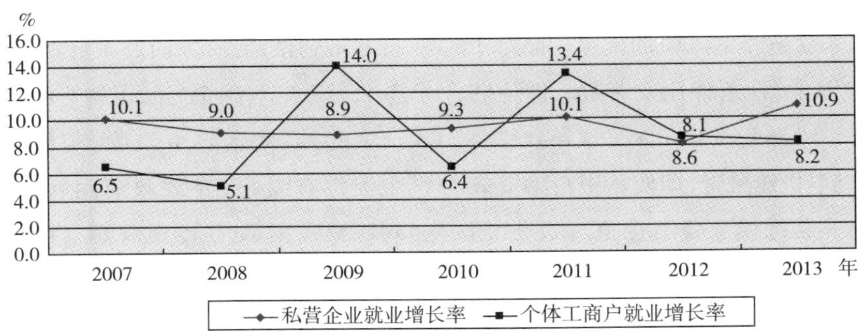

图5 2007—2013年私营企业、个体工商户就业增长率变化情况

（七）2014 年民营经济发展势头良好

截至 2013 年 7 月份，中国登记注册的私营企业达到 14 064 600 户，增长 21.0%，注册资本（金）495 400亿元，增长 40.3%；个体工商户 47 022 200 户，同比增长 11.3%，资金数额 26 900 亿元，增长 21.5%。7 月全国新登记注册私营企业 318 900 户，增长 59.3%；新增个体私营经济从业人员持续快速增长，成为解决就业的主渠道。

二、社会转型期民营经济面临五难

民营经济是民生经济、富民经济，不仅解决了就业问题，更解决了富民问题，是实现中国梦的重要推动力量。党的十八大提出，共同富裕是中国特色社会主义的根本原则。要使发展成果更多更公平惠及全体人民，就必须发展好民营经济，为民营经济培育更加肥沃的生存土壤。就目前来看，民营经济的发展环境尤其是政策环境仍有诸多改善空间。

民营经济作为社会主义市场经济的重要组成部分，已成为促进经济发展、调整产业结构、繁荣城乡市场、扩大社会就业、改善民生的重要力量。改革开放 30 多年来，民营企业从起初不足 10 万家，发展到目前超过 1 000 万家，不仅数量占据了中国企业的绝大多数，民间资本也占全社会资本的比例超过 60.0%。原来被称为“草根经济”的民营经济总量，已名副其实地占据了国民经济的半壁江山。

当前国际形势复杂多变，中国正处于转型期，政治、经济、社会方面存在着很多不确定因素，民营经济发展主要面临“五难”瓶颈：一是“融资难”。银行在开展贷款业务时，针对国企和民企的贷款利率分别执行两套标准。对于信誉好的国有大型企业，银行可提供无抵押物的信用贷款资金，利率享受下浮 10.0% 的优惠。而对于民企，通常会考量各种因素，且条件比较苛刻。即使获批后，民企的贷款利率一般都上浮 10.0%。这导致民企在发展过程中无法低成本快速融资，即使从银行融资成功，也无法与国企在同一起跑线上公平竞争。二是“用地难”。土地是制约民企发展的重要因素，政府相关部门往往对民企发展有顾虑，土地使用权迟迟不批复，有部分土地使用年限过短，多数民营项目土地只能以“招拍挂”方式获得，导致民营企业前期投入中土地成本非常高。三是“准入难”。尽管国家逐步放开了之前只能由国企经营的领域，比如铁路、石油、电力、通信等行业，但对于民营资本进入从总量上控制等隐性门槛，垄断壁垒仍然存在。即使民企进入，由于国家政策的不确定性，发展后劲不足。事实上民企进入非竞争性领域异常困难。四是“招工难”。国家统计局数据显示，2013 年中国15 ~ 59岁劳动年龄人口在相当长时期里第一次出现了绝对下降，比上年减少 345 万人。这与中国人口出生的变化有关系，在 2030 年前还会逐步有所减少。同时，民企在薪酬待遇、区位环境、发展空间上对人才不具备较强的吸引力，人才招不来、留不住，已成为民企的短板。五是“聚智难”。国企因管理、资金筹措等方面的优势，比民企更有话语权，与科研机构合作更易出成果。民营企业有先天的平台缺陷，在寻求产学研合作时很容易碰壁，缺乏有影响力的研发性公共服务平台，为企业提供可持续的技术支持。“国千”“省千”等创新型人才缺乏，研发能力不高，影响民企的科技创新与核心竞争力，制约了中国民企转型升级步伐。

党的十八大报告提出，要毫不动摇鼓励、支持、引导非公有制经济发展，保证各种所有制经济依法平等使用生产要素、公平参与市场竞争、同等受到法律保护。十八届三中全会强调，必须毫不动摇鼓励、支持、引导非公有制经济发展，使市场在资源配置中起决定性作用，大大提升了民营经济的地位，标志着中国民营经济发展已进入权利平等、机会平等、规则平等的崭新时代。

当前国家推进公平正义的政策方向已经明朗，人们也在不断呼吁市场公平竞争。尽管中国民营经济发展规模逐年扩大，涉及领域更加广阔，在国民经济中发挥作用越来越大，但民企与国企相比，在政策和资源上仍不公平，原因主要在于：一方面国家相关政策的具体举措和细则，受人为因素影响较大，往往跟进慢、制定和执行都不到位；另一方面改革开放之前中国政企不分，改革之后政府与国企之间保持千丝万缕的关系。

此外，民企起步较晚，与国企相比，在规模和资金上都有差距，导致政府对民营企业不信任。归根到底是需要政府转变观念，深化改革，转变职能，对为中国经济建设作出贡献的民营企业一视同仁，创造更为公平的经济环境。

因此建议：首先，对于民营资本投资热情较高的领域,比如高新技术产业、战略性新型产业、金融业等,制定明确的产业发展政策,并最大限度保持政策的连续性和稳定性,为民营经济发展提供稳定预期。其次,进一步拓宽民企融资渠道,不仅鼓励国有独资、控股银行扩大面向民企发展信贷业务,而且放宽民营银行的设立和市场准入条件。同时,鼓励地方设立中介担保机构,为民企贷款融资提供有力支持。再次,围绕市场准入的行业和领域,出台更具操作性的实施细则,包括民营资本能否进入相关领域、如何进入、如何退出、进入后如何管理、经营权和收益权如何分配等关键问题,为民营经济发展营造公平市场环境。然后,鼓励和支持民企自主科研开发,引进先进技术,实施关键零部件和先进装备技术改造,推动民企绿色发展、转型发展。对重点技改的大项目、好项目,给予一定资金奖励,促进民企集聚、集约和集群发展。最后,进一步加大财税扶持力度,让民企与国企享受同样的税收减免待遇。实行"放水养鱼"政策,降低一批企业缴纳费用,对部分困难的民营企业,可酌情给予减免或延迟交付部分税费,或实行临时性免税政策,切实为民企减轻负担。

三、全面深化改革为民营经济发展提供广阔发展空间

可以说,2013 年,在国内外经济形势复杂交错的大背景下,中国民营经济积极把握机遇,勇于应对挑战,数量规模继续扩大、吸纳就业稳步提高、民间投资动力强劲、工业企业注重提质增效、对外贸易一枝独秀、产业分布保持合理,实现了高速高质发展,继续保持长期向好的发展基本面。在全面深化改革的伟大历史进程中,中国的民营经济,每一家企业,每一位民营企业家,都将经受一场波澜壮阔历史变革的洗礼。

一方面,全面深化改革给民营经济发展带来重大机遇。2013 年 11 月 9 日,十八届三中全会在北京召开,会议审议并通过了《中共中央关于全面深化改革若干重大问题的决定》(简称《决定》),对民营经济地位作用的肯定,对私有财产保护的确认,对各种所有制经济平等竞争的支持,体现了党和国家发展民营经济政策的连续性和坚定性。《决定》提出废除各种形式的不合理规定,消除各种隐性壁垒,实行统一的市场准入制度,使民间资本释放更大活力,民营经济在更多领域实现发展的重大利好。《决定》提出一系列促进中小企业发展,特别是鼓励技术创新的政策措施,对于民营企业转型升级,尤其是帮助中小微企业获得技术、资金、用地等方面的支持,把发展的立足点转到提高质量和效益上来,将起到极大的推动作用。

另一方面,全面深化改革对民营经济发展提出了进一步规范和约束要求,对企业练好内功、提高素质提出了新的挑战。广大民营企业唯有强化机遇意识和忧患意识,在抢抓机遇的同时,在内部治理、技术创新、经营管理、防控风险、市场开拓等方面下功夫,提高企业自身素质和市场竞争力,才能实现企业的科学发展。

十八届三中全会通过的《决定》,从多个层面提出鼓励、支持、引导非公有制经济发展,为民营经济加快发展营造了更好的大环境,让民营经济人士坚定了发展信心。

着力清除各种市场壁垒,优化民营经济发展环境。各地坚持以改革统领经济社会发展全局,最大程度激活市场主体,增强区域活力、破解瓶颈制约。河北省政府工作报告提出,积极推进各项改革,认真落实鼓励民营经济发展的各项政策,加强对重点民营企业的帮扶和服务。上海市政府工作报告强调,毫不动摇鼓励、支持、引导非公有制经济发展,坚持权利平等、机会平等、规则平等,优化民营经济发展环境,努力消除各种形式的不合理规定和隐性壁垒,激发非公经济活力和创造力。浙江省政府工作报告指出,坚定不移地把发展提升民营经济放在更加突出位置。坚持权利平等、机会平等、规则平等,切实保障民营企业依法平等使用生产要素、公开公平公正参与市场竞争的合法权利,积极保护和扶持小微企业,促进市场主体加快升级。山东省政府工作报告指出,要以更大决心和勇气推动民营经济发展,把县域作为民营经济发展的重要载体,进一步完善促进民营经济发展的政策措施,努力在解决"玻璃门""弹簧门""旋转门"方面取得突破。

完善中小企业服务体系,引导民间资本释放活力。许多地方把积极发展混合所有制经济,支持各类企业融合发展和完善中小企业公共服务体系作为今年着重抓好的工作。北京市政府工作报告提出,积极发展混合所有制经济,支持市属国有企业与央企、民营、集体、外资等各类企业融合发展,完善中小企业公共服务体系,及时解决民营企业和中小微企业发展中

的问题。内蒙古自治区政府工作报告中提出，实行统一的市场准入制度，支持民间资本进入基础产业、基础设施、社会事业、市政公用事业、战略性新兴产业等领域。通过制定非公有制企业进入特许经营领域具体办法、设立小微企业贷款风险补偿金、建立健全信用担保体系、强化政银合作等措施不断破解融资难题。四川省政府工作报告强调，积极争取民营银行试点，允许具备条件的民间资本依法发起设立中小型银行等金融机构，支持发展小额贷款公司、融资性担保公司等准金融机构，拓宽中小微企业融资渠道。

期待更加公平市场环境，盼望切实减轻企业负担。出席“两会”的民营企业家代表委员对全面深化改革充满信心，期待着一个更公平的市场环境、一个更具活力的市场氛围。黑龙江省部分政协委员表示，当前民营企业发展还面临一些阻碍，从重视程度来讲，民营企业与国有企业之间仍有差距，应建立健全保护民营经济法律法规，创造良好发展环境。湖北省政协委员在提案中指出，非公有制企业的融资难、招工难、用工难等问题仍然严峻，鼓励支持非公有制经济发展的政策，在抓配套和落实上做得不够，非公有制企业还没真正享受平等待遇。应强化财税支持，切实落实企业研发经费加计扣除、小微企业税费减免等各类财税优惠政策。陕西省代表委员认为，落实公平待遇，就是对民营经济的最大支持。释放民间资本活力，首先要对民间投资项目和政府投资项目一视同仁，把民间投资增长目标纳入政府考核体系，把民间投资重大项目纳入政府重点督查项目统筹安排。甘肃省一些政协委员认为，政府要做的就是为企业搞好服务，在征税方面，要深入市场调研，及时了解企业经营状况和面临的困难，进一步减少中小企业税费负担。

在全面深化改革的背景下，各地党委政府坚持解放思想，立足解放和发展社会生产力，充分发挥市场主体的作用，着力营造公正诚信的市场环境，大力完善服务体系，切实解决融资难、用地难、用工难、办事难、税费重等瓶颈制约，把蕴藏在非公有制经济中的活力和创造力进一步释放出来。政府工作报告中对加快非公有制经济发展进行了具体部署，针对性和可操作性都很强，必将为民营经济带来更多的发展机遇。

当前和今后一个时期，推进民营经济持续健康发展，关键是把十八届三中全会精神落到实处，坚定不移推动市场化和法治化进程，为民营经济发展营造良好发展环境。一是全面深化改革，进一步激发民间资本活力。清理和修订与十八届三中全会精神不一致的影响民间投资活力的行政法规、部门规章及制度，制定清晰透明、公平公正、操作性强的市场准入规则，推出一批有利于激发民间投资活力的示范项目并明确时间表和路线图，在推进经济结构战略性调整中大力发展混合所有制经济。二是实施创新驱动发展战略，促进民营企业转型升级。按照十八届三中全会对深化科技体制改革的重大部署，建立起以企业为主体、市场为导向、产学研协同创新机制，优化创新环境，促进科技和金融的结合、改善科技型中小企业融资条件；加强知识产权的运用和保护，健全技术创新激励机制；扩大科技开放合作，推动开放式创新。三是推进法治中国建设，保障民营企业家合法权益。把树立和维护法律权威放在重要位置，做到科学立法，清理和废除对民营经济的不合理规定，消除各种隐性障碍；做到严格执法，加快法治政府建设，让民营企业得到政府优质、高效、公平的法治服务；要树立法治思维，做到公正司法，全民守法。四是改革社会组织管理体制，充分发挥工商联和商会作用。积极推进政府向社会组织转移职能和购买服务；鼓励和支持行业协会商会在规范市场秩序、开展行业自律、制定行业标准、调解经济纠纷、扩大对外交往等方面发挥积极作用；加强对承接转移职能的社会组织跟踪指导与服务协调，开展工作绩效的第三方评估，倒逼社会组织加强自身建设，提升科学发展水平，确保对政府职能转移能够“接得住、管得好”。

四、推进法治中国建设为民营经济发展提供重要保障

十八届三中全会作出全面深化改革和推进法治中国建设的重大部署，顺应了广大非公有制经济人士“盼改革、要公平、求安全、谋发展”的共同呼声。许多企业家反映：我们要的不是更多的照顾，而是公平；要的不是什么特权，而是安全。说到底，他们期盼的是法治、是在可预期的良好环境中发展。

没有强有力的法治保障，民营企业就是一个“易碎品”。中国现有 1 200 万私营企业和 4 400 万个体户，绝大多数规模小、经营分散、抗风险能力弱，发展起

来艰难,毁掉也容易。曾经媒体报道某县一位局长声称,“分分钟可搞垮一间厂”。一些出资人叹息,“老板再大,一个科长就能灭你”。能让企业轻易毁于一旦的,正是某些官员手中没有受到法治约束的审批、监督、管理等权力。当有些企业遭遇选择性执法和滥用自由裁量权时,只能无奈地发出“上面很好,下面好狠”的感叹。为了企业生存,一些出资人不得不向环境妥协,为请客送礼而焦虑,把很多时间和精力耗费在建立各种关系上,既腐蚀了公职人员,也为企业埋下了隐患。近年来,个别地方“打黑”变成“黑打”,不少出资人对人身财产安全感到不安。有些时候,一个老板出事,一个企业就垮掉,一批员工就失业。

没有强有力的法治保障,民营企业就无法跨过各种隐性壁垒。近年来,政府出台政策“一箩筐”,但企业抱怨也是“一箩筐”。究其原因,乃是政策上的障碍形成了各种“玻璃门”“弹簧门”和“旋转门”。比如,小额贷款公司改制村镇银行和“红筹股”海外上市的有关政策,分别空转了4年多和7年多,竟无一家企业能够享受。比如,有的企业为享受税收优惠,光申报材料就要盖三四十个公章,即使这样也未必能够如愿。再如,为了海外上市,有的人不得不放弃国籍,成为某小岛国国民,无奈中他们自嘲为“加勒比海盗”。有的地方政府不讲信用、不守法规,上一届政府签好的协议和项目,换一届领导就不认了,严重影响政府的公信力。在政策执行中,一些部门还有根深蒂固的所有制偏见,习惯给企业贴“姓公姓私”的标签,搞差别对待。

没有强有力的法治保障,“小富即安、大富不安”的情绪就难以消除。全国工商联曾访谈了600多位企业出资人,不少人感觉“创业不荣耀、致富不自豪”,“不挣钱心慌,挣钱也心慌,挣得越多心越慌”,“人身财产安全不能得到有效保护”是他们“最大的担忧”。企业家是社会的稀缺资源,是市场经济的活力之源和宝贵财富。一个优秀的企业家可以带动一个行业的发展,可以安置几万甚至十几万人就业。当然,民营企业出资人中也有少数害群之马,有的官商勾结、制假造假,有的无视安全生产和环境保护等,对这些人要依法惩处。但整体看,广大民营企业家的财富是创业创新、依法经营和付出艰辛劳动的成果,理应得到尊重和认可。如果不能在全社会树立私有财产不可侵犯的法治理念,不能保护民营企业和出资人的人身财产权益,就无法激发创业创新创富的积极性,甚至可能诱发社会仇富心态,对先富起来的人形成排斥,导致社会资源的严重流失。

我们建议,把树立和维护法律权威放在重要位置,坚持科学立法、从严执法、公正司法、全民守法,依法保护民营经济财产不受侵犯、保护民营企业经营不受干扰、保护企业家的人身安全和致富名誉不受损害。同时,要加强对民营企业出资人的教育引导,帮助他们增强法治意识,诚实守信、依法经营、公平竞争、照章纳税,积极履行社会责任,树立良好社会信誉和自身形象。

(撰稿:朱小群)

2013年吸收外商直接投资综述

商务部研究院

一、2013年全国吸收外商投资形势

商务部外资数据显示,2013年,中国非金融领域吸收外商投资小幅增长,全年新设立企业22 773家,同比下降8.6%;实际金额1 175.9亿美元,同比增长5.3%。

(一)全年吸收外商投资止跌回升

受金融危机的影响,从2011年11月份开始,中国实际吸收外资连续保持了15个月的负增长。从2013年2月,中国实际吸收外资开始止跌回升,一直到12月份都保持了增长态势。这一方面得益于

2013 年全球外国直接投资的回暖，另一方面也得益于中国宏观经济的稳定增长。从图 1 可以看出，2013 年中国实际吸收外资月份增幅波动较大，最大的增长在 6 月份和 7 月份，实际吸收外资分别达到了 20.1% 和 24.1%；最小增幅月份为 5 月份和 4 月份，仅为 0.3% 和 0.4%。

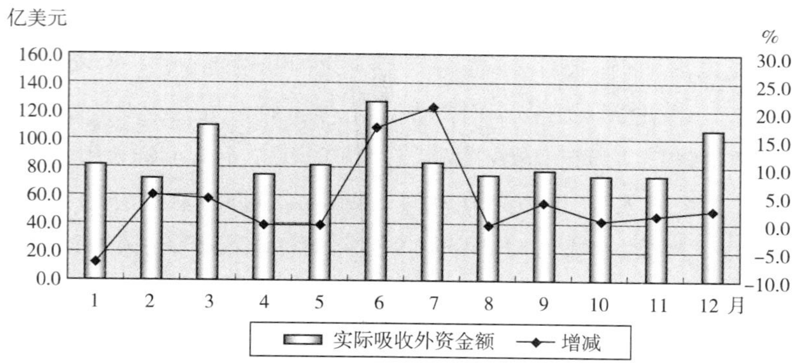

图 1 2013 年 1—12 月份中国实际吸收外资变化情况

资料来源：商务部外资统计。

（二）外商投资产业结构进一步优化

1. 服务业实际吸收外资首次占比超过一半。目前，中国吸收外资已经从以制造业为主向以服务业为主转变，现代服务业日益成为中国对外开放的热点和重点领域。服务业吸收外资呈现快速增长，2013 年实际外资金额为 614.5 亿美元，同比增长 14.2%，远高于全国实际吸收外资平均 5.3% 的增幅。服务业实际外资金额占全国外资总额的比重也逐年上升，2005 年份额仅为 24.2%，2011 年上升为 47.6%，首次超过制造业 2.7 个百分点；2012 年继续拉开与制造业的差距，超过制造业比重 4.5 个百分点；2013 年服务业实际外资比重首次超过一半，达到 52.3%，高于制造业比重 11.5 个百分点。具体情况见图 2。

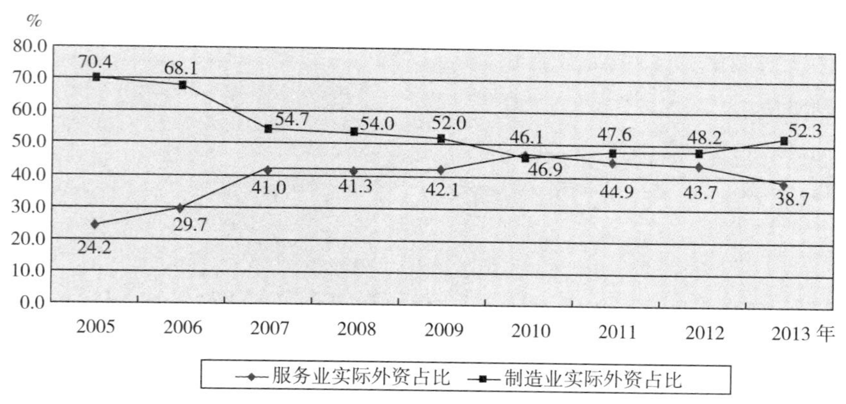

图 2 2005—2013 年服务业和制造业实际外资占比情况

资料来源：商务部外资统计。

房地产业保持服务业中吸收外资的第一大行业地位。2013 年，中国房地产业实际吸收外资 2 879 800万美元，同比增长 19.4%，占服务业实际外资总额的 46.9%，比上年增加了近 2.0 个百分点。批发和零售业是服务业中吸收外资的第二大行业，2013 年实际外资金额为 115.1 亿美元，同比增长 21.7%，占服务业外资比重的 18.7%；租赁和商务是服务业中吸收外资的第三大行业，2013 年实际吸收外资金额 103.6 亿美元，同比增长 26.2%，占服务业外资总额的 16.9%。与此同时，

2013 年文化体育娱乐业、水利环境和公共设施管理业、住宿和餐饮业、交通运输仓储和邮政业实际吸收外资都出现了较大增幅，分别增长了 53.0%、21.8%、21.7% 和 21.4%；相反的是，服务业中教育和居民服务实际吸收外资出现大幅下降，分别下降 47.0% 和 43.6%。

2. 制造业吸收外资持续下降。与服务业形成鲜明对比的是，近年来中国制造业实际吸收外资持续下降，这也与中国经济结构和产业结构调整相适应。2013 年制造业实际吸收外资 455.6 亿美元，同比下降 6.8%；在全国总量中的比重下降为 38.7%，低于上年 5.0 个百分点，比 2005 年下降了 32.7 个百分点。制造业吸收外资中石油加工、炼焦及核燃料加工业以及水产品加工增长较快，同比分别增长 82.0% 和 46.8%。

3. 农林牧渔吸收外资大幅下降。2013 年农林牧渔实际吸收外资 18 亿美元，同比下降 12.7%，已连续两年出现大幅下降，导致其占全国外资的比重由 2001 年的 1.7% 降为 2013 年的 1.5%，下降了 0.2 个百分点。见表 1。

2013 年中国非金融领域吸收外资行业分布情况

表 1

行　业	企业数			实际吸收外资金额		
	本年数(家)	上年同期(万美元)	同比(%)	本年数(家)	上年同期(万美元)	同比(%)
总　计	22 773	24 925	-8.63	11 758 620	11 171 614	5.25
农、林、牧、渔业	757	882	-14.17	180 003	206 220	-12.71
采矿业	47	53	-11.32	36 495	77 046	-52.63
制造业	6 504	8 970	-27.49	4 555 498	4 886 649	-6.78
电力、燃气及水的生产和供应业	200	187	6.95	242 910	163 897	48.21
建筑业	180	209	-13.88	121 983	118 176	3.22
交通运输、仓储和邮政业	401	397	1.01	421 738	347 376	21.41
信息传输、计算机服务和软件业	796	926	-14.04	288 056	335 809	-14.22
批发和零售业	7 349	7 029	4.55	1 151 099	946 187	21.66
住宿和餐饮业	436	505	-13.66	77 181	70 157	10.01
金融业	509	282	80.50	233 046	211 945	9.96
房地产业	530	472	12.29	2 879 807	2 412 487	19.37
租赁和商务服务业	3 359	3 229	4.03	1 036 158	821 105	26.19
科学研究、技术服务和地质勘查业	1 241	1 287	-3.57	275 026	309 554	-11.15
水利、环境和公共设施管理业	107	122	-12.30	103 586	85 028	21.83
居民服务和其他服务业	166	192	-13.54	65 693	116 451	-43.59
教　育	22	11	100.00	1 822	3 437	-46.99
卫生、社会保障和社会福利业	18	24	-25.00	6 435	6 430	0.08
文化、体育和娱乐业	151	145	4.14	82 079	53 655	52.98

资料来源：商务部外资统计。

(三)亚洲依旧是中国吸收外资的主要来源地

1. 外资来源地进一步集中。2013 年中国非金融领域对华投资前 10 位国家或地区实际投入外资金额为 1 095.3 亿美元，占全国实际吸收外资总额的 93.2%，比上年提升近 2.0 个百分点。见图 3。

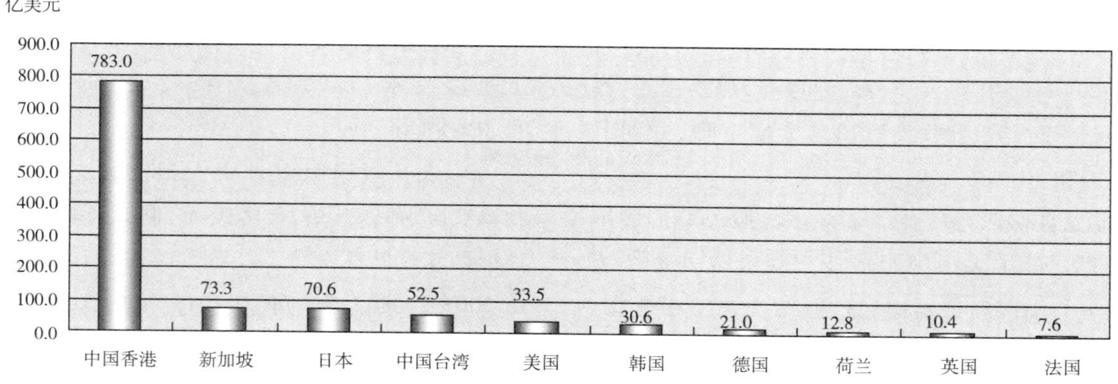

图 3　2013 年对华投资前 10 位国家或地区

资料来源：商务部外资统计。

2. 亚洲依旧是中国吸收外资的主要来源地。2013 年亚洲 10 国或地区（中国香港和澳门地区、中国台湾省、日本、菲律宾、泰国、马来西亚、新加坡、印度尼西亚及韩国）对华投资新设立企业 18 407 家，同比下降 7.5%；实际外资金额 1 025.2 亿美元，同比增长 7.1%，占中国当年实际外资总额的 87.2%，比上年增加近 2.0 个百分点。

3. 香港地区作为中国内地第一大外资来源地的地位进一步巩固。2013 年香港地区对内地实际投资金额为 783 亿美元，同比增长 9.8%，占当年中国实际外资总额的 66.6%，比上年增长了近 3.0 个百分点。

4. 日本对华投资呈现下降。受两国政治关系的影响，2013 年日本对华投资呈现下降。当年日本实际对华投资金额为 70.6 亿美元，同比下降 4.3%，占中国实际外资总额的比重为 6.0%，比上年下降 0.6 个百分点。日本在中国吸收外资前 10 大来源国或地区的排名相应下降，从 2012 年的第二降为 2013 年第三。与此同时，2013 年新加坡对华投资快速增长，实际金额为 73.3 亿美元，同比增长 12.1%，占中国外资总额的比重为 6.2%，比上年提升了近 0.4 个百分点，取代日本成为中国吸收外资的第二大来源国。

5. 欧美对华投资快速增长。2013 年欧美经济呈现明显复苏，带动了其对华投资的快速增长。2013 年，美国对华投资新设立企业 1 111 家，同比下降 19.1%；对华实际投资为 33.5 亿美元，同比增长 7.1%，占中国外资总额的比重为 2.6%，保持了中国第五大外资来源国的地位。欧盟 28 国对华投资新设立企业 1 523 家，同比下降 10.4%，实际投入外资金额 72.1 亿美元，同比增长 18.1%。其中德国对华投资高速增长，实际投资额为 21.0%，同比增长 42.4%；荷兰和英国对华投资额分别为 12.8 亿美元和 10.4 亿美元，同比增长 12.0% 和 0.8%。

（四）外资区域结构进一步协调

1. 东部依旧是中国吸收外资最主要的地区。2013 年中国东部地区实际吸收外资 968.8 亿美元，同比增长 4.7%，增幅略低于全国的增幅。尽管 2013 年东部地区吸收外资在全国的份额持续下降，但依旧是中国最集中吸收外资区域，占全国外资的比重达到 82.4%。

2. 中西部地区实际吸收外资增幅高于全国平均水平。2013 年中部地区实际吸收外资金额为 101 亿美元，同比增长 8.8%，占中国外资总额的 8.6%，比上年提升 0.3 个百分点；西部地区实际吸收外资金额为 106.1 亿美元，同比增长 7.0%，占全国外资比重的 9.0%，比上年增加了 0.1 个百分点。中西部实际吸收外资总额在全国的比重由上年的 17.2% 继续上升为 17.6%。见图 4。

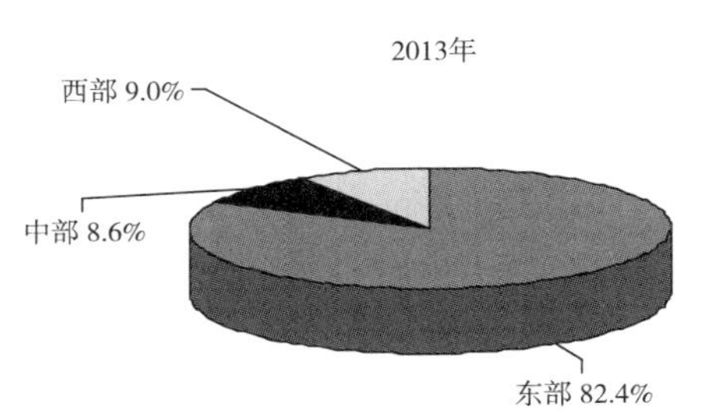

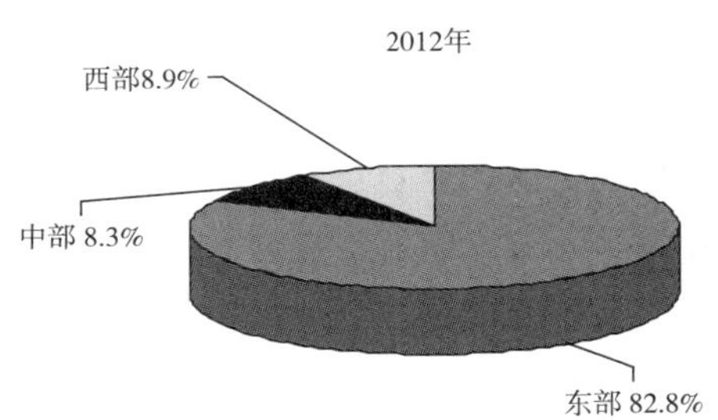

图 4 2012 年、2013 年中国外资区域结构情况

资料来源：商务部外资统计。

（五）外商投资企业进出口增幅持续下降

1. 外商投资企业进出口占全国的份额不断下降。来自海关统计显示，2013 年，全国外商投资企业进出口总值 19 190.9 亿美元，同比增长 1.3%，增幅明显低于全国平均水平（7.6%）6.3 个百分点，占全国进出口总值的 46.1%，所占比重低于上年近 4.0 个百分点。其中出口额 10 442.7 亿美元，同比增长 2.1%，增幅低于全国平均水平（7.9%）5.8 个百分点，占全国出口总值的 47.3%，所占比重与上年相比下降 2.7 个百分点；进口额 8 748.2 亿美元，同比增长 0.4%（同期全国进口增长 7.3%），占全国进口总值的 44.9%，所占比重较上年下降 3.1 个百分点。

2. 加工贸易是外商投资企业进出口的主要方式。2013 年外商投资企业加工贸易进出口总值 11 005.7亿美元，同比增长 0.2%，占外商投资企业进出口总值的 57.4%，所占比重与上年相比下降 0.6 个百分点。其中，加工贸易出口额 7 132.5 亿美元，同比下降 0.3%，占外商投资企业出口总值的 68.3%，所占比重与上年相比下降 1.6 个百分点；加工贸易进口额 3 873.1 亿美元，同比增长 1.1%，占外商投资企业进口总值的 44.3%，所占比重与上年相比提高 0.3 个百分点。外商投资企业加工贸易进口中，进料加工进口额 3 332.1 亿美元，同比增长 0.9%；来料加工进口额 541 亿美元，同比增长 1.8%。

2013 年外商投资企业加工贸易进出口值占全国加工贸易进出口总值的 81.1%。其中，加工贸易出口值占全国加工贸易出口总值的 82.9%，加工贸易进口值占全国加工贸易进口总值的 77.9%。

3. 一般贸易是外商投资企业进出口的重要方式。2013 年外商投资企业一般贸易进出口总值 6225.2 亿美元，同比增长 4.2%，增幅低于全国平均水平（9.3%）5.1 个百分点，占外商投资企业进出口总值的 32.4%。其中，一般贸易出口额 2 709.9 亿美元，同比增长 5.7%；一般贸易进口额 3 515.3 亿美元，同比增长 3.1%。

（六）投资环境不断完善

2013 年为进一步促进和便利外资进入，国家出台了一系列政策法规，极大地优化了中国的投资环境。

2013 年 5 月，国务院发布《关于 2013 年深化经济体制改革重点工作的意见》（国发〔2013〕20 号）提出了 2013 年改革重点工作，包括行政体制改革，简政放权，下决心减少审批事项；深化开放型经济体制改革，进一步扩大金融、物流、教育、科技、医疗、体育等服务业对外开放；加快制定并出台中国（上海）自由贸易试验区建设方案，推进港澳和内地服务贸易自由化，探索建立与国际接轨的外商投资管理体制。

2013 年 3 月，商务部出台了《2013 年全国吸收外商投资指导意见》（商资发〔2013〕82 号）明确指出，2013 年全国商务系统要准确把握完善互利共赢、多元平衡、安全高效的开放型经济体系的基本内涵，坚持扩大对外开放，提高利用外资综合优势和总体效益，推动引资、引技、引智有机结合。具体包括着力改善投资环境，增强引资国际竞争力；积极稳妥引导外资投向，优化产业结构；鼓励外资参与中国创新驱动发展战略，实现引资、引技、引智有机结合；把握区域发展重点，引导外资促进区域协调发展；加强外商投资管理，完善外商投资科学评价体系；充分发挥经济技术开发区载体作用，实现开发区持续健康发展；完善投资促进工作体系，提升招商引资水平。

2013 年 5 月国家发改委、商务部联合发布《中西部地区外商投资优势产业目录（2013 年修订）》。新目录鼓励外商在中西部地区发展符合环保要求的劳动密集型产业，推进资源节约和综合利用，提高服务业发展水平，注重充分发挥中西部地区特定资源、产业基础以及劳动力、资源等比较优势，推动重点产业将资源优势转化为经济发展优势。修订后的目录与 2008 年版的目录相比，主要有以下变化，一是鼓励领域拓宽，新目录鼓励领域达 500 条，新增列入的条目共 173 条。其中，农业、采矿业领域新增加了依托中西部各省（区、市）特定生物、矿产资源开展的产品加工条目，制造业领域新增加了中西部各省（区、市）具备一定产业基础、对当地经济发展有显著带动作用的重点产业条目。二是产业导向优化。除传统制造业外，目录中增加了服务业领域相关条目，如山西省“云计算、物联网、移动互联网等新一代信息技术开发、应用”、黑龙江省“动漫创作、制作及衍生品开发”、陕西省“一般商品的批发、零售”。三是鼓励标准提高。修订后的目录对原目录中相关产业条目内容进行了优化调整，如“汽车零部件制造”条目内容调整为“六档以上自动变速箱、商用车用高功率密度驱动桥、随动前照灯系统、LED 前照灯、轻量化材料应用（高强钢、铝镁合金、复合塑料、粉末冶金、高强度复合纤维等）、离合器、液压减震器、中控盘总成、座椅”。四是鼓励省份增加。修订后的目录包括全国 22 个省、市鼓励类产业条目。新增列符合海南省发展实际情况的饮用天然矿泉水生产、邮轮制造、深水海洋工程设备制造、高尔夫用具制造以及观光农业、休闲农业的开发和经营及其配套设施建设等为鼓励类项目。

2013 年 8 月，国务院发布《关于取消和下放一批行政审批项目等事项的决定》（国发〔2013〕19 号），取消和下放一批行政审批项目等事项，共计 117 项。其中，取消行政审批项目 71 项，下放管理层级行政审批项目 20 项，取消评比达标表彰项目 10 项，取消行政事业性收费项目 3 项；取消或下放管理层级的机关内部事项和涉密事项 13 项（按规定另行通知）。另有 16 项拟取消或下放的行政审批项目是依据有关法律设立的，国务院将依照法定程序提请全国人民代表大会常务委员会修订相关法律规定。其中涉及取消审批权的外资项目包括：中外合作办学机构以及内地与香港特别行政区、澳门特别行政区、台湾地区合作办学机构聘任校长或者主要行政负责人核准；中外合资经营、中外合作经营的演出经纪机构相关事项的审批；港澳投资者内地设立合资、合作、独资演出经纪机构相关事项的审批；台湾地区投资者大陆设立合资、合作演出经纪机构相关事项的审批。下放审批权的外资项目包括：外国（地区）企业在中国境内从事生产经营活动核准；外国文艺表演团体、个人来华在非歌舞娱乐场所进行营业性演出审批。

2013 年 11 月，党的十八届三中全会召开，会议通过了《中共中央关于全面深化改革若干重大问题的决定》（简称《决定》）。《决定》指出，建立公平开放透明的市场规则。实行统一的市场准入制度，在制定负面清单基础上，各类市场主体可依法平等进入清单之外领域。探索对外商投资实行准入前国民待遇加负面清单的管理模式。深化投资体制改革，确立企业投资主体地位。企业投资项目，除关系国家安全和生态安全、涉及全国重大生产力布局、战略性资源开发和重大公共利益等项目外，一律由企业依法依规自主决策，政府不再审批。进一步简政放权，深化行政审批制度改革，最大限度减少中央政府对微观事务的管理，市场机制能有效调节的经济活动，一律取消审批，对保留的行政审批事项要规范管理、提高效率；直接面向基层、量大面广、由地方管理更方便有效的经济社会事项，一律下放地方和基层管理。放宽投资准入。统一内外资法律法规，保持外资政策稳定、透明、可预期。推进金融、教育、文化、医疗等服务业领域有序开放，放开育幼养老、建筑设计、会计审计、商贸物流、电子商务等服务业领域外资准入限制，进一步放开一般制造业。

2013 年 12 月，国务院发布《政府核准的投资项目目录（2013 年本）》。原目录还是在 2004 年发布的，为了贯彻党的十八届三中全会通过的《决定》，最大限度地减少和下放投资审批事项，切实落实企业投资自主权，修订了本目录。与原目录相比，修订后的目录的主要特点有：一是从整体上看，此次修订取消和下放力度较大。共取消、下放和转移49项核准权限,其中,取消核准改为备案19项、下放地方政府核准20项、转由国务院行业管理部门核准10项。二是在一些领域改进了管理方式。如在外商投资和境外投资领域,由一律实行核准制改为区别不同情况实行核准制或者备案制。对外商投资项目,按照准入前国民待遇和负面清单的管理模式,保留了对限制类项目、有中方控股(含相对控股)要求的鼓励类项目的核准,其他项目按照对内资项目的统一规定分别实行核准制或者备案制。对境外投资项目,除涉及敏感国家和地区、敏感行业的项目和中方投资10亿美元及以上的项目外,对其他项目实行备案管理。三是暂时保留了一些目前尚不具备取消和下放条件的项目。如在产能严重过剩领域,从当前化解产能过剩工作的需要出发,对钢铁、电解铝等产能严重过剩行业项目的核准权限暂未调整。在能源领域,中央管理层面暂时保留了对部分火电、热电、煤炭开发项目的核准。

二、上海自贸区的设立进一步推动了中国的投资自由化

2013年中国(上海)自由贸易试验区(简称"上海自贸区")设立是中国外商投资管理体制的重大变革,中国对外商投资从全面的准入后国民待遇加正面清单的管理进入到局部的准入前国民待遇加负面清单的试点管理阶段。

(一)上海自贸区设立的背景

2013年前,中国外商管理模式一直采取的是"准入后国民待遇+正面清单"。国际上,对外商准入承诺采取的是正面清单模式;国内,对外商投资的管理时采取核准制,通过出台和更新《外商投资产业指导目录》对外商投资产业进行引导和管理,外商投资项目分为鼓励类、允许类、限制类和禁止类。

一方面,从国际上看,金融危机后,发达国家加快推进"负面清单"的管理模式。如美国积极推进"跨太平洋伙伴关系协定"(TPP)和美欧自由贸易区(FTA),重塑高标准全球投资贸易规则;与此同时,由美国多国参与的新服务贸易协定(TISA)应运而生。作为外商投资管理和服务业发展总体水平较低的国家,中国如再不思变则极有可能面临被边缘化的风险。另一方面,从国内看,改革开放30多年和入世10多年来,中国改革进入了新的攻坚阶段,现有的开放红利基本耗尽,需要通过进一步扩大开放来促国内改革和发展。之前的30多年,中国主要在制造业领域进行了深入而广泛的开放,带动了制造业整体竞争力的大幅提升,成为全球第一大制成品出口。相比制造业,服务业的开放明显滞后,成为经济转型发展的制约因素,因此,下一阶段中国开放的重点和难点领域将主要集中在服务业。

在这种背景下,中国开始探索外商投资管理体制变革。2013年7月,第五轮中美战略与经济对话,中国同意以准入前国民待遇和负面清单为基础,与美国开展中美双边投资协定的实质性谈判。2013年国务院开始在上海进行以"准入前国民待遇+负面清单"的外商投资管理体制先行试验,7月3日国务院常务会议原则通过《中国(上海)自由贸易实验区总体方案》,9月27日国务院印发了《中国(上海)自由贸易实验区的总体方案》,明确要求,"借鉴国际通行规则,对外商投资试行准入前国民待遇,研究制订试验区外商投资与国民待遇等不符的负面清单,改革外商投资管理模式。"9月19日,上海市政府公布《中国(上海)自由贸易试验区管理办法》,指出,"对外商投资准入特别管理措施(负面清单)之外的领域,按照内外资一致的原则,将外商投资项目由核准制改为备案制,但国务院规定对国内投资项目保留核准的除外;将外商投资企业合同章程审批改为备案管理。"9月30日上海市政府公布了《中国(上海)自由贸易试验区外商投资准入特别管理措施(负面清单)(2013年)》,至此中国对外商投资的负面清单管理实践正式开启。中国(上海)自由贸易试验区(简称"上海自贸区")总面积约为28.8平方千米,范围涵盖上海市外高桥保税区(核心)、外高桥保税物流园区、洋山保税港区和上海浦东机场综合保税区等4个海关特殊监管区域。随后,在11月份召开的党的十八届三中全会达成的《决定》明确提出,建立中国上海自由贸易试验区是党中央在新形势下推进改革开放的重大举措,要切实建设好、管理好,为

全面深化改革和扩大开放探索新途径、积累新经验。在推进现有试点基础上，选择若干具备条件地方发展自由贸易园（港）区。

（二）上海自贸区推动投资自由化的主要突破

1. 实行外商投资准入前国民待遇和负面清单管理模式。2013年9月出台的《中国（上海）自由贸易试验区总体方案明确指出》，借鉴国际通行规则，对外商投资试行准入前国民待遇，研究制订试验区外商投资与国民待遇等不符的负面清单，改革外商投资管理模式。对负面清单之外的领域，按照内外资一致的原则，将外商投资项目由核准制改为备案制（国务院规定对国内投资项目保留核准的除外），由上海市负责办理；将外商投资企业合同章程审批改为由上海市负责备案管理，备案后按国家有关规定办理相关手续；工商登记与商事登记制度改革相衔接，逐步优化登记流程；完善国家安全审查制度，在试验区内试点开展涉及外资的国家安全审查，构建安全高效的开放型经济体系。在总结试点经验的基础上，逐步形成与国际接轨的外商投资管理制度。《中国（上海）自由贸易试验区外商投资准入特别管理措施（负面清单）（2013年）》，以外商投资法律法规、《中国（上海）自由贸易试验区总体方案》《外商投资产业指导目录（2011年修订）》等为依据，列明上海自贸区内对外商投资项目和设立外商投资企业采取的与国民待遇等不符的准入措施。负面清单按照《国民经济行业分类及代码》（2011年版）分类编制，包括18个行业门类。S公共管理、社会保障和社会组织、T国际组织2个行业门类不适用负面清单。上海自贸区2013版的负面清单按小类进行限制，共制定了190条管理措施，涉及国民经济行业1 069个小类中的17.8%，其中，制造业限制小类占比约11.6%，服务业限制小类占比约23.0%。准入前国民待遇和负面清单管理是中国外商投资管理制度的重大改革，是中国经济政策制定过程中的一个重大变化；是新形势下中国自主开放迈出的关键一步，将有利于带动中国对外开放进入新的阶段和新的水平。

2. 进一步扩大服务业开放。上海自贸区选择金融服务、航运服务、商贸服务、专业服务、文化服务以及社会服务6个领域18个行业扩大开放，暂停或取消投资者资质要求、股比限制、经营范围限制等23项准入限制措施（银行业机构、信息通信服务除外），营造有利于各类投资者平等准入的市场环境。

在金融服务业领域，自贸区允许符合条件的外资金融机构设立外资银行，符合条件的民营资本与外资金融机构共同设立中外合资银行。在条件具备时，适时在试验区内试点设立有限牌照银行。同时，在完善相关管理办法，加强有效监管的前提下，允许试验区内符合条件的中资银行开办离岸业务。在航运服务领域，自贸区放宽中外合资、中外合作国际船舶运输企业的外资股比限制，由国务院交通运输主管部门制定相关管理试行办法。在商贸服务领域，自贸区规定，在保障网络信息安全的前提下，允许外资企业经营特定形式的部分增值电信业务，如涉及突破行政法规，须国务院批准同意。此外，允许外资企业从事游戏游艺设备的生产和销售，通过文化主管部门内容审查的游戏游艺设备可面向国内市场销售。在专业服务领域，附件提出，允许在试验区内注册的符合条件的中外合资旅行社，从事除台湾地区以外的出境旅游业务。在文化服务领域，自贸区允许设立外商独资的娱乐场所，在试验区内提供服务。在社会服务领域，允许举办中外合作经营性教育培训机构，允许举办中外合作经营性职业技能培训机构。允许设立外商独资医疗机构。

（撰稿：聂平香）

2013 年企业境外投资与境外企业发展综述

商务部研究院

境外直接投资

对外投资的高速增长为中国经济的发展开拓了更为广阔的市场空间，为提升中国企业自身实力带来了良好机遇，对中国融入全球经济、实现转型升级，以及与东道国互利共赢具有重大意义。2014 年联合国贸易和发展组织发布的《世界投资报告》统计显示，2013 年中国对外投资额达 1 010 亿美元，较上年增长 15.0%，连续两年位列继美、日之后的世界第三大对外投资国。截至 2013 年底，中国对外投资存量排名由 2011 年全球第 17 位上升至 2013 年的第 11 位，达 6 136 亿美元。

一、2013 年中国对外直接投资

2013 年，中国对外直接投资实现高速增长，投资流量首次突破千亿美元。《2013 年度中国对外直接投资统计公报》数据显示，2013 年，在全球外国直接投资流出流量较上年增长 1.4% 的背景下，中国对外直接投资流量同比增长 22.8%，创下 1 078.4 亿美元的历史新高；对外投资存量全球排名由第 13 位升至第 11 位，投资额 6 604.8 亿美元。

（一）对外投资总量稳步增长，但总体规模仍相对较小

2013 年，中国企业对外直接投资总体规模在稳步扩大。如图 1 所示，从对外投资数额上看，由于基数较低和统计口径有所调整，2005—2013 年，中国非金融类对外直接投资规模总体呈高速增长态势，投资流量增长了 8.8 倍，年均增长率达 32.6%。

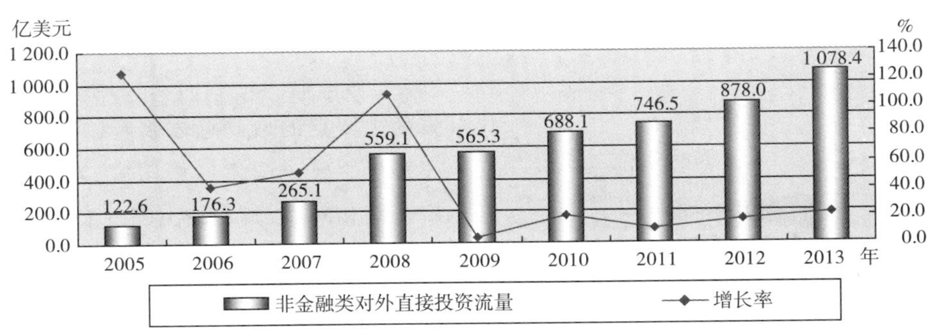

图 1　2005—2013 年中国非金融类对外直接投资流量

与主要发达国家相比，中国对外直接投资规模仍相对较小。截至 2013 年底，中国对外直接投资存量为 6 604.8 亿美元，在全球排名居第 11 位。与发达国家相比，截至 2013 年中国对外投资存量相当于美国的 10.4%，英国的 35.0%，德国的 38.6%，法国的 40.3%，日本的 66.5%。由图 2 可以看出，与发达国家相比，中国对外直接投资存量基数较低；2008 年以后，相对于英国、德国、法国、日本等国家，中国的对外直接投资存量增速较快，但与对外投资存量排名第一的美国相比，仍有较大差距。

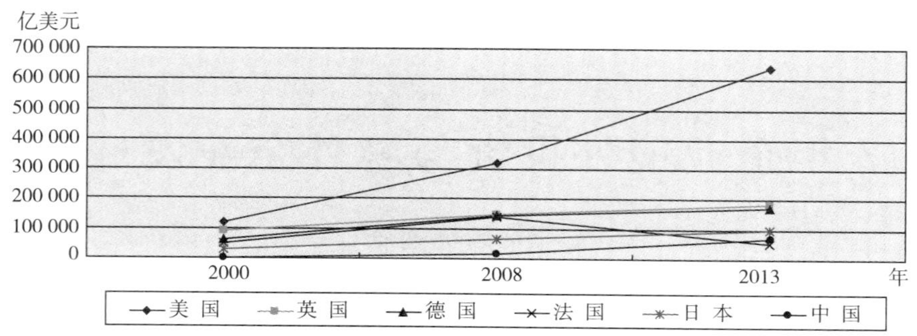

图 2　中国与主要发达国家对外投资存量比较

(二)经济发达地区仍然是对外投资主力

从地域分布上,各省(市)对外投资分布不均,经济发达地区仍是地方对外投资主力。经济发展水平较高地区的企业,在产业链上有向上下游发展的动力,需要开拓更为广阔的国际市场。与中央企业相比,地方企业的规模仍相对较小,2013 年地方企业对外直接投资额为 364.1 亿美元,占对外投资流量总额的 39.3%,比上年下降了 5.0 个百分点。广东、山东、北京、江苏、上海、浙江 6 个省(直辖市)2013 年对外直接投资流量均超过 20 亿美元,分别为 59.4 亿美元、42.6 亿美元、41.3 亿美元、30.2 亿美元、26.8 亿美元和 25.5 亿美元,合计超过当年地方企业对外直接投资总量的一半以上,占到 62.0%。其中,北京市 2013 年对外直接投资量大幅提高,同比实现 144.5% 的高增长。见图 3。

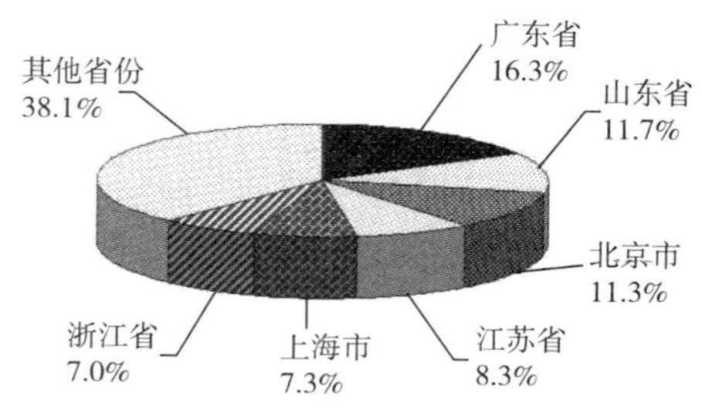

图 3　2013 年中国非金融类对外直接投资省市占比排序

2013 年单列市中,深圳的非金融对外直接投资流量与上年相比略有下降,但仍居榜首,达 30.1 亿美元,占广东省对外投资流量的 50.6%。大连、青岛、宁波和厦门等市同期对外投资流量分别为 10.4 亿美元、10.2 亿美元、8.4 亿美元和 2.6 亿美元。

(三)对外投资区域呈多元化趋势,仍对发展中国家依赖度高

尽管中国对外直接投资遍及全球 184 个国家和地区,投资区域总体呈多元化趋势,但仍对发展中国家依赖度高,主要集中在亚洲、拉丁美洲等发展中国家和地区,对发达国家和地区的投资存量则较低。2013 年,中国对外直接投资的 83.4% 流向亚洲(70.1%)和拉丁美洲(13.3%),流向欧洲、北美洲和大洋洲国家和地区的投资额不足 15.0%。其中,投资亚洲国家和地区的 756 亿美元中,有 83.1% 集中在中国香港地区(628.2 亿美元),2.7% 流向新加坡(20.3 亿美元);投资拉丁美洲的 143.6 亿美元中,64.4% 流向开曼群岛(92.5 亿美元),22.4% 流向英属维尔京群岛(32.2 亿美元);而美国(38.7 亿美元)、澳大利亚(34.6 亿美元)、英国(14.2 亿美元)等则是中国企业向发达国家和地区对外直接投资的主要目的地。总体来看,2013 年中国对外直接投资仍主要流向发展中国家,对欧美发达国家的投资份额相对小,具有较大开发潜力。

(四)中国企业跨国并购的步伐不断加大

跨国并购是中国企业对外投资的重要方式。商务部统计数据显示,2013 年,中国企业共实施对外投资并购项目 424 个,并购实际交易金额达 529 亿美元,其中,企业对外直接投资并购规模为 337.9 亿美元,占对外投资总额的 31.3%;企业通过境外融资并购的规模为 191.1 亿美元,占并购金额的 36.1%。

从跨国并购的行业领域来看,涉及采矿业、制造业、房地产业等 16 个行业大类。其中,采矿业在交易金额中所占比例高达 64.7%,其次是制造业

(13.8%)、房地产业(5.8%)、租赁和商务服务业(4.1%)、信息传输、软件和信息技术服务业(4.1%)、批发和零售业(2.2%),这6个行业集中了94.7%的跨国并购实际交易额。中国海洋石油总公司148亿美元收购加拿大尼克森公司100%股权项目,创迄今中国企业海外并购金额之最。在制造业领域,大连万达集团以5.5亿美元收购了英国圣汐游艇公司92.0%的股份;河南美景集团1亿美元收购美国穆尼航空公司等;电力行业领域,国家电网收购了新加坡能源公司澳大利亚子公司新加坡能源国际澳洲资产公司60.0%的股权和新加坡能源澳网公司19.9%股权。

民营企业更多参与到跨国并购活动中。以往中国跨国并购的主要参与者以国有企业为主,如今一些资金实力较强的民营企业也积极参与到跨国并购的大潮中。民营企业规模和资金实力较国有企业弱,与国有企业侧重资源投资不同,民营企业涉及并购资产类别范围更广,更看重发达经济体的高端市场、高价值品牌和先进技术。随着更多的民营企业参与对外投资经营活动,未来中国更多的对外投资可能会转向发达经济体,中国企业的跨国并购呈现投资多元化特征。

二、后金融危机再平衡进程对中国对外直接投资的影响

金融危机对全球经济增长的负面影响尚未完全消除,在后金融危机再平衡进程中,主要经济体的货币政策方向不一致、地缘政治风险上升、国际市场需求不足等问题进一步凸显,这使中国企业对外直接投资面临较为复杂的国际形势,机遇与挑战并存。

(一)金融危机为我国企业增持海外优质资产提供机遇

金融危机的后续影响使全球经济经历较长时间的低迷和调整时期,欧美发达国家经济复苏缓慢。欧美国家的量化宽松政策在向市场注入流动性的同时,也造成其资产价格的下降,许多优质资产价值存在不同程度的低估,一些能源、资源类企业,以及高新技术企业的价值被严重低估。国外企业资产贬值、经营压力增大、接受并购和国际化的意愿增强,为中国企业海外并购提供了难得的机遇。欧洲部分国家实施的国有企业私有化计划也为中国企业进入资源、能源和高科技等行业领域创造了机会。同时,中国企业海外并购主要依靠自有资金和国内银行贷款,国际融资和东道国筹资比例较低,在东道国内经济衰退、失业率居高不下之时能够给经济注入新鲜血液。2013年,中国企业利用自身竞争优势,加速整合收购资产,实现了多个大规模并购成功案例。

(二)国际贸易保护主义回潮,外贸形势依旧严峻

由于主要发达国家失业率仍处于历史较高水平,一些新兴经济体的制造业发展陷入困境,在全球经济脆弱复苏、国际贸易总体低迷的背景下,各国在采取扩大出口、增加就业等政策措施的同时,贸易保护主义形势依然严峻。据英国Global Trade Alert(全球贸易预警)统计,2008年金融危机以来,G20成员国出台的贸易限制措施中,近90.0%仍在实施;截至2013年8月19日,世界各国新出台了近300项以邻为壑的贸易措施。在国际贸易保护主义回潮的背景下,针对中国产品的贸易摩擦有增无减。商务部发布的2013年秋季中国对外贸易形势报告数据显示,2013年前三季度,17个国家(地区)对中国出口产品发起救济调查63起,同比增长10.5%;美国对中国的电子、通信、机械等出口产品发起337知识产权调查15起,占其同期立案数量的1/4以上,涉及中国不少战略性新兴产业的大型龙头企业。

保护主义以更为隐蔽的方式向战略性新兴产业扩展。许多国家继续推进投资自由化,通过吸引外资推动本国经济增长,此类政策措施更多集中在交通、电力、燃气、水供应等服务业及其他特定行业领域,对于核心行业的外国直接投资则采取严格的限制和监管,例如采掘业、农业、制药业、金融服务业等。发达国家将新兴产业视为带动全球经济复苏的重要引擎,企图依靠资金和技术优势占领产业发展的制高点。保护主义正在向信息技术、生物技术、节能环保、新能源等战略性新兴产业扩展。而中国新能源、新兴信息技术等战略性新兴产业出口增长较快,但一些产业核心竞争力不强、关键技术受制于

人、可持续发展能力不强。相关资料显示，中国已连续17年成为全球遭受反倾销调查最多的国家，连续6年成为全球遭受反补贴调查最多的国家。

（三）人民币升值带来的优势和压力

金融危机前后人民币汇率的变化，以及对中国外汇储备带来的影响，成为促进中国政府和企业加大对外直接投资力度的动力。一方面，美国作为经济危机的产生国，其所受影响是最直接的。经济增长停滞、消费和投资增长大幅减少、出口增长率降低，以及为刺激经济而采取的低利率政策，导致近年来美元对世界主要货币多次贬值。人民币对美元总体保持升值，这有利于中国企业降低对外投资的本币成本，提高以人民币计算的投资盈利，会鼓励更多中国企业"走出去"。同时，人民币升值也有利于人民币国际地位的提升，在扩大对外投资的主体资格范围后，人民币的国际接受度有所提高，有助于增强企业或个人的对外投资能力。另一方面，几十年的积累和大量的贸易顺差使中国的外汇储备上升到了历史最高点，其中有相当比例的外汇储备是美元资产。金融危机后，美元的不断贬值使中国外汇储备大量缩水，为避免带来巨额损失，政府倾向于鼓励企业"走出去"进行对外直接投资，以实现财富的保值增值。

对外承包工程

一、2013年中国企业对外承包工程

2013年中国对外承包工程业务继续保持增长，但增速有所放缓。商务部统计数据显示，2013年中国对外承包工程业务完成营业额1 371.4亿美元，同比增长17.6%；新签合同额1 716.3亿美元，同比增长9.6%。新签合同额在5 000万美元以上的项目685个，合计1 347.8亿美元占全部新签合同总额的78.5%；新签合同额上亿美元的项目392个，比上年同期增加63个。截至2013年底，中国对外承包工程累计完成营业额7 927亿美元，签订合同额11 698亿美元。2013年，葛洲坝集团中标阿根廷阿基什内尔塞佩尼克水电站（合同额28.29亿美元），是我国中标国际市场的最大项目。中国建筑工程总公司所属中建美国有限公司跻身《工程新闻纪录》（ENR）2013年度"美国承包商400强"第130位，"开展海外经营承包商50强"第25位，成为唯一上榜的中资企业。

（一）对外承包工程业务增速持续放缓

入世以来，中国对外承包工程业务增长较为明显。如图4所示，2001—2013年间，中国对外承包工程的新签合同额和完成营业额的年均增速较为接近，分别为23.9%和25.6%。新签合同额在2006年前与完成营业额的差距不大，比值约为1.4；但在2006年后随着完成营业额的快速增长，新签合同额的增加更为明显，比值一度达到2.0以上；随后，该项比值逐渐下降，2013年二者的比值降至约1.3。新签合同额的增速低于完成营业额增速，这对未来中国对外承包工程业务的持续发展会产生一定负面影响。

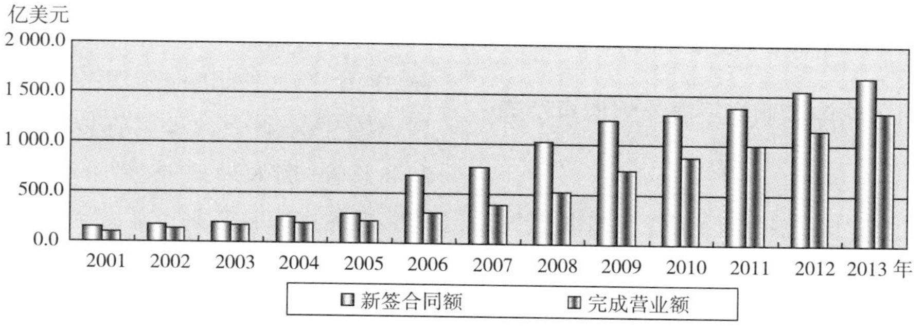

图4　2001—2013年中国对外承包工程新签合同额和完成营业额

(二)对外承包工程业务额集中程度较高

对外承包工程经过多年发展,已经初步形成了规模庞大、业务能力突出的企业队伍。大型企业在行业中的市场开拓和占有水平、业务承接和完成能力都较为突出。2013 年,中国对外承包工程企业 50 强的新签合同额和完成营业额分别占当年全行业业务总额的 69.8% 和 62.1%。与 2012 年相比,前 50 强企业新签合同额的占比下降 4.6 个百分点,完成营业额的占比上升 0.6 个百分点。50 强企业的业务集中程度也比较高,前 10 位企业的新签合同额和完成营业额分别占 50 强企业的 61.7% 和 57.5%。2013 年,新签合同额超过百亿美元的企业包括华为技术有限公司和中国建筑工程总公司,新签合同额分别达 138.7 亿美元和 111.7 亿美元。

(三)民营承包工程企业所占比重逐步增加

中国的对外承包工程受发展历程决定,国有承包工程企业较早接触国际市场,与中国政府对外经济合作业务联系较为密切,较之民营企业在市场中占有很大比重。2013 年,民营企业在对外承包工程市场中所占比重较上年有所增加。表 1 显示,2013 年中国对外承包工程业务新签合同额前 10 强中,有 8 家国有或国有控股的承包工程企业,其余 2 家为民营企业,分别是华为技术有限公司和中兴通讯股份有限公司,新签合同额在前 10 强中占比为 30.9%。

2013 年中国对外承包工程业务新签合同额前 10 家企业

表 1

序号	企业名称	新签合同额(亿美元)	序号	企业名称	新签合同额(亿美元)
1	华为技术有限公司	138.7	6	中国港湾工程有限责任公司	60.0
2	中国建筑工程总公司	111.7	7	中国土木工程集团有限公司	48.9
3	中兴通讯股份有限公司	90.0	8	中国交通建设股份有限公司	47.8
4	中国水利水电建设股份有限公司	89.7	9	上海振华重工(集团)股份有限公司	35.3
5	中国葛洲坝集团股份有限公司	82.3	10	中国石化集团国际石油工程有限公司	34.8

资料来源:商务部统计数据。

表 2 显示,2013 年中国对外承包工程业务完成营业额的前 10 强中,民营企业占到 2 个,在前 10 强中完成营业额占比达 45.3%。对外承包工程的市场门槛相对不高,企业数量众多,但品牌的叠加效应以及海外经验和工程布局的支撑力目前仍然是企业做大做强海外业务的重要条件。必须看到,海外工程存在外生性和内生性同时存在的特性。除了被动获得订单外,企业自身创造的订单也是保持发展的关键因素之一。作为民营企业的华为技术有限公司,海外市场拓展迅速,为其带来了大量海外建设订单,继续保持新签合同额和完成营业额两项第一。中兴通讯经过多年的快速发展,也于 2012 年闯进对外承包工程新签合同额和完成营业额前 10 强,取得了显著的成果。

2013 年中国对外承包工程业务完成营业额前 10 家企业

表 2

序号	企业名称	完成营业额(亿美元)	序号	企业名称	完成营业额(亿美元)
1	中兴通讯股份有限公司	130.0	6	中信建设有限责任公司	28.3
2	华为技术有限公司	91.7	7	上海振华重工(集团)股份有限公司	27.2
3	中国建筑工程总公司	57.4	8	中国葛洲坝集团股份有限公司	24.1
4	中国水利水电建设股份有限公司	53.1	9	中国路桥工程有限责任公司	22.3
5	中国港湾工程有限责任公司	33.9	10	山东电力建设第三工程公司	21.7

资料来源:商务部统计数据。

（四）地方对外承包工程企业业务量占比不断提高

虽然中央企业在对外承包工程业务市场中仍占据主要位置，在对外承包工程业务完成营业额前50强中占到一多半，然而，地方工程承包企业所占比重在不断增大。2013年，除台湾地区外的32个省（自治区、直辖市）企业在对外承包工程新签合同总额所占比重为60.9%，比上年同期增加3.4个百分点；在完成营业总额所占比重分别为70.6%，比上年同期增长1.8个百分点。从企业所属地区分布来看，东部经济发展水平较高地区企业的对外承包工程业务额所占比重较高。2013年完成营业额排名前10位的省（自治区、直辖市）分别为广东、山东、上海、江苏、四川、湖北、浙江、河北、北京和天津，合计占到地方企业完成营业额的76.0%。见表3。

2013年中国对外承包工程完成营业额按地区排序

表3

序号	地区	完成营业额（万美元）	序号	地区	完成营业额（万美元）
1	广东	2 286 507	17	陕西	178 711
2	山东	850 106	18	新疆	144 768
3	上海	806 920	19	广西	83 002
4	江苏	726 299	20	山西	76 505
5	四川	634 776	21	福建	64 870
6	湖北	520 733	22	重庆	63 757
7	浙江	441 586	23	黑龙江	62 512
8	河北	434 565	24	新疆生产建设兵团	54 244
9	北京	335 854	25	吉林	51 318
10	天津	312 853	26	贵州	45 940
11	河南	291 796	27	甘肃	30 915
12	安徽	291 394	28	青海	11 551
13	辽宁	237 277	29	内蒙古	4 510
14	江西	227 296	30	宁夏	2 357
15	湖南	221 121	31	海南	385
16	云南	181 724	32	西藏	22

资料来源：商务部统计数据。

2013年，计划单列市中，受中兴通讯股份有限公司和华为技术有限公司业绩拉动，深圳市的对外承包工程完成营业额仍位列第一，达222.1亿美元，比上年同期增长45.4%。青岛、宁波、大连、厦门的完成营业额分别为35.1亿美元、15亿美元、7.8亿美元和83万美元，除厦门外较上年同期均有所增长。

二、后金融危机再平衡进程对中国对外承包工程的影响

（一）经济结构调整使国际工程承包市场需求发生变化

经济的缓慢复苏也使全球经济结构不断调整。2013年新兴经济体拉动经济表现增速不足，而发达国家则增长1.2%，成为全球经济增长的主动力。反映到国际承包工程市场层面则表现为部分发达国家市场回暖，部分发展中国家市场降温。一方面，发达国家为应对金融危机采取的财政刺激措施使其基础设施领域的投资仍在增长。包括水电、太阳能、风能等绿色能源建设领域，以及公路、铁路、机场、港口等交通领域。这也导致部分中资企业调整其国际市场战略，将目标市场由亚非国家转向欧洲国家和国内市场。另一方面，中国对外工程承包市场主要集中在亚洲、中东、非洲和拉丁美洲，作为发展中国家集中的地区，出于改善民生的需要，对于基础设施建设仍存在刚性需求。据权威研究机构预测，全球建筑市场未来五年的年增长率有望达4.7%，拉美地区将以7.3%的增长率成为发展最快的地区。此外，亚洲国家有着较大的基础设施投资需求和吸引投资的意愿，包括道路、铁路、港口、电站、洁净水、能源与可再生能源、健康与教育等方面。泰国政府计划加强港口、轨道系统建设，以及公路网建设，改善本国物流基础设施落后的状况；菲律宾政府2013年投入基础设施的预算增加了37.0%，共计4 043亿菲律宾比索；印尼政府也把公共开支提高到GDP支出的15.0%。强化亚洲次区域经济联系的行动也将增强区域内的基础设施投资，例如孟加拉国—中国—印度—缅甸经济走廊和中国—巴基斯坦经济走廊的建设。亚洲国家基础设施和互联互通建设的巨大缺口为我国加强对该区域投资、扩大合作提供了长期机遇。

（二）承包工程企业面临的国际市场风险因素上升

后金融危机再平衡进程中，中国工程承包企业

面临着来自发达国家企业更为激烈的市场竞争风险。在承包工程项目上，日、韩、土耳其等企业加紧与中国企业在中东和非洲市场的竞争；欧美发达国家工程承包企业再次关注中低端海外市场，增加了对发展中地区业务的投入，与中国企业在亚非等传统市场上展开激烈竞争。国际市场上低价竞标现象增多，压缩中国企业海外生存空间。除外部竞争压力增大外，中国承包工程企业之间也存在更为激烈的竞争。金融危机以后，"走出去"参与国外投标的中国企业数量不断增多，尤其在亚非传统市场表现明显，致使中国工程承包企业面临内外双重压力，对企业国际业务规模的扩大造成障碍。

亚洲和非洲国家对外工程承包市场政治安全风险持续增加，包括政局动荡、社会治安恶化、部分国家调整其对外政策等。例如，埃及政局的变化、叙利亚战乱和社会治安的恶化等，严重影响在当地中资企业的人身安全和生产经营活动；部分国家如缅甸等，由于国内政局变化调整其对外政策，降低对中国的依赖，加强与日本、印度等国家的合作，对中国企业在当地承包工程造成不良影响；日本为蒙古、印度、泰国、缅甸以及部分非洲国家提供大量优惠贷款，帮助本国企业获得大规模基础设施工程项目，例如向蒙古提供贷款新建机场，向印度提供710亿日元贷款修建孟买地铁，向缅甸提供910亿日元政府开发援助用于建设电力设施，向非洲提供更多的低息发展贷款等，对中国企业在当地的承包工程造成较大影响。

汇率风险可能导致企业资产缩水。国际金融市场动荡，美元及其他一些经济体货币汇率波动较大，中国承包工程企业面临的外汇经营、交易、折算等风险增大。由于对外承包工程工期较长，企业难以准确预测汇率变动情况。在实践中，工程项目多以美元结算，人民币的坚挺将减少企业未来实际获得的业务利润。同时，中国企业缺乏有效规避风险的手段，目前企业可用于对冲的金融工具种类有限且市场交易机制不完善，后金融危机再平衡进程带来的汇率和利率震荡可能给境外工程承包企业外币资产安全带来风险。各国央行相继下调基准利率或减少存款准备金率，由此引发的汇兑损失使得境外工程承包企业的海外资产大幅缩水。

（三）中国对外承包工程企业向高端市场发展动力增强

随着全球经济下行风险增加，各国将政策重点由投资转为促进消费，对外承包工程行业将由"生产型"转向"服务型"；发达国家对低碳、环保经济发展方式的追求，使得科技型制造业、工业工程、污水处理、废弃物处理等行业成为未来全球工程承包市场的发展趋势。在这种情况下，中国企业普遍意识到转变发展方式的必要性和紧迫性，以危机为契机积极探索适合自身的差异化发展模式，企业转型发展的内生动力增强。近年来，中国企业对外工程承包出现向产业链上游移动的趋势。BOT（建设—经营—转让）、EPC（设计—采购—施工）、PPP（公私合作关系）以及DB（设计—施工）等方式逐渐被越来越多中国承包工程企业采用。从中长期看，中国对外工程承包企业"走出去"在高端市场和业务领域还有较大发展空间。

对外劳务合作

一、2013年中国对外劳务合作

2013年，中国对外劳务合作业务总体发展态势稳中有升。与上年相比，派出人数和年末在外人数都有所增长。劳务外派大省的派出劳务规模进一步加大，地方企业劳务派出规模明显高于中央企业。

（一）对外劳务合作业务发展稳中有升

作为人口和劳动力大国，对外劳务合作是中国具有一定比较优势的领域。2001—2013年间，中国对外劳务派出人数除2008年和2011年略有下滑外，基本保持稳中有升的发展态势。从年末在外人数上看，2001—2013年，中国年末在外各类劳务人员保持增长状态，其中对外承包工程年末在外人员所占比重增长幅度较大，从2001年的12.6%升至2013年的43.4%；劳务合作年末在外人数相对占比减少，由2001年的87.4%下降至2013年的56.6%，2001—2013年仅增长6.8万人。见图5。

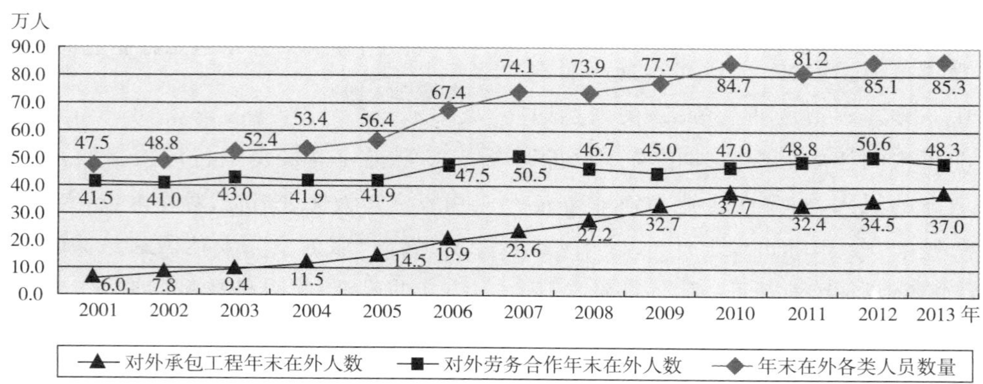

图5 2001—2013年中国年末在外各类劳务人员数量

商务部统计数据显示，2013年，中国对外劳务合作派出各类劳务人员52.7万人，较上年同期增加1.5万人，其中承包工程项下派出27.1万人，劳务合作项下派出25.6万人。年末在外各类劳务人员85.3万人，较上年同期增加0.3万人。截至2013年底，中国对外劳务合作业务累计派出劳务人员692万人。

（二）不同区域市场派出劳务人员类型不同

亚洲和非洲仍然是中国对外劳务合作的主要市场。商务部统计数据显示，2013年中国累计派出各类劳务人数按地区依次为：亚洲32.9万人、非洲13.6万人、拉丁美洲3.6万人、欧洲2万人、大洋洲0.4万人、北美洲0.1万人。其中，劳务人员在亚洲市场主要集中在中国澳门、香港和日本、新加坡等国家和地区；在非洲主要集中在阿尔及利亚、安哥拉、刚果（布）、赤道几内亚等国家；在拉丁美洲主要流向巴拿马、委内瑞拉、秘鲁、厄瓜多尔等国；在欧洲则为俄罗斯、白俄罗斯等国；在北美洲主要为美国。

亚洲、非洲和拉丁美洲作为中国对外劳务合作的主要市场，其占比达到总额的95.0%。从外派劳务人员的类型上看，2013年，中国对亚洲各类外派劳务人员中，劳务合作项下外派人员占比达60.2%，比承包工程项下外派人员多6.7万人；中国对非洲各类外派人员中，劳务合作项下外派人员占比仅为17.4%，承包工程项下外派人员则占到绝大多数，达82.6%；中国对拉丁美洲、欧洲、大洋洲各类外派人员中，劳务合作项下外派人数均占到一半以上。见图6。

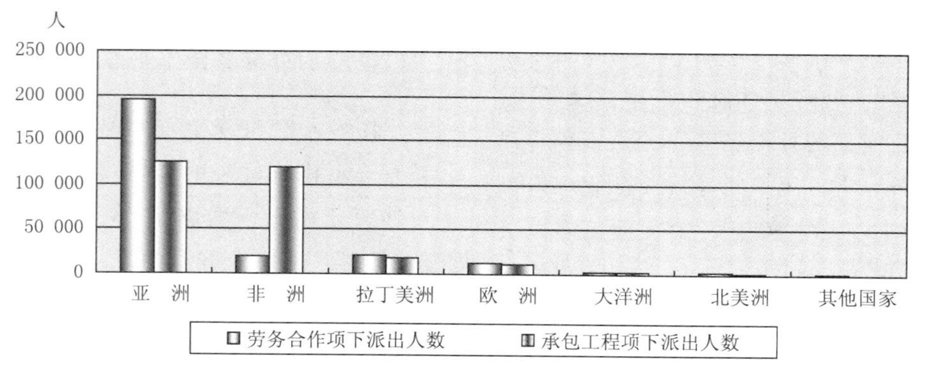

图6 2013年中国对外劳务合作按地区派出人员数量

（三）外派劳务主要集中在东部和沿海地区

与对外承包工程业务相比，对外劳务合作的集中度相对较低，央企的外派劳务业务量不多，各省（市、区）企业从事外派劳务的业务比重较高。2013年，各省（自治区、直辖市）累计派出各类劳务人数占总数的 80.7%，期末在外劳务人数占总数的 84.7%。如表 4 所示，2013 年，派出人数排名前 10 位的省（直辖市）中有 7 个属于东部和沿海地区；排名前 10 位的省（直辖市）派出人数所占比重达 58.5%，较上年同期降低了 11.6 个百分点。派出人数超过 2 万人的省（直辖市）有 8 个，比上年减少 1 个；排名前 15 位的省（直辖市）派出人数均超过 1 万人，比上年减少 1 个。按照年末在外人数统计，排名前 7 位的省分别是山东、江苏、河南、广东、湖北、福建、辽宁，年末在外各类劳务人数均超过 4 万人。

2013 年中国派出各类劳务人员按地区排名

表 4

序　号	地　区	派出人数（人）	年末在外人数（人）
1	山　东	52 591	95 811
2	江　苏	46 041	88 014
3	福　建	37 813	41 789
4	广　东	35 076	56 710
5	湖　北	28 881	42 327
6	河　南	27 077	73 608
7	浙　江	24 026	25 482
8	辽　宁	21 645	41 422
9	上　海	18 034	25 137
10	北　京	17 000	21 036
11	天　津	15 164	17 550
12	安　徽	12 650	21 494
13	吉　林	11 888	33 602
14	河　北	10 344	11 200
15	四　川	10 078	18 501
16	云　南	8 127	18 864
17	湖　南	7 304	26 727
18	陕　西	6 959	11 855
19	新　疆	5 920	3 025
20	江　西	5 913	13 328
21	黑龙江	5 730	8 795
22	甘　肃	3 333	2 958
23	重　庆	2 389	4 692
24	广　西	2 277	3 755
25	新疆生产建设兵团	2 157	2 656
26	内蒙古	2 139	3 917
27	山　西	1 816	4 085
28	贵　州	1 268	1 669
29	青　海	932	947
30	宁　夏	248	358
31	海　南	8	34

资料来源：商务部统计数据。

二、金融危机对中国对外劳务合作的影响

金融危机改变了全球经贸格局，也给对外劳务合作业务带来严峻挑战。经济衰退导致多国的经济发展停滞、大量企业破产。随着各国限制措施的出台和外籍劳务市场准入门槛的抬高，以及中国对外劳务合作在传统行业领域的优势逐步流失，中国对外劳务合作业务面临的国际环境具有了更多的不确定性。

（一）劳动力市场供需结构性不平衡问题依然存在

金融危机使得破产企业数量大增，就业岗位严重不足。西方各国失业率呈现较快增长。失业人数的增长再加上每年毕业的劳动人口数量，造成全球劳动力供给总量增长明显的状态。然而，劳动力供需结构性不平衡问题依然存在。经济发展水平较高的国家中，“脏、难、险”的工作招工并不容易；农业生产中对人力要求较高的剪羊毛、摘棉花等行业领域仍然出现较为明显的季节性用工缺口；受外语能力、专业素养、资质要求等因素限制，中国培养的护士很难满足欧美、日本等发达国家的需要。尽管多国政府采取措施避免结构性劳动力供给问题影响经济发展，但仅依靠本国资源，还难以解决劳动力供需矛盾。

（二）国际劳务市场对中高端劳务人员需求增加

国际劳务市场需求显现出对中高端劳务需求增加，对普通劳务需求量减少，以及部分发达国家对脏、苦、累、险工种需求的增多。中国对外劳务合作业务在一些领域具备竞争优势，然而，与菲律宾、印度、巴西等其他劳务输出大国相比，在国际市场呈现出劳务人员素质难以满足市场需求、缺乏处理劳务纠纷法律规制、劳务市场管理方式有待提高等特点，在竞争激烈的国际市场中面临更多挑战。目前，中国对外劳务合作业务在全球中高端市场中所占份额较低，主要分布在中国香港、澳门和新加坡、日本、中东、欧洲、澳大利亚等国家和地区。中国劳务人员在技术、综合业务、国际经验、管理水平以及外语能力等方面有所欠缺，仍然难以满足国际中高端市场的需求，未来会有很大发展空间。

（三）出国就业对中国劳务人员的吸引力相对降低

首先，金融危机导致人民币对主要西方国家货币汇率的变动，使外派劳务人员工资收入频繁波动，人民币不断升值的趋势降低了我国外派劳务人员的实际收入；同时，随着国内收入水平的提升，中国与发达国家收入差距逐渐缩小，出国就业对于增加收入目的的劳务人员吸引力明显降低；外派劳务人员年龄结构趋于年轻化，主要集中在80、90后人群，虽然劳务人员的整体文化水平有所提高，但是与60、70后相比，自我意识较强，缺乏吃苦精神，在国外工作遇到困难时较易打退堂鼓。其次，部分非洲、亚洲国家政局动荡、局部战争不断、暴力和恐怖活动频发等，也加剧了外派工作的难度。最后，我国尚缺乏对外劳务合作的统一规制，存在处理外派劳务法律纠纷时适用法律困难的问题，致使劳务输出行业经营秩序混乱，劳务人员权益难以得到保障。

（撰稿：辛　灵
审稿：周　密）

行业发展概况

2013 年电力行业发展综述

中国电力企业联合会

2013 年,全国电力运行安全平稳,电力供需总体平衡。全社会用电量全年同比增长 7.5%,同比提高 1.9 个百分点;第三产业和城乡居民用电延续高速增长,分别同比增长 10.3% 和 9.2%;第二产业用电同比增长 7.0%,制造业用电增速逐季攀升,四大高耗能行业用电增速先降后升、同比增长 6.0%;西部地区用电增速继续明显领先,各地区增速均高于上年。年底全国发电装机容量首次跃居世界第一、达到 12.5 亿千瓦,全年非化石能源新增装机占全部新增的比重提高到 62.0%,水电新增装机创历史新高,并网太阳能发电新增装机增长近 10 倍。风电发电量保持高速增长,设备利用小时同比再提高 151 小时、设备利用率明显提高。

一、2013 年全国电力供需情况分析

(一)全社会用电量增速同比提高,季度增速前升后降

根据我会统计,2013 年全社会用电量 53200 亿千瓦时、同比增长 7.5%,增速比上年提高 1.9 个百分点,人均用电量达到 3 911 千瓦时。主要受宏观经济企稳回升、夏季持续高温天气、冬季气温偏暖等影响,前三季度用电增速逐季回升,第三季度最高达 10.9%,第四季度增速回落,仍达到 8.4%,高于全年及上年同期增速。

第三产业和城乡居民用电延续高速增长。第三产业用电量同比增长 10.3%,反映出第三产业市场消费需求持续活跃,占全社会用电比重同比提高 0.3 个百分点。城乡居民用电量同比增长 9.2%、占比提高 0.2 个百分点,其中三季度全国大部分地区遭遇持续高温天气,当季城乡居民生活用电量同比增长 17.6%、为近几年来季度用电最高增速。见图 1。

制造业用电增速逐季攀升,四大高耗能行业用电增速先降后升。第二产业用电量同比增长 7.0%、同比提高 2.8 个百分点,对全社会用电增长的贡献率上升为 68.7%、同比提高 13.6 个百分点。制造业用电增长 6.8%,分季增速依次为 4.5%、5.0%、8.0% 和 9.3%,反映出下半年以来中国实体经济生产呈现稳中有升的良好态势。化工、建材、黑色金属、有色金属四大行业全年合计用电同比增长 6.0%,分季增速依次为 5.3%、3.3%、6.9% 和 8.6%,占全社会用电量比重同比降低 0.43 个百分点。

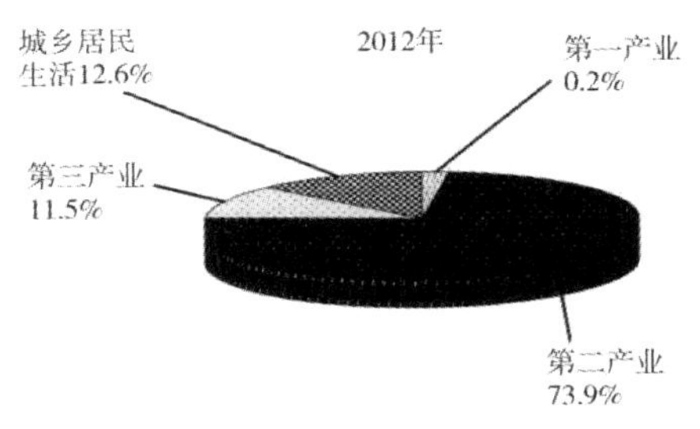

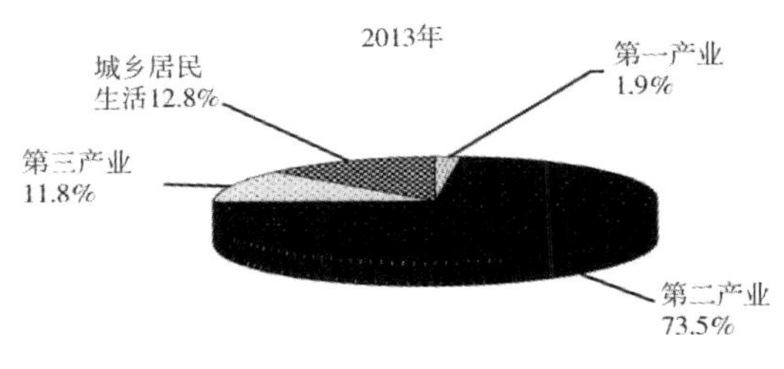

图 1　2012 年、2013 年电力消费结构情况

西部地区用电增速继续明显领先，各地区增速均高于上年。东部、中部、西部和东北地区全年用电增速分别为6.6%、6.9%、10.6%和4.2%，均高出上年增速。西部地区明显领先于其他地区，占全国用电比重同比提高0.7个百分点。见图2、图3。

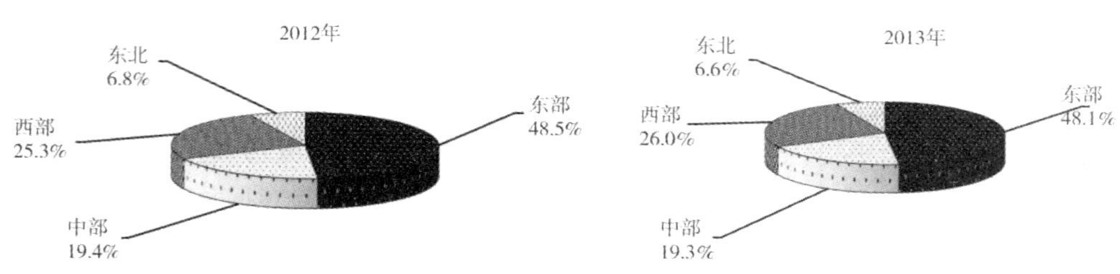

图2 2012年、2013年全国分地区电力消费结构情况

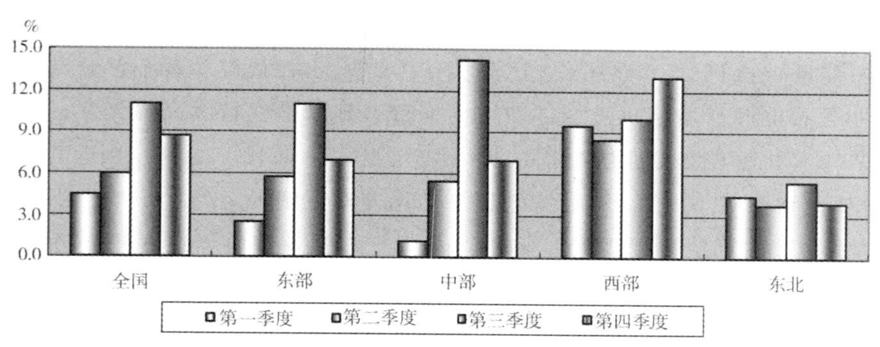

图3 2013年各地区分季度全社会用电量增速情况

(二)全国发电装机容量首次跃居世界第一，新能源发电继续超高速增长

全年电网投资占电力工程投资比重为51.2%、同比提高1.6个百分点；电源投资中的非化石能源发电投资比重达到75.1%，同比提高1.7个百分点。全年非化石能源发电新增装机5 829万千瓦、占总新增装机比重提高至62.0%。2013年底全国发电装机容量首次超越美国位居世界第一、达到12.5亿千瓦，其中非化石能源发电3.9亿千瓦，占总装机比重达到31.6%、同比提高2.4个百分点。全年发电量53 500亿千瓦时、同比增长7.5%，发电设备利用小时4 511小时、同比减少68小时。全国火电机组供电标煤耗321克/千瓦时，提前实现国家节能减排“十二五”规划目标(325克/千瓦时)，煤电机组供电煤耗继续居世界先进水平。

1. 水电新投产容量创历史新高。全年常规水电新增2 873万千瓦，年底装机2.6亿千瓦、同比增长12.9%；发电量同比增长4.7%，设备利用小时3 592小时。全年抽水蓄能新增120万千瓦，年底装机容量2 151万千瓦。

2. 并网太阳能发电新增装机同比增长近10倍。2013年，国务院及各部门密集出台了一系列扶持国内太阳能发电产业发展政策，极大地促进了中国太阳能发电发展。全年新增装机1 130万千瓦、同比增长953.2%，年底装机1 479万千瓦、同比增长335.1%；发电量87亿千瓦时、同比增长143.0%。

3. 风电延续高速增长，风电设备利用率明显提高。全年并网风电新增1 406万千瓦，年底装机7 548万千瓦、同比增长24.5%；发电量1 401亿千瓦时、同比增长36.3%，发电设备利用小时2 080小时，为2008年以来的年度最高水平，同比再增加151小时，风电设备利用率连续两年提高。

4. 核电投资同比减少，全年投产两台核电机组。

全年完成核电投资同比减少22.4%;新增两台机组共221万千瓦,年底装机1 461万千瓦、同比增长16.2%;发电量同比增长14.0%,设备利用小时7 893小时、同比提高38小时。

5. 煤电投资及其装机比重连续下降,气电装机增长较快。全年完成煤电投资同比下降12.3%,占电源投资比重降至19.6%。年底装机7.9亿千瓦,占比降至63.0%、同比降低2.6个百分点。发电量同比增长6.7%,占比为73.8%、同比降低0.6个百分点,全年设备利用小时5 128小时。2013年底,全国气电装机同比增长15.9%,发电量同比增长4.7%。

6. 跨区送电保持快速增长。全年完成跨区送电量2 379亿千瓦时、同比增长17.9%,跨省输出电量7 853亿千瓦时、同比增长9.1%,四川为消纳富余水电,通过向上直流和锦苏直流线路外送华东电量547亿千瓦时、同比大幅增长185.8%。南方电网区域西电东送电量1 314亿千瓦时、同比增长5.8%。

7. 电煤供应宽松,天然气供应紧张。国内煤炭市场供应宽松,电煤价格先降后升。天然气需求增长强劲,冬季用气紧张,部分燃机发电供气受限。2013年7月国家上调非居民用天然气价格以来,部分燃机发电企业因地方补贴不到位出现持续亏损。

(三)全国电力供需总体平衡,地区间电力富余与局部紧张并存

2013年,全国电力供需总体平衡。其中,东北和西北区域电力供应能力富余较多;华北、华中和南方区域电力供需总体平衡;华东区域电力供需偏紧,江苏、浙江等地在年初、夏季用电高峰时段出现错避峰。

二、有关建议

(一)加快发展清洁能源发电

加快发展清洁能源发电已成为中国能源电力发展的重大战略选择,建议:一是深化总体战略研究,统筹规划清洁能源发电;二是健全完善相关管理制度和技术标准;三是加快完善并落实促进分布式发电发展相关政策措施;四是健全资金筹集机制和进一步完善财政税收扶持政策;五是推行绿色电力交易;六是鼓励清洁能源发电科技创新,降低发电成本。

(二)加快制定实施电能替代战略规划

为贯彻落实国务院《大气污染防治行动计划》,尽快解决中国严重雾霾天气问题,需要加快实施电能替代工程。建议:一是国家尽快研究制定电能替代战略规划,出台电能替代产业政策;二是加快在工业、交通运输业、建筑业、农业、居民生活等主要领域实施电能替代工程;三是加快调整电源结构和优化电源布局;四是通过市场机制和经济手段促进节能减排,深化电力需求侧管理,推行合同能源管理,推进发电权交易和大气污染物排污权交易;五是提高电力企业环保设施运行维护管理水平,发挥好现有环保设施的污染物控制能力。

(三)加快解决"三北"基地不合理"弃风"问题

2012年以来全国并网风电设备利用率稳步提高,但"三北"基地"弃风"问题仍然存在。建议:一是坚持集中与分散开发相结合、近期以分散为主的风电开发方针;二是切实加强统筹规划,健全科学有序发展机制;三是切实加强综合协调管理,提高政策规划执行力。

(四)加快解决东北区域发电装机富余问题

东北地区电力供应能力长期富余,随着辽宁红沿河核电厂等项目陆续投产,电力供应富余进一步增加,发电企业经营困难加剧。建议:一是国家对东北电力富余问题开展专题研究,提出消纳东北富余电力的方案和措施;二是"十二五"期间应严格控制区域内包括煤电、风电在内的电源开工规模,以集中消化现有电力供应能力。

(五)加快理顺电价、热价形成机制,促进解决云南等水电大省煤电企业及北方热电联产企业长期普遍亏损问题

中国已经进入电价上涨周期,要立足于电力市场化改革顶层设计,加快推进电价机制改革,更多采用市场机制调节电价,减少行政干预:一是加快发电环节两部制电价改革;二是加快形成独立的输配电价机制,稳妥推进电力用户与发电企业直接交易;三是针对华北、东北及西北地区热电联产企业供热连年大面积亏损的实际困难,建议有关部门应出台分区域供热价格指导政策,对供热亏损较大的地区按

照成本加成原则重新核定热价，并执行煤热价格联动机制；对热价倒挂严重、亏损严重的供热企业予以政策支持和财税补贴，以保障企业的正常经营生产，确保迎峰度冬期间安全稳定供热。

（六）加快完善大气污染物特别排放限值相关政策措施

根据国家2013年2月发布的《关于执行大气污染物特别排放限值的公告》，要求重点控制区域（19个省的47个城市）主城区的燃煤机组自2014年7月1日起执行特别排放限值，非主城区的在"十三五"期间执行特别排放限值。电力企业普遍反映，执行特别排放限值在技术、工期、经济等方面存在诸多难以克服的困难。建议：一是由国家有关部门共同研究提出能够满足特别限值要求的指导性技术路线和更为科学的监督考核要求；二是相关部门继续完善特别排放限值地区的现役燃煤机组综合环保电价，针对新建机组执行特别限值而增加的成本支出应相应调整电价；三是统筹安排停机改造时间，避免停机改造影响到电力平衡问题，对于确因客观原因、在限期前不能完成环保改造的机组，顺延实施；四是对重点地区环保技改工程提供环保专项资金和贷款贴息补助。

（撰稿：王永干）

2013年煤炭工业发展综述

中国煤炭工业协会

2013年，煤炭行业全面深化煤炭市场化改革，不断推进结构调整和发展方式转变，为中国国民经济平稳较快发展提供了有力支撑。但是，在经历10年高位运行之后，煤炭市场出现了全面"逆转"，全年煤炭消费增速进一步放缓、市场持续低迷、煤炭库存增加、价格大幅度走低，全行业经营遇到困难，部分企业陷入"深度"亏损状态。

一、2013年煤炭工业主要指标完成情况

1. 原煤产量。2013年全国煤炭产量36.8亿吨，比上年增长0.8%，增速同比回落3.0个百分点。原煤产量靠前的10家企业分别是：神华集团公司（49 550万吨）、中煤能源集团公司（19 083万吨）、大同煤矿集团公司（14 645万吨）、山东能源集团公司（13 166万吨）、陕西煤化集团公司（12 761万吨）、冀中能源集团公司（12 351万吨）、河南能源化工集团公司（10 626万吨）、山西焦煤集团公司（10 316万吨）、开滦集团公司（9 299万吨）、潞安矿业集团公司（8 878万吨）。

2. 煤炭进出口。2013年全国共进出口煤炭32 751万吨，出口751万吨，净进口32 000万吨左右，比2012年增加4 000万吨左右。

3. 行业经济效益。2013年，规模以上煤炭企业实现利润2 369.9亿元，同比下降33.7%。亏损企业1 788户，亏损面占23.0%。其中，大型煤炭企业（指同时具备从业人数2 000人及以上、销售额3亿万元及以上、资产总额4亿元及以上的企业）实现利润1 113亿元，同比下降36.2%。亏损企业32户，亏损面占31.1%。

4. 科技创新。2013年全行业共有5项科技成果获得国家科技进步二等奖，分别为：《煤矿岩巷全断面高效掘进关键技术与装备》《煤与瓦斯突出矿井深部动力灾害一体化预测与防治关键技术》《0.6米～1.3米复杂薄煤层自动化综采成套技术与装备》《兖矿集团煤炭安全高效开采与洁净利用技术创新工程》《面向数字化采矿的软件关键技术及应用》。基本代表了煤炭工业科研水平。

5. 新建项目核准。2013年国家发改委共核准18处大型煤矿建设项目，分别为：山西晋城矿区里必煤矿（400万吨/年）、离柳矿区肖家洼煤矿（800万吨/年）；内蒙古新街矿区察哈素煤矿（1 000万吨/年）、红庆河煤矿（1 500万吨/年）、尔林兔煤矿（800万吨/年），高头窑矿区色连一号煤矿（500万吨/年）、高头窑矿区色连二号

煤矿(400 万吨/年),准格尔矿区唐家会煤矿(600 万吨/年),吉林郭勒二号露天煤矿(1 800 万吨/年);河南鹤壁矿区伦掌煤矿(120 万吨/年),郑州矿区李粮店煤矿(240 万吨/年);陕西榆横矿区小纪汗煤矿(1 000 万吨/年)、朱家峁煤矿(150 万吨/年),榆神矿区西湾露天煤矿(1 000万吨/年),神府矿区青龙寺煤矿(500 万吨/年),神府矿区郭家湾煤矿(1 000 万吨/年),彬长矿区高家堡煤矿(500 万吨/年);青海鱼卡矿区鱼卡一井改扩建(90 万~400 万吨/年)。合计总建设规模达到 12 710 万吨/年。

6. 安全生产。2013 年全国煤矿共发生事故 589 起、死亡和失踪 1 049 人,同比分别下降 23.8% 和 23.7%。煤炭生产百万吨死亡率 0.293,同比下降 21.7%。

二、2013 年煤炭行业发展特点

1. 多种因素共同叠加,致行业经济形势严峻。综观 2013 年煤炭行业运行走势不难看出,从年初开始,煤炭市场供大于求态势显现,销售不畅、价格大幅度下降、库存急剧上升。进入 10 月份,尽管市场有小幅回调,但终没能“起死回生”。导致煤炭行情根本逆转的原因,既有世界经济持续低迷、全球煤炭生产过剩、煤炭贸易不断向亚太地区冲击聚集,也有我国宏观经济结构调整、煤炭需求不足、非化石能源比重不断提升、产能建设超前等问题,多种因素的互相叠加,导致煤炭市场发生根本性逆转。

2. 结构调整取得新成效,产业集中度进一步提升。到 2013 年底,全国共有各类煤矿 1.2 万处,比最多时的 7.8 万处,大大减少。其中,年产 120 万吨以上的大型煤矿 850 余处,产量占全国总产量的 65.0%。与此同时,淘汰落后产能、关闭布局不合理、技术装备落后小煤矿也得到稳步推进,全年整顿关闭小煤矿 770 余处。年产 30 万吨以下小型煤矿尚余 9 800 余处(其中 9 万吨以下小煤矿 7 500 余处),产量占全国总产量的比重仅为 16.0%。大型煤炭企业经过进一步兼并重组,河南能源化工集团跻身我国亿吨煤炭企业,全国前 10 家煤炭企业产量,已经占全国总产量的 44.0%。充分显示煤炭产业集中度得到进一步提升。

3. 科技创新体系逐步完善,重大示范工程取得新进展。截至 2013 年底,全行业共建成国家重点实验室 13 家、国家工程实验室 7 家、国家工程研究中心 6 家、国家能源研发中心 3 家,国家能源重点实验室 4 家,国家级企业技术中心 19 家,充分显示行业科技创新体系不断完善,为行业科技创新搭建了新的平台。

千万吨级智能化综采成套装备进入工业性试验;400 万吨/年煤炭间接液化示范工程开工建设;百万吨级煤炭直接液化示范工程实现较长周期平稳运行;煤制天然气项目实现并网输气。

4. 市场化改革不断深化,市场交易机制不断创新。2013 年是全面深化煤炭市场化改革的重要一年。随着国务院办公厅《关于深化电煤市场改革的指导意见》的实施,取消了重点合同,实现了电煤价格并轨。全国已经建成 31 家区域性煤炭市场交易中心,搭建了有利于供需双方自主交易的平台,节约了交易成本。炼焦煤好动力煤期货合约分别在大连商品交易所和郑州商品交易所成功上市,标志着煤炭市场交易机制创新取得了重要进展。

5. 行业标准化工作不断推进,神华标准作业流程受到行业推崇。2013 年行业标准化工作进一步推进。《商品煤质量评价与控制技术》研究制定工作启动,对促进政府部门加强煤质监督检查、推行优质优价将发挥重要作用。全年顺利完成计划修制定 107 项标准的任务,经主管部门批准发布国家标准 15 项。

为引领行业健康发展,建立安全、高效、科学的生产作业管理模式,神华集团及相关单位联合开展了《神华煤矿岗位标准作业流程》研究,利用国际先进的流程管理平台 Aris 软件,将传统的“三大规程”融为一体,编制煤矿岗位标准作业流程 1 668 项,涉及煤矿岗位 206 个,突出四个特点:一是提高了作业安全保障程度;二是提高了作业效率;三是提升了生产管理水平;四是经济效益明显。受到行业一致推崇和一线员工的普遍好评。随着流程成果在神华集团应用和全行业的全面推广,将有力促进全国煤炭行业标准化体系建设,提升行业整体科学化管理水平。

6. 煤炭洗选加工得到大力推进,煤炭资源的综合利用水平不断提高。2013 年全国原煤入选能力达到 23.5 亿吨,入选量 221 400 万吨,原煤入选率首次接近 60.0%,同比提高 3.8 个百分点。

全年煤矸石发电装机容量突破 3 000 万千瓦,消耗煤矸石 4.9 亿吨,相当于节省 5 600 万吨标准煤;

煤层气(煤矿瓦斯)抽采量155亿立方米,其中,井下瓦斯抽采量125亿立方米,地面抽采量30亿立方米。煤炭与共伴生资源综合利用水平再上新台阶。

三、几点建议

尽管目前中国已经名副其实地成为世界第一产煤大国,技术装备及安全水平也有了大幅度的提高,但仍然未能成为煤炭强国,存在产能过剩、供需失衡、人才匮乏以及监管效能不高等隐忧。

1. 产能增加过快、供需关系失衡日益严峻。尽管有各方面原因共同叠加的结果,但行业内部跑马圈地、无序扩张也是最根本的原因之一。建议政府有关部门,加大对违规在建项目的清理力度,凡是未经批准、竣工验收、取得相关证照的煤矿,一律停工、停产整顿。凡是新核准项目的地区,必须与淘汰落后产能相挂钩。国土资源部门应尽快出台矿业权准入条件,凡是无行业业绩经历的,一律不得再进入煤炭领域,从源头上遏制产能过快及盲目扩张。

2. 煤炭不清洁、不合理利用,造成环境承载力加剧。从国际上看,煤炭依然是清洁、价廉及可集中利用的能源,2012年美国、德国的人均煤炭消费量与我国相近。特别是20世纪80年代德国煤炭消费量曾超过5亿吨,每平方千米的煤炭消费强度接近今天的京津冀地区,环境却控制得很好。说明,中国普遍存在煤炭不清洁、不合理利用的问题,环境意识淡薄、环境违法成本太低。建议政府部门尽快出台商品煤质量控制技术标准,严格限制对高硫、高灰煤炭的使用。同时,提高对高灰高硫等劣质煤的进口关税,引导和鼓励煤炭集中清洁利用,最大程度减少煤炭的零散利用。特别是加大对使用煤炭的企业环境违法的惩处力度,逐步树立清洁利用观念和消费习惯。

3. 由于井下作业环境苦、脏、累、险,且收入待遇普遍较低,造成从业人员素质普遍较低,专业技术人才十分匮乏。很多重要领域如防治水工作,连一个兼职的水文地质专业的技术人员也没有。甚至一座千万吨级煤矿,连一名高级工程师都没有。建议国家在财力允许的情况下,像鼓励免费师范生那样,鼓励更多优秀生源进入矿业领域建功立业。

4. 行业管理职能分散、政出多门、效能低下,造成大量社会资源浪费。建议政府有关部门按照国务院的要求,进一步减政放权、逐步减少行政审批或多头管理,加强部门之间的沟通与协调,为企业创造良好的外部环境。

(撰稿:汤家轩)

2013年机械工业发展综述

中国机械工业联合会

2013年国内外经济形势错综复杂,机械工业运行困难明显增多,转变发展方式的压力不断加大。上年行业发展中遇到的一些突出问题依然存在,有些问题还在加剧,需求不足导致的市场价格战升级,价格总水平低迷,供需结构性矛盾日益突出,企业主营业务成本持续上升,盈利空间减少。在此背景下,机械工业贯彻落实中央“稳中求进”的工作要求,全力以赴稳增长、调结构、促改革,实现了全行业的缓慢回升、温和增长和平稳发展,产销、效益等主要经济指标均实现了适度增长。同时在市场倒逼机制作用下,结构调整与转型升级的步伐正在加速。

一、2013年主要经济指标完成情况

据国家统计局快报统计,2013年底,机械工业规模以上企业79 173家,实现主营业务收入204 000亿元,实现利润14 100亿元,资产总额161 500亿元。

(一)与全国工业比较

1. 增加值增速高于全国工业平均水平。2013

年机械工业增加值比上年增长10.9%，增幅比上年加快2.5个百分点，且高于同期全国工业平均增速(9.7%)1.2个百分点，回升势头强于全国工业，改变了上年低于全国工业平均增速的被动局面，生产运行态势持续向好，对全国工业实现“稳中求进”总目标做出了积极贡献。见图1。

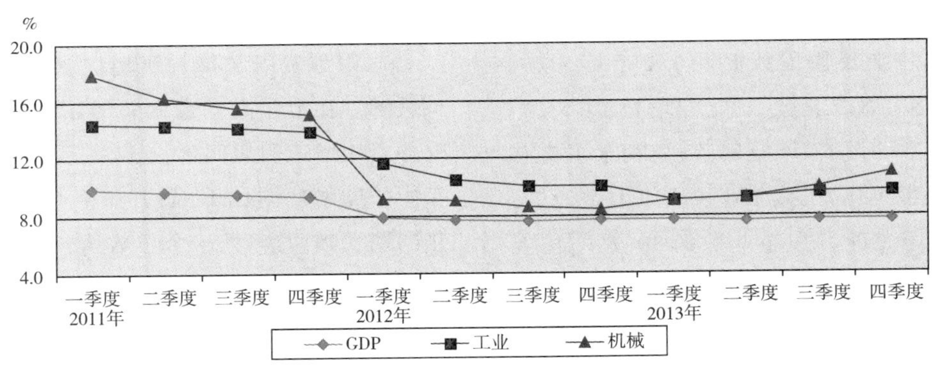

图1　2011—2013年全国GDP、工业增加值和机械工业增加值同比增减情况

2. 规模和利润等主要指标占全国工业比重最大：

——规模以上企业数占比22.5 %；

——主营业务收入占比19.9%；

——资产总额占比19.0%；

——利润总额占比22.5%；

——税金总额占比17.0%。

(二)机械工业经济运行的简要情况

1. 主营业务收入平稳增长。2013年机械工业累计实现主营业务收入204 000亿元，比上年增长13.8%，增速比上年加快4.0个百分点。全年主营业务收入增速逐月缓慢回升，增长态势好于预期。

2. 多数产品产量实现增长。2013年国家统计局每月对外公布的64种主要机械产品中，产量增长的有39种，占比为60.9%，产量下降的25种，占比为39.1%。具体分析表明，与消费关系更为贴近的产品，以及直接服务于自动化和智能化改造的产品，如农机、乘用车、仪器仪表等，产销形势较好；而典型的投资类产品，如机床、工程机械、重型机械、发电设备等产品，产销形势相对较差。

大中型拖拉机产量为584 600台，同比增长12.0%；

数控机床产量为209 300台，同比增长2.2%；

发电设备产量12 200万千瓦，同比下降2.2%，自2006年起已连续8年产量过“亿”，约占全世界产量的60.0%；

汽车产销分别为2 212万辆和2 198万辆，同比分别增长14.8%和13.9%，产销双双突破2 000万辆，再创历史新高，连续第5年居于世界第1位。见图2。

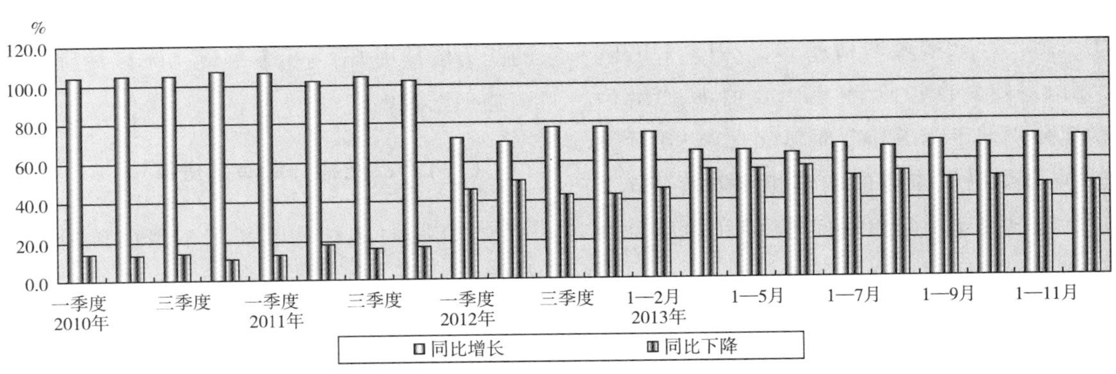

图2　2010—2013年119种机械工业主要产品产量增长情况

注：国家统计局未公布2013年1—3月产品产量数据。

3. 利润增速回升。2013 年在生产平稳增长的背景下,机械工业经济效益增速回升快于产销。全年累计实现利润总额 14 100 亿元,比上年增长 15.6%,增速比上年加快 10.0 余个百分点,比同期主营业务收入增速高 1.8 个百分点。主营业务收入利润率为 6.9%,较上年快报数提升 0.1 个百分点。全年实现税金总额 7 817 亿元,比上年增长 19.5%。

4. 亏损企业数、亏损额增幅回落,盈利水平略有上升。2013 年快报统计,机械工业规模以上企业中,亏损企业数占全国工业亏损企业数的 20.7%,比上年略降,亏损企业亏损额同比增长 15.6%,比全国工业高出 20.0 个百分点,比上年回落 10.0 个百分点。全年机械工业主营业务收入利润率 6.9%,比上年提高 0.1 个百分点。见表 1。

2013 年机械工业基本情况

表 1

指　标	单　位	指标值	同比增长（%）	占工业比重（%）
企业数	个	79 173	—	22.46
主营业务收入	亿　元	204 275	13.84	19.85
利润总额	亿　元	14 147	15.56	22.52
税金总额	亿　元	7 817	19.49	17.09
资产总额	亿　元	161 491	13.12	18.98

5. 对外贸易低速增长。2013 年机械工业累计实现进出口总额 6 713 亿美元,比上年增长 3.7%,增速较上年加快 1.2 个百分点。其中出口 3 725 亿美元,增长 6.2%;进口 2 988 亿美元,增长 0.7%。全年贸易顺差达到 736 亿美元的历史新高。

6. 固定资产投资增速回落趋稳。2013 年机械工业累计完成固定资产投资 39 900 亿元,同比增长 17.2%,增速分别低于全国和全部制造业 2.4 和 1.3 个百分点,与上年机械工业的增幅相比回落了 7.7 个百分点,增速已连续两年显著回落;但从逐月走势看,下半年增速回落已明显趋缓企稳。

7. 订货有所增长,价格依然低迷。2013 年机械工业重点联系企业累计订货在上年低基数的基础上,同比增速逐月小幅回升,态势比上年有所好转,1—12 月累计订货额比上年增长 10.2%。但总体上看,订货增长仍然乏力。需求不旺将是 2014 年机械企业面临的主要困难之一。同时在订货不足、供过于求的压力下,产品价格持续低迷,2013 年机械工业价格指数延续了上年的下行走势,至年底止,当月价格指数已连续 25 个月低于 100%。

8. 财务费用增幅有所趋缓,但货款回收困难未见缓解。在上年高基数的背景下,2013 年机械工业财务费用增速明显回落,全年一直为个位数增长,且年中一度出现同比下降;其中利息支出增速也较上年同期大幅回落,处于个位数增长水平,表明企业资金使用成本过快上涨的势头有所缓解。但是机械企业被拖欠货款的现象未有明显改观,至年末止,应收账款总额已超过 30 000 亿元,同比增长 17.6%,应收账款占主营业务收入的比重已达 15.2%,占同期流动资产的比重高达 31.0%,企业资金回收压力很大。

9. 成本上升压力不减,主营活动效益上行艰难。虽然原材料、燃料等上游产品价格仍处于相对低位,但机械工业成本上升压力依旧不减。年内主营业务成本同比增速持续上升且始终高于主营业务收入增速,1—12 月主营业务成本增速为 14.5%,高于同期主营业务收入增速 0.7 个百分点。据测算,主营活动利润率(主营业务产生的利润与主营业务收入之间的比值)仅为 6.6%,比 2012 年下降 0.4 个百分点。

二、结构调整持续推进

在市场倒逼机制作用下,2013 年机械行业转型升级和结构调整持续推进,机械企业适应市场变化的能力继续提升,内生发展动力不断增强,行业结构调整亮点频现。

(一)产品结构升级有新进展

为了应对传统产品需求下滑的挑战,机械行业新产品、新工艺研发趋于活跃,创新驱动发展的理念逐渐深入人心。靠新产品开拓市场、靠技术进步降低成本、靠替代进口增加效益,正成为越来越多企业的自发选择。以下仅为一些例证。

一批世界顶级装备纷纷问世:世界最大单机容

量核能发电机——台山核电站1号机组175万千瓦核能发电机成功研发;世界先进的150吨大推力往复式压缩机顺利研发;世界首台240MVar/1 000千伏单相单柱特高压电抗器研发成功等。

高端控制系统国产化成果喜人:流程工业用国产DCS控制系统已具备参与国际竞争的实力,国内市场占有率已过半。

高端智能设备的研发取得成果:国内首套大功率井下智能成套综采设备在太重煤机试车成功等。

高端装备国产化向纵深领域推进:特高压输变电设备的出线装置、高压绝缘套管等长期受制于进口的关键零部件已取得自主化突破;天然气长输管线加压站国产成套设备已由考核试验进入小批量生产供货阶段。

协同创新步伐加快:徐工集团与中石化联合研发了4 000吨级世界最大等级履带式起重机;中国铁建重工与神华合作成功研发了拥有完全自主知识产权的全球首台长距离大坡度煤矿斜井硬岩掘进机等。

(二)民营企业展现更大活力

2013年民营企业实现主营业务收入116 000亿元,同比增长15.4%,高于机械工业全行业平均增速1.6个百分点,占机械工业总产值的比重提高到56.7%,比上年提高0.8个百分点。民营企业全年实现利润总额为7 585亿元,比上年增长14.6%,在机械工业实现利润中的比重已达到53.6%。

(三)区域结构调整持续推进,经济增长西高东低

自金融危机以来,东部地区在出口下滑、经济转型的双重压力下,经济增长明显放缓;而中西部地区在政策支持、产业转移和内需拉动下继续保持较快增长,地区间的平衡性有所增强。2013年机械工业区域结构调整继续向政策预期方向进行。

中西部地区增长快于东部地区,东部地区呈现企稳回升势头。2013年东、中、西部实现主营业务收入分别为136 672.7亿元、47 237.1亿元和20 365.3亿元,同比分别增长12.4%、16.0%和18.7%,中西部地区增速仍快于东部地区,与上年相比增速分别加快4.1,2.0和8.0个百分点。在利润、税金增长上,西部地区增速明显高于中、东部地区。2013年西部地区机械工业利润增长24.1%,高于中、东部地区增长(14.7%、14.9%)9.4,9.2个百分点;2013年西部地区税金增长26.4%,分别高于中、东部地区(21.3%、17.7%)5.1,8.4个百分点。见图3。

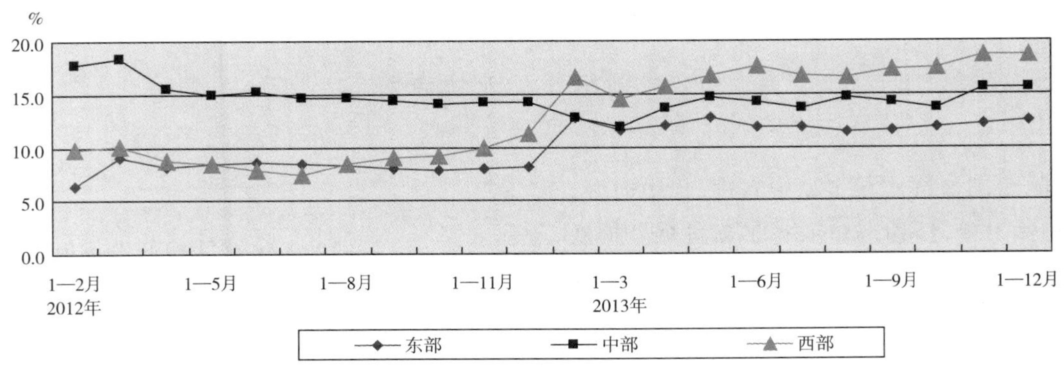

图3 2012—2013年机械工业东、中、西部地区主营业务收入增长情况

东部地区努力克服外需不足,成本上升的压力,产销保持增长,但盈利水平有所下降。东部地区由于市场化程度高、对外依存度大,外需不稳定是东部地区生产增速放缓的重要原因。但2013年东部地区努力克服生产成本大幅攀升、内外需增长趋缓等不利因素影响,加快转型升级步伐,产销呈现企稳回升态势,主营业务收入同比增长12.4%,高于上年同期4.1个百分点;利润增长14.9%,高于上年同期11.5个百分点;税金增长17.7%,高于上年同期增长5.4个百分点。但盈利水平出现

一定程度下滑。从企业效益指标看：2013 年东部地区主营业务收入利润率为 7.0%，同比降低 0.2 个百分点；亏损面为 11.5%，同比扩大 0.7 个百分点。见图 4。

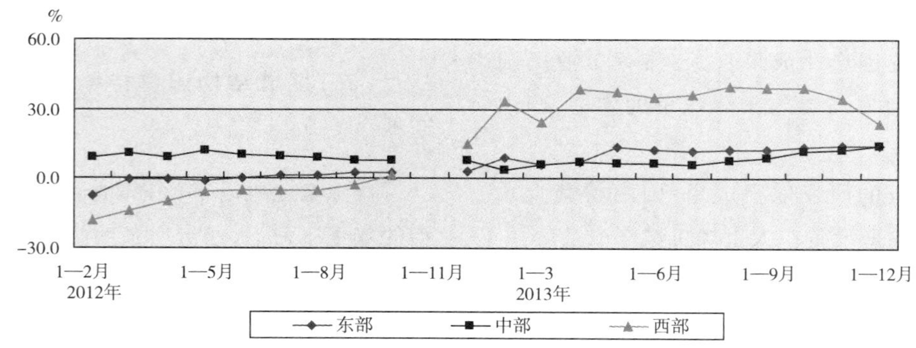

图 4　2012—2013 年机械工业东、中、西部地区利润增长情况

注：国家统计局未公布 2012 年 1—11 月利润数据。

（四）企业技术改造升温

为应对成本上升压力，机械企业积极推进自动化、信息化和智能化改造。“机器换人”在浙江等东部沿海地区快速升温，既对冲了成本上升的压力，又提升了生产效率和加工质量，并提高了应对市场变化的能力。

总之，在市场倒逼机制作用下，机械工业的转型升级在过去一年中取得了一些进展，但总体看，全行业要真正进入良性发展轨道尚需作出长期努力。2013 年机械工业的利润总额增长了 15.0% 以上，但利润率仍然不高，说明机械工业尚未真正摆脱困境。

（撰稿：赵新敏）

2013 年钢铁行业运行情况综述

中国钢铁工业协会

2013 年，中国经济实现了稳中有进、稳中向好，经济运行总体平稳，结构调整取得了新进展。钢铁行业产销仍保持了增长态势，各企业将“转方式、优结构、提质量、增效益”作为全年工作重点，积极应对各种困难和挑战，大力推进管理创新，加大钢材品种开发力度，努力消化减利因素，亏损企业大幅度减亏，行业经济效益略有好转，为支撑国民经济稳中有进持续发展做出了积极贡献。特别是党的十八届三中全会通过的关于全面深化改革若干重大问题的决定，为中国钢铁行业破解发展难题指明了方向，为实现钢铁强国梦确定了行动纲领，增强了必胜的信心。

一、2013 年钢铁行业发展回顾

（一）2013 年钢铁行业运行简要情况

2013 年全年生产生铁 7.1 亿吨，同比增长 6.2%；生产粗钢 7.8 亿吨，增长 7.5%；生产钢材（含重复材）10.7 亿吨，增长 11.4%。全年 63 个主要产钢国家和地区粗钢产量 15.8 亿吨，同比增长 3.4%，中国粗钢产量占世界的比重达到 49.3%，比上年同期上升了 1.9 个百分点。

2013 年累计进口钢材 1 408 万吨，同比增长

3.1%；累计出口钢材6 234万吨，增长11.9%；全年净出口钢材4 826万吨，净进口钢坯55万吨，材坯合计折合粗钢净出口5 073万吨。

2013年，国内钢材价格低位运行，与上年同期相比，钢材整体价格水平降幅超过5.0%，国内钢材市场价格指数12月末为99.1点，比上年末价格下跌5.9%，市场呈现供大于求严重局面。而全年进口铁矿石8.2亿吨，同比增长10.2%，进口均价129美元/吨，同比上涨0.5美元/吨，企业生产成本仍处于高位，行业盈利水平很低。

2013年，86家大中型钢铁企业实现销售收入6 875.6亿元，同比增长3.9%；实现利税973.2亿元，同比增长30.6%；其中实现利润228.9亿元，同比扭亏为盈，但销售利润率仅为0.6%，在全部工业行业中处于最低水平。全行业实现扭亏为盈，但企业亏损面仍高达18.6%。

2013年，黑色金属矿采选业投资1 666亿元，同比增长10.4%，比上年同期的23.7%增速回落13.3个百分点；黑色金属冶炼及压延加工业（含铸造业）投资5 060亿元，同比下降2.1%，降幅比上年回落0.1个百分点。

（二）2013年钢铁行业取得的成绩

在全行业面临严峻困难的生产经营形势下，钢铁企业继续深化改革创新，加快结构调整步伐，努力转变发展方式，在产品、技术、管理创新等方面取得了新进展。

——在满足市场需求方面。核电用钢全部品种已能够国产化，满足国内核电建设需要；在进口汽车用冷轧薄板卷同比只增长0.9%和进口镀锌板卷下降1.0%的情况下，国内生产的汽车用钢板卷满足了中国汽车生产增长14.3%的新需求；铁路用重轨产品同比增长33.0%，满足了铁路新线大量集中铺轨的需要。

——在产品创新方面。宝钢生产的第三代汽车高强钢实现全球首发；武钢、宝钢已能生产全部高牌号取向硅钢并形成了自己的核心专利技术，进口取向硅钢同比减少25.2%；鞍钢直径5毫米高碳钢拉丝线材轧制下线，打破国外企业对极限规格线材产品的垄断局面；首钢已生产出X80级超厚度管线钢卷板；马钢生产的350千米高速铁路车轮用钢即将进入试用阶段；太钢加强高端产品研发，不锈钢等高效、节能、长寿产品比例达到75.0%；南钢开拓船用LNG罐用钢市场，成为国内船用LNG罐用钢市场占比最高的企业。

——在转变发展方式方面。一批企业按照“转方式、优结构、提质量、增效益”思路，坚持以质取胜，以质增效，在市场十分困难的情况下，努力走质量、品种效益发展之路。华菱集团实现扭亏为盈；南钢在钢产量减少的情况下，实现利润大幅上升；兴澄特钢品种结构经过“普转优”“优转特”“特转精”三次调整，目前高档、高利润品种的比例已经占产量的1/3。

——在商业模式创新方面。宝钢继续实施服务转型战略，旗下的专业电子商务服务提供商东方钢铁电子商务平台经过多年探索实践，2013年钢材现货交易突破1 000万吨。宝钢还稳步推进国际化营销和增值服务体系，抓紧在钢铁产业链的两头（原料和加工中心）形成全球网络。沙钢、河钢、中天、荣程、西林钢铁等一批企业都已经把电子商务作为企业发展战略新的着力点。

——在环保节能方面。广大企业按照绿色钢铁的要求，认真履行社会责任，继续加大对环保的投入，环境经营水平不断提高。同时，一批企业通过节能环保投入增效，建龙集团坚持向节能环保要效益；河北津西钢铁抓能源创效，实现能源创效1.7亿元；德龙钢铁大力使用节能降耗新技术，其中仅水渣微粉就实现每吨增效近百元。

二、2013年钢铁行业运行存在的突出问题

2013年钢铁行业运行，从总体上看，高产量、高成本、低价格、低效益态势依然没有改变。

——国家处于转变经济发展方式阶段，固定资产投资、工业增加值和工业产品出口交货值增速均同比回落，难以支撑钢铁产量持续快速增长，钢铁行业还没有适应这种转变。2013年，国内生产总值同比增长7.7%，增速比2012年回落0.1个百分点，其中第二产业（包括工业和建筑业）同比增长7.8%，增速比2012年回落0.1个百分点。全社会固定资产

投资由2012年的增长20.6%，回落到2013年增长19.6%。固定资产新开工项目计划总投资同比增长14.2%，比上年大幅回落，下降14.4个百分点。制造业固定资产投资增长18.5%，增速同比回落3.5个百分点，其中，通用设备投资增速回落10.1个百分点，专用设备投资增速回落27.1个百分点，铁矿山投资增速回落13.3个百分点。建筑业固定资产投资同比增长为1.4%，比上年回落23.2个百分点。房地产开发投资同比增长19.8%，比上年的16.2%有所加快；用钢量很大的铁路投资同比只增长6.3%；道路投资成为主要用钢行业少有的"亮点"，增长18.5%，比上年加快11.9个百分点。从整体上看，主要用钢行业的固定资产投资增速基本上是回落的。2013年规模以上工业增加值由上年同期的增长10.0%，回落到增长9.7%，除汽车产量增长14.9%，增速比上年提高6.5个百分点外，主要用钢行业多数增速下降。而钢铁行业还未能完全适应这种转变。

——原燃料高成本，钢材低价格，企业增产难增效。2013年进口铁矿石平均到岸价每吨为129美元，比上年同期的128.6美元/吨，上涨0.4美元/吨，涨幅0.4%。进口炼焦煤7 539万吨，均价为每吨130.6美元，同比下降8.5%。尽管钢铁企业通过降低炼焦煤采购价消化大量减利因素，但全年原燃料、能源价格整体上仍处于高位。而钢材价格则总体呈持续下跌态势，至12月末国内钢材价格指数为99.1点，比上年底下跌5.9%。八大主要钢材品种价格与上年底相比，每吨下跌少则近百元，最多的热轧板卷每吨下跌400多元。同期CRU国际钢材综合价格指数，尽管与上年末比也有一定幅度下跌，但仍维持在168点以上。钢材价格过低和进口铁矿石价格过高是当前中国钢铁行业困难的最主要原因，企业期望通过增产以摊薄固定费用，从而改善经营状况的做法，进一步加剧了市场降价竞争，使企业增产难增效。

——企业资金紧张，负债率上升，经营风险加大。近年来，随着钢铁生产规模的扩大，钢铁企业的负债水平也明显上升。到2013年末，会员企业资产负债率69.4%，同比上升1.0个百分点，与行业效益最好的2007年末相比，企业资产负债率上升了12.1个百分点。产成品资金占用比上年同期增长9.0%；企业银行借款同比增长8.4%。同时，应收、应付账款同比分别增长9.3%和3.0%。

——行业集中度不升反降，恶化了钢铁业在产业链博弈中的地位。近几年来，非会员企业的产量增长快于会员企业的产量增长，行业集中度指标在经过了2005—2011年的增长后，在2012年、2013连续两年下降。按钢协统计，以产量前4位、前10位的钢企产量占全国产量的比例衡量，2011年分别为22.6%，42.8%，2012年分别为21.0%，39.7%，2013年分别为21.0%，39.4%。集中度的下降不仅使得钢企在与上游行业的价格博弈中处于被动接受地位，也使得钢企难以将成本上涨因素向下游传递。

三、钢铁行业面临的国际、国内市场环境

从国际看：在经历了国际金融危机，欧债危机、政府关门危机和债务上限后，美国、欧元区和日本经济首次共同出现了温和复苏的迹象，但复苏的基础并不牢固；而新兴经济体和发展中国家普遍面临外需疲软、内生增长动力不足、通胀压力上升等问题，2014年全球经济仍将延续缓慢复苏态势，且存在大量的不确定、不稳定因素。新的增长动力源尚不明朗，发达经济体量化宽松政策调整，新兴市场国家增速减缓的影响尚难估量，大宗商品价格的变化方向都存在不确定性，中国出口面临的外部环境仍不乐观。

从国内看：中央经济工作会议明确指出，2013年经济工作仍坚持稳中求进工作总基调，中国经济已经从高速增长转向中速增长，中国经济已经进入转型发展的关键时期。坚持稳中求进，以改革促发展，强化经济发展的内生动力和活力，加快转方式调结构、提高经济增长的质量和效益已经成为经济政策的主线。中央经济工作会议明确指出，要充分发挥消费的基础作用、投资的关键作用、出口的支撑作用，强调市场在资源配置中起决定性作用和更好发挥政府作用有机结合，2014年中国经济总体上保持稳定增长态势，预计增长7.5%左右。同时，产业结构调整会加快步伐，对促进钢铁行业持续健康发展和转型升级提供了良好机遇。

从钢铁行业看，由于国家坚持稳中求进的方针，城镇化的稳步推进，钢材市场需求仍会有一定幅度的增长，预计2014年粗钢产量8.1亿吨，表观消费量为7.5亿吨，增长3.1%左右。但受产能过剩，固定资产投资增速趋缓，下游行业需求增速回落的影响，供大于求的局面难有很大改变。由于全球经济复苏缓慢，国际贸易保护加剧，和新兴经济体国家经济增长趋缓，中国钢材出口连续两年保持两位数增长的状态难以维持，出口形势不乐观；受原燃料价格仍处高位，资源环境约束增强环保成本上升的影响，企业降成本难度加大。同时也要看到，下游行业转型升级步伐加快，给钢铁工业发展带来新的机遇。

要充分认识钢铁行业微利经营的长期性。从产业发展阶段看，中国钢铁工业已经开始由快速成长阶段向低速、平稳发展阶段过渡。产能过剩、同质化无序竞争、集中度偏低、铁矿石谈判缺乏话语权，技术研发难度加大等问题凸显，且都具备长期性。从时代特征看，绿色发展、金融深化和收入倍增的时代特征对钢铁工业的发展提出了更高的要求和更严峻的挑战。一方面，基础原材料定价机制的金融化导致钢铁企业逐步失去对原料、产品的定价权。从不锈钢和镍的长期相互关系的历史经验看，金融资本的参与将进一步压缩钢铁企业的盈利空间。另一方面，日益严格的环境标准不仅短期内直接体现为企业成本压力，而且对钢铁企业的环境经营水平提出了更高的要求。其次，随着中国人口红利期趋于结束，国民收入倍增计划实施，水、电、气等资源性产品价格改革的推进，钢铁工业的要素成本进入快速增长轨道。从国际环境看，金融危机后，发达经济体复苏乏力，中国钢铁产品传统出口市场需求低迷，而在印度、东南亚等新兴市场也面临着本土企业的竞争。同时，金融危机引起的全球竞争格局变化和产业转移加快，导致全球产业转移中的竞争加剧，针对中国钢铁产品的“双反”增加，贸易环境恶化。

总之，行业发展阶段、时代特征和国际环境三个方面的因素决定了行业微利经营的长期性。

（审稿：王德春
撰稿：王贺彬）

2013年石油和化学工业发展综述

中国石油和化学工业联合会

2013年，面对复杂困难的国内外宏观经济形势，石油和化工行业认真贯彻“稳中求进”的基本方针，克服重重困难，实现了预期增长目标。行业运行总体平稳，经济效益明显改善，产业转型升级稳步推进，投资结构继续优化，出口保持增长，市场供需基本稳定。

一、2013年行业经济运行概况

（一）主要经济指标基本实现增长预期

2013年，全行业规模以上企业28 652家，实现主营收入133 000亿元，同比增长9.0%，占全国规模主营收入的12.9%；利润总额8 643.5亿元，增长5.7%，占同期全国规模利润总额的13.8%；上缴税金9 072.9亿元，增长5.2%；完成固定资产投资21 000亿元，增长19.5%，占全国工业投资总额的11.6%；资产总计105 000亿元，增幅12.1%。全年实现进出口总额6 506.2亿美元，同比增长2.0%，占全国进出口总额的15.6%，其中出口1 803.2亿美元，增长3.9%，占全国出口总额的8.2%。2013年，全国石油天然气总产量3.1亿吨（油当量），同比增长4.0%；主要化学品总产量增幅约6.0%。见表1。

2013 年主要经济指标占全国的比重

表 1

项　目	单　位	全　国		石油和化工行业		占全国比重(%)
		2013 年	同比增长(%)	2013 年	同比增长(%)	
规模以上工业主营收入	亿　元	1 029 200.0	11.2	133 200.0	9.0	12.9
工业固定资产投资	亿　元	181 900.0	17.8	21 000.0	19.5	11.6
进出口贸易	亿美元	41 600.0	7.6	6 506.2	2.0	15.6
其中:出　口	亿美元	22 100.0	7.9	1 803.2	3.9	8.2
进　口	亿美元	19 500.0	7.3	4 703.0	1.4	24.1
规模以上工业企业利润	亿　元	62 800.0	12.2	8 643.5	5.7	13.8

(二)石油天然气开采业

2013 年,石油和天然气开采业规模以上企业 281 家,实现主营收入 14 000 亿元,同比增长 1.3%;利润总额 3 663 亿元,下降 10.9%;上缴税金 2 305.3 亿元,下降 3.6%;完成固定资产投资 3 805.2 亿元,增幅 33.3%;行业资产总计 22 000 亿元,增长 6.1%。全年全国原油产量 2.1 亿吨,同比增长 1.7%;天然气产量 1 129.4 亿立方米,增长 9.1%。

(三)原油加工业

2013 年,原油加工业规模以上企业 1 337 家,实现主营收入 35 000 亿元,同比增长 3.5%;利润总额 399.9 亿元,2012 年同期为亏损 23.1 亿元;上缴税金 4 107.9 亿元,同比增长 6.5%;完成固定资产投资 2 137.6 亿元,增长 27.9%;资产总计 16 000 亿元,增长 12.8%。全年原油加工量 4.8 亿吨,同比增长 3.3%;成品油产量(汽、煤、柴油合计)2.9 亿吨,增长 4.4%。

(四)化学工业

2013 年,化工行业规模以上企业 25 634 家,实现主营收入 81 000 亿元,同比增长 12.7%;利润总额 4 308.1 亿元,增长 12.0%;上缴税金 2 529.2 亿元,同比增长 12.1%;完成固定资产投资 14 000 亿元,增长 14.6%;资产总计 64 000 亿元,增长 13.7%。全年实现进出口总额 3 311.7 亿美元,同比增长 3.3%,其中出口 1 458.4 亿美元,增长 4.3%。2013 年,全国乙烯产量 1 622.5 万吨,同比增长 8.5%;烧碱产量 2 854.1 万吨,增长 6.5%;化肥产量 7 153.7 万吨,增长 4.9%;合成树脂产量 5 837 万吨,增长 11.0%;轮胎外胎产量 9.7 亿条,增长 7.2%。

(五)专用设备制造业

2013 年,行业规模以上企业 1 400 家,实现主营收入 3 945.6 亿元,同比增长 15.4%;利润总额 272.7 亿元,同比增长 10.7%;上缴税金 130.4 亿元,同比增长 4.6%;完成固定资产投资 1 023.2 亿元,同比增长 27.9%;资产总计 3 628 亿元,同比增长 19.3%。2013 年,生产石油钻井设备 48.6 万台(套),同比增长 17.8%;炼化专用设备 205.5 万吨,同比下降 4.4%。

二、经济运行主要特点

(一)经济实现平稳增长

2013 年,石油和化工行业经济克服了诸多不利因素,实现了平稳增长。全年全行业增加值同比增长 9.4%,高于上年 1.1 个百分点,其中化工行业增幅 12.3%,同比加快 0.2 个百分点。从运行过程上看,上半年行业经济有较明显波动,下半年转入平稳增长。一季度全行业增加值同比增长 9.0%,上半年为 9.1%,其间最低月累计增幅为 8.8%;7 月份上升至 9.4%,此后一直稳定在这一增长幅度,经济运行总体平稳。

主营业务收入增长基本稳定。一季度全行业收入增幅最高,同比达 9.5%,上半年为 9.3%,前三季度为 9.0%,全年增幅 9.0%,较上年回落约 1.9 个百

分点。2013年，化学工业主营收入增幅12.7%，比上年加快0.2个百分点。见图1。

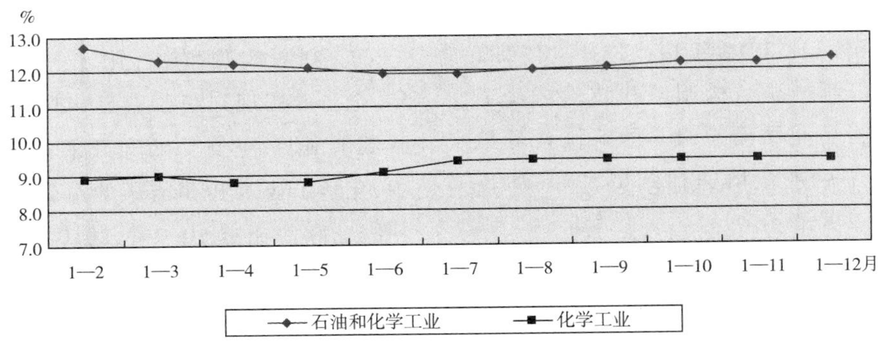

图1　2013年1—12月石油和化工行业增加值累计增长走势

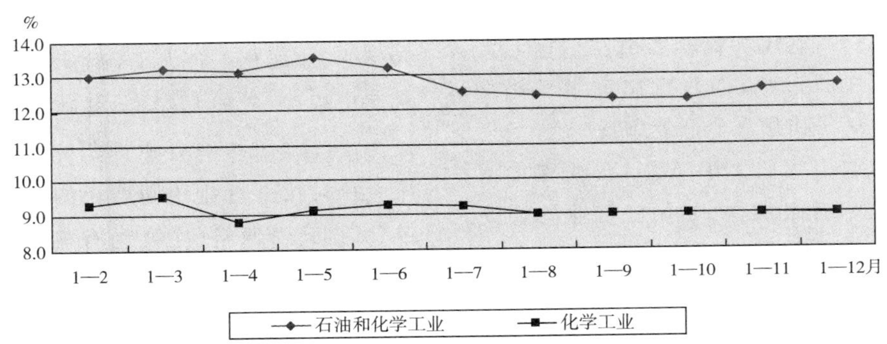

图2　2013年1—12月石油和化工行业主营收入累计增长走势

(二)产业结构调整继续深化

2013年，行业继续扎实推进产业结构调整，取得明显成效。

一是投资结构继续优化。2013年全行业固定资产投资增长19.5%，基本符合预期。三大投资领域中，对化学工业的投资明显减缓。据统计，当年油气开采、炼油业投资增幅分别达33.3%和27.9%，均较上年大幅加快；而化学工业增速只有14.6%，为历史最低增幅之一，也是近些年来首次低于油气开采和炼油业增长。

从化工各领域看，有机化学原料、涂(颜)料制造等精细化学品和合成树脂投资增长较快。2013年，上述三个领域投资增幅分别达到27.1%、28.2%和29.7%，均大大高于化工行业平均增速；占该行业投资比重分别为19.9%、6.1%和7.1%，也均较上年上升，投资继续向技术含量较高、附加值较高的领域倾斜。同时，一些过剩行业投资持续回落。2013年，无机酸行业投资增幅只有1.6%，无机碱则是下降11.9%，磷肥行业投资降幅更是超过22.0%。

二是产品结构调整加快。数据显示，产业链长、技术含量和附加值较高、市场前景看好的产品产量增长较快，在行业中所占比重大幅上升。从上游能源生产领域看，页岩气、煤层气、煤制气等非常规油气产量大幅增长，所占比重持续攀升。2013年，天然气产量占油气比达到32.8%的历史新高，比上年提高1.5个百分点。炼油领域，成品油结构发生明显变化。汽、煤油在生产和消费中的占比持续增加，2013年的产量比重分别达到33.2%和8.5%，比上年提高1.6和1.0个百分点。在下游化工领域，新材料、新技术、新型煤化工等产品产量快速增长。2013年，合成材料产量增幅达到9.0%，在主要化工产品中占比超过21.0%，同比分别提高2.0和1.0个百分点；有机化学品增幅7.3%，占主要化工产品的比重近12.0%，同比提高1.2和0.5个百分点。其中，特别值得关注的是，代表新型煤化工的标志性产品——甲醇，在“甲醇汽车”、甲醇制烯烃技术推动下，近年呈飞速增长之势。2010年以来，平均增幅超过22.0%，2013年在统计局公布的主要有机原料产量中占比达到51.0%，比2010年提高逾10.0个百分点。此外，轮胎行业产品结构调整和技术进步继续加快，引领橡胶制品业结构升级。国家统计局数据显示，2013年子午胎产量增速达到17.2%，所占比重较上年提高5.2个百分点。

三是技术结构进一步优化。资源类产品在经济增长中的比重呈现持续下降、技术类产品保持上升的趋势。2013年，无机化学原料、化肥等传统化工产品在经济增长中的占比持续下降，有机原料、专用化学品、合成材料等呈上升趋势。2013年，无机化学原料和化肥行业主营收入占化工行业比重分别较上年下降了1.0和0.5个百分点；而有机化学原料和专用化学品则上升了0.9和0.3个百分点。

一批核心技术取得突破。2013年，石油和化工行业在传统行业技术升级加快，如化肥行业的煤气化技术装备的发展，染料生产工艺的突破与创新；在页岩气的开发也取得技术和产量的突破；在化工装备领域，国产化装备取代了国外进口设备等等。其中，最值得一提出的是现代煤化工技术取得新的进展。

2013年，我国现代煤化工行业发展稳步前行，煤化工技术也不断取得新的突破。煤气化技术国产化进程稳步推进，以航天炉为代表的具有自主知识产权的气化炉技术正在行业内得到广泛认可，与国外引进技术“水土不服”的情况相比，国产气化炉更加“接地气”。另外，在工艺路线方面也进行了新的尝试和探索，如煤制芳烃和煤—油混炼新技术的首次尝试，煤制乙二醇全流程打通并生产合格产品，以及焦油加氢煤炭分质利用新工艺等，这些工艺路线的尝试和探索，都为我国现代煤化工行业发展积累了宝贵的经验。在技术和工艺路线取得新进展的同时，对现代煤化工产品的开发也收获了新的果实。甲醇蛋白的生产不仅开拓了现代煤化工下游产品，还填补了我国在这一领域的技术空白，成为国际上为数不多的掌握此项生产技术的国家之一。

（三）经济效益明显改善

2013年，石油和化工行业利润和收入均实现了增长，而上年利润则为负增长。同时，企业亏损状况也有显著好转，盈利能力稳中回升，行业整体效益明显改善。

1. 利润实现增长，化工行业贡献最大。2013年，全行业实现利润总额8 643.5亿元，增幅5.7%，略低于预期，主要受油气开采业大幅下降拖累。其中，化学工业对利润增长的贡献率最大，达99.6%，利润总额占比近50.0%，2010年以来，再次超越油气开采。相反，由于利润下降，过去占比最大的油气开采业利润贡献率为负值（-96.6%）。利润增长的结构正在改善。

2. 农药、橡胶制品和基础化学原料制造利润增速较高。2013年，农药制造业利润同比增幅30.8%，位居化工各大子行业增幅之首；橡胶制品业利润增幅21.7%，居第二；基础化学原料制造利润增速为18.7%（其中有机原料增幅26.8%），排名第三。从对化工行业利润增长的贡献率看，专用化学品、基础化学原料（主要为有机原料）和橡胶制品占前三位，分别达到36.0%、32.3%（其中有机原料为26.1%）和24.1%；占化工行业利润总额的比重依次为27.8%、21.9%和14.5%。

3. 亏损企业亏损状况持续好转。2013年，全行业亏损企业亏损额同比下降12.0%，亏损面由年初的21.3%缩小至年末的11.9%。其中，油气开采业亏损企业亏损额同比增长0.9%，亏损面为18.5%；炼油业亏损企业亏损额同比下降39.1%，亏损面为17.0%；化工行业亏损企业亏损额同比增长10.5%，亏损面为11.8%。

4. 盈利能力回升。2013年，全行业主营收入利润率6.5%，同比下降0.2个百分点，但比年初提高0.3个百分点。其中，化工行业主营收入利润率5.3%，同比基本持平，比年初上升大幅提升1.3个百分点。进入下半年后，行业毛利率也出现明显企稳回升趋势。全年毛利率为16.5%，比前三季度上升约0.4个百分点。其中化工行业毛利率13.0%，比前三季度上升0.8个百分点。

（四）行业出口逆势增长

2013年，面对世界贸易增长放缓，贸易壁垒和摩擦加剧等复杂严峻的外贸形势，行业出口实现逆势增长。海关数据显示，全年全行业实现进出口总额6 506.2亿美元，同比增长2.0%。其中，出口1 803.2亿美元，增长3.9%，比上年加快3.1个百分点，2008年以来，出口增长首次超越进口（1.4%），占全国出口总额的8.2%。

1. 橡胶制品出口一枝独秀。2013年，橡胶制品出口金额478.9亿美元，同比增长9.2%，增幅比上年提高2.0个百分点，占石油和化工行业出口总额的26.6%，是行业贸易顺差的主要来源。在其他主要出口产品中，农药和成品油出口额大幅增长。增速分别达到31.0%和30.1%，分别占全行业出口总额的2.1%和9.2%，均较上年明显上升。2013年，化肥出口1 941.3万吨，同比增长7.0%，出口总额63.1亿美元，下降14.1%。

2. 中、西部地区出口增速相对较快。2013年，东部地区进出口总额5 686.7亿美元，同比增长2.7%，其中出口1 505.7亿美元，增幅3.8%，同比加快2.0个百分点；中部地区进出口总额316亿美元，下降8.7%，其中出口162亿美元，增长5.0%；西部地区进出口总额503.5亿美元，增长1.7%，其中出口135.5亿美元，增幅3.7%。中、西部地区出口均由上年的下降转为正增长，占出口比重也呈上升的趋势。

3. 贸易国进一步拓展，区域结构继续改善。近年来，石油和化工行业对外出口地不断扩展，2013年，上升至230个国家和地区，较上年又增加5个，遍布全球各地。在贸易面拓展的同时，区域贸易结构也得到改善。传统出口最大目的地美国、中国香港、日本等国家和地区占比继续下降，金砖国家和其他发展中国家占比持续上升。数据显示，2013年对美出口额占比为14.5%，较上年下降0.3个百分点；对香港地区出口额占比7.3%，同比下降0.6个百分点；对日本出口额占比降至5.9%，降幅最大，达0.8%。对金砖国家出口占比保持稳中上升趋势，2013年占比首次超过11.0%，较上年提高0.2个百分点。2013年出口增量主要来自其他地区和发展中国家。见图3。

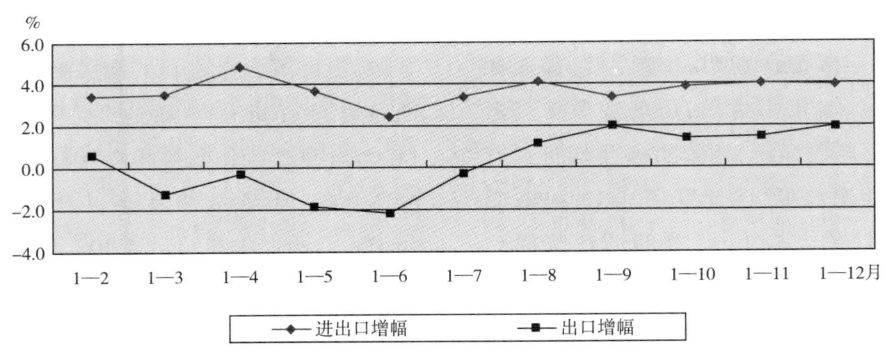

图3 2013年1—12月石油和化工行业进出口贸易累计增长情况

（五）区域经济结构继续改善

1. 东中西部产业布局进一步优化，西部原材料产业和东部的高技术产业发展加快。2013年，东部地区纯苯产量占全国比重达到70.0%，子午胎占比超过82.0%，合成纤维单体超过92.0%，产品加快向中高端、精细化发展；中部地区根据自身优势，大力发展化肥、精细化学品等产业。其中，尿素占全国总产量的39.0%，化学试剂占29.0%，农药占30.0%；西部地区天然气产业、煤化工等发展迅速。2013年，西部地区天然气产量占全国比重达82.0%，电石产量达88.0%，甲醇占比近50.0%。各区域的优势和特点进一步显露。

2. 西部地区投资增速继续领先。国家统计局数据显示，石油和化工行业投资重点继续向中、西部地区倾斜。2013年，西部地区投资增幅达25.2%，东部和中部地区投资增幅分别为19.9%和10.9%，西部地区增速明显领先；中西部地区投资额占全行业比重保持在51.0%以上，投资继续向中西部地区倾斜。

3. 区域经济增长趋于平衡。2013年，东部11省（直辖市）主营收入88 000亿元，增长9.5%；中部8省主营收入24 000亿元，增长9.0%；西部12省（自治区、直辖市）主营收入22 000亿元，增幅7.3%。在区域经济条件差别较大、宏观经济形势艰难复杂的背景下，地区收入增长保持了基本同步，中、西部地区经济在行业中的占比保持稳中上升趋势，地区经济发展更趋协调、平衡。见图4。

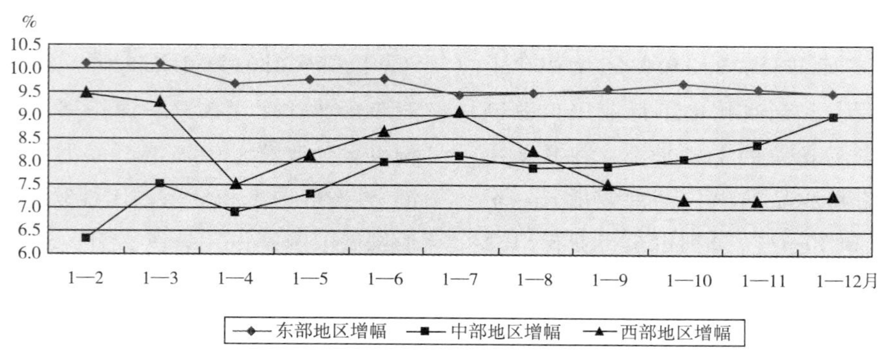

图4　2013年1—12月东部、中部和西部地区主营收入累计增幅情况

三、经济运行中的主要问题

一是部分行业产能过剩问题突出。2013年以来，部分行业产能扩张仍在继续，装置开工率持续走低，市场竞争激烈，价格长期低位徘徊。2013年，尿素产量装置平均利用率维持在80.0%左右，即便如此，由于产能释放过大，供需失衡，市场竞争十分激烈，价格持续走低。监测显示，尿素市场年均价只有1 920元/吨，是三年来最低，同比跌幅达13.4%；受此影响，氮肥行业效益大幅下滑，利润同比降幅达51.4%。无机盐、无机碱行业市场竞争更为残酷，价格连连下挫。全年烧碱装置平均利用率在75.0%左右，纯碱装置平均利用率80.0%上下；烧碱市场年均价为2 650元/吨，同比下跌18.4%，液碱均价706元/吨，跌幅23.3%；纯碱市场年均价1 440元/吨，同比下跌7.1%，轻灰均价为1 340元/吨，跌幅8.7%。2013年，无机盐行业利润由上年大幅增长15.0%转为下降2.3%。2013年聚氯乙烯装置利用率不足65.0%，甲醇更低，不足60.0%，聚氯乙烯和甲醇价格长期低位徘徊，行业处于亏损边缘。部分行业的产能过剩，已成为影响全行业结构调整和经济平稳运行的突出风险。

二是创新能力还不适应产业结构调整。近年来，行业的创新能力虽然稳步提高，但与产业和产品结构调整的要求仍有很大差距。面对快速发展变化的市场，难以应对，一些畅销产品，很快变得过时、过剩，又不得不大量进口。海关数据显示，2013年，我国净进口有机化学品达2 733.7万吨，同比增长11.0%；净进口合成树脂2 703.8万吨，同比小幅下降2.0%，但却是当年国内合成树脂总产量的46.3%。两者之和超过5 400万吨，如此巨大市场，我们却长期徘徊在外围。从进口来源地看，主要来自中东地区的伊朗、沙特，以及周边的韩国、日本和我国台湾地区。我产品无论是在质量，还是在品种、档次上与上述国家和地区都存在很大差距，尤其是有机化学原料领域，质量和技术差距近年来有扩大的趋势。

（审稿：李寿生）

（撰稿：赵志平）

2013年轻工业发展综述

中国轻工业联合会

2013年,轻工行业认真贯彻中央决策,着力推进结构调整和发展方式转变,保持了轻工业经济平稳增长,各项工作取得新的进展。轻工业发展呈现以下特点:

一、行业运行总体平稳

轻工经济稳中有进。全行业实现主营业务收入247 000亿元,利润17 000亿元。其中,规模以上企业实现主营业务收入203 100亿元,同比增长13.7%。利润13 100亿元,同比增长14.6%。工业增加值同比增长10.2%,高于全国工业增速0.5个百分点。轻工进出口贸易总额6 834.6亿美元。其中出口5 583.4亿美元,同比增长10.0%,高于全国增速2.1个百分点。进口1 251.2亿美元,同比增长5.5%。轻工行业贸易顺差4 332.2亿美元。

结构调整取得积极成效。企业加大科技投入,新品开发、产业升级步伐明显加快。产业有序转移稳步推进,中西部地区主营业务收入比重继续提高,增速比东部地区高近5.0个百分点。轻工内外销比重进一步改善,全轻工业规模以上企业完成出口交货值25 049.2亿元,比上年增长5.9%,外销市场比重比上年略有下降,并呈逐年缩小趋势。

进一步惠及民生。轻工产品有效保障了人民群众改善生活的消费需求。轻工就业人数占全国工业的1/4。行业诚信体系建设进一步推进,食品安全专项整治取得积极效果。

轻工业在全国工业中的比重全面提升。2013年轻工业规模以上企业数占全国工业企业总数的28.5%,所占比重比2012年下降0.2个百分点;主营业务收入占全国工业总量的19.7%,所占比重提高0.1个百分点;资产总额占全国工业总量的14.5%,提高0.2个百分点;利润总额占全国工业总量的20.9%,提高0.6个百分点;商品出口额占全国出口总量的25.3%,提高0.5个百分点。

二、大中型企业对促进行业发展作用增强

小企业众多是轻工业企业构成的重要特征。近年来,随着产业规模化、集约化发展,产业集中度不断提高,大中型企业对轻工业发展的贡献率也进一步增强。2013年轻工行业全部工业企业67.2万个,其中规模以上轻工企业100 339个。规模以上企业中,大型企业2 084个,占2.1%,中型企业15 707个,占15.7%;小型企业82 548个,占82.3%。

从主营业务收入上看,2013年轻工大型企业完成主营业务收入49 617.4亿元,占全部的24.4%;中型企业完成主营业务收入55 802.5亿元,占全部的27.5%;比上年小型企业完成主营业务收入97 681.6亿元,占全部的48.1%。

从利润总额上看,2013年大型企业完成利润总额3 936.1亿元,占全部的30.0%;中型企业完成利润总额3 371.6亿元,占全部的25.7%;小型企业完成利润总额5 827.2亿元,占全部的44.4%。从不同规模企业利润均值上看,大型企业平均年利润18 887万元/个、中型企业2 147万元/个、小型企业706万元/个。

三、主要行业支撑了轻工业发展

从各主要行业中主营业务收入总量上看,农副食品加工、塑料制品、食品制造、造纸、家电、皮革羽绒及制鞋、文体及工美、酿酒、金属制品、五金等行业规模以上工业企业主营业务收入位合计占总量的

84.2%。工美、陶瓷、照明、食品行业主营业务收入增速较快，均超过15.0%；皮革、酿酒、日化、造纸等行业主营业务收入增速较低。

从各行业利润总额情况看，农副食品加工、食品、酿酒、塑料制品、造纸、皮革、文体等10个行业的利润合计占到轻工行业利润总额的81.7%。自行车、家电、玩具、饮料、陶瓷、五金等11个行业利润增长速度超过轻工业总体水平，缝纫机械、采盐、电池是出现负增长的行业。

从主营业务利润率看，2013年轻工行业主营业务收入利润率6.5%，比2012年提高0.3个百分点。酿酒、日化、饮料、食品、陶瓷、轻工机械、照明、钟表行业主营业务收入利润率较高，其中：酿酒行业利润率达到12.6%，为最高值。造纸、乐器、五金行业主营业务收入利润率较低。

四、东部发展趋缓，中西部发展增快

2013年，轻工业规模以上企业完成主营业务收入主要集中在广东省、山东省、江苏省、河南省、浙江省等地区。这5个省区占全国轻工业主营业务收入的49.9%。其中广东省主营业务收入29 833.1亿元，名列第一，同比增长12.7%；山东省28 284.9亿元，同比增长12.2%；江苏省15 867.3亿元，同比增长11.6%；河南省14 171.9亿元，同比增长17.6%；浙江省13 199.5亿元，同比增长6.6%。

从企业完成利润总额看，主要集中在山东省、广东省、河南省、江苏省、福建省等地区。5个省区占全国利润总额的50.2%。其中：山东省利润总额1 755.1亿元，同比增长12.7%；广东省利润总额1 708.2亿元，同比增长20.9%；河南省利润总额1 304.1亿元，同比增长13.9%；江苏省利润总额1 069.6亿元，同比增长12.6%；福建省利润总额756.2亿元，同比增长13.1%。

近几年，随着中西部和东北地区轻工行业投资的增大以及东部地区轻工产业向中西部转移，中西部和东北地区的轻工业得以快速发展，占全国轻工业的比重也逐年扩大，2013年东部地区主营业务收入占全国57.6%，比2012年下降1.4个百分点；中部地区占全国21.8%，上升1.2个百分点；西部地区占全国11.5%，上升0.2个百分点；东北地区占全国9.1%，与上年相比持平。

五、进出口贸易情况

（一）出口贸易

据海关统计，2013年，轻工产品出口额5 583.4亿美元，同比增长10.0%，高出全国出口增速5.7个百分点。轻工产品出口额占全国外贸出口总额（22 100.4亿美元）的25.3%，比2012年增加了0.5个百分点。

轻工产品出口主要集中在美国、日本、德国、英国、俄罗斯联邦、马来西亚、荷兰、澳大利亚、韩国及中国香港等地。其中：对美国出口额1 189亿美元，同比增长6.5%；对中国香港地区出口额615.8亿美元，同比增长27.9%；对日本出口额414.9亿美元，同比下降1.4%；这三个国家或地区的出口额占出口总额的39.8%。

美国、欧盟、日、韩仍是中国轻工产品的主要市场，但所占份额逐年减少。对东盟等新兴市场的出口快速增长，市场份额逐年提高，轻工产品出口市场多元化格局已经初步形成。

皮革及鞋类、塑料制品、家电、家具、工美、文体用品、五金制品、农副食品加工等8个行业出口额均超过300亿美元，合计占轻工出口总额的80.9%。

（二）进口贸易

据海关统计，2013年轻工产品累计进口额1 251.2亿美元，同比增长5.5%，增幅比2012年提高3.1个百分点。轻工部分行业“两头在外”，即进口原料、半成品，经加工制造后再出口，因此轻工出口增长的放缓也影响了轻工进口额的增长。

轻工产品进口主要来源于日本、韩国、美国、德国、中国台湾省、巴西、加拿大、印度尼西亚、新西兰等，上述国家和地区进口额合计占进口总额的58.6%。

在中国轻工行业主要商品进口中，按进口额大小排在前5位的行业是农副食品加工、塑料制品、造纸、日化、食品。其中农副食品加工品进口额307.3亿美元，同比增长2.9%；塑料制品进口额188.2亿美元，同比增长2.1%；纸浆、纸张及纸制品进口额160.4亿美元，同比增长0.4%。主要进口商品中，前5位的进口商品增幅均有所放缓，日化产品进口同比负增长5.3%。家用电器进口增幅最高，达到162.2%。

六、主要产品产量有增有减

主要产品产量见表1。

2013年全国轻工行业主要产品产量

表1

产品名称	单 位	产 量	比上年增长(%)
原 盐	万 吨	6 460.16	3.9
精制食用植物油	万 吨	6 218.61	20.1
成品糖	万 吨	1 568.04	14.3
糖 果	万 吨	262.58	8.5
速冻米面食品	万 吨	572.71	18.6
方便面	万 吨	1 030.76	8.9
乳制品	万 吨	2 698.03	6.0
其中：液体乳	万 吨	2 335.97	8.8
乳 粉	万 吨	158.88	11.4
罐 头	万 吨	1 045.39	7.6
酱 油	万 吨	757.95	8.2
冷冻饮品	万 吨	285.61	30.3
食品添加剂	万 吨	407.25	23.7
发酵酒精(折96度，商品量)	万千升	911.55	11.1
饮料酒	万千升	6 381.60	6.0
其中：白 酒	万千升	1 226.20	6.3
啤 酒	万千升	5 061.54	3.3
葡萄酒	万千升	117.83	-14.6
软饮料	万 吨	14 926.82	14.6
其中：碳酸饮料类	万 吨	1 717.79	21.6
包装饮用水类	万 吨	6 651.14	19.6
果汁和蔬菜饮料类	万 吨	2 418.69	8.5
精制茶	万 吨	221.94	15.1
羽绒服	万 件	29 600.00	-0.3
轻 革	万平方米	55 056.83	-23.7
皮革服装	万 件	6 229.74	7.9
天然毛皮服装	万 件	465.40	4.8
皮革鞋靴	亿 双	49.25	9.4
家 具	万 件	65 161.78	-0.4
其中：木质家具	万 件	23 646.35	-8.5
金属家具	万 件	32 271.09	-3.6
软体家具	万 件	4 261.70	1.1
纸浆(原生浆及废纸浆)	万 吨	1 662.36	-2.5
机制纸及纸板(外购原纸加工纸除外)	万 吨	11 514.58	1.2

续表

产品名称	单 位	产 量	比上年增长(%)
其中:未涂布印刷书写纸	万 吨	815.16	-3.2
其中:新闻纸	万 吨	368.63	-5.7
涂布类印刷用纸	万 吨	815.16	-4.3
卫生用纸原纸	万 吨	378.77	8.1
箱板纸	万 吨	1 182.90	-11.0
纸制品	万 吨	5 323.98	11.1
其中:瓦楞纸箱	万 吨	3 057.01	8.8
合成洗涤剂	万 吨	1 029.80	14.7
其中:合成洗衣粉	万 吨	448.37	6.5
塑料制品	万 吨	6 188.66	7.0
其中:塑料薄膜	万 吨	1 089.35	12.3
其中:农用薄膜	万 吨	187.36	15.2
泡沫塑料	万 吨	146.48	-14.9
塑料人造革、合成革	万 吨	347.02	10.4
日用塑料制品	万 吨	471.62	2.1
日用玻璃制品	万 吨	686.69	-17.2
玻璃保温容器	万 个	5.94	-21.3
卫生陶瓷制品	万 件	19 495.50	21.4
不锈钢日用制品	万 吨	160.02	0.3
衡器(秤)	万 台	4 159.52	11.2
两轮脚踏自行车	万 辆	6 013.00	1.7
电动自行车	万 辆	2 528.65	16.4
锂离子电池	万只(自然只)	476 816.53	17.0
铅酸蓄电池	万千伏安时	20 502.74	15.4
碱性电池	万只(自然只)	69 641.14	-10.0
家用冷柜(家用冷冻箱)	万 台	2 084.64	9.3
家用电风扇	万 台	13 908.39	-4.0
电饭锅	万 个	2 148 348.00	16.1
家用吸排油烟机	万 台	2 559.42	22.4
家用电热烘烤器具	万 个	18 702.86	-4.0
电冷热饮水机	万 台	1 785.36	7.0
微波炉	万 台	7 084.67	1.2
家用洗衣机	万 台	7 202.02	6.8
家用电热水器	万 台	3 368.61	18.2
家用吸尘器	万 台	8 477.95	5.1
家用燃气灶具	万 台	3 063.91	7.2
家用燃气热水器	万 台	1 202.30	7.2
电光源	亿 只	205.57	-2.8
其中:白炽灯	亿 只	46.21	6.5
荧光灯	亿 只	44.53	6.5
灯具及照明装置	万套(台、个)	265 768.14	1.0
钟	万 只	14 018.94	-12.6
表	万 只	16 891.42	-6.9
眼镜成镜	万 副	54 671.07	-7.9

七、推进行业科技进步

对已立项的"造纸、发酵行业污染物减排与废物高值利用研究与示范""制笔行业关键材料及制备技术研发与产业化"等6个"十二五"国家科技支撑计划项目进行中期检查,各项目总体执行情况良好。2013年经积极推动,"环保功能材料研制及产业化"等3个项目新列入"十二五"国家科技支撑计划项目,五金行业的卫浴产品数控砂光项目列入国家"863"计划。

组织编写《轻工行业科技工作报告2012》。配合科技部开展轻工行业技术预测研究工作。组织完成了重点行业基础零部件、基础制造工艺、基础材料及产业技术基础提升方向和发展重点的"四基"课题研究。

家电、塑料、造纸等多个行业编制和修改本行业技术路线图或技术进步工作指导意见。家电协会召开了2013年中国家用电器技术大会。

组织进行国家进口技术和产品目录的修订。组织推荐2013年电子商务集成创新试点工程项目、2013年度国家重点新产品计划项目。开展轻工科技成果鉴定,2013年完成23项科技成果的鉴定工作。

开展科技奖励工作。对2012年度中国轻工业联合会科学技术奖、企业管理现代化创新成果进行表彰。推荐6个项目申报国家科学技术奖,其中获得国家技术发明二等奖的2项,获得科技进步二等奖的1项。推荐2013年度何梁何利基金科学与技术创新奖,其中获奖1人。组织向国家知识产权局推荐第十四届中国优秀专利奖项目。开展2013年度中国轻工业联合会科学技术奖、企业管理现代化创新成果奖评审工作。

八、推进环保和节能减排

参与工信部"工业能效指南""轻工行业节能与综合利用领域'十二五'标准体系建设方案"编制工作。对各省市上报的63个轻工业清洁生产示范项目及39个清洁生产示范企业的申报材料组织行业专家评审,其中重点推荐的17个示范项目全部获得专项资金支持;推荐的8个清洁生产示范企业均获得工信部批准。组织完成《铅、汞削减清洁生产重点工程实施计划(征求意见稿)》轻工行业部分的编制。参与《国家清洁生产推行规划》中轻工行业部分的编制工作。组织完成"轻工行业低碳技术创新和产业发展政策"研究工作。

中轻联与糖业协会共同组织制糖行业节能减排对标活动,在企业产生较大反响,对推动行业节能减排起到了积极作用。组织味精等8个产品能耗限额标准、荧光灯等3个行业清洁生产评价指标体系的编制工作。完成了环保部2012年"轻工行业环保综合名录及相关环境经济政策研究"等课题研究工作。

九、加强质量管理和品牌培育,做好标准工作

制定《2013年轻工品牌培育活动计划》,召开"2013年轻工品牌培育工作座谈会",举办第二期"轻工品牌培育管理体系培训研讨会",组织行业协会受理企业申请,开展评审推荐工作。完成工业质量品牌重点工作项目申报。向国家质检总局推荐6个企业和5名个人参加首届中国质量奖评选,其中海尔集团公司获首届中国质量奖。推荐3家企业参与第三届中国工业大奖评选。组织开展卓越绩效先进企业的评审表彰工作。组织85家检测机构开展2013年资质认定监督检查与自查工作。对7家资质认定到期的轻工检测机构进行复查评审。组织轻工质检机构参与实验室能力验证活动。

组织制定《轻工业"十二五"技术标准体系建设方案》,顺利通过工信部验收并受到好评。各标委会及行业协会对轻工标准进行了全面、系统的梳理,根据产品特点编制了标准体系框图和标准体系表,确定了工作目标和重点领域。提出2013—2015年制(修)订国家标准、行业标准计划2 000多项,其中重点项目500多项。目前《轻工业"十二五"技术标准体系建设方案》已印发各标委会和行业协会,用于指导轻工行业标准立项和标准化工作。

2013年轻工行业共完成报批标准424项,其中:国家标准75项,行业标准349项。申请标准计划282项,其中:国家标准计划137项,行业标准计划145项。完成184项行标复审项目的组织工作。完成申报国家军用标准计划8项。

积极参与国际标准制(修)订工作,承担国际标

准化组织秘书处工作，承办国际标准化机构工作会议。截至2013年底，轻工行业承担了ISO/IEC的技术机构秘书处4个，其中中国独立承担2个，中国与法国共同承担1个，中国和南非共同承担1个。轻工行业担任国际标准化组织主席4人，担任副主席1人，担任主席顾问1人，担任秘书长1人，担任秘书2人，担任国际标准化组织注册专家共有119人次。目前轻工行业主导提出制（修）订的国际标准提案共14项。组织轻工46个标准化组织完成轻工业强制性行业标准清理工作。向国家标准委推荐参加中国标准创新贡献奖评选3项，其中获二等奖1项。

十、培育、共建特色区域和产业集群，推动公共服务平台建设

总结近年来轻工行业在培育、共建特色区域和产业集群工作中积累的经验，广泛征求各行业及轻工特色区域和产业集群意见，修订印发《中国轻工业特色区域和产业集群共建管理办法》。与相关行业协会、地方政府全年共建特色区域和产业集群13个，对27个特色区域和产业集群进行了复评、认定。截至2013年底，中轻联与相关行业协会、地方政府共建轻工特色区域和产业集群205个，涉及34个行业。

继续开展轻工行业中小企业公共服务平台认定工作，北京华腾新材料股份有限公司等8个平台通过了认定。向工信部推荐了7个单位参加第三批国家中小企业公共服务示范平台，其中中山市古镇生产力促进中心等5个平台通过了认定。

与青海、甘肃、宁夏政府签署战略合作框架协议，与吉林省四平市、安徽马鞍山开展轻工行业对接。与安徽省经信委、宿州市政府组织实施中国现代制鞋城协议。应哈尔滨市发改委的邀请，组织相关协会协助编制对俄出口加工区国际轻工产业园规划。

十一、拓展专业展会功能，扩大国际交流合作

2013年轻工系统共举办展会77个，总面积415.8万平方米，较上年增加43.7%。其中由中轻联及协会学会自办展会54个，比上年增加2个，展出总面积391.9万平方米，比上年增加44.3%。展会面积超过80 000平方米的有11个，比上年增加2个。展会质量有较大提升，达到世界同类型展会规模第一、第二和第三名的展会分别有2个、7个和18个。有9个展会列入商务部引导支持展会。成功举办第三届中国国际轻工消费品展览会，与长春市政府合作首次举办“长春北湖国际啤酒节”。召开第六次轻工专业市场建设座谈会。

广泛组织开展多种形式的国际合作交流，钟表协会与瑞士有关方面联合签署了“关于在中瑞经贸联委会框架下建立钟表合作组的谅解备忘录”。全年组织93批次赴境外参加专业展览会、国际会议、执行合作协议等出国（境）项目。向1 350名外国人发出来华开展轻工经贸、科技合作交流项目的邀请。在华举办5个轻工行业的国际会议。

组织开展积极应对国际贸易摩擦和产业安全工作。自行车协会组织企业积极应对，取得近20年来抗辩欧盟反倾销措施的首次胜利。电池协会组织企业和有关专家经艰苦努力，历时5年，取得同加拿大公司有关磷酸铁锂专利诉讼案的最终胜利。

十二、表彰弘扬先进，加强人才队伍建设

中国轻工业联合会与人社部联合召开全国轻工行业劳模表彰大会，对133个“全国轻工行业先进集体”和96名“全国轻工行业先进工作者”、489名“全国轻工行业劳动模范”予以表彰。中轻联作为第六届中国工艺美术大师评选工作领导小组副组长单位，参与评选出78名第六届中国工艺美术大师，举办了第六届中国工艺美术大师优秀作品展。

向国家发改委、国务院国资委分别推荐123名同志为国家综合评标专家库轻工领域专家和32名高级职称评委会评委库候选人员，向科技部推荐3名同志为2013年科技创新领导人才候选人，其中2名同志入选。向工信部推荐46名同志为轻工行业领域国家级工业设计中心认定评审专家，推荐1名同志为新一届关税专家咨询委员会专家委员会候选人。

组建了中轻联教育工作分会、全国轻工职业教育教学指导委员会和全国食品工业职业教育教学指导委员会，对发挥轻工院校作用，为行业发展提

供人才和智力支撑工作进行了总结、研究和安排。继续组织《国家职业分类大典》修订工作，提出新增职业14个、修订职业228个的建议，初步完成了轻工行业职业体系的建设。完成轻工职业技能鉴定13 790人次。组织开展对考评员、督导员、裁判员的培训。

联合举办了第十四届全国焙烤行业职业技能竞赛、第二届全国葡萄酒品酒职业技能竞赛、第三届全国缝制机械行业职业技能大赛决赛、首届全国皮革加工职业技能竞赛，116名选手受到表彰，其中2名被推荐为全国五一劳动奖章候选人，15人被推荐为全国技术能手候选人。

十三、履行行业组织职能，加强自身建设

及时反映行业和企业诉求，推动轻工业发展政策的制定实施。深入行业、企业调研，积极向国务院领导和有关部委反映行业和企业情况。全年参加国务院和国家发改委、工信部等有关部委召开的行业经济运行分析会、专题研讨会、工作协调会100余次，及时反映轻工行业运行中的实际问题，提出政策建议。受委托完成了轻工业“十二五”发展规划中期评估报告。全年报送行业信息500余篇次、信息专报46篇，其中25篇被工信部采用上报中办、国办。中轻联获得发改委行业协会信息报送先进单位称号。

食品行业积极参与《食品安全法》修订和《食品监督抽检管理办法（征求意见稿）》的起草工作，提出的建议和意见绝大部分被采纳。配合政府有关部门对轻工行业关税增列税目和税率提出调整意见，对自贸区谈判提供有关轻工行业的情况和建议。皮革行业经多年呼吁下调、取消生皮和生毛皮的进口关税，2013年底，财政部、国务院关税税则委员会发布《2014年关税实施方案》，对整张水貂皮、狐皮两个税目最惠国税率下调了5.0个百分点。

照明行业对部分省市白炽灯产品的市场销售情况进行了摸底调研，向政府有关部门提交报告，为后续开展《中国逐步淘汰白炽灯路线图》的实施效果评估工作提供了依据。

加强行业自律，开展公共服务活动。食品行业完善企业诚信体系评价机构。酒业协会开展以品质诚实、服务诚心、产业诚信为主要内容的“3C计划”。玻璃协会开展行业内企业信用等级评价工作，首批评价结果已在商务部信用工作办公室、国资委行业协会联系办公室备案。玩具协会开展“品牌自律中国行”活动。开展轻工业百强企业推荐评选和企业家高峰论坛，组织轻工行业知识产权保护专题培训，产生较好的社会影响。食品学会举办了“2013年公众关注的食品安全热点点评媒体沟通会”，对媒体正面引导。

眼镜协会赴航天城举办为航天科技人员免费验光配镜的公益活动。乳制品协会组织16家企业向中国扶贫基金会捐赠款物近200万元，用于支持“母婴平安120行动”项目。乐器协会支持推广琴行实体音乐培训和网络音乐教育。

贯彻民政部部署要求，全面开展协会学会评估工作。全年共有20家协会学会参加了评估。截至2013年底，已参加评估的协会学会数量占协会学会总数的70.3%。中轻联通过督促检查、模拟现场评估、财务人员培训、召开评估工作经验交流会等多种方式对参加评估的协会学会进行帮助指导。通过参加评估，各单位的内部治理水平有了较大提高。

（撰稿：李培松）

2013年纺织工业经济运行综述

中国纺织工业联合会

2013年，中国纺织行业面临的发展形势总体较为严峻，外需低迷、内外棉价差过大、生产成本上升、国际竞争加剧等一系列因素的不利影响，使得行业发展压力明显加大。但是，全行业坚持推进结构调整与转型升

级，积极应对和化解各种风险挑战，全年基本实现了平稳发展，主要运行指标实现平稳增长，经济运行质量稳步提升。纺织行业经济运行的特点主要表现为：

一、2013 年纺织工业经济运行情况

（一）生产增速有所放缓

2013 年，纺织行业生产情况基本正常，工业增加值实现稳定增长。根据国家统计局数据，全国规模以上纺织企业工业增加值同比增长 8.3%。但是，受到国内外棉花价差过大、国际市场增长缓慢以及企业调整产能结构等因素影响，纺织行业生产增速总体呈现逐步放缓走势。规模以上企业全年工业增加值增速较 2012 年下降 2.2 个百分点，较 2013 年一季度、上半年及前三季度分别下降 1.0、0.6 和 0.3 个百分点。见图 1。

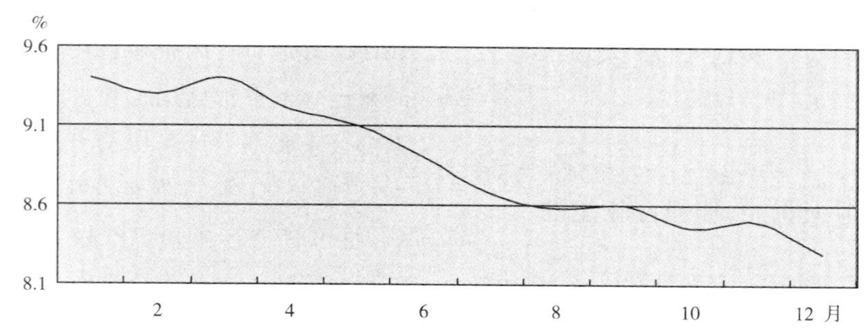

图 1　2013 年规模以上纺织企业工业增加值增长情况

资料来源：国家统计局

纺织行业主要大类产品产量增速普遍较 2012 年有所下降。2013 年，全社会化纤产量为 4 121.9 万吨，同比增长 7.4%，增速低于 2012 年 4.7 个百分点；纱产量为 3 200 万吨，同比增长 7.2%，低于 2012 年 2.6 个百分点。规模以上企业布产量为 683.4 亿米，同比增长 4.6%，低于 2012 年 7.0 个百分点；服装产量为 271 亿件，同比增长 1.3%，低于 2012 年 4.9 个百分点。印染布则受环保压力加大因素影响，产量有所减少，全年产量为 542.4 亿米，同比下降 2.2%，增速低于 2012 年 0.1 个百分点。见表 1。

2013 年纺织行业主要大类产品产量情况

表 1

产品名称	单　位	产　量	同比(%)	产品名称	单　位	产　量	同　比(%)
化学纤维	万　吨	4 121.9	7.4	苎麻布	亿　米	5.4	1.3
纱	万　吨	3 200.0	7.2	亚麻布	亿　米	3.7	0.5
布	亿　米	683.4	4.6	蚕　丝	万　吨	13.7	3.5
印染布	亿　米	542.4	-2.2	非织造布	万　吨	257.3	12.4
毛机织物	亿　米	5.8	-1.6	服　装	亿　件	271.0	1.3

注：本表格中化纤、纱产量为全社会数据，其余为规模以上企业数据。

资料来源：国家统计局。

（二）出口增速同比回升

2013 年，纺织品服装国际市场需求仍未明显好转，但由于市场环境基本稳定，中国纺织行业出口情况总体较为平稳。而且，由于 2012 年行业出口受内外棉价差问题影响较大，统计基数较低，2013 年出口

总额呈现出明显的恢复性增长特征，增速同比较快回升。根据中国海关统计数据，2013 年中国纺织品服装出口总额达到 2 920.8 亿美元，同比增长 11.2%，增速较 2012 年提升 7.9 个百分点。但是，如果与 2011 年相比较，两年来行业出口额年均增速仅为 7.2%，剔除价格因素后出口数量年均仅增长 3.0%，行业出口规模并未显著扩大。见图 2。

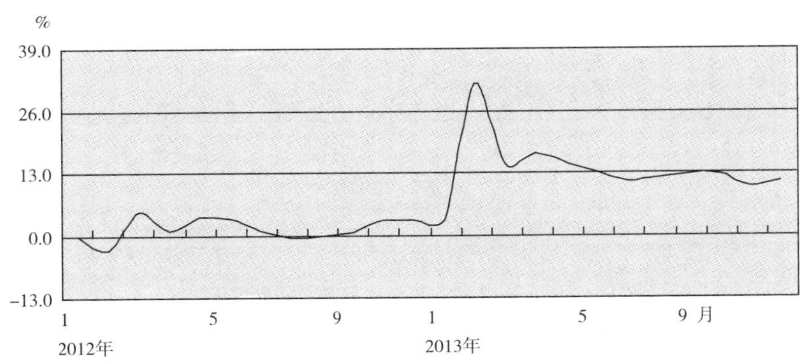

图 2　2012—2013 年纺织品服装出口总额增长情况

资料来源：中国海关。

主要出口产品中，棉制纺织品出口增速回升较为明显，2013 年出口额为 286.6 亿美元，同比增长 12.8%，增速高于 2012 年 16.1 个百分点，体现出纺织企业对价差适应能力有所提升。主要出口市场中，行业对东盟出口增长较为突出，全年出口额达 347.1 亿美元，出口规模已超过日本，成为中国第三大纺织品服装出口市场，同比增速达到 28.3%，占全行业出口总额的比重提高到 11.9%。见表 2、表 3。

2013 年中国纺织品服装分产品出口情况

表 2

主要出口产品	出口额（亿美元）	同　比（%）	增速比 2011 年增减（百分点）
纺织品服装	2 920.8	11.2	7.9
纺织品	1 138.5	11.2	9.7
棉制纺织品	286.6	12.8	16.1
化纤制纺织品	598.1	12.3	9.1
服　装	1 782.2	11.3	6.8
棉制服装	713.5	10.3	4.7
化纤制服装	697.7	12.8	9.2

资料来源：中国海关。

2013 年中国纺织品服装分地区出口情况

表 3

国家或地区	出口额（亿美元）	同比（%）	增速比 2012 年增减（百分点）
欧　盟	528.6	8.9	20.5
美　国	439.5	7.0	3.2
东　盟	347.1	28.3	-6.7
日　本	280.7	-1.0	-1.8
中国香港	197.1	19.9	13.6
非　洲	172.3	6.5	-10.5
韩　国	70.2	16.8	25.7

资料来源：中国海关。

（三）内销增长基本平稳

2013 年，中国衣着类商品零售总体实现平稳增长，继续对纺织行业发挥首要支撑作用，但增速较 2012 年有所放缓。根据国家统计局数据，全国限额以上企业服装鞋帽针纺织品零售额同比增长 11.6%，增速较 2012 年下降 6.4 个百分点。衣着类商品内需零售增速放缓，反映出在市场需求日益多元化、快节奏、低成本化的背景下，传统实体零售渠道受到了新兴网络营销渠道的强烈冲击。与此同时，2013 年以来，中国宏观经济增速放缓，也在一定程度上影响了消费信心，造成了内需增速同比趋缓。见图 3。

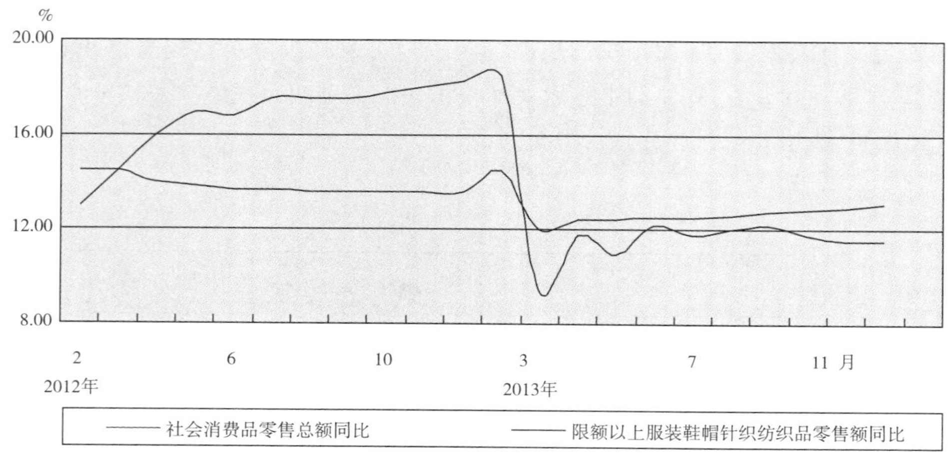

图 3 2012—2013 年衣着类商品内需零售增长情况

资料来源:国家统计局。

电子商务消费继续表现出良好的成长性,销售额持续快速增加,对传统实体零售渠道形成了有效补充。相关统计数据现实,2013 年家纺类产品电子商务销售额超过 600 亿元,较 2012 年实现成倍增长;淘宝平台服装类商品销售额同比增加 1.2 倍。

(四)发展质量稳步提升

2013 年,运行质量稳步改善,成为支撑纺织行业平稳运行的关键因素。规模以上纺织企业销售利润率为 5.5%,同比提高 0.2 个百分点,表明企业盈利能力有所改善;产成品周转率为 20.4 次/年,同比提高 7.0%,表明市场反应能力进一步增强;总资产周转率为 1.6 次/年,同比提高 2.3%,表明运营效率逐步提高;营业、管理、财务三项费用占主营业务收入比例为 6.2%,较 2012 年下降 0.1 个百分点,表明管理水平稳中有升。见表 4。

2013 年规模以上纺织企业主要运行质量指标情况

表 4

指标名称	单 位	2013 年	2012 年	增减(百分点)
销售利润率	%	5.49	5.30	0.19
主营业务利润率	%	11.85	12.41	-0.56
资产负债率	%	55.78	56.04	-0.26
三费比例	%	6.19	6.24	-0.05
总资产贡献率	%	15.39	14.67	0.72
总资产周转率	次/年	1.60	1.57	0.03(次)
产成品周转率	次/年	20.41	19.07	1.34(次)

资料来源:国家统计局。

纺织产业结构调整取得新进展,对于推进行业经济发展的积极作用更加突出。2013 年,产业用纺织品行业的新增长点作用继续发挥,产销、效益指标增速均高于行业平均水平,总产量达到 1 130 万吨,同比增加 11.9%,服装、家用、产业用三大终端产品纤维消费比例优化为 48:29:23。家纺、针织、服装等终端行业利润率、资产周转率等运行质效指标总体良好,反映出终端产业与市场衔接基本顺畅,品牌附加价值与市场反应能力提升。中西部省份纺织产业依然保持相对较快的发展速度,规模以上企业主营业务收入同比增长 15.5%,高于东部地区增速 5.3 个百分点。

(五)企业效益有所改善

随着行业经济运行质量提升,发展结构优化,2013 年以来,纺织企业的效益情况较 2012 年有所改善。统计数据显示,全国 3.8 万户规模以上纺织企业累计实现主营业务收入 63 848.9 亿元,同比增长 11.5%,增速较上年提高 0.9 个百分点。但是,受生产增速放缓影响,纺织行业主营业务收入全年呈现增长逐步减速走势,全年增速较一季度、上半年和前三季度分别下降 1.7,1.8 和 0.2 百分点。

由于 2012 年受棉花价差影响,纺织行业利润明显下滑,2013 年以来,在较低基数的基础上,伴随着企业适应能力提升,行业利润增速显著回升。全年规模以上企业实现利润总额 3 506 亿元,同比增长 15.8%,增速高于 2012 年 8.1 个百分点,高于全国规模以上工业企业平均增速 3.6 个百分点,利润增速在各工业行业中位居前列。见图 4。

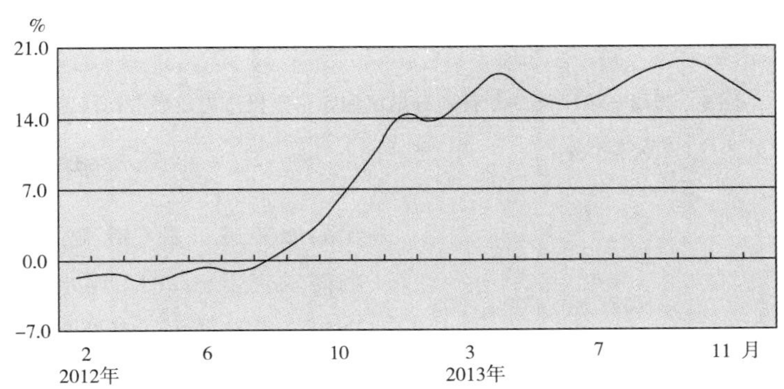

图 4　2012—2013 年规模以上纺织企业利润总额同比

资料来源:国家统计局。

(六)投资增速有所提升

在行业经济平稳运行带动投资信心增强、企业升级改造需求增加等因素的影响下,2013 年,纺织行业固定资产投资的新开工项目有所增加,投资总额总体呈现逐步提升走势。全行业 500 万元以上固定资产投资新开工项目数为 13 718 个,同比增加 5.9%,增速高于上年 11.4 个百分点;投资实际完成额为 9 140.3 亿元,同比增长 17.3%,增速较上年提高 2.7 个百分点,较 2013 年上半年提高 2.3 个百分点。见图 5。

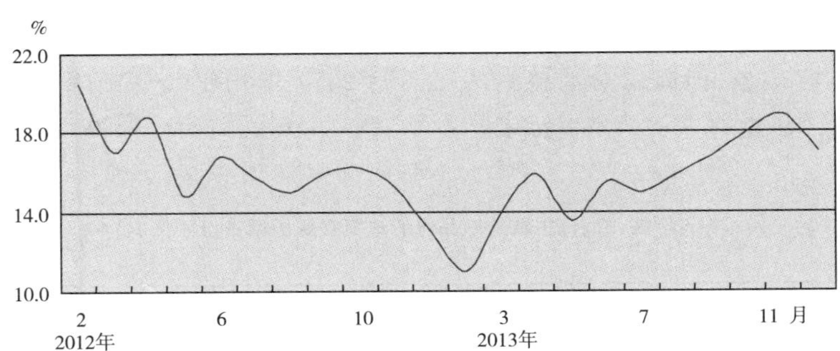

图 5　2012—2013 年纺织行业 500 万元以上项目投资完成额同比

资料来源:国家统计局。

纺织行业投资增长的区域结构总体上继续优化,西部地区新增投资额实现较快增长,2013 年同比增速达到 26.9%,高于东部投资增速 7.3 个百分点;在全行业新增投资中占比达到 8.4%,较上年扩大

0.6个百分点，西部特色纺织产业对全行业发展的贡献作用未来将进一步增加。但是，中部地区投资增速有所放缓，投资完成额同比增长11.8%，低于行业平均增速5.5个百分点；在全行业新增投资中占比为30.5%，较上年下降1.6个百分点。见图6。

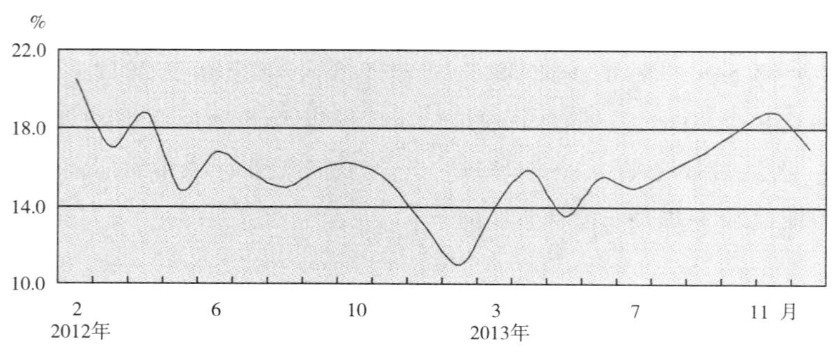

图6　2012—2013年纺织行业分地区固定资产投资完成额占比情况

资料来源：国家统计局。

二、2013年纺织行业发展中存在的主要问题

2013年，纺织行业在自身加快转型升级的支撑下，继续保持了平稳、健康的运行态势，但行业发展面临的各种外部压力依然突出，一些内在矛盾问题也仍待加强解决。纺织行业发展中存在的问题主要表现为：

（一）出口压力仍未明显缓解

2013年，中国纺织行业出口增速虽然较快反弹，但与2012年基数过低有较大关系，国际市场需求增速总体并未明显回升。发达国家尽管经济宏观面在2013年呈现出一定的向好迹象，但尚未对消费终端形成有力带动。相关统计数据显示，2013年日本纺织品服装进口额（折美元）同比减少1.3%，表明市场需求仍低于2012年水平；欧盟纺织品服装进口额全年持续负增长，直至年底才转为同比略增0.9%。新兴经济体受美国退出货币量化宽松政策预期影响，经济增长下半年以来发生较大波动，市场需求增速呈现放缓趋势。根据中国海关统计数据，一季度中国对东盟纺织品服装出口额同比增速高达56.8%，但到年底已降至28.3%，下半年出口增速仅为17.6%。

需求增长相对缓慢，使得国际市场竞争更趋激烈，加上国内原料、用工等制造成本高企因素影响，中国纺织行业所占国际市场份额有所下降。2013年，中国出口的纺织品服装在美国、欧盟和日本进口总额中所占比重分别为39.8%、38.4%和71.2%，与2012年相比较分别降低0.4，1.4和2.0个百分点。见表5。

2013年美、欧、日主要纺织品服装进口来源国所占份额情况

表5

国　家	美　国		欧　盟		日　本	
	2013年进口额占比(%)	较2012年增减(百分点)	2013年进口额占比(%)	较2012年增减(百分点)	2013年进口额占比(%)	较2012年增减(百分点)
中　国	39.8	-0.4	38.4	-1.4	71.2	-2.0
越　南	7.6	0.8	2.3	0.0	6.8	0.9
孟加拉	4.6	0.3	10.5	1.0	1.5	0.2
印　度	5.8	0.2	7.3	0.1	1.1	0.0

资料来源：美国商务部、欧盟统计局、日本海关。

（二）国内棉花价格及供给问题依然突出

2013 年，由国内棉花管理政策造成的内外棉价差问题仍未得到有效解决。国内棉价在收、放储价格的支撑下，全年保持 19 000 元/吨以上的高位。而国际棉花市场基本面则长期处于供大于求状态，价格缺乏大幅上涨动力，全年国际棉价平均低于国内市场约 5 000 元/吨。受内外棉价差影响，中国棉纱进口持续增加，2013 年进口量达到 210 万吨，同比增长 37.4%，对国内棉纺产业造成较大冲击。棉纺企业面临的市场竞争及盈利压力始终未能得到有效缓解，中小企业停产限产的情况有所增多，内外棉价差仍是影响中国纺织发展的最突出因素。

由于国内棉花流通受到国储、进口配额等多重管制，国储棉出库销售成为 2013 年国内棉花供给的首要渠道。但是，大量集中交储，造成国储的国产棉亏重、混等混级、大量混入异性纤维等问题突出。2013 年，国产棉放储累计成交率不足 40.0%，反映出棉花品质不高，无法满足纺织企业的用棉需求。而进口配额管理使得纺织企业不能按需自由在国际市场采购棉花，原料短缺及品质不足对纺织企业的产品质量及经营效益造成了直接的负面影响。

（三）生产成本上升压力加大

2013 年，纺织企业原料、用工等制造成本继续提升，企业融资、土地使用、营销渠道等费用增加，综合成本进一步提高。其中，由于劳动力供给趋紧，特别是技术工人短缺的情况依然存在，纺织从业人员人均工资水平继续呈现较快上涨态势。根据国家统计局数据，2013 年全国外出务工劳动力人均收入同比增加 13.9%；根据中国纺织工业联合会第 15 期《企业经营者跟踪调查报告》，五成样本企业用工价格涨幅超过 10.0%。

由于国内外市场需求增速均并未较 2012 年明显加快，2013 年纺织服装产品的销售价格上涨空间相对有限。相关统计数据显示，纺织品服装出口价格全年同比提高 4.3%，衣着类工业品出厂价格同比提高 1.2%，纺织企业化解成本负担、维持盈利空间的压力十分突出。

（四）节能环保任务较为艰巨

2013 年，纺织染整、毛纺、麻纺、缫丝工业水污染物排放强制性新标准正式实施，提高了对化学需氧量（CODCr）排放浓度的限值要求，并新增了部分限制指标。由于新标准执行不设过渡期，而园区化搬迁、集中处理设施配备、企业整合重组等措施都需要一定的过程，使得纺织行业，特别是印染行业面临的环保压力明显加大，相关技术改造投资成本压力显著增加，资金短缺问题也因此更加突出。

新标准实施以及污物排放总量控制政策，加大了地方政府环保工作的压力。部分地区在落实相关措施的过程中，采取简单处理方式，造成印染行业准入、用地、融资等多方受限。2013 年以来，印染布产量同比持续减少，反映出纺织产业链上重要的中间环节发展空间不断缩减，长期将形成瓶颈，对行业升级发展全局形成严重制约。

（五）小微企业发展压力加大

纺织企业间发展水平差异较大的特征在 2013 年仍然存在。规模以上企业依托自身创新发展能力，经济运行态势保持平稳，但广大小微企业受到生产成本上升、外需增长缓慢等多重因素影响的同时，与大型企业相比较，又严重缺乏融资、财政资金、公共服务等社会资源的扶持，生存发展压力十分突出。

根据中国纺织工业联合会第 15 期《企业经营者跟踪调查报告》，小型样本企业生产、订单、效益情况及投资意愿均显著低于大中型企业。其中，仅约 50.0% 的小型企业设备利用率超过 80.0%，开工水平明显较低，而约 70.0% 的大、中型企业设备利用率均达到 80.0% 以上；仅约 3 成小型企业反映利润同比增加，比例较大中型企业低 2 成左右。

（六）产业转移进度有所放缓

近年来，中国纺织产业从东部沿海地区向中西部省份梯度的趋势十分明显，中西部纺织企业的投资及产出增速均保持较快增长水平。但 2013 年以来，纺织行业在中部地区的固定资产投资增长较 2012 年减速，在全行业投资总额中占比下降，中部地区纺织行业新开工固定资产投资项目同比仅增长

1.4%，低于东部地区4.8个百分点，表明纺织产业在国内的转移进度有所放缓。

纺织产业转移进程减缓的原因包括资源、成本、政策体制等多个方面。要素价格攀升导致成本比较优势不明显，劳动力、土地等资源供给日趋紧张，劳动力专业素质及劳动效率偏低，缺乏完整产业体系配套支撑等，都是制约中西部地区纺织产业发展的重要因素。如不能尽快完善政策体系和产业环境，促进纺织产业在中西部加快形成体系化发展，将对纺织全行业的长远布局发展产生负面影响。

（撰稿：孙淮滨　赵明霞）

2013年建材工业发展综述

中国建筑材料联合会

2013年建材工业面对错综复杂的国内外经济环境，坚持稳中求进的工作总基调，统筹稳增长、调结构、促改革，积极克服市场需求增长放缓、部分行业产能过剩问题突出、产品出厂价格持续低迷等内外因素交织影响的不利局面，积极转变发展方式，推进产业结构调整，加大科技创新力度，遏制产能过剩，发展新兴产业和节能减排，经济效益稳步回升，水泥、平板玻璃水泥、平板玻璃、建筑卫生陶瓷、玻纤及制品等建材主要产品的产量继续居世界第一，建材产品满足了中国大规模经济建设的需要，为国家经济建设做出了应有的贡献。

一、建材工业经济运行情况

（一）建材工业主要产品产量稳步增长

（1）水泥产量24.2亿吨，比上年增长9.3%；

（2）平板玻璃7.8亿重量箱，比上年增长11.0%；

（3）陶瓷砖产量96.9亿平方米，增长7.8%；卫生陶瓷产量超过2.1亿件，增长约3.3%；全行业各类建筑陶瓷与卫生洁具产品出口额达到178.7亿美元，比上年增长22.8%；

（4）规模以上企业板材产量为66 355万平方米，比上年增长17.1%。其中，大理石板材产量为19 822万平方米，比上年增长30.0%，增速比上年回落1.1个百分点；花岗石板材产量为46 533万平方米，比上年增长12.3%，增速比上年回落14.4个百分点；

（5）砖的产量4 292.2亿标块，同比增长了12.7%，与2012年相比增长了3.2个百分点，规模以上企业的砖产量已经占到行业总产量的47.7%；

（6）混凝土与水泥制品、建筑用石加工和轻质建材等产业增速保持在20.0%以上。

（二）经济效益继续呈现恢复性增长

2013年规模以上建材工业主营业务收入43 400亿元，比2012年增长16.9%。实现利润总额3 400亿元，比2012年增长20.8%。销售利润率7.3%，比2012年上升0.2个百分点，运行质量稳中提升。

1. 水泥产业实现销售收入9 696亿元，同比增长8.6%。实现利润766亿元，同比增长16.4%，大幅高于上年同期，仅次于2011年的最好水平。

2. 玻璃产业主营业务收入2 404亿元，同比增长15.0%。全行业实现利润160亿元，同比增长60.2%。其中平板玻璃产业实现利润45.2亿元，同比增长10.8倍。

3. 陶瓷产业主营业务收入5 873亿元，增长17.3%，其中：1 435家建筑陶瓷企业3 831亿元，增长17.4%；275家卫生陶瓷企业491亿元，增长20.5%；924家五金卫浴企业主营业务收入1 551多亿元，增长16.1%。实现利润425.5亿元，增长22.3%，全行业平均利润率为7.3%。其中：建筑陶瓷企业利润增长24.6%（2012年增长8.3%），平均利润率为7.6%，比上年提高0.4%；卫生陶瓷企业利润增长13.7%，平均利润率为7.7%，减少0.5%；

五金洁具企业利润增长19.2%，平均利润率为6.2%，比上年提高0.2%。

4. 砖瓦产业规模以上企业主营业务收入达3 477亿元，比上年增长21.6%，增速比上年回落2.1个百分点。累计实现利润304亿元，较上年同期增长28.2%。

（三）固定资产投资稳中趋缓，水泥投资继续下降

2013年建材工业完成固定资产投资13 000亿元，比2012年增长13.8%，增速比2012年回落5.2个百分点，呈现稳中趋缓的增长态势。

水泥制造业固定资产投资持续下降，但规模依然较大。水泥制造业固定资产投资已经连续三年持续下降。2013年水泥制造业完成固定资产投资1 328.6亿元，同比下降3.7%，其中西部和中部地区分别下降13.5%和4.5%，东部地区增长12.1%，新疆、宁夏、陕西、湖北下降幅度超过30.0%。

固定资产投资继续向制品业和深加工产业倾斜。2013年，建材工业固定资产投资完成额中，位于前三位的行业分别是混凝土与水泥制品业、建筑用石开采与加工业和砖瓦及建筑砌块制造业，投资完成额均超过了1 400亿元，同比分别增长12.7%、28.9%和13.1%。轻质建材制造业完成固定资产投资886亿元，同比增长23.5%。

（四）建材及主要产品价格低迷

受水泥产品出厂价格环比大幅度上涨推动，从11月份开始建材产品出厂价格指数扭转了前10个月累计平均持续下降局面，全年平均指数价格比上年同比上涨0.6%。但建材主要产品价格仍处于低水平，其中2013年12月全国通用水泥平均出厂价格321元/吨，同比上涨近8.8元，全年平均水平304元/吨，仍比上年低4.8元。

（五）出口稳中有增，部分主要商品出口数量下降

2013年全国建材商品出口总额325亿美元，比2012年增长21.0%。主要商品出口离岸价格稳中有升，全年平均比上年同期上涨13.3%。建筑卫生陶瓷、建筑技术玻璃、水泥及水泥熟料出口数量及出口金额保持较快增长。其中，建筑用石、玻璃纤维及制品、石膏制品及保温材料出口数量较上年下降。

（六）应收账款大幅增加，财务坏账风险加大

2013年，规模以上建材工业应收账款净额4 301亿元，同比增加795亿元，增长22.7%，比2012年全年平均增长水平增加了近6.0个百分点，反映出市场销售依然艰难。2013年，规模以上水泥制造业应收账款净额753亿元，同比增加114亿元，增长17.8%，混凝土与水泥制品业应收账款净额1 918亿元，同比增加372亿元，同比增长24.1%，建筑技术玻璃制造业应收账款净额232亿元，同比增加36亿元，增长18.4%，建材工业特别是水泥、混凝土与水泥制品和建筑技术玻璃制造业经营风险加大，财务坏账风险增加。

（七）主要产品产业集中度提升

2013年中国建材、海螺水泥、华新水泥、葛洲坝水泥、吉林亚泰等水泥大企业集团对行业企业的兼并重组又有积极进展，同时，对兼并重组企业的生产技术水平提升和管理整合也积极推进。2013年末年生产能力500万吨以上企业和企业集团56家，熟料生产能力占总量71.9%，水泥能力占53.1%。年生产能力1 000万吨以上企业和企业集团31家，熟料生产能力占总量65.0%，水泥能力占48.0%。大企业集团日产4 000吨及以上生产线能力占大企业集团新型干法能力平均水平为69.1%，12家大企业集团大型生产线能力占本企业新型干法能力90.0%以上。行业产业集中度的提高，大企业集团技术管理水平和竞争力的提升，对稳定和建立公平有序的市场秩序起到积极作用。

（八）建材传统产业比重下降，低能耗及深加工制品业比重上升，对建材增长贡献加大

2013年五大传统产业（包括水泥、平板玻璃、建筑陶瓷和卫生陶瓷、玻璃纤维纱及制品、砖瓦及建筑砌块和石灰石膏制造业）利润总额占全行业利润总额的47.5%，比上年上升0.4个百分点，比2011年降低8.0个百分点，对建材行业利润增长贡献9.7个百分点；低能耗及深加工制品业（包括混凝土与水泥制品、技术玻璃和其他建筑技术玻璃、玻璃纤维增强塑料、轻质建材、建筑用石开采与加工、土砂石开采、石灰石和石膏开采等制造业）利润总额占建材利润总额的42.4%，比上年上升1.1个百分点，比2011年上升8.3个百分点，对建材行业利润增长贡献8.6个点，对建材行业效益增长的拉动作用增强。

二、建材行业面对新形势的发展方向

根据面临的新形势和新任务，建材行业以邓小平理论、"三个代表"重要思想和科学发展观为指导，认真学习贯彻党的十八大和十八届三中全会精神，坚定不移地以改革总揽建材行业发展和经济运行中的各项工作，进一步加快发展方式的转变和产业结构调整。加快战略性新兴产业发展、加快传统产业创新提升实现"两翼起飞"。联合会系统要坚定不移地坚持市场化导向，企业化管理，推进体制机制的改革创新，改变管理模式和运行方式，提升服务行业的能力，以高度的责任感和使命感推动建材行业科学发展。

（一）坚定不移地实施创新提升、超越引领战略

要用全球经济和全球建材领域的视野，分析中国建材工业的优势和潜在优势，正视中国建材工业发展和资源配置存在弊端与不足，要从顶层设计与指导层面寻找体制机制、产业组织方式、发展路径方面存在的问题与不足，适时地提出各个阶段的发展目标，路径和配套举措，朝着创新提升、超越引领的战略目标坚持不懈地努力。

（二）用创新技术推进行业转型升级和结构调整

技术创新是推动生产力发展的根本因素。建材行业所有矛盾和问题的解决，都离不开技术创新。特别是在中国经济增长放缓，依靠总量扩张的传统发展模式已没有多少空间的形势下，依靠技术创新的意义显得越来越重要。未来行业的发展，经济效益的增长快慢将主要取决于技术创新的速度和水平。因此，建材行业最重要的一项工作，就是要充分发挥行业的智慧和力量，全面创新提升技术。依靠技术创新、标准创新、政策创新"三新"实现传统产业转型升级，加快开发与拓展新兴产业发展。

以两个"第二代"创新研发为牵引，带动其他产业的技术提升和转型升级。加快建材新兴产业的发展，使处于薄弱环节、具有巨大发展空间的新兴产业成为未来新的增长点，带动行业结构调整。对所有的建材产业都要进行技术创新，严格控制使用雷同技术进行重复建设，提出创新一批、提升一批和淘汰一批的发展导向目录。继续遏制产能过剩的水泥、平板玻璃等产业技术雷同的新增产能，堵住盲目发展，坚定不移地推进与实施《推进兼并重组实施方案》，减少企业数量，增加生产经营集中度，提高资源能源配置和利用效能，提高经济效益。

（三）推进节能减排，促其与社会生态文明进程同步

在节能减排已经成为执政党理念、成为经济社会进步和生态文明的象征、成为人民共同期待的时代，作为工业系统能源消耗和污染排放的重点行业之一的建材行业，必须丢掉幻想，要集行业之智慧，举行业之全力，加快推进与提升节能减排水平。要集技术、标准、政策和体制机制为一体，创新渠道开辟路径。要把节能减排形成独立的产业链，从技术研发到装备设施的改进提升，从政策资金的支持到标准的创新提升，从规划指标的确定到标准的执行、认证、评估、监管、处罚，形成一个完整的系统，有计划、有目标、有考核地着力推进、加快行业转型升级，实现发展转折性突破。

面对资源能源约束趋紧、中国经济开始进入平稳增长期的新形势，作为资源能源消耗型产业和经济增速高关联度行业，建材行业特别是传统产业唯一的出路，就是优化存量，转型升级，转变发展方式。为此，联合会和各专业协会一方面要继续推进淘汰落后产能，促进企业技术改造升级，并深入行业企业，采取多种方式引导企业将工作的重点转移到苦练内功、转变发展方式上来；另一方面，要在全行业进一步加强创新"三新"和运用"三新"。通过技术的创新，要主动提升技术装备，把能耗高、排放不达标的设备更换下来，通过创新标准既要提高新进入的技术、装备、能耗、环保

标准，又要加快淘汰落后产能和不达标的产能；通过政策的创新，延伸政策领域，将节能减排、发展新兴产业、加快兼并重组等优化产业结构调整的举措都有政策支撑。多管齐下促进结构调整转型升级，实现建材行业发展转折性突破。

（四）贯彻落实新兴产业发展纲要，加快新兴产业发展步伐

2013 年中国建材联合会发布了《中国建材工业新兴产业发展纲要》，“纲要”明确了新兴产业的定义、主要领域、指导思想、发展目标和发展重点。发展建材新兴产业不仅是加快转变建材行业发展方式，改变以往靠以传统产业发展为重心、注重追求数量、规模发展模式的需要，也是推进节能减排、加快建材产业结构调整步伐，促进行业真正实现转型升级的需要。随着战略性新兴产业的发展、社会进步和人民生活水平的不断提高，具备资源效能优势、有市场应用空间和开发潜力的建材新兴产业将成为行业改变结构失衡、实现转型升级的重点。工业和信息化部、中国建筑材料联合会均将培育壮大建材新兴产业作为 2014 年的工作重点。

（五）继续遏制新增产能，着力化解产能过剩矛盾，提高经济运行质量

认真贯彻落实党的十八届三中全会精神和《国务院关于化解产能严重过剩矛盾的指导意见》精神。化解产能严重过剩要紧紧扭住遏制新增产能和优化存量效能两个关键加以控制与推进。要协助政府部门清理、核实违规在建项目，继续加大对水泥、平板玻璃等新建项目的遏制、对违规者进行曝光和舆论监督，并综合运用标准、准入等多种手段遏制新增产能。同时，在深入调查研究的基础上，联手地方协会，促进地方政府切实转变发展观念，把发展的重点放在优化存量、技术改造上来。联合会和各专业协会要按照联合会化解产能过剩工作实施方案的部署，对分解的各项工作细化、具体化，抓好落实和推进工作，争取在遏制上有新进展、新效果，在化解产能方面有新突破、新渠道。

遏制和化解新增产能不是目的，目的是提高行业的经济效益和效率，让建材行业员工享受到改革发展的红利。

（撰稿：陈立新）

2013 年有色金属工业发展综述

中国有色金属工业协会

2013 年，面对极为错综复杂的国内外经济形势，在党中央、国务院一系列稳增长政策措施支持下，企业积极应对经营困难，有色金属工业呈现出稳中向好的发展态势。2013 年，有色金属工业生产平稳增长，投资结构有所优化；虽有色金属价格在低位震荡，但全年利润总额转为正增长。有色金属工业运行呈现出稳中向好的迹象，但稳中向好的基础仍不稳固。

一、2013 年有色金属工业发展状况

（一）有色金属工业生产平稳增长

据国家统计局初步统计，2013 年规模以上有色金属企业工业增加值增长 13.3%，增幅比上年回落 0.4 个百分点，但比全国工业增加值的增幅高 3.6 个百分点。2013 年规模以上有色金属企业工业增加值一季度增长 12.2%；上半年增长 12.0%，比一季度增幅回落 0.2 个百分点；前三个季度增长 12.8%，比上半年增幅回升 0.8 个百分点；全年增长 13.3%，比三个季度增幅回升 0.5 个百分点。2013 年中国 10 种有色金属产量首次超过 4 000 万吨，达到 4 029 万吨，比上年增长 9.9%，增幅比上年回升 2.4 个百分点。其中，精炼铜产量 649 万吨，增长 12.7%；原铝产量 2 204.6 万吨，增长 9.7%；铅产量 447.5 万吨，增长 5.0%；锌产量 530.2 万吨，增长 11.1%。6 种

精矿金属含量 1 074.1 万吨，比上年增长 9.6%。氧化铝产量 4 437.6 万吨，比上年增长 14.6%。铜材产量为 1 498.7 万吨，比上年增长 25.2%；铝材产量为 3 962.4 万吨，比上年增长 24.0%。

2013 年 10 种有色金属产量，一季度为 949 万吨；二季度为 998 万吨，环比增长 5.2%；三季度为 1 022万吨，环比增长 2.4%；四季度为 1 060 万吨，环比增长 3.7%。2013 年 12 月份，10 种有色金属日均产量为11.2 万吨，同比增长 2.4%，环比回落 7.9%。

(二)投资结构有所优化

据国家统计局初步统计，2013 年有色金属工业(不包括独立黄金企业)完成固定资产投资额6 657.2 亿元，比上年增长 20.9%，增幅比上年回升了 1.4 个百分点。其中，有色金属矿采选完成固定资产投资 1 207.6亿元，增长 14.8%，占 18.1%；有色金属冶炼完成固定资产投资 2 192.1 亿元，增长 11.9%，占 32.9%；有色金属压延加工完成固定资产投资 3 257.4亿元，增长 30.6%，占 48.9%。其中，民间投资所占比重达 80.0%，民间项目投资主要集中在东中部地区的深加工项目。2013 年，有色金属工业投资特点是加工项目投资大幅度上升，矿山项目投资增幅平稳，有色金属冶炼投资热缓解，投资结构有所优化。有色金属矿山、冶炼、加工项目投资增幅情况见图 1。

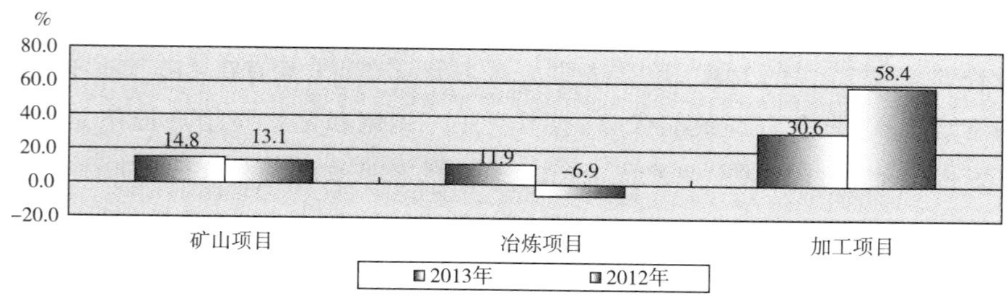

图 1　有色金属矿山、冶炼、加工项目固定资产投资增幅情况

(三)有色金属价格震荡回落

1. 伦敦金属交易所有色金属价格低于上年价格。2013 年伦敦金属交易所，三月期铜收盘价格 7 360美元/吨，比上年收盘价回落了 7.2%；三月期铜年平均价格 7 352 美元/吨，比上年平均价下降了 7.5%。三月期铝收盘价格 1 800 美元/吨，比上年末收盘价回落了 12.7%；三月期铝年平均价格 1 888 美元/吨，比上年平均价下降了 7.9%。三月期铅收盘价格 2 219 美元/吨，比上年末收盘价回落了 5.0%；三月期铅年平均价格 2 158 美元/吨，比上年平均价增长了 4.0%。三月期锌收盘价格 2 055 美元/吨，比上年末收盘价回落了 1.1%；三月期锌年平均价格 1 940 美元/吨，比上年平均价下降了 1.3%。

2. 上海有色金属交易所有色金属年末价格低于上年末价格。2013 年上海有色金属交易所，三月期铜收盘价格 52 280 元/吨，比上年末收盘价回落了 9.5%；三月期铝收盘价格 14 035 元/吨，比上年末收盘价下降了 8.7%；三月期铅收盘价格 14 315 元/吨，比上年末收盘价回落了 7.0%；三月期锌收盘价格 15 195 元/吨，比上年末收盘价回落了 2.1%。

3. 国内市场铜现货价格震荡下行。2013 年，国内市场铜现货平均价为 53 380 元/吨，同比下降 6.9%。其中，一季度为 57 423 元/吨，环比回升 0.5%；二季度为 52 696 元/吨，环比回落 8.2%；三季度为 51 770 元/吨，环比回落 1.8%；四季度为 51 631元/吨，环比回升 0.3%。

4. 国内市场铝现货价格持续下降。2013 年，国内市场铝现货平均价为 14 556 元/吨，同比下降 7.1%。其中，一季度为 14 783 元/吨，环比回落 2.7%；二季度为 14 619 元/吨，环比回落 1.1%；三季度为 14 430 元/吨，环比回落 1.3%；四季度为 14 393元/吨，环比回落 0.4%。2012 年以来铝价始终低于国内的平均成本线。

5. 国内市场铅现货价格震荡回落。2013 年，国内市场铅现货平均价为 14 249 元/吨，同比下降

7.4%。其中,一季度为14 792元/吨,环比回落2.2%;二季度为13 935元/吨,环比回落5.8%;三季度为14 151元/吨,环比回升1.6%;四季度为14 119元/吨,环比回落0.2%。

6. 国内市场锌现货价格微幅下调。2013年,国内市场锌现货平均价为15 178元/吨,同比下降0.5%。其中,一季度为15 418元/吨,环比回落1.1%;二季度为14 832元/吨,环比回落3.8%;三季度为15 166元/吨,环比回升2.3%;四季度为15 297元/吨,环比回升0.9%。

(四)有色金属进出口总额略有增长

2013年,中国有色金属进出口贸易总额1 580.7亿美元,同比增长1.1%。其中:进口额1 033.2亿美元,同比下降3.3%;出口额547.5亿美元,同比增长10.7%;进出口贸易逆差563.5亿美元,同比下降15.3%。值得关注的是扣除黄金首饰及零件出口额274.3亿美元后,主要有色金属出口额仅为273.2亿美元,同比下降1.0%。2013年有色金属贸易额扣除黄金首饰及零件贸易额后,进口额、出口额均呈下降态势。

2013年有色金属进出口贸易总额,一季度为407.4亿美元;二季度为382.7亿美元,环比下降6.2%;三季度为372.5亿美元,环比下降2.2%;四季度为417.6亿美元,环比增长12.1%。2011年以来有色金属进口、出口贸易额变化趋势分别见图2、图3。

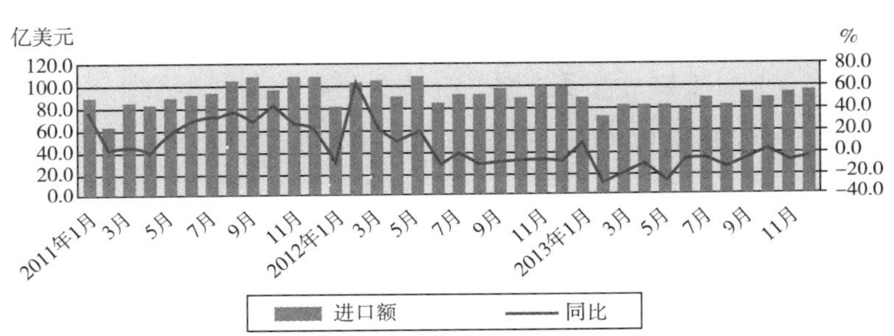

图2 2011—2013年有色金属进口贸易额变化趋势情况

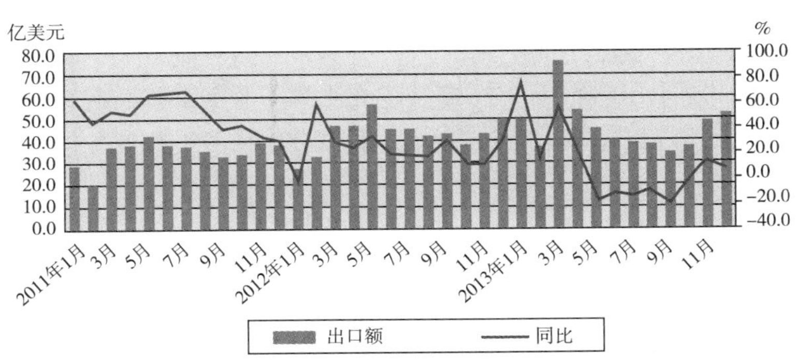

图3 2011—2013年有色金属出口贸易额变化趋势情况

1. 进口铜精矿增加、精炼铜减少。2013年,中国铜产品进口额为688.3亿美元,同比下降2.2%,占有色金属产品进口额的比重为66.6%;出口额为64.5亿美元,同比下降1.0%;铜产品贸易逆差623.8亿美元,同比下降1.5%。2013年,进口未锻轧铜326.2万吨,同比下降5.6%,其中,进口精炼铜320.6万吨,同比下降5.8%;进口铜精矿实物量1 007.4万吨,同比增长28.7%;进口粗铜62.9万吨,同比增长20.3%;进口铜材65万吨,同比下降2.8%;进口铜废碎料实物量437.3万吨,同比下降10.0%。出口未锻轧铜29.3万吨,同比增长7.1%;出口铜材48.9万吨,同比下降0.8%。2013年,净进口未锻轧铜296.9万吨,同比下降6.7%;净进口铜材16.1万吨,同比下降8.5%。

2. 进口铝土矿大幅度增加。2013 年，中国铝产品进口额为 131.9 亿美元，同比增长 4.2%；出口额为 118.9 亿美元，同比增长 4.3%。2013 年，进口未锻轧铝 48.1 万吨，同比下降 24.8%；进口铝材 48.2 万吨，同比下降 9.3%；进口铝土矿 7 070.3万吨，同比增长 78.5%；进口铝废料实物量 250.4 万吨，同比下降 3.4%；进口氧化铝 383.1 万吨，同比下降 23.7%。出口未锻轧铝 57.2 万吨，同比下降 9.3%；出口铝材 306.5 万吨，同比增长 8.3%。2013 年，净出口未锻轧铝 9.1 万吨，上年净进口 0.9 万吨；净出口铝材 258.3 万吨，同比增长 12.4%。

3. 进口铅精矿减少。2013 年，中国铅产品进口额为 21.8 亿美元，同比下降 33.3%；出口额为 1.5 亿美元，同比增长 1.7 倍。2013 年，进口未锻轧铅 3.2 万吨，同比下降 37.4%；进口铅精矿实物量 149.3 万吨，同比下降 17.8%；出口未锻轧铅 2.3 万吨，同比增长 3.9 倍。净进口未锻轧铅 0.9 吨，同比下降 81.6%。

4. 进口未锻轧锌增加。2013 年，中国锌产品进口额为 30.3 亿美元，同比增长 11.1%；出口额为 1.0 亿美元，同比下降 7.9%。2013 年，进口未锻轧锌 75.2 万吨，同比增长 16.3%；进口锌精矿实物量 199.4 万吨，同比增长 2.8%；出口未锻轧锌 0.5 万吨，同比下降 32.0%；出口立德粉 2.6 万吨，同比下降 17.9%；出口氧化锌 1.0 吨，同比下降 16.9%；净进口未锻轧锌 74.6 万吨，同比增长 16.7%。

5. 稀土产品出口量增额降。2013 年，中国稀土产品进口额为 4.5 亿美元，同比下降 28.7%；出口额为 18.7 亿美元，同比下降 25.6%；进出口贸易顺差为 14.2 亿美元，同比下降 24.9%。2013 年，出口稀土金属钕 273 吨，同比下降 8.4%；出口稀土合金 1 054吨，同比增长 61.5%；出口稀土氧化物 17 490 吨，同比增长 43.5%；出口碳酸稀土 1 426 吨，同比增长 86.3%；出口稀土永磁体 18 826 吨，同比增长 15.2%。

（五）利润总额转为正增长，但经营困难尚未根本改变

1. 全年实现利润总额转为正增长。2013 年，8 649家规模以上有色金属工业企业（不包括独立黄金企业，下同）实现主营业务收入 48 170.7 亿元，同比增长 12.7%，主营业务成本 44 347.9 亿元，同比增长 14.7%，比主营业务收入增幅高 2.0 个百分点；实现利税 2 932.5 亿元，同比增长 4.6%；实现利润总额 1 713.7 亿元，同比增长 2.4%，增幅比全国规模以上工业企业的增幅低 9.8 个百分点；主营活动利润为 1 704.9 亿元，同比下降 16.8%。

2013 年规模以上有色金属工业企业利润总额，一季度为 292.4 亿元；二季度为 288.4 亿元，环比下降 1.4%；三季度为 366.6 亿元，环比增长 27.1%；四季度为 766.3 亿元，环比增长 109.0%。规模以上有色金属工业企业主营业务收入增长率和利润总额增长率分别见图 4、图 5。

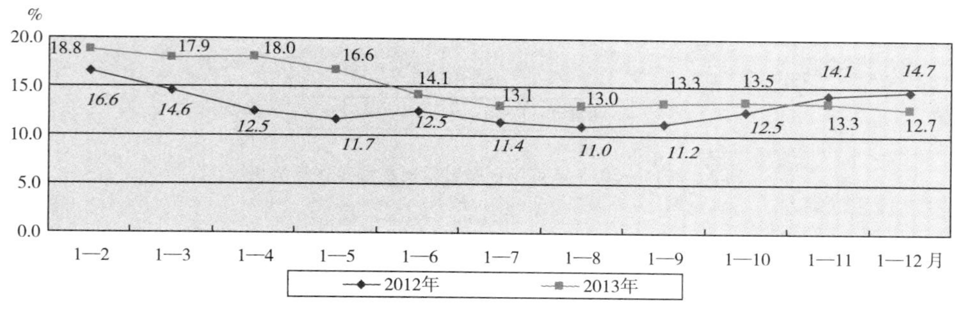

图 4　2013 年规模以上有色金属企业主营业务收入增长率

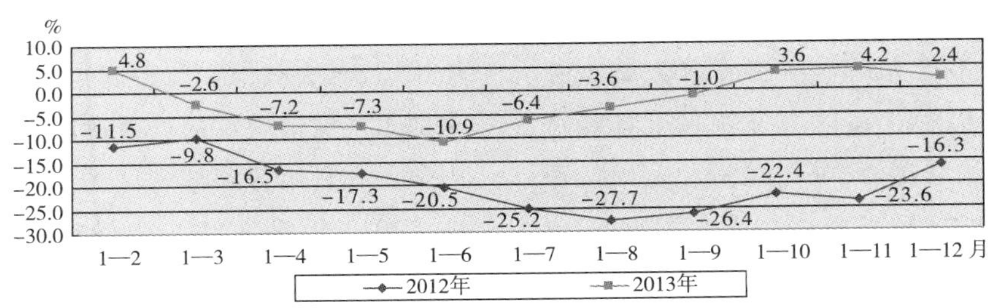

图 5　2013 年规模以上有色金属企业实现利润增长率

2. 亏损企业户数及亏损企业亏损额比上年略有扩大。2013 年,8 649 家规模以上有色金属工业企业中亏损企业为 1 469 家,比上年增加 30 家,亏损面为 17.0%;亏损企业亏损额 322.7 亿元,同比增长 0.5%。

3. 财务费用与上年持平。2013 年,规模以上有色金属工业企业财务费用为 590 亿元,与上年持平,其中利息支出 534.9 亿元,同比下降 0.1%;企业管理费用 928.9 亿元,同比增长 6.4%;企业营业费用 412.5 亿元,同比增长 12.8%。

4. 应收账款增加,产成品库存货款减少。2013 年末,规模以上有色金属工业企业应收账款 2 504 亿元,同比增长 15.0%;企业产成品库存货款 1 491.4 亿元,同比下降 4.8%。

5. 资产负债率略有上升。2013 年末,规模以上有色金属工业企业资产总额为 33 658.8 亿元,比上年增长 13.4%;负债合计 21 075.8 亿元,比上年增长 14.1%,增幅比资产总额增幅高 0.8 个百分点;资产负债率为 62.6%,比上年上升 0.4 个百分点。

(六)科技进步成效显著,主要能耗指标达到世界先进水平

2013 年,自主创新开发的"铜管高效短流程技术装备研发及产业化"成果,引领中国铜管加工生产技术整体处于世界领先水平;研制成功的航空用高性能铝合金材料、航天用超强耐蚀无磁铝合金、现代交通用铝合金绿色节能产品、锡基球形焊锡粉、高性能铝合金材料、纳米集成电路设备用高端硅单晶材料、二硼化镁线带材超导材料、铂族金属均相催化材料等一批高新技术产品和高端材料,为扩大有色金属材料的新应用,满足国防和高技术领域重大需求,扭转大量依赖进口的局面,打破了国外的长期封锁提供了技术支撑。

铝电解新型阴极结构技术、低温低电压节能工艺和高效节能控制技术与装备广泛推广应用,为节能减排做出了显著贡献。氧气底吹/侧吹炼铜、液态高铅渣底吹/侧吹直接还原一系列节能环保技术以及氧气顶吹熔炼和闪速熔炼先进技术在铜、镍、铅、锡等行业得到广泛推广应用,有力推动了行业技术进步和产业升级。2013 年,中国铝锭综合交流电耗下降到 13 740 千瓦时/吨,同比下降 104 千瓦时/吨,节电 22.9 亿千瓦时;铜冶炼综合能耗下降到 314.4 千克标准煤/吨,同比下降 0.5%;铅冶炼综合能耗为 469.3 千克标准煤/吨,同比增长 1.7%;电解锌冶炼综合能耗下降到 909.3 千克标准煤/吨,同比下降 0.1%。

二、2013 年有色金属工业企业运行状况分析

(一)影响有色金属工业发展的宏观环境发生变化

从国内宏观环境来看,2013 年,中国经济发展呈稳中向好的良好态势。农业生产形势良好,工业生产增速企稳回升,投资、消费稳定增长,消费价格涨幅和就业基本平稳。全年实现国内生产总值(GDP)569 000 亿元,同比增长 7.7%,增速与上年持平。居民消费价格(CPI)同比上涨 2.6%,涨幅与上年持平。贸易顺差为 2 597.5 亿美元。经过改革开放 30 多年的高速增长以后,现在中国经济进入了结构转型的新阶段,一些过去的竞争优势正在消失,新的竞争优势有待逐步形成。在这个阶段,国内经济增长虽仍保持在合理区间,但劳动力、土地、市场等禀赋的条件都发生了一些新的变化。从国际环境来看,2013 年,世界经济缓慢曲折复苏。美国经济增长动

能持续增强，但面临若干政策风险。欧元区经济走出衰退，但复苏态势不稳。日本经济受政策刺激强劲反弹，但长期挑战仍然存在。部分新兴市场经济体增长放缓，金融市场动荡，面临美国量化宽松货币政策转向，流动性趋紧，新兴市场国家经济增长放缓，面临的风险上升。2013 年中国有色金属工业发展面临的国内外环境极为复杂。

（二）产业集中度提高，布局趋向合理

中国有色金属工业领军企业的生产规模已经进入世界前列。2013 年江西铜业集团公司和铜陵有色金属集团控股有限公司两家企业的精炼铜产量均超过 100 万吨，分别居世界铜冶炼企业第 2 位和第 3 位。通过市场竞争，优胜劣汰，2013 年江西铜业集团公司、铜陵有色金属集团控股有限公司、金川集团股份有限公司、云南铜业公司、大冶有色金属集团控股有限公司等前 10 家铜冶炼企业精炼铜产量占全国精炼铜产量的比重为 75.5%。全国前 10 家原（电解）铝企业产量占全国原铝产量的比重为 64.2%。其中，中国铝业公司原铝产量居全球电解铝企业第 1 位；中国电力投资集团、山东信发集团、山东魏桥集团的原铝产量均进入世界前 10 名行列。

目前中国铜冶炼主要集中在国内资源富集地区及便于利用国外资源的沿海地区。2013 年江西、云南、甘肃、湖北、安徽、内蒙古等资源富集地区的精炼铜产量合计 442 万吨，占全国精炼铜总产量的 65.0%；沿海的山东、广东、福建也都建设了利用国外资源的铜冶炼能力，2013 年这三个省的精炼铜产量合计 116 万吨，占全国精炼铜总产量的 17.0%。原（电解）铝产能则向资源和能源相对丰富的西部地区集中。中国原（电解）铝产能向西部地区转移速度加快，且具有技术和装备起点高、煤（水）—电—铝及深加工产业链完整的显著特点。2013 年新疆、青海、内蒙古和甘肃等西部省区的原铝产量均超过 200 万吨。2013 年西部 11 个省（自治区）的原铝产量达到 1 440 万吨，占全国原总产量的 65.0%。氧化铝产能主要集中在铝土矿资源丰富或便于利用进口原料的河南、山西、山东、广西、贵州、重庆 6 个省、自治区、直辖市。铅锌冶炼能力也基本上在向资源相对丰富的中西部地区集中。

中国铜、铝加工产能主要集中在经济发达的长江三角洲、珠江三角洲和环渤海等贴近消费市场的地区，以及冶炼产能集中的地区。2013 年江西、浙江、江苏、安徽、广东五省铜材产量合计 1 063 万吨，占全国铜材产量的 70.0% 以上；山东、河南、广东、江苏、浙江五省的铝材产量合计 2 568 万吨，占全国铝材产量的 65.0% 左右。随着原（电解）铝产能向资源丰富的中西部转移进程的加快，西部地区铝加工产能在迅速增长。

（三）有色金属企业之间盈利水平出现明显分化

2013 年规模以上有色金属工业企业实现利润总额比上年增长 2.4%，但增幅比全国规模以上工业企业的增幅低 9.8 个百分点；并且主营活动利润仍下降 16.8%。2013 年，规模以上有色金属工业企业每百元主营业务收入中的成本为 92.1 元，比全国平均水平 85.3 元高 6.8 元；主营业务收入利润率为 3.6%，比全国平均水平低 2.5 个百分点；资产利润率为 5.1%，明显低于银行贷款平均利率 7.2%。有色金属企业与全国工业企业百元主营业务收入中的成本和资产利润率对比分别见图 6、图 7。

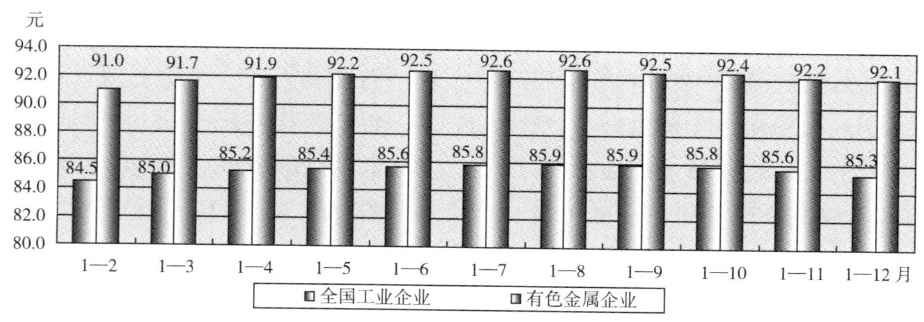

图 6　2013 年有色金属企业与全国工业企业百元主营业务收入成本对比情况

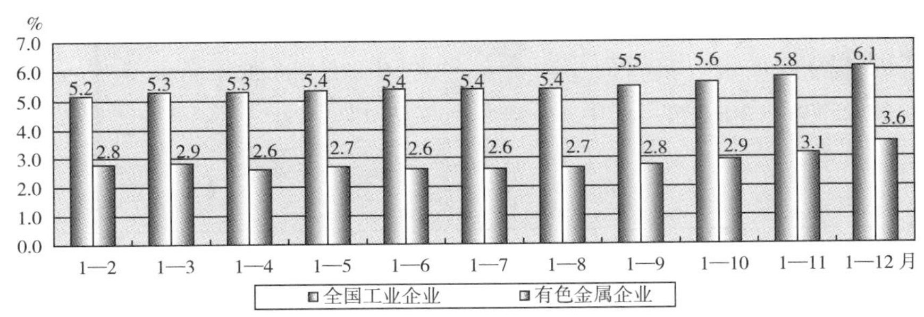

图 7　2013 年有色金属企业与全国工业企业百元主营业务收入资产利润率对比情况

2013 年有色金属企业盈利主要特点是企业之间盈利水平出现明显分化。从经济类型看，国有控股企业尤其困难。2013 年国有控股企业以拥有 40.6% 的资产，实现利润总额仅占 7.9%；私人企业以 40.6% 的资产，而实现利润总额则达到 71.1%。国有企业和私人企业拥有同样的资产规模，创造的利润却有巨大差距。按经济类型分的资产和利润构成情况分别见图 8、图 9。

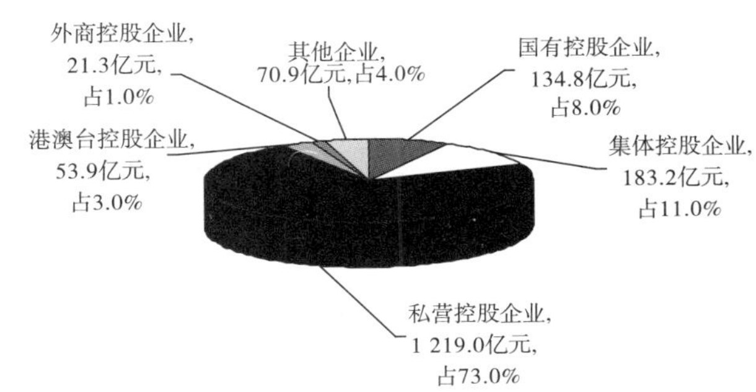

图 9　2013 年按经济类型分利润构成情况

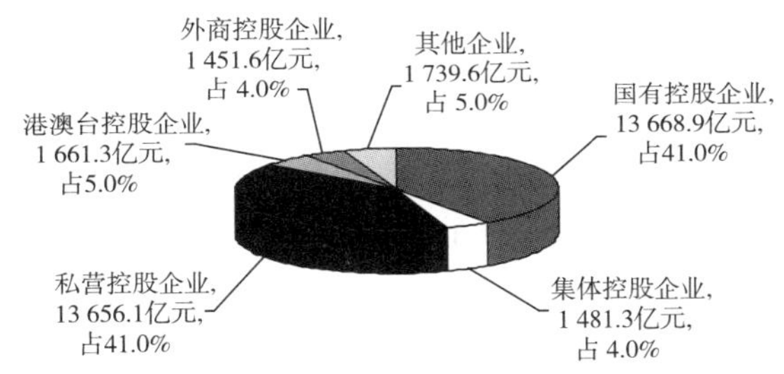

图 8　2013 年有色金属企业按经济类型分资产构成情况

从矿山、冶炼、加工各生产环节看，冶炼企业尤其困难。2013 年有色金属独立矿山企业主营业务收入利润率为 10.1%，资产利润率为 11.7%，资产负债率为 51.0%，以上“三率”明显好于冶炼和加工企业；有色金属冶炼企业以拥有行业 51.1% 的资产，而实现利润总额仅为 24.3%，冶炼企业主营业务收入利润率仅有 2.0%，资产利润率仅有 2.4%；有色金属加工企业利润增长 13.6%，以占 39.4 的资产，实现利润的比重达到 53.9%。矿山、冶炼、加工企业的主营业务收入利润率和资产利润率见图 10。

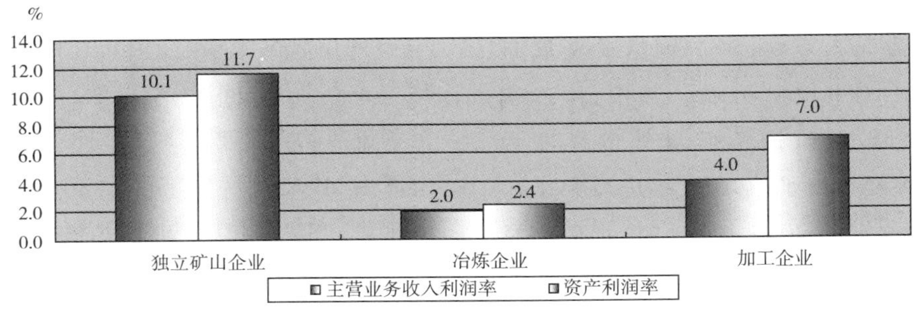

图 10　2013 年从生产环节看销售利润率和资产利润率情况

从大、中、小型企业看，小型企业好于大、中型企业，而中型企业又好于大型企业。2013 年大、中型企业实现利润总额分别下降 3.9% 和 3.1%，而小型企业实现利润总额增长 12.1%。2013 年大、中、小型企业的主营业务收入利润率分别是 2.6%、4.7% 和 4.1%，资产利润率分别是 2.8%、7.0% 和 8.8%。大、中、小型企业主营业务收入利润率和资产利润率见图 11。

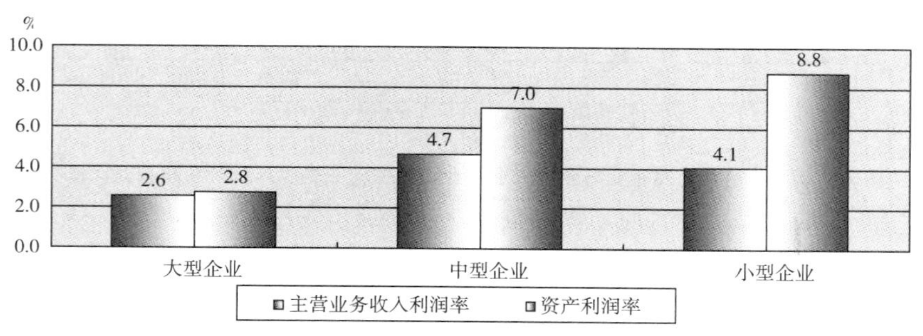

图 11　2013 年大中小型企业销售利润率和资产利润率情况

从分金属品种实现利润情况看，铜、铅锌、镍钴、锡、锑、银、稀土等金属品种实现利润下降；铝、镁、钨钼等金属品种实现利润增长，其中，铝行业利润增长主要是由于加工企业实现利润增长，冶炼企业处于减亏状态。

（四）铜铝金属供需平稳增长，铅锌资源对外依存度下降

铜铝金属供需平稳增长。2013 年中国铜供应量为 1 007 万吨，比上年增长 1.6%。其中，国产原生精炼铜供应量 435 万吨，所占比重为 43.2%；再生铜供应量（包括直接使用的再生铜）为 275 万吨，所占比重为 27.3%；净进口未锻轧铜 297 万吨，所占比重为 29.5%。2013 年中国金属铝供应量为 2 725 万吨，比上年增长 8.6%。其中，原铝（电解铝）2 205 万吨，所占比重为 80.9%；再生铝 520 万吨，所占比重为 19.1%。

铅锌资源对外依存度下降。2013 年中国净进口铜精矿金属量为 282 万吨；国产铜精矿金属量 177.3 万吨；两项合计 459.3 万吨。其中，国产铜精矿的自给率为 38.6%；铜精矿对外依存度为 61.4%，与 2010 年基本持平。2013 年进口铝土矿为 7 070.3 万吨（考虑到 2014 年印尼禁止矿产资源出口，经初步测算进口铝土矿库存约增加 2 000 万吨左右，当年使用的铝土矿约 5 070.3 万吨），进口铝土矿生产氧化铝为 1 844 万吨，占国内氧化铝产量的 41.6%；进口的氧化铝 383 万吨，两项合计 2 227 万吨，占国内氧化铝供应量的 47.5% 左右，即铝矿资源的对外依存度为 47.5%，与 2010 年基本持平。2013 年中国净进口铅精矿金属量为 97 万吨；国产铅精矿金属量 315 万吨；两项合计 412 万吨。其中，国产铅精矿的自给率为 76.5%；进铅精矿对外依存度为 23.5%，比 2010 年降低了 11.0 个百分点。2013 年中国净进口锌精矿金属量为 100 万吨；国产锌精矿金属量 550.9 万吨；两项合计 650.9 万吨。其中，国产锌精矿的自给率为 84.6%，锌精矿对外依存度为 15.4%，比 2010 年下降了 14.3 个百分点。

三、有色金属工业发展面临的主要问题

（一）全球有色金属供需格局已发生重大变化

中国有色金属工业生产、消费总规模已经连续 10 多年位居世界第一，主要有色金属的产量和消费量大多占全球的 40.0% 以上。但过去 10 年产量和消费量年均两位数增长的局面已经难以维持，行业发展由“快速发展期”转入“转型调整期”。依靠资源密集、产量增长、劳动力成本和环保标准低等优势支撑的发展模式已经不可持续。中国有色金属工业同发达国家产业之间互补性越来越弱、竞争性越来越强，面临的竞争将更加激烈。

(二)产业结构调整和产能过剩的问题需要下大力气解决

目前中国有色金属产业链是“中间大、两头小”,部分冶炼产能过剩,矿山保障能力不足,高附加值深加工产品短缺,总体上仍处于国际产业分工中低端。中国有色金属产业结构调整和部分产能过剩的问题需要国家、地方和企业共同下大力气解决。

(三)有色金属产业发展面临“双重挤压”

发达国家制造业回归和新兴国家低成本优势对中国有色金属产业发展造成的“双重挤压”。美欧倡导实业回归,新兴经济体发展,将与我国形成同质化竞争,国际上将面临更多贸易摩擦。但我们认为:发达国家制造业回归只是高端顶级制造业回归,对我们的影响可能不会太大;而新兴国家低成本优势也是以牺牲环境为代价的,是不可持续的发展模式。对此我们既要有清醒的认识,也没有必要惧怕。为了更好地应对这两种挤压,关键是加快技术进步和转型升级,提升自己的核心竞争力。

(四)资源、能源和环境压力加大

中国常用有色金属矿产资源相对贫乏、品质不高,对外依存度大,不但成本高,而且受人制约。能源价格高,能源政策导向也不利于有色金属企业发展,社会舆论对有色金属工业也不太了解,只知道有色金属生产高耗能,不知道使用环节是节能的。

(五)有色金属价格回升乏力

美联储货币政策转向,美元走强,黄金、铜等金属的金融属性走弱,不支持以美元计价金属价格上升。世界有色金属产能、产量增长大于需求增长,全球有色金属总体呈供大于求的格局,也不支撑有色金属价格上涨。有色金属价格持续在低位震荡,国内电力、环保、人工成本上升,有色金属企业经营困难的压力依然较大。

(撰稿:王华俊)

2013年电信业发展综述

工业和信息化部信息中心

2013年,面对严峻的国内外经济形势,我国电信业全面贯彻落实党的十八大精神,围绕“稳增长、调结构”的发展目标,坚持创新、转型两条主线,着力加强通信基础设施建设,加快推进“宽带普及提速”工程,积极推广普及新技术、新业务应用,通过有序竞争促进电信资费综合价格水平持续下降和电信市场结构逐步优化,实现全行业持续健康平稳运行,为扩大信息消费,推动国民经济和社会信息化发展做出积极贡献。

一、总体情况

2013年,全国电信业务总量完成15 707.2亿元,同比增长15.4%[①],电信业务收入累计完成11 668.7亿元,同比增长8.5%,完成固定资产投资3 742.6亿元,同比增长3.5%。

全年净增电话用户10 579万户,总数达到149 600万户。其中,移动电话用户净增11 695.8万户,总数

① 按照2013年微调的2010年不变单价进行计算。

达到122 900万户，普及率为90.3[①]部/百人；3G用户净增16 880.8万户，总规模突破4亿户，在移动电话用户总体中的渗透率达32.7%。固定电话用户累计减少1 116.8万户，总数降至26 700万户，普及率为19.6部/百人。

互联网网民数量净增5 358[②]万人，规模达61 800万人，互联网普及率达到45.8%，其中手机网民规模达到5亿人，占到网民总数的81.0%，比上年提高6.5个百分点。基础电信运营企业互联网宽带接入用户全年净增1 905.6万户，总数达18 900万户，8M以上宽带用户比重达到22.6%。

全国光缆线路长度增加266万千米，达到1 745.4万千米。局用交换机容量比上年下降明显，全年下降6.1%，达到41 089.3万门。移动电话交换机容量增加12 533.5万户，达到196 557.3万户。互联网宽带接入端口增加3 836.9万个，累计达到35 900万个。国际互联网出口带宽增至到3 406 824[③]Mbps，同比增长79.3%。2009—2013年电信业主要指标发展情况见表1。

2009—2013年电信业主要指标发展情况

表1

指标名称	单位	2009年	2010年	2011年	2012年	2013年	平均增长率(%)
一、综合指标							
电信业务总量	亿元	8 674.6	10 181.7	11 725.8	12 982.4	15 707.2	12.6
电信业务收入	亿元	8 544.1	9 079.1	9 880.4	10 758.3	11 668.7	6.4
电信固定资产投资	亿元	3 773.1	3 021.6	3 382.2	3 616.2	3 742.6	—
二、电信用户							
固定电话用户	万户	31 373.2	29 434.2	28 509.8	27 815.3	26 698.5	-3.2
移动电话用户	万户	74 721.4	85 900.3	98 625.3	111 215.5	122 911.3	10.5
互联网宽带接入用户	万户	10 397.8	12 629.1	15 000.1	17 518.3	18 890.9	12.7
互联网网民人数	万人	38 400.0	45 700.0	51 300.0	56 400.0	61 758.0	10.0
三、电信业务使用情况							
固定本地电话通话时长	亿分钟	—	—	4 227.4	3 577.7	3 023.1	—
固定长途电话通话时长	亿分钟	1 314.6	1 068.9	856.9	700.7	590.6	-14.8
移动电话通话时长	亿分钟	35 351.0	43 261.2	50 472.6	55 444.9	58 229.7	10.5
移动短信业务量	亿条	7 726.5	8 277.5	8 790.0	8 973.1	8 921.0	2.9
移动互联网接入流量	万GB	11 785.3	39 935.9	54 083.1	87 926.1	126 715.7	60.8
四、通信能力							
光缆线路长度	万公里	829.5	996.2	1 211.9	1 479.3	1 745.4	16.0
局用交换机容量	万门	49 265.6	46 537.3	43 428.4	43 749.3	41 089.3	-3.6
移动电话交换机容量	万户	144 084.7	150 284.9	171 636.0	184 023.8	196 557.3	6.4
移动电话基站数	万个	111.1	139.8	175.2	206.6	241.0	16.7
互联网宽带接入端口	万个	13 835.7	18 781.1	23 239.4	32 108.4	35 945.3	21.0
互联网国际出口带宽	Mbps	866 367.0	1 098 957.0	1 389 529.0	1 899 792.0	3 406 824.0	31.5
五、通信服务水平							
固定电话普及率	部/百人	23.6	22.1	21.3	20.6	19.6	—
移动电话普及率	部/百人	56.3	64.4	73.6	82.5	90.3	—
互联网普及率	%	28.9	34.3	38.3	42.1	45.8	—
已通电话的行政村比重	%	99.9	100.0	100.0	100.0	100.0	—

注：1. 2012年之前（含2012年）的电信业务总量按照2010年不变单价测算，2013年电信业务总量按照2013年微调后的2010年不变单价测算。

2. 电信业务收入增长率为可比口径比较。

① 人口数采用2013年底国家统计局公布的常住人口数。

② 数据来源：中国互联网络发展状况统计报告(2014.1)，CNNIC。

③ 数据来源：中国互联网络发展状况统计报告(2014.1)，CNNIC。

二、运行特点

(一)行业保持平稳增长,3G、宽带业务为发展亮点

1. 收入同比增速连续第三年超同期 GDP 增速,移动互联网业务为收入增长的第一推动力。2013 年,实现电信业务收入 11 668.7 亿元,同比增长 8.5%,比上年回落 0.4 个百分点,连续第三年保持高于同期 GDP 增速的快速增长态势。实现电信业务总量 15 707.2 亿元,同比增长 15.4%,比上年提升 4.7 个百分点,自 2012 年出现增速低点后快速回升,量收差距呈扩大趋势。移动互联网业务发展迅猛,移动数据及互联网业务收入和业务量分别同比增长 55.5%、78.6%,增长贡献分别达到 77.6%、55.2%,是支撑行业发展的第一推动力。见图 1。

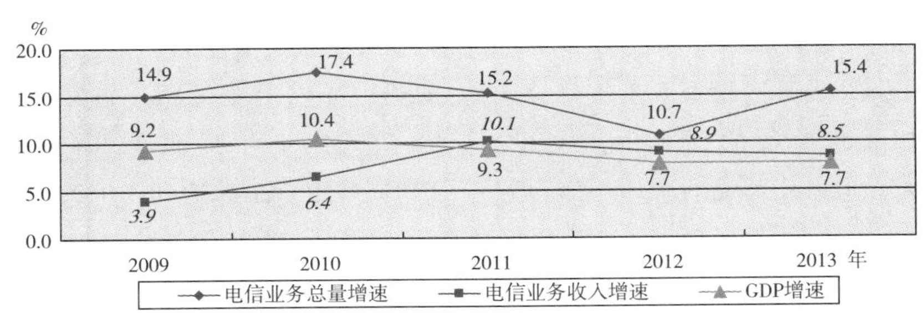

图 1　2009—2013 年电信业务总量与业务收入增长情况

2. 3G 网络基础设施提升明显,用户规模突破 4 亿户。2013 年,3G 固定资产投资完成 882 亿元,占全部投资的比重达 23.6%,虽比上年下降 2.8 个百分点,但仍是行业投资的重点方向之一。全年新开通 3G 基站 27.4 万个,总量达 109.3 万个,占移动电话基站总数的比重由上年的 39.7% 提高到 45.4%。全年新增 3G 移动电话用户 1.7 亿户,新增规模较上年扩大 61.7%,3G 用户总量突破 4 亿户,在移动用户中的渗透率达到 32.7%,比上年提高 11.8 个百分点。见图 2、图 3、图 4。

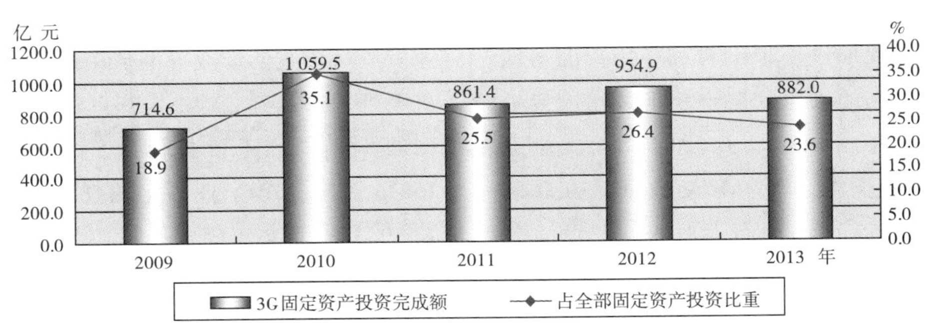

图 2　2009—2013 年 3G 固定资产投资完成情况

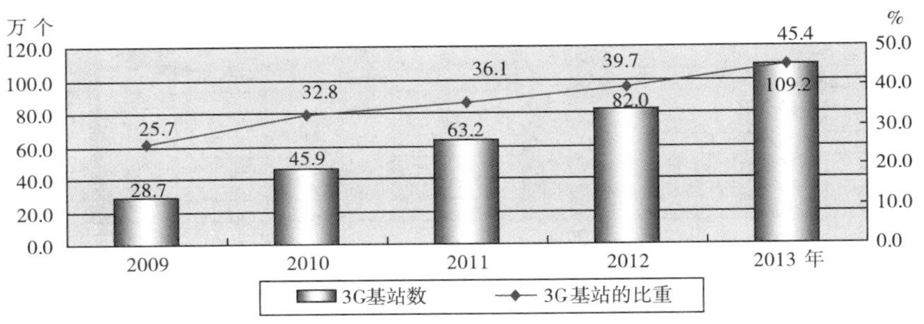

图 3　2009—2013 年 3G 移动电话基站发展情况

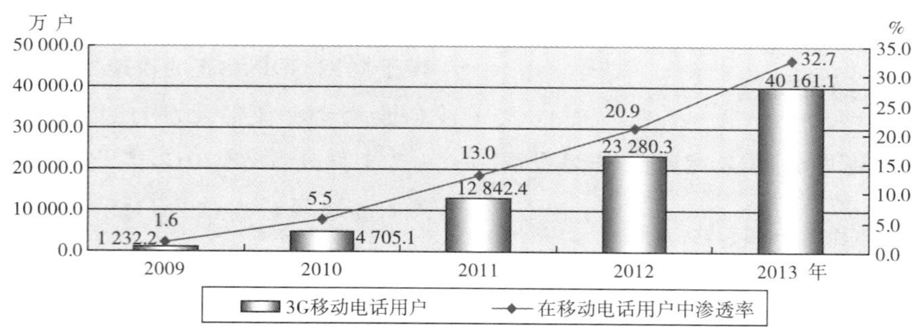

图 4　2009—2013 年 3G 移动电话用户发展情况

3. 互联网及数据通信投资大幅增长，光纤网络能力和宽带用户接入速率显著提升。2013 年，基础电信企业完成互联网及数据通信投资 511.1 亿元，同比增长 22.3%，占全部投资的比重由上年的 11.6% 提升到 13.7%。其中，光缆线路长度新增 266 万千米，达到 1 745.4 万千米；光纤接入 FTTH/0 端口数达 11 505 万个，占宽带接入端口总数的比重比上年提高 9.3 个百分点。宽带用户接入速率显著提升，4M 以上宽带用户占宽带用户总数的比重达 78.8%，比上年提高 13.0 个百分点。光纤接入 FTTH/0 用户总数达到 4 082.2 万户，占宽带用户总数的比重突破 20.0%，达到 21.6%。见图 5。

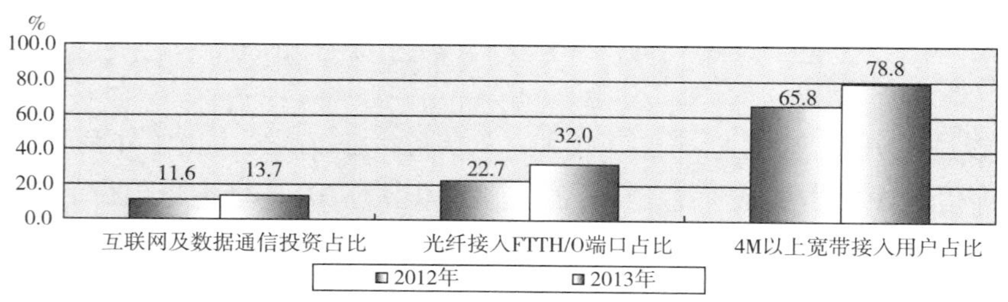

图 5　2012—2013 年固定宽带投资、能力和用户发展情况

4. 行业消费向数据流量业务倾斜，以新业务为代表的行业转型步伐加快。2013 年，3G 用户的迅猛增长以及移动互联网的快速发展推动了数据流量消费的快速增长，全年实现移动互联网接入流量近 12.7 亿 GB，同比增长 44.1%。移动数据及互联网业务收入同比增长 55.6%，对行业收入增长的贡献从上年的 51.0% 猛增至 77.6%，在电信业务收入中的占比提升至 17.0%。行业转型步伐不断加快，行业发展对传统话音业务的依赖持续减弱。IPTV 和手机电视用户达到 2 842.5 万户和 4 411.2 万户，物联网终端用户和手机支付用户达到 3 200.4 万户和 366.3 万户。IPTV 业务实现收入 40.7 亿元，同比增长 39.3%，远高于固定通信业务收入 5.0% 的增速。见图 6、图 7。

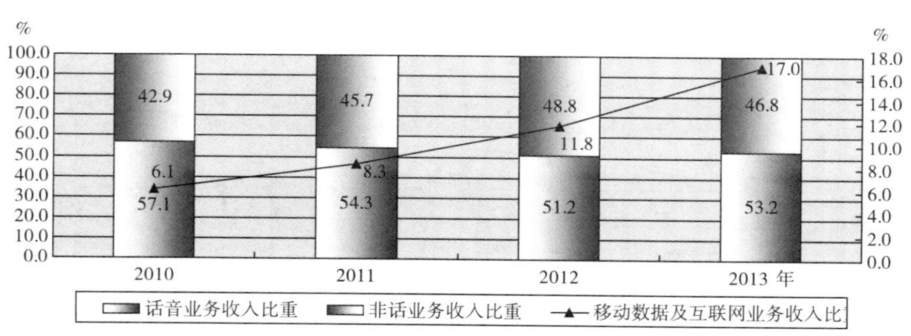

图 6　2009—2013 年移动互联网业务收入占比变化情况

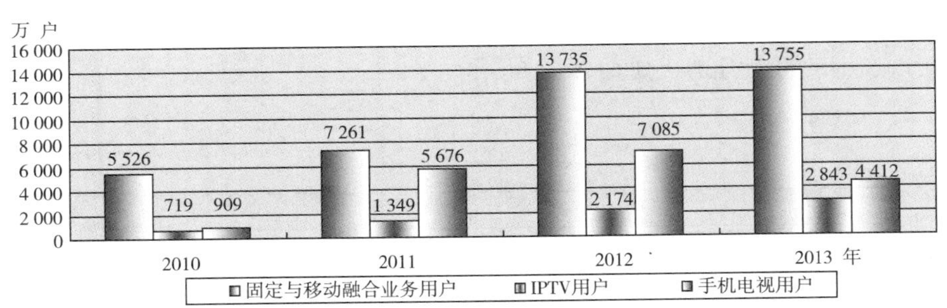

图 7　2009—2013 年融合业务用户发展情况

（二）用户规模持续扩大，移动化宽带化趋势显著

1. 用户普及率接近 110 部/百人，移动电话用户占比达 82.2%。2013 年，全国电话用户净增 10 579 万户，总数达到 149 600 万户，增长 7.6%。其中，移动电话用户净增 11 695.8 万户，总数达 122 900 万户，移动电话用户在电话用户总数的占比达 82.2%；移动电话用户普及率达 90.3 部/百人，比上年提高 7.8 部/百人。固定电话用户总数 26 700 万户，比上年减少 1 116.8 万户，普及率降低至 19.6 部/百人。全国共有 8 省市的移动电话普及率超过 100 部/百人，分别为北京、辽宁、上海、江苏、浙江、福建、广东、内蒙古，其中辽宁、江苏的移动电话普及率首次突破 100 部/百人。见图 8、图 9。

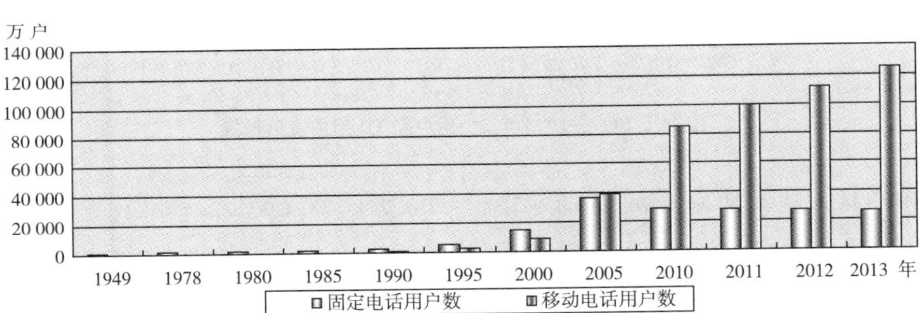

图 8　1949—2013 年固定电话、移动电话用户发展情况

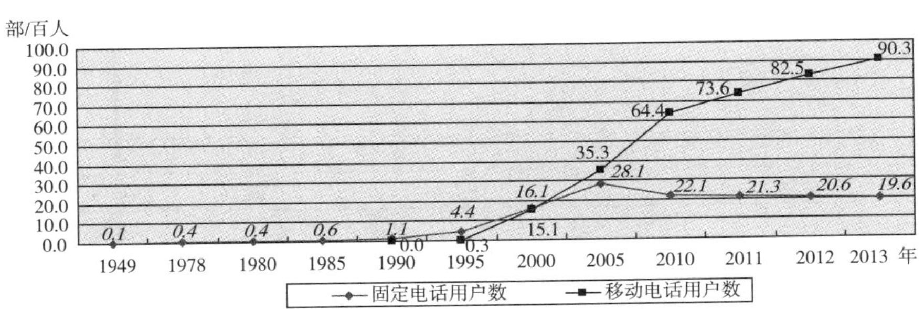

图 9　1949—2013 年固定电话、移动电话普及率发展情况

2. 2G 移动电话用户加速向 3G 迁移，TD－SCDMA 用户新增占比达六成。2013 年，全国移动电话用户规模再创新高，2G 用户加速向 3G 迁移。全年 2G 移动电话用户减少 5 185 万户，近五年来首次负增长，在移动电话用户中的比重由上年的 79.4% 下降至 67.3%。3G 移动电话用户呈现爆发式增长，特别是

TD－SCDMA 用户保持高速增长态势，全年净增10 300万户，达19 100万户。TD－SCDMA用户在3G用户增量、总量市场中的份额分别达到61.2%和47.6%，比上年分别提高了26.1和9.8个百分点。见图10、图11。

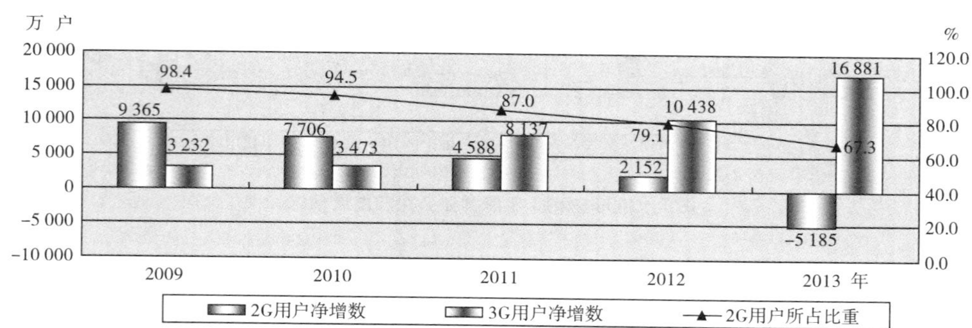

图10　2009—2013 年 2G/3G 移动电话用户发展情况

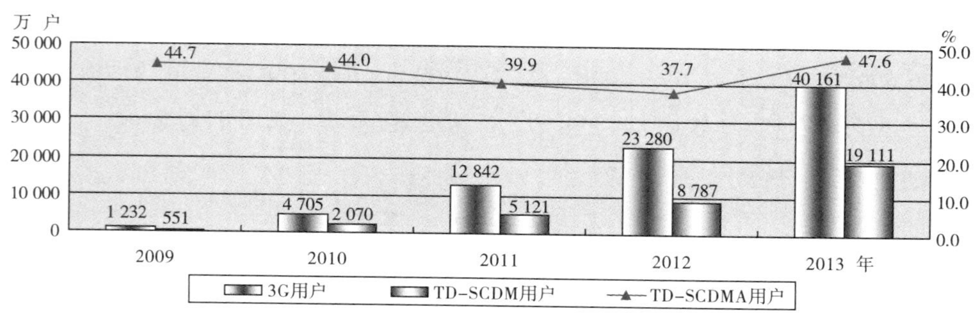

图11　2009—2013 年 3G 用户和 TD 用户发展情况

3. 固定宽带用户接入速率加速提升，移动互联网用户规模创新高。2013年，基础电信企业固定互联网宽带接入用户①净增1 905.6万户，比上年净增减少612.6万户，总数达18 900万户。高速率宽带接入用户占比提高明显，2M以上、4M以上和8M以上宽带接入用户占宽带用户总数的比重分别达到96.2%、78.8%、22.6%，比上年分别提高1.9，14.3，9.5个百分点。移动互联网用户净增4 319.8万户，用户规模已达80 800万户，同比增长5.7%。其中3G上网用户净增11 378.6万户，总数达到29 100万户，在移动互联网用户中的比重达到36.1%。见图12。

图12　2002—2013 年固定宽带接入用户和移动互联网用户发展情况

① 互联网宽带接入用户指标自2013年4月起统计调整，比上年末净增按同比口径计算。

4. 互联网网民规模持续扩大，手机网民渗透率大幅提升。2013年，我国互联网网民数①净增5 358万人，达到68 100万人，互联网普及率达到45.8%，比上年提高3.7个百分点，整体网民规模增速保持放缓态势。手机网民规模达到5亿人，比上年增加8 009万人，网民中使用手机上网的人群占比由上年的74.5%提升至81.0%。手机网民规模的持续增长，促进手机即时通信、手机搜索、手机视频、和手机网络游戏用户规模比上年分别增长22.3%、25.3%、83.8%、54.5%。电子商务应用在手机端应用发展迅速，手机在线支付用户在手机网民占比由上年末的13.2%上升至25.1%。见图13、图14。

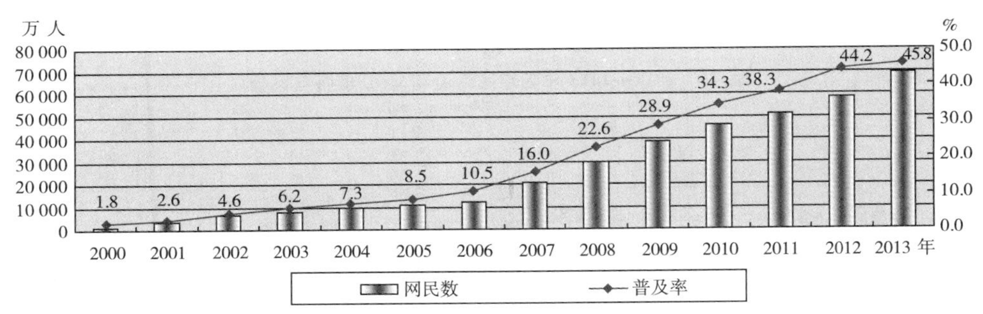

图13　2000—2013年互联网网民数和普及率发展情况

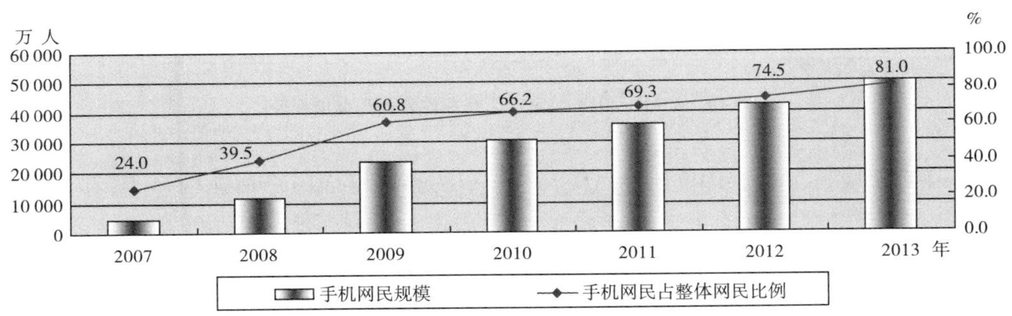

图14　2007—2013年手机网民规模和网民比例发展情况

（三）用户业务使用习惯加速改变，手机应用替代传统话音和短信

1. 固定电话通话量下降幅度超过15.0%，固定话音ARPU值持续下降。2013年，固定本地电话通话时长为3 023.1亿分钟，同比下降15.5%，下降幅度基本与上年同期持平。固定本地电话MOU达到92.2分钟/月·户，同比降低12.9%。固定长途电话通话时长为590.6亿分钟，同比下降15.7%，比上年同期降幅收窄2.5个百分点。固定长途电话MOU同比下降14.3%，达到18.0分钟/月·户。2013年，固定话音收入下降幅度远超过用户下降幅度，固定本地电话和长途电话语音ARPU值（户月均收入贡献值）加速下滑，分别降至12.1元/月·户和5.0元/月·户，同比下降18.2%和9.1%。见图15、图16。

① 网民数、互联网普及率、互联网国际出口带宽等数据取自中国互联网络信息中心（CNNIC）发布的《中国互联网络发展状况统计报告（2014年1月）》。

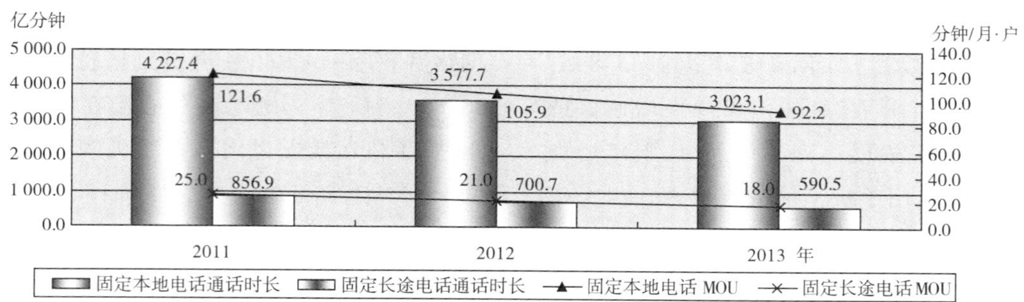

图 15　2011—2013 年固定通话量和 MOU 值各年比较

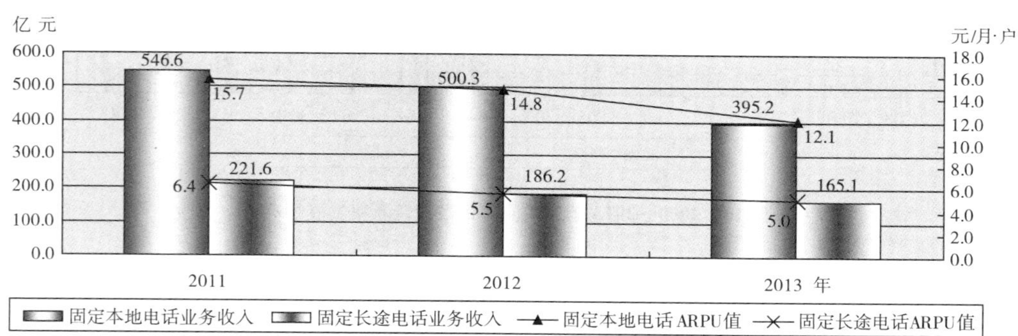

图 16　2011—2013 年固定话音户均收入贡献值比较

2. 移动电话通话量增速下滑，MOU 值和 ARPU 值双双下降。2013 年，全国移动电话去话通话时长 28 987.7 亿分钟，同比增长 5.0%，较上年同期增速下降 7.4 个百分点。移动本地去话通话时长和移动长途通话时长分别为 22 235.9，6 751.9 亿分钟，同比增长 4.8% 和 5.8%。移动电话通话时长的增速仅为移动电话用户增速的一半，移动本地去话 MOU 达到 157.8 分钟/月·户，移动长途去话 MOU 达到 47.9 分钟/月·户，分别同比降低 6.4%、5.5%；移动本地和长途 ARPU 值分别同比降低 10.0%、5.0%。见图 17、图 18。

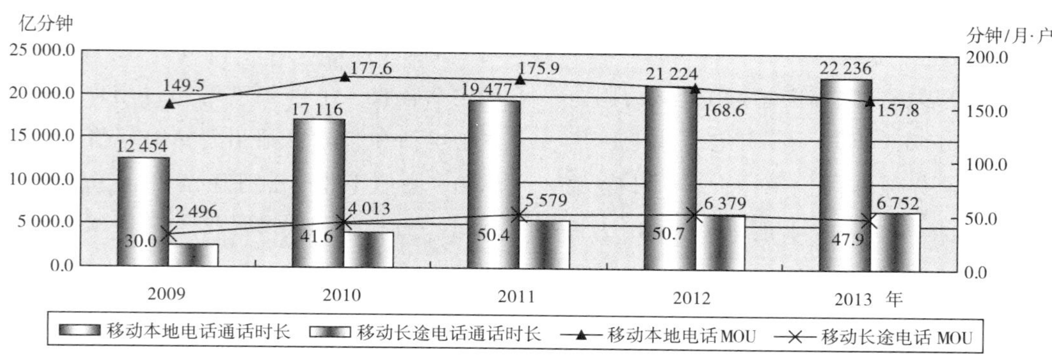

图 17　2009—2013 年移动通话量下降和 MOU 值比较

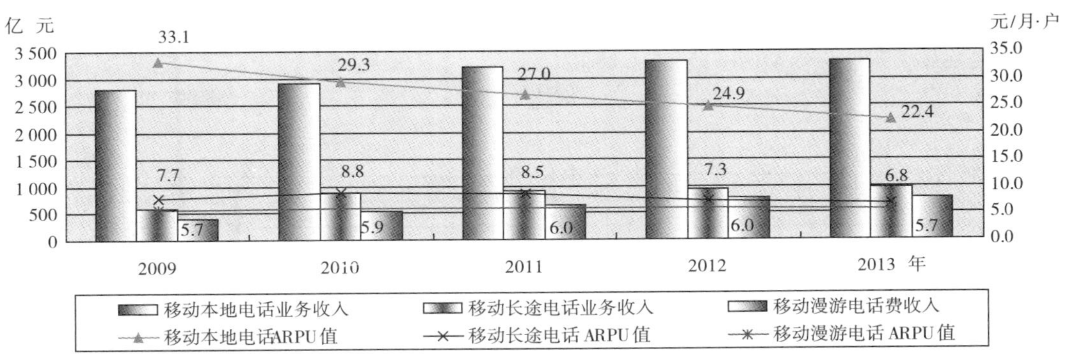

图 18　2009—2013 年移动话音户均收入贡献值比较

3. 移动点对点短信业务量下滑明显，新兴移动增值业务收入规模持续扩大。2013 年，受微信等 OTT 业务①快速发展的影响，由移动用户主动发起的点对点短信量加剧下滑，总量达 4 313.4 亿条，同比下降 13.7%，降幅同比扩大了 6.8 个百分点。在基础企业移动增值业务中，移动短信业务收入下滑趋势加剧，同比下降 1.7%。以手机电视等为代表的新兴移动增值业务收入规模持续扩大，手机电视业务收入同比增长了 22.4%。在基础企业移动增值业务中，非移动短信业务收入规模达 1 372.4 亿元，在移动增值业务所占比重由上年同期的 66.8% 上升到 68.9%。见图 19、图 20。

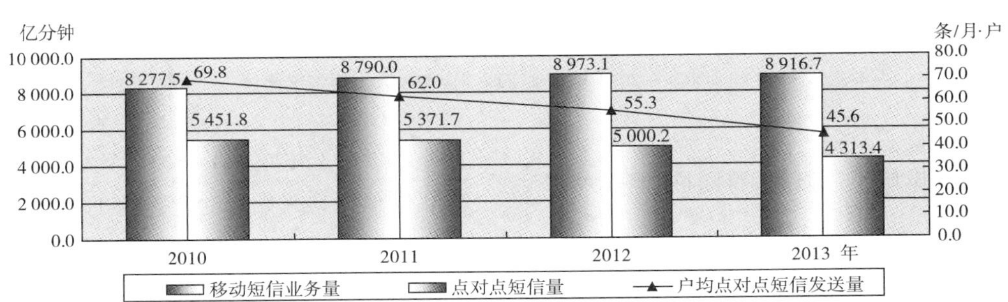

图 19　2010—2013 年移动短信量和点对点短信量各年比较

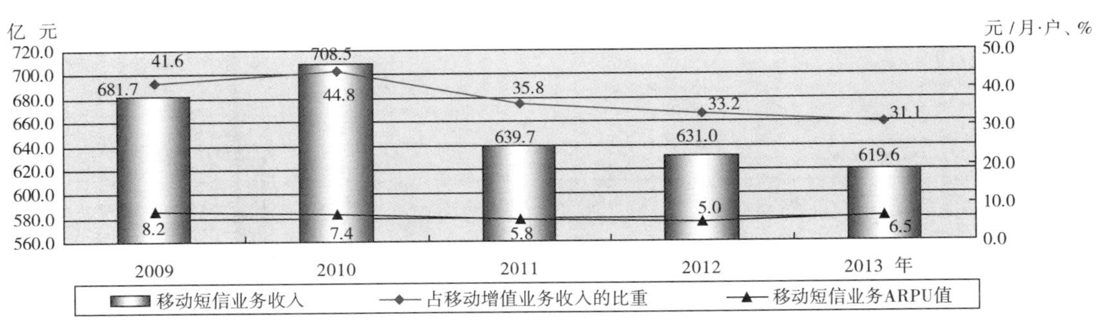

图 20　2009—2013 年移动短信业务收入发展情况比较

4. 移动互联网流量消费潜力巨大，户均流量、ARPU 值超过 50.0% 的增长。2013 年，移动互联网流量达到 126 715.7 万 GB，同比增长 44.1%，月户均移动互联网接入流量达到 151.8M，同比增长 54.6%。

① OTT 是“Over The Top”的缩写，指通过互联网向用户提供各种应用服务。

其中手机上网是主要拉动因素，在移动互联网接入流量的比重达到72.6%。月户均ARPU值同比增长59.7%，达到22.3元/月·户。见图21、图22。

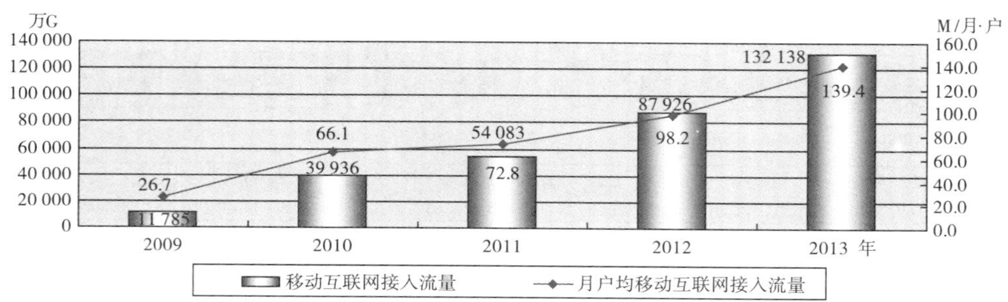

图21　2009—2013年移动互联网流量发展情况比较

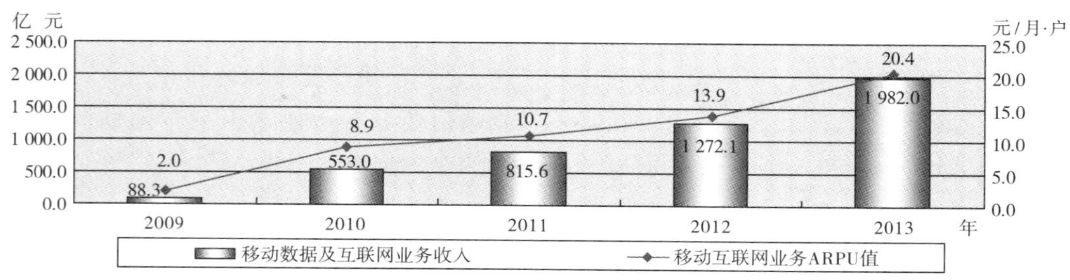

图22　2009—2013年移动互联网业务收入发展情况比较

（四）网络基础设施不断完善，移动网、互联网通信能力持续提高

1. 互联网高速率宽带接入能力显著提升，"光进铜退"趋势明显。2013年，互联网宽带接入端口数量达35 900万个，比上年净增3 836.9万个，同比增长11.9%。互联网宽带接入端口呈现"光进铜退"态势，xDSL端口比上年减少1 115.5个，总数达到14 700万个，占互联网接入端口的比重由上年的49.4%下降至41.0%。体现高速率宽带接入能力的宽带端口比重显著提高，LAN端口比上年净增276.2万个，总数达到5 254.7万个；光纤接入FTTH/0端口比上年净增4 215.6万个，达到11 500万个，占互联网接入端口的比重由上年的22.7%提升至32.0%。见图23。

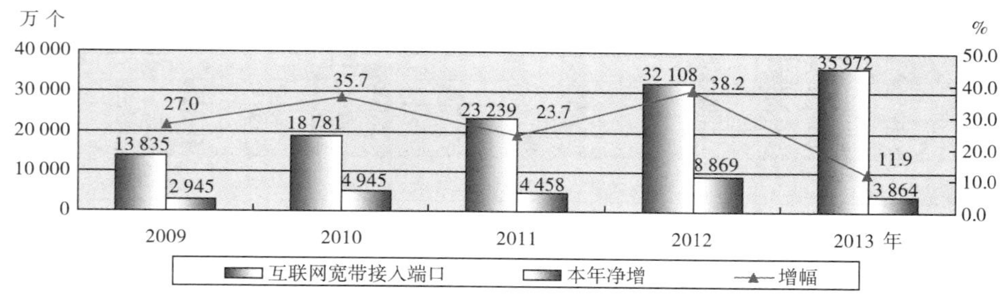

图23　2009—2013年互联网宽带接入端口发展情况

2. 固定电话网容量下降明显，移动电话网扩容速度有所加快。2013年，局用交换机容量比上年下降明显，增速由正转负，全年下降6.1%，达到41 089.3万门。其中，接入网设备容量达到22 572.4万门，比上年下降3.4%。移动电话网扩容速度有所加快，移动交换机容量同比增长6.8%，达到196 600万户。

3. 网络国际出口带宽稳步增长，规模再创新高。截至2013年底，我国网络国际出口带宽稳步增长，达到3 406 824Mbps，同比增长79.3%，比上年提高42.6个百分点，创下近7年来增速最高点。其中中国电信稳居首位，首次突破2 000G大关，达到2 190 878Mbps。

4. 传输网规模再创新高，接入网光缆规模比重提升。2013年，全国新建光缆线路266万千米，光缆线路总长度达到1 745.4万千米，同比增长18.0%，尽管比上年同期回落4.1个百分点，仍保持着较快的增长态势。

全国新建光缆中，接入网光缆、本地网中继光缆和长途光缆线路所占比重分别为47.1%、47.8%和1.1%。接入网光缆和本地中继光缆长度同比增长22.8%和15.4%，分别新建152.8万千米和110.1万千米；长途光缆保持小幅扩容，同比增长2.5%，新建长途光缆长度2.2万千米。见图24。

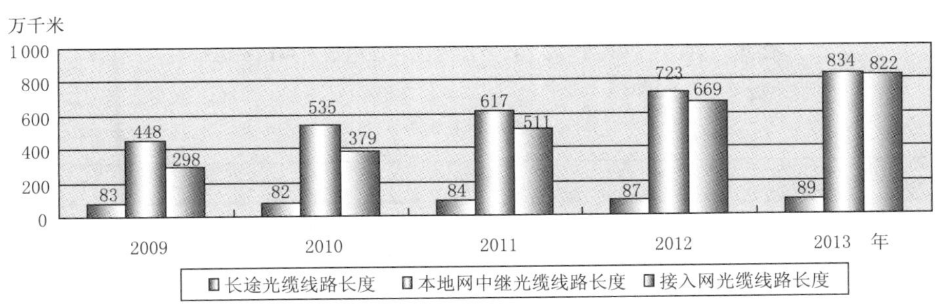

图24　2009—2013年各种光缆线路长度对比情况

(五)固定资产投资规模小幅增长，数据和传输投资比重加大

1. 固定资产投资规模小幅增长3.9%。2013年，全行业固定资产投资规模完成3 742.6亿元，近4年来投资水平最高点。投资完成额比上年小幅增加126.4亿元，同比增长3.5%，比上年回落2.6个百分点。见图25。

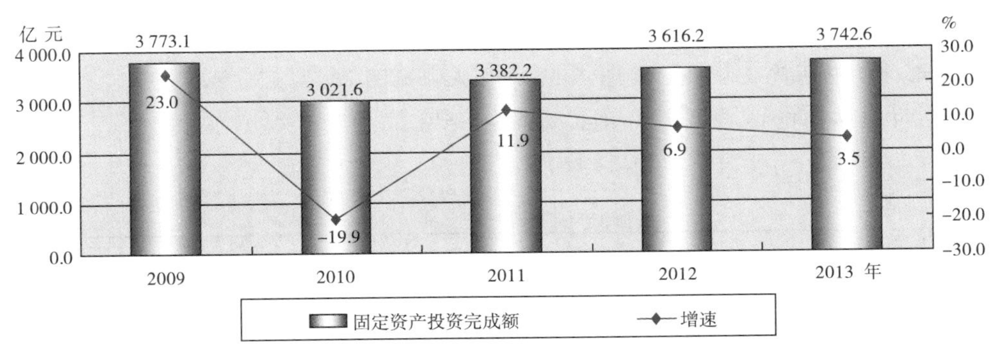

图25　2009—2013年电信固定资产投资完成情况

2. 移动投资比重略降，数据通信和传输投资比重不断提升。2013年，移动投资仍是投资的重点，完成投资1 331.8亿元，同比下降3.2%。数据通信和传输投资比重逐步加大。其中，互联网及数据通信投资完成511.1亿元，同比增长22.3%，占全部投资的比重由上年的11.6%提升到13.7%；传输投资完成942.8亿元，同比增长13.6%，占比提升到25.2%。

(六)电信业地域发展差异发展特点

1. 中西部移动电话增速快于东部，但普及率与东部仍有较大差距。2013年，东中西部移动电话用户增速均呈现放缓态势，但中西部用户增速仍高于东部。东部移动电话用户占比持续下降，同比下降0.2个百分点，占比为50.4%，中西部用户占比均提高了0.1个百分点。见图26、图27。

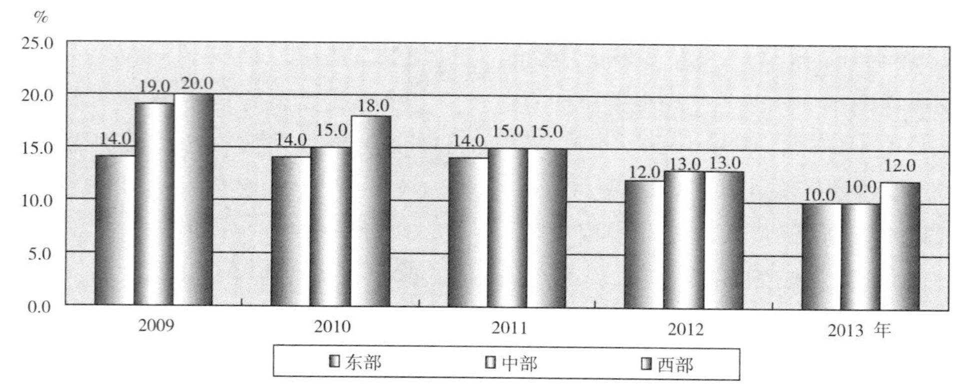

图 26　2009—2013 年东、中、西部地区移动电话用户增长率情况

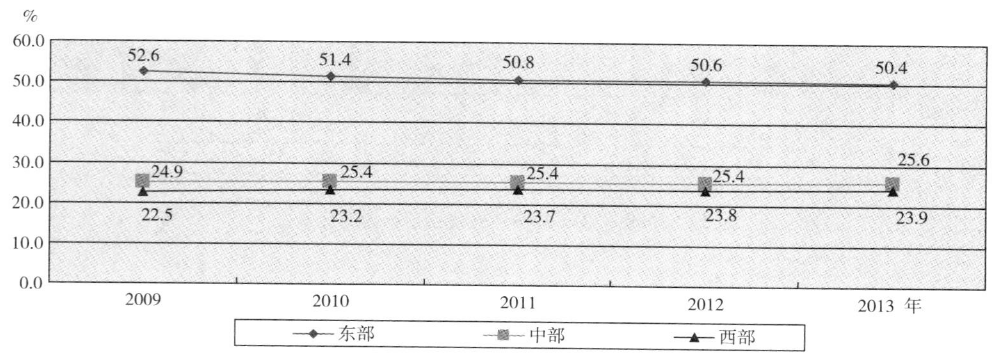

图 27　2009—2013 年东、中、西部地区移动电话用户比重情况

在移动用户增长带动全国移动电话普及率持续上升的过程中，东部移动电话普及率上升要快于中西部。2013 年，东部移动电话普及率领先，较上年提高 8.6 部/百人，中西部移动电话普及率分别提高 6.5 部/百人和 6.5 部/百人。中西部与东部移动电话普及率的差距扩大到 36.1 部/百人和 29.8 部/百人。见图 28。

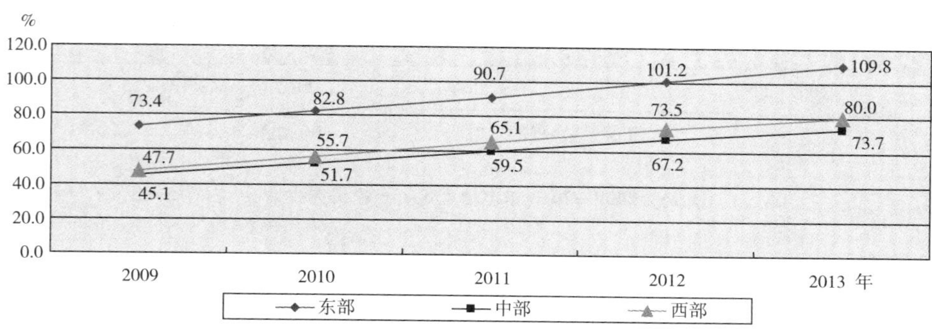

图 28　2009—2013 年东、中、西部地区移动电话普及率情况

2. 东部收入和投资占比不断下降，与中西部差距有所缩小。2013 年，东部省份实现电信业务收入 6 586.5 亿元，占全国电信业务收入比重为 55.3%，同比下降 0.8 个百分点。东部与中西部收入占比差距分别为 32.1%、32.8%，较 2012 年分别下降 1.7 个百分点、1.1 个百分点。见图 29。

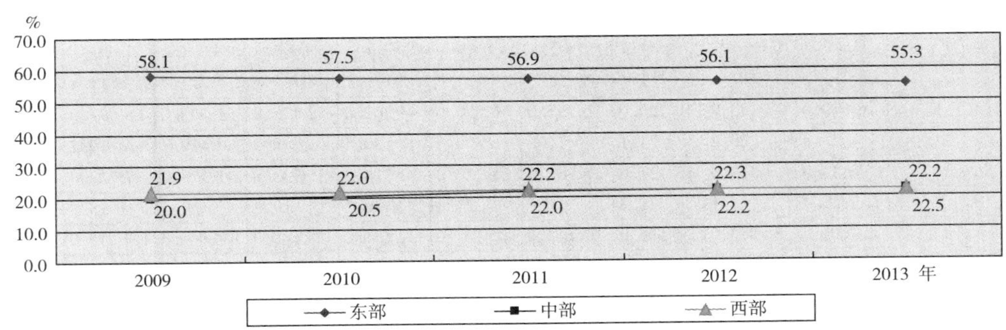

图 29　2009—2013 年东、中、西部地区电信业务收入所占比重情况

2013 年，东部地区完成电信固定资产投资 1 798.6亿元，占东中西部固定资产投资的比重为 48.9%，较上年下降 0.5 个百分点。东部与中部投资占比差距为 25.3 个百分点，较上年提高 0.8 个百分点，东部与西部投资占比差距为 21.4 个百分点，较上年分别下降 2.3 个、2.3 个百分点。见图 30。

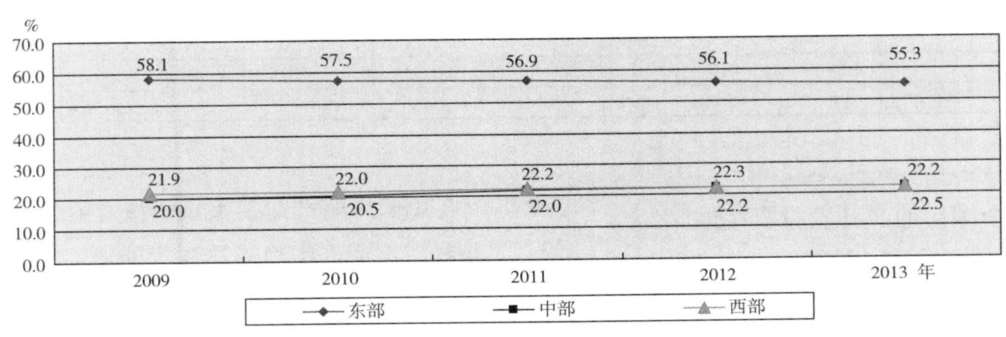

图 30　2009—2013 年东、中、西部地区电信投资比重情况

（撰稿：张明钟
审稿：黄澄清）

2013 年房地产业发展综述

中国房地产业协会

一、全国房地产投资、销售和建设指标

中国房地产业各项主要指标在 2013 年再创历史新高，为宏观经济的稳定发展和城镇居民的住房改善作出了自己应有的贡献。2013 年全国房地产投资、销售和建设指标见表 1。

2013 年全国房地产投资、销售和建设指标

表 1

指　标	1—2（月）	1—3（月）	1—4（月）	1—5（月）	1—6（月）	1—7（月）	1—8（月）	1—9（月）	1—10（月）	1—11（月）	1—12（月）
房地产开发投资额(亿元)	6 670.0	13 133.0	19 180.0	26 798.0	36 828.0	44 302.0	52 120.0	61 120.0	68 693.0	77 412.0	86 013.0
同　比(%)	22.8	20.2	21.1	20.6	20.3	20.5	19.3	19.7	19.2	19.5	19.8
住宅开发投资额(亿元)	4 583.0	9 013.0	13 121.0	18 363.0	25 227.0	30 318.0	35 738.0	41 979.0	47 222.0	53 112.0	58 951.0
同　比(%)	23.4	21.1	21.3	21.6	20.8	20.2	19.2	19.5	18.9	19.1	19.4
房屋新开工面积(亿平方米)	23 001.0	38 873.0	55 506.0	73 613.0	95 901.0	112 638.0	127 840.0	144 900.0	156 275.0	181 055.0	201 208.0
同　比(%)	14.7	-2.7	1.9	1.0	3.8	8.4	4.0	7.3	6.5	11.5	13.5
房屋施工面积(亿平方米)	455 422.0	478 950.0	500 618.0	523 431.0	549 408.0	568 681.0	585 553.0	603 982.0	616 465.0	646 096.0	665 572.0
同　比(%)	15.3	17.0	17.2	16.0	15.5	16.2	14.4	15.0	14.6	16.1	16.1
房屋竣工面积(亿平方米)	13 524.0	19 473.0	23 759.0	28 745.0	35 346.0	41 643.0	46 650.0	52 706.0	59 390.0	69 420.0	101 435.0
同　比(%)	34.0	8.9	6.6	5.3	6.3	7.9	4.6	4.2	1.8	2.5	2.0
住宅竣工面积(亿平方米)	10 360.0	15 001.0	18 273.0	22 204.0	27 428.0	32 384.0	36 301.0	41 170.0	46 395.0	54 265.0	78 741.0
同　比(%)	30.5	4.7	2.6	1.8	2.7	4.6	1.4	1.4	-0.8	-0.1	-0.4
商品房销售面积(万平方米)	10 471.0	20 898.0	29 761.0	39 118.0	51 433.0	61 133.0	70 842.0	84 383.0	95 931.0	110 807.0	130 551.0
同　比(%)	49.5	37.1	38.0	35.6	28.7	25.8	23.4	23.3	21.8	20.8	17.3
住宅销售面积(万平方米)	9 494.0	18 901.0	26 834.0	35 166.0	46 090.0	54 748.0	63 407.0	75 434.0	85 721.0	98 872.0	115 723.0
同　比(%)	55.2	41.2	41.1	37.6	30.4	27.1	24.4	23.9	22.3	21.3	17.5
商品房销售额(亿元)	7 361.0	13 992.0	19 847.0	25 864.0	33 376.0	39 549.0	45 724.0	54 028.0	61 238.0	69 946.0	81 428.0
同　比(%)	77.6	61.3	59.8	52.8	43.2	37.8	34.4	33.9	32.3	30.7	26.3
住宅销售额(亿元)	6 301.0	11 995.0	16 941.0	21 971.0	28 215.0	33 380.0	38 526.0	45 437.0	51 485.0	58 689.0	67 695.0
同　比(%)	87.2	69.0	65.2	56.8	46.0	39.9	35.7	34.5	32.6	31.1	26.6

二、全国房地产开发投资按地区、类别、用途划分情况

全国房地产开发投资总量的一半以上在东部地区，中西部房地产开发投资的增速总体快于东部地区。全国房地产开发投资地区情况见表 2。

2013 年全国房地产开发投资地区情况

表 2

地　区	金　额（亿元）	地　区	金　额（亿元）	地　区	金　额（亿元）
东　部	**47 971.5**	**中　部**	**19 044.8**	**西　部**	**18 997.1**
北　京	3 483.4	山　西	1 308.6	内蒙古	1 479.0
天　津	1 480.8	吉　林	1 252.4	广　西	1 614.6
河　北	3 445.4	黑龙江	1 604.8	重　庆	3 012.8
辽　宁	6 450.8	安　徽	3 946.2	四　川	3 853.0
山　东	5 444.5	江　西	1 174.6	贵　州	1 942.5
上　海	2 819.6	河　南	3 843.8	云　南	2 488.3
江　苏	7 241.5	湖　北	3 286.0	西　藏	9.7
浙　江	6 216.3	湖　南	2 628.3	陕　西	2 240.2
福　建	3 703.0			甘　肃	724.7
广　东	6 489.6			青　海	247.6
海　南	1 196.8			宁　夏	559.0
				新　疆	825.7

中国房地产开发类别投资存在着两大趋向：一是住宅投资占比趋势性逐步降低，二是办公楼和商业投资增幅趋势性高于住宅。全国房地产开发类别投资类别情况见表 3。

2013 年全国房地产开发类别投资类别情况

表 3

分　类	金　额（亿元）	比　重	同　比（%）
完成投资	86 013.4	100.0	19.8
#住　宅	58 950.8	68.5	19.4
#办公楼	4 652.5	5.4	38.2
#商业营业用房	11 944.8	13.9	28.3
#其　他	10 465.3	12.2	7.3

资料来源：国家统计局。

从开发投资工程用途结构看，建筑工程占整个投资总额的 2/3；建筑工程、安装工程、设备工器具购置三项同比增长较快。全国房地产开发工程用途及东中西部投资结构情况见表 4、表 5。

2013 年全国房地产开发工程用途情况

表 4

分 类	绝对量（亿元）	比 重	同 比（%）
完成投资	86 013.4	100.0	19.8
#建筑工程	57 764.2	67.2	22.7
#安装工程	6 155.0	7.2	23.9
#设备工器具购置	1 250.0	1.5	22.6
#其他费用	20 844.1	24.2	11.2
其中：土地购置费	13 501.7	15.7	11.6

2013 年全国房地产开发东中西部投资结构

表 5

地 区	完成投资（亿元）	比 重	同 比（%）	住宅投资（亿元）	比 重	同 比（%）	土地购置费（亿元）	比 重	同 比（%）
东部地区	47 971.5	55.8	18.3	32 696.8	55.5	18.3	8 829.1	65.4	7.7
中部地区	19 044.8	22.1	20.8	13 264.7	22.5	19.9	2 318.8	17.2	14.1
西部地区	18 997.1	22.1	22.6	12 989.2	22.0	21.8	2 353.9	17.4	26.0

资料来源：国家统计局。

三、2013 年房地产开发企业资金到位情况

房地产开发企业资金到位情况见表 6。

2013 年房地产开发企业资金到位情况

表 6

分 类	数 量（亿元）	比 重	同 比（%）
本年实际到位资金小计	122 122.5	100.0	26.5
#国内贷款	19 672.7	16.1	33.1
其中：银行贷款	17 164.8	14.1	30.6
非银行金融机构贷款	2 507.9	2.1	53.1
#利用外资	534.2	0.4	32.8
其中：外商直接投资	467.1	0.4	30.3
#自筹资金	47 425.0	38.8	21.3
其中：自有资金	20 524.3	16.8	15.0
#其他资金来源	54 490.7	44.6	28.9
其中：定金及预收款	34 499.0	28.2	29.9
个人按揭贷款	14 033.3	11.5	33.3

资料来源：国家统计局。

四、全国各地区土地购置和出让情况

全国土地购置总面积为 38 814.4 万平方米。土地购置费为 13 501.7 亿元。全国土地出让金 41 250 亿元。全国各地区土地购置面积情况见表 7。

2013 年全国各地区土地购置面积情况

表 7

地 区	面 积（万平方米）	地 区	面 积（万平方米）	地 区	面 积（万平方米）
东 部	**7 900.7**	**中 部**	**11 001.4**	**西 部**	**9 912.3**
北 京	906.2	山 西	875.9	内蒙古	837.6
天 津	210.6	吉 林	1 144.0	广 西	432.0
河 北	1 127.3	黑龙江	655.7	重 庆	1 896.7
辽 宁	2 502.3	安 徽	2 760.2	四 川	1 142.8
山 东	2 615.1	江 西	841.8	贵 州	1 209.5
上 海	421.7	河 南	1 501.6	云 南	1 974.0
江 苏	4 207.7	湖 北	1 894.7	西 藏	—
浙 江	1 760.7	湖 南	1 327.6	陕 西	503.5
福 建	1 591.1			甘 肃	421.7
广 东	2 251.0			青 海	80.1
海 南	306.9			宁 夏	438.3
				新 疆	976.2

五、房地产信贷

2013 年，主要金融机构（含外资）房地产贷款余额 146 100 亿元，同比增长 19.1%。全年新增房地产贷款 23 400 亿元，占同期各项贷款新增额的 28.1%。

个人购房贷款余额为 98 000 亿元，同比增长 21.0%。

房地产开发贷款余额45 900亿元,同比增长18.8%。其中,住房开发贷款余额为35 200亿元,同比增长16.3%;地产开发贷款余额为10 700亿元,同比增长9.8%。

保障房信贷支持力度继续加大。2013年全国保障性住房开发贷款余额为7 260亿元,同比增长26.7%。

六、全国房地产价格指数和平均价格

1. 全国70个大中城市年末新建住宅价格和二手房价格定基指数见表8。

2013年全国70个大中城市年末新建住宅价格和二手房价格定基指数

表8

所在地	12月		所在地	12月	
	新建住宅	二手房		新建住宅	二手房
北　京	121.0	120.3	唐　山	103.2	104.7
天　津	111.9	106.9	秦皇岛	115.0	103.6
石家庄	119.8	101.0	包　头	113.1	103.0
太　原	114.8	115.6	丹　东	117.6	106.2
呼和浩特	114.8	108.0	锦　州	116.4	102.2
沈　阳	119.8	109.8	吉　林	114.8	105.4
大　连	117.6	108.0	牡丹江	113.4	102.9
长　春	113.2	105.7	无　锡	107.0	107.4
哈尔滨	114.6	103.5	扬　州	111.2	102.1
上　海	120.3	116.6	徐　州	113.4	100.0
南　京	112.9	104.8	温　州	81.1	82.9
杭　州	102.5	97.8	金　华	104.0	98.8
宁　波	99.9	96.1	蚌　埠	108.3	107.6
合　肥	112.8	106.2	安　庆	109.3	101.3
福　州	119.1	104.2	泉　州	108.1	99.9
厦　门	123.8	110.0	九　江	109.8	104.7
南　昌	118.0	106.4	赣　州	114.2	101.0
济　南	113.1	106.2	烟　台	112.1	104.3
青　岛	109.8	103.6	济　宁	113.7	108.9
郑　州	120.0	110.7	洛　阳	115.9	111.1
武　汉	115.8	110.8	平顶山	114.2	110.5
长　沙	122.0	107.5	宜　昌	115.2	108.5
广　州	128.0	119.0	襄　阳	115.1	115.3
深　圳	125.1	120.3	岳　阳	114.0	114.5
南　宁	112.0	106.5	常　德	112.1	114.1
海　口	103.6	95.4	惠　州	114.0	111.0
重　庆	114.0	105.1	湛　江	117.5	111.1
成　都	113.3	104.2	韶　关	114.0	109.8
贵　阳	113.4	118.8	桂　林	118.4	106.6
昆　明	113.7	115.4	北　海	111.6	108.1
西　安	115.6	106.5	三　亚	106.3	96.1
兰　州	115.9	101.1	泸　州	113.0	104.9
西　宁	120.2	112.3	南　充	112.0	106.3
银　川	114.3	111.1	遵　义	113.3	111.7
乌鲁木齐	124.1	112.3	大　理	107.0	105.7

2. 全国40个重点城市年末住宅、办公楼和商业营业用房销售均价见表9。

2013 年全国 40 个重点城市年末住宅、办公楼和商业营业用房销售均价

表 9　　　　单位：元/平方米

所在地	住　宅	办公楼	商业营业用	所在地	住　宅	办公楼	商业营业用
北　京	18 553	23 426	26 405	济　南	7 152	10 335	12 557
天　津	8 746	11 441	16 550	青　岛	8 435	14 767	14 000
石家庄	5 503	8 896	8 695	郑　州	7 162	9 747	11 994
太　原	7 158	13 758	17 336	武　汉	7 717	9 372	13 903
呼和浩特	5 233	8 193	9 449	长　沙	6 292	12 148	12 826
沈　阳	6 348	10 671	8 715	广　州	15 330	22 914	23 575
大　连	8 263	6 489	13 917	深　圳	24 402	39 132	34 686
长　春	6 026	6 831	10 064	南　宁	6 959	16 677	22 496
哈尔滨	6 194	7 895	10 024	北　海	4 522	—	9 272
上　海	16 420	23 623	19 294	海　口	7 423	15 278	10 496
南　京	11 495	17 939	19 714	三　亚	14 474	30 084	26 043
无　锡	7 875	9 373	11 473	重　庆	5 569	11 370	10 780
苏　州	9 620	8 884	12 051	成　都	7 197	10 095	14 781
杭　州	15 022	19 331	17 511	贵　阳	5 025	7 591	14 867
宁　波	11 100	9 751	13 732	昆　明	5 795	10 049	7 927
温　州	16 468	21 526	23 451	西　安	6 716	8 964	11 679
合　肥	6 283	8 117	10 043	兰　州	5 868	10 896	11 190
福　州	11 236	19 832	30 992	西　宁	4 628	8 168	17 451
厦　门	13 625	14 590	26 589	银　川	4 856	7 992	7 895
南　昌	7 101	9 960	12 328	乌鲁木齐	6 111	11 891	12 763

七、房地产政策特点

2013 年 2 月的国务院常务会议部署“继续做好房地产调控工作”（国五条）、国务院办公厅“关于继续做好房地产市场调控工作的通知”（国六条），已成为 10 年房地产政策调控的最高潮。年末近 20 个城市因年度房价控制目标未完成而推出的地方房地产调控新举措，是 10 年房地产政策调控的余音回响。

2013 年政府对于房地产调控已经出现思路和方法措施上的重大调整，主要表现在：国家宏观经济调控主要任务是总量平衡、结构协调、生产力布局优化等，不包括房地产产业调控；凡是由市场形成价格的都交给市场，政府不进行不当干预；全国统一部署的一刀切的房地产政策调控的责任，改为由地方政府承担；从既压供给也压需求的调控思路，转向扩大供给，包括土地供给释量和开发企业融资开闸；加快房地产税立法并适时推进改革，房地产相关税收交由人民代表大会立法；淡化并改变以房价为核心的调控目标，将政府工作重点转向保障房建设和分配，划清政府和市场的职能边界。

习近平总书记在 10 月 29 号中共中央政治局第十次集体学习时，发表了关于住房保障和供应体系建设的重要讲话：“加快推进住房保障供应体系建设，要处理好政府提供公共服务和市场化的关系，住房发展的经济功能和社会功能的关系，需要和可能的关系，住房保障和防止福利陷阱的关系。只有坚持市场化改革方向，才能充分激发市场活力，满足多层次住房需求。同时，总有一部分群众由于劳动技能不适应、就业不充分、收入水平低等原因而面临住房困难，政府必须补好位，为困难群众提供基本住房保障。”

党中央政治局 12 月 3 号会议提出“做好住房保障和房地产市场调控工作”。将“住房保障”放在“市场调控”前面，提的是“做好”而非“坚持”。

八、房地产开发企业情况

（一）市场集中程度攀升，标杆房企份额提高

2013年房地产市场回暖，领军企业一路高歌猛进，销售成绩良好，库存去化明显的同时财务状况稳健。在此背景下，行业内企业竞争格局将日趋激烈，而领军企业的表现异常抢眼。

2013年10强房地产开发企业销售总金额达到10 789.8亿元，占500强销售总金额的33.0%，较上年提升1.0个百分点；销售面积总计10 719.2万平方米，占500强总销售面积的39.0%，较上年提升3.0个百分点。前50强、100强销售金额分别为19 642.4亿元和24 002.9亿元，分别占500强总销售金额的60.0%和73.0%，比重均有所上升。前50强、100强销售面积分别为17 539.9万平方米和20 008.1万平方米，分别占500强总销售面积的64.0%和73.0%，占比亦有增长。

行业领军企业在品牌、服务、产品设计等方面对消费者进行影响；融资渠道广阔且成本优势渐显等方面的优势将使得领先企业市场份额提升存在较大空间，因而促进中国房地产开发行业产业集中度进一步提升。

（二）产业马太效应延续，企业间、城市之间差异分化

随着房地产业趋于成熟和规范，资源进一步向大企业集中，强者恒强的另一面，小型房地产开发企业的景气度直线下降，部分中小房企将逐渐被边缘化。核心城市主流产品供不应求的状态刺激资金实力雄厚的大型开发企业大规模介入直接推升核心城市的地价，从而导致行业的进入门槛提高。

与行业内企业分化相伴随的是中国不同城市和区域的分化同时在加剧。一线城市和热点二线城市短期和中长期供不应求压力持续存在，2013年这些城市多数加大土地供应使得新开工面积增长将缓解供应不足的压力，但这些城市供不应求的矛盾短期内难以根除，基于其城市势能，这些城市将成为领军房地产开发企业竞争的主要区域。

而短期内，三、四线城市中，市场差异性也很大。部分三、四线城市呈现出供过于求的局面。三、四线城市作为中国新型城镇化发展的主要战场，其市场仍是中国房地产市场值得期待的组成部分。但由于各个城市资源禀赋不同，在中国经济转型的背景下，各城市市场表现出现差异的可能性极高。

（三）战略举措亮点频现，定位细化风险犹存

房地产开发企业之间的竞争重心不仅仅集中在土地、成本、价格等以利润导向的领域，更蔓延至产品业态、后续服务、营销策略等领域。房地产开发企业的战略类型目前也正在不断细分和强化，坚持普通住宅开发、强调高速周转和快速去化；定位中高端人群，专注精品楼盘开发；海外拓展；对绿色住宅、产业园区、旧改等个性化细分市场进行开发等模式成为领先企业战略组合的主要选择。

尽管房地产开发企业定位细分强化，竞争层级不断上升，500强企业在不确定性较强的市场环境下也不断实现了企业成长，但由于中长期经济增速和货币信贷投放趋缓；房地产长效机制不断建立和完善；过去多年量价快速增长后，部分需求提前释放，未来房地产市场风险仍存，特别是融资成本较高，去化存疑的企业风险仍在不断积累加强。

办公楼和商业营业用房方面，2013年无论是新开工面积增速还是开发投资增速，办公楼和商业营业用房表现均高于住宅。2010年以来针对住宅的调控驱使不少开发企业介入写字楼和商业地产，最终导致当前一些城市的人均商业面积和写字楼空置率畸高，供过于求的局面逐渐显现。

（四）大型品牌房地产企业逆势扩张继续延续

中国大型品牌房地产企业的市场集中度进一步提高，无论在投资量、开发量还是销售面积和销售金额，占据的市场份额继续得以提升。6家房企年销售面积超过千万亿平方米；7家房企年销售额超过千亿元。

大型品牌企业的影响力不仅表现在投资能力和市场占有能力，还表现在开发理念、产品质量、客户认同度、物业管理水平等方面，其中尤为突出的是融资能力。投资和融资能力已经成为中国房地产的核心竞争力。海外上市、增发股票、基金信托、企业债券等在今年都有了较往年更大的规模。一批企业还实行跨界投资经营，少数房企还进入了金融银行业，

真正实现了房地产业资本和金融资本的融合。

一批大型房企2013年还大举进军海外地产,一时间风生水起。国外投资融资成本低、土地价格便宜、市场长期看好、法律政策稳定是走出去的重要成因。

(五)电子商务冲击商业地产和房屋销售

中国消费模式和支付方式正在发生颠覆性的变化,主要表现在:百货公司日渐式微,大型超市日趋饱和;线性沿街店铺让位于综合体商圈,体验消费挤压实物购买消费;刷卡支付取代现金支付,网上交易笑傲实体店交易。这些变化对传统商业店铺载体的体量、动线、结构、区位、业态等产生了直接的冲击,并由此带来了一个城市的商业地产形、质和量的深刻变革。一大批城市已经出现了商业地产总量的过剩和大量的闲置,同一区位的重叠和恶性竞争,开发出租后的二次破坏性改造,传统商业功能的衰败。

尽管有待验证市场的接受度,但是网络销售已经突破传统中介代理销售房屋的领地。在新房销售和存量房销售两个领域,房地产电子商务模式取得了成千亿的销售规模。有的企业将网络销售和网络金融信贷实行了战略合作;有的企业将中国网络销售之手伸到了海外,形成了海外和中国双向的网络销售服务。电子商务销售房屋的长处是突破本地销售开辟了全国和全球销售新空间;极大的压缩了销售案场的载体空间和人力成本;立体形象多角度的反映商品房屋内外部及其园区的视觉空间;一一展现建材、部品、部件、管线等建筑用料及其品牌;全面汇集房屋开发和销售的所有政府批文和法律备件;更加详尽的介绍销售楼盘周围的教育学校、医疗卫生、商业店铺、交通车站、公园体育场、警署等配套设施。

九、全国保障房情况

2013年全国住房用地计划供应150 800公顷,其中"三类住房"用地计划占住房用地计划总量的79.4%。保障性安居工程用地计划供应4.15万公顷。商品住房用地计划供应109 200公顷,占住房用地供应计划的72.4%,其中中小套普通商品住房用地计划供应78 200公顷,占商品住房用地供应计划的71.6%。

70个大中城市住房用地计划供应50 300公顷,是过去5年年均实际供应量(40 300公顷)的1.2倍,"三类住房"用地计划占住房用地计划的79.1%。一线城市(北、上、广、深)计划同比增加2.8%。

2013年全国保障房的新开工量为666万套,基本建成544万套,已全面完成年度目标任务,完成投资11 200亿元。

(撰稿:李战军　周业勤)

2013年物流业发展综述

中国物流与采购联合会

2013年,在国民经济趋稳向好的推动下,中国物流业坚持贯彻稳中求进的总基调,抓住机遇,稳中求变,呈现出一系列新特点。

一、总体运行趋稳向好

(一)社会物流总额缓中趋稳

2013年,全国社会物流总额1 978 000亿元,按可比价格计算,同比增长9.5%,增幅较上年回落0.3个百分点。分季度看,一季度增长9.4%,上半年增长9.1%,前三季度增长9.5%,呈现"缓中趋稳"的态势。2013年社会物流需求系数为3.5,即每1个单位的GDP需要3.5个单位的物流量来支撑。

从构成结构看,工业品物流总额占社会物流总额的比重为91.8%,同比提升0.4个百分点;进口货物物流总额占比为6.1%,同比下降0.4个百分点;农产品物流总额占比为1.6%;单位与居民物品物流总额占比为0.1%;再生资源物流总额占比为0.4%。

（二）社会物流总费用增速放缓

2013 年，社会物流总费用 102 000 亿元，同比增长 9.3%，增幅较上年同期回落 2.1 个百分点。社会物流总费用与 GDP 的比率为 18.0%，与上年基本持平，中国经济社会运行的物流成本仍然较高。

其中，运输费用 54 000 亿元，同比增长 9.2%；保管费用 36 000 亿元，同比增长 8.9%；管理费用 13 000亿元，同比增长 10.8%。

从构成结构看，运输费用占社会物流总费用的比重为 52.5%，与上年基本持平。保管费用占比为 35.0%，同比下降 0.2 个百分点；管理费用占比为 12.5%，同比提高 0.2 个百分点。

（三）物流业增加值增幅回落

2013 年，中国物流业增加值 39 000 亿元，可比增长 8.5%，增幅较上年同期回落 0.7 个百分点。物流业增加值占 GDP 的比重为 6.8%，占服务业增加值的比重为 14.8%，较上年降低 0.5 个百分点。

其中，交通运输物流业增加值 28 000 亿元，同比增长 7.2%。贸易物流业增加值 7 256 亿元，同比增长 9.5%。仓储物流业 2 975 亿元，同比增长 9.2%。邮政物流业增加值 1 159 亿元，同比增长 33.8%。

从构成结构看，交通运输物流业增加值占物流业增加值的比重为 71.8%，同比增加 0.4 个百分点；贸易物流业增加值占比为 18.6%，同比下降 0.3 个百分点；仓储业增加值占比为 7.6%，同比下降 0.1 个百分点；邮政业增加值占比为 3.0%，同比增加 0.5 个百分点。

（四）基础设施投资有所回升

2013 年，铁路全年完成固定资产投资 6 657.5 亿元，同比增长 2.0%；公路全年完成建设投资 13 692.2亿元，同比增长 7.7%；水路全年完成建设投资 1 528.46 亿元，同比增长 2.3%；航空运输业全年完成投资 1 284.7 亿元，同比增长 14.3%；仓储业全年完成投资 4 200.7 亿元，同比增长 32.7%。

（五）货物运输量平稳增长

2013 年，全年货物运输总量 451 亿吨，比上年增长 9.9%。货物运输周转量 186 500 亿吨千米，增长 7.3%。全年规模以上港口完成货物吞吐量 106.1 亿吨，比上年增长 8.5%，其中外贸货物吞吐量 33.1 亿吨，增长 9.2%。规模以上港口集装箱吞吐量 1.9 亿标准箱，增长 6.7%。

全年邮电业务总量 17 000 亿元，比上年增长 11.1%。其中，邮政业务总量 2 725 亿元，增长 33.8%；电信业务总量 14 000 亿元，增长 7.5%。邮政业全年完成邮政函件业务 63.2 亿件，包裹业务 6 900万件，快递业务量 91.9 亿件；快递业务收入 1 442亿元。

（六）物流业仍处于景气周期

2013 年，中国物流与采购联合会发布中国物流业景气指数（Logistics Prosperity Index，LPI）。LPI 以 50.0% 为经济强弱分界点。高于 50.0% 时，反映物流业经济扩张；低于 50.0%，反映物流业经济收缩。2013 年，LPI 指数全年均高于 50.0% 的临界点，平均值为 53.1%，呈现先扬后抑、小幅波动态势，显示物流业活动总体仍处于平稳增长的景气周期。

二、政策环境有所改善

交通运输管理体制改革。2013 年 3 月，《国务院机构改革和职能转变方案》正式发布，实行铁路政企分开。原铁道部拟定铁路发展规划和政策的行政职责划入交通运输部，组建中国铁路总公司，承担原铁道部的企业职责。目前，中国已经实现由交通运输部统筹规划铁路、公路、水路、民航发展，推进综合交通运输体系建设，将有利于形成真正意义上的大交通格局。

各部门积极推动物流业发展。国务院提出深化流通体制改革加快流通产业发展重点工作部门分工方案，推进铁路投融资体制改革，取消一批行政事业性收费和行政审批项目。国家发改委出台《全国物流园区发展规划》，发布《促进综合交通枢纽发展的指导意见》。财政部和国家税务总局将铁路运输和邮政业纳入营业税改征增值税试点，继续落实土地使用税减半征收政策。交通运输部发布《国家公路网规划》，出台《关于交通运输推进物流业健康发展的指导意见》，支持甩挂运输和物流园区发展，加强快递市场和城市配送管理，促进航运业转型升级，《收费公路管理条例》公开征求意见。商务部发布《关于促进仓储业转型升级的指导意见》，推进重点商贸功能区建设，在现代服务业综合试点工作中启动实施城市共同配送试点。工业和信息化部提出《关于推进物流信息化工作的指导意见》，开展信息化和工业化深度融合专项行动。海关总署继续推进大通关建设，创新监管服务模式。

三、物流企业深度调整

中国物流与采购联合会2014年初对128家大中型物流企业进行了统计调查。其中，5A级企业占46.3%，4A级企业占25.9%，两者合计占72.2%。运输型企业占30.1%，仓储型企业占14.5%，综合型企业占55.4%。国有及控股企业占43.9%，民营企业占34.1%，外资合资企业占15.0%，集体企业占1.2%。调查结果显示，各类物流企业进入深度调整。

（一）业务收入小幅增长

2013年，调查企业主营业务收入同比增长6.2%，其中，运输型企业收入同比减少10.0%，仓储型企业收入同比增长8.0%，综合型企业收入同比增长15.0 %。运输型企业受大宗商品运输业务萎缩和“营改增”税率上升较高影响，收入全面下滑。仓储型企业中以生产资料和大宗商品仓储为主的企业收入增幅较小，平均在5.0% ~8.0%。以生活消费和电子商务为主的企业收入增幅较大，普遍超过20.0%。

（二）业务成本增长较快

2013年调查企业主营业务成本同比增长7.9%，成本增长依然高于收入增长。其中，运输型企业成本同比减少7.3%，仓储型企业成本同比增加9.4%，综合型企业成本同比增加16.7%。

企业人力成本占企业主营业务成本15.1%，由于工资上调和社保基数增加，普遍保持10.0% ~15.0%的增长速度。

企业财务成本占企业主营业务成本3.3%，由于贷款规模上升和融资成本增加，平均增加10.0个百分点左右。

企业燃油费支出占企业运输成本的21.9%，过路过桥费占运输成本的9.1%。其中，运输型企业燃油费支出占运输成本的28.4%；过路过桥费支出占运输成本的20.5%，公路罚款占运输成本的1.4%。

2013年，营业税改征增值税后，调查企业缴纳增值税与营业税体制下缴纳营业税相比平均增长52.9%，其中交通运输服务增长115.4%。分类型看，运输型企业增值税增长116.2%；仓储型企业增值税增长10.8%；综合型企业增值税增长51.8%。

（三）实现利润大幅下滑

2013年调查企业实现净利润同比减少7.0%。其中，运输型企业实现净利润同比减少39.0%，仓储型企业实现净利润同比减少10.0%，综合型企业净利润同比增长12.9%。综合型企业中，商贸消费类企业利润增幅较大，普遍超过30.0%。调查企业净利润率平均为4.3%，其中，运输型企业净利润率为2.3%，仓储型企业净利润率为4.6%，综合型企业净利润率为5.5%。

（四）市场集中度进一步提高

据中国物流与采购联合会发布的“2013年度中国物流企业50强排名”，50强物流企业主营业务收入共达7 807亿元，同比增长12.1%。在50强物流企业中，第50名为20.3亿元，同比增长8.0%。

（五）资本市场看好物流企业

2013年，多家产业基金投资快递、公路快运、冷链物流、化工物流、物流地产、服装物流等领域的领先物流企业。其中，快递业由于其持续高速增长的预期，受到重点关注，资本运作活跃度高。行业兼并重组应对市场变革，整合分散的物流资产，打造一体化物流服务平台；收购互补性资产，弥补业务不足，加快进入新兴市场。一批领先的物流企业积极筹备上市。

四、企业物流加快转型

近年来，生产制造、商贸流通企业更加重视物流环节成本节约和效率提升，加快向供应链一体化转型。

(一)物流费用率较为平稳

由中国物流与采购联合会、国家发改委和国家统计局统计调查显示,2008 年以来,中国工业、批发和零售业企业物流费用率呈下降趋势,2013 年估算下降到 8.5% 左右。

(二)物流外包比例持续提高

中物联统计调查显示,2012 年工业、批发和零售业企业对外支付的物流成本为 874 亿元,比上年增长 17.3%,占企业物流成本的 61.0%,同比提高 2.5 个百分点。随着资源向主业集中的趋势,2013 年这一比例将继续走高,估算将达到 65.0% 左右。

从运输量看,2012 年工业、批发和零售业企业委托代理货运量比上年增长 23.4%,占货运量的 79.4%。2013 年运输量外包仍将维持在高位,估算达到 80.0% 左右的水平。

(三)金融物流仍有潜力

据对中国物资储运协会有关企业的调查显示,2013 年动产质押监管业务量下降 40.0% 以上,业务收入下降 30.0% 以上。多数国有企业主动收缩战线,部分国有大型企业全面退出监管业务。与此同时,一部分民营企业趁势进入市场。

(四)供应链服务较快发展

随着制造业与物流业的转型升级和现代化产业结构的优化调整,供应链服务创新正在成为趋势。集成化(一体化)的物流服务、供应链一体化服务、供应商管理库存服务已成为当前物流服务创新最多的三种模式。同时,电子商务与物流的一体化服务、物流金融(供应链融资)服务、代收货款服务、保税物流等也是企业较为关注的服务创新模式。

五、物流市场分化明显

2013 年,由于国际需求不振,国内经济增速放缓,中国航运、航空货运市场依然低迷,公路货运市场增速趋缓。在大宗货物运输需求下降的情况下,铁路部门积极推行货运组织改革,铁路货运市场全年实现基本持平。受扩大内需特别是网上购物带动,仓储、快递、快运市场保持高速增长。

(一)公路货运市场增速趋缓

2013 年,中国公路货运量 355 亿吨,比上年增长 11.3%,较上年同期回落 1.8 个百分点;公路货运周转量 67 000 亿吨千米,比上年增长 12.7%,较上年回落 3.2 个百分点。公路货运量、公路货运周转量分别占货物运输总量和运输周转量的 78.8% 和 36.0%,分别较上年回落 0.6 和上升 1.4 个百分点。

公路货运市场集中度依然较低,零担快运等一些细分市场集中度逐步提高,并有带动整个市场加快集聚的趋势。通过平台整合、联盟合作等多种方式,公路货运正在积极探索行业集中、效率提升的新途径。公路货运枢纽加快网络化布局,多家平台型企业实现模式快速复制。

(二)铁路货运市场止跌回升

2013 年,中国铁路货运量完成 39.7 亿吨,比上年增长 1.6%,扭转了上半年负增长的局面;铁路货运周转量 29 000 亿吨千米,与上年基本持平。铁路货运量、铁路货运周转量分别占货物运输总量和货物运输周转量的 8.8% 和 15.6%,分别下降 0.6 和 1.3 个百分点。

铁路货运依然是重点物资的主要运输方式,2013 年国家铁路煤炭运量完成 16.8 亿吨,占全国总产量的 45.6%。铁路货运改革全面推进,加快向现代物流转型过渡。铁路运价市场化改革启动,铁路货运价格由政府定价改为政府指导价。铁路推出快递等新产品,为客户提供“门到门”服务。

(三)水路货运市场小幅提升

2013 年,中国水路货运量 49.3 亿吨,比上年增长 7.5%,增幅较上年回落 0.5 个百分点;水路货运周转量 87 000 亿吨千米,比上年增长 5.9%,增幅较上年回落 1.0 个百分点。水路货运量、货运周转量分别占货物运输总量和货物运输周转量的 10.9% 和 46.4%,较上年分别回落 0.2 个百分点。

沿海干散货市场止跌回升。受下半年国内投资增速加快带动，煤炭、铁矿石、粮食等大宗商品需求旺盛，沿海干散货运输需求整体稳中走强。国际集装箱运输市场缓慢复苏。主干航线海运量缓慢恢复，区域内航线海运量增长较快。航运企业积极自救应对，出现强强联盟趋势，全球前20大承运人中已有13家加入联盟，占据集运市场总运力的68.9%。

（四）航空货运市场有所回升

2013年，中国航空货运量557.6万吨，比上年增长2.3%，增幅较上年回升4.5个百分点；航空货运周转量168.6亿吨千米，比上年增长2.9%，较上年回升8.7个百分点。两项指标均结束了连续两年负增长的局面。航空货运量、货运周转量分别占货物运输总量和货运周转量的0.1%和0.1%，与上年基本持平。

航空货运市场加快分化，受电子商务带动快递业高速发展影响，航空快件业务量持续快速增长。航空快件业务量已经占国内航空货运量50.0%的市场份额。航空货运企业谋求转型。国内航空公司加快延伸服务链条，进入快递、电商等高附加值领域。快递企业加大航空货运比重，加快进入航空货运市场。

（五）仓储服务市场逐步分化

生产资料和大宗商品仓储业务增速放缓。据中国物资储运协会调查统计，2013年样本企业主营业务收入仅增长2.7%，增速大大低于往年。样本企业货物吞吐量比上年下降30.0%，期末库存量减少12.0%，平均收入利润率只有1.0%左右。同时，样本企业货物平均周转次数7.7次，高于上年的7.6次，物流效率得到提升。

生活消费和电子商务仓储业务持续上升。据中国物流与采购联合会抽样调查显示，2013年，北京、广州、苏州、杭州、武汉、沈阳等主要城市优质仓库租金普遍接近或超过1元/平方米·天，上海、深圳等部分城市优质仓库租金接近或超过1.5元/平方米·天。

业务格局调整加快。电商、连锁零售、快递等消费型业务快速增长；冷链、医药、服装等专业化业务增长加快；钢铁、煤炭、粮食等大宗物资仓储设施增长趋缓。部分仓储企业开始主动转型。仓储业投资持续快速增长，物流地产成为投资热点。

（六）快递市场持续快速扩张

据国家邮政局统计，2013年中国快递业完成快递业务量91.9亿件，同比增长61.1%，较上年提高6.1个百分点；快递业务收入完成1 441.7亿元左右，同比增长36.6%，较上年回落3.4个百分点。全年中国快递业务量接近美国，保持了全球快件量第二大国的地位。

市场集中度进一步提升。前六大快递企业占中国快件业务量市场份额的80.0%左右。快递业爆仓问题明显好转，企业保障能力稳步提升。目前，中国快递市场仍然以“以价换量”模式为主导，出现了“微利化”趋势。随着跨境电商的快速发展，国际快递配套服务需求大幅上升，对快递业国际化发展提供了重要机遇。

六、行业物流整合提升

从行业物流来看，电商、医药、汽车、冷链等与居民消费相关的物流市场保持较高增长速度。钢铁、煤炭、化工等与生产资料相关的物流市场依然低迷。

（一）粮食物流

2013年中央一号文件继续提出要统筹规划农产品市场流通网络布局，提高农产品流通效率，粮食物流成为关注重点。粮食物流加快整合步伐。粮食物流中心实现产业化发展。多地大力投资建设粮食物流中心，注重信息化和产业化，产业链合作更加明显。

（二）钢铁物流

钢铁物流需求稳步增长。通常情况下，中国钢铁行业总物资运输量往往是钢铁总产量的4～5倍以上，初步估算2013年物资运输量接近40亿吨。钢铁物流园区加快转型升级。钢铁生产企业积极向产业链中游流通环节渗透，拓展物流环节，兴办钢铁物流园区。钢铁生产企业整合物流业务，成为新的利润增长点。

（三）汽车物流

汽车物流需求中速增长，汽车物流市场总体增速与汽车工业增速相当，在 15.0% 左右的水平。汽车产业链拓展成为趋势。国内主流第三方物流企业在实现汽车零部件入厂、整车物流、售后服务备件物流业务的同时，向汽车零部件企业供应链管理和物流领域延伸，向汽车后市场领域拓展。综合运输体系开始发力。汽车物流企业更加重视公路以外铁路和水运资源的共享，以及综合运输体系建设。

（四）化工物流

化工仓储设施相对落后。化工仓储设施缺口估计在 20.0% 左右，在某些城市和化工产业发达地区尤为突出。为适应化工产业发展，减轻仓储设施严重短缺的压力，化工物流园区快速发展。化工物流运输加强联网。按照交通运输部要求，从 2013 年 1 月 1 日起，对"两客一危"要求安装北斗兼容车载终端。通过加装车载终端，引导企业加强信息联网和运输管控。

（五）医药物流

医药流通市场集中度提升。中国目前大约有 1.3 万家药品批发流通企业，市场集中度较低。大型企业成长迅猛。2013 年前三甲销售规模预计占比将达 30.0% 左右。新版 GSP 抬高市场门槛。6 月 1 日，新版 GSP 正式实施，对软硬件各方面要求与标准大幅度提高，市场进入门槛提高。医药物流网络建设势头强劲。2013 年启动物流建设工程的商业药企接近 280 家，还有部分企业也在积极筹备。

（六）冷链物流

冷链物流需求快速增长。2013 年，冷链市场需求达到 9 200 万吨，冷链物流总体增长速度达到 20.0% 左右。冷链基础设施建设再创新高。2013 年，中国冷链物流业固定资产投资超过 1 000 亿元，同比增长 24.2%。全国冷库储存能力约 2 411 万吨，同比增长 13.6%。冷链运输设施小幅增长。目前，公路运输占中国冷藏运输量的 90.0%，2013 年冷藏车市场保有量新增 1.3 万台左右，同比增长 14.0% 左右。

（七）电子商务物流

物流服务体验成为竞争焦点。2013 年，电商企业除"价格战"外，更多聚焦物流竞速。电商物流节点加快布局。大型电商企业纷纷自建或租赁物流仓储设施，加快在全国布局物流节点网络。大型电商企业纷纷开放物流平台，寻求业务合作和新的利润增长点。物流服务网络逐步下沉。电商企业加快二、三线城市和中西部地区的物流网络建设。

（八）连锁零售物流

零售企业加快渠道变革。为应对成本和市场压力，零售企业加快转型升级。一是线上线下同步发展。二是渠道调整和下沉。随着零售企业加大线上渠道投入和向三、四线城市扩张，与之配套的物流配送服务跟不上发展速度，大型零售企业普遍加大物流配送基础设施和网络体系的投入力度。连锁零售共同配送发力。

七、基础设施趋向综合

（一）综合交通运输体系建设

据交通运输部初步统计，到 2013 年年底，全国综合交通网总里程达到 470 万千米。铁路总里程超过 10 万千米，其中高速铁路运营里程超过 1 万千米；公路总里程达到 434.6 万千米，其中高速公路通车里程 10.5 万千米；内河航道里程达到 12.6 万千米，其中高等级航道 1.2 万千米；规模以上港口万吨级泊位达到 1 914 个；民航机场达到 193 个；轨道交通运营线路达到 2 333 千米。

（二）多式联运发展

目前，中国集装箱多式联运的主要形态是公水联运，约占港口集装箱集疏运量的 84.0% 左右；其次是水水联运，约占 14.0% 左右，铁水联运约占 2.0% 左右。2013 年，中国启动大部制改革，铁路发展规划和政策的行政职责划入交通运输部，中国港口海铁联运发展迎来新的体制环境。

(三)物流园区规划布局

《全国物流园区发展规划》确定布局城市。《规划》将北京、天津等29个城市确定为一级物流园区布局城市,石家庄、邯郸等70个城市确定为二级物流园区布局城市,为物流园区加快以网络化形态健康发展制定了基本蓝图。

八、区域物流协同发展

(一)区域物流一体化推进

长三角区域通关一体化进程加快。长三角区域大通关建设协作第六次联席会议在合肥举行。长三角内河集装箱运输发展合作联席机制正式启动。泛珠三角加强公路、铁路、航运、物流等领域合作。

(二)区域物流中心发展变化

航运中心加快分化。其中,第一梯队是上海航运中心,主要定位为具有全球影响力的,与国际知名航运中心进行竞争。第二梯队是大连的东北亚航运中心,天津的北方航运中心,厦门的东南航运中心,都是区域性的航运中心。第三梯队是长江流域里的重庆、武汉、南京,分别在长江上、中、下游形成航运集聚地。中部物流中心各有特色。西部物流中心双轮驱动。城市物流竞相发力。

九、国际物流再造优势

(一)跨境电子商务带动物流发展

2012年中国跨境电子商务交易额超过20 000亿元,2013年交易规模将保持至少30.0%左右的增速。大型快递和物流企业积极申请国际快递资质,制定海外发展战略;越来越多的企业考虑在境外建立保税物流中心等保税场所,以期拓展国际物流业务;部分快递和航运企业正在根据跨境电子商务的特点筹建"海外仓",以缩短到货时间,增强客户体验。

(二)中欧铁路大通道多点开行

渝新欧铁路联运大通道正式进入了常态化运营。与空运相比,渝新欧的成本只有其1/5;与海运相比,时间可以节约20~30天。截至2014年1月,渝新欧国际班列已成功开行联运班列96趟,外贸货物运输总量达8 434标准箱。重庆、武汉、成都、郑州、西安先后开通欧洲货运班列,助推中国加快向西开放。

(三)海关特殊监管区建设提速

《国务院关于促进海关特殊监管区域科学发展的指导意见》2012年底出台,推动了中国综合保税区建设的新高潮。2013年中国新增综合保税区5个:分别是南通综合保税区、太仓港综合保税区、湖南湘潭综合保税区、贵阳综合保税区、红河综合保税区。

(四)中国(上海)自由贸易试验区成立

2013年8月22日,国务院批准设立中国(上海)自由贸易试验区。9月29日,上海自贸区挂牌成立。上海自贸区的总体目标是加快转变政府职能,积极推进服务业扩大开放和外商投资管理体制改革,为中国扩大开放和深化改革探索新思路和新途径。

十、基础工作稳步推进

A级物流企业评估工作进度加快。截至2013年年底,中国已有A级物流企业2 414家,其中:5A级149家、4A级774家、3A级1047家、2A级419家、1A级25家。

物流企业信用评价稳步推进。2013年,中物联开展了两批物流企业信用评价工作,共评出79家A级信用企业。到目前,A级信用企业累计已有308家。

物流示范基地、实验基地扩容。2013年,中物联批准正本物流有限公司等4家"中国物流示范基地"和湖北盛辉物流有限公司等10家"中国物流实验基地"。

物流标准化工作有新突破。由全国物流标准化技术委员会提出,国家标准委批准发布《物流园区服务规范及评估指标》等八项物流国家标准。新申报国家标准3项,行业标准12项。在制的国家标准共计61项，行业标准24项。

统计信息工作公信力提高。中国物流业景气指数（LPI）正式发布，预测分析中国物流业运行形势又添新指标。采购经理指数（PMI）的权威性和影响力稳步提升，月度物流信息发布制度进一步完善，成为政府决策、企业经营的重要依据。

教育培训工作再上台阶。全国已有443所本科院校、954所高职高专院校、900多所中职中专院校开设了物流专业。物流师职业资格培训与认证工作自2003年11月开展以来，已有30多万人参加了认证培训，20多万人取得高级物流师、物流师、助理物流师和采购师资格证书。

学术理论政策研究取得新成果。2013年，中国物流与采购联合会完成了《中国物流业中长期发展战略研究》等10多项国家有关部委委托的重大研究课题。中国物流学会组织参评论文950篇、课题247个，一批研究成果被政府部门或企业采纳。

（审稿：贺登才
撰稿：周志成）

2013年交通运输业发展综述

中国交通运输协会

一、铁路运输

2013年，铁路管理体制政企分开改革有序推进，铁路部门以改革为动力，深入推进安全风险管理、运输组织改革、铁路基本建设，维护铁路安全稳定，各方面工作都取得了新成绩。

（一）运输生产

1. 旅客运输。全国铁路旅客发送量完成210 600万人，比上年增加20 400万人、增长10.8%。其中，国家铁路207 500万人，增长10.7%；非控股合资铁路2 400万人，增长15.0%；地方铁路700万人，增长18.4%。全国铁路旅客周转量完成105 956 200万人千米，比上年增加7 832 900万人千米、增长8.0%。其中，国家铁路105 503 200万人千米，增长8.0%；非控股合资铁路380 200万人千米，增长17.7%；地方铁路72 800万人千米，增长5.9%。

2. 货物运输。全国铁路货运（含行包）总发送量完成396 700万吨，比上年增加6 300万吨、增长1.6%。其中，国家铁路322 200万吨，下降0.4%；非控股合资铁路49 500万吨，增长12.6%；地方铁路25 000万吨，增长9.1%。全国铁路货运（含行包）总周转量完成291 738 900万吨千米，比上年减少132 000万吨千米、下降0.05%。其中，国家铁路268 450 100万吨千米，下降1.4%；非控股合资铁路21 739 400万吨千米，增长18.8%；地方铁路1 549 400万吨千米，增长13.8%。全国铁路货物发送量完成396 100万吨，比上年增加6 600万吨、增长1.7%。其中，国家铁路321 600万吨，下降0.3%；非控股合资铁路49 500万吨，增长12.6%；地方铁路25 000万吨，增长9.1%。全国铁路货物周转量完成290 316 100万吨千米，比上年增加636 100万吨千米、增长0.2%。其中，国家铁路267 028 500万吨千米，下降1.1%；非控股合资铁路21 738 200万吨千米，增长18.8%；地方铁路1 549 300万吨千米，增长13.8%。全国铁路行包发送量完成598万吨，比上年减少340万吨、下降36.2%。其中，国家铁路593万吨，下降36.3%；非控股合资铁路5万吨，下降23.1%；地方铁路0.2万吨，下降8.9%。全国铁路行包周转量完成1 422 800万吨千米，比上年减少768 100万吨千米、下降35.1%。其中，国家铁路1 421 600万吨千米，下降35.1%；非控股合资铁路1 200万吨千米，下降22.9%；地方铁路100万吨千米，下降12.4%。

3. 重点运输。全国铁路煤炭运量完成232 200万吨，比上年增长2.7%。冶炼物资运量完成85 100

万吨,下降0.8%。石油运量完成13 900万吨,增长0.8%。粮食运量完成11 000万吨,增长5.4%。化肥及农药运量完成8 700万吨,下降6.0%。集装箱运量完成8 800万吨,下降4.5%。全国铁路口岸共完成进出口货物运量5 800万吨,增长7.3%。其中:满洲里、绥芬河、二连、阿拉山口四大口岸站共完成进出口货物运量5 600万吨,增长4.5%。

4. 换算周转量。全国铁路总换算周转量完成397 695 100万吨千米,比上年增加7 701 000万吨千米、增长2.0%。其中,国家铁路373 953 300万吨千米,比上年增长1.1%;非控股合资铁路22 119 600万吨千米,比上年增长18.8%;地方铁路1 622 200万吨千米,比上年增长13.4%。

5. 运输收入。国家铁路完成运输总收入6 050.4亿元,比上年增加741.5亿元、增长14.0%。

6. 运输效率。国家铁路货运机车日车千米493千米,比上年延长2千米、增长0.4%;货运列车平均总重3 548吨,提高18吨、增长0.5%;货运机车日产量139.7万吨千米,增加1.4万吨千米、增长1.0%。全国铁路日均装车完成168 482车,增加2 410车、增长1.5%;国家铁路货车平均静载重完成64.4吨,提高0.4吨、增长0.6%;货车周转时间完成4.72天,延长0.04天。

7. 运输安全。全年未发生特别重大、重大铁路交通事故和旅客列车较大铁路交通事故,铁路交通事故路外死亡人数同比下降5.7%。

8. 服务质量。客运方面:继续深化客运改革,完善售票组织方式,强化站车服务措施。实现12306网站技术升级,推出手机购票业务,推广自动售取设备。210个车站实现二代证刷卡进站功能。

货运方面:大力实施货运组织改革,实货制运输取得成效,货改以来铁路发运客户增长8.0%,零散白货当日受理率达99.0%以上。全路门到门运输办理站数量达到1 909个。全路零担办理站从货改前的29个增加至181个。

(二)铁路建设

铁路固定资产投资(含基本建设、更新改造和机车车辆购置)完成6 657.5亿元。

1. 基本建设。全国铁路共完成投资5 327.7亿元,其中国家铁路和合资铁路完成投资5 308.9亿元。路网大中型项目332个(含23个台账管理项目),完成投资5 308.1亿元。其中,新建铁路完成投资4 291亿元,既有线扩能改造完成投资1 017.1亿元,分别占80.8%和19.2%。地方铁路完成投资18.8亿元。全年共投产新线5 586千米,其中高速铁路1 672千米,津秦、西宝、宁杭、盘营、杭甬等高铁开通运营;投产复线4 180千米、电气化铁路4 810千米。完成新线铺轨7 025千米、复线铺轨5 954千米。

2. 更新改造。国家铁路更新改造完成投资291.8亿元,比上年增加23.1亿元、增长8.6%。

3. 路网规模。全国铁路营业里程达到10.3万千米,比上年增长5.7%。其中,高铁营业里程达到1.1万千米;合资铁路营业里程达到3.2万千米,地方铁路营业里程达到0.4万千米。路网密度106.9千米/万平方千米,比上年增加5.7千米/万平方千米。其中,复线里程4.8万千米,比上年增长10.4%,复线率46.8%,比上年提高2.0个百分点;电气化里程5.6万千米,比上年增长9.4%,电化率54.1%,比上年提高1.8个百分点。西部地区铁路营业里程达到4万千米,比上年增加2 245千米、增长6.0%。

4. 移动设备。国家铁路机车车辆购置完成投资1 038亿元。全国铁路机车拥有量为20 800台,比上年增加38台,其中和谐型大功率机车7 017台,比上年增加972台。内燃机车占47.8%,电力机车占52.1%。全国铁路客车拥有量为58 800辆,比上年增加1 100辆;其中空调车48 600辆,占82.6%,比上年提高4.8个百分点。"和谐号"动车组1 308组、10 464辆,比上年增加225组、1 800辆。全国铁路货车拥有量为68.8万辆,比上年增加17 400辆,增长2.6%。

5. 合资建路。新组建合资铁路公司9家,铁路建设规模约1 600千米,投资总额约1 800亿元,项目资本金约880亿元,吸引社会资本协议出资约340亿元。

(三)科技创新

1. 铁路安全技术创新。研发了高速列车追踪接近预警系统、动车组防脱线技术装备等安全技术装备,并逐步推广应用机车安全防护系统(6A)。会同国家电网公司开展高铁雷电防护技术研发,与中国地震局共同开展高铁地震监测预警技术研究及试验,取得重要进展。

2. 重点技术攻关。推进中国标准动车组研制工作,推进30吨轴重机车车辆关键技术深化研究和样车研制。深入推进高速铁路CRTSⅢ型板式无砟轨道、长大复杂桥梁、列控系统、牵引供电、30吨轴重重载铁路道岔、轨枕、扣件、无砟轨道技术及评估监测、新一代客票系统、货运电子商务系统、运营维护等关键技术研究。

3. 重大综合试验。开展既有线27吨轴重综合试验、75米长钢轨普通平车运输装载加固运行试验、液化天然气(液化天然气)罐式集装箱运输试验、接触网防融冰、京广高铁坪土隧道空气动力学效应试验、浮置板道床试验、福厦地震监测试验等试验工作。开展大西客专、沪昆客专高速综合试验和山西中南部通道重载综合试验相关准备工作。

4. 重要技术标准制定。继续完善铁路技术标准体系,发布五批共73项行业标准,发布了铁路专用产品标准性技术文件151个。推进标准国际化工作,主持和参加修订了国际铁路联盟(UIC)标准、国际电工组织牵引电器标委会(IEC/TC9)标准、国际标准化组织标准共11项。

5. 知识产权及获奖成果。铁路行业5项科技成果荣获2013年度科学技术奖,其中《三索面三主桁公铁两用斜拉桥建造技术》荣获国家科技进步一等奖,《高速铁路供电综合监控技术与装备》《桥建合一及功能可视化立体疏解客流铁路车站设计建造技术》《湿陷性黄土地区高速铁路修建关键技术》荣获国家科技进步二等奖,《新型自密实混凝土设计与制备技术及应用》荣获国家技术发明二等奖。铁路6项专利获第十六届中国专利奖优秀奖,分别为“纵连板式无砟轨道水泥乳化沥青砂浆”“机车用四轴高速转向架”“既有线三维约束测量方法”“无砟轨道系统”“蓄电池充电控制方法”“货车及其底门装置”。中国铁路总公司科技研究开发计划2013年结题项目获得专利、软件著作权及论文1 249项,其中专利340项、软件著作权40项、论文或专著869项。

(四)劳动效率

劳动用工:国家铁路从业人员为218.4万人,比上年增加3.9万人。其中,运输业从业人员为175.4万人,比上年增加6.8万人。劳动生产率:国家铁路多元化经营劳动生产率完成48.3万元/人,比上年增长5.6%。运输业劳动生产率价值量完成35.9万元/人,比上年增长9.9%;实物量完成221.9万换算吨千米/人,比上年下降2.6%。

(五)节能减排

1. 综合能耗。国家铁路能源消耗折算标准煤1 743万吨,比上年减少9.9万吨、降低0.6%。单位运输工作量综合能耗4.66吨标准煤/百万换算吨千米,比上年减少0.08吨标准煤/百万换算吨千米、降低1.7%。单位运输工作量主营综合能耗3.9吨标准煤/百万换算吨千米,比上年减少0.02吨标准煤/百万换算吨千米、降低0.5%。

2. 主要污染物排放量。国家铁路化学需氧量排放量2 103.3吨,比上年减排40.1吨、降低1.9%。二氧化硫排放量3.6万吨,比上年减排2 300吨、降低6.1%。

二、公路水路运输

(一)基础设施

1. 公路。年末全国公路总里程达4 356 200千米,比上年末增加118 700千米。公路密度为45.4千米/百平方千米,提高1.2千米/百平方千米。公路养护里程4 251 400千米,占公路总里程97.6%,提高0.4个百分点。全国等级公路里程3 755 600千米,比上年末增加146 000千米。等级公路占公路总里程86.2%,提高1.0个百分点。其中,二级及以上公路里程524 400千米,增加22 500千米,占公路总里程12.0%,提高0.2个百分点。各行政等级公路里程分别为:国道176 800千米(普通国道106 000千米)、省道317 900千米、县道546 800千米、乡道1 090 500千米、专用公路76 800千米,比上年末分别增加3 500千米、5 800千米、7 300千米、13 900千米和3 100千米。

全国高速公路里程 104 400 千米,比上年末增加 8 200 千米,其中国家高速公路 70 800 千米,增加 2 800千米。全国高速公路车道里程 461 300 千米,增加 36 700 千米。全国农村公路(含县道、乡道、村道)里程达 3 784 800 千米,比上年末增加 106 400 千米,其中村道 2 147 400 千米,增加 85 200 千米。全国通公路的乡(镇)占全国乡(镇)总数近 100%,其中通硬化路面的乡(镇)占全国乡(镇)总数 97.8%、比上年末提高 0.4 个百分点;通公路的建制村占全国建制村总数 99.7%,其中通硬化路面的建制村占全国建制村总数 89.0%、提高 2.5 个百分点。全国公路桥梁 73.5 万座、3 977.8 万米,比上年末增加 2.2 万座、315 万米,其中特大桥梁 3 075 座、546.1 万米,大桥 67 677 座、1 704.3 万米。全国公路隧道为 11 359 处、960.6 万米,增加 1 337 处、155.3 万米。其中,特长隧道 562 处、250.7 万米;长隧道 2 303处、393.6 万米。

2. 水路。①内河航道。年末全国内河航道通航里程 125 900 千米,比上年末增加 858 千米。等级航道 64 900 千米,占总里程 51.6%,提高 0.6 个百分点,其中三级及以上航道 10 201 千米、五级及以上航道 27 600 千米,分别占总里程 8.1% 和 21.9%,分别提高 0.2 个和 0.8 个百分点。各等级内河航道通航里程分别为:一级航道 1 395 千米,二级航道 3 043 千米,三级航道 5 763 千米,四级航道 8 796 千米,五级航道 8 600 千米,六级航道 19 190 千米,七级航道 18 113 千米。等外航道 61 000 千米。各水系内河航道通航里程分别为:长江水系 64 254 千米,珠江水系 16 163 千米,黄河水系 3 488 千米,黑龙江水系 8 211 千米,京杭运河 1 437 千米,闽江水系 1 973 千米,淮河水系 17 338 千米。②港口。年末全国港口拥有生产用码头泊位 31 760 个,比上年末减少 102 个。其中,沿海港口生产用码头泊位 5 675 个,增加 52 个;内河港口生产用码头泊位 26 085 个,减少 154 个。全国港口拥有万吨级及以上泊位 2 001 个,比上年末增加 115 个。其中,沿海港口万吨级及以上泊位 1 607个,增加 90 个;内河港口万吨级及以上泊位 394 个,增加 25 个。全国万吨级及以上泊位中,专业化泊位 1 062 个,通用散货泊位 414 个,通用件杂货泊位 345 个,比上年末分别增加 65 个、35 个和 5 个。

(二)交通流量

1. 国家干线公路交通流量。全国国道网机动车年平均日交通量为 14 564 辆(当量标准小客车,下同),按可比口径(下同)比上年增长 2.1%,其中车流量较大的地区主要集中在北京、天津、上海、江苏、浙江、广东和山东等省(直辖市),上述地区国道网的年平均日交通量均超过 2 万辆。全国国道网机动车日平均行驶量为 254 737 万车千米(当量标准小客车,下同),增长 4.2%,其中河北、辽宁、江苏、浙江、山东、河南、湖南、广东、广西、陕西等省(自治区)的国道网日平均行驶量均超过 10 000 万车千米。全国国道网年平均交通拥挤度为 0.5,增长 2.1%,其中北京、天津、河北、山西、上海、浙江、广东等省(直辖市)的国道年平均拥挤度均超过 0.6。其中,国家高速公路日平均交通量为 22 450 辆,日平均行驶量为 162 580 万车千米,年平均交通拥挤度为 0.4,分别增长 5.9%、10.3% 和 5.4%;普通国道日平均交通量为 10 714 辆,日平均行驶量为 111 531 万车千米,年平均交通拥挤度超过 0.6,分别下降 1.0%、0.4% 和 1.5%。全国高速公路日平均交通量为 20 998 辆,日平均行驶量为 229 416 万车千米,年平均交通拥挤度超过 0.3,比上年分别增长 5.6%、14.6% 和 5.9%。

2. 长江干线交通流量。长江干线航道设有 27 个水上交通流量观测断面,全年日平均标准船舶流量的平均值为 628 艘次,比上年增长 1.8%。其中,上游航道 6 个断面,日平均标准船舶流量的平均值为 203.6 艘次,增长 2.2%;中游航道 3 个断面,日平均标准船舶流量的平均值为 241.3 艘次,下降 10.2%;下游航道 18 个断面,日平均标准船舶流量的平均值为 833.9 艘次,增长 2.5%。

(三)运输装备

1. 公路营运汽车。年末全国拥有公路营运汽车 1 504.7 万辆。拥有载客汽车 85.3 万辆、2 170.3 万客位,比上年末分别减少 1.7% 和增加 0.2%。其中,大型客车 29.9 万辆、1 283.1 万客位,分别增长 4.2% 和 4.9%。拥有载货汽车 1 419.5 万辆、9 613.9万吨位,其中普通货车 1 080.8 万辆、5 008.3 万吨位,专用货车 46.2 万辆、514.5 万吨位。

2. 水上运输船舶。年末全国拥有水上运输船舶17.3万艘，比上年末减少3.4%；净载重量24 401万吨，增长6.8%；平均净载重量1 414.1吨/艘，增长10.5%；载客量103.3万客位，增长0.8%；集装箱箱位170.2万标准箱，增长8.1%；船舶功率6 484.7万千瓦，增长1.5%。

3. 城市客运车辆。年末全国城市及县城拥有公共汽电车51万辆、57.3万标台，比上年末分别增长7.3%和8.5%，其中BRT车辆4 484辆。按车辆燃料类型分，其中柴油车、天然汽车、汽油车分别占59.3%、24.3%和3.4%。全国有18个城市开通了轨道交通，比上年末增加2个。拥有轨道交通车站1 549个，增加174个，其中换乘站134个，增加18个；运营车辆14 366辆、34 415标台，分别增长13.9%和12.2%，其中，地铁车辆12 971辆，轻轨车辆1 253辆，分别增长15.6%和0.5%。出租汽车运营车辆134万辆，增长3.1%。城市客运轮渡422艘。

（四）运输服务

2013年，全社会完成客运量212.3亿人、旅客周转量27 573.4亿人千米，货运量403.4亿吨、货物周转量164 516.2亿吨千米，按可比口径比上年分别增长4.8%、5.9%、9.9%和6.1%。

1. 公路运输。全年全国营业性客运车辆完成公路客运量185.4亿人、旅客周转量11 250.9亿人千米，按可比口径比上年分别增长4.2%和1.0%，平均运距60.7千米。全国营业性货运车辆完成货运量307.7亿吨、货物周转量55 738.1亿吨千米，按可比口径比上年分别增长10.9%和11.2%，平均运距181.2千米。

2. 城市客运。全国拥有公共汽电车运营线路41 738条，运营线路总长度748 900千米，比上年末增加3 495条、34 400千米，其中公交专用车道5 890.6千米，增加634.8千米；BRT线路长度2 753千米；全年新辟、撤销、调整公共汽电车运营线路条数分别为3 373条、833条、5 248条。轨道交通运营线路81条，运营线路总长度2 408千米，增加12条、350千米，其中地铁、轻轨线路分别为67条、2 050千米和9条、290千米。城市客运轮渡运营航线143条，运营航线总长度575千米。全年城市客运系统运送旅客1 283.4亿人，比上年增长4.5%。其中，公共汽电车完成771.2亿人，增长2.8%，BRT客运量近11亿人次，公共汽电车运营里程3 489 600万千米，增长0.6%；轨道交通完成109.2亿人，运营里程27 400万千米，分别增长25.1%和21.5%；出租汽车完成401.9亿人，运营里程15 932 100万千米，分别增长3.1%和1.7%；平均每车次载客人数2.0人/车次，空驶率30.9%；客运轮渡完成1.1亿人，下降19.4%。

3. 水路运输。全国完成水路客运量2.4亿人、旅客周转量68.3亿人千米，按可比口径比上年分别增长3.0%和2.9%，平均运距29千米。全国完成水路货运量56亿吨、货物周转量794 356 500万吨千米，按可比口径比上年分别增长10.4%和4.8%，平均运距1 419千米。在全国水路货运中，内河运输完成货运量32.4亿吨、货物周转量11 514.1亿吨千米；沿海运输完成货运量16.5亿吨、货物周转量19 216.1亿吨千米；远洋运输完成货运量7.1亿吨、货物周转量48 705.4亿吨千米。全年两岸间海上运输完成客运量156.8万人，货运量5 988.1万吨，比上年分别下降4.6%和4.2%；集装箱运量204万标准箱，比上年增长8.5%。

4. 港口生产。全年全国港口完成货物吞吐量117.7亿吨，比上年增长9.2%。其中，沿海港口完成75.6亿吨，内河港口完成42.1亿吨，分别增长9.9%和7.9%。全国港口完成旅客吞吐量1.9亿人，比上年下降4.8%。其中，沿海港口完成0.8亿人，内河港口完成1.1亿人，分别下降1.2%和下降7.3%。全国港口完成外贸货物吞吐量33.6亿吨，比上年增长9.9%。其中，沿海港口完成30.6亿吨，内河港口完成3亿吨，分别增长9.7%和11.8%。全国港口完成集装箱吞吐量1.9亿标准箱，比上年增长7.2%。其中，沿海港口完成1.7亿标准箱，内河港口完成2 053万标准箱，比上年分别增长7.4%和5.3%。全国港口完成液体散货吞吐量9.5亿吨，比上年增长4.6%；干散货吞吐量69.1亿吨，增长9.8%；件杂货吞吐量11.7亿吨，增长9.6%；集装箱吞吐量（按重量计算）21.9亿吨，增长10.3%；滚装汽车吞吐量（按重量计算）5.6亿吨，增长4.5%。全国规模以上港口完成货物吞吐量106.5亿吨，比上年增长8.9%。其中，完成煤炭及制品吞吐量21.7亿吨，石油、天然气及制品吞吐量7.6亿吨，金属矿石吞吐量16.7亿吨，分别增长8.9%、2.6%和11.4%。

（五）固定资产投资

1. 公路建设。全年完成公路建设投资13 692.2亿元，比上年增长7.7%。其中，高速公路建设完成投资7 297.8亿元，增长0.8%。普通国省道建设完成投资3 899.6亿元，增长18.4%。农村公路建设完成投资2 494.8亿元，增长14.4%，新改建农村公路205 400千米。集中连片特困地区贫困县完成公路建设投资3 185.1亿元，增长18.8%，占全国公路建设投资23.3%。

2. 水运建设。全年内河及沿海建设完成投资1 528.5亿元，比上年增长2.3%。其中，内河建设完成投资546亿元，增长11.5%。内河港口新建及改（扩）建码头泊位164个，新增吞吐能力9 271万吨，其中万吨级及以上泊位新增吞吐能力4 316万吨。全年新增及改善内河航道里程866千米。沿海建设完成投资982.5亿元，下降2.2%。沿海港口新建及改（扩）建码头泊位125个，新增吞吐能力30 597万吨，其中万吨级及以上泊位新增吞吐能力27 163万吨。集中连片特困地区贫困县完成水运建设投资19.3亿元，全部为内河建设投资，增长20.7%，占全国内河建设投资3.5%。

（六）生产安全

全年全国共发生运输船舶水上交通事故262件，死亡失踪265人，沉船142艘，直接经济损失3.8亿元，比上年分别下降3.1%、4.3%、13.9%和17.6%。全国各级海上搜救中心全年共组织、协调搜救行动2 164次，出动、协调各类船艇7 507艘次、飞机386架次；在中国搜救责任区遇险船舶2 129艘，获救船舶1 748艘，遇险人员21 379名，成功搜救20 692名，搜救成功率达96.8%。公路水路交通运输建设领域全年共发生生产安全事故56起，比上年增长36.6%，死亡89人，下降10.1%。其中，死亡3～9人的较大事故5起、死亡17人，分别减少5起、24人。死亡10～29人的重大事故1起、死亡11人。

（七）能源消耗与环境保护

1. 能源消耗。全年共监测公路水路运输企业108家。监测的城市公交企业每万人次单耗1.5吨标准煤，比上年增长1.7%；公路班线客运企业每千人千米单耗11.6千克标准煤，下降0.4%；公路专业货运企业每百吨千米单耗1.9千克标准煤，增长10.0%；远洋和沿海货运企业每千吨海里单耗5.9千克标准煤，下降5.8%；港口企业每万吨单耗2.9吨标准煤，下降3.8%。

2. 公路水路环境保护投入。全年公路水路交通运输行业环境保护投入157亿元，其中公路环境保护投入125亿元，港口32亿元。公路环境保护投入中，生态保护设施占75.0%，污染防治设施占11.0%。港口环境保护投入中，生态保护设施占16.0%，污染防治设施占68.0%。

（八）交通科技与人才队伍建设

全年公路水路交通运输科研基础条件建设完成投资近14亿元，年末交通运输行业共有国家及行业（重点）实验室54个，国家及与行业相关的工程技术（研究）中心24个。全年新签科技项目近1 500项，计划投入研发资金总规模超过21亿元，其中新材料、新技术、新工艺、新产品研究项目数约占项目总数49.0%，计划投入研发资金占总规模65.0%。科技成果获国家科技进步奖4项，其中一等奖1项，二等奖3项；科技成果获得社会科技奖384项。科技成果获得专利授权503项，科技成果成功转让10项，科技成果获得国家级重点新产品2项。

三、民航运输

在世界经济复苏艰难，国内经济下行压力加大的情况下，民航主要运输指标保持平稳较快增长。

1. 运输总周转量。全行业完成运输总周转量671.7亿吨千米，比上年增加61.4亿吨千米，增长10.1%。其中，旅客周转量501.4亿吨千米，比上年增加55亿吨千米，增长12.3%；货邮周转量170.3亿吨千米，比上年增加6.4亿吨千米，增长3.9%。

国内航线完成运输周转量461.1亿吨千米，比上年增加45.2亿吨千米，增长10.9%，其中港澳台航线完成14.2亿吨千米，比上年增加0.6亿吨千米，增长4.1%；国际航线完成运输周转量210.7亿吨千米，比上年增加16.2亿吨千米，增长8.3%。

2. 旅客运输量。全行业完成旅客运输量35 397万人次，比上年增加3 461万人次，增长10.8%。国内航线完成旅客运输量32 742万人次，比上年增加3 142万人次，增长10.6%，其中港澳台航线完成904万人次，比上年增加70万人次，增长8.4%；国际航线完成旅客运输量2 655万人次，比上年增加319万人次，增长13.7%。

3. 货邮运输量。全行业完成货邮运输量561万吨，比上年增长3.0%。国内航线完成货邮运输量406.7万吨，比上年增长4.7%，其中港澳台航线完成19.9万吨，比上年降低4.4%；国际航线完成货邮运输量154.5万吨，比上年降低1.3%。

4. 机场业务量。全国民航运输机场完成旅客吞吐量75 400万人次，比上年增长11.0%，其中东部地区完成旅客吞吐量42 400万人次、东北地区完成旅客吞吐量4 700万人次、中部地区完成旅客吞吐量7 400万人次、西部地区完成旅客吞吐量20 900万人次。全国运输机场完成货邮吞吐量1 258.5万吨，比上年增长4.9%，其中东部地区完成货邮吞吐量962.9万吨、东北地区完成货邮吞吐量44.3万吨、中部地区完成货邮吞吐量65.5万吨、西部地区完成货邮吞吐量185.7万吨。全国运输机场完成飞机起降731.5万架次，比上年增长10.8%。年旅客吞吐量1 000万人次以上的运输机场24个，100万人次以上的运输机场61个，其中北京、上海和广州三大城市机场旅客吞吐量占全部机场旅客吞吐量的29.0%。年货邮吞吐量1万吨以上的运输机场50个，其中北京、上海和广州三大城市机场货邮吞吐量占全部机场货邮吞吐量的51.8%。北京首都机场完成旅客吞吐量8 400万人次，连续4年稳居世界第二；上海浦东机场完成货邮吞吐量292.9万吨，连续6年位居世界第三。

5. 运输机队。至2013年底，民航全行业运输飞机期末在册架数2 145架，比上年增加204架。

6. 机场数量。至2013年底，有颁证运输机场193个，比上年增加10个。新增机场是：内蒙古阿拉善左旗机场、内蒙古阿拉善右旗机场、内蒙古额济纳旗机场、河北张家口机场、四川稻城机场，贵州凯里机场、安徽池州机场、贵州毕节机场、江西宜春机场、甘肃甘南藏族自治州夏河机场。另外，完成了合肥机场迁建。四川攀枝花机场恢复执行定期航班，新疆且末机场停航。

7. 航线网络。至2013年底，共有定期航班航线2 876条，按重复距离计算的航线里程为634.2万千米，按不重复距离计算的航线里程为410.6万千米。至2013年底，定期航班国内通航城市188个（未含香港、澳门、台湾地区），国际定期航班通航50个国家的118个城市。内地航空公司定期航班从41个内地城市通航香港，从10个内地城市通航澳门，大陆航空公司从42个大陆城市通航台湾地区。

8. 对外关系。至2013年底，与其他国家或地区签订双边航空运输协定115个，比上年增加1个。其中：亚洲44个国家、非洲23个国家、欧洲35个国家、美洲9个国家、大洋洲4个国家。

9. 运输航空（集团）公司生产。至2013年底，共有运输航空公司46家，按不同所有制类别划分：国有控股公司36家，民营和民营控股公司10家；全部运输航空公司中：全货运航空公司7家，中外合资航空公司13家，上市公司5家。

中航集团完成飞行小时175.5万小时，完成运输总周转量188.8亿吨千米，比上年增长6.9%；完成旅客运输量0.9亿人次，比上年增长8.1%；完成货邮运输量156万吨，比上年增长0.3%。

东航集团完成飞行小时155.3万小时，完成运输总周转量155.3亿吨千米，比上年增加7.8%；完成旅客运输量0.8亿人次，比上年增长8.2%；完成货邮运输量140.9万吨，比上年降低0.5%。

南航集团完成飞行小时182.9万小时，完成运输总周转量174.8亿吨千米，比上年增长7.8%；完成旅客运输量0.9亿人次，比上年增长6.2%；完成货邮运输量127.6万吨，比上年增长3.7%。

海航集团完成飞行小时95.1万小时，完成运输总周转量84.1亿吨千米，比上年增长19.3%；完成旅客运输量0.5亿人次，比上年增长22.1%；完成货邮运输量65.2万吨，比上年增长12.4%。

其他航空公司共完成飞行小时82.5万小时，完成运输总周转量68.6亿吨千米，比上年增长20.5%；完成旅客运输量0.4亿人次，比上年增长20.8%；完成货邮运输量71.5万吨，比上年增长7.1%。

四、管道运输

随着中国国民经济持续稳定发展和人民生活水平不断提高，对石油、天然气的需求不断增长。中国油气管道建设持续高速发展。至2013年底，建成原油管道20 300千米、成品油管道19 300千米，天然气管道干线、支干线长度超过6万千米，油气管道基本形成骨干网络。

原油成品油管网初具规模。一是原油骨干管网基本形成，区域管网进一步完善。2013年，中国新建成原油管道1 520千米，新增原油输送能力3 500万吨/年；在建原油管道2 616千米，建成后将新增原油输送能力6 000万吨/年。二是成品油管道网络逐步完善。2013年，新建成成品油管道1 050千米，新增成品油输送能力3 131万吨/年。

天然气骨干管网基本形成。初步形成天然气骨干管网，以西气东输、西气东输二线、陕京线、陕京二线、陕京三线、榆济线、忠武线、川气东送、涩宁兰、长宁线、兰银线、淮武线和冀宁线为骨架的横跨东西、纵贯南北、连接周边战略通道的全国性输气管网，基本形成“西气东输、北气南下、海气登陆、就近外供”的供气格局，西南、环渤海、长三角、中南及西北地区已形成较为完善的区域性管网。天然气储运行业继续取得重大进展。全国新增天然气干线、支干线管道里程7 600千米，有3座液化天然气接收站投运。至2013年底，共投运液化天然气接收站9座，总计接收能力2 800万吨/年。

哈尔滨—沈阳、港清三线、天津浮式液化天然气接收终端、广西液化天然气接收站项目及粤东液化天然气接收站项目获国家发改委核准。随着已有供气格局的不断完善和区域（城市）供气系统的不断扩大，全国天然气供应能力和范围正在不断增强和扩大，除西藏自治区和云南省外，全国均已接通管道天然气。

（一）中国石油储运概况

1. 天然气与管道。为适应管道联网运行需要，集团公司决定，按区域化管理原则调整理顺管道运营管理体制，成立西南管道公司，整体形成以管道公司、西气东输、北京管道、西部管道、西南管道5个综合性运营公司为主、西南油气田为补充的“5 + 1”国内管道运营管理体系。业务关联单位包括：北京油气调控中心、管道建设项目经理部、管道（销售）公司、西气东输管道（销售）公司、北京天然气管道有限公司、西部管道（销售）公司、西南管道（销售）公司、昆仑燃气有限公司、昆仑天然气利用有限公司、华北天然气销售公司、京唐液化天然气有限公司（新建液化天然气项目部）、大连液化天然气有限公司、江苏液化天然气有限公司，同时负责大庆、辽河、西南、华北、大港、长庆、青海等7家油气田企业的天然气销售业务管理。

（1）油品调运。① 在原油调运方面。针对进口石油资源不足、东北管网安全运行风险日益严峻等情况，采取加剂运行和掺混输送、暂缓国家储备油收储安排等方式，确保原油调运统筹优化运行；积极做好与油田、炼厂等单位的沟通协调，确保油田上产及炼厂安全生产需求。② 在成品油方面。以努力提高管输量为重点，积极做好与销售板块的工作衔接，合理安排成品油输送批次，优化运行方案，提高整体输送能力。西部成品油管道、兰成渝实现小品种油品常态化输送，西部成品油管道、兰成渝和港枣线管道输量创历史新高。③ 在天然气方面。执行“月计划、周平衡、日指定”的天然气运销工作机制，突出加强跨国管道生产协调和管网关键节点互调转供，多方筹措资源，充分利用管网、储气库和液化天然气接收站应急调峰能力，圆满完成迎峰度夏等重要时期平稳供气。针对冬春然气供需矛盾突出等情况，以制定并落实三级保供预案为重点，积极协调国内主力油气田满负荷生产，紧急采购现货液化天然气，强化需求侧管理，确保重点地区和城市居民平稳供气。

（2）重点项目建设。西气东输三线西段、中缅线国内段、中贵线等天然气管道按期建成投产，实现西北、西南和华南地区天然气骨干管网连通；中亚气顺利实现向呼图壁储气库、相国寺储气库分输注气；大唐煤制气管道北京段、唐山液化天然气及外输管道项目按期建成，为顺利完成华北地区冬季保供任务奠定了基础；兰成线、日东线等原油管道建成投产，呼包鄂、宁夏石化外输等成品油管道具备投产条件，使中石油原油成品油管网进一步拓展延伸。重点项目新开工 27 项，续建 53 项，累计焊接 7 074 千米。完工并投产 22 项 6 082 千米。完工待投产 7 项1 330 千米。全年累计完工管道 7 412 千米，创中国石油完工管道纪录。

（3）储运能力。至 2013 年底，公司管理运营的主要油气长输管道约 58 130 千米，比上年增加 5 930 千米。

（4）原油资源配置。2013 年，股份公司原油调运量完成 14 313. 4 万吨。

（5）原油储运。2013 年，股份公司自产原油国内总运量完成 11 692. 4 万吨。

（6）成品油运行。2013 年，通过采取有效措施，管输成品油 1 592. 7 万吨。① 与销售板块协调，增加管输资源。针对管输整体负荷偏低的实际情况，与调控中心一起研究，优化管道运行方案，合理安排输送批次，优化维检修作业时间；同时，与上下游积极协调衔接，增加管输资源，全年兰成渝、西部管道和港枣线管输量分别完成 686 万吨、517 万吨和 133 万吨，再创纪录。② 推进小品种油品输送。根据销售需求，安排 97 号汽油等小品种油品进入西部管道和兰成渝管道输送，使小品种油品输送常态化，累计完成输送 50 余万吨。同时，研究安排西部管道输送 35 号柴油、港枣线输送 5 号柴油，增加了输送品种，增加了管输量，西部管道和港枣线输量分别输送 35 号柴油 5. 2 万吨、5 号柴油 6. 3 万吨。

（7）成品油管输。全年累计完成 1 592. 7 万吨，比上年增加 100. 3 万吨，增幅 6. 7%；为业绩考核指标 1 450 万吨的 109. 8%，超 142. 7 万吨。2013 年各成品油管道管输完成情况见表 1。

2013 年各成品油管道管输完成情况

表 1

管道名称	年计划（万吨）	完 成（万吨）	完成率（%）	超 欠（万吨）	上年同期（万吨）	同 比（%）
合 计	1 500	1 492. 4	-7. 6	99. 5	1 421. 0	71. 4
兰成渝	630	686. 0	108. 9	56. 0	608. 8	77. 2
西部成品油	520	517. 8	99. 6	-2. 2	497. 2	20. 6
港枣线	100	133. 1	133. 1	33. 1	116. 7	16. 4
兰郑长	300	255. 8	85. 3	-44. 2	269. 7	-13. 9

2. 储运设施建设。

（1）天然气管道工程。①续建工程：西气东输二线管道工程、西气东输三线西段管道工程、西气东输三线东段管道（吉安—福州段）工程、中缅天然气管道工程国内段、中卫—贵阳联络线工程、秦皇岛—沈阳输气管道工程、山东天然气管网工程、大连—沈阳天然气管道工程、韩—渭—西煤层气管道工程一期干线部分、济宁市西部五县天然气支线管道工程、广西天然气管网供气支线、临沂—团林输气管道工程、团林—东港输气管道工程、高阳—保定—徐水天然气输配管道工程、石家庄市三环及东部三市天然气管网工程。②新建工程：哈尔滨—沈阳输气管道（长春—沈阳段为新建）、四平—白山供气支线管道工程、港清三线输气管道工程、兰州—定西输气管道工程、江津—纳西集输气管道工程、川渝地区天然气管网调整改造北外环集输气管道工程（龙岗—渡口河段新建）、重庆两江新区龙石先进制造功能区集输气干线整体改造工程、贵州天然气支线管网燕楼—孟关支线管道工程、营口地区天然气支线管网工程（鲅鱼圈支线、信义支线新建）、朝阳市天然气管网（龙城支线新建）。③续建完工工程：陕京三线输气管道工程良乡—西沙屯段、营口—盘锦供气管道、江都—如东天然气管道工程、大唐煤制天然气管道项目北京古北口—高丽营段、唐山液化天然气外输管道、乐山地区天然气输气管道工程(新建部分完工)。

(2)原油管道工程。①续建工程:中缅原油管道工程(国内段)一期工程、庆铁线改造工程(庆铁四线,续建)、漠大原油管线适应性改造工程(续建投产)、兰州—成都原油管道工程(续建投产)、日照—东明原油管道工程(续建投产)。②新建工程:铁岭—锦西原油管道复线工程、铁大线安全改造工程(铁岭—鞍山段,新建)。

(3)成品油管道工程。①续建工程:锦州—郑州成品油管道。续建完工工程:吉林—长春成品油管道工程、宁夏石化成品油外输管道、呼和浩特—包头—鄂尔多斯成品油管道。②新建工程:云南成品油管道工程、成都—乐山成品油管道工程。

(4)储气库工程。金坛地下储气库工程(续建),板876、板808储气库加快达容工程(新建)。

(5)液化天然气接收站工程。唐山液化天然气(液化天然气)项目(续建),大连液化天然气项目二期工程(扩建)。

3. 储运设施管理。天然气与管道分公司全面推动完整性管理方法在管道设施风险管理中的应用,深入开展风险评估,优化维修维护资源,建立效能评价机制,将管道高后果区风险控制率和应急资源保障能力作为重要管控目标。

(1)完整性管理。完整性管理基础进一步夯实。天然气与管道分公司完成资产完整性管理程序、完整性管理审核、考核与效能评价、油气管道基本信息统计管理办法等体系文件的修订和制定;完成站内工艺管线、储罐、压缩机等油气站场设备设施完整性程序文件和作业文件的编制及审查,形成统一的站场设备设施完整性管理方法、流程和表单,将于试点应用后全面推广;结合应用实践,完成集团公司企业标准《管道完整性管理规范》(Q/SY1180)中高后果区识别、管道风险评价、管道线路完整性数据采集等部分的修订工作,使标准更具科学性、适用性和可操作性。管道线路完整性管理应用持续深化。各管道地区公司继续开展高后果区识别、风险评价和管道内检测工作,高后果区识别率98.6%、风险评估覆盖率100%,对已识别高后果区高风险点采取工程治理、维修或采取加强管理手段等风险治理或控制措施,有效消减了管道泄漏失效风险。

(2)维抢修管理。落实管道维抢修体系规划,至2013年底,建成20个维抢修中心、1个封堵中心、36个维抢修队、21个维修队,共配置维抢修人员2 400余人。新建的中缅管道昆明、贵阳维抢修中心、保山、柳州维抢修队、瑞丽维修队及呼包鄂管道的呼和浩特维抢修中心的维抢修人员、设备基本到位;依托西气东输三线完成吉安、厦门维抢修队、福州维修队维抢修设备配置计划。

(3)管道保护管理。组织各管道企业按照程序文件要求,认真开展自然与地质灾害风险排查及治理,积极开展防汛准备工作自查自改,汛前共排查出自然与地质灾害风险943处,要求各单位本着"防大汛、抗大灾"原则,做好防汛各项准备工作。不断完善管道保护标准规范。为进一步规范管道建设期和运行期的巡护管理,确保尽早发现管道安全隐患,编制完成《管道巡护管理办法》,从管道巡护方案、巡护管理、巡护考核等方面提出明确要求,将有效提升管道巡护管理水平。为进一步做好直升机管理工作,修订《管道保护租用直升机管理办法》,明确各方管理职责,规范日常管理要求。2013年,直升机基地累计飞行1 208.5小时,飞行计划完成率82.8%,较以往明显提高。

(4)设备管理。至2013年底,天然气与管道分公司在用压缩机组分别比上年增长10.3%、增长13.0%。全年机组实际利用率33.3%、可用率97.5%、可靠性99.8%。

(5)节能与计量管理。全年实现节能量4.7万吨标煤,输油气综合单耗均有所下降。

(6)节能量。全年累计完成节能量4.7万吨标煤。

(7)管道安全。一是夯实安全环保基础,提升管道本质安全。二是强化风险和应急管理。三是强化安全环保隐患治理,提高管道本质安全。采用月报动态跟踪项目进展,全年共收到5家单位月报55期。庆铁二线11·11原油泄漏事件环境治理完毕,为油品污染治理提供了经验。完成涩宁兰输气管道绝缘接头漏气治理。四是强化合规性管理,确保建设项目实现三同时。通过13项安全环保专项审查批复。

(8)标准化管理工作。一是健全机构、完善机制；二是严格标准制修订管理，较好地完成集团公司企标制修订任务。2007—2013 年制（修）订 173 项集团公司企标，年均 24 项；三是加强标准信息化建设；四是开展标准一体化研究；五是开展标准基础工作。

（9）管道科技。一是科技计划管理。年度科技项目计划共 5 000 万元，新开课题 35 项。二是科技规划管理。完成“十二五”科技滚动规划，指导 2013 年度科技项目立项工作，启动“十三五”科技规划编制前期研究，完成科技规划发展目标调研，编制《天然气与管道科技成果汇编 2006—2013》。三是科技项目奖励情况。“含蜡原油管道纳米降凝剂的制备和应用技术研究”获 2013 年全球管道奖。“液化天然气关键技术研究”获集团公司科技进步特等奖。“油气管道复杂地质定向钻穿越技术攻关”“西气东输二线香港支线海底管道工程关键技术研究与应用”课题获 2013 年集团公司科技进步奖一等奖。“盐穴型天然气地下储气库风险评估方法研究”“天然气场站储运设施检测与诊断评估技术研究”“X70 大变形焊管研制”“管道完整性管理系统研究与技术集成应用”课题获 2013 年集团公司科技进步奖二等奖。“油气田常用非金属管道技术研究与应用”“管道热收缩带补口改进及修复技术研究”“复杂地质条件下小断面长距离泥水平衡盾构施工技术研究”“西气东输管道干线阴极保护有效性调查及典型杂散干扰影响研究”课题获 2013 年集团公司科技进步奖三等奖。“成品油输送及管网设计关键技术研究”获 2013 年集团公司技术发明奖一等奖。“在役管道缺陷修复技术研究”获 2013 年集团公司技术发明奖二等奖。“反应型原油降凝剂研制”“油气输送用高强管线钢焊接材料”课题获 2013 年集团公司技术发明奖三等奖。四是重点科技项目成果。①30 兆瓦级燃驱压缩机组国产化研制。②油气管道关键设备国产化。③油气管道 SCADA 系统软件国产化研发。④大型天然气管网优化技术及应用研究。⑤X90/X100超高强度钢管工业性应用。⑥穿越冻土地区输油管道基于应变的安全评价技术研究。⑦中缅油气管道压覆矿产资源评价研究。⑧西气东输二线东段试压排水过程中的超压机理与对策研究。⑨城市燃气管网完整性管理体系研究。⑩天然气工业用户用气特征研究。此外，还进行了天然气市场经济信息研究。

（10）管道信息。一是统筹推进信息系统建设，提升业务支撑与保障能力；二是持续开展信息系统扩展与提升，促进业务发展及重组；三是不断强化信息化基础建设，推动管理提升工作；四是“标准化·模块化·信息化”（三化）设计工作。组织 78 个 CDP 文件的审查，发布 CDP 文件 51 个（升版 16 个），CDP 有效文件共 334 个。

（二）中国石化

1. 油气储运设施。至 2013 年年底，中国石化拥有在用原油、成品油、天然气管道 24 400 千米，其中原油管道 7 100 千米（不含油田和炼化企业内部集输管道）、成品油管道 10 510 千米、天然气管道 6 790 千米。

（1）原油储运设施。至 2013 年年底，中国石化在用原油管道 7 100 千米，一次输油能力 22 500 万吨/年，其中管道储运分公司负责运营管理的原油管道6 080千米。中国石化原油管道形成遍布北京、河北、山东、江苏、浙江、上海等 14 个省（自治区、直辖市），连接燕山、天津、齐鲁、金陵、镇海、高桥等 26 家炼化企业及胜利、中原、河南、江汉 4 家油田企业，以及 12 座大型原油码头（25 万吨级以上原油泊位 16 座）、14 座大型原油库、7 座原油商业储备油库、3 座国家原油战略储备油库的原油管网。

（2）成品油管道。至 2013 年年底，中国石化在用成品油管道约 10 510 千米，输送能力 9 400 万吨/年。中国石化成品油管道形成华北、华东、华南、华中四大区域骨干管网，大区管网之间实现互联互通。中国石化主要炼厂全部实现成品油管道出厂，区内销售企业全部实现管道连接，成品油运输格局发生了重大变化，成品油一次出厂运输方式日趋优化，对铁路运输的依赖程度大大减轻。成品油管道运输在克服运输瓶颈、降低物流费用、增强抵抗市场风险能力方面发挥了巨大作用，对成品油市场保供作出了积极贡献。

（3）天然气管道。至 2013 年年底，中国石化在用天然气管道 6 790 千米。中国石化天然气管道加快市场开发节奏，加大工程协调力度，加强生产经营管理，各项工作取得积极进展，呈现稳健快速发展势头。继续推进生产体系的系统化、规范化、标准化、科学化建设，强化基础管理，突出规范运行，完善体制机制，狠抓责任落实，确保天然气管网安全平稳高效运行。

2. 油气调运。中国石化油气储运业务紧紧围绕总部生产经营目标，以整体效益最大化为原则，克服各种不利因素，精心组织生产，优化资源配置，严格执行调度指令，细化优化管道作业计划，努力提高管道输送量，全面完成年度生产计划，确保了油田生产后路畅通、进口原油安全接卸、炼化企业原油资源稳定供应和成品油平稳出厂。

（1）自产原油销售。2013 年，中国石化油田企业共完成原油销售 4 204 万吨。中国石化炼化企业配置原油资源 23 385 万吨，比上年增加 1 085 万吨。

（2）成品油、天然气调运。2013 年，中国石化成品油管道输送量完成 5 127 万吨，同比增加 600 万吨；中国石化输送天然气 108 亿立方米，同比增加 10 亿立方米。

3. 储运设施建设。按照建设世界一流能源化工公司的战略发展目标，本着保投产、保续建、保重点、调结构的思路，优化管道储运设施项目建设工作。以提高项目建设管理水平为重点，进一步转变管理理念，加强管理创新，优化设计、严密组织、精心施工，做到安全、质量、投资、进度总体受控。

（1）原油管道工程。天津原油商业储备基地工程。该项目包括 32 座 10 万立方米储油罐、25 千米原油管道及配套设施，至 2013 年年底，该罐区投入生产运行。北海原油商业储备基地工程。7 月 5 日，北海原油商业储备基地二期工程顺利交付北海炼厂负责运行。2 月，天津大港原油商业储备基地工程开工；9 月天津实华原油商业储备基地工程开工。

（2）成品油管道工程：津唐管道（续建）、驻信管道（续建完工）、甬台温管道（续建）、苏北管道（续建）、西南管道南线（续建）、西南管道南线（新建）。

（3）天然气管道续建工程：川气东送管道工程、榆济输气管道工程。

（4）储气库工程。中原文 96 储气库。作为榆济输气管道配套工程，位于中原油田文 96 枯竭凝析气藏。设计上限压力 27 兆帕，下限压力 12.9 兆帕，最大库容 58 800 万立方米，有效工作气量 29 500 万立方米，垫底气 29 300 万立方米，10 月 10 日采气系统试运行。金坛储气库至 2013 年底，完成采卤造腔 219 800 立方米。

（5）液化天然气接收站工程：山东液化天然气接收站工程总体形象进度 87.0%，配套管网累计完成测量放线 144.1 千米，焊接 26.65 千米；广西液化天然气项目完成国家核准，工程总体形象进度完成 17.0%；天津液化天然气工程基本备齐核准所需支持性文件，基础设计工作完成，完成储罐区地基处理施工。

4. 管道安全管理。中国石化油气管道逐级签订 HSE 责任书，层层分解 HSE 指标，实行全员 HSE 承诺。坚持应急预案演练增强员工应对处置突发事件的能力，努力提高应急管理水平。积极开展管道检测及隐患治理工作，推广应用阴极保护参数远程测控系统和智能防腐防盗涂层技术系统。按照《“平安管道”建设工作方案》，推进管道安全保护工作，增强管道沿线群众的法制意识，坚持以公安为主导的各级联席会议制度，建立企地联防、联治的安保格局，提升了巡护线工作质量和效率，打孔盗油、第三方施工破坏等现象有所减少。

11 月 22 日 10 时 25 分，位于山东省青岛经济技术开发区的中国石油化工股份有限公司管道储运分公司东黄输油管道泄漏原油进入市政排水暗渠，在形成密闭空间的暗渠内油气积聚遇火花发生爆炸，造成 62 人死亡、136 人受伤，直接经济损失 75 172 万元。11·22 事故是中国石化历史上最惨痛的安全事故，损失惨重、教训深刻。事故后，中国石化在全系统内部立即开展油气管道隐患排查活动，彻底排查各类管道隐患，制定“一点一案”应急预案，落实资金，开展安全隐患治理，严防各类事故发生。

5. 管道设施管理。中国石化油气管道进一步规范设备管理与检维修工作，强化制度建设，逐步提升“三基”管理水平。

（1）完整性管理体系建设。实行管道年检和风险识别常态化管理，合理、有序的进行风险隐患治理和度汛风险防治，对发现的缺陷进行开挖验证和修复，建立完整性管理数据库。

（2）管道抢维修体系建设。通过应急、投产、清管等专项演及演练与实战相结合的方式，有效锻炼了现场人员的反应速度和应急操作技能，不断提高应急抢险的能力。及时启动应急预案，协调应急资源，全面提升了管道应急指挥、现场组织、抢险救援能力。

（3）管道保护管理。加强管道按区域等级、巡护频次、结果报告的规范巡护管理，实现线路全覆盖、巡护无盲区，杜绝第三方破坏。建设“企地联动、企警联防”的管道保护长效机制。开展管道汛前地质灾害调查，实施清管检测和缺陷修复，保证管道安全、平稳、高效运行。

（4）管道设备管理。推行“全寿命持续性动态管理模式”，加强设备维护保养及维修工作，建立健全设备技术管理档案，落实季度设备管理考核制度，突出设备的后期管理工作，逐步提升“三基”管理水平。以保持设备的本质安全为目标，大力开展设备的检维修工作。

6. 管道基础管理。

（1）管理体系和制度建设。修订 HSE 管理手册和相关文件，以集中会议、一对一讨论、发文征求意见等形式进行对接，重点优化承包商 HSE 管理、危害识别与风险评价等关键程序。持续完善 HSE 管理体系，使之更符合中国石化油气管道 HSE 管理实际。

（2）管道节能。中国石化以管道输油（气）站库为管理重点，设立能源管理专业岗位，加大对重点用能设备的能耗管理，建立健全用能设备资料台账，制定能源消耗计划和节能措施，做好能耗的统计、分析，确保了能耗管理规范有序。

（3）标准化、信息化管理。建立健全标准组织机构和管理机构，完成了标准化信息管理系统建设。编制了标准化体系（初稿），推进标准化信息工作。完善数据模型标准，开展数据资源整合。印发《油气管道数据编码标准》《油气管道业务模型标准》《油气管道源点信息采集规范》。

（4）节能减排。开展“节能我行动，低碳新生活”活动，提高全体员工节能减排意识。通过开展节能监测工作，了解所属单位节能情况，进行用能诊断，改进节能工作中存在的不足。继续开展以天然气、蒸汽替代燃料原油工作，并取得较好的替代经济效益。积极推广在加热炉上安装除尘系统、加热炉蒸汽吹灰、添加化学试剂改变原油性能等措施实现节能减排。

（三）中国海油储运概况

1. 基本情况。中国海洋石油总公司 2013 年在《财富》杂志“世界 500 强企业”中排名上升至 93 位，比上年上升 8 位。总投资为 803 400 万元的珠海液化天然气接收站项目一期工程投产、天津浮式液化天然气项目实现供气、向澳门供气管道顺利投产、总投资约 96 600 万元的广东大鹏液化天然气项目 4 号储罐建成投产、锦州 25—1 南天然气利用项目投产。气电集团进口液化天然气总量突破 5 000 万吨，至 2013 年年底，累计进口液化天然气总量 5 698 万吨，累计签订长期液化天然气合同量 2 190 万吨 / 年。

2. 管道运输。国内海上油气田管网累计外输原油 3 938 万吨，外输天然气 107 亿立方米。陆地管输天然气达到 210 亿立方米/年，比上年增长 57.0%。成品油管道管输成品油总量为 102.5 万吨，保证了华南地区成品油市场供应。原油输油管道全年转输原油 177.6 万吨，极大地缓解了公司原油运输对汽车运输的依赖度，成为央企在地方合作的典范。

3. 油气储运。到 2013 年年底，中国海油运营液化天然气接收站规模 2 480 万吨/年，比 2011 年增加 700 万吨/年；在建接收站规模 970 万吨/年；建成天然气管道 3 416 千米，比上年增加 285 千米；在建管道长度 1 628 千米。至 2013 年年底，中国海油成品油管道 291.3 千米，原油管道 43 千米；管理运营的成品油库 5 座，总库容为 36.3 万立方米；经营一座 5 万吨级的成品油码头。

4. 储运设施建设。

（1）海上管道工程。完成铺管 707 千米，（渤海湾管线建设工程、南海东部管线建设工程、南海西部管线建设工程、东海海域管线建设工程）。

（2）陆上管道及液化天然气接收站工程。大力推进天然气管道和天然液化气接收站的建设，扩大沿海，尤其是东南沿海天然气输配范围，逐步搭建起了“沿海大动脉”的战略格局。

（3）天然气管道工程。（广东省天然气管网二期工程、福建省天然气管网二期工程、中山天然气利用项目二期工程）。

（4）天然气发电项目。（珠海热电联产项目、中山嘉明电厂三期）。

(5)液化天然气接收站工程。至2013年底,气电集团运营液化天然气接收站规模2 480万吨/年,比2011年增加700万吨/年;在建接收站规模970万吨/年。(广东大鹏LNG项目、福建LNG项目、浙江LNG项目、珠海LNG项目、天津浮式LNG项目、海南LNG站线项目、粤东LNG站线项目、深圳LNG站线项目)。

(6)国内之最项目。国内第一条液化天然气工艺隧道——深圳液化天然气工艺隧道开建、国内首个浮式液化天然气项目—天津浮式LNG一期投产、世界第一难穿——崖门水道穿越竣工。

5. 储运设施管理。

(1)资产完整性管理。一是海底管线管理;二是陆上天然气管线管理;三是陆上输油管线管理。

(2)管道科技与信息化。一是完成三维应急管理体系的建设工作;二是建立GIS数字化管道地理信息系统;三是完善调度中心SCADA系统;四是建立生产数据采集与展示平台。

(3)应急抢维修。以推动"抢维修中心"建设为工作重心,同时按照横向到边、纵向到底的工作思路,从人员、技术和装备上入手,强化设备维修、抢修和抢险三项能力建设,全面提升整体应急抢维修能力,确保气电集团管道设施安全营运。

(4)管道保护管理。落实"本质安全"理念,多次开展天然气管道保护宣传贯彻和培训。在海管保护方面,针对防护外力破坏,通过定期与海事等政府部门沟通,安装监视系统,聘请船只巡线等方式及时发现抛锚、挖沙等外部作业对海管的影响。

(5)HSE管理体系建设。建立HSE管理体系,并逐步持续改进。

(6)设备管理。以"以养代修"理念,执行设备设施日常维护保养和定期检修相结合制度,强化基础设施管理,改变管理方法,杜绝设备带病运行,将设备隐患消灭在萌芽状态。

6. 基础管理工作。2013年,以中国海油管理提升活动为契机,公司各部门、班组多次进行研讨和交流,找出日常管理中的不足,针对提出的问题召会制定相关措施并整改,提升了管理水平。

(1)管道节能。加强节能管理,合理分解能耗,优化工艺流程,推进资源节约型企业建设。

(2)管道安全。中国海油以HSE管理体系为核心,加强风险管理和应急管理,努力做好管道日常巡线管理、第三方施工管理、防腐检漏治理及地质灾害地段的管理等,确保管线运行平稳、安全、高效和处于受控状态。一是狠抓安全生产,提高精细化管理水平;二是强化风险管理和应急管理。

(3)技术装备自动化。黄骅港—中海石油中捷石化输油管道采用PLC站控系统分别设置在输送站值班室。完成对该站的数据采集、控制等任务。中捷输油站站控系统也作为监视中心,完成各站的数据监视和存储。当系统运转正常时,各终端站完成各自的工作。当进行设备检修时,应采用就地控制方式。出现异常情况时,能够采用手动就地关断、调节。生产过程的自动控制以现场各站级监控系统控制为主。

(撰稿:肖春华)

企业管理综述

2013 年企业管理创新综述

中国企业联合会企业创新工作部

2013 年审定发布的第二十届全国企业管理现代化创新成果共有 196 项，其中一等 27 项、二等 169 项。第二十届管理创新成果内容符合国家对企业创新发展的要求，紧扣当前经济发展中的热点、难点问题，全面反映了企业各项管理工作的新进展，代表了中国企业管理的先进水平和发展趋势，体现了 2013 年初全国审委会提出的申报重点。本届成果涉及企业管理的各主要领域，突出反映了企业经营管理的综合性、融合性和时代性特征。其主要特点可以概括为以下八个方面：

一、依托重大工程突破关键技术，以企业为主强化创新链管理

党中央、国务院明确提出，要强化企业的技术创新主体地位，吸纳企业参与国家科技项目的决策，产业目标明确的国家重大科技项目由有条件的企业牵头组织实施。这既对企业加强创新能力建设提出了新的要求，也为以企业为主体，通过重大工程建设突破关键技术创造了条件。例如，北斗卫星导航系统和新型军机研制等重大技术攻关工程项目，集中体现了中国企业接近或达到世界先进水平的创新突破。中国航天科技集团公司在北斗二代一期卫星导航系统研制过程中，按照系列化、通用化、产品化的思路，系统梳理卫星批量化研制关键环节，建立多星多线多任务的管理模式，突破一批关键技术研发难题，成功完成中国航天史上第一个星座组网的航天工程，使北斗卫星导航系统与美国 GPS 系统、俄罗斯 GLONASS 系统和欧洲 GALILEO 系统并列成为全球四大导航定位运营系统。沈阳飞机工业（集团）有限公司以新型军机研制为平台，通过建立集中统一的柔性项目组织、前移研制准备工作、再造零件加工和装配系统、搭建信息化平台等，实现了新型军机的快速试制并提升了公司的核心研制能力。

企业创新是由一系列环节组成的创新链，涉及多个主体、多种资源。建立以企业为主体的创新体系，某种程度上就是发挥企业在整合创新链中的主体作用，整合创新的上中下游资源和企业内部的各种创新要素，提升创新能力。国家电网公司在组织开展特高压输电工程重大创新中，充分发挥用户主导作用，有效整合国内产学研创新资源，以开放创新的理念建立产学研密切协同的创新联合体，充分发挥国家电网公司作为特高压技术创新链发起者、组织者和管理者的作用，打通创新链各环节，强化过程控制和协调，有效解决了大规模、远距离输配电技术难题。辽河油田钻采工艺研究院适应油田深化改革的需要，以油田生产亟须为出发点，开展钻采工艺技术创新链管理，实现了科技攻关与技术推广应用的有效联动和良性循环，为辽河油田持续千万吨稳产提供了有力技术支撑。突出钻采工艺技术创新链的完整性、联动性和引领性，强化与利益相关方的有效合作和协同，建立从立项、攻关、中试、应用到扩散有效衔接的全过程创新管理，提高创新的效率和效益，充分发挥了辽河油田核心技术支持单位的作用。鞍钢集团矿业公司的创新成果更多地体现在整合企业内部研发力量，打通企业内部的创新链。他们依据企业生产流程的特点，加强矿冶工程勘探、采矿、配矿、选矿、烧球等工艺环节的技术攻关和技术改造，创建“五品联动”技术创新管理模式，解决了低品位铁矿资源开发技术难题。航天科技集团五院、航天科工集团二院、中国飞行实验研究院都实施了多项目、多型号的并行研制管理和协同研发管理。湖北三环锻压设备公司以企业为主导，实施大型锻压设备的并行研发管理。平高集团有限公司则通过系统性的科技创新管理，实现了电力开关设备的重大突破，达到了世界领先水平，荣获国家科技进步特等奖。

二、将信息技术融入企业发展中，探索互联网时代管理新模式

信息技术已渗透到企业生产经营各个环节，成为企业各种活动的重要支撑力量，探索互联网时代管理新模式成为企业面临的重要课题。推动信息化和工业化深度融合，是中国应对国际产业分工格局调整、加速新型工业化发展的重要举措，也是企业获取可持续竞争优势的关键着力点。充分运用信息技术手段，推动企业技术创新、生产运营、业务流程等同步创新和持续改进，是企业开展“两化融合”的出发点与落脚点。

上海大众汽车有限公司打破传统意义上的工厂规划和工艺规划、工厂建设等概念的界限，以数字化技术为手段，以“精益化、数字化、标准化”为目标，通过支持工厂规划和建设的数字化系统，推进规划基础资源的数字化和标准库建设，建立并行工作流程和矩阵式组织架构实现规划管理与汽车新产品设计、新厂建设施工的有效衔接和协同，达到降低成本、提高规划质量、加快规划建设速度的目的。河南开祥化工有限公司科学制定企业两化融合的思路、目标和发展阶段，建立与业务层级有效融合的三级组织体系和全员培训、考核制度，大力推进生产管控、业务管控与行政办公系统的有效集成，搭建统一的协同办公和信息共享平台，实现经营管理的流程化、实时化和精益化，显著提高了经营效益和管理效率。江苏省电力公司建立以流程为基础的“五位一体”管理体系，实现分散式多职能管理体系向基于流程的统一管理体系整合提升，推动公司管理由职能驱动型向流程驱动型转变，促进企业信息架构的持续完善以及公司业务应用信息系统的更加紧密集成。中国工商银行股份有限公司通过搭建数据仓库平台，打破信息孤岛，开展全国范围内跨行、跨地区、跨部门的信息共享和深度挖掘，满足客户多样化、个性化的金融服务需求。

信息技术运用带动企业变革，各项管理工作也必然发生根本性变化。中国移动通信集团公司为了应对移动互联网时代新变化，在主动发展移动互联网新业务过程中，主动进行变革，探索适应移动互联网时代的管理新模式。他们改变传统的业务垂直化管理模式，逐步建立独立的专业化业务运营公司，提升市场反应速度和能力；构建总部、前后端分离并有效协调的新型组织结构，建立统一规范的标准化流程和制度体系，发挥企业规模效益和整体合力；建立市场化的内部结算机制和开放共赢的外部合作平台，激发企业创新活力。在这方面做出探索的成果还有：中国航天科工集团第三总体设计部以实现“天地一致性”为目标，重构设计质量管理体系；淮矿现代物流公司基于电子商务平台，实现大宗生产资料交易的管理变革；山东泰丰矿业集团公司基于无线移动视频系统，实施可视化现场管理；光明食品（集团）有限公司质量安全追溯与监管平台建设；中国建筑第五工程局有限公司基于物联网检测技术的外脚手架工程安全管理等。

三、以战略为导向积极践行“走出去”，提升国际化经营水平

按照全面提高开放型经济水平的总体部署，中国企业正积极适应经济全球化新形势，在“走出去”时更多的从企业战略需要出发，不断提升全球配置资源的能力，在更大范围、更广领域、更高层次参与国际经济技术合作和竞争。

中国海洋石油有限公司在对外投资并购中从机遇导向转向战略导向，确立价值驱动的海外并购策略，将“资源、回报、风险”三个维度作为并购决策的核心考量要素，明确海外并购五项原则。通过建立一整套跨国并购决策管理体系，成功完成中国迄今为止最大的海外并购案，具有重要的标志性意义。

中国水利水电建设股份有限公司在海外业务发展过程中，从企业战略高度出发，依靠创新驱动，实施集团化协同经营，组织引领各子公司有序参与国际市场竞争。通过构建国内外业务资源的统一配置平台，共享战略、技术、管理、信息、资金、经验，解决人才、资金、资质、网络等，克服国际化经营资源不足的问题。以集中管控为主导，打造中国水电总部和子公司的利益共同体，在中国水电品牌下聚焦稀缺资源，参与海外高端水电工程市场竞争。

中国经济已经完全融入全球经济发展，“走出去”、国际化不是企业发展的目标，而是实现目标的途径。文化融合、业务合规、履行社会责任、依法诚信经营、实施反倾销抗辩等，都成为中国企业开展国际化经营的基本

要求。中国华能集团香港有限公司、武汉钢铁(集团)公司、中油国际(曼格什套)有限公司、中石化上海工程公司、浙江奥康鞋业公司、中国路桥工程公司、中石油川庆钻探工程公司土库曼斯坦分公司、中石化国际石油勘探开发公司以及中国航天科工集团公司等,都从自身实际需要出发进行了积极而成功的探索。

四、聚焦细分市场走专业化发展之路,打造行业内的领军企业

集中力量将某项业务做精,将企业做成某个细分市场的强者,是中小企业在激烈竞争中生存下来并持续健康发展的重要途径。本届成果中就有一些中小企业,聚焦于某个细分领域,通过强化技术创新与知识产权管理、集中力量开辟细分市场业务和实施差异化品牌战略等,成为小而强的领军企业。

南京康尼机电股份有限公司根据中国轨道交通行业快速发展的现实与自身优势,聚焦于轨道门这一细分领域,加强技术研发,攻克一系列技术难题,掌握了核心技术,并通过实施知识产权战略,在打破发达国家长期技术垄断的同时,成功抢占国际市场。目前,已成为中国唯一拥有城轨自动门系统全套自主知识产权的企业,拥有的专利总量已经超过业内排名靠前的欧美企业;产品替代进口,并出口到十多个发达国家、地区,成为轨道交通行业巨头的国际战略供应商,轨道车辆门系统市场份额跃居世界第三。

人福医药集团股份公司以聚焦战略为根本,集中资源优势在六大医药细分市场发展,以各企业"细分市场的强"成就集团"医药产业的大",将集团所属医药企业培育成"专精特新"的医药细分市场领导者。同时重视医药企业的社会责任和医药产品的内在质量,长期坚持生产患者需要的微毛利或负毛利的廉价基本药物产品。公司实现了转型,成为既有规模又有特色的医药企业集团,盈利能力稳健增长。

浙江洁丽雅股份有限公司在家纺大行业中的毛巾这一细分领域精耕细作,并进一步将毛巾产品市场进行细分,持续开展高端、高品位、多样化的品牌推广,通过增强科技创新能力不断开发个性化产品,建立立体化的营销渠道,开展组合营销,始终保持行业领先和龙头地位。

五、根据战略定位整合优质资源,推动企业转型升级

资源具有稀缺性特征。获取资源特别是优质资源,并通过一系列手段整合这些资源,使其为企业战略服务,是保证企业发展的根本。本届一些成果经验也再次说明,根据战略定位整合优质资源,是推动企业转型升级、提升整体优势的重要途径。

中国机械工业集团有限公司以打造成为"国内外知名的综合性装备工业集团"为目标,将集团业务发展定位于"装备制造业、现代制造服务业"两大领域,突出机械装备研发与制造、工程承包、贸易与服务三大主业发展方向。明确母子公司定位,并通过内部整合、精干主业、剥离辅业、并购重组、开展非实体经营等一系列措施,促使优势资源向主业集中,产业布局和产业链结构不断完善,集团协同效应和整体优势持续提升。北京能源投资(集团)有限公司以"能源为主、适度多元、产融结合、协同发展"为战略定位,按照"效益优先、统筹兼顾、优化结构、规范操作"的原则,组建资产管理分公司积极推进辅业全面退出;围绕电力能源、热力、房地产三大主业,优化整合内部核心业务资源,培育发展战略性新兴产业,做大主业规模;完善以董事会为核心的法人治理结构,组建专业化的经营管理服务平台,构建统分结合的三级管控架构,推行"五统一"管理,强化集团管控;收购和组建财务公司、融资租赁公司等内部融资平台,盘活企业内部资金存量;充分利用京能置业、京能清洁能源和京能热电三大上市公司平台,积极拓展社会融资,为企业转型提供充足资金支撑。中国五矿以企业发展战略为指引,通过建立战略价值和经济价值两个维度的评价标准,以开展低效无效、非主业、非战略性资产的清理整合为主要抓手,着力推动资产业务布局优化和发展质量提升。

六、强化管理者管理和新生代员工队伍建设,为企业发展提供人才保障

人才是企业生产力的源泉。管理人员是企业人才队伍的中坚力量,新生代员工是当今企业新入职员工的主力军。强化管理者管理和新生代员工队伍

建设，对企业发展至关重要。

四川长虹电器股份有限公司统筹考虑企业发展战略和管理人员队伍现状，从构建分层、动态的管理人员能力模型体系入手，着力完善管理人员的招聘选拔、考核评估和培训发展体系，逐步打造了一支能力强、素质高、结构合理的管理人才队伍。通过引入能力模型，为管理人员的选、育、用、留提供了科学的衡量依据，全面提升了管理人员队伍个人能力和团队协作水平，促进了企业经营稳步增长和品牌美誉度提升。

重庆市轨道交通（集团）有限公司作为提供公共服务的大型国有企业，针对新入职员工多、新生代员工比例高、员工素质与企业发展不相适应等问题，以实现新生代员工成长和胜任能力提升为目标，坚持“轨道铸人、铸轨道人”的人才方针，树立“人人均有长处，个个都能成才，培训促进成长，保障企业发展”的培训理念，参照国际培训管理标准，跟踪调查新生代员工特点，扬长避短，建立全方位、多视角的培训管理体系，增强了新生代员工的团结协作与主动服务意识，提高了自主学习能力，轨道交通服务质量全面提升，实现了员工和企业的共同成长，确保了重庆轨道交通的安全、高效、人文运行。

七、针对关键问题开展管理提升，全面提高企业管理水平

开展管理提升是提升企业发展质量、促进企业科学发展的重要举措。针对关键问题开展管理提升正是抓住了管理的“牛鼻子”，对提高企业管理科学化、现代化以及提升企业整体管理水平具有至关重要的意义。

大亚湾核电运营管理公司是一家专业化的核电运营企业，围绕安全质量、发电效能、应急与风险管理、成本控制等核电运营的关键环节开展管理提升，并在此基础上建立卓越运营管理体系，开展持续不断的改进和创新工作，运营指标整体达到了世界一流水平。通过建立覆盖核电生产全过程的精细化运营管理体系和管理信息系统，着力推进以风险控制为中心的日常生产管理和以质量为中心的大修管理，优化和完善设备管理体系，实现核电生产平稳有序。

神华集团有限责任公司作为一家跨地区、跨行业、产运销一条龙多元化运营的大型综合能源企业，抓住“大财务”管理这一关键问题，开展一系列管理提升工作，具体包括在引进并成功运用 FCM 体系科学诊断财务管理能力成熟度基础上，探索在“大财务”先进理念下的“大成本、大预算及大资金”运作模式，使得财务管理在企业资源获取、项目投资、经营调度等领域发挥了价值引领作用，实现了财务管理由核算型向决策支持型的转变，取得了显著效果。

重庆长安汽车股份有限公司将外部零部件质量管理作为管理提升的抓手，树立“顾客满意”的理念，建立与供方同步管理体系，运用正向质量预防和逆向质量改进循环方法，建设同步双向信息平台，开展质量保证能力培训、认证和提升，促进自主品牌汽车和零部件质量水平持续提升，实现自身与消费者、供应商多方共赢。

控制企业运营中的风险因素，加强安全管理，是一些企业管理提升的关键点，比如宝钢集团实施的企业集团风险分类管理、中国核工业集团公司纵深防控的核安全风险管理、北京市电力公司省市级电网一体化的安全管理、湖北卫东控股集团有限公司的高危品生产企业全方位安全管理等都在这方面做了很好的探索。

八、积极履行社会责任，实现多方共赢的和谐发展

履行社会责任是企业作为社会经济组织应尽的义务，也是保证企业持续健康发展的基础。从企业实际出发，积极履行社会责任，既能提高企业发展质量，也能使利益相关方受益，实现多方共赢的和谐发展。

食品企业的核心是为消费者做出安全、营养丰富、可口的食品。其中食品的安全即是企业应尽的最基本义务，也是企业业务发展的基础与保证。杭州娃哈哈集团有限公司面对遍及全国的生产、销售体系，种类繁多的生产设备、原料供应以及复杂多样的生产工艺，汲取“质量链”（Quality Chain）管理理念，在共同的质量文化和理念引领下，以价值实现为核心、全员全过程质量管理为基础、信息化为支持，综合运用管理、技术等多种手段的协同机制，从理念、方法、过程、体系等方面构建全过程的食品安全质量链，实施多维度的并行、协同管理，采用典型的计划协同模式，集中资源和信息优势，实现对“研发、采购、生产、销售”各环节的高效管理，确保食品安全和质量信息流在各组织之间顺畅传递。

为"三农"、小微企业等相对弱势群体提供产品和服务的企业,真正站在"三农"、小微企业角度,为其提供切实需要的产品和服务,充分保证其利益的实现,是这些企业实现自身利益的基础。浙江省邮政公司抓住政策机遇,以实现城乡基本公共服务均等化为根本出发点,以建设村级邮政综合服务平台为载体,有效融合邮政普遍服务、农村便民公共服务和增值服务,实现农民满意、政府满意和企业满意,开拓了农村便民服务和农村金融、农村电子商务等增值服务业务,培育了企业新的经济增长点。深圳市高新投集团有限公司抓住珠三角地区经济发展和产业转型升级的市场机会和政策机遇,以有效缓解小微企业融资难、探索国有担保公司持续健康发展道路为目标,围绕小微企业从初创期、成长期到成熟期全生命周期的融资服务需求,构建"融资担保、保证担保、投保联动"三位一体的业务发展模式,为众多中小企业发展提供及时帮助的同时实现自身的快速发展。

工业企业实施绿色生产、提供低碳产品,是履行社会责任、实现自身发展的必然选择。北新集团建材股份有限公司抓住中国加快推进城镇化进程和大力发展循环经济、建设环境友好型、资源节约型社会的机遇,在"突出发展石膏板主业做强做优"的战略指导下,以超越老牌外资石膏板品牌实现高端定位为目标,围绕资源、技术、品牌、市场等方面全面抢占制高点,培育了行业领先的竞争优势,实现了有质量、有效益、可持续发展。太原钢铁集团公司建设绿色钢铁企业,实现与城市和谐共生。齐齐哈尔轨道集团装备公司基于能源消耗结构调整和科学管控,实施节能减排管理。贵州轮胎股份有限公司实施绿色制造管理。华北油田二连分公司积极开展生态型草原油田建设,实施绿色开发管理。

(撰稿:周　蕊)

2013 年企业社会责任与诚信建设综述

中国企业联合会雇主工作部

2013 年是中国经济转型发展的一年,实现了经济社会发展稳中向好的良好格局。企业作为市场经济主体,一方面是促进经济发展与社会稳定的基础力量,另一方面也是社会公共利益、诚信经营和社会责任的践行者。从国内看,社会各界对经济、社会、环境的可持续发展重视程度越来越高,中央政府、地方政府,以及许多行业组织都积极采取措施推动诚信建设和企业社会责任,加快转变发展方式,践行可持续发展。当前,全球社会责任向纵深推进,履行和推动社会责任成为全球共识,社会责任呈现标准化趋势。与此同时,企业社会责任和诚信建设方面也面临诸多挑战,需要深入加快解决。

一、中国企业诚信和社会责任的新进展

(一)政府部门不断加强推动企业社会责任和诚信建设工作

国家领导人高度重视企业社会责任和企业诚信建设议题。2013 年 3 月 28 日,国家主席习近平在南非德班同非洲国家领导人举行的早餐会上表示,中国政府将积极采取措施,鼓励中国企业扩大对非投资,继续要求中国企业积极履行社会责任。8 月 21 日,国务院总理李克强主持召开国务院常务会议。强调指出中央企业要用改革的办法和调结构的措施解决存在的问题,加快完善企业法人治理结构,提升管理水平,花大力气增强自主创新能力,建设"阳光央企",促进国有资产保值增值,切实履行社会责任,在打造中国经济升级版中发挥骨干作用。2014 年"两会"期间,国务院总理李克强表示,加快社会信用体系建设,推进政府信息共享,推动建立自然人、法人统一代码,对违背市场竞争规则和侵害消费者权益的企业建立黑名单制度,让失信者寸步难行,让守信者一路畅通。

中国社会信用体系建设作为基本社会制度的重要性不断凸显,各方面法规制度建设不断加强。2013 年 3 月,国务院颁布的《征信业管理条例》实

施，不断规范征信活动，保护当事人合法权益，引导、促进征信业健康发展。2013 年 5 月，国家发改委、人民银行、中央编办联合下发《关于在行政管理事项中使用信用记录和信用报告的若干意见的通知》，提出要求相关政府，各级部门在政府采购、招标投标、行政审批、市场准入、资质审核等行政管理事项中依法要求相关市场主体提供由第三方信用服务机构出具的信用记录或信用报告，发挥政府在社会信用体系建设中示范带头作用。2013 年 7 月，最高人民法院发布了《关于公布失信被执行人名单信息的若干规定》，破解执行难问题，加大对失信行为惩戒力度。2014 年 1 月，由中央文明办、最高人民法院、国务院国资委、国家工商总局、中国银监会、中国民用航空局、中国铁路总公司等八个部门和企业联合举办的"构建诚信　惩戒失信"发布会在北京举行，八部门就限制失信被执行人高消费行为和采取其他信用惩戒措施进行首次发布。2014 年 3 月，由环境保护部、国家发展改革委、中国人民银行、中国银监会联合发布的《企业环境信用评价办法（试行）》实施，加大促进企业遵守环保法规。当前，国家工商总局已经开通了全国企业信用信息公示系统，将进一步促进企业完善企业信用约束机制，推动企业诚信制度建设。

（二）黑名单制度的运用不断强化

随着中国社会信用体系的不断健全，发布黑名单制度已经日益成为行政监督和执法的管理手段。中国《民法通则》和《合同法》等多部法律对经济主体交易的诚信行为进行了规范；《政府信息公开条例》等的颁布，使信息公开在一定程度上得以规范；各部门、各地方相继颁布了一些行业信用和地方信用建设的规章制度。国内部分黑名单制度情况如表 1 所示。

表 1　国内部分黑名单制度情况

法规及制度名称	实施时间	颁布部门	相关内容
药品安全"黑名单"管理规定(试行)	2012 年 10 月	国家食品药品监督管理局	对受到行政处罚的严重违法生产经营者，应当纳入药品安全黑名单。
关于在行政管理事项中使用信用记录和信用报告的若干意见的通知	2013 年 5 月	国家发改委、人民银行、中央编办	各级部门在政府采购、招标投标、行政审批、市场准入、资质审核等行政管理事项中依法要求相关市场主体提供由第三方信用服务机构出具的信用记录或信用报告。
关于公布失信被执行人名单信息的若干规定	2013 年 7 月	最高人民法院	具有 6 种情形之一的被执行人将被纳入失信被执行人名单，依法对其进行信用惩戒。
"构建诚信、惩戒失信"合作备忘录	2014 年 1 月	中央文明办、最高人民法院、国务院国资委、国家工商总局、中国银监会、民用航空局、中国铁路总公司	限制失信被执行人高消费行为和采取其他信用惩戒措施。
企业环境信用评价办法(试行)	2014 年 3 月	环境保护部、国家发改委、中国人民银行、中国银监会	对有关失信行为实行"一票否决"，直接评定为"环保不良企业"；对环保警示企业，可以采取相关约束性措施；对环保不良企业，应当采取相关惩戒性措施。
上海市企业失信信息查询与使用办法	2013 年 2 月	上海市经济和信息化委员会	针对有失信信息记录的企业，办法规定了限制参加政府采购活动等 8 项惩罚措施，此外企业失信信息将纳入企业主要负责人和失信行为直接责任人的个人信用记录。
江苏省社会法人失信惩戒办法(试行)	2013 年 5 月	江苏省人民政府办公厅	社会法人商务领域失信行为，是指社会法人在生产、经营、服务中产生的 8 种失信行为，分为一般失信、较重和严重失信行为，并采取相应的惩戒措施。
出租汽车诚信考核实施办法(试行)	2013 年 7 月	吉林省交通运输厅	根据新规考核设立从 3A 级到 B 级 4 个等级制度，如果出租车经营者连续两个考核等级为 B 级，由原许可机构吊销其许可，且 5 年内不得重新申请。

经初步分析，国内黑名单制度主要有行为不规范和技术标准不合格两类。第一，行为不规范，即由于企业、个人有违法、违规的行为。如最高法院2013年开通了全国法院失信被执行人名单信息公布与查询平台，将具有6种情形之一的被执行人纳入失信被执行人名单，截至当年底已经有3万余条被执行人名单信息，依法对其进行信用惩戒。第二，技术标准不合格，主要是在一些标准化管理的领域，如食品卫生、技术监督、环境保护等领域，因为产品不符合国家、地方、行业强制的技术标准而使企业上了行政黑名单。如国家质检总局发布的产品质量国家监督抽查情况的通报，对不同产品有抽查不合格产品生产企业名单予以曝光。

随着网络信息化的快速发展，媒体的扩散功能不断加强，黑名单制度发布结果的传播速度也快速蔓延，起到了一定的惩治失信行为的作用。同时，随着信用结果的联动响应机制的建立，黑名单的关联性不断加强，对有违法记录的市场主体及其相关责任人采取有针对性的信用约束措施，会逐渐形成“一处违法，处处受限”的局面。

（三）社会组织和行业组织不断推进各个领域的企业社会责任和诚信建设工作

近几年来，社会组织和行业组织的平台和示范作用日益凸显，成为推动企业社会责任和诚信建设的有力推动者。

2013年1月10日，第五届电子信息产业标准推动会暨中国电子信息行业社会责任年会在京举行。会上，中国电子工业标准化技术协会社会责任工作委员会发布了《中国电子信息行业社会责任指南》和《电子信息行业社会责任典型实践案例集》，《指南》为电子信息行业的企业和有关组织履行社会责任提供了指引，《案例集》则向社会分享了电子信息企业履行社会责任的先进理念、创新做法和成功经验。联想、英特尔、诺基亚等3家公司在会上发布了年度社会责任报告。

2013年5月26日，“2013中国工业经济行业企业社会责任报告发布会暨社会责任评价指标体系发布仪式”在北京人民大会堂举行。来自20个省（自治区、直辖市），涉及电力、煤炭、钢铁、石化、有色、矿业等87家行业企业集中发布了本企业社会责任报告。发布企业中，中央企业27家，地方国有企业41家，民营和外资企业19家，其中48家企业为2012年中国500强企业。

2013年8月28日，“2013中国纺织服装行业社会责任年会暨中国纺织服装行业社会责任报告联合发布会”在北京人民大会堂召开，是中国纺织工业协会自2006年以来连续举办的第八次社会责任年会。来自中央政府多个部委、各个产业集群地政府、国际组织、驻华使领馆、行业组织、国际、国内品牌、纺织服装企业、社会团体和媒体，以及中国纺织工业联合会各专业协会和部门的200余名代表出席了本次年会，其中近半数参会代表来自于中国纺织服装行业多个产业集群地和企业。

2013年12月19日，中小企业合作发展促进中心、中小企业全国理事会在北京发布了首份《中国中小企业社会责任指南》，2014年起在全国推广实施。为了提升中小企业社会责任意识和能力水平，《指南》以“责任管理”为纲，合理界定责任范畴，并明确细化履责举措，根据中小企业的核心利益相关方提出了包括员工责任、市场责任、环境责任、社区责任在内的4类履行社会责任的细目要求。确保中小企业通过持续改进社会责任管理，有效提升中小企业在尊重人权、关爱员工、保护环境、维护市场秩序、促进社区发展等领域的绩效，使这些积极因素转化为企业参与市场竞争的核心元素，提升自身和本地区、本行业的竞争力。

2014年2月25日，全球契约中国网络年会在北京举行。会议总结交流了企业在可持续发展方面的优秀经验，研究分析了新形势下企业可持续发展的挑战和战略。中外企业高层领导、有关行业协会、研究机构、联合国驻华机构、部分国家驻华使馆代表约100多人与会。会议宣布了全球契约中国网络第二届主席团组成情况，中国石化董事长傅成玉连任第二届主席团轮值主席。此次年会发布了“2013全球契约中国最佳实践”案例。全球契约中国网络的成员企业代表中国建筑材料集团、港中旅集团、埃森哲等企业负责人介绍了在履行企业社会责任和实施可持续发展方面的经验和做法。

（四）企业社会责任沟通机制进一步完善，社会责任报告发布数持续增长

近年来，随着社会各方对企业社会责任的日益关注，越来越多的企业更加重视责任实践，并及时发布

社会责任报告。中国社科院经济学部企业社会责任研究中心发布的《中国企业社会责任研究报告(2013)》数据显示，中国企业社会责任报告数量持续增长，由 2012 年的 1 006 份增加到 2013 年的 1 231 份，同比增长 22.4%；社会责任报告平均分较 2012 年的 31.7 分上升为 35.3 分。在整个全球社会责任报告，中国所提供的占比中从当初的不足千分之一达到现在的 10.0%，这表示中国企业社会责任报告的发展在全球的地位越来越显著和突出。从行业看，特种设备制造业、电力供应业、银行业、石油和天然气开采与加工业的企业社会责任报告得分靠前；从企业性质看，中央企业社会责任报告质量最高，国有企业、外资企业社会责任报告水平领先于民营企业。

越来越多的上市公司认识到履行社会责任对企业长期可持续发展的重要作用，并开始尝试以各种方式承担社会责任，积极向社会展示自身的价值理念、行动方式和社会影响，可持续发展的管理理念逐渐形成，社会责任的信息披露日益制度化。2013 年 9 月 8 日，中国上市公司协会发布的《中国 A 股上市公司社会责任报告研究 2013》报告显示，2013 年 A 股上市公司发布独立社会责任报告 658 份，较 2012 年增长 11.2%，发布数量逐年上升。从近 7 年企业发布的社会责任报告看，上市公司社会责任报告占全部在华注册企业社会责任报告的七成左右，上市公司在社会责任信息披露方面已经走在全社会的前列，并成为社会责任报告发布的主力军。

国务院国资委有关数据显示，目前，全部中央企业都发布了社会责任报告或可持续发展报告。社会责任报告的质量不断提高，部分报告达到国际领先水平，中远集团可持续发展报告连续 6 年入选联合国全球契约典范报告榜。华电集团、国家电网、中广核等企业发布了产品报告或专题报告，积极回应社会关心的社会责任热点问题。许多企业建立健全社会责任日常信息披露机制，大部分在公司主页开设了社会责任专栏，很多专栏信息完整、内容丰富、更新及时，并提供了历年社会责任报告的下载链接，建立了社会责任信息交流平台。

(五)企业社会责任从业者素质和能力不断提升

2014 年 7 月，中国社工协会企业公民委员会发布了《2014 中国企业社会责任从业者职业状况报告》，该报告作为一项针对企业社会责任从业者群体的探索性研究，旨在通过对其职业综合状况的考察，了解其职业选择、职业环境、职业心态与职业发展等方面的基本情况。

报告发现，企业社会责任从业者群体呈现高学历、年轻化的趋势，其职业选择的原因多出于自身兴趣及公司领导安排，并且不同的择业因素对其职业价值感受和工作满意度也有不同的影响。“社会责任项目策划与执行”“利益相关方沟通”“社会责任报告编写”为从业者日常工作的主要内容；“项目执行与成本控制”也成为社会责任绩效考核的重点。企业社会责任从业者在公司内部获得的支持整体较高。整体来看，企业社会责任从业者群体正逐步从边缘走向主流，但在这一过程中，还需要企业从岗位设置、绩效评价、激励机制、工作授权、组织文化体系建设等方面为他们提供更好的职业通道；此外，也需要从业者在工作中主动发现价值机会，并与公司核心业务结合，通过更好的社会责任绩效来赢得更大的职业空间。

与此同时，中央企业社会责任工作队伍素质显著提升。有关数据显示，自 2008 年以来，国务院国资委先后对中央企业从事社会责任工作的同志开展了 4 次大规模的培训，提升社会责任意识，学习交流社会责任先进经验，了解社会责任发展的最新趋势。许多企业有计划、分层次地开展全员社会责任培训，建立培训机制，创新培训形式，提升培训效果。许多企业创办社会责任内部网站或报纸杂志，开辟社会责任学习培训专栏，构筑覆盖全员的社会责任学习交流平台。一些企业探索建立有效的社会责任工作激励和约束机制，调动了员工积极性。通过几年努力，中央企业中涌现出了一批具有国际水平的社会责任专业化人才和熟练开展工作的职业化队伍。

(六)企业不断推进责任管理提升，社会责任管理体系不断健全

近几年来，中国企业社会责任管理工作进入一个新的阶段。企业积极探索社会责任管理提升的有效途径，促进了社会责任管理体系的不断完善和管理水平的有效提升。

一是社会责任理念进一步深化。许多企业按照社会责任要求重塑企业的使命、价值观和愿景，形成

符合企业发展战略、经营业务和文化特色的社会责任理念。中国石化的"每一滴油都是承诺"等,都充分表明了企业实现与经济社会持续发展的积极追求。许多企业根据业务特点,选择与企业经营活动最为相关、对利益相关方具有重大影响的议题履行社会责任,并实施滚动调整和动态优化,实现了经济效益与社会效益的有机结合。许多企业都制定了社会责任年度规划和中长期战略规划,并融入公司的整体战略和发展规划当中,将社会责任工作与公司总体工作同步规划、同步实施。

二是社会责任治理进一步健全。近年来,很多企业高度重视社会责任组织机构和制度建设,不断明确社会责任工作机构、相关职能部门和下属单位工作责任,一些公司还设立了社会责任专门机构。许多企业制定了社会责任管理专项工作制度,一些企业根据管理提升活动的要求进一步梳理社会责任相关制度和管理办法,推动社会责任管理规范化。

三是社会责任管理水平进一步提升。在管理提升活动中,许多企业都强化了与国际国内领先企业的对标。一些企业还组织了企业间的相互学习和调研,有的企业还开展了与省属国有企业、外资企业和私营企业等各种所有制企业的交流,有效提升了社会责任管理的能力和水平。

与此同时,企业诚信建设取得新进展。国资委有关数据显示,中央企业在运营中模范遵守国家法律法规,遵守商业规则,维护消费者权益,努力实现共赢发展。坚持依法合规经营。许多企业强化合规管理与反商业贿赂,细化预防和惩治腐败制度,全面梳理招投标流程风险点。一大批企业建立了集团级物资招投标管理体系,实现全供应链、全流程电子化操作和管控。中国建筑等建筑企业严格招投标程序,对重大工程项目的分包、采购过程进行重点监督检查和审计,推动行业健康可持续发展,努力为社会提供优质安全健康的产品和服务。

二、当前中国企业社会责任面临的新情况和问题

当前,企业履行社会责任和加强诚信建设方面,还存在一些突出问题和新挑战,已成为众多本土企业急需应对的重要挑战。

(一)中国企业社会责任管理水平仍处于发展阶段

社科院《中国企业社会责任发展指数报告(2013)》对中国国企100强、民企100强和外企100强共300家企业的社会责任管理现状和社会责任信息披露水平分析发现:中国企业社会责任发展指数平均为26.4分,整体处于起步阶段,超过一半的企业仍在"旁观";国有企业社会责任指数领先于民营企业和外资企业;外资企业社会责任指数增长显著,实现对民营企业的首次"赶超"。2013年蓝皮书研究了代表性强的沪深300指数成分股企业社会责任发展水平,研究发现:中国上市公司社会责任发展指数平均得分为30.4,整体处于起步阶段。

《中国企业社会责任研究报告(2013)》显示,企业社会责任报告信息披露仍不完整,30页及以下报告最多,占比63.3%;报告质量由2012年的31.7分上升为35.3分,整体处于发展阶段,49.7%的企业(539家)得分低于30分,仍处在起步阶段;可读性相对较好,可比性和平衡性相对最差,仍然存在定量数据披露不足、"报喜不报忧"的问题。

近年来,中国企业在探索社会责任管理方面取得了积极成效,但与国际一流公司相比,还有不小的差距。一些企业的社会责任理念和认识有待深化;许多企业社会责任管理目标局限于应对外部压力与危机事件的需要,以被动响应和防范为主;管理过程往往因事而动,更多倾向于相关方关系管理,而不是通过建立绩效指标,进行系统化的管理改进;管理方法上更多倾向于对外单向的信息传播,利益相关方参与比较弱。随着国内企业国际化经营步伐的加快,国际社会对企业社会责任关注度越来越高,要求和标准也越来越高。因此,国内企业必须以国际一流公司为标杆,加快完善社会责任管理,运用社会责任理念和方法对企业管理理念、管理目标、管理对象和管理方法等等进行重塑和优化,把企业社会责任作为推动企业制度创新、管理创新和业务创新的重要动力,不断增强责任竞争力,全面培育在国际化经营中的竞争新优势。

(二)企业社会责任从业人员职业发展面临挑战

《2014中国企业社会责任从业者职业状况报

告》调查显示，由于企业社会责任工作是一项综合性特征明显的新兴职业，企业社会责任从业年限又普遍较短，因此在工作中技能提升需求较大。有72.6%从业者通过参加外部机构组织的培训来获得技能提升，主要关注的领域为项目设计与管理、社会责任指标体系及报告编辑等。从整体上，大部分企业都为社会责任从业者提供了较好的技能提升机会，但在培训的自主性和个性化方面还有待提高。

从企业社会责任从业者对自身职业的价值感受来看，有56.1%的从业者价值认同度较高，而43.9%的从业者价值认同度相对较低；且有65.8%的受访者认为社会责任工作在公司决策中没有起到很大作用；有41.2%的受访者认为“在工作中的付出没有得到应有的回报”。对职业价值的感受，除了自身职业选择的原因不同外，也与日常工作内容、工作评价方式、内部沟通机制、责任治理体系等综合性因素有关。

与此同时，职业倦怠现象较为普遍。从受访者的职业倦怠情况来看，有64.4%认为“稍有一点”；认为“比较严重”和“非常严重”的分别为11.0%和4.1%。职业倦怠，一般与工作年限、工作内容、工作压力、工作成就感、职业发展空间等因素有关，采取适当的心理干预计划，将有利于缓解员工心理压力，提高工作效率，增强其对组织的忠诚度。

从职业发展空间来看，有64.4%的从业者认为，“企业社会责任工作更容易出现职业的‘天花板’”，有54.9%的从业者认为“企业社会责任工作在就业和择业中优势不明显”。而从职业的流动性来看，有64.4%的从业者认为“公司有明确的晋升标准”，而有35.6%的从业者认为晋升标准不明确；另外，有45.2%的从业者认为部门间调动存在困难。

从社会责任制度建设方面来看，与企业核心业务联系不紧密、社会责任体系不健全成为目前工作中的主要困难。超半数的从业者认为，公司社会责任工作缺少规划，工作常常无所适从。从社会责任治理结构来看，虽然大部分企业的职能划分和人员配备已较为完善，但由于缺乏清晰明确的社会责任目标，公司的社会责任绩效也往往成了仅仅针对社会责任部门或社会责任岗位的评价，而没有从全局和全流程的角度对社会责任绩效进行综合评价。

（三）一些行业的诚信缺失仍然比较严重

近年来，国家加大了社会信用体系的建设力度，不断完善法规，加大执法，社会监督体系不断完善，中国经济领域的失信情况有所改善。但是，2013年仍然发生了一些领域的重大失信情况。2013年8月2日，新西兰乳制品巨头恒天然发布消息称，公司一个工厂生产的浓缩乳清蛋白粉检出肉毒杆菌，包括达能集团旗下多美滋在内的4家中国境内进口商进口了疑受污染的乳清蛋白粉，中国及海外市场多批次乳制品被下架和召回。国家质检总局要求进口商立即召回可能受污染产品。达能公司数据显示，因为恒天然事件，预估2013年达能全球销售额的损失达到3.5亿欧元（折合人民币28.9亿元），利润损失也达到2.8亿欧元（折合人民币23.1亿元）。

最高人民法院失信被执行人名单库于2013年10月开通，截至2013年11月4日，全国法院依职权共将31 259例失信被执行人信息纳入了最高人民法院失信被执行人名单库。这些失信被执行人名单信息，均是由各地法院根据《规定》设定的条件、标准，通过法定的程序，依职权做出认定，统一录入到了最高人民法院失信被执行人名单库，截至11月4日17:00时，最高人民法院失信被执行人名单库的点击率已超过18万次。2013年年底，最高法开展了涉民生案件专项集中执行活动，执结案件3万件，执行到位金额11.4亿元。建立失信被执行人名单制度，实行公开曝光；在中央文明办和公安部、国务院国资委、国家工商总局、银监会、民航局、中国铁路总公司等部门的支持下，对7.2万名失信被执行人进行了信用惩戒，约20.0%的失信被执行人主动履行了义务。2013年，各级法院受理执行案件298.9万件，执结271.8万件，同比分别上升14.0%和10.2%，其中执结涉党政机关执行积案2.1万件，执行到位金额256亿元。

三、企业社会责任和诚信建设的对策建议

（一）加强规范引导，创造企业加强诚信经营，履行社会责任的良好环境

充分发挥政府、行业、企业、社会各方合力，构建

企业诚信建设和企业社会责任建设的长效机制。随着中国社会信用体系的不断推进，信用共享机制不断的深入推进，黑名单制度在经济和社会各个领域的不断广泛的应用，失信惩戒机制必将发挥更大的作用。包括政府从工业化和企业发展的阶段性特征出发。政府作为指导企业履行社会责任的关键因素，应从构建社会信用体系的角度出发，营造有利于企业诚信经营，履行社会责任的制度环境；行业组织应结合行业转型升级和持续发展需求，做好行业诚信自律规范和企业社会责任推进的服务。企业应将社会责任与实际运营相结合，不断提升综合价值创造能力。充分发挥社会公众和舆论监督的作用，营造有利于企业履行社会责任的舆论导向和氛围。各个利益相关方之间进一步加强互动和合作，形成多元力量协同推进企业履行社会责任的格局。

（二）从企业发展战略高度重视社会责任和诚信建设

当前，越来越多的企业已经认识到加强社会责任和诚信建设的迫切性和重要性，站在长远发展的战略高度，不断完善社会责任系统和诚信建设，并取得了积极的成效。应该看到，当前中国企业的社会责任和诚信建设整体水平还比较滞后，许多企业还没有认识到诚信经营与企业竞争力之间的密切关系，还没有充分发挥和挖掘诚信这个稀缺资源。

在公司的战略层面，需要从治理的全局出发，实现企业社会责任与公司战略的有机融合，并形成整体的社会责任治理体系和社会责任领导机构，促进企业社会责任工作的部门协同和内部沟通。同时，也需要打破社会责任绩效评价部门化的倾向，应结合本公司社会责任核心议题，将责任指标融入公司运营管理的全部流程，形成覆盖全员的社会责任评价机制。

在具体的管理层面，针对社会责任从业时间普遍较短、技能提升需求较大的情况，应针对岗位特征提供更加个性化和自主化的培训项目，特别是进行岗位调整时，应更加注重与当事人的职业发展和个性特长等相结合。同时，做好员工心理资本建设，保障员工的身心健康；打造更具凝聚力的企业文化，使员工的能力和价值得到充分发挥；为员工提供更多的职业发展机会，打造更为清晰透明的职业通道和事业平台。

（三）不断发挥社会责任报告作用，完善社会责任沟通机制

建立与利益相关方之间良好的社会责任沟通机制与互动关系，既是企业改善管理的重要途径，也是企业增进交流和共识的有效方式。企业要在发挥社会责任报告价值和推动利益相关方参与上下功夫。一是不断提升社会责任报告质量。要充分借鉴国际国内先进报告的经验，不断提高社会责任报告的质量，增强报告规范性，提升报告国际影响力；有条件的企业要积极探索发布国际化经营中的社会责任国别报告和重要社会责任议题的专题报告。二是进一步发挥报告的管理价值。要把社会责任报告作为企业持续改进管理的一个抓手，在报告编制过程中更加注重各个部门参与，更加注重系统梳理企业运营管理存在的问题和挑战，更加注重吸收利益相关方的建议和反馈，不断进行改进，充分发挥报告的管理价值。三是丰富社会责任沟通形式。要创新报告发布形式，通过编制社会责任报告简版、网络版等方式，更好地发挥社会责任报告的影响力。要构建社会责任管理信息系统，建立社会责任信息交流平台，广泛利用微博、微信等新兴媒体，加强日常社会责任信息披露，传播企业社会责任理念、实践和成效。四是加强利益相关方参与。要积极探索利益相关方参与的方式方法，研究建立企业有关重大事项决策征求利益相关方意见的制度，广泛采取社会责任周、社会责任示范基地等方式，增进利益相关方对企业的理解和共识。

当前，中国已经处于一个新的发展阶段，要充分发挥政府、行业、企业、社会各方合力，构建企业诚信建设和企业社会责任建设的长效机制。企业要顺应经济社会发展趋势的要求，强化社会责任管理，加强企业诚信建设，不断提高社会责任工作能力和水平，整合和优化配置各种资源，实现企业与社会的和谐共赢。

（撰稿：马　超）

2013年企业家成长与发展调查报告

中国企业家调查系统

中国经济连续30多年快速增长，取得了举世瞩目的成就。当前，中国经济进入转型期，企业如何应对，企业家如何认识和行动，对于经济转型的成功至关重要。为了解中国企业在应对经济转型方面的现状与问题，把握企业家对于经济转型及其相关问题的认识与感受，探索推动经济转型的有效途径，中国企业家调查系统（CESS）组织实施了“2012·中国企业家问卷跟踪调查”。

本次调查以企业法人代表为主的企业家群体为对象，共回收有效问卷4 015份，有效回收率为33.5%。调查对象涵盖各地区、各行业不同规模和不同所有制的企业。其中国有企业占5.9%，大型企业占9.1%；接受调查的企业家平均年龄为51.6岁，职务为企业董事长或总经理、厂长、党委书记的占92.5%，其中具有本科及以上学历的占42.7%。为使调查分析更为全面和深入，本报告还采用了中国企业家调查系统以往的调查结果。

一、转型之益

（一）为经济的持续健康发展提供新动力

调查表明，企业家充分认识到中国经济发展中的问题与风险，认识到中国经济和社会的持续健康发展需要新的动力和模式。

关于“迄今为止中国经济发展中存在的主要问题”，调查分析显示，企业家认为中国经济发展中长期存在的问题主要包括三个方面：一是自主创新不足，体现在“自主创新能力弱”（61.5%）、“同质化竞争严重”（40.5%）、“资源利用效率低”（35.3%）、“产能过剩严重”（27.4%）等方面；二是市场化程度低、经济结构不合理，体现在“部分行业垄断”（40.8%）、“房地产泡沫的形成”（28.4%）、“对投资过度依赖”（23.3%）、“消费需求不足”（18.0%）、“对出口过度依赖”（14.0%）等；三是社会和环境问题突出，主要体现在“社会诚信缺失”（46.5%）、地方政府债务风险（23.0%）、“收入差距大，分配不合理”（33.1%）、“环境污染严重”（33.0%）、“社会保障不够健全”（25.9%）、“地区差距大”（13.7%）等方面。

本次调查列出了7种对经济发展有推动作用的因素，并请企业家评价这些因素过去30年对推动经济发展的作用，以及未来推动经济发展作用大小的变化。见表1。

有关因素对推动中国经济发展的作用

表1

单位：%

	过去30年对推动经济发展的作用						未来对推动经济发展的作用		
	非常小	比较小	一般	比较大	非常大	评价值	下降	不变	上升
改革开放	0.7	1.9	9.2	23.2	65.0	4.50	8.2	34.1	57.7
资本投入	1.6	3.9	12.5	31.2	50.9	4.26	23.5	27.8	48.7
自然资源利用	2.1	6.5	17.9	28.4	45.2	4.08	37.8	28.0	34.2
劳动力投入	2.8	6.2	20.3	32.4	38.3	3.97	49.5	30.5	20.0
企业家的创新	2.8	7.1	19.3	36.5	34.2	3.92	2.2	13.0	84.8
科技创新	5.4	12.6	24.0	25.7	32.4	3.67	1.0	7.1	91.9
地方政府间的竞争	7.8	11.7	33.6	29.0	18.0	3.38	30.8	43.4	25.8

注：表中第2～6列数据为选择相应答案的比重，第7列为以5分制计算（非常大=5，比较大=4，一般=3，比较小=2，非常小=1）所得到的平均值，分值越大表示该因素对推动中国经济发展的作用越大。下同。

调查分析显示，企业家对这些因素的评价可以分为三类：

第一类，过去30年对推动经济发展发挥了重要作用，而且未来仍将继续发挥重要作用。其中最重要的因素是“改革开放”，企业家对其过去作用的评价值为4.5，同时91.8%的企业家认为其未来作用“不变”或“上升”。另外一个因素是“资本投入”，企业家对其过去作用的评价值为4.26，同时76.5%的企业家认为其未来作用“不变”或“上升”。

第二类，过去30年对推动经济发展发挥了重要作用，但是其未来的贡献将呈下降趋势，主要有“自然资源利用”和“劳动力投入”，企业家对其过去作用的评价值分别为4.08和3.97，认为其未来作用“下降”的比重分别为37.8%和49.5%，均超过认为“上升”的比重。

第三类，过去30年对推动经济发展发挥了不小的作用，其未来的作用将显著提升，主要有“企业家的创新”和“科技创新”。这两个因素在过去30年推动经济发展的作用相对不高，排在七个选项的第5位和第6位，但是有九成左右的企业家认为，这两个因素未来推动经济发展的作用将“上升”，明显高于其他选项。这表明，大多数企业家认识到，未来中国经济的发展需要新的动力，其中，科技创新和管理创新尤其重要。

（二）经济转型关乎企业生存和发展

对于“转变经济发展模式是关系企业生存、发展的大事”的说法，调查结果显示，大多数企业家（73.0%）表示同意（包括“同意”和“非常同意”，下同）。调查同时发现，同意“转变经济发展模式主要是企业的事”这一说法的企业家比重（41.5%）明显高于同意“转变经济发展模式主要是政府的事”的比重（24.7%），这表明更多的企业家意识到企业自身在发展模式转变中要发挥积极主动的作用，而不要被动等待。调查还发现，对于“转变经济发展模式是将来的事”的说法，同意的仅占10.6%，这表明大多数企业家认识到经济转型的紧迫性。见表2。

对有关中国经济转型说法的认同程度

表2

单位：%

分　类	非常不同意	比较不同意	一般	比较同意	非常同意	评价值	非常同意+比较同意
“转变经济发展模式”是关系企业生存、发展的大事	2.8	5.6	18.6	28.9	44.1	4.06	73.0
“转变经济发展模式”主要是政府的事	18.2	28.1	29.0	14.6	10.1	2.70	24.7
“转变经济发展模式”主要是企业的事	10.5	17.9	30.1	25.0	16.5	3.19	41.5
“转变经济发展模式”是将来的事	32.7	35.6	21.1	6.5	4.1	2.14	10.6

注：表中第2～6列数据为选择相应答案的比重，第7列为以5分制计算（非常同意=5，比较同意=4，一般=3，比较不同意=2，非常不同意=1）所得到的平均值，分值越大表示对该说法的认同程度越高。下同。

调查还发现，对于“转变经济发展模式是关系企业生存、发展的大事”的说法，创新与转型管理实践表现更佳、创新与应变竞争优势更加明显的企业认同程度更高，对企业家身份认同更高、创新与变革能力更强的企业家的认同程度也更高①，这表明，优秀的企业和优秀的企业家更加认可经济转型对于企业自身发展的重要意义。

调查结果显示，当前企业经营发展中遇到的主要困难有：成本上升、需求不足、人才与创新缺乏、产能过剩和企业利润过低等。其中，“人工成本上升”（75.3%）、“社保、税费负担过重”（51.8%）和“能源、原材料成本上升”（31.3%）相当普遍，且“人工

① 调查中了解了企业家对所在企业创新转型管理实践表现的评价包括6个题项（见表10）；对所在企业相对于竞争对手的创新与应变优势的评价包括3个题项（见表11）；对企业家身份认同包括2个题项，分别是“假如再给我一次机会，我仍愿意做企业经营者”和“目前愿意做实业的企业家越来越少”；对自身“创新与变革能力”的评价包括4个题项（见表14）；变革抵触倾向包括7个题项（见表13）。

成本上升”连续3年排在首位。

面对经营中的主要困难，企业家采取各项措施应对。对于“为了企业更好地发展，企业未来一年应着重采取的措施”，企业家选择比重最高的是“加强管理降低成本”（72.8%），还包括“增加创新投入”（60.8%）、“引进人才”（46.9%）、“更新设备”（34.9%）和“改变经营模式”（26.4%）。与强化创新相配套，“加强企业文化建设”（34.4%）也成为一个重要措施。

分组来看，盈利企业、管理表现好、竞争优势强的企业选择“增加创新投入”和“引进人才”的比重相对较高，而亏损企业、停产半停产企业、产能过剩企业、管理表现相对差、竞争优势弱的企业选择“改变经营模式”的比重相对较高。西部地区企业、国有及国有控股公司选择“改变经营模式”的比重也相对较高。

二、转型之难

（一）经济转型需要克服五大困难

关于目前中国经济转型的主要困难，企业家的选择主要在五个方面。第一是“地方政府急功近利”（43.7%）；第二是政策支持不到位，如“缺少必要的财税政策和融资方面的支持”（38.1%）；第三是“经济管理体制上的障碍”（32.7%）；第四是“企业创新动力不足”（37.8%）；第五是“思想观念制约”（35.7%）。

克服上述困难，会触及多方面的利益，难度很大。因此对于“经济转型能否成功，还有很大的不确定性”这一说法，表示同意的企业家占59.8%，明显高于不同意（包括“不太同意”和“非常不同意”，下同）的比重（13.3%）。另外，调查发现只有21.0%的企业家同意“我很了解政府有关经济转型的具体政策”这一说法，这一现象值得关注。见表3。

对有关中国经济转型说法的认同程度

表3　　单位：%

分　类	非常不同意	不太同意	一　般	比较同意	非常同意	评价值
经济转型能否成功，还有很大的不确定性	3.6	9.7	26.9	33.0	26.8	3.70
我很了解政府有关经济转型的具体政策	12.5	25.7	40.8	15.2	5.8	2.76
对企业来说，发展模式转变的成本很高	2.1	6.8	21.0	39.0	31.1	3.90
转型意味着有一批企业要被淘汰	2.3	5.9	13.6	37.7	40.5	4.08

一些转型压力突出的企业，如产能过剩严重的企业、亏损的企业、处于衰退期的企业、出口型企业、创新与应变优势相对比较弱的企业，对转型不确定性表示担忧的百分比相对更高。就企业家个人来说，变革抵触倾向比较高的、对企业家身份认同比较低的，对不确定性表示担忧的百分比相对更高。

（二）经济转型中企业可能付出五方面的代价

调查结果显示，同意“对企业来说，发展模式转变的成本很高”这一说法的企业家占70.1%，同意“转型意味着有一批企业要被淘汰”这一说法的占78.2%。关于目前企业转型需要付出的主要代价，企业家的选择主要在以下5个方面：一是“增加企业成本”（59.4%）；二是“增加企业的风险”（55.9%），包括“创新成果得不到保护”的风险（20.3%）；三是“影响企业短期利益”（50.3%），包括使企业“丧失原有的竞争优势”（12.4%）；四是“增加协调和管理难度”（17.1%）；五是“企业家要投入更多的精力和时间”（57.3%）。

从分组来看，亏损企业选择“增加企业成本”的比重相对较高，民营企业、处于衰退期的企业、创新及应变优势较弱的企业选择“增加企业的风险”的比重相对较高；大型企业、国有及国有控股公司选择“影响企业短期利益”的比重相对较高；此外，创新与应变能力比较弱、对企业家身份认同比较低的企业家选择“增加企业的风险”的比重较高，变革抵触倾向较大的企业家选择“增加企业成本”的比重较高。见表4。

目前中国企业转型需要付出的主要代价

表 4

单位:%

分 类	总体	地 区			规 模			经济类型			发展阶段			
		东部地区	中部地区	西部地区	大型企业	中型企业	小型企业	国有及国有控股	外商及港澳台	民营企业	创业期	成长期	成熟期	衰退期
增加企业成本	59.4	58.8	60.1	61.0	58.3	58.8	60.0	58.9	56.2	59.4	64.4	57.9	60.7	62.7
企业家要投入更多的精力和时间	57.3	58.4	54.7	56.1	54.9	57.8	57.5	52.6	50.6	59.1	52.9	58.3	56.7	56.7
增加企业的风险	55.9	55.9	56.6	54.8	54.6	56.7	55.5	52.1	55.0	58.1	50.8	53.7	57.8	67.3
影响企业短期利益	50.3	49.9	51.7	50.7	56.9	51.7	48.3	62.9	54.2	48.7	47.1	51.6	49.5	48.7
创新成果得不到保护	20.3	21.3	19.5	16.6	21.3	19.2	20.9	15.3	20.5	19.9	23.6	21.7	18.6	17.5
增加协调和管理难度	17.1	15.6	17.4	24.2	22.1	18.0	15.8	20.8	18.5	16.1	22.0	17.2	17.6	9.1
丧失原有的竞争优势	12.4	12.6	12.4	11.7	10.4	12.4	12.6	14.2	13.3	11.9	12.6	13.0	11.4	11.0
耽误其他市场机会	3.2	3.3	3.4	2.3	2.0	2.9	3.5	1.8	2.8	3.6	5.8	3.2	2.7	3.0

(三)企业转型和创新面临三大挑战

关于"目前中国企业转型面临的最主要挑战",选择比重最高的10个选项可以分为以下三个方面:一是"缺乏人才";二是转型和创新的风险过大;三是创新渠道不畅。这些因素导致了中国企业整体上的创新动力不足。

从分组来看,处于成长期的企业选择"缺乏人才"的比重相对较高,大型企业、国有及国有控股公司选择"外部环境不确定因素过多"的比重相对较高,民营企业和外资企业选择"市场风险太大"的比重相对较高。见表5。

目前中国企业转型面临的最主要挑战

表 5

单位:%

分 类	总体	地 区			规 模			经济类型			发展阶段			
		东部地区	中部地区	西部地区	大型企业	中型企业	小型企业	国有及国有控股	外商及港澳台	民营企业	创业期	成长期	成熟期	衰退期
缺乏人才	55.1	54.8	56.0	54.6	58.2	57.0	53.3	55.7	49.0	55.1	45.2	59.8	51.7	44.5
外部环境不确定因素过多	53.1	52.4	53.6	55.6	62.9	55.0	50.4	61.4	52.6	52.9	52.3	53.1	54.2	49.8
市场风险太大	51.2	51.6	49.9	50.9	47.9	53.5	50.3	47.9	50.6	52.1	51.8	49.3	54.2	50.2
转型代价过高	45.0	45.3	45.2	43.3	50.4	45.6	43.7	47.7	42.2	46.0	45.7	44.2	45.0	51.3
缺乏进入新产业的门路	39.7	40.3	40.2	35.5	36.6	35.9	42.7	32.1	43.4	40.7	39.7	37.3	42.4	43.4
企业员工素质偏低	37.6	37.7	36.9	38.6	28.8	38.8	38.5	35.0	37.3	38.4	30.2	37.6	37.8	43.8
企业家领导变革的动力不强	28.6	27.6	30.1	31.4	26.3	28.9	28.7	34.7	24.9	29.1	25.1	27.0	30.5	32.5
企业家领导变革的能力不足	26.2	27.4	24.5	23.0	26.6	24.2	27.5	30.6	27.3	25.3	23.1	26.0	26.6	28.7
产业政策的限制	21.6	20.0	24.4	25.7	26.3	21.3	21.0	23.8	15.7	22.0	28.6	23.5	19.2	15.5
市场准入的限制	19.1	18.5	18.3	23.4	15.2	18.7	19.9	14.2	12.4	20.2	25.1	20.2	16.6	19.6
技术门槛过高	13.8	13.7	13.6	14.6	11.9	12.2	15.1	12.4	11.6	13.8	16.6	14.0	13.1	13.6
跨国公司实力雄厚	11.6	12.6	8.7	11.1	13.0	12.1	11.0	11.9	15.7	10.3	14.1	11.4	12.0	10.2
绿色环保要求高	10.2	9.3	10.7	14.0	8.9	9.8	10.8	11.4	12.0	9.8	9.0	9.7	9.9	16.6

三、转型之道

（一）明确经济转型的方向和目标

调查中了解了企业家对于中国经济转型的主要目的和方向的看法，结果显示，企业家选择比重最高的两项分别是"发展资源节约型、环境友好型经济"（64.1%）和"从关注增长速度向关注质量和效益转变"（57.3%）。见表6。

中国经济转型的主要目的

表6

单位：%

分类	总体	地区			规模			经济类型			发展阶段			
		东部地区	中部地区	西部地区	大型企业	中型企业	小型企业	国有及国有控股	外商及港澳台	民营企业	创业期	成长期	成熟期	衰退期
发展资源节约型、环境友好型经济	64.1	63.4	65.1	66.3	63.4	63.3	63.4	75.8	60.0	63.6	66.7	63.6	65.2	60.1
从关注增长速度向关注质量和效益转变	57.3	58.3	54.7	56.1	60.8	54.7	60.8	57.2	60.0	57.7	49.5	59.1	57.1	52.9
实现包容性增长、国民福利能够持续增加	29.5	29.9	28.1	29.9	28.4	30.4	28.4	32.4	32.4	28.9	23.1	29.6	30.7	28.5
促进服务业和消费对经济增长的贡献	17.6	16.8	20.8	17.0	17.7	17.6	17.7	14.6	18.0	17.9	19.9	18.7	16.0	16.7
尽可能提高企业的利润	16.1	16.3	15.1	16.4	15.5	17.1	15.5	11.2	16.0	16.5	18.3	14.4	16.4	22.4
确保GDP的高速增长	8.3	8.1	9.2	8.0	7.9	9.0	7.9	4.5	5.2	8.3	16.1	7.8	7.7	9.5

（二）加大政府的制度改革推动力，改善经济转型的生态系统

1. 改革开放是推动经济转型的根本动力。调查结果显示，大多数企业家将"改革开放"列为过去30年推动经济发展的最主要因素，超过九成（91.8%）的企业家认为未来"改革开放"对推动经济发展的作用将"不变"或"上升"。

2. 加强市场化改革和法制化建设。调查分析发现，企业家选择比重较高的选项主要包括三个方面：第一，企业家呼唤市场化改革的不断深入；第二，企业家期待法制化建设的不断完善；第三，企业家期望政府能够"积极稳妥地推进政治体制改革"，"加快行政管理体制改革"。

在法制化建设方面，外资及港澳台企业选择"健全法律法规和制度体系"的比重更高；大型企业及国有企业选择"推进政治体制改革"和"行政管理体制改革"的比重相对较高；民营企业、出口企业以及持有企业股份、对于企业自身的管理水平和竞争优势评价较高、对个人创新和变革能力自我评价较高、对企业家身份认同更高的企业家，选择"鼓励和保护企业家精神"的比重相对较高。见表7。

政府通过哪些方式促进经济转型能取得最佳效果

表 7

单位:%

分类	总体	规模			经济类型			出口情况	
		大型企业	中型企业	小型企业	国有及国有控股	外商及港澳台	民营企业	出口企业	非出口企业
鼓励和推动企业实现产业升级	43.7	41.8	47.0	42.0	46.3	42.3	43.7	46.8	41.3
改革和完善财税体制	38.5	31.7	40.8	38.2	30.9	40.2	39.9	41.3	36.9
积极稳妥地推进政治体制改革	37.0	44.4	38.2	35.0	42.1	37.3	36.8	36.7	36.8
加快垄断行业改革	35.4	31.7	31.9	38.2	27.8	40.7	36.3	34.5	35.7
鼓励和保护企业家精神	33.0	28.2	32.4	34.1	17.6	23.2	36.3	37.6	29.9
构建有利于经济发展方式转变的微观基础	28.6	31.1	28.1	28.7	32.8	26.1	28.1	28.5	28.5
加快行政管理体制改革	26.8	32.6	27.5	25.3	32.5	26.1	25.2	24.8	27.6
深化收入分配制度改革	19.9	21.9	19.0	19.9	36.4	25.3	16.7	16.1	23.2
健全法律法规和制度体系	17.7	18.2	16.7	18.2	15.4	21.2	17.7	16.7	18.2
完善资源价格形成机制	9.1	10.4	9.2	8.8	9.4	7.5	9.1	7.9	10.4

分类	持股情况			创新转型表现			创新与应变优势		
	没有	50.0%及以下	50.0%以上	高创新	中创新	低创新	高应变优势	中应变优势	低应变优势
鼓励和推动企业实现产业升级	44.4	42.9	44.5	50.4	43.7	37.7	49.0	44.0	41.8
改革和完善财税体制	31.9	40.2	39.9	37.9	40.3	38.3	38.5	39.7	38.5
积极稳妥地推进政治体制改革	38.9	38.9	34.8	31.0	41.2	38.6	32.2	38.8	37.5
加快垄断行业改革	34.4	34.9	36.3	34.2	33.0	40.0	31.8	34.1	38.9
鼓励和保护企业家精神	20.4	32.3	38.6	36.1	32.9	30.3	36.1	32.7	30.2
构建有利于经济发展方式转变的微观基础	28.6	29.5	28.0	29.3	29.0	27.9	31.8	27.2	29.9
加快行政管理体制改革	27.8	28.9	24.6	27.0	25.8	28.2	24.2	26.9	27.7
深化收入分配制度改革	31.9	18.8	15.1	18.0	18.4	21.7	17.5	19.3	20.9
健全法律法规和制度体系	17.6	16.5	18.7	16.9	17.3	18.6	17.7	18.1	17.4
完善资源价格形成机制	12.9	7.7	8.8	8.0	9.7	9.2	8.6	9.5	9.0

分类	变革抵触			创新与变革能力			企业家认同		
	高抵触	中抵触	低抵触	高创新	中创新	低创新	高认同	中认同	低认同
鼓励和推动企业实现产业升级	43.3	44.5	42.6	47.3	43.4	41.3	48.9	42.0	40.3
改革和完善财税体制	39.0	38.1	40.2	39.3	38.9	38.4	38.5	37.2	39.8
积极稳妥地推进政治体制改革	34.7	38.1	39.5	33.8	40.2	37.1	31.7	39.7	40.8
加快垄断行业改革	37.5	34.3	34.2	33.7	34.1	38.6	33.3	36.3	37.1
鼓励和保护企业家精神	37.1	30.6	31.3	38.2	32.8	28.1	29.5	31.7	37.4
构建有利于经济发展方式转变的微观基础	26.5	28.5	30.5	28.4	30.3	27.1	33.1	27.9	24.6
加快行政管理体制改革	27.8	27.4	25.2	26.3	27.5	25.4	26.2	25.3	28.5
深化收入分配制度改革	21.7	20.4	16.8	17.9	18.7	22.3	20.2	21.0	18.3
健全法律法规和制度体系	15.0	18.4	19.4	17.7	15.6	20.5	17.8	17.6	17.1
完善资源价格形成机制	8.7	10.0	8.4	8.2	9.8	9.3	8.8	11.2	7.6

3. 建设良好的市场秩序和商业文明。本次调查特别了解了企业家对于市场环境和秩序的看法。关于“企业所在行业中存在的一些比较严重的现象”，企业家的选择集中于两类：一类是不讲诚信、不守法规、不负责任的行为；另外一类是只顾短期利益的恶性竞争行为。见表8。

企业所在行业中存在的一些比较严重的现象

表8

单位：%

分类	总体	地区			规模			经济类型			发展阶段			
		东部地区	中部地区	西部地区	大型企业	中型企业	小型企业	国有及国有控股	外商及港澳台	民营企业	创业期	成长期	成熟期	衰退期
低价倾销	52.2	55.3	46.1	45.6	51.7	54.8	50.6	43.5	60.9	53.9	37.6	51.0	56.2	51.4
拖欠货款、贷款、税款	40.3	41.0	36.2	43.9	30.9	39.7	42.3	36.8	37.8	41.4	34.8	40.0	40.5	50.2
商业贿赂	29.3	29.2	28.4	31.4	23.5	29.8	29.9	24.1	23.9	30.2	34.8	29.1	28.4	31.8
借助一些官员权力，谋取不正当利益	28.2	24.9	33.2	36.9	26.0	26.9	29.4	33.5	16.4	28.8	34.8	28.7	26.6	28.6
不履约	26.0	26.0	25.1	27.6	22.3	23.6	28.1	25.3	21.0	26.3	30.9	27.2	23.0	28.6
制售假冒伪劣产品	24.5	24.4	25.6	23.6	23.2	23.2	25.6	23.2	24.8	25.0	16.9	25.2	24.9	24.5
污染环境	16.7	16.3	17.1	17.6	21.1	18.1	15.0	21.5	14.3	16.4	10.7	15.0	18.9	21.2
炒作概念，虚假创新	16.5	16.3	16.9	17.2	17.1	16.1	16.7	15.6	14.7	16.5	16.9	17.8	14.9	13.1
利用政策法规制度的空子	14.3	13.2	16.4	16.8	15.3	13.9	14.3	13.8	12.6	14.1	10.7	14.2	14.2	18.4
损害竞争对手商业信誉	14.1	13.7	14.3	15.7	15.0	13.5	14.2	12.4	8.0	14.6	14.0	14.6	14.1	8.6
商标侵权、专利技术侵权	13.4	15.3	9.8	9.8	15.6	13.4	13.1	10.3	15.5	12.9	11.8	14.2	13.2	9.4
虚假广告宣传	13.0	11.6	17.4	12.7	10.7	12.9	13.3	11.5	7.6	13.5	11.2	14.0	11.1	14.3
价格欺诈	10.7	9.8	13.0	11.3	10.1	10.5	10.8	10.0	7.6	11.3	7.9	10.9	10.5	10.6
窃取商业秘密	8.9	10.2	7.5	4.5	8.9	8.4	9.2	4.4	12.2	8.5	6.7	10.1	8.1	6.9
披露虚假信息	5.9	6.0	6.6	4.2	5.5	5.6	6.1	5.0	7.1	5.7	5.1	6.1	5.6	5.7
拖欠职工工资	5.5	5.2	5.9	6.8	3.4	6.0	5.5	6.8	7.1	5.3	10.1	4.8	5.0	10.6
侵犯股东利益	2.3	2.0	2.7	3.4	3.1	2.6	2.0	3.2	1.3	2.3	2.2	2.4	2.0	3.7

分组来看，出口企业、产能过剩企业、处于成长期和成熟期的企业选择“低价倾销”的比重相对较高；中小企业选择“拖欠货款、贷款、税款”和“不履约”的比重相对较高；东部地区企业、大型企业、外商及港澳台投资企业、IT行业、出口企业以及对创新优势自我评价较高的企业选择“商标侵权、专利技术侵权”的比重相对较高。

（三）增强企业的创新驱动力，构建有利于经济转型的微观基础

1. 增强以高素质人力资本为基础的创新驱动力。调查结果显示，企业家认识到，人力资本和创新是确保企业持续发展最关键的因素。

分组来看，大型企业、国有企业选择“人力资本”

的比重相对较高，外资企业选择“产品/服务创新”“技术”“研发、知识产权”的比重较高；出口企业选择“产品/服务创新”的比重高于非出口企业，IT 业和服务业企业选择“业务模式创新”的比重高于制造业企业。见表 9。

要确保企业的持续发展，哪些是必不可少的关键因素

表 9 单位：%

分 类	总体	地 区			规 模			经济类型		
		东部地区	中部地区	西部地区	大型企业	中型企业	小型企业	国有及国有控股	外商及港澳台	民营企业
人力资本	71.5	70.5	70.8	77.7	80.1	73.3	68.9	77.8	71.1	71.1
客户关系	54.8	55.8	54.8	49.8	49.3	53.3	56.6	53.0	59.0	54.7
产品/服务创新	53.0	53.4	53.3	50.4	51.5	54.3	52.4	51.4	55.8	52.6
品 牌	52.6	52.9	51.9	52.1	57.1	56.9	49.2	53.5	49.0	53.2
技 术	51.3	51.5	50.2	51.8	47.1	49.6	53.1	46.5	55.8	51.0
企业社会责任	35.5	34.2	36.6	40.2	38.9	35.3	35.0	37.3	31.7	36.9
研发、知识产权	34.1	36.1	30.4	29.9	29.4	35.0	34.3	30.3	36.5	33.3
业务模式创新	25.8	25.3	27.6	25.4	31.9	28.4	23.2	32.1	24.1	25.7
合作伙伴关系	25.1	26.6	22.3	22.3	23.8	22.8	26.8	23.0	25.3	25.6
资产（有形资产和基础架构）	21.9	21.8	20.7	24.2	25.2	20.3	22.3	22.2	17.7	22.5
价格/收入模式创新	11.0	9.7	13.5	13.9	7.0	9.2	12.8	11.7	13.7	10.6
基于数据分析的决策	9.0	9.0	9.9	8.0	12.9	10.9	7.2	10.2	8.0	9.3
获取原材料	6.6	5.7	8.3	9.0	8.1	7.0	6.1	7.8	8.8	6.5

分 类	行 业						出口情况		变革抵触			创新与变革能力		
	制造业	重工业	轻工业	服务业	IT 业	房地产业	出口企业	非出口企业	高抵触	中抵触	低抵触	高创新	中创新	低创新
人力资本	70.0	69.3	71.2	74.2	68.8	78.1	70.3	72.8	70.1	70.7	74.3	73.0	72.2	70.7
客户关系	55.3	55.2	55.3	54.1	53.8	41.2	54.7	55.3	56.6	55.0	52.0	55.7	54.3	55.6
产品/服务创新	55.2	56.6	51.9	51.3	48.8	46.5	56.1	51.4	47.9	53.3	58.8	54.7	53.4	52.2
品 牌	53.1	51.8	57.1	51.5	31.3	60.5	54.7	52.2	54.4	53.1	50.8	54.4	54.6	49.1
技 术	22.2	21.4	24.2	36.5	43.8	26.3	24.4	27.1	24.8	25.2	29.3	27.0	26.5	25.2
企业社会责任	56.6	59.7	48.9	34.9	50.0	34.2	54.8	49.0	53.1	51.2	49.6	47.0	50.7	55.5
研发、知识产权	24.3	23.4	27.2	26.8	28.8	21.9	24.9	24.3	28.5	25.2	21.6	25.5	24.8	25.3
业务模式创新	9.0	8.9	9.3	10.7	12.5	8.8	9.6	8.8	8.2	8.6	11.3	9.3	10.2	8.1
合作伙伴关系	39.8	43.4	31.1	20.4	46.3	24.6	41.6	29.4	33.9	34.8	34.3	39.1	33.0	31.7
资产（有形资产和基础架构）	10.8	9.9	12.6	10.2	7.5	10.5	9.2	12.4	12.7	10.9	9.3	11.1	9.7	12.4
价格/收入模式创新	19.3	19.8	17.6	28.2	27.5	33.3	18.4	24.4	21.1	22.6	23.5	19.5	24.2	21.7
基于数据分析的决策	34.6	33.2	37.8	36.3	18.8	51.8	34.2	35.1	34.3	36.9	34.4	41.3	34.7	30.7
获取原材料	7.6	7.6	7.9	2.9		9.6	6.5	6.5	8.7	6.7	4.4	6.7	6.4	7.1

2. 提高企业在新形势下的应变能力。本次调查从管理创新、产品创新、技术创新、业务模式创新、运营创新、建立适应网络经济的商业模式等方面了解了企业家对本企业创新转型表现的自我评价。见表 10。

对本企业创新转型表现的自我评价

表 10

单位:%

分 类	非常不符合	不太符合	一般	比较符合	非常符合	评价值
通过管理创新提高生产经营效率和效益	0.4	2.8	18.6	43.8	34.5	4.09
开发附加值高、技术含量高的新产品(服务)	1.9	6.2	21.3	34.1	36.5	3.97
通过业务模式的创新,提升企业整体实力	0.6	4.4	24.0	43.2	27.8	3.93
通过技术创新提高能源、资源利用率	1.3	5.6	23.7	38.3	31.2	3.92
通过运营创新,提高企业经营与管理的水平	0.6	4.3	24.3	43.7	27.2	3.92
商业模式上适应了"网络经济"的需求	5.0	15.7	38.3	27.6	13.4	3.29

在研发能力、国际市场竞争力、对"网络经济"环境下新商业模式的适应等三个方面,与竞争对手相比,企业家对自身"创新与应变优势"的评价比较低,得分在2.81~3.13之间。见表11。

与主要竞争对手相比,企业在以下方面是否具有明显的竞争优势

表 11

单位:%

分 类	明显劣势	较小劣势	一般	较小优势	明显优势	评价值
强大的研发能力	7.0	18.9	38.2	26.4	9.6	3.13
国际市场的竞争力	14.8	20.3	38.2	19.7	7.0	2.84
对"网络经济"环境下新商业模式的把握	10.6	24.6	43.0	17.0	4.7	2.81

(四)提升企业家的变革领导力,强化经济转型的中坚力量

1. 企业家素质的核心是带领企业创新发展的变革领导力。本次调查了解了企业家对于"能够领导企业在未来持续健康发展的企业家最应该具备的特质"的看法。调查结果显示,企业家选择比重最高是"领导团队合作"(63.0%),其他选择比重较高的还有:"客户至上"(48.0%)、"有效激励员工"(47.4%)、"全球思维与战略眼光"(45.6%)、"为人坦诚,心胸开阔"(41.3%)等。见表12。

能够领导企业在未来持续健康发展的企业家最应具备的特质

表 12

单位:%

分 类	总体	规 模			经济类型			持股情况			出口情况	
		大型企业	中型企业	小型企业	国有及国有控股	外商及港澳台	民营企业	没有	50.0%及以下	50.0%以上	出口企业	非出口企业
领导团队合作	63.0	71.7	63.9	61.1	70.6	60.5	62.6	67.8	67.4	57.4	64.5	62.4
客户至上	48.0	42.6	45.5	50.5	38.7	52.0	47.8	41.9	47.1	51.3	46.9	47.9
有效激励员工	47.4	49.0	48.3	46.6	51.7	52.8	47.0	50.3	48.3	45.4	47.3	47.7
全球思维与战略眼光	45.6	54.6	50.1	41.1	51.2	53.6	44.0	49.6	46.0	43.7	55.6	39.8
为人坦诚,心胸开阔	41.3	38.4	39.1	43.2	40.3	35.5	41.8	37.6	41.0	42.8	38.9	41.8
环境意识和社会责任感	38.8	43.1	39.2	37.9	40.5	36.3	39.2	39.7	39.5	38.2	39.0	38.4
创新与冒险精神	32.3	35.0	34.1	30.8	34.5	32.3	32.4	32.6	33.4	31.6	34.7	31.3
包容尊重不同意见	31.6	29.1	32.9	31.2	29.6	31.5	32.2	34.4	31.9	30.0	29.4	33.0
创造力	31.0	31.7	30.6	31.2	31.7	31.5	31.4	33.8	30.5	30.2	31.0	30.7

续表

分类	总体	规模			经济类型			持股情况			出口情况	
		大型企业	中型企业	小型企业	国有及国有控股	外商及港澳台	民营企业	没有	50.0%及以下	50.0%以上	出口企业	非出口企业
魄力与毅力	29.8	30.0	30.6	29.2	34.8	25.4	29.8	29.9	28.6	31.1	28.9	31.4
风险承受能力	23.6	21.6	22.8	24.5	19.0	26.6	25.0	19.7	22.2	26.7	24.4	23.1
竞争意识	19.6	18.5	19.3	20.0	19.0	16.1	19.6	18.1	18.7	20.8	17.4	21.4
技术领悟能力	11.2	7.3	9.5	12.9	7.8	14.1	11.3	8.6	10.9	12.6	12.0	10.3
金融技能	10.5	9.5	9.6	11.2	7.8	8.9	11.1	8.6	10.2	11.8	9.2	11.9

调查分析发现，选择比重超过20.0%的有11项特质，它们可以归为五类：一是团队影响力；二是战略领导力；三是精神感召力；四是创新管理力；五是资源整合力。

从分组来看，国有企业选择“领导团队合作”“魄力和毅力”的比重相对较高，而选择“客户至上”“风险承受能力”的选择比重则明显低于外资和民营企业；外资企业选择“客户至上”“全球思维与战略眼光”“有效激励员工”的比重相对较高；民营企业选择“客户至上”的比重高于国有企业，但要低于外资企业。

2. 大多数企业家积极开放地对待变革，对自身的能力充满自信。本次调查借用“变革抵触量表”① 的部分题项来测量企业家对待变革的态度，并请他们对自身的创新和变革能力进行自我评估。

调查结果显示，80.0%以上的企业家能够以积极、开放的心态对待变革。见表13。

企业家的“变革抵触”倾向

表13

分类	非常不同意	不太同意	一般	比较同意	非常同意	评价值
我喜欢有规律的生活，而不是时刻充满不确定性	1.6	6.7	17.1	32.6	42.0	4.07
就算无聊，我也不愿意被意料之外的事情突袭	4.9	12.6	28.1	29.3	25.0	3.57
如果事情不按照原计划进行，我会感到有压力	5.6	19.5	37.0	28.8	9.1	3.16
当别人告诉我计划改变时，我会觉得很紧张	10.2	26.3	43.1	14.8	5.6	2.79
即使变化很有可能改善我的生活，我仍经常对它感到不舒服	13.7	33.2	34.3	14.2	4.6	2.63
有时我觉得自己在逃避变化，虽然我明知它可能对我有好处	17.7	34.4	32.1	12.0	3.8	2.50
我基本上认为变化是不好的	21.1	33.9	28.4	12.3	4.3	2.45

调查还发现，企业家对变革带来的压力感受强烈，相当多的企业家喜欢有规律、可预测的生活，不习惯太多的不确定性和突然的变化。大多数企业家对自身的应变能力有比较高的评估，而对于“我所在企业的员工积极参与各类创新活动”这一说法，表示同意的企业家不到半数(46.5%)，这表明企业整体的创新能力还有待提高。见表14。

① “变革抵触量表”(Resistance to Change Scale，RTC)由美国康奈尔大学Shaul Oreg教授于2003年开发，用于测量个人抵触变化的特质性倾向(dispositional inclination to resist changes)。其基本假设是对于变化存在明显的个体差异，有些人以积极的态度拥抱变化，有些人则对变化有内在的抵触，他们回避变化，以消极的态度对待可能遇到的变化。RTC量表共有17个题目，本次调查选用了其中的7个题目，见表13。

能够领导企业在未来持续健康发展的企业家最应具备的特质

表 14

分　类	非常不同意	不太同意	一般	比较同意	非常同意	评价值
我能针对自己工作方面的变化构思出新的应对措施	0.4	2.3	14.4	55.3	27.6	4.08
我能在工作中做到未雨绸缪，善于前瞻性决策	0.6	3.0	22.7	50.3	23.4	3.93
我能及早准确地发现与自己工作有关的各种新变化、新动向	0.9	3.3	21.9	51.0	22.9	3.92
我所在企业的员工积极参与各类创新活动	1.5	10.7	41.3	32.3	14.2	3.47

综合上述调查结果，可以发现两个值得注意的现象：

第一，企业家个人应变能力的自信与团队变革领导力的不足并存；第二，企业家对待变革的积极心态与对于安全感的强烈需要并存。这一看似矛盾的结果，反映了企业家需要提升管理不确定性情况的能力。同时，政府部门需要进一步规范管理行为，增加政策的稳定性和持续性。

2013 年度职业经理人状况调查

中国企业联合会职业经理人资格认证管理办公室

从 2003 年党中央提出“探索社会化的职业经理人资质评价制度”，到 2013 年党的十八届三中全会提出“建立职业经理人制度”已整整 10 年，中国企业联合会围绕中心，服务大局，开展了 10 年职业经理人资格认证和培训，2013 年 4—10 月，在中国企业管理科学基金会的资助和中智上海经济技术合作公司的大力支持下，继续组织开展了 2013 中国职业经理人发展状况调查。本年度调查采取发放传统纸质问卷和互联网线上调查相结合的方式，共收到有效问卷 1 838 份，其中在线收集 1 179份，线下收集 659 份。数据统计分析利用Excel2007 和 SPSS17.0 软件完成，所作分析包括频数分析、交叉分析、方差分析、因子分析、回归分析、显著性检验等。调查对象为中国企联职业经理人资格认证培训班学员以及各类企业的中高层管理人员，调查样本基本覆盖中国东、中、西部地区职业经理人，样本结构见附录。

一、中国职业经理人队伍的进展及趋势

2013 年调查结果显示，中国职业经理人队伍发展至今，中青年成为职业经理人队伍主体，31 ~ 50 岁年龄段职业经理人占 81.8%；女性职业经理人比例相对上升，男女比例约为 70∶30；职业经理人的学历水平普遍提升，本科及以上比例占 82.6%；职业经理人专业背景中以管理专业为主，比例占 50.3%；另外在职业化、市场化、专业化、国际化（简称“四化”）水平、职业经理人个人素质水平及认知、职业经理人发展外部环境等方面存在以下进展及趋势特点：

（一）“四化”水平中，职业化水平较高，国际化水平较低

本次“四化”调查仍采用 5 点量表方法，调查显示，职业经理人职业化水平在“四化”水平中最高，国际化水平持续最低，与中国企联历年定量统计数据统计结果排序相同。从近三年“四化”统计指标呈现的趋势看，职业化水平相对较高，超出国际化分指数 0.43，国际化水平依然是中国职业经理人队伍发展的短板，见表 1。

职业经理人近三年“四化”水平

表 1

时　间	职业化	市场化	专业化	国际化
2013 年	3.94	3.64	3.74	3.47
2012 年	3.90	3.72	3.79	3.57
2011 年	3.94	3.80	3.90	3.45
近三年平均水平	3.93	3.72	3.81	3.50

调查显示,中国职业经理人普遍重视职业素养、职业规范、职业道德,三项得分在“四化”细分因素中也最高,其中职业素养相对最佳,说明职业经理人在敬业精神和职责专注、信守承诺和角色忠诚、遵守行为规范、工作规范化方面相对能力较高;市场化各细分因素均处于较低水平,其中流动机制是市场化中得分最低因素;国际化水平中目前国际经验得分最低,国际知识次之,说明职业经理人在外语沟通、国际商务规则及跨文化管理、涉外工作、国外工作、国际培训学习等方面经验和能力有所欠缺。职业经理人“四化”细化为11项细分因素调查见表2、图1。

“四化”水平各细分因素得分

表2

“四化”	细分因素	得分
职业化	职业素养	3.99
	职业道德	3.95
	职业规范	3.89
专业化	专业技能	3.77
	专业知识	3.72
市场化	信用机制	3.69
	市场竞争	3.65
	流动机制	3.58
国际化	国际思维	3.69
	国际知识	3.55
	国际经验	3.33

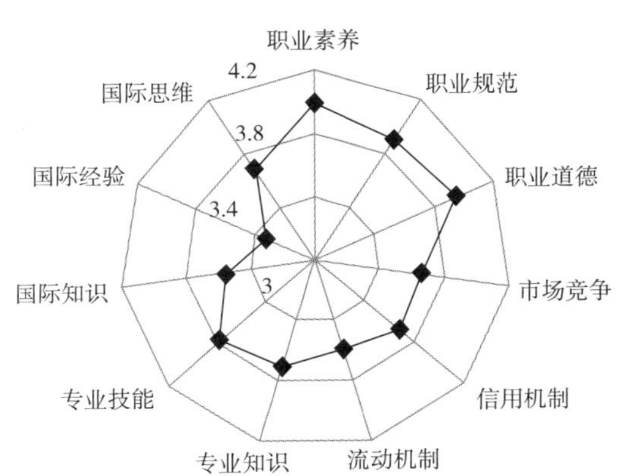

图1 “四化”水平各细分因素雷达图

调查显示,职业经理人“四化”水平也受到不同企业背景影响(见表3)。从区域划分看,东部地区“四化”水平仍然整体高于中西部地区;从企业规模看,大型企业的市场化、专业化、国际化均为最高,小型企业职业经理人职业化水平相对提升;从是否上市看,非上市公司职业经理人在职业化、专业化方面相对都有所提升,上市公司在市场化、国际化方面仍高于非上市公司。

职业经理人“四化”水平受不同企业背景影响

表3

分类		“四化”水平			
		职业化	市场化	专业化	国际化
企业地理位置	东部地区	3.95	3.67	3.79	3.55
	中部地区	3.89	3.60	3.65	3.36
	西部地区	3.91	3.54	3.64	3.32
企业规模	大型企业	3.94	3.68	3.78	3.56
	中型企业	3.90	3.57	3.68	3.45
	小型企业	3.99	3.62	3.72	3.35
企业是否上市	上市公司	3.87	3.65	3.69	3.53
	非上市公司	3.97	3.61	3.77	3.47

(二)团队合作、沟通、协调能力优势明显,诚信正直、自我控制、灵活性水平提升

本次调查将职业经理人个人素质能力分为三个层面:知识与技能、自我认知与社会角色、个性与动机,各细分要素得分(见表4)。在知识与技能层面,团队合作、沟通能力、组织协调得分最高,这与2012年的调查数据吻合,说明职业经理人能与团队成员通力合作,在工作过程中能相互合作、依赖、支援、协调;与部门或组织内外沟通较为顺畅;根据工作任务合理分配资源,控制和协调部门或组织的活动过程,化解矛盾,实现目标。在自我认知与社会角色层面,诚信正直与建立关系在本次调查中得分较高,其中诚信正直相对2012年提升幅度较大,说明职业经理人对于诚实可靠与不假公济私的工作态度更加认同。在个性与动机方面,自我控制、灵活性能力在本次调查中得分较高,且相对2012年均有所提升。说明职业经理人对于压力环境下保持冷静的能力有所改善,不拘泥于单一思维模式,能够根据环境需求变化调整策略与方法,这种素质能力也是适应当前改革大势所必需的。

职业经理人个人素质能力三个层面比较

表 4

	知识与技能										
	团队合作	沟通能力	组织协调	专业知识	领导能力	学习能力	决策能力	协同创新	监控能力	培养人才	创新能力
2013 年	3.98	3.96	3.95	3.92	3.92	3.89	3.88	3.82	3.81	3.76	3.73
2012 年	3.91	3.91	3.91	3.86	3.83	3.89	3.88	3.81	3.83	3.81	3.81

	自我认知与社会角色				个性与动机					
	诚信正直	建立关系	责任意识	客户导向	自我控制	灵活性	主动性	分析性思考	成就导向	概念性思考
2013 年	3.97	3.97	3.96	3.90	3.91	3.91	3.89	3.89	3.86	3.81
2012 年	3.91	3.97	4.01	3.92	3.88	3.85	3.91	3.86	3.91	3.79

注：素质能力调查数据 KMO 的取值为 0.977，非常适合因子分析，Bartlett 检验中 Sig 值为 0.000，数据来源于正态分布，变量的共同度都在 50.00% 以上，提取的因子对各变量的解释能力较强。

职业经理人在知识与技能、自我认知与社会角色、个性与动机三个层面的得分分别为 3.87，3.95，3.89，相对来讲，中国职业经理人的自我认知与社会角色得分较高，知识与技能较低，其中知识与技能在三个层面中是相对外围的部分，是可以通过后天培训、实践不断提升的，如果给予适宜的成长环境，中国职业经理人素质会有很大的提升空间。

（三）对资质认证及评价的认知明显改善

综合近年调查显示，企业和职业经理人对待资质认证评价的认识，经历了从无所谓到必要、观念从政府认可到市场投资人认可、资质认证评价机构选择从偏好政府背景到良好行业信誉的认知改善。2005 年，仅 13.4% 的企业倾向招聘通过社会化资格认证的职业经理人，40.9% 的企业表示对认证无所谓；2007 年，只有近四成职业经理人认为职业经理人认证是进入行业的必备条件，仅有 23.0% 的职业经理人认为资格认证是自己素质和能力的证明，有必要获得，且近半数职业经理人倾向于政府机构进行职业经理人认证，保证认证的权威性。2012 年，58.4% 的职业经理人接受“被市场和出资人认可”的评价标准，27.4% 的职业经理人关注“是否被政府认可”。本次调查结果显示，中国职业经理人在资质认证机构选择方面，70.3% 重视有较好的行业信誉，仅 13.4% 选择有政府背景的机构，有 16.3% 被周围职业经理人认可，这对于建立社会化的职业经理人资质评价制度是良好的推动因素。

（四）近半数认同企业核心价值，绝大多数认知企业社会责任

1. 认同企业核心价值是职业经理人忠诚企业的主因。调查显示，近半数职业经理人认为对企业忠诚的原因是已经形成对企业核心价值的认同（见图 2）。可见强化企业核心价值的认同感有助于留住职业经理人，增进忠诚。

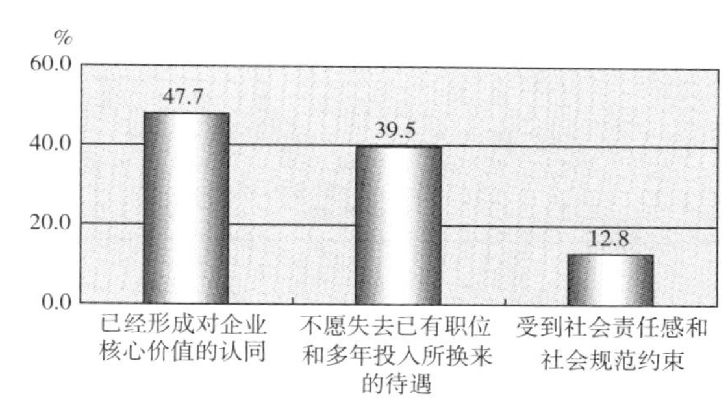

图 2　职业经理人对企业忠诚的原因

如果对工作不满意，40.4% 职业经理人会选择跳槽到其他企业（见图 3）。如果选择去另外企业工作，选择比例最高的仍然为外资企业（32.8%，见图 4）。在这种选择的原因中，排在第一位的为更适合的发展空间，更稳定则相对最低（见图 5）。在不同性质企业的选择中，选择国企原因比例较高的是更适合的发展空间及更稳定，选择外企原因比例较高的是更适合的发展空间及更高薪酬，见图 6。

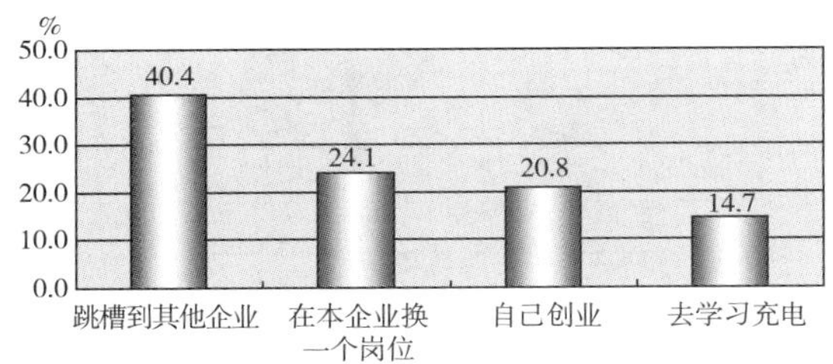

图3　职业经理人对现有工作不满意可能采取的行动

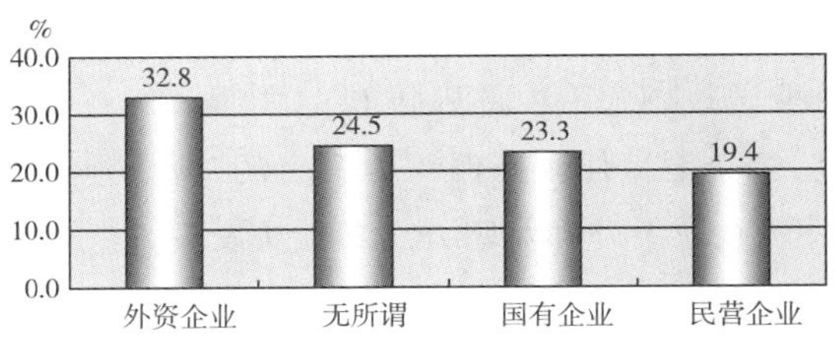

图4　职业经理人离职后可能的企业性质选择

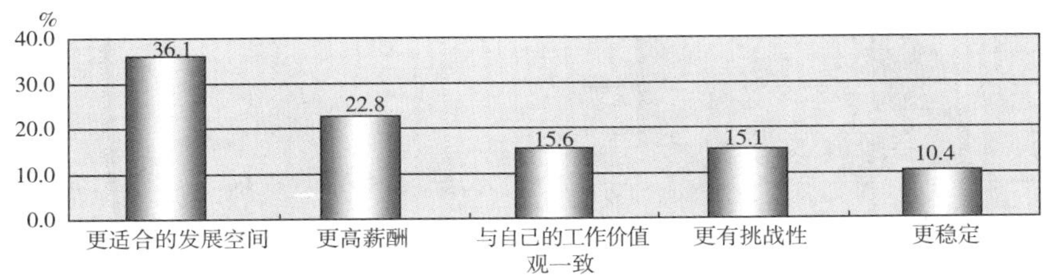

图5　职业经理人选择不同企业性质的原因

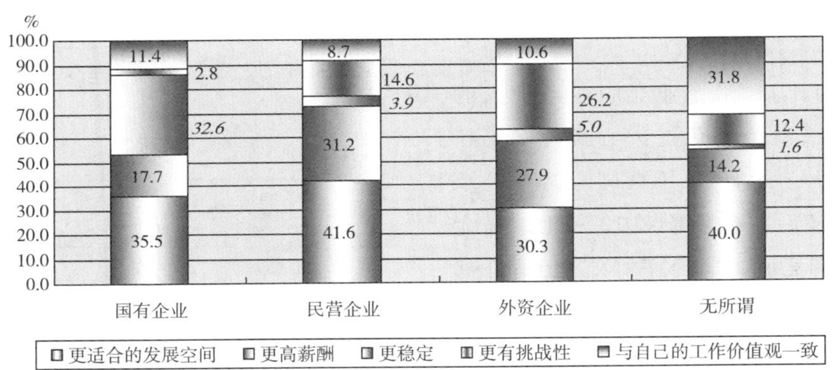

图6　选择跳槽企业类型与原因

2. 职业经理人对企业社会责任认知改善。调查结果显示，78.3%的职业经理人对企业社会责任都了解或非常了解，2.5%不太了解或不知道（见图7）。2012年调查中有11.5%的职业经理人对企业社会责任不太了解或不了解，这说明当前职业经理人的社会责任已经有普遍认知，而且企业社会责任管理意识在职业经理人中传播迅速。

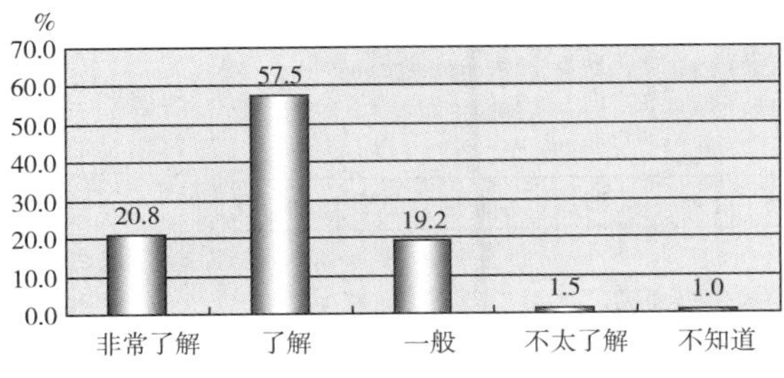

图7　对企业社会责任认知程度

（五）选聘、培养方式呈现多样化

1. 竞聘成为职业经理人选拔的主要方式。调查显示，企业通过外部公开竞聘和猎头发掘等外部市场方式吸收人才占比最大（47.5%），比2012年略有上升，成为选拔的主要方式；上级任命比例占9.8%，比2012年下降约10.0%，见图8。

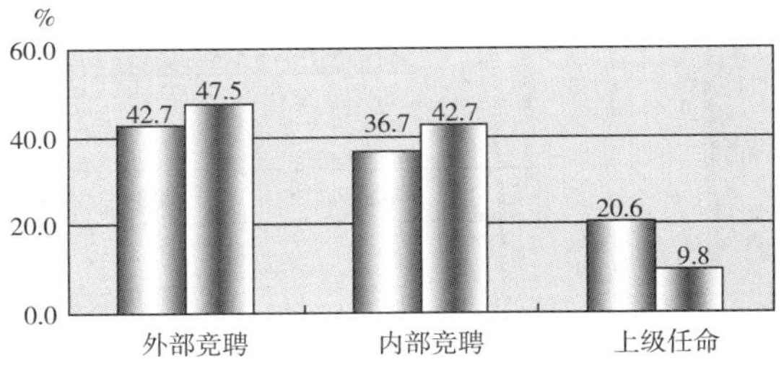

图8　职业经理人2012年和2013年选拔方式

选拔方式在不同的企业性质中呈现不同特点，国有企业选拔方式中内部提拔和上级任命所占比例均最高，国企上级任命比例约为民企的2倍，外企的5倍；外资企业中外部竞聘方式和猎头发掘方式比率较高，见图9。

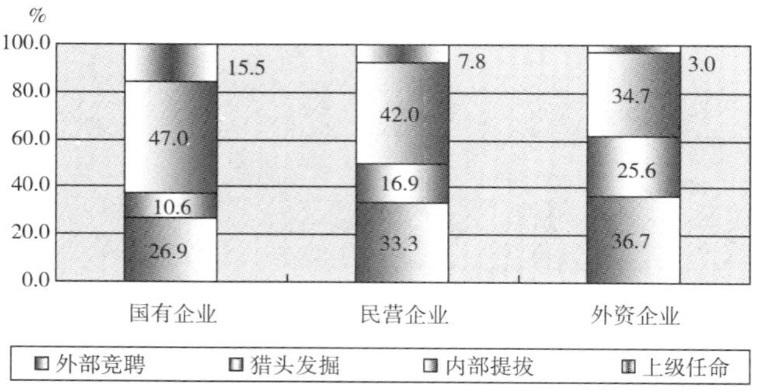

图9 职业经理人2012年和2013年选拔方式

从选聘方式纵向比较看，企业对职业经理人的选聘方式日益多样化，且市场化选拔方式比例不断加大。近年调查数据显示，2007年选聘方式中上级任命方式占比最大，随后不断下降，2013年上级任命比例仅占9.8%；内部竞聘方式小幅稳定上升；外部公开招聘方式占比则不断扩大，2013年已接近一半比例。职业经理人的选拔方式逐渐市场化，见图10。

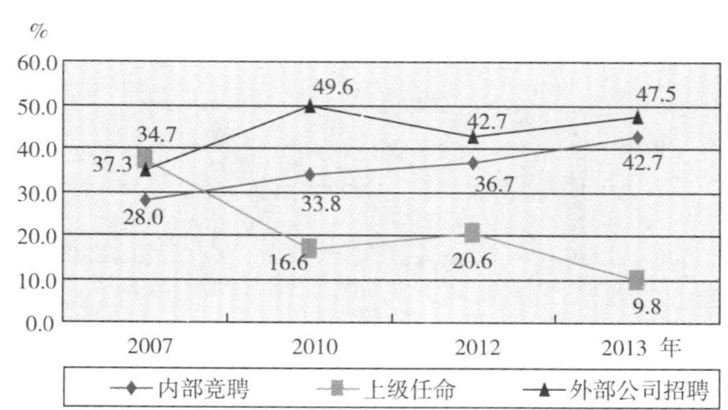

图10 职业经理人2012年和2013年选拔方式

2. 培训倾向选择行业协会、知名高校，注重证书权威性和实训效果。对于目前市场上主要的职业经理人培训机构的选择，近40.0%的职业经理人选择行业协会进行管理培训，选择民营机构的较少（见图11）。究其原因，职业经理人选择行业协会和知名高校主要都是由于其认证证书具有权威性以及实际应用效果好，见图12。

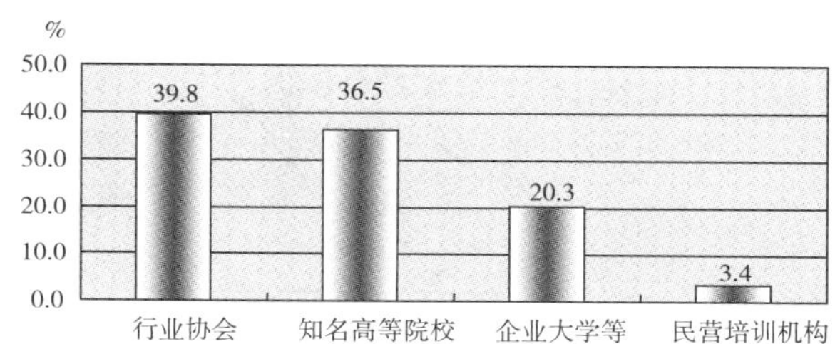

图11 职业经理人培训机构的选择

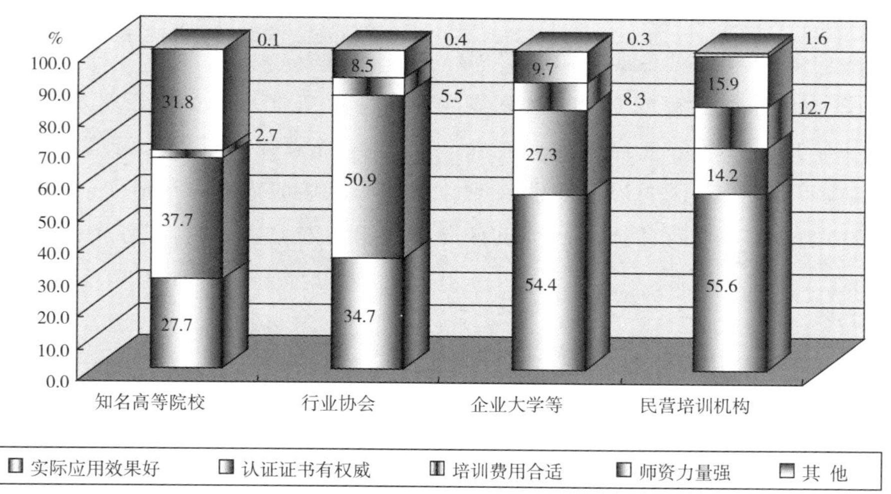

图12 职业经理人培训机构的选择原因

（六）现有法律法规在规范职业经理人行为和保证职业经理人权益方面得到较多认同

中国目前并没有针对职业经理人的专门法律法规，企业与职业经理人的关系，依然是用人单位与劳动者关系，适用《劳动法》调整；在监督与制约方面，《公司法》有相应的任职资格限制、监督等条款；另外，《证券法》《反不正当竞争法》等有相应规定。

对于现有法律法规在规范职业经理人行为和保证职业经理人权益方面，本次调查结果显示，均有超过半数的职业经理人表示认同，不认同比例大约在10.0%（见表5）。对于法律对职业经理人规范行为的认同要略高于对职业经理人保证权益的认同。

对现有法律法规在规范行为和保证权益方面的认同度

表5 单位：%

	非常同意	同　意	一　般	不同意	非常不同意
现有法律法规能有效规范职业经理人行为	17.6	47.3	26.5	7.7	0.9
现有法律法规能有效保障职业经理人权益	13.6	44.3	31.8	9.2	1.1

二、当前中国职业经理人队伍存在的主要问题

中国职业经理人队伍的发展还处于起步阶段。从数量上看，中国还没有形成真正的职业经理人阶层，职业经理人队伍还不够壮大；从质量上看，中国职业经理人的职业信用水平、领导和管理能力、工作绩效等有待提高。中国职业经理人发展存在的问题既有职业经理人微观层面的、也有企业中观层面的，还有国家宏观层面的，需要个人、企业、国家共同努力推进。

（一）职业经理人的素质特别是创新能力有待提高

如前表3调查结果所示，中国职业经理人各项素质能力水平均在4分以下，其中尤以创新能力最低。职业经理人创新能力需要管理经验和长期学习的积累，不是一蹴而就的。从内部个人素质能力相关性分析，创新能力与协同创新、培养人才、概念性思考、灵活性、分析性思考、专业知识、学习能力这几项能力具有较大相关性（见表6），创新能力的高低与这几方面有较大关系，对创新能力的培养，也可以加大这些方面的能力塑造。

创新能力与其他素质能力的相关性分析

表6

分　类	创新能力（分）	协同创新（分）	培养人才（分）	概念性思考（分）	灵活性（分）	分析性思考（分）	专业知识（分）	学习能力（分）
相关系数	1.0	0.61	0.527	0.503	0.5	0.497	0.489	0.479

注：相关性分析中，相关系数越接近于1，相关系数越强。

（二）职业经理人市场不成熟有待规范

1. 具备优化配置作用和有序流动特征的职业经理人市场还没有形成。调查显示，从职业经理人市场价值看，56.7%认同职业经理人价值由市场和企业决定，8.7%不认同；市场竞争方面，59.6%认同工作业绩不好会被淘汰，9.65%并不认同；流动性方面，51.3%认同跳槽时没有太多制度限制，12.3%认为有限制（见表7）。这些方面的不完备将直接影响职业经理人市场的优化配置，供需双方不能相互选择，职业经理人不能合理的流动，结果是一方面职业经理人英雄无用武之地，另一方面企业找不到德才兼备的经营人才。

职业经理人市场化认同水平调查

表 7

分 类	非常不同意（%）	不同意（%）	一 般（%）	同 意（%）	非常同意（%）
价值完全由市场和企业决定	1.5	7.2	34.5	40.2	16.5
工作业绩不好会被淘汰	2.1	7.5	30.8	40.4	19.2
招聘时可以到有关机构进行信用调查	1.8	8.7	31.2	40.3	18.0
跳槽遇到太多限制	2.1	10.2	36.3	36.8	14.5

尤其在市场流动方面，所有制瓶颈制约了职业经理人流动。调查显示，所有制不同的企业中，职业经理人如果对于所在岗位不满意选择倾向也各不相同，国企职业经理人 40.0% 仍选择在本企业调换岗位，且近半数国企职业经理人跳槽后仍然选择国有性质企业；而对于民企职业经理人，仅有 14.0% 选择在本企业调换岗位，近半数选择跳槽，28.3% 选择自己创业，从民企跳槽职业经理人选择中，31.6% 仍选择民企；对于外企职业经理人，超过半数选择跳槽，跳槽后的选择中，超半数仍选择外企（见表 8、表 9）。由此可以看出所有制对于职业经理人流动性的约束，往往是在各自局限的所有制范围内选择。

对岗位不满意的选择

表 8

分 类	在本企业换岗位（%）	跳槽到其他企业（%）	自己创业（%）	学习充电（%）
国企职业经理人	40.0	31.1	12.6	16.2
民企职业经理人	14.0	43.2	28.3	14.5
外企职业经理人	16.8	53.5	17.5	12.1
总 计	24.0	40.4	20.8	14.7

职业经理人离职的企业性质选择

表 9

分 类	国有企业（%）	民营企业（%）	外资企业（%）	无所谓（%）
国企职业经理人	41.2	8.6	24.3	25.9
民企职业经理人	12.9	31.6	28.5	26.9
外企职业经理人	13.5	7.7	64.6	14.1
总 计	23.3	19.4	32.8	24.5

2. 职业经理人信用体系尚未建成，职业经理人失信成本较低。目前我国针对职业经理人的信用体系还尚未建成。从法律依据上，《公司法》《反不正当竞争法》等对侵占或违法处置企业资产、侵犯商业秘密等失信行为有成文规定，但仍缺少系统的职业经理人信用法律制度依据；从征信平台建设上，在个人信用平台方面，我国与征信国家存在着较大差距。征信国家个人信用体系的发展已有 100 多年的历史，在 20 世纪六七十年代已经发展较为完善，而我国的个人信用体系从 1999 年上海市率先开展个人信用体系建设试点，2005 年由中国人民银行组织商业银行建设的全国统一的个人信用信息基础数据库正式运行，2013 年 10 月，北京等 9 省（直辖市）可通过互联网查询个人信用报告，但目前我国个人征信体系处于初步建立完善阶段；在企业征信平台方面，目前中国企业联合会、中国企业家协会主办的中国企业诚信网，作为商务部、国务院国资委首批行业信用评价试点单位，引领企业诚信建设。专门针对职

业经理人的信用平台仅有个别省份有所尝试。

目前我国职业经理人失信成本较低。调查显示，47.4%的职业经理人认为当前的失信成本为自身声誉受损，影响以后职业生涯；17.2%的职业经理人认为基本没有失信成本，见图13。

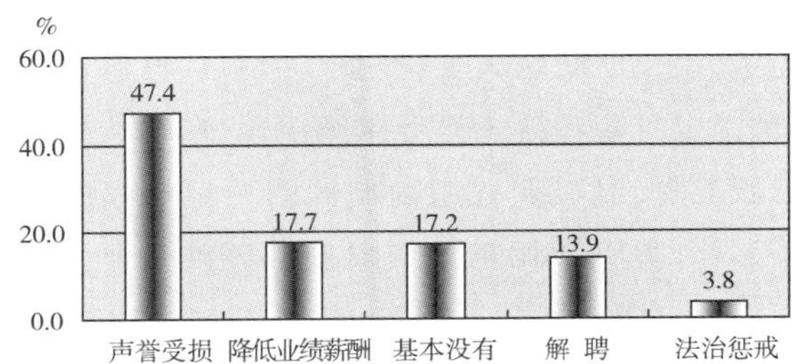

图13 职业经理人认为当前的失信成本

对于完善职业经理人信用环境，从职业经理人角度，调查显示，70.0%以上认为需要建立征信系统和信用平台、需要完善信用法制、制定标准规范，超过半数认为需要加强行业协会监督，见图14。

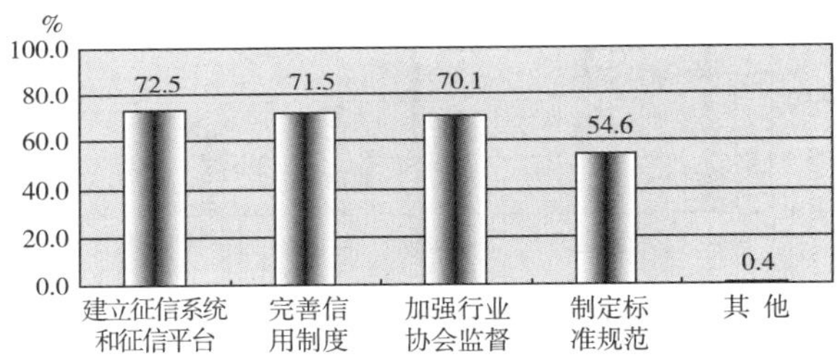

图14 职业经理人认为完善信用环境所需的努力

3. 职业经理人资质认证体系支撑不足。近年社会上出现了不少职业经理人资格认证机构，还有一些境外机构在我国从事相关认证活动，但大多数机构权威性不高，资质评价与企业及出资人需求差距较大，调查显示资质认证机构存在的主要问题（见图15），反映出职业经理人对于资格认证客观性、独立性、公正性的担忧。

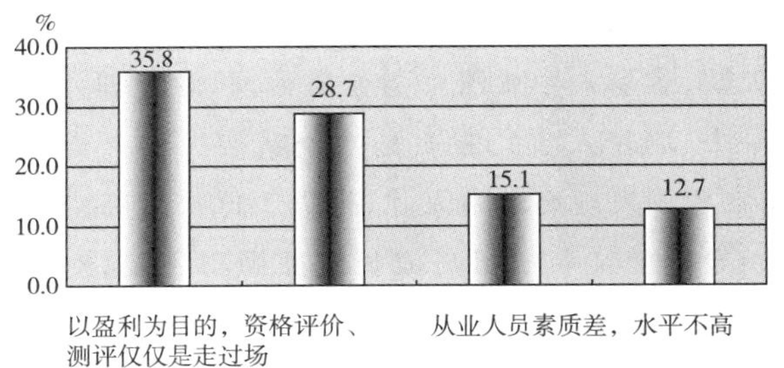

图15 现有职业经理人资质评价机构存在的问题

4. 社会组织发挥作用不足。在职业经理人市场化过程中，中央提出发展企业经营管理人才评价机构，探索社会化的职业经理人资质评价制度，从客观公正及资源集散的角度讲，社会组织大有可为。调查显示，30.6%的职业经理人呼吁社会团体、行业协会发挥资质评价作用，见图16。

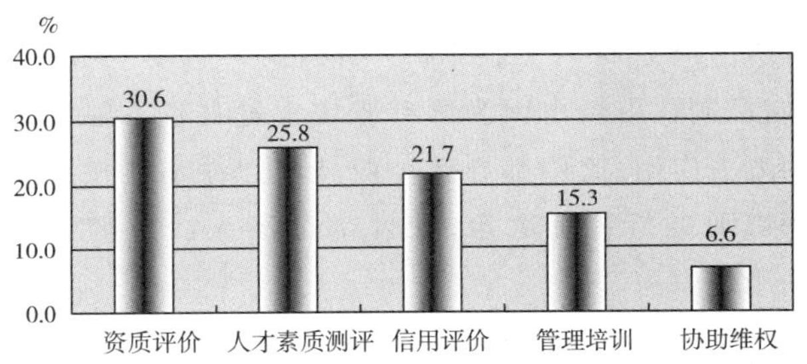

图16 社会组织在促进职业经理人发展方面应发挥的作用

（三）职业经理人培育体制有待完善

我国现有职业经理人培育体制还不健全，以致培育实际效果与企业实际需求还有偏差。调查显示，32.0%职业经理人认为能够理论联系实际，但不适合本企业；16.3%认为实用性差；4.5%认为培训是走过场。

从不同层面职业经理人需求看，越往高层越相对看重国际环境、国内经济政策、国际商务，越往基层越看重企业管理知识更新、市场动态及职业素养等内容，见表10。

不同层级职业经理人看重的培训内容

表10

分　类	国际环境和国内经济政策(%)	企业管理知识更新(%)	国际商务(%)	市场动态(%)	其　他(%)
高层管理者	72.8	80.2	43.0	51.3	0.7
中层管理者	65.3	85.2	47.0	52.6	0.7
基层管理者	58.7	86.1	33.7	54.3	1.4

另外，职业经理人对于后续高潜人才的培育有所欠缺，容易人才断档。调查显示，职业经理人素质水平中，培养人才的能力是除创新能力之外得分最低，在善于发现高潜力人才，根据不同员工特点帮助和引导员工长期学习与成长方面做得不足，对后续职业经理人成长不利。

（四）职业经理人绩效评价及激励措施有待完善

目前，我国企业内部缺乏有效的经理人绩效评价和激励机制，股东大会、董事会和监事会都难以发挥相应的作用，相关利益者也难以得到法律的有效保护，长期激励机制的缺失使得企业经理层流动过高，影响了企业的稳定经营。在企业外部，资本市场、产品市场和控制权市场由于制度性缺陷难以发挥有效的约束作用，股票市场严重不规范、股价和公司价值严重脱钩使股东的"用脚投票机制"失去意义，控制权市场也因为国有股比重过高且不能流通而失去作用，这些都导致企业经理往往不能按照市场规则进行管理决策，使外部市场无法发挥约束作用。

1. 业绩评价激励效果不理想。职业经理人这个社会特殊阶层的工作具有不易监督性和工作效果具有滞后性，这一阶层的评价和激励更需要完善和细致的措施。目前企业投资人评判职业经理人的标准主要是经营业绩，但从调查情况看，科学有效而执行有力的业绩评价制度并没有完全建立，业绩评价的激励效果也并不理想。调查显示，41.6%的职业经理人认为所在企业能严格执行业绩评级制度，但却并没有起到应有的激励作用；17.1%的人认为公司没有严格执行激励制度，只是走过场；9.5%的职业经理人所在公司还没有建立业绩评价制度，见图17。

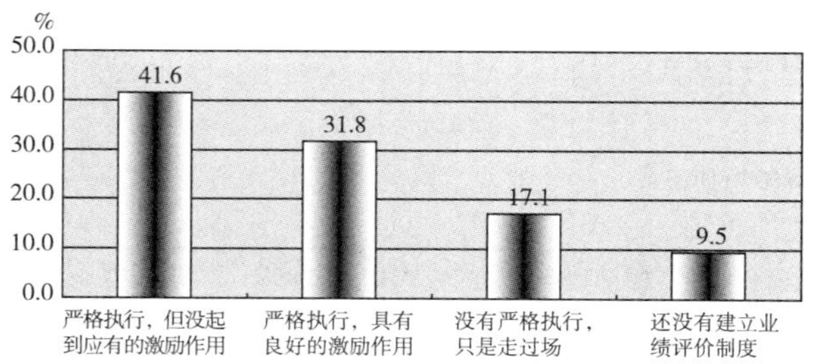

图17　所在企业业绩评价制度情况

2. 缺乏对职业经理人的中长期激励。缺乏长期激励会使职业经理人与企业长期业绩关联度小，对职业经理人采取长期战略管理会有所影响。调查显示，职业经理人薪酬结构绩效奖金超过固定月薪占据首位，占80.0%，股权和期权比例仍为最低，占20.9%，说明我国职业经理人薪酬激励仍以短期激励为主，中长期激励为辅（见图18）。从已有调查年份看，固定月薪和绩效奖金比例在逐步上升，年薪比例有所下降，股权期权激励比例则是很小幅度的上升。另外，2013年调查数据中41.6%的企业实施了股权或期权激励制度，58.4%的企业未实施；2006年调查中仅有18.9%的企业给予职业经理人股权收入的薪酬制度，8.1%的企业给予职业经理人股票期权收入的薪酬制度，经过多年发展，实施股权或期权等长期激励的企业有所增加，见表11。

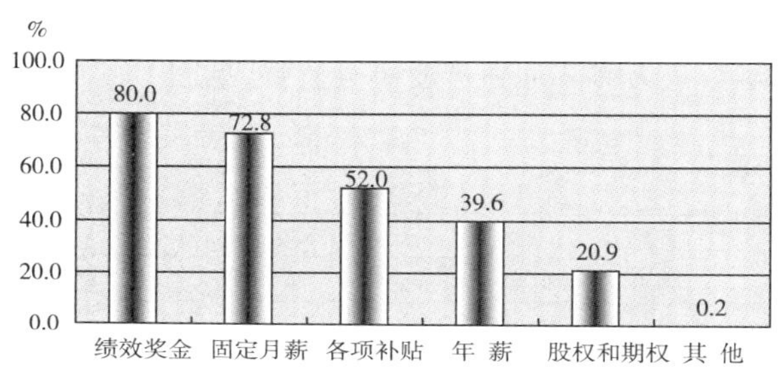

图18　职业经理人薪酬构成情况

历年薪酬结构对比情况

表11

年　份	固定月薪（%）	年　薪（%）	绩效奖金（%）	股权或期权（%）
2006	52.7	56.1	65.5	—
2010	54.6	49.2	62.7	19.5
2012	73.0	35.9	73.0	19.9
2013	72.8	39.6	80.0	20.9

2013年中国职业经理人如果按薪酬结构比例看，固定工资占42.3%，绩效奖金占30.1%，补贴等占19.7%，股权和期权占7.9%。美国《财富》对全美200家最大公司2006年的调查显示，职业经理人的薪酬构成为固定工资占21.0%，奖金占27%，股票类收入占36.0%，长期激励占16.0%。对比来看，我国目前长期激励比例还不及2006年美国比例的一半。

从不同职位的薪酬方式看，高层管理者的薪酬结构相对均衡，其次是中层管理者，基层管理者薪酬结构的差异较大，越处在基层固定月薪和绩效奖金占比越大，年薪比例越小，股权期权则更少，见表12。

职位与薪酬结构列联情况

表12

年　份		薪酬方式					
		固定月薪(%)	绩效奖金(%)	年薪(%)	股权或期权(%)	各项补贴(%)	其他(%)
职　位	高层管理者	65.1	71.6	49.6	32.0	47.2	0.0
	中层管理者	74.1	83.6	38.1	18.0	54.1	0.3
	基层管理者	88.0	86.1	18.8	3.8	54.8	0.5

(五)职业经理人法律体系不健全，人才政策实施力度有待加强

在我国现存的法律体系中，《公司法》对公司总经理或总裁作了几个方面的规定，如经理对董事会负责，主持公司的生产经营管理工作，组织实施董事会决议，提请聘任或解聘公司副经理、财务负责人等。这些只是对经理人的权利和义务做出了规定，并没有涉及到离职后泄漏企业机密而导致企业损失等信用问题的规定。正是由于这一法律的空缺，一些高级管理人员拿公司机密作为跳槽到新公司的“筹码”。对于中高层管理人员，《劳动合同法》中也加入了公司与劳动者可签订保守公司机密的条款，但是对违约人员监督的可操作性还需要进一步研究细化。

1. 在明确经理权、规范职业道德法律法规方面需建立和改进。针对现有法律状况调查，超过60.0%的职业经理人认为，现有法律法规在权益保障方面，需要在明确经理权等方面加强改进(见图19)。在规范行为方面，职业经理人认为规范职业道德最需要改进，见图20。

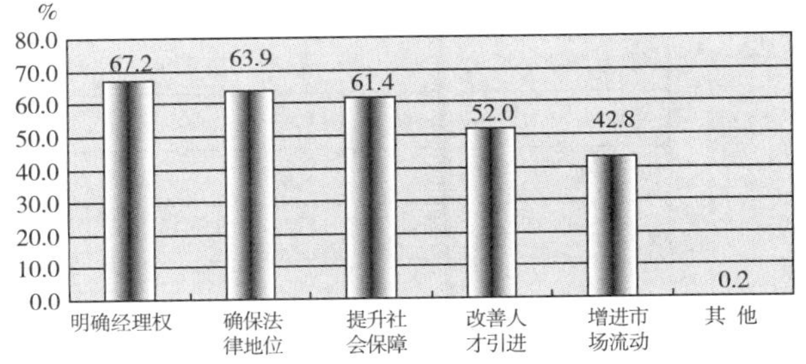

图19　法律法规在保障职业经理人权益方面需要的改进

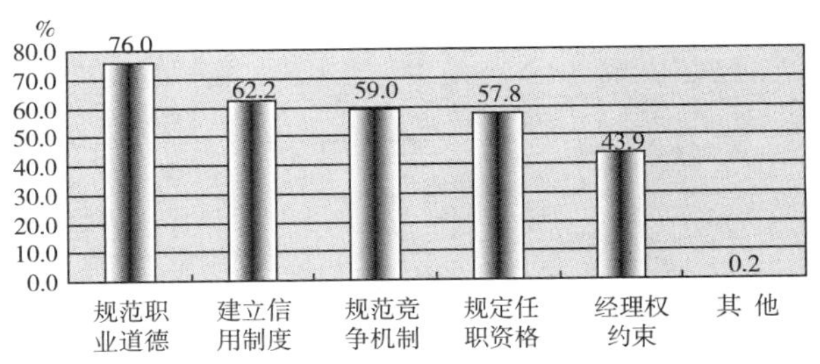

图20　法律法规在规范职业经理人行为方面需要的改进

2. 人才政策实施力度有待加强。在人才政策方面，根据《国家中长期人才发展规划纲要(2010—2020年)》相关部署，我国出台了一系列针对海内外人才引进、培养、开发的政策，涉及到职业经理人的如企业经营管理人才素质提升工程、“千人计划”、专业技术人才知识更新工程等，各省市也针对人才引用出台了相关政策。调查显示，87.6%的职业经理人认为这些政策“有很大作用”或“有一定作用”，12.4%的人认为“基本没作用”或“制约作用”(见图21)。从与所在地区交叉表来看，东、中、西部职业经理人认为人才政策基本没作用的比率分别为11.3%、14.7%、15.4%(见表13)。数据说明，政府实施的人才政策，尤其是中西部地区人才政策的覆盖面、落实实施力度还有待加强，使职业经理人普遍从人才政策上受益。

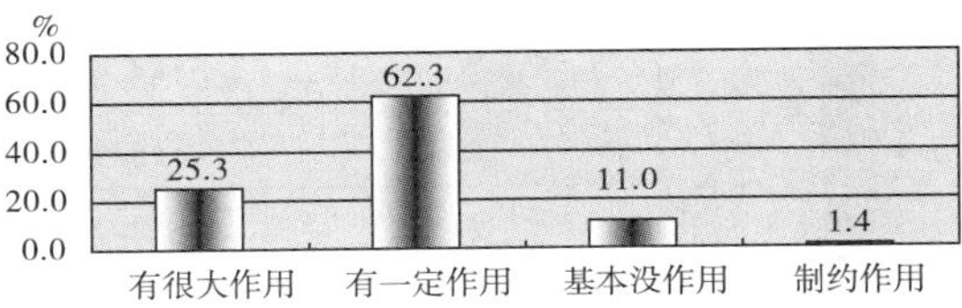

图21　人才政策对职业经理人发展的作用

人才政策认同度与所在地区交叉情况

表 13

地　区	对人才政策的认同度				
	有很大作用(%)	有一定作用(%)	基本没作用(%)	有制约作用(%)	合计(%)
东部	27.0	61.7	10.5	0.8	100.0
中部	22.4	62.9	11.4	3.3	100.0
西部	19.8	64.8	13.4	2.0	100.0
总体	25.3	62.3	11.0	1.4	100.0

附录

调查对象基本情况

表 1

分　类		占　比(%)	分　类		占　比(%)
性　别	男	69.5	最高学历学位	大专及以下	17.4
	女	30.5		本　科	63.9
年　龄	30 岁以下	13.2		硕　士	17.6
	31～40 岁	52.3		博　士	1.1
	41～50 岁	29.5	职　位	高层管理者	32.2
	51～60 岁	4.6		中层管理者	56.5
	60 岁以上	0.3		基层管理者	11.3
最高学历所学专业	管　理	50.3	从事管理工作年限	3 年以下	7.7
	经　济	19.5		3—5 年	20.1
	文史哲	3.5		5—10 年	39.3
	理　工	21.0		10 年以上	32.9
	其　他	5.7			

分　类		占　比(%)	分　类		占　比(%)
所在企业性质	国　有	36.6	企业主营业务所处行业	制造业	43.1
	民　营	47.3		采掘业	2.6
	外　资	16.2		商业服务业	15.8
所在企业是否上市	上　市	30.6		电力、燃气及水提供企业	3.3
	非上市	69.4		建筑业	7.4
所在企业地理位置	东　部	71.4		交通运输、仓储和邮政业	6.6
	中　部	14.8		农林牧渔业	2.1
	西　部	13.8		信息产业	6.5
企业规模	大　型	25.6		金融业	3.9
	中　型	53.3		其　他	8.7
	小　型	18.9			
	微　型	2.2			

（撰稿：邵杨辉）

2013 年企业思想政治工作和企业文化建设综述

中国思想政治工作研究会

2013 年是全面深入贯彻党的十八大精神的开局之年，是实施“十二五”规划承前启后的关键一年。党的十八届三中全会对全面深化改革作出了总体部署，提出了一系列新思路、新任务、新举措，中央企业和非公企业改革发展的任务十分繁重。面对复杂多变的国内外经济环境，各企业按照党中央、国务院的经济工作部署，牢牢把握科学发展这个主题和加快转变经济发展方式这条主线，努力克服宏观经济下行的不利影响，立足全局，突出重点，奋力开拓，各项工作取得了明显成效，思想政治工作和企业文化建设也表现出许多新的重点和特点。

一、扎实推进中国特色社会主义和中国梦宣传教育活动，着力打造各具特色的企业梦

2012 年 11 月 29 日，中共中央总书记习近平在国家博物馆参观“复兴之路”展览时，第一次阐释了“中国梦”的概念。他说：“大家都在讨论中国梦。我认为，实现中华民族伟大复兴，就是中华民族近代以来最伟大的梦想。”他称，到中国共产党成立 100 年时全面建成小康社会的目标一定能实现，到新中国成立 100 年时建成富强民主文明和谐的社会主义现代化国家的目标一定能实现，中华民族伟大复兴的梦想一定能实现。“中国梦”一经提出，在全国引起了热烈反响，各企业纷纷作出响应，相继推出了行业梦和企业梦，扎实推进中国特色社会主义和中国梦宣传教育活动。

1. 高度重视，周密部署，为活动顺利开展提供坚强组织保障。各企业纷纷印发《关于开展中国梦宣传教育的实施意见》，对组织开展中国梦宣传教育活动作出全面部署。成都市从 2013 年 5 月起，集中两个月左右时间，在市国资委系统内广泛开展“实现伟大中国梦、建设美丽繁荣和谐四川”主题教育活动。各企业在企业党委中心组学习和干部职工理论培训时，及时增加中国梦的相关内容，紧密集合加强和改进企业思想政治工作的实践，着重研究解决企业改革发展过程中的热点、难点、重点问题。许多企业都成立了协调小组，进一步加强对活动开展的指导和监督。有的企业组织编印了《中国梦宣传教育工作简报》。

2. 认真学习，深刻阐释，确保中国梦在干部职工中入脑入心。一是将中国梦学习作为学习型党组织建设的重要内容，将干部职工对中国梦的理解认识统一到中央决策部署上来。二是结合企业工作实际，组织编写了中国梦的宣讲教材，制作发放了系列学习光盘，邀请理论专家和实际工作者通过多种途径和形式，广泛开展宣讲活动。三是围绕中国梦的重大意义、精神实质和实践要求等开展征文比赛和演讲比赛，鼓励干部职工在媒体上发表文章。2013 年 9 月，山东省济宁市在全市企业中开展的“中国梦 · 企业梦 · 员工梦”征文比赛活动日前揭晓。征文活动通知发出后，全市各级各单位对比赛高度重视，精心组织，广大企业职工的参与热情极其高涨，效果良好。

3. 广泛覆盖，扩大影响，形成同筑中国梦的“大合唱”。一是广泛开展专题宣传活动，增进广大干部职工对中国梦的认识和理解。河北省国资委系统以 40 家省企业文化建设示范单位为重点，组织开展了“中国梦、进企业”专题宣传活动，多家企业将中国梦的实现和企业发展紧密结合，建立起了集团、公司、车间、班组四级宣讲体系。省委教育工委及各级教育行政部门、各级各类学校广泛组织开展主题宣讲、主题报告，引导广大师生畅想校园梦、家园梦，凝练教育强国梦、强省梦。省总工会及各级工会组织积极在全省职工中开展“五大讲（讲意义、讲形势、讲途径、讲责任、讲要求）”专题宣讲活动，激励动员职工

以劳动促使民族复兴中国梦早日实现。二是加强文艺创作，以文艺形式汇聚实现中国梦的正能量。有的企业发动职工创作一批歌曲、快板、小品等雅俗共赏的文艺节目，在工友中表演传唱。河南省文峰区总工会了举办"中国梦 · 劳动美"全市职工曲艺大赛。企业职工的参赛作品紧紧围绕中国梦、劳动美的深刻内涵，把实现个人理想、推动企业发展和实现中国梦结合起来，通过自编自演身边的感人事迹和先进模范，用小品、相声、快板书等不同的曲艺形式充分阐述和表达对"中国梦 · 劳动美"的理解，展示了新时期职工的时代风采和积极向上充满活力的精神风貌。三是广泛开展主题实践活动，吸引广大干部职工参与到活动中来。有的企业积极搭建职工参与平台，开展重点网络文化活动，引领职工立足本职、建功立业。有的企业以"唱响中国梦"为主题开展的欢乐大舞台、彩色周末等大型群众性文化活动，引领企业广大干部职工畅想美好明天，立足岗位做贡献。有的企业通过举办摄影展、书画展、歌咏比赛等多种活动，让广大干部职工在参与中接受教育，受到鼓舞，激发热情。

二、中央企业扎实开展第一批群众路线教育实践活动，取得良好成效

按照中央部署，115 家中央企业中，中央管理主要负责人的 53 家企业在中央教育实践活动领导小组直接领导下开展活动，其余 62 家企业在国资委党委领导下开展活动，其中 38 家安排所属单位参加第一批活动。62 家中央企业参加第一批教育实践活动的集团总部领导班子成员 520 人，党员 71 万人、党组织 3.5 万多个。活动开展以来，中央企业党委（党组）认真贯彻落实中央精神，将党的群众路线教育实践活动作为首要政治任务来抓，按照"照镜子、正衣冠、洗洗澡、治治病"的总要求，以落实中央八项规定精神为切入点，聚焦作风建设，紧密结合企业实际，扎实推进教育实践活动各项工作。活动中，各企业始终坚持高标准严要求，始终坚持为民务实清廉，始终坚持做到与中央认识一致、要求一致、行动一致。总的看，中央企业教育实践活动领导有力、组织有序、严肃认真、成效明显。主要有以下几个特点：

1. 领导重视，组织严密。一是迅速成立领导小组和工作机构。按照统一部署要求，中央企业全部成立了领导小组和工作机构，由企业主要负责人担任组长。二是加强组织领导。中央企业认真制订活动方案，明确相关政策要求。活动中，先后多次召开会议，及时学习习近平总书记系列重要讲话精神和中央党的群众路线教育实践活动工作会议精神，及时掌握活动进展，研究决定重要事项。三是做好新闻宣传工作。中央企业落实要求，不搞文山会海，控制简报数量，用高质量的简报指导推动企业教育实践活动。

2. 准备充分，启动迅速。6 月 25 日，国务院国资委召开中央企业教育实践活动动员大会，传达中央精神，全面启动中央企业教育实践活动。各企业随后相继召开动员大会，对活动进行具体部署，并对参加中央企业教育实践活动的有关人员进行培训，确保活动高效有序开展。

3. 有条不紊，扎实推进。一是加强学习教育，广泛听取意见。各企业坚持把学习教育贯穿活动始终，重点学习习近平总书记系列重要讲话、中央教育实践活动文件精神及中央规定书目。企业领导班子充分利用周末和晚上时间学习交流，集中学习时间全部达到 5 天以上。同时，各企业坚持开门搞活动，通过召开座谈会、个别谈心谈话、发放调查问卷、深入基层调研、设置意见箱、公布电话电邮、网络在线等多种方式，广泛征求意见。二是深入查摆问题，认真开展批评与自我批评。各企业领导班子成员认真学习贯彻习近平总书记在参加河北省委常委专题民主生活会时的重要讲话，相互之间深入开展谈心交心，努力找准领导班子和自身存在的突出问题。在此基础上，以整风精神开展批评与自我批评，保证了民主生活会的高质量。企业领导班子普遍反映，这次民主生活会真正使大家红了脸、出了汗，甚至还掉了泪，达到了团结—批评—团结的目的。按照中央要求，各企业还认真组织召开了内设部门处长和二级单位中层主要负责同志专题组织生活会。三是推进整改落实，建立健全规章制度。各企业围绕解决"四风"突出问题，全部制定了《整改方案》《专项整治方案》和《制度建设计划》，上报了领导班子整改方案和个人整改措施，涉及整改项目 1 300 个、专项整

治项目380个。及时组织"回头看",明确整改责任,细化整改措施,瞄准要害抓整改,回应群众改作风,推进制度立改废,以规则红线竖起制度围墙。

4. 突出企业特点,确保两不误两促进。各企业坚持将教育实践活动与推动改革发展相结合,与企业保增长、增效益相结合,与开展管理提升、强化基础管理相结合,既保证教育实践活动扎实有效开展,又有利于解决影响企业改革发展的突出问题,把党员干部在活动中激发出的工作热情和进取精神转化为推动企业中心工作的强大动力。

三、培育和践行社会主义核心价值观,推动企业改革发展

培育和践行社会主义核心价值观,是党在新时期提出的一项战略任务。党的十八大提出的"富强、民主、文明、和谐,自由、平等、公正、法治,爱国、敬业、诚信、友善"24字社会主义核心价值观,浓缩了国家、社会和公民三个层面的价值目标、价值取向和价值准则。这是每个公民在国家、社会和个人三个层面的价值追求和责任义务。对于企业而言,就要紧密结合自身实际,乘势而上、奋发有为,努力探索培育和践行社会主义核心价值观的路径,扎实做好培育和践行各项工作,为企业科学发展提供正确的价值引领和有力的精神支撑。2013年,各企业深入学习领会习近平总书记系列重要讲话精神,积极践行社会主义核心价值观,推动企业科学发展、创新发展。坚持经济行为与价值导向相统一,经济效益与社会效益相统一,积极践行社会主义核心价值观,明确了企业的奋斗目标、价值追求和精神境界,以强烈的责任意识和担当精神,推动企业改革发展,为经济社会发展作出更大的贡献。

1. 加强组织领导,健全工作机制。各企业把培育和践行核心价值观当作企业当前和今后一个时期的重要政治任务和企业全体干部职工的共同责任。把这项任务摆在重要位置,落实责任分工,切实担负起政治责任和领导责任。把培育和践行核心价值观,作为引领企业科学发展的战略举措,融入到企业生产经营实践中,把它作为关系企业和谐稳定、关系企业持续发展的千秋基业,扎扎实实加以推进。把培育和践行核心价值观和履行社会责任相统一。

2. 加强宣传教育,突出针对性实效性。企业把宣传教育做到了春风化雨、润物无声,增进了广大职工的情感认同、理论认同、政治认同,营造培育和践行核心价值观的浓郁氛围。一是充分运用企业内部报刊、网络、宣传栏、职工手机互动平台等多种传统和现代宣传载体,开辟宣传教育新渠道。二是把核心价值观"三个倡导"列入广大职工教育培训总体规划,体现在教育培训全过程,生动进课堂、扎实进头脑,让广大职工在学习中深刻领会、形成共识,使核心价值观真正成为广大职工的行动指南和精神追求。三是把"三个倡导"贯穿到各类实践活动之中。核心价值观的生命力在于实践,各企业充分利用蕴藏丰富教育资源的重大纪念日、民族传统节日和企业各类有关活动等契机,精心设计内涵丰富、积极向上的活动载体,组织开展形式多样、品位高雅、创意新颖的主题实践活动。

3. 全面贯穿企业的各项生产经营实践,融入职工的精神世界。能否真正实现"贯穿""融入",是衡量核心价值观培育和践行成效的关键。一是以人为本,努力把弘扬核心价值观,传递积极人生追求、高尚思想境界和健康生活情趣,贯穿融入企业职工道德行为各环节,从小处切入,从具体事、身边事抓起,由浅入深,由小到大,由点及面,推动形成企业上下人人践行社会主义核心价值观的生动景象。二是搭建融入平台,即搭建广大职工便于参与的平台、乐于参与的渠道。三是抓好典型树标杆,企业各级党组织坚持以核心价值观为导向,大力宣传表彰企业内爱岗敬业、崇德向善的道德楷模。国家电网公司把培育和践行社会主义核心价值观融入到公司和电网发展全过程,坚持继承与创新相结合,自觉履行肩负的责任和使命,深刻把握能源电力发展规律和企业发展规律,提出了以"三个建设"(党的建设、企业文化建设、队伍建设)为保证,深化"两个转变"(转变公司发展方式、转变电网发展方式),建设"一强三优"(电网坚强、资产优良、服务优质、业绩优秀)现代公司的总战略,培育了"努力超越、追求卓越"的企业精神和"诚信、责任、创新、奉献"的公司核心价值观,形成了具有国家电网特色的优秀企业文化。

4. 完善文化建设机制,充分发挥企业文化的力

量。一是各企业积极丰富企业文化,在弘扬传统优秀文化的基础上,结合社会主义核心价值观,为企业文化增添更为丰富的时代精神。二是以诚信建设为重点,结合企业生产经营实际,加强社会公德、职业道德、个人品德教育建设,把社会诚信理念和要求全面融入企业发展战略、企业生产经营和企业文化,切实开展有关诚信突出问题的专项教育和治理,完善企业信用体系建设。三是完善文化建设机制,即明确培育和践行核心价值观在企业文化建设归口管理部门,建立健全企业文化工作体系,把培育和践行核心价值观作为当前企业文化建设的重点任务加以突出和强化,并进一步完善企业文化建设评价机制和考核办法,使之更具科学性、合理性和可操作性,使培育和践行社会主义核心价值观在企业落地生根。

5. 建立经常化、长效化工作机制。一是各企业纷纷建立落实制度,充分发挥规章制度的规范、引导、保障、促进作用,尤其在企业信用体系和职工基本道德规范建设中,都体现了"三个倡导"的原则和要求,使核心价值观的实践真正做到有章可循,有法可依,有制可管。只有以制度为保障,核心价值观才能真正扎根于企业现实之中。二是建立了责任机制,把培育和践行核心价值观与推进企业生产经营紧密结合起来,纳入目标管理责任制。三是建立了纠偏机制,有的企业既强化规章制度实施力度,又深入实际,调查研究、了解分析在培育和践行核心价值观过程中出现的新情况、新问题,加强对核心价值观培育和践行的督促检查,及时发现、总结和推广在实践中创造的新鲜经验,探索基本规律,改进方式方法,指导面上工作,不断开创培育和践行核心价值观的新局面。

四、积极谋划工作,大力推动企业思想政治工作和企业文化建设改革创新

1. 2013 年 4 月 19 日,以"新疆精神与社会主义核心价值观体系建设"为主题的第三届自治区企业文化论坛在吐鲁番召开。新疆维吾尔自治区党委宣传部副部长、自治区政研会会长张可让,自治区政研会各团体会员单位的代表等 140 余人出席论坛。会议指出,新疆加强企业文化建设和思想政治工作要重点把握三个问题:一是坚持以现代文化为引领,促进企业文化科学发展。要把企业文化作为推动企业发展的独特要素和资源,作用于企业改革发展的全过程和生产经营管理的各个环节,把企业文化建设成果转化为企业的核心竞争力,促进企业科学发展。二是坚持到人、管用、有效,不断提升企业思想政治工作水平。要在工作覆盖上求到人,构建多层次、立体化、传输快、覆盖广的思想政治工作传播体系;要在工作内容上求管用,切实转变观念、改进作风,不断提高思想政治工作的针对性、有效性;要在工作目的上求有效,完善人文关怀和心理疏导机制,做到关怀疏导并举。三是加强组织领导,形成加强企业文化建设和思想政治工作的强大合力。企业工会、共青团、妇联等群众团体要积极参与,形成强大的工作合力。要对《国有及国有控股企业文化建设工作评价指标体系实施细则》和《非公有制企业文化建设工作评价指标体系实施细则》细化分工,明确任务,落实到位。

2. 中国政研会在京举办行业(系统)国有大中型企业党委负责人研修班。2013 年 5 月,中国政研会在全国宣传干部学院举办行业(系统)国有大中型企业党委负责人研修班。来自行业(系统)国有大中型企业党委负责人 70 余人参加了研修学习。举办本期研修班,旨在进一步深入贯彻落实党的十八大精神,深化中国特色社会主义和实现民族伟大复兴中国梦的学习教育,坚持社会主义核心价值体系建设,进一步贯彻落实《关于加强和改进新形势下国有及国有控股企业思想政治工作的意见》,研讨分析国有企业思想政治工作面临的新情况新问题,探索国有企业培育和践行社会主义核心价值观的有效途径,不断提高思想政治工作服务企业改革发展大局的能力。中宣部副部长王晓晖,中央文明办专职副主任王世明,国家发改委宏观经济研究院经济研究所副所长宋立,外交部翻译室主任张建敏分别为学员作中国特色社会主义宣传教育、精神文明建设、当前宏观经济形势和国际关系问题的专题报告。学员们普遍反映,本期研修班虽然时间短,但是定位准、站位高、内容实,部领导和专家所作报告"解渴、管用"。通过研修学习,开阔了眼界,学到了新内容,明确了工作方向,增强了做好工作的信心。

3. 2013 年 8 月,中国政研会在全国宣传干部学

院上海基地举办地方国有大中型企业党委负责人研修班。中央文明办专职副主任王世明同志为研修班作思想道德建设专题报告。来自各省区市国有大中型企业党委负责人80余人参加了研修学习。本期研修班把贯彻党的十八大精神、落实中央《意见》精神作为一条红线贯穿始终，既有国有企业思想政治工作常规性内容，还有中国梦、群众路线等新内容，以及企业思想政治工作者需要掌握的新思路新方法，探索加强改进国有企业思想政治工作的有效途径；重点围绕如何做好新形势下党的群众工作，在上海的金桥经济技术开发区开展了现场教学，取得良好效果。本期研修班的一大亮点是，首次在国企党委负责人研修中引入非公企业成功经验，收到良好成效。在现场教学中，学员们了解了金桥开发区的鲜活做法，聆听了开发区负责人的精彩讲解，并就普遍关心的问题进行了交流。一致认为，金桥开发区的成功经验为创新国企思想政治工作提供了很好的借鉴，给大家上了生动一课，很受启发、很受教育，开阔了视野、拓宽了思路，明确了今后努力的方向。大家表示，党的思想政治工作本质上就是群众工作，一定要结合群众路线教育实践活动，牢固树立群众观点，增强群众感情，密切与群众的血肉联系，努力把思想政治工作做到职工群众心坎上。

（撰稿：任　慧）

2013年企业文化优秀成果综述

中国企业联合会企业文化工作部

党的十八大提出，文化实力和竞争力是国家富强、民族振兴的重要标志。企业文化是社会主义文化的重要组成部分。新时期以来，中国广大企业深入贯彻落实党的十八大精神，在转方式、调结构、促发展的过程中，把企业文化作为企业做强做优的引领和支撑，充分发挥企业文化在企业经营管理中的独特作用，大力开展企业文化建设，不断培育形成企业新的竞争优势，推动了企业健康持续发展。为推广中国企业文化建设的成功经验，表彰企业管理者在企业文化建设方面做出的突出贡献，中国企业联合会联合北京大学、清华大学、中国人民大学等学术支持单位，在全国范围内开展企业文化优秀成果评审活动。该活动通过企业申报，各地、各行业企联（企协）和主管部门推荐，按照公开、公正的原则，坚持严谨、科学、规范的评审程序，经专家评审委员会审定，最终确定受表彰企业。

全国企业文化优秀成果评审活动自2002年设立以来，已经成功举办了十届，先后有海尔、联想、万达、国家电网、中航科技、中国建行、中信、青岛啤酒、同仁堂、天津港等数百家企业获得殊荣。入选企业均能够运用现代企业文化理论，在企业文化战略、体系、机制和方法等方面成效显著，富有特色和创新表现，具有较好的示范性和推广意义。目前，全国企业文化优秀成果已经成为中国企业文化建设成就的最高荣誉，具有较强的可靠性、代表性和权威性。

2012—2013年度全国企业文化优秀案例、优秀成果和突出贡献人物评审活动共评选出20个案例、80项成果、20名人物，并在第十届全国企业文化年会进行了表彰。这既是对中国企业文化建设优秀企业的发现、培育、推荐，也在一定程度上反映了中国企业文化建设的整体面貌，传递了中国企业文化发展的新趋势、新动态、新思想和新经验，是中国企业文化实践探索的风向标。

一、基本统计分析

118家获奖企业的总体情况如下：

1. 行业分布：主营业务分布在交通运输、煤炭、石油、机械制造、房地产、食品、农业、金融、物流贸易、工程施工、航空航天、冶金、烟草等几十个行业，其中,有80家企业的主营业务为第二产业,38家企业的主营业务为第三产业。

2. 地域分布:来自北京、江苏、山东、河北、天津、辽宁、陕西、浙江、内蒙古等27个省(自治区、直辖市),其中,东部地区有71家,中部地区有19家,西部地区有28家。

3. 所有制分布:涵盖中央企业及其下属公司、国有独资及控股企业、民营企业、股份制及合资企业、外资企业、集体企业、事业单位等不同所有制性质,其中,有28家来自中央企业及下属公司,有53家国有企业(不含中央企业)、22家民营企业。

4. 经营时间:入选企业一般具有较长时间的发展历史,平均年龄为38.89岁,其中,发展时间超过100年的企业有6家,分别是:开滦集团、天津达仁堂、抚顺矿业、哈尔滨铁路局哈尔滨机务段、济南铁路局青岛站、中国建设银行北京分行东四支行。

5. 经营业绩:入选企业均有良好的发展效益,平均资产总额为1 136亿元,平均营业收入约为570.7亿元,平均利润约为32.1亿元,平均主营业务收入增长率约为21.3%,平均人均产值约为169.2万元,其中,有36家来自世界500强企业及其下属单位,有71家来自中国500强企业及其下属单位。

6. 企业文化建设投入:入选企业大都设有企业文化专职工作人员,以及明确的企业文化建设经费预算,其中,平均职工人数约为42 900人,平均企业文化专职人员数量约为61人,平均企业文化建设年度经费预算(部分企业的预算包含场馆设施等硬件投入)约为12 249 900元。

二、主要特征和发展趋势分析

(一)创新意识不断增强,企业创新动力更加强劲

企业注重把改革创新精神贯彻到经营管理各个环节,不断推进商业模式创新、科技创新、管理创新以及其他各方面创新,形成以技术、品牌、质量、服务为核心的竞争新优势,着力增强创新驱动发展新动力。

一是把创新意识培育和企业技术进步结合起来。企业技术创新要落实到创新体系的建设,落实到一种创新意志、品质和能力的培养。中国航天科工集团三部秉持以"求实创新、引领飞航"为企业精神的"精鹰之道",通过设置创新基金、制定创新管理制度、开展重点创新人才工程建设,营造鼓励技术创新的机制和氛围,牢牢占据了中国飞航领域的技术主导地位;中信重工把"创新是企业的生命"作为核心发展理念,构建了独具特色的工程技术、产品技术、工艺技术"三位一体"的技术研发体系,实现研发的新产品产值连年超过销售总收入的60.0%以上。

二是把创新意识培育和企业品牌管理结合起来。企业只有把创新思维和创新精神贯穿于品牌设计、生产、传播、终端体验的全过程,才能塑造个性魅力独特的企业品牌。济南铁路局青岛站创立了全国首家铁路车站服务品牌"阳光家园",通过成立"阳光服务超市"和全国首家"旅客抱怨中心"等创新性做法,为顾客传递人性化情感服务体验;山推股份创新品牌传播模式,相继开展了"万里服务走基层""VIP客户红色之旅"等活动,倾力打造"价值引领,服务共赢"的服务品牌。同时,企业特别注重创新品牌管理理念,把企业文化看作决定品牌附加值的核心要素,不断丰富品牌的文化内涵,锻造品牌精神,使企业的文化资源有效地转化为企业的品牌资源。红蜻蜓公司投资建成首座国家级"中国鞋文化博物馆",创建了红蜻蜓鞋科技博物馆、红蜻蜓品牌馆、红蜻蜓商学院,为传播红蜻蜓品牌文化提供了有力载体。

三是把创新意识培育和企业管理提升结合起来。管理提升是通过管理转型升级,提高企业发展质量效益的基本方法。然而,如果没有企业管理理念的全面转变,企业管理的方式和手段就无法创新,管理提升的过程也就无法启动和落实。在这方面,山东新巨龙公司遵循"精细为魂、市场为纲、八位一体、动态平衡"的管理理念,创新性地提出"八全"管理,实现了时时、处处、事事的精细化;中国石油华北油田通过确立"全方位整体优化、全要素经济评价、全过程系统控制"的管理思想,创造了很多有效的基层精细管理方法,使企业迎来了油田勘探史上储量增长的新高峰。

(二)牢固树立以人为本,企业文明素质显著提升

一方面,立足关心人、尊重人、成就人,充分调动

员工积极性和创造性。通过为员工创造发展机会，让员工分享企业发展成果，把员工个人追求融入企业长远发展之中，实现员工与企业共同成长。胜利油田坚持"油田与心田共建，文化与文明共创"的理念，以EAP(员工帮助计划)、幸福组织建设、职业生涯规划、居家养老服务等为重点内容，推进实施胜利心田工程，营造出心齐气顺的和谐氛围；天津港把"发展港口、成就个人"作为企业的最高追求，通过对待劳务员工"四个一样"、竞聘上岗、后备干部"十百千"工程等具体措施，为员工提供了广阔的发展平台；大峘集团探索形成了"以情感管理为主、以制度管理为辅、以精神自律为中心、以传统文化为根基"的"家文化"，激发了企业发展活力。

另一方面，立足培养人、教育人、塑造人，大力提升员工素质和能力。现在，越来越多的企业将文化建设的重点放在职工文化知识素养、职业道德以及专业技能等方面的教育、培训上，通过积极创建学习型企业和学习型团队提高员工素质。中国国电在"家园文化"的引领下，组织实施"职工素质提升工程"，通过建立全员培训管理体系、实施东西部干部交流，使企业真正成为培养锻炼人才队伍的"家园"；国家电网山东电力公司坚持十年如一日开展"善小"主题实践，在员工中大力倡导善小常为、修身立德、爱岗敬业、奉献社会，提高了员工道德素质和企业文明程度。

(三)大力强化责任担当，树立良好企业社会形象

大量入选企业的实践表明，凡是积极履责的企业，往往能够赢得员工和社会的尊重，受到市场和消费者的欢迎，从而为企业营造良性和谐的发展环境，提升企业形象和品牌美誉度。内蒙古电力致力于打造以责任意识为核心的"蒙电文化"，培育了著名的"责任蒙电"品牌，塑造了"负责任、受尊敬"的电力企业新形象；金花投资集团秉承"上善若水"的文化精髓，把履行企业公民义务放在同企业发展同等重要的地位，凝聚起建设"金花大家庭"的新合力，使企业从刚成立时的20余人发展成拥有两万名员工的大型企业集团。

新形势下，企业全面提升履行责任的能力和水平，不仅是重要的时代潮流和商业规范，也是树立良好形象和提高竞争力的有效途径。

一是承担对消费者的责任，为市场提供安全、优质、高效的产品和服务。雨润集团早在成立伊始就在行业内率先提出了"食品工业是道德工业"的理念，在生产和流通各个环节制定了极度严苛的质量标准，确保为消费者提供安全美味的食品，受到消费者青睐，雨润集团也一跃成为全国最大的肉制品企业；中建三局坚持"品质保障，价值创造"的理念，严格推行全面质量管理，在业内率先编印《住房使用说明书》和《用户满意卡》等文本，确保建设精品工程，荣获多项中国建筑工程质量最高奖。

二是承担对员工的责任，不断激发全员奋斗动力。海亮集团奉守"任何时候都把员工当成是企业的上帝"，通过成立员工互助基金会、建立特困员工档案等实际行动引导员工爱岗敬业、共谋发展；天津郁美净集团倡导"家"文化，在企业经营困难的时候提出"扶老携幼向前走，不让一个人下岗"，在员工中形成了巨大的凝聚力，使郁美净从中小企业发展成企业集团。

三是承担对社会的责任，积极促进社会和谐稳定。万达集团以"共创财富，公益社会"为企业使命，发展了中国成员最多、分布区域最广、影响力最大的企业义工组织——万达义工，产生了积极深远的社会影响；远东集团坚持以"和"为本的经营理念，把推进残疾人事业作为企业义不容辞的社会责任，20年来先后安置数千名残疾员工在远东就业，成为中国大陆安置残疾员工最多的民营企业。

四是承担对环境的责任，大力推进生态文明建设。华能国际以"绿色文化"建设为抓手，积极探索"绿色煤电"技术路线，于2008年和2009年先后在华能北京热电厂、华能上海石洞口第二电厂建成投产二氧化碳捕集系统，为中国电力行业节能减排提供了新的思路和实践经验，使中国的二氧化碳捕集技术达到了世界先进水平。

(撰稿：李德洁)

2013 年企业信息化建设综述

中国电子信息产业发展研究院

一、中国企业信息化发展面临的新形势

（一）新政策进一步明确发展路径和目标

2013 年，国家发布了关于信息消费、两化融合、宽带战略若干意见等重要政策。其中，《关于促进信息消费扩大内需的若干意见》提出通过加强信息基础设施建设，加快信息产业优化升级，大力丰富信息消费内容，提高信息网络安全保障能力，以促进信息消费持续稳定增长。《信息化和工业化深度融合专项行动计划（2013—2018 年）》中提出，到 2018 年重点行业大中型企业两化融合水平逐级提升，处于集成提升阶段以上的企业达到 80.0%，中小企业应用信息技术开展研发、管理和生产控制的比例达到 55.0%，应用电子商务开展采购、销售等业务的比例达到 50.0%。这些政策的出台，意味着中国信息化发展的政策引导力度进一步加强，未来几年国家信息化发展的目标和路径更为清晰。《"宽带中国"战略及实施方案》将宽带网络定位为中国经济社会发展战略性公共基础设施，提出到 2020 年，固定宽带家庭普及率达到 70.0%，3G/LTE 用户普及率达到 85.0%，行政村通宽带比例超过 98.0%。城市和农村家庭宽带接入能力分别达到 50Mbps 和 12Mbps，发达城市部分家庭用户可达 1Gbps。

（二）新技术应用成为企业发展驱动力

2013 年，信息技术创新应用不断涌现，促进企业信息化不断迭代升级，成为企业创新的重要驱动力。云计算、大数据、物联网、移动互联网等新一代信息技术在多个行业领域快速扩散，不断融合发展，带来深刻的应用变革，不断催生新型商业模式，成为企业信息化发展的关键推动力。基于新一代信息技术，开发适合企业需要的信息化服务和解决方案，提供专业化、属地化的运营支撑服务，降低企业应用门槛和服务成本，带动了信息消费大发展，开辟了新兴消费领域和消费模式。2013 年，新一代移动网络技术广泛深入应用，企业的各类移动应用层出不穷，移动应用、移动终端、移动用户、后台服务、业务系统，以及业务数据等关键因素有机结合，在智能终端、北斗导航、电子商务、智慧城市等重点领域获得空前发展。移动互联网应用服务成为企业信息化功能创新的新引擎。

（三）信息基础设施迎来新一轮快速发展

在信息基础设施方面，中国在网络基础设施、3G 业务和应用普及的步伐进一步加快。在宽带建设方面，经过 2012 年、2013 年连续两年的"宽带中国"专项行动后，中国的宽带覆盖水平大幅提升，光纤到户覆盖用户两年分别增长 4 900 万户、7 200 万户，总量已达到 16 700 万户。全国互联网国际出口带宽达到 3 406 824Mbps，同比增长 79.3%，比上年提高 42.6 个百分点。中国手机用户已达 12.6 亿户，占电话用户总数的 81.9%，3G 渗透率达 31.0%。截至 2013 年 12 月，中国网民规模达 61 800 万人，互联网普及率为 45.8%。其中，手机网民规模达 5 亿人，继续保持稳定增长。宽带移动通信已经是全球范围创新最活跃、发展最迅猛的领域之一。2013 年酝酿、2014 年成立的铁塔公司（中国通信设施服务股份有限公司）进一步深化了电信基础设施共建共享，有利于降低行业总体的建设成本。

二、大型企业信息化建设取得新进展

总体来看，大企业开展信息化的资金和技术条件更为优越，同时对于通过信息化实现集团实时一体化管控的要求也更高。信息化在大企业集团化运

作、集约化发展、精益化管理方面发挥了日益重要的支撑作用。

（一）发展现状

1. 大型企业信息系统集成应用不断深化。2013年，中国大型信息化工程建设中，大型骨干企业的信息系统集成迈入全面起步期。钢铁、石化、航空等行业涌现出了一批关键业务系统实现综合集成的本土企业，部分企业的业务集成、管控衔接、产销一体化水平已居全球领先地位。例如，钢铁行业60余家重点企业开始信息系统综合集成；60.0%以上的大型有色企业建立了综合信息管理平台；石油化工全行业ERP应用率已达70.0%；超过80.0%的大型汽车企业已应用CRM、SCM。从开发利用手段看，自主开发、联合开发、委托开发、全套引进等多种形式并存。

2. 央企信息化建设成效显著。近年来，国务院国资委先后印发了一系列指导意见和评价指标，要求大力推进央企信息化建设，并先后开展了2007年、2008年、2010年和2012年度央企信息化水平评价工作。同时，国务院国资委以信息化“登高计划”为抓手，要求央企分类持续推进企业信息化建设。2013年，在国务院国资委指导下，各央企修订本集团公司“登高计划”评价指标，重新梳理不同类型企业信息化评价指标及参数，分层次、分类型、有针对性地评价指导企业信息化建设工作。

中央企业信息化工作，尤其是管理信息化取得巨大进展，已有90.0%的中央企业建立了中央信息化管控系统，信息化成为企业管理提升、增强核心竞争力的重要手段。2013年，中央企业网站能力建设试点示范工作开展顺利。各试点示范企业制定出本企业网站能力提升进度表，开展网站能力提升工作，并取得显著成效。按照中央企业网站能力评估方案（满分110分），16家试点示范企业网站能力有了不同程度提升，平均提升14分。2012年，试点示范企业网站能力平均只有67分，只有中国联通和中国石油2家企业网站能力超过80分；2013年，试点示范企业网站能力平均达到81分，国家电网、中航集团、中国石油、中国石化、南航集团、中国联通、航天科技、神华集团、中国建筑、南方电网等10家企业网站能力超过80分，其中国家电网网站能力达到了93分，达到A级。

以中国移动、国家电网为代表的部分央企已建成较完善的信息化应用系统，并在此基础上建立了决策支持系统（DSS），通过统计报表、在线分析、数据挖掘等技术向管理和决策者提供支持，使其能够更快速、全面地掌握企业经营和管理信息，为市场营销、绩效考核、风险管理等工作提供支撑。

3. 云环境下企业信息化呈现新模式。随着规模和业务扩展，在集约化经营驱动下，大型央企在建设信息系统时不断提出更加节能、高效、廉价的解决方案要求。云计算作为新的计算范式，为央企落实集团管控信息化建设提供了新的思路和手段。各大主流云服务提供商积极参与标准的制定和开源系统的开发。中海油作为业务多元化的中央特大型国有企业，在管理信息化、生产信息化建设不断深入的驱动下，探索采用企业云计算参考架构，划分了业务域、信息技术域、云计算域等三个维度提供服务，建立网上交易平台。

随着企业集团转型发展，并购重组成为大势所趋，通过信息化实现集团的财务共享服务至关重要。某建工集团尝试将云环境运用到财务信息化改革中，从前期签订合同到财务金融管理，再到云模式下的报销管理都集中在一起，把分散在各业务部的信息迅速集中到集团，每施工一个项目，信息系统会立即跟进，及时发现项目亏空，即使偏远地区的项目也可利用互联网实现报销、报账、业务沟通等，实现了财务集中管控和财务共享。企业集团依赖互联网和云计算技术在本部设立一个财务共享服务中心，将会计核算、应收应付管理、出具报表、员工报账等业务纳入其中管理，大幅提高数据标准化程度，可以为全球分支机构提供财务共享服务，这样将财务资源进行优化、整合，提高财务核算的标准化、高效化、节省成本。

（二）取得经验

1. 重视程度和推动力度不断增强。大部分央企企业的负责人已充分认识到信息化的价值，几乎所有央企能够在深入分析企业面临的内外部环境基础上，围绕企业核心竞争力，充分利用信息化手段，加强信息化管理、组织、协调等工作，提升自主创新能力、资源配置能力、风险管控能力，支撑企业组织机构和流程持续优化，转变发展方式，努力提高企业核心竞争力。央企对待信息化工作的重视程度和推动力度，已基本达到信息化发展的国际化要求。

2. 央企信息化工作离不开合理规划。规划的正确性和前瞻性直接关系到信息化建设的最终成效，央企应围绕集团整体战略目标和核心利益制定信息化规划。当前，各央企基本能够充分发挥信息化建设中的主动性，由总部统一编制信息化发展规划，统一的信息化规划指导年度信息化工作计划，并定期滚动修编，确定项目，层层落实，确保信息化建设有序推进。当前多数企业已建立涵盖信息化建设全过程各环节的管控机制，不仅站在技术角度考虑企业运营，而且站在战略层面连同人力资源、财务资金等关键任务加强顶层设计，并按照规范要求在全企业范围内严格贯彻执行，成为企业发展的重要支撑。

3. 信息化与业务融合程度愈益加深。信息化与业务的整合是提升信息化水平，实现信息化价值的必然途径。通过近些年的建设，中央企业信息化与业务的融合程度逐年上升。央企的信息化探索已经不再满足于操作层面的实施方法等问题，而是与研发、生产、经营等联系越来越紧密，更加关注信息化与企业管理变革、业务发展之间的关系、信息部门的定位、CIO 制度建设、信息化投入产出、信息部门绩效考核等深层次问题。很多企业实现了研发和设计协同化、生产过程的智能化、企业管理的信息化。同时，通过信息化技术与企业业务不断融合，分析和挖掘各种信息资源，进一步优化生产、理顺业务流程、堵塞管理漏洞，实现企业管理方式从粗放型向精细型的转变，有效提高生产和管理效率。

4. 信息安全成为信息化的基本红线。信息安全事关国家经济安全和行业运行，也是企业信息化水平的重要评价指标。随着“棱镜门”等事件不断曝光、发酵，信息安全能力建设被提到空前重要地位，受到空前重视。尤其在金融、能源、交通、电信等事关国计民生的关键领域，对信息网络的安全性、可靠性、实时性提出严峻挑战。信息安全已成为所有大型企业信息化工作的基本前提。建立健全信息安全和应急处置管理体系，提高信息化的安全保障能力，是中央企业信息化工作开展的重点。

5. 决策与资源配置能力有效提升。信息化在服务改革改制，推动企业可持续发展方面，体现出重要的战略价值。许多中央企业在信息化中使变革和改进制度化，以培育中央企业活力之源。通过低成本管控，实现责权利统一，形成全员激励机制。通过信息化支持企业自我完善，形成中央企业特色有效激励机制。信息化提升了中央企业决策支持与综合管理水平，使决策更加及时科学有效，提高了决策质量和效率。

（三）存在不足

中国大型国企信息化管理工作虽已取得可喜成绩，但仍然任重道远，面临不少问题。一是信息化投入不足，部分央企缺乏足够的信息化工作经费；二是企业系统覆盖程度有待提升，尚未建立跨应用系统的业务流程，实现信息化全流程管理；三是业务之间的数据共享、集成程度有限，需加强信息系统的互通互联和集成共享；四是对信息加工深度有限，管理信息系统对管理、经营的决策支持能力尚未得到充分发挥。

三、中小企业信息化建设稳步推进

（一）发展现状

中国中小企业信息化发展潜力巨大。当前，制造业、服务业、流通业是最大的中小企业信息化行业市场，特别是交通设备零部件制造、电子信息零部件制造、快速消费品制造、批发零售、信息及时服务、营销、专业咨询等行业的中小企业是信息化应用的热点领域。

据调查，在硬件基础设施投入方面，中小企业的硬件装备数量等各项指标虽均低于大型企业，但相对于固定资产的比例而言差距并不大；约 50.0% 中小企业的服务器和电脑的配置与实际需求有差距；多数中小企业对网络设备的采购需求进一步加大。中小企业建立内部网的比例很高。

在软件应用方面，中小企业更加重视对财务管理、人力资源管理、人员培训等方面的投入，大部分企业用户都购买了财务管理、办公自动化等系统。越来越多的中小企业开始实施信息安全保护措施，并普遍认可民族信息安全产品。云计算开创了中小企业信息化服务应用的全新模式,对于第三方云服务平台,中小企业顾虑最多的两大因素是安全性和价格。

在电子商务方面,CNNIC报告显示,100人以下的小微企业拥有的网站和网店比例为40.0%左右,7人及以下的企业仅为22.1%。2013年,中国个人网店的数量已达到1 122万家,网络创业成为大学生创业的新渠道。中小企业对电子商务应用主要集中在销售、采购和支付三个环节,对电子商务最大的顾虑在于信息安全问题和诚信问题。

目前,中小企业信息化建设存在三个阶段性特点:一是中国中小企业信息化总体上仍处于初级发展阶段,与发达国家还存在较大差距。二是中小企业对信息化的期望与应用现状间存在较大鸿沟,单个企业的IT投资额较低,且多投向硬件,IT系统的效果难以进行量化评价是中小企业信息化应用的最大困扰。三是中国中小企业信息化服务缺口巨大。据调查,50~800人规模的企业是中小企业信息化应用的最大主力,节能减排、研发设计、业务扩张是目前中小企业信息化支撑程度最弱的三项业务。

(二)工作进展

中国政府一直高度重视中小企业发展,工信部等主管部门在鼓励和引导中小企业转型升级和创新发展方面出台了一系列重要政策,推动实施中小企业创新能力建设计划、中小企业知识产权战略推进工程、中小企业信息化推进工程,支持中小企业"专精特新"发展。

1. 中小企业信息化推进工程重点突出。2013年,工信部重点围绕"推动云计算应用,支持小微企业发展"这条主线,推动实施中小企业信息化专项计划,投入730万元开展"小微企业云服务",组织全国400家中小企业信息化辅导站,配备1 000多名初、中、高级工程师,对21万多家小型微型企业进行"新管理、新模式、新应用、新政策"等系列培训,还连同三大运营商共同打造中小企业信息化服务品牌。

2. 中小企业信息化服务体系不断完善。2013年,中小企业信息化服务体系不断完善,超过300家中小企业信息化辅导站已覆盖全国地级市,国家中小企业公共服务平台整合了面向制造、金融、通信等领域,向10 000多家中小企业提供了司法鉴定、测试监测、产品研发、技术创新等服务。

3. 开放平台为中小企业提供多样化服务。2013年,以百度、阿里巴巴、腾讯、金蝶为代表的企业提供公有云服务种类不断丰富,用户数量不断增加。百度开放云平台为中小企业和开发者提供免费基础设施和数据资源,凝聚了16万注册开发者,开发了10多万应用,个人云存储(PCS)用户超过7 000万。金蝶中小企业管理云应用及平台提供涵盖生产制造、人力资源、财务会计、供应链、资产管理、协调办公、客户关系、生产制造和其他服务等10大类云服务,为27万中小微企业用户和445.6万个人用户服务。阿里云提供弹性计算服务、开放存储服务、开放结构化数据服务、开放数据处理服务、关系型数据库服务等,支持1 500个应用,中小企业用户数达53.4万。盛大提供云主机、云硬盘、云存储、云监控、云分发、云数据库、网站云、云安全等服务,企业用户超过5.3万人。

(三)存在问题

中小企业在实施信息化的过程中,普遍面临着高风险变革、高成本实施和低能力维护的困惑。广大中小企业最关心的问题就是:信息化过程中如何获取成功经验,有效规避风险?如何真正满足实际应用的需要?如何使信息化效益最大?如何缩短信息化实施周期和降低成本?

目前,中小企业信息化建设中的主要问题包括:

一是发展资金不足,融资渠道缺乏。信息化需要软硬件及技术设备的持续投入,而中小企业由于自身资源不足,资金来源多依赖自筹,对融资的需求强烈,但融资能力不足。中小企业因资信等级低、缺乏抵押资产、融资成本高等原因,难以得到银行资金支持。由于中国创业投资体制不健全,缺乏完善的法律保护制度和政策扶持措施,影响创业投资的退出,难以进行股权、债券等直接融资。中国虽设立了一些扶持小企业发展的专项资金,如科技型中小企业发展基金、中小企业技术创新基金、中小企业国际市场开拓基金等,但由于总额数量少、惠及范围有限、更青睐规模较大的中型企业等原因,多数中小企业仍难以企及。

二是人才吸引力不足,人员流失现象严重。人才缺乏已成为制约中小企业发展的重要因素。由于社会认识的偏差，很多人对在中小企业就业存在不稳定、待遇低、没保障等顾虑。员工积累一定工作经验后，一旦对市场的了解和技术的熟练达到一定程度就跳槽到大型企业或外资、合资企业，因而中小企业很难吸引或留住所需要的人才，尤其缺乏既懂业务又懂信息技术知识的人才。

三是创新能力不足，信息技术水平落后。大部分中小企业缺乏提高信息技术水平和拓展创新的能力。由于多数中小企业从事劳动密集型产品的生产制造或服务行业，本身对信息技术要求不太高，生产经营往往停留在简单仿制层次上，不能独自开发新产品，特别是专利产品，不能及时对产品升级换代。

四是信息不对称，错失商业机会多。能准确全面掌握信息，对于中小企业的生存和发展至关重要。具备较高水平的信息技术应用能力，往往能够及时掌握市场信息，信息充分的企业往往优于信息不全、滞后的企业，信息灵通的企业往往优于信息闭塞的企业。中小企业由于受到管理水平低、信息化基础差等制约，信息获取能力相对较弱，导致在市场竞争中往往错失很多商业机会。

四、企业电子商务发展情况

（一）发展现状

1. 中国电子商务交易额持续高速增长。根据商务部的报告，2013 年中国电子商务保持了持续快速增长的势头，电子商务交易额突破 100 000 亿元，同比增长 26.8%，其中网络零售额超过 18 500 亿元，同比增长 41.2%。在电子商务各细分行业中，B2B 电子商务占比 80.4%，2013 年交易额达 82 000 亿元，同比增长 31.2%；网络零售交易规模市场份额占比 17.6%，交易规模达 18 851 亿元，同比增长 42.8%。网络团购占比 0.6%；其他占 1.4%。电子商务在中小企业中的应用加快普及，国内使用第三方电子商务平台的中小企业用户规模已突破 1 800 万户。

2. 移动电子商务成为最具潜力发展领域。经过几年市场培育，以手机网购为代表的移动电子商务已经得到消费者的普遍认可。中国移动购物用户规模已超过 7 800 万人。移动电子商务市场交易规模达 532 亿元，同比增长 44.1%。以电子商务交易服务为龙头，物流配送、支付安全、信用认证和软件开发相配套电子商务服务业初具规模。云计算和大数据技术在电子商务领域不断创新应用，通过实时分析消费者数据，建立柔性化生产模式和高效组织结构、满足用户个性化需求的新型商业模式——按需定制 C2B 模式，正不断改变传统的 B2C 模式。

3. 电子商务与实体经济结合日益紧密。电子商务与实体经济的结合日益紧密，推进线下线上融合发展。大型骨干企业纷纷基于电子商务采购平台，实现企业间信息流、物流和资金流的协调。实体企业借助 B2C 平台，移动客户端开辟线上渠道，谋求新的发展空间，王府井百货、上品折扣对接微信支付，打造线上线下全渠道支付体系。通过自建电商平台或与第三方平台合作不断扩大销售，制造业领域涌现出了一批通过电子商务扩大影响的企业。同时，龙头电商企业也积极借助传统企业的线下销售渠道和店面覆盖优势，拓宽自身服务领域，京东商城与好邻居签订合作协议，在全国 10 000 多家连锁便利店推广新型 O2O 发展模式。

4. 跨境电子商务发展迅猛。中国八大跨境电商零售出口中心分别为广东、香港、上海、浙江、北京、台湾、江苏和福建。其中，福建、浙江和江苏分别以 76.1%、56.1% 和 52.0% 增速成为发展最快的跨境出口中心。此外，最受全球买家欢迎的品类按排序分别为：电子、时尚、家具园艺和汽配，而其中家具园艺类、汽配类和时尚类又成为增长最快的三大品类。

（二）发展特点

一是中国已成为全球最大的网络零售市场，2013 年网络购物用户规模达到 30 200 万人，全年网络零售交易额超过 18 500 亿元，相当于社会消费品零售总额的 7.8%。

二是电子商务拉动内需促进就业作用明显，一方面，网络零售的触角延伸到全国各个角落，拉动消费的作用日益显著。另一方面，电子商务发展有力促进了就业创业工作，全国网店创业就业人数达到 962 万人。

三是技术创新成为电子商务保持快速增长的重要动力，移动互联网、云计算、大数据等新一代信息技术的创新应用，成为电子商务发展的新热点。电子商务商业模式不断创新。

四是电子商务与传统商业融合发展，传统零售商向互联网转型步伐明显加快，正在成为网上零售的重要力量。电子商务进一步促进了物流配送服务水平的提高，互联网金融开始倒逼传统金融业创新发展。

五是电子商务市场竞争日益激烈，企业服务能力和行业集中度均有提升。2013 年是中国互联网投资并购较为活跃的一年，电商龙头企业的领先定位进一步巩固，行业集中度逐渐提高。

六是跨境电子商务的管理和服务体制建设取得重大进展。中国跨境网络零售正在迎来一个全新的发展阶段。当前中国电子商务发展受到全世界瞩目，规模取得突破，但总体来看仍然处于发展的初级阶段，还存在着许多制约产业健康持续发展的因素。

五、促进企业信息化发展的对策建议

1. 集中力量深入开展企业信息化新形势新问题研究。从总体上把握中国企业信息化发展的新形势、新问题，广泛开展调查研究，及时追踪国外发展趋势。建议有关部门组织社会力量对企业信息化出现的苗头性、趋势性问题进行更加深入的研究，以期对中国企业信息化建设有更加明确、深刻的认识，制定出符合实际发展需要的方针政策。

2. 激发企业信息化服务市场有序发展。企业信息化建设是企业行为，要充分尊重企业自主权，要采取措施，实行市场机制，调动企业的积极性。鼓励企业向产品服务方向延伸，提高产品的使用性能和效率，提高产品认知度，以满足消费者需求、保障产品质量，提高信息化服务的专业化水平。继续鼓励社会各方面力量支持企业信息化发展，进一步发挥市场配置资源的决定性作用，开展各类信息化培训、辅导和应用推广等活动。推动企业与服务商之间的信息互通、供需互联、合作互动，实现双赢。

3. 加大对中小企业信息化的扶持力度。优化利用中小企业信息化公共服务平台，重点建设一批体制完备、运作规范的信息中介组织。以移动互联网、云计算、物联网、大数据等新一轮信息技术发展为契机，搭建信息化服务平台，形成满足中小企业多种需求、覆盖全国的服务网络，支持中小企业利用信息技术提质增效。加强小微企业信息化绩效评估、信息化服务与应用成功案例、网络安全等热点问题研究，总结和宣传信息化条件下提升企业核心竞争力，创新中小企业生存发展模式的经验。

4. 建立企业信息安全保障体系。充分提高对信息安全的重视程度，建立完善的安全制度和合理的奖惩措施，加强对内部网络的管理，防范来自外部的攻击，一方面建立有效的备份机制，选择适宜的备份手段，确保各种业务数据安全存储；另一方面建立容灾系统，弥补传统冷备份的不足，在发生灾难时全面、及时地恢复整个系统。开展信息安全教育培训，规范安全操作，提高信息系统运维人员技术素质和技能水平。

5. 加强企业移动信息化的应用推广。通过移动信息化手段挖掘功能创新，例如即时办公、客户体验、实时管理和动态监控等，有效延伸现有信息化应用的范围，有效提高用户体验，充分发挥移动终端方便的特长，结合移动操作系统更新换代快、可在线更新的特点，关注移动应用客户端发布、实时更新。要全方位考虑移动信息化应用的安全问题，加强移动终端的安全管理，避免商业信息泄露，不断融合企业业务，实时共享系统资源，为企业创造更大价值。

6. 加强企业信息化经济效益分析与评估。研究表明，中国企业研发投入只对企业利润增长存在显著的正向影响，而信息化投入对企业规模、利润和创新成果增长存在显著的正向影响。积极探索开展企业信息化和信息化服务机构的绩效评估工作，探索依托第三方专业机构开展企业信息化评估的工作机制，加强对企业信息化的引导。加强企业信息化监测和统计分析工作，充分利用信息网络，及时跟踪和掌握企业生产经营动态变化情况。

7. 建立多层次多类型的人才培养和服务体系。加强企业信息化人才引进和培养。改革信息化科研人才流动机制，通过政府补贴、个人所得税减免等方式，激励高层次人才到信息化领域发展。试点建设一批信息化创业培训学院，聘请一批有实业经验的创业导师，指导创业者建立和发展初创企业，形成创新创业气候。

（撰稿：黄　蕾）

2013 年企业劳动关系状况综述

中国企业联合会雇主工作部

2013 年，全党及全国各族人民在极为错综复杂的形势下，积极贯彻落实党的十八大精神，围绕全面建成小康社会和实现中华民族伟大复兴的中国梦，围绕科学发展的主题和加快转变经济发展方式的主线，围绕提高经济发展质量和效益的中心，经济运行总体平稳，结构调整取得新进展，改革开放力度加大，人民生活继续改善，社会大局和谐稳定。同时，中国正处于社会转型关键期、结构调整阵痛期和增长速度换挡期，劳动关系的利益主体、利益诉求和外部环境正在发生深刻变化，劳动关系矛盾进入多发期和凸显期。这就对进一步健全劳动关系治理体制机制提出了迫切要求。党的十八届三中全会也直接或间接地对深化劳动关系领域改革提出了许多新任务新要求。可见，深入推进劳动关系领域各项改革创新，着力解决构建中国特色和谐劳动关系面临的体制机制障碍，将成为今后一段时期劳动关系领域的重要任务。

一、劳动立法进程加快，相关法律体系逐步完善

自 2004 年，2005 年间以《劳动合同法》《社会保险法》《就业促进法》等为代表的中国劳动立法体系化建设发端以来，迄今已经历了 10 个年头。为进一步深化和完善相关劳动立法规定，及时解决在实施中遇到的问题和困惑，人力资源和社会保障部（简称“人社部”）近一年来又出台了多个法律文件，其中最为重要的当属《劳务派遣行政许可实施办法》和《劳务派遣暂行规定》。此外，在养老保险、工伤鉴定等领域，也相继出台了一些新的法规和政策，对现有劳动法律体系起到了补充和完善的积极作用。

在劳务派遣新规制方面，自《劳动合同法》将劳务派遣用工方式以专节形式第一次用立法加以明确规范以来，劳务派遣用工在中国人力资源市场开始从无序向有序、从边缘到主流用工形式发展，由于其用工过程中劳动关系缔结和解除的灵活性和非正规性，导致其在运行过程中更容易给劳动关系当事人特别是劳动者带来更多权益受影响的风险。因此，全国人大常委会于 2012 年 12 月 28 日通过了修改《劳动合同法》有关劳务派遣用工相关规定的决定。该《决定》虽然旨在进一步规范劳务派遣用工的合理依规使用，保障劳动者合法权益，但其相关规定篇幅简短、内容比较原则，仍然难以起到有效的规制作用。为此，人社部配套颁布了《劳务派遣行政许可实施办法》（2013 年 7 月 1 日起施行）和《劳务派遣暂行规定》（2014 年 3 月 1 日起施行），增强了《决定》内容的可操作性和适用性。

在养老保险政策方面，2014 年 2 月，国务院以国发〔2014〕8 号文下发了《关于建立统一的城乡居民基本养老保险制度的意见》。该《意见》旨在进一步推动新农保和城居保两项制度合并实施，在全国范围内建立统一的城乡居民基本养老保险制度，为中国的养老保险制度一体化建设起到有力的指引作用。人社部与财政部于 2014 年 2 月 24 日印发了《城乡养老保险制度衔接暂行办法》。该《办法》明确了城镇职工养老保险和城乡居民养老保险之间接续、转换和取舍问题，大大加强了实践中的可操作性和合规要求。人社部于2013 年9 月以第二十号部令颁布了《社会保险费申报缴纳管理规定》，进一步规范社会保险费的申报和缴纳管理工作。此外，人社部办公厅于 2014 年 5 月 16 日下发了《关于进一步做好企业年金方案备案工作的意见》，要求各地要指导用人单位按照统一的范本制定企业年金方案及实施细则。

在其他劳动立法动态方面，人社部联合国家卫生计生委于 2014 年 2 月 20 日共同颁布了《工伤职工劳动能力鉴定管理办法》，进一步加强劳动能力鉴

定管理，规范劳动能力鉴定程序。国务院于2014年4月25日，以第652号令颁布了《事业单位人事管理条例》。该《条例》对事业单位工作人员的岗位设置、公开招聘、竞聘上岗、聘用合同、考核培训、奖励处分、工资福利、社会保险、人事争议处理、法律责任等问题作了比较系统的规定。鉴于事业单位改革正在铺开之中，未来事业单位工作人员中将有一大批转为企业化管理的劳动合同关系下的员工，因此该《条例》对于事业单位聘用关系与普通劳动关系的衔接与转化提供了重要指引。在此基础上，人社部联合中共中央组织部共同研究制定了《事业单位工作人员申诉规定》，于2014年6月27日颁布。该规定对事业单位工作人员申诉的案件管辖、受理范围、申诉申请程序、案件审理程序、处理决定、再申诉程序、处理决定的执行、复核监督等内容一一作了明确规定，保证了申诉案件处理的合法、公正、公平和及时性。

二、就业形势依然严峻，劳动力市场总体稳定

2013年，中国经济运行环境错综复杂，经济结构调整为就业和劳动力市场带来较大压力。党中央、国务院坚持实施更加积极的就业政策，重点抓好高校毕业生等重点人群就业。各级政府以简政放权为突破口，激发市场主体创造活力，增强经济发展内生动力，经济运行总体保持平稳较快增长，为就业增长和劳动力市场平稳发展奠定了基础。2013年，中国就业人员总数达到76 977万人，比上年末增加273万人。全国劳动力市场供求基本平衡，市场岗位空缺与求职人数的比率延续了往年“求略大于供、保持基本平稳”的态势。

中国2013年就业和劳动力市场呈现五大突出特点：一是经济增速放缓，对就业的拉动效应减弱。国内经济运行总体平稳，但发展速度变缓，使用工整体需求下降，影响了经济增长对就业的拉动效应，劳动力市场的供求均出现下降，需求下降速度相对更快。与2012年同期相比，第三产业的需求比重下降了2.2%；除制造业、批发和零售业、住宿和餐饮业、租赁和商务服务业外，居民服务和其他服务业的用人需求比重则下降了7.6%；外来务工人员中，本市农村人员的求职比重分别下降了1.0%和0.2%，外埠人员的求职比重分别下降了0.6%和4.8%。二是就业总量压力仍然较大，结构性矛盾突出。2013年，全社会就业人员比1978年增加36 825万人，年均增长1.9%，就业总量持续增加。同时，中国15～59岁的人口仍占总人口的67.6%，就业的总量压力依然不小，特别是高校毕业生、农业富余劳动力转移和就业困难群体再就业等三个方面的就业难度依然很大。随着经济结构调整带来需求的变化，劳动力市场上技能劳动者的需求增加，但大量劳动者由于缺乏技能就业难、工作稳定性较差，“招工难”与“就业难”并存的现象依然存在。三是劳动力市场发展平稳，劳动力供求总体平衡。与上年同期和上季度相比，市场供求人数均有所减少。从供求对比看，岗位空缺与求职人数的比率为1.1，环比和同比均上升了0.02。从供求总量看，与上年同期相比，平均每季度的需求人数下降了3.0%，求职人数减少6.0%；各区域市场劳动力需求略大于供给，东部和西部地区市场供求人数均有所减少，中部地区市场供求同比增长、环比下降。东、中、西部市场岗位空缺与求职人数的比率分别为1.11，1.07，1.16，需求均略大于供给，市场供求总体保持平衡。四是大学生就业满意度较高，企业就业比重大。根据北京大学教育经济研究所的调查研究，由于高校毕业生找工作有充分的选择权，因此毕业生对自己所找到工作的满意程度较高，非常满意和满意占总数的64.8%，很不满意和不太满意占6.9%。按实际工作单位统计，约76.0%的毕业生流向企业，企业就业比重很大。五是农民工人数继续增加，流动转移取得新进展。2013年全国农民工总量26 894万人，比2012年增加633万人，增长2.4%。随着经济发展，农业剩余劳动力转移在持续进行中。一方面本地农民工增长无论数量还是速度都快于外出农民工，就地就近转移成为新特点；另一方面农民工总量增速呈持续回落态势，表明农村剩余劳动力供给也即将面临拐点。在党和政府的高度重视下，农民工转移就业不断取得新进展，但农民工就业仍遭遇区域行业不平衡、转岗迁移、社保接续等问题的困扰。做好农民工工作仍是一项长期而艰巨的任务。

中国就业和劳动力市场发展仍需处理好五方面关系：一是处理好经济发展与就业增长的关系；二是

处理好产业结构调整与就业增长的关系；三是处理好城镇化与农村转移劳动力压力大的关系；四是处理好市场决定资源配置与促进就业的关系；五是处理好促进大学生就业与修正大学生择业观念的关系。

三、用工形势总体向好，劳务派遣进一步规范

2013 年全国各类市场主体快速、稳定增长。据国家工商部门统计：全国实有各类市场主体 6 062.4 万户，比上年增长 10.3%，增速比上年提高 1.8 个百分点。全国实有企业 1 527.8 万户（含分支机构），增长 11.8%；个体工商户 4 436.29 万户，增长 9.3%；农民专业合作社 98.2 万户，增长 42.6%。

2013 年上半年，经济增速下滑，三季度明显企稳回升，与此相应，上半年劳动者就业压力有所加大，进入三季度后逐步好转。总体来看，2013 年企业用工形势好于上年。一是城镇企业用工形势总体平稳。2013 年中国劳动力供需状况基本平衡，供应总量略显不足。二是中、西部地区企业劳动力需求旺盛。受国家逐步加大西部大开发力度以及东部制造业不断向中西部转移等因素推动，2013 年中西部经济发展速度继续快于东部省份，从而提高了中西部企业对劳动力的总体需求水平。三是部分行业劳动者就业人数增幅放缓。住宿餐饮业就业人数出现较大幅度下滑，2013 年上半年就业人数较上年同期减少 23.2 万人，下降幅度为 8.1%。四是大学生就业压力未减。2013 年是高校毕业生人数最多的一年，高校毕业生规模快速扩张引发了大学生就业难的问题。与之相比，教育程度较低的劳动者就业形势相对较好。五是中青年劳动者企业需求大。不同年龄劳动者的就业需求总体呈“倒 U 型”变化。其中，25 ~ 44 岁的中青年劳动者工作经验较丰富，身体和接受能力处于巅峰状态，就业形势最好，属于供不应求的群体。

在企业用工管理方面，企业意识逐步增强，法规政策落实到位，职工工资福利得到保障。一是企业依法为劳动者缴纳各项社会保险金的意识不断提高，社保基金缴费增长较快。据人社部门统计：2013 年五项社会保险（含城乡居民基本养老保险）基金收入合计 35 253 亿元，比上年增长 4 514 亿元，增长率为 14.7%。全国各类企业在各级人社部门的监督、指导下，依法为劳动者缴纳各项社会保险金的意识得到了显著提高。二是企业深入贯彻劳动合同制度，劳动合同签订率不断提高。2013 年企业以贯彻落实新修订的《劳动合同法》为契机，依法规范了用工行为。2013 年全国企业职工劳动合同签订率稳定提高，达到了 88.2%。三是积极推进集体协商和集体合同制度，企业不断提高参与集体协商和签订集体合同的自觉性。党的十八大首次将“推行企业工资集体协商制度”写进了大会工作报告，十八届三中全会明确提出“健全工资决定和正常增长机制，完善最低工资和工资支付保障制度，完善企业工资集体协商制度”。2013 年经各地人力资源社会保障部门审核备案的集体合同 155.5 万份，覆盖职工 15 700 万人。集体协商和集体合同制度的稳步推进，对促进企业劳动关系和谐稳定发挥了重要作用。四是企业认真贯彻《劳动合同法》修正案，规范劳务派遣用工。依据劳动合同法修正案和相关规定，使用劳务派遣用工较多的企业逐步做出调整，一方面把符合用工条件的劳务派遣工转为企业直接用工，一方面减少用工，辞退多余人员。同时维持一定比例的劳务派遣工，在符合规定的岗位继续使用派遣员工，或将部分业务外包给其他企业。不过，同工同酬仍是规范劳务派遣用工的重点和难点。五是劳动者工资稳步提高，但增速有所回落。国家统计局数据显示，2013 年全国城镇非私营单位就业人员年平均工资 51 474 元，同比名义增长 10.1%，扣除物价因素，实际增长 7.3%，增速较上年有所回落。

四、企业工资总体平稳增长，工资增幅有所回落

2013 年，中国积极应对各种挑战，经济实现了平稳增长，企业工资分配各项工作深入开展，企业职工工资收入总体上保持平稳增长。2013 年 2 月初，国务院转发了《关于深化收入分配制度改革若干意见的通知》，是指导中国中长期收入分配深化改革的纲领性文件，对企业工资收入和分配将产生深远影响。

一是工资增幅略有回落，东部地区持续领先，行业差距仍明显。2013年全国城镇非私营单位①就业人员年平均工资为51 474元，与2012年相比，同比增幅回落1.8个百分点。2013年全国城镇私营单位②就业人员年平均工资为32 706元，与2012年相比，同比增幅回落3.3个百分点。从分区域看，2013年城镇非私营单位就业人员年平均工资由高到低排列是东部、西部、东北和中部。从分行业门类看，城镇私营单位年平均工资最高的三个行业分别是信息传输、软件和信息技术服务业；科学研究和技术服务业；金融业。年平均工资最低的三个行业分别是农、林、牧、渔业；住宿和餐饮业；居民服务、修理和其他服务业。城镇非私营单位平均工资最高的三个行业分别是金融业；信息传输、软件和信息技术服务业；科学研究和技术服务业。年平均工资最低的三个行业分别是农、林、牧、渔业；住宿和餐饮业；水利、环境和公共设施管理业。

二是各地稳步提高最低工资标准，工资水平进一步提高。多年来，最低工资制度已经在全国全面建立，普遍实行了月最低工资标准和小时最低工资标准并持续较快提高。总的看全国各地调整最低工资的频次加快，幅度加大。根据现有数据统计，1995—2004年，各省市平均每1.79年调整一次最低工资，2005—2010年平均1.75年调整一次，2010—2014年平均1.2年调整一次。据人力资源和社会保障部公布的数据显示，2013年全国有27个地区调整了最低工资标准，平均调增幅度为17.0%。根据《深化收入分配制度改革的若干意见》，到2015年绝大多数地区最低工资标准要达到当地城镇从业人员平均工资的40.0%以上。目前，各地正朝着这一目标稳步迈进。目前全国已有北京等23个省区公布了2013年城镇单位在岗职工平均工资，其中，北京月平均工资最高，为4 672元/月，上海4 331元/月排名第二，浙江3 888元/月排名第三，而甘肃仅2 742元/月排名垫底。

三是企业工资集体协商和工资清欠工作持续推进。截至2013年底，全国已签订集体合同245万份，覆盖企业612万家；签订工资专项集体合同133万份，覆盖企业352万家、职工1.6亿人，分别比2012年增长8.0%、15.0%和8.0%，这标志工资集体协商工作三年规划目标任务已完成。与此同时，中华全国总工会着力推动非公企业和世界500强在华企业工资集体协商制度建设，制定了工会参与深化收入分配制度改革工作的指导意见，推动各地适时合理调整最低工资标准，推动健全以职代会为基本形式的企事业单位民主管理制度。

受经济增长下行压力加大、部分企业生产经营困难等因素的影响，拖欠农民工工资问题时有发生，在有的地区，已成为影响当地社会和谐稳定的重要因素。人社部会同公安部、住房城乡建设部、中华全国总工会等八部门在2013年联合开展“农民工工资支付专项检查”和春节平安返乡活动，追回被拖欠工资73.3亿元，帮助600万农民工平安返乡。

四是国有企业经营总体持平，高管薪酬基本与业绩挂钩。国务院国资委公布的2013年度中央企业经营业绩数据显示，实现利润总额13 000亿元人民币，同比增长3.8%；累计实现营业收入242 000亿元人民币，同比增长8.4%；上交税费总额20 000亿元人民币，同比增长5.2%。与上年相比，中央企业利润同比小幅上升，这与一些企业利润大幅增长相关。截至2014年4月底，已披露总经理薪酬的央企有323家。相较于2012年，2013年央企上市公司总经理人均薪酬77.3万元，上涨4.3%，将近70.0%的上市央企总经理薪酬低于平均值，甚至有94家央企的董事长出现了“零年薪”。

五、劳动争议案件依然呈居高态势，预防调处工作取得新进展

2013年，各级劳动人事争议调解仲裁机构处理劳动人事争议案件约150万件，涉及劳动者约180万人，涉案金额约390亿元。1—11月，全国共发生

① 城镇地区全部非私营法人单位，具体包括国有单位、城镇集体单位、联营经济、股份制经济、外商投资经济、港澳台投资经济等单位。工资统计是统计单位的就业人员，而个体就业人员、自由职业者等非单位就业人员不在工资统计范围内。2013年城镇非私营单位全国共调查154万家，就业人员1.81亿人。

② 私营法人单位主要是指：在内资法人单位中由自然人投资设立或由自然人控股，以雇佣劳动为基础的营利性经济组织，包括按照《公司法》《合伙企业法》《私营企业暂行条例》规定登记注册的私营有限责任公司、私营股份有限公司、私营合伙企业和私营独资企业。

30人以上集体停工事件503起。可见，中国劳动关系形势依然严峻，劳动人事争议调处压力依然很大。与此同时，中国仲裁机构实体化建设又上新水平，基层预防调解工作取得新进展，调解仲裁质量和效率稳步提高，调解仲裁队伍专业化水平进一步加强。

在劳动争议调解方面，劳动争议调解组织建设不断加强。据中华全国总工会统计，截至2013年年底，全国基层工会所在企事业单位建立劳动争议调解委员会100.6万个，比2012年增加14.8万个，增幅17.2%。同时，劳动争议调解成效显著提高。据中华全国总工会统计，2013年，全国各类劳动争议调解组织受理劳动争议39.6万件，调解成功24.4万件，调解成功率61.6%，区域性行业性劳动争议调解成功率高达80.0%之上。

在劳动人事争议仲裁方面，一是仲裁机构实体化建设再上新水平。据人力资源和社会保障部统计，2013年全国仲裁院建院率达到72.0%，比上年提高了19.0%。各地在仲裁院建设上凸显了高标准、实基础、严规范的要求，着力通过仲裁院建设来推动仲裁整体能力的提升。二是仲裁制度继续改进和完善。各地结合实际，开拓创新，从改革庭审方式、完善仲裁办案管理和推进调裁审衔接机制等多方面，探索灵活、便利、快捷的办案方式，为当事人提供公正高效的服务。三是仲裁队伍专业化水平进一步提升。据人力资源和社会保障部统计，截至2013年，全国专兼职仲裁员队伍已达41 000人，其中专职占66.0%，兼职占34.0%。在已发证仲裁员中，具有法律工作背景人员占43.0%。人社部出台了《劳动人事争议仲裁员任职培训大纲(试行)》，第一次对仲裁员的专业素质和培训制度提出了明确要求。四是信息化建设取得有效进展。各地把信息化建设作为争议处理效能建设的基础，作为仲裁办案质量和效率的保证。各地积极采取措施稳步推进，使调解仲裁办案系统统一软件在全国推广使用进展顺利。

在劳动人事争议诉讼方面，2011年以来，北京、上海、浙江、江苏、广州、深圳等省市及地区人民法院陆续建立白皮书制度，定期向社会发布劳动争议诉讼案件情况，总结当地一段时间内劳动争议纠纷的仲裁和审判情况，评述当地的劳动关系现状，并就当前存在的问题提出建议和意见，具有重要的参考意义和指导意义。

此外，第一批国有企业劳动争议预防调解示范工作取得成效。在2014年4月9日的全国企业劳动争议预防调解工作经验交流现场会上，分析总结了第一批国有企业劳动争议预防调解示范工作经验和成效。经检查验收，在人力资源和社会保障部确定的首批64家国有大中型企业中，共有63家示范企业达到了示范工作的要求，普遍建立了有组织、有预防、有制度、有保障的劳动争议专业化预防调解工作机制。共形成三点主要经验：一是调解组织建立健全，工作网络发挥作用；二是预防机制逐步形成，从源头上化解争议；三是制度保障不断完善，工作效能有效提升。

中国企业联合会及地方企联系统在推进劳动争议预防调解工作中不断采取有效举措。一方面，中国企联发挥带好头、领好路、选好型的作用，切实提高各级企联对企业劳动争议预防调解工作的重视程度，努力提升企联系统参与企业劳动争议预防调解工作的能力和水平。另一方面，中国企联与人社部、全国总工会组成联合督查调研组，赴安徽、上海、山东、福建、湖南、湖北等6个省市开展督查调研，了解《企业劳动争议协商调解规定》贯彻落实情况。调研显示，地方企联在推动企业劳动争议预防调解工作的组织建设、制度建设和队伍建设方面取得了积极成效。

六、协调劳动关系三方机制不断健全，各项工作稳步推进

2013年国家协调劳动关系三方全面贯彻党的十八大和十八届三中全会精神，先后召开第十八次和第十九次工作例会，认真落实国家协调劳动关系三方会议2013年工作要点，统一部署，各司其职，紧密配合，取长补短，共同加强劳动关系长效机制建设，研究解决劳动关系中的突出问题，各项工作取得了新的进展，中国劳动关系总体保持和谐稳定。

一是劳动关系法制建设稳步推进。2013年，国家三方大力推进新修订劳动合同法的全面贯彻落实，继续指导各地以小微企业为重点，提高劳动合同签订率和履行质量。同时，积极参与各项劳动保障

立法工作，推进相关立法进程。在三方共同努力下，人社部下发了《劳务派遣行政许可办法》和《劳务派遣暂行规定》，开展了全面规范劳务派遣专项行动，指导各地摸清劳务派遣底数，做好劳务派遣行政许可工作，对劳务派遣单位进行清理整顿，督促和引导用工单位规范使用劳务派遣工。国家三方共同参与了《特殊工时管理规定》《企业裁减人员规定》《关于全面治理拖欠农民工工资问题的意见》等法规规章政策的起草论证工作，并继续加强对集体协调集体合同、工资支付保障的立法储备工作。在征求各地方、各部门意见的基础上，国家三方进一步修改完善了《关于构建和谐劳动关系的意见》，并报送国务院。

二是集体合同和集体协商工作逐步进入攻坚阶段。国家三方继续指导各地以工资集体协商为重点，积极稳妥推进集体协商工作，大力开展行业性、区域性集体协商，扩大集体协商覆盖面，增强集体协商实效性。全国总工会发挥优势，继续抓好工资集体协商三年规划的贯彻落实，对各省级工会2012年推进工资集体协商工作进行总结考核，加强集体协商专职指导员队伍建设，截止目前，全国共有专兼职集体协商指导员14.9万人，其中专职集体协商指导员2 000余人。中国企联与全国工商联通过组织各种培训，积极引导企业经营者重视集体合同和集体协商工作，促进该项工作在企业的深入落实。同时，国家三方于2014年初，联合下发了《关于推进实施集体合同制度攻坚计划的通知》，旨在不断扩大集体协商和集体合同覆盖范围，确保2015年末集体合同签订率达到80.0%，2016年继续巩固和提高。

三是企业工资分配宏观指导调控体系进一步完善。国家三方认真贯彻实施国务院转发的关于深化收入分配制度改革的若干意见。人社部、全总均制定了贯彻落实文件的分工方案。积极开展最低工资标准评估机制研究，指导各地发挥三方协商在调整最低工资标准中的作用，稳慎做好最低工资标准调整工作。全国共有27个地区调整了最低工资标准，平均调增幅度为17.0%，调增速度放缓。指导各地通过三方协商提高发布工资指导线的科学性，全国共有17个地区制定了工资指导线，基准线普遍在14.0%左右。加大工资支付保障工作力度。人力资源和社会保障部会同全国总工会等单位切实做好2013年元旦、春节前保障农民工工资支付工作，经过努力，实现了元旦、春节前农民工工资基本无拖欠；启动了2014年两节期间保障农民工工资支付工作。各地企联继续积极做好最低工资标准相关调研及征求意见工作，配合地方出台更加科学合理的最低工资标准。

四是劳动标准管理工作继续加强。国家三方指导各地贯彻落实《防暑降温措施管理办法》，规范高温津贴政策，加大高温劳动保护工作力度，全国已有25个省份制定发布了高温（高寒）津贴标准。积极参与休假制度的修改完善。继续指导各地推动带薪年休假制度、《女职工劳动保护特别规定》的贯彻落实。召开全国劳动定额定员标准化技术委员会的换届会议。继续修改完善《关于加强劳动定额定员工作的指导意见》，推进日用陶瓷等行业制定劳动定额标准。

五是劳动关系纠纷调处力度进一步加大。国家三方继续指导各地完善劳动关系纠纷调处机制，妥善处理了大量劳动关系矛盾纠纷。人力资源和社会保障部会同中国企联、全国工商联继续推进预防调解示范工作，发挥国有企业示范放大效应，在部分非公有制企业和行业商业（协会）启动示范工作，目前已有40家非公有制企业和34家商会（协会）启动劳动争议预防调解工作，基层调解组织组建率不断提高，截至2014年第二季度，全国“两网化”管理地级城市覆盖率达到75%。国家三方继续指导各级劳动人事争议仲裁机构加大案件处理力度，2013年全年处理劳动人事争议约150万件，涉及劳动者约180万人，涉案金额约390亿元，仲裁结案率达到90.0%以上。同时，国家三方还积极指导各地稳妥处理集体停工事件。2013年1—11月，全国共发生30人以上集体停工503起，在各地三方的积极参与下，绝大部分集体停工事件得到了及时妥善处理。

六是劳动关系协调机制不断健全。目前，全国共有各级三方机制组织17 193个。各级三方积极推动工商联纳入地方三方机制工作，省级工商联已全部纳入省级三方机制，绝大部分地市级工商联均参与到三方机制。中国企联、全国工商联继续加强各自基层组织建设，夯实三方机制工作基础。同时，国家三方积极开展对劳动关系领域热点难点问题和趋势性问题的研究，委托三方专业委员会开展了劳动合同法贯彻实施情况评估课题研究。人力资源和社会保障部、全国工商联分别组织开展了健全劳动标准体系研究。中国企联开展了企业构建和谐劳动关系现状及对策、最低工资标准调整现状及对策等课题研究。全国工商联着力建立民营企业劳动关系监测机制、民营企业劳动关系状况报告机制，目前，民营企业劳动关系监测点筹备工作已完成。作为国家三方重要的工作载体，和谐劳动关系创建活动持续推进。为了解掌握各地开展和谐劳动关系创建活动进展情况，分析当前存在问题，总结各地好的经验和做法，研究提出下一步推动和谐劳动关系创建活动深入开展的政策措施，增强社会和谐基础，促进劳动关系和谐稳定，国家三方开展了和谐劳动关系创建活动联合调研，指导各地继续推进创建活动。人力资源和社会保障部、全国总工会与交通运输部还共同下发了进一步深入开展出租汽车行业和谐劳动关系创建活动的意见。此外，国家三方各项基础性工作不断加强。国家三方结合当前工作形势和任务，本着务实可行的原则，重新修订了会议制度，进一步促进国家协调劳动关系三方制度化、规范化。同时，国家三方办组织编写的《中国协调劳动关系三方机制发展历程》已正式结稿，全年还编写了 7 期信息交流，总结各地三方典型经验，促进好做法的交流与传递。与此同时，国家三方都在各自领域加强了与国际劳工组织和西方有关国家的合作和交流，展示中国协调劳动关系三方机制成果。

（撰稿：周　欣）

2013 年资源节约和环境保护工作综述

国家发展和改革委员会资源节约和综合利用司

2013 年，各地区、各部门按照党中央、国务院的部署和要求，把资源节约作为调整经济结构、转变发展方式、建设生态文明的重要抓手，进一步加大工作力度，努力构建资源节约型、环境友好型社会，各项工作取得积极进展。全年单位 GDP 能耗下降 3.7%。

一、强力推进节能降耗

（一）加强工作部署指导

经国务院同意，国家发改委印发《关于加大工作力度确保实现 2013 年节能减排目标任务的通知》，安排落实节能减排工作。有关部门做好节能减排形势分析，按月发布各地区节能目标完成情况晴雨表，并通过媒体加大宣传力度，督促各地及时采取调控措施。

（二）强化目标责任考核评价

组织开展省级人民政府 2012 年度节能目标责任现场评价考核，考核结果经国务院同意后向社会公报。有关部门根据考核结果，对部分地区采取了严格固定资产投资项目节能评估审查等限制性措施。

（三）调整优化产业结构

国务院印发化解产能严重过剩矛盾的指导意见。“十二五”前三年累计关停小火电机组 1 800 万千瓦，淘汰落后产能炼铁 4 533 万吨、炼钢 4 564 万吨、水泥 48 700 万吨、平板玻璃 11 147 万重箱。加快发展服务业，2013 年服务业增加值占国内生产总值比重达到 46.1%，首次超过第二产业。大力发展节能环保产业，国务院印发加快发展节能环保产业的意见，以推广节能环保产品拉动消费需求，以实施节能减排工作拉动投资需求，促进节能环保产业发展水平全面提升。积极优化能源结构，2013 年新增光伏发电装机容量1 290 万千瓦，占全球新增量的 34.0%；新增风电装机容量 1 610万千瓦，占全球新增量的 46.0%；非化石能源占一次能源消费比重达到 9.8%。

（四）加快实施重点工程

安排中央预算内投资和中央财政节能奖励资金，支持了一批节能技术改造及产业化、节能监察机构能力建设、甩挂运输试点项目。组织第三方节能量审核机构对财政奖励项目进行了现场抽查，并根据抽查结果收回了部分问题项目的财政奖励资金。继续实施节能产品惠民工程，安排财政资金317亿元，推广高效节能家电7 988万台、节能汽车265万辆、高效电机1 075万千瓦，拉动消费5 600亿元，实现节能820万吨标准煤。启动第二批节能减排财政政策综合示范城市建设工作。

（五）深入推进重点领域节能减排

组织开展万家企业节能低碳行动，在北京、河南、陕西等3省（直辖市）开展重点用能单位能耗在线监测系统建设试点，加强企业能源管理体系建设，组织开展万家企业节能目标责任考核、能源利用状况报告填报。实施工业能效提升行动，规模以上工业单位增加值能耗降低5.0%。开展绿色建筑行动，国务院办公厅印发了《绿色建筑行动方案》，“十二五”前三年累计完成既有建筑节能改造6.2亿平方米。实施车船路港千家企业节能低碳行动，在33个大中型机场推广使用桥载设备替代飞机辅助动力装置。开展节约型公共机构示范单位建设，全国公共机构单位建筑面积能耗下降3.2%。

（六）加快节能技术产品推广

发布节能技术推广管理办法，建立节能技术遴选、评定和推广机制，发布第六批国家重点节能技术推广目录，推广29项重点节能技术。强化能效标识管理，修订并公告了电动洗衣机、普通照明用自镇流荧光灯和转速可控型房间空气调节器三类产品能源效率标识实施规则，截至2013年年底，实施能源效率标识制度的终端用能产品已达到28类，共7 400多家企业、43万多个产品型号通过备案。加强节能产品认证，截至2013年11月底，共为2 738家企业颁发了45 144张节能产品认证证书。推行节能产品政府采购，发布第十三、十四期节能产品政府采购清单。继续实施“百项能效标准推进工程”，发布了47项国家节能标准。

（七）推行合同能源管理

有关部门印发《关于落实节能服务企业合同能源管理项目企业所得税优惠政策有关征收管理问题的公告》，解决了合同能源管理税收优惠政策落实问题。安排中央财政奖励资金约2.8亿元，支持了443个合同能源管理项目，节能量约116万吨标准煤。开展合同能源管理项目现场核查，取消了17家节能服务公司审核备案资格。

（八）加强舆论引导

深入开展“节能减排全民行动”，开展节能减排宣传教育，普及节能环保知识，积极倡导节约型的生产方式、消费模式和生活习惯。组织开展第23届全国节能宣传周和首个“低碳日”活动，积极营造良好的舆论氛围。

二、大力发展循环经济

（一）加强宏观指导

国务院印发《循环经济发展战略及近期行动计划》，对循环经济发展进行了系统总结和总体部署，明确了循环经济发展的主要目标、关键环节和重点任务。组织有关科研机构对国家层面的资源产出率数据进行测算，研究资源消耗、再生资源回收利用量的统计方法。有关部门总结凝炼了一批循环经济典型模式。

（二）实施循环经济重点工程

中央财政安排循环经济发展专项资金20多亿元，支持20个园区循环化改造示范试点、10个国家“城市矿产”示范基地、17个城市餐厨废弃物资源化利用和无害化处理试点，可实现年新增再生资源加工利用量550多万吨、年新增餐厨废弃物加工处理能力135万吨。深入推进资源综合利用“双百工程”，推动首批24个示范基地、26家骨干企业的建设工作，协调银行加大对“双百工程”建设的金融支持。

（三）推进循环经济示范城市（县）建设

印发了《国家循环经济示范城市（县）创建工作

的通知》，确定了40个城市和县开展循环经济示范城市（县）创建工作。积极创新评审方式，制定了《循环经济示范城市（县）创建〈实施方案〉评审规定（试行）》，确保评审工作的“规范、公开、透明”。

（四）推动秸秆综合利用

开展秸秆综合利用规划实施情况中期评估，截至2012年全国秸秆综合利用率达到74.1%，比2008年提高5.4个百分点。国家发改委会同有关部门印发《关于加强农作物秸秆综合利用和禁烧工作的通知》，督促各地在夏收期间加强秸秆综合利用和禁烧工作，发布相关收获、留茬等作业及综合利用产品标准，明确处罚措施。

（五）推进再制造产业化发展

组织开展再制造产品“以旧换再”试点，对交回旧件并购买再制造产品的消费者进行补贴。加强再制造产品质量管理，印发《再制造单位质量技术控制规范（试行）》。开展了第二批再制造试点，确定了28家企业开展汽车零部件、再制造服务业、回收体系和装备生产等方面的试点工作。

（六）探索循环经济相关领域发展模式

组织编制中新天津生态城绿色发展示范区建设实施方案，探索绿色发展示范区建设模式。批复同意《青岛董家口区域循环经济发展总体规划》，探索区域循环经济发展新模式。批复同意北京鲁家山循环经济示范（静脉产业）基地实施方案，探索对生活垃圾、餐厨废弃物、建筑废弃物、等城市典型废弃物资源化利用和无害化处理的园区化管理新模式。出台《循环经济专项资金支持国家循环经济教育示范基地建设实施方案的通知》，对通过试点运行验收的8家教育示范基地准予挂牌并给予一定资金补助，开展了第三批教育示范基地创建工作。

三、强化节约用水

（一）加强节水制度建设

实行最严格水资源管理制度，组织制定万元工业增加值用水量、农田灌溉水有效利用系数两项控制指标考核实施方案。完成《节约用水条例》立法前期工作，制定《计划用水管理办法》。推动建立水效标识管理制度。

（二）加快标准和技术规范体系建设

编制完成10项国家节水技术标准和用水定额。印发《关于严格用水定额管理工作的通知》，建立用水定额备案、修订和评估制度。发布《重点工业行业高耗水工业用水效率指南》，编制《国家鼓励的工业节水工艺、技术和装备目录（第一批）》，为制定产业政策、调整产业结构、淘汰落后产能提供评价指标和参考依据。

（三）发展海水淡化产业

国家发改委公布了两批海水淡化产业发展试点单位名单，确定了试点城市（工业园区、海岛）、产业基地、淡化水供水试点和苦咸水淡化试点等10家试点单位。建立海水淡化产业发展部际协调机制。截至2013年年底，国内累计建成海水淡化工程107项，设计淡化水产能96.6万立方米/日。推动重大技术取得突破，中国已自主建成单套1万立方米/日反渗透和1.25万立方米/日低温多效海水淡化装置，正在建设单套2.5万立方米/日低温多效海水淡化装置。

（四）加强节水型社会建设试点和示范区管理

完成第四批18个试点的中期评估和总结，发布第四批节水型社会试点建设中期评估通报，完成第三批试点验收。发布第三批国家节水型社会建设示范区，累计完成82家全国节水型社会建设示范区建设。

（五）开展公益宣传教育

开展全国中小学节水教育社会实践基地建设、节水教育进教材和“节水辅导员”培训工作，组织开展“节水中国行”和“节水·在路上”公益宣传活动，广泛树立“珍惜水、爱护水、保护水”的意识。

四、加强土地集约节约利用

（一）加强制度建设

制定《节约集约利用土地规定》和《推进节约集

约用地行动计划(2014—2019)》,出台《关于开展城镇低效用地再开发试点的指导意见》。修订了《矿产资源节约与综合利用专项资金管理办法和工作管理办法》。组织修编《矿产资源节约与综合利用鼓励、限制和淘汰技术目录》。

(二)强化土地资源节约集约管理

完成30个重点城市的行政辖区和中心城区建成区两个层次的城市节约集约用地调查评价和潜力测算,总结推广不同产业、行业60多个节地技术和节地模式。建立并完善了以“土地利用状况、用地效益、管理绩效”为核心的3大类6中类共15项指标的评价指标体系,形成开发区土地集约利用评价规程和数据库标准。积极推动节约集约用地示范省建设,指导部分地方编制节约集约用地行动方案。

(三)加快矿产资源合理开发与综合利用

制定铁、铜、铅、锌、稀土、萤石、钾盐7个矿种开发“三率”(开采回采率、选矿回收率、综合利用率)最低指标要求。完成全国油气、煤炭、铁等重要矿产资源“三率”调查评价的外业调查、实地核查、数据可信度评估等工作。出台关于推广先进适用技术提高矿产资源节约与综合利用的政策,公布了第二批37项先进适用技术。确定239家矿山为第三批国家级绿色矿山试点单位(累积459家),开展了分行业的绿色矿山建设标准研究。

(四)持续开展国土资源节约集约模范县(市)创建

组织第二届国土资源节约集约模范县(市)评选,评选出101个县级模范县(市)、10个地级模范市。修订创建活动指标标准体系,推动各地将耕地保护、资源消耗等纳入地方党政领导班子和领导干部绩效考核体系。举办“大地之约——国土资源节约集约利用公益宣传活动”。

(撰稿:姚明宽)

2013年人力资源和社会保障工作综述

国家人力资源和社会保障部政策研究司

2013年,人力资源社会保障系统坚决贯彻党中央、国务院的决策部署,坚持稳中求进的总基调,开拓进取,狠抓落实,圆满完成了各项工作目标任务。

一、就业目标任务全面完成,就业局势保持基本稳定

(一)各项就业目标任务超额完成

通过实施更加积极的就业政策,加强工作调度和督促检查,2013年就业目标任务完成情况好于预期。截至2013年底,全年全国城镇新增就业1 310万人,城镇失业人员再就业566万人,就业困难人员实现就业180万人,城镇登记失业率为4.1%。

(二)以高校毕业生为代表的重点群体就业工作积极推进

坚持将高校毕业生就业工作放在首位,在狠抓已有政策落实的基础上,全力推动落实国务院新出台的高校毕业生就业创业扶持政策。会同有关部门制定出台了高校毕业生求职补贴、离校未就业毕业生实名登记等配套政策,启动实施离校未就业毕业生就业促进计划,加大就业见习和职业培训力度,基本实现了应届高校毕业生就业水平不降低、有提高的目标。继续组织实施高校毕业生“三支一扶”计划,共选派2.8万余名毕业生到基层服务,健全服务保障机制,提高工作生活补贴水平。统筹实施高校毕业生基层服务项目,引导和鼓励高校毕业生到基

层就业和服务。加大农村转移劳动力就业和就业困难群体就业工作力度,不断加强就业服务和信息引导,就业援助制度进一步健全,重点群体就业保持基本稳定。

(三)职业技能培训力度进一步加大

积极推动全国百城技能振兴活动,大力开展就业技能培训、岗位技能提升培训和创业培训,加大职业培训补贴政策落实力度,全年开展政府补贴性职业培训2 049 万人次。进一步完善职业培训政策体系,推动构建覆盖城乡全体劳动者的终身职业培训体系。

(四)公共就业服务不断加强

人力资源部会同有关部门组织开展就业援助月、春风行动、民营企业招聘周、高校毕业生就业服务月及季度网络招聘等公共就业和人才服务专项活动,集中为各类群体和用人单位提供政策支持和就业服务。推进公共就业服务体系和制度建设,完善和落实经费保障机制。完善就业、失业登记制度,做好实名制管理和服务。加强就业信息监测和全国就业信息公共服务平台建设,完善全国公共招聘网,推进公共就业和人才服务标准化建设,加强就业服务管理人员培训,提升就业服务质量和效率。进一步完善失业动态监测制度,稳步推进失业预警试点,目前,纳入部级的监测城市已达到333 个。

(五)统一规范灵活的人力资源市场建设加快推进

加大人力资源市场整合力度,出台了市场整合意见,明确了市场整合目标。在人力资源服务机构中开展诚信服务主题创建活动,深入推进服务机构诚信体系建设。按照转变政府职能和深化行政审批制度改革要求,取消了举办全国性人才交流会审批事项,加强和改进招聘会管理。完善人力资源市场一线观察项目,及时分析和判断就业形势变化。大力发展人力资源服务业,借助社会平台组织开展了人力资源服务专题展览,启动人力资源服务业领军人才培养计划,加强人力资源服务机构经营管理人员培训,推进人力资源服务产业园建设。

二、统筹推进城乡社会保障体系建设,社会保障制度进一步健全

(一)城乡社会保障制度进一步完善

积极组织相关部门、国内外研究机构和地方开展养老保险顶层设计研究。全力推进新农保和城居保合并实施,已有15 个省份先行建立了统一的城乡居民基本养老保险制度。积极推进城乡居民大病保险试点工作,河北、山西等27 个省份印发实施方案,吉林等8 省份在全省推开;全国已确定130 多个试点地市,过半试点城市已正式运行。积极推进医疗保险城乡统筹,已有6 个省级区域、45 个地市以及部分县(区)开展探索。积极推动落实新修订的工伤保险条例,进一步做好工伤预防试点和工伤康复试点工作,工伤保险政策标准进一步完善。

(二)社会保险各项目标任务全面完成

2013 年末,城镇职工基本养老、城镇基本医疗、失业、工伤、生育五项保险参保人数分别达到32 218 万人、57 073 万人、16 417 万人、19 917 万人、16 392 万人,比2012 年底分别增加1 792 万人、3 431 万人、1 192 万人、907 万人、963 万人,均超额完成全年目标;五项社会保险基金总收入33 200. 8 亿元,同比增长14. 8%,总支出26 567. 9 亿元,同比增长19. 8%。城乡居民社会养老保险参保人数达到49 750 万人,比2012 年底增加1 381 万人。

(三)社会保险待遇水平稳步提高

连续第9 年调整企业退休人员基本养老金,调整后月人均基本养老金达1 900 元;城乡居民基本养老金月人均达到81 元;城镇居民医保补助水平由2012 年的人均240 元提高到280 元;全国失业保险金月人均发放水平由2012 年的707 元提高到759 元。

(四)基金监督管理进一步加强

积极推进行业企业社会保险纳入地方管理工作,会同财政部、国务院国资委下发通知开展了封闭运行社会保险清理移交工作。开展新农保、城居保

基金专项检查，社会保险基金社会监督试点稳步开展。社保基金非现场监管软件联网应用进一步推进，地市级部署实施达到94.0%。企业年金市场化投资运营监管机制进一步健全，实施企业年金数据交换规范国家标准，提高了规范化服务水平。

（五）社会保险经办管理服务标准化、规范化、信息化建设得到加强

颁布实施了社会保险费申报缴纳管理规定、社会保险视觉识别系统，开展电子社保示范城市建设，努力为参保对象提供优质、高效、便捷的管理服务。改进医疗保险异地就医费用结算管理服务，已有27个省份建立了省内异地就医结算平台。加大社会保险费征缴力度，确保了各项社会保险待遇按时足额发放和支付。社会保障卡持卡人数超过5亿人，完成"十二五"规划目标的62.5%。企业退休人员社区管理率达到79.1%，比上年提高0.8个百分点。

三、人才队伍建设进一步加强，引智工作取得积极进展

（一）专业技术人才队伍建设进一步推进

启动了新10年首批国家百千万人才工程国家级人选选拔工作，遴选首批421名国家级人选，并授予有突出贡献中青年专家称号。全面推进万名专家服务基层行动计划，建立健全专家服务基层长效机制。分类推进职称制度改革，全国中小学教师职称制度改革扩大试点进展顺利，基本完成全国近百个地市的改革试点任务，积极推进工程技术人员职称制度改革工作，完善专业技术人员职业资格管理。深入实施海外高层次留学人才引进项目。博士后规模稳步扩大，全年新设644个博士后科研工作站，招收1.4万名博士后研究人员。专业技术人才知识更新工程全面推进，出台国家级专业技术人员继续教育基地管理办法，完成了20个国家级专业技术人员继续教育基地建设任务，顺利完成了全年1.5万名高层次专业技术人才、105万名急需紧缺和骨干专业技术人才的培养培训任务，全国接受继续教育人员达到4 400万人次。开展了第四批新疆少数民族特培工作和第一批西藏少数民族特培工作。

（二）技能人才队伍建设进一步加强

继续组织实施国家高技能人才振兴计划，制定了国家级技能大师工作室建设项目实施管理办法（试行）、国家级高技能人才培训基地建设项目实施管理办法（试行）及建设项目考核标准及细则（试行）等。加强技师培训项目资金使用管理，完成了2013年80个国家级高技能人才培训基地和100个国家级技能大师工作室的项目建设任务。创新技能人才培养模式，推进技工院校一体化课程教学改革，组织认定了19家全国技工院校一体化师资培训基地，全年全国技工院校招生达129.6万人。组团参加第42届世界技能大赛的22个比赛项目，取得1枚银牌、3枚铜牌以及13项优胜奖的优良成绩。稳步推进职业技能鉴定工作，全年鉴定近1 800万人次。

（三）引进国外智力工作取得新进展

"外专千人计划"和高端外国专家项目深入实施，349项高端项目通过专家组评审。统筹抓好各项重点引智项目，立足国家经济社会发展需求引进各领域高层次人才和急需紧缺人才，全年执行各类专家项目1.4万项，资助聘请专家近5万人次。认真贯彻落实进一步规范领导干部境外培训工作的意见，全年压缩了20.0%出国（境）培训项目，出国（境）培训质量和效益进一步提高。成功举办中央领导春节前夕与外国老专家和优秀专家代表座谈活动及邓小平同志"七八"谈话30周年纪念活动、中国政府"友谊奖"颁奖活动等引智重要会议和活动，搭建了高层次交流合作平台。进一步优化引智发展环境，推动建立全国引智资源平台，加大引智成果示范推广力度，全面完成2013年国家引智基地和示范单位评审工作。

四、积极推进干部人事制度改革，制度建设和队伍管理不断加强

（一）公务员制度不断完善

公务员分类管理深入推进，积极稳妥开展公务员聘任制试点。会同中组部制定了关于加强和完善公务员考试录用工作的若干意见和公务员公开遴选

办法(试行)、公务员平时考核办法(试行)等,推动公务员考录工作进一步规范化、中央机关公开遴选工作常态化、公务员平时考核工作制度化。会同中纪委、中组部印发了《关于党政机关、人大机关、政协机关、各民主党派和工商联机关公务员参照执行〈行政机关公务员处分条例〉的通知》,政纪处分制度全部覆盖七类公务员。

(二)公务员队伍建设不断加强

顺利完成第八届全国"人民满意的公务员"和"人民满意的公务员集体"评选表彰工作,追授兰辉同志全国"人民满意的公务员"荣誉称号,开展了向兰辉同志学习的活动。批复中央国家机关40个单位的年度考核和定期奖励方案。会同21个部门联合表彰先进个人和先进集体。积极开展公务员四类培训,继续加大对藏区、革命老区及少数民族地区的培训支持力度。圆满完成2013年公务员招考工作,中央机关及其直属机构共录用1.9万人,地方共录用18.5万人,省级以上党政机关除特殊职位外全部录用具有两年以上基层工作经历人员。依法做好事业单位参照管理审核和日常管理工作。深入开展公开遴选工作。

此外,还积极推进国家表彰奖励的立法工作,完善授予部级荣誉称号工作制度。

(三)事业单位人事制度改革有序推进

事业单位各项管理制度不断健全,贯彻实施事业单位工作人员处分暂行规定,修改完善事业单位工作人员申诉、奖励、考核、竞聘上岗规定,出台了全科医生特设岗位计划试点工作暂行办法。进一步提升聘用管理的标准化程度,全国事业单位聘用制度推行率达到95.0%。全国事业单位岗位设置管理工作实现制度入轨,岗位设置完成率超过90.0%。全面落实和规范公开招聘制度,推动分行业制定公开招聘办法。

五、事业单位工资收入分配制度改革稳步推进,企业工资管理工作不断加强

(一)事业单位实施绩效工资工作进一步推进

各地事业单位绩效工资基本兑现到位,绩效工资分配激励约束机制不断完善。在清理核查津贴补贴基础上,研究拟定了中央其他事业单位实施绩效工资的意见,开展了中央义务教育学校和中央公共卫生事业单位绩效工资总量核定工作。

(二)企业工资分配宏观指导调控工作进一步加强

继续以非公有制中小企业为重点,积极稳妥推行工资集体协商制度。完成了最低工资标准评估机制研究,拟定了规范最低工作标准调整的意见,稳慎把握最低工资标准调整力度,全国共有27个地区调整了最低工资标准,平均调增幅度为17.0%;有17个地区制定了工资指导线,基准线普遍在14.0%左右。企业薪酬试调查工作顺利进行。开展了国有企业工资内外收入监督检查,制定了关于全面治理农民工工资拖欠问题的意见。

六、着力构建和谐劳动关系,劳动者权益得到切实保障

(一)劳动关系协调工作取得积极进展

以实施新修订的劳动合同法为重点,制定出台了劳务派遣暂行规定和劳务派遣行政许可实施办法,全面开展了规范劳务派遣专项行动。进一步加强劳动标准管理,加大高温劳动保护工作力度,全国25个省份制定发布了高温(高寒)津贴标准。协调劳动关系三方机制进一步健全,和谐劳动关系创建活动继续深化。天津滨海新区构建和谐劳动关系综合试验区建设工作进展顺利。

(二)劳动人事争议调解仲裁工作不断加强

深入贯彻落实加强劳动人事争议处理效能建设的意见,研究制定仲裁院建设指导标准。继续推进预防调解示范工作,发挥国有企业示范放大效应,在部分非公有制企业和行业商会(协会)启动示范工作。加强调解仲裁信息化建设,在全国推广使用调解仲裁办案系统统一软件。加强调解仲裁队伍建设,加大培训力度。积极健全调解仲裁组织机构,乡镇街道调解组织组建率超过60.0%,地市级仲裁院建院率达到81.0%,县级建院率达到71.0%。全年处理劳动人事

争议149.7万件，涉及劳动者184万人，调解仲裁机构结案案件涉案金额320亿元，仲裁结案率95.6%。

（三）劳劳动保障监察执法工作得到加强

组织开展清理整顿人力资源市场秩序、用人单位遵守劳动用工和社会保险法律法规、农民工工资支付情况等专项执法活动，加大对黑职介、拖欠工资、不依法参加社会保险等违法行为的打击力度。稳步推进劳动保障监察“两网化”管理，年底“两网化”管理工作覆盖到69.0%地级城市。建立全国劳动保障监察信息监测制度。完善监察执法与刑事司法衔接机制，配合最高人民法院制定出台了关于审理拒不支付劳动报酬刑事案件适用法律若干问题的解释，严厉打击拒不支付劳动报酬等违法犯罪行为。进一步加强劳动保障监察队伍作风建设，树立监察窗口执法为民的良好形象。全年各级劳动保障监察机构共查处劳动保障违法案件41.9万件，督促用人单位与512万劳动者补签劳动合同，为471万劳动者追发工资等待遇268.5亿元，督促用人单位为743万人补缴社会保险费34.8亿元。

（四）农民工工作稳步推进

研究制定了国务院农民工工作领导小组组成方案、工作规则、办公室工作职责等，发挥农民工工作牵头部门作用。研究完善做好农民工工作的政策措施，组织开展了第七次全国农民工工作督察，研究制定农民工工作考核评估指导意见、加强农民工综合服务平台建设的指导意见并在部分地区试行，农民工在城镇落户、平等享受城镇基本公共服务工作取得新进展。大力推动中心城市家庭服务体系建设，制定家庭服务业职业标准和服务标准，启用和推广“中国家庭服务”标识。

（撰稿：谭　晓）

重点企业风采

（排序不分先后）

- ❖国家电网公司
- ❖中国建筑材料集团有限公司
- ❖中国华融资产管理股份有限公司
- ❖香江集团
- ❖经纬集团
- ❖深圳海雅（集团）有限公司

国家电网公司
STATE GRID
CORPORATION OF CHINA

中国企业年鉴

建设世界一

国家电网公司
STATE GRID CORPORATION OF CHINA

网

国

际一流企业

善用资源 服务建设

Efficient Use of Resources Serving the Construction

联合创造价值 协同产生增量

打造世界一流建材制造商，

为股东创造优异回报

中国建材股份有限公司

www.cnbmltd.com

中国华融资产管理股份有限公司
CHINA HUARONG ASSET MANAGEMENT CO., LTD.

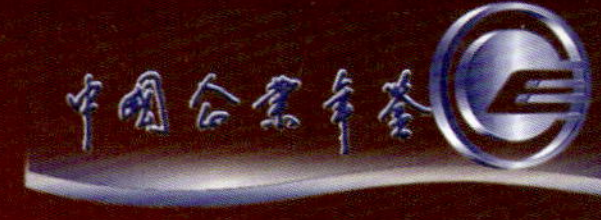
中国企业年鉴

香江集团

香江集团创建于1990年，产业涉及家居商业连锁、商贸与物流平台建设、资源能源、金融投资、健康医疗产业五大领域。

1990年，香江集团在深圳创业，涉足家居商业连锁，经过20多年的发展，旗下香江商业集团拥有“金海马家居”和“香江家居”两大家居流通品牌，在全国拥有200多家的商业网点，覆盖全国30多个省市区域，成为中国大型得家居连锁企业。

2000年，香江集团进军商贸与物流平台建设领域，已经在全国10多个省市建立了20多个规模大、种类全的大型综合商贸与物流平台，已开发的商贸物流网络面积达千万平方米。

2005年，香江集团在洛阳投资兴建了年产200万吨的氧化铝项目，这是经国家发改委核准的首家由民营企业为主导的大型氧化铝企业。

厚德润生

同时，香江集团还是较早投资金融业的中国民营企业之一，战略性控股和参股了多家金融机构，是广发银行、广发证券、广发基金、广东南粤银行、天津银行的主要股东，并在深圳设立前海香江金融控股集团，成为前海在全国首批引进的重点企业之一。

2011年，香江集团又以超前理念进军高端医疗健康产业。产业涉及中医“治未病”、功能性测评、医美抗衰、医学SPA、综合代谢管理等多个领域，并将进一步把香江健康山谷打造成世界级香江wellness健康疗养度假地。

香江集团主动肩负社会责任，积极参与社会公益慈善事业。2005年，经国家民政部批准成立了中国首家非公募基金会——香江社会救助基金会，先后为扶贫、助教、赈灾等社会各项公益事业捐资9亿多元，实现了一个优秀民营企业“办好实业，回报社会”的庄严承诺。

地址：广州市番禺区大道锦绣香江花园香江集团
电话：（020）39298822　传真：（020）34761226
网址：www.heungkong.com

BACK 回归生命的富有
TO SUBSTANTIAL LIFE

广州出发：全程60分钟

广州 → 华南快速干线 → 广河高速→ 增从高速（派潭出口 ）→ 香江健康山谷（白水寨方向）→大丰门景区（南昆山方向）

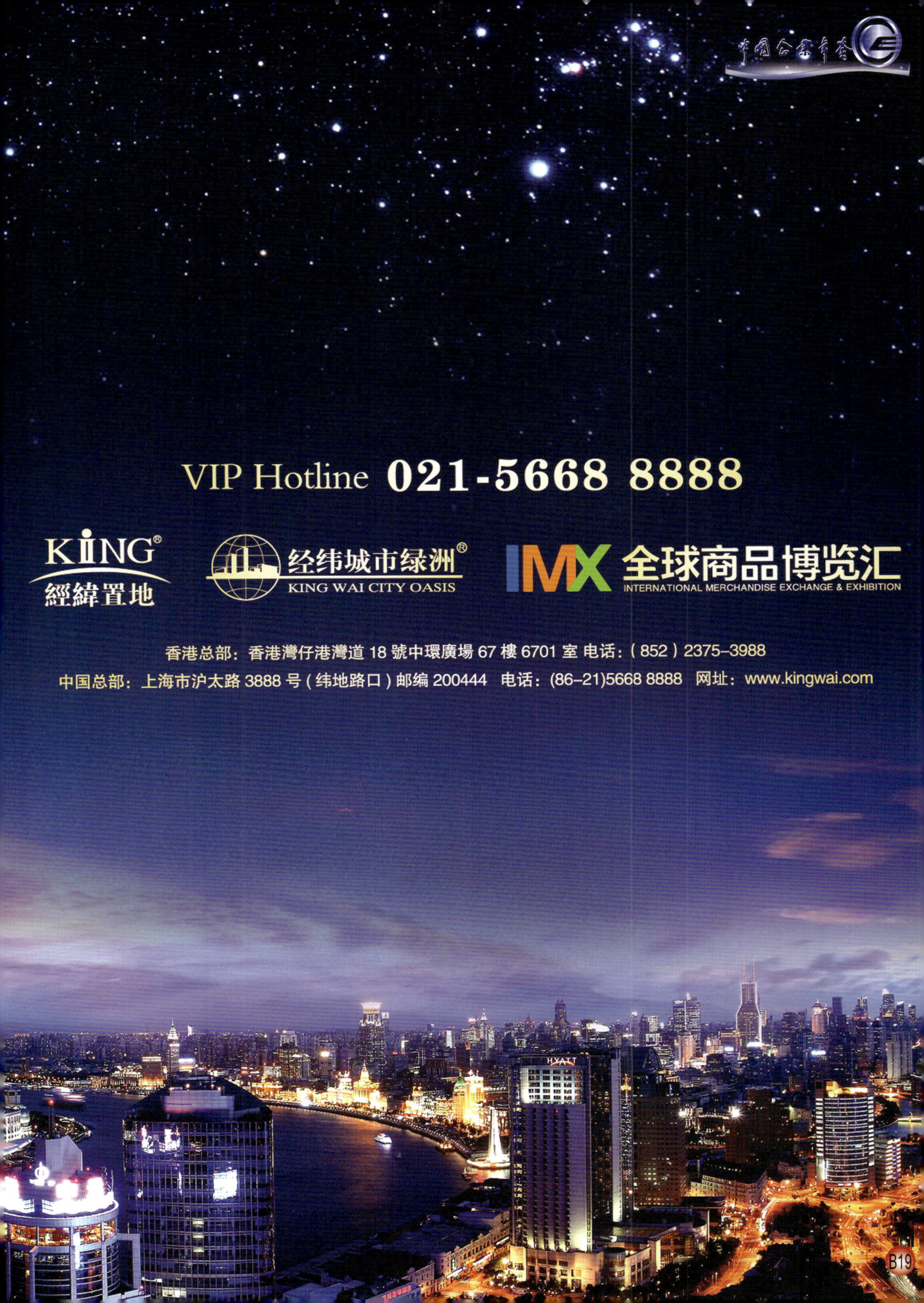
VIP Hotline 021-5668 8888
KING 經緯置地
经纬城市绿洲 KING WAI CITY OASIS
IMX 全球商品博览汇 INTERNATIONAL MERCHANDISE EXCHANGE & EXHIBITION
香港总部：香港灣仔港灣道 18 號中環廣場 67 樓 6701 室 电话：(852) 2375–3988
中国总部：上海市沪太路 3888 号 (纬地路口) 邮编 200444 电话：(86–21)5668 8888 网址：www.kingwai.com

KING WAI

经纬汇商业广场
即将登场

经纬·阳光水岸家园
2004

经纬·学府涵青家园
2006

经纬·至臻豪庭家园
即将登场

经纬城市绿洲®
KING WAI CITY OASIS

经纬·观澜泓郡家园
2009

经纬·学府阳光家园
2014

经纬·学士逸居家园
2014

经纬·泓汇地标家园
2013

HYATT

雅韵天成

董事局主席 **涂辉龙**

创海雅百年基业　塑全国一流企业

海雅集团现在已发展成为集大型商业地产、城市综合体开发与经营，文化旅游业，精品连锁商业，新经济产业园与现代物流业，金融与证券投资，酒店与物业管理等多元化发展于一体的大型现代企业集团，资产规模同行业名列前茅，下属成员企业23家，员工总数超过3万人。

集团凭借从事房地产和连锁商业集聚的雄厚资本，把握城市发展脉搏，顺应国际发展潮流，致力于引导城市转型升级的大型商业地产、城市综合体开发、建设与经营。多个建成或在建的项目覆盖总建筑面积超过380万平方米，总投资超过280亿元。

“争创新优势，更上一层楼”。海雅集团结合自身发展特色，正瞄准韩国乐天世界和新加坡圣淘沙名胜世界成功经验，将传统服务业与文化、生态、旅游深度交融，推动现代城市建设转型升级，其设计方案、经营理念和发展模式适应当代“美丽中国”建设大潮，在广东、广西、江苏、湖北、福建、安徽、山东等地受到普遍高度重视，成为竞相招商引资的重点。

海雅缤纷城商业中心

海雅缤纷城商业中心室内图

海雅精品连锁商业

“中山之门”重大服务产业项目

海雅昆明国际商业中心

柳江文化旅游生态港五星级酒店

海雅柳江文化旅游生态港

雅柳江文化旅游生态港养老公寓

海雅宴会厅

海雅大剧院

新疆前海集团公司成立于1990年10月，集团注册资金10亿元，隶属于兵团第三师的国有大型龙头企业，目前经营范围已涉及棉业、果业、商贸、矿业、纺织业、现代物流业等。

其中，**棉业**：已与国内20多家大型企业达成长期合作关系，棉花销往周边6国和国内126家纺织企业，年经营棉花近20万吨。“前海”品牌2010年被国家工商总局认定为“中国驰名商标”。**果业**：年经营各类特色果品10 000吨，并与中华全国供销总社济南果品研究院建立长期技术合作，成立了“新疆特色果品研发中心”，使优势特色产业得到科技支撑。**矿业**：2012年成立了“新疆前海矿业有限责任公司”，与帕米尔矿业有限责任公司合作进行矿产资源开发。合作开发的矿场储量大，品位高，开采量和开采价值十分可观。商贸：注册资金1 000万元人民币的新疆天谷商贸有限责任公司，年销售收入达3亿元，真正实现了一企多业、优先发展的目标。**纺织业**：年纺纱5 000吨，织布800万米，生产棉胎（网套）30万套，产值1亿元以上。**现代物流业**：主要承运三师及南疆三地州的棉花、化肥、煤碳、矿石等运输工作。

地址：新疆喀什市克孜都维路478号　　邮编：844000

网址：www.xjqianhai.com

集团公司

MO
市场观察
MARKET OBSERVER
中国之眼 洞察全球市场
http://www.cmoe.cn
崛起的力量
开启新的改革元年
市场观察 抢先一步
杂志社地址 | 北京市海淀区紫竹院南路
17号1号楼6层
广告发行部 | 010-68701321
新闻中心 | 010-68701293
邮政编码 | 100048
邮发代号 | 2-790
全国统一刊号 | CN10-1146/F

企业论坛

大型铁矿山企业“五品联动”的技术创新管理

鞍钢集团矿业公司

鞍钢集团矿业公司（简称“鞍钢矿业”）是鞍钢的主要矿石原料生产基地，是集勘探业、采矿业、选矿业、民爆工程业、矿山设备制造业、资源综合利用产业和物流贸易、工艺研发设计、工程技术输出为一体的特大型矿业集团。掌控资源总量276亿吨。生产能力：铁矿石6 000万吨、铁精矿2 000万吨、球团矿600万吨、烧结矿380万吨、石灰石1 000万吨。2013年，实现销售收入166.8亿元，利润24亿元。

一、大型铁矿山企业“五品联动”的技术创新管理背景

（一）实现矿冶工程系统优化的需要

矿山和冶金工程（简称“矿冶工程”）是一个去岩取矿（采）、去粗求精（选）、去杂成铁（冶）的矿物开采提炼过程。“五品”是矿冶生产过程中地质品位、采出品位、入选品位、精矿品位、入炉品位等5个品位的简称，是矿冶生产中的五大核心指标。在传统的矿冶生产过程中，各个生产环节和生产单元只考虑局部利益的最大化，采、选、冶独立优化，没有将矿冶工程视为一个有机整体：横向上各矿区之间、各选矿厂之间没有形成协同，纵向上“地质、采矿、选矿、球团（烧结）、冶炼”五个工序之间没有形成互动，条条分割，块块独立，导致“五品”之间无法实现有效联动，矿冶工程系统没有实现整体优化。

（二）解决低品位铁矿资源开发技术难题的需要

鞍钢矿业掌控铁矿资源量276亿吨，但普遍存在“贫”（品位低）、“细”（结晶粒度细）、“杂”（矿物种类多）的特点，开采成本高，开发难度大。实现“五品联动”存在一系列技术难题：资源勘查程度低，不能提供准确依据，导致地质品位与采出品位无法联动，不能实现精准采矿；不同矿山和同一矿山的不同部位，原矿性质差异大，没有网络配矿技术，不能实现分采分运，采出品位与入选品位不能联动；矿物种类多，可选性差，传统的选矿技术不能有效提高精矿品位，入选品位与精矿品位不能实现联动。

（三）实现国内铁矿资源高效利用的需要

随着我国经济的持续高速增长，国内钢铁产能急剧膨胀，而铁矿石产能却没有同步增长，铁矿石对外依存度高达70.0%，国际矿业巨头垄断操控市场，进口铁矿石量价同步攀升，国内钢铁企业十年来累计多支出原料成本20 000多亿元，严重威胁产业经济安全。

二、大型铁矿山企业“五品联动”的技术创新管理内涵和主要做法

鞍钢矿业应用系统工程理论，深入研究矿冶工程中“五个环节”之间作用机理，准确揭示“五个品位”之间内在联系和规律，全面分析影响“五品联动”的制约因素，创建“五品联动”技术创新管理模式，开发“五品联动”动态优化系统，开展“五品联动”关键技术攻关活动，实施“五品联动”技术改造工程，解决制约“五品联动”的技术和管理问题，达到实现矿冶工程系统优化和整体效益最大化的目的。主要做法包括：

（一）加强勘探技术攻关，查明地质品位

地质勘探是矿冶工程的第一道工序，地质品位是“五品联动”的起点，加强勘探环节技术攻关，为实现“五品联动”奠定基础。

1. 开展铁矿资源探测新技术研究与应用。鞍钢矿业先后完成了成矿规律研究、现场试验与指标确定、实地探测、数据处理、软件开发、成图与储量计算

等工作。首次将高密度视电阻率成像技术应用于铁矿地质勘探工作中。应用该成果，鞍钢矿业加大地质勘查投入力度，加快地质找矿步伐，五年来累计投入资金3.33亿元，完成了所属12个矿区的地质勘查和补充勘查工作，新增铁矿资源储量30.3亿吨。为矿山可持续发展提供了资源保障。

2. 开发应用综合地质信息系统。鞍钢矿业开展了综合地质信息系统的开发研究。在建立确定性模型与随机性模型的统一数学模型基础上，进行原有地质资料的数据挖掘整理，开发具有数据转换、地质成图、光滑性拟和、图点展示等功能的地质成图软件，实现勘探线地质剖面图的计算机成图，建立三维地质模型，开发研究出《综合地质信息系统》。该系统收集了鞍钢所属矿山的地理坐标位置、矿体埋藏深度、地质构造及断层等各种资源信息，实现了地质信息的规范化集成和可视化展示，为采掘过程的科学化、精准化创造了条件，为实现“五品联动”打下了坚实基础。

（二）加强采矿技术攻关，提高采出品位

采矿是矿冶工程中重要的一环，新型高效采矿技术的研究与应用对于降低矿石贫化率，提高矿石回采率、资源利用率和采出品位具有重要意义。

1. 实施矿石回采率工艺技术研究与应用。鞍钢矿业开展了急倾斜、中厚矿体无底柱分段崩落法低贫损开采模式研究，设计以中深孔落矿、端部控制出矿为特征的空场崩落组合法开采方案，解决了急倾斜矿体崩落法的损失贫化难以控制的问题。在矿岩交接部位采用先进的爆破技术，实行矿岩分穿、分爆、分装、分运，有效降低了矿石的损失贫化，使大量残矿、挂帮矿和难采薄矿体得到了充分回收利用。鞍钢矿业露天采矿回采率达到97.0%以上（国内同行业平均95.0%），地下采矿回采率达到88.0%以上（国内同行业平均82.0%），居于国内同行业先进水平。

2. 实施露天铁矿爆破技术及工艺参数优化。鞍钢矿业开展了露天铁矿爆破技术及工艺参数优化研究与应用。通过计算模拟，获取最佳的优化参数，开发爆破块度快速定量评价系统，建立大孔径爆破模拟模型，实现主要爆破参数的模拟计算。确定逐孔起爆条件下的应力叠加状态，优化不同岩体、不同参数条件下的微差爆破时间。上述成果应用后，采矿炸药单耗降低了3.0个百分点，电铲装车效率提高了5.0个百分点。

（三）加强配矿和预选技术研究，保证入选品位

配矿和预选是采矿和选矿间的过渡环节，合理配矿和高效预选对于促进采矿生产，稳定入选品位，提高资源利用率具有重要意义。

1. 组织网络化配矿技术攻关。鞍钢矿业东部矿区是一座长达20余千米的特大型铁矿区，矿区内不同部位矿石的地质品位和可选性存在较大差异，需要送往不同流程的选矿厂加工处理。针对东部矿区“点多、线长、面广”的特点，鞍钢矿业开展了网络化配矿技术攻关研究，重点开展卡车优化调度技术、移动破碎站技术、胶带运输技术等课题研究。解决了精准采矿、破碎工作面移动，长距离、大运量矿石连续输送等难题，为“差异化分选”创造了条件，实现了地质品位、采出品位、入选品位的有效联动。

2. 组织低品位矿高效预选技术攻关。鞍钢矿业铁矿资源中含有大量低品位矿石，直接入选，会造成精矿产量减少，选矿成本升高；废弃，则造成资源利用率降低和采矿成本升高。鞍钢矿业通过反复试验研究，克服各种技术难题，成功研制出“大粒度—高场强预选机”和“CT—1424大块矿石干式磁选机”，开发出赤铁矿湿式预选和磁铁矿干式预选两项技术。目前，该公司每年利用的低品位矿达到700万吨以上，相当于一座大型铁矿山的年产量。

（四）加强选矿技术攻关，提高精矿品位

精矿品位是“五品”中最关键、也是最活跃的指标，选矿技术攻关是“五品联动”技术创新中最重要的攻关活动。开展选矿工艺改造，是提高精矿品位，进而实现“五品联动”的重要途径。

1. 开展选矿技术攻关。实施“提铁降硅”技术攻关，取得《国产铁精矿提铁降硅（杂）的系统研究与实践》技术创新成果，该成果对铁矿石选矿技术发展起到了极大的推动作用，在全国范围内掀起一场“提铁降硅（杂）”的黑色风暴。实施含碳酸盐难选矿利用技术攻关，研发出“分步浮选”技术，成功解决了含

碳酸盐赤铁矿石入选时因铁矿物与脉石无法分离而难以选别的问题，为国内高达50亿吨（鞍山地区10亿吨）含碳酸盐难选铁矿石开发利用提供了技术支撑。通过选矿技术系统攻关，研发出“阶段磨矿—粗细分选”“极贫赤铁矿湿式预选”“含碳酸盐赤铁矿分步浮选”“赤褐铁矿尾矿再选”等四大选矿核心技术，形成“阶段磨矿，粗细分选，重选—磁选—阴离子反浮选”“阶段磨矿，粗细分选，重选—磁选—阴离子反浮选—浮尾再选”“阶段磨矿，阶段磁选，细筛再磨”“阶段磨矿，粗细分选，重选—磁选—分步浮选”等四大选矿工艺流程，为“五品联动”技术创新提供了坚实的技术支撑。

2. 应用选矿工艺新技术实施大规模改造。在选矿技术取得历史性突破后，鞍钢矿业先后对原有齐大山选矿厂、调军台选矿厂、大孤山选矿厂、弓长岭选矿厂和东鞍山烧结厂等5座老选厂进行全面技术改造，实现了不同性质的矿石采用不同的选矿工艺加工处理，全面确立与“五品联动”技术创新相适应的选矿工艺流程。改造后，铁精矿综合品位达到67.3%，提高4.3个百分点；金属回收率达到87.05%，提高5.8个百分点，入炉品位提高5.4个百分点，高炉利用系数提高0.35吨/立方米，综合焦比下降54千克/吨，矿耗下降190千克/吨。

（五）加强球团烧结技术攻关，提高入炉品位

球团（烧结）的产品即为炼铁高炉的原料。造球和造块过程中，需要加入添加剂和黏结剂，从而导致品位的降低。加强技术创新，在满足造球和造块质量要求的同时，提高入炉品位则显得尤为重要。

1. 实施球团矿新型黏结剂的试验研究与应用。实施了新型黏结剂的试验研究与应用，研究出复合黏结剂，取代钠基膨润土，将球团矿中膨润土配比由3.0%降至1.5%，球团矿品位由64.0%提高到65.5%。

2. 实施细粒赤铁精矿厚料层烧结技术研究与应用。开展了细粒赤铁精矿厚料层烧结技术攻关，解决了赤铁精矿厚料层烧结难的问题，成果应用后，烧结矿品位明显提高，高炉焦比显著下降，每年节约焦炭消耗9万吨。

3. 实施优化炉料结构的研究与应用。2003年之前，鞍钢的炉料结构比较落后，球团矿在炉料中的比例不足10.0%，导致入炉品位不到56.0%。2006年，鞍钢矿业与鞍钢铁厂共同实施了优化炉料结构、提高入炉品位的研究与应用，一方面通过“提铁降硅”提高精矿品位，另一方面通过改善炉料结构，提高入炉品位。通过技术攻关，到2012年，球团矿在炉料中的比例由不足10.0%提高到30.0%以上，入炉品位提高5.4个百分点。

三、大型铁矿山企业“五品联动”的技术创新管理效果

（一）开发并掌握了一批国内外领先的核心技术

“五品联动”技术创新活动的开展，催生了一批重要技术成果。如：《鞍山式贫赤（磁）铁矿选矿新工艺、新药剂与新设备研究与应用》《浮选柱提纯磁铁精矿工艺技术研究》《KS新型浮选捕收剂的研制及应用》《鞍山式含碳酸盐赤铁矿石高效浮选技术研究》《铁矿山排岩系统中高效回收磁铁矿石资源工艺及装备研究》《浮选尾矿再选技术》《高性能乳化炸药核心材料》等多个项目，均属国内首创、达到国际领先水平的技术创新成果。

“十一五”以来，鞍钢矿业先后完成科研项目676项，取得重大科研成果98项，其中，达到国际先进水平43项，获得国家科技进步二等奖3项，获得省部以上科技奖49项。有2项发明专利在德国纽伦堡国际发明展览会上获奖，有6项发明专利在第19届全国发明展览会上获奖。各项技术经济指标显著改善，全面完成2010年“五品联动”技术创新管理主要目标，鞍钢矿业的采矿工艺技术居于国内领先地位，选矿工艺技术达到国际领先水平。

（二）推动了铁矿资源的科学开发和有效利用

鞍钢矿业“五品联动”技术创新管理活动的开展，大大改善了以往矿冶工程中“五品”不联动的状况，有效解决了大量低品位矿和难选矿长期以来难以利用的问题。作为近年来重点开发建设项目，2012年，鞍钢东部矿区的铁矿石生产能力达到3 300万吨，铁精矿生产能力达到960万吨，东部矿区已成为规模大、质量高、效益好的世界特大型铁矿石生产基地。同时，“五品联动”技术创新管理成果的推广，

使我国上百亿吨"呆矿""死矿"呆而变活，死而复生。

（三）为实现集团战略和推进自我发展做出了贡献

"五品联动"技术创新管理活动的开展，使鞍钢矿业的产品质量达到世界一流水平，综合精矿品位提高至67.3%，优于世界最先进的美国蒂尔登选矿厂（精矿品位65.0%），比进口矿品位高出4.0个百分点。铁精矿完全成本保持在530元/吨左右，远低于进口矿价格。

"五品联动"技术创新管理成果的推广，产生了巨大的社会效益。2007年以来，鞍钢矿业以设计研究院为窗口，积极开展技术输出业务，先后为太钢、首钢、本钢、包钢、重钢、河钢、中国五矿、海南矿业等20多家国内钢铁企业和矿山企业提供技术咨询和服务，累计技术输出合同额达到5.35亿元。"五品联动"成果已在国内同行业广泛推广应用，盘活铁矿资源量超过100亿吨，经测算可获得经济效益900亿元以上。

"五品联动"技术创新管理的重大突破，为我国铁矿业的未来发展开辟了广阔道路。国家发改委于2012年9月正式批准了由14个项目组成、总投资达147亿元的《鞍钢老区铁矿山建设项目总体规划》，矿业发展战略得以顺利落地。与此同时，国内其他大型铁矿山企业也都明显加快了建设进度，我国铁矿业开启了一个大发展、快发展的新阶段，我国铁矿资源保障体系的建立正在健康有序地向前推进。

坚持"十个更加注重"　保持良好发展势头

——关于迎接新挑战、全面提升中国黄金综合竞争力的思考

中国黄金集团公司总经理　党委书记　宋　鑫

中国黄金集团公司（简称"中国黄金"）是黄金行业唯一一家中央企业。集团公司组建以来，经过2003—2006年的摸索起步阶段，2007—2013年的快速成长阶段，现在进入了攻坚克难和实现"十二五"规划目标的关键阶段。面对未来的改革发展目标和要求，首先要深刻分析黄金行业、中国黄金所面临的形势，采取正确的对策加以应对。

经济形势复杂多变　发展面临"五大挑战"

当前最显著的特点是国内外经济形势复杂多变。从全球经济看，2013年世界经济仍将延续缓慢复苏态势，其中美欧复苏态势较好，新兴国家资金流出压力大，新的增长动力源尚不明朗，大国货币政策、贸易投资格局、大宗商品价格的变化方向都存在不确定性。特别是美国量化宽松政策的退出，将直接影响黄金和大宗商品价格的走势。从我国经济看，经济运行总体平稳，结构调整取得新进展，改革开放力度加大，人民生活继续改善，社会大局和谐稳定。特别是党的十八届三中全会的召开，为全面深化改革、加快转变经济发展方式、培育经济发展新动力制定了新的行动纲领。

具体分析外部形势，中国黄金的发展面临着"五大挑战"：

——主要产品价格下行的挑战。2013年国际金价出现断崖式下跌，结束了2000年以来的12年黄金牛市，也是1981年以来32年间最大的年度跌幅，目前在1 200美元/盎司（235元/克）附近震荡，这大大压缩了中国黄金的利润空间。从趋势看，未来一段时期，预计金价仍将在低位徘徊。有色金属方面，由于国际矿业市场进入深度调整期，铜等有色产品价格短期内难以大幅上扬。

——安全环保标准提高的挑战。党的十八大提出大力推进生态文明建设，国家对安全环保的要求越来越高，社会舆论对安全环保的关注度越来越高，

政府部门执法力度不断加大，全社会对安全生产事故零容忍，这对中国黄金所从事的矿山行业构成了巨大压力。安全、环保、健康的新要求、新措施和新政策将是对生产经营和投资建设的直接压力。

——矿业行业竞争加剧的挑战。国内矿业企业之间竞争日益激烈，国内几家大型黄金集团近一两年快速扩张、发展势头强劲，一些有实力的民营企业也纷纷进入矿业界，抢占一席之地；国际矿业公司间的收购兼并时有发生，都在谋求新的竞争优势。同时，矿业市场和资本市场的结合日趋紧密，中国黄金必须认真研究，主动迎接市场调整的挑战。

——财税金融政策变化的挑战。国家将启动新一轮体制改革，新的黄金资源税政策已颁布，营业税改增值税、环境保护费改税等财政政策也将实施，这必将加大中国黄金的成本压力，对生产经营形成巨大冲击。同时，一段时期以来各种融资工具各期限呈现持续上升态势，融资难度加剧，融资成本上升，资金风险加大，企业运营的外部融资环境趋紧。

——中央企业整合重组的挑战。党的十八届三中全会对深化国企改革和国资监管作出了新的战略部署，国务院国资委正在研究制定深化国资国企改革的具体举措，其中必然包括国有经济布局调整以及中央企业之间的整合重组问题。中国黄金能否立足于自身发展、尽快做强做优做大、掌握改革重组的主动权。

客观分析自身现状　亟须解决“五大问题”

从中国黄金自身看，在取得巨大成绩的同时，也存在一些亟须解决的困难和问题，主要有“五大问题”：

经济效益滑坡的问题。由于金价的持续下行和铜价的剧烈波动，2013 年中国黄金经济效益出现下滑趋势，亏损企业增多，尤其是冶炼企业面临困境。

资源危机的问题。虽然中国黄金资源总量在黄金行业居于首位，但资源分布很不平衡，且优质资源少、品位偏低，很多矿山尤其是老矿山出现了不同程度的资源危机。

关键人才不足的问题。通过近几年跨越发展的丰富实践，中国黄金打造了一支勇于吃苦、敢于奋斗、善打硬仗的干部职工队伍。但与建设世界一流矿业公司的要求相比，与适应新形势、推进新发展的要求相比，人才不足的现象仍然较为严重，特别是具有国际化视野的企业高管人才、熟悉国际矿业的关键技术人才、既懂管理又懂专业的复合型人才、法律专业人才和财务管理人才十分缺乏。

管理基础不牢的问题。虽然近几年中国黄金管理水平有了大幅提升，但有的企业管理依然粗放，管理基础薄弱，管理理念陈旧，管理方法简单。有的企业领导现代管理能力不足，习惯于传统的做法，对建设国际一流矿业公司没有清晰的认识和有效办法，对国际矿业的发展趋势、竞争手段和运营模式缺乏了解。

改革创新不足的问题。党的十八届三中全会对深化国有企业改革提出了很多新思路、新举措和新任务，对比新的形势和要求，一些企业领导干部的思想还没有跟上形势，对发展混合所有制、完善现代企业制度和完善国资监管认识不到位、准备不充分，改革创新精神不足。同时，面对当前困难又缺乏斗志，缺少战胜困难的信心和激情。

改革创新　迎接挑战
努力做到“十个更加注重”

面对问题和挑战，在当前和今后一个时期，中国黄金要在坚持行之有效的一系列战略、思路和经验的基础上，深入贯彻党的十八届三中全会精神，进一步解放思想、改革创新，迎接挑战、战胜困难，继续保持良好发展势头。要努力做到“十个更加注重”：

——更加注重改革创新。改革才能进步，创新才能发展。面对国家深化改革的新形势，要增强改革的紧迫感、危机感，敢于打破旧的条条框框，敢于尝试新思路、探索新办法、拥抱新事物，冲破传统思维的束缚、突破现有模式的樊篱，加快推进体制创新、管理创新和发展创新，通过改革创新释放发展“红利”。积极探索发展混合所有制，对股权比较集中的板块和企业引入战略投资者，有效分散投资风险，激发企业活力。加快完善现代企业制度，深化企业内部改革，健全各大板块及下属企业的公司法人治理结构，加快三项制度改革，创新激励机制，加速金融创新，以更好适应市场竞争的需要。通过体制机制上的一系列改革创新，增强发展的内生动力，促进中国黄金更好更快发展。

——更加注重承担中央企业的责任和使命。在抓好中国黄金自身发展的同时，积极引领行业科学发展，充分发挥黄金行业唯一中央企业的活力、控制力和影响力。加强黄金相关重大课题的研究，增强研究的高度和深度，同时在各个层面宣传、倡导黄金产品的金融属性和特殊性，以及黄金在每个历史时期对国家发展的重要意义，营造良好的舆论氛围。推动增加国家黄金储备，提升人民币国际化的含金量，推动国家黄金战略的制定，自觉维护国家经济及金融安全。

——更加注重发展的质量和效益。持续优化、完善和调整中国黄金发展战略，并考核评价其执行情况，更好发挥战略的导向和激励作用；完善和调整“七大板块”发展布局，持续优化集团公司管控模式；加强企业分类管理，对老企业、有潜力的企业以及效益好的企业提出不同要求，在管理和发展上要有不同侧重；遵循矿业企业发展规律，持续获取优质资源，加快在建项目进度，加快已投产项目达产达标；注重投资效率和质量，强化项目设计中的净现值概念；持续降本增效、加强管理，苦练企业内功。

——更加注重企业基础管理。基础管理是一切管理工作的出发点和根本。牢固树立“规范化、科学化、标准化”的目标，在基础管理达标的基础上，按照“严、深、细、实”的要求，持续夯实企业基础管理。“严”就是高标准、严要求、高水准，对标国际一流；“深”就是深入基层、深入一线，不断深化各项工作部署；“细”就是树立“细节决定成败”的理念，大力推进精细化管理；“实”就是脚踏实地，一切从实际出发，把各项管理决策落到实处。

——更加注重提升市场化和国际化水平。进一步解放思想、转变观念，增强市场竞争意识，形成市场化的经营机制；加强品牌建设和管理，大力培育“中国黄金”品牌，提高知名度、美誉度和含金量。进一步向国际一流企业看齐，特别在地质、采矿管理、技术标准、项目设计等方面向国际化矿业公司学习，全面提高国际化水平；加快“走出去”步伐，积极开发海外资源，加快国外矿山基地建设，持续优化海外布局；自觉遵守国际矿业游戏规则，遵守矿山所在国法律法规，模范履行社会责任。

——更加注重安全环保职业健康。从关乎企业生死存亡的高度来看待安全环保工作，牢固树立安全发展的理念。提高矿山企业及各板块本质安全，落实“一岗双责”责任体系，构建专业安全管理队伍，提高安全环保管理信息化水平，加大安全环保基础工作，积极推进“科技兴安”，开展绿化美化、建设绿色矿山、推进职业健康，淘汰国家禁止使用的工艺和设备，创造安全生产的工作环境，提高生态文明和可持续发展能力。

——更加注重人才队伍建设。通过现有人才的培养和市场化引进这两种方式加快人才队伍建设，引进国际化和各类高端专业人才，注重科技人才和技术工人的培养，特别要在发挥成熟管理人员作用的同时，加快企业高管人才的培养，造就一支年龄和专业结构合理、综合素质优秀的企业高管队伍。实施差异化的薪酬结构，在企业发展的同时逐步提高职工群众收入水平。

——更加注重考核的导向作用。更加注重经济增加值考核，进一步实现国有资本价值创造的引导作用；同时加大成本考核力度、尤其是克金成本的考核，加强投资回报考核、分类考核和对标考核，进一步完善与业绩考核紧密挂钩的长效激励约束机制，充分发挥绩效考核的导向作用。

——更加注重科技创新和信息化建设。健全科技投入的相应机制，完善对科技人员的激励机制。通过科技创新降本增效、提高技术经济指标、提高安全环保水平；加速推进矿山机械化和自动化，提高劳动生产率和劳动效率；加快推进矿山数字化建设，推进传统矿山产业升级，加速实现两化融合。加大信息系统集成工作力度，推动信息化与人、财、物、产、供、销等主营业务的深度融合。

——更加注重运营风险防范。综合运用财务、法律、纪检监察、内部审计等各种手段，通过完善各专业管理系统责任体系，全面防范集团公司运营风险。要注重防范财务风险和贸易风险，加强现金流管理，确保资金链安全。

面对当前严峻的市场形势和企业自身存在的问题，中国黄金要按照“十个更加注重”的思路，围绕“切实提高发展质量和效益”的目标，强化管理练内功，改革创新谋发展，继续保持旺盛激情和昂扬斗志，以“逢山开路、遇水架桥”的大无畏精神，迎难而上、敢于亮剑，破解发展难题、突破发展瓶颈、战胜风险挑战，向着既定目标奋勇前进。

创新锻铸娃哈哈非常竞争力

杭州娃哈哈集团有限公司

杭州娃哈哈集团成立于1987年，目前已成为中国最大、全球领先的饮料生产企业。在全国29个省（自治区、直辖市）建有70个生产基地、170余家子公司，拥有员工3万名、总资产401亿元。2013年公司继续保持较好发展态势，实现营业收入783亿元，比上年同期增长23.0%，实现利税139亿元，上交税金61.7亿元。集团营业收入、利税、利润等各项指标已连续16年位居中国饮料行业首位，公司自创业以来一直没有负债经营，至今没有一分钱贷款。

26年间，娃哈哈从一个3个人、14万元借款的校办小厂，发展成为中国最大、效益最好的饮料企业，离不开“创新”二字，包括产品创新、技术创新、营销创新、管理模式创新、文化创新等方方面面。

一、产品创新，赢得市场主动

众所周知，食品行业属于传统行业，多数产品处在价值链的低端，低成本竞争优势受到极大挑战。而娃哈哈之所以能够保持长期高速发展，就是坚持“生产具有真正使用价值的产品”的经营理念，坚持走自主创新之路，坚持要永远领先人家半步的观念。

在产品创新上，娃哈哈根据企业不同发展阶段，制定了“跟进创新”“引进创新”“自主创新”三部曲，坚持产品开发“差异化创新，适度超前”的原则，坚持“领先半招，小步快跑”不断创新，保证每年都有新产品，取得竞争优势。在企业创立初期，因为缺少实力，我们就在人家的基础上稍微作点改进，哪怕领先半步也好，取得了明显效果。在企业具备一定实力后，我们就开始引进创新。如娃哈哈纯净水就是从美国引进反渗透技术和设备生产的。随着全球经济一体化，国内市场产品与国际市场已经区别不大，依赖跟进创新和引进创新已经不能取得优势。另一方面，经过多年培养，我们亦有了一定的实力，拥有自己的科研人才队伍，建立了国家级企业技术中心、博士后科研工作站、国家实验室认可委员会（CNAS）认可的实验室，引进了大批国际一流水准的实验设备和先进仪器。于是我们就开始自主创新，取得很大成效，比如我们的营养快线，把牛奶和果汁混合起来，同时添加进15种营养素，口感、营养都好，这一产品年销售可达150多亿元。此外随着老百姓收入增加、生活水平的提高，需求亦有所改变，因此从2012年开始我们进行了转型升级的工作，成立了生物工程研究所，准备向生物工程方面发展，开发菌种、酶制剂，希望把饮料从解渴转向保健，利用生物工程技术开发保健食品与饮料，满足老百姓健康长寿的需要。并计划向农牧业发展，建立自己可靠的原料基地。

通过产品的不断创新，实施了差异化战略，避免了与其他企业的恶性价格竞争，而且这些产品技术含量高，附加值也较高，销售和效益都很好，为企业的持久发展打下了良好的基础。

二、技术创新，增添竞争实力

娃哈哈先后投入200多亿元引进400余条国际一流全自动生产线，从原材料进厂到成品包装出厂全部实现自动化，同时，我们不断引进与开发新技术，以使我们的设备技术始终领先于人家，既保证了质量，提高了效率，又降低了成本，使娃哈哈产品质量、价格与国内企业及国际大企业相比，均占有绝对的优势。同时，我们每做一个产品，都会把它做大，形成规模效益。娃哈哈技术革新实例：

1. 国际首创超净化热灌装技术，解决了用PET瓶灌装中性乳饮料的国际性难题，大大降低了中性乳饮料生产装备的投入，为企业和国家节约了大量的外汇。

2. 自主开发非结晶瓶口PET热灌装技术，节省了瓶口结晶机设备投资和瓶口结晶过程的能源消耗，还避免了瓶口结晶工序造成的瓶坯二次污染，显著降低产品质量风险。

3. 自主研制以高速并联机器人为核心的包装工作站/自动化生产线技术，实现企业生产线高度自动化，使企业劳动生产率处于同行前列。

4. 自主进行产品包装和包装模具设计开发，娃哈哈成立了专门的模具包装研究所和精密机械制造公司，包装设计能力达到国际先进水平，解决了制瓶、制盖模具国产化问题，改变了中国饮料企业高精度、长寿命的制瓶、制盖模具长期依靠进口的历史，不仅大大节约了成本，同时加快了包装更新换代、新产品上市的速度。

三、营销创新，占领竞争制高点

有了好产品，还要有好销路。要在激烈的市场竞争中赢得优势，就必须进行营销创新。娃哈哈在营销管理上首创了联销体模式，编织了一张遍布全国各地8 000多个经销商以及庞大的二级批发商和销售终端营销网。同时因时制宜提出"农村包围城市""先吃肉再啃骨头"的市场策略，通过成功的广告促销，使娃哈哈成为家喻户晓、最受青睐的品牌。

娃哈哈"联销体"，就是公司选择资信好、渠道流动能力强的批发商经营公司产品，并要求对方预先支付一定额度的保证金，并按我们的意图统一市场运作，协调市场开发和管理，而我们则付给他们高于银行的利息，在保证金额度内优先发货，并给予优惠的结算价，在年底还返回一部分销售利润给经销商。并通过区域销售责任制、理顺销售渠道价差体系等举措，系统构建自己的联销体制度，把渠道上的客户及客户的资金、市场、仓储，甚至配送体系等各项资源有机整合进娃哈哈的联销体内，大大地提高了经销商的忠诚度、稳定性和积极性，从而变我们一家企业在市场与对手竞争变成几千家企业联合与对手竞争。更为重要的是，相当于"款到发货"的结算制度大大降低了坏账产生率，从而减少了资金风险。同时为了更好地管理由联销体组成的网络，我们在全国40多个省市设立销售分公司、办事处，几千名销售员、理货员活跃在全国各地协调配合全国经销商的统一市场运作，并在一级联销体的基础上拓展二级联销体系，建立了辐射功能强大的销售网，使娃哈哈产品成为张眼可见、伸手可及的大众化产品。同时通过信息技术，建立了销售门户和销售移动终端管理系统，可即时掌握、分析销售情况，提高企业对市场的快速反应能力。

在娃哈哈产品走向市场的过程中，广告促销活动功不可没，公司在广告上的投入堪称大手笔，而且广告的形式因地制宜、多种多样。公司每年在广告上的投入约占销售收入的5.0%，覆盖了近30家卫视台、各省市级电视台、电台、报纸、户外广告等。对于每一产品，公司都坚持电视、电台、报纸、户外广告齐头并进，做到天上、地下相辉映，形成立体化攻势，最大限度地启动市场。同时，公司根据具体产品的具体市场定位采用不同的广告策略。对于市场领导品牌的纯净水，我们坚持走明星路线，让健康清纯的明星作为水的形象代言人，并赋予水一种纯情浪漫的品味，使娃哈哈纯净水在某种意义上成为爱的象征。营养快线"15种营养素一步到位"、启力"喝启力添动力"则通过明确的功能诉求，让消费者一目了然。

企业营销网络和营销手段的不断创新，提高了娃哈哈产品的市场占有率和竞争力，保证了企业产品销售长盛不衰！

四、管理模式创新，保证灵活高效运营

饮料是快速消费品，快变是这个行业的最大特点。"快速响应、执行高效"对饮料企业来讲尤为重要。基于这一点，多年来娃哈哈一直沿用"高度集中的分级授权管理模式"。在这一高度集中的集团运作模式中，各地生产分公司人、财、物、产、供、销全部由集团统一控制、调度。实践证明，这一握紧成拳，形成合力的集中管理模式优势十分明显：全国市场统一营销，减缓"冲货"隐患，产品销售价格体系的可控性明显增强；原辅材料统一采购，成本显著降低；有效避免分公司机构臃肿和人力成本的增加，工作效率大大提高。企业形成强大的集聚效应，总体实力虽不比某些国际上的大公司，但相对于分兵作战的这些大公司的单一分公司，反而形成优势。同时实行分级授权管理，将各项权、责、利逐级授权分解落实到每个人，制定相应的规章制度、行为规范及操作程序，使整个公司的管理有条不紊，并通过考核、检查、审计，确保了公司资金、产品质量、设备的安全，保证了公司的健康发展。

在生产基地的建设上，娃哈哈很早就意识到未

来饮料市场的决战是规模和成本的拼斗，而产品运输是瓶颈，因此，从1994年起开始实施“销地产”——在产品销售地区建立生产基地。20年来，通过有计划地实施全国性的跨地区生产布局，如今娃哈哈已在全国29个省份开厂设立70多个生产基地、生产线总数达400条。这样的投资布局大大降低了运输成本，无论多么偏僻的客户，一般当天要货，几天内就可以到货，使企业在价格竞争上处于十分有利的战略地位。通过实施“销地产”，使娃哈哈产品在全国的密集、快速覆盖成为现实，扩大了娃哈哈的市场占有率，同时也使娃哈哈成为中国最大、最强的饮料企业，形成了抗衡国外大品牌的能力。

五、文化创新，培育优秀员工队伍

娃哈哈文化用一个字来概括，就是“家”文化。这个“家”包含了“小家”，即员工个人；“大家”，即企业以及“国家”三个方面的含义。娃哈哈就是通过照顾好员工这个“小家”，依靠员工的全体努力发展企业这个“大家”，同时也让广大员工共享到企业发展的成果，使“小家”安居乐业；在发展“小家”和“大家”基础上，竭尽全力履行社会责任，报效国家。

娃哈哈的“家”文化，把每个员工都当作自己的家庭成员一样看待，使员工的生活、工作等各个方面都得到了关心。公司帮助解决员工住房问题，斥巨资建造并装修400多套70～90平方米的廉租房，统一分配给已婚外来青工，为在杭知识员工及老员工累计分配住房2 000套，发放住房补贴6 000万元。在用人和分配上，主要靠激励机制、竞争机制“两大机制”的建设，“收入凭贡献，岗位靠竞争”这是对两大机制的形象化表述。公司以培养职业、专业、敬业、乐业的“四业员工”为目标，畅通职业通道，促进职业生涯发展。通过全员持股，让员工共享企业发展成果，每年开展增资工作，从创业至今，娃哈哈的员工工资已经增长了100多倍。因此娃哈哈的员工队伍稳定，流动率低，精神风貌好，对企业忠诚度高，成为娃哈哈事业腾飞的重要保证和依靠。

同时，娃哈哈作为改革开放政策下率先成长起来的优势企业，在自身做大做强的同时，积极投身公益慈善，捐资助学、扶危济困。20多年累计捐赠社会公益4.3亿元，充分体现了娃哈哈“泽被社会”的社会责任理念。

综观娃哈哈的发展历程，正是切实践行其所倡导的“家”文化的集中体现：对于“小家”来说，娃哈哈坚持“发展依靠员工，发展为了员工”，为员工打造了一个幸福安稳的爱心家园；对于“大家”，娃哈哈积极通过稳健经营，实现跨越式发展；对于国家，娃哈哈积极创造就业、贡献税收，带动经济发展。

对于企业来讲，应该永远没有“衰退”这个概念，因此娃哈哈这些年来不断地提出新的目标，不断地寻找新的差距，不断地进行创新：市场要不断地扩展，技术要不断地进步，品牌要不断地提升，成本要不断地倒逼，管理要不断地优化，机制要不断地改变，人才要不断地被成才，文化要不断地发展，这样一方面使企业核心竞争力不断提高，使企业充满活力。同时亦让员工充满激情，不断地去创造。

创新成就娃哈哈，创新没有句号，娃哈哈将在创新之路上，不断探索，继续引领中国饮料蓬勃发展。

抓重点　促转型　增实力
确保红云红河集团持续稳定发展

红云红河烟草(集团)有限责任公司

红云红河烟草(集团)有限责任公司(简称“红云红河集团”)挂牌成立于2008年11月8日，由原红云集团和原红河集团合并组建。重组之后的红云红河集团不仅实现了企业规模的稳步扩大、实力的不断增强，而且还肩负着中国烟草行业“大企业、大集团”的改革试点使命，肩负着做大做强品牌、增强中国烟草总体竞争实力的历史使命。

2013年是集团在经济下行和行业市场“拐点”到来的双重压力下砥砺奋进、取得良好发展成绩的一年。在国家局、云南中烟的正确领导下，集团认真落实行业、云南中烟工作安排，以“3617”年度目标为工作重点，强身壮体、苦练内功，全面完成了云南中烟下达的目标任务。具体工作中突出体现了三个“新”成效：

一、以做优做强为目标，效益实现新突破

围绕“云烟增量为重点、结构提升为主线、高端引领为关键、稳扩规模为支撑”的中心工作，不断提高发展质量。云烟规模稳步增长，高端突破成效明显，低焦卷烟快速发展，品牌资源持续优化，

2013年，集团(含控股)共生产卷烟518.6万箱，实现税利662.9元，对照集团“3617”年度目标，税利目标超额完成。云烟增幅在行业300万箱以上大品牌中列第一、规模和商业批发销售额均列行业第二、集团实现税利列行业第三。在经济下行压力增大，行业增速放缓、增幅下降的大背景下，取得这样的成绩实属不易。集团整体运行继续保持着产销均衡、规模拓展、价值提升、效益增长、实力增强的良好态势，为实现“十二五”发展目标打牢了基础。

二、以提升能力为重点，品牌赢得新发展

一是着力市场拓展，提升营销支撑力。深化工商合作，加强市场走访，工作重心下移至重点县区公司和零售户，强化市场维护、提升服务水平、夯实市场基础，扩大销售覆盖面；完善属地营销考核体系，更好发挥工厂积极性。争夺市场资源，积极衔接正常计划，最大限度挖掘市场潜力。创新营销手段，开展多种新型推广模式。调优市场状态，围绕关键指标加强信息分析，动态调控市场。加快海外拓展，以境外加工销售为主，提高项目运作水平。

二是着力优质特色，提升原料支撑力。巩固扩展基地，申报国家局基地单元4个，与省内8个州(市)签订长期合作协议。提高烟叶品质，以生态凸显特色，以品种保障风格，以技术提高质量。抓好原料采购，优化资源配置。

三是着力研发维护，提升技术支撑力。加强新品开发，定向定期开展市场调研，布局品牌升级换代；强化持续维护，稳定提高主导规格产品品质。凸显品牌特色，依托石林园深化烘烤、陈化调香技术研究推广，推进香精香料自主研发，提高自主调香水平。推进减害降焦，稳步降低产品焦油量。增强创新能力，全年科研项目获上级奖励27项，其中省部级科技进步奖9项，获授权专利106项，其中发明专利17项；在研国家局、云南中烟科研项目15项、38项，并牵头承担行业“中式卷烟消费体验感官评价方法”项目研究。系统储备新型卷烟技术，申报专利24个，并自主开发了电子烟感官评价方法，集团被指定为行业新型卷烟研制重大专项研究主力单位。

四是着力增强后劲，提升制造支撑力。深化基础管理，全面修订管理、技术、工作标准，完善“八项考核”，以课题为载体，加快攻关改进弱值指标，减少投入、增加效益。提升质量水平，严格“四位一体”质量管理，精细过程控制。推进技改工程，集团管理总部和云烟科技园已投入使用；昆烟技改准备总体竣工验收，原生产厂房改建醇化库项目开展土建改造，打叶复烤易地技改初定选址；红烟技改获批进入前期准备；曲烟技改加快收尾，打叶复烤易地技改和新建烟叶仓库已获批准；会烟技改抓紧设备采购；新烟技改完成设备带料调试；乌兰烟厂技改填平补齐完成主要项目招标工作。

三、以增强效能为关键，管理取得新进步

一是严格规范、提高运行效能。加强董事会建设，设立董事会工作办公室，强化工作职能，加强对下属企业董事会的工作指导，完善“三项委”机构职责和管理制度。推动管理重心下移，财务审计驻厂科室划归生产厂管理。落实整改事项，认真对待、积极配合国家局经济责任延伸审计。推进公务用车、办公用房、“两金”等自查清理和落实整改，健全长效机制。规范内部管理，加强预算管理，配合开展会计信息质量、纳税风险管理检查，持续提高财务管理水平，推进公开招标，强化审计监督和纪检监察。推进

精益物流，提升精准到货率、降低货损率，以行业试点为契机，推动卷烟包装箱循环利用。加强信息化建设，ERP 及外围系统完成改造，MES 系统集团本部和红烟通过验收、曲烟加紧开发、昆烟一期验收并启动二期项目。加强投资企业管理，狠抓规范运行，做专、做实、做强，提高多元化企业自我发展能力。

二是识才育才、夯实人才队伍。加强干部队伍建设，创新人才培育机制，拓宽员工成长通道，完善薪酬分配机制，加大培训竞赛力度。全年组织参加多种劳动竞赛 12 879 人次，选派参加各类职业技能竞赛 92 人，获全国烟草技术能手 1 人、获云南省技术状元 2 人、获云南省技术能手 6 人、获云南中烟技术能手称号 4 人，昆烟被授予“云南省职工创新技师工作站”，集团被授予昆明市“名匠工作室”。

三是深化和谐、凝聚力量。抓党建促发展，学习贯彻党的十八大、十八届三中全会精神，加强各级领导班子思想政治建设和学习型、服务型、创新型基层组织建设，打造党员责任区、党员先锋岗、特色青年团队和创新项目星光奖等党建品牌。抓廉政保发展，严格执行党风廉政责任制，贯彻中央八项规定，厉行节约，反对浪费，加强重点环节的监督管理，搭建起廉政风险防控基本框架。抓文化推发展，宣贯云南中烟“合和”文化（即合力图强、和谐致远），推进集团行为规范建设，增强广大员工的认知理解和行动自觉。抓安全稳发展，层层落实安全生产责任，推进安全标准进班组、进岗位、进流程、进制度，强化隐患排查治理，实现安全“六无”目标；加强信访维稳，保障集团安全稳定。抓和谐助发展，加强自有媒体建设，提升企业形象，集团网站访问量累计突破 1 亿人次；努力提高内退、离退休人员收入待遇，共享改革发展成果。爱心帮扶困难职工，积极参与开展社会公益事业，集团连续第六年荣获“云南省社会扶贫先进集体”荣誉称号。

一年来，集团上下迎难而上、负重前行，重实干、做实事、讲实效，克服了诸多困难，增强了内生动力，取得了良好成绩。特别是云南中烟启动“两统一、两整合”重大改革以来，集团逐层逐级传达宣传改革，广大员工理解认同改革，营销、技术、海外、多元化积极参与改革，集团上下始终讲大局、讲责任、讲担当，始终与云南中烟同心、同向、同行，确保了各项改革工作的顺利推进。

步入 2014 年，行业发展“增长速度回落、工商库存增加、结构空间变窄、需求拐点逼近”的“四大难题”开始显现，国家局“改革的红利在哪里、发展的潜力在哪里、追赶的目标在哪里”这“三大课题”的破解思路日趋成熟，实现路径日渐清晰，烟草改革发展正发生深刻变化，主要体现为“四个转变”：①从注重自身发展向注重整体形象转变。②效益提升从规模结构并重向更注重结构提升转变。③发展方式从外延向内涵转变。④资源获取从竞赛向竞争转变。

通过近年来抓管理，练内功，打基础，树形象，转方式，强品牌，集团积聚了较强发展势能。置身行业践行“三大课题”、谋求更大发展的新一轮变革，顺应云南中烟“两统一、两整合”的重大改革，我们的目光更加长远，我们的信念更加坚定，我们的行动更加坚决。集团将咬定目标，凝心聚力，锐意进取，奋发有为，全力以赴推动集团持续、健康、稳定发展，为烟草事业和地方经济社会更好更快发展做出我们新的更大贡献。

（宣传策划部供稿）

职业装“大哥大”　企事业“制衣师”

——打造一流职业装品牌

广东大哥大集团有限公司

30 多年前，广东大哥大集团工业城如一颗耀眼的明珠划破天际，在素有“粤东麒麟角”美称的广东省红海湾冉冉升起，从此怀揣打造一流职业服装品牌、憧憬追求提升客户工作与生活品质的愿景。

30 多年来，公司先后为全国公检法、工商、税务、航空、铁路、公路、金融机构、酒店、电信、移动、联通、电力以及各级体育盛会等不同行业设计与制作制服，并以其新颖独特的设计，精美绝伦的制作工艺，优质高效的贴心服务和低于 1.0‰的返修率获得一致好评，且被最高人民法院、最高人民检察院、国家税务总局、国家工商总局、司法部、铁道部、南方航空公司、中海集团、中国银行、工商银行、农业银行、交通银行等众多单位指定为制服定点生产厂家。

广东大哥大集团凭借高品质的制作和热忱的服务成为广东最具竞争力的职业装厂家，所生产的制服西服每年以 20.0% 的速度增长，成为全国制服西服行业的“龙头”企业之一。产品除满足国内市场需求外，还远销美国、东南亚等国家和地区，在国际市场上的知名度和美誉度逐年上升。

一、DKD 品牌营销理念

老子说：“天下难事，必作于易；天下大事，必作于细。”伟大往往源于细节的积累，品牌的塑造自然也是如此。“大哥大”深知细节诠释经典，从每一个纽扣的设计、制作、钉制，到内衬的防静电功能打造，再到领型的设计，袖长、裤长的最佳规范等，每一处都透露着大哥大集团精致细心的风范。要成就一件完美的制服，一个优秀的裁缝是必不可少的，其细致的服务也通过对客户的腰身精确测量展现得淋漓尽致。这一切，都活灵活现地展示着大哥大集团的专业素养及贴心的艺术态度。

高品位的工作与生活情调，是大哥大集团从诞生伊始就坚持的服务理念，在数十年的发展中，广东大哥大品牌始终坚持精益求精、推陈出新，以简洁、精炼的设计结合服饰时尚潮流元素，一直秉承潮流理念谱就最完美的时尚人士。

大哥大集团从 DKD 品牌建立之初就赋予了其深刻的含义。

以 D - Delicate 的优雅，来表达一种气质；用 K - kudos 的荣耀，显示出一种气势；展现 D - Distinctive 的出众，彰显一种形象。

大哥大集团，力求将着装者的优雅、荣耀以及出众形象诠释得淋漓尽致。身着 DKD 服饰，时尚精英人士将更显一份雅致、干练气息，在服饰的点滴细节中透露出一份对工作与生活的高品质要求。无论是形象的最佳打造还是高品位生活的倾情塑造，都离不开大哥大集团的细节点缀。大哥大集团，以细节创造精英时尚风范。在打造精英人士的优雅气质的同时，并以彰显他们的荣耀和展现他们的出众形象为品牌使命。

二、DKD 品牌竞争观

“大哥大”经过 30 多年的拼搏发展成为今天的集团公司，除了自身的努力以外，也少不了国家与社会各界的支持。虽说企业作为一个经济实体，毫无疑问是为了追求利润而存在的，但是大哥大集团饮水不忘思源，在激烈的市场竞争中始终坚持一个理念：企业从社会获取财富的前提是要为社会创造更多的财富，为消费者提供更优质、更完美的产品和服务。为了实现这一理念，大哥大集团高层领导在经营发展中一致坚持三大竞争观：

首先是诚信经营的市场观。大哥大西服从 1983 年开始就以极快的发展速度占领市场并得到了众多消费者的青睐，成为享誉国内外的品牌，企业连续 15 年获全国服装销售收入和利税总额“双百强企业”称号。一个企业要保持长久的发展，诚信经营是关键。大哥大集团坚持以诚信为本，在为公司创造财富、给消费者带来舒适的同时，诚信经营还将企业品牌推向了一个更高的层次。

然后是拓展市场的质量观。优质的产品和新颖的设计，是服装企业赢得消费者青睐、得到社会广泛认同的法宝。“大哥大”制服生产、市场销售开拓不但有稳定的质量保证，还有令人信服的服务三特色：①热情周到的售前服务。“大哥大”接受客户的业务咨询，推荐设计方案，提供样式设计。②处处为顾客着想的售中服务。安排量身师上门量体或提供标准号型试衣定码，做到严格按照双方合同确认的款式、材质、色泽、工期和质量标准制作。③尽善尽美的售后服务，实行质量保证制度。在保质期一年内，如有色差、起泡、脱线、掉扣等产品质量问题或不合体现象，免费返修，若遇无法修改时，免费重做。严格遵循行业服务与质量指标，确保 100% 优等品，质量跟踪率100%,顾客投诉处理率100%。始终坚持品质与效益统一,从设备、原材料、工艺直到管理等每一样环节都力求完美。

最后且最为重要的是以义取利的企业价值观。“大哥大”的发展得益于中国改革开放国策的贯彻,得益于中国和当地省、市政府对民营经济的扶持政策。作为一家优秀的民营企业,大哥大集团自知应当承担起一份社会责任,回馈社会,体现企业的社会价值,为推动社会发展尽一份绵薄之力,为社会的和谐发展贡献一份力量。长期以来,大哥大集团积极为社会公益事业服务,先后帮助数百名失学儿童实现重返教室的梦想、积极为下岗人士提供就业机会等。在业内得到了肯定,获得社会的认可。

今天“大哥大”凭借诚信、专业、创新、务实和奉献的企业理念,成为广大企事业单位及消费者心目中的知名品牌。

高级行政职业服装的设计定制是“大哥大”纵深发展的庞大时尚产业的重要组成部份,以品牌意识推动我国职业服装创新发展,开创高级制服定制先河,到被最高人民检察院等众多单位指定为制服定点生产厂家,可以说“大哥大”在职业装领域已经成为品牌的标榜。

三、DKD 品牌发展战略

面对中国日渐衰退的制造行业及日趋激烈的市场竞争,为了使传统民族工业实现科学可持续发展,大哥大集团董事长徐家逊在企业未来发展战略规划中,提出三大战略,计划用现代化的营销模式、高质量的产品服务,放眼世界大步迈向国际市场。

战略一:提高品牌知名度。高端体育赛事营销是大哥大集团推广品牌形象的第一锐器,从赞助26届奥运会以“国服”的形象走向世界,到被亚奥理事会认定为长年合作伙伴,大哥大集团通过参与各项国际国内体育赛事来宣传自身的品牌形象提升品牌知名度。无论是国内如第九届运动会、第十届运动会、第三届体育大会、第一届武术运动大会等的赛事活动,还是亚洲如2010年亚运会和亚残会、2012年亚沙会、2013年亚青会等国际赛事,甚至是全球性的如1996年奥运会、2002年汤尤杯、2014年青奥会等大型运动会,大哥大集团都全力以赴以支持国家体育事业。

由于对体育的热爱与专注,大哥大集团也成为了中国武术服装设计与制造标准的制订者。大哥大集团深知,这些活动赛事已经不仅仅是大哥大集团推广品牌的途径,更成为了国家和社会赋予给自己的重要责任。大哥大集团计划,未来DKD品牌在走向国际化、打造职业装知名品牌的道路上,还将以体育事业来宣传自身的品牌形象,以此作为品牌营销的制胜点,为国家体育事业的发展倾尽全力。

战略二:扩展品牌覆盖率。大哥大集团一直致力推动我国职业服装的创新与发展。大哥大集团董事长徐家逊为提高职业装档次、追求品牌化全面改版,抓住市场细分上的亮点,果断推出“个性服务,无库存销售”策略,还提出了“创中国职业装一流品牌”的口号。

随着我国工业化的快速发展,行业分工的日益细化。代表企业形象,表现不同职业精神风貌的职业服装以全新的文化理念、崭新的视觉效果和综合功能,成为现代企业参与市场竞争、提升企业凝聚力、塑造自身形象不可或缺的一个重要组成部分。职业服装已经成为强化管理、传递信息、展现形象、塑造文化的载体,目前我国职业服装的设计生产正呈现出蓬勃生机,同时也越来越显示出巨大市场潜力。

大哥大集团董事长徐家逊认为,随着中国综合国力的进一步提升,产业结构调整的进一步完善,职业服装必定会深入到社会的各个领域,这无疑为中国职业服装产业带来了无限商机。作为最早涉足职业服装的企业,大哥大集团计划将业务覆盖至中国各大省(自治区、直辖市)及港澳台地区,乃至整个亚洲,争取在全国迅速发展业务,提高大哥大集团的运作能力和业务拓展能力。

战略三:延伸品牌产品线。如何把企业由集团的多元化,从细化提升到整体化,再逐步规划,一直是集团董事长徐家逊最为关心的问题。经过数十年的发展,集团目前已形成以DKD服饰为主,集黄金交易、金币、生物科技、现代农业等一体的综合性产业集团。广东大哥大集团是上海黄金交易所综合类会员单位,在黄金交易、金币方面具有丰富的投资经验。集团专业代理黄金白银等贵金属的投资交易业务，为企业和个人提供优质、高效的风险管理和理财咨询服务，致力打造全国最大的黄金交易平台。

大哥大集团在中国纺织服装业蓬勃发展的20世纪90年代以服装起步，在国家改革开放政策的支持下如雨后春笋般迅速成长，经营管理也更佳规范化、品牌化。随着电子商务的发展，消费者的消费习惯和消费思维都逐步互联网化。服装电子商务相对传统店铺营销更加便捷经济，早已成为服装企业发展的新趋势，大哥大集团也将寻找新的营销渠道模式，打造线上线下立体式营销，争取凭借互联网力量打造DKD品牌巅峰时代。

大哥大集团计划坚持走产品多元化之道，力求覆盖国内外市场。多元化发展是企业发展的趋势，除了DKD服饰，大哥大集团将继续寻找适合的契机开拓新的市场。

四、DKD品牌延伸

除了中国市场，大哥大集团还放眼世界，争取在海外市场打造一片天地。目前大哥大集团已迎着生物科技、现代农业的发展趋势，在澳大利亚开辟了新的绿色市场。

大哥大集团董事长徐家逊与保罗·安德森、菲奥娜木教授等高级人才合作投资了澳大利亚公司——Orthocell Limited。该生物科技公司已成功在澳大利亚证券交易所上市，它的核心焦点是肌腱和韧带组织修复和再生的生物疗法，寻求在全球范围内的骨科部门以解决未满足的临床需求。另外大哥大集团还投资创建了Oceanus group（澳盛集团），主要经营现代农业。在目前土地、水、能源等自然资源日益缺乏的情况下，现代农业采用精细形态生产方式，不仅延长了生产季节，而且解决了以前难以从事农业生产地区的农作问题。现代农业的农业经营管理实现网络信息化、操作自动化，是高科技、高收入的产业。随着环境的变化，人们对高品质、无公害的农产品需求日益增加，现代农业让农业与环境相互协调，保护环境的同时保证农产品的安全性。大哥大集团将审时度势采用多元化战略应对宏观经济环境的变化，满足集团发展需求、扩大集团发展规模。

改革激发活力　创新驱动发展

——北钞公司现代化印钞企业改革发展之路

北京印钞有限公司

3月的北京，蔚蓝的天空如同水洗般的晴朗透彻。在北京中心城区的西南部，坐落着一座花园式的企业，这里的现代化生产工房与百年老建筑钟楼、水塔、办公大楼以及远处若隐若现的专家楼交相辉映，高大的银杏树和碧绿的草坪充盈着勃勃生机。历史和现实在这里交汇，这是一个成立于清朝末年的百年企业；神秘和熟悉在这里汇聚，这是一个生产人民币的特殊企业——北京印钞有限公司。在国有企业改革的春风中，北钞公司这一特殊企业也实施了现代企业制度改革，企业管理迈上了现代化的创新之路。

体制改革催生动力　明晰战略指引方向

综观北钞近年来的发展，2008年3月12日是一个值得铭记的日子。这一天，北钞作为行业试点单位率先实施了现代企业制度改革，拉开了中国印钞造币行业"集团化"改革的大幕。面对新形势、新使命，北钞公司领导班子以开放的思维、包容的心态、改革的勇气和创新的精神，积极稳妥地推进企业的改革发展。在认识层面，深入学习、借鉴先进的企业管理理念、制度，面对改革初期一些职工的不理解，甚至抵触情绪，积极宣传教育，努力打破旧弊陈规，转变干部职工的思想观念，提高大家对改革必要性、紧迫性、可行性的认识，鼓励大家做改革的倡导者、参与者和推动者。在工作层面，深入研讨、着力构建以董事会建设为核心，以董事会领导下的总经理负责制为基本架构的领导体制和运行体系，不断完善董事会、经理部、党委间"分工明确、决策科学、运转高效、有效制衡"的内部运行机制，逐步形成了董事会把握方向、科学决策，经理部创新思路、高效执行，党委凝聚人心、有力保障的良好工作局面，实现了现代企业制度在北钞的成功试点。

现代企业制度改革不仅仅是领导体制、运行体系以及领导人的变更，更是管理理念、管理思路、管理方法变革创新的过程。为切实解决企业长期在旧体制下积累形成的深层次问题，在完成公司高管层基本领导架构的同时，北钞进一步深化企业内部机构和人事制度改革，按照企业管理流程化、体系化、信息化的要求实施业务重组和机构调整，进一步整合了资源，提高了效率。在人事制度方面，打破传统用人观念，遵循"能者上、庸者下、平者让"的用人理念，积极采用公开招聘的方式选拔竞聘人才，大胆破格启用了一批年轻有为的管理干部，并重新理顺了企业管理人员和专业技术人员职务序列和晋升机制，建立了让有为者有位、实干者得实惠的用人制度。实践证明，北钞人事制度改革极大地调动了广大干部的积极性，极大地适应了企业改革发展的需要。通过企业机构调整和不断加强两级领导班子建设，北钞发展形成了既有动力十足的"火车头"披荆斩棘带路，又有积极进取、充满活力的"动车组"协同跟进的新局面。

改革不是目的，发展才是硬道理。面对行业内部的激烈竞争，北钞领导班子审时度势，科学研判，及时提出了"整体规模做大，综合实力做强，企业办出特色"的战略构想，创造性地提出了以"四化"和"四优"为支撑体系的具有北钞特色的精准化管理模式。即：内强素质抓"四化"，在生产经营管理领域，努力实现"信息化指挥、自动化生产、智能化控制、自主化管理"的"四化"目标；外塑形象促"四优"，在企业形象优化提升方面，积极呈现"环境优美、秩序优良、举止优雅、服务优质"的"四优"局面，全力建设印制行业名副其实的"窗口企业"。沿着这个目标和思路，经过艰苦的探索实践，北钞找到了一条符合企业实际的科学发展之路。

系统创新助力发展　精准管理亮点纷呈

创新是企业生存发展不可或缺的重要品质。为落实"做大、做强、办出特色"的发展战略，围绕制约企业发展的难题和瓶颈，北钞公司注重以精准化管理为统领，开展切合企业实际、顺应行业发展趋势、符合现代企业发展规律的创新活动，用创新拓宽工作思路，用创新破解经营难题，用创新谋求企业发展，呈现出全方位、系统性的创新态势。

在生产经营领域，为解决生产管理转型动力、条件、方向三个方面的突出问题，北钞着力推行三大创新项目，即：以激励约束机制为核心的生产机台自主化管理创新，以 MES 系统为标志的信息化项目创新，和以码后核查工艺为代表的印钞工艺技术创新。其中，生产机台自主化管理的核心内涵，是把印钞最基本的生产单元——机台作为企业生产经营管理的核心，通过建立科学的激励约束机制和绩效评价体系，充分调动激发机台人员的积极性，使生产机台成为"自我安排、自主调节、自我发展、能动创造、内在和谐、整体平衡"的自主经营体，实现机台员工与企业的共赢。经过不懈努力，北钞生产机台自主化管理取得了明显效果：机台产能、效率和综合绩效提高了10.0%～20.0%；机台人员对影响生产要素的主动关注，对管理服务部门提出了更高的要求，促使企业管理形成了上层考评推动和基层需求拉动"双轮驱动"的良好局面；机台人员从被管理者变为自主管理者，从"要我生产"转变为"我要生产"，工作积极性空前高涨。北钞 MES 信息化项目于 2010 年正式上线，通过 MES 与立体库系统、AGV 自动运输车系统、大张产品喷码识别系统及印品质量机检核查系统的有效集成，实现了生产组织从计划指令下达、执行，到对原始记录、生产数据归集的信息化闭环控制，实现了信息资源充分共享，企业"信息化指挥、自动化生产、智能化控制"的水平大为提升。北钞码后核查工艺的推广应用，既缩短了工艺周期，提高了生产效率，又加强了对产品质量的全面机检控制，增强了质量风险管控能力，加快了北钞生产管理转型的步伐。

同时，在科技领域，北钞坚持围绕生产经营的实际需要大力开展技术创新,6 年来共研发行业级科技项目 20 余项、企业级科技项目 70 余项,获得国家发明专利 10 项、实用新型专利 2 项。在人才队伍建设领域,不断拓宽管理、专业技术和高技能人才队伍的成长通道,大力加强职工培训和职业技能鉴定工作,创造性地实施“新员工快速起航计划”“金帆工程”“双十工程”,分别为不同年龄结构和不同需求层次的干部职工搭建成长成才的平台,加速了企业各类人才队伍的壮大。在企业文化建设领域,以行业“印”文化为统领,传承发扬北钞百年优秀文化,并将新时期企业改革发展形成的新思想、新观念、新元素融入百年文化,整合提炼出以“精印国家名片,诚做厚德之人”为基本定位的“精诚”文化体系,明确了“创国际一流,建幸福北钞”的企业愿景,提出了“勇于担当,勇于创新,勇于争先”的北钞精神等一系列文化理念,开启了北钞企业文化建设的新阶段。在市场型企业发展方面,下属中融安全印务公司遵循“依托印制,培育发展高端防伪印务,服务行业和社会”的“十二五”发展战略,充分发挥各方面资源优势,不断拓宽业务渠道,实现了科学稳健发展。

改革激发活力,创新驱动发展。正如北钞公司董事长、总经理杨问田在接受《人民日报》等国内主流媒体采访时所讲的一段话:现代企业制度改革以来,北钞公司的一个显著变化就是创新的意识增强了,无论是理念创新、机制创新,还是方法手段的创新,北钞都在努力做到位。

企业经营硕果累累　勇于担当再踏征程

通过艰苦的探索实践和企业全体干部职工的共同努力,现代企业制度改革 6 年来,北钞的发展建设取得了令人瞩目的成就。突出表现为:产能实现了突飞猛进的发展,“做大”目标基本实现,为做强奠定了坚实基础,在行业竞争中抢占了先机;北钞的综合实力迈上了新台阶,以“四化”为基本特征的精准化管理模式不断完善,企业各项技术经济指标得到根本改善,综合绩效中国印钞造币行业排名由 2008 年的第 13 名一路攀升到 2013 年的第 2 名,并实现了行业 3A 级评价的历史性突破;北钞的科技、人才和文化建设工作收到新成效,于 2010 年通过高新技术企业认证,2012 年跻身全国首批“国家示范职业技能鉴定站”,2013 年“李荣春国家级技能大师工作室”通过评审,企业“精诚”文化体系成功发布;北钞的精神文明建设取得丰硕成果,先后荣获“全国文明单位”和行业“和谐企业示范单位”等称号,公司领导班子也获得行业“优秀领导班子”的称号。更为可喜的是,随着企业的发展和进步,民生工作不断改善,职工群众的物质文化生活水平不断提高,精神面貌焕然一新,凝聚力、向心力不断增强,公司上下呈现出团结一心、众志成城,向着“创国际一流、建幸福北钞”的美好愿景奋勇拼搏、只争朝夕的可喜局面。

一滴汗水,一份收获;一心耕耘,一路欢歌。回望北钞现代企业制度改革 6 年来的发展历程,不仅仅是为了纪念,也是为了在更高起点上的前行。当前,“创国际一流、建幸福北钞”的宏伟蓝图已然绘就,忠于职守、奋发有为的北钞人将秉承“优质安全保发行,科学高效谋发展”的行业宗旨,传承发扬“勇于担当,勇于创新,勇于争先”的企业精神,以更加积极的态度、更加扎实的作风、更加坚定的步伐,奋力推进“做大、做强、办出特色”企业发展战略的实施,不断为国家印制事业蓬勃发展做出新的更大的贡献!

坚持自主科技创新　加快企业转型发展

浙江大东南股份有限公司

浙江大东南股份有限公司地处西施故里——浙江省诸暨市,为高新技术企业。2008 年 7 月 28 日“大东南股份”在深圳证券交易所成功上市。大东南股份公司下属分公司 6 个分厂 2 个,诸暨万象科技公司、绿海新能源材料公司、BOPP 分厂、电子膜分厂、杭州大东南高科公司、绿海公司(设于杭州市余杭区)；宁波大东南万象科技公司(设于宁波市鄞州区)。省级研究院1个——锂电池隔膜研究院(含国家级膜检测中心)，实验室2个(大东南中科院化学所"高性能高分子膜联合实验室"、大东南浙江大学"高分子材料实验室")。占地总面积近2 000亩，已建在建的厂房、车间达80万平方米，其中万级、千级净化工程场地5万余平方米。现有员工1 000余人，其中以教授级高级工程师及行业专家领衔的具有大专以上学历的研发人员与技术骨干团队120余人。主导产品有各类多功能塑料包装薄膜系列、新能源电子薄膜系列、新能源——锂离子电子系列、可降解、光转换农用膜系列等。

大东南40年来的发展历程，始终坚持以实业为主，紧紧围绕以节能减排、新材料、新能源的高科技产品为主线，以科技创新为动力，不断推动企业转型、产品升级，打造成为国内塑料薄膜制品"航母"。

依靠技术进步　加快企业转型升级

企业要从传统产业中破茧而出，实现华丽转型、升级换代，关键在于高层领导的创新思维加之员工的合力拼搏。大东南集团公司董事局主席、全国劳动模范黄水寿以及股份公司董事长、中国企业联合会、中国企业家协会副会长黄飞刚，他们自从创业的开始就认定"科学技术就是生产力""办企业必须靠技术进步"的真谛。在行业发展的关键时刻，总能审时度势，开拓创新，调动起全体员工的积极性与时俱进。

公司自1975年在诸暨市璜山镇上市村凭着几台圆盘印刷机，几把电烙铁，在不到100平方米的旧棚屋艰苦创业起，历经40个春秋，现已拥有众多国际国内先进生产线及相关设备150台(套)，总资产逾50亿元，年产能达20余万吨的国家大型企业。大东南的发展历程正是我国包装行业从小到大、从弱转强、从粗至精不断进步壮大的缩影。目前公司发展已进入到第四个阶段，从"包装薄膜产业"转型到"电子薄膜产业"。公司上市后实现了两次增发，成功募集资金23亿元，为企业转型、产品升级奠定了雄厚的物质基础。

公司先后实施的"年产8 000吨耐高温超薄电容膜项目""年产6 000万平方米锂电池离子隔膜项目""年产5万吨光学膜新材料项目"以及"年产3亿Ah高能动力锂电池项目"等募投项目正积极有序推进。项目的实施对调整产品结构，加快转型升级，提高企业核心竞争力，增强企业发展后劲打下了良好的基础。

立足科技创新　提升核心竞争能力

公司十分注重创新能力建设，不断加大科研投入力度，为增强企业的核心竞争能力打下了坚实的基础。

一是搭建创新平台。在成立浙江大东南锂电池隔膜研究院的基础上，投入6 000余万元建造研发中心、购置各类实验和检测仪器设备134台(套)，如捷克TESCAN扫描式电子显微镜、德国徕卡偏光显微镜配备林肯冷热台、美国康塔比表面积和孔径分析仪、美国贝克曼库尔特激光粒度仪等国际先进检测仪器，同时设立了研究院所属的国家级检测中心、浙江大东南中科院化学所"高性能高分子膜联合实验室"、浙江大东南浙江大学"高分子材料实验室"，为科研活动提供了设备及技术支持。

二是注重人才队伍建设。公司通过培养引进各类高层次人才50余人。目前已拥有科研人员120余人，其中研究员5人，博士生8人，硕士生15人，具有高级专业职称12人，中级专业职称23人，本科学历57人，直接从事技术开发人员占总人数的85.0%。公司实行激励机制，对杰出贡献者进行精神和物质奖励，充分调动技术人才的积极性和创造性。

三是加强产学研合作，提升自主创新能力。分别与中科院、浙江大学、北京师范大学、浙江工业大学以新能源、医疗健康、信息等领域功能膜材料的研发与产业化生产、销售为目标，合作开展高性能高分子膜核心技术研发，高分子膜树脂原料及加工技术的基础和应用研究。在引进借鉴国外先进技术的基础上，消化吸收自行开发出了十多项省级以上的技术创新项目，多功能BOPP膜及高强度低温热封CPP膜分别被评为"浙江省科技进步三等奖"，并成功开发出环保型BOPP合成纸新材料、军用VCI防锈膜、锂电池隔膜、耐高温新型电子绝缘材料等高端新材料，并积极向符合国家政策支持的产业(可降解、抗菌、无毒、环保)及塑料包装高分子领域开发，获得国家发明专利、实用新颖专利 32 项，实施国家战略性新兴产业专项 2 项，国家重点产业振兴和技术改造项目 3 项。

加强内部管理　提升企业整体素质

管理是企业发展永恒的主题。尤其是在当前，经济环境错综复杂，市场竞争日趋激烈，公司正处在传统产业向新能源、新材料产业转型发展的关键时期，积极开展管理提升活动，提高管理效益成为企业发展的主旋律。

公司确立了“管理创新、顾客满意”的理念，着力提升企业的整体素质。一是注重品牌建设。“绿海”商标认定为中国驰名商标，“西施”品牌荣获中国名牌称号。中国塑膜网 2013—2014 年度薄膜产业链市场与技术行业研究报告集锦中写到，大东南 CPP 宽幅生产线成为国内镀铝基材的主导者，价格上一直保持一个相对的领先地位。获得这一评价是对公司多年来一直重视产品质量的肯定。二是开展“质量管理体系认证”工作。按照质量体系认证相关要求，严把产品质量关。三是开展“管理提升”活动。以 6S 为主要内容，围绕“抓质量、稳产量；抓现场、优环境；抓纪律、提素质；抓安全、促和谐”的工作主题，引导员工不断增强产品质量意识，从而使产品质量得到稳定提升。

公司加大对新客户、新市场的开发力度，积极拓展新产品市场的份额，与下游主力客户进行长期密集的沟通洽谈，以确保新产品的销量及收入稳步增长。如新项目锂电池、锂电池隔膜、EVA 胶膜等产品初步与下游客户浙江南都电源动力有限公司、浙江向日葵光能科技股份有限公司等达成合作意向。

公司狠抓安全生产责任制的落实，通过大力推进安全预控管理和安全生产精细化管理转变观念、完善制度、强化责任、严格考核，牢牢把握安全工作的主动权，消除每个薄弱环节、每个细节的事故苗头，彻底消除安全死角，形成一个持续推进、循环往复过程。实现了职工安全素质显著提升、安全基础工作全面加强、安全管理水平明显提高、安全周期不断延长的良性循环。

公司先后被推荐为中国企业联合会、中国企业家协会副会长单位，中国包装联合会副会长单位，位列中国企业 500 强、中国制造业 500 强。

注重企业文化　积极履行社会责任

大东南通过上市，彻底打破民营企业家族管理的传统模式，建立了一个灵活高效的创新组织体系，以及迎接挑战，激励创新，奋发向上的企业文化。关心职工切身利益，善待员工激发爱厂如家的感情，培育和造就了一支高素质的科研开发队伍，这是大东南不断开发新工艺、新技术、新产品、新材料的源泉，也是为培育和发展核心品牌能力奠定了人才基础。随着企业不断发展壮大，公司不忘回报社会，积极参与社会公益事业，明确了教育、环境保护，设立 5 000 万元的慈善救助金等回馈社会，把慈善作为公益事业的重点支持对象，长期以来引领全体员工热心参与公益事业。积极创办福利企业，安排残疾职工就业，并给予足额上缴养老金，这不仅有效地解决了诸暨市残疾人的就业问题，而且改善和提高了当地特殊困难成员的生活水平。

在近年来的发展中，大东南坚持“以人为本、共建共享”的管理理念，始终将职工看作是企业的宝贵财富和不可复制的核心竞争力，积极出台各种举措，不断改善职工生活，努力提高职工幸福指数，维护职工根本利益。2008 年金融危机爆发时，大东南坚定地维护职工利益，郑重承诺：不减薪，不裁员；企业再困难，也不增加职工的负担；同时，不断改善职工工作、生活条件，一线车间均安装中央空调，四季恒温，还为员工提供五险一金、餐费补贴、免费班车等组成的大福利；装饰一新的职工宿舍安装了空调、宽带及数字电视，大大提升了职工的幸福感。

站在新的历史起点，大东南将继续高唱创新发展的主旋律，坚持“发展才是硬道理”的理念，以科技领航，持续创新，进一步解放思想，锐意进取，将转型升级作为大东南的立足之本，动力之源，引领中国膜新材料、新能源行业朝着高技术含量的发展道路前进，努力打造成一流的高分子膜先进制造业中心。

（审稿：赵利明
撰稿：高　新）

大力发展混合所有制企业

中国建筑材料集团有限公司董事长　宋志平

党的十八届三中全会通过的《中共中央关于全面深化改革若干重大问题的决定》(简称:《决定》)对公有制实现形式和国有经济发展模式进行了重大创新,把国有资本、集体资本和非公有资本交叉持股、相互融合的混合所有制作为我国基本经济制度的重要实现形式,这既对我国国有企业和民营企业已有的深度融合进行了充分肯定,也为下一步国企改革和民企发展指明了方向,提供了巨大的发展空间和强大的市场改革动力。

中国建材集团和中国医药集团的下属企业大都是混合所有制企业。近几年,两家央企积极探索"央企市营"的市场化改革,以有限的国有资本吸纳、带动、激活大量社会资本,促进了建材和医药行业的转型升级,实现了国有资产的保值增值,并与民营企业互相融合实现了国民共赢,两家集团也成为探索和发展混合所有制的重要样本。

混合所有制推动国民共赢

作为新时期指导中国经济社会系列改革的行动纲领,《决定》对全面深化经济体制改革,包括国有企业改革作了系统的阐述,着力点十分突出。《决定》提出让市场在资源配置中起决定性作用,科学总结和深刻认识怎么进一步坚持和促进公有制经济和非公有制经济协调发展,建立一个更加公平的市场竞争环境,促进两种所有制互相融合。《决定》对公有制经济的多种实现方式、国有资产管理体制、授权国有资本经营体制、混合所有制、员工持股、职业经理人制度、发挥企业家作用、加强国有企业分类管理、国有企业上缴红利和承担社会责任等方面提出了一系列重要论述。随着改革的深入推进,国有资本、集体资本、非公有资本进一步交叉持股、相互融合,大力发展混合所有制经济将成为推进公有制多种实现形式和国有经济市场化改革的重要工作。

《决定》强调坚持和完善基本经济制度,明确回答了国有企业改革的出发点和目标。首先,我们走的是中国特色社会主义道路,公有制为主体、多种所有制共同发展是我们必须坚持的基本经济制度。坚持公有制为主体,积极探索公有制的多种实现形式,是我们完善基本经济制度的重要任务,只有通过公有制经济和非公有制经济的互相融合、共同发展,才能进一步完善基本经济制度。《决定》明确"国有资本、集体资本、非公有资本等交叉持股、相互融合的混合所有制经济,是基本经济制度的重要实现形式",这对公有制经济的实现形式作出了理论上的重大突破。在国有企业和非公有制企业交汇的区域,出现了一种特定的混合所有制的公司形态,这种形态对我们解决目前国企改革的深层次问题提供了重要契机。

混合所有制经济是社会主义市场制度下国企改革发展的独特模式和重大创新,成功解决了公有制与市场经济结合的世界性难题。党的十五大就提出混合所有制经济作为公有制经济的重要组成部分。近年来国有企业改革不断向纵深推进,机制层面最深刻的变化就是混合所有制企业日益增多,国有独资企业日益减少,国有控股上市公司成为我国上市公司群体中的重要力量。目前全国90.0%以上的国有企业、72.0%的中央企业完成公司制股份制改革;中央企业资产总额52.0%、营业收入的60.0%、利润的83.0%来源于上市公司。在很多上市公司中,国有资本虽然是第一大股东,但从资本绝对值来讲,非公有制资本往往占有50.0%以上的比例。正是这样的股权结构成为国有上市公司保持活力和竞争力的根本制度保证,不仅把民营和财务投资人吸纳进来,让全社会分享国企改革发展成果,形成了我国独具特色的融合经济,同时在资本市场中,国企也接受了民营资本参与的改制,管理体制和经营机制发生了深刻变化，竞争力明显提高。实际上，这些年央企的快速发展的动力主要不是源于行政垄断和 40 000 亿元投资拉动，而是源于央企的市场化改革，源于央企的海内外上市，源于广泛开展与民营企业合作的混合所有制带动了企业机制的变革。

大量实践证明，混合所有制有利于促进国有经济的发展，有利于开放民间资本的投资领域，有利于国企完善现代企业制度、引入市场机制和发挥企业家精神，有利于我国企业国际化战略的顺利实施。在国企改革进入攻坚期和深水区的今天，应该大力发展混合所有制经济，充分发挥国有企业和民营企业两种积极性、两种优势，推动国民共进、国民融合、国民共赢。

"央企市营"是对混合所有制的积极探索

在我国混合所有制经济的发展历程中，中国建材集团和中国医药集团做了积极的探索，两家央企创造的"央企市营"模式实现了国有企业与民营企业的高度融合，在公有制经济与非公有制经济互相融合中进行的许多创新，为我国积极发展混合所有制经济作出了一定的贡献。

中国建材集团处于充分竞争的建材领域，面对多、散、乱和产能严重过剩的行业局面，选择了资本运营、联合重组、管理整合、集成创新的发展道路，独特的发展模式使得中国建材集团一开始就注重与民营企业的融合。10 年间，中国建材集团重组联合了上千家民营企业，构筑了包括海外上市公司在内的混合所有制产业平台，在促进产业转型升级和提升企业发展质量的基础上实现了企业的快速成长，营业收入、利润均增长 100 倍，迅速成为营业收入超过 2 000 亿元、利润过百亿元的世界 500 强企业。

中国建材集团在改革发展的实践中提出的"央企市营"包括推行央企控股的多元化股份制、规范的公司制和法人治理结构、职业经理人制度、公司内部机制市场化、依照市场规律公平竞争等。中国建材集团近年来之所以能快速发展，获得社会各界包括民企的认同，根本原因在于适应市场的规律和用市场化逻辑来改造自己，建立了适应市场经济要求的管理体制与经营机制，通过市场化改革具备了企业的先进性。

在积极探索混合所有制的企业模式的过程中，中国建材集团坚持一个公式，"央企的实力 + 民企的活力 = 企业的竞争力"，推行央企和民企资本、资源和文化的深度融合。一是资本融合。在重组过程中，通过权益融资施行股份制，给民企创业者留 30.0% 左右的股份，使众多民企进入中国建材集团后有了共同奋斗的事业平台并共享企业发展的利益和成果。在集团核心企业中国建材股份公司（香港 H 股）中，国有资本目前只占 48.0%，社会资本和股民占到 52.0%，成为产权多元化混合所有制的新型央企。二是资源融合。通过系统的管理整合，将人才、资金、技术等各种资源优化重组，提高了经济效益。三是文化融合。提倡竞合的市场理念、包容的企业文化，充分信任民企创业者并把他们转化为合格的职业经理人，实现了共同发展。

混合所有制探索不仅推动了中国建材集团自身发展，而且带动了产业结构的转型升级和行业良性竞争发展。中国建材集团是通过市场化方式，在联合多种所有制企业的基础上快速成长起来的。以水泥为例，中国建材集团按照国家产业政策，短短数年时间里，从无到有、做大做强，重组了 900 多家水泥和混凝土企业，水泥产能达到 4 亿吨，位居全球第一，通过联合重组实现行业适度集中，改变区域市场无序竞争格局，引领行业实现价值理性回归，使众多挣扎在亏损边缘的民营企业扭亏为盈。在新型建材领域，原民营石膏板企业泰山石膏在进入中国建材集团后获得了母公司北新建材强大的技术支持，产能规模迅速由不到 2 亿平方米扩大到 12 亿平方米；同时，北新建材产业布局更加完善，成为全球最大的新型建材企业。中国建材集团十年前与浙江一家民营企业振石公司合作，成立中国玻纤股份公司并上市，产能从成立之初的 1 万吨发展到目前的 100 万吨，成为全球最大的玻纤企业，其中国有控股资本只占总资本的 15.0%。混合所有制的发展路径，是中国建材集团带动众多其他所有制企业实现包容性发展、取得共生多赢的关键。

我同时担任董事长的另一家央企中国医药集团也是依照央企市营的改革思路发展壮大起来的。过去五年，中国医药集团引入民营企业资本构筑平台公司，再通过在香港发股，用募集的资金进行大规模并购,并在并购企业中留给民企创业者30.0%的股份,把市场机制真正引入到央企内部,实现双方共赢,达到《决定》中讲的有利于国有资本放大功能、保值增值、提高竞争力,有利于各种所有制资本取长补短、相互促进、共同发展。目前中国医药集团建起了覆盖全国的医药物流配送网络,发展成为营业收入近2 000亿元的世界500强企业。应该说,中国建材集团和中国医药集团都是典型的混合所有制企业。

开辟混合所有制企业模式发展的新阶段

构建混合所有制企业是积极发展混合所有制经济的关键,也是带动国有企业整体改革的突破口。《决定》明确把国企改革发展的重点聚焦到混合所有制经济,聚焦到构筑国有资本、集体资本和民营资本交叉持股互相融合的企业,混合所有制经济能够促进国有企业资产管理体制、授权经营体制、管理体制、职业经理人制度、发挥企业家作用等方方面面的改革,这些改革反过来也是构建混合所有制企业组织模式不可或缺的条件。未来大多数的国企特别是竞争领域的国企走的道路都会是混合所有制的模式。在推进混合所有制发展的新阶段里,我们必须有针对性地做好一些重点工作。

一是推进国有资产监管体制改革,建立清晰的资产监管和授权国有资本经营体系,把管资产和经营资本有机分离。整个改革可分为几个层次,第一个层次是公有制多种实现形式,包括国有经济的实现形式,这是国家层面的改革,是大前提。第二个层次是国有资产监管的改变,管资产而不是直接管企业,这是国资监管层面的改革。第三个层次是成立投资公司,解决好国有资本授权经营的改革并为国企的整体改革、为发展混合所有制企业创造条件,这是国企层面的改革。在国家国有资产监管体系下,通过明确国有资本的授权管理体系,组建投资公司,各个投资公司就可以作为出资人构建混合所有制企业。我们可以设想,将来一个国有投资公司下面可以都是混合所有制企业,也就是国有投资公司是100%国有独资的国企,而它投资的企业却都是混合所有制,其中有绝对控股、相对控股和参股的,甚至也会有特殊情况,投资公司下面没有绝对控股的,全都是相对控股和参股的企业,资本和股权可以高度流动。为大力落实三中全会精神,积极发展混合所有制经济,三个层次的改革应该一起联动。国有企业根据行业和性质进行分类指导,投资公司可以根据企业经营管理的情况和战略需要通过混合所有制企业进行增资或减资,真正实现国有资本进退自如。

二是探索“金股”等制度创新,保障国家对一些重要混合所有制企业的特定方面的控制力,改变目前国家仅靠出资比例控制企业的现状。根据国际上推行金股制度的情况,国家在非控股的企业中实施金股制度可以有效地解决国家对企业的控制力问题。“金股”最早出现于20世纪80年代英国国企私有化改革中,通常由政府或创业者持有,股权通过与其他股东协商确定,包括知情权、受益权和表决权。作为一种政府持有的对特定事项行使否决权的股份,其主要作用体现在否决权,而不是收益权。法国国企通过“金股”机制,在保留相应控制权和影响力的基础上,促进国有资产的流动增值和经营收益最大化。法国并不强调同股同权,为了鼓励长期拥有,持有时间越长权限越大。国有资本与其他股东不同之处在于它的长期性,它既是保护国家资产利益的唯一负责者,又是国有企业的稳定者,起到推动和保证企业及国家利益共同增长的作用。在国家战略性资产的公司中,国家股权无论多少都具有“金股”作用,金股的专业名称为战略资产,凭借金股,政府可以监测和否定企业损害或者不利于国家整体利益和战略的发展方向,同时减少对企业的干预,让市场在资源配置中更好地起到决定性作用,从而提高企业经营效率。

三是明确混合所有制企业的特殊身份,加大市场化改革力度。实践证明,无论是国有还是民营,纯而又纯单一所有制企业的市场活力都不及多元化股份企业。我国国企改革的方向也定位于构建多元化股份公司。在发达国家的国家投资企业中一般也把非绝对控股的企业视同股份制企业而不视同国有企业。因此,在未来我国混合所有制企业中国有资本低于50.0%的企业,可以不按国有企业模式管理,这类混合所有制企业应与一般国企和民企区分开来,制定更加灵活的政策,这对于企业的进一步市场化,对于发挥混合所有制的内在激励作用有着特别重要的现实意义。积极发展混合所有制经济,必须继续完善职业经理人制度。中国建材集团和中国医药集团都是董事会试点企业。董事会解决了现代企业制度建设决策层面的问题，但其执行层应该是职业经理人，由董事会在市场中进行选聘，这就需要加大对董事会放权和进一步完成职业经理人制度建设。目前我们的国企改革中董事会试点只完成了现代企业制度改革的一半，另外一半就是职业经理人制度。从现代治理理论和委托代理关系的优化来看，将来国家把资产经营权授权给投资公司，投资公司委托给混合所有制公司的董事会，董事会再把经营权委托给管理层，只有把职业经理人制度建立起来，才能形成一个完整的闭环。我们的职业经理人既可以由现有国有企业领导人转化而来，也可以从市场招聘，要适当加大市场招聘的力度。近几年，中国建材集团试行了职业经理人制度，集团各下属水泥公司都已经聘请职业经理人，但是集团层面还不是职业经理人。这次《决定》提出建立职业经理人制度，更好地发挥企业家作用，包括加大市场选聘力度，为国企人事和分配制度改革提供了新的契机。

在混合所有制企业发展过程中，应考虑用中长期的激励机制调动企业管理人员的积极性。《决定》提出允许混合所有制经济实行企业员工持股。把国有企业干部转换为职业经理人后，也应该按市场通行做法为企业管理层设立一定量的期股期权，新办企业也可以让员工直接投资持股，把资本要素和管理者劳动要素结合起来，最大限度调动企业管理者、技术骨干的积极性和创造热情。

《决定》关于混合所有制经济的论述及时准确地总结了改革开放30年来我国经济体制改革发展的成功经验，积极回应了当前社会的广泛关注，提出了今后一段时期国有企业改革发展的着力点和大方向。中国特色社会主义市场经济，是多种所有制共同融合发展的混合经济。国企和民企都是市场中的竞争主体，在社会主义市场经济中依法公平竞争，互为补充、互相融合，形成你中有我、我中有你的共赢关系。中国建材集团和中国医药集团将围绕十八届三中全会精神，进一步完善国民共赢的混合所有制企业组织模式，深化董事会建设、职业经理人制度、三项制度改革等，为国企改革不断推向深入，为早日实现中华民族伟大复兴的“中国梦”作出更大贡献！

企业改革与发展成就综述

大冶有色金属集团控股有限公司

近年来，大冶有色金属集团控股有限公司（简称“公司”）在股东湖北省国资委与中国有色矿业集团有限公司的正确领导和大力支持下，在社会各界的高度关注下，秉承“责任、忠诚、学习、进取”的企业核心价值观，紧紧团结和依靠广大干部职工，采取超常思维、超常举措，积极应对各方面的困难和挑战，实现了企业跨越发展，各方面的工作取得了明显成效，企业综合实力大幅提升，进入历史上发展最好、发展最快的时期，目前正朝着打造千亿元企业的目标稳步迈进。

一、公司近年来的改革发展情况

2006年以来，公司结合企业发展实际，确定了资源开发、规模提升、结构调整、资本营运、人才强企“五大战略”和经营上规模、管理上台阶、改革上力度、发展上速度、和谐上水平“五上目标”，并坚持战略管理与目标管理相结合的原则，将“五大战略”与“五上目标”按具体量化原则在逐年的工作中进行分解落实，并借助企业文化建设加以推进，将广大干部职工的意志和行动统一到公司的战略决策和部署上来，广泛凝聚各方面的智慧和力量，推动公司跨越发展。

1. 五大战略成效明显，综合实力快速提升。2006年以来，公司实现了资源占有量、生产能力、资产总额、经营规模“四个翻番”和投资主体、经营模式、产业结构、融资方式、经营理念等方面的“五大历史转变”。资源占有量由2005年的不足80万吨增至400万吨以上，阴极铜产能由2005年的20万吨增至70万吨，营业收入由2005年的50亿元增至835亿元，资产总额由2005年的56亿元增至322亿元。实现了由国有单一投资主体向多元投资主体转变，体制机制随之发生深刻变化；由长期立足本部所在地区，过度依赖铜业发展的传统经营模式，向“规模化、多元化、国际化”经营模式转变；由单纯依赖初级原材料生产，向有色金属产品生产、有色金属贸易与相关服务、金融与资本运作相互融合发展转变；由单一依赖银行贷款的融资方式向股权、证券融资等多渠道资本运作转变；由计划经济体制下封闭保守、按部就班的思想观念，向以市场为导向、以效益为中心、以创建一流铜业为目标的开放进取、主动发展的思想观念转变。

一是资源开发取得显著成效，资源保障水平不断提升。针对在铜产业链上，利润向矿山倾斜和集中的趋势，我们将资源开发战略确定为首要战略，按照“巩固扩大自有资源，努力控制周边资源，积极寻找接替资源，参与开发海外资源”的工作思路，加大了本部自有矿山的边深部探矿的力度，获得可观新增储量；对周边矿山投资参股，在湖北省内积极开发钛、铌等稀贵金属资源；在我国西藏、新疆地区和吉尔吉斯斯坦、蒙古国等地投资开发铜矿资源和其他金属资源，公司资源占有量大幅增加。

二是技术装备水平显著提升，迈入世界一流水平。针对公司铜冶炼规模偏小，技术装备水平比较落后的实际，公司坚持采用先进适用技术改造传统产业，提高装备水平，推动节能减排。以提升工艺技术装备水平为重点，高速度、高质量地对冶炼系统实施了全流程技术改造，建成了澳斯麦特炉及配套系统，以及30万吨铜加工清洁生产示范项目等一大批重点工程，冶炼厂区面貌发生根本性改变，冶炼技术工艺整体迈入世界先进水平，产能翻番并迈入全国前三甲。

三是产业产品结构不断优化，多元化发展多极化增长格局逐步形成。产品结构调整方面，公司在综合回收黄金、白银的基础上，先后开发了铂、钯、硒、碲、铼、镍等综合利用产品，并投资新建了稀贵工业园项目。在产业结构调整方面，相继在江苏常州、广东佛山等制造业发达地区投资开办铜杆、铜管加工厂，在本埠投资建设30万吨低氧铜杆项目；在香港、上海、深圳等国际化商贸中心投资设立贸易公司；先后在黄石黄金山工业区、大冶城西北工业园投资办厂，兴建金银冶炼加工、钢结构制作、城市矿产、物流仓储、房地产开发等大型综合利用和非铜生产（服务）项目，优化了公司的产业、产品结构。

四是资本运营取得可喜成果，为企业发展提供了较好的资金支持。通过大力引进战略投资者，加快企业上市步伐，推进企业产权多元化、资产资本化、资本证券化，有效缓解了资金短缺矛盾。先后引进各类战略投资近50亿元，不仅为公司实施五大战略提供了资金支持，而且显著加快了公司建立现代企业制度、转换经营机制的步伐。通过收购在香港地区上市的中时发展公司的股权，经过精心运作和艰苦努力，实现了有限公司在香港上市的夙愿，成功进入国际资本市场，迈向国际化经营舞台，并利用上市公司融资平台累计实现融资13.7亿港元。通过发行企业债、短期融资券、中期票据等措施，筹措发展资金32亿元，在拓展融资渠道，特别是直接融资渠道方面，取得了显著成效，积累了宝贵经验。2014年3月21日，公司旗下的财务公司正式开业运营，为公司提供了更好的资本创效平台。

五是人才队伍建设不断加强，人才的支撑作用逐步彰显。采取“送出去”“引进来”等措施，大力推进高级管理人才、高级技术人才、高级技能人才“三个一百”人才工程建设。持续开展首席工程师、一级工程师、工人技师评聘和岗位练兵、技术比武等活动，通过实行四类技术拔尖人才津贴和提高岗位薪酬待遇对优秀人才予以激励。通过努力，公司高级经营管理人才队伍整体素质得到提升，主体专业技术岗位人才断档的局面得到一定程度地改善，操作技能人才的数量和质量快速增长，对企业发展的支撑作用明显增强。

六是技术平台建设取得新进展，创新能力日益增强。公司建立健全了以技术委员会为决策层，专家委员会为咨询层，国家级企业技术中心为研发层和管理层的技术创新体系，着力完善研发投入机制、产学研合作机制、人才激励机制，拥有融技术研发、科技管理、成果转化为一体的一流技术创新平台。

公司技术中心是国家级企业技术中心，公司设计研究院是国家科研设计甲级院，是湖北省首家取得冶金行业设计甲级资质的单位，拥有国家认可实验室、企业博士后科研工作站、国家级工程实践教育中心、湖北省有色金属资源开发与综合利用工程技术研究中心、有色金属冶金与循环利用湖北省重点实验室等多个国家级、省级科研平台。公司先后与国内40多家知名的大专院校及科研院所建立了卓有成效的合作关系，共同进行科研和技术改造、技术开发、技术攻关，提高了自主创新能力。目前，公司共获得国家授权专利70项（含发明专利19项，实用新型专利51项）；先后获得各种类科技奖励112项（含国家级奖励9项、省部级一等奖8项、省部级二等奖33项、省部级三等奖41项）；主持或参与起草和修订国家、行业标准87项。

2. 内部改革不断深化，体制机制加快转换。近年来，适应企业债转股改制、与央企对接合作、在香港上市等重大资产重组需要，对公司进行多次改组改制，建立并完善了母子公司管理体系，每次改制都依法按章建立了规范的法人治理结构，调整优化了内部组织架构和管理关系，提高了运行效率。

公司始终坚持并不断深化了劳动、人事、分配三项制度改革，按《劳动法》要求规范用工行为，推行全员竞争上岗，实行以单位绩效和岗位绩效相结合的薪酬分配制度，建立以岗位绩效工资制为基本分配制度的薪酬体系，对各单位实行“超利节支全留，欠利超支用工资抵补”的绩效考核制度，对个人实行岗位绩效工资制，建立“市场引领经营行为，效益决定薪酬分配”的激励机制，逐步建立起了全员绩效考核体系。

除此之外，公司还大力推行了业务板块的整合，实现资源的优化配置；在新上项目实行了管理层和业务骨干参股，进一步强化了收入分配的导向作用和激励作用。

二、公司的优势及核心竞争力

1. 公司的比较优势逐步积累并不断提升。近年来，随着五大战略的实施和“五上目标”的推进，制约公司发展的资源、资金、机制、人才等瓶颈问题逐步解决，公司发展后劲不断增强，竞争优势不断提升。

一是上下游产业链完整。公司大力发展有色金属产业、非金属产业、资本产业等“三大产业”，业务范围涵盖铜矿采选、冶炼、铜材深加工、有色金属贸易及相关服务，是目前国内产业链最为完整的铜企业之一，实现了实体经济与贸易、金融的融合发展，抵御市场波动和行业周期风险的能力较强。随着今后矿产资源开发和铜加工项目的完工达产，公司的产业链效应将进一步显现，整体抗风险能力将进一步增强。公司加快推进产品结构调整，产品种类日益丰富，硒、碲、铼、镍等同一种类的产品具有初级加工和深加工的能力，可根据市场变化灵活选择生产组织方式和产品种类，实现效益最大化。

二是工艺装备水平先进。随着公司铜冶炼节能减排改造及其配套项目、30万吨铜加工清洁生产示范项目、稀贵工业园项目等一大批重点项目陆续投产，公司冶化生产系统完成了全流程技术改造，信息化、自动化水平显著提高、劳动生产率大幅度提升，节能减排效果显著，各项经济技术指标处于行业领先水平。

三是人才技术优势明显。经过60年的发展实践，公司在铜矿开采、铜及稀贵金属冶炼、硫酸生产等多个领域掌握了核心技术，在全国同行业具有领先水平。先后建成了国家级技术中心、博士后科研工作站、国家认可实验室和科研设计甲级院等一系列研发平台。此外，公司还拥有一大批高素质专业技术人才，其中工程技术人员1 010人，397人具有高级职称，其中正高级42人。

四是质量品牌信誉良好。公司对照“一流铜业、国际品牌”的标准，不断加强品牌的培育和建设，公司“大江”注册商标被认定为“中国驰名商标”；“大江”牌阴极铜被认定为中国名牌产品、国家免检产品，成为上海期货交易所首批取得交易资格的产品，并一次性通过伦敦金属交易所的资格认定；“大江”牌黄金、白银成为上海黄金交易所的品牌金银，“大江”牌银锭一次性通过伦敦贵金属交易市场的资格认定。公司先后多次被评为“中国最诚信企业”“全国重合同守信用企业”“企业信用评价AAA级信用企业”等。

2. 公司的发展潜力在跨越发展中不断提升。一是随着资源开发战略的推进，核心竞争力将持续提升。经过近年来的努力，公司控制的铜资源总量已由2008年的不足80万吨，增加到目前的400万吨以上。在加大资源控制力度的同时，公司加快了资源开发和矿山建设，铜绿山矿Ⅺ号矿体开采工程、铜山口矿深部开采工程、新疆乌恰萨热克铜矿建设工程等在建的矿山重点扩能改造项目将于2014年建成投产，公司矿山铜生产能力将由目前的2万吨/年提高到4万吨/年以上，通过西藏和新疆哈密地区的矿山建设，力争在2017年前矿山铜生产能力达到5万吨/年以上，企业的盈利能力将大幅度提高。

二是随着冶化系统达产达标后，规模效益和节能减排综合效益将进步一步体现。公司冶化系统完成了全流程技术改造，目前正处于达产达标的攻关期。待铜冶炼节能减排改造项目、30万吨铜加工清洁生产示范项目、稀贵工业园项目等重点项目达产达标后，回收率、能耗等各项经济技术指标将进一步提升，规模效益和节能减排综合效益将进一步体现。

三是建设“城市矿产”项目，进入拥有广阔发展前景的再生资源产业。“城市矿产”项目是国家政策支持和鼓励的循环经济产业项目，通过“城市矿产”示范基地建设，可丰富金属品种，扩大金属原料来源，实现公司铜原料多样化，发展前景广阔，力争成为华中地区最大的“城市矿产”示范基地。

四是湖北省在资源配置方面给予支持，公司有望发展稀有稀土等相关产业。为支持大冶有色打造千亿元企业，湖北省委省政府明确表示，省内新发现的有色金属资源优先配置给大冶有色，支持公司按市场原则整合省内有色金属资源，支持公司开发包括枣阳大阜山金红石矿和竹山庙垭铌稀土矿在内的省内优势资源，未来发展前景极为广阔，公司力争将其打造为新的经济增长极。目前，公司已取得枣阳大阜山金红石矿的部分采矿权，正在进行金红石矿和铌稀土矿选矿实验攻关。

3. 企业管理水平在持续改进中不断提升。公司坚持做到理念先行，通过倡导引进先进的管理理念和管理手段不断提高企业的管理水平。2008年以来，公司广泛深入开展了5S精益管理、全面预算管理、全员绩效管理、企业文化建设、信息平台建设等基础管理活动，并通过“管理年”“机制转换年”“学习年”“管理提升年”等年度主题活动来突出工作重点，强化活动效果，有效提升了公司的精益化管理水平。

在企业文化建设方面，公司建立了理念识别、形象识别、行为识别三大系统，确定公司的企业文化为“纳百川、通四海”的“大江文化”，积极倡导“责任、忠诚、学习、进取”的核心价值观，培育“经锤炼而成，为开拓而生”的铜斧精神，贯彻“以市场为导向，以效益为中心”的经营理念，力争早日实现“一流铜业，国际品牌”的企业愿景，打造了独具特色的企业文化，成为重塑公司精神品质、再创企业辉煌的强大驱动力。经过大力宣贯，“铜斧精神，大江文化”主旋律得到了公司干部职工的广泛认同，企业文化的各项理念、行为规范正逐渐成为员工的自觉行动。公司荣获“全国企业文化建设优秀单位”，公司的企业文化被评为“湖北省十大优秀企业文化品牌”，企业的外部形象得到了有效提升。

2013年厦门钨业股份有限公司概况综述

厦门钨业股份有限公司

厦门钨业股份有限公司是国有控股的大型企业集团。公司前身是厦门氧化铝厂，始建于1958年，1982年开始转产钨制品，1984年更名为厦门钨品厂。1997年12月，厦门钨品厂以发起设立方式整体改制为厦门钨业股份有限公司。2002年11月，公司股票在上海证券交易所上市。如今，公司已经发展为集钨、钼、稀土三大金属系列，拥有原材料、硬质合金、钨钼材、能源新材料和房地产5个产业板块，拥有控股子公司和分公司20家、国家钨材料工程技术中心1个和博士后科研工作站2个为一体的重点高新技术企业。截至目前,公司股本总额68 198 万股,总资产159 亿元,拥有员工11 000 人。

一、钨产业链介绍

厦门钨业打造了从钨矿山—冶炼—深加工—钨二次资源回收的产业链,涵盖了钨75.0%的生产领域,产业链全球最完整,且产业链各环节,均拥有原创核心技术,主要产品在国内外占有市场优势。

钨冶炼产品年生产能力达2.2万吨,居世界第一,出口量占55.8%;钨粉年生产能力0.9万吨,碳化钨粉0.8万吨,是全国最大的钨粉末产品生产商和出口商,出口量占21.6%;钨丝产销量占全球市场80.0%,居世界第一,多项技术标准在世界领先;硬质合金深加工产品方面,公司拥有年产4 000吨硬质合金制品,800万支硬质合金整体刀具、4 000万支PCB微型刀具和2 000万片数控刀片的综合生产能力,硬质合金产品产销量占据国内高端市场的一半以上,出口量居国内第一,其中合金棒材占据美国50.0%以上的市场份额,精密刀具产品进入成飞、哈飞、西飞等飞机制造商,替代欧美进口产品。

二、稀土产业链介绍

厦门钨业利用福建丰富的稀土资源,形成了厦门钨业特有的以科技创新和稀土深加工带动稀土开发,建立完整产业链的资源利用模式,得到国家工信部、国土资源部的充分肯定,被誉为"福建模式",是国务院确定的6个稀土集团之一。公司现已拥有年生产能力5 000吨的稀土分离、2 000吨的稀土金属、2 000吨高纯稀土氧化物、1 600吨三基色荧光粉、5 000吨贮氢合金粉和8 000吨各种锂离子正极材料产能的生产线,装备水平居国内领先水平,产品在国内外占有市场优势。

厦门钨业已成为国内电池材料行业的重点企业,电池材料产销量位居国内前列,其中稀土贮氢合金销量占全国35.0%的市场份额,出口量占19.0%,生产能力和销量全国第一;三元材料进入日本动力汽车电池市场,每月供货100余吨;荧光粉产品质量已赶上世界最强公司日亚和法国罗地亚的水平,成为国内荧光粉销量排名第二的企业。

三、人才建设与技术创新

自主创新、人才兴企。公司一直把技术创新作为生存与发展的指导思想和竞争法宝。为能充分利用技术创新引领公司实现大跨步发展,2009年公司建立了国家钨材料工程技术中心、博士后科研工作站,现已形成了基础研究、应用研究和成果转化紧密结合的科研平台,培养和凝聚了一批钨材料领域选矿、钨冶炼、精密刀具制造、机械设备制造方面的国内外同行颇具影响力的技术带头人。目前,已形成由博士25人、硕士239人、教授级高级工程师6人、具有高级职称93人为带头人的科研人员队伍,引进的外籍专家3人和自己培养的5人一、二级核心技术专家组成的高端人才队伍,其中,入选国家千人计划2人,列入省拔尖人才2人,列入省海外高层次创业创新人才2人,列入省产业人才高地及领军人才1人。

公司每年投入营业收入的3%用于技术研发,取得了许多技术突破。公司承担了"高性能钨粉碳化钨粉系列产品关键技术及关键设备的综合开发""高性能硬质合金粉末材料新技术及设备的开发""高效、高精度硬质合金刀具设计和加工技术开发""用于黑色金属加工用的高性能超细晶粒整体硬质合金涂层刀具系列""紫钨还原生产超细晶硬质合金""航空航天钛合金整体复杂结构零件加工系列化数控刀具开发""高端稀土材料公共技术服务平台建设项目"等被列入国家863计划、国家技术支撑计划、国家科技重大专项及国家对俄科技合作专项等国家级的科技、技改项目,并多次荣获国家科技进步奖。

近5年里,公司共取得科技成果260多项,其中以钨的低品位复杂矿为原料制取高纯APT、选矿后废弃尾砂钨资源回收利用的工程化、地矿及盾构机用超粗晶粒硬质合金、金刚石涂层刀具、双螺旋孔及三螺旋孔内冷式钻削工具、磁控线圈、钨铼合金丝等均达到国际先进水平。开发15种稀土元素全分离的模糊萃取技术,采取全自动化控制,成为稀土分离领域标志性技术;完成高性能磁性材料研发和工业化生产,首次将Magrise技术用于磁性材料加工,不但减低稀土金属的用量，尤其可节约镝用量45.0%以上，还能提高磁材磁性能，取得16项发明专利和实用专利授权。

四、管理创新

厦门钨业是靠技术创新起家的，在向现代化企业迈进过程中，则要靠管理创新把公司做强做大。公司坚持管理机制创新，敢为人先，不断优化、调整企业体制、机制，使之与企业的不同发展阶段相适应。

公司充分利用股份制改革这一平台，按照上市公司规范化管理的要求，完成了公司治理，形成一套有效的运营管理机制。

2007年以来，公司以全面预算管理和目标绩效管理为抓手，结合信息化管理手段，推动现代企业管理进步。从财务型管控过渡到“战略型与财务型相结合的集团管控模式”，进一步优化了总部及下属公司的组织设计、岗位职责及业务流程。公司始终以行业优秀企业为标杆，夯实管理基础，并利用信息化工具建立标准化管理体系，进行差异化分析，探索精细管理，促进企业能敏锐判断经营中的问题，不断改进，提高工作效率，巩固管理成果。

为适应企业快速发展需要和80后员工特点，2013年公司完成了薪酬体系、晋升机制的改革，加快人才梯队建设、高管队伍建设步伐，尊重知识、以人为本，努力打造一个学习型的组织。

厦门钨业的宗旨是：“让员工实现自我价值，使用户得到满意服务，为股东取得丰厚回报，与社会共谋和谐发展”。公司将始终遵循这一宗旨，早日实现“国际一流的创新型企业”的愿景目标。

自主创新谋发展　敬客经营为民生

安徽江淮汽车股份有限公司

安徽江淮汽车股份有限公司成立于1999年，总部位于安徽合肥，是一家集商用车、乘用车及动力总成研发、制造、销售和服务于一体的综合型汽车厂商，具有年产90万辆整车、80万台发动机及相关核心零部件的生产能力。其前身巢湖汽车配件厂成立于1964年，1968年制造出安徽省首台汽车，是中国较早的汽车企业。2001年在上海证券交易所挂牌上市，股票代码为600418。截至2013年底，公司总资产236.7亿元，从业人员2万余人。

商用车事业作为江淮汽车的核心业务，总量稳步增长，位居行业第3位。轻卡产品出口量连续14年位居同类产品第一，累计销量超过180万辆。乘用车事业作为战略业务，已形成“瑞风＋和悦”双品牌，覆盖C、B、A、A0、SUV、MPV六大系列平台，其中瑞风商务车多年来稳居国内MPV市场前三甲，市场保有量突破55万辆。“GreenJet”发动机连续5年、6款产品荣获“中国心”十佳发动机称号。新能源汽车作为战略新兴产品，自2010年首次投放市场示范运营以来，连续四年创造行业投放纯电动轿车示范运营的最大规模，始终保持中国新能源汽车行业第一。

一、五十载绰砺奋斗，坚守自主汽车梦

江淮汽车自1964年建成以来，走过50年风雨历程，始终在“中国产品”向“中国品牌”转变的道路上不懈努力。

1990年，江淮汽车实施“重点发展客车专用底盘，适时发展整车”的战略，试制出国内第一台客车专用底盘HFC6700，结束了中国客车底盘长期使用货车底盘的历史，并被评为“中国汽车工业五十周年最具影响力50款产品”之一，奠定了江淮汽车未来发展的基础。

2002年，瑞风上市即一炮打响，明确了江淮汽车进军乘用车市场的战略目标，随后，陆续推出瑞鹰、

宾悦、同悦、和悦、瑞风 S5、和悦 A30、瑞风 S3 等乘用车产品，令江淮汽车更加坚定了由单一制造“商用车”转型为“商乘并举”的综合型汽车企业的信念。

2013 年，为动态匹配公司所处的内外部环境，公司领导审时度势，及时调整目标与举措，将“做大做强商用车，做精做优乘用车”作为“十二五”战略的主要思想，推动江汽事业的再度跃升。

目前，江淮汽车乘用车在全球多个重点战略市场实现了有力突破，成绩亮眼；商用车瞄准国际一流，不断巩固和强化竞争优势，两大业务板块发展的蒸蒸日上奠定了江淮“中国品牌”的品质新形象。

二、整合全球资源，强化自主创新能力

自主创新是自主品牌汽车的灵魂所在，掌握核心技术，提高整车技术附加值，是自主品牌实现持续稳健发展的必然选择。

江淮汽车把技术创新作为打造品牌核心竞争力的有力支撑，每年用于研发的投入占销售比率超过 3.0%，远高于国内行业 1.0% 的水平。公司坚持整合全球资源深化研发能力建设，经过与奥地利 AVL 公司、德国大陆公司、美国德尔福公司等众多国际一流公司的长期技术合作和多年的学习、实践与总结，江淮汽车创新地建立了从概念到产品的研发流程管理技术体系，即 NAM 流程，并获得全国企业管理创新成果二等奖。

产品设计运用 UG、CATIA、ALIAS 等三维设计软件，与国际汽车主流设计界接轨；车身设计应用 CAS 技术（计算机辅助造型）进行可行性分析，实现了产品造型和设计方案的前期评估，缩短了开发周期；车身模态分析、CFD（计算机流体力学）分析、模拟碰撞分析等处于国内领先。目前，江淮汽车已完成对 1.5TGDI 发动机（缸内直喷高性能汽油发动机）、DCT 变速箱（双离合自动变速器）、核心动力总成和传动系总成等关键零部件的研发。

近年来，江淮汽车技术创新成果显著：荣获国家科技进步奖 1 项、中国汽车工业科技进步奖 13 项、拥有国家级火炬计划项目 7 项、国家重点新产品 6 项、发明专利近千项，其中 103 个产品技术处于国内领先水平或填补国内空白、新能源技术与国际水平同步。

三、打造差异化策略，构筑国际市场竞争优势

2001 年中国正式加入世界贸易组织，中国自主品牌车企开始逐渐涉足广阔的国际市场。江淮汽车积极响应国家“走出去”号召，审时度势，于 2006 年第 100 届广交会上正式发布国际化战略。2008 年金融危机爆发后，国内外市场竞争进一步加剧，江淮汽车在战略指引下，开始实施打造差异化竞争优势的经营策略，通过近年来的努力，累计为海外 100 多个国家和地区的 20 余万用户带去了最佳的产品价值体验。打造差异化方案见下图。

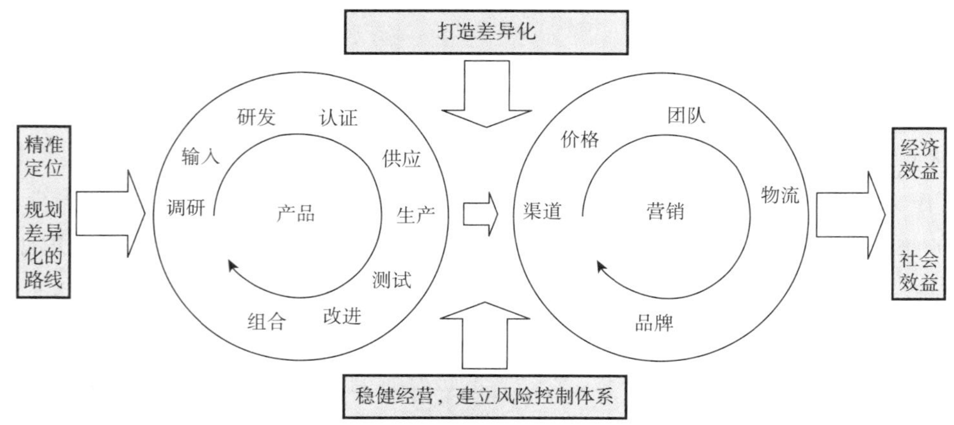

1. 充分调研，精心策划，准确定位。江淮汽车进行充分的调研规划，形成了“南美向北美，中东、北非向欧盟”两条市场拓展路线，在此基础上，全面实施构建“差异化”的市场开发策略。

2. 加强技术开发研究。充分识别、开展产品策划，满足产品适应性需求；提高产品研发过程质量，提升产品可靠性；聚焦重点产品平台，丰富产品矩阵；采取丰富的产品组合设计，凸显竞争优势。

3. 深化共赢的客户关系。坚持选择比培养更重要的原则，优选渠道，协同成长；建立快速响应的营销服务系统，高效满足客户需求；采取多样化的产品价格策略，积极抢占市场份额；通过在国外建设合资工厂，实现由“产品输出”向“技术、管理、资本和文化输出”的转变。

江淮汽车在国际市场开拓过程中，规模与效益协调发展，截至2013年底，累计出口销量近30万台，利润贡献超过4.4亿元，且销量、收入、利润指标均稳中有升。目前，江淮汽车出口业务已经从开始的单一轻卡出口发展到轻卡、中重卡、乘用车、微客、叉车等全系列产品出口，增速超行业平均水平，市场占有率稳步上升，轻卡业务连续14年蝉联行业出口第一的位置，轿车业务出口位居行业第四位，重卡业务稳步前进，由行业第6位上升至第5位。

四、顺应时代发展，领先新能源产业布局

为应对能源和环境的挑战，国家将新能源汽车列入“十二五”七大战略性新兴产业，并颁布《节能与新能源汽车产业发展规划（2012—2020年）》，合肥被列为全国首批电动汽车四个试点城市之一。江淮汽车顺应发展趋势，把握区域优势，提出新能源汽车的“三步走”发展战略：集成开发出产品；掌握关键核心技术；满足商业化要求构建大批量生产能力。

近三年，江淮汽车在新能源汽车领域累计投入近2亿元，以动力电池、微电子控制、电机驱动为核心的电动车“钻石”传动系，在业内形成明显的比较优势。整车产品通过迭代研发，已推出四代纯电动车产品，其中五代产品将搭建全新平台正向开发出国内首个五人座小型纯电动车IEV5。截至目前，累计向市场投放纯电动轿车逾6 000台，占全国纯电动轿车总销量的50.0%以上，私人购买纯电动车总量的60.0%以上，连续四年创造行业投放纯电动轿车示范运营的最大规模，始终保持中国新能源汽车行业第一：车辆累计运行里程近1亿千米，单车行驶里程最高超过10万千米。2014年初，江淮和悦iEV成功进入北京、上海等一线城市，入围中央国家机关新能源汽车采购目录，和悦iEV、iREV又成功入围首批新能源免征购置税车型目录。

2013年4月19日，安徽江淮汽车股份有限公司与美国GreenTech Automotive Corp.（简称GTA公司）在上海国际车展媒体发布会上宣布双方建立战略合作伙伴关系，正式签署2 000辆江淮同悦爱意为纯电动轿车出口协议，此轿车将汇集江淮汽车屡获殊荣的车辆设计元素与GTA先进的电动动力系统。该协议的签署标志着江淮同悦爱意为新能源电动汽车已成功驶入北美发达国家，开创了纯电动汽车规模投放海外发达市场的先河，令业界刮目相看。

五、敬客经营，再树自主标杆

当前的中国汽车市场，合资企业品牌与价格的双下探，严重挤压了自主品牌的生存空间，自主品牌除了要拥有过硬的产品品质，在服务层面上，也要利用本土化优势，推陈出新，不断提高服务质量，才能赢回客户的青睐。

江淮汽车秉承“客户第一、经销商第二、制造商第三”的营销理念，将“敬客经营”等核心价值观纳入新版JAC宪章，并且从战略层面明确提出“四个转变”，首先要求从竞争导向向客户导向转变，始终把终端顾客的需求作为企业发展的重中之重；二是从技术导向向价值导向转变，持续关注顾客的使用价值；三是从制造导向向营销导向转变，提高企业对市场需求的响应速度；四是从销量导向向服务导向转变，不断强化对客户的服务职能。

在客户服务层面，江淮汽车成立了各级客户关系管理相关部门，不断加大对客户满意度的投入，定期进行客户满意度调研，收集消费者对产品体验的反馈信息。同时，定期召开用户座谈会，让全体员工倾听客户心声，并根据用户意见狠抓改进和落实，全面贯彻以客户为中心的经营理念。

六、践行社会责任，推动企业可持续发展

江淮汽车全面贯彻落实党的十八届三中全会精神，积极践行科学发展观，并积极通过自身发展来回馈社会，树立了责任国企形象。

（一）自主创新，驱动社会可持续发展

公司始终坚持以“节能、环保、安全、智能”为关键技术研发路线，“十二五”期间，江淮汽车在乘用车领域，打造以 1.5TGDI 发动机 +6DCT 双离合变速箱的“白金传动系”为重点，努力实现整车动力性和节能环保性的完美兼顾，达到世界先进水平。在商用车领域，江淮更是行业内节能减排的积极倡导者和实践者，以自主研发的 2.0CTI 和 2.7CTI 的高效动力为重点，构建轻型商用车两条“黄金传动系”，排放达到欧Ⅴ标准，且具备升级到欧Ⅵ排放标准的潜力。同时，江淮轻卡已全面完成国四产品布局，在商用车行业率先承诺只产销国四达标轻卡，自 2014 年 6 月始，江淮轻卡已在西安、郑州、广州、石家庄、武汉等多个城市连续举办了江淮轻卡全系国四新品上市活动，强力推进国四轻卡的终端销售，以实际行动在行业内做出了表率，届时将在国内商用车领域刮起一股绿色低碳轻卡的风潮。

（二）回馈社会，共建幸福美好家园

公司将参与社会公益活动作为履行社会责任的重要组成部分，坚持“关爱弱势群体”为主线开展公益活动，并倡议员工共同参与。2013 年 4 月，公司在雅安地震发生后第一时间奔赴灾区，向当地民政部门捐赠 20 辆汽车用于救灾工作，并组织形成 30 余人救援团队，历时两个月参与灾区重建，为灾区人民送去企业爱心。同年暑期江淮汽车牵手安徽广播电视台开展“关爱留守儿童公益活动”，从皖北到皖南，为当地留守儿童的暑假送去问候与关爱。公司近 5 年，累计公益捐赠达 2 290.8 万元。

面向未来，江淮汽车将坚持夯实“品质 JAC”的形象，继续推进新能源领域发展和国际市场拓展；深化乘商并举发展格局，实现“做强做大商用车，做精做优乘用车”的“十二五”战略目标，把江淮汽车打造成为国际竞争力的民族汽车品牌，持续提升规模效益，做优秀的企业公民，成为强大中国的基石。

推动发展升级　永葆基业长青

江铃汽车集团公司

江铃汽车集团公司（简称“江铃集团”）是成长于赣江之滨，肇始于 1947 年，起步于 1967 年生产“井冈山”卡车，快速发展于 1984 年引进日本五十铃技术生产五十铃轻卡。20 多年间，江铃集团连续跻身中国企业 500 强和世界制造企业 500 强行列，已成为我国商用车行业的领军企业，是我国汽车整车出口基地和中国轻型柴油商用车最大的出口商之一。江铃集团拥有 JMC 系列、全顺系列、陆风系列、驭胜系列、天鹿系列、晶马系列、骐铃系列等七大汽车品牌，产品覆盖全球 115 个国家和地区，设有 12 座海外运营中心。江铃集团拥有 32 家一级子公司，有 6 家整车企业和 18 家零部件企业，是致力于成为业内一流的汽车和关键零部件制造商的综合性汽车企业。

2013 年，江铃集团实现整车销售 25.4 万辆，实现销售收入 400.69 亿元，在全国商用车市场的占有率达到 5.4%，轻客销量全国排名第 2 位，皮卡销量全国排名第 2 位，轻卡销量全国排名第 8 位，在 2013 年全国商用车企业中排名第 6 位，全国汽车企业中排名第 13 位，列 2014 中国企业 500 强第 288 位，中国制造业 500 强第 144 位。

一、创新创业，不断迈上崭新台阶

得益于改革开放风气之先，江铃率先在国内引

进五十铃技术，推动国内轻卡产业大发展。1993 年江铃股份公司率先发行 A 股，成为江西省首家上市公司。1995 年江铃股份公司在境外发行 B 股，以 ADRS 方式引入战略投资者——美国福特汽车公司，联合开发"全顺"商务车。江铃集团通过吸收日本五十铃公司和美国福特汽车公司的先进技术、管理经验等，迅速做大做强，奠定了在商用车领域的领军优势，企业发展迈入新阶段。

二、合作升级，不断扩张影响力

江铃集团坚持"开放、合作、互信、共赢"的企业理念，与 8 家世界五百强企业深入合作。近年来，江铃集团在合资合作方面开创了新的局面，积极引入多家优秀企业落户江铃共同发展，2012 年与全球第六大零部件企业——法国佛吉亚集团合资成立新公司，2013 年与日本五十铃公司延续深化合作成立了新的整车和发动机公司，与美国福特公司的合作关系也不断升级，在深化轻型商用车合作的基础上突破延伸到了重型卡车和乘用车领域。

三、20115 战略，蓄势高飞正当时

江铃集团谋篇布局，启动了多个整车基地建设，在全国形成了六大整车生产基地，规划的百万辆整车布局已经明朗。江铃集团审时度势，根据行业形势和企业发展实际，制定了"20115 战略"，即到 2020 年要实现年整车销量 100 万辆，营业收入 1 500 亿元的目标。

四、产品升级，充分满足市场需求

从轻卡领域成长起来的江铃集团已经拥有 JMC 系列、全顺系列、陆风系列、驭胜系列、天鹿系列、晶马系列、骐铃系列等七大汽车品牌和上千个品种，"高品质、多品种、中价位、优质服务"已经成为市场对江铃产品的公认口碑。近几年，江铃集团不断收获全国质量工作先进单位、国家出口免验证书、首届市长质量奖、全国企业环保成就奖等荣誉，是全国最早将汽车排放标准全部升级到国四的车企之一，为国内汽车行业树立了环保、诚信典范。

五、热心公益，践行企业公民责任

江铃集团以"诚信经营、追求品位、持续发展、回报社会"为核心价值观，积极以和谐发展践行企业公民的责任，多次获得"中国扶贫公益大使单位""感动中国十大汽车企业爱心活动""共筑中国心"爱心勋章"慈善榜十大慈善企业"等一系列殊荣。启动于 2007 年的"江铃 · 溪桥工程"已在全国建设便民桥 200 座，被央视等媒体专题报道。

怀抱创业报国梦想的江铃集团，在科学发展观的指引下，正不断驱动创新理念，推进发展转型，竭力为中国汽车产业持续发展贡献更大力量。

2013 年东风汽车公司概况综述

东风汽车公司

（一）企业概况

2013 年，东风汽车公司坚持稳中求进工作总基调，抓住我国汽车市场恢复性增长的有利时机，有效克服一系列困难和挑战，努力走质量效益型道路，主要经营指标再创历史最好水平。公司销售汽车 353.5 万辆，继续稳居行业第二，同比增长 14.8%，比行业增速高出 1.0 个百分点；综合市场占有率达到 16.1%，同比提升 0.1 个百分点；经营质量进一步提升，全年实现销售收入 4 533.6 亿元，同比增长 24.4%；利润总额同比增长 16.5%；上缴税费 406.2 亿元，同比增长 12.1%。国务院国资委考核指标全

面完成,利润总额和经济增加值均超额完成考核目标,成本费用总额占营业收入的比重控制在目标范围,流动资产周转率优于考核目标。

公司旗下各主要整车事业单元保持稳定健康增长。东风日产实施牵引式营销,全年销量超过92万辆,同比增长近20.0%。神龙公司产品阵营进一步丰富,全年销量突破55万辆,再创历史新高,同比增长25.0%。东风商用车有限公司全年销量突破18万辆,中重卡销量蝉联行业第一。东风乘用车公司全年销量突破8万台,同比增幅33.0%,增速是行业的2.9倍。东风本田全年整车销售突破32万辆,创下历史新高,同比增长13.9%。东风悦达起亚全年销量54.6万辆,同比增长13.8%。东风汽车股份有限公司全年销量27.2万辆,同比增长3.5%。东风小康汽车有限公司全年销量281 200辆。东风柳汽销量突破22.7万辆,同比增长36.0%。旗下各整车单元不断丰富产品谱系,先后发布了东风标致3008、东风雪铁龙C4L、东风日产新世代天籁、东风本田杰德、东风雪铁龙全新爱丽舍、东风标致301等一系列新产品,推动了销售增长。

(二)自主创新和自主品牌事业

2013年,公司继续加大研发投入,研发能力进一步提高。加强科技人才队伍建设,积极引进海外人才和成品人才,加强专业总师队伍建设,首批选聘11位公司级专业总师。2013年,公司自主品牌汽车销售127万辆,行业排名由第3位提升至第2位,同比增长13.4%,增速高于行业3.2个百分点。中重型商用车连续10年位居行业第一。自主品牌乘用车销售65.5万辆,从行业第4位提升至行业第3位,同比增长27.3%,增速是行业的2.4倍。其中,东风风神、东风柳汽乘用车销售增速均超过30.0%;合资自主品牌启辰销量超过10万辆。

公司统一了东风乘用车品牌。4月19日,在第15届上海国际车展上,东风公司以"自豪向前"为口号在上海正式发布东风乘用车品牌,该品牌旗下包括东风风神、东风风行、东风风度三个子品牌,其中东风风度为东风郑州日产发布的全新品牌名称,加大自主品牌新品投放力度。在上海国际车展上推出了全新一代自主研发的东风天龙旗舰重卡和东风小康"风光"紧凑型7座商务车等一批自主品牌新品。在8月30日的成都车展上,东风柳汽推出了东风风行景逸X5。新能源事业有序推进。9月29日,占地400余亩、一期投资24亿元的东风乘用车新能源工厂开工建设,进入国家创新工程的项目顺利通过了节点验收,公司新能源产品继续在公交、出租车和市政用车等领域推广应用。

(三)合资合作和重大建设项目

公司与沃尔沃建立战略联盟,合资重组东风商用车公司,新的东风商用车公司将研发、生产、销售"东风"品牌商用车,产品覆盖中、重型卡车和客车、专用车及底盘、发动机、变速箱等。与法国雷诺在重组三江雷诺汽车有限公司的基础上,按50∶50股权比例合资成立了东风雷诺汽车有限公司,实现东风—雷诺—日产"金三角"联盟。与德国格特拉克公司合资组建的东风格特拉克汽车变速箱有限公司工厂在武汉开工建设,2016年一季度建成投产。与德国史密斯公司合资组建的东风史密斯专用车辆有限公司工厂在武汉开工建设,2014年下半年投产。东风商用车新工厂改扩建、公司军品新阵地、东风本田第二工厂、神龙公司第三工厂和东风悦达起亚第三工厂等重大建设项目先后完成,有力地支撑了公司销量增长。

(四)战略性"走出去"

2013年,公司进一步加大海外市场的拓展力度,战略性"走出去"迈出新步伐。大力推进"有东风特色的海外事业体制"建设,公司国际事业部建立了乘用车出口事业部,收购了湖北东风进出口公司并将把它打造成东风商用车的海外销售公司,收购了原在东风有限旗下的东风汽车俄罗斯有限公司并将其改造为东风公司在俄罗斯的销售公司,在南美成立了办事处。东风风神、东风小康以及东风汽车股份公司的十几款产品在俄罗斯、中东等地进行了海外商品认证工作。

(五)经营协同

2013年,经营协同围绕"一项重点,两条主线"展开。一项重点是"完善顶层设计,构建协同体系";

两条主线是"协同采购和协同营销"。公司协同指导意见正式发布,具体实施措施不断完善,协同体系不断完善。协同采购方面,与鞍钢、宝钢、武钢等开展钢材协同集中采购;协同营销方面,公司乘商营销渠道协同展开试点。

(六)改革改制和管理提升

改革改制工作稳步推进,分离企业办社会职能,向十堰市移交了最后一批厂际道路。结合国家医药体制改革政策,研究制定了公司医院整合方案。积极推进厂办大集体企业改革改制。

深入开展管理提升,加强内控工作、风险管理和绩效管理。围绕完善集团管控体系、强化降本增效、夯实基础管理等重点,开展"管理提升年"活动,在集团大力推广"价值提升工作法",成为东风管理提升的一大特色。发布实施东风"DI163"信息化中期事业计划。加强风险管理及内控工作,发布了《东风公司全面风险管理手册》,全面开展内控评价工作,提升内部审计、风险管理和内部控制工作的协同性,一批经营风险点得到有效控制和整改。深化战略绩效管理,基本形成了以事业计划为纲领,以价值创造为核心,年度 KPI 和任期业绩考评相支撑,前提条件和动态调整相关联的绩效考评机制。

(七)安全生产和节能减排

通过落实安全生产责任,完善安全生产管理体系、加强安全教育培训、开展安全大检查和隐患排查治理等活动,有力地保障了公司生产经营持续稳定的发展,全年工伤事故和重伤事故的频率均小于控制指标。公司完善安全管理体系,确定了安全管理的目标、理念和总体思路,初步搭建了"6+1"安全管理体系,以安全管理"333"工程为体系构建的载体和抓手,通过健全的组织责任体系、完善的制度标准、有效的运营管控、先进的技术装备和内部交流平台及培养知安全、懂安全、要安全的员工队伍,使公司的安全管理逐步从事后管理向事前预防转变,即由事故管理向危险源辨识与控制转变,向风险识别和控制转变。

节能环保工作围绕"节能环保地造车,造节能环保的车"的理念,以公司节能环保事业计划为导向,以国家约束性考核目标为主线,以节能环保管理体系建设为重点,以合规管理为基础,以问题倒逼为突破口,认真做好各项工作。全面完成年度节能减排目标,与 2012 年同期相比:万元增加值能耗降低 19.9%,化学需氧量,二氧化硫分别减排 3.45%、18.4%。东风汽车公司荣获国资 2010—2012 年任期考核中央企业"节能减排优秀企业"奖、东风汽车集团股份有限公司荣获联合国环境规划基金会等 5 家机构评选的"杰出环保上市公司奖"。

(八)"和谐东风"建设和社会责任工作

积极开展职工服务中心建设试点工作,深入推进爱心工程,"四位一体"的帮扶体系不断完善,加大了对困难职工的关怀力度。健康东风和安居东风工程有序推进,职工医疗保险体系不断优化。离退休职工关爱工作不断加强,老年文化教育活动广泛开展。连续第三年扎实推进公司十堰基地年度"十件实事"建设,以"十件实事"为核心的公司"惠民工程"逐渐固化为有影响力的民心工程。

以"中国梦、东风润"为主题,推进社会责任中期行动"润"计划。支持四川雅安抗震救灾,累计捐款捐物近 1 000 万元。启动"东风润苗行动",未来 4 年,东风公司、东风公益基金会将与共青团湖北省委、湖北省青少年发展基金会合作,在湖北省内贫困山区、革命老区、少数民族等地区,帮建 10 所东风希望小学,资助至少 1 000 名贫困生完成小学阶段教育,第一批援建的 6 所希望小学进入施工阶段。公司社会责任工作得到社会高度关注和肯定。由中国社会科学院等发布的《企业社会责任蓝皮书(2013)》显示,东风公司位列总排名第 37 位,位居汽车行业第二,为汽车行业社会责任工作领域的领先者。在《公益时报》主办的"2013 第三届中国企业社会责任公益案例评选"活动中,公司"润计划"荣获"2013 中国企业社会责任公益案例卓越奖"。在第三届中国公益节暨"因为爱"公益盛典活动中,东风公司获得"2013 中国公益奖——集体奖"和"2013 年度最佳公益创新奖"双料奖,同时,公司"润计划"项目获得"2013 年度最佳公益项目奖"。在《汽车商业评论》举办的"共识与共享"中国汽车企业社会责任论坛 2013 年年会上,东风公司获得"年度贡献企业奖"。

（九）党的群众路线教育实践活动

2013年7月份开始，在全公司开展党的群众路线教育实践活动。公司教育实践活动遵照“照镜子、正衣冠、洗洗澡、治治病”的总要求，以“反对四风，弘扬马灯精神；依靠群众，推动东风发展”为主题，全面完成学习教育、听取意见，查摆问题、开展批评，整改落实、建章立制三个环节工作，取得了良好的成效。中央第35督导组对东风公司教育实践活动给予充分肯定，指出东风公司认真贯彻落实中央精神，不折不扣执行中央指示要求，不断提高思想自觉和行动自觉，自上而下传达出整顿作风的决心和勇气，为公司带来了积极的变化，实现了教育实践活动和企业经营发展的两不误、两促进。

在活动中，公司党委坚持开门搞活动，深入基层调研，真心诚意听取群众意见，征求群众原始意见2 100余条，梳理形成210条意见，形成公司领导班子“四风”方面的17个问题。坦诚开展批评和自我批评，高质量召开了民主生活会。活动中分4个批次整改33个问题；开展专项整治13项；整改方案中制定整改措施51项，33项2013年底已完成。加强制度建设，活动中共对480项制度进行了系统梳理，并新制定和修订完善公司会议管理、领导班子调研、领导班子基层联系点、领导成员生活待遇、领导干部职务消费、公务用车管理等33项制度。结合处在充分竞争领域、直接面对客户谋发展的特点，公司举办了“为民服务，客户在我心中”主题活动，拓展和丰富了教育实践活动外延和内涵。

（撰稿：王　英）

东风柳州汽车有限公司发展综述

东风柳州汽车有限公司

东风柳州汽车有限公司（简称“东风柳汽”）是国家大型一档企业、ISO 9001质量体系认证企业、国家3C认证企业，创立于1954年，1969年进入汽车生产领域，是中国最早从事汽车生产的企业之一。1997年7月率先在集团中实现股份制改革，按公司制要求建立现代企业制度。成为东风汽车有限公司和柳州市产业投资有限公司合资经营的有限责任公司，其中东风汽车有限公司占75.0%的股份，柳州市产业投资有限公司占25.0%的股份。2013年1月26日，东风汽车有限公司向东风汽车集团股份有限公司出售转让其拥有东风柳州汽车有限公司的75.0%股权，东风汽车集团股份有限公司成为东风柳州汽车有限公司的最大股东，东风柳汽正式成为其二级管理单位。截至2013年年底，在册员工3 900多人，童东城任董事长，程道然任总经理，覃柳明任党委书记。公司资产总值124亿元，占地面积213.5万平方米，已形成年产6.5万辆商用车、17万辆乘用车生产能力，拥有“乘龙”“霸龙”等商用车品牌和“风行菱智”“风行景逸”等乘用车品牌，营销、服务网络遍布全国，产品远销东南亚、西亚和非洲各国。

东风柳汽具有完备的四大工艺及配套设施。机器人静电喷涂技术引领当今汽车喷漆工艺新潮流；完备的计算机辅助设计、制造系统、大型CAD、CAE、CAPP软件工作站及PDM、MIS系统更是优质的产品开发和管理工作的重要保障。采用SPC控制系统对生产过程质量进行监控，确保了产品质量的稳定性、可靠性。2013年被评为广西企业100强、广西优秀企业、广西工业企业质量管理标杆单位、广西汽车行业先进企业、全国售后服务行业十佳单位。

2013年1月26日，东风汽车有限公司向东风汽车集团股份有限公司出售转让其拥有东风柳州汽车有限公司的75.0%股权，东风汽车集团股份有限公司成为东风柳州汽车有限公司的最大股东，东风柳汽正式成为其二级管理单位。

2013年，东风柳汽实行商用车深化分品系营销，规范市场区域划分和产品划分，持续推进会战，拓展细分市场。牵引、中工、中载、重工、重载销量分别同比增长78.0%、4.3%、21.7%、45.2%、17.5%,实现了坑口市场向渣土市场以及砂石料市场的转型;积极探索"论坛营销",举办了快递行业论坛、中国物流安全高效发展论坛、浙江危化品产业链及物流运输安全环保技术论坛、第七届运输透明管理论坛等,零距离向大客户展示柳汽产品,成功打入圆通、韵达、新邦、巨化等主流快递、物流企业,并与中联重科、盛辉物流签订了战略合作协议,实现了从产品到服务的全面融合,在公路物流市场带来了良好了的市场和品牌效应,大客户销量同比提升50.0%。

乘用车精细化管控销售过程,根据目标客户和区域市场特点,制定重点区域营销专案,导入销售标准流程,完善营销要素并进行全面管控。菱智持续以月销过万的纪录领跑MPV市场;景逸打造4个年销量6 000辆以上的核心省份和4个年销量3 000辆以上的重点省份,继续保持家用MPV细分市场销量第一。

海外出口事业稳步推进。在越南、缅甸、印尼、菲律宾、老挝等市场建立海外办事处;智利、秘鲁、哥伦比亚、玻利维亚、朝鲜、伊朗实现乘用车小批量试销;中标埃塞俄比亚政府工程建设项目,中东商用车KD组装项目已提上规划日程;在行业出口下滑9.6%的情况下,实现同比增长21.0%。

2013年商用车M7C、乘用车DM7、BH5A、菱智14款等新车型成功投放市场,使公司产品竞争力全面提升。乘用车新研发产品BX5A(1.8T)进入PT,采用电动转向及减重使整车进一步优化。首款自主品牌轿车BS3,9月完成PSQC评价,第二轮底盘调校顺利完成,目前已进入ET阶段,预计2014年上半年可实现SOP。

2013年公司持续深化改进质量管理体系,质量管理水平稳步提高。商用车模拟第三方市场调研,梳理提炼68个项目,完成整改47个。推进检验项目标准化,新增及完善检验标准62项,编制《现场问题防再发案例集》,有效预防问题再发,过程质量有效提升。乘用车对新品的节点管理由结果监控转变为过程+结果监控,BH5A、BX5A一次下线合格率分别达到93.9%、90.4%。

同时全面开展旧件解析工作,从以往的单一零部件分析转变到系统改善入手,多因素导致的问题取得突破。商用车整车由2012年417‰下降至2013年301‰;乘用车装配责任整车一次下线合格率菱系从年初的98.1%提升至99.0%、景系稳定在98.5%。

2013年6月公司顺利通过"3C"工厂检查,10月顺利通过ISO 9001质量管理体系换证审核工作,并获得"2013年柳州市长质量奖"殊荣。据2013年J. D. Power报告,公司乘用车品牌IQS得分152分,比2012年的208分提升了56分。

公司联合东风有限QCD总部、制造总部启动构建"QCD经营管理模式",运用实力线,开展递减公司总发生费用改善活动,公司总发生费用递减8.0%,商/乘用车直准人员效率提升了13.0%,整车顺序遵守率在95.0%以上。"过程和结果并重"的方针管理在制造系统得到充分体现,总二车间人均小时台数相比上年提升29.7%。总一车间OEE由90.2%提升到95.1%。公司还组织了10批合计140人赴日产车体公司开展全面对标学习,公司管理/技术骨干人员的观念得到进一步转变,形成23项改善课题,目前正按计划展开。

公司导入东风总部新品成本管控和运作模式,通过CFT组织实施,新产品成本收益改善取得显著效果,BX5A(1.6)、DM7、M7C利润率分别提升4.1%、4.4%、4.7%。

搜集竞品标杆,组织CFT研讨、比对、分析,提出具体的降成本实施方案,通过对标导入成熟配套体系,有力促进成本降低。13年实现CV降成本11 512万元,PV降成本22 024万元,CV轮胎专项降成本1 145万元。

持续强化目标管理和完善车间承包体系,2013年公司整体实物降成本幅度为4.5%,其中,CV部分降成本幅度3.6%,PV部分降成本幅度5.1%;各单位立足公司整体收益改善,开展管理改善项目50项,有力支撑了公司经营目标的达成。

车桥车间先后完成457、S160盘式后桥方案,配空悬S160盘式双后桥进入样桥试制阶段。深化现场作业改善,作业人员从年初162人减少至141人,无效作业时间从21.3分/台降至15.5分/台;拓展对外营销,全年配件量超50万配件点新增2家,实现对外销售 4 144.5 万元，同比提升 32.0%。

液压件车间全面推进课题改善，前顶故障率由 1.8% 降至 1.2%；中顶故障率由 1.2% 降至 0.8%，人工成本同比降低 34.1%，在维系阜阳、四川等老用户的同时，拓展娄底、郴州、江西、广东等多个市场，全年实现销售 10 681 万元，同比增长 26.6%。

柳东新基地乘用车涂装、总装车间第一台全序制造车辆分别于 2013 年 12 月 18 日、25 日下线，进入连线试生产阶段。冲压车间完成厂房主体工程、大型压力机等主要部件全部进场。焊装车间完成厂房主体钢构、辅房主体封顶、连廊设备、储运线设备安装完成 80.0%。110 千伏变电站及外线系统完成建安工程以及全部设备，实现正式供电。完成消防水泵房、燃气站、加油站、供液间设备安装以及食堂基础施工。试车跑道、出入库等配套设施按计划施工中。

在公司党委领导下，深入开展群众路线教育实践活动，切实改进工作作风，设立专用热线电话、领导班子电子邮箱、电子/纸质问卷，开展员工个别访谈，建立各高级管理人员联系点，进行了 25 场次的形势目标宣讲，深入开展群众路线调研，广泛征集员工意见、建议。针对群众提出的 86 条问题进行逐一分析，确定负责领导及整改时间，制定整改方案，做到综合施策、标本兼治。

同时进一步深化推进组织文化建设，编制柳汽文化手册，进一步强化员工对组织文化核心理念的认知。先后组织先进员工事迹报告会 5 场，大力宣传优秀员工的先进模范事迹，在全体员工中形成“学先进，强素质，立足岗位实践理念，争先创优树模范”的良好氛围，目前员工认识率达 92.9%，理念认可度达 87.5%。

积极推进和落实公司民主管理“四项制度”和厂务公开工作，分别召开公司劳动管理情况通报协商会和公司劳动保护、安全生产、环境保护、职业健康情况通报协商会；实施员工薪级调整，将制度调薪、绩效调薪、荣誉调薪与普调四者有效结合，最大限度调动员工积极性。购买牛奶、八宝粥慰问加班加点生产员工，开展生产现场员工巡诊；为一线员工配置午休折叠床，使员工们得到更好的休息；帮助家庭生活困难员工解决生活问题，共慰问、补助困难员工 133 人/次，补助金额 3.3 万元，互助会补偿金额 5.2 万元；筹建公司羽毛球协会、气排球协会和艺术协会，开展气排球赛、足球赛、篮球赛、钓鱼比赛、摄影展等活动，把关心员工落到实处。

2013 年 4 月 23 日，东风柳汽向四川省卫生厅捐赠 10 辆崭新的风行菱智救护车和 291 966 元爱心款，支援雅安地震灾区，用于赈灾一线的转运型医疗救护。

2013 年 9 月 28 日，东风汽车公司、东风柳汽向广西马山县捐献价值 80 多万元的 11 辆环卫车及一辆风行菱智商务车，用于山区贫困县的基础环境建设改造。

东风柳汽始终注重把握市场的脉搏、重视用户的需求，以“为客户创造价值，为社会创造财富”为经营理念，不断开发适应市场发展、满足市场需求的高品质产品。“十二五”期间，东风柳汽坚持商用车、乘用车并重的发展战略，商用车不断提升轻、中、重型载货车的产研营销竞争力；乘用车不断拓展风行菱智商乘兼用优势，并以景逸平台为基础，发展轿车、多功能乘用车、运动型乘用车及新能源汽车；同时加快广西柳州汽车城新生产基地的建设，成长为国内主流的商用车及乘用车制造商。

把握渤船重工——科学发展再出发

渤海船舶重工有限责任公司

渤海船舶重工有限责任公司（简称“渤船重工”）是一个拥有 50 年历史的集造船、大型钢结构加工和冶金、水电设备制造于一体的大型现代化造船企业，是国家重大技术装备国产化研制基地。拥有职工近万人。在国防建设和中国造船业中占有重要地位。1999年以来，公司发展迅速，船舶和其他产品并举，年造船能力达到400万吨，单船造船吨位达到40万吨，跻身于世界大船制造企业的行列。

渤船重工是船舶行业首家开展国家863/CIMS、推广应用示范工程的企业，公司被确认为国家级企业技术中心。

公司先后为德国、美国、加拿大、新加坡、希腊和中外运集团公司、南京长江油运公司、中海集团公司、中远(集团)总公司等国内外船东批量设计建造了38.9万吨级以下矿砂船、集装箱船、油船和散货船；建造了宝钢热风炉系统、300吨转炉和三峡水电站70万千瓦水轮发电机组转轮。

公司先后获得全国质量管理先进企业、国防科技工业质量先进单位、辽宁省质量管理奖、国家级"守合同、重信用"企业和辽宁省用户满意企业称号，在中国船舶工业系统率先获得ISO 9000质量体系、职业安全管理体系证书。

"十一五"以来，渤船重工抓住时机，自我加压，加快发展，年造船总量从2006年的49万吨跃升到2012年的227万吨，成功研制出我国最大吨位船舶——38.8万吨矿砂船。如今，公司正在步入新的发展阶段，预计"十三五"中期，将迎来一个爆发式增长，到"十三五"末期，主要经济指标将在"十二五"最好水平基础上翻一番，实现由大到强的历史性转变，实施第三次创业计划快速发展。非船产业公司在发展非船产业方面曾做出过不少努力，但始终停留在有产品没产业阶段。自中船重工提出强力发展非船产业战略后，渤船重工制定实施第三次创业计划，决心奋起直追，强力发展非船产业。为此，公司大力宣传强力发展非船产业的重大意义，上至公司领导，下到职能部门，人人为非船产业动脑筋、想办法、出力气。在此基础上，公司向相关管理部门下达支持非船产业的具体经济指标。建立北港产业园区，兴办新企业、开发新产品。调整更多力量从事非船产业研发、制造与营销。2013年以来，新增核电设备制造安装等专业公司4个。坚持从最熟悉、最擅长的项目做起，批量承接90米深自升式作业平台，积极参与钢结构桥梁项目招投标。非船产业初步走上专业化、规模化、产业化轨道。增强市场经营能力迎接船舶工业3.0时代制定长短结合的民船产业发展战略规划，迎接船舶工业3.0时代到来。中长期目标是通过核心技术研发和人才储备，从"十三五"末开始涉足高附加值船型领域，稳步提升比重，持续增强竞争力和影响力；中短期策略是继续深耕中端产品市场，通过优化产品结构和提高管理水平，稳步提升民船产业生产能力和市场份额。

一是加大研发力度。通过自主研发、联合设计、引进消化再吸收等多种途径，大力开发能同时满足低成本、节能环保等条件的先进船型，力争做到少船型、多批量。新近研发出49米型宽21万载重吨散货船，得到市场积极响应，已收获13艘订单。

二是加强经营接单工作指导。四条生产线明确分工定位，有主攻公务船、中小集装箱船和MR，有主攻VLCC，有主攻20万吨级散货船。编排未来3~5年船位计划，增强经营工作科学性。

三是努力提高生产建造能力，提出了生产流程再造计划，通过机构、职能调整，形成高度集权的生产指挥体系。同时，抓住制约设计、生产、管理的深层次问题进行持续改进与项目攻关，积极推行介入式管理、拉动式计划、生产管理标准化规范化等先进管理方法，大力开发数字化管理工具，生产效率稳步提高，建造周期不断缩短。

下一步，要通过培训和评选技术"大拿"等措施调动干部员工钻研技术的积极性。推行计件制等分配模式改革，进一步提高生产工作效率。严格控制成本坚定不移走质量效益型发展道路严格控制产品成本，既是应对当前不利市场形势的有效措施，也是走质量效益型发展道路的内在要求。

早在全球金融危机之前，公司就把严格控制产品成本上升到战略高度，经过几年不断摸索，形成了包括战略措施和战术措施在内的一整套严格控制成本的策略体系，产品成本基本控制在一个比较合理的区间。

一是思想观念先行。向干部员工反复宣讲成本与效益、效益与收入的关系，组织开展"我为降本做点啥""我看降本还差啥"活动，发动全员关心成本、身体力行降低成本。

二是建立健全目标成本管理体系。对产品实行目标成本管理，以合同价格为基准倒推采购费、人工费等,确保成本得到有效控制,注重树立目标成本管理部门权威。

三是从大处着眼。严格审查开发的产品是否是性价比高、适销对路船型,该减少的性能冗余是否消除;在经营接单过程中,最大限度降低首制船数量。此外,注意权衡利弊得失,防止因小失大。

四是大力推行设计、物资采购、生产管理等战术层面的成本控制。设计方面,最大限度优化设计思路,合理降低设计裕度,钢材利用率不断提升,焊材及各种物资用量逐船下降。在物资采购方面,大力推行比价采购、招标采购、二轮报价谈判等,合理压缩设备、舾装件的价格。在生产管理方面,生产单位、生产管理部门各显神通,有的开展串洗油回收处理再利用,有的收旧利废,有的利用库存物资,有的通过减少占用吊车、船台、码头时间降低能源消耗。其中,仅通过改进工装管理一项,就节约资金上百万元。

紧跟市场深化改革不断激发企业活力坚持以市场为导向,不断深化内部改革,着力激发内部活力。

一是打开"围墙"。把公司的管理和技术视作市场当中的优质生产要素,在陆续组建一批子公司、分公司同时,把许多内设机构改造成独立核算单位,引导其发挥优势,搞实业、闯市场,直接创造价值。积极引进市场力量参与生产和生产服务,与公司队伍进行竞争合作。

二是用市场经济眼光重新审视机制体制及资源配置。大力压缩非生产经营性机构,强化二级单位分配自主权,把人财物和岗位向生产经营主体倾斜,把经济待遇和评选先进等向生产技术经营骨干人员倾斜,着重在生产技术经营一线考察培养干部,重奖技术能手和生产技术业务尖子。

三是引导职能管理部门加大对中心工作支持力度。带领经济、人力、安全、质量、保密等职能管理部门积极为生产经营和经济效益服务。在制定员工教育培训计划、规划时,把人力、培训部门作为甲方,把生产、技术等培训需求部门作为乙方,乙方需要什么样的服务,甲方就要提供什么样的服务。

2013 年中航工业集团发展综述

中国航空工业集团公司

一、集团基本情况

中国航空工业集团公司(简称"中航工业")是由中央管理的国有特大型企业,2008 年 11 月在原中国航空工业第一、第二集团公司基础上重组整合而成立。中航工业实行母子公司管理体制,设有装备、飞机、发动机、直升机、航电系统、机电系统、通用飞机、航空研究、飞行试验、贸易物流、资产管理等 20 个产业板块,下辖 142 家企事业单位,拥有 29 家上市公司,其中 A 股 21 家,香港 H 股 5 家,德国、新加坡、奥地利上市公司各 1 家。员工近 50 万人,其中两院院士 18 人,享受政府津贴专家 3 151 人。

截至 2013 年末,中航工业资产总额约 6 850.1 亿元。中航工业 2013 年实现营业收入 3 494.1 亿元;利润总额 139.7 亿元,在国资委经营业绩考核中连续 5 年获评 A 级。中航工业自 2009 年起跻身《财富》世界 500 强企业,连续 6 年排名保持持续增长的势头,排名从 2009 年的 426 位上升到 2014 年的 178 位,6 年累计上升 248 位;在 2014 年世界 500 强的"航天与防务行业"子榜单中,中航工业排名第 6 位,利润和利润率居国内上榜企业前列。在世界品牌实验室《中国 500 最具价值品牌》排名第 25 位,品牌价值 905.7 亿元。

二、经营范围和发展状况

中航工业是我国航空武器装备的主承制商,中航工业系列化发展了歼击机、歼击轰炸机、舰载机、轰炸机、预警机、运输机、空中加油机、侦察机、强击机、教练机、武装直升机、无人机、通用飞机、新型空间飞行器等飞机，系列化发展了涡桨、涡轴、涡喷、涡扇等发动机和空空、空地、地空系列导弹，真正形成了功能强大、体系完备的航空武器装备系统，同时塑造了“鲲鹏”大型运输机、歼—15、歼—10、“飞豹”“枭龙”“猎鹰”“山鹰”、直—8、直—9、直—10、直—19等飞机品牌和“太行”“秦岭”“昆仑”“玉龙”等航空发动机品牌，使我国跻身于能够自主研发生产具有国际水平的、体系化的航空装备的国家之列。

秉承“寓军于民、军民融合”发展原则，中航工业以新理念、新思路、新举措大力发展民用航空产业，研制生产新舟60、新舟600、新舟700系列涡桨支线飞机，运—8飞机系列、运—12飞机系列，领世系列、西锐系列、海鸥300、蛟龙600、AC301、AC310、AC311、AC312、AC313等民用飞机和直升机、发动机、机载设备与系统的设计、研制、生产、维修、销售、售后服务等，是ARJ21新支线客机的主要研制者和供应商，是大型客机C919的主供应商。

作为中国科技发展的领军者之一，中航工业建立起了拥有由中国航空研究院和33个科研院所组成的高水平科研体系；拥有一批达到亚洲一流或国际领先水平的国家重点实验室和重大科研试验设施；构建起基于内部中航网的异地协同设计制造体系和快速反应管理系统。我国航空科技实力上实现了对世界强者从望尘莫及到望其项背，再到同台竞技的跨越，正向着并驾齐驱的目标奋进。

顺应世界经济发展的大趋势，中航工业加快融入世界航空产业链，广泛参与世界航空工业分工合作，“枭龙”、K-8、强五、MA60、MA600、运12等飞机飞出国门，使我国成为少数几个能出口飞机整机和生产线的国家。同时积极参与国际重大航空项目的开发，与国外对等合作了EC-175直升机、涡轴-16发动机，以及合资合作大量的机载设备，与波音、空客等国际航空企业巨头广泛开展航空转包生产业务。

把握国内经济发展机遇，中航工业加快融入区域经济发展圈，先后与北京、天津、上海、广东、湖南、四川、贵州、陕西、辽宁等20多个省市签定了战略合作协议，设立了北京航空科技产业基地、天津直升机产业基地、珠海通用飞机产业基地、沈阳航高基地、上海商用发动机产业基地、南京金城航空科技园、成都空天高技术产业基地、长沙航空产业园和南昌航空城等产业园，加快航空工业发展，服务地方经济建设。

围绕航空主业大力发展非航空民品和现代服务业，中航工业积极将航空高技术运用到汽车、摩托车及其发动机、零配件等领域，积极发展燃气轮机、制冷设备、电子产品、环保设备、新能源设备等机电产品，并提供飞机租赁、通用航空、交通运输、医疗服务、工程勘察设计、工程承包建设等第三产业服务项目。

三、集团管理与文化

中航工业以“航空报国、强军富民”为宗旨，以“敬业诚信、创新超越”为理念，提出了“两融、三新、五化、万亿”发展战略。两融：融入世界航空产业链，融入区域发展经济圈；三新：打造新的三位一体的核心竞争力，即品牌价值的塑造、商业模式的创新、集成网络的构建；五化：市场化改革、专业化整合、资本化运作、国际化开拓、产业化发展；万亿：到2020年挑战经济规模10 000亿元。

中航工业构建了基于战略管控的母子公司组织模式作为落实发展战略的有力举措。实行三层管理构架，第一层为承担战略管控加财务管控中心职能的集团公司总部，第二层为承担利润中心加产业化中心职能的子公司（事业部），第三层为承担成本中心加专业化中心职能的成员单位。中航工业战略管理体系是，集团公司层面负责总体战略和相应的职能战略。总体战略主要致力于把握大局和方向，关注集团公司的定位和长远发展，对内协调业务选择，合理配置资源，形成协同效应，对外做好外部利益相关者的沟通和整体价值创造。在战略的执行上以五年规划为主要抓手落实集团战略。每年通过年度计划的形式，将规划转化为下属单位可执行的经营计划和考核指标。在规划执行中期进行评估和调整，在规划期结束时进行评估并成为下一期规划制定的依据。同时，全面应用综合平衡计分卡战略管理工具推进战略落地。

大力加强预算管理，逐步构建以EVA为导向的全价值链战略预算管理体系。突出重点，管出实效，客观分析当前与未来经济形势，合理确定年度预算目标；将成本费用预算控制作为重中之重，认真分析本单位成本费用开支结构，合理确定成本费用压缩的项目、目标和措施。加强现金流管控，防范企业风险；加快预算进度，提高预算质量，进一步推进全面预算管理工作，落实加快发展、增收节支、降本增效等方面的预算安排，强化预算执行情况的监控和分析，充分发挥预算管理在应对金融危机中的作用，不断提升预算管理水平，促进企业发展。

加强集团公司投融资管理。积极推进投融资与重组改制，通过资产划转、投资和长期股权变动、投资企业的清理和相关资产处置等工作，开展产权转让和结构调整工作，对一系列项目实施主辅分离副业改制。

积极开拓航空产品外贸市场，民机销售迎难而上，国际合作与转包生产进展顺利。在"只有合作伙伴，没有竞争对手"的理念指引下，紧紧抓住重点项目和重点合作伙伴，梳理集团公司的对外合作关系，大力推进集团公司与波音、空客、庞巴迪、巴西航空工业公司、GE 等国际大公司的高层联系，通过一系列活动，使得中航工业与世界航空业界的合作伙伴关系更加紧密，同时也向合作伙伴们传达了新集团的组织架构、发展战略等信息，开创了集团公司在民用航空业务的多个领域对外合作的全新局面。集团公司成立以来，与世界上主要的航空企业在多个领域开展了重大合作项目，通过这些项目的成功实施，可以实现集团公司国际合作战略的价值，逐步实现融入世界航空产业链的目标。

狠抓重大科研项目进度和航空产品生产交付、改善和加强经济运行质量管理等，实现经济规模和效益双增长。通过航空产业园区建设、战略投资者引进和航空产品市场开拓，积极落实"两融"战略。积极争取和落实国家财经政策支持，狠抓技改、科研项目管理和经费的落实，加强税收政策的协调。与各大商业银行和保险公司建立全面战略合作关系，同时充分利用债券市场，并大力推进资金集中管理工作，创新性拓宽融资渠道，推动产融结合进入新时期。综合协同创新管理，优化经济运行内部环境和机制。

坚持改革创新，把人才强国战略作为一项重大而紧迫的任务，以高层次人才为重点，统筹抓好各类人才队伍建设。大力加强经营管理人才队伍建设，围绕经营管理人才队伍建设，着重开展领导班子集中考核、干部交流、干部年轻化等工作。有效推进专业技术和技能人才队伍建设。以高层次人才为重点，全力培养科技工作带头人，积极推进"长、家、匠"分离，加强科技人才职业生涯管理，疏通科技人员成长渠道。通过开展技能大赛和技能鉴定工作，推动了技能人才培养，激励广大航空工人努力学习，岗位成才。探索创新人才工作体制机制。人才资源是第一资源的观念已深入人心，人才发展战略更加统筹协调，一支规模大、素质高、结构合理的人才队伍基本形成。

业绩考核管理方面，为了有效提升价值创造能力，集团公司成立了 EVA 管理推进工作领导小组，制定实施计划，在全集团开展 EVA 管理。根据国家宏观经济形势和所属单位具体情况，在考核办法中针对短板设置指标，通过考核引导各单位将业绩考核与解决"短板"结合起来，促进各单位稳健、持续经营，持续改善薄弱环节。同时强化集团内部"对标"考核，将各单位的考核目标值与集团内同行业企业平均水平进行比较，引导下属企业逐步赶超集团内先进单位，收到较好成效。此外，加强考核的过程评价监督，促进经营计划的完成。

着力提升创新能力。一是在原有科技创新体系基础上，形成并发展"一个核心、两类主体、三大平台、四种伙伴"新型科技创新体系，集中管理、分层实施，全面提升集团科技创新能力。二是完善科技创新组织机构。三是开展技术创新项目研发。通过持续推进管理创新，初步建立了与市场和国际接轨的管理体系，实现了管理的规范化、科学化，有力促进了改革发展。四是大力开展管理创新。六西格玛、精益制造、项目管理、平衡计分卡、EVA 等先进管理工具和方法得到广泛应用，全面提升了企业竞争力。

企业文化建设成效显著。以品德高尚、报国有成的党员专家吴大观同志、"航空工业英模"罗阳同志为代表的 50 万航空人，长期以来自力更生、艰苦奋斗、爱党爱国、无私奉献、开拓创新、锐意变革、不畏艰难、勇于攻关、低调做人、埋头做事，形成了个性鲜明、魅力突出的中航工业文化。近年来,中航工业在抗震救灾、奥运安保、亚丁湾护航、国庆阅兵等国家重大任务中发挥了不可替代的作用。

中国航空工业集团公司将秉承“航空报国、强军富民”宗旨,弘扬“敬业诚信、创新超越”理念,积极推进“两融、三新、五化、万亿”的发展战略,励志成为国家综合国力、部队作战能力、国家运输能力、国家科技实力及大众时尚消费品的提供商,以豪迈的步伐向具有国际影响力的跨国大集团迈进。

中航工业沈飞:共和国航空工业的脊梁

中航工业沈阳飞机工业(集团)有限公司

中航工业沈阳飞机工业(集团)有限公司(简称“中航工业沈飞”),是以航空产品制造为核心主业,集科研、生产、试验、试飞为一体的大型现代化飞机整机制造企业,是中国航空工业发祥地之一,被誉为“中国歼击机的摇篮”。公司始终坚持“航空报国、强军富民”的宗旨和“敬业诚信、创新超越”的理念,几代沈飞人薪火相传,不懈奋斗,填补了一系列国防建设的空白,主导产品正向世界先进水平迈进。

一、不负重托,打造中国军事航空工业品牌

中航工业沈飞经历了60余载发展历程,始终以“国家利益高于一切”的核心价值观,几代沈飞人不懈奋斗,闯出了一条引进消化吸收再创新之路,先后生产了30多个型号数千架战机,谱写了中国航空工业发展的恢宏篇章。近年来,一批批具有自主知识产权、性能卓越的主导产品研制成功并装备部队形成战斗力。主导产品已经在材料、标准件品种规格和装机重量国产化率达到99.0%,标准中国化率达100%。2012年,中航工业沈飞自主研发的我国第一代舰载固定翼飞机成功在航空母舰上实现着舰、起飞,这标志着我国军事航空工业的重大历史性突破。在这个突破和成功中,中航工业沈飞的原董事长、总经理罗阳同志牺牲在自己工作的岗位上,他以生命践行了国家利益高于一切的“航空报国”情怀,是中航工业沈飞以至中航工业的杰出代表。公司主导产品快速升级换代和国产化,有利于中国国防科技实力和实战能力的提升,有利于中国整体竞争力的提升,有利于国防实力与民族自豪感的提升。中国战机国产化的实现,是我国综合国力及科技水平不断提升的重要标志,对促进国民经济又好又快发展和中华民族的伟大复兴具有重大意义。它展示了中航工业沈飞的品牌影响力和价值创造力。

二、创新驱动,不断实现研制生产技术跨越

航空工业特别是军事航空工业,是国家重要的高新技术产业,是对国内国际经济、政治和军事格局有重要影响的战略性产业,航空工业发展水平是衡量一个国家综合实力和科技实力的重要指标。一代产品,必须有相应的一代技术和一代管理支撑和保障。中航工业沈飞遵循军事航空工业特有的发展规律,按照“生产一代、研制一代、预研一代、探索一代”的模式,大力实施创新驱动发展战略,勇于技术创新和管理创新,不断提升跨越发展的物质、技术和管理基础,重点型号不断取得重大进展,突破了一个又一个难关,确保了一个又一个重大节点,创造了航空发展史上的新奇迹。

目前中航工业沈飞拥有国际先进水平的大型工程组织、系统集成、综合试验、飞机装配等技术及先进完整的航空产品制造生产线。具有强大的数控加工、计算机网络及软件开发能力,特别是在钛合金机械加工、大型复杂结构件的数控加工、复合材料加工等方面处于国内领先地位。在钛合金切削加工、成型、焊接、热处理方面以及产品的环境试验方面具有国际先进水平,铸就了自主研制发展下一代战机坚

实基础。在一系列新型战机研制生产中，攻克一系列技术难关，掌握了一系列核心关键技术，产品和技术跃升到一个全新更高的起点。多个型号获得国家科技进步奖，某型号获得国家科技进步特等奖。实施创新驱动，我们不仅重视飞机研制生产设备等硬件条件的现代化，更重视科研生产人才队伍的高端化。我们注重技术创新体系建设，建立了国家级技术中心，设立了博士后流动站，设立技术专家、技术骨干津贴，着力培养打造企业以至行业领先的技术人才、管理人才队伍。走过60多年的发展历程，我们深切的感到，航空工业的核心技术（航空高新技术及相关的关键设备、部件、原材料等）是用金钱买不来、用市场换不来的，只能走自主创新之路。

三、“两化”融合，助推产品产业快速升级换代

中航工业沈飞紧密结合军事航空企业性质特点和自身实际，在科学发展观的指引下，大力推进“两化”融合，助推产品产业快速升级换代。中航工业沈飞以建设“数字化沈飞”为信息化总体目标，以支撑产品研制的数字化体系建设为核心，围绕产品设计制造和企业经营管理两大方面开展信息化建设工作，“十一五”期间，信息化建设投入数亿元。开展了多厂（所）、跨地域的飞机数字化协同研制生产，建立了支撑飞机产品异地协同研制生产的数字化制造平台，建立以产品结构管理为核心的企业级产品数据管理系统，在国内首次应用数字化技术实现了基于飞机架次有效性的产品构型管理，使产品技术状态得到了有效控制与管理；实现了EBOM、PBOM、MBOM的关联和统一管理，确保了设计数据和制造数据的一致性、完整性及准确性，实现了飞机制造生产方式的根本性变革，形成了一套以数字量为特征的技术协调体系，全面应用数字化的三维设计、虚拟装配、并行工程，实现了从设计到飞行的全面数字化，数字化制造技术已达到国内领先水平并接近于国际先进水平。目前在主导产品中已经应用3D打印技术。“两化”的深度融合，为企业的发展带来了巨大的技术、经济和社会效益，大幅缩短了设计研制周期，生产制造效率提升，产品生产质量提高，产品产业升级换代步伐加快。资源节约、环境友好和低碳绿色发展效果明显，各类信息系统的应用创造的经济效益达数千万元。

四、履行社会责任，自身发展与社会效益并举

中航工业沈飞始终坚持自身经济效益与社会效益并举，企业发展与履行社会责任并重，展示了国有大型军工企业的良好形象。依法经营、诚实守信，保障作业人员的人身安全和健康，近年引进本科生、硕士生、博士生及接收安置转复军人数千人，踊跃参与社会公益事业，在国家、社会、弱势群体遇到灾害困难需要救助时，都尽可能在第一时间开展多角度多形式多层面的社会救援帮困活动，成立了有300余人组成的40多个义务服务队，近几年为帮扶救助项目，投入资金728万余元。严格遵守国家和地方的各种环保法律法规，制定了20余项内部环保制度，工业固体废物综合利用及处理处置率为100%，每年投入约400万元用于污水站、除尘脱硫设施、废气净化设施运行维护，投入1 100万元进行了除尘脱硫设施的改造。

五、践行使命，不断铸就新的更大的辉煌

中航工业沈飞始终践行“航空报国的实践者、客户需求的创造者、员工价值的实现者”的使命，为我国国防建设和国民经济发展做出了卓越贡献。中航工业沈飞是大型现代化飞机整机研制生产企业（主机厂），处于航空工业产业链中的龙头高端位置，其产品由数万个零部件组成。在我国航空工业发展过程中，我们曾经成建制地援建或包建过多个航空制造企业（从全套技术资料、生产设备到生产工人、技术人员和领导干部），实现了从修理、仿制、自行研制到自主创新的技术跨越，我们完成了从一代机、二代机、三代机的产品升级换代，达到了空军型、海军型、航母舰载型的机种的拓展延伸，我们从技术、管理、队伍等各个方面都极大的推动和促进了我国航空工业的发展和腾飞。对相关产业来说，航空技术是高新技术的综合应用和集成，航空产品研制生产的高新技术突破，必然带动相关产业尖端技术的发展突破，作为高科技和产业化发展的“孵化器”，军工的高

新技术向民用领域转移和扩散，都有力地促进了相关产业领域的技术进步，促进了国家经济产业结构升级。

新时期，中航工业沈飞站在历史发展的新起点，将始终以振兴民族航空工业为己任，勇于进取、不断追求，致力于我国国防建设和经济发展，力争为早日实现“航空梦、中国梦”做出新的更大贡献，继续书写无愧于历史和人民的崭新篇章。

长虹开启智能战略　全面拥抱互联网

四川长虹电子集团有限公司

四川长虹电子集团有限公司是一家集消费电子、家用电器、IT 通讯、军工等产业研发、生产、销售为一体的多元化、综合型跨国企业集团，全球现有员工 9 万余人。长虹全力打造黑 + 白的消费电子产业，构建起包括终端产品、系统设备、软件平台与内容服务在内的一体化、集成化信息电子产业群，为家庭和个人用户提供智能化的综合信息产品服务，正致力于打造国内智能家电领导品牌。

开启智能战略　布局家庭互联网

新时期，长虹提出了基于自身企业转型发展的新方向，总体思路为：以人为中心，通过广泛连接实现人、设备及服务的智能协同，做强智能终端；建设“传感器”网络，开放数据接口，为消费者提供越来越智慧的终端及服务，并探索新的商业模式。

结合公司新的发展方向，推进实施，形成新“三坐标”。即：X 轴—智能化：以数字化、智能化为方向，强化现有终端产品的智能化，拓展新型智能终端；在终端智能的基础上构建“传感器接口”，向传感器网络演进。Y 轴—网络化：加强网络对终端产品的价值提升，强化云平台建设；构建数据分析能力，挖掘数据的价值，探索基于数据的商业模式。Z 轴—协同化：加强终端的协同，形成系统解决方案，发展智慧家庭、智慧社区和智慧城市业务。

家庭互联网是继 PC 互联网、移动互联网之后，互联网发展的第三阶段，立足家庭体验环境，以人为中心重新定义电视、冰箱、空调等多终端的结构、形态、关系，通过一套完整的技术架构和生态系统实现多终端协同、便捷交互、广泛连接，从而为消费者创造越来越自在、越来越舒适、越来越简单的家庭生活。

长虹公司理解的“家庭互联网”：以人为中心，重新定义家庭终端的功能与关系。其一，颠覆性改变传统终端产品的结构和原理；其二；不同家庭终端的广泛连接与智能协同，即“互联、互通、互控”；其三，“终端 + 平台 + 内容 + 服务”商业生态模式。长虹具备四大优势：多终端产品线优势；大屏显示技术优势；交互连接手段优势；数据安全保障优势。

CHiQ 产品开启软件定义产品新时代

CHiQ 是指在智能战略牵引下，具备互联互通互控的协同功能特征，并能全面接入和实现端云一体化的家庭互联网应用形态的智能家电系列产品。CHiQ 系列产品开启了软件定义产品新时代。

CHiQ 电视：扔掉遥控器，给你自由。2014 年 1 月 18 日，长虹推出全球首款实现三网融合的电视。针对智能电视“人机交互体验差、电视无法移动、内容搜索不方便”等痼疾，长虹基于“多屏协同、云账户、智能服务”等一系列技术创新的系统解决方案，实现“移动看电视、回放看直播、按类点节目、操控更自由”，让观众扔掉遥控器，实现自由看。CHiQ 电视形态上手机与电视形成统一系统，完全实现丢掉遥控器，更重要的是将传统电视和互联网电视有效整合，形成移动互联网方式颠覆传统直播收视的跨界产品。

CHiQ 冰箱：一年省一台。2014 年 2 月 26 日，长

虹推出了全球首款全面市场化云图像识别冰箱——CHiQ 冰箱，这款冰箱整合了云计算、物联网、大数据、变频等多种技术，实现 CHiQ 冰箱“保鲜随时掌控、保质期随时提醒、花钱随时清楚”，彻底改变传统冰箱被动接受为智能提醒，从而实现冰箱与用户之间信息互动，是对消费者旧生活习惯、生活方式的改变，实现对食物最科学、最经济、最有效管理，达到减少食物浪费、节约开支之目的，帮助消费者实现“一年省一台”经济管理。

CHiQ 空调：CHiQ 重新定义空调。2014 年 3 月 30 日，长虹推出全球首款人体状态感知空调，实现以“软件 + 模式”替代“硬件 + 功能”重新定义空调。该空调拥有人体温感知、人体数量识别、动态分区控制、儿童睡眠监护、联网自动运行、人机距离识别（GPS）、空气监测净化等六大核心功能，还可以实现微博/语音控制、空气净化、智能送风。

IFA 展长虹获年度“智能家电创新金奖”

2014 德国 IFA 展于 9 月 5—10 日在柏林举行。长虹作为全球智能家电领导者之一，参展并展出旗下高端智能家电系列产品——CHiQ 电视、空调、冰箱。长虹海外战略发展部王悦纯部长出席该盛会并接受主办方颁发的“智能家电创新金奖”。

在长虹“让想象发生”为主题的展台上，产品重点围绕长虹智能战略，展示出了以“人”为中心，围绕“梦想之家”的概念，涵盖智能电视、智能空调、智能冰箱，以及手机、小家电、厨卫等产品智能化互联互通互控的整体家庭互联网生活解决方案。智能家通过互联网、云处理技术等，搭建从家、社区最后到整个城市的完整智能生活体验系统。

9 月 6 日，IFA 展形象代言 Miss IFA 亲临长虹展位，体验相关的智能产品。Miss IFA 在各获奖产品前驻足留影，赞赏产品的云识别、智能人体状态监测、带走看等便捷智能功能。希望长虹技术和产品为家庭生活带来更多充满想象的乐趣。

长虹将构建涵盖终端产品、业务平台、网络服务的全新信息家电产业形态，打造“智能设备 + 应用服务”的盈利模式。同时，智能家庭终端是智慧家庭生活的载体和实现手段，只有智能技术累积到一定阶段，实现由量的积累到质的提升，才能推动智慧家庭生活向前发展。因此可以说，智慧家庭终端是智慧生活的基础。此次展示的 CHiQ 系列智能产品将描述未来家庭生活，为人们生活带来更多的便捷。

家电行业资深分析人士认为，长虹展示的不仅限于智慧家庭的终端产品，而是通过更加成熟的智能产品，将集成大数据、云处理等服务。

做大做强家电主业　创新驱动企业发展

杭州金鱼电器集团有限公司

一、集团概况

杭州金鱼电器集团有限公司（简称“金鱼集团”）创建于 1979 年，是一家综合性大型国有控股企业，主要生产销售洗衣机、电冰箱、商用制冷设备、空气护理类、美健类小家电、净水器、医疗器械、家居用品、电子元器件、精密压铸、注塑成型、金属材料、树脂材料深加工、贴片印刷等产品，是集家电研发、制造、营销、技术服务及矿业等多元化产业为一体的浙江省和杭州市重点培育发展的大企业大集团。集团现有投资企业 28 家，其中合资企业 10 家。

金鱼集团历获中国制造业 500 强企业、中国轻工业百强、浙江省百强企业、杭州市十大突出贡献工业企业、杭州市工业兴市功勋企业等荣誉称号。2013 年金鱼集团实现营业收入 125 亿元，出口交货值超过 25 亿元，名列中国制造业 500 强企业第 380 位、中国轻工业百强企业第 63 位、浙江省百强企业第 78 位。

金鱼集团投资的杭州松下家用电器有限公司、杭州松下马达有限公司等合资企业，已成为中日经贸技术合作交流成功的典范，在国内同行业中具有较大的影响力，并由此带动了一批配套企业的稳步发展，为推动杭州市制造业结构优化、产业升级乃至区域经济的发展做出了应有的贡献。

二、发展历程

金鱼集团前身是一家生产刀剪煤锹的手工业弄堂小厂，企业抢抓机遇，在设备简陋、专业工程技术人员缺乏的情况下，克服重重阻力，试制成功浙江省第一台具有国际先进水平的全自动洗衣机，迈出了向现代化企业转型的第一步。1979 年，金鱼集团的前身杭州洗衣机厂正式成立。随后，洗衣机产量连年攀升，建厂第二年即从 1979 年的 550 台跃升至 10 150台，至 1987 年累计生产洗衣机 265 万台。

1987 年，在杭州洗衣机总厂的基础上成立了杭州金鱼电器公司。1992 年与日本松下电器产业株式会社合作成立金松洗衣机公司，1994 年实现全面合资，组建杭州松下家用电器有限公司，现已成为Panasonic在全球最大的洗衣机生产基地。

2000 年，企业改制建立了杭州金鱼电器集团有限公司。2006 年，金鱼集团成功完成易地搬迁的重大战略转移，落户杭州经济技术开发区，创建金鱼创新工业园，为集团的长远发展奠定了基础。目前，金鱼集团年营业规模达到 125 亿元，洗衣机年生产能力超过 500 万台。

35 年来，金鱼集团励精图治，企业规模由小到大，由弱变强，发展成为现在营收超百亿元的大企业大集团，见证了中国改革开放的发展历程。在新的发展时期，金鱼集团将进一步深化“研发、制造、销售”三位一体有机结合的经营体制，力争到 2018 年集团自主品牌冰箱、洗衣机、环境家电年生产销售达到“三个 100 万台”的经营规模，合资品牌洗衣机产品达到年销量 500 万台的经营规模，集团综合竞争力再上新台阶，合资品牌产品和自主品牌产品实现双赢。

三、做大做强家电主业，扩大主导产品产业链

35 年来，金鱼集团一直专注于白色家电主业，深耕制造业领域，走“实体强企”的专业化道路，企业规模效益连年跃升，在市场竞争中稳步前进，还带动了一大批配套企业发展，形成了以白色家电为主导的产品产业链，促进了杭州市家电产业结构的优化升级，同时也助推了区域经济的发展。

1. 做大做强家电主业。专业化是实现产品差异化的基础，也是企业多元化发展的前提。作为国内第一代家用洗衣机的缔造者之一，金鱼集团在企业发展过程中，始终坚持以白色家电为主业，并建立了集家电产品研发、生产、销售、服务为一体的全过程网络。目前，金鱼集团旗下的洗衣机产品已完全实现差异化和系列化，涵盖多个产品系列，包含波轮、滚筒等多个产品类型，覆盖多价位，并不断研发推出新品，满足消费者不断变化的多样化需求。经过多年营销网络建设，金鱼集团生产的洗衣机产品除覆盖国内所有省、市、自治区及港澳台市场外，还出口欧洲、南美、东南亚等多个国家和地区，在消费者中树立了良好的口碑和形象。回顾金鱼集团的发展历程，专注家电主业不动摇，是企业能够在激烈的市场竞争环境中稳步前行的关键，也将是推动企业转型升级继续向前发展的不二选择。

2. 扩大主导产品产业链。近年来，金鱼集团不断加大投资力度，促进产业链从“微笑曲线”中间向两侧高端发展，借助洗衣机优势产业挖掘增长潜力，积极向原材料加工、物料供应、商品贸易等上游产业链延伸，比如引进港资，成立集研发、制造、加工高分子树脂材料及相关制品的高分子材料加工企业，推进改性树脂项目。同时，大力向产业链上游原材料深加工、原料贸易拓展，设立整合集团及紧密型企业和资源优势的原材料深加工企业，推进家电用彩色涂层钢板（PCM）和采选矿项目。上述项目正在稳步推进中，待项目逐步投产后，将进一步延伸集团的产品产业链，扩大集团业务收入范围，同时也有利于支持和促进家电产业的发展，形成家电主业与相关产业链发展的良性循环。

四、创新驱动，提升企业核心竞争力

金鱼集团始终把“创新驱动、转型升级”作为企业发展举措的重中之重，不断加大科技创新投入、增强科技研发能力，力求通过产品的不断创新和卓越

品质，以及完善的售后服务，提供给广大消费者更健康、舒适、环保的“绿色”家居生活体验。

金鱼集团根据自身实际，确立了自主创新和合作研发并举的创新驱动发展战略，建立起较为完善的标准化管理体系以及“集团—投资企业”两级技术创新研发体制，创新拓展“产、学、研”结合科技研发模式，加大与国际先进企业的技术合作、创新交流，不断推出高技术含量、高附加值的环保智能冰洗新品及小家电产品，及“健康、环保、智能集成”的环境家电类产品。近两年来，集团合资品牌泡沫净滚筒洗衣机、宝贝星婴幼儿专用洗衣机，金松“爱的魔法箱”系列冰箱，与日方企业合作研发的拥有十大技术优势的“泉の语”家用台上式净水器、高效环保空气净化器等系列创新产品层出不穷。值得一提的是，“泉の语”净水器应用了国内首创的纳米铂金抗菌技术，处于国际领先水平，具有高效、长久的抗菌效果，可去除铅等水中多种有害化学物质，是适应中国市场需求推出的中高端净水器产品。

2013 年，金鱼集团及投资企业年科研经费投入超过 2.7 亿元，新产品销售收入占全部产品销售收入比重超过 30.0%。近三年来，集团及投资企业共向国家知识产权局申请专利 72 项，获得授权专利 81 项，其中发明专利 10 项，实用新型 53 项，外观专利 18 项。创新能力的不断增强，成为加快金鱼集团发展的核心推动力。

五、未来发展

展望未来，金鱼集团将紧紧围绕“做强做大家电主业，扩大主导产品产业链；强化资本运作力度，提升企业核心竞争力”的经营战略，适应全球化经营、多元化发展的需要，继续以白色家电为主业，走高技术含量、高附加值、高质量、高效益的发展道路，深入实施品牌战略，促进集团合资品牌和自主品牌产品实现双赢；同时，紧紧依托“工业化与信息化深度融合”新趋势，加快推进两化融合，构建集团统一的信息化整体管理平台，提升集团风险控制能力，增强集团整体竞争力。

通过 5 年左右时间的努力，力争整个集团制造规模、技术创新能力、产品品质、品牌效应等达到国内同行业领先或国际先进水平，自主品牌洗衣机、冰箱、环境家电类产品以及集团电子元器件、精密压铸、注塑成型、电子部件、薄膜控制开关、模内成型、塑料包装等配套能力，彩色涂层钢板生产能力以及树脂深加工能力在国内同行业中处于领先水平，不断推动金鱼集团经济效益的提升和产业结构的优化，打造成为国际一流、国内领先的智能家居电器制造基地。

（撰稿：李　波）

讲好“国网故事”　传递“国网声音”
塑造“国家电网”美好形象

国家电网公司

一、社会责任观

（一）深入贯彻党的十八大精神，落实“四个更加自觉”

更加自觉地把推动经济社会发展作为深入贯彻落实科学发展观的第一要义，深入实施科教兴国战略、人才强国战略、可持续发展战略，不断实现科学发展、和谐发展、和平发展。更加自觉地把以人为本作为深入贯彻落实科学发展观的核心立场，始终把实现好、维护好、发展好最广大人民根本利益作为党和国家一切工作的出发点和落脚点，不断在实现发展成果由人民共享、促进人的全面发展上取得新成效。更加自觉地把全面协调可持续作为深入贯彻落实科学发展观的基本要求，全面落实经济建设、政治建设、文化建设、社会建设、生态文明建设“五位一体”总布局，不断开拓生产发展、生活富裕、生态良好的文明发展道路。更加自觉地把统筹兼顾作为深入贯彻落实科学发展观的根本方法，统筹城乡发展、区域发展、经济社会发展、人与自然和谐发展、国内发展和对外开放，统筹各方面利益关系，充分调动各方面积极性，努力形成全体人民各尽其能、各得其所而又和谐相处的局面。

（二）深入贯彻党的十八届三中全会精神，落实“四个深入把握”

深入把握全面深化改革总目标，坚持“完善和发展中国特色社会主义制度，推进国家治理体系和治理能力现代化”。深入把握市场化改革方向，紧紧围绕使市场在资源配置中起决定性作用深化经济体制改革，坚持和完善基本经济制度，加快完善现代市场体系、宏观调控体系、开放型经济体系，加快转变经济发展方式，加快建设创新型国家，推动经济更有效率、更加公平、更可持续发展。深入把握国有企业的改革要求，必须适应市场化、国际化新形势，以规范经营决策、资产保值增值、公平参与竞争、提高企业效率、增强企业活力、承担社会责任为重点，进一步深化国有企业改革。深入把握国有资本控股经营的自然垄断行业的改革要求，推进公共资源配置市场化，坚持推动电力市场化改革方向不动摇，进一步加快全国电力市场建设步伐，促进建立公平开放透明的市场规则，推动形成科学的电价体系，激励和保障各类发电主体、用电客户参与市场竞争，主动接受政府监管和社会监督。

（三）立足实际、深化根植，把推行社会责任管理作为贯彻落实党的群众路线的重要载体

深刻理解贯彻群众路线和推行社会责任管理的目标一致性。最大限度地为国家和人民创造经济、社会、环境综合价值，是国有企业推行社会责任管理的根本目标，也是国有企业贯彻落实全心全意为人民服务的宗旨的根本体现。深刻理解贯彻群众路线和推行社会责任管理的方法一致性。坚持内部工作外部化、外部期望内部化，企业决策和活动统筹考虑社会期望和利益相关方诉求，积极推动利益相关方参与创造综合价值，保障利益相关方的知情权、参与权、监督权，与“一切为了群众，一切依靠群众，从群众中来，到群众中去”的群众路线方法，具有内在的一致性。深刻理解贯彻群众路线和推行社会责任管理的要求一致性。社会责任管理强调建立保障企业追求综合价值最大化和运营透明度的长效机制，完全符合教育实践活动坚持活动成果制度化，建立健全长效机制的具体要求。

（四）创新探索、大胆实践，把履行社会责任作为企业改革发展的重要内容

坚持履行社会责任与促进企业改革发展相结合，把履行社会责任作为建立现代企业制度的重要内容。坚持引导国有企业在主营业务优势和广泛的社会问题之间找到结合点，把社会责任融入到企业的战略、决策、运营和管理中。坚持加强企业内部制度建设，保障职工的合法权益，妥善解决国有企业改革历史遗留问题。坚持加强制度建设和监管监督，推动国有企业在诚信经营、提高产品服务质量、节能减排、环境保护、安全生产等方面加强自我约束。

二、对外传播

（一）开展特高压智能电网建设主题传播

一是开展“特高压交流输电关键技术、成套设备及工程应用”荣获国家科技进步特等奖主题传播。人民日报、新华社、中央电视台等50余家媒体进行了浓墨重彩的报道，广泛传播了特高压对促进电力科学进步，推动电力发展方式、能源发展方式转变和经济发展方式转变的重大意义；二是开展“两会”期间特高压主题传播。协调新华社刊发内参，协调中央电视台播出纪录片《国家动脉》之《高速电脉》，协调刊发公司系统“两会”代表及院士专家观点文章，呼吁加快特高压发展；三是开展论坛特高压主题传播。以“第三届中国电力发展和技术创新院士论坛”“2013国际智能电网论坛”以及“2013中国绿色电能高峰论坛”为契机，协调新华社编发国内动态清样，组织中外媒体集中报道，深入传播“以电代煤、以电代油、电从远方来"核心理念,全面展示公司特高压、智能电网建设成就和国际影响力。四是开展重大工程主题传播。围绕疆电外送跨越青海盐湖无人区施工、皖电东送淮河大跨越、皖电东送长江大跨越、哈郑工程黄河大跨越开展直播报道,生动展现工程施工壮阔场景;围绕浙北—福州特高压工程全面启动、新疆与西北主网联网第二通道工程竣工投运、皖电东送特高压工程投运等组织集中报道,深入传播特高压发展成就与重大意义。

(二)开展电力体制改革舆论引导

一是针对《新世纪》周刊失实报道开展电力体制改革舆论引导,争取国家有关主管部门的理解支持,强化正面宣传引导,积极协调、引导中央主流媒体、网络媒体和市场化媒体,采访有关部委,揭露《新世纪》周刊虚假报道,新华社、中央电视台等50余家媒体刊发正面报道,有效引导了舆论。二是协调周小谦、刘肇绍、谢绍雄等老专家和原国家能源局局长张国宝发表系列电力体制改革观点文章,有效输出公司观点,正面回应社会关切,把握舆论引导主动权。三是协调新华社刊发内参,向高层汇报公司电力改革观点认识,赢得理解支持。

(三)开展服务新能源发展主题传播

一是开展公司促进分布式电源并网系列主题传播。召开新闻发布会,向社会发布《关于做好分布式电源并网服务工作的意见》,协调参与中央电视台《对话》栏目录制,组织记者赴冀北、蒙东等地调研采访,新华社刊发内参,并播发新闻通稿4篇,中央电视台新闻联播播发专题报道,新闻频道、财经频道播发系列报道,百余家媒体进行了重点报道。二是开展"风电消纳呼唤特高压"主题传播。协调《财经国家周刊》刊发封面文章并配发系列文章,《人民日报》刊发重点报道,《中国能源报》头版、专版推出系列文章,集中传播了加快特高压建设是解决弃风的治本之策。三是开展"走进新国企"主题传播。中央电视台"走进新国企"栏目开篇、新闻联播头条分别播发专题新闻"国家电网:清洁能源助力绿色发展",形成了宣传强势。四是召开促进风电消纳新闻发布会。针对冬季供暖期风电并网消纳的严峻形势召开新闻发布会,传播公司工作举措和成果,人民日报、新华社、中央电视台等百余家媒体进行了重点报道。

(四)开展抗灾保电、优质服务主题传播

一是开展春节期安全供电和优质服务主题传播。围绕公司员工节日期间坚守一线岗位,保障可靠电力供应等主题,协调多路记者赴四川、山东等地采访报道,春节期间,中央电视台《新闻联播》《晚间新闻》等栏目共发稿20余篇,时长近100分钟。二是开展公司抗灾保电主题传播工作。围绕公司抗击南方雨雪冰冻灾害、四川芦山地震、甘肃岷县地震、四川洪涝灾害以及东北暴雨等自然灾害,带领记者深入前线,组织媒体及时、准确、生动报道公司克服困难、争分夺秒、抢险救灾保供电的情况,实现了电视、广播、平面媒体、网络媒体和新媒体的全覆盖。三是开展无电地区电力建设主题传播,围绕公司户户通电工作成果,人民日报、新华社、中央电视台等百余家媒体进行了重点报道。四是开展玉树联网工程投运主题传播。人民日报、新华社、中央电视台新闻联播等30余家媒体对工程投运进行了重点报道。五是开展迎峰度夏保供电主题传播。围绕公司迎峰度夏保供电工作组织媒体采访报道,在主要中央媒体播发重点报道50余篇,生动展示了一线员工坚守岗位的感人事迹,深入传播了公司保障安全可靠供电的积极努力和工作成效。

(五)开展党的群众路线教育实践活动主题传播

积极开展党的群众路线教育实践活动宣传工作,加强与中宣部、主要中央媒体的汇报沟通,大力实施全方位的对外主题传播。一是发挥人民日报、新华社、中央电视台等主要中央媒体的辐射作用,报道公司教育实践活动开展情况,充分展示公司优良作风。二是结合公司共产党员服务队、藏区电网改造、抗灾保电、改善居民用能环境等主题,策划开展系列深入报道,人民日报、新华社、中央电视台等20余家媒体进行了重点报道,生动展示了公司为民服务先进典型的感人事迹,树立了公司为民务实清廉的良好形象。

三、社会责任管理

(一)深入推进全面社会责任管理

充分发挥26家试点单位的示范带动作用,按照“全员参与、全过程覆盖、全方位融合”管理要求,提炼“试点先行、稳步推广、根植基层”的推进路径,坚持“领导表率、专业融合、班组建设、岗位发动”推进模式,社会责任工作持续保持央企领先地位。中国社会科学院发布《中国企业社会责任发展指数报告(2013)》,中国企业社会责任发展指数平均分为26.4分,总体处于起步者阶段,公司社会责任发展指数为89.3分,位居中国企业100强首位,位于卓越者阶段,连续5年排名前3位。成为国务院国资委管理提升标杆,7家单位社会责任管理实践荣获国家企业管理创新成果奖。公司荣获“2013中国企业社会责任特别大奖”等12个社会责任重要奖项。

(二)全面社会责任管理试点成果不断涌现

充分利用“三集五大”体系建设和管理提升活动契机,全面推进社会责任管理融入工作制度、融入管理流程、融入岗位标准。突出社会责任管理优化和提升企业战略管理、决策管理、绩效管理、公益管理、利益相关方管理及沟通管理的经验和成果,形成了一批具有各地特色和一定影响力的社会责任管理成果。山东公司编制岗位社会责任说明书,将社会责任融入决策管理;辽宁公司指导推动朝阳公司开展社会责任“百千万”工程,推动社会责任根植基层;重庆公司以“三维·四步”模式创新沟通管理;北京公司积极开展“电靓京城”社会责任推广月活动,探索全面社会责任管理项目制工作模式;浙江公司建立公司系统首个社会责任展示厅,全面展示社会责任管理成果;湖北公司主动对接湖北省“一元多层次”发展战略,优化公司发展环境;陕西公司通过社会责任管理优化企业营销业务流程等。

(三)强化社会责任沟通管理

连续8年在中央企业中率先发布年度社会责任报告,明确社会责任报告规范,制定并下发《国家电网公司关于明确公司社会责任报告工作规范的意见》,深化社会责任工作集团化运作,塑造统一的“国家电网”品牌,确立“一份报告(国家电网公司年度社会责任报告)、一级发布(总部统一发布)、一贯到底”报告发布规范。组织各省(自治区、直辖市)电力公司、直属单位、大型供电企业、地市及以下供电企业通过媒体见面会、新闻通气会等形式,积极传播企业重大履责活动,展示公司服务地方经济社会发展和人民生活品质提升的行动绩效。江苏公司组织13家地市公司面向政府开展“履责情况集中汇报”活动,江苏省4位省委常委以及各地13位市委书记对江苏公司履责行为作出批示和肯定。天津公司建立“全方位·心连心”沟通模式,量身定制政府沟通策略,2012年获得1 600万元的电力建设基金。

(四)推动社会责任根植项目化运作

总部开展了责任采购课题研究,突出社会责任在物资采购方面推进利益相关方的认同。基层以北京公司为试点,探索以项目化运作方式推动社会责任根植工作,选取诸如智能变电站建设、智能电表换装等33个社会关注度高的重点项目,明确项目重点、项目责任人、项目实施计划、实施方案、效果评估等开展项目试点工作。组织社会责任大讲堂,组织员工在社会责任方面“人人上讲堂、人人当专家”,加强员工履责能力建设,实现社会责任理念入脑、责任入心、履责入行。组织编制岗位说明,推动企业社会责任理念融入各岗位,梳理形成符合社会责任理念和要求的工作规范和岗位标准。

四、公益事业

发挥央企表率作用,大力弘扬良好道德风尚,倡导富强、民主、文明、和谐,倡导自由、平等、公正、法治,倡导爱国、敬业、诚信、友善,热心社会公益事业,促进社会公平进步,积极为构建社会主义和谐社会贡献力量,公司成为唯一六次获得“中华慈善奖”的中央企业。

(一)规范运作国家电网公益基金会

按照基金会公信力建设基本要求,把规范化管理作为公司基金会各项工作的基本点。坚持依法合规运作，全面落实民政部《关于规范基金会行为的若干规定（试行）》等基金会管理文件，认真完成民政部各项工作任务，严格执行国家财税政策，顺利通过财政部组织的专项审查。修订公司对外捐赠管理制度，推动公益管理一贯到底。积极运用评级成果，通过民政部社会组织评估委员会组织的社会组织评级工作，按照评估反馈意见，改进提升基金会基础条件、内部治理、工作绩效和社会评价。完善理事会议事决策程序，规范理事会召开、理事更换、项目表决等事项决策流程及报民政部备案手续；实施项目全程管控，强化项目后评估，及时总结项目进展情况，保证项目运行效果。全面加强基金会信息披露。推进基金会网站建设，按规定在《中国社会报》等公益媒体和网络及时披露基金会运作及资金使用情况，按季向国资委报送《对外捐赠信息季度报表》捐赠信息，保证基金会运作透明度。有效运作好原始基金。按照“合法、安全、有效”的原则，实现基金会1亿元自有原始基金的保值、增值，实现投资收益532万元。

（二）推进对口援助项目

援助阿里地区措勤县资金2 550万元，优先安排改善民生、增强农牧民生产就业技能的援助项目。在西藏完成投资43.2亿元，增长率远超公司平均水平。加快推进全疆13个地州81个县市农网改造升级工程，实施无电地区电力工程建设，解决60 200户、206 600无电人口用电问题。在新疆完成投资105.9亿元，比2012年增长40.9%，显著高于公司平均水平。援助青海省果洛藏族自治州玛多县资金1 080万元，建设示范村供电项目、人畜饮水安全工程、河源新村卫生院及玛多县农畜产品交易市场等项目。在青海省加快无电地区电力建设，解决12 800户、51 100无电人口用电问题。

（三）推进电力扶贫项目

从1995年起，持续19年定点扶贫湖北省秭归县、长阳县、巴东县、神农架林区、青海省玛多县，累计投入218 500万元资金建设电网的同时，投入专项扶贫资金8 826万元，带动地方投入21 346万元。在全国各地实施定点扶贫项目220项，投入资金4 145.5万元。

（四）推进留守儿童关爱项目

据统计，全国有6 102.55万农村留守儿童，即每五个孩子中就有一个农村留守儿童。公司充分发挥各单位员工积极性，在全国各地实施各具特色的留守儿童项目。国网四川电力从2008年开始，在四川建成200所“国家电网川电留守学生之家”，近13万留守儿童从中受益。国网安徽电力按照统一模式在安徽全省16个地市建立“光明驿站”站点75家，惠及12 000余名留守儿童。国网枣庄供电公司组织员工作为留守儿童的“代理妈妈”，开展捐资助学、爱心帮扶活动，在当地起到良好带动作用，枣庄市众多行业和市民积极参与“代理妈妈”活动。

（五）推进“国家电网爱心希望小学”项目

自2006年以来，公司累计向中国青少年发展基金会捐赠8 000万元，带动地方政府一次性基建投入约15 900万元，建成190所“国家电网爱心希望小学”，改善了受助地区的办学条件。利用这些希望小学，公司近年举办了“国家电网爱心希望小学”校长培训班、内外部记者采风报道、在中国首届慈善展进行重点展示等活动，“国家电网爱心希望小学”的影响不断扩大，各类媒体报道累计达20万条。2013年，公司累计投入1 981.2万元开展助学活动。

（六）推进社会救助项目

加强与民政部、中国残疾人福利基金会的沟通交流，与民政部共同实施的村级幸福院、老年人日间照料中心建设项目顺利完成，与残基会合作开展的“集善工程—知乐助听”项目取得圆满效果。按照国资委统一部署，通过基金会向残基会捐赠100万元，与其他中央企业共同设立“中央企业积善工程”基金，联合打造中央企业公益品牌。

（七）推进青年志愿服务活动

连续11年组织开展“青春光明行”志愿服务活动，组织广大青年志愿者开展“青春建功特高压”“青春光明行——走进光明驿站”“我的中国梦·青春国网情”团员青年主题教育实践、“高原阳光”助学支教等活动,3万余名青年志愿者走进乡村、社区、企业、学校,走进福利院、养老院开展志愿服务活动。2013年,成立260余支青年志愿者突击队,7 000余名青年志愿者奋战在川藏联网工程建设、四川雅安地震抢险、抗击台风“菲特”、罕见高温保电等最前线。公司青年志愿者达到近45万名,全年参与志愿服务活动超过71.3万人次。

五、品牌管理

(一)规范公司标识应用工作

一是按照规范统一、勤俭节约、防范风险、一贯到底的原则,广泛征求相关部门、基层单位意见建议,研究制定《国家电网公司标识应用管理办法》和《国家电网公司标识应用手册》。严格控制标识应用范围和应用层级,“国家电网”标识应用项目从7类、158项,调整至6类、50项,形成标识应用通用性制度标准,从制度层面规范公司标识应用管理,防止标识使用不当损害公司品牌形象。二是结合清理规范小型基建项目和办公用房工作,9月30日前完成所属单位办公场所“楼顶标识牌”的清理工作,2014年1月1日前形成户外大型路牌广告由省公司一级投放的格局,每个省公司户外大型路牌广告投放不得超过3块,地(市)、县公司不得投放。三是强化评价考核,加强工作督导和责任追究,推动标识应用办法和手册的贯彻落实,促进公司品牌建设再上新水平。

(二)加强广告影视等传播项目管理

一是充分整合公司广告影视等品牌传播资源、提升传播效果,制定《国家电网公司对外联络部关于加强广告、影视等传播项目管理的意见》,建立公司广告影视等重大品牌传播项目审批备案制度,实现项目立项、制作和投放的规范管理。二是结合“三集五大”外联品牌调研工作,深入分析省公司户外大型路牌广告情况,按照勤俭节约的原则,提出《国家电网公司关于规范各省电力公司户外大型路牌广告管理的意见》,明确省公司一级投放,严控数量,规范投放位置和内容等要求,有效巩固公司新闻宣传资源整合成果,优化整体品牌传播效果。

(三)深化展览展示工作

一是建立公司对外展览组织体系、工作流程、工作标准,优化公司展览展示资源配置,推进公司展览资源库建设,实现公司展览统一管理、统一标准、资源共享。2013年,公司组织完成总部一楼“创新发展成就展”和“特高压工程建设成就展”“2013年全国科普日北京主场活动展览”“中欧城市博览会展览”等8项展览展示工作,成功展示了“创新国网、责任国网”的品牌形象。二是在2013年全国科普日北京主场活动展览中,中共中央政治局常委、中央书记处书记刘云山,中央政治局委员、国家副主席李源潮,中央组织部部长赵乐际等领导同志,参观了公司“电从远方来”展区,详细听取了公司有关特高压发展情况的汇报,并围绕我国特高压电网发展水平、建设情况、下一步工作等方面,关切地询问了多个问题。三是在中欧城市博览会公司展区,中共中央政治局常委、国务院副总理张高丽听取了智能电网发展情况介绍,并向来华出席博览会的欧盟委员会副主席卡拉斯一行称赞特高压电网发展对于解决我国资源大范围优化配置、促进大气环境治理的重要作用。国家电网公司董事长、党组书记刘振亚陪同观展。

(四)开展各类品牌推广活动

一是组织开展中央企业精神文明建设“五个一工程”作品征集活动。国网浙江电力申报的广播剧《他心中有座高山》、国网四川电力申报的歌曲《光芒》、英大传媒集团申报的图书《雪域飞虹》等3部作品被国资委推荐参加全国第十三届精神文明建设“五个一工程”评选活动。二是组织开展第四届安全生产电视展映活动作品征集活动。国网山东电力申报的微电影《高空舞者》等2部作品获得二等奖,国网北京电力申报的微电影《生日的等待》等4部作品获得三等奖,国网安徽电力申报的教育警示片《配网10千伏带电作业安全教育示范片》等4部作品获得优秀奖。三是组织开展“新国企·中国梦”摄影和微电影大赛作品征集活动。国网重庆电力申报的摄影作品《绿色穿行》获得一等奖,国网安徽电力申报的摄影作品《援粤抗冰》等两部作品获得二等奖,国网湖南电力申报的摄影作品《银河飞索》获得三等奖，国网浙江电力申报的微电影《守灯》等12部作品获得优秀奖。

（五）参加品牌价值评选活动

在世界品牌实验室组织的2013年中国500最具价值品牌发布会上，国家电网公司以2 356.6亿元的品牌价值，再次名列中国500最具价值品牌排行榜第2名。品牌价值与2012年相比提升了116.9亿元，连续7年持续攀升。本次评选共有来自食品饮料、纺织服装、传媒、信息技术、家用电器、汽车、能源等27个行业的品牌入选。

六、工作联动

（一）品牌建设工作格局全面形成

圆满完成"三集五大"专业建设任务，省公司品牌建设部门统一归集工作职能，配齐配强人员，规范综合服务中心媒体业务部运作，完善地市、县供电企业品牌建设职能。健全四级新闻发言人工作体系，公司系统共有2 283名新闻发言人，首次组织开展统一培训。充实网络通信员队伍。

（二）机制建设资源整合持续强化

坚持对外宣传联动机制、舆情协同处置机制、社会责任根植机制、品牌统一管理机制，推进集团化、专业化运作，努力实现整体策划、协同实施。建立品牌建设绩效评价体系，推动各单位提升对"国家电网"品牌贡献度。推进传媒产业化发展，加强与有影响力的外部媒体投资合作。

（三）积极作为提升舆论引导能力

争取各方工作支持，丰富舆论引导手段，加强媒体和意见领袖关系管理，系统梳理社会关注议题及其主要观点，建立媒体传播资料库，组建185人的公司专家舆论团队，召开知名专家学者座谈会，提升第三方话语权。

（四）重大问题主动回应社会关切

围绕特高压、智能电网、风电消纳、分布式电源并网、电改、雾霾治理、国际化等热点话题，主动沟通交流，及时输出权威信息，全年公司系统组织召开新闻发布会383次。通过参与央视《对话》节目、媒体刊发封面文章、新闻发布会等系列"组合拳"，系统回应弃风质疑，深度传播公司推动新能源发展的积极成果。

（五）正面发声维护公司核心利益

组织专家学者推出系列文章，彰显加快发展特高压电网的战略性、紧迫性。结合全球电力改革经验教训，运用新华社内参、央视焦点访谈、高端媒体重磅文章等，输出公司改革研究成果，阐释破碎式改革危害性，表达公司改革建议。坚决反击《新世纪》等媒体的电改失实报道，促其刊发致歉声明。

核电"粮仓"逐梦圆

中核建中核燃料元件有限公司

中核建中核燃料元件有限公司（简称：中核建中）是中国核工业集团公司下属骨干成员单位，是中国目前最大的压水堆核电燃料组件生产基地。中核建中通过引进国外先进技术和不断的自主创新，具备了300兆瓦、600兆瓦、900兆瓦、1 000兆瓦及低温核供热堆、试验堆、小堆、快堆转换区组件等系列燃料元件制造能力及全堆芯核燃料元件供应能力。自1987年建成我国第一条核电燃料元件生产线以来，中核建中已为国内众多核电站及国外巴基斯坦恰希玛核电站提供了8 000多组质量优良的核燃料组件,为各核电站安全、稳定、经济运行做出了重要贡献,被誉为核电“粮仓”。

2013年,公司实现工业总产值45.6亿元,同比增长18.8%;实现主营业务收入34.4亿元,同比增长7.4%;实现利润总额1.9亿元,同比增长89.8%;实现EVA值1.4亿元,同比增长143.5%。公司生产能力、盈利能力、创新能力、军工形象、管理水平均迈上一个新台阶,位列四川制造企业第37强。

中核建中着眼于实现建成国际一流核燃料元件制造基地的“建中梦”,坚持以科学规划开启“建中梦”,以文化建设支撑“建中梦”,以自主创新驱动“建中梦”,以管理对标夯实“建中梦”,以盘活人力成就“建中梦”,在追逐“建中梦”助推“中核梦”“中国梦”的征程上书写浓墨重彩的一笔!

一、科学规划开启“建中梦”

中核建中结合国家《核电中长期发展规划(2005—2020年)》,在科学分析企业发展形势,理清发展思路,明确发展目标的基础上,结合实际,科学规划,制定了“十二五”奋斗目标,开启了“建成国际一流核燃料元件制造基地”的“建中梦”。一是积极推进项目管理,推进项目建设工作。“十二五”期间,中核建中开展了“400吨核燃料元件生产线扩建工程”“节能减排和基础设施改造工程”“核设施实体保护工程”等项目建设,提升公司生产能力和基础保障能力;二是开展“十二五”规划中期评估,提出公司重要领域中长期发展规划,并在“十二五”规划中调增重点项目11项,为公司核燃料产业的发展壮大打下了良好的基础;三是做好投资计划管理,积极争取建设项目地方资金支持;四是开展江北厂区“园林式”工厂和江南厂区“森林式”工厂的建设;五是启动压水堆核燃料元件化工生产线搬迁建设重大建设项目,满足我国核电发展需求。

二、文化建设支撑“建中梦”

中核建中充分挖掘建厂40多年的安全文化积淀,确立了“核安全至高无上”为核心的安全理念体系,采取多种形式诠释、宣贯安全理念,形成全公司的共同思想认识和一致价值取向,为逐梦国际一流核燃料元件制造基地提供强大的精神动力。一是建章立制,完善安全制度体系。中核建中贯彻落实国家核安全管理新要求,建立、健全了安全环保管理程序、安全环保应用程序、核燃料制造设施运行安全质量保证程序等三大类220份管理制度、程序,形成覆盖核燃料生产制造、管理全过程的环境、职业健康安全管理的核安全制度文化体系;二是强化培训,提升员工技能和执行意识。中核建中积极组织员工培训,开展岗位练兵,强化员工岗位技能训练;结合岗位安全责任制实施并完善个人安全承诺制,引导、提高员工安全意识;开展丰富的安全文化活动,营造良好的安全生产氛围,有效地推进安全文化建设;三是对标达标,推行安全生产标准化。中核建中针对安全生产标准化的14个要素,开展安全生产对标达标工作,从而规范安全管理行为、岗位操作行为,强化生产安全行为的约束和规范;四是改善环境,全面实施安全可视化。中核建中致力于建设本质安全、运行高效、绿色文明的园林式核工厂,在生产现场实施6S管理、物品定置管理,实施规范的现场视觉标识,让员工在安全、干净、舒适的环境下工作,使员工更有尊严地享受安全工作、健康生活带来的乐趣,实现员工的物质与精神生活品质的全面提升。

三、自主创新驱动“建中梦”

中核建中通过从国外引进先进的核燃料元件制造技术,经过吸收、消化、提高和自主创新,在新材料、新工艺、新技术应用方面,持续提升技术实力,加强国内首创的15×15型、引进消化吸收的AFA—2G17×17型、AFA—3G17×17型和VVER—1000型压水堆核燃料元件生产能力建设,产品质量达到国际先进水平。一是落实创新体系建设,保障企业创新驱动。建立研发管理体系,落实研发人员的工作绩效考核,实现了科研开发活动从立项论证、项目实施、项目验收到成果转化的全过程管理;继续保持以年销售收入4.0%开展研发活动,进一步提升技术和装备水平,提高创新成果转化率;二是科学制定发展目标,明确创新驱动方向,即:以核电燃料元件为主导,以非核民品关联产业为补充,建成国内一流、世界先进的核电燃料元件制造基地；三是积极依靠项目支撑，发挥行业带头作用。积极推进“干法铀转化技术开发及示范”成果转化，公司研制的年产200吨铀干法转化DUC系统取得圆满成功，并直接转入工业化生产，同时该项目还带动了国内铀化工产业升级换代；四是发挥核心技术优势，实现创新驱动成果。中核建中拥有有效专利45项，具有铀化工、粉末冶金、零部件制造、组件焊接和检测等压水堆核燃料元件制造的核心技术。其中，200吨铀转化干法装置研发、双工位骨架机器人自动焊接装置研发和吹脱法除氨脱氟系统研发的成功投入正式生产，实现了公司的新跨越。

四、管理对标夯实“建中梦”

中核建中深入持续开展管理提升活动，各项提升内容按计划顺利推进，取得了明显成效。一是精益制造“动力芯”。中核建中以建立“精益制造、绩效考核、成本模型、人力管理和企业文化”机制为切入点，坚持“传承与创新、以点带面、人才优先、精益制造和精益管理”的原则，在保持和发展核燃料元件制造实力行业领先优势的前提下，对照国际一流企业标杆，实施基础过程优化和关键及时优化，打造质量、生产、改善三大支撑体系，开展6S、TPM、班组建设三项基础活动，扎实有序地推进精益管理各项工作；二是固本强基见实效。积极推进作为企业现场精益管理基础的6S管理，生产现场的环境得到了极大的改善，促进了公司员工良好工作习惯的养成。中核集团公司、中国核燃料有限公司对公司在核品线推进精益管理及6S管理活动给予了充分肯定和高度评价；三是JYK（计划—预算—考核体系）助推公司迈上新台阶。中核建中坚持做到财务报表、经济活动分析数据与JYK进展情况的有机结合，经营管理、经济活动分析与JYK的有机结合，日常经营管理、部署检查工作与JYK的有机结合，取得了较为显著的经济和社会效益。

五、盘活人力成就“建中梦”

中核建中把狠抓人才队伍建设、确保队伍素质全面提升作为公司发展战略的重要内容，通过改革用人机制、制定《管理手册》、进行全员岗位评价、加大培训力度、改革绩效考核办法等，推动公司均衡生产，保证生产任务完成。2012年，中核建中建立了《首席工程师管理办法》《首席技师评选管理办法》及《领军人才管理办法》等制度，2013年评选出首席工程师6名、首席技师17名，选送到重点院校攻读相关学位60余人，丰富和畅通了人才成长渠道。为挖潜增效，用好用活现有的人才资源，中核建中既立足当前又放眼长远，通过调整机构，压缩维修人员，大线车间补员，返聘高级专业技术、技能人才和多渠道引进人才，实现了人员和组织始终保持最佳比例和有机结合，发挥出了最高效率的整合资源效益。

百舸争流，千帆竞发。2013年底，中核建中400吨扩建技改工程竣工投产，产能达到800吨铀/年，跃升为全球为数不多具有较大规模的核燃料元件制造专业化公司。中核建中将按照“11234”发展思路（即：高举国防军工旗帜，做大做强核品支柱，做精做优军品基地，推进三项改革，提升四种能力），强化核心能力建设，加快推进核燃料元件产业发展，构筑安全可靠、清洁高效、具有核心竞争力的核燃料保障体系，更好地履行保障国家安全和服务国民经济双重使命。

以世界一流为目标　创核电运营卓越业绩

大亚湾核电运营管理有限责任公司

大亚湾核电运营管理有限责任公司（简称“大亚湾运营公司”）成立于2003年，是在广东核电合营有限公司成功运营大亚湾核电站近10年的经验基础上成立的、我国第一家核电专业化运营管理公司，由广东核电投资有限公司和香港中电核电运营管理(中国)有限公司合资设立,隶属于中国广核集团有限公司(简称"中广核")。大亚湾运营公司目前负责大亚湾核电基地三座核电站(大亚湾核电站、岭澳核电站一期、岭澳核电站二期)6 台百万千瓦级核电机组的运营管理,拥有近 70 堆·年安全运行过程中积累起来的技术、经验和文化。

大亚湾运营公司为适应核电安全、高效、规模化发展的需要和企业高效率、高效益、专业化运营的需要,以"成为世界一流的专业化核电运营企业"为目标,围绕运营生产流程、机组发电效能、安全质量管理、成本控制管理四大核心要素,以国际对标管理和信息化建设为主要抓手,并以优化人才培养机制和创新机制管理为支撑,持续开展管理改进。在确保核电安全的前提下不断提高核电运营效率和效益,实现了运营管理指标和业绩由原来的世界中间水平进入世界先进水平。

一、大亚湾运营公司卓越运营管理实施措施

(一)优化核电生产流程管理,提升专业化运营水平

1. 建立跨部门的生产管理组织。大亚湾运营公司分别采用日常生产管理项目组(TEF)和大修指挥部的项目制运作模式,在不改变原有行政隶属关系的基础上,加强了部门间的信息沟通与流程配合。日常生产管理项目组主要负责机组日常期间的安全生产管理。大修指挥部作为跨部门的组织机构,负责机组大修准备和实施期间的项目制管理。

2. 以风险控制为中心开展日常生产。对于缺陷引起的各类风险,大亚湾运营公司通过关键敏感设备(单独失效能导致自动停机停堆或强迫停机停堆的设备)管理、概率安全评价技术、防人因管理等手段进行管控。在作业风险的管控上,则对所有的生产活动实行百分之百的风险分析。

3. 以质量为中心开展大修管理。通过实施大修重大项目三级评审制和重要项目面谈制,坚持重要活动"工前会"制度,建立关键敏感设备维修管理责任制,全面优化大修质量管理。建立大修安全标杆评价体系,坚持对启停机等重大高风险活动实行"保驾"制度,积极开展维修工艺创新和维修技能提升,对主要合作单位推行大修和日常承包范围统一化,推行关键敏感设备解体现场见证及再鉴定评估制度。

4. 建立日常生产与大修的协同闭环管理。构建了日常生产项目组与大修指挥部的协同运作机制,以实现设备全过程闭环管理。两个项目组在大修开始前逐一讨论日常移交的关注问题,提前准备好检修方案、确定窗口、明确再鉴定标准并指定专人进行跟踪。在大修实施中,双方不定期沟通反馈处理进展,及时交换意见,评价处理后的设备健康状况,确定大修后需日常重点跟踪的事项。

5. 对机组缺陷进行分级管理。将在运机组日常生产期间产生的设备缺陷划分为 1 ~ 8 级进行管理。通过缺陷分级管理,突出了现场消缺重点,加强了对重要缺陷的预警和提前干预,实现了小缺陷的可知可控,有效控制住了潜在的停机停堆风险。

6. 优化工作流程管理。依托 ERP 系统的建设,整合了原先的 37 个系统,进一步优化完善了以核电生产为主线的主营业务信息系统,提高了流程连贯性。同时,实现了 12 周计划模式,实施了以功能设备组为核心的长工作准备周期,减少了系统隔离次数。

(二)持续推进重点领域创新,不断提升机组发电效能

1. 延"长"燃料循环,减少机组大修次数。大亚湾核电站最初实行 12 个月换料。经过对标和科技创新,实现了 18 个月换料技术。每台机组平均三年可以减少一次大修,能力因子提升到 90.0% 以上。延长了燃料循环长度,每年大修成本可降低 25.0% 。提升了发电能力,每台机组能力因子可提升 2.0% ~3.0% 。

2. 缩"短"大修工期,增加机组发电天数。在新技术引进、设备改造、降低大修源项控制、技术规范优化等方面开展攻关,实施了诸多优化项目,并将大修细分为年度大修、短大修、十年大修和首次换料大修四种类型,采取不同的大修项目安排策略,在确保大修质量的同时实现了大亚湾核电站和岭澳核电站一期大修工期的缩短。

3. 提"高"设备可靠性,减少计划外的机组能力损失。从设备分类与识别、性能监测、预防性维修、纠正行动、持续改进、寿期管理等六个模块规范并优

化了设备管理体系，实现了有限资源的管理效果最大化。研发重大设备状态监测与信息平台（OMI），作为提高主泵、蒸汽发生器等重大设备可靠性的重要辅助工具。

4. 降“低”人因失误率，减少机组停机停堆风险。引进人因工程技术，建立国内核电行业首家行为训练中心。创新性地开发了“工前会”“三段式沟通”“使用程序”“明星自检”“监护操作”“质疑的态度”六张防人因失误工具卡，并以此开发训练场景对全体员工实施培训。

（三）持续夯实纵深安全管理基石，保障核电运营安全可靠

1. 不断丰富核安全管理内容。在持续巩固原有的以核安全技术顾问（STA）为中心的“在线”监督和以经验反馈、质量保证、审计相关人员的“离线”监督基础上，不断完善运行技术规范，并在风险指引型安全管理和事故管理方面不断创新核安全管理理念。

2. 全方位开展质量保证活动。倡导并实践以业绩为核心的质量保证活动，更加注重工作效果和作业目标的实现。推进内部管理评估工作，分为独立评估和管理者自我评估。独立评估包括质量控制检查、质保监督和监察等，自我评估包括员工现场操作层的“明星自检”、中级管理层的管理巡视以及公司层的管理评审等。

3. 建立内外一体的经验反馈体系。对电站在生产过程中出现的设备故障和人因失误进行分级界定与分析，并采取纠正行动防止类似事件的重复发生；同时，也从国际同行发生的事件中吸取经验教训，进行外部经验反馈。

4. 运用多种新颖手段深入开展核安全文化建设。通过举办各类艺术化宣教活动，开展核安全文化震撼教育，主动披露核安全信息，组织普及核电知识的亲民活动等新颖的核安全文化建设手段，持续并有效强化了员工核安全意识，也向公众传播了核安全文化。

（四）不断优化成本控制，提升核电运营经济效益

1. 创新项目投资决策机制。将投资项目的评估分三步进行：①对项目进行分类；②对项目从5个维度进行分析和评分；③利用类似“平衡计分卡”方法，通过加权计算确定项目优先级别。

2. 建立标准成本。对日常和大修中的主要项目制定了标准成本，并在预算编制和项目决算中加以应用；还完成了CPR1000核电机组生产准备费用的标准化。

3. 落实成本责任制。通过采取分解成本控制指标的措施，将成本责任层层落实，逐层分解至各个部门、处、科和相关项目负责人。

4. 开展成本管理对标。大亚湾运营公司于2008年加入了国际电力企业成本对标组织（EUCG）①，通过每年与全世界范围内核电站的成本对标，分析找出自身存在的问题，提出改进方案。

（五）强化国际对标与信息化建设，提供知识输入和信息化保障

经过长期探索实践，大亚湾运营公司逐渐形成了“3＋X”的对标方式，即在与世界核运营者协会（WANO）指标②、美国核电运行研究所（INPO）综合指数③和法国电力公司（EDF）安全挑战赛指标④三类国际权威指标开展对标的同时，根据实际需求，多领域、动态选择多家行业标杆企业（X）开展相关专题领域的对标，例如美国EXELON公司、韩国水电与核电有限公司及香港中华电力有限公司等。

持续推进工业化和信息化“两化”融合。按照“以信息化手段实现并固化管理思想”的方针，重点从集成平台建设、标准化系统移植和个性化应用系统三个层次考虑，建立企业资源计划（ERP）管理系统，构建了贯穿核电站生产主线的集约化管理平台。

---

① EUCG是由美国电力公司成立的电力成本行业协会，旨在加强行业间交流，提高发电安全和降低电力成本。协会下属5个专委会。其中，核能专委会包括美国所有电力公司及日本、加拿大、西班牙、墨西哥、韩国等国的部分核电公司的压水堆核电机组。

② WANO指标是世界核电业界公认最权威的运营业绩衡量标准，包括机组能力因子（UCF）、非计划能力损失因子（UCL）、强迫能力损失因子（FLR）、7 000小时反应堆临界时非计划自动紧急停堆数（UA7）、安全系统性能（SPX）、燃料可靠性（FRI）、化学指标（CPI）、集体剂量（CRE）、工业安全事故率（ISA）等指标。这些指标以量化的方式显示出核电站在核安全、电厂可靠性、有效性以及工业安全方面的性能状况。

③ INPO综合指数是由美国核电运行研究所制定的标准，是把核电机组现有的WANO指标经加权处理后整合成一个满分为100的指数，每季度计算1次。

④ EDF挑战赛由法国电力公司创设，每年举办一次，旨在比较在法国、中国、德国、南非、韩国等国运行的同类型核电机组的安全运营业绩。

（六）大力推进人才培养，为核电运营发展提供有力支撑

1. 建立以岗位授权为核心、紧贴核电站生产的人才培养工作体系。逐步建立起以岗位授权为核心，以“全员培训、授权上岗、终身教育”为特色的核电运营人才培养体系，并以运行、维修、工程技术、管理和全员基本安全培训的五类授权为基础，进一步细分出了运行、维修、技术等三大序列共166个专业的岗位培训大纲。

2. 开展系统化、全覆盖的员工技能培训。设置了全范围模拟机、原理模拟机、多功能模拟机、事故后分析模拟机等运行培训设施，建成了国内核行业规模最大、拥有600余台各类技能训练设备及装置的维修技能训练中心，还建成国内首座核电站换料操作训练设施。

3. 快速增殖和输出专业运营人才和经验。为保障中广核各新建电站“高点起步”，大亚湾运营公司坚持三个“输出”。一是坚持人才的直接输出，二是坚持经验的输出，三是坚持管理的输出。

（七）不断优化企业创新机制，为核电运营营造良好环境

1. 深入实施科技创新。从政策、制度、经费各方面鼓励员工开展科技创新，积极组织参加中国核学会、中国电机工程学会等国内学术组织和IAEA、WANO等国际组织的学术活动，选派科技人员到各学术组织任职，将科技创新所需经费纳入预算管理。

2. 持续开展管理创新。在企业组织架构、文化建设、内部审计、成本管理和人才培养等领域开展了广泛的运营管理方法创新，并将其融入公司中长期发展战略和年度经营与管理计划中。

二、大亚湾运营公司卓越运营管理实施效果

（一）运营管理指标整体达到世界先进水平，探索出一套核电卓越运营管理的有效做法

安全生产业绩方面，在国际公认的9项WANO业绩指标中，大亚湾、岭澳一期四台机组2011年、2012年达压水堆机组先进水平值的数量为6.25项/机组，2013年为6.75项/机组，达到世界先进水平。且在衡量核安全水平的最重要WANO指标“7 000临界小时非计划自动紧急停堆数”（UA7）方面，从2009年起至2013年已经连续5年保持为0，达到世界先进水平。在发电效能方面，2011年、2012年大亚湾、岭澳一期4台机组的能力因子三年平均值高于92.0%，均高于世界先进水平。在法国EDF国际同类机组安全运行业绩挑战赛中，2009—2013年大亚湾运营公司已多次获得“核安全/自动停堆”“能力因子”两项最重要项目的第1名。至2013年累计获得31项次第1名，约占该项比赛全部第1名的50.0%。运行与维修成本在EUCG对标中保持国际先进水平，2012年大亚湾核电站、岭澳核电站一期的单位运行维修成本排名双双进入前5名。

（二）确保了核电站安全高效运营，创造了良好的经济效益和社会效益

大亚湾核电基地从未发生2级及以上运行事件，运营机组从未发生人员死亡事故，连续多年未发生意外照射或超剂量事件、火灾事故、重大交通事故和重大设备损坏事故。截至2013年12月31日，大亚湾核电站1号机组已经无非计划自动停堆安全运行4 022天，继续刷新国内核电站单机组安全运行最高记录，继续在EDF同类型机组中排名第一，目前该记录仍在延续。

在上网电量方面，大亚湾、岭澳一期四台机组2008年起连续五年保持高端稳定在300亿千瓦时以上。随着岭澳二期机组的陆续投运，2011年6台机组全年上网电量首次超过400亿千瓦时，2012年基地6台机组全年上网电量451亿千瓦时，2013年达到441亿千瓦时。

2013年，大亚湾核电基地6台机组与同等规模的燃煤电站相比，少消耗标煤约1 440万吨，减少排放二氧化碳约3 551万吨、二氧化硫约34万吨、氮氧化物约22万吨，相当于造林10万公顷。2013年，在人民日报举办的“绿色中国”论坛上，公司入选“中国美丽电厂”，并荣获“生态美”专项奖。

（三）实现了出人才、出经验、出标准，促进了核电规模化发展

2011年岭澳核电站二期生产准备工作结束时，已

经完成《组织机构设置导则》《运行操作人员培训与再培训大纲》《生产准备安全管理指标系统》等125种标准化产品的编制和出版，并出版专著《大亚湾核电生产准备》用于经验推广。截至2012年年底，累计输出技术骨干1 591人；累计完成多基地对外技术支持项目687项，对外支持工时超过50人·年，通过红沿河、宁德核电站启动支持小分队、启动关键节点支持专项组、设备抢修及后台专家支持队伍的组织与运作，累计向各基地提供岭澳二期生产准备经验反馈4 300余项。

展望未来，大亚湾运营公司将继续严格遵守国家法律法规要求，充分吸收和借鉴国内外核电运营管理的良好实践，坚持“一次把事情做好”的核心价值观，始终以世界先进水平为标杆，不断学习、持续改进，努力创造世界一流的核电安全运营业绩。

审时度势　改革创新——福能集团的转型升级之路

福建省能源集团有限责任公司

福建省能源集团有限责任公司（简称“福能集团”）为福建省人民政府所属国有大型综合性企业集团，于2009年由原福建省煤炭工业（集团）有限责任公司和福建省建材（控股）有限责任公司整合重组成立，以煤炭、电力、港口物流、建材、民爆化工、建工房地产为主业，涉及金融、酒店、科研、设计、医院、制药等行业，全资或控股企业40多家，在职及离退休员工5万多人。近年来，福能集团着力强管理、谋发展、抓改革、促和谐，团结带领员工争先创优、攻坚克难，推进了集团又好又快发展，整体实力大幅提升。集团主要经济指标位居省属国企前列，2013年集团营业收入、利润、归属母公司净利润、缴交税费等4项指标均提升到省属国有企业第2位。集团主体信用评级提升为AAA，为中国500强企业、中国煤炭100强企业、福建百强企业，是福建省煤炭生产龙头企业及主要发电企业，水泥产能位居全省前列，初步构建了以煤电为核心、主业优势凸显、辅业互为支撑、多业协调发展的八大产业格局。

一、注重管理创新，提升运营质量

福能集团坚持把创新管理作为转变方式、应对危机的重要举措，面对错综复杂的新形势，特别是在煤炭市场急转直下、水泥价格大幅跳水、电力发电量不足、各类成本持续上涨的困难情况下，狠抓企业中心工作，坚持集团化管控，强基础、控风险、降成本、增效益，经营业绩逆势增长。近几年，集团主要经济指标迭创新高，保持两位数、“2”字头的高速增长。2013年，实现营业收入243.6亿元，比2009年增长119.5%；利润总额140 100万元，比2009年增长377.9%；年末资产总额467.1亿元，比2009年增长88.2%；年末净资产141.9亿元，比2009年增长82.5%；上缴税金17.2亿元，比2009年增长92.9%。一是突出抓好预算管理。持续开展对标提升及劳动竞赛活动，强化预算执行控制，优化运行方式，有效破解了经济运行中的困难和问题。二是突出抓好协同合作。积极创新商业模式，高站位协调推进与省属企业间战略合作，落实上下游产品互保互供，实现集团内部企业间产销对接、优势互补。三是突出抓好资金集中管理。坚持集团内部“一盘棋”管理，强化资金归集、账户管控、置换高息贷款和发行债券等措施落实，有效降低了资金成本，保障了快速发展的资金需求。2013年底银行账户比上年减少230个，减幅44.7%；资金归集率92.6%，比增3.1个百分点；与上年比节约利息10 500万元；年末直接融资比重提升到56.6%，比上年增加19.0个百分点。四是突出抓好风险管控。推行严格的法律把关、内部稽核、审计控制、监察监督，规范“三重一大”决策，对重点工作、重要环节实行廉洁风险防控。集团被评选为福建省“内部审计示范企业”。五是突出抓好安全管理。针对集团涉及的高危行业多、安全管理点多面广的特点，提出了安全管理“三要三不老”等新要求（即思想认识要到位，不要麻痹老糊涂；措施责任要落实，不要漂浮老不改；日常管理要从严，不要松懈老好人），持续强化煤矿"安全不死人""从零开始、向零进军"等新理念，大力抓好安全管理，改进安全生产条件，煤矿安全质量标准化建设在全省发挥着引领作用，安全生产控制在省政府下达指标内。

二、注重项目带动，提升发展后劲

福能集团坚持以发展为第一要务，把好产业发展方向，努力推进集团科学发展、跨越发展。一是坚持实施项目带动发展。积极找项目、谨慎上项目、有序建项目，精心谋划、扎实推进，形成了建成一批、开工一批、储备一批的项目良性滚动发展格局，大幅提升了集团规模总量和经济效益，促进了集团产业结构优化、主业链条延伸。近两年，集团共完成投资129.4亿元，共有36个项目列入省在建重点及预备重点。二是坚持实施"三维"对接发展。以开放开阔的心胸，积极"找靠山""傍大款"，促进产业转型升级。先后与神华集团合作成立神华福能电力公司，与南方水泥重组成立建福南方水泥公司，与印尼三林集团、山煤国际合资建设可门6号~7号码头，与华润集团就电力、水泥开展合作，联合打造省级泉州循环经济产业示范园区，与内外资企业共同设立融资租赁公司，大力推进与中石油开展西气东输入闽天然气合作。三是坚持实施"走出去"发展。在立足省内做强做大的同时，围绕能源、建材等主业，积极主动又谨慎科学地开展境外、省外发展项目调研论证，积极拓展发展空间。目前，在省外境外获取煤炭、风电、光伏等开发资源方面已有了实质性进展。

三、注重结构调整，提升发展水平

福能集团与时俱进梳理明确产业发展定位，围绕能源为主、相关多元发展思路，通过"有进有退"，优化产业布局，不断提升企业竞争力和科学发展能力，提出了"五年再造一个福能集团"的奋斗目标。一是推动落后产能退出。主动关闭退出5对资源枯竭、开采条件差的煤矿，有序抓好资源回收及3 000多名员工的分流安置。二是推进电力板块上市。借壳福建南纺上市工作取得重大突破，已经获得中国证监会有条件过会。三是创新发展金融业务。设立了融资租赁、保险经纪、股权投资等金融平台，2013年金融板块实现利润37 600万元、比增135.0%。四是强化科技创新驱动。2013年实现突破的有：国内首创的大理石粉作为电厂脱硫剂使用工业试验获得成功，并列入福建省重大科技项目；民爆公司获得高新技术企业确认，取得1项发明专利、34项实用新型专利授权，7个项目获国家知识产权局颁发的实用新型专利证书；抗癌光敏剂新药研发获重大进展，国家药监局批准完成Ⅰ期临床试验，进入Ⅱ、Ⅲ期临床试验；采用中压蒸汽替代导热油炉集中供热应用研究取得成功，有效解决了导热油炉能耗高、污染重问题。

四、注重改革创新，提升企业活力

以林金本董事长为首的福能集团领导班子坚持以改革创新的思维破解国有企业发展难题，大刀阔斧全方位推进改革创新，向改革要红利、向创新要效益，破除体制机制弊端，构建有利于激发活力、鼓励探索创新的良好环境。一是推进体制创新。不断完善和强化集团化管控，优化集团本部机构设置和职能定位，做到母子公司定位清晰、职责明确、统分结合、上下协同，对新设立的混合所有制企业采取市场化经营管理体制。二是推进机制创新。近两年先后创新性提出并实施了失职渎职经济责任追究、公推公选、公推民选、量化考评、交流轮岗、资金集中管理、重大经济事项报告、特殊贡献奖励等新机制、新制度34项。特别是2013年，率先对权属企业实施加强公务用车管理及货币化改革，同比减少车辆购置及使用费用238万元；全部撤销权属单位设立的驻外办事处，开展房产清理，盘活闲置房产近1.8亿元；对省政府交由接管的福维公司采取了"输血养身、轻装健身、减员瘦身、技改强身、改革修身、联合壮身"等减亏控亏举措，经营状况逐月好转，与上年同比减亏7 000多万元。

五、注重企业党建，提升队伍素质

福能集团党委坚持认为搞好企业，党建是保证、班子是关键、队伍是根本、和谐是基础，着力抓好党建、抓好班子、带好队伍，促进企业健康发展。一是抓好党建工作。坚持把党建工作融入企业中心工作大局，加强基层党组织和党员队伍建设，抓好党委中心组学习和党群工作者业务培训，加强群团组织领导，"133"党建工作机制建设得到省国资委的肯定和推广。二是抓好党风建设。始终把廉洁作为立身之本、从业之基，带头规范决策、廉洁从业，每年层层签订党风建设责任书和廉洁从业承诺书，重视企业廉政文化和惩防体系建设，扎实开展"廉洁福能"建设活动和廉洁风险防控，营造企业风清气正环境，班子成员没有出现违反廉洁从业规定的问题，重点工程和大宗物资采购没有发现重大违纪违法现象。2013年，对生产经营重点环节的229个项目了实施廉洁风险防控、41个项目实施了效能监察，建立了两个警示教育基地。三是抓好队伍建设。坚持开展"四好"班子建设，组织中层管理人员分批参加浙大总裁班学习、基层中层管理人员工商培训、职工技能鉴定和技术比武。要求权属单位领导做到"六个来"（心要静下来、脑筋转开来、眼睛擦亮来、耳朵竖起来、袖子卷上来、双腿迈出来），要求各级管理人员做到"四高"（站高位、抓高端、出高招、创高效）、"四有"（胸中有志、心中有数、肚中有货、脑中有谱）、"三清"（政治上清醒、经济上清白、作风上清正）和具备"三子"素质（有胆子、有点子、有样子），绝不能当"三表"干部（做表面文章、常表里不一、爱表现自己）。

六、注重文化建设，提升发展合力

福能集团坚持认为，企业管理最重要的是管好企业员工的心，在林金本董事长亲身力行和大力倡导推动下，福能集团构建了亲如一家的和谐企业文化。一是重视文化建设。林金本董事长提出并大力倡导艰苦奋斗的传统文化、亲如一家的人文文化、爱拚会赢的创业文化、精打细算的经营文化、公正管用的考核文化、能者上庸者下的用人文化、有功必奖有过必究的责任文化和简朴实效的会议文化。提炼了"真诚、有为、开心"的核心价值观、"心怀感恩、创造感动"的企业核心理念和"勤勉务实、争先创优"的企业精神。集团文化建设一直走在省国资系统前列，被确立为全省企业文化建设示范单位。二是重视职工权益。在企业发展、效益提高的同时，近年来职工年人均收入每年实现增加5 000元以上，实施煤矿企业棚户区改造，建成了1 381套保障性住房，落实困难职工帮扶救助机制，每年慰问特困及工亡家属金额1 000多万元，组织矽肺灌洗、伤残职工康复疗养，推进"两堂一舍"达标工程，所属煤矿全部增建了桑拿房和按摩室，完善职工活动场所，改善了职工生产生活条件，每年举办一项全集团性文体活动，成立8个文体协会开展经常性的群众文体活动，落实离退休人员待遇，职工安居乐业。

七、注重履行责任，提升社会形象

福能集团坚持企业发展融入全省发展大局，积极承担社会责任，在保障全省工作大局、服务全省经济发展、生态文明建设等走前头、做表率，做到绿色、安全、和谐发展，每个新上项目都把技术先进、节能环保摆在首位。一是在诚实守信、依法纳税、服务发展上做表率。秉持"忠诚企业、忠于职守、忠实守信"的道德理念，依法经营、依法纳税。近两年，上缴税金近33亿元，多家权属企业被当地税务部门评为纳税大户、纳税功勋企业，多家煤炭企业被评为信用等级AAA级企业。长期以来，集团在保障能源供给、支持地方建设、抢险救灾等方面发挥着重要作用，树立了国有企业无私奉献、能担大任的品牌形象。二是在节能减排、综合利用、环境保护上做贡献。煤炭产业，高效开发赋存条件差的煤炭资源，达标综合治理利用矿井水、煤矸石和粉尘。电力产业，鸿山热电公司2台60万千瓦超临界抽凝供热机组投产运行，为目前国内单机容量最大的热电联产机组，标煤耗处于国际领先水平，脱硝效率处于国内领先水平，实现了对当地工业区集中供热，拆除了当地企业自备的高污染、高耗能小锅炉123台，每年节约燃用标煤50万吨，节约用水400万吨，减排氮氧化物1 141吨、二氧化硫5 933吨，有效降低周边企业生产成本和当地环保压力。晋江天然气发电公司为国家工信部"两化"融合示范企业，排放指标达国内先进水平，CDM项目单笔获签的减排量突破100万吨，刷新了全国燃气电厂单次签发量纪录。建材产业，水泥生产线全部完成了脱硝技改和实现了余热发电，每年消纳脱硫石膏、粉煤灰、煤矸石、矿碴钢碴等工业废弃物100多万吨，福建水泥公司荣获“全国节能先进集体”；大理石粉综合利用研究突破和推广运用后，年可利用大理石粉150万吨，将解决我省石材业大量排放大理石粉造成环境污染和堆放土地占用难题；鸿山电厂固体排放物综合利用项目列为国家节能重点工程、循环经济和资源节约重大示范项目，年消纳电厂固体排放物灰渣40多万吨；钢渣微粉等绿色建材项目年消纳三钢集团的钢渣、矿渣80多万吨。三是在对口帮扶、支持协会发展上出力量。积极对口开展建瓯市水土流失治理、连城及武平县贫困村帮扶、援疆、地方挂职等工作。近年来，有6人分别常年驻点挂职帮扶，每年支持资金近300万元。

坚持创新驱动　践行高科技央企转型发展之路

大唐电信科技产业集团

大唐电信科技产业集团（即电信科学技术研究院，简称“大唐电信集团”）是一家专门从事电子信息系统装备开发、生产和销售的大型高科技中央企业，目前已形成无线移动通信、集成电路设计与制造、战略性新兴产业及产业金融的产业板块。作为我国无线移动通信科技自主创新的主力军和践行创新型国家战略的典范，大唐电信集团紧贴创新型国家战略，坚持创新驱动，先后主导提出TD－SCDMA（3G）和TD－LTE－Advanced（4G）国际标准，推动TD成功实现产业化与规模商用，全力推动我国移动通信产业的结构升级与国际竞争力的提升，探索并成功实践“正向系统创新”的高科技中央企业转型发展模式，为我国社会经济持续健康转型发展做出重要贡献。

一、坚持创新驱动，引领信息通信产业快速发展

大唐电信集团积极发挥中央企业带动作用，以系统标准为引领，打通移动通信和集成电路产业链，拥有国内无线移动通信和集成电路领域最雄厚的科研开发和技术创新实力，大幅提升我国在该领域的国际竞争力。

（一）持续引领国际标准竞争，TD产业发展取得阶段性成果

大唐电信集团坚持创新驱动，主导3G TD－SCDMA和4G TD－LTE－A国际标准竞争，打破国外技术垄断，取得我国电信史“零”的突破，实现了我国对全球移动通信标准从追赶到引领的创新；历史性打造形成以我国本土企业为主体的、从芯片、仪表、系统到终端的完整民族移动通信产业链，彻底改变我国移动通信产业和全球市场格局。大唐电信集团为TD－SCDMA市场主流的设备供应商之一，掌握TD－LTE技术、专利、标准和核心设备最完整的厂家。另外，大唐电信集团依托自身技术优势，成功攻克高端仪器仪表技术难关，填补我国高端通信仪表空白，首次实现高端仪表对外出口，其中TD－SCDMA一致性测试仪表市场占有率达到100%。

特别是，2013年12月4日，工业和信息化部向我国三家电信运营商同时发放三张4G TD－LTE牌照。此举充分体现出我国电信运营业、我国通信制造业对大唐电信集团主导的TD技术快速健康发展的信心和决心，保证了我国在全球移动通信领域内的话语权，奠定了未来十年我国移动通信产业持续创新与产业转型发展的基础，是推动国产通信设备全面替代进口通信设备的重要决策，是推动我国移动通信用户全面使用4G信息消费服务、有效改善民生、加快信息化与工业化深度融合的得力举措，是全面依托国产设备保障国家信息安全的重要选择。

大唐电信集团积极推动TD产业化和规模商用。目前，TD产业蓬勃发展，成绩斐然，截至2014年7月，TD－SCDMA用户总数突破2.4亿户，呈加速增长态势，占国内3G用户总数的48.8%，成为全球发

展最快的3G网络。TD－LTE 4G用户超过2 043万户，环比增长46.6％。

2006年以来，大唐电信集团走出了一条科研院所转型发展成为现代化高科技中央企业的新路子，推动实现我国从第一代、第二代移动通信完全依赖进口，到第三代移动通信奋力追赶，再到第四代移动通信实现与国际并驾齐驱的重大跨越，成功确立了我国在全球移动通信3G和4G国际标准竞争中的地位，成功实现自主创新的3G TD－SCDMA标准的产业化和市场化，有力推动实现4G TD－LTE的产业化，真正使得无线移动通信成为我国少数几个具有国际竞争力和行业话语权的工业领域之一！

（二）集成电路设计与制造协同发展，产业链整体竞争力显著提升

伴随着无线移动通信领域的快速发展，大唐电信集团作为我国高端集成电路的中坚力量，在集成电路设计和制造方面取得了显著成果。

1．集成电路设计方面。大唐电信集团布局高端集成电路设计环节，实现我国移动通信芯片从“无芯”到“有芯”关键突破。成为国际领先的TD－SCDMA终端解决方案提供商和终端基带芯片供应商。TD终端芯片累计出货量处于市场前列，市场份额超过30.0％，为我国基于TD－SCDMA的3G成功商用贡献了重要力量。目前，面向4G商用，大唐电信集团将努力实现从“有芯”到“强芯”的转型升级，全力开发基于28毫米的TD－LTE终端芯片及解决方案。此外，大唐电信集团以安全芯片为核心，是国内生产规模最大、产业链最完整、设备最先进的智能卡芯片提供商，年发行能力超过2亿张，二代身份证、社保卡芯片的市场占有率均超过25.0％。大唐电信集团是国内首家在金融IC卡领域完成国际EMVco芯片安全体系认证的企业，正积极推进金融IC卡和移动支付芯片的研发和产业化进程。

2．集成电路制造方面。2008年，大唐电信集团战略入资中国大陆规模最大、工艺最为先进的集成电路制造企业——中芯国际，成为其第一大股东，打通了集成电路和无线移动通信产业链，实现对集成电路关键环节“自主可控、为我所用”。通过改善公司治理、促进产业互动等举措，推动中芯国际健康发展，成为我国本土唯一一家具有40毫米高端工艺制程和12英寸晶圆大规模成熟生产能力的集成电路制造企业，并为本土设计企业提供未来一系列产品演进的持续配套工艺和产能支撑能力。中芯国际的发展有力带动了我国集成电路装备制造业和设计业的快速发展，公司中国大陆IC设计客户收入占比显著提升。

二、成功实践“正向系统创新”模式，走出高科技央企科学发展新路子

从2007年起，大唐电信集团提出依托TD－SCDMA核心技术优势，积极探索TD－SCDMA产业化的有效途径，在科学把握高科技成果转化一般规律的基础上，通过实现与之相匹配的战略管理、资源配置、运营管理、产业协调、市场营销、队伍建设及文化变革等一系列的改革创新工作，大力实践“正向系统创新”模式。

“正向系统创新”模式，主要是指正向确定技术持续演进发展路线，依靠自主技术积累构建核心技术链，从核心技术、标准等技术链高端环节出发，构建完整产业链，最终形成产业主导权和竞争力的一种创新模式，具有“技术的原创性及高端性”“创新的协同性”“产业链完备性”等突出特点。相较于以技术引进为特征的“逆向系统创新”模式，“正向系统创新”发展有利于规避由于我国人力、土地成本上升带来的资本外流风险，也有利于克服企业因缺乏核心技术，造成产品升级难以为继的发展困境。正向系统创新的成功需要具备一些基本条件，正向系统创新要素罗盘如下图。

大唐电信集团通过“正向系统创新”实践，成功推动 TD – SCDMA 产业化和大规模商用，使我国无线移动通信成为少数几个具有国际竞争力和行业话语权的高科技领域之一，开创了我国战略性高科技企业引领全球发展的新模式，对于我国其他重大战略领域创新具有重要借鉴意义。

三、践行“五化”道路，发挥产学研用协同创新优势

（一）践行“五化”发展道路，推动专利价值管理，保障技术标准产业化

大唐电信集团践行“技术专利化、专利标准化、标准产业化、产业市场化、市场国际化”的发展路线，实施知识产权战略，围绕标准、技术和产品进行了周密的知识产权布局。“十一五”以来，大唐电信集团科研投入占销售收入比重持续多年超过 10.0%，专利申请量的平均年增长率达到 25.9%。截至目前，已在全球累计申请专利超过 1.7 万件，专利覆盖中、美、日及欧洲国家等 13 个国家，2013 年度 PCT 专利申请公开量位居世界百强，是全球 3G 和 4G 标准重要专利权人。大唐电信集团被列为首批“企业知识产权教育基地”“全国专利运营试点单位”“全国知识产权示范企业”“全国知识产权优势企业”。2012 年，大唐电信集团选送的专利项目获得中国专利最高奖项——“第十四届中国专利金奖”。

（二）构建以企业为主导、市场为导向、产学研用相结合的高效协同技术创新体系

以企业为主导、市场为导向、产学研用相结合的技术创新体系，是实现持续技术创新、促进产业转型升级、获取市场竞争优势的基础和保障。以企业为主导，强调企业在构建技术创新体系全过程中的核心骨干作用；以市场为导向，强调构建技术创新体系出发点和落脚点最终要面向市场，服务市场，满足市场。其中，“学”和“研”是构建体系的基础，“产”是实现技术转化的关键，“用”是形成体系的核心，只有通过应用，才能最终打通从产业到市场的关键环节。

四、坚持战略统领，实施高端布局，打造自主、可控、健康、可持续的产业生态系统

（一）推动组织变革与流程再造，打造产业和资本运作平台

2007 年，大唐电信集团成立大唐电信科技产业控股有限公司（简称“大唐控股”），将大唐控股作为产业化运作平台，建立健全适应 TD – SCDMA 产业化的配套组织与管理体系，全面建立现代企业制度，从组织层面保障产业化顺利进行。首先，大唐控股建立起战略决策委员会、投资咨询委员会、技术产品路标委员会构成的决策支撑体系。其次，针对科研型机构产业化、市场化功能不完善的突出问题，建立扁平化组织架构，从供应链、市场销售、客户服务、信息化等各种核心业务入手，完善产业化组织和功能。再次，积极实施流程再造，通过横向打通信息共享渠道，纵向完成业务流程穿越，提升运营效率。最后，形成了战略规划、全面预算、经营业绩考核一体化的“三位一体”责任落实体系。

（二）走“轻型工业化”发展策略，成功探索我国高科技企业经营新模式

TD – SCDMA 产业化和市场化初期，大唐电信集团自身生产厂房、设备及工艺，已经落后业界先进水平一代以上。根本无法满足 TD – SCDMA 大规模产业化对加工和工艺的要求，如果进行产业制造技术的升级换代，不仅需要大量资金，而且改造所需的时间投入也难以满足 TD – SCDMA 产业化和市场化时间窗口要求。在内外部环境压力下，坚持战略导向，从推动产业整体发展的高度，采取“有所为、有所不为”的布局策略，走“轻型工业化”道路，退出生产制造业务。充分利用我国已经形成的强大低成本复杂制造能力，将生产制造过程外包给本领域内有竞争力的制造企业来实现产品的提供，从而大幅度降低了企业的经营成本。集中资源和精力布局产业链高端，改变了中国企业只能通过“来料加工、两头在外”形式赚取最微薄利润的状况，实践了由“中国制造”向“中国创造”模式的转变，这对企业自身的健康发展及国家经济结构的调整都有重要的借鉴意义。

（三）布局产业链关键和高端环节，确立行业领导地位

在移动通信产业链中，无线子系统的研发、芯片设计、核心软件平台、芯片制造等环节价值高、知识密集是产业链的高端关键环节。2006—2008 年，TD-SCDMA基本能够满足商用需要。但当时我国集成电路企业已有的工艺技术水平无法承接 TD-SCDMA 芯片制造业务。如果不能解决 TD-SCDMA 手机芯片制造及工艺问题，将无法实现规模商用。为了彻底解决 TD-SCDMA 及后续技术演进所需的集成电路工艺配套能力缺失的问题，实现大唐电信对集成电路产业制造环节的高端布局，2008 年，大唐电信集团成立联芯科技，聚焦高端芯片设计。同年，大唐电信战略入资全球第四大集成电路制造企业——中芯国际集成电路制造有限公司，掌握高端制造工艺。2012 年，为了填补我国在仪器仪表高端环节的空白，成立大唐联仪，专注于通信领域仪器仪表高端环节的研发、测试、销售和服务。大唐电信集团通过布局产业价值链高端环节，打造了企业核心竞争优势，使企业具备高获利的潜力，确保企业持续经营的能力。

（四）打造自主、可控、健康、可持续的产业生态系统

第一，推动全产业链合作。移动通信产业的竞争不仅仅表现为企业与企业之间的单项优势技术或产品的竞争，更表现为一条产业链同另一条产业链的竞争。面对 TD-SCDMA 产业化初期薄弱的产业链基础，大唐电信集团加强与国际、国内厂商合作，带动系统设备、芯片、仪器仪表、手机终端厂家以及运营商加入 TD-SCDMA 产业链，成功打造形成以本土企业为主、国际厂商参与的完整民族移动通信产业链。

第二，促进 TD 产业联盟发展。大唐电信集团依托产业联盟联合 TD-SCDMA 产业上下游企业提升工程化水平，尽快满足成熟商用标准。并积极参与国际电信业相关组织与机构活动，为 TD-SCDMA 产业拓展更大国际市场空间，成为 TD-SCDMA 产业步入良性循环的起点。

第三，构建全球视野下的产业生态系统。未来的移动通信产业竞争，必定是产业生态系统之间的竞争。谁能把握住产业生态系统发展的趋势，谁就有可能在移动通信下一轮竞争中胜出。大唐电信集团构建的自主、可控、健康、可持续的 TD 产业生态系统将带动 TD 产业实现新跨越。

（五）推动产融结合，促进资金链覆盖产业链和创新链

积极推动产业金融融合发展，使金融不仅为创新与产业发展服务，同时通过制度安排激活科技创新与产业发展的活力。一是利用专业机构打造产融结合平台。2009 年，大唐电信集团成立大唐投资公司，并先后设立三支产业投资基金，增强自主技术的产业孵化能力。2011 年，大唐电信集团在转制院所以及电信类央企中首家成立财务公司——大唐电信财务公司，提升集团整体资金的内部融通和有效利用。二是加强公司治理，充分发挥上市公司平台作用。从 2007 年开始，大唐电信集团加强上市公司治理，围绕战略规划和产业布局，积极推动主体产业与资本市场对接；先后成功实现三次增发和一次重大资产重组，上市公司在资本市场树立起良好形象，成为具备融资和分红能力的行业龙头企业。

五、实施“人才强企”战略，优化激励机制，激发创新活力

（一）建立健全高科技企业选人用人体系，强化市场化人才选用机制

大唐电信集团逐步健全“干部能上能下、员工能进能出”的选人用人机制，形成制度体系、管理体系和发展体系有机结合的选人用人框架。突出领导干部选拔的“三看三关注”：看业绩、看能力、看素质；关注公信度、关注从业经验、关注组合搭配。坚持“四不选聘”原则：民主推荐率达不到 1/3 的不选聘；近两年内工作业绩平平，工作状态一般，表现不突出的不选聘；过往从业经验较为单一，发展潜力有限的不选聘；未履行组织选拔或市场选聘程序的不选聘。建立以首席人才制度、专业职称体系和学历教育体系“三位一体”的专家科技人才培养体系：由首席人才制度、集团专业职称体系和学历教育体系组成。

全面实施市场化的选聘机制，实现从“伯乐相马”到“赛场选马”的巨大转变。

（二）建立首席科学家制度，彻底释放高端人才创新活力

“异想天开、脚踏实地”是大唐电信集团科技创新人才倡导的科研精神。2009年，大唐电信集团打破原有干部人事任命制度，专门给研发体系建立了首席科学家制度，从首席工程师到首席专家，最后到首席科学家，让那些真正有前瞻性研发思想的技术专家从日常企业经营的桎梏中脱离出来，潜心于核心技术的研发与技术创新管理工作中。并在建立首席科学家制度的基础上，成立了首席科学家实验室。迄今共选聘3位首席科学家和11位首席专家，并先后设立以两个首席科学家姓名命名的实验室，强化对专家人才的人文关怀，最大限度发挥首席科学家实验室的创新潜能，发挥高端科技人才在引领集团科技创新和产业孵化的排头兵作用。

（三）创新引才育才模式，加大市场化选聘和培养力度

大唐电信集团积极实施“1355”人才发展规划，创新引才用才工作，成为国资委“人才强企”的重点联系企业。启动“英才100”工程，紧密围绕五大产业板块发展要求，统筹规划集团高端人才需求，创新引才模式，引进和储备战略性高端人才。加强人才培养力度，2010年12月，大唐电信集团和北京邮电大学在京签署战略合作框架协议，建立大唐大学。大唐作为全国首批“拔尖创新”人才培养试点单位，以联合培养为特色，充分发挥科研企业和高校双方所负功能和资源的优势，形成并提升教育、科研、管理合力，努力建设行业领先的高层次创新型科技人才培养基地，加快了高端创新型人才的培养，探索了行业龙头企业与高校联合培养人才的新模式。

当前，即将出现的新一轮科技革命和产业变革与我国加快转变经济发展方式形成历史性交汇，为实施创新驱动发展战略提供了难得的重大机遇。大唐电信集团将牢牢把握战略机遇，坚持自主创新，坚持科技自信，积极发挥技术创新与产业综合布局优势，持续引领技术演进路径，指引产业未来发展方向，努力在我国信息通信领域内打造一家具有自主知识产权和国际竞争力的大型高科技中央企业，成为我国新一轮产业转型发展的排头兵，为电信强国梦贡献力量！

激情跨越铸辉煌　斩浪逐梦再远航

——武汉农村商业银行改革创新发展纪实

武汉农村商业银行

五载砥砺奋进、五载激情跨越，武汉农村商业银行实现了“业务上台阶、转型上层次、管理上等级”的工作目标，初步形成了“覆盖武汉、走向全国”的机构体系和业务网络，总资产、总存款均突破千亿元，成为具有一定规模与实力的地方法人股份制商业银行，2014年4月被中国银监会评为全国农商行系统“标杆银行”。

理性务实　三年再造一个农商行

武汉农村商业银行是国务院、银监会批准组建的全国第一家副省级城市农商行，2009年9月9日挂牌成立。成立之初，武汉农村商业银行便明确了“五年四步走”的战略发展目标。在经过规范建设、全面提升、快速发展以及目标达标四个阶段，逐步将成立之初的农信社时期的体制机制转变为现代商业银行的经营理念和流程，各项监管指标持续优化，业务发展平稳快速。2012年，全行总资产突破千亿元，实现“三年再造一个农商行”目标；2013年，全行总资产1 307.2亿元，总存款1 123.5亿元，各项贷款

731.2亿元，分别是成立之初的2.4倍、2.4倍和2.5倍，累计实现利润总额60亿元，成为中部地区第一个、也是唯一一个存款过千亿的农商行。

5年来，理性务实的武汉农商人始终坚持深化改革，靠科学理念指导实践，靠灵活机制提升管理，靠铸造品牌提升价值、靠发展转型实现超越。全行形成了董事会定战略、把方向、管大事，经营层负责执行，监事会有效监督的高效运行机制；建立了涵盖业务流程、市场营销、创新品牌、风险控制、绩效考评、科技网络、员工培训等“七大体系”；搭建了全面风险管理体系，开展了风控体系及管理规范化项目建设；推行了现代金融企业的制度创新、机制创新、产品创新和技术创新；实施了地方性银行向区域性银行转变的战略决策，跨省村镇银行以及异地分行先后挂牌开业。正是这种不断自我革新的信念和脚踏实地的辛勤付出，为武汉农村商业银行事业注入了源源不断的动力，夯实发展基石，连续荣获武汉市政府颁发的支持武汉经济发展突出贡献奖，被评为武汉百强企业、武汉十佳和谐企业、中国服务企业500强等荣誉称号，并被授予武汉市五一劳动奖状单位。

二次腾飞　黄鹤已展翅

在朝着建成一流现代化好银行的目标迈进的道路中，2013年，武汉农商行提出了要在“三年再造一个武汉农商行”的基础上实现“二次腾飞”，打造一流区域性精品银行的战略目标，勾画出了“武汉农商行梦”的美好轮廓。2013—2014年，作为“二次腾飞”的关键时期，武汉农商行牢牢把握“转型发展，做强做精”的发展主题，潜心服务“三农”、小微和民生客户，在“小”上获得大发展。

——潜心小微。沉下心研究小微业务的“扫街”营销模式，推出“专门的机构、专门的团队、专门的流程、专门的考核机制、专门信贷计划”的“五专”式小微金融服务。针对不同的小微客户群，提供额度5 000～200万元的微贷以及200万～400万元的“捷贷通”产品；针对科技型小微企业，成立专门的科技型支行——“光谷支行”，推广运用专利权、股权、应收账款质押等一系列适应科技型企业创新发展的新业务方式，实现了金融与科技的高效对接。2013年，武汉农商行将原微小企业贷款服务中心升格为总行直属管理的产品型事业部，设立微贷分中心27个，实现微贷全市无缝覆盖。2014年，武汉农商行将200万元以下小微企业贷款审批权，全部下放支行，减少用信审批环节，进一步做大微贷业务。

2013年6月1日，武汉农村商业银行“微小富业贷”业务得到中央政治局委员、国务院副总理马凯的充分肯定；2013年7月15日，在全国小微企业金融服务经验交流电视电话会议上，董事长刘必金以“小微金融的扫街式服务”为题作了经验交流，获得广泛赞誉。截至2013年12月底，全行累计投放各类小微企业贷款809亿元，小微企业贷款余额达314.8亿元，占比43.0%，累计扶持2万余户的优质中小微企业。

——深耕三农。作为由农信社改制而来的地方性银行，武汉农商行更名不改姓，一如既往地支持“三农”发展。从2009年成立至2013年末，武汉农商行涉农贷款连续4年实现“两个不低于”目标，涉农贷款在全行各项贷款中的占比也从2009年末的39.5%上升至2013年末的48.8%，提高近10个百分点。早在2008年，武汉农商行就开始探索和开发适合农村改革发展、契合农业经济实际需求的“三权”贷款品种，在全市同业中首创“农村土地经营权抵押贷款”，成为盘活农村沉睡资源的破冰之举。2013年，武汉农商行不断深化支农内涵，研发专项信贷产品“兴城展业贷”，支持新型城镇化发展。创新支农模式，有序开展“双基双赢”合作贷款，推行“低碳环保”金融模式，支持科技型企业。力促武汉市成立农村综合产权交易所，通过交易所进行登记、评估，办理土地经营权、林权、水域滩涂养殖经营权等“权益贷”业务。目前，在武汉农村综合产权交易所在册登记的土地经营权抵押贷款余额占比中，武汉农商行位居全市金融机构第一。截至2013年12月底，全行累计投放“三农”贷款757亿元，累计扶持了4 658家农业企业，349家农业专业合作社，43万余农户。至2014年6月，武汉农商行在远城区行政村设立的助农取款点近1 000个，农村金融服务覆盖面100%。

——专注民生。作为地方法人银行，武汉农商行积极回馈社会，书写了服务民生建设的成功范本。

武汉农商行参与武汉城中村改造模式做得最早，办法流程最全，体系最完善，对全市二环线以内114个行政村改造进行了全面支持；积极参与全民创业，多次被市政府评为“支持全民创业先进单位”。2013年，武汉农商行为政府分担，为百姓解忧，在继续承担涉及180多万户的代发业务的同时，发行“惠民汉卡”50余万张，让更多的弱势群体享受到便捷的现代化金融服务。此外，武汉农商行还积极倡导社会公益事业，捐款近千万元支持“第十届中国（武汉）国际园林博览会”，助力武汉“新花城”建设；倡导节能环保、绿色低碳，捐赠武汉市便民自行车1万辆，赞助《武汉2049》发行和推动“文化五城”建设，独家支持“大美东湖、灯映江城”第二届武汉东湖灯会等等。

——致力创新。坚持不懈的改革创新精神赋予年青武农商人朝气蓬勃的活力。2013年，武汉农商行新绩效系统上线实现多维考核目标，增强激励效果；加快新建规模宏大的金融后台中心项目，为武汉市建设区域金融中心，发展后台金融业务先行先试；采取定向募集方式，溢价增发新股10亿股，优化股权结构，提升资本实力；抢滩设点，跨区域经营，在广东、云南、海南、江苏等五省“批量化”设立村镇银行，在省内筹建异地分行，为“走出去”战略夯实基础。2014年初，武汉农商行全力推进管理转型，正式上线内部资金转移定价（FTP）系统，精确衡量资金成本，实现精细化管理的大踏步；建立“大额往上、零售往下”的营销体系，提升内生驱动力；筹备启动流程银行建设项目，落实全面风险管理机制建设；加快推进网点结构调整，计划完成全行网点标准化建设“三年达标”的70.0%。一系列创新改革举措都为武汉农商行业务经营一路攀升注入了正能量。

发展转型　踏上新征程

好风凭借力，扬帆在此时。2014年，武汉农商行全面贯彻落实党的十八大和十八届三中全会精神，抓住中部崛起战略推进的机遇，以“发展转型”为主题，扎根实体经济，探索多元经营，全力实施新一轮发展蓝图——到2015年末，在2012年底的基础上实现三年再造一个农商行；到2020年末，全行资产规模再翻一番；到2049年，跻身全国股份制商业银行的第一梯队行列，把武汉农商行建成“立足武汉、辐射中部、面向全国”的一流现代化好银行，成为享誉盛名、基业长青的百年老店。

怀揣着美好的“武汉农商行之梦”，深深植根于武汉这片热土，武汉农村商业银行正蓄势待发，乘浩浩长风，破滔滔巨浪，云帆垂天，直济沧海！

打造具有中国特色的国有投资控股公司

——国家开发投资公司20年探索与实践

国家开发投资公司党组书记　董事长　王会生

国家开发投资公司（简称“国投”）成立20年来，始终坚持国有经济发展方向，积极探索混合所有制经济，创新发展模式，严格规范管理，在国务院国资委年度业绩考核中，连续9年获得A级，并在连续三个任期考核中成为“业绩优秀企业”，实现了国有资产保值增值，走出一条具有中国特色的国有投资控股公司发展之路。

一、明确定位，发挥国有资本控制力、影响力和带动力

作为国有投资控股公司，国投以资本为纽带，通过发挥投资导向、结构调整与资本经营三大功能，主要投资关系国家安全、国民经济命脉的重要行业和关键领域，培育起了投资、结构调整、集团管控、资本

经营和创新发展五大能力，有效发挥了国有资本的控制力、影响力和带动力。

（一）投资导向，服务国家战略目标

国投将企业战略与国家战略相结合，积极投资关系国计民生的基础性、资源性产业和高新技术产业等领域，服务国家能源安全、淡水安全、粮食安全。在国家西部大开发、丝绸之路经济带、海峡西岸经济区、环渤海经济带与泛北部湾经济区等区域发展中，投资建设了一批具有支撑作用的项目。

国投通过控股、参股、基金等投资方式，与多种经济成份合作，用少量国有资本引导和带动大量的社会资本进入国家需要和鼓励发展的产业和重点区域。截至2013年年底，国投每投1元钱，可以引领、聚集各类社会资金3.2元，有效发挥国有资本的放大作用。

（二）结构调整，国有资本的“有进有退”

国投坚持存量资产和增量资产调整相结合，不断优化产业结构和区域布局，贯彻国家产业政策，实现国有资本的“有进有退”，构建起国内实业、金融及服务业、国际业务“三足鼎立”的业务架构。近10年来，国投通过专业化的资产处置平台，采取市场化的手段，退出不符合国投战略发展方向和低效无效的项目1 167个，回收资金144亿元，将国有资本投向国家亟待发展的区域与产业。开展央企重组整合，完成中国包装总公司、中国高新集团的托管任务，化解高新张铜危机。对先后划转国投的中国高新集团、中国投资担保公司、中国纺织物资贸易公司、中国电子工程设计院、中国成套设备进出口集团公司等5家中央企业，通过战略定位、增资改制、业务梳理和文化融合等举措，推动划转企业在整体战略框架下健康发展。

（三）资本经营，国有资本的保值增值

结合国有投资控股公司的功能定位，形成了“股权投资—股权管理—股权经营”和“资产经营与资本经营相结合”的独特经营理念，即通过资本投入获得股权、股权管理提升企业价值、股权转让或股权经营分红获得收益。经过多年的实践，国投充分发挥作为国民经济“灵活双手”的作用，在上市公司重组、收购兼并、IPO、基金受托管理方面积累了丰富的经验，初步形成“投得准、退得出、能投会卖”的核心竞争力。

在战略性投资领域，国投通过打造一流企业，推动投资企业进入资本市场，实现股权多元化、运营透明化和自我良性循环。目前，国投旗下境内外控股上市公司7家，参股上市公司20家，资产证券化率达到60.0%。对一般竞争性行业以及做不到行业一流的企业，国投对其实施阶段性持股，通过资本市场、产权市场择机转让，增值退出。近10年来，国投先后培育、转让、退出了一批项目，如：投资海正药业1 777万元，转让收益2亿元，增值11.5倍；投资纳铁福传动轴3 675万元，转让收益5.4亿元，增值14.6倍；投资虎门大桥2 739万元，转让收益6亿元，增值22倍，有效实现国有资本收益最大化。

二、发展混合所有制，激发资本活力，实现国有资本与社会资本互利共赢

国投积极探索混合所有制的有效实现形式，一是在增量项目投资中积极发展混合所有制企业。通过控股、参股、引资等不同方式，与民营资本、基金、外资合作，实现股权多元化。二是引入战略投资者，将存量投资企业改造为混合所有制企业。对部分全资和大股比的控股企业引入社会资本，参与投资企业的改制重组。支持条件具备的全资企业改制上市。如对全资企业国投信托有限公司以增资扩股方式引入泰康人寿、江苏悦达作为战略投资者，降低国有股权比例，引入民营企业，发展混合所有制经济。三是利用基金模式探索混合所有制的实现形式。国投控股的5家基金管理公司，是国内较早探索发展基金业务的公司。截至2013年年底，国投共管理16支私募基金、基金总规模约350亿元，同时受托管理国家创投基金71支，涉及17个省（区市），受托管理规模41.5亿元。

国投控股的三级企业中，除部分前期项目公司和特殊目的公司外，近80%的项目都是投资主体多元化企业，占集团总资产的88.0%。利用民营资本、基金、外资等形成混合所有制的企业59户，占投资

主体多元化企业的80.0%，占相应企业总资产的85.0%。国投通过发展混合所有制经济，壮大自身实力，增强体制机制上活力，实现了国民共进、融合发展。

三、模式创新，打造独具竞争力的“投资全产业链”

国投完善投资模式，丰富投资手段，提升投资能力，根据项目发展各阶段需要，全面介入增值服务，打造独具竞争力的“投资全产业链”，实现商业模式上的创新。

在投资方式上，国投电力、国投煤炭、国投交通主要以“绿地”控股方式，投资于关系国计民生、产业发展较成熟、收益较稳定的企业；国投高科、国投高新、国投创新分别采用引导基金、创业投资、私募股权投资的方式，投资处于战略性新兴产业中的种子期、初创期和Pre—IPO阶段企业。在投后服务上，国投通过旗下的国投资产管理公司、国投财务、中投保、国投泰康信托、安信证券、国投期货、锦泰财险等金融企业，推动实业和金融的协同发展；通过中投咨询、国投贸易、电子院、中成集团等控股企业，发展生产性服务业。国投“投资全产业链”的商业模式，涉及项目培育、成长、退出的生命周期，符合国有投资控股公司实业为主、产融结合的特点，有利于全面捕捉投资机会，实现业务之间的协同，提升投资价值，实现资本的循环增值。

四、规范运作，构建适应投资控股公司特点的公司治理结构

国投积极探索建立现代企业制度，下大力气对投资企业进行公司制改造。通过委派董事、监事，督促投资企业建立有效的法人治理结构和运作机制，确保投资企业决策程序透明化，保证股东权益；通过建立完善的民主管理制度，充分发挥党委会、职工代表大会和工会在企业中的重要作用，维护职工切身利益，保障职工合法权利。2011年，国投作为董事会试点单位，建立起外部董事占多数、符合法人治理结构、适应投资控股公司特点的董事会运作制度，形成了各司其职、各负其责、协调运转的公司治理机制，从制度上切实保障了企业的长治久安。

五、强化管理，建立科学有效的管控模式

针对国有投资控股公司具有投资产业多元、投资手段多样、项目管理复杂的特征，国投致力于提高管理的质量和效益，通过加强基础管理、深化体制机制改革，引入国际先进管理理念提升自身管理水平，推进管理思维变革，不断完善总部、子公司、控股投资企业三级管理架构。通过制定投资指导原则，设置六道风险“防火墙”，构建以“外部专家组成的投资委员会和职能部门独立意见、一票否决制、董事会决策”为主要内容的投资决策流程体系，保证投资决策的科学化和有效性。

六、文化支撑，提供发展持续动力

国投结合国有投资控股公司特点，提出并践行“为出资人、为社会、为员工”的“三为”企业宗旨，始终坚持“和谐为本，创造财富、科学发展”的价值观，外塑形象、内聚人心，为企业发展注入持续动力。一是坚定发展方向。在“三为”宗旨的主导下，国投明确国家投资公司的使命，坚持具有国际竞争力的一流投资公司愿景，凝聚集团共识，保持战略的坚定性与一致性。二是激发内生动力。国投将员工视为“企业的黄金资本”，将“人才强企”战略提升到企业发展战略层面，着力建设6支人才队伍(即经理人、投资运作人才、专业管理人才、金融服务人才、科技人才、高技能人才队伍)。落实重视人才、依靠人才、投资人才、用好用活人才、与人才共发展的“以人为本”理念，形成人才培养开发、评价发现、选拔任用、流动配置及激励保障的人才工作机制。围绕职业能力、职业平台、职业待遇、职业发展等环节，为员工设计并逐步完善与企业长远发展目标相适应的职业生涯管理体系，提升人力资本价值，激发企业内生动力。三是树立企业形象。国投以忠诚、进取的态度和行动，树立起勇于担当、求真务实、探索创新的企业形象，获得了良好的企业声誉。四是履行社会责任。国投始终把依法诚信经营作为企业最本质、最

崇高的社会责任，在战略实施、项目建设、海外投资等方面，积极履行经济发展、环境保护、安全生产、员工成长和企业公民五项社会责任，最大限度地创造企业发展的经济、社会和环境综合价值。国投已连续 6 年发布企业社会责任报告。

在党的十八届三中全会以后，国资、国企改革面临新的形势，国投将履行国家使命，坚持创新发展，更好地发挥国有投资控股公司的功能作用，为深化国资国企改革做出新的贡献。

以引战上市为契机　实现中国华融战略性转型发展

中国华融资产管理股份有限公司党委书记　董事长　赖小民

中国华融资产管理股份有限公司（简称“中国华融”）成立于 2012 年 10 月 12 日，是经国务院批准，由财政部、中国人寿保险（集团）公司共同发起设立的国有大型非银行金融企业。公司前身为成立于 1999 年 10 月 19 日的中国华融资产管理公司，是中国四大金融资产管理公司之一。

中国华融是中国最大的资产管理公司。目前，公司总资产近 5 000 亿元，服务网络遍及全国 30 个省（自治区、直辖市）和香港特别行政区，在全国设有 32 家分公司（营业部），拥有华融湘江银行、华融租赁、华融信托、华融证券、华融期货、华融融德、华融渝富、华融（香港）国际、华融置业、华融致远、华融汇通等 11 家平台公司，能够对外提供资产经营管理、银行、证券、信托、租赁、投资、基金、期货、置业等全牌照、多功能、一揽子综合金融服务，打业务“组合拳”，已初步建设成为国有大型金融控股集团。

一、回顾过去，中国华融 2009 年以来加大市场化转型力度，实现历史性飞跃

中国华融成立初期以政策性业务为主，较好完成了国家赋予的工商银行 6 800 亿元不良资产处置任务，在支持国有银行改革发展、帮助国有企业脱困转型、防范化解系统性金融风险、支持服务实体经济等方面发挥了独特作用，起到了经济金融“安全网”和“稳定器”的重要作用。在过去良好工作的基础上，从 2009 年开始，中国华融加大了市场化战略性转型新力度，按照“五年三步走”的发展战略，以“专业的资产经营管理者和优秀的综合金融服务商”为己任，坚持“听党的话，跟政府走，按市场规律办事”的经营理念，以“创新 + 稳健”引领市场化改革发展，取得了良好的经营业绩，实现了超常规跨越式发展，完成了中国华融历史性飞跃。

1. 公司规模做大了。资产总规模从 2009 年初的 326. 18 亿元增加到目前 4 789. 5 亿元，增长了 13 倍多。净资产从 2009 年初 154. 5 亿元，增加到目前 738 亿元，增长了近 4 倍，相当于五年多时间再造了四个中国华融。

2. 公司业绩做强了。2009 年至今累计实现利润总额 518 亿元，年度利润总额从 2009 年初的 4 亿多元增加到 2013 年 199. 9 亿元，增加了 48 倍多，预计 2014 年利润总额有望突破 200 亿元大关。其中 2009—2012 年连续 4 年利润大幅翻番：2009 年实现利润 8. 2 亿元，比 2008 年的 4 亿元增长 104%；2010 年实现利润 20. 2 亿元，比 2009 年增长 146%；2011 年实现利润 50. 1 亿元，比 2010 年增长 147%；2012 年实现利润 120. 6 亿元，比 2011 年增长 141%。2013 年实现利润 199. 9 亿元，比 2012 年增长 66. 0%，各项指标创下市场化转型新纪录。

3. 公司业务做开了。金融服务体系不断完善，金融服务功能不断增强，金融服务手段不断多元，成功实现了从“不良资产处置机构”到“专业的资产经营管理者，优秀的综合金融服务商”的战略性转型，搭建起了以总部为主体，全国 32 家分公司（营业部）和旗下华融湘江银行、华融证券、华融国际信托、华融金融租赁、华融期货、华融融德资产管理、华融渝

富股权投资基金、华融汇通资产管理、华融置业、华融致远投资公司、华融(香港)国际等11家控股子公司为两翼的"一体两翼"战略架构,能够向企业、政府、客户、市场提供资产经营管理、银行、证券、信托、租赁、基金、期货、投资、置业等一揽子综合金融服务,打业务"组合拳",发展成为国有大型金融控股集团。5年多来,新增各类客户3 100多家,与包括23个省(自治区、直辖市)政府在内的大客户签署了288个战略合作协议,成为与地方政府签署战略合作协议最多的金融央企。

4. 完成了改制。基于近年来快速发展取得的明显成效,国务院2012年初批准中国华融改制。2012年10月12日,由财政部(控股98.1%)、中国人寿(持股1.9%)共同发起设立的中国华融资产管理股份有限公司正式挂牌成立,公司由一家政策性资产处置机构彻底转变为完全市场化经营的国有大型现代金融服务企业。

5. 引入了战投。根据国务院和国家监管机构批准的中国华融引战方案,2014年8月28日,中国华融在北京公司总部举行"中国华融引入战略投资者暨战略合作签约仪式",与中国人寿(保险)集团、美国华平集团、中信证券国际、马来西亚国库控股公司、中金公司、中粮集团、复星国际、高盛集团八家战略投资者正式签署战略合作协议。根据协议,本次中国人寿增持及7家投资者新增战略投资共计145.4亿元人民币,占中国华融增资后股份总额的21.0%。中国华融将与战略投资者在资产管理、投融资、投资银行、金融租赁、产融结合等业务以及风险管理、内控制度建设、人力资源培训等领域开展广泛合作,共同构建"资源共享、优势互补、风险共担、利益均沾、互惠双赢、合作发展"的新型战略合作伙伴关系。按照国务院批准方案,中国华融在引入战略投资者后,将择机公开发行股票上市。

二、立足当下,"创新+稳健"是中国华融实现又好又稳科学可持续发展的内在要求

中国华融近年来经营业绩大踏步增长,且没出现大的经营风险,经验主要有两条:一是创新,二是稳健。可以说,"创新+稳健"是中国华融转型发展的基本经验,也是中国华融实现又好又稳科学可持续发展的内在要求。

1. 就是要大胆创新,以创新引领转型发展。可以说,创新是推动中国华融转型发展的不二法宝,创新是推动中国华融取得良好业绩的核心灵魂,创新是推动中国华融实现超常规跨越式发展的重要驱动,创新是推动中国华融全系统面貌发生深刻变化的不懈动力。2009年以来,中国华融持续推进了"八大创新":一是创新思想观念。思路决定出路,心动才有行动。近年来,中国华融解放思想、转变观念,主动摒弃政策性"等靠要"思维,树立"大发展小困难,小发展大困难,不发展最困难""发展是硬道理,是第一要务;风险是硬约束,是第一责任;利润是硬任务,是第一目标"等一系列市场化发展新理念,引领全系统员工完成了思想观念的大转变。二是创新发展模式。近年来,中国华融抢抓机遇,积极作为,明确"专业的资产经营管理者、优秀的综合金融服务商"定位,依托传统不良资产主业核心优势和旗下多金融牌照子公司平台,形成了提供"逆经济周期救助型金融支持、顺经济周期投融资综合金融服务"的适应实体经济和实体企业的全生命周期发展模式,在盘活资产存量、化解金融风险、维护金融稳定、支持实体经济成长和转型升级中发挥了重要作用。三是创新体制机制。改制后,中国华融致力于构建"到位的党委会、规范的股东大会、健康的董事会、负责任的经营层、有效的监事会"五位一体的法人治理架构,建立兼顾效率的制衡体系、科学的决策体系、完善的授权体系和明确的管控体系,建立高效的运营机制、快速的市场响应机制、联动的协同机制、有效的正向激励机制和严格的监督约束机制,企业治理能力不断提升。不断创新总部、分公司和子公司"一体两翼"经营机制,明确公司总部是集团"司令部"和"后勤部",分公司是利润中心和经营中心,子公司是利润中心和产品中心,一主多元、交叉销售、联动协同,形成"一体两翼"共谋市场化转型发展的良好格局。四是创新业务平台。2009年以来,中国华融在不断做大、做强华融租赁、华融信托、华融证券、华融融德资产4家子公司的同时,与湖南省政府合作重组设立华融湘江银行,成立华融汇通资产管理公司;与重庆市政府合作组建了华融渝富股权投

资基金公司；与海南省政府合作重组海南星海期货经纪有限公司，成立华融期货公司；激活工行资产遗留下的珠海信东地产公司，重组成立华融置业公司，成为集团以不良资产处置为切入点的房地产开发经营的重要平台；成立华融致远投资公司，统一全系统旗下物业管理与经营；组建华融（香港）国际控股公司，成为公司拓展全球投融资业务、打通国际资本市场的重要海外战略平台。11 家平台子公司的搭建，使公司业务与产品体系日趋完善，金融控股集团架构日渐清晰，金融服务功能和手段不断增强。五是创新产品服务。5 年来，中国华融赋予资产管理新的内涵和外延，积极探索“老业务”新做法，强调债权股权资产的固本拓新，更加注重资产的经营和增殖。中国华融以客户为中心，与客户共成长，认真做好市场需求调查和不同类客户需求分析，以不良资产经营管理主业为主线，依托旗下“一体两翼”多牌照综合金融平台，通过“收购 + 处置”“收购 + 重组”“主业 + 副业”“金融 + 产业”等系列模式，持续创新业务“组合拳”打法，对危机企业、政府平台公司等实施兼并、重组、并购等救助型金融服务，对中小企业提供集投资、融资、财务顾问等为一体的综合金融服务方案，对高新科技产业实施从 PE、PRIIPO、保荐、发行承销、并购重组等全生命周期金融支持等，助力实体企业成长，为客户创造实实在在的价值，在客户的成长中分享收益、共赢未来。六是创新管理方式。管理方式的创新是中国华融增强内生动力和发展活力的重要路径。2009 年以来，中国华融首次建立了公司党委委员定点联系分公司制度，加强对分公司转型发展的指导；首次按照“确保”和“力争”两个档次制定了利润考核目标，层层分解落实到总部相关部室、各分公司和子公司；首次建立了以利润考核为中心，以综合平衡计分卡为测算依据的绩效考核分值管理制度；首次以现代经济资本管理为纽带，完善风险计量、统筹配置资源、科学考核评价，强化对分公司的分类管理和授权管理；首次建立了“求创新、努力创建好公司”的子公司评价体系。七是创新企业文化。5 年来，中国华融始终高度重视培育与转型相适应的企业文化，提升企业软实力，积聚发展正能量。公司着力打造“稳健、创新、和谐、发展”为核心内涵的企业文化；着力加强企业品牌建设，归纳提炼出“华英成秀融通致远”的品牌理念；积极倡导“辛苦理应得到回报，贡献理应获得表彰，成绩理应充分肯定”的感恩文化；积极倡导创新文化，形成“鼓励创新、容忍失败，在创新中求生存、以创新求发展”意识，强调“创新意愿与创新能力相结合，业务创新与风险防范相结合，成本可算与利润可获相结合”；积极倡导责任文化，强调“以业绩论英雄，以质量论高低，以风险论成败，以贡献论报酬”，积极营造“树正气、比贡献、讲激励、促发展”良好的团队氛围，为市场化转型创造了良好的人文环境。八是创新队伍建设。万事皆靠人。5 年来，中国华融大力实施人才建司、人才强司工程，通过完善和创新“老人 + 新人”的用人机制、培养机制、激励机制，既“盘活存量”，用好现有人员，发挥其最大效能；又“优化增量”，招聘、引进优秀外部人员，充实市场化、专业化、综合化、国际化人才，构建起了合理的人才梯次结构。大规模开展社会招聘和内部竞聘，充实华融队伍，储蓄后备力量。不拘一格选拔重用德才兼备的优秀人才，加强青年骨干员工选拔培养，对青年员工“多压担子、多抬轿子、多给位子、多戴帽子、多指路子”，尽快实现“五子登科”，促进青年员工成长进步。坚持“培训普惠制”“多元化、多层次、套餐式”培训机制建设不断加强。

2. 企业发展要“稳健”，坚持底线思维，坚守风险底线，践行科学发展。在认真总结前几年高速成长过程中积累的经验的基础上，中国华融 2013 年提出“主动把中国华融过高过快的发展速度降下来，转到以质量和效益为中心的又好又稳科学可持续发展上来”的重大战略决策。要牢牢守住“五个底线”：一是公司发展的底线，保持公司总规模、净资产、利润等在 20.0% 左右的理性合理增长速度，确保国有资产保值增值；二是业务风险的底线，确保不出现重大项目风险和流动性风险；三是员工收入保障的底线，经过发展力争员工收入每年有合理适度的增长；四是组织用人的底线，坚持“德才兼备，以德为先”“公正、公平、公开”的干部评价标准；五是个人行为规范的底线，坚持“讲话把握一个准、做事把握一个度、用权把握一个廉、行为把握一个正”。同时，必须正确处理好“八大关系”：一是速度与质量的关系，强调经营管理的科学化、规范化和安全性、流动性、盈利性，实现高质量的合理增长；二是效益与风险的关系，既要实现利润，又要防范风险，在发展中化解风险，真正做到成本可算、风险可控、效益可获；三是创新与合规的关系，把握好监管政策，准确理解监管标准，创新不违法，经营不违规，行为不违纪；四是总量与结构的关系，提高资本管控能力，实现一个健康的客户结构、产品结构和业务结构；五是集权与分权的关系，既要做好“顶层设计”，强化集团统一管控，又要放手、授权，发挥“基层首创精神”；六是当前与长远的关系，统筹兼顾公司当前发展与永续经营；七是条条与块块的关系，既充分发挥经营单元的市场主体和盈利中心作用，又发挥好集团协同优势，打好“组合拳”；八是发展成果与员工共享的关系，建立健全更为市场化的绩效考核和激励机制，制定员工成长进步保障计划，切实为员工办实事、办好事。

三、展望未来，中国华融将全力推进“十大战略性转型”，努力实现打造一流资产管理公司的“华融梦”

总结过去，成效显著；展望未来，任重道远。2013年，为更好地谋划企业未来、引领企业未来发展，中国华融在认真总结近年来创新转型发展经验的基础上，顺应内外部形势新变化，提出了努力打造“治理科学、管控有序、主业突出、综合经营、业绩优良”的一流资产管理公司的“华融梦”，这是公司未来五年乃至更长一段时期的总目标，成为引领中国华融这艘大船乘风破浪、奋勇向前的新航标。同时，我们提出了打造一流资产管理公司的“十大标准”：一是要有健全完善的公司治理，拥有规范的股东大会、到位的党委会、健康的董事会、负责任的经营层、有效的监事会。二是要有超越对手的经营理念、企业文化和良好的发展战略。三是要有良好的内控机制和有效的风险管控能力，打造“制度管人、流程管事”的现代管理流程。四是要有高素质的高管团队和合规的员工队伍。五是要坚定不移做强资产经营管理和银行相关主业。六是要有满足各类客户需求的特色化金融服务和手段。七是要有高质量的创新能力和产品研发能力。八是要有一流的经营业绩，每年利润要保持20.0%～25.0%的合理增长，ROA、ROE要保持金融同业先进水平。九是要有可持续的商业模式和发展能力，做到稳健型经营、集约式增长、可持续发展。十是要有强烈的社会责任感，敢于担当，奋发有为。

为努力实现一流资产管理公司的“华融梦”，中国华融将认真学习贯彻习近平总书记系列重要讲话精神，以成功完成引战为契机，加快公开上市进程，全力推进“十大战略性转型”：

1. 发展模式转型：由规模速度型向质量效益型战略性转型。改变简单以发展速度论英雄的思维，更加注重发展的质量和效益。以全面资产负债管理统筹资源配置，以经济资本管理引导转方式、调结构，促进集团业务由规模和利润导向下的粗放式增长，向以风险调整后的资本回报率RAROC和经济增加值EVA为核心的内涵式增长转型，保持每年20.0%左右的合理增速。

2. 治理结构转型：由非上市公司向公众上市公司战略性转型。以成功引战为契机，借力境内外优秀战略投资者管理经验、成熟制度、优秀人才、投资智慧、网络资源，弥补公司国际化短板；充分发挥民营经济激活国企改革的“鲶鱼效应”，逐步革除行政化管理、公司治理流于形式、激励约束不对称等弊端。对照上市公司标准，改进与规范公司信息披露、财务管理、内部控制、风险管理、IT治理。

3. 业务结构转型：由不良资产处置业务为主向真正意义上的资产管理公司业务战略性转型。发挥金融资产管理公司“资产处置、资产经营、资产管理、财富管理”四大功能：收购金融与非金融不良资产，参与国家化解产能过剩，推动产业重组和经济转型升级，为全社会提供逆周期救助型金融服务；接受政府、企业、金融机构委托管理各类金融与非金融资产；经营金融债权、央企国企资产、政府平台贷款、政府一般性资产、军队特殊资产；开展与银行理财同质的财富管理业务，创新资产管理公司独有的“另类理财”业务。

4. 业务打法转型：由单一资产管理业务向“一体两翼”协同发展的综合金融服务战略性转型。加强“一体两翼”业务“组合拳”创新，推进多牌照金融平台功能的战略设计和资源整合，凝聚全系统各单元合力加大“四个融合”：逆周期收购、顺周期投融资相融合，覆盖全经济周期；金融债业务、非金债业务相融合，覆盖全社会领域；不良资产收购、正常资产管理相融合，覆盖全类型资产；总分公司主业、子公司平台业务相融合，覆盖全牌照金融产业服务，覆盖企业全生命周期，覆盖产业上下游全链条，覆盖行业战略重组并购。

5. 产品服务转型：由传统业务向创新业务战略性转型。创新“存量＋增量、收购＋重组、金融＋产业”业务模式，实现由简单的债务重组向上下游资产、行业资产整合转型，向“结构化投资＋管理”的长线持有、产业经营、价值再造延伸，以时间换空间、以增量盘存量、化不良为优良。加大产融结合，扩大“金融＋地产”“金融＋消费”项目开发，为实体经济提供更有力的金融支持。

6. 资金管理转型：由以国内银行为主筹措资金向国内国际两个市场借款、发债等多渠道筹措资金战略性转型。加强资产负债和流动性管理，巩固商业银行借款传统渠道，探索设立不良资产收购专项基金，积极引入保险公司长期资金。统筹利用好国际国内两个市场、两种资源，加大境内外债券发行频率与规模，形成“资本、借款、发债、基金、保险”五渠引水的良好局面。

7. 风险管控转型：由粗放式的项目风险管控向精细化的集团风险管控战略性转型。树立“风险管理全过程意识、风险责任全过程意识、风险管理全员参与意识”的“大风险管理”理念，坚持对风险早发现、早预警、早下手、早处置、早见效“五早”原则，坚持增量项目“引＋防”、存量项目“查＋疏”、风险项目“解＋销”，实现风险管控“四个转变”：由粗放式风险管控向精细化风险管控转变、由项目风险管控向集团风险管控转变、由偏重定性管理向定量管理转变、由屡查屡改向切实加强流程管控转变。

8. 管理方式转型：由传统企业低层次管理向现代企业高层次管理战略性转型。以“简政放权、加大授权、优化考核、加大问责”为导向，强化内部管理。建设“强大的前台、高效的中台、稳健的后台”，建立“流程科学、职责明确、责任清楚、风险可控、赏罚分明”的管控体系，确保经营管理、资源配置高效，资本约束、风险管控有力，市场响应、业务审批高速，信息传递、联动协同快捷，组织用人、财务管理到位，正向激励有效、监督约束严格，打造“制度管人、流程管事”的现代流程企业。

9. 国际化转型：由国内业务为主向拓展国际化业务战略性转型。做大做强境外平台公司，华融（香港）国际积极拓展海外投融资业务。打通外资引入渠道，综合利用境外市场与客户资源，形成华南和华东创新业务走廊带，打造中国华融国际化战略的桥头堡、市场化管理的示范区、业务创新的新领地、人才培养的制高点、本外币资金有效运用的新平台、经营管理业绩的排头兵和新的增长极。

10. 队伍建设转型：由传统的人力资源管理向现代化的人力资源经营战略性转型。在进人、选人、用人方面，既“盘活存量”，用好现有人员，发挥其最大效能；又“优化增量”，招聘、引进优秀人才，重点充实创新型、国际化等专业人才。努力打造“政治坚定、奋发有为、风清气正、务实高效”的班子队伍和“市场化、专业化、综合化、国际化”的高素质人才队伍。

千帆竞发东风劲，百舸争流奋楫先。中国华融将以成功引入战略投资者为契机，进一步加强公司治理体系和治理能力建设，不断提高内控管理和风险管理水平，大力增强创新能力和加强队伍建设，全力加快上市进程，为国家、为股东、为客户、为员工、为社会创造更大价值，早日实现打造“治理科学、管控有序、主业突出、综合经营、业绩优良”的一流资产管理公司的“华融梦”，真正实现中国华融战略性转型发展！

阳光保险　打造最具品质和实力的保险公司

阳光保险集团股份有限公司

阳光保险集团创立于2005年，旗下拥有阳光财险、阳光人寿、阳光资产管理等多家专业子公司。公司成立以来一直以较高增速发展，截至2013年末，企业总资产超过1 000亿元，保费收入近400亿元，行业排名第8位。阳光保险追求“打造最具品质和实力的保险公司”的企业愿景，践行“共同成长”的使命和“诚信、关爱”“创造价值”的核心价值观，以“战胜自我”的企业精神，致力于成为国际领先的金融保险集团。

在中国经济快速发展的宏观形势下，阳光保险坚持诚信、创新，积极承担社会责任，企业得到迅速发展。阳光保险的各项经营指标，包括资产、保费收入、净利润、创造就业等多年位列保险企业前茅。阳光保险追求成为社会企业，主动承担社会责任，成为中国保险企业的典范。中国企业联合会发布2013年度中国企业500强和中国服务业企业500强排行榜。阳光保险连续三年荣登这一评价企业实力的权威榜单，同时第三次跻身中国服务业百强。

阳光保险在企业经营过程中的主要做法和成绩有以下几个方面：

一、以客为尊感恩倾听，用户至上提升品质

卓越的客户服务能力始终是我司重要的战略追求之一，以客户为中心改进服务模式，赢得了市场口碑和客户认可。

截至2013年末，产险“闪赔”案件平均处理周期仅0.94天，最快实现报案后3.45小时赔款到账。自“闪赔”实施以来，共有近300万客户享受到了这一服务。2013年初，寿险在保监会举办的首次全国性人身险公司客户满意度测评中，理赔满意度和投诉处理满意度两项指标均排名行业第一。

2013年5—8月，我司举办第四届客户服务节，围绕“感恩、聆听、行动”的主题，推出闪赔优化、直赔升级等服务新举措，广泛征集客户意见，多种方式回馈社会，为客户带来优质服务体验。

二、互联网金融开启新时代，产品研发顺应新需求

为顺应互联网金融及大数据时代的到来，2013年组建互联网金融事业部，并在7月正式上线新版官网，网络自助服务水平进入行业前列。9月末，在淘宝平台售卖首款理财类产品——“理财一号”上线，该产品门槛低、收益高、购买顺畅，充分适应网络特性和网民购物习惯，实现我司在淘宝渠道销售理财产品“零”的突破。“双11”期间，启动“2013造富网民阳光行动”大型在线营销，推出了高收益理财产品“阳光理财王”，开启全新网销模式。

公司敏锐捕捉市场变化，面对环境污染日趋严重形势下客户健康管理的需求，率先推出国内最全面的重疾保障“一世安康”，将疾病保障种类从原来的35类扩大到42类，集轻症、重疾、身价保障和养老于一身，回归保障本源。费率改革启动后，公司快速反应抓住机遇，于当年10月推出“真心相伴保障计划”，摘得电商渠道返还比例最高、意外保障更全的“首发”优势，开售20分钟即成交第一单，首月销售额即破千万。

三、重点项目稳步实施，集团化运营持续推进

围绕“人文”和“科技”两大驱动力，根据阳光保险“二五”规划，标准化、分项文化、运营共享服务中心、财务共享服务中心建设等重大战略项目在2012年全面推进，取得重大成效，有效推进了集团化运营。标准化项目在全系统有步骤、有计划地推广实施，标准化文件与手册全方位覆盖公司业务和管理活动，有效提升了基础管理水平；运营共享服务中心、财务共享服务中心的成立，标志着集团化运营平台搭建成型。

四、真情关爱员工，把握细节提升员工归属感

善待员工就是缔造企业的未来。从2010年起，阳光保险即开始实施员工父母赡养津贴计划。据不完全统计，截至2013年末，阳光保险已累计为12 000多位员工父母发放父母赡养津贴。

秉承“诚信、关爱”的企业文化，从2012年10月起，阳光保险将员工父母赡养津贴发放制度这一关爱政策进行延伸，首次将其扩大到符合条件的寿险外勤营销员家庭成员，此举大大提升了保险营销员的幸福感和归属感，开创了行业先河。这一创新举措，也让阳光保险赢得了外界的广泛关注和认可，荣获“最佳雇主保险品牌”“企业幸福指数之最具幸福感企业”等奖项。

五、坚持阳光文化为导向，以文化引领公司发展

从公司筹建之初，阳光保险的高层领导就非常重视文化建设，并且明确提出了“文化是阳光之魂，阳光文化是实现公司战略的行动指南”的重要观点，以及一系列的文化主张，并系统的构建去了公司的文化体系。

文化理念只有与企业经营和管理实践紧密结合，才会对业务发展起到更为积极的推动作用。为了确保公司的核心理念引领和规范经营管理主题，阳光保险一直在积极探索分项文化建设工作，即根据公司文化的总体要求，结合具体业务领域、业务板块的本质特征而构建起价值理念、思维方式和实现路径。几年来，阳光保险在核心文化的基础上，明确了不同业务条线和职能版块的价值理念、思维方式、实现路径等，使文化更能落地生根，更好地发挥了对员工行为的引领和指导作用。

六、成长与社会责任并重，公益慈善传递正能量

2013 年 3 月，阳光保险爱心基金会启动了“阳光即时捐”公益项目，对外用于帮助弱势群体救助和英雄义举奖励，对内用于身患重病或因公致伤员工关爱。

大灾难体现大责任。“4·20”芦山地震发生后，集团紧急向灾区捐款 500 万元，全系统募款超过 200 万元，购置的爱心帐篷第一时间运至灾区，产寿险第一时间完成赔付。2013 年 10 月，强台风“菲特”袭击浙闽地区，产险浙江、宁波分公司 3 天内接到报案超过 5 000 件，救灾理赔速度位居行业前列。

截至 2013 年末，我司在各项公益慈善事业中累计投入超过 7 000 万元，累计捐建“阳光保险博爱学校”19 所。

总之，客户服务品质提升，产品和营销渠道创新、集团化运营推进、对员工无微不至关怀、坚持文化为导向及勇于承担社会责任是阳光保险发展的不竭动力。当前，国内保险业经营环境正在发生前所未有的深刻变化，阳光保险正步入新的战略发展阶段，既面临诸多严峻挑战，更面临许多重大机遇。阳光保险将继续以客户、产品、管理、员工、文化及社会责任为支撑，不断增强差异化竞争优势，为打造最具品质和实力的保险公司不懈努力。

弘扬传统　奋发有为　新兴集团开创发展新局面

中国新兴(集团)总公司

中国新兴(集团)总公司于 1989 年经国务院和中央军委批准成立，原隶属于中国人民解放军总后勤部，为全军最大的企业集团。1998 年底，根据党中央和中央军委关于军队不经商的决定，新兴集团纳入中央大型企业工委管理；1999 年 3 月，被列为国资委监管的中央企业；2009 年 11 月，经国资委批准，新兴集团整体并入中国通用技术(集团)控股有限责任公司，成为其全资子公司。重组当年，新兴集团资产总额 93.5 亿元，营业收入 97.2 亿元，实现利润 2.7 亿元。通过几年的发展，新兴集团整体实力得到显著增强，2013 年资产总额达到 184.8 亿元，营业收入 399.5 亿元，实现利润 7.4 亿元，较 2009 年分别增长了 97.6%、311.1% 和 171.1%，均创历史新高。

一、企业发展的基本情况

新兴集团的经营范围包括建筑地产、贸易物流、医药制造三大主营业务，同时兼营矿业开采、宾馆餐饮、物业租赁、资产管理等。集团在长期的发展过程中，形成了鲜明的企业特色。一是在国家和军队重点工程建设上具有独特的优势；二是具有国务院、中央军委授予的军需后勤装备出口经营权，是国家军

援、军贸任务的重点承担单位；三是国家军事交通运输战略预备保障单位；四是国家血液制品定点生产单位。

新兴集团建筑企业具有60多年服务军队和建设祖国的光荣历史，被建设部首批核准为国家房屋建筑工程施工总承包特级资质，拥有公路工程和机电安装两个总承包一级和装修装饰、钢结构等六个专业承包一级，以及建筑装饰、建筑幕墙、钢结构三个设计甲级资质，营业资质达到了国家建筑施工行业的顶级水平。集团建筑企业实力强、信誉高，在承建首都标志性建筑以及涉及国家安全的保密工程方面，有着出色业绩和良好口碑。先后建成了包括军事博物馆、中央军委办公楼、中纪委、中央政法委、中央组织部、中央统战部、国家公安部、司法部、卫生部办公楼和亚运会、大运会、奥运会场馆在内的一大批国家级重点工程。集团房地产开发业务以实力雄厚的建筑施工企业为依托，在北京、天津、长沙、郑州、大连、泰安等地开发建设了一批知名楼盘，形成了“销售、建设、储备”滚动式发展态势，显现出良好的发展前景。

新兴集团所属贸易企业，长期担负对外军贸军援任务，在国家计划单列，是国家工商总局和海关A类管理企业，在海外军需品市场上形成了良好的声誉和影响，与全球100多个国家和地区建立了稳定的军品贸易关系，与20多个国家的政府和军界建立了贸易直通车，在拓展国际军需品市场、扩大对外经济合作和交流、提高军队后勤装备水平、履行军事援外任务等方面发挥了重要作用。2013年军需品出口额占国内同类贸易总额的80.0%左右，铁矿石进口贸易保持全国前10位。

新兴集团所属血制品生产企业，是国家批准的国内30家定点生产企业之一，具有年300吨血浆处理能力，设有博士后工作站，科研和新产品开发能力处在国内同行业前列。企业主导产品被列入国家火炬计划，并被认定为国家重点新产品、上海市新产品和上海市高新技术成果转化项目。

二、企业管理的实践与成果

自1999年列为中央企业后的10多年间，新兴集团一直保持着10.0%以上的发展速度，在国务院国资委的考核中连年列为B级企业。2011年新的领导班子上任以来，新兴集团以“转型升级、提质增效”为主线，以“规模化、专业化、区域化、特色化、国际化”战略为引领，抓市场、调结构、强管理、促增长，生产经营快速发展，规模效益大幅递增，全面建设登上了新的台阶。

（一）战略前瞻，引领企业快速发展

2011年，集团领导班子履新伊始，确定了“战略先行”的指导思想，重点抓了战略的整体谋划、制定和实施，强调前瞻性与引领性，有步骤地推进“三年翻番”“五化战略”“10500目标”等战略规划，在集团范围内统一认识、凝聚力量，形成了以战略统领全局、驾驭发展的格局。

一是强化战略引领作用。2011年初，在广泛调研、充分论证的基础上，集团提出了“三年翻番”战略目标，即“到2013年，实现营业收入和利润比2010年翻一番。这一战略目标的提出，顺应了新兴系统广大干部员工干事业、谋发展的愿望，迅速成为引领发展的一面旗帜。根据“翻番”的总目标，集团研究了具体的战术行动方案，确定了6家企业作为翻番的主力军，加强对各企业加快发展战略的指导，使“翻番”战略与企业生产经营的实际紧密结合。各企业在集团总体战略目标的引领下，认真制定本单位的发展规划，分阶段落实任务目标，掀起了你追我赶、奋勇争先的发展热潮。到2012年底，“翻番”目标提前一年实现。2013年，集团确定了“规模化、专业化、特色化、区域化、国际化”的“五化”发展战略，前进方向更明确，发展力量更集中。当年，营业收入和实现利润同比分别增长了14.3%和13.0%，更加坚定了各级领导和广大员工的信心。2014年，我们审时度势，又提出“用3年时间，实现营业收入500亿元，实现利润10亿元”的10500目标，进一步激发了广大员工干事创业的热情和加快发展的积极性。

二是强调战略过程管控。为了牢牢把握企业的正确发展方向，集团对各业务板块的行业动态经常进行趋势分析，提出指导性意见，避免战略落地过程中出现偏差。一方面，坚持发挥传统战略优势，引导和鼓励企业深度拓展政府、军队、大型央企和事业单

位等特殊领域的合作项目，积极承揽高精尖、效益好、影响力强的大项目。针对房地产调控对建筑地产行业带来的影响，着力在保障房、危房改造、老旧小区改造、城市基础设施建设等方面拓展，保持企业的稳健经营，防止因政策变化引发的发展起伏；另一方面，鼓励和支持企业开拓新市场，拓展新业务，进军新领域，在发展专业业务、开发海外市场等方面寻求突破。2013 年，在成功承揽贝宁公路建设工程后，继续向哈萨克斯坦、白俄罗斯等国外工程拓展，不断培育出新的经济增长点。

三是保持战略动态修正。集团每年对战略进行常态化的滚动调整，使之与形势、政策和市场变化相适应，与年度经营预算相挂钩，推进战略规划与经营实际同步。同时，根据不同企业的实际情况，分版块、分阶段调整规划发展思路、目标和节奏，确保了系统内各企业的平稳健康发展。集团通过逐年更新《三年滚动发展规划》，适时调整发展思路，积极把握发展新机遇，应对市场新挑战，有效指导企业发展。

四是注重战略协同推进。按照总体战略部署，确定实现战略目标的主力军和后备梯队，把各企业的思想和行动统一到了集团战略发展的全局上。各企业顾大局、讲协同，注重形成合力，协同推进发展，掀起了共同促进、共同发展的热潮。特别是“建筑地产”与“贸易物流”两大板块形成“双轮驱动”之势，有力地推进了集团快速发展。不同业务、不同企业之间也在内部协同上进行了有益尝试，如建筑企业在原材料采购方面与物流企业开展合作，并在实践中探索了建筑地产一体化的模式，有效推动业务发展。集团还对有限的资源进行高效配置，根据业务拓展情况对内部机构和所属子分公司适时进行整合，优先保障企业市场开拓、业务创新、产业链延伸、科技进步和能力建设等需求，发挥了资源的最大效益。

（二）强势管控，保障企业良性运转

加强对所属企业的强力管控，是保证集团整体生产经营稳健运行的重要基础。新兴集团从建章立制抓起，有计划、有步骤地加强了运营管理工作，通过几年的扎实运行，基本实现了从“目标管理”到“过程管控”的转变，为集团战略目标的顺利实现起到了较好地推进作用。

一是运营管理有序规范。制定了运营管理的一系列规章制度，并在具体工作中不断调整完善，初步实现了运营管理的系统化。《建筑施工大项目运营管理评价标准》《建筑施工项目执行效果检查评价标准》等管理制度的实施，促进了建筑施工企业的规范化管理。通过对房地产项目进行 8 大关键节点和 4 项核心指标的管控，进一步促进房地产管理的标准化、系统化。随着集团建筑地产业务协同的不断深入，制定了《新兴集团建筑地产业务内部协同指导意见》，理清合作操作流程，明确资金流转节点，促进内部协同工作更加规范有序。

二是经营信息立体掌控。通过建立业务信息报表体系，将专题调度、穿透式调研与财务报表相结合，实现了对企业业务动态的全面掌握和实时监控。通过季度调度、月度调度与专题调度和财务部长联席会、总会计师联席会等有机结合，强化了运营管理的价值导向。各级领导经常深入基层一线，了解生产形势，掌握员工动态，及时发现问题，化解发展瓶颈，并将收集汇总的信息和下一步工作建议形成调研报告，实现了经营信息的立体掌握。

三是把好安全生产关。新兴集团业务板块中的建筑施工，总体上属于安全风险较高的产业。在企业日常运营中，集团高度重视安全生产工作，将其视为发展的一条生命线。在提升全员防范意识、及时消除安全隐患的基础上，建立了重大危险源管理体系，进行危险源的全面识别和评价，制定管控措施，形成了分级分类严格管理的管控体系，有效降低安全风险。近几年新兴集团安全生产总体保持平稳，未发生较大以上安全生产事故，有效促进了企业生产经营的良好运转。

（三）财务统筹，确保企业稳健发展

几年来，新兴集团通过加强财务统筹，拓宽融资渠道，降低财务成本，对企业生产经营的支持力度显著增强，企业的财务状况达到了历史最好水平。

一是推行全面预算管理。面对新的发展形势，改变了以往预算管理由单一业务部门闭门造车的状况，实行各业务部门协同联动，做到资金预算以真实的业务预算为基础，业务预算与企业的资金筹措和

风险管理能力相匹配,资金预算最大程度契合业务预算,有效推动了全面预算管理步入正轨。

二是充分发挥资金杠杆作用。资金是企业发展的血液,新兴集团在发展过程中积极拓宽资金筹集渠道,启动债券融资,分别于2012年和2013年发行了短期融资券和中期票据各10亿元,平均发行成本比基准利率下降18.3%。优化了集团筹资结构,既满足了生产经营所需,又有效降低了融资成本,在拓展优化融资渠道的同时,集团注重加强资金的合理调配使用,建立了集团总部的资金池,根据需要,支持重点企业发展。以2013年为例,共支持重点企业发展资金34.1亿元,大大降低了系统整体融资成本,仅几家主力企业就节约资金成本4 000多万元。其中对两家建筑施工企业的物资公司提供了1.5亿元专项资金,当年两家物资公司收入和利润同比增长了66.2%和98.7%,实现了多年来最大规模的跨越发展。

三是加强了成本费用控制。集团鼓励和引导下属企业根据各自特点,推进设备集中招标、材料统购、比价采购等措施,有效控制了成本费用。集团注重开源节流,大力压缩非生产性支出,认真做好预算、审批、监督、执行等环节的管控。2013年可控费用比上年下降12.3%,其中业务招待费下降20.2%。

(四)加强品牌管理,形成集团整体发展优势

作为一家颇具知名度的老牌企业,“新兴”的品牌在社会上具有广泛的影响力。新兴桥和新兴宾馆,是北京公主坟商圈的地标性建筑;新兴建筑业在政府工程、军队工程、保密工程施工中具有很强的竞争力和良好的口碑;新兴房地产依托新兴建筑的品牌优势,已经得到市场的认可;新兴军需品业务在国内同类军品市场具有绝对领先优势,在亚非拉国家中具有广泛的影响力;新兴医药在血制品企业中处于技术领先地位。

近年来,新兴集团从企业文化建设入手,对各业务板块的优秀品牌加强整合规范,初步形成了互相依存、互相支持、互相辉映、互为我用的整体优势。通过集合品牌力量,在对外交往和商务谈判中,市场开拓和议价能力明显提升。近几年,新兴系统各企业又斩获了大批荣誉,为整体品牌不断增光添彩。其中,新兴建总荣获全国建筑业先进企业,被列为中国建筑业竞争力百强第66名,新兴建总一公司荣获全国创先争优先进基层党组织称号(国务院国资委系统共30家);新兴保信列为建筑业最具成长性企业百强第62名。新兴物流被评为“国家4A级综合服务型物流企业”;上海新兴医药再次被评为高新技术企业,新兴宾馆被列为中央和北京市党政机关会议定点协议单位。正是在集团各级企业和广大员工的共同塑造、共同维护下,“新兴”的品牌形象不断提升,逐渐形成了多领域、多层次、多地域的整体品牌优势。

卧薪尝胆抓管理,奋发有为谋跨越。新兴集团近几年的发展业绩,极大地鼓舞了员工发展的信心,提振了企业发展的士气。党的十八届三中全会掀开了全面深化改革的宏伟篇章,也为新兴集团新一轮发展带来了全新机遇。我们将继续深化改革,激发活力,弘扬优势,不懈努力,为全面推进五化发展战略、早日实现10500目标而努力奋斗!

科达——建功立业30年

山东科达集团有限公司

天道无言时自序,化机有形物皆春。在生机勃发、明媚祥和的2014年伊始,科达集团迎来了30岁生日。

回望30年前的今天,董事长刘双珉带领着老一辈科达人白手起家,创办大王公社土方队,踏上了艰难的创业之旅。从最初转包别人的工程,发展到直接跟业主单位联系业务;由推土方、筑路基,发展到做路面、建桥梁;由一业发达,发展到多业兴旺。

20世纪90年代，科达集团全面步入了变革求进的崭新阶段。1993年，率先在山东省劳务施工行业中实行股份制改造，逐步建立了产权清晰、责权明确、政企分开、管理科学的现代企业制度，并派筑路队伍走出国门，到俄罗斯施工。1994年，大胆闯入高等级公路建设领域，开启了跨越发展的新阶段。1996年，科达集团获得了建设部颁发的市政工程施工总承包一级资质，1998年获得了公路工程施工总承包、桥梁工程专业承包一级资质，2000年拥有了外经贸部批准的出国施工经营权。借着改革开放的强劲东风，科达集团一路高歌猛进、势如破竹，昂首阔步走向现代化经营、高科技支撑、集约化发展的新时代。

新世纪以来，科达与时代潮流共进，把握市场脉搏，抢抓历史机遇，走上了以“一基一房一金融”为主体的适度多元化发展之路。2000年，与世界500强企业日本三洋合作，成立了东营科英激光电子有限公司，进入高科技电子领域；与山东省交通厅公路局合作，采用BOT模式投资、建设、运营东营黄河大桥。2002年，进入房地产开发领域，在东营、青岛、滨州市场积攒品牌、引领前行。2004年，科达股票上市，成功进入资本市场。2005年，着手研发多种型号、拥有自主知识产权的功率半导体器件。2006年，成立工程设计研究院，占领行业制高点。2007年，成立科创生物公司，采用微生物法生产丙烯酰胺、聚丙烯酰胺等产品。2009年，集团发起设立广饶县金桥小额贷款股份有限公司，成为山东省首批小额贷款试点企业之一，科达由此开始在金融市场占有一席之地。2012年，在北京成立首信融资租赁公司。2013年，成立山东中科园区发展公司，投资建设东营科技企业加速器项目，为促进企业创新、推动区域经济转型贡献力量。2013年12月，在上海自贸区成立上诚融资租赁公司和科煦国际贸易有限公司，在长三角地区形成了科达跨区域发展的重要支点。

大浪淘沙，沧桑巨变。30年峥嵘岁月，永不言败的科达人瞄准目标、稳健发展、积极探索、敢于创新，谱写了无愧于时代的锦绣华章。在全体职工的共同努力下，科达集团由小到大，由弱到强，由名不见经传到享誉一方，成为经济发展的重要力量、民企改革的领军企业。目前以山东科达集团有限公司为主体，集团拥有科达股份、东营大桥、青岛置业、科英置业、滨州置业、中科园区、金桥信贷、北京首信融资租赁、上海上诚融资租赁、青岛进出口、上海科煦国际贸易、科创生物、科达半导体等21家成员企业，在北京、上海、深圳、海南、香港以及阿联酋迪拜等地设有分支机构，在全国12个省市有工程项目部。拥有博士后科研工作站、山东省企业技术中心、山东省功率半导体工程技术研究中心和山东省集成电路设计中心等科研机构。2006年以来，获国家专利18项，主编国家行业标准1项，获国家级工法3项，获省部级工法36项。

科达的耕耘与收获，科达的创新与发展，受到业界的认可、社会的关注、客户的信赖，尤其是受到了各级党委、政府和上级主管部门的厚爱。近年来，科达集团先后荣获全国五一劳动奖状、中国建筑工程鲁班奖、全国优秀施工企业、全国和谐劳动关系优秀企业等多项荣誉称号。名列中国企业500强、中国民营企业500强、中国建筑企业500强、中国制造企业500强、中国企业信息化500强，成为全国基础设施行业规模最大、综合实力最强的民营企业。

30年的不懈奋斗，不仅铸就了科达今天的辉煌，更为重要的是，探索出了具有科达特色的发展道路，积累了宝贵的发展经验。

一是继承发扬“八四”艰苦创业精神。创业之初，科达人身无分文，推小车子，住地窨子，吃自带的窝窝头，在渺无人烟的荒地上战风沙、斗酷暑、抗严寒，手拉肩扛干工程，甩开膀子做事业。无论经历任何艰难困苦，无论受到何种挫折磨难，也无论遭遇什么嘲弄和鄙视，始终抱着必胜的信念，自力更生、艰苦创业，按照既定的目标奋勇前行、义无反顾。这就是科达确立、继承和发扬的“八四”艰苦创业精神，它始终激励和鼓舞着科达人不屈不挠、勇往直前。科达人时刻保持危机感，处处节俭自己，过紧日子，过穷日子，厚待职工，厚待他人，思考最多的是失败，永远保持中国人特有的勤劳朴实的本色。这也是指导科达集团后30年发展的精神法宝。

二是及时抢抓市场发展机遇。回顾事关企业发展的重大决策和历史事件，均与中国经济市场化进程与区域战略决策息息相关、紧密相连。从公司股份制改造、进军高速公路市场、上马科英公司和东营大桥项目，到迈入工程设计、进出口贸易、金融领域，再到运作企业加速器项目，30 年来，科达顺势而为、抢抓机遇、迅速行动，凭借过人的胆识、敏锐的眼光和主观能动性，一次次将企业推向新的发展高度。

三是永远保持追求卓越的工作境界。30 年来，科达人始终坚持以质取胜、追求卓越的发展思路。无论是承建的公路、大桥，投资的地标建筑、高楼大厦，还是为百姓提供的住宅和电子产品，所有的产品都要做精品、创品牌、争一流。科达依靠精品闯市场，依靠精品求信誉，依靠精品做广告，依靠精品获取客户和整个社会的认可。为确保质量，使用的沙子用水洗，用的钢材、水泥比图纸要求多，科达人对产品的质量要求、确立的技术标准，比行业要求更加严细认真，坚决不允许有一件质量事故发生在自己的工程上，工作中。

四是大力实施人才兴企战略。30 年来，科达集团高度重视人才梯队建设和员工素质提升，通过内部培养、外部引进、产学研结合等方式引进和留住优秀的高端管理人才、技术人才。集团为各类人才提供了住房、奖励、补贴等各方面的优惠待遇，确保引得进、留得住、干得好。2012 年，集团面向社会公开招考团委书记；2013 年通过民主评议、个人竞争、专家测评等步骤，确立了 10 名优秀青年接班人。截至目前，科达集团拥有中高级工程师 500 多名和项目经理 100 多名，35 岁以下的高管有 9 名，占高管总数的 1/3；中层管理人员中，“80 后”的年轻人占 50.0%。形成了科学化、年轻化、专业化、可持续化的人才梯队，推动了企业快速持续健康发展。

五是积极承担社会责任。30 年来，科达集团始终坚持回报国家，反哺社会，尽最大努力为国家和社会多做贡献。始终坚守企业和企业家的社会责任不放松，始终坚守生态环保的发展理念不动摇，始终践行“视企业为生命，建绿色润人民”的核心价值观，源源不断地为区域经济社会发展输送正能量。30 年来不受利益诱惑，始终不上污染企业，不上高耗能、高耗水、多占地的项目，不做对不起广大市民、对不起子孙后代的事情，尽我所能、尽一己之力，为美丽的黄河三角洲留下青草绿树、碧水蓝天。实践已经证明，科达集团所涉猎的每个行业、生产的每件产品，完全符合国家的产业政策，完全符合党委政府的要求。30 年来，科达集团始终热诚参与社会公益事业，积极主动地向社会慈善机构、向地震洪涝灾区捐款捐物，资助残疾人生活，救助重病患者就医，帮助贫困大学生完成学业。

科达的发展壮大，凝结着一代代科达人的心血、汗水、智慧与勤奋，渗透着各级党委政府、社会各界、兄弟企业的关心、支持和帮助。回顾过去，豪情满怀；展望未来，任重道远。科达没有理由为曾经取得的成绩而沾沾自喜、骄傲自满，没有理由停下前进的脚步。目前的企业规模、体量、产能、效益离党委政府和社会的期望还有很大距离，离科达的愿景还有很大距离，科达人还要瞄准“百年科达”“企业航母”的宏伟目标，继续奋进、奋进、再奋进，不断铸就新的伟业、新的辉煌。

在集团成立 30 周年之际，科达重新审视自己的创业历程和未来发展，历史验证了科达的产业战略是正确的，前景是美好的，是深受广大人民群众欢迎的。科达将在“一基一房一金融”的基础框架之下，进一步规划好集团的近期、中期、远期目标，在亿万国人的中国梦里，描绘好、经营好、实现好科达梦。进一步优化产业结构，进一步强化内部管理，进一步整合产业链条，让科达的经营发展真正做到优质高效、统筹集约、多快好省，最终形成经营管理上的“科达模式”、发展创新上的“科达模式”、企业文化上的“科达模式”。

商海泛舟，不进则退。市场弄潮，勇者居先。而立之年的科达依然血气方刚，依然充满朝气与活力。当前，全国、全省和东营的经济发展形势喜人，正是企业大显身手、建功立业的大好机会。尤其是国务院批复的黄河三角洲高效生态经济区和山东半岛蓝色经济区发展规划的实施，为包括科达在内的众多企业带来的新的发展机遇，搭建了更加广阔的创业舞台。科达人将一如既往地坚持绿色环保、人与自然和谐发展的理念，走可持续发展之路，以时不我待、只争朝夕的精神，推动新项目实施，全力打造精品工程，树立科达品牌形象，为追求卓越品质、基业常青而努力奋斗，为推动中国民营经济发展和黄河三角洲开发建设做出积极的贡献。

把握宏观大势　突破产业瓶颈 深化法人治理　实现共同发展

香江集团有限公司

香江集团创建于1990年,产业涉及家居商业连锁、商贸与物流平台建设、资源能源、金融投资、健康医疗产业五大领域。1990年,香江集团在深圳创业,涉足家居商业连锁,经过20多年的发展,旗下香江商业集团拥有"金海马家居"和"香江家居"两大家居流通品牌,在全国拥有200多家的商业网点,覆盖全国30多个省市区域,成为中国最大的家居连锁企业。2000年,香江集团进军商贸与物流平台建设领域,已经在全国10多个省市建立了20多个规模大、种类全的大型综合商贸批发物流基地,已开发的商贸物流网络面积达千万平方米。2005年,香江集团在洛阳投资建立了年产200万吨氧化铝项目,这是经国家发改委核准的第一家由民营企业为主导的大型氧化铝企业。同时,香江集团还是最早投资金融业的中国民营企业之一,战略性控股和参股了多家金融机构,是广发银行、广发证券、广发基金、广东南粤银行、天津银行的主要股东,并在深圳设立前海香江金融控股集团,成为前海在全国首批引进的重点企业之一。2011年,香江集团又以超前理念进军高端医疗健康产业。产业涉及中医治未病、功能性测评、医美抗衰、医学SPA、综合代谢管理等多个领域,并将进一步把香江健康山谷打造成世界级香江 wellness 健康疗养度假地。香江集团主动肩负社会责任,积极参与社会公益慈善事业,2005年,成立了中国第一家非公募基金会——香江社会救助基金会,先后为扶贫、助教、赈灾等社会各项公益事业捐资9亿多元,实现了一个优秀民营企业"办好实业,回报社会"的庄严承诺。

(一)集团工作

2013年是香江集团2011—2015年发展规划实施的第三年。过去的一年,世界经济在艰难中恢复,中国经济在转型中前行。香江集团处变不惊、稳中求进,在各管理层和全体员工的共同努力下,接近完成2013年的既定目标。香江集团整体推出了一系列重大举措:

一是为未来更大的发展,重新构建集团的产业布局:推进前海、南沙两个总部经济基地落地,为集团致力发展现代高端服务业打造了快速发展通道;积极领衔申报广东民营银行,并已由省政府上报国务院,为集团布局金融产业打下基础;按照各产业发展需求,完成了海外投资平台重组,为集团海外投资铺平了道路;重点培育了健康医疗、教育等新兴产业,这些都对集团可持续的发展具有战略意义。

二是坚持集团集中管控,充分发挥总部支持保障体系的作用。在集团发展多元、管理多级的态势下,集团实行5大系统的垂直管控:一方面,总部承担了全系统的职能管理工作,形成了稳健有效的管理平台和风控机制;另一方面,总部还发挥了支持保障的重要作用,坚持多渠道、可持续、低成本的融资,有力支持了集团业务发展;不断完善绩效管理,优化人员结构,加大考核力度,为集团业务开展提供了人力资源保障;加快信息平台建设,为信息共享、提高效率、规范监督起到了积极的支撑作用;同时,总部还发挥了新产业、新业务孵化器的作用,这些,都有效保持了集团稳健持续的发展。

三是集团出于业务发展和资源配置优化的考虑,积极促进集团内各业务板块的深度融合:积极推动商业和地产板块的合作共赢,促进金融板块对商业、地产板块的支持互惠,为集团自身资源的整合、核心竞争力的形成,以及复合式的发展做了有益的探索。

四是在成本控制领域取得明显的效果。面对残酷的市场竞争环境,全集团不断强化精细管理和成本控制理念，从预算的审批、招标的规范、费用的控制等各个方面控制成本、节约开支，与去年相比，集团收入和利润总额均有较高增长，说明我们的发展是有质量的、有效益的。

五是持续加强企业文化建设，凝聚人心，形成合力。参政议政方面，在刘志强主席连任四届全国政协委员之后，翟美卿总裁当选第十二届全国政协委员，并向大会提交了《留守儿童家庭教育指导》等 4 项提案，进一步扩大了香江集团的社会影响和社会荣誉；香江社会救助基金会，2013 年获评中国社会组织 4A 等级；集团始终如一的向社会和员工昭示"办好实业、回报社会"的核心理念，通过报纸、杂志、网络平台的倡导，文促会的活动，以及员工互助基金的推行等，使集团的优良传统得到发扬，企业的发展得到保障。

同时，香江集团旗下各产业公司也紧紧围绕 2013 年的主旨，纷纷采取和推行卓有成效的举措。

（二）家居商业连锁产业

一是通过商场提租、提高出租率实现创收。二是整合线下线上资源，展开电商业务新探索。实现了自营机构与电子商务的初步合并，在产品、物流、营销等方面实现了资源整合与共享，为顺应互联网的大趋势做了初步的尝试。三是新商场布局取得跨越式发展，为后续发展奠定了坚实基础。

（三）商贸与物流平台建设产业

一是拓展工作由随机型拓展向战略型拓展转变。工作思路的转变带来了拓展工作全新的局面和土地储备质量的提升。2012 年 12 月至今，公司在横琴、长沙、前海，都有优质新项目斩获，南沙总部基地项目也已经落实了意向协议，公司在年初既定的战略发展区域都陆续取得突破性进展，成效显著。二是开发组织模式变革取得初步成功。由刘志强主席亲自推动，长沙项目推行了经济决策前置、技术决策前置、方案设计前置和报建预沟通等一系列前置管理措施，实现了快速推进拆迁、快速组建项目团队、快速推进报建的阶段性管理目标。三是计划运营管理从无到有，构建起了由土地、开发、销售、现金流四个子系统构成的项目计划管理体系，以及由销售去化率、经营回款等关键指标构成的即时跟踪分析体系。从而建立起公司发展战略、项目拓展、工程开发、项目销售之间的有机联系，引导公司合理配置资源，并提高其投放的精确性。四是目标成本管理取得了突破，在武汉项目二期、横琴项目等推行了设计限额标准试点，使其签约价格与目标成本接近，从设计源头开始控制成本，并将在所有新项目全面推广，对进一步优化投入产出比意义重大。

（四）资源能源产业

一是生产与建设并举，既保证一、二期生产的安全持续，又保证三期建设的有序推进。二是全面控制成本。通过生产上节能降耗、技术上优化工艺、采购上引入竞争、管理上严格把控，使氧化铝的制造成本每吨同比下降达到业内较好水平。三是矿山开采取得突破性进展，为降低成本、保障产能发挥了重要的作用。四是销售打了一场胜利保卫战。在生产氧化铝持续出现质量问题的情况下，销售团队顶住压力，创造了不降价、零库存、全回款的优良销售业绩。

（五）金融投资产业

一是基金业务从"零"起步，开始尝试以募集社会资金投资地产的全新模式，组建了专业团队，构建了融资网络，制定了制度流程，筹备了香江内部地产基金和外部地产基金，为来年地产基金发展，打下了基础。二是小贷业务有了一定的发展。组建了专业团队，制定了业务规则，积累了优质客户，开发了富通贷、万基贷等服务香江产业的小贷产品。三是在组织优化、风险控制等方面开展了有效工作，制定了业务、财务、风控和综合等十余项管理制度，特别是加强了风险控制体系建设，提高了公司整体的风险识别和防范能力，实现本年度小贷业务坏账率为"零"的良好业绩。

（六）健康医疗产业

一是 2013 年作为集团进军健康产业的元年，组建了健康医疗运营、业务和管理团队，筹建并运营了 4 000 平方米的健康医疗中心，为下一步进入健康医疗行业奠定了一定的基础。二是推出"香江健康山谷"全新品牌，打造国家首个"中医'治未病'示范基地"，并成为广东省首家集温泉养生、顶级酒店、健康医疗、景区旅游为一体的健康疗养企业。三是以创建全国旅游示范酒店为契机，全面推行标准化建设，使运营管理更加规范，效果初步显现。

续写民营企业奋发图强新篇章 铸就民族资本繁荣兴旺新辉煌

深圳海雅（集团）有限公司副总裁　张瑞龙

“海阔凭鱼跃，天高任鸟飞”。海雅集团在深圳经济特区风云激荡、潮起潮落的改革开放洪流中，展现出民营企业勃勃生机，彰显出民族资本旺盛活力，磨砺成为杰出的行业经营者，历练成为智慧的产业投资人，发展壮大成为市场的领航人、时代的佼佼者。

“海涵万象，雅韵天成”。海雅集团现在已发展成为集大型商业地产、城市综合体开发与经营，文化旅游业，精品连锁商业，新经济产业园与现代物流业，金融与证券投资，酒店与物业管理等多元化发展于一体的大型现代企业集团，资产规模同行业名列前茅，下属成员企业 23 家，员工总数超过 3 万人。

一直率领海雅集团这艘航空巨舰乘风破浪，直挂云帆的掌舵人涂辉龙先生，是全国政协委员，中国企业联合会、中国企业家协会理事会副会长，广东省政协常委，广东省工商联（总商会）副主席，广东省投资商会会长，港区省政协委员联谊会会员事务委员会主任，广东省外商公会、香港广东外商公会名誉会长，香港广东社团总会会长、海雅集团董事局主席，香港海雅投资有限公司董事局主席。

一、致力引导市场竞争

海雅集团在发展核心产业的过程中，一直注重致力引导市场竞争。

海雅百货南山店营业面积 3.5 万平方米，是当时深圳市单体面积最大、商品最齐、品牌最强的综合百货商场。海雅百货以都市潮流时尚为市场定位，以创一流百货为发展目标，以把顾客当朋友为服务理念，不断引进国内外著名流行品牌，不断推出丰富多彩、实实在在的让利促销活动，在广大顾客中树立了良好的口碑，赢得了深圳市民的普遍信赖。海雅百货南山店的成功经营推动了南山商业文化中心区的繁荣，引导了南山区核心商圈的形成，也奠定了海雅百货深圳百货三分天下有其一的行业地位。

新世纪初，深圳市宝安区还是一个不被百货商家看好的地区，目光敏锐的涂辉龙先生看到了深圳发展不断西移的趋势，率先在宝安区选址，推进百货连锁扩张。海雅百货宝安店经营面积 3.6 万平方米，填补了宝安区时尚百货的空白，引导了宝安步行街核心商圈的优化升级，成为宝安区百货零售的龙头。

海雅百货东莞东城店经营面积 2.8 万平方米，填补了东莞市高档流行百货的空白，结束了东莞高端消费群体要到香港、广州去购物的历史，海雅百货倡导的时尚潮流成为东莞街头的“风景线”和流行色。

海雅百货东莞南城店经营面积 3.5 万平方米，是东莞新城市中心区内最大的商业百货项目。海雅百货东莞南城店引导了东莞 CBD 商圈的形成和繁荣，进一步确立了海雅百货在东莞市百货行业的龙头地位。

作为深圳当代最现代化购物中心的海雅缤纷城，在业态设置上配备有百货、超市、五星级 IMAX 电影厅、真冰溜冰场、电子游戏厅、儿童反斗乐园和众多各式风味的特色餐饮，除此以外海雅缤纷城还做出重大业态创新，把大剧院和宴会厅搬进了购物中心。

海雅缤纷城光滑圆润、玲珑剔透、五彩缤纷的立面设计展示了深圳购物中心时尚购物的新形象；宽敞明亮、无梁无柱、装修时尚的商业动线引导了深圳购物中心体验购物的新潮流；绿树如茵、喷泉轻舞、瀑布细雨、流水潺潺的广场设计勾画了深圳购物中心购物与休闲完美结合的新境界;层高开阔、车道宽敞、车位超宽创造了深圳购物中心舒适停车的新体验。

海雅缤纷城再一次成为深圳市大型商业综合体的开拓者、引导者、示范者。

二、大力发展核心产业

海雅集团前身是一家中外合资企业——深圳海雅家具实业有限公司。20 世纪 90 年代初,这家企业由于经营不善,严重亏损,濒临破产。涂辉龙先生凭着敢闯敢试的魄力和勇气,毅然辞去国有企业领导人职务,接手成为这家企业新的当家人。

“水不在深,有龙则灵”。涂辉龙先生凭借薄利多销、推陈出新、广纳客源、多种经营,很快使这家企业起死回生,经营范围从生产出口各种规格的中高档木材家具拓展到经营建筑装饰材料、办公自动化设备、家用小电器及承揽室内装饰工程业务,成为深圳市南山区充满活力和生机的企业。

从此,海雅集团走上了大力发展核心产业的快车道。

集团凭借从事房地产和连锁商业集聚的雄厚资本,把握城市发展脉搏,顺应国际发展潮流,致力于引导城市转型升级的大型商业地产、城市综合体开发、建设与经营。多个建成或在建的项目覆盖总建筑面积超过 380 万平方米,总投资超过 280 亿元。包含:

海雅缤纷城商业中心雄踞深圳新型 CBD 前海中心区的海雅缤纷城商业中心由国际设计单位美国 ARQ 公司设计,是深圳市单体建筑面积最大的现代化商业中心,总投资 68 亿元,总建筑面积 32 万平方米。

最潮流的商业设计、最丰富的业态配置、最优秀的经营团队、最完善的物业管理,成就了深圳最大人流量购物中心的诞生,被誉为深圳都市生活新的闪亮名片,大型商业投资又一巨型“印钞机”。

海雅昆明国际商业中心位于昆明市新的 CBD 核心区,是昆明市地铁 1 号线、2 号线交汇点上盖商业物业项目,总建筑面积 43 万平方米,总投资 38 亿元,是广西壮族自治区和昆明市重点建设项目,将建成文化、旅游与现代购物相映生辉的城市综合体,将成为昆明现代化大都市城市新坐标。

海雅柳江文化旅游生态港项目位于柳州市鱼峰碧芙蓉片区,总占地 6 000 亩,总建筑面积 230 万平方米,总投资 80 亿元。

“海雅柳江文化旅游生态港”项目是柳州市加快城市产业转型和生态文明建设,建设文化、生态柳州的重点项目。项目总体规划一带四景八大建设工程,将产生巨大的经济和社会效益,可直接提供就业岗位 3 万个,每年吸引游客数量超 400 万人,增加政府税收超 6 亿元。

精品连锁商业遍布珠三角地区,引导了多个城市核心商圈的形成和繁荣。历年被评为当地“消费者最喜欢的名牌商场”“十大最具公信度商场”“十大人气商场”“全国百家优秀示范商户”“纳税百强企业”“纳税大户企业”“重合同守信用企业”“劳动关系和谐企业”等。

集团借助雄厚的资本实力,还积极参股投资银行、证券等金融企业,选择发展前景和成长性良好的优质企业,进行战略性风险投资,为企业未来的发展占领制高点打下牢固基础。

依托全国各地的大型城市综合体,集团投巨资建设多个配套现代化标准大剧院、多功能大型宴会厅、五星级酒店、现代汽车宾馆。实现文化、旅游、娱乐、休闲与购物深度融合,打造现代城市综合体典范。尽快实现大剧院、宴会厅、五星级酒店连锁经营。

“中山之门”项目是集团投资新经济产业园与现代物流业,实现产业拓展的重大决策,已被列入广东省和中山市重大服务产业和重点工程建设项目。项目总占地 362 亩,总建筑面积 120 万平方米,总投资 60 亿元。

“中山之门”项目是多产业融合的大型综合性服务产业项目,是将生产性服务产业与生活性服务产业相结合的创新引导型服务产业项目,是中山市实现经济由工业主导型向服务主导型转变、产业由生产制造型向生产服务型转型的窗口示范性服务产业项目。项目一期工程已正式动工。

三、精心塑造企业文化

企业文化是企业的灵魂,优秀的企业文化是企业长盛不衰的不竭动力。

海雅集团始终坚持"以人为本"的发展观不动摇，在积极引入人才的同时，不断提高公司全体员工素质，充分发挥员工的主动性和创造性，展示了中国现代企业所具有的特殊魅力，奏响了当今企业文化建设的最强音。

企业宗旨：追求进步，丰富生活，争创中国最一流企业。

企业精神：求实创新，追求卓越。

管理理念：统一高效，严格合理，开拓求真。

经营理念：倡导时尚，快乐购物。

服务理念：把顾客当朋友。

四、勇于承担社会责任

海雅集团的发展、成熟、壮大，离不开党和政府、社会各界合作伙伴的大力支持，多位国家领导亲切接见集团董事局主席涂辉龙先生。20 多年来，涂辉龙先生以企业和个人名义向社会公益慈善事业、救灾救济等捐献款物超过 2 亿元，捐建多所希望小学、医院、敬老院，组织、倡导、募集教育基金 4 000 多万元，支持公路和大桥建设等。

五、开拓创新商业模式

"争创新优势，更上一层楼"。海雅集团结合自身发展特色，正瞄准韩国乐天世界和新加坡圣淘沙名胜世界成功经验，将传统服务业与文化、生态、旅游深度交融，推动现代城市建设转型升级，其设计方案、经营理念和发展模式适应当代"美丽中国"建设大潮，在广东、广西、江苏、湖北、福建、安徽、山东等地受到普遍高度重视，成为竞相招商引资的重点。

党的十八届三中全会描绘了中华民族实现伟大复兴的宏伟蓝图。"潮平两岸阔，风正一帆悬"。海雅集团在新一轮改革开放建设大潮中，正在续写民营企业奋发图强新的篇章，铸就民族资本繁荣兴旺新的辉煌，奋力实现"创海雅百年基业，塑全国一流企业"的宏伟目标。

隆鑫——汇聚力量　创造价值

隆鑫控股有限公司

隆鑫控股有限公司(简称"隆鑫")发轫于 1983 年，现已发展成为产业领域主要包括工业、金融、房地产的投资控股集团，连续 13 年荣膺中国企业 500 强，是隆鑫通用动力股份有限公司(SH603766)、瀚华金控股份有限公司(HK03903)、上海丰华(集团)股份有限公司(SH600615)、隆鑫地产(集团)有限公司的控股股东，是渝商投资控股集团股份有限公司的第一大股东，是重庆农村商业银行股份有限公司(HK03618)的主要股东之一，截至 2013 年，公司员工 13 000 余名，资产总额 330 亿元，累计纳税 60 多亿元。

一、隆鑫历程

民营经济的发展离不开两个要素：国家渐进开放的政策和远见与实干兼具的民营企业家。从改革初期"个体经济是国民经济的补充"，到今天"民营经济是我国市场经济的重要组成部分"，涂建华带领下的隆鑫走过了充满艰苦、坚持、创造、喜悦、信任和憧憬的历程。今天的隆鑫，在中国"全面深化改革"的推动下，更显现出健康发展的活力。

隆鑫的发展，印证了一句名言："世界上最重要的事，不在于我们在何处，而在于我们朝着什么方向走。"

1. 探索(1983—1992 年)。"君看千尺树，原是掌中枝"。1983 年，在重庆市九龙坡区滩子口几间简陋的厂房里，涂建华开始了他的创业史。他先后创办过金属拉丝厂、纸巾厂、预制构件厂、塑料橡胶厂，从事过钢材储运和金属材料贸易，苦苦摸索了 10

年，探寻适合自己的发展之路。10年探索积累，磨炼了他的心智和坚韧。

2. 立业（1993—2002年）。1993年，涂建华抓住中国摩托车市场蓬勃发展的机遇，创办重庆隆鑫交通机械厂，以高性能摩托车发动机为起点，立定脚跟，进而延伸到摩托车整车制造，然后再扩展到通用热动力机械制造。10年间，破茧成蝶，打响了隆鑫的品牌。

2002年，隆鑫摩托车发动机、隆鑫摩托车和通用机械低碳成套动力设备的销售、出口量，就跻身国内同业前茅。

3. 成长（2003—2012年）。2003年，隆鑫控股有限公司成立。隆鑫控股是主要产业领域包括工业、金融、房地产的投资控股集团。如果说，上一个10年隆鑫立业，实现由单一产品向整个产业链和低碳成套动力设备领先企业的转变；那么，这10年，隆鑫则实现了由单一制造业向多元化产业集团、由单一产业推进向产业与资本融合发展的转变。

2012年，隆鑫控股的支柱产业工业板块、金融板块双双在全国行业领先，房地产板块连续第5届被评为“中国房地产开发企业50强”。

4. 奋进（2013—）。2013年，隆鑫事业发展30周年。今天的隆鑫，已经成长为具有清晰的战略思维，有序地组织、调动、集聚资源，形成相应的优势以获取成功的现代民营企业。隆鑫对经济社会的推动力、影响力，隆鑫自身的创新力和履责精神，日益显现。在隆鑫30年庆典上，涂建华明确提出“国际化、行业领先、管理创新”等三大发展战略。

二、隆鑫战略

2013年，隆鑫而立之际，隆鑫事业创始人涂建华怀着创业之初的激情，确定了“国际化”“行业领先”“管理创新”三大发展战略，带领隆鑫启动新的航程。

国际化战略：在总体发展战略的布局下，通过切实的目标市场选择和恰当的市场进入方式，加快与国际优质资本、技术、人才和资源的对接，依托现有产业和资本基础，逐步向国际化企业发展。

行业领先战略：进一步做大、做强、做深、做透隆鑫的核心产业，努力实现行业领先地位的确立与维护。要紧紧围绕“稳健、专注、规范、效益”八字方针开展工作，专注产业的纵向发展。

管理创新战略：管理创新是企业持续发展的基石，也是隆鑫从优秀走向卓越的迫切要求。要面向行业领先和国际化，提升管理理念，充实与国际接轨的高端管理人才，持续优化管理体系，提升管理效率，推动隆鑫各项战略目标的稳步实现。

三、隆鑫责任

创业伊始，隆鑫即以“责任”为企业文化最本质内核。一路走来，感恩之心从未磨灭，涌泉之举不曾间断。隆鑫“择善而行”，襄助教育、扶危济困、抗震救灾、保护环境、吸纳就业、产业帮扶，截至2013年，投入在社会公益事业的善款和物资总价值已近3亿元人民币，以“实实在在助公益，真心诚意做慈善”的朴实态度履行着企业公民的社会责任。

1. 教育为先，情满校园。国家要强盛，民族要复兴，教育是基础，人才是保障。长期以来隆鑫将教育作为参与公益事业的重点领域，将襄助教育作为开展公益事业的重要形式。迄今为止，隆鑫共捐建10余所希望小学，并长期坚持回访，为孩子们提供持续不断的关怀。除此之外，隆鑫亦多次向各地中小学校提供财物支持，捐赠600万元设立重庆育才中学陶行知奖学金，斥资750万元支持石坪桥小学改扩建工程等。

前进的脚步永不停歇，如何更有效的开展襄助教育的公益事业，这份思考始终围绕在涂建华的脑海。时逢2013年，隆鑫30年之际，涂建华先生发起设立“隆鑫教育基金”，隆鑫控股提供首期本金3 000万元。旨在助学育才，传递关爱，回报社会，隆鑫教育基金的成立，将使隆鑫襄助教育的公益事业持续化、规范化。

2. 扶贫济困，撒爱人间。由于历史发展水平不同、地理地域环境制约、以及各种天灾人祸导致的贫困人群依然存在。为了扶贫济困，涂建华先生带领隆鑫身体力行，以实际行动回馈社会。隆鑫常年对口帮扶石柱、武隆、潼南等渝东南边贫地区，在乡村建设、农业帮扶、修路筑桥、慰问孤寡以及关爱留守儿童等方面持续努力。

隆鑫对贫困人群的帮扶工作形成了一套规范的机制，化零为整，将发散型的捐赠模式变为集约型的管理。2009 年出资 300 万设立“渝东南少数民族帮扶基金”，定向帮扶重庆市辖区内少数民族地区的贫困人群。实实在在的解决其燃眉之急，切实改善其生存现状。真正体现了慈善最根本的理念——帮助最需要帮助的人。

3. 抗震救灾，担当大义。中国人常说：大地无情人有情，人间自有真情在。人类在面对突如其来自然灾害面前显得非常渺小和脆弱，和自然相生相伴、相互依存的关系中，人类表现出了强大的精神力量和坚韧的生存意志，这让人类得以薪火相传，生生不息。

1998 年那场特大洪涝灾害带给人们的伤痛至今难以愈合，隆鑫第一时间捐款救助长江中下游地区洪涝灾害受灾群众；2003 年一场让全国人民记忆犹新的“非典”令人心生寒意，关键时刻隆鑫共捐款 700 万元支持抗击“非典”的工作。2008 年 5 月是国人无法忘记也不能抹去的黑色记忆。隆鑫捐款现金 400 万元和价值 30 万元的 100 台发电机，隆鑫员工自发组织的捐款也接近 35 万，爱心源源不断汇聚。

4. 环境保护，延福后世。我们赖以生存的地球看起来很强大，时而发作，给人类造成严重的灾难。但另一方面，历经亿万年运行的地球已经变得很脆弱，尤其是近千年来人类社会的不断开发和采掘，造成了严重的损伤。作为负责任的企业公民，隆鑫始终如一的倡导并坚持节能减排、保护环境，为后世留一片蓝天、存一壶清水。

2010 年，隆鑫启动“潼南生态经济公益林区项目”，投入专项资金 800 万元，实施万亩造林工程，形成 100 万株以上的经济林区规模和近亿元的林业经济产值，直接惠及农村困难家庭 1 000 余户。同年 9 月，隆鑫再次出资 1 000 万元，鼎力支持“绿化长江行动”，通过改善长江沿岸绿色生态环境，造福当地居民。

5. 吸纳就业，关爱员工。30 年弹指一挥间，其中的风风雨雨、艰难困苦时至今日都已经变成企业的财富。今日的隆鑫已经发展成涵盖工业、金融、医药、地产、投资等众多领域的大型控股集团，截至 2013 年底，员工总数约 13 000 人，企业资产达 330 亿元，累计纳税 60 亿元，连续多年荣膺“中国企业 500 强”。隆鑫在解决就业、遵章纳税方面不断取得突破。

作为负责任的企业公民，不仅仅体现在对外部社会乐善好施，还应体现在对内部员工的关爱和培养。行胜于言，隆鑫于 2010 年成立了重庆市民营企业中首家企业员工关爱组织——隆鑫员工关爱促进会。成立迄今，已经连续 4 年开展“党员双日捐、员工一日捐”公益捐赠行动，累计募集扶贫资金 325 万元，救助帮扶困难家庭接近 2 000 户。

6. 产业帮扶扶微助小。隆鑫认为履行社会责任既要“授鱼”，更要“授渔”。这也是隆鑫的特色之一。作为一家投资控股集团，除了直接承担着常规的企业经营责任之外，还间接承担着特殊的社会责任，即授人以渔。通过自身的业务开展间接地实现了对产业的帮扶，及时输血，帮助这些企业健全和健康的成长，并逐步完善自身的造血功能，从而日益发展壮大，这无疑是间接造福社会的“授渔”行为。

“授渔”行为在隆鑫旗下的多个产业也生根发芽，并已开枝散叶。瀚华金控努力破解小微企业和个体劳动者融资难瓶颈，已累计服务中小微客户超过 5 万家，新增和稳定就业人口超过 30 万户，业务规模近 1 000 亿元。隆鑫地产累计斥资逾 70 亿元在武隆、黔江、丰都、三峡库区等边贫地区启动大型建设项目，有力助推当地经济快速发展，拉动产业整体提升、解决大批农村就业人口，使更多农户摆脱贫困。

四、隆鑫荣誉

30 年的坚持，30 年的付出，收获了来自社会各界的鼓励和肯定。2002—2014 年，隆鑫已经连续 13 年荣膺中国企业 500 强；2014 年，涂建华荣获全国优秀企业家称号；2012 年，隆鑫党委被中组部授予全国创先争优先进基层党组织荣誉称号；2011 年，隆鑫党委被授予全国“双强百佳”先进企业党组织荣誉称号；2011 年，隆鑫党委被授予重庆市先进基层党组织荣誉称号；2011 年，隆鑫党员胡泊荣获全国五一劳动奖章；2010 年，隆鑫被确定为国家商标战略示范企业；2009 年，隆鑫被国务院授予建国 60 周年全国民族团结进步先进集体荣誉称号;2009 年,隆鑫被授予中华慈善突出贡献企业荣誉称号;2006 年,涂建华被授予全国优秀中国特色社会主义事业建设者荣誉称号;2006 年,涂建华被授予全国劳动模范荣誉称号;2006 年,隆鑫被授予中国优秀民营企业荣誉称号。

荣誉纷至沓来,责任也越发重大。面对这些光环隆鑫不曾骄傲,隆鑫企业文化的终极追求是"真、善、美",最本质的内核是"责任"。在强烈的责任意识驱动下,隆鑫正努力以"成为中国领先的投资控股集团"的企业愿景,持续创新,努力前行。

打造发展升级版 提升企业软实力

——安徽省旅游集团在改革创新中加强企业品牌建设

安徽省旅游集团

近年来,安徽省旅游集团把企业品牌建设作为推动企业转型升级一项重要举措来抓,积极探索符合本集团特色的品牌建设路径,将企业品牌建设融入到集团公司战略规划、深化改革、精致管理、品质提升、企业文化建设之中,树立了良好的品牌形象。安徽省旅游集团坚持不懈地实施品牌战略,努力在方法上创新、在制度上规范、在平台上搭建、在文化上培育,科学践行"开启幸福之旅,引领品质生活"的企业使命,大力倡导"诚信立身,品牌立形,效益至上,合作共赢"的经营理念,集团公司品牌的美誉度、信用度、知名度和认知度不断提升。自 2009 年以来,安徽省旅游集团连续 5 年跨入中国旅游集团 20 强行列,连续 4 年进入安徽省百强企业排行榜,连续 3 年跻身中国服务业 500 强榜单。同时,先后荣膺中国旅游投资金奖、安徽十大强省品牌、安徽旅游行业十大影响力品牌、安徽农业产业化省级龙头企业、安徽城市建设突出贡献单位和安徽房地产品牌企业和安徽十大信用品牌等称号。

一、不断深化企业改革,以完善的现代企业制度促进品牌建设

在安徽省旅游集团的发展历程中,始终把深化改革、创新机制贯穿于发展的全过程。早在 2002 年,旅游集团前身安兴联合总公司就率先在省属企业完成了全员身份置换。自 2004 年 7 月开始,安徽省旅游集团按照"国有企业转换机制,国企职工转换身份"的要求,坚持以产权制度改革为核心,通过合并重组、划转并购、转让退出、股份改造等多种改革方式,先后对 7 家资不抵债、长期不能正常经营的企业进行了关闭清算,对 4 家低效参股企业的国有股权进行了转让退出,对 5 家主业关联的企业进行了归并整合,改制新设了 17 家股份制子公司,初步形成了资本相互融合、产权多元混合的新格局。通过 10 年的不懈努力,安徽省旅游集团先后将 3 个集团重组前的 47 家子企业整合重组为 2013 年底的 25 家子公司,其中混合所有制企业占全部企业总数的 48.0%。完成了集团公司 43 家子公司近 4 000 名职工的身份置换,为企业带来了新的内生增长动力。

同时,安徽省旅游集团把品牌战略作为最高竞争战略,将品牌建设渗透到公司运营管理的各个层面,积极探索符合现代企业制度要求的内部管控机制。着力加强集团公司董事会建设,修订了公司章程,制定了董事会议事规则、党委会议事规则、总经理工作细则,全面推行董事会投资、担保决策事项"票决制",有效发挥董事会在重大决策、风险管控、监督执行中的核心作用。认真执行董事会领导下的总经理授权负责制,切实保障监事会依法、独立、规范行使职权,初步形成了协调运转、有效制衡的法人治理机制。在推进企业改革改制中,安徽省旅游集团把"诚信"作为立企之本、发展之基,依法建立了以劳动合同管理为核心的市场化用工机制,建立健全

了全面预算管理、投资合同管理、融资授信管理、客户关系管理、法律风险管理、安全环保管理等内控机制，坚持规范管理、依法纳税、诚信经营、廉洁从业，使企业的市场主体意识、风险意识和效益意识明显增强，从根本上破除了影响企业品牌建设的体制机制弊端。

二、积极推进转型升级，以融合的主业格局支撑企业品牌建设

近年来，安徽省旅游集团坚持以做大做响企业品牌为目标，着力促进品牌建设与业务发展的协同，着力促进三大主业的联动发展、融合发展、创新发展，通过集中力量实施“3361”行动计划，不仅成功走出了一条构“以旅游业为主导，以粮食商贸业为基础，以房地产业为支撑，以总部经济为引领”的转型升级之路，而且培育了天堂寨风景区、唐模国际乡村旅游、桃花潭景区、安徽饭店、安徽海外旅游、安徽粮油储运、安兴地产、安徽城建设计等一批具有较强影响力的子品牌，基本形成了集团公司经营发展的“升级版”，为“打造诚信品牌，铸造百年基业”提供了良好支撑。

1. 着力促进旅游产业创新发展，加速构建旅游产业“双5A景区、双五星酒店”的经营格局。在旅游景区深度开发方面，安徽省旅游集团采取市场化运作方式，于2004年成功获取了天堂寨、唐模、桃花潭、江南第一漂4个景区的开发经营权。自2004年以来，坚持在系统规划、加大投入、深度开发上狠下工夫，大力推进基础性、配套性、文化性、休闲性的项目建设，使4个景区的可进入性、可观赏性、可留住性、可承载水平显著增强。六安天堂寨景区相继建成了一条观光索道、一座四星级宾馆、一个国家地质公园博物馆、一个千里跃进大别山纪念馆、一条旅游观光回路、一条登山旅游栈道，于2012年成功晋级国家5A级旅游景区，成为安徽省第5个、合肥经济圈首个5A级旅游景区。黄山唐模景区入选中国历史文化名村、中国十佳最具潜力古镇名录，2013年全面启动了唐模国家5A级旅游景区创建和家风文化品牌建设工程，与古徽州文化旅游区其他景区一起通过国家旅游局组织的5A创建暗访验收。宣城桃花潭景区被评为国家4A级旅游景区、国家水利风景区，通过实施一系列精品化建设项目，使景区的文化品位、配套设施、游览环境得到明显改观，已经成为皖南旅游圈中重要的休闲养生文化景区之一。同时，占地总面积约960亩、规划总建筑面积79万平方米的“淮北隋唐运河文化古镇项目”于2014年3月19日正式启动实施，并与中央电视台新影集团达成了“隋唐运河古镇影视文化基地战略合作协议”，4年之后，一个“再现隋唐古镇风貌、复原隋唐运河景观、融合旅游影视文化”具有国家5A级标准的旅游景区工程将在淮北市落成。在宾馆酒店接待能力提升方面，实现了从单一星级向梯级分布、连锁经营的转变，拥有标准五星级酒店3家、连锁商务酒店4家、国际乡村酒店1家。投资新建了具有五星级标准的芜湖中央城大饭店，实施了安徽饭店和天堂寨国际度假山庄两个四星升五星的扩建改造工程，投资设立了4家华侨商务连锁酒店，使酒店板块的经营结构和竞争能力得到明显提升。安徽饭店扩建升级后，经营面积由原来的26 500平方米扩大到76 700平方米，客房、餐饮、会议及综合接待功能得到全面提升，再现“故乡第一饭店”风范。集团公司与法国家庭旅馆联合会签署法国家庭旅馆的品牌合作协议，收购黄山唐模村内外49栋古民居，移址新建8 000平方米、120间客房的家庭旅馆并挂牌营业，首次将法国家庭旅馆品牌引进中国、落户安徽，开创了跨国旅游合作新模式。与此同时，还成功构建了安徽国旅、友谊外事旅游汽车、天堂寨索道、安兴国贾旅游商品、旅游规划设计等旅游要素企业，形成了较为完整的旅游产业化经营体系。

2. 着力促进粮食商贸产业持续发展，加速打造政策性承储与市场化经营的“双轮驱动”格局。为充分发挥旅游集团与粮食集团重组之后的互补优势，2013年，集团公司在合肥市开工新建了一座占地近200亩，集粮油收储、粮食精深加工、旅游休闲食品生产、粮食现代物流服务于一体的大型粮食现代综合产业园，并与中储粮总公司达成了合作投资协议。一期建设的12万吨仓容的仓储设施于2014年1月如期通过竣工验收，二期投资的5万吨油罐项目现已承储新油，被国家列入粮食安全工程重点扶持项目，被安徽省政府列入“861”行动计划重点投资项目。安徽省机械化粮

库、安徽省粮油储运公司、安徽省双凤粮库实行政策性经营与市场化运营“双轮驱动”,科学做好中央和省级储备粮的承储和管理,扎实开展最低价粮食托市收购,发挥了国有粮食企业在全省粮食流通中的支撑和保障作用。同时,为破解集团旅游产业链建设中“吃”与“购”环节的短板问题,促进三大主业的融合发展、良性互动,集团公司计划在原省机械化粮库地块规划新建一座“以旅游运营中心为龙头,以文化娱乐动线和游览购物动线为重点”的大型都市旅游文化乐园(即安徽旅游之窗),现已完成旅游综合体要素研究、概念性规划方案设计等前期工作。

3. 着力促进房地产业稳定发展,加速建立“综合性开发、跨区域发展”的投资格局。近年来,按照“旅游搭台,产业唱戏”的经营战略,安徽省旅游集团投资开发了一批大型旅游地产项目,不仅为集团跨越发展提供了效益支撑,也为旅游和粮食产业的联动发展提供了资金支持。多年来,围绕促进旅游和房地产有机融合,逐步建立起了建筑设计、营销策划、投资开发、物业管理等多种经营业态,相继建成或开工建设了合肥三孝口 CBD 广场、合肥华侨广场(现银泰中心)、安徽国际金融中心、芜湖中央城、六安安兴正和城、淮北隋唐运河古镇等一批大型城市综合体项目,已经成为所在城市的新地标、新商圈、新亮点。其中,总建筑面积约 20 万平方米的 IFC 安徽国际金融中心项目已经建成交付,整个项目的房源签约销售率已经达到 95.0%。堪称现阶段“安徽第一高楼”的 57 层超高层写字楼,以 239.75 米的总高度成为“国际标准,安徽第一”的国际 5A 甲级写字楼,在安徽业界产生了良好的品牌效应。占地 1 300 余亩的芜湖中央城项目,历经 8 年多的开发建设,相继建成了 8.5 万平方米的国际会展中心、中央城大酒店、财富商业街区、财富街公园、三个商住小区等工程,实际开发的建筑面积已达到 140 万平方米,已经成为一座引领芜湖财富商圈集聚的大型城市社区。总建筑面积 16.7 万平方米的合肥太阳湾养生公馆项目全面开工建设,确立了居家式养老与机构式养老相结合的“大社区会员制”养生服务模式,将成为安徽省目前建设规模最大、服务体系最完善的全龄化、新型化的老年养生社区。

同时,充分发挥集团公司的品牌影响力和投融资能力,狠抓了合肥地球村文化旅游、安徽旅游之窗、六安火车站旅游交通综合体等一批有规模、有特色、有影响力的储备项目的前期工作,取得了实质性进展。

三、加大战略合作力度,以良好的资本运营能力驱动企业品牌建设

近年来,安徽省旅游集团立足省会经济圈,聚焦皖江城市带和皖北旅游区,积极寻求与中央企业、境外企业、大型民企和有关地方政府的战略合作,全方位扩大开放式投资合作,不仅为集团带来了新的运营模式和发展资金,而且为区域经济发展发挥了省属企业的引领作用。近几年来,集团公司相继与香港其士集团、法国家庭旅馆联合会、中储粮总公司、中央电视台新影集团、北京尔斯达投资公司、北京天上天集团、徽商银行、淮北西恩世纪房地产公司等境内外企业达成了 9 个重点项目的投资合作协议,推动省属国有企业与民企资本、资源、文化的深度融合,依托外力有效助推了项目投资和企业发展。同时,集团公司所属粮食企业与国内外一批大型粮食加工、贸易企业建立了稳定的购销合作关系,省粮油储运公司先后与一批民营企业在滁州、蚌埠等地共同出资设立了 7 个粮油收购库点,省双凤粮食储备库与民营企业合作投资成立了南陵科优粮库和怀远润兴粮库,省机械化粮库与徽州映像等企业初步达成了“合作开展农产品电子商务平台业务”的协议。

同时,安徽省旅游集团不断加大资本运营力度,在与 10 余家金融机构建立银企合作关系的同时,成功运作了原合肥纺织纤维总厂政策性关闭破产后的接收重组工作及其存量资产的收储变现工作,金融机构对集团本部的授信规模一举突破 45 亿元,比 2010 年末增长三倍多。积极开辟市场化直接融资渠道,于 2012 年和 2013 年分三次联合发行了 16 亿元人民币的中期票据和私募资金,彻底改变了集团公司长期以来以流动资金贷款为主的融资结构,不仅为进一步提升信用等级提供了重要支撑,而且有效破解了制约企业快速发展的资金瓶颈。安徽省旅游集团先后被评定为安徽十大信用品牌企业、银行信用 AAA 级企业、A 级诚信纳税企业。

四、加强企业文化建设，以优秀的经营发展理念引领企业品牌建设

近年来，安徽省旅游集团坚持用先进文化引领企业发展，用文化的力量提升集团公司品牌形象，积极探索企业文化建设的有效途径，开展了一系列文化构建、文化渗透、文化宣传和文化实践活动，经过统筹规划、分步实施、宣传推广、系统集成，逐步形成了内聚人心、外塑形象的“祥云”文化。一是构建企业文化体系。2011 年，为积极推进两个集团重组之后的文化融合，确立集团公司品牌核心价值理念，丰富品牌文化内涵，安徽省旅游集团以《安徽省国资委关于加强省属企业企业文化建设的指导意见》为指导，以理论和实践为基点，本着“在吸收中升华、在继承中创新、在融合中提升”的原则，经过国内知名企业文化专业机构的深入调研与反复提炼，集中全集团广大员工的智慧，策划设计了企业文化理念大纲、行为识别系统和标识应用系统，同时完善了以“祥云映日”为主要图案的集团标识，从而基本形成了一套较为完整的企业文化体系，二是加强企业文化推广。2012 年，为加大“祥云文化”的宣传推广力度，广泛传播核心理念和品牌形象，安徽省旅游集团以弘扬“包容、合作、竞争、创想”的企业精神为宗旨，以秉承“共融共生，共进共赢”的核心价值观为根本，印发了《安徽省旅游集团企业文化大纲》《安徽省旅游集团视觉识别系统（VI）应用手册》《安徽省旅游集团员工行为规范》和《安徽省旅游集团企业文化建设实施规划》，制定了《安徽省旅游集团文化理念与企业标识使用管理办法》，修订并汇编了《安徽省旅游集团制度选编》，对“安徽省旅游集团门户网站”进行了改版升级，并且建立了相应的企业文化建设的组织体系、制度体系、培训体系和评价体系，初步形成了内化于心、固化于制、外化于形的宣贯局面。三是广泛开展文化实践活动。2013 年，为加快推进企业文化核心理念和行为规范的落地，加快传递品牌价值，全方位提升集团公司的品牌形象和企业文化软实力，安徽省旅游集团组织实施了的“六个一”宣贯落地工程：召开了一次企业文化宣传推广动员大会，编印了一册以“诠释祥云文化”为主题的文化手册，设计了一个展现集团公司崭新风貌和美好愿景的宣传画册，拍摄了一部反映集团重组 10 年改革发展成就的宣传视频，编印了一本汇集全体员工行为准则、礼仪规范和相关制度的员工手册，创建了一个展示企业荣誉、文化理念和员工运动风采的文化活动室，从整体上提升企业文化软实力。

同时，安徽省旅游集团认真履行国有企业的社会责任，积极参与定点帮扶、结对共建、爱心助学、走访慰问、义务献血、文明城市创建等社会公益活动，开展了文艺汇演、体育比赛、摄影大赛、主题演讲、优秀员工评选等一系列健康向上的群众性文体活动，使集团品牌在企业文化建设中积淀了厚重的文化底蕴，从整体上提升了集团品牌的竞争力、影响力和感召力。

（撰稿：修治海）

加快体制机制创新　全面实施转型升级

广东省广播电视网络股份有限公司

广东省广播电视网络股份有限公司是经广东省委、省政府批准，由 20 家发起人共同发起组建，于 2010 年 6 月 6 日创立，同年 8 月 5 日开业运营的省属大型国有文化骨干企业。三年来，公司在省委、省政府和省委宣传部的直接领导下，紧紧围绕“加快转型升级，建设幸福广东”的核心任务，体制改革卓有成效，经营业绩稳步上升，管理规范化程度不断提高，自主创新及市场竞争力进一步增强。目前，公司用户总规模达到 1 300 多万户，总资产规模达 154.8 亿元，公司的用户规模和资产总额均位于同行业前列。

公司连续两年获得中国服务业企业500强称号，先后被中宣部评为全国文化企业30强和全国文化体制改革工作先进单位。

一、按照现代企业制度要求，不断加快体制机制创新

（一）加强建章立制工作，完善法人治理结构

按照粤办发〔2009〕34号文的精神要求，公司创立时，遵照现代企业制度规定，由发起人召开公司创立大会，表决通过公司章程，选举产生公司董事会、监事会，并依法在各市、县（市）设立分公司，明确各分公司为非独立法人二、三级单位。

为确保按照现代企业制度要求运营，公司成立后就抓紧做好建章立制工作，先后制定公司党委会、股东大会、董事会、监事会等议事规则，出台安全播出、人力资源、财务管理、技术规范、市场运营、集团管控、日常管理等方面规章制度近200项，使公司的日常管理和工作流程不断科学化、系统化和规范化，为公司实现可持续、健康、快速发展奠定了坚实基础。

（二）着眼未来，确立公司发展战略

为把公司打造成在国内外具有较强竞争力和较大影响力的大型文化骨干企业，争当全国广电网络的排头兵，公司领导务实地确立了公司愿景、使命、价值观和发展目标，为公司的发展指明了方向。明确提出了“做三网融合坚强支柱，成为行业领先、国际一流的文化企业”的愿景：计划通过3年时间成为国家三网融合战略中的重要支柱，争取3到5年时间做到全国行业前列；提出了“围绕电视终端，建设智慧家庭，创造幸福生活”的使命；提出了“创业创新，永不停步”的核心价值观；并提出了今后一个时期的发展目标。

（三）加强人员队伍管理，不断激发创新热情

公司非常注重技术研发，特别注重人才建设，已建立一支优秀的研发队伍，储备了一批专业的研发人员。目前公司拥有技术人员3 627人，占公司总人数的49.0%，其中，高级职称66人，中级职称503人。为加强优秀技术研发人才的储备，公司逐年增加科研资金及对科技人员的投入，引才聚才。同时，建立了完善的奖励机制，通过绩效评估机制，对在创新项目中有突出贡献的创新科技人员，公司给予奖金激励，激发了技术人员的创新热情。

（四）强化财务基础管理，创新财务管理模式

根据战略发展需要，公司大胆探索和创新财务管理模式。在全面实行“收支两条线管理”的前提下，公司建立了上下贯通的全面预算制度，对公司和各分公司的人、财、物进行全方位、多角度的全面预算管理和约束，初步搭建了全省统一的财务核算管理平台、预算管理平台、资金管理平台。

（五）加强党群组织建设，健全公司组织管理体系

三年来，公司积极推进党群组织建设，夯实公司组织基础。一是完成了公司总部基层党支部和全省16家分公司党委（党总支）的组建工作，着力推进分公司基层党支部的组建工作，完成90个支部（党总支）的组建；二是加强公司纪检监察、党风廉政建设和反腐倡廉工作；三是加强工会组织建设，增强工会活力。党群组织的全面建设，为公司的发展提供了坚强的组织保障。

二、全面实施转型升级，不断加快网络基础建设

（一）加快推进全省技术规划工作，建立全省统一技术标准体系

通过制定省干网、城域网、接入网、平台、终端、网络维护和建设等技术规范，积极推进全省统一技术规划。到目前为止，公司共完成涉及平台、网络、终端、网络基础设施的各类技术方案、网络规划、技术规范34份，共计56万字，初步确立了全省统一的技术标准体系规划蓝图。

（二）构建综合服务型信息化平台，实现公司“一站式”管理

紧紧围绕公司战略目标，抓紧推进以省集中BOSS建设为核心的平台建设。通过强化数据整合、完善基于SOA的体系架构、提升系统功能，加强客户

价值视图和客户服务视图建设,初步实现全网业务支持和实时融合计费,有效支撑客户受理开通咨询等日常经营活动;在运营支撑域方面,采用试点方式,逐步实现全专业资源视图,建立资源能力和客户、市场区域的关联;整合和优化现有的服务开通支撑体系,增加开通全过程管理监控功能,将所有人工、自动环节和客户要求满足情况进行关联;初步支撑"将客户需求转化为综合解决方案"的能力;在管理支撑域方面,以现有的省公司本部在用综合办公系统和 ERP 系统为基础,逐步完成在全省市县推广工作。初步实现无纸化办公,实现及时准确的财务报告体系,全程精确的资产管理。

(三)加大资金投入,全面提升网络双向化水平

网络升级改造,是实现公司产业转型升级的重要基础。公司领导高度重视网络改造工作,积极组织公司专业技术人员,并邀请国内外有关专家学者共同参与起草公司《网络升级改造规划》,按照高清互动平台建设方案要求,从多业务角度出发,对省干网、城域网、接入网升级改造规划和全省 IP 地址规划、频率资源规划等进行总体规划,并形成了网络升级改造的总体指导意见。目前,公司按照分步骤、分阶段、分区域实施的原则,正在建设并优化传输网络和数据网络,全面提升基础网络的综合业务承载能力。未来 3 年将实现全省双向网络的基本全覆盖。

三、积极参与三网融合,创新业务发展新模式

(一)成功搭建全省统一运营的高清互动平台,抢占行业发展新高地

公司坚定不移、全力推进高清互动电视平台建设,成功搭建起全省统一运营的高清互动电视平台,实现了高清互动电视平台从初级版到升级版的华丽转变。并依托这个平台不断创新业务模式,在南粤大地兴起了一场"电视机革命",让"看电视""用电视"和"玩电视"成为一种新的时尚组合和视觉享受。公司"全省统一管控分级部署的高清互动异构平台"和"支持统一运营管理的家庭多媒体终端"两个项目通过了 2012 年度总局科技创新奖终评会,其中"支持统一运营管理的家庭多媒体终端"项目获 A 类—高新技术研究与开发奖一等奖,"全省统一管控分级部署的高清互动异构平台"项目获 B 类—科技成果应用与技术革新奖一等奖。

(二)以培育幸福导向型产业体系为目标,率先探索以"智慧家庭"为目标的广电高清数字产业集群

紧跟全球信息化步伐,以培育幸福导向型产业体系为目标,公司于 2011 年 10 月成立了广东智慧家庭研究院,率先研究和探索以"智慧家庭"为目标的广电高清数字产业集群,李长春同志亲临视察并给予高度评价。同时,加快建设产、学、研合作产业模式,通过产学研合作,整合众多的信息资源,以技术支撑平台为基础,以产为先,学、研为辅,引导企业、学校、科研机构、厂商等社会资源积极投入数字电视及数字家庭产业研究与试验中,实现高新科技向同业辐射,向传统产业辐射,全面带动数字电视产业链发展。

(三)建立整合营销大格局,加速产业链的纵横延伸

公司审时度势,积极实施整合营销,充分整合产业链上中下游资源,逐步建立公司大营销格局。一是积极、主动与中国移动合作,在全国率先与中国移动结为业务战略联盟,初步形成公司"全业务"竞争新格局。二是进行横向资源整合,先后与多个省级广电网络签署战略合作协议,从战略层面实现业务的融合。三是与电视机厂商进行合作,共同应对未来电视的竞争与挑战;四是与内容供应商合作,进军内容领域;五是与各大国有商业银行合作,实现线路互联,开辟视频监控等业务,等等。通过搭建互利共赢的合作平台,进一步加大资源的深度整合力度,初步实现了公司资源使用效果的最大化和客户价值的最大化。

(四)充分挖掘资源潜能,大力发展增值业务

根据市场实际需求,确立重要的增值业务发展模块:一是基于高清互动电视的增值业务。比如,时移、回放、在线支付、网络游戏、智慧购物等;二是基于可管可控、安全可靠的广电网络增值业务。比如,视频监控、平安工程、专线业务等;三是基于产业链延伸战略的增值业务。比如,宽带数据业务、媒体经营业务、EPG 广告等。通过努力,公司的增值业务不仅带给广大用户更加舒适的全新体验,大大提高了

社会效益和经济效益。

（五）大胆探索资本运营，实现公司可持续发展

三年来，公司抢抓机遇，积极探索战略投融资管理，建立公司盈利新模式。一是引进战略股东，成功引进资金40亿元；二是密切关注产业链上下游，寻找投资机会；三是协助发起设立广电股权投资基金及基金管理公司。根据公司战略发展要求，公司发起设立广东宏业广电产业投资有限公司，基金规模初定50亿元。2011年10月，广东广电基金正式挂牌成立，并对产业链上下游企业进行投资，取得了良好的经济效益。

以转型升级为导向　实施咨询投资双轮驱动战略

中国通用咨询投资有限公司

中国通用咨询投资有限公司（简称“通用咨询投资公司”）成立于2007年，系中央直接管理的重点骨干央企之一——中国通用技术集团所属子公司。在集团发展战略的指引下，通用咨询投资公司实施转型调整，持续创新经营理念、业务模式与组织结构，聚集节能环保产业、基础设施建设领域及国家重点工程和重大项目，以咨询、投资双轮驱动促进企业向高端服务业转型升级，打造咨询业务、商务服务、项目管理和投融资管理四大战略业务单元，为客户提供绿色可持续的整体解决方案和增值服务，形成具有核心竞争力、富有特色的“通用咨询投资”品牌。

2011年以来，通用咨询投资公司已完成“青岛中德生态园规划咨询”等一批精品项目，设立“中山通用创业投资基金”等，加快成为环境产业咨询投资领域国有主力军。战略实施两年多来，公司转型升级取得实效，2012年业务指标完成情况创历史新高。公司连续9年获得业界评选的优秀咨询服务企业、中国水业服务类最具社会责任企业等殊荣，研究成果获得中央企业青年创新奖优秀奖等奖项。

一、以转型升级为导向实施咨询投资双轮驱动战略背景

1. 落实集团战略要求，实现企业持续发展。中国通用技术集团确立转型升级发展战略，提出实现转型升级新跨越、开创科学发展新局面“三步走”的战略新构想，全力推进转型升级，建设具有国际竞争力的科工贸一体化大型企业集团。“技术服务与咨询业”是集团转型升级战略确定的新增长点，是集团积极发展、加快培育的支柱产业之一。

作为集团技术服务与咨询业板块核心经营机构之一，通用咨询投资公司按照集团要求，不断开拓创新咨询业务，探索拓展投资业，切实加强能力建设，推进各项业务的全面协调可持续发展，在新的历史起点上努力实现转型升级新跨越，目标是建成国际知名、中国一流的知识型、智慧型、现代新型咨询服务商。通用咨询投资公司以落实2011年公司转型调整方案为契机，进一步明确自身转型升级的方向，持续创新经营，加快推进战略实施，努力成为落实集团发展战略的排头兵。

2. 拓展发展空间、提升业务能力的需要。在通用咨询投资公司业务组合中，传统招标代理业务发挥着基石的作用，同时也是咨询业务项目机会的重要来源。但随着招标行业的发展，招标代理服务渐趋标准化，也越发呈现出同质化倾向，从事招标代理服务的企业数量由以往数十家迅速发展到上万家，行业内竞争日趋白热化。与此同时，行业收费管理进一步规范，导致业内企业盈利水平显著下降，传统招标企业发展面临战略抉择。

随着环境产业不断发展，公司在相关咨询领域与来自民营企业、股份制咨询机构等对手的竞争不断加剧；与此同时，客户价值需求更趋多元化，在需要项目规划、可研评估、招商策划等咨询服务的基础上，还希望得到后续资金支持、项目管理等一揽子服

务，这为公司拓展服务空间、提供整体解决方案提供了现实的市场机会。要把握巨大的市场机会，对通用咨询投资公司自身在产业分析与园区规划、项目策划、投融资安排、项目管理等方面的专业能力提出比以往更高的要求。

3. 发挥自身优势、产业聚焦的需要。以高端服务业为代表的智慧产业被誉为三大传统产业之外的“第四产业”，发展势头方兴未艾。与发达国家相比，包括咨询业、金融业等在内的高端服务业在我国国民经济中的比重偏低。根据“十二五”规划，服务业增加值在国内生产总值所占的比重将提高 4.0 个百分点。咨询业和金融服务业是典型的高端服务业；在国家调整经济结构、转变发展方式的大背景下，其发展更具蓬勃的生命力。

自 2011 年开始，通用咨询投资公司在中国通用技术集团的大力支持和指导下，深入调研、反复研讨转型升级的战略目标、企业定位和实现路径，研究制定转型调整方案，充分调动和发挥企业资源优势，产业聚焦，努力实现跨越式发展。

二、以转型升级为导向实施咨询投资双轮驱动战略内涵和主要做法

通用咨询投资公司确立“打造国际知名、国内一流的知识型、智慧型企业和咨询服务商”的转型升级目标，以咨询、投资双轮驱动，构建咨询业务、商务服务、项目管理和投融资管理四大战略业务单元，为客户提供绿色可持续的整体解决方案和增值服务。借鉴并创造性运用先进管理理念，注重发挥企业综合资源优势，通过优化组织结构，创新运作模式，拓展服务领域，加强内部管理，积极搭建战略合作平台，建设创新型、学习型组织，加强专业人才培养等一系列行之有效的举措，满足客户多元化价值主张，创建独具特色的“通用咨询投资”品牌，努力成为咨询投资服务领域的国有主力军，从而达成战略转型目标。

通用咨询投资公司以转型升级为导向，实施咨询投资双轮驱动战略主要做法可归纳为六个方面，包括：

一是制定双轮驱动战略目标，规划实施路径。公司首先明确战略定位与发展目标，密切结合业务资源基础，积极把握战略性新兴产业市场机会，定位“绿色发展”，为客户提供绿色可持续的整体解决方案和增值服务；公司转型发展目标是建设成为国际知名、国内一流的知识型、智慧型企业和咨询服务商，咨询投资双轮驱动，积极打造四大战略业务单元，加快推进转型战略实施。同时，延伸咨询投资服务链，以高端服务满足客户多元化需求，提供一揽子解决方案。

二是调整资源配置，构建全新的组织运作方式。通用咨询投资公司实施内部一体化管理，将传统招标业务纳入业务部门序列，在开展传统业务同时，积极输送创新业务项目信息，协同开展创新业务，融合成为公司有机组成部分。按照咨询投资服务链相关环节的内在逻辑关系，结合公司业务基础，确定四大战略业务单元（SBU），即：咨询业务、商务服务、项目管理和投融资管理。四大类业务互动互补、相辅相成、协调发展。充分利用传统业务市场资源优势与不同咨询业务领域的专长和特点，实现前店后厂运作模式。公司设立大客户部、城市轨道交通事业部、中间金融服务项目组，采取矩阵式管理推动重大项目和专项业务开展。

三是咨询投资双轮驱动，进军高端服务业。通用咨询投资公司充分发挥咨询业务的引领作用，咨询业务涵盖园区规划/产业规划咨询、市政基础设施与环境产业咨询、企业诊断及战略咨询、国际咨询服务、承接研究课题、招标衍生咨询业务等，带动招标等业务开展，提供配套投融资服务，利用自有资金以及所属通用（北京）基金管理有限公司（简称“基金公司”）开展股权投资，发起设立区域性和专项投资基金，开展投融资咨询，为客户提供一揽子解决方案。

四是梳理制度和流程，全面提升专业服务能力。通用咨询投资公司总结咨询业务经验，不断总结、提炼、丰富和完善咨询工具箱，在业务一线推广并加以运用。为重点加强对咨询业务的管理，通用咨询投资公司制订《公司重大业务决策程序》《咨询业务管理办法》等规章制度，全面加强企业基础管理工作，并已通过“质量/环境/职业健康安全管理体系”认证。公司及时补充 ERP 系统的咨询业务管理功能，咨询业务模块上线运行，从而实现对传统业务和创

新业务的统一规范管理，有利于提高公司全面风险控制能力。在注重内涵式发展的同时，通用咨询投资公司灵活运用并购等外延式增长方式，如与某工程造价顾问公司探讨开展股权合作，以迅速补充“工程造价”等专业咨询能力。公司制订出台《公司投资管理办法》。投资业务审批严格按流程办理，提高科学决策水平，最大限度地减少投资风险。创造性地设置“内部项目银行”，鼓励各部门、分支机构向公司推荐投资或投融资服务的项目机会，储备一批有预期收益的项目资源。

五是打造平台，拓宽合作深度广度。开展战略合作是从高起点介入把握市场资源实施“大市场、大客户、大项目”经营理念的重要举措，是贯穿四大类战略业务的纽带。充分发挥自身综合优势，通用咨询投资公司携手地方政府、大型国企、跨国公司以及其他企事业单位、外国政府等合作伙伴，探讨开展高层次、多领域合作；以签订战略合作协议为切入点，在双方协议总体框架下，推动具体项目与业务的开展。凭借战略合作，传统招标业务与创新业务在市场开发上相互“借力”，从而提高两类业务开发的成功机率。通用咨询投资公司各部门密切配合，通过组建跨部门项目小组等方式，推进战略合作协议实施。

六是夯实基础、突出重点，促进学习型组织建设。通用咨询投资公司大力加强人力资源开发、人才培养、锻炼和使用，为员工提供多样化的能力提升平台。公司加大投入，选派优秀职工参加国内外职业培训、专业知识培训，鼓励员工获取职业资格，提升专业化水平，推行员工轮岗制度等。创办独具特色的“咨询学堂”，围绕业务发展需要，邀请外部专家或公司内部人员主讲，主题鲜明，广大员工踊跃参加，受益匪浅。公司努力完善自身咨询经营资质，维护下属招标公司经营资质。运用电子化手段发展传统招标业务，大力推进“中国通用招标投标网”建设，积极参与国家发改委公共平台建设等工作。通用咨询投资公司在整合下属招标公司专家库、规范管理的基础上，建设并不断完善咨询专家库，形成专家推荐、选取控制以及专家库维护一整套较为完善的做法，为通用咨询投资公司市场开发及项目执行提供更有力的专家支撑体系。

三、以转型升级为导向实施咨询投资双轮驱动战略效果

1. 双轮驱动战略有效落地，企业形成良性发展态势。通用咨询投资公司突破传统招标代理、城市基础设施市场化运作咨询业态，注重发挥智力与资金两大要素的作用，咨询投资双轮驱动战略落地，四大战略业务单元初具规模，并逐步呈现出互动互补、相辅相成、协调发展的良好局面。其中，咨询业务实施了一批精品项目，开发了区域规划咨询的一系列工具，不断完善模式、打造精品、培育团队，实现了区域规划咨询、企业战略咨询、产品市场营销咨询、环境应急咨询等多个领域的业务增长，“大咨询”的业务格局正在逐步形成。

通用咨询投资公司为客户提供包括咨询业务、商务服务、项目管理、投融资管理在内的绿色发展整体解决方案，初步实现向高端服务业延伸拓展，形成企业发展的良性态势，被中国通用技术集团誉为“持续转型创新的榜样”“开展业务协同的典范”及“维护和发展政府公共关系的优秀平台”。

2. 确立了行业地位，形成独特品牌。通用咨询投资公司聚焦绿色发展，由单体水务咨询拓展到流域治理、固废处置、大气治理等环境产业领域，开展环境企业战略咨询、生态产业园区规划、环境技术产品营销、股权投资等业务，发展成为环境产业、绿色发展领域知名的咨询、投资与项目管理商。

作为国有企业主力军，通用咨询投资公司在行业年度评比中屡获殊荣，如2011年中国节能服务产业最佳合作伙伴、2012年度中国水业服务类最具社会责任企业等称号。“通用咨询投资”品牌影响力不断扩大，咨询投资双轮驱动战略实施初见成效。

3. 经济效益和综合实力显著提升。2011年以来，通用咨询投资公司沉着应对外部经营环境不利影响，保持稳健经营，营业收入快速增长，在2012年中国通用技术集团系统内开展的包括收入总量、增量及增幅等10项正能量指标排行中，通用咨询投资公司7项榜上有名，保持了自2007年以来业绩增长的势头，再创经营佳绩。

2013 年华侨城集团公司概况综述

华侨城集团公司

一、基本概况

华侨城集团公司成立于 1985 年 11 月，系隶属于国务院国资委管理的跨区域、跨行业经营的大型企业集团，以房地产及酒店开发经营、旅游及相关文化产业经营、电子及配套包装产品制造为三大主营业务。培育出了康佳集团、华侨城股份、华侨城地产等知名企业品牌，以及锦绣中华、中国民俗文化村、世界之窗、欢乐谷、东部华侨城、欢乐海岸等产品品牌。2009 年 11 月，华侨城集团主营业务整体上市，位居行业前列的核心主业和优质资源得到充分整合，企业经营机制迈上了新的台阶。截至 2013 年底，华侨城集团资产总额 1 045.6 亿元，实现营业收入 482.4 亿元，利润总额 66.5 亿元，同比分别增长 12.2%、18.6%、15.8%；拥有各级子企业 146 家，在岗职工 42 423 人。年内，华侨城集团先后获中央企业 2012 年度经营业绩考核 A 级评价、中央企业 2010—2012 年任期经营业绩考核 A 级评价、中央企业 2010—2012 年任期业绩优秀企业奖、第六届中国管理模式特别大奖“理事长奖”等荣誉。

二、2013 年主营业务发展

（一）旅游业务

截至 2013 年底华侨城集团在深圳、北京、上海、成都、武汉、天津、昆明、西安、泰州、长沙等 13 个城市建有 16 个旅游景区项目，其中进入运营期的有 13 个（锦绣中华 · 民俗村、深圳世界之窗、长沙世界之窗；深圳欢乐谷、北京欢乐谷、成都欢乐谷、上海欢乐谷及水公园、武汉欢乐谷及水公园和天津欢乐谷；东部华侨城、泰州华侨城、云南华侨城；深圳欢乐海岸）；管理并拥有 40 余家酒店、6 000 间客房。年内，各景区及酒店接待游客近 3 000 万人次，创下历史新高，跻身世界旅游景区集团四强，名列中国旅游集团前三强。酒店业务在国内酒店市场需求出现明显波动的情况下，取得较好成绩。华侨城大酒店、海景奥思廷酒店的入住率、间房收益分别位居各细分市场前列；华侨城大酒店总收入在深圳酒店市场排名第一，并获 2013 年“深圳市长质量奖”及“全国旅游服务质量标杆单位”。

（二）文化产业新业务

2013 年华侨城集团新业务增长迅猛，收入同比增长 80.0%，利润同比翻番。文化演艺：成立华侨城文化演艺营销公司，并探索《水秀》《金面王朝》《天府蜀韵》3 台剧目票务代理的市场化运作模式；对外输出完成锦州世界园艺博览会的演艺服务工作；推出首台具有自主知识产权的大型音舞诗画《国风 · 琴棋书画》，剧目以舞台方式传达中国传统文化内涵。文化科技：推出国内最全面的智慧旅游系统《在线景区》APP 和《中国智慧旅游在线》平台，与土耳其公司成功签订第一个项目出口订单，实现华侨城文化产业走出国门；儿童文化产业：深圳、成都、武汉三地麦鲁小城实现连锁，并完成同名网页游戏内测等。

（三）房地产业务

房地产业务以“快”字方针应对调控，加快施工进度和推盘节奏，加大销售和回款力度。各项目全年签约销售面积同比增长 16.0%，销售金额同比增长 13.0%。其中：深圳本部开盘的纯水岸十五期 2 区刷新了深圳同期同类型产品的销售记录；新浦江城和合利坊 2 个项目创出历史新高；上海苏河湾推出的 1 街坊、41 街坊在市场同类产品中保持销售领先地位；欢乐海岸购物中心于 2013 年 9 月 28 日试业，是深圳唯一以环保、生态理念建造的现代亲水化国际购物中心;浦江华侨城商业中心于2013年12月试业,囊括大型卖场、商业中心、办公等多种形式,整体规划由著名的意大利格里高蒂建筑事务所担纲设计。

(四)电子业务

2013年,电子业务销售收入首次突破200亿元。彩电方面:推出搭载Android4.2平台的6核、8核、10核智能电视,凭借"核芯"技术获得中国家电行业峰会颁发的"最具影响力品牌",巩固了智能产品领先地位;并推出全系列UD电视产品阵营,UD电视9600系列荣获中国电子商会、中国电子技术标准化研究院颁发的"2013十佳平板电视"称号;2013年,康佳首家推出线上品牌KKTV,开始进行传统企业转型。康佳集团还获"2013年中国最具创新企业技术创新奖"。白电方面:2013年康佳围绕健康战略,推出第三代可降解农药的云离子健康冰箱和云离子杀菌洗衣机,奠定"健康"领域产品领先地位。手机方面:2013年康佳实现产品全面智能化,并推出了首款互联网手机——"凡高"手机,互联网产品取得较大突破。小家电方面:2013年成功推出了自主研发的KKpad电磁炉和KKcooker电饭煲,产品上有很大进步。

(五)纸包装业务

香港华侨城有限公司于1997年10月成立,业务涉及商业综合开发、纸制品印刷包装及进出口等领域。旗下的"华力"纸包装企业,生产设备先进,由5家全资子公司组成,拥有28年专业生产纸包装产品的管理经验,在区域市场占有率位于行业前三名。华力纸包装企业以"以纸代木、以纸代塑"等环保产品为研发重点,拥有4条德国、意大利生产的2.5米高速纸板生产线,德国高宝、罗兰和法国MARTIN等20多台先进印刷生产设备。2013年纸包装业务积极调整客户结构和产品结构,深入推进降本增效工作,全面完成经营目标。

三、重点项目与新项目发展

(一)重点项目建设

成都欢乐谷二期于5月份开园,引入了由华侨城文化旅游科技公司研发制造的多个室内高科技游乐项目,拉动公园整体经营;上海玛雅海滩水公园于7月5日开园,成为华东地区规模最大的水公园,对于进一步提高竞争力、应对迪斯尼挑战具有重要意义;天津欢乐谷于7月26日开园,是华侨城首个以大型室内项目为主的主题公园和中国北方首个"四季欢乐主题公园",巩固了欢乐谷作为中国主题公园第一品牌的地位;云南华侨城温泉水公园于10月26日开园,是项目首个面向公众的旅游产品,通过将休闲娱乐主题与温泉养生文化结合,打造了鲜明的产品特色;欢乐海岸购物中心于9月底实现试业目标,丰富了整个项目业态;浦江华侨城商业中心于年底试业;建设中的前海华侨城大酒店和云南华侨城圣托里尼大酒店,年内分别与万豪签订合作协议。

(二)新项目拓展

适时稳健开展资源储备,年内与佛山市顺德区、福州市人民政府签订大型综合旅游项目正式合作协议,投资逾百亿的华侨城宁波文化旅游综合项目正式开工。其中顺德项目是公司继深圳总部之后在珠三角的首次战略布局,宁波华侨城是迄今宁波地区投资规模最大的文化旅游项目,也是华侨城在一线城市之外最大的投资。三个项目的落地,标志着华侨城新一轮战略布局进入了快速推进阶段。

四、企业管理与改革

整体上市以来,华侨城集团各项事业发展进入新的阶段。2013年在国务院国资委的大力指导下,华侨城集团持续开展管理提升活动,实现了各专项管理提升和制度创新,推动了企业改革发展。2013年集团控股上市公司华侨城股份公司、康佳集团相继进行了董事会换届,集团各主营业务将分别在新一届董事会的带领下迈入新的发展时期。

(一)管理提升

2013年,华侨城集团公司按照国务院国资委的总体部署和集团公司编制的活动方案,积极将提升企业管理能力、改善业务流程与促进企业经济效益、降本增效能力紧密结合起来,并取得良好成效。一是建设全面预算管理体系,强化预算监控机制,发挥预算对成本费用、债务风险等关键指标的控制作用。集团下属两家上市公司均设立了全面预算管理委员会和全面预算管理责任机构，以投资、经营、综合生产要素配置为重点，统筹协调财务信息，跟踪分析子公司、事业部财务预算执行情况，每月定期编制月度财务分析报告；二是建立健全内控体系，加强风险控制能力。在集团范围内推广实施全面风险管理和内部控制规范工作，各试点企业确认内控流程中的缺陷事项，制定整改方案并完成缺陷整改，建立起完善有效的内控体系；三是重点关注提升旅游综合项目盈利能力、提升房地产专业化能力、强化集中采购、建设全面预算管理体系、加强对运营及投资的过程管控能力五项管理能力，强化提升主营业务标准化、制度化、信息化水平。

（二）企业文化与品牌建设

华侨城集团公司在20多年的发展历程中，逐渐形成了独具特色的创想文化。观念领先、主题鲜明、形态多样的企业文化工作一直是华侨城领先于行业的一大亮点，在传播华侨城价值理念、增强企业凝聚力方面发挥了重要作用。2013年华侨城在持续做好“一节一会四大赛事活动”（华侨城旅游文化节、华侨城春节联欢晚会、篮球赛、龙舟赛、游泳赛、高尔夫赛）企业文化活动的同时，将企业文化体系建设列入年度重点工作，制定完善了《华侨城企业文化体系大纲》，形成华侨城企业文化发展的纲领性文件。

品牌建设进一步强化整合提升。一是强化“优质生活的创想家”理念，完善多级品牌架构运作方式，强化品牌宣贯；二是充分利用《品牌信息参考》、微信等，开展品牌训练营、品牌沙龙等活动，提升工作人员业务能力；三是围绕“文化、旅游、公益”三主题，利用各种展会、项目开业等，加大品牌推广力度。2013年，华侨城获得了中国企业微博运营十佳案例之“最佳微文化”奖。

（三）人力资源管理

一是创新干部选拔机制，将公开竞聘作为干部选拔的重要方式，拓宽人才选用视野，为内部优秀人才提供成长的机会。同时，搭建内部招聘平台，促进华侨城内部形成良好的人才流动机制；二是制定《推动基层员工收入增长　促进企业持续稳定发展指导纲要》，提出提高最低工资标准、完善工资增长机制、完善职业发展通道等具体措施；三是启动薪酬激励项目，全面梳理现行的企业经营业绩考核办法，强化考核激励，提升企业自主提高经济效益的内在动力；四是进一步推进人才强企工作，启动企业关键岗位、关键人才和骨干员工梳理，完善关键岗位和关键人才识别模型；五是推进eHR系统二期项目建设，推动人力资源信息化建设朝着“统一平台、规范协同和促进发展”的目标迈进；六是梳理和提炼“航”系列培训，形成品牌效应。《“航”系列人才成长体系建设》成果荣获第二十三届广东省企业管理现代化创新成果一等奖。

（四）科技创新

2013年华侨城集团大力推进产品研发和技术创新，构筑主营业务长期发展的竞争优势。彩电业务率先发起核升级，从6核、8核到10核，从安卓4.0、4.2到4.3，从2K到4K到OLED，保持了产品和技术的领先性；推出业内首款线上品牌KKTV，以深度的逆向整合应对互联网时代的跨界竞争，成为国内家电行业首次针对互联网电视市场发布的专门品牌；手机业务以MYcloud家庭云为平台，联手互联网门户企业探索智能应用体验和电子商务渠道营销，抢占智能手机市场；白电业务以“降解农药”技术为核心，切入“健康”家电细分市场，奠定了在“健康”领域的领先地位等。

2011年并购的华侨城文化旅游科技公司是国家高新技术企业、深圳市重点软件企业、文化创意企业。它作为华侨城一家高科技游乐项目研制的文化科技企业，始终坚持自主创意、设计、研发和制作，加大科技投入，产品持续获得市场追捧。2013年，华侨城文化旅游科技公司实现2项发明专利授权，3项实用新型专利授权，注册登记软件、影片等知识产权30余项。

（五）信息化建设

2013年在全新修编的IT治理与战略规划的指导下，华侨城集团加大力度推进应用系统建设和信息安全防范体系建设。一是重点进行了主营业务管控系统的优化与推广、ERP财务管理项目、EHR人力资源管理系统二期、地产业务管理系统、产品策划系统建设以及统筹开展华侨城智慧景区建设等，提高主营业务和专项管理工作统筹管控效力；二是完善信息安全体系，持续提升信息安全水平。从组织体系、管理制度、培训提升、信息安全技术体系构建、信息安全运维等方面构建了企业信息安全防护网。

(六)安全管理工作

集团上下始终坚持安全发展，科学发展理念，以防范安全生产事故为目标，以企业安全生产标准化达标创建工作为重点，落实企业安全生产主体责任，实现企业安全生产目标。

积极落实以企业经营班子成员“一岗双责”制度为核心，覆盖各层级和生产经营全过程的安全生产责任体系，各级单位全年共签订安全生产责任书2 644份，员工签署岗位安全承诺书46 259份，安全投入达11 689余万元；实施对相关单位安全生产年度绩效考核工作，发现薄弱环节和问题，充分调动各单位开展安全管理工作的积极性和主动性；以安全考核和安全生产月活动为契机，督促各业务板块组织对企业的安全检查。全年共组织安全检查3 006次，查出隐患13 973项，整改隐患13 440项；全方位开展安全宣传、教育和培训活动，涉及人员超过7万人次，同时强化企业负责人和安全管理人员任职资格培训和再教育。

(七)党建工作

2013年集团各级党组织围绕中心，把作风建设放在突出位置，开展党的思想、组织、作风、制度和廉政建设。一是聚焦主题、创新形式，加强学习和思想教育工作。2013年，集团党委理论中心组学习贯彻党的十八大精神，以中央政策、国企改革、企业发展、公司战略、行业竞争为切入点，边学边用，学以致用，27批次深入基层企业专题调研，与725人座谈，理论联系实际；二是开展党的群众路线教育实践活动，转变作风，推动转型。通过集中学习、征求意见、查找问题、开展批评、落实整改、建章立制，明确整改内容、整改措施，在贯彻八项规定、改进工作作风方面取得成效；三是坚持党管干部、党管人才，完善干部管理和人才选育机制。全年考察提任中层干部28人，轮岗交流25人次；四是强化党组织和党员管理。印发党委议事规则、领导干部民主生活会制度、党委民主评议党员实施细则等，提升党建制度水平；五是以惩防体系建设为重点，推进党风和廉政建设。签订廉政建设责任书139份，廉洁从业承诺书3 105份。

(八)履行社会责任

2013年，华侨城集团推进社会责任管理体系建设，落实社会责任管理领导机构、工作机构，推进社会责任工作开展。集团参加第二届中国公益慈善项目交流展示会，展示华侨城以生态公益和文化艺术公益为特色的公益之路。年内被授予第十届深圳关爱行动优秀组织单位称号，华侨城社区文化节、欢乐海岸“生态课堂”、华会所生态环保基金会被授予第十届深圳关爱行动“百佳市民满意项目”荣誉称号。同时，集团积极落实定点扶贫工作，对贵州黔东南州三穗、天柱两县的文化、教育、卫生等基础设施实行帮扶，协助承办了三穗县领导干部经济管理培训班，培训50人次，筹措扶贫款300万元。

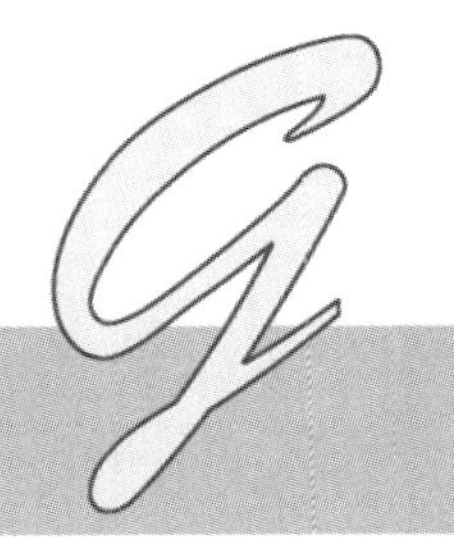

国民经济和社会发展统计资料

中华人民共和国2013年国民经济和社会发展统计公报[1]

国家统计局

2014年2月24日

2013年，面对错综复杂的国内外形势，党中央、国务院团结带领全国各族人民深入贯彻落实党的十八大精神，坚持稳中求进工作总基调，坚持宏观政策要稳、微观政策要活、社会政策要托底的思路，统筹稳增长、调结构、促改革，探索创新宏观调控方式，经济社会发展稳中有进、稳中向好，实现了良好开局。

一、综　合

年末全国大陆总人口为136 072万人，比上年末增加668万人，其中城镇常住人口为73 111万人，占总人口比重为53.7%，比上年末提高1.2个百分点。全年出生人口1 640万人，出生率为12.1‰；死亡人口972万人，死亡率为7.2‰；自然增长率为4.9‰。全国人户分离的人口[2]为2.9亿人，其中流动人口[3]为2.5亿人。见表1。

国民经济平稳较快增长。初步核算，全年国内生产总值[5]568 845亿元，比上年增长7.7%。其中，第一产业增加值56 957亿元，增长4.0%；第二产业增加值249 684亿元，增长7.8%；第三产业增加值262 204亿元，增长8.3%。第一产业增加值占国内生产总值的比重为10.0%，第二产业增加值比重为43.9%，第三产业增加值比重为46.1%，第三产业增加值占比首次超过第二产业。见图1。

2013年年末人口数及其构成

表1

指　标	年末数(万人)	比　重(%)
全国总人口	136 072	100.0
其中：城　镇	73 111	53.7
乡　村	62 961	46.3
其中：男　性	69 728	51.2
女　性	66 344	48.8
其中：0~15岁[4]（含不满16周岁）	23 875	17.5
16~59岁（含不满60周岁）	91 954	67.6
60周岁及以上	20 243	14.9
其中：65周岁及以上	13 161	9.7

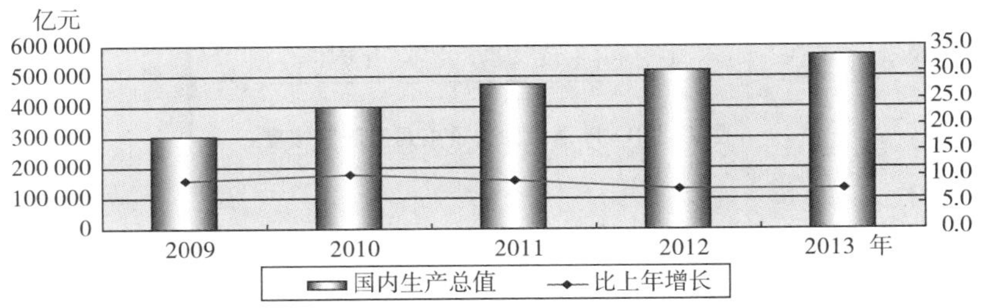

图1　2009—2013年国内生产总值及增长速度

就业持续增加。年末全国就业人员 76 977 万人,其中城镇就业人员 38 240 万人。全年城镇新增就业 1 310 万人。年末城镇登记失业率为 4.1%,略低于上年末的 4.1%。全国农民工[6]总量为 26 894 万人,比上年增长 2.4%。其中,外出农民工 16 610 万人,增长 1.7%;本地农民工 10 284 万人,增长 3.6%。见图 2。

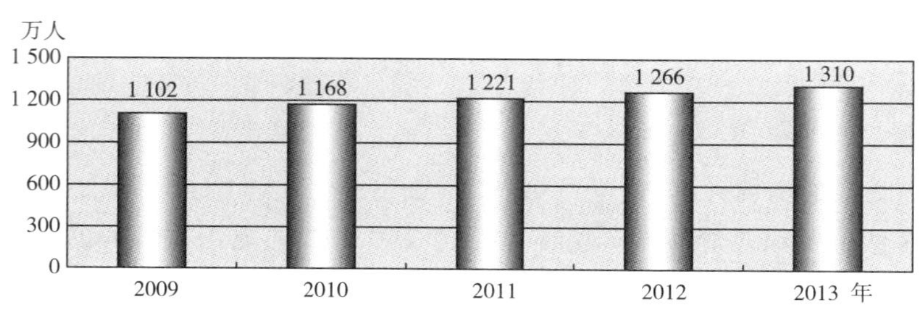

图 2　2009—2013 年城镇新增就业人数

劳动生产率稳步提高。全年国内生产总值与全部就业人员的比率为 66 199 元/人(以 2010 年不变价格计算),比上年提高 7.3%。见图 3。

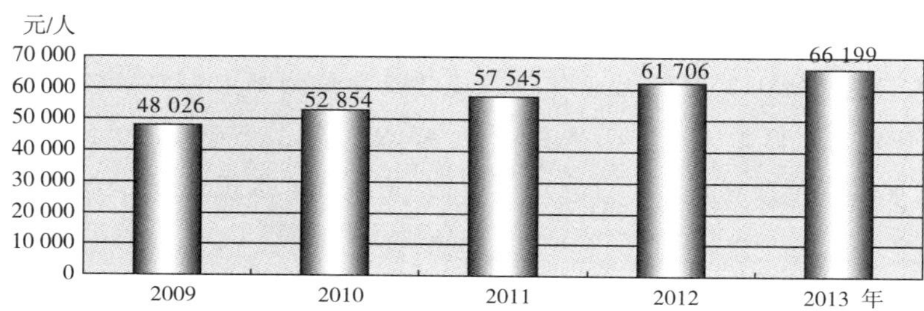

图 3　2009—2013 年国内生产总值与全部就业人员比率(2010 年不变价格)

居民消费价格基本稳定。全年居民消费价格比上年上涨 2.6%,其中食品价格上涨 4.7%。固定资产投资价格上涨 0.3%。工业生产者出厂价格下降 1.9%。工业生产者购进价格下降 2.0%。农产品生产者价格[7]上涨 3.2%。见图 4、表 2。

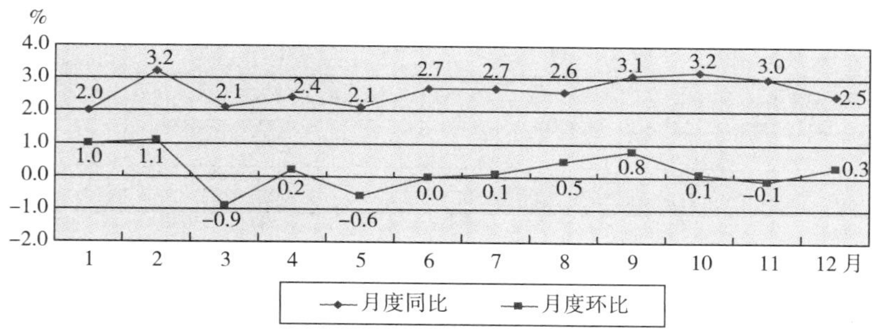

图 4　2013 年居民消费价格月度涨跌幅度

2013 年居民消费价格比上年涨跌幅度

表 2 单位:%

指 标	全 国	城 市	农 村
居民消费价格	2.6	2.6	2.8
其中:食 品	4.7	4.6	4.9
烟酒及用品	0.3	0.1	0.8
衣 着	2.3	2.2	2.5
家庭设备用品及维修服务	1.5	1.5	1.3
医疗保健和个人用品	1.3	1.2	1.8
交通和通信	-0.4	-0.5	0.1
娱乐教育文化用品及服务	1.8	1.7	1.8
居 住	2.8	3.0	2.3

70 个大中城市新建商品住宅销售价格月环比上涨的城市个数年末为 65 个。见图 5。

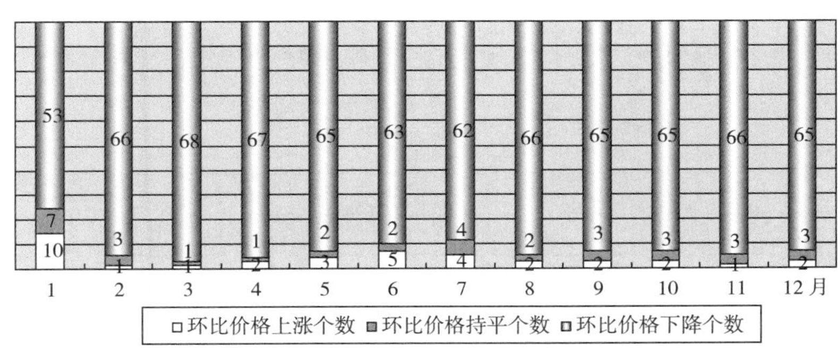

图 5 2013 年新建商品住宅月环比价格下降、持平、上涨城市个数变化情况

财政收入稳定增长。全年全国公共财政收入[8] 129 143 亿元,比上年增加 11 889 亿元,增长 10.1%;其中税收收入 110 497 亿元,增加 9 883 亿元,增长 9.8%。见图 6。

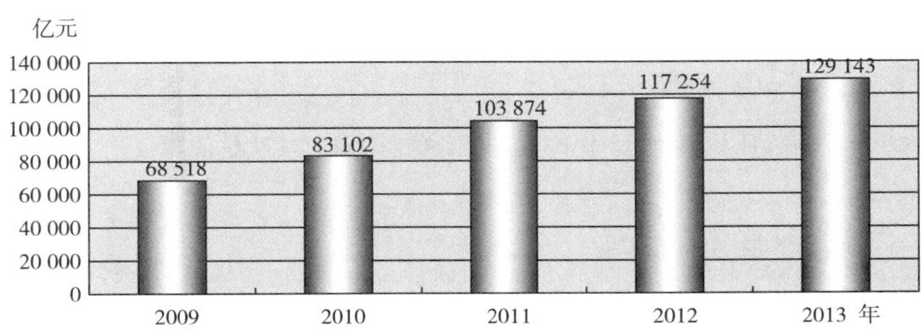

图 6 2009—2013 年公共财政收入[9]

外汇储备继续增加。年末国家外汇储备 38 213 亿美元,比上年末增加 5 097 亿美元。年末人民币汇率为 1 美元兑 6.0969 元人民币,比上年末升值 3.1%。见图 7。

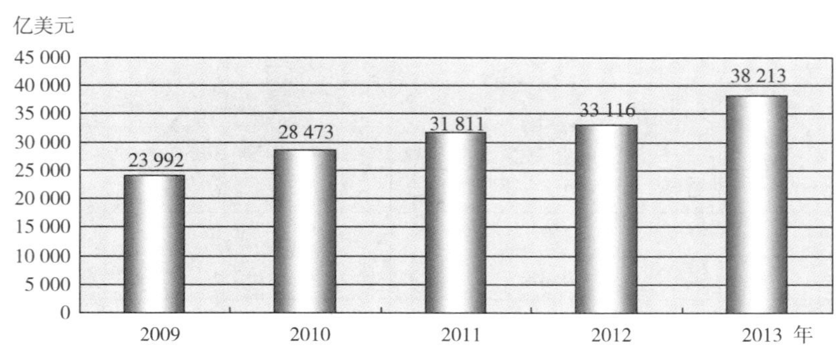

图7　2009—2013年年末国家外汇储备

二、农　业

全年粮食种植面积11 195万公顷，比上年增加75万公顷；棉花种植面积435万公顷，减少34万公顷；油料种植面积1 408万公顷，增加15万公顷；糖料种植面积199万公顷，减少4万公顷。

粮食再获丰收。全年粮食产量60 194万吨，比上年增加1 236万吨，增产2.1%。其中，夏粮产量13 189万吨，增产1.5%；早稻产量3 407万吨，增产2.4%；秋粮产量43 597万吨，增产2.3%。其中，主要粮食品种中，稻谷产量20 329万吨，减产0.5%；小麦产量12 172万吨，增产0.6%；玉米产量21 773万吨，增产5.9%。见图8。

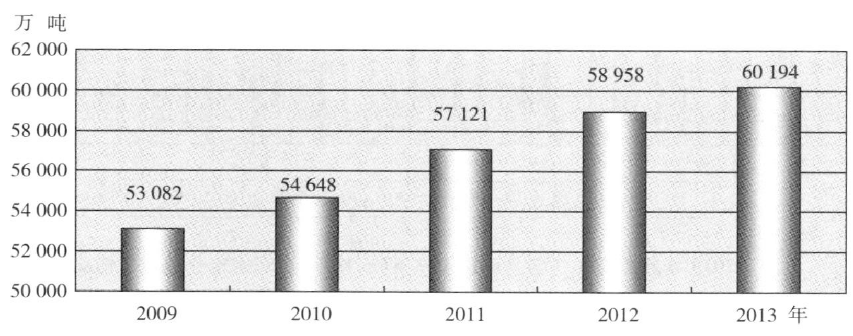

图8　2009—2013年粮食产量

全年棉花产量631万吨，比上年减产7.7%。油料产量3 531万吨，增产2.8%。糖料产量13 759万吨，增产2.0%。茶叶产量193万吨，增产7.9%。

全年肉类总产量8 536万吨，比上年增长1.8%。其中，猪肉产量5 493万吨，增长2.8%；牛肉产量673万吨，增长1.7%；羊肉产量408万吨，增长1.8%；禽肉产量1 798万吨，下降1.3%。年末生猪存栏47 411万头，下降0.4%；生猪出栏71 557万头，增长2.5%。禽蛋产量2 876万吨，增长0.5%。牛奶产量3 531万吨，下降5.7%。

全年水产品产量6 172万吨，比上年增长4.5%。其中，养殖水产品产量4 547万吨，增长6.0%；捕捞水产品产量1 625万吨，增长3.5%。

全年木材产量8 367万立方米，比上年增长2.3%。

全年新增有效灌溉面积129万公顷，新增节水灌溉面积211万公顷。

三、工业和建筑业

工业生产稳定增长。全年全部工业增加值210 689亿元，比上年增长7.6%。规模以上工业增加值增长9.7%。在规模以上工业中，分经济类型看，国有及国有控股企业增长6.9%；集体企业增长4.3%，股份制企业增长11.0%，外商及港澳台商投资企业增长8.3%；私营企业增长12.4%。分门类看,采矿业[10]增长6.4%,制造业增长10.5%,电力、热力、燃气及水生产和供应业增长6.8%。见图9。

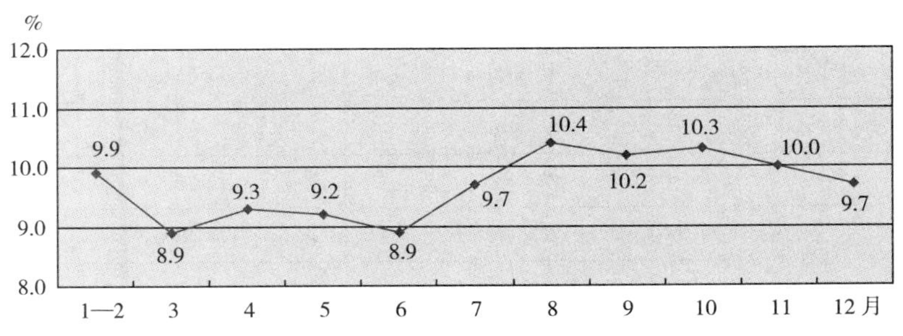

图9　2013年规模以上工业增加值增速(月度同比)

全年规模以上工业中,农副食品加工业增加值比上年增长9.4%,纺织业增长8.7%,通用设备制造业增长9.2%,专用设备制造业增长8.5%,汽车制造业增长14.9%,计算机、通信和其他电子设备制造业增长11.3%,电气机械和器材制造业增长10.9%。六大高耗能行业[11]增加值比上年增长10.1%,其中,非金属矿物制品业增长11.5%,化学原料和化学制品制造业增长12.1%,有色金属冶炼和压延加工业增长14.6%,黑色金属冶炼和压延加工业增长9.9%,电力、热力生产和供应业增长6.2%,石油加工、炼焦和核燃料加工业增长6.1%。高技术制造业增加值比上年增长11.8%。见表3。

2013年主要工业产品产量及其增长速度

表3

产品名称	单　位	产　量	比上年增长(%)
纱	万　吨	3 200.0	7.2
布	亿　米	882.7	4.0
化学纤维	万　吨	4 121.9	7.4
成品糖	万　吨	1 589.7	12.8
卷　烟	亿　支	25 604.0	1.8
彩色电视机	万　台	12 776.1	-0.4
其中:液晶电视机	万　台	12 290.3	4.5
家用电冰箱	万　台	9 261.0	9.9
房间空气调节器	万　台	13 057.2	5.3
一次能源生产总量	亿吨标准煤	34.0	2.4
原　煤	亿　吨	36.8	0.8
原　油	亿　吨	2.1	1.8
天然气	亿立方米	1 170.5	9.4
发电量	亿千瓦小时	53 975.9	7.5
其中:火　电	亿千瓦小时	42 358.7	7.0
水　电	亿千瓦小时	9 116.4	5.6
核　电	亿千瓦小时	1 106.3	13.6
粗　钢	万　吨	77 904.1	7.6

续表

产品名称	单位	产量	比上年增长(%)
钢材[9]	万吨	106 762.2	11.7
十种有色金属	万吨	4 054.9	9.7
其中:精炼铜(电解铜)	万吨	649.0	12.7
原铝(电解铝)	万吨	2 205.9	9.2
氧化铝	万吨	4 437.2	17.7
水泥	亿吨	24.2	9.3
硫酸	万吨	8 122.6	3.1
纯碱	万吨	2 434.9	1.6
烧碱	万吨	2 859.0	6.0
乙烯	万吨	1 622.6	9.1
化肥(折100%)	万吨	7 037.0	3.0
发电机组(发电设备)	万千瓦	12 572.8	-3.3
汽车	万辆	2 211.7	14.7
其中:基本型乘用车(轿车)	万辆	1 210.4	12.4
大中型拖拉机	万台	58.7	11.4
集成电路	亿块	866.5	11.2
程控交换机	万线	3 115.7	10.1
移动通信手持机	万台	145 561.0	23.2
微型计算机设备	万台	33 661.0	5.8

年末全国发电装机容量124 738万千瓦,比上年末增长9.3%。其中,火电装机容量86 238万千瓦,增长5.7%;水电装机容量28 002万千瓦,增长12.3%;核电装机容量1 461万千瓦,增长16.2%;并网风电装机容量7 548万千瓦,增长24.5%;并网太阳能发电装机容量1 479万千瓦,增长3.4倍。

全年规模以上工业企业实现利润62 831亿元,比上年增长12.2%,其中国有及国有控股企业15 194亿元,增长6.4%;集体企业825亿元,增长2.1%,股份制企业37 285亿元,增长11.0%,外商及港澳台商投资企业14 599亿元,增长15.5%;私营企业20 876亿元,增长14.8%。

全年全社会建筑业增加值38 995亿元,比上年增长9.5%。全国具有资质等级的总承包和专业承包建筑业企业实现利润5 575亿元,增长16.7%,其中国有及国有控股企业1 363亿元,增长20.1%。见图10。

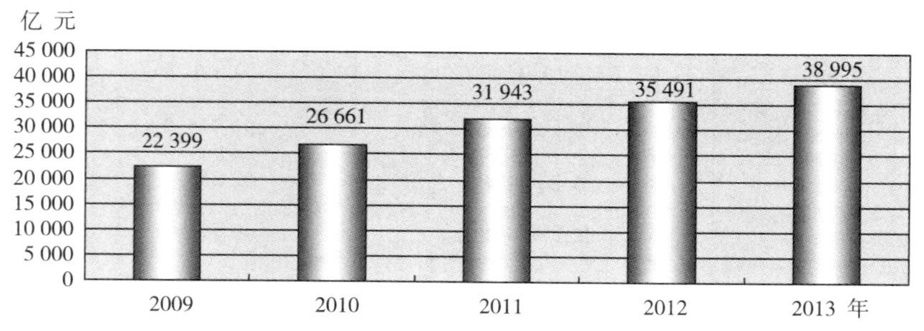

图10 2009—2013年建筑业增加值

四、固定资产投资

固定资产投资较快增长。全年全社会固定资产投资447 074亿元,比上年增长19.3%,扣除价格因素,实际增长18.9%。其中,固定资产投资(不含农户)436 528亿元,增长19.6%;农户投资10 547亿元,增长7.2%。东部地区投资[14] 179 092亿元,比上年增长17.9%;中部地区投资105 894亿元,增长22.2%;西部地区投资109 228亿元,增长22.8%;东北地区投资47 367亿元,增长18.4%。见图11、表4。

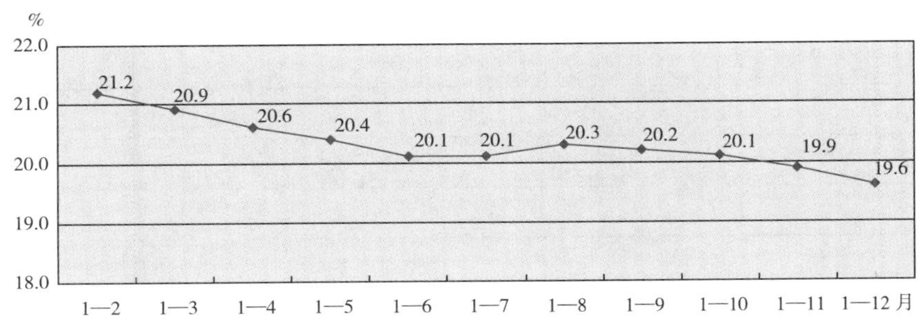

图11　2013年固定资产投资(不含农户)增速(累计同比)

2012年分行业固定资产投资(不含农户)及增长速度

表4

行　业	投资额(亿元)	比上年增长(%)
总　计	436 528	19.6
农、林、牧、渔业	11 611	32.4
采矿业	14 750	10.9
制造业	147 370	18.5
电力、热力、燃气及水的生产和供应业	19 744	18.4
建筑业	3 737	1.4
批发和零售业	12 695	30.0
交通运输、仓储和邮政业	36 194	17.2
住宿和餐饮业	6 001	17.5
信息传输、软件和信息技术服务业	3 216	19.5
金融业	1 250	35.3
房地产业[15]	111 424	20.3
租赁和商务服务业	5 922	26.1
科学研究和技术服务业	3 149	27.2
水利、环境和公共设施管理业	37 598	26.9
居民服务、修理和其他服务业	2 037	20.8
教　育	5 486	19.1
卫生和社会工作	3 184	21.7
文化、体育和娱乐业	5 251	23.0
公共管理、社会保障和社会组织	5 908	-2.3

在固定资产投资(不含农户)中,第一产业[16]投资9 241亿元,比上年增长32.5%;第二产业投资184 804亿元,增长17.4%;第三产业投资242 482亿元,增长21.0%。见表5。

2013年固定资产投资新增主要生产能力

表5

指 标	单 位	绝对数
新增220千伏及以上变电设备	万千伏安	19 631
新建铁路投产里程	千 米	5 586
其中:高速铁路[17]	千 米	1 672
增建铁路复线投产里程	千 米	4 180
电气化铁路投产里程	千 米	4 810
新建公路	千 米	70 274
其中:高速公路	千 米	8 260
港口万吨级码头泊位新增吞吐能力	万 吨	33 119
新增光缆线路长度	万千米	266

全年房地产开发投资86 013亿元,比上年增长19.8%。其中,住宅投资58 951亿元,增长19.4%;办公楼投资4 652亿元,增长38.2%;商业营业用房投资11 945亿元,增长28.3%。

全年新开工建设城镇保障性安居工程住房666万套(户),基本建成城镇保障性安居工程住房544万套。见表6。

2013年房地产开发和销售主要指标完成情况及增长速度

表6

指 标	单 位	绝对数	比上年增长(%)
投资额	亿 元	86 013	19.8
其中:住 宅	亿 元	58 951	19.4
其中:90平方米及以下	亿 元	19 446	15.8
房屋施工面积	万平方米	665 572	16.1
其中:住 宅	万平方米	486 347	13.4
房屋新开工面积	万平方米	201 208	13.5
其中:住 宅	万平方米	145 845	11.6
房屋竣工面积	万平方米	101 435	2.0
其中:住 宅	万平方米	78 741	-0.4
商品房销售面积	万平方米	130 551	17.3
其中:住 宅	万平方米	115 723	17.5
本年到位资金	亿 元	122 122	26.5
其中:国内贷款	亿 元	19 673	33.1
其中:个人按揭贷款	亿 元	14 033	33.3

五、国内贸易

市场销售平稳较快增长。全年社会消费品零售总额237 810亿元,比上年增长13.1%,扣除价格因素,实际增长11.5%。按经营地统计,城镇消费品零售额205 858亿元,增长12.9%;乡村消费品零售额31 952亿元,增长14.6%。按消费形态统计,商品零售额212 241亿元,增长13.6%;餐饮收入额25 569亿元,增长9.0%。见图12。

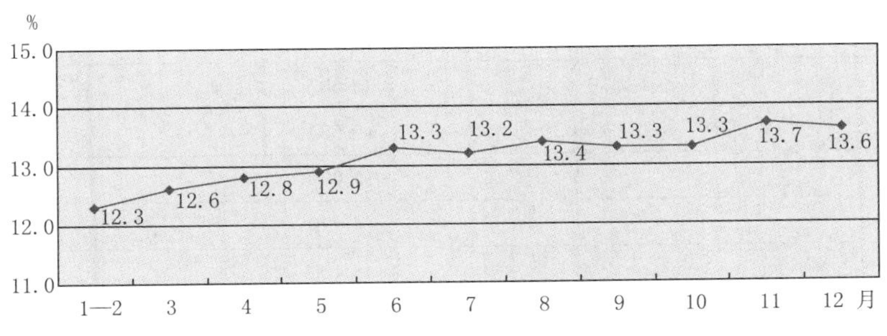

图12 2013年社会消费品零售总额增速(月度同比)

在限额以上企业商品零售额中,粮油、食品、饮料、烟酒类零售额比上年增长13.9%,服装、鞋帽、针纺织品类增长11.6%,化妆品类增长13.3%,金银珠宝类增长25.8%,日用品类增长14.1%,家用电器和音像器材类增长14.5%,中西药品类增长17.7%,文化办公用品类增长11.8%,家具类增长21.0%,通信器材类增长20.4%,石油及制品类增长9.9%,汽车类增长10.4%,建筑及装潢材料类增长22.1%。

六、对外经济

进出口稳中有升。全年货物进出口总额258 267亿元人民币,以美元计价为41 600亿美元,比上年增长7.6%。其中,出口137 170亿元人民币,以美元计价为22 096亿美元,增长7.9%;进口121 097亿元人民币,以美元计价为19 504亿美元,增长7.3%。进出口差额(出口减进口)16 072亿元人民币,比上年增加1 514亿元人民币,以美元计价为2 592亿美元,增加289亿美元。见图13、表7、表8、表9、表10。

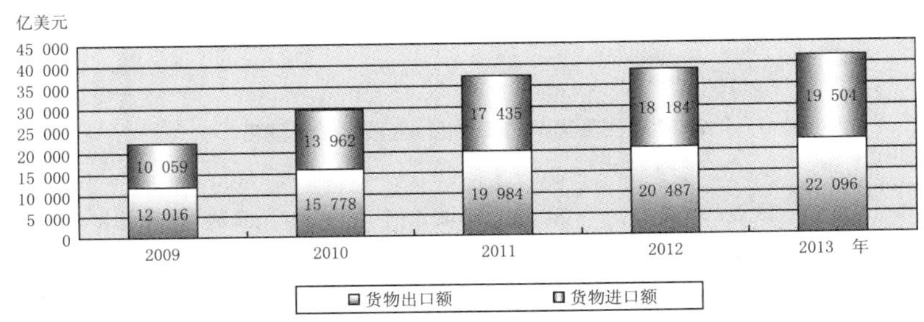

图13 2009—2013年货物进出口总额

2013 年货物进出口总额及增长速度

表 7

指　标	绝对数(亿美元)	比上年增长(%)
货物进出口总额	41 600	7.6
货物出口额	22 096	7.9
其中:一般贸易	10 875	10.1
加工贸易	8 605	-0.3
其中:机电产品	12 652	7.3
高新技术产品	6 603	9.8
货物进口额	19 504	7.3
其中:一般贸易	11 099	8.6
加工贸易	4 970	3.3
其中:机电产品	8 400	7.3
高新技术产品	5 582	10.1
进出口差额(出口减进口)	2 592	—

2013 年主要商品出口数量、金额及增长速度

表 8

商品名称	单　位	数　量	比上年增长(%)	金额(亿美元)	比上年增长(%)
煤(包括褐煤)	万　吨	751	-19.1	11	11
钢　材	万　吨	6 234	11.9	532	532
纺织纱线、织物及制品	—	—	—	1 069	1 069
服装及衣着附件	—	—	—	1 770	1 770
鞋　类	—	—	—	508	508
家具及零件	—	—	—	518	518
自动数据处理设备及部件	万　台	187 050	2.0	1 822	1 822
手持或车载无线电话	万　台	118 582	16.9	951	951
集装箱	万　个	270	8.8	79	79
液晶显示板	万　个	326 577	3.1	359	359
汽车(包括整套散件)	万　辆	92	-6.7	120	120

2013 年主要商品进口数量、金额及增长速度

表 9

商品名称	数量(万吨)	比上年增长(%)	金额(亿美元)	比上年增长(%)
谷物及谷物粉	1 458	4.3	51	6.6
大　豆	6 338	8.6	380	8.6
食用植物油	810	-4.2	81	-16.7
铁矿砂及精矿	81 931	10.2	1 059	10.4
氧化铝	383	-23.7	14	-22.7
煤	32 708	13.4	290	1.1

续表

商品名称	数量(万吨)	比上年增长(%)	金额(亿美元)	比上年增长(%)
原　油	28 192	4.0	2 196	-0.5
成品油	3 959	-0.6	320	-3.2
初级形状的塑料	2 462	3.9	491	6.3
纸　浆	1 685	2.4	114	3.7
钢　材	1 408	3.1	170	-4.3
未锻造的铜及铜材	453	-2.5	353	-8.5

2013 年对主要国家和地区货物进出口额及增长速度

表 10

国家和地区	出口额(亿美元)	比上年增长(%)	进口额(亿美元)	比上年增长(%)
欧　盟	3 390	1.1	2 200	3.7
美　国	3 684	4.7	1 525	14.8
东　盟	2 441	19.5	1 996	1.9
中国香港	3 848	19.0	162	-9.3
日　本	1 503	-0.9	1 623	-8.7
韩　国	912	4.0	1 831	8.5
中国台湾	406	10.5	1 566	18.5
俄罗斯	496	12.6	396	-10.2
印　度	484	1.6	170	-9.6

全年服务进出口(按国际收支口径统计,不含政府服务,下同)总额 5 396 亿美元,比上年增长 14.7%。其中,服务出口 2 106 亿美元,增长 10.6%;服务进口 3 291 亿美元,增长 17.5%。服务进出口逆差 1 185 亿美元。

全年非金融领域新批外商直接投资企业 22 773 家,比上年下降 8.6%。实际使用外商直接投资金额 1 176 亿美元,增长 5.3%。见表 11。

2013 年非金融领域外商直接投资及增长速度

表 11

行　业	企业数(家)	比上年增长(%)	实际使用金额(亿美元)	比上年增长(%)
总　计	22 773	-8.6	1 175.9	5.3
其中:农、林、牧、渔业	757	-14.2	18.0	-12.7
制造业	6 504	-27.5	455.5	-6.8
电力、燃气及水的生产和供应业	200	7.0	24.3	48.2
交通运输、仓储和邮政业	401	1.0	42.2	21.4
信息传输、计算机服务和软件业	796	-14.0	28.8	-14.2
批发和零售业	7 349	4.6	115.1	21.7
房地产业	530	12.3	288.0	19.4
租赁和商务服务业	3 359	4.0	103.6	26.2
居民服务和其他服务业	166	-13.5	6.6	-43.6

全年非金融领域对外直接投资额 902 亿美元，比上年增长 16.8%。

全年对外承包工程业务完成营业额 1 371 亿美元，比上年增长 17.6%；对外劳务合作派出各类劳务人员 52.7 万人，增长 2.9%。

七、交通、邮电和旅游

交通运输平稳较快增长。全年货物运输总量 451 亿吨，比上年增长 9.9%。货物运输周转量 186 478 亿吨千米，增长 7.3%。全年规模以上港口完成货物吞吐量 106.1 亿吨，比上年增长 8.5%，其中外贸货物吞吐量 33.1 亿吨，增长 9.2%。规模以上港口集装箱吞吐量 18 878 万标准箱，增长 6.7%。见表 12。

全年旅客运输总量 402 亿人次，比上年增长 5.6%。旅客运输周转量 36 036 亿人千米，增长 7.9%。见表 13。

2013 年各种运输方式完成货物运输量及增长速度

表 12

指　标	单　位	绝对数	比上年增长(%)
货物运输总量	亿　吨	450.6	9.9
铁　路	亿　吨	39.7	1.6
公　路	亿　吨	355.0	11.3
水　运	亿　吨	49.3	7.5
民　航	万　吨	557.6	2.3
管　道[18]	亿　吨	6.6	6.3
货物运输周转量	亿吨千米	186 478.4	7.3
铁　路	亿吨千米	29 173.9	0.0
公　路	亿吨千米	67 114.5	12.7
水　运	亿吨千米	86 520.6	5.9
民　航	亿吨千米	168.6	2.9
管　道	亿吨千米	3 500.9	9.0

2013 年各种运输方式完成旅客运输量及增长速度

表 13

指　标	单　位	绝对数	比上年增长(%)
旅客运输总量	亿人次	401.9	5.6
铁　路	亿人次	21.1	10.8
公　路	亿人次	374.7	5.3
水　运	亿人次	2.6	1.8
民　航	亿人次	3.5	10.9
旅客运输周转量	亿人千米	36 036.0	7.9
铁　路	亿人千米	10 595.6	8.0
公　路	亿人千米	19 705.6	6.7
水　运	亿人千米	76.3	-1.6
民　航	亿人千米	5 658.5	12.6

年末全国民用汽车保有量达到 13 741 万辆(包括三轮汽车和低速货车 1 058 万辆)，比上年末增长 13.7%，其中私人汽车保有量 10 892 万辆，增长 17.0%。民用轿车保有量 7 126 万辆，增长 19.0%，其中私人轿车 6 410 万辆，增长 20.8%。

全年完成邮电业务总量[19] 16 679 亿元，比上年增长 11.1%。其中，邮政业务总量 2 725 亿元，增长 33.8%；电信业务总量 13 954 亿元，增长 7.5%。邮政业全年完成邮政函件业务 63.2 亿件，包裹业务 0.7 亿件，快递业务量 91.9 亿件；快递业务收入 1 442亿元。电信业全年局用交换机容量减少 2 697 万门，总容量 41 052 万门；新增移动电话交换机容量[20] 12 522 万户，达到 196 545 万户。年末固定电话用户 26 699 万户。新增移动电话用户 11 696 万户，年末达到 122 911 万户，其中 3G 移动电话用户[21] 40 161 万户。电话普及率达到 110.5 部/百人。互联网上网人数 6.2 亿人，其中手机上网人数[22] 5 亿人。互联网普及率达到 45.8%。见图 14。

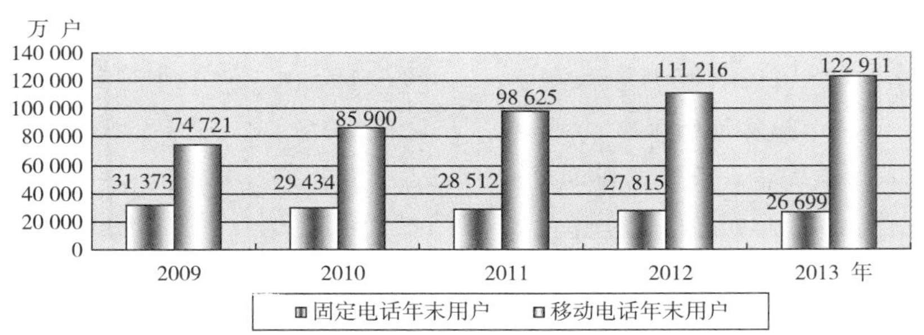

图 14　2009—2013 年年末电话用户数

全年国内游客[23] 32.6 亿人次，比上年增长10.3%；国内旅游收入 26 276 亿元，增长 15.7%。入境游客 12 908 万人次，下降 2.5%。其中，外国人2 629万人次，下降 3.3%；香港、澳门和台湾同胞10 279万人次，下降 2.3%。在入境游客中，过夜游客5 569 万人次，下降 3.5%。国际旅游外汇收入 517 亿美元，增长 3.3%。国内居民出境 9 819 万人次，增长18.0%。其中因私出境 9 197 万人次，增长 19.3%。

八、金　融

金融市场运行总体平稳。年末广义货币供应量(M_2)余额为 110.7 万亿元，比上年末增长 13.6%；狭义货币供应量(M_1)余额为 337 000 亿元，增长9.3%；流通中现金(M_0)余额为 59 000 亿元，增长 7.2%。

全年社会融资规模[24]为 173 000 亿元，按可比口径计算，比上年多 15 000 亿元。年末全部金融机构本外币各项存款余额 1 071 000 亿元，比年初增加127 000 亿元，其中人民币各项存款余额 1 044 000亿元，增加 126 000 亿元。全部金融机构本外币各项贷款余额 766 000 亿元，增加 93 000 亿元，其中人民币各项贷款余额 719 000 亿元，增加 89 000 亿元。见表 14。

年末主要农村金融机构(农村信用社、农村合作银行、农村商业银行)人民币贷款余额 91 644 亿元，比年初增加 13 324 亿元。全部金融机构人民币消费贷款余额 129 721 亿元，增加 25 401 亿元。其中，个人短期消费贷款余额 26 558 亿元，增加 7 198 亿元；个人中长期消费贷款余额 103 163 亿元，增加 18 203亿元。

2013 年年末全部金融机构本外币存贷款余额及其增长速度
表 14

指　标	年末数(亿元)	比上年末增长(%)
各项存款余额	1 070 588	13.5
其中:住户存款	465 437	13.5
其中:人民币	461 370	13.6
非金融企业存款	380 070	10.1
各项贷款余额	766 327	13.9
其中:境内短期贷款	311 772	16.3
境内中长期贷款	410 346	12.8

全年上市公司通过境内市场累计筹资[25] 6 885亿元，比上年增加 1 044 亿元。其中，A 股再筹资(包括配股、公开增发、非公开增发[26]、认股权证)2 803亿元，增加 710 亿元；上市公司通过发行可转债、可分离债、公司债筹资 4 082 亿元，增加 1 369亿元。

全年发行公司信用类债券[27]36 700 亿元，比上年减少 667 亿元。

全年保险公司原保险保费收入[28] 17 222 亿元，比上年增长 11.2%，其中寿险业务原保险保费收入9 425 亿元；健康险和意外伤害险业务原保险保费收入 1 585 亿元；财产险业务原保险保费收入 6 212 亿元。支付各类赔款及给付 6 213 亿元，其中寿险业务给付 2 253 亿元；健康险和意外伤害险赔款及给付521 亿元；财产险业务赔款 3 439 亿元。

九、人民生活和社会保障

城乡居民收入继续增加。全年农村居民人均纯收入 8 896 元，比上年增长 12.4%，扣除价格因素，实际增长9.3%；农村居民人均纯收入中位数[29]为7 907元，增长12.7%。城镇居民人均可支配收入26 955元，比上年增长9.7%，扣除价格因素，实际增长7.0%；城镇居民人均可支配收入中位数为24 200元，增长10.1%。根据从2012年四季度起实施的城乡一体化住户调查[30]，全国居民人均可支配收入18 311元，比上年增长10.9%，扣除价格因素，实际增长8.1%。农村居民食品消费支出占消费总支出的比重为37.7%，比上年下降1.6个百分点；城镇为35.0%，下降1.2个百分点。见图15、图16。

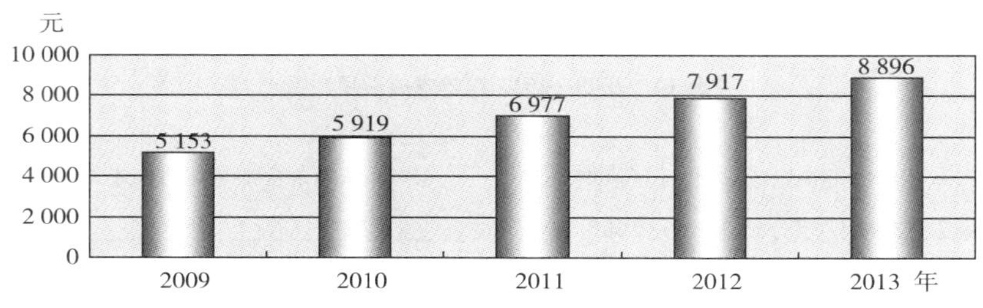

图15　2009—2013年农村居民人均纯收入

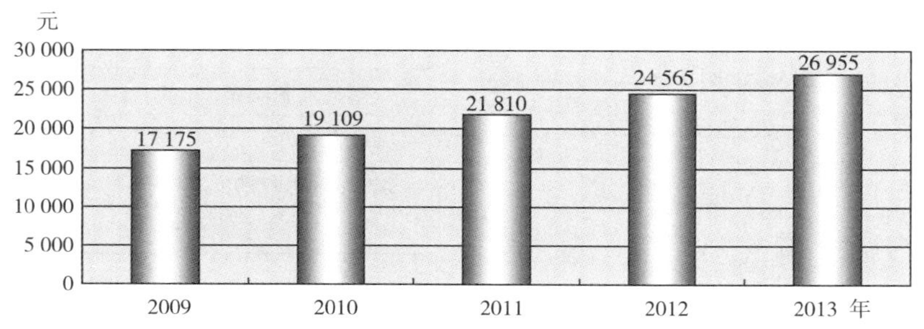

图16　2009—2013年城镇居民人均可支配收入

年末全国参加城镇职工基本养老保险人数32 212万人，比上年末增加1 785万人。参加城乡居民基本养老保险人数49 750万人，增加1 381万人。参加基本医疗保险人数57 322万人，增加3 680万人。其中，参加职工基本医疗保险人数27 416万人，增加930万人；参加居民基本医疗保险人数29 906万人，增加2 750万人。参加失业保险人数16 417万人，增加1 192万人。年末全国领取失业保险金人数197万人。参加工伤保险人数19 897万人，增加887万人，其中参加工伤保险的农民工7 266万人，增加86万人。参加生育保险人数16 397万人，增加968万人。年末，2 489个县（市、区）实施了新型农村合作医疗制度，新型农村合作医疗参合率99.0%；1—9月新型农村合作医疗基金支出总额[31]为2 067亿元。按照年人均纯收入2 300元（2010年不变价）的农村扶贫标准计算，2013年农村贫困人口为8 249万人，比上年减少1 650万人。

十、教育、科学技术和文化

教育科技文化事业持续发展。全年研究生招生61.1万人，在学研究生179.4万人，毕业生51.4万人。普通本专科招生699.8万人，在校生2 468.1万人，毕业生638.7万人。中等职业教育[32]招生698.3万人，在校生1 960.2万人，毕业生678.1万人。普通高中招生822.7万人，在校生2 435.9万人，毕业生799万人。初中招生1 496.1万人，在校生4 440.1万人，毕业生1 561.5万人。普通小学招生1 695.4万人，在校生9 360.5万人，毕业生1 581.1万人。特殊教育招生6.6万人，在校生36.8万人，毕业生5.1万人。幼儿园在园幼儿3 894.7万人。见图17。

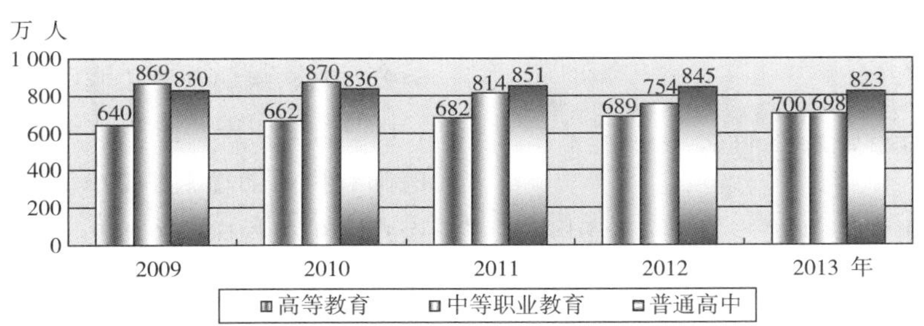

图 17　2009—2013 年高等教育、中等职业教育及普通高中招生人数

全年研究与试验发展（R&D）经费支出 11 906 亿元，比上年增长 15.6%，占国内生产总值的 2.1%，其中基础研究经费 569 亿元。全年国家安排了 3 543 项科技支撑计划课题，2 118 项“863”计划课题。累计建设国家工程研究中心 132 个，国家工程实验室 143 个，国家认定企业技术中心达到 1 002 家。全年国家新兴产业创投计划[33]累计支持设立 141 家创业投资企业，资金总规模近 390 亿元，投资了创业企业 422 家。全年受理境内外专利申请 237.7 万件，其中境内申请 221 万件，占 93.0%。受理境内外发明专利申请 82.5 万件，其中境内申请 69.3 万件，占 84.0%。全年授予专利权 131.3 万件，其中境内授权 121 万件，占 92.2%。授予发明专利权 20.8 万件，其中境内授权 13.8 万件，占 66.6%。截至年底，有效专利 419.5 万件，其中境内有效专利 352.5 万件，占 84.0%；有效发明专利 103.4 万件，其中境内有效发明专利 54.5 万件，占 52.7%。全年共签订技术合同 29.5 万项，技术合同成交金额 7 469 亿元，比上年增长 16.0%。

全年成功发射卫星 14 次。神舟十号载人飞船与天宫一号目标飞行器成功实施首次绕飞交会试验，嫦娥三号探测器顺利实现首次在地外天体软着陆和巡视勘查，蛟龙号载人潜水器实现从深潜海试到科学应用的跨越。见图 18。

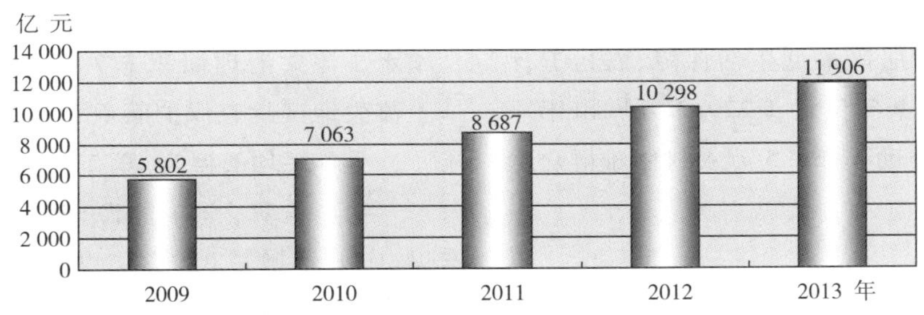

图 18　2009—2013 年研究与实验发展（R&D）经费支出

年末全国共有产品检测实验室 30 098 个，其中国家检测中心 556 个。全国现有产品质量、体系认证机构 174 个，已累计完成对 110 949 个企业的产品认证。全年制定、修订国家标准 1 870 项，其中新制定 1 161 项。全国共有地震台站 1 687 个，区域地震台网 32 个。全国共有海洋观测站 79 个。测绘地理信息部门公开出版地图 1 585 种。

年末全国文化系统共有艺术表演团体 2 055 个，博物馆 2 638 个。全国共有公共图书馆 3 073 个，文化馆 3 298 个。有线电视用户 22 400 万户，有线数字电视用户 16 900 万户。年末广播节目综合人口覆盖率为 97.8%；电视节目综合人口覆盖率为 98.4%。全年生产电视剧 441 部 15 783 集，电视动画片 199 132 分钟。全年生产故事影片 638 部，科教、纪录、动画和特种影片[34] 186 部。出版各类报纸 478 亿份，各类期刊 34 亿册，图书 83 亿册（张）。年末全国共有档案馆 4 122 个，已开放各类档案 12 059 万卷（件）。

全年我国运动员在 22 个运动大项中获得 124 个世界冠军，共创 13 项世界纪录。全年我国残疾人运动员在28项国际赛事中获得306个世界冠军。

十一、卫生和社会服务

卫生和社会服务事业不断进步。年末全国共有医疗卫生机构973 597个,其中医院24 720个,乡镇卫生院36 978个,社区卫生服务中心(站)33 976个,诊所(卫生所、医务室)184 058个,村卫生室649 080个,疾病预防控制中心3 519个,卫生监督所(中心)2 994个。卫生技术人员718万人,其中执业医师和执业助理医师279万人,注册护士278万人。医疗卫生机构床位618万张,其中医院458万张,乡镇卫生院113万张。见图19。

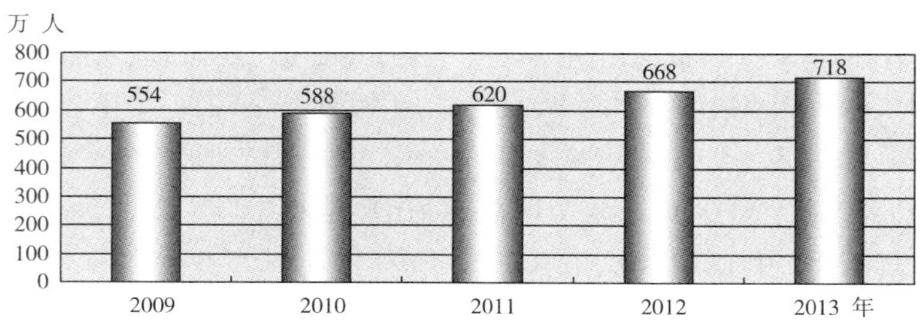

图19 2009—2013年卫生技术人员人数

年末全国各类提供住宿的社会服务机构[35] 4.7万个,床位509.4万张,收养救助各类人员310万人。其中,养老服务机构4.3万个,床位474.6万张,收留抚养各类人员294.3万人。年末共有社区服务中心1.9万个,社区服务站10.3万个。年末全国共有2 061.3万人享受城市居民最低生活保障,5 382.1万人享受农村居民最低生活保障,农村五保供养[36] 538.2万人。全年资助1 229.3万城市困难群众参加医疗保险,资助4 132.5万农村困难群众参加新型农村合作医疗。

十二、资源、环境和安全生产

全年全国国有建设用地供应总量[37]73万公顷,比上年增长5.8%。其中,工矿仓储用地21万公顷,增长3.2%;房地产用地[38]20万公顷,增长26.8%;基础设施等其他用地32万公顷,下降2.9%。

全年水资源总量27 860亿立方米。全年平均降水量665毫米。年末全国613座大型水库蓄水总量3 488亿立方米,比上年末蓄水量减少5.0%。全年总用水量6 170亿立方米,比上年增长0.6%。其中,生活用水增长2.7%,工业用水增长1.4%,农业用水下降0.1%,生态补水增长1.6%。万元国内生产总值用水量[39]121立方米,比上年下降6.5%。万元工业增加值用水量68立方米,下降5.7%。人均用水量453立方米,与上年基本持平。

全年完成造林面积609万公顷,其中人工造林418万公顷。林业重点工程完成造林面积249万公顷,占全部造林面积的40.9%。截至年底,自然保护区达到2 697个,其中国家级自然保护区407个。新增水土流失治理面积5.7万平方千米,新增实施水土流失地区封育保护面积2万平方千米。

全年平均气温为10.2℃,共有9个台风登陆。

初步核算,全年能源消费总量37.5亿吨标准煤,比上年增长3.7%。煤炭消费量增长3.7%;原油消费量增长3.4%;天然气消费量增长13.0%;电力消费量增长7.5%。全国万元国内生产总值能耗下降3.7%。

十大流域[40]的704个水质监测断面中,Ⅰ~Ⅲ类水质断面比例占71.7%,劣Ⅴ类水质断面比例占8.9%。十大流域水质总体为轻度污染,水质保持基本稳定。

近岸海域301个海水水质监测点中,达到国家一、二类海水水质标准的监测点占66.4%,三类海水占8.0%,四类、劣四类海水占25.6%。

年末城市污水处理厂日处理能力达12 246万立方米,比上年末增长4.4%;城市污水处理率达到87.9%,提高0.6个百分点。城市集中供热面积

54.1 亿平方米，增长 4.5%。建成区绿地率达到 36.0%，提高 0.3 个百分点。

全年农作物受灾面积 3 135 万公顷，其中绝收 384 万公顷。全年因洪涝地质灾害造成直接经济损失 1 884 亿元，因旱灾造成直接经济损失 905 亿元，因低温冷冻和雪灾造成直接经济损失 260 亿元，因海洋灾害造成直接经济损失 165 亿元。全年大陆地区共发生 5 级以上地震 41 次，成灾 14 次，造成直接经济损失 995 亿元。全年共发生森林火灾 3 929 起，森林火灾受害森林面积 1.4 万公顷。

全年各类生产安全事故共死亡 69 434 人。亿元国内生产总值生产安全事故死亡人数为 0.124 人，比上年下降 12.7%；工矿商贸企业就业人员 10 万人生产安全事故死亡人数为 1.52 人，下降 7.3%；道路交通万车死亡人数为 2.3 人，下降 8.0%；煤矿百万吨死亡人数为 0.288 人，下降 23.0%。

注：[1]本公报中数据均为初步统计数。各项统计数据均未包括香港特别行政区、澳门特别行政区和台湾省。部分数据因四舍五入的原因，存在着与分项合计不等的情况。

[2]人户分离的人口是指居住地与户口登记地所在的乡镇街道不一致且离开户口登记地半年以上的人口。

[3]流动人口是指人户分离人口中扣除市辖区内人户分离的人口。市辖区内人户分离的人口是指一个直辖市或地级市所辖区内和区与区之间，居住地和户口登记地不在同一乡镇街道的人口。

[4]考虑到我国劳动年龄下限为 16 周岁，从 2013 年开始公布 16～59 岁（含不满 60 周岁）人口数据。按照往年公报公布口径，2013 年末，0～14 岁（含不满 15 周岁）人口为 22 329 万人，15～59 岁（含不满 60 周岁）人口为 93 500 万人。

[5]国内生产总值、各产业增加值绝对数按现价计算，增长速度按不变价格计算。

[6]年度农民工数量包括年内在本乡镇以外从业 6 个月以上的外出农民工和在本乡镇内从事非农产业 6 个月以上的本地农民工两部分。

[7]农产品生产者价格是指农产品生产者直接出售其产品时的价格。

[8]公共财政收入是指政府凭借国家政治权力，以社会管理者身份筹集以税收为主体的收入。

[9]图中 2009—2012 年数据为公共财政收入决算数，2013 年为执行数。

[10]根据《国民经济行业分类》（GB/T4754—2011），从 2013 年开始工业行业不再使用“轻工业”“重工业”分类，而以采矿业、制造业、电力热力燃气及水生产和供应业的标准行业分类代替。

[11]六大高耗能行业分别为：化学原料和化学制品制造业、非金属矿物制品业、黑色金属冶炼和压延加工业、有色金属冶炼和压延加工业、石油加工炼焦和核燃料加工业、电力热力生产和供应业。

[12]天然气包括气田天然气、油田天然气（分为油田气层气、油田中伴生的溶解气）和煤田天然气（即与煤共生的瓦斯气）。

[13]钢材产量数据中含使用钢材加工成其他钢材的重复计算因素。

[14]固定资产投资按东部、中部、西部和东北地区计算的合计数据小于全国数据，是因为有部分跨地区的投资未计算在地区数据中。其中，东部地区是指北京、天津、河北、上海、江苏、浙江、福建、山东、广东和海南 10 省（直辖市）；中部地区是指山西、安徽、江西、河南、湖北和湖南 6 省；西部地区是指内蒙古、广西、重庆、四川、贵州、云南、西藏、陕西、甘肃、青海、宁夏和新疆 12 省（自治区、直辖市）；东北地区是指辽宁、吉林和黑龙江 3 省。

[15]房地产业投资除房地产开发投资外，还包括建设单位自建房屋以及物业管理、中介服务和其他房地产投资。

[16]根据《国民经济行业分类》（GB/T4754—2011），2013 年对三次产业划分进行了修订，将“农、林、牧、

渔业”中的“农、林、牧、渔服务业”“采矿业”中的“开采辅助活动”“制造业”中的“金属制品、机械和设备修理业”等三个大类调入第三产业。

[17]高速铁路是指最高营运速度达到200千米/小时及以上的铁路。

[18]2013年,管道运输统计口径在原中国石油天然气集团公司、中国石油化工集团公司基础上增加中国海洋石油总公司。

[19]邮电业务总量按2010年不变价格计算。

[20]移动电话交换机容量是指移动电话交换机根据一定话务模型和交换机处理能力计算出来的最大同时服务用户的数量。

[21]3G是指第三代蜂窝移动通信系统(3rd - generation,简称3G),3G移动电话用户是指报告期末在计费系统拥有使用信息、占用3G网络资源的在网用户。

[22]手机上网人数是指过去半年通过手机接入并使用互联网的6周岁及以上中国居民数量。

[23]为规范指标名称,将往年公报中的出游人数、旅游人数、旅游者统一为游客。

[24]社会融资规模是指一定时期内实体经济从金融体系获得的资金总额,是增量概念。

[25]2013年没有首次公开发行股票。

[26]非公开增发又叫定向增发,不含资产认购部分。

[27]公司信用类债券包括非金融企业债务融资工具、企业债券以及公司债、可转债等。

[28]原保险保费收入是指保险企业确认的原保险合同保费收入。

[29]人均收入中位数是指将所有调查户按人均收入水平从低到高(或从高到低)顺序排列,处于最中间位置的调查户的人均收入。

[30]2012年四季度,国家统计局实施了城乡一体化住户调查改革,统一了城乡居民收入名称、分类和统计标准,在全国统一抽选了16万户城乡居民家庭,直接开展调查。在此基础上,计算了城乡可比的新口径全国居民人均可支配收入。同时,为保持年度可比,继续按老口径调查和计算农村居民人均纯收入、城镇居民人均可支配收入。

[31]按卫生计生委统计制度规定,新型农村合作医疗基金支出总额目前仅统计到1—9月份。

[32]中等职业教育包括普通中专、成人中专、职业高中和技工学校,其中技工学校数据为2012年数据。

[33]新兴产业创投计划是指中央财政专项资金通过与地方政府资金、社会资本共同发起设立创业投资企业,或以股权投资模式直接投资创业企业等方式,培育和促进新兴产业发展的活动。

[34]特种影片是指那些采用与常规影院放映在技术、设备、节目方面不同的电影展示方式,如巨幕电影、立体电影、立体特效(4D)电影、动感电影、球幕电影等。

[35]提供住宿的社会服务机构除收养性机构外,还包括救助类机构、社区类机构以及军休所、军供站等机构。

[36]农村五保供养是指老年、残疾和未满16周岁的村民,无劳动能力、无生活来源又无法定赡养、抚养、扶养义务人,或者其法定赡养、抚养、扶养义务人无赡养、抚养、扶养能力的村民,在吃、穿、住、医、葬方面得到的生活照顾和物质帮助。

[37]国有建设用地供应总量是指报告期内市、县人民政府根据年度土地供应计划依法以出让、划拨、租赁等方式将土地使用权提供给单位或个人使用的国有建设用地总量。

[38]房地产用地是指商服用地和住宅用地的总和。

[39]万元国内生产总值用水量、万元工业增加值用水量和万元国内生产总值能耗按2010年不变价格计算。

[40]十大流域包括原七大水系(包括长江、黄河、珠江、松花江、淮河、海河、辽河)和浙闽片河流、西北诸

河和西南诸河。

[41]国家于2013年实施了新的空气质量标准。由于全年数据正在汇总分析之中,新标准下的2013年空气质量数据暂缺。国家相关部门将于2014年3月正式发布2013年汇总数据。

资料来源:本公报中城镇新增就业、登记失业率、社会保障数据来自人力资源社会保障部;财政数据来自财政部;外汇储备和汇率数据来自外汇局;水产品产量数据来自农业部;木材产量、林业、森林火灾数据来自林业局;灌溉面积、水资源数据来自水利部;发电装机容量、新增220千伏及以上变电设备数据来自中电联;新建铁路投产里程、增建铁路复线投产里程、电气化铁路投产里程、铁路运输数据来自铁路局;新建公路里程、港口万吨级码头泊位新增吞吐能力、公路运输、水运、港口货物吞吐量数据来自交通运输部;新增光缆线路长度、电话交换机容量、电话用户、上网人数等通信数据来自工业和信息化部;保障性住房、城市污水处理、城市集中供热面积、建成区绿地率数据来自住房城乡建设部;货物进出口数据来自海关总署;服务进出口、外商直接投资、对外直接投资、对外承包工程、对外劳务合作等数据来自商务部;民航数据来自民航局;管道数据来自中石油、中石化、中海油;民用汽车、交通事故数据来自公安部;邮政业务数据来自邮政局;旅游数据来自旅游局、公安部;货币金融、公司信用类债券数据来自人民银行;上市公司数据来自证监会;保险业数据来自保监会;新农合、卫生数据来自卫生计生委;教育数据来自教育部;安排科技计划课题、技术合同等数据来自科技部;国家工程研究中心、企业技术中心、新兴产业创投等数据来自国家发改委;专利数据来自知识产权局;发射卫星数据来自国防科工局;质量检验、国家标准制定修订数据来自质检总局;地震数据来自地震局;海洋观测站、海洋灾害造成直接经济损失数据来自海洋局;测绘数据来自测绘地信局;艺术表演团体、博物馆、公共图书馆、文化馆数据来自文化部;广播电视、电影、报纸、期刊、图书数据来自新闻出版广电总局;档案数据来自档案局;体育数据来自体育总局;残疾人运动员数据来自中国残联;社会服务、低保和五保供养数据、农作物受灾面积、洪涝地质灾害造成直接经济损失、旱灾造成直接经济损失、低温冷冻和雪灾造成直接经济损失来自民政部;国有建设用地供应数据来自国土资源部;自然保护区、环境监测数据来自环境保护部;平均气温、登陆台风数据来自气象局;安全生产数据来自安全监管总局;其他数据均来自国家统计局。

国民经济和社会发展总量与速度指标

指 标	总量指标					速度指标（%）						
						指数 （2013 为以下各年）				平均增长速度		
	1978 年	1990 年	2000 年	2012 年	2013 年	1978 年	1990 年	2000 年	2012 年	1979—2013 年	1991—2013 年	2001—2013 年
人口与就业												
人 口 （万人）												
总人口(年末)	96 259.0	114 333.0	126 743.0	135 404.0	136 072.0	141.4	119.0	107.4	100.5	1.0	0.8	0.5
男性人口	49 567.0	58 904.0	65 437.0	69 395.0	69 728.0	140.7	118.4	106.6	100.5	1.0	0.7	0.5
女性人口	46 692.0	55 429.0	61 306.0	66 009.0	66 344.0	142.1	119.7	108.2	100.5	1.0	0.8	0.6
城镇人口	17 245.0	30 195.0	45 906.0	71 182.0	73 111.0	424.0	242.1	159.3	102.7	4.2	3.9	3.6
乡村人口	79 014.0	84 138.0	80 837.0	64 222.0	62 961.0	79.7	74.8	77.9	98.0	-0.6	-1.3	-1.9
就 业 （万人）												
就业人员数	40 152.0	64 749.0	72 085.0	76 704.0	76 977.0	191.7	118.9	106.8	100.4	1.9	0.8	0.5
城镇登记失业人数	530.0	383.0	595.0	917.0	926.0	174.7	241.8	155.6	101.0	1.6	3.9	3.5
宏观经济												
国民经济核算												
国民总收入 （亿元）	3 645.2	18 718.3	98 000.5	518 214.7	566 130.2	2 596.1	919.1	345.9	107.4	9.8	10.1	10.0
国内生产总值 （亿元）	3 645.2	18 667.8	99 214.6	519 470.1	568 845.2	2 608.6	926.0	343.3	107.7	9.8	10.2	10.0
第一产业	1 027.5	5 062.0	14 944.7	52 373.6	56 957.0	474.9	249.1	171.4	104.0	4.6	4.0	4.2
第二产业	1 745.2	7 717.4	45 555.9	235 162.0	249 684.4	4 105.3	1 349.9	379.5	107.8	11.2	12.0	10.8
第三产业	872.5	5 888.4	38 714.0	231 934.5	262 203.8	3 542.6	978.2	370.5	108.3	10.7	10.4	10.6
人均国内生产总值 （元）	381.0	1 644.5	7 857.7	38 459.5	41 907.6	1 837.5	774.4	319.3	107.1	8.7	9.3	9.3
人民生活												
城镇居民人均可支配收入 （元）	343.0	1 510.2	6 280.0	24 564.7	26 955.1	1 227.0	619.4	319.8	107.0	7.4	8.3	9.4
农村居民人均纯收入 （元）	134.0	686.0	2 253.4	7 916.6	8 895.9	1 286.4	413.4	266.1	109.3	7.6	6.4	7.8
城乡人民币储蓄存款余额 （亿元）	211.0	7 119.8	64 332.4	399 551.0	447 601.6	212 536.4	6 286.7	695.8	112.0	24.5	19.7	16.1

续表

指 标	总量指标					速度指标（%）						
						指数 （2013 为以下各年）				平均增长速度		
	1978 年	1990 年	2000 年	2012 年	2013 年	1978 年	1990 年	2000 年	2012 年	1979—2013 年	1991—2013 年	2001—2013 年
财 政 （亿元）												
公共财政收入	1 132.3	2 937.1	13 395.2	117 253.5	129 209.6	11 411.7	4 399.2	964.6	110.2	14.5	17.9	19.0
中 央	175.8	992.4	6 989.2	56 175.2	60 198.5	34 248.4	6 065.8	861.3	107.2	18.1	19.5	18.0
地 方	956.5	1 944.7	6 406.1	61 078.3	69 011.2	7 215.0	3 548.7	1 077.3	113.0	13.0	16.8	20.1
公共财政支出	1 122.1	3 083.6	15 886.5	125 953.0	140 212.1	12 495.6	4 547.0	882.6	111.3	14.8	18.1	18.2
中 央	532.1	1 004.5	5 519.9	18 764.6	20 471.8	3 847.2	2 038.1	370.9	109.1	11.0	14.0	10.6
地 方	590.0	2 079.1	10 366.7	107 188.3	119 740.3	20 296.0	5 759.2	1 155.1	111.7	16.4	19.3	20.7
环境、灾害												
废水中化学需氧量排放量 （万吨）	—	—	—	2 423.7	2 352.7	—	—	—	97.1	—	—	—
废气中二氧化硫排放量 （万吨）	—	—	—	2 117.6	2 043.9	—	—	—	96.5	—	—	—
交通事故发生数 （起）	—	250 244.0	616 971.0	204 196.0	198 394.0	—	79.3	32.2	97.2	—	-1.0	-8.4
交通事故直接财产损失 （万元）	—	35 361.6	263 290.0	117 489.6	103 896.6	—	293.8	39.5	88.4	—	4.8	-6.9
能 源 （万吨标准煤）												
能源生产总量	62 770.0	103 922.0	135 048.0	331 848.0	340 000.0	541.7	327.2	251.8	102.5	4.9	5.3	7.4
能源消费总量	57 144.0	98 703.0	145 531.0	361 732.0	375 000.0	656.2	379.9	257.7	103.7	5.5	6.0	7.6
固定资产投资												
全社会固定资产投资总额 （亿元）	—	4 517.0	32 917.7	374 694.7	446 294.1	—	9 880.3	1 355.8	119.1	—	22.3	22.5
#房地产开发	—	253.3	4 984.1	71 803.8	86 013.4	—	33 963.8	1 725.8	119.8	—	30.1	25.1
#住 宅	—	—	3 312.0	49 374.2	58 950.8	—	—	1 779.9	119.4	—	—	19.1
全社会房屋施工面积 （万平方米）	—	137 171.0	265 293.5	1 167 238.4	1 336 287.6	—	974.2	503.7	114.5	—	9.2	12.3
全社会房屋竣工面积 （万平方米）	—	107 952.0	181 974.4	335 503.6	349 895.8	—	324.1	192.3	104.3	—	5.2	4.7
对外经济贸易 （亿美元）												
货物进出口总额	206.4	1 154.4	4 742.9	38 671.2	41 589.9	20 150.2	3 602.7	876.9	107.5	16.4	16.9	18.2
出口额	97.5	620.9	2 492.0	20 487.1	22 090.0	22 656.5	3 557.7	886.4	107.8	16.8	16.8	18.3
进口额	108.9	533.5	2 250.9	18 184.1	19 499.9	17 906.2	3 655.1	866.3	107.2	16.0	16.9	18.1
实际利用外资额 （亿美元）												

续表

指标		总量指标					速度指标(%)						
							指数 (2013 为以下各年)				平均增长速度		
		1978 年	1990 年	2000 年	2012 年	2013 年	1978 年	1990 年	2000 年	2012 年	1979—2013 年	1991—2013 年	2001—2013 年
外商直接投资		—	34.9	407.2	1 117.2	1 175.9	—	3 372.1	288.8	105.3	—	16.5	8.5
外商其他投资		—	2.7	86.4	15.8	11.3	—	423.1	13.1	71.9	—	6.5	-14.5
产业													
农业													
农林牧渔业总产值	(亿元)	1 397.0	7 662.1	24 915.8	89 453.0	96 995.3	728.4	357.2	186.1	104.0	5.8	5.7	4.9
主要农产品产量	(万吨)												
粮食		30 476.5	44 624.3	46 217.5	58 958.0	60 193.8	197.5	134.9	130.2	102.1	2.0	1.3	2.1
棉花		216.7	450.8	441.7	683.6	629.9	290.7	139.7	142.6	92.1	3.1	1.5	2.8
油料		521.8	1 613.2	2 954.8	3 436.8	3 517.0	674.0	218.0	119.0	102.3	5.6	3.4	1.3
甘蔗		2 111.6	5 762.0	6 828.0	12 311.4	12 820.1	607.1	222.5	187.8	104.1	5.3	3.5	5.0
甜菜		270.2	1 452.5	807.3	1 174.0	926.0	342.7	63.8	114.7	78.9	3.6	-1.9	1.1
茶叶		26.8	54.0	68.3	179.0	192.4	718.1	356.3	281.6	107.5	5.8	5.7	8.3
水果		657.0	1 874.4	6 225.1	24 056.8	25 093.0	3 819.5	1 338.7	403.1	104.3	11.0	11.9	11.3
肉类		943.0	2 857.0	6 013.9	8 387.2	8 535.0	905.1	298.7	141.9	101.8	6.5	4.9	2.7
奶类		—	475.1	919.1	3 875.4	3 649.5	—	768.2	397.1	94.2	—	9.3	11.2
水产品		465.4	1 237.0	3 706.2	5 907.7	6 172.0	1 326.3	498.9	166.5	104.5	7.7	7.2	4.0
工业													
主要工业产品产量													
原煤	(亿吨)	6.2	10.8	13.8	36.5	36.8	595.5	340.7	265.9	100.8	5.2	5.5	7.8
原油	(万吨)	10 405.0	13 831.0	16 300.0	20 571.1	20 946.9	201.3	151.4	128.5	101.8	2.0	1.8	1.9
天然气	(亿立方米)	137.3	153.0	272.0	1 070.4	1 170.5	852.5	765.1	430.3	109.4	6.3	9.3	11.9
水泥	(万吨)	6 524.0	20 971.0	59 700.0	220 984.1	241 613.6	3 703.5	1 152.1	404.7	109.3	10.9	11.2	11.4
粗钢	(万吨)	3 178.0	6 635.0	12 850.0	72 388.2	77 904.1	2 451.4	1 174.1	606.3	107.6	9.6	11.3	14.9
钢材	(万吨)	2 208.0	5 153.0	13 146.0	95 577.8	106 762.2	4 835.2	2 071.8	812.1	111.7	11.7	14.1	17.5
原铝(电解铝)	(万吨)	—	—	—	2 020.8	2 205.9	—	—	—	109.2	—	—	—
汽车	(万辆)	14.9	51.4	207.0	1 927.6	2 211.7	14 833.8	4 303.0	1 068.5	114.7	15.4	17.8	20.0

续表

指　标	总量指标					速度指标（%）						
						指数　（2013 为以下各年）				平均增长速度		
	1978 年	1990 年	2000 年	2012 年	2013 年	1978 年	1990 年	2000 年	2012 年	1979—2013 年	1991—2013 年	2001—2013 年
家用电冰箱　（万台）	2.8	463.1	1 279.0	8 427.0	9 261.0	330 750.7	2 000.0	724.1	109.9	26.1	13.9	16.4
房间空气调节器　（万台）	—	24.1	1 826.7	12 398.7	13 057.2	65 286 000.0	54 246.8	714.8	105.3	46.6	31.5	16.3
家用洗衣机　（万台）	—	662.7	1 443.0	6 791.1	7 201.9	18 004 750.0	1 086.8	499.1	106.0	41.3	10.9	13.2
彩色电视机　（万台）	0.4	1 033.0	3 936.0	12 823.5	12 776.1	3 362 118.4	1 236.7	324.6	99.6	34.7	11.6	9.5
发电量　（亿千瓦小时）	2 566.0	6 212.0	13 556.0	50 210.4	53 975.9	2 103.5	868.9	398.2	107.5	9.1	9.9	11.2
规模以上工业企业												
主要指标　（亿元）												
资产总计	—	—	126 211.2	768 421.2	850 625.9	—	—	674.0	110.7	—	—	15.8
主营业务收入	—	—	84 151.8	929 291.5	1 029 149.8	—	—	1 223.0	110.7	—	—	21.2
利润总额	—	—	4 393.5	61 910.1	62 831.0	—	—	1 430.1	101.5	—	—	22.7
建筑业												
建筑业企业从业人员　（万人）	—	1 010.7	1 994.3	4 267.2	4 499.3	—	445.2	225.6	105.4	—	6.7	6.5
建筑业总产值　（亿元）	—	1 345.0	12 497.6	137 217.9	159 313.0	—	11 844.7	1 274.7	116.1	—	23.1	21.6
房地产业												
房地产企业土地购置面积　（万平方米）	—	—	16 905.2	35 666.8	38 814.4	—	—	229.6	108.8	—	—	6.6
房地产企业土地成交价款　（亿元）	—	—	—	7 409.6	9 918.3	—	—		133.9	—	—	—
房地产企业房屋施工面积　（万平方米）	—	—	65 896.9	573 417.5	665 571.9	—	—	1 010.0	116.1	—	—	19.5
房地产企业房屋竣工面积　（万平方米）	—	—	25 104.9	99 425.0	101 435.0	—	—	404.0	102.0	—	—	11.3
房地产企业商品房销售面积　（万平方米）	—	—	18 637.1	111 303.6	130 550.6	—	—	700.5	117.3	—	—	16.2
#住　宅	—	—	16 570.3	98 467.5	115 722.7	—	—	698.4	117.5	—	—	16.1
房地产企业商品房销售额　（亿元）	—	—	3 935.4	64 455.8	81 428.3	—	—	2 069.1	126.3	—	—	26.2
#住　宅	—	—	3 228.6	53 467.2	67 694.9	—	—	2 096.7	126.6	—	—	26.4
批发、零售和旅游业												
社会消费品零售总额　（亿元）	1 558.6	8 300.1	39 105.7	210 307.0	237 809.9	15 257.9	2 865.1	608.1	113.1	15.4	15.7	14.9
外国入境旅客　（万人次）	23.0	175.0	1 016.0	2 719.2	2 629.0	11 430.6	1 504.9	258.8	96.7	14.5	12.5	7.6

续表

指　标	总量指标					速度指标（%）						
						指数　（2013 为以下各年）				平均增长速度		
	1978 年	1990 年	2000 年	2012 年	2013 年	1978 年	1990 年	2000 年	2012 年	1979—2013 年	1991—2013 年	2001—2013 年
国内旅客　（亿人次）	—	—	7.4	29.6	32.6	—	—	438.4	110.3	—	—	12.0
国际旅游收入　（亿美元）	2.6	22.2	162.2	500.3	516.6	19 644.1	2 329.3	318.4	103.3	16.3	14.7	9.3
国内旅游收入　（亿元）	—	—	3 175.5	22 706.2	26 276.1	—	—	827.5	115.7	—	—	17.7
交通运输业												
客运量　（万人）	253 993.0	772 682.0	1 478 573.0	3 804 034.9	2 122 991.5	835.8	274.8	143.6	55.8	6.3	4.5	2.8
货运量　（万吨）	319 431.0	970 602.0	1 358 682.0	4 100 436.2	4 098 900.0	1 283.2	422.3	301.7	100.0	7.6	6.5	8.9
沿海规模以上港口货物吞吐量　（万吨）	19 834.0	48 321.0	125 603.0	665 245.0	728 098.0	3 671.0	1 506.8	579.7	109.4	10.8	12.5	14.5
民用汽车拥有量　（万辆）	135.8	551.4	1 608.9	10 933.1	12 670.1	9 327.3	2 298.0	787.5	115.9	13.8	14.6	17.2
#私人汽车	—	81.6	625.3	8 838.6	10 501.7	—	12 866.6	1 679.4	118.8	—	23.5	24.2
邮政、电信和信息软件业												
邮电业务总量　（亿元）	34.1	155.5	4 792.7	15 019.3	18 432.2	202 358.2	44 348.9	1 439.3	117.8	24.3	30.3	22.8
函　件　（亿件）	28.4	54.9	77.7	70.7	63.4	223.7	115.6	81.6	89.6	2.3	0.6	-1.6
报刊期发数　（万份）	11 250.0	20 078.0	20 089.7	15 401.6	15 140.9	134.6	75.4	75.4	98.3	0.9	-1.2	-2.2
移动电话年末用户　（万户）	—	1.8	8 453.3	111 215.5	122 911.3	—	6 709 498.3	1 454.0	110.5	—	62.1	22.9
固定电话年末用户　（万户）	192.5	685.0	14 482.9	27 815.3	26 698.5	13 866.2	3 897.4	184.3	96.0	15.1	17.3	4.8
城　市	119.2	538.4	9 311.6	18 893.4	18 456.8	15 490.4	3 427.8	198.2	97.7	15.5	16.6	5.4
农　村	73.4	146.6	5 171.3	8 921.9	8 241.7	11 229.4	5 622.6	159.4	92.4	14.4	19.1	3.7
公用电话　（万户）	1.2	4.6	352.0	2 347.1	2 233.4	191 889.3	48 503.7	634.5	95.2	24.1	30.8	15.3
局用交换机容量　（万门）	405.9	1 231.8	17 825.6	43 749.3	41 089.3	10 123.5	3 335.7	230.5	93.9	14.1	16.5	6.6
互联网宽带接入用户　（万户）	—	—	—	17 518.3	18 890.9	—	—	—	107.8	—	—	—
软件业务收入　（亿元）	—	—	—	24 793.8	30 587.5	—	—	—	123.4	—	—	—
金融业　（亿元）												
社会融资规模	—	—	—	157 631.0	173 168.0	—	—	—	109.9	—	—	—
货币和准货币　（M_2）	—	15 293.4	134 610.3	974 148.8	1 106 525.0	—	—	778.2	113.6	—	—	17.1
货　币　（M_1）	—	6 950.7	53 147.2	308 664.2	337 291.1	—	—	619.3	109.3	—	—	15.1

续表

指标	总量指标					速度指标（%）						
						指数（2013 为以下各年）				平均增长速度		
	1978 年	1990 年	2000 年	2012 年	2013 年	1978 年	1990 年	2000 年	2012 年	1979—2013 年	1991—2013 年	2001—2013 年
流通中现金（M_0）	—	2 644.4	14 652.7	54 659.8	58 574.4	—	—	399.8	107.1	—	—	11.2
金融机构人民币各项存款余额	1 155.0	13 942.9	123 804.4	917 554.8	1 043 846.9	90 375.6	7 486.6	843.1	113.8	21.5	20.6	17.8
金融机构人民币各项贷款余额	1 890.4	17 511.0	99 371.1	629 909.6	718 961.5	38 031.8	4 105.8	723.5	114.1	18.5	17.5	16.4
股票筹资额	—	—	2 103.2	4 134.4	3 868.9	—	—	183.9	93.6	—	—	4.8
保险公司保费金额	—	—	1 598.0	15 487.9	17 222.2	—	—	1 077.7	111.2	—	—	20.1
保险公司赔款及给付金额	—	—	526.0	4 716.3	6 212.9	—	—	1 181.2	131.7	—	—	20.9
科技、教育、文化												
科学技术（亿元）												
研究与试验发展经费支出	—	—	895.7	10 298.4	11 846.6	—	—	1 322.6	115.0	—	—	22.0
技术市场成交额	—	75.1	650.8	6 437.1	7 469.0	—	9 945.4	1 147.8	116.0	—	22.1	20.6
教育												
专任教师数（万人）												
#普通高等学校	20.6	39.5	46.3	144.0	149.7	726.6	379.0	323.4	103.9	5.8	6.0	9.4
普通中学	318.2	303.2	400.6	509.8	510.9	160.6	168.5	127.5	100.2	1.4	2.3	1.9
普通小学	522.6	558.2	586.0	558.5	558.5	106.9	100.0	95.3	100.0	0.2	0.0	-0.4
在校学生数（万人）												
#普通本专科	85.6	206.3	556.1	2 391.3	2 468.1	2 883.3	1 196.4	443.8	103.2	10.1	11.4	12.1
普通中学	6 548.3	4 586.0	7 368.9	7 228.4	6 875.0	105.0	149.9	93.3	95.1	0.1	1.8	-0.5
普通小学	14 624.0	12 241.4	13 013.3	9 695.9	9 360.5	64.0	76.5	71.9	96.5	-1.3	-1.2	-2.5
卫生												
医院（个）	9 293.0	14 377.0	16 318.0	23 170.0	24 709.0	265.9	171.9	151.4	106.6	2.8	2.4	3.2
执业（助理）医师（万人）	97.8	176.3	207.6	261.6	279.5	285.7	158.5	134.6	106.8	3.0	2.0	2.3
医院床位数（万张）	110.0	186.9	216.7	416.1	457.9	416.2	245.0	211.3	110.0	4.2	4.0	5.9
卫生总费用（亿元）	110.2	747.4	4 586.6	28 119.0	31 669.0	28 735.1	4 237.3	690.5	112.6	17.6	17.7	16.0
文化												
图书出版总印数（亿册、亿张）	37.7	56.4	62.7	79.2	83.1	220.2	147.4	132.5	104.9	2.3	1.7	2.2

续表

指标	总量指标					速度指标（%）						
						指数 (2013 为以下各年)				平均增长速度		
	1978 年	1990 年	2000 年	2012 年	2013 年	1978 年	1990 年	2000 年	2012 年	1979—2013 年	1991—2013 年	2001—2013 年
电视节目制作时间 （万小时）	—	9.2	58.5	343.6	339.8	—	3 709.5	580.8	98.9	—	17.0	14.5
故事片产量 （部）	46.0	134.0	91.0	745.0	638.0	1 387.0	476.1	701.1	85.6	7.8	7.0	16.2
家庭生活												
社会保险												
社会保险基金收入 （亿元）	—	187.0	2 644.9	30 738.8	35 252.9	—	18 872.9	1 332.9	114.7	—	25.6	22.0
社会保险基金支出 （亿元）	—	152.0	2 385.6	23 331.3	27 916.3	—	18 380.9	1 170.2	119.7	—	25.4	20.8
参加城镇职工基本养老保险人数（万人）	—	6 166.0	13 617.4	30 426.8	32 218.4	—	522.5	236.6	105.9	—	7.5	6.8
参加失业保险人数 （万人）	—	—	10 408.4	15 224.7	16 416.8	—	—	157.7	107.8	—	—	3.6
参加城镇职工基本医疗保险人数（万人）	—	—	3 786.9	26 485.6	27 443.1	—	—	724.7	103.6	—	—	16.5
城市市政建设												
年供水总量 （亿吨）	78.8	382.3	469.0	523.0	537.3	681.9	140.5	114.6	102.7	5.6	1.5	1.1
人工煤气供气量 （亿立方米）	—	174.7	152.4	77.0	62.8	—	35.9	41.2	81.6	—	-4.4	-6.6
天然气供气量 （亿立方米）	—	64.2	82.1	795.0	901.0	—	1 403.4	1 097.4	113.3	—	12.2	20.2
年末实有道路长度 （万千米）	2.7	9.5	16.0	32.7	33.6	1 247.1	354.0	210.2	102.8	7.5	5.7	5.9
排水管道长度 （万千米）	2.0	5.8	14.2	43.9	46.5	2 377.2	801.5	327.4	105.9	9.5	9.5	9.6
年末公共交通车辆运营数 （万辆）	2.6	6.2	22.6	43.2	46.1	1 784.1	743.5	204.0	106.7	8.6	9.1	5.6
城市绿地面积 （万公顷）	8.2	47.5	86.5	236.8	242.7	2 969.6	511.0	280.6	102.5	10.2	7.3	8.3

注：1. 本表价值指标除邮电业务总量按不变价格计算外，其余均按当年价格计算。邮电业务总量2000年及以前按1990年不变价格计算，2001—2010年按2000年不变价格计算，2011年起按2010年不变价格计算。

2. 本表速度指标中，国民总收入、国内生产总值及三次产业增加值、农林牧渔业总产值、邮电业务总量和城乡居民收入指标均按可比价格计算。固定资产投资平均增长速度按累计法计算。

3. 2011年起，固定资产投资除房地产投资、农村个人投资外，统计起点由50万元提高至500万元，城镇固定资产投资数据发布口径改为固定资产投资（不含农户）。固定资产投资（不含农户）等于原口径的城镇固定资产投资加上农村企事业组织的项目投资。

4. 全国规模以上工业企业统计范围1998—2006年为全部国有及年主营业务收入在500万元及以上非国有工业企业；2007—2010年为年主营业务收入在500万元及以上的工业企业；2011年及以后年份为年主营业务收入在2 000万元及以上的工业企业。

东、中、西、东北地区主要经济指标

（2013 年）

指　标	全国总计	东部地区		中部地区		西部地区		东北地区	
		绝对数	占全国比重(%)	绝对数	占全国比重(%)	绝对数	占全国比重(%)	绝对数	占全国比重(%)
国民经济核算									
国内(地区)生产总值　(亿元)	568 845.2	322 258.9	51.2	127 305.6	20.2	126 002.8	20.0	54 442.0	8.6
第一产业	56 957.0	19 893.6	34.9	15 014.8	26.4	15 700.8	27.6	6 347.8	11.1
第二产业	249 684.4	150 996.1	49.2	66 363.3	21.6	62 356.5	20.3	27 045.9	8.8
#工　业	210 689.4	134 282.5	50.2	57 888.4	21.6	51 709.4	19.3	23 634.0	8.8
第三产业	262 203.8	151 369.2	56.8	45 927.6	17.2	47 945.4	18.0	21 048.4	7.9
人均国内(地区)生产总值　(元)	41 907.6	62 405.1	—	35 357.1	—	34 491.0	—	49 606.2	—
固定资产投资									
全社会固定资产投资总额(亿元)	446 294.1	179 097.6	40.6	105 740.2	24.0	109 260.9	24.8	46 540.0	10.6
国内商业									
社会消费品零售总额　(亿元)	237 809.9	124 453.1	52.3	48 588.9	20.4	42 508.6	17.9	22 259.0	9.4
对外贸易									
货物进出口总额　(亿美元)	41 589.9	34 826.9	83.7	2 195.7	5.3	2 775.5	6.7	1 791.9	4.3
出口额	22 090.0	18 055.3	81.7	1 380.6	6.2	1 779.3	8.1	874.9	4.0
进口额	19 499.9	16 771.6	86.0	815.1	4.2	996.2	5.1	917.0	4.7
物　价									
居民消费价格指数（上年=100）	102.6	102.6	—	102.7	—	103.1	—	102.5	—
农　业									
主要农产品产量　(万吨)									
粮　食	60 193.8	14 606.3	24.3	17 849.2	29.7	15 987.6	26.6	11 750.7	19.5
棉　花	629.9	136.8	21.7	126.0	20.0	366.4	58.2	0.7	0.1
油　料	3 517.0	832.7	23.7	1 510.9	43.0	956.7	27.2	216.7	6.2
工　业									
主要工业产品产量									
原　油　(万吨)	20 946.9	7 928.0	37.8	556.6	2.7	6 839.9	32.7	5 622.3	26.8
水　泥　(万吨)	241 613.6	85 420.3	35.4	65 665.7	27.2	77 035.9	31.9	13 491.8	5.6
粗　钢　(万吨)	77 904.1	41 985.4	53.9	16 398.0	21.0	11 562.2	14.8	7 958.5	10.2
发电量　(亿千瓦小时)	53 975.9	21 121.8	39.1	11 835.2	21.9	17 870.9	33.1	3 147.8	5.8

注：本表中涉及分地区数据相加不等于全国总计的指标，在计算东、中、西和东北地区占全国的比重时，分母为31个省(自治区、直辖市)相加的合计数。

国民总收入和国内生产总值

指　标	2009 年	2010 年	2011 年	2012 年	2013 年
国民总收入　(亿元)	340 320.0	399 759.5	468 562.4	518 214.7	566 130.2
国内生产总值　(亿元)	340 902.8	401 512.8	473 104.0	519 470.1	568 845.2
第一产业	35 226.0	40 533.6	47 486.2	52 373.6	56 957.0
第二产业	157 638.8	187 383.2	220 412.8	235 162.0	249 684.4
工　业	135 239.9	160 722.2	188 470.2	199 670.7	210 689.4
建筑业	22 398.8	26 661.0	31 942.7	35 491.3	38 995.0
第三产业	148 038.0	173 596.0	205 205.0	231 934.5	262 203.8
人均国内生产总值　(元)	25 607.5	30 015.0	35 197.8	38 459.5	41 907.6
国民总收入指数(上年=100)	108.3	110.2	108.7	108.4	107.4
国内生产总值指数(上年=100)	109.2	110.4	109.3	107.7	107.7
第一产业	104.2	104.3	104.3	104.5	104.0
第二产业	109.9	112.3	110.3	107.9	107.8
工　业	108.7	112.1	110.4	107.7	107.6
建筑业	118.6	113.5	109.7	109.3	109.5
第三产业	109.6	109.8	109.4	108.1	108.3
人均国内生产总值指数(上年=100)	108.7	109.9	108.8	107.1	107.1
国内生产总值构成　(%)	100.0	100.0	100.0	100.0	100.0
第一产业	10.3	10.1	10.0	10.1	10.0
第二产业	46.2	46.7	46.6	45.3	43.9
工　业	39.7	40.0	39.8	38.4	37.0
建筑业	6.6	6.6	6.8	6.8	6.9
第三产业	43.4	43.2	43.4	44.6	46.1
支出法国内生产总值　(亿元)	348 775.1	402 816.5	472 619.2	529 399.2	586 673.0
最终消费支出	169 274.8	194 115.0	232 111.5	261 993.6	292 165.6
资本形成总额	164 463.2	193 603.9	228 344.3	252 773.2	280 356.1
货物和服务净出口	15 037.0	15 097.6	12 163.3	14 632.4	14 151.3

地区生产总值和指数

本表绝对数按当年价格计算,指数按不变价格计算

地 区	地区生产总值(亿元)					指 数(上年=100)				
	2009 年	2010 年	2011 年	2012 年	2013 年	2009 年	2010 年	2011 年	2012 年	2013 年
北 京	12 153.0	14 113.6	16 251.9	17 879.4	19 500.6	110.2	110.3	108.1	107.7	107.7
天 津	7 521.9	9 224.5	11 307.3	12 893.9	14 370.2	116.5	117.4	116.4	113.8	112.5
河 北	17 235.5	20 394.3	24 515.8	26 575.0	28 301.4	110.0	112.2	111.3	109.6	108.2
山 西	7 358.3	9 200.9	11 237.6	12 112.8	12 602.2	105.4	113.9	113.0	110.1	108.9
内蒙古	9 740.3	11 672.0	14 359.9	15 880.6	16 832.4	116.9	115.0	114.3	111.5	109.0
辽 宁	15 212.5	18 457.3	22 226.7	24 846.4	27 077.7	113.1	114.2	112.2	109.5	108.7
吉 林	7 278.8	8 667.6	10 568.8	11 939.2	12 981.5	113.6	113.8	113.8	112.0	108.3
黑龙江	8 587.0	10 368.6	12 582.0	13 691.6	14 382.9	111.4	112.7	112.3	110.0	108.0
上 海	15 046.5	17 166.0	19 195.7	20 181.7	21 602.1	108.2	110.3	108.2	107.5	107.7
江 苏	34 457.3	41 425.5	49 110.3	54 058.2	59 161.8	112.4	112.7	111.0	110.1	109.6
浙 江	22 990.4	27 722.3	32 318.9	34 665.3	37 568.5	108.9	111.9	109.0	108.0	108.2
安 徽	10 062.8	12 359.3	15 300.7	17 212.1	19 038.9	112.9	114.6	113.5	112.1	110.4
福 建	12 236.5	14 737.1	17 560.2	19 701.8	21 759.6	112.3	113.9	112.3	111.4	111.0
江 西	7 655.2	9 451.3	11 702.8	12 948.9	14 338.5	113.1	114.0	112.5	111.0	110.1
山 东	33 896.7	39 169.9	45 361.9	50 013.2	54 684.3	112.2	112.3	110.9	109.8	109.6
河 南	19 480.5	23 092.4	26 931.0	29 599.3	32 155.9	110.9	112.5	111.9	110.1	109.0
湖 北	12 961.1	15 967.6	19 632.3	22 250.5	24 668.5	113.5	114.8	113.8	111.3	110.1
湖 南	13 059.7	16 038.0	19 669.6	22 154.2	24 501.7	113.7	114.6	112.8	111.3	110.1
广 东	39 482.6	46 013.1	53 210.3	57 067.9	62 164.0	109.7	112.4	110.0	108.2	108.5
广 西	7 759.2	9 569.9	11 720.9	13 035.1	14 378.0	113.9	114.2	112.3	111.3	110.2
海 南	1 654.2	2 064.5	2 522.7	2 855.5	3 146.5	111.7	116.0	112.0	109.1	109.9
重 庆	6 530.0	7 925.6	10 011.4	11 409.6	12 656.7	114.9	117.1	116.4	113.6	112.3
四 川	14 151.3	17 185.5	21 026.7	23 872.8	26 260.8	114.5	115.1	115.0	112.6	110.0
贵 州	3 912.7	4 602.2	5 701.8	6 852.2	8 006.8	111.4	112.8	115.0	113.6	112.5
云 南	6 169.8	7 224.2	8 893.1	10 309.5	11 720.9	112.1	112.3	113.7	113.0	112.1
西 藏	441.4	507.5	605.8	701.0	807.7	112.4	112.3	112.7	111.8	112.1
陕 西	8 169.8	10 123.5	12 512.3	14 453.7	16 045.2	113.6	114.6	113.9	112.9	111.0
甘 肃	3 387.6	4 120.8	5 020.4	5 650.2	6 268.0	110.3	111.8	112.5	112.6	110.8
青 海	1 081.3	1 350.4	1 670.4	1 893.5	2 101.1	110.1	115.3	113.5	112.3	110.8
宁 夏	1 353.3	1 689.7	2 102.2	2 341.3	2 565.1	111.9	113.5	112.1	111.5	109.8
新 疆	4 277.1	5 437.5	6 610.1	7 505.3	8 360.2	108.1	110.6	112.0	112.0	111.0

人口数及构成

单位:万人

年份	总人口(年末)	按性别分				按城乡分			
		男		女		城镇		乡村	
		人口数	比重(%)	人口数	比重(%)	人口数	比重(%)	人口数	比重(%)
1949	54 167	28 145	51.96	26 022	48.04	5 765	10.64	48 402	89.36
1950	55 196	28 669	51.94	26 527	48.06	6 169	11.18	49 027	88.82
1951	56 300	29 231	51.92	27 069	48.08	6 632	11.78	49 668	88.22
1955	61 465	31 809	51.75	29 656	48.25	8 285	13.48	53 180	86.52
1960	66 207	34 283	51.78	31 924	48.22	13 073	19.75	53 134	80.25
1965	72 538	37 128	51.18	35 410	48.82	13 045	17.98	59 493	82.02
1970	82 992	42 686	51.43	40 306	48.57	14 424	17.38	68 568	82.62
1971	85 229	43 819	51.41	41 410	48.59	14 711	17.26	70 518	82.74
1972	87 177	44 813	51.40	42 364	48.60	14 935	17.13	72 242	82.87
1973	89 211	45 876	51.42	43 335	48.58	15 345	17.20	73 866	82.80
1974	90 859	46 727	51.43	44 132	48.57	15 595	17.16	75 264	82.84
1975	92 420	47 564	51.47	44 856	48.53	16 030	17.34	76 390	82.66
1976	93 717	48 257	51.49	45 460	48.51	16 341	17.44	77 376	82.56
1977	94 974	48 908	51.50	46 066	48.50	16 669	17.55	78 305	82.45
1978	96 259	49 567	51.49	46 692	48.51	17 245	17.92	79 014	82.08
1979	97 542	50 192	51.46	47 350	48.54	18 495	18.96	79 047	81.04
1980	98 705	50 785	51.45	47 920	48.55	19 140	19.39	79 565	80.61
1981	100 072	51 519	51.48	48 553	48.52	20 171	20.16	79 901	79.84
1982	101 654	52 352	51.50	49 302	48.50	21 480	21.13	80 174	78.87
1983	103 008	53 152	51.60	49 856	48.40	22 274	21.62	80 734	78.38
1984	104 357	53 848	51.60	50 509	48.40	24 017	23.01	80 340	76.99
1985	105 851	54 725	51.70	51 126	48.30	25 094	23.71	80 757	76.29
1986	107 507	55 581	51.70	51 926	48.30	26 366	24.52	81 141	75.48
1987	109 300	56 290	51.50	53 010	48.50	27 674	25.32	81 626	74.68
1988	111 026	57 201	51.52	53 825	48.48	28 661	25.81	82 365	74.19
1989	112 704	58 099	51.55	54 605	48.45	29 540	26.21	83 164	73.79
1990	114 333	58 904	51.52	55 429	48.48	30 195	26.41	84 138	73.59
1991	115 823	59 466	51.34	56 357	48.66	31 203	26.94	84 620	73.06
1992	117 171	59 811	51.05	57 360	48.95	32 175	27.46	84 996	72.54
1993	118 517	60 472	51.02	58 045	48.98	33 173	27.99	85 344	72.01
1994	119 850	61 246	51.10	58 604	48.90	34 169	28.51	85 681	71.49
1995	121 121	61 808	51.03	59 313	48.97	35 174	29.04	85 947	70.96
1996	122 389	62 200	50.82	60 189	49.18	37 304	30.48	85 085	69.52
1997	123 626	63 131	51.07	60 495	48.93	39 449	31.91	84 177	68.09

续表

年份	总人口（年末）	按性别分				按城乡分			
		男		女		城镇		乡村	
		人口数	比重（%）	人口数	比重（%）	人口数	比重（%）	人口数	比重（%）
1998	124 761	63 940	51.25	60 821	48.75	41 608	33.35	83 153	66.65
1999	125 786	64 692	51.43	61 094	48.57	43 748	34.78	82 038	65.22
2000	126 743	65 437	51.63	61 306	48.37	45 906	36.22	80 837	63.78
2001	127 627	65 672	51.46	61 955	48.54	48 064	37.66	79 563	62.34
2002	128 453	66 115	51.47	62 338	48.53	50 212	39.09	78 241	60.91
2003	129 227	66 556	51.50	62 671	48.50	52 376	40.53	76 851	59.47
2004	129 988	66 976	51.52	63 012	48.48	54 283	41.76	75 705	58.24
2005	130 756	67 375	51.53	63 381	48.47	56 212	42.99	74 544	57.01
2006	131 448	67 728	51.52	63 720	48.48	58 288	44.34	73 160	55.66
2007	132 129	68 048	51.50	64 081	48.50	60 633	45.89	71 496	54.11
2008	132 802	68 357	51.47	64 445	48.53	62 403	46.99	70 399	53.01
2009	133 450	68 647	51.44	64 803	48.56	64 512	48.34	68 938	51.66
2010	134 091	68 748	51.27	65 343	48.73	66 978	49.95	67 113	50.05
2011	134 735	69 068	51.26	65 667	48.74	69 079	51.27	65 656	48.73
2012	135 404	69 395	51.25	66 009	48.75	71 182	52.57	64 222	47.43
2013	136 072	69 728	51.24	66 344	48.76	73 111	53.73	62 961	46.27

注：1. 1981 年及以前数据为户籍统计数；1982 年、1990 年、2000 年、2010 年数据为当年人口普查数据推算数；其余年份数据为年度人口抽样调查推算数据。

2. 总人口和按性别分人口中包括现役军人，按城乡分人口中现役军人计入城镇人口。

就业基本情况

项　目		2009 年	2010 年	2011 年	2012 年	2013 年
经济活动人口	（万人）	77 510.0	78 388.0	78 579.0	78 894.0	79 300.0
就业人员合计	（万人）	75 828.0	76 105.0	76 420.0	76 704.0	76 977.0
第一产业		28 890.5	27 930.5	26 594.0	25 773.0	24 171.0
第二产业		21 080.2	21 842.1	22 544.0	23 241.0	23 170.0
第三产业		25 857.3	26 332.3	27 282.0	27 690.0	29 636.0
就业人员构成（合计＝100）						
第一产业		38.1	36.7	34.8	33.6	31.4
第二产业		27.8	28.7	29.5	30.3	30.1
第三产业		34.1	34.6	35.7	36.1	38.5
按城乡分就业人员	（万人）					
城镇就业人员		33 322.0	34 687.0	35 914.0	37 102.0	38 240.0
#国有单位		6 420.0	6 516.0	6 704.0	6 839.0	6 365.0
城镇集体单位		618.0	597.0	603.0	589.0	566.0
股份合作单位		160.0	156.0	149.0	149.0	108.0
联营单位		37.0	36.0	37.0	39.0	25.0
有限责任公司		2 433.0	2 613.0	3 269.0	3 787.0	6 069.0
股份有限公司		956.0	1 024.0	1 183.0	1 243.0	1 721.0
私营企业		5 544.0	6 071.0	6 912.0	7 557.0	8 242.0
港澳台商投资单位		721.0	770.0	932.0	969.0	1 397.0
外商投资单位		978.0	1 053.0	1 217.0	1 246.0	1 566.0
个　体		4 245.0	4 467.0	5 227.0	5 643.0	6 142.0
乡村就业人员		42 506.0	41 418.0	40 506.0	39 602.0	38 737.0
#私营企业		3 063.0	3 347.0	3 442.0	3 739.0	4 279.0
个　体		2 341.0	2 540.0	2 718.0	2 986.0	3 193.0
城镇登记失业人数	（万人）	921.0	908.0	922.0	917.0	926.0
城镇登记失业率	（%）	4.3	4.1	4.1	4.1	4.1

城镇单位就业人员工资总额和平均工资

项　目	2009 年	2010 年	2011 年	2012 年	2013 年
工资总额　　　　（亿元）					
合　计	40 288.2	47 269.9	59 954.7	70 914.2	93 064.3
国有单位	21 862.7	24 886.4	28 954.8	32 950.0	33 359.6
城镇集体单位	1 273.3	1 433.7	1 737.4	1 990.4	2 195.8
其他单位	17 152.1	20 949.7	29 262.4	35 973.8	57 508.9
指　数(上年=100)					
合计	114.2	117.3	126.8	118.3	131.2
国有单位	112.2	113.8	116.3	113.8	101.2
城镇集体单位	105.8	112.6	121.2	114.6	110.3
其他单位	117.5	122.1	139.7	122.9	159.9
平均工资　　　　（元）					
合　计	32 244.0	36 539.0	41 799.0	46 769.0	51 483.0
#在岗职工	32 736.0	37 147.0	42 452.0	47 593.0	52 388.0
国有单位	34 130.0	38 359.0	43 483.0	48 357.0	52 657.0
城镇集体单位	20 607.0	24 010.0	28 791.0	33 784.0	38 905.0
其他单位	31 350.0	35 801.0	41 323.0	46 360.0	51 453.0
平均货币工资指数(上年=100)					
合　计	111.6	113.3	114.4	111.9	110.1
#在岗职工	112.0	113.5	114.3	112.1	110.1
国有单位	112.7	112.4	113.4	111.2	108.9
城镇集体单位	113.8	116.5	119.9	117.3	115.2
其他单位	109.8	114.2	115.4	112.2	111.0
平均实际工资指数(上年=100)					
合　计	112.6	109.8	108.6	109.0	107.3
#在岗职工	113.0	110.0	108.5	109.2	107.3
国有单位	113.7	108.9	107.7	108.3	106.1
城镇集体单位	114.8	112.9	113.9	114.3	112.2
其他单位	110.8	110.7	109.6	109.2	108.2

按行业分城镇单位就业人员平均工资

（2013 年）

单位：元

项　目	合　计	国　有 单　位	城镇集体 单　位	其　他 单　位
全国总计	**51 483**	**52 657**	**38 905**	**51 453**
农、林、牧、渔业	25 820	25 444	26 754	34 310
采矿业	60 138	56 317	39 007	61 475
制造业	46 431	54 094	34 689	46 297
电力、热力、燃气及水生产和供应业	67 085	68 146	45 082	66 489
建筑业	42 072	43 849	33 893	42 476
批发和零售业	50 308	55 980	26 200	50 700
交通运输、仓储和邮政业	57 993	59 516	31 772	57 720
住宿和餐饮业	34 044	36 298	39 491	33 400
信息传输、软件和信息技术服务业	90 915	60 182	40 268	96 618
金融业	99 653	87 732	70 249	109 161
房地产业	51 048	45 435	37 155	52 052
租赁和商务服务业	62 538	46 542	33 296	74 632
科学研究和技术服务业	76 602	69 501	52 204	87 590
水利、环境和公共设施管理业	36 123	35 155	27 855	43 213
居民服务、修理和其他服务业	38 429	41 416	31 005	37 738
教　育	51 950	52 283	47 610	47 194
卫生和社会工作	57 979	59 200	48 990	50 173
文化、体育和娱乐业	59 336	59 437	37 715	60 288
公共管理、社会保障和社会组织	49 259	49 371	45 859	34 486

全社会固定资产投资

指　标		2012 年	2013 年	2013 年比上年增长(%)
投资总额	(亿元)	**374 694.7**	**446 294.1**	**19.1**
按构成分				
建筑安装工程		243 617.5	298 424.2	22.5
设备工具器具购置		77 724.1	91 074.4	17.2
其他费用		53 353.1	56 795.5	6.5
按三次产业分				
第一产业		10 996.4	11 186.6	21.6
第二产业		158 262.5	184 814.3	17.2
第三产业		205 435.8	250 293.1	20.4
本年实际到位资金小计	(亿元)	409 675.6	491 612.5	20.0
国家预算资金		18 958.7	22 305.3	17.7
国内贷款		51 593.5	59 442.0	15.2
利用外资		4 468.8	4 319.4	-3.3
自筹资金		277 792.4	334 280.0	20.3
其他资金		56 862.4	71 265.8	25.3
房屋建筑面积	(万平方米)			
施工面积		1 167 238.4	1 336 287.6	14.5
#住　宅		614 990.6	673 163.3	9.5
竣工面积		335 503.6	349 895.8	4.3
#住　宅		195 102.9	193 328.5	-0.9

注:1. 投资实际到位资金为财务拨款数,各项相加不等于投资总额。
2. 增长速度未扣除价格因素。
3. 自2013年起,三产划分按《国家统计局关于印发〈三次产业划分规定〉的通知》执行,增速按可比口径计算。

各地区按登记注册类型分全社会固定资产投资

（2013 年）

单位:亿元

地区	总计	内资									港澳台商投资	外商投资
			国有	集体	股份合作	联营	有限责任公司	股份有限公司	私营	个体	其他		
全国总计	**446 294.1**	**424 136.1**	**109 849.9**	**13 312.4**	**1 868.0**	**1 358.5**	**121 606.5**	**23 257.3**	**121 217.1**	**12 420.1**	**19 246.3**	**11 027.7**	**11 130.3**
北京	6 847.1	6 084.1	1 775.0	117.4	6.2	2.3	3 520.6	336.7	249.2	49.7	27.0	451.4	311.5
天津	9 130.2	8 611.2	2 434.0	634.6	44.6	31.9	2 631.5	584.2	1 911.2	79.3	259.9	189.0	330.0
河北	23 194.2	22 587.2	3 439.8	1 081.7	179.7	76.6	6 368.8	1 222.0	8 439.6	600.2	1 178.8	216.2	390.8
山西	11 031.9	10 899.0	4 023.3	545.7	69.6	46.1	2 621.3	673.1	2 154.1	347.7	418.2	72.5	60.4
内蒙古	14 217.4	14 114.0	4 755.3	126.7	43.4	9.5	5 676.0	769.4	2 239.5	185.7	308.6	52.4	51.0
辽宁	25 107.7	23 007.4	4 539.7	268.7	50.3	33.7	6 223.6	1 105.3	9 827.7	390.9	567.4	1 169.8	930.5
吉林	9 979.3	9 799.9	2 352.2	53.8	3.7	18.6	3 666.3	544.2	2 338.4	382.4	440.3	72.7	106.6
黑龙江	11 453.1	11 338.9	3 296.1	105.4	39.4	48.3	3 629.0	420.6	2 811.0	400.0	589.1	49.6	64.5
上海	5 647.8	4 734.6	1 452.8	67.7	2.8	39.0	1 982.8	127.1	1 055.0	3.7	3.7	301.9	611.3
江苏	36 373.3	32 453.4	6 034.9	1 512.9	85.1	123.3	6 941.7	1 587.1	14 780.3	439.5	948.6	1 605.5	2 314.4
浙江	20 782.1	18 897.9	4 628.8	695.4	48.8	20.9	6 403.2	673.7	5 520.9	639.2	267.1	1 126.6	757.6
安徽	18 621.9	18 033.7	4 046.2	232.3	52.6	76.0	5 285.1	1 043.5	6 048.3	589.5	660.2	287.9	300.3
福建	15 327.4	14 044.2	3 991.2	433.9	14.6	55.2	4 299.6	470.8	4 031.7	313.6	433.7	821.3	462.0
江西	12 850.3	12 456.8	2 368.2	115.3	70.7	66.2	3 361.0	580.5	4 836.1	557.3	501.4	240.6	152.9
山东	36 789.1	35 529.2	4 212.1	2 897.5	145.1	71.2	9 770.3	2 386.4	11 911.5	969.6	3 165.5	617.3	642.5
河南	26 087.5	25 629.4	3 351.3	1 116.3	221.9	92.5	7 047.3	2 229.3	7 791.7	980.6	2 798.6	212.6	245.4
湖北	19 307.3	18 689.7	4 205.6	575.4	115.2	65.1	4 876.7	1 440.8	5 805.4	536.3	1 069.1	241.1	376.5
湖南	17 841.4	17 477.6	4 835.8	363.7	179.1	44.6	4 167.9	896.2	5 221.0	737.9	1 031.3	184.7	179.1

续表

地 区	总 计	内 资										港澳台商投资	外商投资
			国 有	集 体	股份合作	联 营	有限责任公司	股份有限公司	私 营	个 体	其 他		
广 东	22 308.4	19 425.1	4 164.9	991.4	125.9	43.3	6 968.6	1 275.2	4 467.4	757.3	631.1	1 590.7	1 292.5
广 西	11 907.7	11 556.5	2 777.1	182.8	52.7	89.9	2 566.5	729.5	3 576.2	705.2	876.4	183.4	167.8
海 南	2 697.9	2 401.2	578.8	0.7	18.9	2.9	1 166.1	196.5	260.1	77.5	99.7	207.6	89.1
重 庆	10 435.2	9 656.7	3 279.1	103.9	65.0	69.3	2 536.8	305.3	2 780.0	187.2	330.0	453.1	325.5
四 川	20 326.1	19 557.9	6 552.2	177.5	64.4	87.6	6 063.3	1 064.0	3 772.6	642.0	1 134.2	337.8	430.5
贵 州	7 373.6	7 261.4	3 026.6	3.5	26.2	6.1	2 384.4	265.6	1 159.4	272.4	117.3	84.7	27.5
云 南	9 968.3	9 801.5	3 750.7	208.3	13.0	23.1	2 789.9	493.2	1 975.8	439.1	108.4	77.1	89.7
西 藏	876.0	874.0	632.3	6.7	3.3	2.9	19.1	54.0	56.2	31.3	68.1	1.3	0.7
陕 西	14 884.1	14 421.5	5 843.3	452.2	58.8	66.0	3 898.7	634.2	2 315.0	451.9	701.4	113.9	348.7
甘 肃	6 527.9	6 510.2	2 970.6	197.5	38.4	30.0	1 348.3	328.1	1 108.9	125.7	362.7	7.3	10.4
青 海	2 361.1	2 328.5	1 095.0	12.1	7.9	0.7	668.9	111.3	310.9	81.0	40.6	28.3	4.3
宁 夏	2 651.1	2 627.9	710.8	12.6	9.8	0.7	559.2	147.0	1 101.2	75.3	11.3	12.5	10.7
新 疆	7 732.3	7 670.0	3 070.7	18.8	10.8	15.0	2 164.0	562.3	1 360.7	371.0	96.7	16.9	45.4
不分地区	5 655.4	5 655.4	5 655.4	—	—	—	—	—	—	—	—	—	—

固定资产投资

（不含农户）

单位：亿元

年 份 地 区	全社会投资	城 镇	
			#房地产开发
1995	20 019.3	15 643.7	3 149.0
1996	-22 974.0	-17 627.7	-3 216.4
	22 913.5	17 567.2	3 216.4
1997	24 941.1	19 194.2	3 178.4
1998	28 406.2	22 491.4	3 614.2
1999	29 854.7	23 732.0	4 103.2
2000	32 917.7	26 221.8	4 984.1
2001	37 213.5	30 001.2	6 344.1
2002	43 499.9	35 488.8	7 790.9
2003	55 566.6	45 811.7	10 153.8
2004	70 477.4	59 028.2	13 158.3
2005	88 773.6	75 095.1	15 909.2
2006	109 998.2	93 368.7	19 422.9
2007	137 323.9	117 464.5	25 288.8
2008	172 828.4	148 738.3	31 203.2
2009	224 598.8	193 920.4	36 241.8
2010	-278 121.9	-241 430.9	-48 259.4
	251 683.8	243 797.8	48 259.4
2011	311 485.1	302 396.1	61 796.9
2012	374 694.7	364 854.1	71 803.8
2013	446 294.1	435 747.4	86 013.4
北 京	6 847.1	6 797.5	3 483.4
天 津	9 130.2	9 103.0	1 480.8
河 北	23 194.2	22 629.8	3 445.4
山 西	11 031.9	10 745.3	1 308.6
内蒙古	14 217.4	14 072.4	1 479.0
辽 宁	25 107.7	24 791.4	6 450.8
吉 林	9 979.3	9 725.8	1 252.4
黑龙江	11 453.1	11 121.3	1 604.8
上 海	5 647.8	5 644.1	2 819.6
江 苏	36 373.3	35 982.5	7 241.5

续表

年份 地区	全社会投资	城镇	
			#房地产开发
浙江	20 782.1	20 194.1	6 216.2
安徽	18 621.9	18 091.2	3 946.2
福建	15 327.4	15 045.8	3 703.0
江西	12 850.3	12 434.9	1 174.6
山东	36 789.1	35 875.9	5 444.5
河南	26 087.5	25 188.1	3 843.8
湖北	19 307.3	18 796.9	3 286.0
湖南	17 841.4	17 225.2	2 628.3
广东	22 308.4	21 795.5	6 489.6
广西	11 907.7	11 383.9	1 614.6
海南	2 697.9	2 625.6	1 196.8
重庆	10 435.2	10 291.0	3 012.8
四川	20 326.1	19 755.3	3 853.0
贵州	7 373.6	7 102.8	1 942.5
云南	9 968.3	9 621.8	2 488.3
西藏	876.0	876.0	9.7
陕西	14 884.1	14 533.5	2 240.2
甘肃	6 527.9	6 407.2	724.6
青海	2 361.1	2 285.3	247.6
宁夏	2 651.1	2 577.8	559.0
新疆	7 732.3	7 371.2	825.7
不分地区	5 655.4	5 655.4	—

注:1. 1995—1996 年,除房地产投资、农村集体投资、个人投资以外,投资统计的起点为 5 万元;自 1997 年起,除房地产投资、农村集体投资、个人投资以外,投资统计的起点由 5 万元提高到 50 万元;自 2011 年起,除房地产投资、农村个人投资外,固定资产投资的统计起点由 50 万元提高至 500 万元;城镇固定资产投资数据发布口径改为固定资产投资(不含农户),固定资产投资(不含农户)等于原口径的城镇固定资产投资加上农村企事业组织的项目投资。

2. 为便于比较,对 1996 年、2010 年的相应数据作了调整,这两年数据中括号内为原口径数,未加括号的为调整后的新口径数。新口径数据中,1996 年为 50 万元起点以上数;2010 年为 500 万元起点以上数,同时其中的城镇固定资产投资数据发布口径改为固定资产投资(不含农户)。

全社会固定资产投资实际到位资金和按构成分固定资产投资

年　份	投资资金来源				投资按构成分		
	国家预算内资金	国内贷款	利用外资	自筹和其他资金	建筑安装工　程	设备工具器具购置	其他费用
总量　（亿元）							
1995	621.1	4 198.7	2 295.9	13 409.2	13 173.3	4 262.5	2 583.5
1996	(629.7)	-4 576.5	-2 747.4	-15 465.4	-15 153.4	-4 940.8	-2 879.8
	625.9	4 573.7	2 746.6	15 412.4	15 109.3	4 926.0	2 878.3
1997	696.7	4 782.6	2 683.9	17 096.5	15 614.0	6 044.8	3 282.3
1998	1 197.4	5 542.9	2 617.0	19 359.6	17 874.5	6 528.5	4 003.1
1999	1 852.1	5 725.9	2 006.8	20 169.7	18 795.9	7 053.0	4 005.7
2000	2 109.5	6 727.3	1 696.3	22 577.4	20 536.3	7 785.6	4 595.9
2001	2 546.4	7 239.8	1 730.7	26 470.0	22 954.9	8 833.8	5 424.8
2002	3 161.0	8 859.1	2 085.0	30 941.9	26 578.9	9 884.5	7 036.6
2003	2 687.8	12 044.4	2 599.4	41 284.8	33 447.2	12 681.9	9 437.5
2004	3 254.9	13 788.0	3 285.7	54 236.3	42 803.6	16 527.0	11 146.8
2005	4 154.3	16 319.0	3 978.8	70 138.7	53 382.6	21 422.9	13 968.1
2006	4 672.0	19 590.5	4 334.3	90 360.2	66 775.8	25 563.9	17 658.4
2007	5 857.1	23 044.2	5 132.7	116 769.7	83 518.3	31 574.8	22 230.9
2008	7 954.8	26 443.7	5 311.9	143 204.9	104 958.9	40 594.1	27 275.5
2009	12 685.7	39 302.8	4 623.7	193 617.4	138 758.3	50 844.2	34 996.2
2010	-14 677.8	-47 258.0	-4 986.8	-244 041.7	-171 351.8	-61 681.5	-45 088.5
	13 012.7	44 020.8	4 703.6	224 042.0	155 580.5	53 842.8	42 260.5
2011	14 843.3	46 344.5	5 062.0	279 734.4	200 195.7	65 152.3	46 137.1
2012	18 958.7	51 593.5	4 468.8	334 654.7	243 617.5	77 724.1	53 353.1
2013	22 305.3	59 442.0	4 319.4	405 545.8	298 424.2	91 074.4	56 795.5
构　成　（%）							
1995	3.0	20.5	11.2	65.3	65.8	21.3	12.9
1996	2.7	19.6	11.8	66.0	66.0	21.5	12.5
1997	2.8	18.9	10.6	67.7	62.6	24.2	13.2
1998	4.2	19.3	9.1	67.4	62.9	23.0	14.1
1999	6.2	19.2	6.7	67.8	63.0	23.6	13.4
2000	6.4	20.3	5.1	68.2	62.4	23.7	13.9
2001	6.7	19.1	4.6	69.6	61.7	23.7	14.6
2002	7.0	19.7	4.6	68.7	61.1	22.7	16.2
2003	4.6	20.5	4.4	70.5	60.2	22.8	17.0
2004	4.4	18.5	4.4	72.7	60.7	23.5	15.8
2005	4.4	17.3	4.2	74.1	60.1	24.1	15.7
2006	3.9	16.5	3.6	76.0	60.7	23.2	16.1
2007	3.9	15.3	3.4	77.4	60.8	23.0	16.2
2008	4.3	14.5	2.9	78.3	60.7	23.5	15.8
2009	5.1	15.7	1.8	77.4	61.8	22.6	15.6
2010	4.7	15.2	1.6	78.5	61.6	22.2	16.2
2011	4.3	13.4	1.5	80.9	64.3	20.9	14.8
2012	4.6	12.6	1.1	81.7	65.0	20.7	14.2
2013	4.5	12.1	0.9	82.5	66.9	20.4	12.7

固定资产投资实际到位资金和按隶属关系分固定资产投资

（不含农户）

单位：亿元

年份 地区	实际到位资金					投资按隶属关系分	
	国家预算内资金	国内贷款	利用外资	自筹资金	其他资金	中央项目	地方项目
1995	569.0	3 511.9	2 114.1	7 940.8	2 013.7	4 274.5	11 369.2
1996	-679.2	-5 247.0	-3 018.4	-14 600.3	-5 340.8	-4 887.7	-12 740.0
	576.4	3 903.2	2 475.6	7 748.2	3 308.9	4 887.7	12 679.5
1997	631.7	4 136.7	2 424.5	8 722.3	3 597.7	5 521.6	13 672.7
1998	1 108.7	4 918.0	2 377.9	9 885.5	4 512.1	6 121.6	16 369.7
1999	1 613.8	5 249.8	1 832.2	10 042.9	4 893.1	5 894.6	17 837.3
2000	1 795.0	6 245.8	1 526.2	11 227.5	5 620.0	6 275.6	19 946.2
2001	2 261.7	6 672.5	1 570.5	13 708.5	6 561.4	6 586.6	23 414.6
2002	2 750.8	8 167.5	1 825.8	16 567.7	7 723.9	6 526.7	28 962.0
2003	2 360.1	11 223.9	2 211.7	23 617.4	9 448.2	6 113.6	39 698.1
2004	2 855.6	12 842.9	2 706.6	32 196.1	12 514.5	7 524.6	51 503.6
2005	3 637.9	15 363.9	3 386.4	44 154.5	14 369.7	9 111.0	65 984.1
2006	4 438.7	18 814.8	3 811.0	56 547.5	18 147.0	10 856.5	82 512.2
2007	5 464.1	22 136.1	4 549.0	74 520.9	24 073.3	13 165.3	104 299.2
2008	7 377.0	25 466.0	4 695.8	97 846.5	23 194.4	17 172.5	131 565.8
2009	11 493.6	37 634.1	3 983.5	127 557.7	38 117.7	20 697.4	173 223.0
2010	13 104.7	45 104.7	4 339.6	165 752.0	44 823.6	22 790.6	218 640.2
2011	14 843.3	46 034.8	5 062.0	220 860.2	50 094.8	21 797.2	280 598.8
2012	18 958.7	51 292.4	4 468.8	268 560.2	56 555.0	23 763.8	341 090.4
2013	22 305.3	59 056.3	4 319.4	324 431.5	70 953.3	24 658.1	411 089.4
北　京	841.3	2 512.4	23.5	3 498.1	3 527.7	909.3	5 888.3
天　津	119.0	2 161.4	84.2	6 615.2	1 439.0	662.2	8 440.8
河　北	559.0	1 548.5	88.8	18 787.2	1 883.8	1 126.0	21 503.7
山　西	636.9	745.8	26.4	7 338.4	849.1	480.5	10 264.8
内蒙古	534.4	1 523.7	8.8	11 241.9	692.4	859.3	13 213.1
辽　宁	1 251.7	3 725.4	372.9	18 933.3	2 721.6	806.1	23 985.3
吉　林	298.4	583.5	27.9	8 427.2	783.5	725.9	8 999.8
黑龙江	417.7	385.9	10.4	10 228.8	912.2	860.7	10 260.5
上　海	368.3	1 782.4	172.5	3 280.7	2 220.7	548.9	5 095.2
江　苏	529.2	5 091.0	1 127.5	29 441.5	6 823.0	607.8	35 374.7
浙　江	1 187.8	3 189.1	244.2	13 715.9	5 041.7	359.0	19 835.0
安　徽	939.5	1 509.4	107.4	14 344.0	3 035.2	374.5	17 716.7
福　建	1 282.7	1 892.0	256.1	10 097.5	3 424.7	586.3	14 459.5
江　西	513.0	922.4	86.0	10 771.9	1 723.4	203.1	12 231.9
山　东	707.0	3 905.8	378.9	30 293.6	4 130.5	957.5	34 918.4

续表

年份 地区	实际到位资金					投资按隶属关系分	
	国家预算内资金	国内贷款	利用外资	自筹资金	其他资金	中央项目	地方项目
河　南	578.3	3 270.3	86.9	19 473.9	2 221.8	266.3	24 921.8
湖　北	730.8	2 696.9	63.3	14 377.4	2 262.7	540.5	18 256.4
湖　南	924.5	1 744.6	120.1	13 576.3	2 600.6	228.9	16 996.3
广　东	1 073.5	3 883.5	655.4	14 319.1	6 406.5	1 440.8	20 354.7
广　西	704.6	1 584.6	15.2	8 218.9	1 670.1	288.1	11 095.8
海　南	148.0	829.3	31.5	2 014.8	1 647.9	84.4	2 541.2
重　庆	701.5	2 332.7	94.1	6 446.1	2 949.2	512.4	9 778.5
四　川	1 674.7	2 355.8	96.7	13 872.3	3 618.5	891.1	18 864.1
贵　州	401.1	1 245.2	4.5	4 495.1	1 418.2	356.9	6 745.9
云　南	717.9	1 381.1	24.2	5 593.3	1 436.5	958.3	8 663.6
西　藏	575.4	16.1	1.9	360.2	63.3	288.5	587.5
陕　西	817.9	993.7	45.8	11 451.0	1 755.2	549.2	13 984.3
甘　肃	928.5	897.3	30.3	4 605.8	810.3	329.5	6 077.7
青　海	377.3	530.5	9.1	1 172.7	178.2	216.8	2 068.5
宁　夏	240.5	554.8	2.9	1 407.9	360.2	340.2	2 237.6
新　疆	924.1	994.2	3.7	4 961.8	974.0	1 643.6	5 727.6
不分地区	600.7	2 266.7	18.3	1 069.8	1 371.7	5 655.4	—

年份 地区	投资资金来源					投资按隶属关系分	
	国家预算内资金	国内贷款	利用外资	自筹资金	其他资金	中央项目	地方项目
1995	569.0	3 511.9	2 114.1	7 940.8	2 013.7	4 274.5	11 369.2
1996	(679.2)	(5 247.0)	(3 018.4)	(14 600.3)	(5 340.8)	(4 887.7)	(12 740.0)
	576.4	3 903.2	2 475.6	7 748.2	3 308.9	4 887.7	12 679.5
1997	631.7	4 136.7	2 424.5	8 722.3	3 597.7	5 521.6	13 672.7
1998	1 108.7	4 918.0	2 377.9	9 885.5	4 512.1	6 121.6	16 369.7
1999	1 613.8	5 249.8	1 832.2	10 042.9	4 893.1	5 894.6	17 837.3
2000	1 795.0	6 245.8	1 526.2	11 227.5	5 620.0	6 275.6	19 946.2
2001	2 261.7	6 672.5	1 570.5	13 708.5	6 561.4	6 586.6	23 414.6
2002	2 750.8	8 167.5	1 825.8	16 567.7	7 723.9	6 526.7	28 962.0
2003	2 360.1	11 223.9	2 211.7	23 617.4	9 448.2	6 113.6	39 698.1
2004	2 855.6	12 842.9	2 706.6	32 196.1	12 514.5	7 524.6	51 503.6
2005	3 637.9	15 363.9	3 386.4	44 154.5	14 369.7	9 111.0	65 984.1
2006	4 438.7	18 814.8	3 811.0	56 547.5	18 147.0	10 856.5	82 512.2
2007	5 464.1	22 136.1	4 549.0	74 520.9	24 073.3	13 165.3	104 299.2
2008	7 377.0	25 466.0	4 695.8	97 846.5	23 194.4	17 172.5	131 565.8
2009	11 493.6	37 634.1	3 983.5	127 557.7	38 117.7	20 697.4	173 223.0

续表

年份 地区	实际到位资金					投资按隶属关系分	
	国家预算内资金	国内贷款	利用外资	自筹资金	其他资金	中央项目	地方项目
2010	13 104.7	45 104.7	4 339.6	165 752.0	44 823.6	22 790.6	218 640.2
2011	14 843.3	46 034.8	5 062.0	220 860.2	50 094.8	21 797.2	280 598.8
2012	18 958.7	51 292.4	4 468.8	268 560.2	56 555.0	23 763.8	341 090.4
北京	121.6	2 136.4	22.2	3 253.2	3 289.8	867.6	5 197.3
天津	103.7	1 753.7	84.2	5 848.5	1 041.9	615.2	7 298.0
河北	472.9	1 205.0	98.7	16 106.6	1 666.1	847.1	18 257.5
山西	455.8	857.3	22.9	6 019.1	678.1	629.0	7 955.9
内蒙古	486.5	1 405.8	22.2	9 526.5	607.6	712.7	11 037.1
辽宁	1 006.0	3 421.3	358.7	16 781.6	2 357.1	823.8	20 711.6
吉林	256.5	436.2	55.4	7 956.1	742.8	594.0	8 668.2
黑龙江	480.7	455.4	28.5	8 231.9	884.6	809.0	8 566.4
上海	371.9	1 530.4	164.5	3 253.0	1 638.4	635.8	4 478.8
江苏	424.8	4 627.3	1 182.4	24 695.4	5 242.5	535.7	29 938.0
浙江	928.2	2 768.6	211.7	10 993.8	3 787.9	389.8	16 706.2
安徽	863.2	1 524.5	111.4	11 279.3	2 327.4	365.7	14 578.1
福建	1 139.8	1 729.7	351.9	7 782.3	2 589.7	579.5	11 603.0
江西	517.6	825.0	92.4	8 903.6	1 368.6	195.3	10 183.0
山东	649.0	3 194.0	405.7	25 000.3	3 353.0	742.4	29 577.4
河南	412.0	2 490.1	78.1	15 910.7	1 927.7	256.3	20 302.3
湖北	636.3	2 002.9	137.7	11 811.2	1 866.8	675.7	14 473.0
湖南	903.2	1 558.1	180.2	10 648.7	2 142.3	273.0	13 693.3
广东	930.8	3 233.7	572.2	12 105.8	4 662.0	1 393.4	16 856.8
广西	432.1	1 296.3	35.7	6 811.5	1 467.8	327.6	9 017.6
海南	104.4	703.2	29.9	1 274.6	562.8	94.0	1 970.4
重庆	411.6	1 789.7	59.9	5 483.9	2 441.1	428.5	8 181.8
四川	1 684.5	2 066.7	41.3	11 144.2	2 757.6	936.3	15 594.0
贵州	466.5	1 160.0	9.6	3 196.2	904.0	338.6	5 166.4
云南	675.4	1 227.6	17.8	4 433.5	1 415.5	754.2	6 799.4
西藏	388.4	25.5	6.5	199.9	76.3	263.6	407.0
陕西	966.7	903.2	34.3	9 529.2	1 450.1	478.7	11 227.1
甘肃	670.1	729.9	15.6	3 314.6	530.7	305.4	4 734.6
青海	369.0	420.8	2.5	915.3	200.3	129.1	1 679.6
宁夏	177.0	459.0	5.1	1 015.0	278.5	238.4	1 794.6
新疆	816.5	836.4	9.1	3 785.6	824.5	1 421.9	4 436.0
不分地区	635.9	2 518.6	20.7	1 349.0	1 471.1	6 106.4	—

注：表中2010年及以前年份数据统计口径为城镇固定资产投资。

规模以上工业企业主要经济指标

（2013 年）

项 目	企业单位数（个）	资产总计（亿元）	主营业务收入（亿元）	利润总额（亿元）
总 计	352 546	850 626	1029 150	62 831
按工业门类分				
采矿业	17 481	86 979	66 795	8 104
制造业	326 998	651 226	901 942	50 706
电力、热力、燃气及水生产和供应业	8 067	112 421	60 413	4 022
按企业规模分				
大型企业	9 411	407 968	409 873	24 676
中型企业	53 817	201 141	239 304	15 205
小型企业	289 318	241 517	379 973	22 950
按登记注册类型分				
内资企业	295 144	665 015	787 762	48 232
国有企业	6 831	110 002	82 580	4 031
集体企业	4 817	6 173	11 514	825
股份合作企业	2 384	3 292	4 391	275
联营企业	479	1 113	1 201	65
国有联营企业	103	646	553	23
集体联营企业	130	106	236	13
国有与集体联营企业	101	212	172	12
其他联营企业	145	148	240	17
有限责任公司	69 439	254 430	248 839	13 741
国有独资公司	1 478	54 234	33 875	1 441
其他有限责任公司	67 961	200 197	214 964	12 300
股份有限公司	9 077	106 159	94 144	7 435
私营企业	194 945	174 771	329 694	20 876
私营独资企业	35 002	20 402	54 775	4 200
私营合伙企业	5 623	3 029	7 506	567
私营有限责任公司	147 023	136 971	246 562	14 753
私营股份有限公司	7 297	14 369	20 852	1 356
其他企业	7 172	9 074	15 399	984
港、澳、台商投资企业	26 202	71 815	88 016	4 926
合资经营企业（港或澳、台资）	8 544	27 253	30 212	1 766
合作经营企业（港或澳、台资）	818	1 594	2 130	173
港、澳、台商独资经营企业	16 298	38 407	51 519	2 718
港、澳、台商投资股份有限公司	478	4 369	3 915	260
其他港、澳、台商投资企业	64	192	241	9
外商投资企业	31 200	113 796	153 371	9 673
中外合资经营企业	11 585	52 707	70 767	5 273
中外合作经营企业	865	2 934	3 157	215
外资企业	18 109	51 935	73 740	3 734
外商投资股份有限公司	513	5 923	5 233	418
其他外商投资企业	128	297	474	33

注：全国规模以上工业企业统计范围1998—2006 年为全部国有及年主营业务收入在500 万元及以上非国有工业企业；2007—2010 年为年主营业务收入在500 万元及以上的工业企业；2011 年及以后年份为年主营业务收入在2 000 万元及以上的工业企业。2013 年为统计快报数据。

按行业分规模以上工业企业主要指标

（2013 年）

单位：亿元

行业	企业单位数(个)	资产总计	流动资产合计	负债合计	所有者权益	主营业务收入	主营业务成本	主营业务税金及附加	利润总额	本年应交增值税
总　计	**352 546.0**	**850 625.9**	**408 223.9**	**491 708.3**	**358 917.5**	**1029 149.8**	**877 522.4**	**15 617.7**	**62 831.0**	**30 130.8**
煤炭开采和洗选业	7 975.0	48 527.0	18 759.0	31 071.8	17 455.2	32 404.7	26 136.8	453.2	2 369.9	2 059.1
石油和天然气开采业	138.0	18 858.7	2 720.5	8 581.9	10 276.9	11 691.1	5 644.9	1 152.1	3 657.8	1 050.6
黑色金属矿采选业	3 554.0	9 371.3	3 914.0	5 119.5	4 251.8	9 828.3	7 925.5	149.8	1 050.0	488.7
有色金属矿采选业	2 108.0	4 620.6	1 825.0	2 294.0	2 326.6	6 158.9	5 014.5	60.1	628.0	191.1
非金属矿采选业	3 524.0	2 971.4	1 249.0	1 417.4	1 553.9	4 829.9	3 874.7	89.0	389.9	193.6
开采辅助活动	162.0	2 615.8	1 352.4	1 364.0	1 251.8	1 860.2	1 695.5	35.9	6.6	67.5
其他采矿业	20.0	14.3	4.8	3.9	10.4	21.8	16.6	0.3	1.5	0.9
农副食品加工业	23 080.0	26 676.4	14 760.4	14 249.7	12 426.7	59 497.1	52 922.6	272.3	3 105.3	1 079.7
食品制造业	7 531.0	11 275.5	5 813.0	5 441.5	5 834.0	18 165.0	14 337.7	121.4	1 550.0	617.2
酒、饮料和精制茶制造业	5 529.0	12 779.0	6 810.5	5 990.5	6 788.6	15 185.2	11 110.9	510.1	1 653.6	616.8
烟草制品业	135.0	7 976.3	5 610.3	2 012.2	5 964.1	8 292.7	2 118.0	4 432.7	1 222.1	999.6
纺织业	20 776.0	21 663.8	11 752.7	12 127.5	9 536.3	36 160.6	31 982.8	178.4	2 022.7	892.3
纺织服装、服饰业	15 212.0	11 020.6	6 880.7	5 565.5	5 455.1	19 250.9	16 308.3	118.8	1 141.1	538.9
皮革、毛皮、羽毛及其制品和制鞋业	8 003.0	6 094.8	3 853.8	2 923.9	3 170.9	12 493.1	10 702.6	71.3	818.7	325.6
木材加工和木、竹、藤、棕、草制品业	8 766.0	5 110.5	2 428.5	2 235.6	2 875.0	12 021.9	10 316.5	83.3	810.7	335.7
家具制造业	4 716.0	4 039.1	2 305.8	2 035.5	2 003.6	6 462.8	5 431.9	43.6	403.9	175.2
造纸和纸制品业	7 213.0	12 940.2	5 944.9	7 341.4	5 598.8	13 471.6	11 621.5	70.3	749.6	383.8
印刷和记录媒介复制业	4 321.0	4 306.5	2 316.6	2 034.2	2 272.2	5 291.3	4 385.2	36.5	420.1	167.4
文教、工美、体育和娱乐用品制造业	7 198.0	5 916.1	3 882.1	3 132.8	2 783.2	12 037.8	10 579.7	62.5	631.2	267.0
石油加工、炼焦和核燃料加工业	2 064.0	23 276.4	10 831.8	15 217.5	8 058.9	40 679.8	35 547.5	3 089.9	482.1	1 159.0
化学原料和化学制品制造业	24 211.0	59 605.0	27 027.5	34 212.9	25 392.1	76 329.8	65 864.7	567.2	4 113.3	1 955.5
医药制造业	6 525.0	18 479.9	10 051.0	8 107.5	10 372.4	20 592.9	14 639.2	150.9	2 071.7	948.9
化学纤维制造业	1 904.0	6 248.8	3 177.6	4 010.7	2 238.0	7 281.8	6 699.1	20.3	259.8	140.6
橡胶和塑料制品业	16 692.0	17 789.4	9 708.3	9 099.2	8 690.2	27 310.6	23 445.1	159.5	1 716.3	649.7

续表

行业	企业单位数(个)	资产总计	流动资产合计	负债合计	所有者权益	主营业务收入	主营业务成本	主营业务税金及附加	利润总额	本年应交增值税
非金属矿物制品业	30 468.0	40 190.5	18 908.0	21 708.1	18 482.4	51 284.3	43 147.9	383.8	3 756.8	1 809.8
黑色金属冶炼和压延加工业	11 034.0	62 638.3	27 237.1	42 252.9	20 385.4	76 316.9	70 689.1	225.2	1 695.0	1 375.2
有色金属冶炼和压延加工业	7 168.0	31 863.8	16 513.7	20 240.2	11 623.6	46 536.3	43 285.5	145.2	1 445.4	867.6
金属制品业	18 934.0	21 390.0	12 492.8	11 429.3	9 960.8	32 842.9	28 516.2	196.3	1 878.3	813.9
通用设备制造业	22 495.0	35 103.0	21 987.6	19 143.6	15 959.4	42 789.0	35 844.3	259.7	2 867.1	1 191.1
专用设备制造业	15 374.0	29 609.1	18 778.2	16 417.5	13 191.6	32 057.5	26 804.8	189.7	2 147.3	899.8
汽车制造业	11 599.0	46 788.3	27 237.7	26 719.4	20 068.9	60 540.0	50 313.6	1 323.1	5 107.7	1 799.4
铁路、船舶、航空航天和其他运输设备制造业	4 859.0	20 025.6	12 264.4	12 991.5	7 034.1	16 545.1	14 306.7	89.1	925.7	432.7
电气机械和器材制造业	21 368.0	46 375.1	30 320.1	26 757.3	19 617.8	61 018.1	52 129.9	273.3	3 451.7	1 513.2
计算机、通信和其他电子设备制造业	12 669.0	50 768.8	33 771.7	29 522.1	21 246.8	77 226.3	68 784.8	221.5	3 308.3	1 163.2
仪器仪表制造业	3 866.0	6 509.1	4 235.0	3 088.2	3 420.9	7 681.9	6 225.6	45.2	647.2	248.8
其他制造业	1 598.0	1 974.1	1 141.2	1 138.9	835.2	2 307.8	1 966.6	13.9	124.8	58.9
废弃资源综合利用业	1 274.0	1 561.1	990.7	953.5	607.6	3 340.0	3 068.8	17.8	132.1	109.0
金属制品、机械和设备修理业	416.0	1 230.8	644.9	722.4	508.4	930.5	784.0	6.0	46.3	22.4
电力、热力生产和供应业	5 772.0	99 855.0	14 782.3	65 907.7	33 947.3	54 825.0	48 705.1	260.7	3 522.7	2 363.1
燃气生产和供应业	1 027.0	5 252.5	1 778.7	3 017.1	2 235.4	4 136.8	3 530.4	21.7	383.9	96.3
水的生产和供应业	1 268.0	7 313.8	2 159.4	4 108.4	3 205.4	1 451.4	1 097.7	16.1	115.1	62.1

按行业分规模以上工业企业主要经济效益指标

（2013 年）

行 业	总资产贡献率（%）	资产负债率（%）	流动资产周转次数（次/年）	工业成本费用利润率（%）
总 计	**15.00**	**57.81**	**2.67**	**6.60**
煤炭开采和洗选业	12.17	64.03	1.77	7.92
石油和天然气开采业	33.37	45.51	4.20	55.36
黑色金属矿采选业	20.78	54.63	2.75	12.25
有色金属矿采选业	21.42	49.65	3.53	11.58
非金属矿采选业	26.02	47.70	4.28	9.07
开采辅助活动	5.29	52.15	1.49	0.36
其他采矿业	22.21	27.20	5.85	7.33
农副食品加工业	19.88	53.42	4.33	5.56
食品制造业	23.04	48.26	3.39	9.41
酒、饮料和精制茶制造业	24.31	46.88	2.34	12.67
烟草制品业	86.83	25.23	1.54	45.15
纺织业	17.33	55.98	3.30	5.97
纺织服装、服饰业	19.04	50.50	3.06	6.36
皮革、毛皮、羽毛及其制品和制鞋业	23.11	47.97	3.55	7.09
木材加工和木、竹、藤、棕、草制品业	27.98	43.74	5.50	7.33
家具制造业	18.50	50.39	3.08	6.74
造纸和纸制品业	11.50	56.73	2.39	5.93
印刷和记录媒介复制业	16.87	47.24	2.51	8.68
文教、工美、体育和娱乐用品制造业	19.23	52.95	3.39	5.57
石油加工、炼焦和核燃料加工业	22.85	65.38	3.83	1.30
化学原料和化学制品制造业	13.49	57.40	2.98	5.75
医药制造业	19.65	43.87	2.19	11.24
化学纤维制造业	9.05	64.18	2.37	3.69
橡胶和塑料制品业	16.63	51.15	3.01	6.77
非金属矿物制品业	17.65	54.01	3.01	8.01
黑色金属冶炼和压延加工业	7.21	67.46	2.85	2.29
有色金属冶炼和压延加工业	10.03	63.52	2.98	3.21
金属制品业	15.95	53.43	2.84	6.13
通用设备制造业	14.28	54.54	2.08	7.25
专用设备制造业	12.95	55.45	1.84	7.22
汽车制造业	19.74	57.11	2.39	9.26
铁路、船舶、航空航天和其他运输设备制造业	8.55	64.87	1.41	5.94
电气机械和器材制造业	13.25	57.70	2.15	6.02
计算机、通信和其他电子设备制造业	10.42	58.15	2.43	4.48

续表

行　业	总资产贡献率(%)	资产负债率(%)	流动资产周转次数(次/年)	工业成本费用利润率(%)
仪器仪表制造业	16.33	47.44	1.93	9.19
其他制造业	11.89	57.69	2.23	5.77
废弃资源综合利用业	19.08	61.08	3.51	4.16
金属制品、机械和设备修理业	6.17	58.69	1.24	5.22
电力、热力生产和供应业	8.55	66.00	3.78	6.84
燃气生产和供应业	11.50	57.44	2.48	9.98
水的生产和供应业	3.98	56.17	0.72	8.00

各地区规模以上工业企业主要指标

（2013 年）

单位：亿元

地 区	企业单位数（个）	资 产 总 计	流动资产合 计	负债合计	所有者权益合 计	主营业务收 入	主营业务成 本	主营业务税金及附加	利润总额	本年应交增值税
全 国	**352 546.0**	**850 625.9**	**408 223.9**	**491 708.3**	**358 917.5**	**1 029 149.8**	**877 522.4**	**15 617.7**	**62 831.0**	**30 130.8**
北 京	3 701.0	31 398.3	12 772.8	16 363.6	15 034.7	18 624.8	15 798.3	282.4	1 254.8	521.8
天 津	5 383.0	22 059.4	12 160.0	14 095.8	7 963.6	27 011.1	23 208.4	318.0	1 992.8	859.3
河 北	12 649.0	36 040.2	14 970.4	21 164.6	14 875.6	45 766.3	40 019.9	423.2	2 560.9	1 113.0
山 西	3 946.0	28 058.3	11 371.4	20 011.0	8 047.3	18 404.7	15 687.3	162.6	547.9	735.3
内蒙古	4 377.0	23 141.7	8 241.9	13 893.7	9 248.0	19 550.8	15 732.7	272.6	1 682.6	792.4
辽 宁	17 561.0	37 989.3	17 215.3	22 220.0	15 769.3	52 150.4	45 093.2	856.5	2 461.6	1 250.0
吉 林	5 353.0	15 257.9	6 677.0	8 354.6	6 903.4	21 950.7	18 396.7	496.1	1 230.1	610.1
黑龙江	4 098.0	14 059.2	5 879.8	8 033.3	6 025.9	13 569.8	10 694.5	665.0	1 150.2	603.5
上 海	9 782.0	33 538.3	19 698.2	16 885.8	16 652.5	34 533.5	28 569.0	910.7	2 415.2	905.3
江 苏	46 387.0	92 081.7	50 358.0	52 286.7	39 795.0	132 270.4	115 111.6	1 127.4	7 834.1	3 985.2
浙 江	36 904.0	59 633.1	34 845.6	35 787.5	23 845.7	61 765.5	53 100.9	671.3	3 385.9	1 627.4
安 徽	15 114.0	25 168.1	11 281.5	14 957.1	10 211.0	33 079.5	28 607.4	420.9	1 758.8	867.0
福 建	15 806.0	24 671.1	12 960.9	13 489.3	11 181.8	32 847.1	28 241.1	376.9	1 959.5	916.9
江 西	7 601.0	13 640.1	6 233.2	7 402.1	6 238.0	26 700.2	23 246.9	272.3	1 756.7	853.4
山 东	38 654.0	78 881.1	37 951.4	44 011.5	34 869.5	132 319.0	114 856.6	1 483.7	8 507.7	3 698.5
河 南	19 773.0	42 021.9	19 504.2	20 506.4	21 515.5	59 454.8	51 194.0	640.5	4 410.8	1 436.6
湖 北	13 441.0	30 131.8	13 595.5	16 968.4	13 163.4	37 864.5	32 146.6	733.4	2 080.7	946.8
湖 南	13 323.0	19 031.6	8 326.8	10 284.8	8 746.9	31 616.6	25 830.0	849.3	1 585.1	1 123.7

续表

地区	企业单位数（个）	资产总计	流动资产合计	负债合计	所有者权益合计	主营业务收入	主营业务成本	主营业务税金及附加	利润总额	本年应交增值税
广东	38 094.0	77 943.5	45 844.5	44 656.6	33 286.9	103 655.0	88 559.8	1 144.6	5 854.9	2 539.1
广西	5 396.0	13 063.4	6 152.2	8 215.2	4 848.2	16 726.0	14 228.6	318.7	874.0	528.1
海南	391.0	2 328.0	949.0	1 243.4	1 084.7	1 640.7	1 312.8	80.9	110.8	62.8
重庆	5 237.0	13 135.9	6 127.3	8 315.1	4 820.8	15 417.1	13 149.8	225.1	878.4	579.9
四川	13 163.0	34 729.2	14 688.5	21 804.2	12 925.0	35 251.8	29 353.2	576.0	2 168.4	1 244.4
贵州	3 139.0	9 703.6	3 900.2	6 155.2	3 548.4	6 878.4	5 383.6	286.6	477.3	313.8
云南	3 382.0	15 344.4	5 717.8	9 918.3	5 426.1	9 773.1	7 587.1	786.7	549.1	440.1
西藏	70.0	548.6	138.6	186.7	362.0	93.4	80.2	1.5	7.2	8.2
陕西	4 489.0	22 443.1	8 776.0	12 581.2	9 861.9	17 763.0	13 753.7	522.7	1 973.3	856.0
甘肃	1 830.0	10 159.4	3 959.3	6 537.5	3 621.9	8 443.7	7 321.0	266.4	286.7	192.3
青海	465.0	4 597.7	1 414.6	3 045.7	1 552.0	2 045.4	1 632.6	47.4	141.3	90.9
宁夏	935.0	5 588.0	2 049.4	3 717.6	1 870.5	3 374.5	2 879.5	68.4	139.1	99.7
新疆	2 102.0	14 238.0	4 463.0	8 615.7	5 622.4	8 608.0	6 745.8	329.8	795.4	329.5

各地区规模以上工业企业主要经济效益指标

（2013 年）

地 区	总资产贡献率(%)	资产负债率(%)	流动资产周转次数(次/年)	工业成本费用利润率(%)
全 国	15.00	57.81	2.67	6.60
北 京	7.66	52.12	1.54	7.09
天 津	16.09	63.90	2.36	8.02
河 北	13.56	58.73	3.20	6.02
山 西	7.33	71.32	1.65	3.09
内蒙古	13.92	60.04	2.41	9.73
辽 宁	14.14	58.49	3.22	5.06
吉 林	17.47	54.76	3.51	6.06
黑龙江	19.08	57.14	2.38	9.78
上 海	13.71	50.35	1.82	7.59
江 苏	16.22	56.78	2.75	6.34
浙 江	11.83	60.01	1.85	5.82
安 徽	14.46	59.43	3.15	5.69
福 建	15.97	54.68	2.76	6.41
江 西	24.38	54.27	4.60	7.19
山 东	20.21	55.79	3.74	6.97
河 南	18.49	48.80	3.38	8.13
湖 北	15.00	56.31	3.03	5.91
湖 南	21.64	54.04	4.11	5.62
广 东	13.85	57.29	2.42	6.03
广 西	15.70	62.89	2.96	5.65
海 南	12.89	53.41	1.87	7.60
重 庆	15.57	63.30	2.71	6.10
四 川	14.10	62.78	2.52	6.71
贵 州	13.96	63.43	1.93	7.77
云 南	14.59	64.64	1.79	6.43
西 藏	3.66	34.03	0.67	7.48
陕 西	16.97	56.06	2.04	12.86
甘 肃	9.54	64.35	2.22	3.63
青 海	8.23	66.24	1.53	7.58
宁 夏	8.06	66.53	1.77	4.37
新 疆	12.82	60.51	2.13	10.64

对外经济贸易基本情况

指　标		2009 年	2010 年	2011 年	2012 年	2013 年
货物进出口总额	(人民币亿元)	150 648.1	201 722.1	236 402.0	244 160.2	258 168.9
出口总额		82 029.7	107 022.8	123 240.6	129 359.3	137 131.4
进口总额		68 618.4	94 699.3	113 161.4	114 801.0	121 037.5
进出口差额		13 411.3	12 323.5	10 079.2	14 558.3	16 094.0
货物进出口总额	(亿美元)	22 075.4	29 740.0	36 418.6	38 671.2	41 589.9
出口总额		12 016.1	15 777.5	18 983.8	20 487.1	22 090.0
初级产品		631.1	816.9	1 005.5	1 005.6	1 072.7
工业制成品		11 384.8	14 960.7	17 978.4	19 481.6	21 017.4
进口总额		10 059.2	13 962.4	17 434.8	18 184.1	19 499.9
初级产品		2 898.0	4 338.5	6 042.7	6 349.3	6 580.8
工业制成品		7 161.2	9 623.9	11 392.1	11 834.7	12 919.1
进出口差额		1 956.9	1 815.1	1 549.0	2 303.1	2 590.1
外商直接投资合同项目	(个)	23 435.0	27 406.0	27 712.0	24 925.0	22 773.0
实际使用外资额	(亿美元)	918.0	1 088.2	1 177.0	1 132.9	1 187.2
外商直接投资		900.3	1 057.4	1 160.1	1 117.2	1 175.9
外商其他投资		17.7	30.9	16.9	15.8	11.3
外资企业基本情况						
年底登记户数	(户)	434 248.0	445 244.0	446 487.0	440 609.0	445 962.0
投资总额	(亿美元)	25 000.0	27 059.0	29 931.2	32 610.5	35 176.1
注册资本	(亿美元)	14 035.0	15 738.0	17 294.3	18 814.1	20 280.3
#外方		11 369.0	12 590.0	13 810.3	14 903.5	16 077.1
对外经济合作	(亿美元)					
合同金额		1 336.8	1 430.9	—	—	—
#对外承包工程		1 262.1	1 343.7	1 423.3	1 565.3	1 716.3
对外劳务合作		74.7	87.3	—	—	—
完成营业额		866.2	1 010.5	—	—	—
#对外承包工程		777.1	921.7	1 034.2	1 166.0	1 371.4
对外劳务合作		89.1	88.8	—	—	—

注:1. 外资企业基本情况数据来自国家工商总局,其年底登记户数自 2008 年起口径调整为企业加分支机构。
2. 自 2009 年起商务部将对外设计咨询纳入对外承包工程合并统计。
3. 自 2011 年起商务部不再公布对外劳务合作项下合同数、合同金额以及完成营业额数据。

证券市场基本情况

项　目	单　位	2012 年	2013 年
境内上市公司数(A、B 股)	家	2 494.0	2 489.0
境内上市外资股公司数(B 股)	家	107.0	106.0
境外上市公司数(H 股)	家	179.0	182.0
股票总发行股本	亿　股	38 395.0	40 569.1
#流通股本	亿　股	31 339.6	36 744.2
股票市价总值	亿　元	230 357.6	239 077.2
#股票流通市值	亿　元	181 658.3	199 579.5
股票成交量	亿　股	32 881.1	48 372.7
股票成交金额	亿　元	314 667.4	468 729.0
上证综合指数	收　盘	2 269.1	2 116.0
深证综合指数	收　盘	881.2	1 057.7
股票有效账户数	万　户	14 045.9	13 247.2
平均市盈率	%		
上　海		12.3	11.0
深　圳		22.0	27.8
平均换手率	%		
上　海		101.6	123.6
深　圳		297.9	389.1
国债发行额	亿　元	16 154.2	15 544.0
公司信用类债券发行额	亿　元	37 365.5	36 791.7
债券成交额	亿　元	2 201 120.9	2 675 851.0
国债现货成交金额	亿　元	914.2	803.8
债券回购成交金额	亿　元	393 551.0	661 023.0
证券投资基金只数	只	1 173.0	1 552.0
证券投资基金规模	亿　份	31 708.4	31 180.7
证券投资基金成交金额	亿　元	8 667.4	12 562.0
期货总成交量	万　手	145 052.6	206 182.3
期货总成交额	亿　元	1 711 269.4	2 674 762.0

注:1. 股票总发行股本中含(A+H)股公司发行的 H 股。
2. 换手率=全年成交金额/[(本年末流通市值+上年末流通市值)/2]×100%。
3. 公司信用类债券包含非金融企业债务融资工具、企业债券以及公司债、可转债、可分离债、中小企业私募债。
4. 公司信用类债券发行额和债券成交额包括银行间和交易所市场。

能源生产总量及构成

年 份	能源生产总量（万吨标准煤）	占能源生产总量的比重（%）			
		原 煤	原 油	天然气	水电、核电、风电
1978	62 770	70.3	23.7	2.9	3.1
1980	63 735	69.4	23.8	3.0	3.8
1985	85 546	72.8	20.9	2.0	4.3
1990	103 922	74.2	19.0	2.0	4.8
1991	104 844	74.1	19.2	2.0	4.7
1992	107 256	74.3	18.9	2.0	4.8
1993	111 059	74.0	18.7	2.0	5.3
1994	118 729	74.6	17.6	1.9	5.9
1995	129 034	75.3	16.6	1.9	6.2
1996	133 032	75.0	16.9	2.0	6.1
1997	133 460	74.3	17.2	2.1	6.5
1998	129 834	73.3	17.7	2.2	6.8
1999	131 935	73.9	17.3	2.5	6.3
2000	135 048	73.2	17.2	2.7	6.9
2001	143 875	73.0	16.3	2.8	7.9
2002	150 656	73.5	15.8	2.9	7.8
2003	171 906	76.2	14.1	2.7	7.0
2004	196 648	77.1	12.8	2.8	7.3
2005	216 219	77.6	12.0	3.0	7.4
2006	232 167	77.8	11.3	3.4	7.5
2007	247 279	77.7	10.8	3.7	7.8
2008	260 552	76.8	10.5	4.1	8.6
2009	274 619	77.3	9.9	4.1	8.7
2010	296 916	76.6	9.8	4.2	9.4
2011	317 987	77.8	9.1	4.3	8.8
2012	331 848	76.5	8.9	4.3	10.3
2013	340 000	75.6	8.9	4.6	10.9

注：电力折算标准煤的系数根据当年平均发电煤耗计算。

能源消费总量及构成

年 份	能源消费总量（万吨标准煤）	占能源生产总量的比重（%）			
		煤 炭	石 油	天然气	水电、核电、风电
1978	57 144	70. 7	22. 7	3. 2	3. 4
1980	60 275	72. 2	20. 7	3. 1	4. 0
1985	76 682	75. 8	17. 1	2. 2	4. 9
1990	98 703	76. 2	16. 6	2. 1	5. 1
1991	103 783	76. 1	17. 1	2. 0	4. 8
1992	109 170	75. 7	17. 5	1. 9	4. 9
1993	115 993	74. 7	18. 2	1. 9	5. 2
1994	122 737	75. 0	17. 4	1. 9	5. 7
1995	131 176	74. 6	17. 5	1. 8	6. 1
1996	135 192	73. 5	18. 7	1. 8	6. 0
1997	135 909	71. 4	20. 4	1. 8	6. 4
1998	136 184	70. 9	20. 8	1. 8	6. 5
1999	140 569	70. 6	21. 5	2. 0	5. 9
2000	145 531	69. 2	22. 2	2. 2	6. 4
2001	150 406	68. 3	21. 8	2. 4	7. 5
2002	159 431	68. 0	22. 3	2. 4	7. 3
2003	183 792	69. 8	21. 2	2. 5	6. 5
2004	213 456	69. 5	21. 3	2. 5	6. 7
2005	235 997	70. 8	19. 8	2. 6	6. 8
2006	258 676	71. 1	19. 3	2. 9	6. 7
2007	280 508	71. 1	18. 8	3. 3	6. 8
2008	291 448	70. 3	18. 3	3. 7	7. 7
2009	306 647	70. 4	17. 9	3. 9	7. 8
2010	324 939	68. 0	19. 0	4. 4	8. 6
2011	348 002	68. 4	18. 6	5. 0	8. 0
2012	361 732	66. 6	18. 8	5. 2	9. 4
2013	375 000	66. 0	18. 4	5. 8	9. 8

环境保护基本概况

项　目	单　位	2011 年	2012 年
水环境			
水资源总量	亿立方米	29 527	27 958
人均水资源量	立方米/人	2 186	2 060
用水总量	亿立方米	6 142	6 183
#农　业	亿立方米	3 880	3 922
工　业	亿立方米	1 424	1 406
生　活	亿立方米	729	750
生　态	亿立方米	109	105
废水排放总量	亿　吨	685	695
废水中化学需氧量排放量	万　吨	2 424	2 353
大气环境			
二氧化硫排放量	万　吨	2 118	2 044
固体废物			
一般工业固体废物综合利用量	万　吨	202 462	205 916
一般工业固体废物倾倒丢弃量	万　吨	144	129
生态环境			
森林面积	万公顷	20 769	20 769
森林覆盖率	%	22	22
造林面积	万公顷	560	610
全国湿地面积	千公顷	53 603	53 603
全国湿地面积占国土面积	%	6	6
全国自然保护区数	个	2 669	2 697
#国家级	个	363	407
全国自然保护区面积	万公顷	14 979	14 631
全国保护区面积占辖区面积	%	15	15
自然灾害			
发生地质灾害数量	处	14 675	15 374
发生地震灾害次数	次	12	14

注:1. 森林面积和森林覆盖率为第八次全国森林资源清查(2009—2013)资料。

2. 湿地面积数据为第二次全国湿地资源调查(2009—2013)资料。

全国居民人均收支情况

指　标	2013	
	绝对数(元)	构成(%)
全国居民人均收入		
可支配收入	18 310.8	100.0
1. 工资性收入	10 410.8	56.9
2. 经营净收入	3 434.7	18.8
3. 财产净收入	1 423.3	7.8
4. 转移净收入	3 042.1	16.6
现金可支配收入	17 114.6	100.0
1. 工资性收入	10 348.6	60.5
2. 经营净收入	3 354.2	19.6
3. 财产净收入	526.6	3.1
4. 转移净收入	2 885.2	16.9
全国居民人均支出		
消费支出	13 220.4	100.0
1. 食品烟酒	4 126.7	31.2
2. 衣　着	1 027.1	7.8
3. 居　住	2 998.5	22.7
4. 生活用品及服务	806.5	6.1
5. 交通和通信	1 627.1	12.3
6. 教育、文化和娱乐	1 397.7	10.6
7. 医疗保健	912.1	6.9
8. 其他用品及服务	324.7	2.5
现金消费支出	10 917.4	100.0
1. 食品烟酒	3 822.8	35.0
2. 衣　着	1 025.7	9.4
3. 居　住	1 155.1	10.6
4. 生活用品及服务	801.8	7.3
5. 交通和通信	1 624.8	14.9
6. 教育、文化和娱乐	1 396.5	12.8
7. 医疗保健	772.1	7.1
8. 其他用品及服务	318.7	2.9

注:从2013年起,国家统计局开展了城乡一体化住户收支与生活状况调查,与2013年前的分城镇和农村住户调查的调查范围、调查方法、指标口径有所不同。

城镇居民人均收入与支出情况

指　标		1990 年	2000 年	2010 年	2012 年	2013 年
人均总收入	(元)	1 516.2	6 295.9	21 033.4	26 959.0	29 547.1
工资性收入		1 149.7	4 480.5	13 707.7	17 335.6	18 929.8
经营净收入		22.5	246.2	1 713.5	2 548.3	2 797.1
财产性收入		15.6	128.4	520.3	707.0	809.9
转移性收入		328.4	1 440.8	5 091.9	6 368.1	7 010.3
#可支配收入		1 510.2	6 280.0	19 109.4	24 564.7	26 955.1
人均现金消费支出	(元)	1 278.9	4 998.0	13 471.5	16 674.3	18 022.6
食　品		693.8	1 971.3	4 804.7	6 040.9	6 311.9
衣　着		170.9	500.5	1 444.3	1 823.4	1 902.0
居　住		60.9	565.3	1 332.1	1 484.3	1 745.1
家庭设备及用品		108.5	374.5	908.0	1 116.1	1 215.1
交通通信		40.5	427.0	1 983.7	2 455.5	2 736.9
文教娱乐		112.3	669.6	1 627.6	2 033.5	2 294.0
医疗保健		25.7	318.1	871.8	1 063.7	1 118.3
其他		66.6	171.8	499.2	657.1	699.4
人均现金消费支出构成						
(人均现金消费支出=100)						
食　品		54.2	39.4	35.7	36.2	35.0
衣　着		13.4	10.0	10.7	10.9	10.6
居　住		4.8	11.3	9.9	8.9	9.7
家庭设备及用品		8.5	7.5	6.7	6.7	6.7
交通通信		3.2	8.5	14.7	14.7	15.2
文教娱乐		8.8	13.4	12.1	12.2	12.7
医疗保健		2.0	6.4	6.5	6.4	6.2
其　他		5.2	3.4	3.7	3.9	3.9

农村居民人均收入与支出情况

项　目	1990 年	2000 年	2010 年	2012 年	2013 年
人均纯收入　(元)	686.3	2 253.4	5 919.0	7 916.6	8 895.9
工资性收入	138.8	702.3	2 431.1	3 447.5	4 025.4
家庭经营收入	518.6	1 427.3	2 832.8	3 533.4	3 793.2
财产性收入	29.0	45.0	202.2	249.1	293.0
转移性收入		78.8	452.9	686.7	784.3
人均消费支出　(元)	584.6	1 670.1	4 381.8	5 908.0	6 625.5
食　品	343.8	820.5	1 800.7	2 323.9	2 495.5
衣　着	45.4	96.0	264.0	396.4	438.3
居　住	101.4	258.3	835.2	1 086.4	1 233.6
家庭设备及用品	30.9	75.4	234.1	341.7	387.1
交通通信	8.4	93.1	461.1	652.8	796.0
文教娱乐	31.4	186.7	366.7	445.5	486.0
医疗保健	19.0	87.6	326.0	513.8	614.2
其　他	4.3	52.5	94.0	147.6	174.9
人均现金消费支出　(元)	374.7	1 284.7	3 859.3	5 414.5	6 112.9
食　品	155.9	464.3	1 313.2	1 863.1	2 054.5
衣　着	44.0	95.2	263.4	396.1	437.7
居　住	81.2	231.1	801.4	1 054.2	1 169.3
家庭设备及用品	30.7	74.4	233.5	341.4	384.5
交通通信	8.4	93.1	461.1	652.8	795.8
文教娱乐	31.3	186.7	366.7	445.5	485.6
医疗保健	19.0	87.6	326.0	513.8	613.9
其　他	4.3	52.5	94.0	147.5	171.6
人均消费支出构成(人均消费支出=100)					
食　品	58.8	49.1	41.1	39.3	37.7
衣　着	7.8	5.7	6.0	6.7	6.6
居　住	17.3	15.5	19.1	18.4	18.6
家庭设备及用品	5.3	4.5	5.3	5.8	5.8
交通通信	1.4	5.6	10.5	11.0	12.0
文教娱乐	5.4	11.2	8.4	7.5	7.3

续表

项　目	1990 年	2000 年	2010 年	2012 年	2013 年
医疗保健	3.3	5.2	7.4	8.7	9.3
其　他	0.7	3.1	2.1	2.5	2.6
人均现金消费支出构成(人均现金消费支出 =100)					
食　品	41.6	36.1	34.0	34.4	33.6
衣　着	11.7	7.4	6.8	7.3	7.2
居　住	21.7	18.0	20.8	19.5	19.1
家庭设备及用品	8.2	5.8	6.1	6.3	6.3
交通通信	2.2	7.2	11.9	12.1	13.0
文教娱乐	8.4	14.5	9.5	8.2	7.9
医疗保健	5.1	6.8	8.4	9.5	10.0
其　他	1.1	4.1	2.4	2.7	2.8

附录

2013 年全国信用企业

（排名不分先后）

序 号	企业名称	全国统一编号
	一、AAA 级信用企业	
1	中国东方航空集团公司	201404211100500
2	鲁能集团有限公司	201404211100501
3	北京燕京啤酒股份有限公司	201404211100502
4	中国吉林森林工业集团有限责任公司	201404211100503
5	四川航空股份有限公司	201404211100504
6	安徽省马钢(集团)控股有限公司	201404211100505
7	黑龙江辰能投资集团有限责任公司	201404211100506
8	浙江龙盛控股有限公司	201404211100507
9	安徽古井贡酒股份有限公司	201404211100508
10	山东中矿集团有限公司	201404211100509
11	广东水电二局股份有限公司	201404211100510
12	九三粮油工业集团有限公司	201404211100511
13	山东恒邦冶炼股份有限公司	201404211100512
14	北京海纳川汽车配件股份有限公司	201404211100513
15	重庆市黔龙实业(集团)有限责任公司	201404211100514
16	兖矿东华集团有限公司	201404211100515
17	芜湖奇瑞科技有限公司	201404211100516
18	山西华顿实业有限公司	201404211100517
19	南京新街口百货商店股份有限公司	201404211100518
20	重庆歇马机械曲轴有限公司	201404211100519
21	安徽楚江投资集团有限公司	201404211100520
22	青岛热电集团有限公司	201404211100521
23	重庆暄洁环保产业(集团)股份有限公司	201404211100522
24	山西晋神铁路有限公司	201404211100523
25	葵花药业集团股份有限公司	201404211100524
26	青岛红领服饰股份有限公司	201404211100525
27	山西顶好投资集团有限公司	201404211100526
28	重庆新安洁景观园林绿化环保股份有限公司	201404211100527
29	河北省南堡盐场	201404211100528
30	芜湖市二环石油有限公司	201404211100529
31	中交一航局安装工程有限公司	201404211100530
32	青岛胶城建设集团有限公司	201404211100531
	二、AA 级信用企业	
1	中国电信股份有限公司鸡西分公司	201404201100532
2	鸡西龙唐供热有限公司	201404201100533
3	重庆市洪恩寺公园管理有限公司	201404201100534
4	上海优幼母婴用品有限公司	201404201100535

资料来源：中国企业联合会、中国企业家协会。

2013 年全国质量奖获奖企业

序　号	企业名称	序　号	企业名称
	一、大中型企业		二、服务业
1	中国北车齐齐哈尔轨道交通装备有限责任公司	1	山东高速股份有限公司
2	三一重机有限公司	2	日照港集团有限公司
3	邢台钢铁有限责任公司	3	上海电力设计院有限公司
4	鲁泰纺织股份有限公司		三、特殊行业
5	江苏核电有限公司	1	中国航天科工集团第二研究院第二总体设计部
6	巨石集团有限公司	2	中国人民解放军第四八零一工厂黄埔军械修理厂

资料来源：中国质量协会。

第二十届全国企业管理现代化创新成果名单

等级	成果名称	申报单位	主要创造人	参与创造人
一等	北斗导航系统多星多线研产一体化工程管理	中国航天科技集团公司	雷凡培 杨保华	李长江 刘 方 王海波 李祖洪 张洪太 林益明 王占宇 朱 楠 常 明 王 东
一等	高新技术企业超越型知识产权战略的实施	南京康尼机电股份有限公司	高文明 李巍巍	陈颖奇 刘文平 史 翔 李传碧 何萧鹏 张金雄 张 伟 谢 斌 姜君旺 吉训平
一等	核电企业以世界一流为目标的卓越运营管理	大亚湾核电运营管理有限责任公司	卢长申 蒋兴华	朱闽宏 戴忠华 庞松涛 陈军琦 马 刚 方建达 陈 军 王宝山 胡敬鹏 赵富华
一等	以战略为导向的大型石油公司跨国并购决策与实施	中国海洋石油有限公司	李凡荣 方 志	钟 华 赵利国 曹新建 李洁雯 成 赤 盛建波 任 琪 张凤久 张 兵 王立人
一等	大型民营企业集团保障食品安全的质量链管理	杭州娃哈哈集团有限公司	宗庆后 赵 允	邵金荣 郭晓玲 毛 勇 陈 雷 冯向宇 刘 强 陈 晓 吴 平 戴绚丽 邓玉明
一等	国有大型装备企业集团提高整体竞争力的业务与资源整合管理	中国机械工业集团有限公司	徐 建	刘祖晴 王锡岩 李 光 王永祥 翟祥辉 肖晓帆 焦宇行
一等	大型综合能源集团基于成熟度体系的财务管理提升	神华集团有限责任公司	凌 文 翟日成	谭映忠 王晓燕 于守水 陈 璇
一等	用户(业主)主导的特高压交流输电工程创新管理	国家电网公司	刘振亚	孙 昕 韩先才 王绍武 袁 骏 毛继兵 郭铭群 修 建 苏秀成 宋继明
一等	服务“三农”的村级邮政综合服务平台建设与运营	浙江省邮政公司	鞠 勇 吴鼎钧	徐建华 裴英杰 王 玮 李金良 邢林杰 张俊晓 张世平 张 逸 徐长根 张 勇
一等	以抢占“制高点”为核心的战略管理	北新集团建材股份有限公司	王 兵	张乃岭 杨艳军 周 桓 董占波 陈豪雅 周建中 管 理
一等	大型水电企业以集中管控为主导的海外业务管理	中国水利水电建设股份有限公司	范集湘	黄保东 孙洪水 曾兴亮 丁拯国 宋东升 季晓勇 沈国华 王 娅
一等	提升自主品牌汽车竞争力的外购零部件同步双向质量管理	重庆长安汽车股份有限公司	张宝林 崔云江	蒋云峰 贺国平 施海峰 邓裕忠 曾祥丽 罗 艳 潘申平 高 凤 周 艳 陈 攀
一等	中小医药企业以细分市场领导者为目标的战略实施	人福医药集团股份公司	王学海	李 杰 姜正汉
一等	大型商业银行基于数据仓库的客户精准营销管理	中国工商银行股份有限公司	姜建清 易会满	郝 彬 陈道斌 郑允弢 金 阳 王文贤 傅友韬 程中涛 巩 垒 徐 民 冯 强
一等	大型石油企业海外投资与运营的风险管理	中国石油天然气股份有限公司海外勘探开发分公司	薄启亮 吴 妍	戴瑞祥 刘坡阳 郭晓辉 陆如泉 石昊栋 刘 军 魏 颖 赵国珍 袁亚骞
一等	担保公司面向中小微企业的金融服务管理	深圳市高新投集团有限公司	陶 军	刘苏华 杨宇伟 唐应元 孙学东 温卫民 马建军 易继云 吴学东

续表

等级	成果名称	申报单位	主要创造人	参与创造人
一等	中外合资汽车企业基于数字化技术的工厂规划和建设管理	上海大众汽车有限公司	张海亮 吴博锐	陈捷 顾慧琳 李戎 翁松伟 李正阳 杨全建 石庆宗 徐炜 凌琳 华晨笛
一等	提高国防能力的新型军机敏捷研制管理	沈阳飞机工业（集团）有限公司	袁立 谢根华	谭红毅 王桂楠 张立波 郑德辉 夏英姿 王红 徐刚 张国胜 郭景涛 董桢
一等	大型铁矿山企业基于"五品联动"的技术创新管理	鞍钢集团矿业公司	邵安林 唐复平	刘晓明 马旭峰 刘文胜 刘炳宇 张永存 李之奇 王凯 邓鹏宏 姚强 王海龙
一等	大型投资企业合并重组后的战略转型	北京能源投资（集团）有限公司	陆海军 郭明星	孟文涛 唐鑫炳 葛青峰 张玫 王永志 王新宇
一等	轨道交通企业适应新生代员工特点的培训管理	重庆市轨道交通（集团）有限公司	官波	刘伟 刘昌萍 罗孜鹃 蒋世红 何忞 胡静 付平 李霄 汪宁
一等	大型通信企业应对移动互联网新挑战的管理变革	中国移动通信集团公司	李跃 王红梅	肖雷 赵亮 王浩 赖江杨 李炯 宋镇亮 文雪莲 王卓 侯宏 孙辽
一等	电网企业以流程为基础的"五位一体"管理体系构建	江苏省电力公司	单业才	钱朝阳 季强 奚巍民 王金虎 汤凯初 李志杰 郭继伟 徐晓伟 杨枫
一等	石油企业科技机构生产需求驱动的创新链管理	中国石油辽河油田钻采工艺研究院	谢文彦 刘德铸	袁鹏 黄显利 王淑艳 许万利 朱富林 安家忠 吴信龙 王世谦 任杰 凌俊
一等	煤化工企业信息化与工业化融合管理	河南开祥化工有限公司	乔国厚 王文良	吴东升 于华锋 杨刚 林发现 张向阳 马朝卫 任树明 赵作涛 常明强 林伟
一等	基于能力模型的大型企业管理人员队伍建设	四川长虹电器股份有限公司	刘体斌 何全勇	寇化梦 董宏将 姚欣 何心坦 陈和平 刘斌 王强
一等	民营家纺企业多品牌建设	浙江洁丽雅股份有限公司	石磊	孟立顺
二等	大型企业集团战略导向的资产清理整合	中国五矿集团公司	周中枢 孙晓民	沈翎 冯贵权 徐忠芬 俞波 迟大千 郑宇 张建坤
二等	制鞋龙头企业抗辩欧盟反倾销策略实施	浙江奥康鞋业股份有限公司	王振滔	赵树清 周威 章献忠 王海龙 何晓雪 郑浩天
二等	大型企业集团纵深防控的核安全风险管理	中国核工业集团公司	李学东	王世鑫 丁淑英 栾韬 刘文成 李爱秀 刘文菁 张建
二等	境外投资公司跨国并购后的文化融合管理	中国华能集团香港有限公司	郑祥云 唐纹	杨清敏 张汉毅 张诤 刘艳会 胡明明 朱巍
二等	与城市和谐共生的绿色钢铁企业建设与管理	太原钢铁（集团）有限公司	李晓波 高祥明	张志方 冀岗 李建民 宋迎东 马良 孙晓红 陈翠荣 苏伟中 杨林汇
二等	载人航天器多项目并行研制管理	中国航天科技集团公司第五研究院载人航天总体部	龙江 常明	曾曜 杨晨 常跃东 张威 王颖 巩朝阳 温礼 保石 杨辉 高峥
二等	大型汽车集团品牌建设与管理	北京汽车集团有限公司	徐和谊 郑刚	张健 陈江 刘琦明 胡恩平 胡凯膑 姜建辉 周英姿

续表

等级	成果名称	申报单位	主要创造人	参与创造人
二等	以风险防范为核心的海外业务合规管理	武汉钢铁(集团)公司	邓崎琳 刘新权	郭自祥 周忠明 胡桂林 叶 蕾 黄许兵 董继华 李 军 李凤技 龚艳源 肖静芳
二等	供电企业以"五化"为核心的班组绩效管理	广东电网公司	张 卓 王 江	肖 祥 黄 江 蔡 颖 苏尧丰 华 枫 戚建平 宋 宇 庄 彪 陈轶斌 刘钦彬
二等	中外股权对等的境外大型石油公司管理	中油国际(曼格什套)有限责任公司	孙星云 刘安铖	陈 泉 郑承虎 曾 辉 薛 军 姜墩强 张伟华 王晓宏 国立刚 刘勤海 齐富民
二等	食品企业质量安全追溯与监管平台建设	光明食品(集团)有限公司	王宗南 曹树民	葛俊杰 张崇建 余从田 张昕蕾 雷艳芳
二等	大型钢铁企业集团风险分类管理	宝钢集团有限公司	周竹平 王 力	朱湘凯 刘新宇 胡玉良 吴琨宗 冯爱华 宋 飞 黄立毅 李亚峰 陶 涛 张 慧
二等	以客户需求为导向的多型号并行飞行试验管理	中国飞行试验研究院	刘选民	吴 刚 郭平凡 魏志成 余 娟 田 煜 张世杰 冯晓林 曾文水 向新忠 汪 芸
二等	大型电力装备制造企业提升国际竞争力的科技创新管理	平高集团有限公司	李永河 魏光林	李俊涛 史厚云 孙 鹏 郭英杰 杜春江 历 达 史周兴 蒋志恒 和永峰 仝小录
二等	省市级电网调控一体化的安全管理	国网北京市电力公司	朱长林 刘润生	王少毅 郑广君 焦建林 杨 静 胡学英 李 杰 刘 洋 薛建杰 黄正炫 樊 萱
二等	以高寒动车组研制为契机的流程变革与管理	长春轨道客车股份有限公司	卢西伟 白晓莉	安忠义 邱晋英 黄 明 黄致远 赵 炯 吴帆帆 曲金龙 赵 巍 裴 立 杨 杰
二等	打造差异化竞争优势的自主品牌汽车国际市场开发	安徽江淮汽车股份有限公司	安 进	项兴初 佘才荣 张 鹏 吴如浩 张 辉 余 阳 刘淑娜 高 云
二等	发展中国家工程总承包项目的税务筹划管理	中石化上海工程有限公司	方 明	吴德荣 徐文华 沈梅林 刘秀雯 夏庭海 沈江涛 程齐舫 宋 扬
二等	电机制造企业以促进技术进步为导向的供应商绩效管理	哈尔滨电机厂有限责任公司	邱希亮 王 贵	张海龙 陈箫曼 朱立颖 齐媛媛 王 伟 刘小平 张 颖 钟 磊 王文章 宋晓方
二等	以实现"天地一致性"为目标的飞航总体部设计质量管理	中国航天科工集团第三总体设计部	张红文 施 毅	张 山 罗 怡 赵天麟 房忠源 庄 剑 张 泓 崔 巍 姜 坤 陈孝添 牛运丰
二等	基于电子商务平台的大宗生产资料交易管理变革	淮矿现代物流有限责任公司	汪晓秀	刘益彪 窦永虎 王 杰 何海生 许宗意 沈 勇 李保安 唐文博 殷 航
二等	大型集装箱码头高效响应客户的服务管理	天津五洲国际集装箱码头有限公司	杨志新	方 胜 孙 彬 张 翀 王培伟 林洪为 王 颖 褚英双 高海涛 任 志 吴 萌
二等	提升国际竞争力的石油物探技术创新管理	中国石油集团东方地球物理勘探有限责任公司	王铁军 张 玮	郝会民 张少华 宋建军 李进勇 周长征 施海峰 肖贞雄 朱 光
二等	煤炭企业基于无线移动视频系统的可视化现场管理	山东泰丰矿业集团有限公司	吴元峰	郭英亮 朱全晓 董玉超 林 东 杨增志 曹春雷

续表

等级	成果名称	申报单位	主要创造人	参与创造人
二等	知识型企业实现岗位需求有效匹配的员工能力管理	中国航空综合技术研究所	梁丽涛 石秀峰	鲍凯 陈志峰 牛董超 代冰 王宁珠 于潇潇 方芳 姜熙 秦学 岳钦娟
二等	民营钢铁企业智能化管理系统建设	吉林建龙钢铁有限责任公司	张蔚	陈建军 胡明
二等	国际工程公司海外市场社会责任竞争力的培育	中国路桥工程有限责任公司	张建初 文岗	卢山 刘靖伯 岳建昕 夏洁
二等	铁路设计院以工程公司为目标的战略转型	铁道第三勘察设计院集团有限公司	王洪宇 胡建明	孙树礼 李华良 孙玉辰 李广厚 沈怀国 毕向冠 林玲 李峰 朱志营 李杰
二等	以“路畅人和”为理念的高速公路通行服务优化管理	江西赣粤高速公路股份有限公司	黄铮 谭生光	张冬生 漆志平 牛志明 孙力 邹友泉 郑立军 任国槐 唐志强
二等	境外大型天然气开发项目基于统一组织的“一体化运作”管理	中国石油集团川庆钻探工程有限公司土库曼斯坦分公司	张本全 周崇志	彭景云 金学智 郑重 杨林 陈怀高 汪国林 万永生 马正山 黄先路 岳治军
二等	企业主导的大型锻压设备并行研发管理	湖北三环锻压设备有限公司	万家嗣	易振明 蒋潇池 王宏生 戴在华 胡景军 李祖尧 邓晶明
二等	流域巨型电站群电力生产管理	中国长江电力股份有限公司	张诚	陈国庆 薛福文 肖舸 王建忠 关杰林 郑良成 汪大贵 陈炎山
二等	海外石油勘探开发企业国际化管理体制变革	中国石化集团国际石油勘探开发有限公司	詹麒	吴学成 连军利 张丹桐 施冠宇 张海红 王路 王婧 吴琼 高一格 罗星
二等	军工企业集团国际营销网络建设	中国航天科工集团公司	赵晓龙	巴蕉 程庆文 曾加
二等	高科技企业实现技术领先的预研管理	四川九洲电器集团有限责任公司	张正贵 程旗	孙仲 李海轮 夏克洪 李捷 汪小林 刘永生 邓国亮 黄谷 王雷 闻建华
二等	民营石油装备企业实现人力资源优化配置的职位管理	南阳二机石油装备（集团）有限公司	杨汉立 冯草	尹永晶 李清亮 刘永才 赵波 李大斌 贾元星 马驰 秦金德 李炜 孙红彦
二等	移动通信企业提升中高端客户保有率的服务管理	中国移动通信集团天津有限公司	闫五四	阚建杰 孙健 黄海澜 刘建坤 张勃
二等	基于能源结构调整和科学管控的节能减排管理	齐齐哈尔轨道交通装备有限责任公司	魏岩 王华	景丹 谢志山 江华 范魁元 宋阳 朱广庆 李广斌 宋学良 王凯志 陈宏超
二等	军用电子装备协同化精益制造管理体系的构建	中国电子科技集团公司第十四研究所	谢亚光	胡明春 吴迤 丛远如 姜洋 姚克荣 刘春灵 郭俊华 彭延辉 袁朝阳 孙袁
二等	装备制造企业突破极端制造技术的集成创新管理	内蒙古北方重工业集团有限公司	李建平 雷丙旺	蔺建成 李洪艳 潘雄英 张兴有 卢继明 李新利 张康 刘允书 杨晔 贾兴华
二等	基于多方共赢的纯电动出租车规模化经营与管理	深圳市鹏程电动汽车出租有限公司	李永生 王传福	周志成 杜军 雷玉斌 黄艺 张龙文 彭湘文 马丽 饶俊祥
二等	以转型升级为导向的咨询投资双轮驱动战略的实施	中国通用咨询投资有限公司	刘德冰 刘昆	张建 李敢 周庆 薛涛 张永平 李宏 陈胜清
二等	电力科研企业以健康和谐为目标的员工心理疏导管理	国网重庆市电力公司电力科学研究院	何国军 陈小川	刘正发 侯兴哲 崔荣 伏进 罗晓初 徐瑞林 周孔均 余霞 刘厚云

续表

等 级	成果名称	申报单位	主 要 创造人	参与创造人
二等	高危品生产企业全方位安全管理	湖北卫东控股集团有限公司	顾 勇	刘辉松 秦光侠 张志国 贾耀娥
二等	炼化企业项目前期的知识管理	中国石油化工股份有限公司上海高桥分公司	侯晓明 商 磊	王晓忠 郁剑昕 冯健文 李德庆 管琍琴 张月明 张飞飞
二等	集团企业基于星级标准的工厂管理能力提升	宝钢金属有限公司	贾砚林 曹 清	盛中克 卢金雄 庄建军 张鲁彬 琚诒春 康 慷 左 琦 刘园园
二等	以需求为导向的运载火箭组批生产运营管理	中国运载火箭技术研究院	李 洪 郝照平	范建芳 刘建民 黄永生 张晶晶 王本合 李同玉 王 华 杨贵斌
二等	高速铁路动态检测试验集成化管理	上海铁路局	王 峰	金 武 张 骏 邬争光 陈忠心 何永昶 徐京海 陆志华 占 胜 殷金栋 赵文磊
二等	中小型航空企业空地一体化服务品牌的创建	河北航空投资集团有限公司	罗占领 曹慧贤	闫振雄 郭永跃 郭保良 郝鹏生 王红卫 巩延霞 王 罡 于振波
二等	基于物联网检测技术的外脚手架工程安全管理	中国建筑五局广东公司	王成武 薛小龙	骆亚卓 田 亮 赵 祺 满庆鹏 梁 凡 王立平 朱 潇 陈义松 彭鹏辉 田 群
二等	船舶海工企业以提升核心能力为目标的产品升级管理	南通太平洋海洋工程有限公司	王建平	颜正云 朱胜勋 姚 宁 施瑞平 汤跃俊 简汉文 范 吉 王立鑫 吴昊昊
二等	基于全价值链的多轴矩阵式预算管理	东风汽车有限公司	乔 阳 廖显志	高国林 刘齐恒 刘晓安 李智光 邹 婕 王 兵 张 翔 危 雯 柯 钢 齐 刚
二等	提升企业绩效管理水平的业务流程管控平台建设	国网江西省电力公司信息通信分公司	殷 平 马 勇	付萍萍 梁 良 陈 磊 魏 星 陶振文
二等	采油企业基于信息一体化平台的精益管理	中国石油天然气股份有限公司长庆油田分公司第三采油厂	沈复孝 闵建雄	朱广社 王清洪 谢银伍 张 营 马永宁 王淑琴 范玺权 齐连庶 史凤琴 郭大江
二等	军工财务公司基于信息化的一体化整合与运营管理	航天科工财务有限责任公司	刘跃珍 刘晓东	马燕明 杨淑飞 王小红 何宏华 周 磊 廖 佳 纪云芳 孙耀敏
二等	民营企业基于自主创新的品牌培育战略实施	安徽中意胶带有限责任公司	宋长江	吕继明 魏雪梅 宋 鑫 袁陆海 王从开
二等	印钞企业以信息化为基础的质量管理提升	北京印钞有限公司	杨问田	贾百延 李多慧 杨润成 何 瑞 陈柏松 贾力勇 谢 捷 翟 莹 刘永刚
二等	传统外贸企业向现代服务业的战略转型	广东省机械进出口股份有限公司	李统安	古坚真 陈志成 李鲁渝 詹国伟 林喜童 李晓莹 夏翠萍
二等	大型煤炭企业集团战略转型中的风险管理	开滦(集团)有限责任公司	张文学 冬伯文	李树兴 龚立新 赵林根 王瑞海 李政革 高志强 许忠辉 潘继元 孙静娟 朱 江
二等	烟草企业数据测量分析改进体系建设	广西中烟工业有限责任公司	张雨夏 覃 荣	戴 翔 谢志勇 吴 婷 芮细云
二等	航空制造企业实现高效精益的信息化管理	昌河飞机工业(集团)有限责任公司	周新民 周忠发	吴小文 熊文华 徐军虎 林 东 陈 刚 崔延风 余惠国 方 彬 熊善商 陈 莉
二等	以"四个负责"为核心的农化企业社会责任管理体系建设	江苏扬农化工股份有限公司	戚明珠 吴孝举	董兆云 王东朝 周景梅 李安明 何红军

续表

等级	成果名称	申报单位	主要创造人	参与创造人
二等	提升现代信息服务能力的集约化运营管理	中国电信股份有限公司广东分公司	陈德兴	陈晓真 杜金彪 李勇平 胡 平 胡志强 郭效辉 李少武 方 凌
二等	政府指导与市场机制相结合的医药产品公共交易与服务平台建设与运营	重庆药品交易所股份有限公司	刘高清	敖荣峰 陈光跃 夏 晋 汪云文
二等	石化企业集中管理体制下分公司财务管理能力建设	中国石化齐鲁石油化工公司	李安喜 宫 武	刘振涛 马洪章 金汝洲 吴广坤 王 进 赵世广 黄 磊 崔福勇
二等	钢铁企业提升成本控制力的炼铁资源结构优化	唐山钢铁集团有限责任公司	于 勇 王兰玉	田 欣 赵 军 赵 勇 董建辉 方丽平 王亚光 王东林 张义明 李洪民 王 沧
二等	大型航空企业基于核心能力的转型升级管理	江西洪都航空工业集团有限责任公司	宋承志 陈逢春	彭淑珍 魏红涛 郭红亮 邓文谦 乐 阳 刘佳毓 邹 磊 李亚炜 程振豪 徐 锐
二等	煤炭企业基于内部市场化的全面预算管理	肥城白庄煤矿有限公司	曲修术 赵 斌	彭 国 赵卫国 姚光强 李永证 李迎春 范水生
二等	石化企业依托航天科技的高端润滑油品牌建设	中国石油化工股份有限公司润滑油分公司	宋云昌 苟连杰	张秀甜 皮天福 马立忠 黄东东 马 平 许 然 孙宝华 王馨媛 李冬平 杨 海
二等	以打造一流卷烟制造基地为目标的卷烟生产数字化管理	浙江中烟工业有限责任公司杭州卷烟厂	倪雄军	张思荣 黄卫忠 朱立明 喻允迅 杨 俊 钱 杰 何 佩
二等	造币企业以提高效率为中心的生产流程变革	南京造币有限公司	史仲敏 李大中	陆慧峰 吴宝康 田学龙 邵继南 王宜全 徐明亮 马维西 华 健 朱江涛 马 瑛
二等	肥料生产企业精细化客户服务管理	湖南金叶众望科技股份有限公司	严 历 黄 建	刘 彪 刘大其 易百科 黄清明 黎 霞 罗超武 向铁军
二等	大型国有施工企业员工退出机制的构建与运行	葛洲坝集团第一工程有限公司	和建生 吴平安	黄 浩 曾红革 刘 武 才永发 李 威 胡 勇 方美丽
二等	实现利益相关方共同发展的海上油气勘探管理	中海石油(中国)有限公司天津分公司	夏庆龙 薛永安	魏 刚 张德林 柴永波 姚 佳 邓建明 田立新 魏洪涛 谭忠健 周 滨 许 兵
二等	应对严峻市场形势的炼铁企业降本增效管理	鞍钢股份有限公司炼铁总厂	韩淑峰 巴宝君	阎文峰 李恒旭 王宝海 张洪宇 宫作岩 侯德范 王洪涛 刘 辉 刘凤娟 姜 会
二等	橡胶企业基于“公司＋基地＋农户＋示范”的生产经营管理	云南农垦集团江城橡胶有限责任公司	李中心	孙志清 吴坚赟
二等	监理企业保障项目质量安全的标准化管理体系建设	江苏科兴工程建设监理有限公司	唐云清 徐志峰	尤克敏 张友利 赵明海 何建新 黄建红 孙 宇 曹洁菁 于 凯 王 赟 侯 锐
二等	铁路货车企业基于精益思想的质量风险防范与控制	包头北方创业股份有限公司	哈立新 张淑琴	夏云霞 王占胜 庞希颖 姜世平 郝志忠 姚民刚 牛 猛 赵永刚 王士新 王 琪
二等	以用户满意为导向的“村电共建”服务管理	遵义供电局	谭绍鹏 戴席伟	徐书金 王 焱 刘 伟 毕春生 何 玮 郑晓东 范 斌 王永森
二等	大型油气管道工程总承包“三位一体”管理	中国石油天然气管道局	陈庆勋 葛书义	杨培根 张新生 毕建东 王冰怀 林 海 赵晓利 闵云鹤 陈春建 戴伟胜 姜 兢

续表

等 级	成果名称	申报单位	主 要 创造人	参与创造人
二等	大型轮胎企业的绿色制造管理	贵州轮胎股份有限公司	马世春 谭 卫	何宇平 唐国平 王 海 王卫忠
二等	制冷设备制造企业实现合作共赢的全价值链成本管控	西安庆安制冷设备股份有限公司	胡小龙	董克功 徐林仓 周勇杰 巩立臣 王建锡
二等	大型燃气企业财务共享服务体系建设	中石油昆仑燃气有限公司	赵永起 项平生	王永纯 王 刚 关敏娟 李宪成 孙 玲 王月玲 洪海涛 李 丽 李小光 王殿贵
二等	印钞企业追求卓越运营的综合绩效管理体系建设	西安印钞有限公司	郑 华 时延风	李晓伟 张予芳 焦永辉 卢 明 董洪波 李 琳 孙艺楠 和月莉 雷 钰 许瑞芳
二等	煤炭企业打造四大产业板块的转型升级管理	新汶矿业集团有限责任公司	张 文	葛茂新 鲁玉栋 苗 健 张升壹 谭永新 刘元明 李丑小 刘承刚 刘孝利
二等	高原水电站基于信息平台建设的造价管理	华能西藏发电有限公司	刘兴国 徐定辉	吴 敏 姬宏科 张德明 郭江涛 雷和平 杨树彬 姬 敬 陈 宏 李赞江
二等	共建共享模式下的铁路沿线移动公网覆盖项目建设与管理	中国移动通信集团湖北有限公司	郭永宏 肖知丰	李德富 涂汉志 李 毅 熊 胜 彭劲松 梁 睿 刘文彬 陈 兵 姚学东 桂鲲鹏
二等	电网企业以提升整体绩效为目标的协同管理	国网重庆市电力公司	孟庆强 刘昌盛	王建国 李福昌 杨 龙 廖 亮 何 蛟 王峻峰 陈贞波 汪 明
二等	港口建筑安装企业依托核心能力的转型升级	中交一航局安装工程有限公司	黄健仓	沈 东 刘协伟 朱永青 王紫阳 苏 雁 黄小军 谢文萍 赵 力
二等	大型煤机制造企业基于技术领先战略的精益管理	郑州煤矿机械集团股份有限公司	向家雨 王新莹	王朝阳 杨 辉 李重庆 杨明杰 周 荣 彭 涛 刘付营 甘 伟 周建新 钱子强
二等	核电企业提升供应商劳动者能力的培训管理	中广核工程有限公司	束国刚	夏林泉 陈映坚 别必凡 陈胜利 林 波 马江山 刘运新 王建东 杜伟锋 宋美昕
二等	服装企业以信息化为基础的精益生产管理	江苏华艺服饰有限公司	郃卫国 周永兰	丁良明 鹿佩佩 顾 鸣 杭宏华 朱永祥
二等	基于本质安全型煤矿建设的员工管理	郑州煤炭工业(集团)有限责任公司	张明剑 张 毅	杨 雪 祁丽霞 周振东 张绍伟 张 滔 刘志鸿 郭金陵 郭利勇 李 瑛 尹万涛
二等	大型军工电子企业以个人绩效承诺为核心的员工全面绩效管理	中国电子科技集团公司第三十八研究所	吴曼青 陈信平	陈学军 梅晓春 张宇星 孙文华 王新鸣 胡国良 王 慧 吴 立 骆 勇 周 英
二等	资源枯竭型金矿拓展产业价值链的多元化发展战略管理	浙江省遂昌金矿有限公司	李世中 何益民	汤民强 任海杭 殳黎平 朱志光 詹天浩 戚雄伟 张金华 濮育金
二等	大型家电企业全方位创新体系的构建与实施	四川长虹电子集团有限公司	刘体斌 寇化梦	陈 晔 何心坦 杨春燕 田晓刚 邹佩良 周 萍 汤宇峰 刘 强
二等	基于鹰眼系统的通信网络全生命周期管理	中国联合网络通信有限公司网络公司北京市分公司	杨力凡 张光生	王 睿 胡广金 杨金素 赵静宜 陈 森 谢 蓟 刘化雪 高博文
二等	供电企业以客户为导向的卓越服务管理	国网四川省电力公司成都供电公司	董京营 王向臣	刘 冰 贺 军 李天林 杨先义 肖 欣 袁宗才 李中华 孙健强 李京函 赵 虹

续表

等级	成果名称	申报单位	主要创造人	参与创造人
二等	大型煤炭企业信息化和工业化深度融合管理	淮北矿业(集团)有限责任公司	张毅 许帮贵	陈金保 王和志 李建 杨健 韩同舜 朱小明 马玉平 赵民飞 刘强 王建文
二等	石油企业草原油田绿色开发管理	中国石油华北油田公司二连分公司	高贵民 孙学信	吴国忠 范志良 杜洪 赵迎秋 向多春 王利 赵存亮 安俊卿 周洋 常红
二等	民营企业实现"产业多元化 管理专业化"的并购整合管理	吉林亚泰(集团)股份有限公司	宋尚龙	孙晓峰 王化民 刘树森 翟怀宇 韩冬阳 李斌 李扬 彭雪松 孝童
二等	以信息化平台为基础的机场设备全生命周期管理	上海国际机场股份有限公司	黄兴斌 陈华	李晶 华雪芬 董蓉 王岭
二等	发电企业基于价值工程技术的生产运营管理	中国华能集团公司河北分公司	孟刚	蔡玉明 邵顺刚 刘占明 刘庆伏 郄彦明 周根拴 孙立桦 李纪元 李庆义 杨树民
二等	军工科研院所多项目协同研发管理	中国航天科工集团第二研究院二〇六所	丁旭昶 郑伟	范利明 刘浩 周凯 韩永 黎岩 薛山 马春亮 赵斌 唐翔飞 王彦丰
二等	大型石油企业以能力提升为导向的技能员工管理	中国海洋石油总公司	唐代治 胡宗玉	陈和志 高建华 曹新建 冉兵 董宜宁 鞠成科 李纾珈 吴翠萍 沈洪源 彭耿华
二等	以履行社会责任为导向的农村电网服务体系建设	国网山东省电力公司	李同智	张凡华 张治取 张健 孙敬国 文鸣鑫 程学启 刘海清 刘彬彬 胡培勋 马靖
二等	大型化肥企业适应快速扩张的信息化管理	中化化肥有限公司	冯志斌	杨宏伟 范贺军 黄卿 管毅 刘岩
二等	面向移动互联网的"青年沃创业平台"构建与管理	中国联合网络通信有限公司北京市分公司	汪世昌 郭建利	杨勇 王学毅 冷志高 沈曦 李筱 赵旭 林宁 罗思维
二等	中外合资汽车企业原材料集中采购管理	东风汽车有限公司东风日产乘用车公司	刘喜鲁 谢巧	赵武兵 贾志峰 孟唐华 李建平 吴强 于海 喻性刚 周晨阳 陈礼义 张春祥
二等	大型企业集团基于信息化的制造管理体系建设	重庆长安工业(集团)有限责任公司	鲜志刚 石永毅	王德昆 邱晓丹 易哲 吴刚 王琳 李云利 韩笑
二等	流域开发企业大型水电项目环保管理	中国长江三峡集团公司	樊启祥 胡斌	吴质斌 彭吉银 姚元军 陈永柏 樊义林 马树清 于江 陈敏 李文伟 苏立
二等	大型军工企业职业技术专家队伍建设	中国兵器工业集团公司	彭心国 于洋	张建平 万晓云 刘旭 王永平 高希 杨世泽 盘明杰 谌飞 路体坤 徐余庆
二等	机电制造集团以规范 有效为重点的公司治理优化	重庆机电股份有限公司	余刚 陈先正	陈瑜 袁婉萍 乐松帮 孙希林 袁富强 衡德超 聂华刚 陈宇
二等	多点生产卷烟工业企业集中管控的物流管理	安徽中烟工业有限责任公司	朱建华 卢安宁	周恩海 杨波 罗彪 张开华 陈鹏 徐瑾 王成园 唐海 刘靖 张哲宇
二等	电网企业"四全"运营监控体系设计与应用	国网上海市电力公司	阮前途 华斌	徐宛蓉 王卫斌 李灿 高洁 王伟 姜一 陈安 梁青

续表

等 级	成果名称	申报单位	主要创造人	参与创造人
二等	大型氟化工企业以公司品牌为依托的子品牌培育和管理	中化蓝天集团有限公司	王引平	吴康慧 于晓岗 陆坊斌 李俊锋 马 斌 刘海岛 罗宜君 宋昕咏 洪建兵 孔伟华
二等	基于风险量化测评系统的中小微企业担保服务管理	北京首创融资担保有限公司	马 力 龚西娅	朱 彤 王 旋 张利君 姜文新 王方毅 郑 权 刘 昕 满丽珍 王鹏宇 白 瑶
二等	电力设施保护的法律风险管理	国网山东肥城市供电公司	王 磊	赛 侠 梁 波 王 升 周传涛 尹筱萌 张 亮 李 喆 吕金玲 张美英
二等	加油站全方位全过程的增值服务管理	中国石油天然气股份有限公司广东销售分公司	何瑞林 朱荣生	刘树志 王廷伟 罗伟政 常艳培 刘 凯 张立纯 柯沛莹 胡 晔
二等	大型钢铁企业基于创新发展邯钢经验的精细化管理	河北钢铁集团有限公司	王义芳 于 勇	李怡平 李红宴 谢文华 李春宇 李鹏伟 冯 靖
二等	工程机械企业专业化战略管理体系建设	徐州徐工基础工程机械有限公司	李锁云 孔庆华	闫丽娟 许庆文 胡玉美 张忠海 张世伟 张 锐 陈以田 张丽娜
二等	大型钢铁企业以现金流为中心的资金管理	马鞍山钢铁股份有限公司	苏鉴钢 丁 毅	钱海帆 陈昭启 张乾春 伍生林 王晓光 王开定 盛重乐 江 鹏
二等	电子研究所基于产品数据成熟度的变更管理	中国电子科技集团公司第五十四研究所	常明山 马朝红	吴 蔚 武 楠 孙纪敏 李文静 杨卫东 詹晋伟 牛立栋 靳晓松 薛宝军 蔡 艳
二等	生猪企业实现快速发展的商业模式创新	湖南天心种业有限公司	冷永进 刘红运	罗建新 刘艳书 柴国清 熊 鹰 刘建宁 万其见 唐先桂 章志勇 夏光宇
二等	以高速公路安全畅通为目标的路警站养多部门协同管理	广深珠高速公路有限公司	陈新华 黄礼佳	曹植英 朱桂新 赖勇祥 徐 军 谭 飞 沈群周 杨少填 彭周治
二等	以提升效能为目标的航空发动机维修工程管理	中国人民解放军第五七一九工厂	向 巧	李银光 钟 杰 唐民锋
二等	基于行为导向的油田企业井下作业精细化绩效管理	中国石油化工股份有限公司江汉油田分公司	康光清 郑成华	孙 健 张国强 庄贵林 曾祥林 陈燕庄 刘雄斌 龚二祥 邓天权 肖进华 张红巨
二等	公交企业提升服务水平的信息系统建设	济南市公共交通总公司	薛兴海	谢 刚 石绍滕 綦忠平 刘 彤 孙 文 巩丽媛 王逢宝 何 伟 李 涛 牛凤田
二等	航天科技企业军转民技术知识产权管理	中国航天科技集团公司第六研究院第十一研究所(京)	张 楠 李鸿鑫	王琦珀 吴 焘 刘宝琴 李文好 肖燕军 陈寿吉 雷春钢 王素琴 安 宁 刘桂荣
二等	白酒企业以顾客满意为导向的供应链管理	江苏洋河酒厂股份有限公司	张雨柏	从学年 王 耀 郑步军 李玉领 宋志敏 张惠谦
二等	电网企业实施创新驱动战略的班组全员创新管理	国网河北省电力公司	孙正运 赵社宏	邵晓星 魏彦忠 张 博 万剑玮
二等	业主方现代工程项目管理信息系统建设	中国中化股份有限公司	杜克平 王引平	吴 琦 李 兵 蔡建军 张宗强 刘若雷
二等	外贸防务产品“质量门限”控制体系的构建与实施	内蒙古第一机械集团有限公司	贾 睿 仝宝宁	尚 军 吴彦平 乌兰其其格 靳 苓 岳 锋 陈静柱 赵全柱 郭红梅 牛艳红

续表

等级	成果名称	申报单位	主要创造人	参与创造人
二等	铁路运输企业以市场为导向的考核激励管理	北京铁路局	谭光明 万永红	张庆 毕瑞明 董占君 胡本杰 张亮 朱磊 吕建利 于立新 艾杰 薛凌鹏
二等	煤炭企业以"人人都是班组长"为核心的班组建设	国投大同能源有限责任公司	马占田	卢海隆 杨天宇 夏建平 张宪顺 苏传云 崔健稳 李天生 李永清 孙光炬
二等	成品油销售企业强化执行力的岗位标准化建设	中石化森美（福建）石油有限公司	郝国强 孙惠民	刘成勇 王琴 刘兴林 戴炜奕 余英奇 韩丹 卢秀龙 叶鹭生
二等	提升客户满意度的电力营销服务质量管理	国网青海省电力公司西宁供电公司	赵大光 白玉章	范新科 李怀远 肖安宁 宋小兰 马少渊 张红霞 孙奇明 张剑 孟士杰
二等	高速公路基于信息平台的精细化服务管理	北京市首都公路发展集团有限公司	张恒利	孔祥杰 毕爽 张明月 邹立华 董丽 王琦 程锋 赵阳 崔来军 佟乐
二等	适应国际化经营的石油钻井队自主管理	中国石油集团长城钻探工程有限公司	王忠仁 刘乃震	于德良 付春玉 张连怀 梁国军 魏勇 王丽娜 胡庆彬 唐鸿宾 周宗军 王波
二等	基于信息协同的卷烟企业机关效能提升	中国烟草总公司四川省公司	龚锦华 胡存忠	陈章 麻世强 杜如万 高德俊 尹柯 姚宇红 宋纪江 罗良华 唐丽华 任竞斐
二等	大型能源企业多元互补发展的转型升级管理	陕西煤业化工集团有限责任公司	华炜	杨照乾 尤西蒂 杜平 张茹敏 徐嘉 姚平利
二等	电信企业提升客户感知的服务标准体系建设	中国电信集团公司	杨小伟 朱正武	黄智勇 胡静余 赵涤尘 董爱刚 王兰芳 荣蓉 赵铁山 张文苑
二等	资源节约综合利用矿山企业建设	河北钢铁集团矿业有限公司	王洪仁 黄笃学	张永坤 张耀平 赵建池 齐国志 陈忠 邹正勤 王安 胡志刚 李学峰 王宏剑
二等	以绿色理念引导的现代物业企业建设	中化金茂物业管理（北京）有限公司	张琪	黄健 于金珩
二等	以油藏断块为核算单元的定额管理	中国石油天然气股份有限公司华北油田分公司第四采油厂	李光时 刘保良	代琪 亢清波 张建 薛泓伯 孙诚 郑银强 侯云飞 卫俊杰 吉连国 李小军
二等	适应智能电网发展需要的负荷管理系统建设	西安供电局	李红蕾 王珂	王国亮 田敏 张照 张敏
二等	大型施工企业以"善建"文化为支撑的品牌建设	四川华西集团有限公司	杨再德 朱军	陈贵林 刘平 杨斌 代小龙
二等	资源型企业以"人均"理念为导向的运营机制建设	淄博矿业集团有限责任公司	张寿利 孙中辉	季海波 刁兴建 李景慧 马忠德 王利民 王德龙
二等	以实现航天技术民用化为核心的军民融合战略管理	北京卫星制造厂	孙京 马向莉	刘国华 杨海涛 宗文波 马前进 马永 孟萱 宁旭东 袁常华 张毅之 范洪涛
二等	民营制造企业"学用结合"的班组长集成培训体系建设	杭州东华链条集团有限公司	袁立华	刘冬根
二等	电站工程总承包商项目融资服务与管理	上海电气电站集团	郑建华	郑晓虹 袁毅 林钢 易晓荣 蔡明华 杨莹 孟东海 徐超 曹世明 李波

续表

等 级	成果名称	申报单位	主 要 创造人	参与创造人
二等	大型火电集团基于全方位对标的生产运营诊断管理	中国电力投资集团公司	邹正平 袁 德	原 钢 靳东来 赵凤云 徐国生 张永清 岳 乔 张广宏 陈以明
二等	煤炭企业本质安全风险管理体系的建设	陕西南梁矿业有限公司	张光耀	高晓旭 韩亚东
二等	直升机研究所高端出口产品专利风险规避管理	中国直升机设计研究所	邱光荣 赵伟华	吴希明 禹彬彬 徐晋锋 王胜军 卢普杰 吴鸣彪 周 楫 谢文秀
二等	移动通信企业基于全闭环流程的精益预算管理	中国移动通信集团北京有限公司	史学军 彭艳琳	佟瑜芳 常晓丹 王 颖 胡晓霞 庄丽琦 李 军 李 芳 薛 宁
二等	基于自动监控预警系统的铁路既有线施工安全管理	中铁十四局集团有限公司	胡仲春 周长进	刘永成 任高峰 孙 亮 刘小果 吕均琳 陈俊颖 任如华 张敬海 梁化磊 孙焕重
二等	大型房地产企业综合管控体系的构建与实施	首创置业股份有限公司	唐 军	董 洁 孙宝杰 张馥香 胡卫民 罗 俊
二等	以建设特色地区能源公司为目标的管控体系建设	中国石油天然气股份有限公司华北油田分公司	黄 刚 姜立增	高联益 胡 楠 程玮东 陈兴德 黄 金 翟金生 王 青 刘建武 董少华 胡可上
二等	综合性企业集团投资项目后评价管理	冀中能源集团有限责任公司	王社平 张建公	张汝海 赵金鹏 张振峰 苏晓梅 袁永军 赵中敏 邱 玲 史贵书 张振芳 张建生
二等	高寒地区高铁运行安全风险管控	哈尔滨铁路局三棵树机务段	陈 欣	郭国建 张铁志 车有胜 关志军 申成明 张继东 裴立新
二等	确保边远民族地区邮政普遍服务的财务管理提升	西藏自治区邮政公司	杜卫红	罗爱华 周 丽 张志明 高 虎 刘晓禹 李志刚
二等	汽车企业基于平衡计分卡的企业战略性绩效管理	神龙汽车有限公司	刘卫东 邱现东	丁绍斌 周晓伏 沈 军 沈 冬 王 冶 严成厚 董丹丹
二等	以激发活力为核心的物探企业一线作业班组运行机制建设	中国石油集团川庆钻探工程有限公司地球物理勘探公司	耿 炎 王小勇	袁才鑫 徐传平 彭 海 罗丹丹 杨旭明 陈 杰 邓 文 何 英 肖旭东 万 宏
二等	基于集团公司一体化运营的安全生产管理	天瑞集团股份有限公司	闫正波 靳建峰	侯常青 谭英华 董晓波 牛耕娅 赵渊博 肖立范 杨现军
二等	大型钢铁企业基于全员素质提升的星级班组、星级员工管理	新余钢铁集团有限公司	熊小星	郭裕华 熊上东 周建平 朱布华 黄 静 曾余平 刁海根 刘兴涛 赖华新 张 钧
二等	供电企业高素质技能型人才培训体系建设	国网浙江省电力公司金华供电公司	杜晓平 钟新罗	姜 勇 全才福 王瑞平 邵 波 孔晓峰 吴秀松 杜文佳 忻 敏 陈品芳 沈 莹
二等	通信企业基于体制变革驱动的系统优化管理	中国联合网络通信有限公司山东省分公司	霍海峰 刘玉林	孙景华 郑美玉 王顺富 张茂相 崔 波 楼 斌 郭 林 田青岭 张志辉 吕红梅
二等	实现高铁路基设计突破的技术创新管理	中铁第四勘察设计院集团有限公司	蒋兴锟 赵新益	陈世刚 罗先林 李添翼 江先冬 陈仕奇 姜 鹰 黄三强
二等	盐业企业以激发员工活力为目标的班组建设	国投新疆罗布泊钾盐有限责任公司	李 浩 尹新斌	姚莫白 李金柱 谢响亮 张 桥 周德敏 贺 君 魏富道 舒达永 王玉鑫 邹方平

资料来源:全国企业管理现代化创新成果审定委员会。

2013 年度中国企业十大新闻

一、2013 中国企业十大新闻

序 号	入选理由	序 号	入选理由
1	党的十八届三中全会决议发挥市场的决定性作用	6	闭闸 17 年后民间资本再度发力民营银行
2	神十飞天、嫦娥落月展现中国航天企业实力	7	"沪 20 条"打响新一轮国资国企改革第一枪
3	中国铁路总公司挂牌成立实行铁路政企分开	8	"史上最严"大气治污计划陆续在企业层面落地
4	"双 11"天猫 13 小时成交额破 2012 年全天纪录	9	双汇收购史密斯菲尔德创中企赴美投资之最
5	互联网金融发展壮大分食传统金融蛋糕	10	"光大证券乌龙指事件"遭 5 亿元罚单

二、2013 中国最具影响力企业

序 号	企业名称	入选理由
1	中国航天科技集团公司	载人航天首次应用性飞行圆满成功
2	中国工商银行	中国企业登上《福布斯》全球企业榜首
3	海尔集团公司	第五次蝉联全球大型家电市场第一
4	中国五矿集团公司	已成为具有广泛影响力的矿产集团
5	东风汽车公司	以开放促发展业绩创历史新高
6	鞍钢集团矿业公司	首个冶金矿山资源保障战略实践者
7	中国电力国际有限公司	加快结构调整经济效益创历史新高
8	中国北车集团	核心技术全球领先获总理推销
9	上海电力股份有限公司	百年企业发生脱胎换骨的历史变化
10	云南冶金集团股份有限公司	综合实力居全国有色金属行业前列

三、2013 中国国有企业十大人物

序 号	姓 名	企业名称及职务	入选理由
1	李小琳	中国电力国际有限公司董事长	绿色"光明使者"矢志奉献清洁能源
2	司献民	中国南方航空集团公司总经理	以如履薄冰的态度践行航空安全承诺
3	周中枢	中国五矿集团公司总裁	国际化金属矿业集团的领头羊
4	邢 炜	中国普天信息产业股份有限公司董事长	十年磨砺带领中国普天险境逢生
5	周郑生	中国工艺(集团)公司董事长	锲而不舍推进企业向中高端转型升级
6	王金玉	北汽福田汽车股份有限公司总经理	以转型带动北汽福田实现质的飞跃
7	董 英	云南冶金集团股份有限公司董事长	以敢为人先的气魄助云南冶金跨越发展
8	邵安林	鞍钢集团矿业公司总经理	冶金矿山企业发展战略的"领航人"
9	王国熙	福建金森林业股份有限公司董事长	林业产业合作经营模式的倡导者
10	董明珠	珠海格力集团有限公司董事长	助企业成为家电企业标杆的"铁娘子"

四、2013 中国民营企业十大人物

序 号	姓 名	企业名称及职务	入选理由
1	马 云	阿里巴巴集团公司董事局主席	利用互联网的大数据改造金融业
2	沈文荣	江苏沙钢集团有限公司董事局主席	锐意进取缔造中国最大民营钢铁企业
3	雷 军	小米公司董事长兼 CEO	用互联网思维颠覆传统营销规则
4	赵 涛	陕西步长制药集团董事长	将“企业公民”之路走得更长
5	马韵升	山东京博控股股份有限公司董事长	多元化布局支撑销售收入近 30 倍增长
6	马化腾	腾讯控股有限公司 CEO	借微信再出发布局移动互联网未来
7	蹇兆旺	临沂鲁光化工集团有限公司董事长	坚持社会责任带领军工企业脱困
8	王传福	比亚迪股份有限公司总裁	整改初见成效步入二次腾飞期
9	苏耀荣	广东阳江长江集团有限公司董事长	构建全国唯一生态度假旅游区
10	梅端杰	广丰县方正非矿开发有限公司董事长	技术创新成就中国黑滑石矿领军人

五、2013 中国跨国企业十大人物

序 号	姓 名	企业名称及职务	入选理由
1	任正非	华为技术有限公司总裁	“四步走”战略铸就世界一流企业
2	王健林	大连万达集团股份有限公司董事长	文化扩张向世界证明中国民族魅力
3	张瑞敏	海尔集团首席执行官	征服全球家电市场的经营哲学家
4	杨元庆	联想集团董事局主席兼 CEO	让联想成为 PC + 全球市场领导者
5	崔志祥	山东方圆集团有限公司董事长	让企业站在世界铜冶炼技术高峰
6	刘永好	新希望集团董事长	细胞裂变式的全球化渗透战略
7	李书福	吉利控股集团董事长	让中国车企成为全球汽车霸主
8	谭布诚	青岛塑料实验厂厂长	放眼世界惠及亿万农民家
9	任建新	中国化工集团公司总经理	打造世界化工航母的并购大王
10	王宗南	光明集团卸任董事长	锲而不舍的出海寻宝人

资料来源：中国企业联合会、中国企业家协会。

2012—2013 年度全国企业文化奖名单

一、2012—2013 年度全国企业文化建设突出贡献人物名单

（排名不分先后）

序　号	姓　名	单位及职务
1	王炳华	国家核电技术有限公司党组书记、董事长
2	邢　炜	中国普天信息产业集团公司党组书记、总经理
3	张文学	开滦（集团）有限责任公司党委书记、董事长
4	冯亚丽	海亮集团有限公司董事长、党委书记
5	沙　鸣	新兴际华集团有限公司总经理
6	郑　杰	中国移动通信集团安徽有限公司董事长、总经理、党组书记
7	葛家德	安徽省皖北煤电集团有限责任公司董事长、党委书记
8	吴一坚	金花投资控股集团有限公司总裁
9	汪海涛	西部矿业集团有限公司董事长
10	卜昌森	山东能源集团有限公司董事长、总经理
11	祝义财	雨润控股集团有限公司董事长
12	戴　柳	上海东浩国际服务贸易（集团）有限公司党委书记、董事长
13	张维世	神华准格尔能源有限责任公司董事长、党委书记
14	蔡真法	一汽解放汽车有限公司无锡柴油机厂党委书记
15	张金奎	天津郁美净集团有限公司党委书记、董事长
16	卢显忠	江苏大峘集团有限公司董事长、党委书记、总裁
17	鞠　勇	浙江省邮政公司总经理、党组书记
18	张雨夏	广西中烟工业有限责任公司党组书记、总经理
19	程国栋	咸阳市公共交通集团公司党委书记、总经理
20	林印孙	正邦集团有限公司董事长、总裁

二、2012—2013 年度全国企业文化优秀案例企业名单

（排名不分先后）

序　号	单位名称	序　号	单位名称
1	新兴际华集团有限公司	11	南京红宝丽股份有限公司
2	海尔集团公司	12	中国石油天然气股份有限公司长庆油田分公司
3	开滦（集团）有限责任公司	13	中铁大桥局集团有限公司
4	大连万达集团股份有限公司	14	中信建设有限责任公司
5	天津港（集团）有限公司	15	中国海洋石油东南亚有限公司
6	亿达集团有限公司	16	陕煤集团神木红柳林矿业有限公司
7	首钢总公司	17	中国建设银行股份有限公司河北省分行
8	山东电力集团公司	18	冀中能源国际物流集团有限公司
9	远东控股集团有限公司	19	山东新巨龙能源有限责任公司
10	中国石化胜利油田	20	盾安控股集团有限公司

三、2012—2013年度全国企业文化优秀成果企业名单

（排名不分先后）

序 号	单位名称	序 号	单位名称
1	国家电网公司	41	乌鲁木齐铁路局
2	国家开发投资公司	42	辽宁铁法能源有限责任公司
3	中国核工业集团公司	43	现代投资股份有限公司
4	中国国电集团公司	44	沈阳远大企业集团
5	中国华融资产管理股份有限公司	45	中国水利水电第八工程局有限公司
6	中联重科股份有限公司	46	海洋石油工程股份有限公司
7	中国石油天然气股份有限公司辽河油田分公司	47	中国核工业华兴建设有限公司
8	四川省川威集团有限公司	48	中国电子科技集团公司第十四研究所
9	中国国际海运集装箱(集团)股份有限公司	49	江苏江南农村商业银行股份有限公司
10	内蒙古电力(集团)有限责任公司	50	华泰保险集团股份有限公司
11	亨通集团有限公司	51	中国航天科工集团第三总体设计部
12	中国十九冶集团有限公司	52	中国石油天然气股份有限公司西南油气田分公司重庆气矿
13	河南煤业化工集团有限责任公司	53	广西扬翔股份有限公司
14	金川集团股份有限公司	54	中国石化胜利油田井下作业公司
15	大冶有色金属集团控股有限公司	55	中国空间技术研究院西安分院
16	云南物流产业集团有限公司	56	中国石油天然气股份有限公司长庆油田分公司第六采油厂
17	中国石油天然气股份有限公司吉林石化分公司	57	中铁五局集团第六工程有限责任公司
18	济南铁路局青岛站	58	眉山市邮政局
19	北京牡丹电子集团有限责任公司	59	贵州茅台酒厂(集团)习酒有限责任公司
20	中国电力国际有限公司	60	德州晶华集团有限公司
21	广西投资集团有限公司	61	义马煤业集团青海义海能源有限责任公司
22	中国石油天然气股份有限公司华北油田分公司	62	德勤集团股份有限公司
23	沈阳飞机工业(集团)有限公司	63	中国黄金集团内蒙古矿业有限公司
24	四川九洲电器集团有限责任公司	64	浙江建业化工股份有限公司
25	山推工程机械股份有限公司	65	哈尔滨铁路局哈尔滨机务段
26	深圳市奇信建设集团股份有限公司	66	郑州太古可口可乐饮料有限公司
27	冀中能源股份有限公司	67	北京健兴利商业有限公司
28	浙江物产中大元通集团股份有限公司	68	兖矿集团东华有限公司
29	中国石油天然气运输公司	69	河南第一火电建设公司
30	亚欧大陆桥国际商运股份有限公司	70	西安曲江大明宫投资(集团)有限公司
31	东方电气集团东方汽轮机有限公司	71	百步亭集团有限公司
32	山西省国新能源发展集团有限公司	72	中国移动通信集团浙江有限公司丽水分公司
33	中电投蒙东能源集团有限责任公司	73	山东省三河口矿业有限责任公司
34	中国航天科工集团二十五所	74	中国沈阳国际经济技术合作有限公司
35	中国建设银行股份有限公司北京市分行东四支行	75	江西三清山旅游集团有限公司
36	抚顺矿业集团有限责任公司	76	石家庄高新技术产业开发区供水排水公司
37	中国建筑第三工程局有限公司	77	天津达仁堂京万红药业有限公司
38	浙江红蜻蜓鞋业股份有限公司	78	广东东鹏控股股份有限公司
39	福星集团控股有限公司	79	中银(宁波)电池有限公司
40	中信重工机械股份有限公司	80	南京丰盛产业控股集团有限公司

资料来源：中国企业联合会、中国企业家协会。

2013—2014 年度全国优秀企业家名单

（以姓氏笔画为序）

序号	姓 名	工作单位及职务	序号	姓 名	工作单位及职务
1	丁世忠	安踏体育用品有限公司董事局主席兼 CEO	42	李吉宝	吉林省通用机械有限责任公司董事长兼总经理
2	卜昌森	山东能源集团有限公司董事长、党委书记	43	李志新	广州纺织工贸企业集团有限公司董事长、党委书记
3	于中赤	吉林东光集团有限公司董事长、党委书记、总经理	44	李天宝	渤海造船厂集团有限公司董事长、总经理
4	马化腾	深圳市腾讯计算机系统有限公司董事局主席	45	李沛兴	白银有色集团股份有限公司董事长、党委书记
5	马文义	内蒙古黄河能源科技集团有限责任公司总裁	46	李秀林	吉林敖东药业集团股份有限公司董事长
6	马占田	国投大同能源有限责任公司董事长、总经理	47	李显斌	广州众信实业有限公司董事长
7	马鹤亭	天津市房地产开发经营集团有限公司董事长、党委书记	48	沈 阳	上汽通用五菱汽车股份有限公司总经理
8	王广林	宁夏建材集团股份有限公司董事长	49	沙 鸣	新兴际华集团有限公司总经理
9	王文银	正威国际集团有限公司董事局主席	50	吴振山	河北天山实业集团有限公司董事长、总裁
10	王龙雏	厦门象屿集团有限公司董事长、党委书记	51	肖家祥	南方水泥有限公司总裁
11	王抒祥	国网四川省电力公司总经理	52	杨孝义	黑龙江盛兴集团股份有限公司董事长
12	王剑浩	宁波双鹿控股集团有限公司总裁	53	余 林	安徽古井集团有限责任公司董事长、党委书记
13	王德兴	哈尔滨锅炉厂有限责任公司董事长、总经理	54	余延庆	城开（北京）投资有限公司董事长兼总经理
14	车尚轮	厦门航空有限公司董事长、总经理	55	张 文	新汶矿业集团有限责任公司董事长、党委书记、总经理
15	冯树臣	国电电力发展股份有限公司总经理	56	张 作	南车长江车辆有限公司董事长
16	叶先灯	中国石油天然气集团公司拉美公司党委书记、总经理	57	张 茵	玖龙纸业（控股）有限公司董事长
17	田洪宝	华电陕西能源有限公司总经理	58	张建津	天津市医药集团有限公司董事长、党委书记
18	白晓光	内蒙古第一机械集团有限公司董事长、党委书记	59	张善明	中国广核集团有限公司总经理
19	白渝平	重庆国际投资咨询集团有限公司董事长、党委书记	60	张道才	三花控股集团有限公司董事局主席、党委书记、首席执行官
20	边 程	广东科达机电股份有限公司董事长	61	张福平	北京首都农业集团有限公司董事长、党委书记
21	任元林	江苏扬子江船业集团董事长	62	张德进	安徽叉车集团有限责任公司董事长、党委书记
22	刘 征	大连船舶重工集团有限公司董事长	63	张德春	北京糖业烟酒集团有限公司董事长
23	刘化龙	中国南车股份有限公司总裁	64	邱 宇	重庆莱美药业股份有限公司董事长兼总经理
24	刘东明	华闻传媒投资集团股份有限公司总裁	65	邱现东	神龙汽车有限公司总经理
25	刘华国	西安银桥生物科技有限责任公司董事长	66	陆海军	北京能源投资（集团）有限公司董事长、党委书记
26	刘同高	厦门钨业股份有限公司董事长	67	陈 斌	江西三清山旅游集团有限公司董事长、总裁
27	刘江超	武汉武商集团股份有限公司董事长、党委书记	68	陈云华	江苏悦达集团有限公司董事局主席、党委书记
28	刘国跃	华能国际电力股份有限公司总经理	69	陈玉兰	青岛即发集团控股有限公司董事长、党委书记
29	刘敬桢	中国机械工业建设集团有限公司董事长、党委书记	70	陈立钻	浙江天皇药业有限公司董事长
30	刘锋杰	山东科达集团股份有限公司董事长	71	陈进行	中国大唐集团公司董事长、党组书记
31	刘鹏凯	江苏黑松林粘合剂厂有限公司董事长、总经理	72	陈秋途	中国华信能源有限公司董事局总裁、党委书记
32	孙 京	北京卫星制造厂厂长	73	林金本	福建省能源集团有限责任公司董事长、党委书记
33	孙 亮	山东高速集团有限公司董事长、党委书记	74	周志禹	招商局工业集团有限公司董事长、CEO
34	孙传运	兖矿东华集团有限公司董事长、党委书记	75	周忠昌	山东中昌开发建设集团有限公司董事长、总裁
35	孙洪水	中国水利水电建设股份有限公司总经理	76	周明明	超威集团董事长
36	安 进	安徽江淮汽车集团有限公司董事长、总裁、党委书记	77	周海江	红豆集团有限公司总裁、党委书记
37	安 涛	新疆生产建设兵团投资有限责任公司董事长、党委书记	78	郑元豹	人民电器集团有限公司董事长
38	李 希	华电青岛热力有限公司总经理	79	房志坚	中国北车集团沈阳机车车辆有限责任公司董事长、总经理
39	李 浩	国投新疆罗布泊钾盐有限责任公司党委书记、总经理	80	金宁运	广西建工集团有限责任公司董事长、党委书记
40	李 蔚	澳柯玛股份有限公司董事长、党委书记	81	侯成桥	山东黄金有色矿业集团董事长
41	李长印	中国船舶重工集团公司党组书记、总经理	82	祝义财	雨润控股集团有限公司董事长

续表

序号	姓 名	工作单位及职务	序号	姓 名	工作单位及职务
83	赵 勇	四川长虹电子集团有限公司董事长、党委书记	105	崔星太	中国联合水泥集团有限公司董事长、党委书记
84	赵公微	酒鬼酒股份有限公司董事长	106	常前仓	安徽省华力控股有限公司董事长
85	赵金菊	山东中矿集团有限公司董事长	107	梁 平	陕西能源集团有限公司董事长、党委书记
86	胡建华	招商局国际有限公司董事总经理	108	梅章记	黑龙江省盛龙酒精有限公司董事长、总经理
87	胡爱娣	武汉爱帝集团有限公司董事长	109	黄永锡	上海外高桥造船有限公司董事长、党委书记
88	闻志刚	黑龙江省鑫昌泰集团有限公司董事长	110	黄淑玲	九阳公司董事长
89	唐复平	鞍山钢铁集团公司总经理	111	曾凡沛	福建龙溪轴承(集团)股份有限公司董事长、党委书记
90	奚国华	中国移动通信集团公司董事长、党组书记	112	焦承尧	郑州煤矿机械集团股份有限公司董事长
91	奚国华	中国北车股份有限公司总裁	113	程道然	东风柳州汽车有限公司总经理
92	秦玉峰	山东东阿阿胶股份有限公司总裁、党委书记	114	童朝银	中国新兴(集团)总公司总经理
93	秦吉强	杭州金鱼电器集团有限公司董事长、党委书记、总经理	115	董晓峰	长春轨道客车股份有限公司董事长、党委书记
94	聂如旋	新疆友好(集团)股份有限公司董事局主席、党委书记	116	鲁贵卿	中国建筑第五工程局有限公司董事长
95	贾天将	宁夏天元锰业有限公司董事长	117	廉小强	福建省汽车工业集团有限公司董事长、党组书记
96	徐建林	河北宁纺集团有限责任公司总经理	118	翟美卿	香江集团有限公司总裁
97	徐家逊	广东大哥大集团有限公司董事长兼总经理	119	谭少群	福星集团控股有限公司总裁
98	涂建华	隆鑫集团有限公司董事长	120	谭生光	江西赣粤高速公路股份有限公司总经理
99	钱建林	江苏亨通光电股份有限公司总经理	121	谭丽霞	海尔集团电器产业有限公司总经理
100	顾国新	中国供销集团有限公司董事长、党委书记	122	燕福龙	国网辽宁省电力有限公司总经理
101	高 斌	天津市粮油集团有限公司总经理	123	穆箫吟	贵州省医药(集团)有限责任公司总经理
102	高宪民	中铁十六局集团北京轨道交通工程建设有限公司总经理	124	戴 柳	上海东浩兰生国际服务贸易(集团)有限公司董事长、党委书记
103	郭守明	青海互助青稞酒股份有限公司总经理	125	魏成吉	青岛水务集团有限公司董事长、总经理
104	郭现生	林州重机集团控股有限公司董事长			

资料来源：中国企业联合会、中国企业家协会。

第八届"袁宝华企业管理金奖"获奖名单

姓 名	所在企业及职务	简 历
 柳传志	联想控股股份有限公司董事长	1944年出生，现任联想控股股份有限公司董事长；曾当选中共十六大、十七大代表，第九、第十、第十一届全国人大代表。
 真才基	大唐电信科技产业集团董事长兼总裁	1960年出生，现任大唐电信科技产业集团董事长兼总裁，电信科学技术研究院院长、党组书记。
 崔殿国	中国北车集团公司总经理 中国北车股份有限公司董事长	1954年出生，现任中国北车集团公司总经理、党委副书记，中国北车股份有限公司董事长、党委书记。

资料来源：中国企业联合会、中国企业家协会。

2013全球契约中国最佳实践结果名单

序 号	名 称	序 号	名 称
一、社会责任管理最佳实践		6	天创数码集团
1	国家电网公司	7	秦皇岛裕源木业有限公司
2	中国五矿集团公司	四、合规运营最佳实践	
3	中国机械工业集团公司	1	中国联通集团公司
4	欧莱雅中国有限公司	2	中国铝业公司
二、员工利益保护最佳实践		五、促进社会发展与合作最佳实践	
1	中国港中旅集团公司	1	中国工商银行
2	中国航空油料集团公司	2	中国华电集团
3	巴斯夫中国有限公司	3	华为技术有限公司
三、环境保护最佳实践		4	中材建设有限公司
1	宝钢集团公司	5	奇正藏药股份公司
2	中国有色矿业集团公司	六、社会责任报告最佳实践	
3	中国黄金集团、	1	中国石化
4	太原钢铁集团	2	中国移动集团公司
5	联想集团		

资料来源:全球契约中国网络。

2013 中国 100 大跨国公司及跨国指数

序号	公司名称	地 区	海外资产（万元）	资产总额（万元）	海外收入（万元）	营业收入（万元）	海外员工数（人）	员工人数（人）	跨国指数（%）
1	中国石油天然气集团公司	北 京	82 014 698	340 942 037	133 849 854	268 348 030	104 319	1 656 465	26. 74
2	中国石油化工集团公司	北 京	71 508 698	195 682 732	88 963 675	283 060 946	52 171	1 015 039	24. 37
3	中国中信集团有限公司	北 京	29 785 207	356 569 323	6 026 889	34 975 605	55 070	163 468	19. 76
4	中国海洋石油总公司	北 京	24 368 889	81 809 720	22 613 150	52 656 649	4 778	102 500	25. 8
5	中国中化集团公司	北 京	19 326 724	28 662 384	36 604 899	45 315 860	9 054	47 718	55. 73
6	中国远洋运输（集团）总公司	北 京	18 745 556	34 967 345	12 769 869	18 130 387	4 752	74 909	43. 46
7	中国铝业公司	北 京	14 236 768	42 841 462	685 286	24 493 959	453	174 999	12. 10
8	中国五矿集团公司	北 京	9 641 657	24 715 804	9 111 950	32 686 526	7 325	116 230	24. 40
9	中国保利集团公司	北 京	8 258 611	38 285 818	1 798 733	9 829 698	7 404	37 731	19. 83
10	浙江吉利控股集团有限公司	浙 江	7 656 507	11 326 194	12 927 804	15 489 452	20 530	40 500	67. 25
11	联想控股有限公司	北 京	7 527 965	18 720 327	12 167 819	22 664 582	8 300	39 553	38. 29
12	中国建筑工程总公司	北 京	7 259 896	65 751 554	3 341 590	57 164 134	9 088	203 761	7. 12
13	中国交通建设集团有限公司	北 京	6 363 121	44 841 615	4 873 732	29 863 520	4 398	103 371	11. 59
14	中国化工集团公司	北 京	6 206 588	26 742 048	4 438 347	20 169 454	10 215	127 107	17. 75
15	中国海运（集团）总公司	上 海	5 983 611	17 581 405	2 553 765	6 609 661	2 172	45 570	25. 81
16	中国电力建设集团有限公司	北 京	5 625 991	27 553 380	5 903 690	20 171 402	75 000	207 526	28. 61
17	中国联合网络通信集团有限公司	北 京	5 595 907	57 607 156	134 000	25 708 246	259	292 651	3. 44
18	中国兵器装备集团公司	北 京	5 530 197	27 872 848	10 026 848	30 264 029	2 256	237 021	17. 97
19	中国华能集团公司	北 京	5 054 136	79 502 426	2 114 999	27 977 824	467	138 235	4. 75
20	中兴通讯股份有限公司	广 东	4 753 619	10 744 631	4 460 174	8 421 936	8 825	78 402	36. 15
21	宝钢集团有限公司	上 海	4 173 653	49 843 762	6 973 925	28 822 553	1 162	142 031	11. 13
22	国家电网公司	北 京	4 053 131	233 353 201	224 053	188 299 929	2 895	851 667	0. 73
23	海航集团有限公司	海 南	4 008 218	35 690 189	774 600	10 737 985	4 199	104 205	7. 49
24	中国冶金科工集团有限公司	北 京	3 652 672	33 651 254	926 256	23 190 537	5 617	135 673	6. 33
25	中国铁道建筑总公司	北 京	3 640 846	48 722 140	1 807 038	48 685 426	4 549	290 907	4. 25
26	TCL 集团股份有限公司	广 东	3 508 557	7 974 479	2 567 607	6 944 835	1 561	68 935	27. 74
27	中国兵器工业集团公司	北 京	3 446 555	28 454 210	11 409 738	36 611 379	5 961	260 021	15. 19
28	海尔集团公司	山 东	3 407 492	14 909 397	4 632 655	16 309 769	11 951	74 693	22. 42
29	中国中铁股份有限公司	北 京	3 270 811	55 072 808	2 207 582	48 399 175	4 810	289 343	4. 05
30	中国外运长航集团有限公司	北 京	3 078 070	12 293 347	752 079	10 667 813	670	72 118	11. 01
31	中国电子信息产业集团有限公司	北 京	2 870 977	16 090 885	9 922 826	18 303 462	10 759	129 948	26. 78
32	中国广东核电集团有限公司	广 东	2 854 937	26 301 453	764 697	3 444 915	213	26 020	11. 29
33	中国航空集团公司	北 京	2 709 013	19 656 548	3 512 204	10 206 540	2 162	70 264	17. 09
34	大连万达集团股份有限公司	辽 宁	2 628 750	29 310 500	1 650 000	14 168 000	18 229	78 530	14. 61
35	中国有色矿业集团有限公司	北 京	2 578 906	10 473 859	2 446 584	15 234 511	8 843	53 811	19. 04
36	中联重科股份有限公司	湖 南	2 525 908	8 897 446	277 071	9 025 181	964	31 707	11. 5

续表

序号	公司名称	地 区	海外资产（万元）	资产总额（万元）	海外收入（万元）	营业收入（万元）	海外员工数（人）	员工人数（人）	跨国指数（%）
37	光明食品(集团)有限公司	上 海	2 518 682	22 560 392	909 244	13 937 176	1 218	115 486	6.25
38	中国移动通信集团公司	北 京	2 478 620	127 596 125	462 343	61 120 870	4 591	222 431	1.59
39	金川集团股份有限公司	甘 肃	2 457 559	10 863 205	865 423	15 118 660	2 353	34 559	11.72
40	中国航空工业集团公司	北 京	2 446 245	56 870 826	2 498 911	30 060 591	13 124	486 084	5.10
41	首钢总公司	北 京	2 349 369	38 443 279	3 005 306	21 659 589	2 029	117 607	7.24
42	山东钢铁集团有限公司	山 东	2 081 635	17 196 500	2 143 098	11 668 222	342	91 738	10.28
43	潍柴控股集团有限公司	山 东	1 685 514	8 399 409	715 420	8 068 291	217	50 159	9.79
44	武汉钢铁(集团)公司	湖 北	1 491 460	22 303 793	1 922 498	21 377 324	256	112 330	5.30
45	中国通用技术(集团)控股有限责任公司	北 京	1 341 919	10 662 864	946 309	14 150 928	552	42 987	6.85
46	广东粤海控股有限公司	广 东	1 307 889	6 108 937	56 477	1 508 421	521	13 544	9.67
47	江苏沙钢集团有限公司	江 苏	1 276 856	16 442 777	1 660 960	21 803 592	617	41 145	5.63
48	中国诚通控股集团有限公司	北 京	1 223 171	7 201 074	745 893	7 486 861	311	30 702	9.32
49	中国港中旅集团公司	北 京	1 201 250	6 792 299	422 272	5 114 426	2 506	43 652	10.56
50	神华集团有限责任公司	北 京	1 196 827	82 185 075	600 785	34 396 914	278	203 859	1.11
51	中国中纺集团公司	北 京	1 169 947	2 733 164	1 673 900	4 446 842	3 288	22 386	31.71
52	广东省广晟资产经营有限公司	广 东	1 102 941	7 523 791	504 741	3 630 120	1 355	38 362	10.70
53	中国能源建设集团有限公司	北 京	1 081 453	16 101 103	1 260 342	13 963 883	10 324	163 342	7.35
54	海信集团有限公司	山 东	1 038 642	7 362 697	1 256 154	8 105 139	542	47 669	10.25
55	紫金矿业集团股份有限公司	福 建	988 462	6 735 442	149 174	4 841 472	464	23 073	6.59
56	中国黄金集团公司	北 京	979 916	6 523 134	217 961	10 052 265	1 350	46 723	6.69
57	中国电信集团公司	北 京	977 737	66 570 094	418 777	33 678 139	1 958	488 113	1.04
58	中国机械工业集团有限公司	北 京	935 198	19 521 177	3 077 009	21 421 459	951	101 642	6.70
59	白银有色集团股份有限公司	甘 肃	831 049	3 674 434	240 397	3 733 145	7 858	17 452	24.69
60	中国大连国际经济技术合作集团有限公司	辽 宁	767 773	1 111 624	319 759	499 659	1 195	2 410	60.88
61	广东省广新控股集团有限公司	广 东	759 630	3 454 977	1 678 952	6 548 378	5 267	23 693	23.29
62	美的集团有限公司	广 东	719 012	8 773 653	4 282 351	10 271 302	4 218	99 539	18.04
63	山东如意科技集团有限公司	山 东	713 380	1 639 708	1 599 691	3 415 704	5 458	23 978	37.70
64	上海汽车集团股份有限公司	上 海	686 237	31 720 300	85 658	48 097 967	298	105 953	0.87
65	中国华电集团公司	北 京	668 635	59 697 819	120 094	18 512 584	782	115 097	0.82
66	万向集团公司	浙 江	662 374	6 199 277	1 448 544	9 587 435	6 270	20 915	18.59
67	中国节能环保集团公司	北 京	644 411	8 238 262	91 869	3 319 410	2 687	39 924	5.77
68	北京汽车集团有限公司	北 京	596 592	17 026 515	653 845	21 056 943	2 132	81 409	3.08
69	四川长虹电子集团有限公司	四 川	592 628	6 313 691	918 624	8 031 205	653	71 916	7.24
70	中南控股集团有限公司	江 苏	583 556	6 210 000	252 367	3 504 837	560	52 000	5.89
71	广东省航运集团有限公司	广 东	501 413	711 674	265 412	349 002	1 418	5 085	58.13
72	中国恒天集团有限公司	北 京	491 433	5 000 889	648 797	3 687 956	5 588	54 504	12.56
73	云南建工集团有限公司	云 南	487 629	2 993 060	90 110	3 230 626	280	17 339	6.90

续表

序号	公司名称	地　区	海外资产（万元）	资产总额（万元）	海外收入（万元）	营业收入（万元）	海外员工数（人）	员工人数（人）	跨国指数（%）
74	北京建工集团有限责任公司	北　京	472 861	3 988 964	300 012	2 985 488	590	11 580	9.00
75	深圳市中金岭南有色金属股份有限公司	广　东	465 170	1 407 318	859 024	1 844 005	1 049	10 831	29.77
76	富丽达集团控股有限公司	浙　江	462 704	1 400 437	99 049	819 875	392	6 607	17.02
77	黑龙江北大荒农垦集团总公司	黑龙江	447 461	14 748 752	1 899 980	11 398 581	497	677 615	6.59
78	徐州工程机械集团有限公司	江　苏	433 832	7 494 547	1 257 836	10 117 841	2 856	27 790	9.50
79	国家开发投资公司	北　京	412 001	31 152 031	300 348	8 465 287	912	86 551	1.97
80	浙江龙盛控股有限公司	浙　江	372 937	1 957 696	587 614	2 135 037	2 000	8 465	23.40
81	青建集团股份有限公司	山　东	357 949	2 317 350	815 245	3 579 230	6 156	12 034	29.79
82	沈阳远大企业集团	辽　宁	326 969	1 769 035	386 079	2 012 542	375	16 739	13.3
83	卧龙控股集团有限公司	浙　江	316 299	1 512 991	544 718	1 527 728	3 696	10 029	31.14
84	北京京城机电控股有限责任公司	北　京	305 538	3 761 497	196 088	2 482 267	1 280	25 392	7.02
85	重庆对外经贸（集团）有限公司	重　庆	300 607	1 332 566	369 256	1 238 267	443	31 565	17.93
86	重庆轻纺控股（集团）公司	重　庆	298 487	2 952 431	319 146	2 553 646	4 319	27 656	12.74
87	中国建筑材料集团有限公司	北　京	279 047	30 061 717	1 451 440	21 743 206	1 375	166 397	2.81
88	金龙精密铜管集团股份有限公司	河　南	271 871	1 346 605	946 889	3 181 653	528	4 597	20.48
89	宁波均胜投资集团有限公司	浙　江	254 269	676 776	395 169	637 876	3 117	6 234	49.84
90	华侨城集团公司	广　东	229 361	9 311 060	284 772	4 066 486	311	41 609	3.40
91	北大方正集团有限公司	北　京	224 081	7 475 203	148 524	6 175 052	232	32 761	2.04
92	山东高速集团有限公司	山　东	218 527	21 048 103	116 303	3 021 195	209	21 465	1.95
93	华翔集团股份有限公司	浙　江	196 000	1 022 095	208 000	786 409	3 126	8 024	28.19
94	广西柳工集团有限公司	广　西	194 218	3 073 561	333 778	1 562 415	1 809	19 895	12.26
95	太原重型机械集团有限公司	山　西	180 186	3 168 983	196 028	1 707 326	688	14 563	7.30
96	中国南车集团公司	北　京	175 974	11 118 293	851 738	9 264 023	472	91 452	3.76
97	雅戈尔集团股份有限公司	浙　江	151 728	6 201 712	279 626	4 444 227	15 564	48 201	13.68
98	沈阳机床（集团）有限责任公司	辽　宁	150 204	2 213 327	72 669	1 650 280	420	21 318	4.39
99	辽宁日林实业集团有限公司	辽　宁	150 082	4 178 972	157 607	2 460 500	1 084	23 695	4.86
100	新疆生产建设兵团建设工程（集团）有限责任公司	新　疆	149 066	1 046 431	152 872	1 652 383	5 517	14 416	20.59
合　计			448 687 315	3 070 617 180	477 955 265	2 148 024 072	624 209	12 318 917	13.98

资料来源：中国企业联合会、中国企业家协会。

2013中国企业500强名单

2012名次	2013名次	企业名称	所在地	营业收入（万元）	利润（万元）	资产（万元）	所有者权益（万元）	从业人数（人）
1	1	中国石油化工集团公司	北京	283 060 946	5 186 929	195 682 732	63 651 797	1 015 039
2	2	中国石油天然气集团公司	北京	268 348 030	11 480 285	340 942 037	163 623 758	1 656 465
3	3	国家电网公司	北京	188 299 929	7 771 693	233 353 201	97 393 821	851 667
4	4	中国工商银行股份有限公司	北京	85 037 300	23 853 200	1 754 221 700	112 499 700	427 356
5	5	中国建设银行股份有限公司	北京	71 349 600	19 317 900	1 397 828 800	94 173 200	348 955
7	6	中国农业银行股份有限公司	北京	64 987 700	14 509 400	1 324 434 200	74 981 500	461 100
8	7	中国银行股份有限公司	北京	62 093 000	13 943 200	1 268 061 500	82 467 700	302 016
6	8	中国移动通信集团公司	北京	61 120 870	7 476 860	127 596 125	74 048 709	222 431
9	9	中国建筑工程总公司	北京	57 164 134	814 825	65 751 554	5 833 323	203 761
10	10	中国海洋石油总公司	北京	52 656 649	4 880 326	81 809 720	37 029 545	102 500
11	11	中国铁道建筑总公司	北京	48 685 426	514 297	48 722 140	4 421 724	290 907
12	12	中国中铁股份有限公司	北京	48 399 175	735 474	55 072 808	7 836 432	289 343
15	13	上海汽车集团股份有限公司	上海	48 097 967	2 075 176	31 720 300	12 233 737	105 953
14	14	中国人寿保险（集团）公司	北京	46 481 380	-1 100 520	230 657 412	5 561 278	141 932
13	15	中国中化集团公司	北京	45 315 860	513 151	28 662 384	6 432 996	47 718
17	16	中国南方电网有限责任公司	广东	42 074 110	643 793	55 457 370	18 720 938	300 863
18	17	中国第一汽车集团公司	吉林	40 938 423	1 654 538	24 355 661	9 719 811	85 552
16	18	东风汽车公司	湖北	38 942 093	841 386	22 836 523	4 585 229	176 580
22	19	中国兵器工业集团公司	北京	36 611 379	425 976	28 454 210	6 954 347	260 021
20	20	中国中信集团有限公司	北京	34 975 605	3 015 507	356 569 323	23 546 107	163 468
26	21	神华集团有限责任公司	北京	34 396 914	3 880 780	82 185 075	30 154 378	203 859
32	22	中国平安保险（集团）股份有限公司	广东	33 991 930	2 005 000	284 426 600	15 961 700	190 284
24	23	中国电信集团公司	北京	33 678 139	672 909	66 570 094	35 503 675	488 113
25	24	中国华润总公司	广东	33 091 087	1 234 639	73 052 141	10 255 952	457 310
19	25	中国五矿集团公司	北京	32 686 526	444 241	24 715 804	3 572 728	116 230
30	26	中国邮政集团公司	北京	32 135 051	2 578 663	506 089 752	16 917 555	901 722
27	27	中国兵器装备集团公司	北京	30 264 029	137 558	27 872 848	3 766 804	237 021
29	28	中国航空工业集团公司	北京	30 060 591	644 589	56 870 826	13 125 913	486 084
23	29	中国交通建设集团有限公司	北京	29 863 520	777 615	44 841 615	6 395 199	103 371
21	30	宝钢集团有限公司	上海	28 822 553	579 683	49 843 762	22 865 014	142 031
28	31	中国华能集团公司	北京	27 977 824	54 323	79 502 426	3 687 056	138 235
40	32	交通银行股份有限公司	上海	27 105 105	5 837 327	527 337 942	37 991 806	97 971
37	33	中国人民保险集团股份有限公司	北京	25 734 900	683 200	68 865 000	6 537 400	493 932
42	34	中国联合网络通信集团有限公司	北京	25 708 246	305 039	57 607 156	16 056 458	292 651
31	35	河北钢铁集团有限公司	河北	24 782 802	-115 039	31 682 540	5 309 691	132 186
35	36	中国铝业公司	北京	24 493 959	-496 114	42 841 462	2 038 117	174 999
38	37	中国航空油料集团公司	北京	24 254 867	79 991	4 023 555	905 051	10 068
45	38	中国铁路物资股份有限公司	北京	23 452 968	54 457	7 328 232	796 092	11 051

续表

2012名次	2013名次	企业名称	所在地	营业收入（万元）	利润（万元）	资产（万元）	所有者权益（万元）	从业人数（人）
	39	苏宁控股集团	江苏	23 272 272	267 612	7 616 150	2 845 913	180 000
33	40	中国冶金科工集团有限公司	北京	23 190 537	-508 500	33 651 254	2 592 034	135 673
43	41	中国国电集团公司	北京	23 003 663	135 338	72 582 529	4 014 365	143 523
55	42	联想控股有限公司	北京	22 664 582	173 057	18 720 327	1 778 041	39 553
41	43	冀中能源集团有限责任公司	河北	22 284 313	37 393	14 982 274	1 874 020	103 166
46	44	华为技术有限公司	广东	22 019 800	1 536 500	21 000 600	7 504 800	150 000
44	45	江苏沙钢集团有限公司	江苏	21 803 592	59 604	16 442 777	3 382 851	41 145
51	46	中国建筑材料集团有限公司	北京	21 743 206	297 342	30 061 717	1 880 891	166 397
34	47	首钢总公司	北京	21 659 589	83 696	38 443 279	8 549 702	117 607
52	48	中国机械工业集团有限公司	北京	21 421 459	451 546	19 521 177	3 525 955	101 642
39	49	武汉钢铁（集团）公司	湖北	21 377 324	20 439	22 303 793	4 780 398	112 330
47	50	北京汽车集团有限公司	北京	21 056 943	677 854	17 026 515	2 970 833	81 409
48	51	天津物产集团有限公司	天津	20 732 047	72 090	8 914 869	775 679	6 622
56	52	中国电力建设集团有限公司	北京	20 171 402	431 887	27 553 380	3 769 751	207 526
59	53	中国化工集团公司	北京	20 169 454	-117 821	26 742 048	1 976 119	127 107
57	54	中粮集团有限公司	北京	20 032 924	368 779	26 678 406	5 646 281	106 642
73	55	绿地控股集团有限公司	上海	20 024 837	755 508	24 181 502	2 693 844	4 800
61	56	浙江省物产集团公司	浙江	19 683 252	29 130	5 913 544	518 235	18 380
69	57	山东能源集团有限公司	山东	19 377 287	597 919	21 979 190	4 949 851	261 602
53	58	中国大唐集团公司	北京	19 161 223	-85 297	65 593 552	1 812 684	103 822
81	59	正威国际集团有限公司	广东	18 668 119	359 116	8 668 812	4 640 543	15 109
64	60	山东魏桥创业集团有限公司	山东	18 651 498	677 862	9 886 256	4 809 094	135 935
62	61	中国华电集团公司	北京	18 512 584	303 753	59 697 819	2 933 670	115 097
66	62	山西煤炭运销集团有限公司	山西	18 500 453	6 045	13 599 147	2 740 253	110 691
60	63	中国电子信息产业集团有限公司	北京	18 303 462	149 032	16 090 885	1 778 751	129 948
54	64	中国远洋运输（集团）总公司	北京	18 130 387	-239 638	34 967 345	10 506 258	74 909
83	65	山西焦煤集团有限责任公司	山西	18 073 782	456	20 000 479	3 327 034	216 118
58	66	河南煤业化工集团有限责任公司	河南	18 067 662	-275 141	19 968 656	2 094 315	184 929
74	67	新兴际华集团有限公司	北京	18 031 285	191 534	7 707 850	2 001 237	75 166
93	68	阳泉煤业（集团）有限责任公司	山西	18 031 140	21 561	13 830 232	1 496 139	150 967
68	69	中国电力投资集团公司	北京	18 018 308	114 223	57 263 372	3 780 051	126 436
77	70	中国民生银行股份有限公司	北京	17 931 300	3 756 300	321 200 100	16 300 700	49 227
78	71	江西铜业集团公司	江西	17 590 039	176 999	9 829 512	2 003 194	28 545
76	72	招商银行股份有限公司	广东	17 582 800	4 527 300	340 821 900	20 043 400	59 340
75	73	开滦（集团）有限责任公司	河北	17 566 158	76 646	6 445 009	1 380 910	67 640
63	74	中国船舶重工集团公司	北京	17 510 186	647 464	38 934 668	7 960 849	161 000
95	75	兴业银行股份有限公司	福建	17 188 300	3 471 800	325 097 500	16 957 700	42 199
67	76	中国太平洋保险（集团）股份有限公司	上海	17 145 100	507 700	68 150 200	9 617 700	85 137
84	77	山西潞安矿业（集团）有限责任公司	山西	17 101 562	1 070	12 635 078	1 418 287	85 027
92	78	大同煤矿集团有限责任公司	山西	17 022 435	-43 474	14 398 821	2 775 370	159 918
85	79	山西晋城无烟煤矿业集团有限责任公司	山西	16 882 003	210 023	18 387 406	2 291 301	164 507

续表

2012 名次	2013 名次	企业名称	所在地	营业收入（万元）	利 润（万元）	资 产（万元）	所有者权益（万元）	从业人数（人）
86	80	中国医药集团总公司	北 京	16 523 701	216 583	12 612 292	2 360 482	68 192
72	81	海尔集团公司	山 东	16 309 769	749 180	14 909 397	3 331 332	74 693
89	82	陕西延长石油(集团)有限责任公司	陕 西	16 212 917	1 541 824	21 386 906	7 776 889	126 793
155	83	上海浦东发展银行股份有限公司	上 海	16 040 800	3 418 600	314 570 700	17 749 700	35 033
36	84	百联集团有限公司	上 海	15 900 914	59 106	7 678 276	1 248 473	85 366
71	85	浙江吉利控股集团有限公司	浙 江	15 489 452	33 064	11 326 194	1 170 918	40 500
165	86	中国有色矿业集团有限公司	北 京	15 234 511	52 494	10 473 859	0 926 163	53 811
65	87	广州汽车工业集团有限公司	广 东	15 233 628	41 654	11 253 314	1 789 513	50 462
91	88	金川集团股份有限公司	甘 肃	15 118 660	100 510	10 863 205	4 087 466	34 559
70	89	鞍钢集团公司	辽 宁	14 882 509	-1 004 759	26 971 572	7 223 668	199 018
98	90	天津中环电子信息集团有限公司	天 津	14 553 832	528 435	6 519 252	2 624 555	65 421
101	91	大连万达集团股份有限公司	辽 宁	14 168 000	598 567	29 310 500	1 422 722	78 530
80	92	中国通用技术(集团)控股有限责任公司	北 京	14 150 928	252 630	10 662 864	2 781 087	42 987
82	93	太原钢铁(集团)有限公司	山 西	14 056 682	30 307	11 968 404	2 876 032	38 654
90	94	中国能源建设集团有限公司	北 京	13 963 883	127 956	16 101 103	1 824 772	163 342
87	95	光明食品(集团)有限公司	上 海	13 937 176	167 897	22 560 392	2 682 322	115 486
	96	中国农业发展银行	北 京	13 595 459	1 429 186	229 307 889	4 979 606	52 033
99	97	大连大商集团有限公司	辽 宁	13 101 279	167 073	2 133 726	479 907	227 952
94	98	中国平煤神马能源化工集团有限责任公司	河 南	12 811 145	-50 349	10 748 140	1 726 203	158 643
107	99	陕西煤业化工集团有限责任公司	陕 西	12 505 532	-272 581	30 221 861	3 161 472	133 891
	100	国美电器有限公司	北 京	11 747 974	49 000	5 087 900	1 876 000	59 082
100	101	新华人寿保险股份有限公司	北 京	11 692 100	293 300	49 369 300	3 587 000	57 381
88	102	山东钢铁集团有限公司	山 东	11 668 222	-476 421	17 196 500	1 748 492	91 738
125	103	中国光大银行股份有限公司	北 京	11 413 900	2 359 100	227 929 500	11 417 800	31 968
103	104	黑龙江北大荒农垦集团总公司	黑龙江	11 398 581	28 685	14 748 752	1 706 443	677 615
96	105	中国中煤能源集团有限公司	北 京	11 105 802	535 641	24 554 984	6 193 475	113 779
151	106	山西煤炭进出口集团有限公司	山 西	11 016 635	51 345	7 179 581	1 304 451	16 997
106	107	天津天钢集团有限公司	天 津	10 860 029	26 550	7 257 517	1 707 369	16 491
112	108	海航集团有限公司	海 南	10 796 622	82 796	35 690 189	1 766 389	104 205
121	109	华晨汽车集团控股有限公司	辽 宁	10 674 739	70 368	7 408 071	435 702	43 750
105	110	中国外运长航集团有限公司	北 京	10 667 813	31 461	12 293 347	3 692 334	72 118
111	111	铜陵有色金属集团控股有限公司	安 徽	10 653 077	96 397	6 633 135	964 864	29 745
118	112	雨润控股集团有限公司	江 苏	10 616 987	263 237	8 313 215	1 919 194	120 000
102	113	天津钢管集团股份有限公司	天 津	10 515 233	45 970	7 567 766	1 780 235	13 457
79	114	美的集团有限公司	广 东	10 271 302	325 929	8 773 653	1 431 353	99 539
113	115	中国南方航空集团公司	广 东	10 251 029	114 333	14 936 901	1 567 461	68 833
128	116	酒泉钢铁(集团)有限责任公司	甘 肃	10 227 951	23 261	11 121 375	1 906 899	36 140
108	117	中国航空集团公司	北 京	10 206 540	242 013	19 656 548	3 255 149	70 264
117	118	上海烟草集团有限责任公司	上 海	10 172 803	1 629 058	11 456 342	10 113 781	17 154
122	119	徐州工程机械集团有限公司	江 苏	10 117 841	143 733	7 494 547	1 265 113	27 790
139	120	中国黄金集团公司	北 京	10 052 265	137 663	6 523 134	1 210 264	46 723

续表

2012名次	2013名次	企业名称	所在地	营业收入（万元）	利　润（万元）	资　产（万元）	所有者权益（万元）	从业人数（人）
116	121	本钢集团有限公司	辽　宁	10 042 717	18 050	12 339 874	2 489 535	83 426
129	122	兖矿集团有限公司	山　东	10 029 299	39 608	18 457 765	1 913 817	95 873
132	123	珠海格力电器股份有限公司	广　东	10 011 010	743 132	10 756 689	2 674 313	82 000
154	124	中国保利集团公司	北　京	9 829 698	557 805	38 285 818	3 293 086	37 731
131	125	万向集团公司	浙　江	9 587 435	135 709	6 199 277	1 484 318	20 915
123	126	天津冶金集团有限公司	天　津	9 506 101	22 569	9 608 542	1 275 068	16 293
133	127	厦门建发集团有限公司	福　建	9 413 337	165 359	7 623 098	987 941	15 470
114	128	上海电气(集团)总公司	上　海	9 355 450	85 384	15 777 058	1 843 595	64 504
135	129	中国南车集团公司	北　京	9 264 023	205 969	11 118 293	1 754 932	91 452
119	130	中国北方机车车辆工业集团公司	北　京	9 229 456	223 698	11 372 181	2 433 740	84 647
134	131	杭州钢铁集团公司	浙　江	9 150 977	52 937	4 085 162	1 209 734	14 264
143	132	红塔烟草(集团)有限责任公司	云　南	9 094 348	522 004	10 146 772	6 800 656	24 743
127	133	中联重科股份有限公司	湖　南	9 025 181	885 814	8 897 446	4 118 896	31 707
120	134	中国东方航空集团公司	上　海	8 962 612	206 813	13 134 503	1 406 521	51 259
141	135	江苏悦达集团有限公司	江　苏	8 834 700	45 705	5 046 426	722 435	29 103
196	136	恒力集团有限公司	江　苏	8 528 616	271 961	5 259 351	1 919 240	42 120
104	137	上海建工集团股份有限公司	上　海	8 517 433	159 986	8 274 823	1 182 436	33 926
172	138	陕西有色金属控股集团有限责任公司	陕　西	8 478 156	44 600	9 904 280	2 785 911	42 106
142	139	国家开发投资公司	北　京	8 465 287	428 821	31 152 031	5 055 747	86 551
124	140	中兴通讯股份有限公司	广　东	8 421 936	-284 096	10 744 631	2 150 247	78 402
148	141	湖南中烟工业有限责任公司	湖　南	8 336 170	834 447	6 592 336	4 920 198	15 886
137	142	新疆广汇实业投资(集团)有限责任公司	新　疆	8 271 091	285 346	9 559 327	1 649 603	64 875
138	143	三一集团有限公司	湖　南	8 236 876	640 647	10 588 898	3 339 677	50 000
115	144	马钢(集团)控股有限公司	安　徽	8 184 660	-174 818	8 849 156	1 674 973	51 129
126	145	天津天铁冶金集团有限公司	天　津	8 183 222	793	9 630 205	1 160 098	26 558
150	146	海信集团有限公司	山　东	8 105 139	435 419	7 362 697	2 445 574	47 669
109	147	潍柴控股集团有限公司	山　东	8 068 291	10 087	8 399 409	412 899	50 159
146	148	新希望集团有限公司	四　川	8 063 941	189 936	4 952 200	1 282 279	88 503
144	149	四川长虹电子集团有限公司	四　川	8 031 205	16 321	6 313 691	349 366	71 916
152	150	广厦控股集团有限公司	浙　江	8 022 493	57 203	3 104 075	994 107	102 586
157	151	海亮集团有限公司	浙　江	7 852 780	213 517	4 133 900	827 206	12 358
275	152	华夏银行股份有限公司	北　京	7 822 585	1 279 628	148 886 006	7 469 420	22 991
159	153	山东大王集团有限公司	山　东	7 596 998	322 327	5 579 128	1 747 713	26 487
136	154	泰康人寿保险股份有限公司	北　京	7 541 245	194 796	41 418 785	2 074 292	47 235
163	155	中国诚通控股集团有限公司	北　京	7 486 861	46 121	7 201 074	1 139 127	30 702
160	156	红云红河烟草(集团)有限责任公司	云　南	7 477 746	781 807	7 165 214	5 108 571	13 588
145	157	珠海振戎公司	北　京	7 476 714	16 819	662 544	168 196	128
153	158	淮南矿业(集团)有限责任公司	安　徽	7 281 701	43 491	14 188 483	2 615 234	92 120
171	159	武汉商联(集团)股份有限公司	湖　北	7 150 319	13 195	2 278 965	206 406	62 250
166	160	南山集团有限公司	山　东	7 084 631	672 538	8 037 211	3 655 329	46 213
186	161	湖北宜化集团有限责任公司	湖　北	7 050 219	92 684	5 443 780	752 631	41 622

续表

2012名次	2013名次	企业名称	所在地	营业收入（万元）	利 润（万元）	资 产（万元）	所有者权益（万元）	从业人数（人）
185	162	浙江恒逸集团有限公司	浙 江	7 032 005	14 565	2 870 908	596 779	7 887
169	163	中天钢铁集团有限公司	江 苏	7 019 947	22 564	4 406 677	1 179 568	15 417
173	164	TCL 集团股份有限公司	广 东	6 944 835	79 609	7 974 479	1 174 630	68 935
147	165	安徽海螺集团有限责任公司	安 徽	6 902 433	664 388	9 869 189	1 732 888	48 013
130	166	湖南华菱钢铁集团有限责任公司	湖 南	6 895 184	-76 728	10 987 866	1 332 679	49 813
176	167	广州铁路(集团)公司	广 东	6 862 098	-373 066	29 224 840	19 367 704	157 322
189	168	上海东浩国际服务贸易(集团)有限公司	上 海	6 841 214	50 309	1 645 184	580 740	2 724
190	169	上海医药集团股份有限公司	上 海	6 807 812	205 287	5 106 903	2 463 930	38 355
149	170	北京建龙重工集团有限公司	北 京	6 769 522	10 343	7 113 509	1 220 837	53 028
177	171	浙江省能源集团有限公司	浙 江	6 714 550	420 396	12 064 973	4 386 947	15 944
167	172	中国海运(集团)总公司	上 海	6 609 661	113 007	17 581 405	5 198 188	45 570
182	173	天津渤海化工集团有限责任公司	天 津	6 600 117	26 877	10 871 206	3 290 109	41 620
140	174	南京钢铁集团有限公司	江 苏	6 581 560	-31 761	3 697 961	741 217	12 792
168	175	广东省广新控股集团有限公司	广 东	6 548 378	3 568	3 454 977	225 778	23 693
170	176	恒大地产集团有限公司	广 东	6 526 084	917 084	23 899 055	3 826 373	38 463
161	177	厦门国贸控股有限公司	福 建	6 491 259	2 014	3 644 573	199 084	14 757
175	178	中国中材集团有限公司	北 京	6 413 202	35 221	10 371 828	892 230	78 148
156	179	杭州娃哈哈集团有限公司	浙 江	6 363 451	805 914	3 543 148	2 174 135	29 855
236	180	大冶有色金属集团控股有限公司	湖 北	6 350 944	15 328	2 882 004	727 040	16 456
281	181	海南大印集团有限公司	海 南	6 321 249	58 824	996 366	355 735	2 058
201	182	山东省商业集团有限公司	山 东	6 198 435	39 799	6 348 604	330 172	200 000
183	183	北大方正集团有限公司	北 京	6 175 052	47 989	7 475 203	2 148 887	32 761
174	184	天津市一轻集团(控股)有限公司	天 津	6 166 801	91 833	3 258 226	1 016 451	32 614
279	185	广东振戎能源有限公司	广 东	6 154 902	20 768	2 657 307	48 228	247
192	186	浙江省兴合集团公司	浙 江	6 154 829	23 132	2 830 659	264 486	13 584
180	187	安徽省徽商集团有限公司	安 徽	6 143 683	15 931	1 378 673	65 083	13 197
206	188	四川省宜宾五粮液集团有限公司	四 川	6 008 905	1 009 838	6 832 822	4 444 954	50 605
199	189	新华联合冶金控股集团有限公司	北 京	6 002 209	51 129	3 842 558	678 520	14 800
203	190	湖北中烟工业有限责任公司	湖 北	5 990 385	372 589	3 776 862	1 843 705	9 830
213	191	云天化集团有限责任公司	云 南	5 987 893	-13 144	8 545 043	1 170 169	36 671
158	192	神州数码控股有限公司	北 京	5 982 432	111 297	2 303 970	634 754	12 000
210	193	广发银行股份有限公司	广 东	5 971 517	1 121 986	116 814 986	6 352 809	24 103
187	194	庞大汽贸集团股份有限公司	河 北	5 779 668	-82 493	6 288 800	882 871	39 390
276	195	南方石化集团有限公司	广 东	5 771 213	11 979	1 987 386	103 539	1 281
434	196	北京银行	北 京	5 734 791	1 167 481	111 996 893	7 161 679	8 259
220	197	山东黄金集团有限公司	山 东	5 722 701	68 023	5 216 388	487 616	21 654
191	198	内蒙古电力(集团)有限责任公司	内蒙古	5 657 556	302 736	5 960 090	2 350 188	34 245
258	199	绿城房地产集团有限公司	浙 江	5 460 000	485 112	10 770 730	2 114 216	4 670
194	200	广东省粤电集团有限公司	广 东	5 453 197	139 075	12 957 458	3 821 421	13 476
164	201	中国国际海运集装箱(集团)股份有限公司	广 东	5 433 406	193 908	6 299 238	1 951 318	58 535
	202	中国太平保险集团公司	北 京	5 419 080	101 249	20 649 553	1 264 523	38 951

续表

2012名次	2013名次	企业名称	所在地	营业收入（万元）	利润（万元）	资产（万元）	所有者权益（万元）	从业人数（人）
219	203	中国化学工程股份有限公司	北京	5 411 670	308 365	5 905 110	1 798 570	44 880
232	204	江苏三房巷集团有限公司	江苏	5 302 057	050 958	2 032 232	817 884	5 952
208	205	三胞集团有限公司	江苏	5 300 411	100 375	2 556 979	799 362	25 159
181	206	上海复星高科技(集团)有限公司	上海	5 290 593	171 226	14 928 687	2 029 330	32 126
193	207	江苏华西集团公司	江苏	5 245 529	76 998	3 581 659	895 526	20 568
222	208	浙江中烟工业有限责任公司	浙江	5 126 992	321 993	3 052 544	2 662 056	3 378
188	209	中国港中旅集团公司	北京	5 114 426	56 218	6 792 299	1 499 721	43 652
198	210	无锡产业发展集团有限公司	江苏	5 103 135	105 828	3 505 747	1 697 713	21 726
195	211	河北津西钢铁集团股份有限公司	河北	5 090 487	51 500	3 029 810	847 435	13 906
227	212	淮北矿业(集团)有限责任公司	安徽	5 076 531	117 703	7 830 167	1 317 612	92 528
178	213	包头钢铁(集团)有限责任公司	内蒙古	5 051 720	-25 903	12 317 605	1 981 346	46 832
184	214	天津百利机电控股集团有限公司	天津	5 007 000	310 798	3 862 298	1 602 112	41 505
	215	中升集团控股有限公司	辽宁	5 004 829	75 048	3 149 485	753 872	16 127
243	216	隆基泰和实业有限公司	河北	4 935 741	280 435	3 763 681	1 233 358	22 403
306	217	陕西东岭工贸集团股份有限公司	陕西	4 909 746	12 007	2 290 975	521 824	10 788
233	218	江苏西城三联控股集团	江苏	4 855 056	25 970	1 446 634	—	5 895
	219	重庆建工投资控股有限责任公司	重庆	4 845 160	42 104	5 417 970	374 598	14 462
241	220	紫金矿业集团股份有限公司	福建	4 841 472	521 121	6 735 442	2 818 159	23 073
205	221	比亚迪股份有限公司	广东	4 685 380	8 138	6 871 050	2 119 700	166 411
265	222	浙江荣盛控股集团有限公司	浙江	4 682 896	86 500	3 561 376	1 085 616	7 058
214	223	杭州汽轮动力集团有限公司	浙江	4 658 578	59 478	2 563 556	403 801	5 128
211	224	天津荣程联合钢铁集团有限公司	天津	4 601 212	21 988	1 377 809	584 767	7 452
215	225	大秦铁路股份有限公司	山西	4 596 244	1 150 293	10 038 767	7 018 840	98 182
238	226	重庆商社(集团)有限公司	重庆	4 584 330	29 515	1 898 752	227 983	101 083
337	227	山东晨鸣纸业集团股份有限公司	山东	4 579 484	22 103	4 772 542	1 375 949	15 775
197	228	日照钢铁控股集团有限公司	山东	4 534 220	6 159	5 908 439	1 242 279	12 393
230	229	河北敬业企业集团有限责任公司	河北	4 519 086	57 191	1 548 184	544 061	19 640
238	230	内蒙古伊泰集团有限公司	内蒙古	4 499 977	408 198	6 739 536	1 752 464	6 912
225	231	上海华谊(集团)公司	上海	4 492 597	52 322	5 005 182	1 508 082	26 418
231	232	浙江省国际贸易集团有限公司	浙江	4 480 406	113 867	3 115 839	655 451	16 726
216	233	江苏汇鸿国际集团有限公司	江苏	4 452 573	24 131	3 109 545	605 161	6 360
	234	中国中纺集团公司	北京	4 446 842	73 060	2 733 164	613 047	22 386
252	235	雅戈尔集团股份有限公司	浙江	4 444 227	174 281	6 201 712	1 494 770	48 201
	236	上海城建(集团)公司	上海	4 401 439	67 436	6 392 131	726 786	10 789
224	237	上海纺织(集团)有限公司	上海	4 400 602	39 942	2 371 284	676 175	15 342
272	238	广西建工集团有限责任公司	广西	4 386 972	18 282	1 810 244	199 751	180 638
244	239	四川华西集团有限公司	四川	4 342 614	36 742	3 220 418	535 759	45 039
202	240	江苏新长江实业集团有限公司	江苏	4 324 677	82 752	2 628 152	634 872	8 702
311	241	长城汽车股份有限公司	河北	4 315 997	569 245	4 256 940	2 151 424	48 699
277	242	广州医药集团有限公司	广东	4 281 513	37 358	1 996 952	316 917	16 954
204	243	中国东方电气集团有限公司	四川	4 260 728	-63 335	9 622 672	992 569	28 805

续表

2012名次	2013名次	企业名称	所在地	营业收入（万元）	利 润（万元）	资 产（万元）	所有者权益（万元）	从业人数（人）
285	244	青山控股集团有限公司	浙 江	4 244 772	57 720	1 672 000	343 733	14 200
303	245	广西投资集团有限公司	广 西	4 232 901	52 282	6 018 692	934 900	18 135
240	246	临沂新程金锣肉制品集团有限公司	山 东	4 221 685	137 668	1 465 144	1 078 557	31 129
246	247	内蒙古伊利实业集团股份有限公司	内蒙古	4 199 069	171 721	1 981 540	733 490	23 329
256	248	北京金隅集团有限责任公司	北 京	4 188 898	187 295	9 542 527	1 215 957	33 192
226	249	广西玉柴机器集团有限公司	广 西	4 157 322	95 362	3 656 134	999 448	24 886
245	250	中国工艺（集团）公司	北 京	4 153 911	19 019	1 133 878	213 500	2 379
430	251	山东东明石化集团有限公司	山 东	4 140 165	27 362	1 613 379	271 208	5 080
264	252	中天发展控股集团有限公司	浙 江	4 132 270	119 498	2 734 349	599 720	5 874
259	253	通威集团有限公司	四 川	4 127 387	51 096	1 001 873	497 435	20 395
274	254	华侨城集团公司	广 东	4 066 486	246 618	9 311 060	1 370 364	41 609
284	255	奥克斯集团有限公司	浙 江	4 052 627	99 175	2 000 676	552 858	20 423
257	256	浙江省建设投资集团有限公司	浙 江	4 035 349	33 096	2 648 226	187 259	175 022
309	257	山东招金集团有限公司	山 东	4 030 166	195 101	3 040 689	882 831	13 692
321	258	陕西建工集团总公司	陕 西	4 022 125	4 685	1 939 439	98 733	21 336
261	259	红豆集团有限公司	江 苏	4 021 249	109 068	2 043 765	709 242	18 862
242	260	黑龙江龙煤矿业控股集团有限责任公司	黑龙江	4 016 202	-62 282	7 748 314	1 537 919	254 068
	261	浪潮集团有限公司	山 东	4 010 000	1 038 504	1 053 892	510 725	12 165
255	262	北京控股集团有限公司	北 京	4 000 270	47 917	12 567 860	2 350 383	68 426
200	263	河南省漯河市双汇实业集团有限责任公司	河 南	3 982 680	299 860	1 737 800	1 175 726	64 795
267	264	浙江省商业集团有限公司	浙 江	3 896 352	23 927	5 030 993	275 333	11 901
271	265	盾安控股集团有限公司	浙 江	3 895 031	129 278	3 401 731	773 826	19 193
	266	大连西太平洋石油化工有限公司	辽 宁	3 867 522	-197 370	902 589	—	986
270	267	吉林亚泰（集团）股份有限公司	吉 林	3 862 468	39 532	4 325 048	803 935	32 680
217	268	新余钢铁集团有限公司	江 西	3 836 177	-86 685	3 534 218	706 544	27 029
262	269	新华联集团有限公司	北 京	3 822 805	150 279	3 493 026	921 562	42 026
365	270	江苏南通三建集团有限公司	江 苏	3 816 548	135 197	1 387 258	580 562	95 608
	271	浙江远东化纤集团有限公司	浙 江	3 805 550	137 830	2 322 571	741 586	3 690
302	272	江阴澄星实业集团有限公司	江 苏	3 802 090	80 823	2 072 005	681 822	4 950
278	273	四川省川威集团有限公司	四 川	3 787 014	52 981	4 047 400	1 619 842	17 987
353	274	河北省物流产业集团有限公司	河 北	3 763 379	2 177	618 148	125 974	1 791
411	275	白银有色集团股份有限公司	甘 肃	3 733 145	63 333	3 674 434	1 173 109	17 452
234	276	江西萍钢实业股份有限公司	江 西	3 722 428	-108 844	3 310 990	883 647	20 523
413	277	中太建设集团股份有限公司	河 北	3 702 729	77 265	569 338	420 479	123 089
273	278	中国恒天集团有限公司	北 京	3 687 956	-24 928	5 000 889	296 883	54 504
268	279	北京首都旅游集团有限责任公司	北 京	3 683 090	19 693	3 642 159	779 958	55 098
295	280	四川宏达（集团）有限公司	四 川	3 664 311	78 978	3 378 178	1 292 024	19 071
297	281	北京城建集团有限责任公司	北 京	3 657 829	24 777	6 302 947	502 078	26 321
	282	盛虹控股集团有限公司	江 苏	3 656 846	120 341	2 908 092	988 569	23 665
287	283	广东省丝绸纺织集团有限公司	广 东	3 643 712	7 739	1 174 497	126 476	6 264
293	284	远大物产集团有限公司	浙 江	3 632 214	6 921	440 465	56 043	586

续表

2012名次	2013名次	企业名称	所在地	营业收入（万元）	利　润（万元）	资　产（万元）	所有者权益（万元）	从业人数（人）
251	285	广东省广晟资产经营有限公司	广　东	3 630 120	69 073	7 523 791	1 355 410	38 362
301	286	唐山瑞丰钢铁(集团)有限公司	河　北	3 624 064	27 072	940 784	333 463	12 591
286	287	天津一商集团有限公司	天　津	3 620 785	23 230	933 757	190 410	4 057
247	288	江苏申特钢铁有限公司	江　苏	3 602 668	5 437	1 179 495	127 740	4 513
218	289	青岛钢铁控股集团有限责任公司	山　东	3 586 438	1 384	1 260 770	261 112	11 893
305	290	青建集团股份有限公司	山　东	3 579 230	29 254	2 317 350	206 052	12 034
299	291	广州市建筑集团有限公司	广　东	3 524 017	12 996	1 896 120	184 172	17 498
289	292	湖南省建筑工程集团总公司	湖　南	3 504 868	17 677	1 254 028	296 976	41 740
329	293	中南控股集团有限公司	江　苏	3 504 837	292 190	6 210 000	520 957	52 000
339	294	安徽省皖北煤电集团有限责任公司	安　徽	3 500 045	-11 009	4 089 091	596 942	46 169
314	295	中国煤炭科工集团有限公司	北　京	3 485 339	228 898	3 542 781	954 325	31 952
249	296	安徽江淮汽车集团有限公司	安　徽	3 483 236	28 337	2 993 411	346 497	31 578
	297	科创控股集团有限公司	四　川	3 480 242	205 061	2 989 547	2 383 452	23 820
312	298	中国盐业总公司	北　京	3 474 335	8 418	4 464 038	524 248	43 743
373	299	泸州老窖集团有限责任公司	四　川	3 452 845	195 985	7 443 625	1 530 981	21 379
	300	超威电源有限公司	浙　江	3 451 887	54 827	570 829	258 940	13 600
324	301	中国广东核电集团有限公司	广　东	3 444 915	348 681	26 301 453	4 756 099	26 020
207	302	安阳钢铁集团有限责任公司	河　南	3 430 456	-114 436	4 076 448	383 740	29 032
254	303	滨化集团公司	山　东	3 417 669	76 148	1 386 373	637 845	4 356
397	304	山东如意科技集团有限公司	山　东	3 415 704	192 319	1 639 708	781 170	23 978
283	305	义马煤业集团股份有限公司	河　南	3 397 213	-42 385	5 900 124	1 327 130	57 410
446	306	广西北部湾国际港务集团有限公司	广　西	3 387 932	115 799	4 566 405	1 202 695	10 117
318	307	中国国际技术智力合作公司	北　京	3 366 939	34 829	477 242	165 329	3 276
326	308	扬子江药业集团有限公司	江　苏	3 352 658	194 687	1 343 943	1 162 250	9 612
310	309	阳光保险集团股份有限公司	北　京	3 348 566	8 555	8 397 324	1 217 500	108 920
345	310	华盛江泉集团有限公司	山　东	3 324 840	60 153	1 662 293	735 603	25 608
	311	中国节能环保集团公司	北　京	3 319 410	41 745	8 238 262	1 116 609	39 924
307	312	山东泰山钢铁集团有限公司	山　东	3 305 846	6 395	1 230 773	147 284	9 240
294	313	江铃汽车集团公司	江　西	3 303 517	64 210	2 759 452	464 132	26 643
327	314	海澜集团有限公司	江　苏	3 301 930	205 652	2 410 643	1 339 292	27 500
300	315	郑州煤炭工业(集团)有限责任公司	河　南	3 288 675	-40 441	3 465 038	208 675	53 512
399	316	银亿集团有限公司	浙　江	3 268 189	108 436	4 387 438	438 006	8 751
253	317	厦门象屿集团有限公司	福　建	3 238 189	44 287	1 929 642	292 959	3 715
377	318	云南建工集团有限公司	云　南	3 230 626	45 205	2 993 060	801 710	17 339
292	319	江苏阳光集团有限公司	江　苏	3 208 423	165 729	2 019 378	843 234	16 520
341	320	昆明钢铁控股有限公司	云　南	3 200 160	8 820	4 653 694	1 293 250	20 759
398	321	华勤橡胶工业集团有限公司	山　东	3 192 043	90 909	1 453 724	720 513	7 300
308	322	合肥百货大楼集团股份有限公司	安　徽	3 190 000	40 890	666 444	266 109	8 396
263	323	金龙精密铜管集团股份有限公司	河　南	3 181 653	9 826	1 346 605	164 983	4 597
383	324	天音通信有限公司	广　东	3 181 065	-8 216	837 732	260 348	9 000
335	325	重庆化医控股(集团)公司	重　庆	3 143 467	58 650	4 848 229	722 021	38 990

续表

2012名次	2013名次	企业名称	所在地	营业收入（万元）	利 润（万元）	资 产（万元）	所有者权益（万元）	从业人数（人）
364	326	正泰集团股份有限公司	浙 江	3 118 073	63 675	2 392 619	624 052	21 184
288	327	宁波金田投资控股有限公司	浙 江	3 108 829	9 737	567 900	128 367	4 990
290	328	陕西汽车控股集团有限公司	陕 西	3 108 304	2 463	2 817 458	372 837	31 262
	329	江苏高力集团有限公司	江 苏	3 107 452	94 201	1 020 412	618 137	4 212
402	330	北京能源投资(集团)有限公司	北 京	3 106 623	173 116	13 707 353	3 694 156	20 083
320	331	杭州橡胶(集团)公司	浙 江	3 104 549	120 994	1 988 587	552 510	23 353
	332	双胞胎(集团)股份有限公司	江 西	3 082 715	73 324	454 206	200 256	9 600
356	333	山东太阳纸业股份有限公司	山 东	3 080 315	33 459	2 207 456	416 953	10 562
282	334	哈尔滨电气集团公司	黑龙江	3 062 317	64 425	5 981 731	891 220	28 105
228	335	奇瑞汽车股份有限公司	安 徽	3 057 174	44 472	6 500 237	1 444 060	23 325
376	336	中国贵州茅台酒厂(集团)有限责任公司	贵 州	3 044 953	939 847	5 849 832	3 148 816	18 782
	337	上海华信石油集团有限公司	上 海	3 035 817	25 262	732 131	230 170	5 005
351	338	江苏国泰国际集团有限公司	江 苏	3 028 217	14 075	1 076 478	159 309	10 500
346	339	云南煤化工集团有限公司	云 南	3 023 206	－98 665	5 361 906	717 296	40 474
435	340	山东高速集团有限公司	山 东	3 021 195	100 794	21 048 103	2 623 531	21 465
323	341	唐山港陆钢铁有限公司	河 北	3 019 207	28 478	1 684 026	720 791	9 961
333	342	华泰集团有限公司	山 东	3 017 857	70 545	2 608 847	382 430	10 050
347	343	四川德胜集团钢铁有限公司	四 川	3 014 566	16 026	2 212 510	745 642	12 494
315	344	申能(集团)有限公司	上 海	3 010 507	137 020	10 461 843	5 159 981	15 447
352	345	重庆市能源投资集团有限公司	重 庆	3 002 073	820	7 000 180	1 770 354	76 855
453	346	云南冶金集团股份有限公司	云 南	3 001 137	－32 504	6 977 826	852 035	33 028
209	347	北京建工集团有限责任公司	北 京	2 985 488	27 764	3 988 964	560 655	11 580
296	348	广东省交通集团有限公司	广 东	2 982 464	28 040	19 842 569	5 038 564	46 342
369	349	贵州中烟工业有限责任公司	贵 州	2 961 640	280 496	1 976 119	1 236 356	9 787
319	350	天狮集团有限公司	天 津	2 960 033	328 153	1 194 124	895 468	2 404
269	351	江苏扬子江船业集团公司	江 苏	2 953 677	336 284	5 311 595	1 554 958	12 757
372	352	九州通医药集团股份有限公司	湖 北	2 950 766	41 272	1 480 396	483 589	9 048
304	353	成都建筑工程集团总公司	四 川	2 934 913	20 309	7 634 284	436 012	118 023
362	354	重庆龙湖企业拓展有限公司	重 庆	2 922 453	518 403	10 105 430	2 406 640	9 288
298	355	河南神火集团有限公司	河 南	2 897 955	－32 451	4 555 351	186 082	36 466
316	356	山东金诚石化集团有限公司	山 东	2 892 519	41 607	422 077	344 199	1 700
	357	四川科伦实业集团有限公司	四 川	2 884 595	114 496	1 738 703	907 308	18 513
330	358	重庆机电控股(集团)公司	重 庆	2 857 629	104 409	2 555 330	572 889	37 463
405	359	浙江中成控股集团有限公司	浙 江	2 852 081	56 282	1 107 861	410 780	51 572
280	360	北京市政路桥集团有限公司	北 京	2 849 560	25 153	3 188 233	313 491	16 744
412	361	上海国际港务(集团)股份有限公司	上 海	2 838 102	496 927	8 710 299	4 773 587	20 781
	362	安徽中烟工业有限责任公司	安 徽	2 831 159	236 531	2 133 344	1 558 702	6 702
260	363	广东格兰仕集团有限公司	广 东	2 824 188	9 539	1 825 392	444 188	39 056
349	364	山东时风(集团)有限责任公司	山 东	2 821 730	110 148	552 224	370 391	22 315
378	365	上海人民企业(集团)有限公司	上 海	2 800 215	105 491	1 475 194	435 576	25 312
328	366	山东京博控股股份有限公司	山 东	2 800 000	46 372	1 429 112	368 629	6 210

续表

2012名次	2013名次	企业名称	所在地	营业收入（万元）	利 润（万元）	资 产（万元）	所有者权益（万元）	从业人数（人）
393	367	亚邦投资控股集团有限公司	江 苏	2 797 814	33 399	2 104 869	685 157	12 800
336	368	福建省三钢(集团)有限责任公司	福 建	2 794 238	5 320	2 180 844	641 626	18 599
343	369	人民电器集团有限公司	浙 江	2 786 551	112 673	730 870	468 276	23 200
406	370	德力西集团有限公司	浙 江	2 763 261	67 402	1 162 133	296 016	21 800
392	371	北京外企服务集团有限责任公司	北 京	2 762 236	4 873	436 758	77 018	4 929
363	372	浙江前程投资股份有限公司	浙 江	2 734 592	-41 577	875 487	82 891	850
354	373	华芳集团有限公司	江 苏	2 682 758	33 452	950 499	403 695	19 918
388	374	东北特殊钢集团有限责任公司	辽 宁	2 679 528	3 610	5 065 752	631 978	26 603
428	375	利华益集团股份有限公司	山 东	2 665 007	80 565	1 640 399	537 583	3 910
360	376	南京医药产业(集团)有限责任公司	江 苏	2 664 840	18 313	1 513 021	425 455	13 453
342	377	百兴集团有限公司	江 苏	2 656 353	59 597	767 050	512 137	4 053
390	378	天正集团有限公司	浙 江	2 650 652	80 613	364 067	151 890	9 481
432	379	亨通集团有限公司	江 苏	2 639 500	31 621	2 384 830	591 519	9 425
420	380	云南锡业集团(控股)有限责任公司	云 南	2 634 884	-27 606	4 953 609	358 259	32 767
396	381	安徽建工集团有限公司	安 徽	2 630 987	20 079	2 261 121	140 902	12 643
382	382	徐州矿务集团有限公司	江 苏	2 626 003	53 936	3 906 205	982 526	56 555
407	383	晟通科技集团有限公司	湖 南	2 625 201	49 453	1 174 138	491 971	4 863
391	384	天津市医药集团有限公司	天 津	2 614 854	159 784	3 010 108	1 448 488	18 797
424	385	福佳集团有限公司	辽 宁	2 614 520	330 573	4 768 916	2 349 076	3 506
437	386	山东胜通集团股份有限公司	山 东	2 613 978	262 391	1 112 652	446 415	6 800
370	387	西王集团有限公司	山 东	2 608 127	27 037	2 384 949	659 248	15 000
291	388	重庆钢铁(集团)有限责任公司	重 庆	2 590 857	8 649	6 912 777	1 214 666	21 615
436	389	中国长江电力股份有限公司	湖 北	2 578 192	1 035 201	15 523 285	7 487 980	7 781
387	390	青岛啤酒股份有限公司	山 东	2 578 154	175 886	2 336 111	1 246 795	40 429
	391	京东方科技集团股份有限公司	北 京	2 577 158	25 813	6 710 536	2 588 696	22 980
475	392	山东大海集团有限公司	山 东	2 563 076	135 379	861 346	266 088	6 500
422	393	老凤祥股份有限公司	上 海	2 555 340	61 131	888 501	276 149	2 509
362	394	重庆轻纺控股(集团)公司	重 庆	2 553 646	31 726	2 952 431	525 698	27 656
410	395	石家庄北国人百集团有限责任公司	河 北	2 541 553	32 076	919 316	158 551	39 498
409	396	山西省国新能源发展集团有限公司	山 西	2 528 602	12 446	1 617 207	93 832	1 890
458	397	沂州集团有限公司	山 东	2 525 247	161 588	1 064 332	811 960	5 450
455	398	山西建筑工程(集团)总公司	山 西	2 516 427	1 996	1 867 030	49 739	23 103
403	399	天津港(集团)有限公司	天 津	2 506 589	42 299	10 395 927	2 455 235	17 432
480	400	浙江昆仑控股集团有限公司	浙 江	2 501 322	74 001	1 396 127	272 954	29 366
338	401	世纪金源投资集团有限公司	北 京	2 499 346	306 424	6 506 293	2 165 962	20 194
332	402	河北普阳钢铁有限公司	河 北	2 494 506	34 288	1 496 395	707 101	9 000
	403	金东纸业(江苏)股份有限公司	江 苏	2 494 315	128 958	6 412 682	1 672 958	13 171
497	404	江苏金辉铜业集团有限公司	江 苏	2 491 864	28 652	399 525	271 731	580
431	405	传化集团有限公司	浙 江	2 489 782	32 007	1 998 452	216 766	9 029
334	406	江苏南通二建集团有限公司	江 苏	2 486 289	184 323	1 428 176	558 380	87 114
355	407	北京京城机电控股有限责任公司	北 京	2 482 267	37 182	3 761 497	748 108	25 392

续表

2012名次	2013名次	企业名称	所在地	营业收入（万元）	利 润（万元）	资 产（万元）	所有者权益（万元）	从业人数（人）
	408	山东金岭集团有限公司	山 东	2 477 773	111 279	1 037 504	486 845	4 679
449	409	甘肃省建设投资（控股）集团总公司	甘 肃	2 474 156	1 943	1 952 302	478 297	45 968
400	410	新疆特变电工集团有限公司	新 疆	2 471 128	137 870	5 463 526	1 943 636	20 188
	411	永辉超市股份有限公司	福 建	2 468 432	50 212	1 090 685	441 709	51 365
	412	浙江桐昆控股集团有限公司	浙 江	2 466 369	11 544	1 410 256	315 441	13 897
421	413	河北建工集团有限责任公司	河 北	2 464 311	6 023	648 923	50 708	8 614
395	414	四川公路桥梁建设集团有限公司	四 川	2 461 575	61 749	3 238 424	353 697	8 217
	415	辽宁日林实业集团有限公司	辽 宁	2 460 500	84 737	4 178 972	611 362	23 695
444	416	江苏双良集团有限公司	江 苏	2 456 165	19 074	2 127 438	609 872	5 063
	417	腾邦投资控股有限公司	广 东	2 451 684	5 605	416 527	114 399	5 016
358	418	东营方圆有色金属有限公司	山 东	2 449 311	73 653	1 323 749	519 773	1 076
381	419	上海华冶钢铁集团有限公司	上 海	2 441 320	36 019	581 217	444 409	1 816
	420	广西交通投资集团有限公司	广 西	2 437 808	61 160	12 804 093	4 463 185	8 347
408	421	春风实业集团有限责任公司	河 北	2 430 442	9 003	504 787	132 032	13 400
371	422	河北文丰钢铁有限公司	河 北	2 430 287	25 262	1 315 829	415 844	6 200
454	423	长春欧亚集团股份有限公司	吉 林	2 414 498	20 185	750 415	114 412	5 127
416	424	阜新矿业（集团）有限责任公司	辽 宁	2 408 487	26 490	1 590 851	312 353	46 546
471	425	杉杉控股有限公司	浙 江	2 402 587	41 918	2 365 791	365 158	13 226
386	426	广东省建筑工程集团有限公司	广 东	2 401 100	30 433	1 234 240	199 066	28 030
374	427	浙江省交通投资集团有限公司	浙 江	2 393 066	48 251	14 176 388	2 538 527	21 686
	428	天津市建工集团（控股）有限公司	天 津	2 388 182	9 080	1 039 251	206 072	8 053
490	429	河北新金钢铁有限公司	河 北	2 379 830	13 237	625 843	240 362	5 762
427	430	郑州宇通集团有限公司	河 南	2 375 456	133 790	3 115 116	557 956	15 126
	431	东营鲁方金属材料有限公司	山 东	2 370 428	157 660	783 186	372 042	1 328
366	432	西部矿业集团有限公司	青 海	2 366 597	-76 456	3 926 210	364 953	10 763
340	433	万基控股集团有限公司	河 南	2 362 615	-74 414	1 993 883	272 763	14 028
467	434	江苏华厦融创置地集团有限公司	江 苏	2 358 390	490 571	5 569 806	3 488 219	2 500
440	435	万达控股集团有限公司	山 东	2 355 301	66 435	1 713 634	323 716	11 981
417	436	江苏省苏中建设集团股份有限公司	江 苏	2 351 218	30 801	1 714 169	119 525	83 286
	437	重庆市金科投资控股（集团）有限责任公司	重 庆	2 350 000	167 120	6 500 000	1 015 361	8 100
	438	上上集团有限公司	河 南	2 344 445	324 828	2 192 620	786 762	8 318
498	439	广州轻工工贸集团有限公司	广 东	2 341 005	40 816	1 192 088	432 313	8 306
	440	海南省农垦集团有限公司	海 南	2 332 920	5 676	2 064 653	972 594	81 735
465	441	浙江八达建设集团有限公司	浙 江	2 301 756	73 287	582 999	188 646	48 569
469	442	嘉晨集团有限公司	辽 宁	2 300 616	79 669	2 686 368	1 696 689	15 600
	443	广西有色金属集团有限公司	广 西	2 296 396	-81 805	2 746 753	116 324	18 955
462	444	江苏法尔胜泓昇集团有限公司	江 苏	2 293 832	63 298	941 186	398 984	6 376
489	445	重庆农村商业银行股份有限公司	重 庆	2 284 574	536 150	43 338 234	3 148 060	14 800
485	446	波司登股份有限公司	江 苏	2 282 376	201 998	1 887 531	842 534	24 630
433	447	河北建设集团有限公司	河 北	2 281 791	18 412	1 787 870	75 229	5 354
451	448	维维集团股份有限公司	江 苏	2 281 573	137 125	1 583 609	1 023 842	21 200

续表

2012名次	2013名次	企业名称	所在地	营业收入（万元）	利 润（万元）	资 产（万元）	所有者权益（万元）	从业人数（人）
482	449	青岛港(集团)有限公司	山 东	2 278 898	270 280	3 334 327	2 509 896	14 733
	450	福建省交通运输集团有限责任公司	福 建	2 275 262	20 164	2 220 647	528 328	26 095
442	451	新疆天业(集团)有限公司	新 疆	2 266 463	15 260	2 783 266	447 034	18 936
385	452	河南豫联能源集团有限责任公司	河 南	2 263 655	-15 274	2 626 932	265 166	6 964
488	453	宁波富邦控股集团有限公司	浙 江	2 262 129	42 927	2 911 940	480 636	9 921
494	454	天瑞集团股份有限公司	河 南	2 253 827	153 481	4 980 560	2 877 034	16 598
464	455	山东科达集团有限公司	山 东	2 250 213	79 459	946 623	523 250	8 430
	456	山东玉皇化工有限公司	山 东	2 249 534	102 495	1 194 131	410 028	4 649
477	457	隆鑫控股有限公司	重 庆	2 247 099	58 574	3 289 059	621 099	11 328
426	458	同方股份有限公司	北 京	2 234 268	60 637	3 370 205	909 239	17 782
375	459	天津友发钢管集团有限公司	天 津	2 211 661	17 106	570 080	28 605	6 200
	460	中基宁波集团股份有限公司	浙 江	2 211 318	10 121	513 214	46 711	1 779
486	461	重庆力帆控股有限公司	重 庆	2 208 780	33 027	2 449 585	506 866	15 611
478	462	江西省煤炭集团公司	江 西	2 202 516	-1 609	2 359 829	856 984	65 022
384	463	安徽国贸集团控股有限公司	安 徽	2 189 295	12 237	1 896 569	179 117	5 842
	464	上海永达控股(集团)有限公司	上 海	2 189 132	49 497	1 130 244	363 671	7 460
	465	武安市明芳钢铁有限公司	河 北	2 185 658	41 807	518 483	389 828	800
419	466	山东博汇集团有限公司	山 东	2 174 250	24 952	2 696 688	397 571	13 528
429	467	黑龙江省建设集团有限公司	黑龙江	2 168 637	5 199	1 614 056	185 251	76 375
470	468	弘阳集团有限公司	江 苏	2 165 902	119 608	1 952 269	703 702	2 377
479	469	三河汇福粮油集团有限公司	河 北	2 165 013	43 680	1 230 000	257 976	3 000
463	470	远东控股集团有限公司	江 苏	2 149 747	18 675	1 827 156	277 946	9 529
438	471	苏州创元投资发展(集团)有限公司	江 苏	2 146 662	69 872	1 929 866	642 765	18 945
468	472	利群集团股份有限公司	山 东	2 139 722	46 594	1 360 820	522 156	12 643
	473	浙江龙盛控股有限公司	浙 江	2 135 037	82 921	1 957 696	801 420	8 465
499	474	武安市裕华钢铁有限公司	河 北	2 120 926	85 312	1 220 587	802 536	10 523
404	475	丰立集团有限公司	江 苏	2 120 313	14 701	2 260 432	392 214	3 150
472	476	天津市津能投资公司	天 津	2 109 287	14 732	5 367 964	1 459 681	7 147
418	477	广州万宝集团有限公司	广 东	2 102 193	7 739	1 445 662	247 498	16 033
484	478	河南豫光金铅集团有限责任公司	河 南	2 100 638	17 347	1 466 062	111 809	6 453
443	479	四川省达州钢铁集团有限责任公司	四 川	2 095 520	205	1 050 040	230 599	7 553
	480	宝胜集团有限公司	江 苏	2 093 928	23 112	1 014 728	300 601	8 982
452	481	精功集团有限公司	浙 江	2 082 663	34 318	2 626 993	411 480	13 912
379	482	天津二轻集团(控股)有限公司	天 津	2 072 844	30 061	1 268 485	514 747	15 452
461	483	浙江宝业建设集团有限公司	浙 江	2 065 314	35 181	369 040	126 087	55 670
	484	西子联合控股有限公司	浙 江	2 058 239	243 086	3 416 526	1 027 443	10 770
	485	深圳市神州通投资集团有限公司	广 东	2 055 510	2 745	1 135 346	298 590	7 955
357	486	湖南博长控股集团有限公司	湖 南	2 054 485	1 922	1 154 569	153 450	8 013
	487	北京住总集团有限责任公司	北 京	2 049 567	19 264	2 813 467	328 597	10 938
441	488	冀东发展集团有限责任公司	河 北	2 047 861	-27 691	5 476 584	379 171	26 007
	489	首都机场集团公司	北 京	2 037 969	13 975	10 769 437	3 251 364	49 723

续表

2012名次	2013名次	企业名称	所在地	营业收入（万元）	利 润（万元）	资 产（万元）	所有者权益（万元）	从业人数（人）
	490	天津住宅建设发展集团有限公司	天 津	2 031 315	71 544	3 611 162	737 431	5 015
415	491	辽宁铁法能源有限责任公司	辽 宁	2 025 902	19 731	3 330 140	650 045	45 288
483	492	澳洋集团有限公司	江 苏	2 013 570	32 298	1 213 749	266 297	11 752
	493	河北新武安钢铁集团文安钢铁有限公司	河 北	2 013 257	29 976	529 686	424 340	5 600
448	494	沈阳远大企业集团	辽 宁	2 012 542	54 421	1 769 035	695 413	16 739
	495	玲珑集团有限公司	山 东	2 011 676	70 100	1 122 091	500 719	7 383
	496	杭州锦江集团有限公司	浙 江	2 011 262	32 054	3 399 377	990 989	7 611
	497	太极集团有限公司	重 庆	2 010 754	4 387	948 594	163 297	11 585
439	498	江苏省苏豪控股集团有限公司	江 苏	2 002 171	20 113	2 245 411	562 978	7 400
	499	杭州华东医药集团有限公司	浙 江	1 987 654	9 121	1 423 279	42 602	9 992
	500	天津纺织集团（控股）有限公司	天 津	1 986 741	10 505	2 292 586	376 507	13 418
		合 计		**5 002 074 565**	**217 197 487**	**15 097 707 462**	**1 901 931 523**	**30 715 212**

说明：

1. 2013 中国企业500 强是中国企业联合会、中国企业家协会参照国际惯例，组织企业自愿申报，并经专家审定确认后产生的。申报企业包括在中国境内注册、2012 年完成营业收入达到140 亿元人民币以上（含140 亿元）的企业（不包括行政性公司和资产经营公司，不包括在华外资、港澳台独资、控股企业，也不包括行政性公司、政企合一的单位（如铁路局）以及各类资产经营公司，但包括在境外注册、投资主体为中国自然人或法人、主要业务在境内，属于我国银监会、保监会和各级国资委监管的企业，都有资格申报参加排序。属于集团公司的控股子公司或相对控股子公司，由于其财务报表最后能被合并到集团母公司的财务会计报表中去，因此只允许其母公司申报。

2. 表中所列数据由企业自愿申报或属于上市公司公开数据、并经会计师事务所或审计师事务所等单位认可。

3. 营业收入是2012 年不含增值税的收入，包括企业的所有收入，即主营业务和非主营业务、境内和境外的收入。商业银行的营业收入为2012 年利息收入和非利息营业收入之和（不减掉对应的支出）。保险公司的营业收入是2012 年保险费和年金收入扣除储蓄的资本收益或损失。净利润是2012 年上交所得税的净利润扣除少数股东权益后的归属母公司所有者的净利润。资产是2012 年度末的资产总额。归属母公司所有者权益是2012 年末所有者权益总额扣除少数股东权益后的母公司所有者权益。研究开发费用是2012 年企业投入研究开发的所有费用。从业人数是2012 年度的平均人数（含所有被合并报表企业的人数）。

4. 行业分类参照了国家统计局的分类方法，依据其主营业务收入所在行业来划分；地区分类是按企业总部所在地划分。

2013 中国制造业前 100 名企业

名 次	企业名称	所在地	营业收入（万元）	利 润（万元）	资 产（万元）	所有者权益（万元）	从业人数（人）
1	中国石油化工集团公司	北 京	283 060 946	5 186 929	195 682 732	63 651 797	1 015 039
2	上海汽车集团股份有限公司	上 海	48 097 967	2 075 176	31 720 300	12 233 737	105 953
3	中国第一汽车集团公司	吉 林	40 938 423	1 654 538	24 355 661	9 719 811	85 552
4	东风汽车公司	湖 北	38 942 093	841 386	22 836 523	4 585 229	176 580
5	中国兵器工业集团公司	北 京	36 611 379	425 976	28 454 210	6 954 347	260 021
6	中国五矿集团公司	北 京	32 686 526	444 241	24 715 804	3 572 728	116 230
7	中国兵器装备集团公司	北 京	30 264 029	137 558	27 872 848	3 766 804	237 021
8	中国航空工业集团公司	北 京	30 060 591	644 589	56 870 826	13 125 913	486 084
9	宝钢集团有限公司	上 海	28 822 553	579 683	49 843 762	22 865 014	142 031
10	河北钢铁集团有限公司	河 北	24 782 802	-115 039	31 682 540	5 309 691	132 186
11	中国铝业公司	北 京	24 493 959	-496 114	42 841 462	2 038 117	174 999
12	联想控股有限公司	北 京	22 664 582	173 057	18 720 327	1 778 041	39 553
13	华为技术有限公司	广 东	22 019 800	1 536 500	21 000 600	7 504 800	150 000
14	江苏沙钢集团有限公司	江 苏	21 803 592	59 604	16 442 777	3 382 851	41 145
15	中国建筑材料集团有限公司	北 京	21 743 206	297 342	30 061 717	1 880 891	166 397
16	首钢总公司	北 京	21 659 589	83 696	38 443 279	8 549 702	117 607
17	武汉钢铁(集团)公司	湖 北	21 377 324	20 439	22 303 793	4 780 398	112 330
18	北京汽车集团有限公司	北 京	21 056 943	677 854	17 026 515	2 970 833	81 409
19	中国化工集团公司	北 京	20 169 454	-117 821	26 742 048	1 976 119	127 107
20	正威国际集团有限公司	广 东	18 668 119	359 116	8 668 812	4 640 543	15 109
21	山东魏桥创业集团有限公司	山 东	18 651 498	677 862	9 886 256	4 809 094	135 935
22	中国电子信息产业集团有限公司	北 京	18 303 462	149 032	16 090 885	1 778 751	129 948
23	新兴际华集团有限公司	北 京	18 031 285	191 534	7 707 850	2 001 237	75 166
24	江西铜业集团公司	江 西	17 590 039	176 999	9 829 512	2 003 194	28 545
25	中国船舶重工集团公司	北 京	17 510 186	647 464	38 934 668	7 960 849	161 000
26	海尔集团公司	山 东	16 309 769	749 180	14 909 397	3 331 332	74 693
27	浙江吉利控股集团有限公司	浙 江	15 489 452	33 064	11 326 194	1 170 918	40 500
28	中国有色矿业集团有限公司	北 京	15 234 511	52 494	10 473 859	926 163	53 811
29	广州汽车工业集团有限公司	广 东	15 233 628	41 654	11 253 314	1 789 513	50 462
30	金川集团股份有限公司	甘 肃	15 118 660	100 510	10 863 205	4 087 466	34 559
31	鞍钢集团公司	辽 宁	14 882 509	-1 004 759	26 971 572	7 223 668	199 018
32	天津中环电子信息集团有限公司	天 津	14 553 832	528 435	6 519 252	2 624 555	65 421
33	太原钢铁(集团)有限公司	山 西	14 056 682	30 307	11 968 404	2 876 032	38 654
34	光明食品(集团)有限公司	上 海	13 937 176	167 897	22 560 392	2 682 322	115 486
35	山东钢铁集团有限公司	山 东	11 668 222	-476 421	17 196 500	1 748 492	91 738
36	天津天钢集团有限公司	天 津	10 860 029	26 550	7 257 517	1 707 369	16 491

续表

名次	企业名称	地区	营业收入（万元）	利润（万元）	资产（万元）	所有者权益（万元）	从业人数
37	华晨汽车集团控股有限公司	辽宁	10 674 739	70 368	7 408 071	435 702	43 750
38	铜陵有色金属集团控股有限公司	安徽	10 653 077	96 397	6 633 135	964 864	29 745
39	雨润控股集团有限公司	江苏	10 616 987	263 237	8 313 215	1 919 194	120 000
40	天津钢管集团股份有限公司	天津	10 515 233	45 970	7 567 766	1 780 235	13 457
41	美的集团有限公司	广东	10 271 302	325 929	8 773 653	1 431 353	99 539
42	酒泉钢铁(集团)有限责任公司	甘肃	10 227 951	23 261	11 121 375	1 906 899	36 140
43	上海烟草集团有限责任公司	上海	10 172 803	1 629 058	11 456 342	10 113 781	17 154
44	徐州工程机械集团有限公司	江苏	10 117 841	143 733	7 494 547	1 265 113	27 790
45	中国黄金集团公司	北京	10 052 265	137 663	6 523 134	1 210 264	46 723
46	本钢集团有限公司	辽宁	10 042 717	18 050	12 339 874	2 489 535	83 426
47	珠海格力电器股份有限公司	广东	10 011 010	743 132	10 756 689	2 674 313	82 000
48	万向集团公司	浙江	9 587 435	135 709	6 199 277	1 484 318	20 915
49	天津冶金集团有限公司	天津	9 506 101	22 569	9 608 542	1 275 068	16 293
50	上海电气(集团)总公司	上海	9 355 450	85 384	15 777 058	1 843 595	64 504
51	中国南车集团公司	北京	9 264 023	205 969	11 118 293	1 754 932	91 452
52	中国北方机车车辆工业集团公司	北京	9 229 456	223 698	11 372 181	2 433 740	84 647
53	杭州钢铁集团公司	浙江	9 150 977	52 937	4 085 162	1 209 734	14 264
54	红塔烟草(集团)有限责任公司	云南	9 094 348	522 004	10 146 772	6 800 656	24 743
55	中联重科股份有限公司	湖南	9 025 181	885 814	8 897 446	4 118 896	31 707
56	江苏悦达集团有限公司	江苏	8 834 700	45 705	5 046 426	722 435	29 103
57	恒力集团有限公司	江苏	8 528 616	271 961	5 259 351	1 919 240	42 120
58	陕西有色金属控股集团有限责任公司	陕西	8 478 156	44 600	9 904 280	2 785 911	42 106
59	中兴通讯股份有限公司	广东	8 421 936	-284 096	10 744 631	2 150 247	78 402
60	湖南中烟工业有限责任公司	湖南	8 336 170	834 447	6 592 336	4 920 198	15 886
61	三一集团有限公司	湖南	8 236 876	640 647	10 588 898	3 339 677	50 000
62	马钢(集团)控股有限公司	安徽	8 184 660	-174 818	8 849 156	1 674 973	51 129
63	天津天铁冶金集团有限公司	天津	8 183 222	793	9 630 205	1 160 098	26 558
64	海信集团有限公司	山东	8 105 139	435 419	7 362 697	2 445 574	47 669
65	潍柴控股集团有限公司	山东	8 068 291	10 087	8 399 409	412 899	50 159
66	新希望集团有限公司	四川	8 063 941	189 936	4 952 200	1 282 279	88 503
67	四川长虹电子集团有限公司	四川	8 031 205	16 321	6 313 691	349 366	71 916
68	海亮集团有限公司	浙江	7 852 780	213 517	4 133 900	827 206	12 358
69	山东大王集团有限公司	山东	7 596 998	322 327	5 579 128	1 747 713	26 487
70	红云红河烟草(集团)有限责任公司	云南	7 477 746	781 807	7 165 214	5 108 571	13 588
71	南山集团有限公司	山东	7 084 631	672 538	8 037 211	3 655 329	46 213
72	湖北宜化集团有限责任公司	湖北	7 050 219	92 684	5 443 780	752 631	41 622
73	浙江恒逸集团有限公司	浙江	7 032 005	14 565	2 870 908	596 779	7 887
74	中天钢铁集团有限公司	江苏	7 019 947	22 564	4 406 677	1 179 568	15 417
75	TCL 集团股份有限公司	广东	6 944 835	79 609	7 974 479	1 174 630	68 935

续表

名次	企业名称	地区	营业收入（万元）	利润（万元）	资产（万元）	所有者权益（万元）	从业人数
76	安徽海螺集团有限责任公司	安徽	6 902 433	664 388	9 869 189	1 732 888	48 013
77	湖南华菱钢铁集团有限责任公司	湖南	6 895 184	-76 728	10 987 866	1 332 679	49 813
78	上海医药集团股份有限公司	上海	6 807 812	205 287	5 106 903	2 463 930	38 355
79	北京建龙重工集团有限公司	北京	6 769 522	10 343	7 113 509	1 220 837	53 028
80	天津渤海化工集团有限责任公司	天津	6 600 117	26 877	10 871 206	3 290 109	41 620
81	南京钢铁集团有限公司	江苏	6 581 560	-31 761	3 697 961	741 217	12 792
82	中国中材集团有限公司	北京	6 413 202	35 221	10 371 828	892 230	78 148
83	杭州娃哈哈集团有限公司	浙江	6 363 451	805 914	3 543 148	2 174 135	29 855
84	大冶有色金属集团控股有限公司	湖北	6 350 944	15 328	2 882 004	727 040	16 456
85	北大方正集团有限公司	北京	6 175 052	47 989	7 475 203	2 148 887	32 761
86	天津市一轻集团(控股)有限公司	天津	6 166 801	91 833	3 258 226	1 016 451	32 614
87	四川省宜宾五粮液集团有限公司	四川	6 008 905	1 009 838	6 832 822	4 444 954	50 605
88	新华联合冶金控股集团有限公司	北京	6 002 209	51 129	3 842 558	678 520	14 800
89	湖北中烟工业有限责任公司	湖北	5 990 385	372 589	3 776 862	1 843 705	9 830
90	云天化集团有限责任公司	云南	5 987 893	-13 144	8 545 043	1 170 169	36 671
91	山东黄金集团有限公司	山东	5 722 701	68 023	5 216 388	487 616	21 654
92	中国国际海运集装箱(集团)股份有限公司	广东	5 433 406	193 908	6 299 238	1 951 318	58 535
93	江苏三房巷集团有限公司	江苏	5 302 057	50 958	2 032 232	817 884	5 952
94	上海复星高科技(集团)有限公司	上海	5 290 593	171 226	14 928 687	2 029 330	32 126
95	江苏华西集团公司	江苏	5 245 529	76 998	3 581 659	895 526	20 568
96	浙江中烟工业有限责任公司	浙江	5 126 992	321 993	3 052 544	2 662 056	3 378
97	无锡产业发展集团有限公司	江苏	5 103 135	105 828	3 505 747	1 697 713	21 726
98	河北津西钢铁集团股份有限公司	河北	5 090 487	51 500	3 029 810	847 435	13 906
99	包头钢铁(集团)有限责任公司	内蒙古	5 051 720	-25 903	12 317 605	1 981 346	46 832
100	天津百利机电控股集团有限公司	天津	5 007 000	310 798	3 862 298	1 602 112	41 505

资料来源：中国企业联合会、中国企业家协会。

2013 中国服务业前 100 名企业

名 次	企业名称	地 区	营业收入（万元）	利 润（万元）	资 产（万元）	所有者权益（万元）	从业人数
1	国家电网公司	北 京	188 299 929	7 771 693	233 353 201	97 393 821	851 667
2	中国工商银行股份有限公司	北 京	85 037 300	23 853 200	1 754 221 700	112 499 700	427 356
3	中国建设银行股份有限公司	北 京	71 349 600	19 317 900	1 397 828 800	94 173 200	348 955
4	中国农业银行股份有限公司	北 京	64 987 700	14 509 400	1 324 434 200	74 981 500	461 100
5	中国银行股份有限公司	北 京	62 093 000	13 943 200	1 268 061 500	82 467 700	302 016
6	中国移动通信集团公司	北 京	61 120 870	7 476 860	127 596 125	74 048 709	222 431
7	中国人寿保险(集团) 公司	北 京	46 481 380	-1 100 520	230 657 412	5 561 278	141 932
8	中国中化集团公司	北 京	45 315 860	513 151	28 662 384	6 432 996	47 718
9	中国南方电网有限责任公司	广 东	42 074 110	643 793	55 457 370	18 720 938	300 863
10	中国中信集团有限公司	北 京	34 975 605	3 015 507	356 569 323	23 546 107	163 468
11	中国平安保险(集团) 股份有限公司	广 东	33 991 930	2 005 000	284 426 600	15 961 700	190 284
12	中国电信集团公司	北 京	33 678 139	672 909	66 570 094	35 503 675	488 113
13	中国华润总公司	广 东	33 091 087	1 234 639	73 052 141	10 255 952	457 310
14	中国邮政集团公司	北 京	32 135 051	2 578 663	506 089 752	16 917 555	901 722
15	交通银行股份有限公司	上 海	27 105 105	5 837 327	527 337 942	37 991 806	97 971
16	中国人民保险集团股份有限公司	北 京	25 734 900	683 200	68 865 000	6 537 400	493 932
17	中国联合网络通信集团有限公司	北 京	25 708 246	305 039	57 607 156	16 056 458	292 651
18	中国航空油料集团公司	北 京	24 254 867	79 991	4 023 555	905 051	10 068
19	中国铁路物资股份有限公司	北 京	23 452 968	54 457	7 328 232	796 092	11 051
20	苏宁控股集团	江 苏	23 272 272	267 612	7 616 150	2 845 913	180 000
21	中国机械工业集团有限公司	北 京	21 421 459	451 546	19 521 177	3 525 955	101 642
22	天津物产集团有限公司	天 津	20 732 047	72 090	8 914 869	775 679	6 622
23	中粮集团有限公司	北 京	20 032 924	368 779	26 678 406	5 646 281	106 642
24	绿地控股集团有限公司	上 海	20 024 837	755 508	24 181 502	2 693 844	4 800
25	浙江省物产集团公司	浙 江	19 683 252	29 130	5 913 544	518 235	18 380
26	山西煤炭运销集团有限公司	山 西	18 500 453	6 045	13 599 147	2 740 253	110 691
27	中国远洋运输(集团) 总公司	北 京	18 130 387	-239 638	34 967 345	10 506 258	74 909
28	中国民生银行股份有限公司	北 京	17 931 300	3 756 300	321 200 100	16 300 700	49 227
29	招商银行股份有限公司	广 东	17 582 800	4 527 300	340 821 900	20 043 400	59 340
30	兴业银行股份有限公司	福 建	17 188 300	3 471 800	325 097 500	16 957 700	42 199
31	中国太平洋保险(集团) 股份有限公司	上 海	17 145 100	507 700	68 150 200	9 617 700	85 137
32	中国医药集团总公司	北 京	16 523 701	216 583	12 612 292	2 360 482	68 192
33	上海浦东发展银行股份有限公司	上 海	16 040 800	3 418 600	314 570 700	17 749 700	35 033
34	百联集团有限公司	上 海	15 900 914	59 106	7 678 276	1 248 473	85 366
35	大连万达集团股份有限公司	辽 宁	14 168 000	598 567	29 310 500	1 422 722	78 530
36	中国通用技术(集团) 控股有限责任公司	北 京	14 150 928	252 630	10 662 864	2 781 087	42 987

续表

名　次	企业名称	地　区	营业收入（万元）	利　润（万元）	资　产（万元）	所有者权益（万元）	从业人数
37	中国农业发展银行	北　京	13 595 459	1 429 186	229 307 889	4 979 606	52 033
38	大连大商集团有限公司	辽　宁	13 101 279	167 073	2 133 726	479 907	227 952
39	国美电器有限公司	北　京	11 747 974	49 000	5 087 900	1 876 000	59 082
40	新华人寿保险股份有限公司	北　京	11 692 100	293 300	49 369 300	3 587 000	57 381
41	中国光大银行股份有限公司	北　京	11 413 900	2 359 100	227 929 500	11 417 800	31 968
42	山西煤炭进出口集团有限公司	山　西	11 016 635	51 345	7 179 581	1 304 451	16 997
43	海航集团有限公司	海　南	10 796 622	82 796	35 690 189	1 766 389	104 205
44	中国外运长航集团有限公司	北　京	10 667 813	31 461	12 293 347	3 692 334	72 118
45	中国南方航空集团公司	广　东	10 251 029	114 333	14 936 901	1 567 461	68 833
46	中国航空集团公司	北　京	10 206 540	242 013	19 656 548	3 255 149	70 264
47	中国保利集团公司	北　京	9 829 698	557 805	38 285 818	3 293 086	37 731
48	厦门建发集团有限公司	福　建	9 413 337	165 359	7 623 098	987 941	15 470
49	中国东方航空集团公司	上　海	8 962 612	206 813	13 134 503	1 406 521	51 259
50	国家开发投资公司	北　京	8 465 287	428 821	31 152 031	5 055 747	86 551
51	新疆广汇实业投资(集团)有限责任公司	新　疆	8 271 091	285 346	9 559 327	1 649 603	64 875
52	华夏银行股份有限公司	北　京	7 822 585	1 279 628	148 886 006	7 469 420	22 991
53	泰康人寿保险股份有限公司	北　京	7 541 245	194 796	41 418 785	2 074 292	47 235
54	中国诚通控股集团有限公司	北　京	7 486 861	46 121	7 201 074	1 139 127	30 702
55	珠海振戎公司	北　京	7 476 714	16 819	662 544	168 196	128
56	武汉商联(集团)股份有限公司	湖　北	7 150 319	13 195	2 278 965	206 406	62 250
57	广州铁路(集团)公司	广　东	6 862 098	-373 066	29 224 840	19 367 704	157 322
58	上海东浩国际服务贸易(集团)有限公司	上　海	6 841 214	50 309	1 645 184	580 740	2 724
59	浙江省能源集团有限公司	浙　江	6 714 550	420 396	12 064 973	4 386 947	15 944
60	中国海运(集团)总公司	上　海	6 609 661	113 007	17 581 405	5 198 188	45 570
61	广东省广新控股集团有限公司	广　东	6 548 378	3 568	3 454 977	225 778	23 693
62	恒大地产集团有限公司	广　东	6 526 084	917 084	23 899 055	3 826 373	38 463
63	厦门国贸控股有限公司	福　建	6 491 259	2 014	3 644 573	199 084	14 757
64	海南大印集团有限公司	海　南	6 321 249	58 824	996 366	355 735	2 058
65	山东省商业集团有限公司	山　东	6 198 435	39 799	6 348 604	330 172	200 000
66	广东振戎能源有限公司	广　东	6 154 902	20 768	2 657 307	48 228	247
67	浙江省兴合集团公司	浙　江	6 154 829	23 132	2 830 659	264 486	13 584
68	安徽省徽商集团有限公司	安　徽	6 143 683	15 931	1 378 673	65 083	13 197
69	神州数码控股有限公司	北　京	5 982 432	111 297	2 303 970	634 754	12 000
70	广发银行股份有限公司	广　东	5 971 517	1 121 986	116 814 986	6 352 809	24 103
71	庞大汽贸集团股份有限公司	河　北	5 779 668	-82 493	6 288 800	882 871	39 390
72	南方石化集团有限公司	广　东	5 771 213	11 979	1 987 386	103 539	1 281
73	北京银行	北　京	5 734 791	1 167 481	111 996 893	7 161 679	8 259
74	绿城房地产集团有限公司	浙　江	5 460 000	485 112	10 770 730	2 114 216	4 670
75	中国太平保险集团公司	北　京	5 419 080	101 249	20 649 553	1 264 523	38 951

续表

名 次	企业名称	地 区	营业收入（万元）	利 润（万元）	资 产（万元）	所有者权益（万元）	从业人数
76	三胞集团有限公司	江 苏	5 300 411	100 375	2 556 979	799 362	25 159
77	中国港中旅集团公司	北 京	5 114 426	56 218	6 792 299	1 499 721	43 652
78	中升集团控股有限公司	辽 宁	5 004 829	75 048	3 149 485	753 872	16 127
79	隆基泰和实业有限公司	河 北	4 935 741	280 435	3 763 681	1 233 358	22 403
80	大秦铁路股份有限公司	山 西	4 596 244	1 150 293	10 038 767	7 018 840	98 182
81	重庆商社(集团) 有限公司	重 庆	4 584 330	29 515	1 898 752	227 983	101 083
82	浙江省国际贸易集团有限公司	浙 江	4 480 406	113 867	3 115 839	655 451	16 726
83	江苏汇鸿国际集团有限公司	江 苏	4 452 573	24 131	3 109 545	605 161	6 360
84	中国中纺集团公司	北 京	4 446 842	73 060	2 733 164	613 047	22 386
85	中国工艺(集团) 公司	北 京	4 153 911	19 019	1 133 878	213 500	2 379
86	华侨城集团公司	广 东	4 066 486	246 618	9 311 060	1 370 364	41 609
87	浪潮集团有限公司	山 东	4 010 000	1 038 504	1 053 892	510 725	12 165
88	北京控股集团有限公司	北 京	4 000 270	47 917	12 567 860	2 350 383	68 426
89	浙江省商业集团有限公司	浙 江	3 896 352	23 927	5 030 993	275 333	11 901
90	河北省物流产业集团有限公司	河 北	3 763 379	2 177	618 148	125 974	1 791
91	北京首都旅游集团有限责任公司	北 京	3 683 090	19 693	3 642 159	779 958	55 098
92	广东省丝绸纺织集团有限公司	广 东	3 643 712	7 739	1 174 497	126 476	6 264
93	远大物产集团有限公司	浙 江	3 632 214	6 921	440 465	56 043	586
94	广东省广晟资产经营有限公司	广 东	3 630 120	69 073	7 523 791	1 355 410	38 362
95	天津一商集团有限公司	天 津	3 620 785	23 230	933 757	190 410	4 057
96	中国煤炭科工集团有限公司	北 京	3 485 339	228 898	3 542 781	954 325	31 952
97	广西北部湾国际港务集团有限公司	广 西	3 387 932	115 799	4 566 405	1 202 695	10 117
98	中国国际技术智力合作公司	北 京	3 366 939	34 829	477 242	165 329	3 276
99	阳光保险集团股份有限公司	北 京	3 348 566	8 555	8 397 324	1 217 500	108 920
100	中国节能环保集团公司	北 京	3 319 410	41 745	8 238 262	1 116 609	39 924

资料来源：中国企业联合会、中国企业家协会。

2013 中国企业按净利润排序前 100 名企业

名次	企业名称	500 强排序	净利润（万元）	名次	企业名称	500 强排序	净利润（万元）
1	中国工商银行股份有限公司	4	23 853 200	51	南山集团有限公司	160	672 538
2	中国建设银行股份有限公司	5	19 317 900	52	安徽海螺集团有限责任公司	165	664 388
3	中国农业银行股份有限公司	6	14 509 400	53	中国船舶重工集团公司	74	647 464
4	中国银行股份有限公司	7	13 943 200	54	中国航空工业集团公司	28	644 589
5	中国石油天然气集团公司	2	11 480 285	55	中国南方电网有限责任公司	16	643 793
6	国家电网公司	3	7 771 693	56	三一集团有限公司	143	640 647
7	中国移动通信集团公司	8	7 476 860	57	大连万达集团股份有限公司	91	598 567
8	交通银行股份有限公司	32	5 837 327	58	山东能源集团有限公司	57	597 919
9	中国石油化工集团公司	1	5 186 929	59	宝钢集团有限公司	30	579 683
10	中国海洋石油总公司	10	4 880 326	60	长城汽车股份有限公司	241	569 245
11	招商银行股份有限公司	72	4 527 300	61	中国保利集团公司	124	557 805
12	神华集团有限责任公司	21	3 880 780	62	重庆农村商业银行股份有限公司	445	536 150
13	中国民生银行股份有限公司	70	3 756 300	63	中国中煤能源集团有限公司	105	535 641
14	兴业银行股份有限公司	75	3 471 800	64	天津中环电子信息集团有限公司	90	528 435
15	上海浦东发展银行股份有限公司	83	3 418 600	65	红塔烟草（集团）有限责任公司	132	522 004
16	中国中信集团有限公司	20	3 015 507	66	紫金矿业集团股份有限公司	220	521 121
17	中国邮政集团公司	26	2 578 663	67	重庆龙湖企业拓展有限公司	354	518 403
18	中国光大银行股份有限公司	103	2 359 100	68	中国铁道建筑总公司	11	514 297
19	上海汽车集团股份有限公司	13	2 075 176	69	中国中化集团公司	15	513 151
20	中国平安保险（集团）股份有限公司	22	2 005 000	70	中国太平洋保险（集团）股份有限公司	76	507 700
21	中国第一汽车集团公司	17	1 654 538	71	上海国际港务（集团）股份有限公司	361	496 927
22	上海烟草集团有限责任公司	118	1 629 058	72	江苏华厦融创置地集团有限公司	434	490 571
23	陕西延长石油（集团）有限责任公司	82	1 541 824	73	绿城房地产集团有限公司	199	485 112
24	华为技术有限公司	44	1 536 500	74	中国机械工业集团有限公司	48	451 546
25	中国农业发展银行	96	1 429 186	75	中国五矿集团公司	25	444 241
26	华夏银行股份有限公司	152	1 279 628	76	海信集团有限公司	146	435 419
27	中国华润总公司	24	1 234 639	77	中国电力建设集团有限公司	52	431 887
28	北京银行	196	1 167 481	78	国家开发投资公司	139	428 821
29	大秦铁路股份有限公司	225	1 150 293	79	中国兵器工业集团公司	19	425 976
30	广发银行股份有限公司	193	1 121 986	80	浙江省能源集团有限公司	171	420 396
31	浪潮集团有限公司	261	1 038 504	81	内蒙古伊泰集团有限公司	230	408 198
32	中国长江电力股份有限公司	389	1 035 201	82	湖北中烟工业有限责任公司	190	372 589
33	四川省宜宾五粮液集团有限公司	188	1 009 838	83	中粮集团有限公司	54	368 779
34	中国贵州茅台酒厂（集团）有限责任公司	336	939 847	84	正威国际集团有限公司	59	359 116
35	恒大地产集团有限公司	176	917 084	85	中国广东核电集团有限公司	301	348 681
36	中联重科股份有限公司	133	885 814	86	江苏扬子江船业集团公司	351	336 284
37	东风汽车公司	18	841 386	87	福佳集团有限公司	385	330 573
38	湖南中烟工业有限责任公司	141	834 447	88	天狮集团有限公司	350	328 153
39	中国建筑工程总公司	9	814 825	89	美的集团有限公司	114	325 929
40	杭州娃哈哈集团有限公司	179	805 914	90	上上集团有限公司	438	324 828
41	红云红河烟草（集团）有限责任公司	156	781 807	91	山东大王集团有限公司	153	322 327
42	中国交通建设集团有限公司	29	777 615	92	浙江中烟工业有限责任公司	208	321 993
43	绿地控股集团有限公司	55	755 508	93	天津百利机电控股集团有限公司	214	310 798
44	海尔集团公司	81	749 180	94	中国化学工程股份有限公司	203	308 365
45	珠海格力电器股份有限公司	123	743 132	95	世纪金源投资集团有限公司	401	306 424
46	中国中铁股份有限公司	12	735 474	96	中国联合网络通信集团有限公司	34	305 039
47	中国人民保险集团股份有限公司	33	683 200	97	中国华电集团公司	61	303 753
48	山东魏桥创业集团有限公司	60	677 862	98	内蒙古电力（集团）有限责任公司	198	302 736
49	北京汽车集团有限公司	50	677 854	99	河南省漯河市双汇实业集团有限责任公司	263	299 860
50	中国电信集团公司	23	672 909	100	中国建筑材料集团有限公司	46	297 342
中国企业 500 强平均数							434 664

资料来源：中国企业联合会、中国企业家协会。

2013 中国企业按收入利润率排序前 100 名企业

名次	企业名称	500 强排序	收入利润率(%)	名次	企业名称	500 强排序	收入利润率(%)
1	中国长江电力股份有限公司	389	40.15	51	中国中信集团有限公司	20	8.62
2	中国贵州茅台酒厂(集团)有限责任公司	336	30.87	52	安徽中烟工业有限责任公司	362	8.35
3	中国工商银行股份有限公司	4	28.05	53	中南控股集团有限公司	293	8.34
4	中国建设银行股份有限公司	5	27.07	54	中国邮政集团公司	26	8.02
5	浪潮集团有限公司	261	25.90	55	三一集团有限公司	143	7.78
6	招商银行股份有限公司	72	25.75	56	河南省漯河市双汇实业集团有限责任公司	263	7.53
7	大秦铁路股份有限公司	225	25.03	57	珠海格力电器股份有限公司	123	7.42
8	重庆农村商业银行股份有限公司	445	23.47	58	江苏南通二建集团有限公司	406	7.41
9	中国银行股份有限公司	7	22.46	59	重庆市金科投资控股(集团)有限责任公司	437	7.11
10	中国农业银行股份有限公司	6	22.33	60	华为技术有限公司	44	6.98
11	交通银行股份有限公司	32	21.54	61	青岛啤酒股份有限公司	390	6.82
12	上海浦东发展银行股份有限公司	83	21.31	62	天瑞集团股份有限公司	454	6.81
13	中国民生银行股份有限公司	70	20.95	63	东营鲁方金属材料有限公司	431	6.65
14	江苏华厦融创置地集团有限公司	434	20.80	64	中国煤炭科工集团有限公司	295	6.57
15	中国光大银行股份有限公司	103	20.67	65	沂州集团有限公司	397	6.40
16	北京银行	196	20.36	66	浙江中烟工业有限责任公司	208	6.28
17	兴业银行股份有限公司	75	20.20	67	浙江省能源集团有限公司	171	6.26
18	广发银行股份有限公司	193	18.79	68	海澜集团有限公司	314	6.23
19	重庆龙湖企业拓展有限公司	354	17.74	69	湖北中烟工业有限责任公司	190	6.22
20	上海国际港务(集团)股份有限公司	361	17.51	70	天津百利机电控股集团有限公司	214	6.21
21	四川省宜宾五粮液集团有限公司	188	16.81	71	天津市医药集团有限公司	384	6.11
22	华夏银行股份有限公司	152	16.36	72	华侨城集团公司	254	6.06
23	上海烟草集团有限责任公司	118	16.01	73	维维集团股份有限公司	448	6.01
24	恒大地产集团有限公司	176	14.05	74	中国平安保险(集团)股份有限公司	22	5.90
25	上上集团有限公司	438	13.86	75	科创控股集团有限公司	297	5.89
26	长城汽车股份有限公司	241	13.19	76	扬子江药业集团有限公司	308	5.81
27	杭州娃哈哈集团有限公司	179	12.66	77	红塔烟草(集团)有限责任公司	132	5.74
28	福佳集团有限公司	385	12.64	78	中国化学工程股份有限公司	203	5.70
29	世纪金源投资集团有限公司	401	12.26	79	泸州老窖集团有限责任公司	299	5.68
30	中国移动通信集团公司	8	12.23	80	隆基泰和实业有限公司	216	5.68
31	青岛港(集团)有限公司	449	11.86	81	中国保利集团公司	124	5.67
32	西子联合控股有限公司	484	11.81	82	郑州宇通集团有限公司	430	5.63
33	江苏扬子江船业集团公司	351	11.39	83	山东如意科技集团有限公司	304	5.63
34	神华集团有限责任公司	21	11.28	84	新疆特变电工集团有限公司	410	5.58
35	天狮集团有限公司	350	11.09	85	北京能源投资(集团)有限公司	330	5.57
36	紫金矿业集团股份有限公司	220	10.76	86	弘阳集团有限公司	468	5.52
37	中国农业发展银行	96	10.51	87	海信集团有限公司	146	5.37
38	红云红河烟草(集团)有限责任公司	156	10.46	88	内蒙古电力(集团)有限责任公司	198	5.35
39	中国广东核电集团有限公司	301	10.12	89	山东大海集团有限公司	392	5.28
40	山东胜通集团股份有限公司	386	10.04	90	金东纸业(江苏)股份有限公司	403	5.17
41	湖南中烟工业有限责任公司	141	10.01	91	江苏阳光集团有限公司	319	5.17
42	中联重科股份有限公司	133	9.81	92	国家开发投资公司	139	5.07
43	安徽海螺集团有限责任公司	165	9.63	93	山东招金集团有限公司	257	4.84
44	陕西延长石油(集团)有限责任公司	82	9.51	94	中国中煤能源集团有限公司	105	4.82
45	南山集团有限公司	160	9.49	95	海尔集团公司	81	4.59
46	贵州中烟工业有限责任公司	349	9.47	96	山东玉皇化工有限公司	456	4.56
47	中国海洋石油总公司	10	9.27	97	申能(集团)有限公司	344	4.55
48	内蒙古伊泰集团有限公司	230	9.07	98	山东金岭集团有限公司	408	4.49
49	绿城房地产集团有限公司	199	8.88	99	北京金隅集团有限责任公司	248	4.47
50	波司登股份有限公司	446	8.85	100	上海汽车集团股份有限公司	13	4.31
中国企业500强平均数							4.34

资料来源:中国企业联合会、中国企业家协会。

2013 中国企业按资产排序前 100 名企业

名次	企业名称	500强排序	资产(万元)	名次	企业名称	500强排序	资产(万元)
1	中国工商银行股份有限公司	4	1 754 221 700	51	中国冶金科工集团有限公司	40	33 651 254
2	中国建设银行股份有限公司	5	1 397 828 800	52	上海汽车集团股份有限公司	13	31 720 300
3	中国农业银行股份有限公司	6	1 324 434 200	53	河北钢铁集团有限公司	35	31 682 540
4	中国银行股份有限公司	7	1 268 061 500	54	国家开发投资公司	139	31 152 031
5	交通银行股份有限公司	32	527 337 942	55	陕西煤业化工集团有限责任公司	99	30 221 861
6	中国邮政集团公司	26	506 089 752	56	中国建筑材料集团有限公司	46	30 061 717
7	中国中信集团有限公司	20	356 569 323	57	大连万达集团股份有限公司	91	29 310 500
8	中国石油天然气集团公司	2	340 942 037	58	广州铁路(集团)公司	167	29 224 840
9	招商银行股份有限公司	72	340 821 900	59	中国中化集团公司	15	28 662 384
10	兴业银行股份有限公司	75	325 097 500	60	中国兵器工业集团公司	19	28 454 210
11	中国民生银行股份有限公司	70	321 200 100	61	中国兵器装备集团公司	27	27 872 848
12	上海浦东发展银行股份有限公司	83	314 570 700	62	中国电力建设集团有限公司	52	27 553 380
13	中国平安保险(集团)股份有限公司	22	284 426 600	63	鞍钢集团公司	89	26 971 572
14	国家电网公司	3	233 353 201	64	中国化工集团公司	53	26 742 048
15	中国人寿保险(集团)公司	14	230 657 412	65	中粮集团有限公司	54	26 678 406
16	中国农业发展银行	96	229 307 889	66	中国广东核电集团有限公司	301	26 301 453
17	中国光大银行股份有限公司	103	227 929 500	67	中国五矿集团公司	25	24 715 804
18	中国石油化工集团公司	1	195 682 732	68	中国中煤能源集团有限公司	105	24 554 984
19	华夏银行股份有限公司	152	148 886 006	69	中国第一汽车集团公司	17	24 355 661
20	中国移动通信集团公司	8	127 596 125	70	绿地控股集团有限公司	55	24 181 502
21	广发银行股份有限公司	193	116 814 986	71	恒大地产集团有限公司	176	23 899 055
22	北京银行	196	111 996 893	72	东风汽车公司	18	22 836 523
23	神华集团有限责任公司	21	82 185 075	73	光明食品(集团)有限公司	95	22 560 392
24	中国海洋石油总公司	10	81 809 720	74	武汉钢铁(集团)公司	49	22 303 793
25	中国华能集团公司	31	79 502 426	75	山东能源集团有限公司	57	21 979 190
26	中国华润总公司	24	73 052 141	76	陕西延长石油(集团)有限责任公司	82	21 386 906
27	中国国电集团公司	41	72 582 529	77	山东高速集团有限公司	340	21 048 103
28	中国人民保险集团股份有限公司	33	68 865 000	78	华为技术有限公司	44	21 000 600
29	中国太平洋保险(集团)股份有限公司	76	68 150 200	79	中国太平保险集团公司	202	20 649 553
30	中国电信集团公司	23	66 570 094	80	山西焦煤集团有限责任公司	65	20 000 479
31	中国建筑工程总公司	9	65 751 554	81	河南煤业化工集团有限责任公司	66	19 968 656
32	中国大唐集团公司	58	65 593 552	82	广东省交通集团有限公司	348	19 842 569
33	中国华电集团公司	61	59 697 819	83	中国航空集团公司	117	19 656 548
34	中国联合网络通信集团有限公司	34	57 607 156	84	中国机械工业集团有限公司	48	19 521 177
35	中国电力投资集团公司	69	57 263 372	85	联想控股有限公司	42	18 720 327
36	中国航空工业集团公司	28	56 870 826	86	兖矿集团有限公司	122	18 457 765
37	中国南方电网有限责任公司	16	55 457 370	87	山西晋城无烟煤矿业集团有限责任公司	79	18 387 406
38	中国中铁股份有限公司	12	55 072 808	88	中国海运(集团)总公司	172	17 581 405
39	宝钢集团有限公司	30	49 843 762	89	山东钢铁集团有限公司	102	17 196 500
40	新华人寿保险股份有限公司	101	49 369 300	90	北京汽车集团有限公司	50	17 026 515
41	中国铁道建筑总公司	11	48 722 140	91	江苏沙钢集团有限公司	45	16 442 777
42	中国交通建设集团有限公司	29	44 841 615	92	中国能源建设集团有限公司	94	16 101 103
43	重庆农村商业银行股份有限公司	445	43 338 234	93	中国电子信息产业集团有限公司	63	16 090 885
44	中国铝业公司	36	42 841 462	94	上海电气(集团)总公司	128	15 777 058
45	泰康人寿保险股份有限公司	154	41 418 785	95	中国长江电力股份有限公司	389	15 523 285
46	中国船舶重工集团公司	74	38 934 668	96	冀中能源集团有限责任公司	43	14 982 274
47	首钢总公司	47	38 443 279	97	中国南方航空集团公司	115	14 936 901
48	中国保利集团公司	124	38 285 818	98	上海复星高科技(集团)有限公司	206	14 928 687
49	海航集团有限公司	108	35 690 189	99	海尔集团公司	81	14 909 397
50	中国远洋运输(集团)总公司	64	34 967 345	100	黑龙江北大荒农垦集团总公司	104	14 748 752
	中国企业500强平均数						30 195 585

资料来源:中国企业联合会、中国企业家协会。

2013中国企业按资产利润率排序前100名企业

名次	企业名称	500强排序	资产利润率(%)	名次	企业名称	500强排序	资产利润率(%)
1	浪潮集团有限公司	261	98.54	51	大连大商集团有限公司	97	7.83
2	双胞胎(集团)股份有限公司	332	52.45	52	百兴集团有限公司	377	7.77
3	天狮集团有限公司	350	27.48	53	紫金矿业集团股份有限公司	220	7.74
4	山东胜通集团股份有限公司	386	23.58	54	青岛啤酒股份有限公司	390	7.53
5	杭州娃哈哈集团有限公司	179	22.75	55	隆基泰和实业有限公司	216	7.45
6	天正集团有限公司	378	22.14	56	华为技术有限公司	44	7.32
7	东营鲁方金属材料有限公司	431	20.13	57	中国国际技术智力合作公司	307	7.30
8	山东时风(集团)有限责任公司	364	19.95	58	陕西延长石油(集团)有限责任公司	82	7.21
9	河南省漯河市双汇实业集团有限责任公司	263	17.26	59	江苏金辉铜业集团有限公司	404	7.17
10	中国贵州茅台酒厂(集团)有限责任公司	336	16.07	60	上海人民企业(集团)有限公司	365	7.15
11	山东大海集团有限公司	392	15.72	61	西子联合控股有限公司	484	7.12
12	人民电器集团有限公司	369	15.42	62	武安市裕华钢铁有限公司	474	6.99
13	沂州集团有限公司	397	15.18	63	福佳集团有限公司	385	6.93
14	上上集团有限公司	438	14.81	64	珠海格力电器股份有限公司	123	6.91
15	四川省宜宾五粮液集团有限公司	188	14.78	65	老凤祥股份有限公司	393	6.88
16	扬子江药业集团有限公司	308	14.49	66	科创控股集团有限公司	297	6.86
17	上海烟草集团有限责任公司	118	14.22	67	山东魏桥创业集团有限公司	60	6.86
18	贵州中烟工业有限责任公司	349	14.19	68	中国第一汽车集团公司	17	6.79
19	中太建设集团股份有限公司	277	13.57	69	江苏法尔胜泓昇集团有限公司	444	6.73
20	长城汽车股份有限公司	241	13.37	70	安徽海螺集团有限责任公司	165	6.73
21	江苏南通二建集团有限公司	406	12.91	71	中国长江电力股份有限公司	389	6.67
22	湖南中烟工业有限责任公司	141	12.66	72	四川科伦实业集团有限公司	357	6.59
23	浙江八达建设集团有限公司	441	12.57	73	上海汽车集团股份有限公司	13	6.54
24	山东如意科技集团有限公司	304	11.73	74	中国煤炭科工集团有限公司	295	6.46
25	大秦铁路股份有限公司	225	11.46	75	山东招金集团有限公司	257	6.42
26	安徽中烟工业有限责任公司	362	11.09	76	江苏扬子江船业集团公司	351	6.33
27	红云红河烟草(集团)有限责任公司	156	10.91	77	华勤橡胶工业集团有限公司	321	6.25
28	山东金岭集团有限公司	408	10.73	78	玲珑集团有限公司	495	6.25
29	波司登股份有限公司	446	10.70	79	上海华冶钢铁集团有限公司	419	6.20
30	浙江中烟工业有限责任公司	208	10.55	80	大连大商集团有限公司	97	6.14
31	中联重科股份有限公司	133	9.96	81	百兴集团有限公司	377	6.13
32	湖北中烟工业有限责任公司	190	9.87	82	紫金矿业集团股份有限公司	220	6.08
33	山东金诚石化集团有限公司	356	9.86	83	青岛啤酒股份有限公司	390	6.06
34	江苏南通三建集团有限公司	270	9.75	84	隆基泰和实业有限公司	216	6.05
35	超威电源有限公司	300	9.60	85	华为技术有限公司	44	5.97
36	浙江宝业建设集团有限公司	483	9.53	86	中国国际技术智力合作公司	307	5.93
37	临沂新程金锣肉制品集团有限公司	246	9.40	87	陕西延长石油(集团)有限责任公司	82	5.91
38	江苏高力集团有限公司	329	9.23	88	江苏金辉铜业集团有限公司	404	5.90
39	江苏华厦融创置地集团有限公司	434	8.81	89	上海人民企业(集团)有限公司	365	5.86
40	内蒙古伊利实业集团股份有限公司	247	8.67	90	西子联合控股有限公司	484	5.80
41	维维集团股份有限公司	448	8.66	91	武安市裕华钢铁有限公司	474	5.78
42	山东玉皇化工有限公司	456	8.58	92	福佳集团有限公司	385	5.71
43	海澜集团有限公司	314	8.53	93	珠海格力电器股份有限公司	123	5.66
44	山东科达集团有限公司	455	8.39	94	老凤祥股份有限公司	393	5.56
45	南山集团有限公司	160	8.37	95	科创控股集团有限公司	297	5.49
46	江苏阳光集团有限公司	319	8.21	96	山东魏桥创业集团有限公司	60	5.34
47	天津中环电子信息集团有限公司	90	8.11	97	中国第一汽车集团公司	17	5.31
48	青岛港(集团)有限公司	449	8.11	98	江苏法尔胜泓昇集团有限公司	444	5.30
49	武安市明芳钢铁有限公司	465	8.06	99	安徽海螺集团有限责任公司	165	5.22
50	天津百利机电控股集团有限公司	214	8.05	100	中国长江电力股份有限公司	389	5.17
中国企业500强平均数							1.44

资料来源:中国企业联合会、中国企业家协会。

2013 中国企业按从业人数排序前 100 名企业

名次	企业名称	总排名	从业人数(人)	名次	企业名称	总排名	从业人数(人)
1	中国石油天然气集团公司	2	1 656 465	51	中国华能集团公司	31	138 235
2	中国石油化工集团公司	1	1 015 039	52	山东魏桥创业集团有限公司	60	135 935
3	中国邮政集团公司	26	901 722	53	中国冶金科工集团有限公司	40	135 673
4	国家电网公司	3	851 667	54	陕西煤业化工集团有限责任公司	99	133 891
5	黑龙江北大荒农垦集团总公司	104	677 615	55	河北钢铁集团有限公司	35	132 186
6	中国人民保险集团股份有限公司	33	493 932	56	中国电子信息产业集团有限公司	63	129 948
7	中国电信集团公司	23	488 113	57	中国化工集团公司	53	127 107
8	中国航空工业集团公司	28	486 084	58	陕西延长石油(集团)有限责任公司	82	126 793
9	中国农业银行股份有限公司	6	461 100	59	中国电力投资集团公司	69	126 436
10	中国华润总公司	24	457 310	60	中太建设集团股份有限公司	277	123 089
11	中国工商银行股份有限公司	4	427 356	61	雨润控股集团有限公司	112	120 000
12	中国建设银行股份有限公司	5	348 955	62	成都建筑工程集团总公司	353	118 023
13	中国银行股份有限公司	7	302 016	63	首钢总公司	47	117 607
14	中国南方电网有限责任公司	16	300 863	64	中国五矿集团公司	25	116 230
15	中国联合网络通信集团有限公司	34	292 651	65	光明食品(集团)有限公司	95	115 486
16	中国铁道建筑总公司	11	290 907	66	中国华电集团公司	61	115 097
17	中国中铁股份有限公司	12	289 343	67	中国中煤能源集团有限公司	105	113 779
18	山东能源集团有限公司	57	261 602	68	武汉钢铁(集团)公司	49	112 330
19	中国兵器工业集团公司	19	260 021	69	山西煤炭运销集团有限公司	62	110 691
20	黑龙江龙煤矿业控股集团有限责任公司	260	254 068	70	阳光保险集团股份有限公司	309	108 920
21	中国兵器装备集团公司	27	237 021	71	中粮集团有限公司	54	106 642
22	大连大商集团有限公司	97	227 952	72	上海汽车集团股份有限公司	13	105 953
23	中国移动通信集团公司	8	222 431	73	海航集团有限公司	108	104 205
24	山西焦煤集团有限责任公司	65	216 118	74	中国大唐集团公司	58	103 822
25	中国电力建设集团有限公司	52	207 526	75	中国交通建设集团有限公司	29	103 371
26	神华集团有限责任公司	21	203 859	76	冀中能源集团有限责任公司	43	103 166
27	中国建筑工程总公司	9	203 761	77	广厦控股集团有限公司	150	102 586
28	山东省商业集团有限公司	182	200 000	78	中国海洋石油总公司	10	102 500
29	鞍钢集团公司	89	199 018	79	中国机械工业集团有限公司	48	101 642
30	中国平安保险(集团)股份有限公司	22	190 284	80	重庆商社(集团)有限公司	226	101 083
31	河南煤业化工集团有限责任公司	66	184 929	81	美的集团有限公司	114	99 539
32	广西建工集团有限责任公司	238	180 638	82	大秦铁路股份有限公司	225	98 182
33	苏宁控股集团	39	180 000	83	交通银行股份有限公司	32	97 971
34	东风汽车公司	18	176 580	84	兖矿集团有限公司	122	95 873
35	浙江省建设投资集团有限公司	256	175 022	85	江苏南通三建集团有限公司	270	95 608
36	中国铝业公司	36	174 999	86	淮北矿业(集团)有限责任公司	212	92 528
37	比亚迪股份有限公司	221	166 411	87	淮南矿业(集团)有限责任公司	158	92 120
38	中国建筑材料集团有限公司	46	166 397	88	山东钢铁集团有限公司	102	91 738
39	山西晋城无烟煤矿业集团有限责任公司	79	164 507	89	中国南车集团公司	129	91 452
40	中国中信集团有限公司	20	163 468	90	新希望集团有限公司	148	88 503
41	中国能源建设集团有限公司	94	163 342	91	江苏南通二建集团有限公司	406	87 114
42	中国船舶重工集团公司	74	161 000	92	国家开发投资公司	139	86 551
43	大同煤矿集团有限责任公司	78	159 918	93	中国第一汽车集团公司	17	85 552
44	中国平煤神马能源化工集团有限责任公司	98	158 643	94	百联集团有限公司	84	85 366
45	广州铁路(集团)公司	167	157 322	95	中国太平洋保险(集团)股份有限公司	76	85 137
46	阳泉煤业(集团)有限责任公司	68	150 967	96	山西潞安矿业(集团)有限责任公司	77	85 027
47	华为技术有限公司	44	150 000	97	中国北方机车车辆工业集团公司	130	84 647
48	中国国电集团公司	41	143 523	98	本钢集团有限公司	121	83 426
49	宝钢集团有限公司	30	142 031	99	江苏省苏中建设集团股份有限公司	436	83 286
50	中国人寿保险(集团)公司	14	141 932	100	珠海格力电器股份有限公司	123	82 000
中国企业 500 强平均数							61 404

资料来源:中国企业联合会、中国企业家协会。

2013 中国企业按研发费用排序前 100 名企业

名次	企业名称	500 强排序	研发费用（万元）	名次	企业名称	500 强排序	研发费用（万元）
1	华为技术有限公司	44	3 009 000	51	中国南方电网有限责任公司	16	279 054
2	中国石油天然气集团公司	2	2 729 834	52	上海电气（集团）总公司	128	278 585
3	中国航空工业集团公司	28	2 409 868	53	中联重科股份有限公司	133	274 755
4	中国移动通信集团公司	8	1 578 697	54	太原钢铁（集团）有限公司	93	273 311
5	中国船舶重工集团公司	74	1 013 471	55	TCL 集团股份有限公司	164	267 300
6	中国兵器装备集团公司	27	986 005	56	山西潞安矿业（集团）有限责任公司	77	266 100
7	中国电信集团公司	23	890 692	57	中国北方机车车辆工业集团公司	130	259 837
8	海尔集团公司	81	890 513	58	中国能源建设集团有限公司	94	258 497
9	中兴通讯股份有限公司	140	882 919	59	新希望集团有限公司	148	255 639
10	中国兵器工业集团公司	19	860 287	60	中国海洋石油总公司	10	254 483
11	中国石油化工集团公司	1	819 982	61	中国有色矿业集团有限公司	86	248 970
12	国家电网公司	3	793 973	62	中国中煤能源集团有限公司	105	248 795
13	浙江吉利控股集团有限公司	85	727 019	63	上海建工集团股份有限公司	137	248 299
14	武汉钢铁（集团）公司	49	705 778	64	江西铜业集团公司	71	240 214
15	山东魏桥创业集团有限公司	60	690 819	65	恒力集团有限公司	136	238 801
16	宝钢集团有限公司	30	645 096	66	中国交通建设集团有限公司	29	233 385
17	中国中铁股份有限公司	12	641 790	67	神华集团有限责任公司	21	232 903
18	上海汽车集团股份有限公司	13	619 442	68	兖矿集团有限公司	122	229 600
19	中国第一汽车集团公司	17	571 037	69	天津天铁冶金集团有限公司	145	226 168
20	东风汽车公司	18	545 765	70	三一集团有限公司	143	221 882
21	中国工商银行股份有限公司	4	530 383	71	四川长虹电子集团有限公司	149	215 815
22	河南煤业化工集团有限责任公司	66	506 264	72	哈尔滨电气集团公司	334	204 633
23	中国南车集团公司	129	478 005	73	冀中能源集团有限责任公司	43	203 450
24	阳泉煤业（集团）有限责任公司	68	460 212	74	徐州工程机械集团有限公司	119	202 500
25	中国铁道建筑总公司	11	458 625	75	广州汽车工业集团有限公司	87	201 406
26	中国电子信息产业集团有限公司	63	449 011	76	南山集团有限公司	160	198 687
27	中国建筑工程总公司	9	445 783	77	湖南华菱钢铁集团有限责任公司	166	189 901
28	中国电力建设集团有限公司	52	416 110	78	大同煤矿集团有限责任公司	78	179 427
29	鞍钢集团公司	89	413 628	79	京东方科技集团股份有限公司	391	178 080
30	酒泉钢铁（集团）有限责任公司	116	409 587	80	天津中环电子信息集团有限公司	90	172 719
31	中国化工集团公司	53	406 607	81	日照钢铁控股集团有限公司	228	167 766
32	陕西延长石油（集团）有限责任公司	82	404 934	82	山东胜通集团股份有限公司	386	151 452
33	首钢总公司	47	401 513	83	中国中材集团有限公司	178	150 948
34	江苏沙钢集团有限公司	45	382 739	84	安阳钢铁集团有限责任公司	302	147 580
35	中国平煤神马能源化工集团有限责任公司	98	378 549	85	奇瑞汽车股份有限公司	335	146 716
36	联想控股有限公司	42	371 294	86	湖北宜化集团有限责任公司	161	146 157
37	山西晋城无烟煤矿业集团有限责任公司	79	365 195	87	天津渤海化工集团有限责任公司	173	145 308
38	陕西煤业化工集团有限责任公司	99	360 547	88	中国东方电气集团有限公司	243	143 896
39	中国冶金科工集团有限公司	40	355 723	89	河北津西钢铁集团股份有限公司	211	141 520
40	美的集团有限公司	114	339 200	90	四川省宜宾五粮液集团有限公司	188	139 657
41	中国建筑材料集团有限公司	46	333 409	91	包头钢铁（集团）有限责任公司	213	135 700
42	山东钢铁集团有限公司	102	326 481	92	利华益集团股份有限公司	375	134 541
43	海信集团有限公司	146	325 167	93	潍柴控股集团有限公司	147	133 908
44	铜陵有色金属集团控股有限公司	111	317 900	94	新兴际华集团有限公司	67	133 840
45	中国铝业公司	36	316 220	95	春风实业集团有限责任公司	421	127 530
46	北京汽车集团有限公司	50	308 652	96	上海复星高科技（集团）有限公司	206	126 787
47	珠海格力电器股份有限公司	123	304 670	97	天津市一轻集团（控股）有限公司	184	123 000
48	中国机械工业集团有限公司	48	304 587	98	东营方圆有色金属有限公司	418	122 465
49	河北钢铁集团有限公司	35	290 305	99	中国华电集团公司	61	121 000
50	山东能源集团有限公司	57	286 778	100	东营鲁方金属材料有限公司	431	118 521
中国企业 500 强平均数							127 843

资料来源：中国企业联合会、中国企业家协会。

2013 年度中国民营企业 500 强名单

排序	企业名称	所在地	所属行业	营业收入总额（万元）
1	苏宁控股集团	江　苏	零售业	27 981 265
2	联想控股有限公司	北　京	计算机、通信和其他电子设备制造业	24 403 077
3	山东魏桥创业集团有限公司	山　东	纺织业	24 138 650
4	华为投资控股有限公司	广　东	计算机、通信和其他电子设备制造业	23 902 500
5	正威国际集团有限公司	广　东	有色金属冶炼和压延加工业	23 382 562
6	江苏沙钢集团有限公司	江　苏	黑色金属冶炼和压延加工业	22 803 606
7	中国华信能源有限公司	上　海	批发业	20 998 533
8	大连万达集团股份有限公司	辽　宁	房地产业	18 664 000
9	浙江吉利控股集团有限公司	浙　江	汽车制造业	15 842 925
10	万科企业股份有限公司	广　东	房地产业	13 541 879
11	恒力集团有限公司	江　苏	化学原料和化学制品制造业	13 534 917
12	雨润控股集团有限公司	江　苏	食品制造业	12 997 856
13	美的集团股份有限公司	广　东	电气机械和器材制造业	12 126 518
14	新疆广汇实业投资(集团)有限责任公司	新　疆	零售业	10 923 638
15	中天钢铁集团有限公司	江　苏	黑色金属冶炼和压延加工业	10 509 107
16	海亮集团有限公司	浙　江	有色金属冶炼和压延加工业	10 043 837
17	广厦控股集团有限公司	浙　江	房屋建筑业	9 078 628
18	杭州娃哈哈集团有限公司	浙　江	酒、饮料和精制茶制造业	7 827 855
19	浙江恒逸集团有限公司	浙　江	化学原料和化学制品制造业	7 806 579
20	新希望集团有限公司	四　川	农、林、牧、渔服务业	7 789 271
21	西安迈科金属国际集团有限公司	陕　西	批发业	7 726 111
22	山东晨曦集团有限公司	山　东	批发业	7 512 471
23	北京建龙重工集团有限公司	北　京	黑色金属冶炼和压延加工业	7 300 434
24	三一集团有限公司	湖　南	专用设备制造业	7 224 984
25	河北新华联合冶金投资有限公司	河　北	黑色金属冶炼和压延加工业	6 628 908
26	苏宁环球集团有限公司	江　苏	房地产业	6 615 000
27	三胞集团有限公司	江　苏	零售业	6 546 007
28	浙江荣盛控股集团有限公司	浙　江	化学纤维制造业	6 503 560
29	庞大汽贸集团股份有限公司	河　北	零售业	6 398 528
30	山东东明石化集团有限公司	山　东	石油加工、炼焦和核燃料加工业	6 206 184
31	陕西东岭工贸集团股份有限公司	陕　西	批发业	6 084 083
32	天能集团	浙　江	电气机械和器材制造业	5 666 097
33	超威集团	浙　江	电气机械和器材制造业	5 573 237
34	雅戈尔集团股份有限公司	浙　江	纺织服装、服饰业	5 325 026
35	江苏西城三联控股集团有限公司	江　苏	黑色金属冶炼和压延加工业	5 308 871
36	比亚迪股份有限公司	广　东	汽车制造业	5 286 328
37	上海复星高科技(集团)有限公司	上　海	综　合	5 204 104
38	山东新希望六和集团有限公司	山　东	畜牧业	5 203 602
39	盛虹控股集团有限公司	江　苏	化学纤维制造业	5 134 714

续表

排序	企业名称	所在地	所属行业	营业收入总额（万元）
40	青山控股集团有限公司	浙 江	黑色金属冶炼和压延加工业	5 081 412
41	河北津西钢铁集团股份有限公司	河 北	黑色金属冶炼和压延加工业	5 079 253
42	天津荣程联合钢铁集团有限公司	天 津	黑色金属冶炼和压延加工业	5 030 457
43	中天发展控股集团有限公司	浙 江	房屋建筑业	5 016 315
44	江苏南通三建集团有限公司	江 苏	房地产业	4 956 966
45	华盛江泉集团有限公司	山 东	黑色金属冶炼和压延加工业	4 856 057
46	新奥集团股份有限公司	河 北	燃气生产和供应业	4 828 009
47	玖龙纸业(控股)有限公司	广 东	造纸和纸制品业	4 823 712
48	奥克斯集团有限公司	浙 江	电气机械和器材制造业	4 806 871
49	四川省川威集团有限公司	四 川	黑色金属冶炼和压延加工业	4 749 288
50	江苏新长江实业集团有限公司	江 苏	黑色金属冶炼和压延加工业	4 720 593
51	通威集团有限公司	四 川	农副食品加工业	4 611 678
52	新华联集团有限公司	湖 南	石油加工、炼焦和核燃料加工业	4 525 846
53	科创控股集团有限公司	四 川	医药制造业	4 520 000
54	远大物产集团有限公司	浙 江	商务服务业	4 519 400
55	日照钢铁控股集团有限公司	山 东	黑色金属冶炼和压延加工业	4 380 513
56	盾安控股集团有限公司	浙 江	专用设备制造业	4 363 204
57	红豆集团有限公司	江 苏	纺织服装、服饰业	4 351 833
58	华泰集团有限公司	山 东	造纸和纸制品业	4 310 219
59	海澜集团有限公司	江 苏	纺织服装、服饰业	4 300 569
60	银亿集团有限公司	浙 江	批发业	4 210 593
61	内蒙古鄂尔多斯投资控股集团有限公司	内蒙古	综 合	4 206 200
62	山东如意科技集团有限公司	山 东	纺织业	4 110 528
63	临沂新程金锣肉制品集团有限公司	山 东	农副食品加工业	4 084 626
64	江阴澄星实业集团有限公司	江 苏	化学原料和化学制品制造业	4 084 185
65	浙江桐昆控股集团有限公司	浙 江	化学纤维制造业	4 064 012
66	深圳市爱施德股份有限公司	广 东	批发业	4 039 918
67	四川宏达(集团)有限公司	四 川	有色金属矿采选业	4 035 897
68	中太建设集团股份有限公司	河 北	房屋建筑业	4 012 872
69	修正药业集团	吉 林	医药制造业	4 001 780
70	亿利资源集团有限公司	内蒙古	综 合	3 923 827
71	重庆龙湖企业拓展有限公司	重 庆	房地产业	3 914 310
72	江苏南通二建集团有限公司	江 苏	房屋建筑业	3 852 631
73	双胞胎(集团)股份有限公司	江 西	农副食品加工业	3 733 080
74	东方希望集团有限公司	上 海	有色金属冶炼和压延加工业	3 720 000
75	山东泰山钢铁集团有限公司	山 东	黑色金属冶炼和压延加工业	3 700 495
76	江苏申特钢铁有限公司	江 苏	黑色金属冶炼和压延加工业	3 656 785
77	内蒙古伊泰集团有限公司	内蒙古	煤炭开采和洗选业	3 646 355
78	江苏金浦集团有限公司	江 苏	化学原料和化学制品制造业	3 642 983
79	正邦集团有限公司	江 西	农 业	3 604 589
80	山东大海集团有限公司	山 东	电气机械和器材制造业	3 600 523
81	云南中豪置业有限责任公司	云 南	房地产业	3 561 248
82	江苏永钢集团有限公司	江 苏	黑色金属冶炼和压延加工业	3 553 556
83	山东京博控股股份有限公司	山 东	石油加工、炼焦和核燃料加工业	3 540 123

续表

排序	企业名称	所在地	所属行业	营业收入总额（万元）
84	新疆特变电工集团有限公司	新　疆	专用设备制造业	3 533 083
85	山东太阳纸业股份有限公司	山　东	造纸和纸制品业	3 515 118
86	四川科伦实业集团有限总司	四　川	医药制造业	3 507 582
87	新世纪控股集团有限公司	浙　江	商务服务业	3 500 000
88	宁波金田投资控股有限公司	浙　江	有色金属冶炼和压延加工业	3 482 392
89	浙江前程投资股份有限公司	浙　江	批发业	3 441 091
90	腾邦投资控股有限公司	广　东	软件和信息技术服务业	3 393 608
91	江苏阳光集团有限公司	江　苏	纺织业	3 372 436
92	九州通医药集团股份有限公司	湖　北	批发业	3 343 805
93	华勤橡胶工业集团有限公司	山　东	橡胶和塑料制品业	3 327 163
94	正泰集团股份有限公司	浙　江	电气机械和器材制造业	3 322 428
95	江西萍钢实业股份有限公司	江　西	黑色金属冶炼和压延加工业	3 321 783
96	德力西集团有限公司	浙　江	电气机械和器材制造业	3 315 360
97	万达控股集团有限公司	山　东	有色金属冶炼和压延加工业	3 280 802
98	浙江中成控股集团有限公司	浙　江	房屋建筑业	3 280 045
99	金龙精密铜管集团股份有限公司	河　南	有色金属冶炼和压延加工业	3 258 333
100	物美控股集团有限公司	北　京	零售业	3 253 710
101	亚邦投资控股集团有限公司	江　苏	化学原料和化学制品制造业	3 205 036
102	百度在线网络技术(北京)有限公司	北　京	互联网和相关服务	3 194 392
103	亨通集团有限公司	江　苏	电气机械和器材制造业	3 121 035
104	嘉晨集团有限公司	辽　宁	黑色金属冶炼和压延加工业	3 116 567
105	四川德胜集团钒钛有限公司	四　川	黑色金属冶炼和压延加工业	3 103 549
106	利华益集团股份有限公司	山　东	石油加工、炼焦和核燃料加工业	3 100 653
107	上海人民企业(集团)有限公司	上　海	金属制品业	3 093 624
108	天津宝迪农业科技股份有限公司	天　津	食品制造业	3 061 847
109	天狮集团有限公司	天　津	医药制造业	3 048 834
110	和润集团有限公司	浙　江	农副食品加工业	3 037 857
111	山东金诚石化集团有限公司	山　东	石油加工、炼焦和核燃料加工业	3 032 125
112	天瑞集团股份有限公司	河　南	非金属矿物制品业	3 031 635
113	重庆市金科投资控股(集团)有限责任公司	重　庆	房地产业	3 027 247
114	宁夏宝塔石化集团有限公司	宁　夏	石油加工、炼焦和核燃料加工业	3 018 131
115	江苏扬子江船业集团公司	江　苏	铁路、船舶、航空航天和其他运输设备制造业	3 009 256
116	人民电器集团有限公司	浙　江	电气机械和器材制造业	2 978 871
117	大汉控股集团有限公司	湖　南	综　合	2 915 493
118	江苏省苏中建设集团股份有限公司	江　苏	房屋建筑业	2 910 523
119	晟通科技集团有限公司	湖　南	有色金属冶炼和压延加工业	2 897 897
120	双良集团有限公司	江　苏	化学原料和化学制品制造业	2 877 518
121	浙江昆仑控股集团有限公司	浙　江	综　合	2 861 083
122	山东金岭集团有限公司	山　东	化学原料和化学制品制造业	2 856 039
123	东方集团实业股份有限公司	黑龙江	综　合	2 836 391
124	福佳集团有限公司	辽　宁	化学原料和化学制品制造业	2 827 561
125	波司登股份有限公司	江　苏	纺织服装、服饰业	2 807 323
126	江苏金辉铜业集团有限公司	江　苏	有色金属冶炼和压延加工业	2 782 507
127	丰立集团有限公司	江　苏	废弃资源综合利用业	2 760 240

续表

排序	企业名称	所在地	所属行业	营业收入总额（万元）
128	中基宁波集团股份有限公司	浙 江	商务服务业	2 759 217
129	河北普阳钢铁有限公司	河 北	黑色金属冶炼和压延加工业	2 743 957
130	宁夏天元锰业有限公司	宁 夏	有色金属冶炼和压延加工业	2 742 963
131	南京丰盛产业控股集团有限公司	江 苏	土木工程建筑业	2 735 398
132	杭州锦江集团有限公司	浙 江	有色金属冶炼和压延加工业	2 729 972
133	西王集团有限公司	山 东	农副食品加工业	2 712 007
134	亿达集团有限公司	辽 宁	房地产业	2 704 884
135	四川蓝光实业集团有限公司	四 川	房地产业	2 703 943
136	郑州宇通集团有限公司	河 南	汽车制造业	2 698 448
137	天正集团有限公司	浙 江	电气机械和器材制造业	2 686 149
138	百兴集团有限公司	江 苏	商务服务业	2 683 581
139	山东玉皇化工有限公司	山 东	化学原料和化学制品制造业	2 681 915
140	东营方圆有色金属有限公司	山 东	有色金属冶炼和压延加工业	2 679 225
141	山东科达集团有限公司	山 东	综 合	2 651 912
142	维维集团股份有限公司	江 苏	食品制造业	2 618 069
143	华芳集团有限公司	江 苏	纺织业	2 604 977
144	重庆力帆控股有限公司	重 庆	汽车制造业	2 601 570
145	唐山国丰钢铁有限公司	河 北	黑色金属冶炼和压延加工业	2 575 331
146	山河建设集团有限公司	湖 北	房屋建筑业	2 562 964
147	武安市裕华钢铁有限公司	河 北	黑色金属冶炼和压延加工业	2 560 125
148	河北新武安钢铁集团明芳钢铁有限公司	河 北	黑色金属冶炼和压延加工业	2 550 818
149	浙江宝业建设集团有限公司	浙 江	房屋建筑业	2 536 892
150	安徽国购投资集团	安 徽	综 合	2 524 297
151	中球冠集团有限公司	浙 江	批发业	2 513 618
152	浙江龙盛控股有限公司	浙 江	化学原料和化学制品制造业	2 510 021
153	宁波富邦控股集团有限公司	浙 江	综 合	2 496 565
154	江苏法尔胜泓昇集团有限公司	江 苏	金属制品业	2 496 089
155	上海华冶钢铁集团有限公司	上 海	黑色金属冶炼和压延加工业	2 491 360
156	稻花香集团	湖 北	酒、饮料和精制茶制造业	2 486 100
157	河北文丰钢铁有限公司	河 北	黑色金属冶炼和压延加工业	2 471 542
158	传化集团有限公司	浙 江	化学原料和化学制品制造业	2 439 341
159	河北新金钢铁有限公司	河 北	黑色金属冶炼和压延加工业	2 432 613
160	金鼎重工股份有限公司	河 北	有色金属冶炼和压延加工业	2 430 000
161	天津友发钢管集团股份有限公司	天 津	金属制品业	2 408 312
162	远东控股集团有限公司	江 苏	电气机械和器材制造业	2 404 890
163	隆鑫控股有限公司	重 庆	通用设备制造业	2 398 180
164	卓尔控股有限公司	湖 北	综 合	2 393 000
165	江苏新华发集团有限公司	江 苏	通用设备制造业	2 386 861
166	天津领先控股集团有限公司	天 津	批发业	2 378 236
167	江苏华厦融创置地集团有限公司	江 苏	房地产业	2 358 390
168	浙江新湖集团股份有限公司	浙 江	综 合	2 343 468
169	山东汇丰石化集团有限公司	山 东	石油加工、炼焦和核燃料加工业	2 308 565
170	西林钢铁集团有限公司	黑龙江	黑色金属冶炼和压延加工业	2 300 966
171	四川金广实业（集团）股份有限公司	四 川	黑色金属冶炼和压延加工业	2 296 626

续表

排序	企业名称	所在地	所属行业	营业收入总额（万元）
172	山东九羊集团有限公司	山　东	黑色金属冶炼和压延加工业	2 263 536
173	上海龙昂国际贸易有限公司	上　海	批发业	2 240 719
174	江苏文峰集团有限公司	江　苏	零售业	2 240 347
175	江苏高力集团有限公司	江　苏	房地产业	2 225 150
176	澳洋集团有限公司	江　苏	纺织业	2 221 545
177	东岳集团有限公司	山　东	化学原料和化学制品制造业	2 215 911
178	西子联合控股有限公司	浙　江	专用设备制造业	2 210 849
179	精功集团有限公司	浙　江	金属制品业	2 209 287
180	四川省达州钢铁集团有限责任公司	四　川	黑色金属冶炼和压延加工业	2 207 619
181	江苏三房巷集团有限公司	江　苏	化学纤维制造业	2 159 372
182	步步高投资集团股份有限公司	湖　南	零售业	2 119 148
183	河北新武安钢铁集团文安钢铁有限公司	河　北	黑色金属冶炼和压延加工业	2 108 552
184	晶龙实业集团有限公司	河　北	计算机、通信和其他电子设备制造业	2 108 352
185	天地龙控股集团有限公司	江　苏	金属制品业	2 104 856
186	通鼎集团有限公司	江　苏	电气机械和器材制造业	2 101 530
187	荣盛控股股份有限公司	河　北	房地产业	2 100 398
188	天津塑力线缆集团有限公司	天　津	电气机械和器材制造业	2 097 285
189	浙江元立金属制品集团有限公司	浙　江	金属制品业	2 088 428
190	香江集团有限公司	广　东	综　合	2 082 239
191	银海万向控股集团有限公司	北　京	批发业	2 078 736
192	山东昌华实业发展有限公司	山　东	农副食品加工业	2 078 096
193	新城控股集团有限公司	江　苏	房地产业	2 077 126
194	辽宁忠旺集团有限公司	辽　宁	有色金属冶炼和压延加工业	2 049 444
195	融信(福建)投资集团有限公司	福　建	房地产业	2 048 570
196	天士力控股集团有限公司	天　津	医药制造业	2 046 300
197	君华集团有限公司	广　东	房地产业	2 029 276
198	江苏新海石化有限公司	江　苏	石油加工、炼焦和核燃料加工业	2 027 708
199	威高集团有限公司	山　东	医药制造业	2 020 593
200	内蒙古伊东资源集团股份有限公司	内蒙古	煤炭开采和洗选业	2 019 417
201	南通化工轻工股份有限公司	江　苏	批发业	2 017 587
202	国能商业有限公司	上　海	批发业	2 015 616
203	上海均和集团有限公司	上　海	批发业	2 000 807
204	广东圣丰集团有限公司	广　东	橡胶和塑料制品业	1 981 376
205	东兆长泰投资集团有限公司	北　京	土木工程建筑业	1 953 944
206	富海集团有限公司	山　东	石油加工、炼焦和核燃料加工业	1 945 510
207	卧龙控股集团有限公司	浙　江	电气机械和器材制造业	1 916 811
208	湖南博长控股集团有限公司	湖　南	黑色金属冶炼和压延加工业	1 902 388
209	河南龙成集团有限公司	河　南	黑色金属冶炼和压延加工业	1 901 343
210	银泰商业(集团)有限公司	浙　江	零售业	1 898 071
211	苏州金螳螂企业(集团)有限公司	江　苏	建筑装饰和其他建筑业	1 893 939
212	龙信建设集团有限公司	江　苏	房屋建筑业	1 886 876
213	深圳海王集团股份有限公司	广　东	医药制造业	1 884 858
214	红狮控股集团有限公司	浙　江	非金属矿物制品业	1 874 900
215	江苏三木集团有限公司	江　苏	化学原料和化学制品制造业	1 874 635

续表

排序	企业名称	所在地	所属行业	营业收入总额（万元）
216	攀华集团有限公司	江　苏	金属制品业	1 856 663
217	浙江富冶集团有限公司	浙　江	有色金属冶炼和压延加工业	1 840 959
218	中国庆华能源集团有限公司	北　京	煤炭开采和洗选业	1 838 209
219	福星集团控股有限公司	湖　北	综　合	1 806 066
220	河北新武安钢铁集团烘熔钢铁有限公司	河　北	黑色金属冶炼和压延加工业	1 805 421
221	福晟集团有限公司	福　建	土木工程建筑业	1 802 213
222	金澳科技（湖北）化工有限公司	湖　北	石油加工、炼焦和核燃料加工业	1 786 000
223	江苏省镔鑫特钢材料有限公司	江　苏	黑色金属冶炼和压延加工业	1 778 988
224	上海圆迈贸易有限公司	上　海	零售业	1 772 390
225	攀枝花钢城集团有限公司	四　川	黑色金属冶炼和压延加工业	1 763 852
226	宁波神化化学品经营有限责任公司	浙　江	有色金属矿采选业	1 756 331
227	广州立白企业集团有限公司	广　东	化学原料和化学制品制造业	1 749 933
228	宜华企业（集团）有限公司	广　东	家具制造业	1 745 810
229	金花投资控股集团有限公司	陕　西	零售业	1 745 285
230	南通四建集团有限公司	江　苏	房屋建筑业	1 740 188
231	河北新武安钢铁集团鑫汇冶金有限公司	河　北	黑色金属冶炼和压延加工业	1 725 667
232	山东昊龙集团有限公司	山　东	综　合	1 724 928
233	浙江大东南集团有限公司	浙　江	橡胶和塑料制品业	1 709 949
234	江苏南通六建建设集团有限公司	江　苏	房屋建筑业	1 706 190
235	上海绿地建设（集团）有限公司	上　海	房屋建筑业	1 701 899
236	福建恒安集团有限公司	福　建	综　合	1 690 460
237	富通集团有限公司	浙　江	计算机、通信和其他电子设备制造业	1 675 861
238	奥康集团有限公司	浙　江	皮革、毛皮、羽毛及其制品和制鞋业	1 668 811
239	云南惠嘉进出口有限公司	云　南	批发业	1 667 834
240	大华（集团）有限公司	上　海	房地产业	1 657 828
241	升华集团控股有限公司	浙　江	化学原料和化学制品制造业	1 655 603
242	大自然钢业集团有限公司	浙　江	黑色金属冶炼和压延加工业	1 654 312
243	常州东方特钢有限公司	江　苏	黑色金属冶炼和压延加工业	1 653 316
244	海汇集团有限公司	山　东	专用设备制造业	1 650 866
245	华南物资集团有限公司	重　庆	批发业	1 648 714
246	成都蛟龙港	四　川	综　合	1 645 960
247	江苏天工集团有限公司	江　苏	黑色金属冶炼和压延加工业	1 642 828
248	广西盛隆冶金有限公司	广　西	有色金属冶炼和压延加工业	1 628 429
249	新华锦集团	山　东	批发业	1 628 378
250	大全集团有限公司	江　苏	电气机械和器材制造业	1 621 221
251	东辰控股集团有限公司	山　东	化学原料和化学制品制造业	1 606 892
252	山东五征集团	山　东	汽车制造业	1 600 321
253	天津华北集团有限公司	天　津	有色金属冶炼和压延加工业	1 591 527
254	贵阳宏益房地产开发有限公司	贵　州	房地产业	1 587 536
255	香驰控股有限公司	山　东	农副食品加工业	1 582 570
256	河南联合煤炭化工集团有限公司	河　南	批发业	1 566 876
257	浙江海天建设集团有限公司	浙　江	房屋建筑业	1 562 790
258	新八建设集团有限公司	湖　北	房屋建筑业	1 562 651
259	大生（福建）农业有限公司	福　建	批发业	1 557 082

续表

排序	企业名称	所在地	所属行业	营业收入总额（万元）
260	上海均瑶（集团）有限公司	上海	综合	1 552 399
261	永鼎集团有限公司	江苏	电气机械和器材制造业	1 548 170
262	河南济源钢铁（集团）有限公司	河南	黑色金属冶炼和压延加工业	1 547 363
263	大亚科技集团有限公司	江苏	木材加工和木、竹、藤、棕、草制品业	1 535 589
264	研祥高科技控股集团有限公司	广东	计算机、通信和其他电子设备制造业	1 534 967
265	震雄铜业集团有限公司	江苏	有色金属冶炼和压延加工业	1 529 199
266	山西路宝集团	山西	石油加工、炼焦和核燃料加工业	1 525 799
267	日照兴业集团有限公司	山东	批发业	1 524 381
268	通州建总集团有限公司	江苏	房屋建筑业	1 517 726
269	江苏大明金属制品有限公司	江苏	金属制品业	1 515 000
270	欧美投资集团有限公司	山东	批发业	1 513 594
271	上海胜华电缆（集团）有限公司	上海	电气机械和器材制造业	1 511 500
272	天津聚龙嘉华投资集团有限公司	天津	农副食品加工业	1 510 242
273	浙江金田阳光投资有限公司	浙江	商务服务业	1 490 400
274	海外海集团有限公司	浙江	商务服务业	1 487 226
275	山东万通石油化工集团有限公司	山东	石油加工、炼焦和核燃料加工业	1 474 687
276	江苏集群信息产业集团	江苏	软件和信息技术服务业	1 473 116
277	江苏天裕能源化工集团有限公司	江苏	石油加工、炼焦和核燃料加工业	1 466 006
278	山东远通汽车贸易集团有限公司	山东	零售业	1 466 000
279	泰地控股集团有限公司	浙江	综合	1 459 921
280	江苏邗建集团有限公司	江苏	房屋建筑业	1 455 182
281	中天科技集团有限公司	江苏	电气机械和器材制造业	1 452 771
282	华峰集团有限公司	浙江	化学原料和化学制品制造业	1 451 348
283	金发科技股份有限公司	广东	化学原料和化学制品制造业	1 442 598
284	万马联合控股集团有限公司	浙江	零售业	1 437 214
285	山西安泰控股集团有限公司	山西	黑色金属冶炼和压延加工业	1 434 773
286	常熟市龙腾特种钢有限公司	江苏	黑色金属冶炼和压延加工业	1 431 830
287	河南黄河实业集团股份有限公司	河南	非金属矿物制品业	1 426 832
288	包商银行股份有限公司	内蒙古	货币金融服务	1 423 297
289	中利科技集团股份有限公司	江苏	电气机械和器材制造业	1 410 885
290	福中集团有限公司	江苏	综合	1 408 500
291	浙江翔盛集团有限公司	浙江	化学纤维制造业	1 393 928
292	中经汇通有限责任公司	广东	互联网和相关服务	1 393 369
293	江苏飞达控股集团有限公司	江苏	黑色金属冶炼和压延加工业	1 390 877
294	江苏华宏实业集团有限公司	江苏	化学纤维制造业	1 383 209
295	常州天合光能有限公司	江苏	电气机械和器材制造业	1 379 063
296	龙元建设集团股份有限公司	浙江	房屋建筑业	1 373 954
297	新凤鸣集团股份有限公司	浙江	化学纤维制造业	1 369 098
298	山东胜通集团股份有限公司	山东	金属制品业	1 367 556
299	诸城外贸有限责任公司	山东	食品制造业	1 365 337
300	华立集团股份有限公司	浙江	综合	1 363 509
301	沈阳远大企业集团	辽宁	建筑装饰和其他建筑业	1 362 617
302	山东创新金属科技股份有限公司	山东	有色金属冶炼和压延加工业	1 362 300
303	杭州滨江房产集团股份有限公司	浙江	房地产业	1 359 288

续表

排序	企业名称	所在地	所属行业	营业收入总额（万元）
304	森马集团有限公司	浙 江	纺织服装、服饰业	1 359 206
305	江苏沃得机电集团有限公司	江 苏	通用设备制造业	1 356 525
306	浙江中南建设集团有限公司	浙 江	房屋建筑业	1 354 908
307	宗申产业集团有限公司	重 庆	铁路、船舶、航空航天和其他运输设备制造业	1 352 189
308	江苏金峰水泥集团有限公司	江 苏	非金属矿物制品业	1 352 145
309	中浪环保股份有限公司	浙 江	批发业	1 350 441
310	宁波建工股份有限公司	浙 江	房屋建筑业	1 349 933
311	山西通达（集团）有限公司	山 西	汽车制造业	1 343 542
312	浙江明日控股集团股份有限公司	浙 江	零售业	1 340 762
313	晶科能源有限公司	江 西	电气机械和器材制造业	1 340 091
314	重庆市博赛矿业（集团）有限公司	重 庆	有色金属冶炼和压延加工业	1 338 434
315	康美药业股份有限公司	广 东	医药制造业	1 335 873
316	重庆市中科控股有限公司	重 庆	房屋建筑业	1 335 274
317	蓝思科技股份有限公司	湖 南	计算机、通信和其他电子设备制造业	1 335 165
318	曙光控股集团有限公司	浙 江	房屋建筑业	1 334 610
319	武汉市金马凯旋家具投资有限公司	湖 北	综 合	1 334 238
320	河南省淅川铝业（集团）有限公司	河 南	有色金属冶炼和压延加工业	1 330 507
321	红太阳集团有限公司	江 苏	化学原料和化学制品制造业	1 327 563
322	东方建设集团有限公司	浙 江	房屋建筑业	1 325 805
323	三花控股集团有限公司	浙 江	电气机械和器材制造业	1 324 082
324	方大特钢科技股份有限公司	江 西	黑色金属冶炼和压延加工业	1 321 466
325	河南众品食业股份有限公司	河 南	农副食品加工业	1 312 070
326	山东寿光鲁清石化有限公司	山 东	石油加工、炼焦和核燃料加工业	1 311 769
327	中厦建设集团有限公司	浙 江	房屋建筑业	1 310 667
328	万丰奥特控股集团有限公司	浙 江	汽车制造业	1 305 567
329	河南森源集团有限公司	河 南	电气机械和器材制造业	1 303 359
330	中设建工集团有限公司	浙 江	房屋建筑业	1 295 782
331	天津市通源钢铁集团有限公司	天 津	综合	1 289 435
332	华太建设集团有限公司	浙 江	房屋建筑业	1 287 247
333	浙江东南网架集团有限公司	浙 江	土木工程建筑业	1 282 531
334	中兴建设有限公司	江 苏	房屋建筑业	1 276 408
335	五洋建设集团股份有限公司	浙 江	房屋建筑业	1 276 197
336	绿都控股集团有限公司	浙 江	房地产业	1 273 632
337	群升集团有限公司	浙 江	综 合	1 272 763
338	江西济民可信集团有限公司	江 西	医药制造业	1 266 486
339	浙江长业控股集团有限公司	浙 江	房屋建筑业	1 266 000
340	福建永荣控股集团有限公司	福 建	化学纤维制造业	1 262 320
341	江苏新时代控股集团有限公司	江 苏	有色金属冶炼和压延加工业	1 260 442
342	华仪电器集团有限公司	浙 江	电气机械和器材制造业	1 259 436
343	沂州集团有限公司	山 东	非金属矿物制品业	1 258 013
344	浙江勤业建工集团有限公司	浙 江	房屋建筑业	1 250 655
345	广州海印实业集团有限公司	广 东	租赁业	1 244 975
346	内蒙古黄河能源科技集团有限责任公司	内蒙古	石油加工、炼焦和核燃料加工业	1 241 409
347	云南力帆骏马车辆有限公司	云 南	汽车制造业	1 239 344

续表

排序	企业名称	所在地	所属行业	营业收入总额（万元）
348	鄂尔多斯市乌兰煤炭（集团）有限责任公司	内蒙古	煤炭开采和洗选业	1 238 648
349	内蒙古源通煤化集团有限责任公司	内蒙古	煤炭开采和洗选业	1 234 602
350	重庆小康控股有限公司	重　庆	汽车制造业	1 233 782
351	广西洋浦南华糖业集团股份有限公司	广　西	食品制造业	1 228 262
352	利时集团股份有限公司	浙　江	橡胶和塑料制品业	1 228 197
353	江苏中信建设集团有限公司	江　苏	房屋建筑业	1 225 987
354	广州美涂士投资控股有限公司	广　东	综　合	1 224 315
355	青岛世纪瑞丰集团有限公司	山　东	批发业	1 220 000
356	中发实业（集团）有限公司	黑龙江	保险业	1 215 759
357	浙江亚厦装饰股份有限公司	浙　江	建筑装饰和其他建筑业	1 214 295
358	中博建设集团有限公司	浙　江	房屋建筑业	1 211 685
359	方远建设集团股份有限公司	浙　江	房屋建筑业	1 203 869
360	天洁集团有限公司	浙　江	专用设备制造业	1 199 865
361	金正大生态工程集团股份有限公司	山　东	化学原料和化学制品制造业	1 199 216
362	人本集团有限公司	浙　江	通用设备制造业	1 196 303
363	兴乐集团有限公司	浙　江	电气机械和器材制造业	1 196 184
364	浙江航民实业集团有限公司	浙　江	纺织业	1 192 954
365	江河创建集团股份有限公司	北　京	建筑装饰和其他建筑业	1 190 205
366	唐人神集团股份有限公司	湖　南	畜牧业	1 183 713
367	华升建设集团有限公司	浙　江	房屋建筑业	1 182 720
368	华泽集团有限公司	湖　南	酒、饮料和精制茶制造业	1 182 300
369	内蒙古明华能源集团有限公司	内蒙古	批发业	1 180 497
370	月星集团有限公司	江　苏	零售业	1 180 395
371	江苏常发实业集团有限公司	江　苏	通用设备制造业	1 180 000
372	浙江栋梁新材股份有限公司	浙　江	有色金属冶炼和压延加工业	1 178 634
373	浙江天宇交通建设集团有限公司	浙　江	综　合	1 178 524
374	冠壹实业集团有限公司	福　建	综　合	1 167 936
375	金猴集团有限公司	山　东	皮革、毛皮、羽毛及其制品和制鞋业	1 162 349
376	天颂建设集团有限公司	浙　江	房屋建筑业	1 162 327
377	深圳市怡亚通供应链股份有限公司	广　东	装卸搬运和运输代理业	1 162 294
378	江苏华地国际控股集团有限公司	江　苏	零售业	1 161 532
379	润东汽车集团有限公司	江　苏	零售业	1 157 339
380	连云港兴鑫钢铁有限公司	江　苏	黑色金属冶炼和压延加工业	1 156 318
381	浙江康桥汽车工贸集团股份有限公司	浙　江	零售业	1 155 626
382	山东尧王控股集团	山　东	综　合	1 154 506
383	云南奥宸房地产开发有限公司	云　南	房地产业	1 154 000
384	中昂地产（集团）有限公司	北　京	房地产业	1 153 914
385	山东荣信煤化有限责任公司	山　东	石油加工、炼焦和核燃料加工业	1 153 609
386	花园集团有限公司	浙　江	综　合	1 151 499
387	红楼集团有限公司	浙　江	商务服务业	1 150 749
388	福耀玻璃工业集团股份有限公司	福　建	非金属矿物制品业	1 150 121
389	浙江协和集团有限公司	浙　江	黑色金属冶炼和压延加工业	1 142 835
390	三鼎控股集团有限公司	浙　江	纺织业	1 136 471
391	春和集团有限公司	浙　江	铁路、船舶、航空航天和其他运输设备制造业	1 133 306

续表

排序	企业名称	所在地	所属行业	营业收入总额（万元）
392	重庆新鸥鹏地产（集团）有限公司	重 庆	房地产业	1 131 003
393	四川省乐山市福华农科投资集团	四 川	化学原料和化学制品制造业	1 127 516
394	浙江中富建筑集团股份有限公司	浙 江	房屋建筑业	1 126 526
395	盘锦北方沥青燃料有限公司	辽 宁	石油加工、炼焦和核燃料加工业	1 125 517
396	骆驼集团股份有限公司	湖 北	汽车制造业	1 118 280
397	博发控股集团	黑龙江	专用设备制造业	1 118 247
398	广州东凌实业集团有限公司	广 东	农副食品加工业	1 118 242
399	新七建设集团有限公司	湖 北	房屋建筑业	1 115 278
400	浙江富春江通信集团有限公司	浙 江	计算机、通信和其他电子设备制造业	1 108 155
401	高深（集团）有限公司	云 南	橡胶和塑料制品业	1 106 253
402	河北立中有色金属集团	河 北	有色金属冶炼和压延加工业	1 106 246
403	湖北三宁化工股份有限公司	湖 北	化学原料和化学制品制造业	1 100 800
404	天津亿联投资控股集团有限公司	天 津	房地产业	1 097 600
405	祐康食品集团有限公司	浙 江	食品制造业	1 097 465
406	上海春秋国际旅行社（集团）有限公司	上 海	商务服务业	1 096 365
407	湖南九龙经贸集团有限公司	湖 南	批发业	1 094 727
408	南通建工集团股份有限公司	江 苏	房屋建筑业	1 086 687
409	胜达集团有限公司	浙 江	造纸和纸制品业	1 085 409
410	江苏吴中集团有限公司	江 苏	综 合	1 083 019
411	湖北枝江酒业集团	湖 北	酒、饮料和精制茶制造业	1 082 917
412	杭州华三通信技术有限公司	浙 江	计算机、通信和其他电子设备制造业	1 081 810
413	洛阳颐和今世福珠宝集团有限公司	河 南	批发业	1 081 713
414	江苏上上电缆集团有限公司	江 苏	电气机械和器材制造业	1 070 581
415	杭州诺贝尔集团有限公司	浙 江	非金属矿物制品业	1 068 563
416	歌山建设集团有限公司	浙 江	房屋建筑业	1 067 781
417	浙江国泰建设集团有限公司	浙 江	房屋建筑业	1 064 711
418	江苏中南建筑产业集团有限责任公司	江 苏	房屋建筑业	1 063 567
419	华翔集团股份有限公司	浙 江	汽车制造业	1 063 515
420	杭州宏胜饮料集团有限公司	浙 江	酒、饮料和精制茶制造业	1 063 302
421	南通华新建工集团有限公司	江 苏	房屋建筑业	1 061 430
422	河南金汇不锈钢产业集团	河 南	黑色金属冶炼和压延加工业	1 061 130
423	华丰建设股份有限公司	浙 江	房屋建筑业	1 058 042
424	太平鸟集团有限公司	浙 江	零售业	1 057 219
425	振石控股集团有限公司	浙 江	黑色金属冶炼和压延加工业	1 055 597
426	深圳市兖峰能源投资控股有限公司	广 东	综 合	1 055 110
427	陕西黄河矿业（集团）有限责任公司	陕 西	煤炭开采和洗选业	1 054 612
428	内蒙古双欣能源化工有限公司	内蒙古	煤炭开采和洗选业	1 054 559
429	上海奥盛投资控股（集团）有限公司	上 海	金属制品业	1 052 932
430	永兴特种不锈钢股份有限公司	浙 江	黑色金属冶炼和压延加工业	1 052 345
431	武汉康顺集团有限公司	湖 北	批发业	1 050 956
432	江苏国强镀锌实业有限公司	江 苏	金属制品业	1 050 000
433	中亿丰建设集团股份有限公司	江 苏	房屋建筑业	1 046 553
434	金海重工股份有限公司	浙 江	铁路、船舶、航空航天和其他运输设备制造业	1 045 130
435	邯郸市正大制管有限公司	河 北	黑色金属冶炼和压延加工业	1 044 701

续表

排序	企业名称	所在地	所属行业	营业收入总额（万元）
436	苏州市相城区江南化纤集团有限公司	江　苏	纺织业	1 036 153
437	南通五建建设工程有限公司	江　苏	房屋建筑业	1 036 073
438	内蒙古恒东能源集团有限责任公司	内蒙古	煤炭开采和洗选业	1 035 024
439	杭叉集团股份有限公司	浙　江	通用设备制造业	1 033 539
440	辽宁曙光汽车集团股份有限公司	辽　宁	汽车制造业	1 030 000
441	河南金利金铅有限公司	河　南	有色金属冶炼和压延加工业	1 026 882
442	得力集团有限公司	浙　江	文教、工美、体育和娱乐用品制造业	1 025 786
443	海马汽车集团股份有限公司	海　南	汽车制造业	1 023 523
444	宁夏宝丰集团有限公司	宁　夏	综　合	1 022 198
445	浙江建华集团有限公司	浙　江	批发业	1 020 611
446	农夫山泉股份有限公司	浙　江	酒、饮料和精制茶制造业	1 019 561
447	浙江暨阳建设集团有限公司	浙　江	房屋建筑业	1 018 810
448	浙江展诚建设集团有限公司	浙　江	房屋建筑业	1 018 365
449	海天塑机集团有限公司	浙　江	专用设备制造业	1 016 717
450	天津立业钢铁集团有限公司	天　津	批发业	1 016 411
451	港龙控股集团有限公司	江　苏	房地产业	1 015 089
452	建业住宅集团(中国)有限公司	河　南	房地产业	1 005 324
453	歌尔声学股份有限公司	山　东	计算机、通信和其他电子设备制造业	1 004 881
454	宁波申洲针织有限公司	浙　江	纺织服装、服饰业	1 004 722
455	南通新华建筑集团有限公司	江　苏	房屋建筑业	1 002 878
456	陕西荣民集团	陕　西	综　合	1 000 532
457	星星集团有限公司	浙　江	电气机械和器材制造业	994 546
458	湖北东圣化工集团有限公司	湖　北	化学原料和化学制品制造业	994 304
459	柳桥集团有限公司	浙　江	皮革、毛皮、羽毛及其制品和制鞋业	994 002
460	山东中海化工集团有限公司	山　东	石油加工、炼焦和核燃料加工业	993 029
461	正太集团有限公司	江　苏	房屋建筑业	989 359
462	德华集团控股股份有限公司	浙　江	木材加工和木、竹、藤、棕、草制品业	987 679
463	万事利集团有限公司	浙　江	纺织服装、服饰业	987 180
464	汇宇控股集团	浙　江	房地产业	986 582
465	天津现代集团有限公司	天　津	房地产业	986 212
466	永泰能源股份有限公司	山　西	煤炭开采和洗选业	984 326
467	法派集团有限公司	浙　江	纺织服装、服饰业	983 100
468	致远控股集团有限公司	浙　江	有色金属冶炼和压延加工业	982 568
469	齐鲁特钢有限公司	山　东	黑色金属冶炼和压延加工业	981 144
470	九鼎建设股份有限公司	浙　江	酒、饮料和精制茶制造业	979 380
471	深圳市朗华供应链服务有限公司	广　东	商务服务业	975 235
472	无锡兴达泡塑新材料股份有限公司	江　苏	化学原料和化学制品制造业	973 413
473	新龙药业集团	湖　北	批发业	972 077
474	兴惠化纤集团有限公司	浙　江	纺织业	965 566
475	徐龙食品集团有限公司	浙　江	农副食品加工业	964 857
476	浙江东杭控股集团有限公司	浙　江	批发业	963 990
477	浙江兴日钢控股集团有限公司	浙　江	黑色金属冶炼和压延加工业	963 977
478	山东传洋集团有限公司	山　东	黑色金属冶炼和压延加工业	963 381
479	日照中瑞物产有限公司	山　东	零售业	960 693

续表

排序	企业名称	所在地	所属行业	营业收入总额（万元）
480	伟星集团有限公司	浙 江	综 合	958 039
481	天津市恒兴钢业有限公司	天 津	有色金属冶炼和压延加工业	955 113
482	铜陵精达铜材(集团)有限责任公司	安 徽	金属制品业	954 973
483	内蒙古满世投资集团有限公司	内蒙古	煤炭开采和洗选业	952 731
484	腾达建设集团股份有限公司	浙 江	土木工程建筑业	952 129
485	富丽达集团控股有限公司	浙 江	化学纤维制造业	946 188
486	无锡市凌峰铜业有限公司	江 苏	有色金属冶炼和压延加工业	945 286
487	天津开发区四达石化产品经销有限公司	天 津	批发业	943 900
488	杭州东恒石油有限公司	浙 江	批发业	942 026
489	浙江鸿翔控股集团有限公司	浙 江	房屋建筑业	937 925
490	兴源轮胎集团有限公司	山 东	橡胶和塑料制品业	937 159
491	广博集团	浙 江	印刷和记录媒介复制业	934 116
492	开元旅业集团有限公司	浙 江	综 合	926 120
493	湖南金龙国际集团	湖 南	有色金属冶炼和压延加工业	921 437
494	江苏江中集团有限公司	江 苏	房屋建筑业	920 665
495	锦联控股集团有限公司	辽 宁	水上运输业	920 182
496	云南玉溪玉昆钢铁有限公司	云 南	黑色金属冶炼和压延加工业	918 875
497	公元塑业集团有限公司	浙 江	橡胶和塑料制品业	918 114
498	江苏弘盛建设工程集团有限公司	江 苏	房屋建筑业	914 301
499	福建省金纶高纤股份有限公司	福 建	化学纤维制造业	913 000
500	北京明天投资有限公司	北 京	房地产业	912 226

资料来源：中华全国工商业联合会。

2013 年度中国民营制造业排序前 100 名企业

排序	企业名称	所在地	所属行业	营业收入总额（万元）
1	联想控股有限公司	北　京	计算机、通信和其他电子设备制造业	24 403 077
2	山东魏桥创业集团有限公司	山　东	纺织业	24 138 650
3	华为投资控股有限公司	广　东	计算机、通信和其他电子设备制造业	23 902 500
4	正威国际集团有限公司	广　东	有色金属冶炼和压延加工业	23 382 562
5	江苏沙钢集团有限公司	江　苏	黑色金属冶炼和压延加工业	22 803 606
6	浙江吉利控股集团有限公司	浙　江	汽车制造业	15 842 925
7	恒力集团有限公司	江　苏	化学原料和化学制品制造业	13 534 917
8	雨润控股集团有限公司	江　苏	食品制造业	12 997 856
9	美的集团股份有限公司	广　东	电气机械和器材制造业	12 126 518
10	中天钢铁集团有限公司	江　苏	黑色金属冶炼和压延加工业	10 509 107
11	海亮集团有限公司	浙　江	有色金属冶炼和压延加工业	10 043 837
12	杭州娃哈哈集团有限公司	浙　江	酒、饮料和精制茶制造业	7 827 855
13	浙江恒逸集团有限公司	浙　江	化学原料和化学制品制造业	7 806 579
14	北京建龙重工集团有限公司	北　京	黑色金属冶炼和压延加工业	7 300 434
15	三一集团有限公司	湖　南	专用设备制造业	7 224 984
16	河北新华联合冶金投资有限公司	河　北	黑色金属冶炼和压延加工业	6 628 908
17	浙江荣盛控股集团有限公司	浙　江	化学纤维制造业	6 503 560
18	山东东明石化集团有限公司	山　东	石油加工、炼焦和核燃料加工业	6 206 184
19	天能集团	浙　江	电气机械和器材制造业	5 666 097
20	超威集团	浙　江	电气机械和器材制造业	5 573 237
21	雅戈尔集团股份有限公司	浙　江	纺织服装、服饰业	5 325 026
22	江苏西城三联控股集团有限公司	江　苏	黑色金属冶炼和压延加工业	5 308 871
23	比亚迪股份有限公司	广　东	汽车制造业	5 286 328
24	上海复星高科技（集团）有限公司	上　海	综合制造	5 204 104
25	盛虹控股集团有限公司	江　苏	化学纤维制造业	5 134 714
26	青山控股集团有限公司	浙　江	黑色金属冶炼和压延加工业	5 081 412
27	河北津西钢铁集团股份有限公司	河　北	黑色金属冶炼和压延加工业	5 079 253
28	天津荣程联合钢铁集团有限公司	天　津	黑色金属冶炼和压延加工业	5 030 457
29	华盛江泉集团有限公司	山　东	黑色金属冶炼和压延加工业	4 856 057
30	玖龙纸业（控股）有限公司	广　东	造纸和纸制品业	4 823 712
31	奥克斯集团有限公司	浙　江	电气机械和器材制造业	4 806 871
32	四川省川威集团有限公司	四　川	黑色金属冶炼和压延加工业	4 749 288
33	江苏新长江实业集团有限公司	江　苏	黑色金属冶炼和压延加工业	4 720 593
34	通威集团有限公司	四　川	农副食品加工业	4 611 678
35	新华联集团有限公司	湖　南	石油加工、炼焦和核燃料加工业	4 525 846
36	科创控股集团有限公司	四　川	医药制造业	4 520 000

续表

排序	企业名称	所在地	所属行业	营业收入总额（万元）
37	日照钢铁控股集团有限公司	山 东	黑色金属冶炼和压延加工业	4 380 513
38	盾安控股集团有限公司	浙 江	专用设备制造业	4 363 204
39	红豆集团有限公司	江 苏	纺织服装、服饰业	4 351 833
40	华泰集团有限公司	山 东	造纸和纸制品业	4 310 219
41	海澜集团有限公司	江 苏	纺织服装、服饰业	4 300 569
42	内蒙古鄂尔多斯投资控股集团有限公司	内蒙古	综合制造	4 206 200
43	山东如意科技集团有限公司	山 东	纺织业	4 110 528
44	临沂新程金锣肉制品集团有限公司	山 东	农副食品加工业	4 084 626
45	江阴澄星实业集团有限公司	江 苏	化学原料和化学制品制造业	4 084 185
46	浙江桐昆控股集团有限公司	浙 江	化学纤维制造业	4 064 012
47	修正药业集团	吉 林	医药制造业	4 001 780
48	双胞胎(集团)股份有限公司	江 西	农副食品加工业	3 733 080
49	东方希望集团有限公司	上 海	有色金属冶炼和压延加工业	3 720 000
50	山东泰山钢铁集团有限公司	山 东	黑色金属冶炼和压延加工业	3 700 495
51	江苏申特钢铁有限公司	江 苏	黑色金属冶炼和压延加工业	3 656 785
52	江苏金浦集团有限公司	江 苏	化学原料和化学制品制造业	3 642 983
53	山东大海集团有限公司	山 东	电气机械和器材制造业	3 600 523
54	江苏永钢集团有限公司	江 苏	黑色金属冶炼和压延加工业	3 553 556
55	山东京博控股股份有限公司	山 东	石油加工、炼焦和核燃料加工业	3 540 123
56	新疆特变电工集团有限公司	新 疆	专用设备制造业	3 533 083
57	山东太阳纸业股份有限公司	山 东	造纸和纸制品业	3 515 118
58	四川科伦实业集团有限总司	四 川	医药制造业	3 507 582
59	宁波金田投资控股有限公司	浙 江	有色金属冶炼和压延加工业	3 482 392
60	江苏阳光集团有限公司	江 苏	纺织业	3 372 436
61	华勤橡胶工业集团有限公司	山 东	橡胶和塑料制品业	3 327 163
62	正泰集团股份有限公司	浙 江	电气机械和器材制造业	3 322 428
63	江西萍钢实业股份有限公司	江 西	黑色金属冶炼和压延加工业	3 321 783
64	德力西集团有限公司	浙 江	电气机械和器材制造业	3 315 360
65	万达控股集团有限公司	山 东	有色金属冶炼和压延加工业	3 280 802
66	金龙精密铜管集团股份有限公司	河 南	有色金属冶炼和压延加工业	3 258 333
67	亚邦投资控股集团有限公司	江 苏	化学原料和化学制品制造业	3 205 036
68	亨通集团有限公司	江 苏	电气机械和器材制造业	3 121 035
69	嘉晨集团有限公司	辽 宁	黑色金属冶炼和压延加工业	3 116 567
70	四川德胜集团钒钛有限公司	四 川	黑色金属冶炼和压延加工业	3 103 549
71	利华益集团股份有限公司	山 东	石油加工、炼焦和核燃料加工业	3 100 653
72	上海人民企业(集团)有限公司	上 海	金属制品业	3 093 624
73	天津宝迪农业科技股份有限公司	天 津	食品制造业	3 061 847
74	天狮集团有限公司	天 津	医药制造业	3 048 834
75	和润集团有限公司	浙 江	农副食品加工业	3 037 857

续表

排序	企业名称	所在地	所属行业	营业收入总额（万元）
76	山东金诚石化集团有限公司	山东	石油加工、炼焦和核燃料加工业	3 032 125
77	天瑞集团股份有限公司	河南	非金属矿物制品业	3 031 635
78	宁夏宝塔石化集团有限公司	宁夏	石油加工、炼焦和核燃料加工业	3 018 131
79	江苏扬子江船业集团公司	江苏	铁路、船舶、航空航天和其他运输设备制造业	3 009 256
80	人民电器集团有限公司	浙江	电气机械和器材制造业	2 978 871
81	晟通科技集团有限公司	湖南	有色金属冶炼和压延加工业	2 897 897
82	双良集团有限公司	江苏	化学原料和化学制品制造业	2 877 518
83	山东金岭集团有限公司	山东	化学原料和化学制品制造业	2 856 039
84	福佳集团有限公司	辽宁	化学原料和化学制品制造业	2 827 561
85	波司登股份有限公司	江苏	纺织服装、服饰业	2 807 323
86	江苏金辉铜业集团有限公司	江苏	有色金属冶炼和压延加工业	2 782 507
87	丰立集团有限公司	江苏	废弃资源综合利用业	2 760 240
88	河北普阳钢铁有限公司	河北	黑色金属冶炼和压延加工业	2 743 957
89	宁夏天元锰业有限公司	宁夏	有色金属冶炼和压延加工业	2 742 963
90	杭州锦江集团有限公司	浙江	有色金属冶炼和压延加工业	2 729 972
91	西王集团有限公司	山东	农副食品加工业	2 712 007
92	郑州宇通集团有限公司	河南	汽车制造业	2 698 448
93	天正集团有限公司	浙江	电气机械和器材制造业	2 686 149
94	山东玉皇化工有限公司	山东	化学原料和化学制品制造业	2 681 915
95	东营方圆有色金属有限公司	山东	有色金属冶炼和压延加工业	2 679 225
96	维维集团股份有限公司	江苏	食品制造业	2 618 069
97	华芳集团有限公司	江苏	纺织业	2 604 977
98	重庆力帆控股有限公司	重庆	汽车制造业	2 601 570
99	唐山国丰钢铁有限公司	河北	黑色金属冶炼和压延加工业	2 575 331
100	武安市裕华钢铁有限公司	河北	黑色金属冶炼和压延加工业	2 560 125

资料来源：中华全国工商业联合会。

2013年度中国民营服务业排序前100名企业

排序	企业名称	所在地	所属行业	营业收入总额（万元）
1	苏宁控股集团	江　苏	零售业	27 981 265
2	中国华信能源有限公司	上　海	批发业	20 998 533
3	大连万达集团股份有限公司	辽　宁	房地产业	18 664 000
4	万科企业股份有限公司	广　东	房地产业	13 541 879
5	新疆广汇实业投资(集团)有限责任公司	新　疆	零售业	10 923 638
6	西安迈科金属国际集团有限公司	陕　西	批发业	7 726 111
7	山东晨曦集团有限公司	山　东	批发业	7 512 471
8	苏宁环球集团有限公司	江　苏	房地产业	6 615 000
9	三胞集团有限公司	江　苏	零售业	6 546 007
10	庞大汽贸集团股份有限公司	河　北	零售业	6 398 528
11	陕西东岭工贸集团股份有限公司	陕　西	批发业	6 084 083
12	江苏南通三建集团有限公司	江　苏	房地产业	4 956 966
13	远大物产集团有限公司	浙　江	商务服务业	4 519 400
14	银亿集团有限公司	浙　江	批发业	4 210 593
15	深圳市爱施德股份有限公司	广　东	批发业	4 039 918
16	重庆龙湖企业拓展有限公司	重　庆	房地产业	3 914 310
17	云南中豪置业有限责任公司	云　南	房地产业	3 561 248
18	新世纪控股集团有限公司	浙　江	商务服务业	3 500 000
19	浙江前程投资股份有限公司	浙　江	批发业	3 441 091
20	腾邦投资控股有限公司	广　东	软件和信息技术服务业	3 393 608
21	九州通医药集团股份有限公司	湖　北	批发业	3 343 805
22	物美控股集团有限公司	北　京	零售业	3 253 710
23	百度在线网络技术(北京)有限公司	北　京	互联网和相关服务	3 194 392
24	重庆市金科投资控股(集团)有限责任公司	重　庆	房地产业	3 027 247
25	大汉控股集团有限公司	湖　南	综合服务	2 915 493
26	东方集团实业股份有限公司	黑龙江	综合服务	2 836 391
27	中基宁波集团股份有限公司	浙　江	商务服务业	2 759 217
28	亿达集团有限公司	辽　宁	房地产业	2 704 884
29	四川蓝光实业集团有限公司	四　川	房地产业	2 703 943
30	百兴集团有限公司	江　苏	商务服务业	2 683 581
31	中球冠集团有限公司	浙　江	批发业	2 513 618
32	卓尔控股有限公司	湖　北	综合服务	2 393 000
33	天津领先控股集团有限公司	天　津	批发业	2 378 236
34	江苏华厦融创置地集团有限公司	江　苏	房地产业	2 358 390
35	浙江新湖集团股份有限公司	浙　江	综合服务	2 343 468
36	上海龙昂国际贸易有限公司	上　海	批发业	2 240 719

续表

排序	企业名称	所在地	所属行业	营业收入总额（万元）
37	江苏文峰集团有限公司	江　苏	零售业	2 240 347
38	江苏高力集团有限公司	江　苏	房地产业	2 225 150
39	步步高投资集团股份有限公司	湖　南	零售业	2 119 148
40	荣盛控股股份有限公司	河　北	房地产业	2 100 398
41	香江集团有限公司	广　东	综合服务	2 082 239
42	银海万向控股集团有限公司	北　京	批发业	2 078 736
43	新城控股集团有限公司	江　苏	房地产业	2 077 126
44	融信(福建)投资集团有限公司	福　建	房地产业	2 048 570
45	君华集团有限公司	广　东	房地产业	2 029 276
46	南通化工轻工股份有限公司	江　苏	批发业	2 017 587
47	国能商业有限公司	上　海	批发业	2 015 616
48	上海均和集团有限公司	上　海	批发业	2 000 807
49	银泰商业(集团)有限公司	浙　江	零售业	1 898 071
50	福星集团控股有限公司	湖　北	综合服务	1 806 066
51	上海圆迈贸易有限公司	上　海	零售业	1 772 390
52	金花投资控股集团有限公司	陕　西	零售业	1 745 285
53	云南惠嘉进出口有限公司	云　南	批发业	1 667 834
54	大华(集团)有限公司	上　海	房地产业	1 657 828
55	华南物资集团有限公司	重　庆	批发业	1 648 714
56	成都蛟龙港	四　川	综合服务	1 645 960
57	新华锦集团	山　东	批发业	1 628 378
58	贵阳宏益房地产开发有限公司	贵　州	房地产业	1 587 536
59	河南联合煤炭化工集团有限公司	河　南	批发业	1 566 876
60	大生(福建)农业有限公司	福　建	批发业	1 557 082
61	上海均瑶(集团)有限公司	上　海	综合服务	1 552 399
62	日照兴业集团有限公司	山　东	批发业	1 524 381
63	欧美投资集团有限公司	山　东	批发业	1 513 594
64	浙江金田阳光投资有限公司	浙　江	商务服务业	1 490 400
65	海外海集团有限公司	浙　江	商务服务业	1 487 226
66	江苏集群信息产业集团	江　苏	软件和信息技术服务业	1 473 116
67	山东远通汽车贸易集团有限公司	山　东	零售业	1 466 000
68	泰地控股集团有限公司	浙　江	综合服务	1 459 921
69	万马联合控股集团有限公司	浙　江	零售业	1 437 214
70	包商银行股份有限公司	内蒙古	货币金融服务	1 423 297
71	福中集团有限公司	江　苏	综合服务	1 408 500
72	中经汇通有限责任公司	广　东	互联网和相关服务	1 393 369
73	杭州滨江房产集团股份有限公司	浙　江	房地产业	1 359 288
74	中浪环保股份有限公司	浙　江	批发业	1 350 441
75	浙江明日控股集团股份有限公司	浙　江	零售业	1 340 762

续表

排序	企业名称	所在地	所属行业	营业收入总额（万元）
76	武汉市金马凯旋家具投资有限公司	湖　北	综合服务	1 334 238
77	绿都控股集团有限公司	浙　江	房地产业	1 273 632
78	广州海印实业集团有限公司	广　东	租赁业	1 244 975
79	青岛世纪瑞丰集团有限公司	山　东	批发业	1 220 000
80	中发实业(集团)有限公司	黑龙江	保险业	1 215 759
81	内蒙古明华能源集团有限公司	内蒙古	批发业	1 180 497
82	月星集团有限公司	江　苏	零售业	1 180 395
83	冠壹实业集团有限公司	福　建	综合服务	1 167 936
84	深圳市怡亚通供应链股份有限公司	广　东	装卸搬运和运输代理业	1 162 294
85	江苏华地国际控股集团有限公司	江　苏	零售业	1 161 532
86	润东汽车集团有限公司	江　苏	零售业	1 157 339
87	浙江康桥汽车工贸集团股份有限公司	浙　江	零售业	1 155 626
88	云南奥宸房地产开发有限公司	云　南	房地产业	1 154 000
89	中昂地产(集团)有限公司	北　京	房地产业	1 153 914
90	红楼集团有限公司	浙　江	商务服务业	1 150 749
91	重庆新鸥鹏地产(集团)有限公司	重　庆	房地产业	1 131 003
92	天津亿联投资控股集团有限公司	天　津	房地产业	1 097 600
93	上海春秋国际旅行社(集团)有限公司	上　海	商务服务业	1 096 365
94	湖南九龙经贸集团有限公司	湖　南	批发业	1 094 727
95	江苏吴中集团有限公司	江　苏	综合服务	1 083 019
96	洛阳颐和今世福珠宝集团有限公司	河　南	批发业	1 081 713
97	太平鸟集团有限公司	浙　江	零售业	1 057 219
98	深圳市兖峰能源投资控股有限公司	广　东	综合服务	1 055 110
99	武汉康顺集团有限公司	湖　北	批发业	1 050 956
100	浙江建华集团有限公司	浙　江	批发业	1 020 611

资料来源：中华全国工商业联合会。

优秀企业风采

（排序不分先后）

天津钢管集团股份有限公司
鞍钢集团矿业公司
大冶有色金属集团控股有限公司
厦门钨业股份有限公司
中国通用咨询投资有限公司
中国黄金集团公司
隆鑫控股有限公司
东风汽车公司
安徽江淮汽车股份有限公司
江铃汽车集团公司
东风柳州汽车有限公司
中国航空工业集团公司
中航工业沈阳飞机工业（集团）有限公司
上海外高桥造船有限公司
渤海船舶重工有限责任公司
中国新兴（集团）总公司
山东科达集团有限公司
恒力集团有限公司
国美控股集团
四川长虹电子集团有限公司
杭州金鱼电器集团有限公司
广东省广播电视网络股份有限公司
中建材集团进出口公司
福建省能源集团有限责任公司
中国水电建设集团国际工程有限公司
大亚湾核电运营管理有限责任公司
中广核工程有限公司
中核建中核燃料元件有限公司
大唐电信科技产业集团
娃哈哈集团
广东大哥大集团有限公司
浙江大东南股份有限公司
上海东浩兰生国际服务贸易（集团）有限公司
中和环球控股有限公司
华侨城集团公司
安徽省旅游集团有限责任公司
招商银行
武汉农村商业银行
北京印钞有限公司
阳光保险集团股份有限公司
国家开发投资公司
中国平煤神马集团
红云红河烟草（集团）有限责任公司

天津钢管集团

天津钢管集团股份有限公司又称“大无缝”，是目前国内规模居首位的石油管材生产基地和中国能源工业钢管基地。1989年动工兴建，1992年热试投产。

拥有MPM、PQF、ASSEL和REM等4种机型、7套轧机，无缝钢管年生产能力达350万吨，实际产销量连续5年居世界首位，产品远销100多个国家和地区。石油套管成为“中国名牌产品”。TPCO商标被认定为“中国驰名商标”。

建有国家级企业技术中心，拥有全球仅有的的全流程、全尺寸中间试验线，形成了具有自主知识产权的TP产品系列。产品由原设计的3个钢级、几十个品种发展到26个钢级、近万个品种规格，80多项填补国内空白。

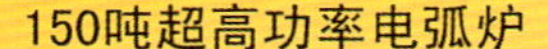
150吨超高功率电弧炉

TP系列产品1

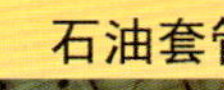
石油套管

股份有限公司

调整优化产业结构，抓住机遇发展了铜材、不锈板和设备制造等新的主业，成为综合性的大型企业集团，经济效益综合指数位居全国重点钢铁企业前列。

加快国际化发展步伐，与西马克·米尔公司联合建设白俄罗斯无缝钢管项目，创全国钢管行业技术输出的先例。继2009年印尼项目投产后，2011年8月正式启动了总投资10亿美元的美国建厂项目，打造公司“十二五”发展较快的亮点。

公司荣获全国文明单位、全国五一劳动奖状、全国创新型企业、全国生态文化示范企业和3次国家级企业管理创新成果一等奖等。公司党委3次荣获全国先进基层党组织称号；公司领导班子被评为全国国有企业创建“四好”领导班子先进集体。

TP系列产品2

轧管生产线

鞍钢集团矿业公司
Ansteel Mineral Industry Company

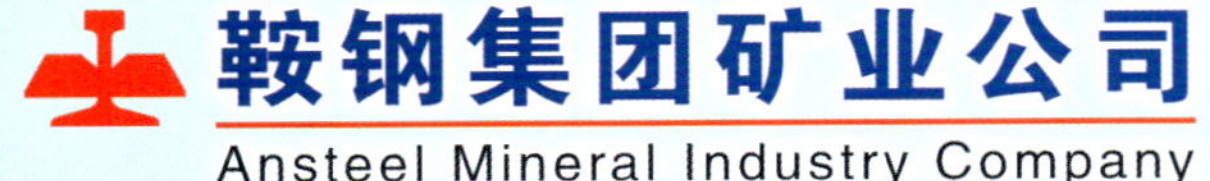

致力打造世界级铁矿山企业

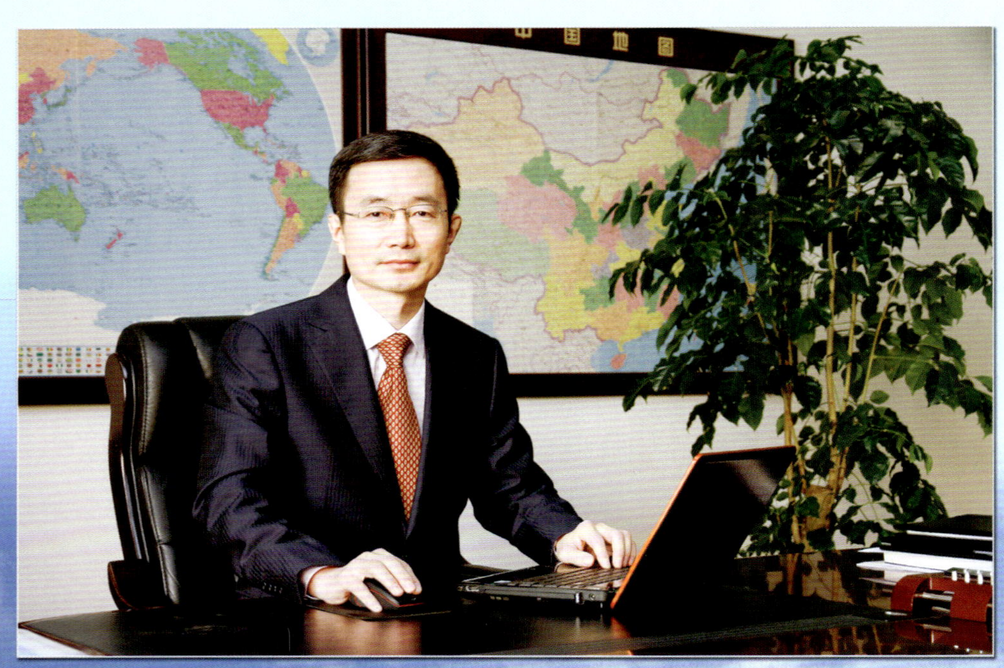

总经理　邵安林

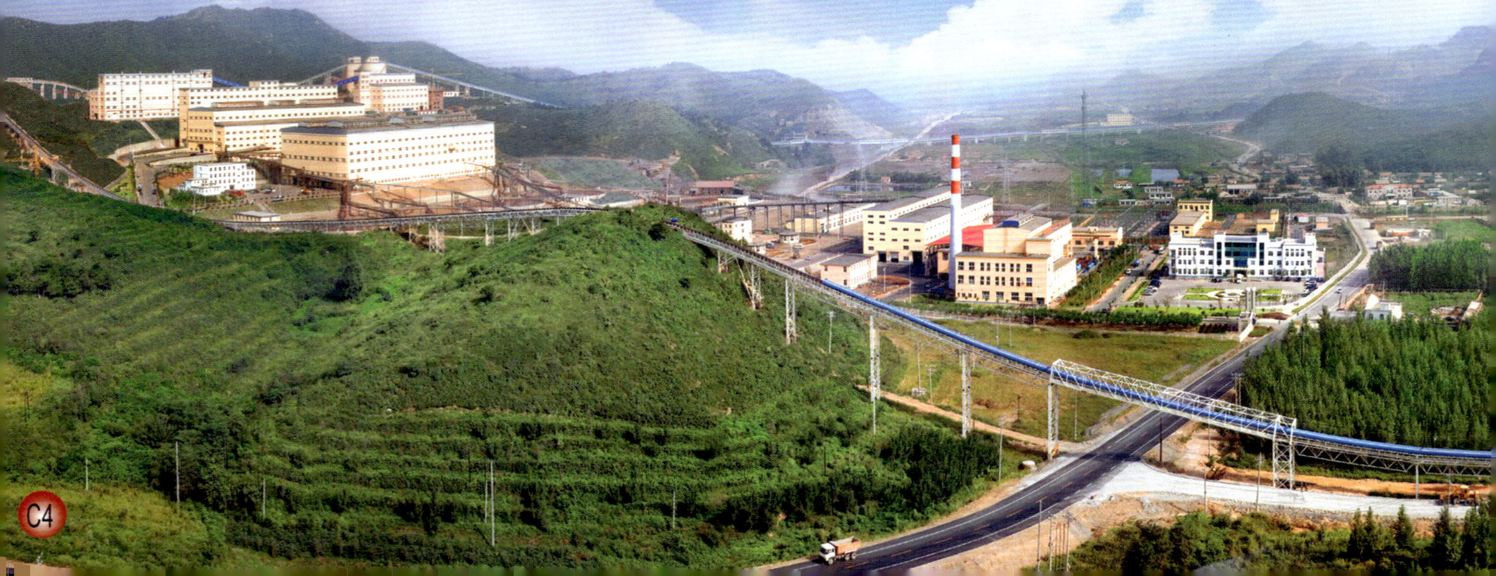

选矿生产线

铁矿采场

鞍钢集团矿业公司是鞍钢的主要矿石原料生产基地，是集勘探业、采矿业、选矿业、民爆工程业、矿山设备制造业、资源综合利用产业和物流贸易、工艺研发设计、工程技术输出为一体的特大型矿业集团。公司下辖直属单位25个、专业部门15个。主要单位包括铁矿山7座、选矿厂6个、烧结厂1个、球团厂2个、辅料矿山4座和设计研究院1个。掌控资源量88亿吨，潜在资源量170亿～180亿吨。已形成年产铁矿石6 000万吨、铁精矿2 000万吨、球团矿600万吨、烧结矿380万吨、石灰石1 000万吨的生产能力。2013年，鞍钢矿业完成铁精矿1 800万吨，实现销售收入166.8亿元，利润24亿元。

鞍钢矿业创立了“五品联动”矿冶工程理论体系，建立了贫磁铁矿提铁降硅和贫赤铁矿选矿两大技术系列，破解了贫铁矿开发难题，解放了全国几百亿吨贫铁矿资源，使鞍钢矿业选矿技术及产品质量达到国际领先水平，主要经济技术指标居国内领先水平，成为行业技术领跑企业。“五品联动系统创新模式”被评为世界钢铁产业十大科技要闻之首，被誉为“中国钢铁工业的战略支点”，同时还获得第二十届全国企业管理创新成果一等奖。目前，鞍钢矿业拥有国家专利474项，发明专利25项，专有技术703项。近年来，有34项成果获得省部级以上奖项，2项成果获得国家科技进步二等奖，2项发明专利在国际发明展览会上分获金银奖，13项发明专利在全国发明展览会获奖。

大冶有色金属集

大冶有色金属集团控股有限公司始建于1953年，是国家“一五”时期156个重点项目之一。经过60多年的发展，公司现下辖24家全资和控股子公司，所属企业分布鄂东南、长三角、珠三角和新疆、西藏、香港等地，以及吉尔吉斯、蒙古、菲律宾等国，已从矿冶文明古铜都湖北黄石走向全国和海外。目前，公司具有年产阴极铜70万吨、硫酸120万吨、黄金20吨、白银600吨、铜材加工45万吨的能力，还开发了铂金锭、海绵钯、铼酸铵、精制碲、硫酸镍等综合回收利用产品，铜冶炼技术装备达到国内领先水平。2012年大冶有色金属有限责任公司在香港联交所成功上市。现为中国企业500强第180位，湖北省100强企业第5位，2013年实现销售收入830亿元，2014年将突破千亿目标，实现了规模化、多元化、国际化经营，成为国内铜行业的支柱企业。

公司先后荣获全国五一劳动奖状、全国模范劳动关系和谐企业、全国守合同重信用企业、全国企业文化建设优秀单位和湖北省最佳文明单位等荣誉称号。

“大江牌”黄金金条

“大江牌”白银工艺品

铜绿山矿主副井塔楼

大冶有色武汉研发大楼

团控股有限公司

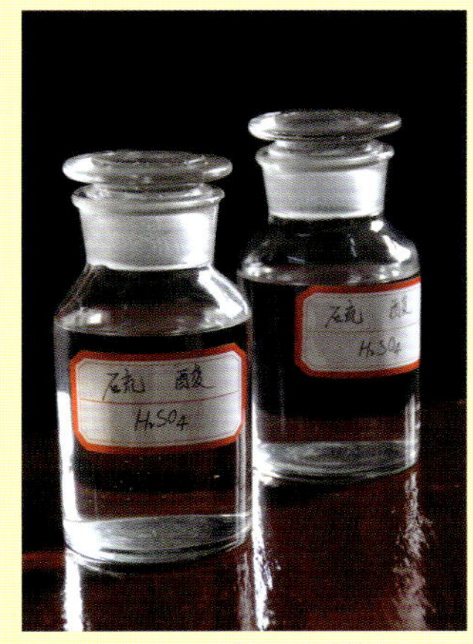

“大江牌”硫酸

30万吨电解生产现场

“30万吨”铜电解机械手作业

江牌”阴极铜

澳斯麦特炉外景

厦门钨业股份有限公司是福建省国有控股的公众上市公司，主要从事钨钼精矿、稀土矿、粉末冶炼、硬质合金、切削刀具、丝材板材和稀土分离、发光材料、磁性材料、电池材料等产品的研发、生产与销售，并进行房地产的开发与经营，是世界上较大的钨钼产品、电池材料供应商之一。公司拥有20家控股公司、分公司，一个钨材料工程技术中心及一个磁性材料研究所，设有两个博士后科研工作站，先后被认定为高新技术企业、国家首批创新型试点企业、国家首批“两型”试点企业、全国“十佳极具成长性的上市公司”、福建省首批发展循环经济示范企业、福建省极具竞争力的上市公司和国家火炬计划钨材料产业基地。

公司成立以来，始终遵循“让员工实现自我价值、使用户得到满意服务、为股东取得丰厚回报，为社会共谋和谐发展”的企业宗旨，着力搭建世界一流的管理体系，引进全球高端人才，依托技术、资金、资源优势，不断以技术创新为突破口，追求高品质产品，打造了世界上较完整的钨产业链，国内较先进的能源新材料产业链和技术领先的钼产业链，树立了滕王阁房地产的优质品牌，企业持续稳步发展，在同行业、客户及资本市场享有崇高的诚信口碑和良好信誉，厦钨品牌价值得到越来越多的国内外商家和投资者认可。今后，公司将一如既往地同广大用户和各界朋友真诚合作，再创辉煌！

中国通用咨询
China General Consulti

公司成为以色列政府在中国
指定咨询机构

公司领导参与会见“水资源安全”
国际学术研讨会代表团

公司为滇池治理提供咨询服务

中国通用咨询投资有限公司隶属于中央直属重要骨干企业中国通用技术集团。公司以生态建设、环境保护和节能减排为方向，聚焦节能环保产业、基础设施建设领域以及国家重点工程和重大项目，以咨询业务、商务服务、项目管理和投融资管理等智力和资金支持，为客户提供绿色可持续的整体解决方案和增值服务。

咨询业务：环境、市政基础设施项目运作全过程咨询；战略规划及管理咨询；境内外园区规划咨询；区域综合开发策划；轨道交通项目全过程咨询；工程造价咨询；政策咨询；技术咨询；节能管理和节能服务。

投资：财务性投资；战略性投资。

基金管理：投资于节能环保、装备制造、医药等领域，为国家战略性新兴产业发展打造投融资平台。

招标采购：国家招标代理领军企业，国家引进国外先进技术和成套设备的主要窗口。是国家最早从事招标代理采购的专业化公司，也是国内最早承办国际招标采购业务的中央商贸企业。

新型代理：依托央企背景和网络优势，通过整合销售渠道，优化市场战略，财务杠杆支持等系列工具帮助产品或技术进行市场推广。

地址：北京市西三环中路90号通用技术大厦

邮编： 100055

网址： www.cgci.com.cn

投资有限公司
Investment Co., Ltd.

投融资管理
■投融资及IPO业务
■投融资咨询服务

商务服务
■招标采购和进出口代理业务
■电子商务
■商务策划、培育和包装，商务集成

绿色发展整体解决方案提供者

咨询业务
■政策咨询
■区域规划咨询
■企业诊断及战略咨询
■项目咨询

中国通用咨询投资有限公司

项目管理
■工程承包、代建制及区域规划内的项目
■项目运营
■自营业务

公司为美国GE公司提供咨询服务

公司与北京市开展全方位合作

通用基金管理公司揭牌

中国黄金
China Gold

总经理、党委书记 宋 鑫

中国黄金集团公司（简称“中国黄金”）组建于2003 年年初，其前身是成立于1979年的中国黄金总公司。中国黄金是中国黄金协会会长单位，是世界黄金协会在中国的会员单位。

中国黄金主要从事金、银、铜、钼等有色金属的勘察设计、资源开发、产品生产和贸易以及工程总承包等业务，是集地质勘探、矿山开采、选矿冶炼、产品精炼、加工销售、科研开发和工程设计与建设于一体的综合性大型矿业公司。

中国黄金下设中金黄金、中金国际、中金珠宝、中金建设、中金资源、中金辐照、中金贸易7大板块；拥有二级子公司57家，分布于国内26个省区以及部分海外地区，其中上市公司2家（境内A股上市公司“中金黄金”以及加拿大多伦多交易所和中国香港联合交易所两地上市的“中金国际”）；2 200余家“中国黄金”品牌营销网点遍布全国；在我国重要成矿区带，规划了23个黄金生产基地和3个大型有色金属生产基地；拥有我国黄金行业的国家级黄金研究院、黄金设计院两个高新技术产业示范基地；拥有独立自主知识产权的生物氧化提金技术和原矿焙烧技术。

苏尼特金曦公司

蒙古矿业公司大型生产设备

内蒙古太平公司机械化开采

湖北三鑫公司调度指挥中心

中国黄金秉承“环保扎根基、绿化提神气、和谐促发展、科技催新机”宗旨，全面实施“以金为主，多金属开发并举”战略，实现了资源储量、总资产、销售收入和利润4项指标“四年翻两番”的辉煌业绩。目前，黄金资源储量、矿产金产量、精炼金产量、黄金投资产品市场占有率、黄金选冶技术水平、上海黄金交易所综合类会员黄金实物交易量6项指标位居国内黄金行业领先地位。在2010年、2011年国务院国资委对中央企业业绩考核中连续两年被评为A级企业，2013年荣获国务院国资委2010—2012年任期考核“业绩优秀企业奖”，企业综合信用等级为AAA级，是黄金行业首家获得国内信用等级领先的企业。

立足当前，着眼长远。“十二五”期间，中国黄金加快转变经济发展方式，巩固发展成果，提高发展质量，力争到“十二五”末，进入世界500强，建设世界一流矿业公司！

西藏华泰龙公司绿色矿区

地址：北京市东城区安定门外大街9号

邮编：100011

网址：www.chinagoldgroup.com

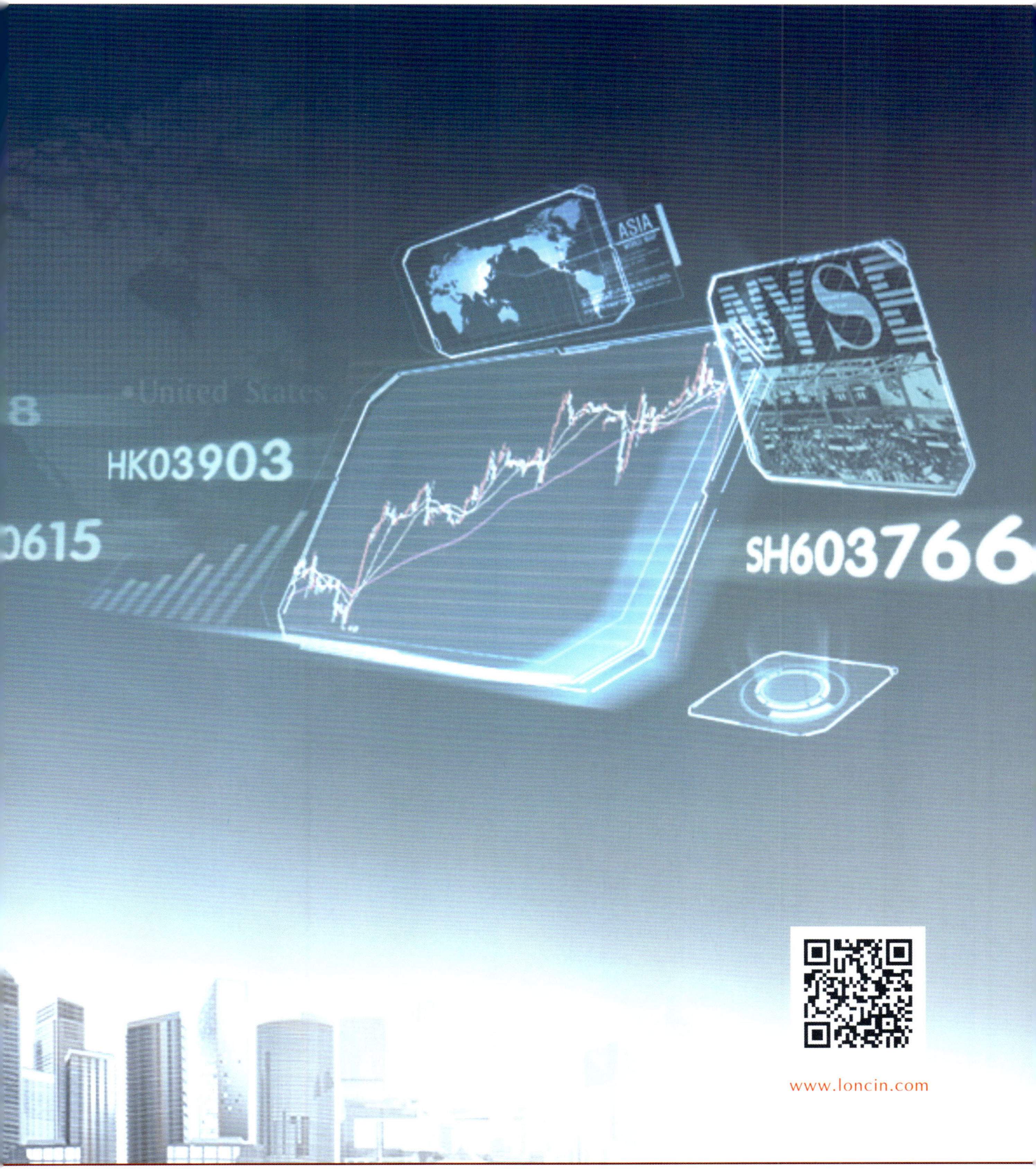

United States
HK03903
0615
ASIA
NYSE
SH603766
www.loncin.com

东风汽车公司始建于1969年，是我国首次完全自主设计、建设的大型汽车企业。40多年来，经过几代建设者的不懈努力，先后在十堰、襄阳、武汉、广州等全国15个省、市的20多个城市形成了研发和生产制造基地，构建起面向世界的多元合资合作格局和开放的自主创新体系，主营业务涵盖全系列商用车、乘用车、汽车零部件、汽车装备及汽车相关业务。2013年，公司实现汽车销量353.5万辆，实现销售收入4 533.6亿元，产销规模稳居国内汽车行业第2位。截至2013年，公司总资产2 032亿元，员工15万人，公司位居《财富》世界500强第146位，中国企业500强第18位，中国制造业企业500强第4位。

2014年，公司迎来建设发展45周年。45年来，公司已累计产销汽车近2 300万辆，累计向国家上缴税费近2 400亿元。面向未来，公司将致力于加快实现“一个永续发展的百年东风、面向世界的国际化东风、在开放中自主发展的东风”的“东风梦”，为实现我国“汽车强国梦”和中华民族伟大复兴的“中国梦”作出新的贡献。

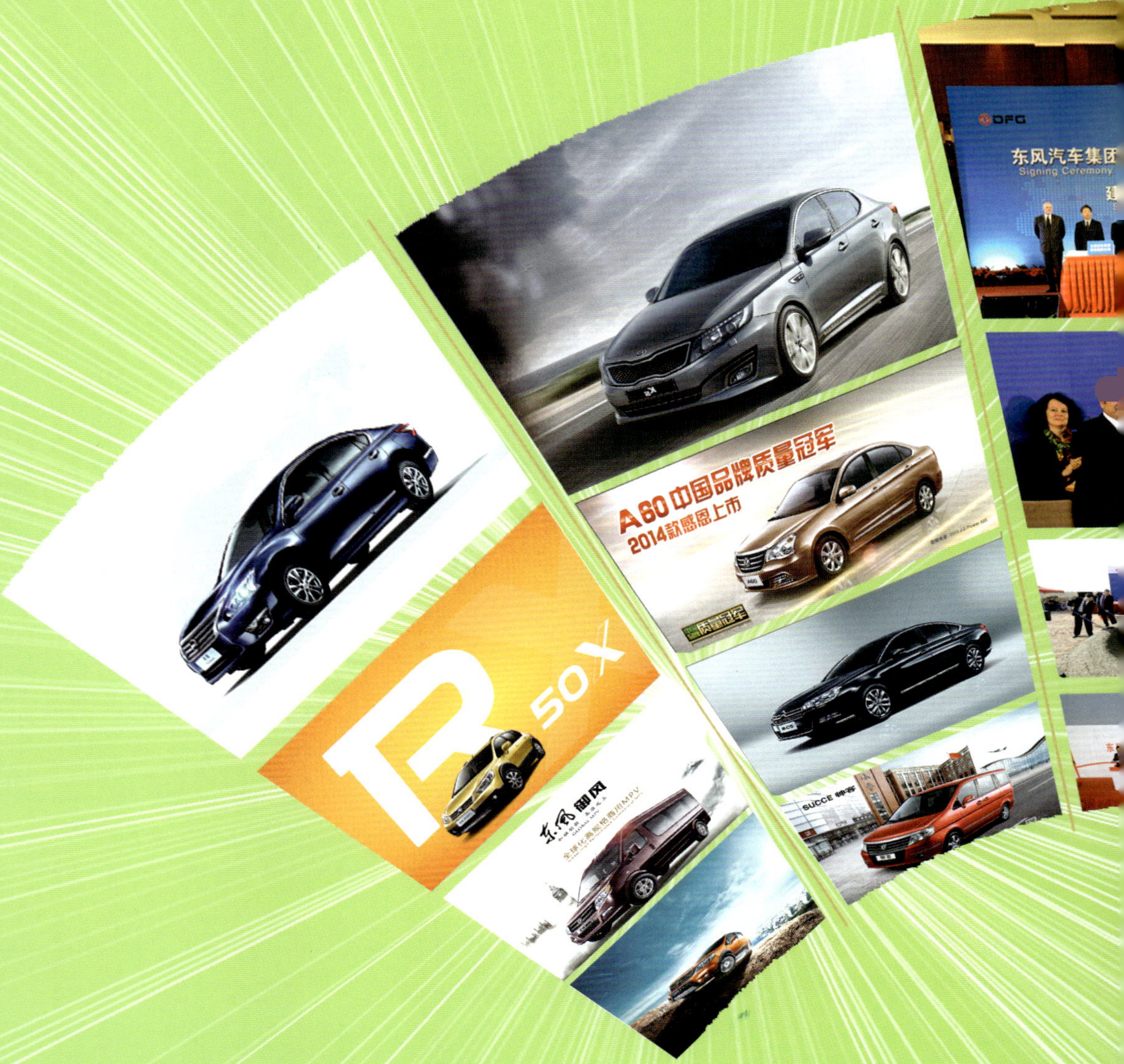

VOLVO
沃集团公司
紧凑型MPV·风光
LUXGEN5 Sedan
东风裕隆
东风标致 508
东风标致 2008

JAC 江淮汽车

安徽江淮汽车股份有限公司

董事长、党委书记　安　进

总经理　项兴初

安徽江淮汽车股份有限公司成立于1999年，总部位于安徽合肥，是一家集商用车、乘用车及动力总成研发、制造、销售和服务于一体的综合性汽车厂商。其前身巢湖汽车配件厂成立于1964年，1968年制造出安徽省首台汽车，是中国较早的汽车企业。2001年在上海证券交易所挂牌上市，股票代码为600418。

商用车事业作为江淮汽车的核心业务，总量稳步增长，位居行业第三位。轻卡产品出口量连续14年位居同类产品首位，累计销量超过180万辆。乘用车事业作为战略业务，已形成“瑞风+和悦”双品牌，覆盖C、B、A、A0、SUV、MPV六大系列平台，其中瑞风商务车多年来稳居国内MPV市场前三甲，市场保有量突破55万辆。“GreenJet”发动机连续5年、六款产品荣获“中国心”十佳发动机称号。新能源汽车作为战略新兴产品，自2010年首次投放市场示范运营以来，便取得良好的社会反响，销量位居全国前列。

经过半个世纪的历史积淀，公司以“为客户创价值、为员工谋幸福、为国家做贡献”为使命，形成了“敬客经营、质量为本、求真务实”的核心价值观，在“有效益、有技术、有品质、有特色、有规模”的经营方针指引下，立足自主创新发展，推动产业升级，把江淮汽车打造成为国际竞争力的民族汽车品牌，持续提升规模效益，做优秀的企业公民，成为强大中国的基石。

JAC江淮汽车
技术中心
江淮汽车
GLOVIS
S5
江淮和悦
同悦
悦悦

江铃汽车集团公司

JIANGLING MOTORS CO., GROUP

江铃汽车集团公司是我国汽车整车出口基地和中国轻型柴油商用车主要的出口商之一。集团拥有 JMC 系列、全顺系列、陆风系列、驭胜系列、天鹿系列、晶马系列、骐铃系列等七大汽车品牌，产品覆盖全球 115 个国家和地区。集团拥有 32 家一级子公司，有 6 家整车企业和 18 家零部件企业，是致力于成为业内一流的汽车和关键零部件制造商的综合性汽车企业。

董事长　邱天高

2013 年，集团实现整车销售 25.4 万辆，实现销售收入 400.7 亿元，在全国商用车市场的占有率达到 5.4%，轻客销量全国排名第 2 位，皮卡销量全国排名第 2 位，轻卡销量全国排名第 8 位，在 2013 年全国商用车企业中排名第 6 位，全国汽车企业中排名第 13 位，列 2014 中国企业 500 强第 288 位，中国制造业 500 强第 144 位。

2014 年，集团谋篇布局，启动了多个整车基地建设，在全国形成了六大整车生产基地，规划的百万辆整车布局已经明朗。集团审时度势，根据行业形势和企业发展实际，制定了“20115 战略”，即到 2020 年要实现年整车销量 100 万辆，营业收入 1 500 亿元的目标。怀抱创业报国梦想的江铃集团，正竭力为中国汽车产业持续发展贡献更大力量。

总部

铃皮卡

ISUZU
D-MAX

JMC
域虎

JMC

驭胜S350

陆风X5

江铃质量目标：让顾客满意

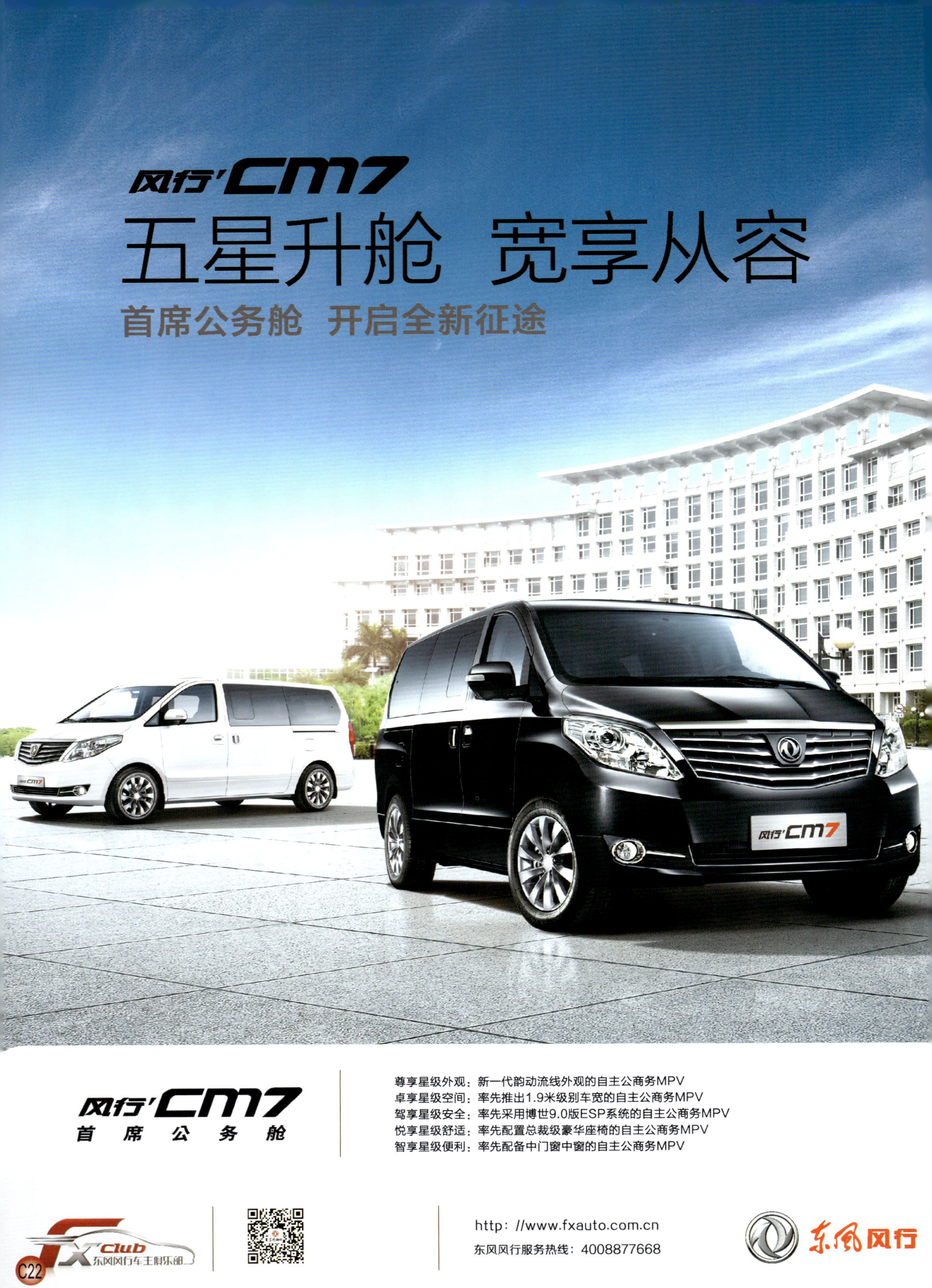
风行CM7
五星升舱 宽享从容
首席公务舱 开启全新征途
风行CM7
首 席 公 务 舱
尊享星级外观：新一代韵动流线外观的自主公商务MPV
卓享星级空间：率先推出1.9米级别车宽的自主公商务MPV
驾享星级安全：率先采用博世9.0版ESP系统的自主公商务MPV
悦享星级舒适：率先配置总裁级豪华座椅的自主公商务MPV
智享星级便利：率先配备中门窗中窗的自主公商务MPV
FX club
东风风行车主俱乐部
http: //www.fxauto.com.cn
东风风行服务热线：4008877668
东风风行

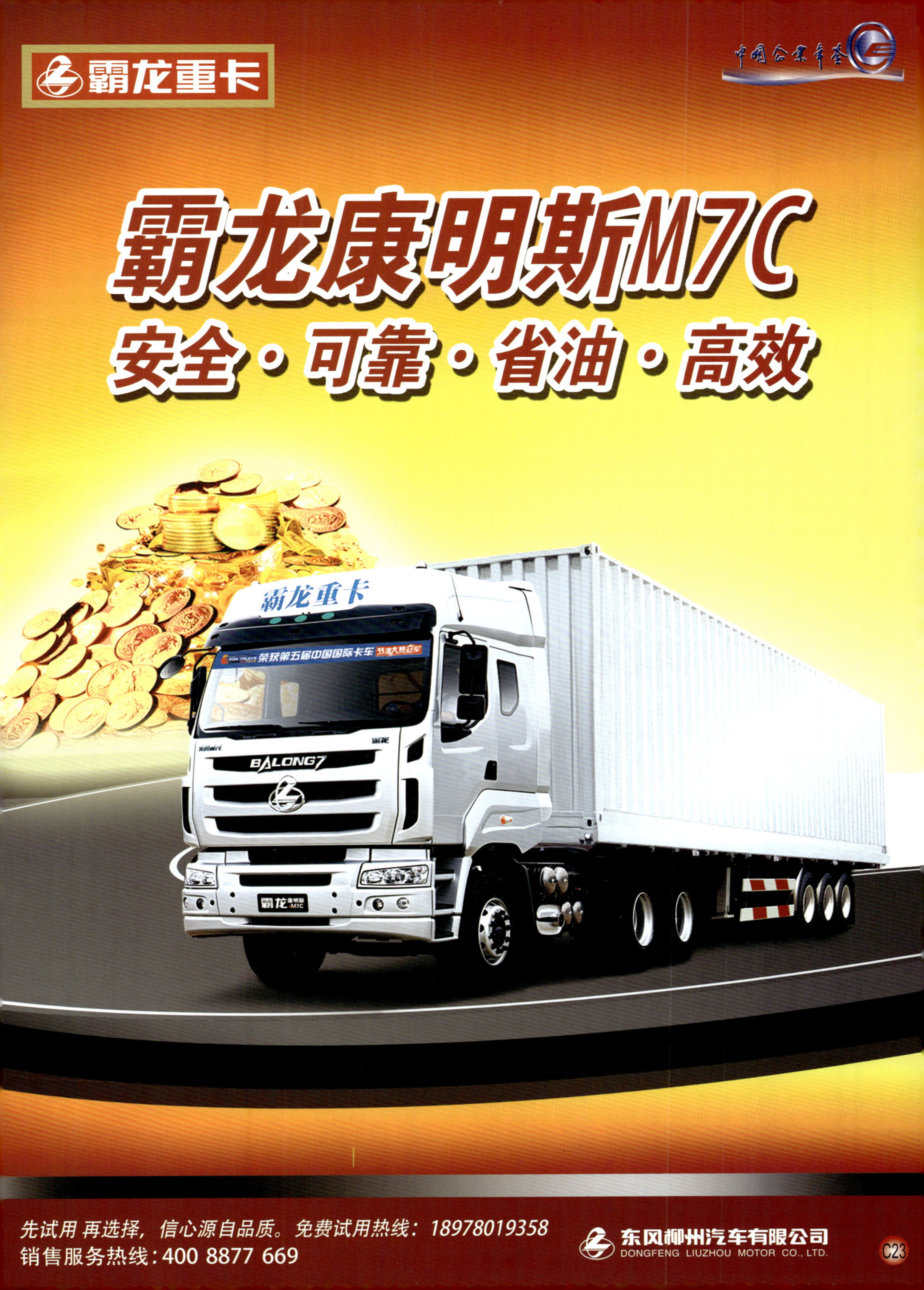
霸龙重卡
霸龙康明斯M7C
安全·可靠·省油·高效
霸龙重卡
BALONG7
先试用 再选择，信心源自品质。免费试用热线：18978019358
销售服务热线：400 8877 669
东风柳州汽车有限公司
DONGFENG LIUZHOU MOTOR CO., LTD.
C23

中国航空工业集团公司

Aviation Industry Corporation Of China

直-10武装直升机飞

走向世界的新

直-10武装直升机在第九届珠海航展首次亮相

歼-15飞机在辽宁舰上起飞

运20首飞

中国航空工业集团公司（简称“中航工业”）是由中央管理的国有特大型企业，2008年11月在原中国航空工业第一、第二集团公司基础上重组整合而成立。中航工业实行母子公司管理体制，设有装备、飞机、发动机、直升机、航电系统、机电系统、通用飞机、航空研究、飞行试验、贸易物流、资产管理等20个产业板块，下辖企事业单位142家，拥有上市公司29家，其中A股21家，香港地区H股5家，德国、新加坡、奥地利上市公司各1家。员工近50万人，其中两院院士18人，享受政府津贴专家3 151人。

截至2013年末，中航工业资产总额约6 850.1亿元。中航工业2013年实现营业收入3 494.1亿元；利润总额139.7亿元，在国务院国资委经营业绩考核中连续5年获评A级。中航工业自2009年起跻身《财富》世界500强企业，连续6年排名保持持续增长的势头，排名从2009年的426位上升到2014年的178位，6年累计上升248位；在2014年世界500强的“航天与防务行业”子榜单中，中航工业排名第6位，利润和利润率居国内上榜企业前列。在世界品牌实验室《中国500极具价值品牌》排名第25位，品牌价值905.7亿元。

中航工业沈阳飞

董事长、党委书记 谢根华

总经理 袁 云

中航工业沈阳飞机工业（集团）有限公司（简称“中航工业沈飞”）坐落于沈水之滨、昭陵园畔，是以航空产品制造为核心主业，集科研、生产、试验、试飞为一体的大型现代化飞机制造企业，隶属于中国航空工业集团公司。中航工业沈飞始建于1951年6月29日，是中国航空工业发祥地之一，被誉为“中国歼击机的摇篮”。党和国家几代领导人先后亲临视察，对公司的发展给予了高度重视和亲切关怀。

60多年来，中航工业沈飞始终坚持“航空报国、强军富民”的宗旨和“敬业诚信、创新超越”的理念，几代沈飞人薪火相传，不懈奋斗，填补了一系列国防建设的空白，创造了一个又一个奇迹，谱写了中国航空工业发展的恢宏篇章。尤其在近年不断探索军民融合的有效途径，迈出了企业发展的新步伐。与世界航空巨头开展广泛深入合作，实现了民机、非航、通航等业务板块产业化发展，展现了中航工业沈飞的品牌影响力和价值创造力。营业收入、工业总产值持续破百亿元，出口额持续突破一亿美元，企业整体实力不断增强，为我国国防建设和地方经济发展做出了卓越贡献。先后荣获中国工业大奖、改革开放30年全国企业文化优秀单位奖、全国模范劳动关系和谐企业、中国企业信息化500强、全国质量效益型先进企业、全国文明单位、中国质量鼎等千余项荣誉。

机工业（集团）有限公司

歼15舰载机

CSSC
SWS
上海外高桥造船有限公司
SHANGHAI WAIGAOQIAO SHIPBUILDING CO.,LTD.

MINERAL NINGBO

TEH MAY

上海外高桥造船有限公司成立于1999年，是中国船舶工业集团公司旗下的上市公司——中国船舶工业股份有限公司的全资子公司。公司全资拥有上海外高桥造船海洋工程有限公司、控股上海江南长兴重工有限责任公司、上海外高桥海洋工程设计有限公司、上海中船船用锅炉有限公司，参股上海江南长兴造船有限责任公司。

公司累计承建并交付的17万吨级和20万吨级散货船占全球好望角型散货轮船船队比重的11.3%。30万吨级超大型油轮VLCC累计交付量占全球VLCC船队8.3%。在海洋工程业务领域，公司先后承建并交付了15万吨级、17万吨级、30万吨级海上浮式生产储油装置（FPSO），第六代3 000米深水半潜式钻井平台“海洋石油981”。正在建造的海洋工程产品有JU2000E型和CJ46型自升式钻井平台，标志着公司在自升式钻井平台领域已经形成系列化生产能力。

自2005起，公司造船总量和经济效益连续8年稳居国内造船企业首位。2011年，公司完工交船36艘，成为中国首家年造船完工总量突破800万载重吨大关的船厂，被誉为“中国第一船厂”。

渤海船舶重

渤海船舶重工有限责任公司（简称渤船重工）是一个拥有50年历史的集造船、大型钢结构加工和冶金、水电设备制造于一体的大型现代化造船企业，是国家重大技术装备国产化研制基地。拥有职工近万人。在国防建设和中国造船业中占有重要地位。1999年以来，渤船重工发展迅速，船舶和其他产品并举，年造船能力达到400万吨，单船造船吨位达到40万吨，跻身于世界大船制造企业的行列。

渤船重工是船舶行业首家开展国家863/CIMS、推广应用示范工程的企业，公司被确认为国家级企业技术中心。

渤船重工先后为德国、美国、加拿大、新加坡、希腊和中外运集团公司、南京长江油运公司、中海集团公司、中远（集团）总公司等国内外船东批量设计建造了38.9万吨级以下矿砂船、集装箱船、油船和散货船；建造了宝钢热风炉系统、300吨转炉和三峡水电站70万千瓦水轮发电机组转轮。

渤船重工先后获得全国质量管理先进企业、国防科技工业质量先进单位、辽宁省质量管理奖、全国“守合同、重信用”企业和辽宁省用户满意企业等称号，在中国船舶工业系统率先获得ISO 9000质量体系、职业安全管理体系证书。

有限责任公司

EIDE MARINE SERVICES

KATERINA M

CHINA THREE GORGES PROJECT
GE Hydro
CTGPC

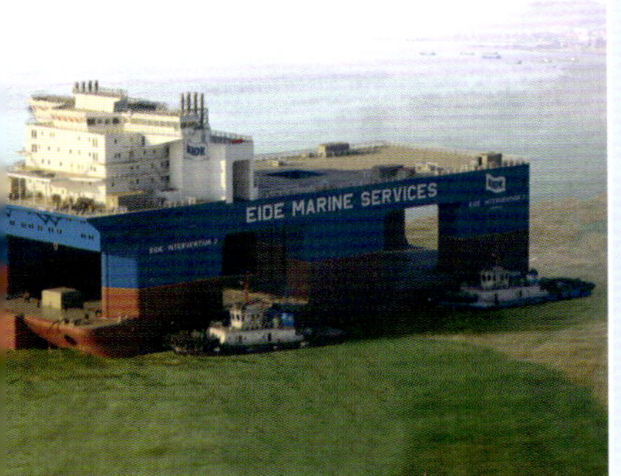

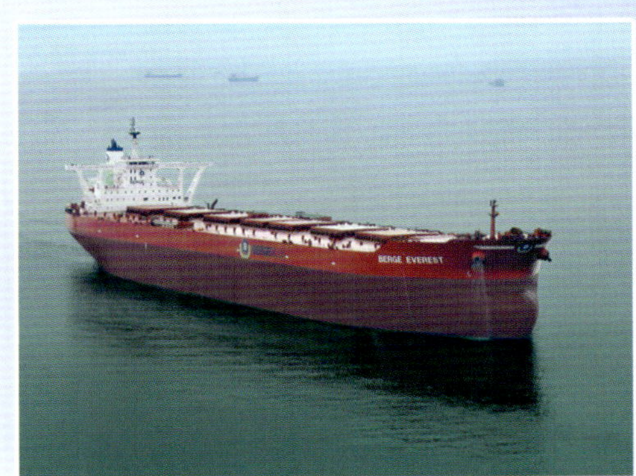

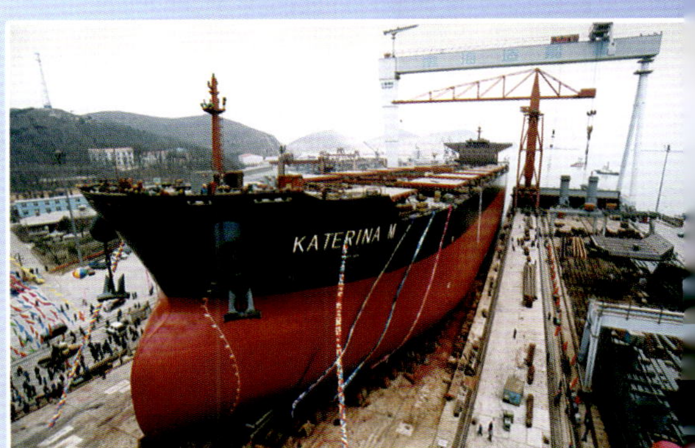

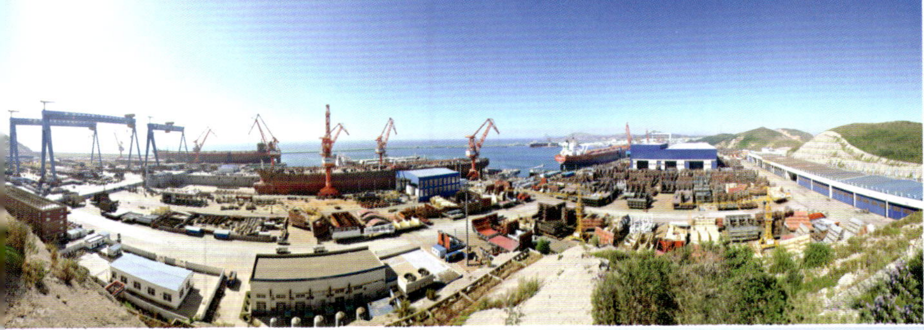

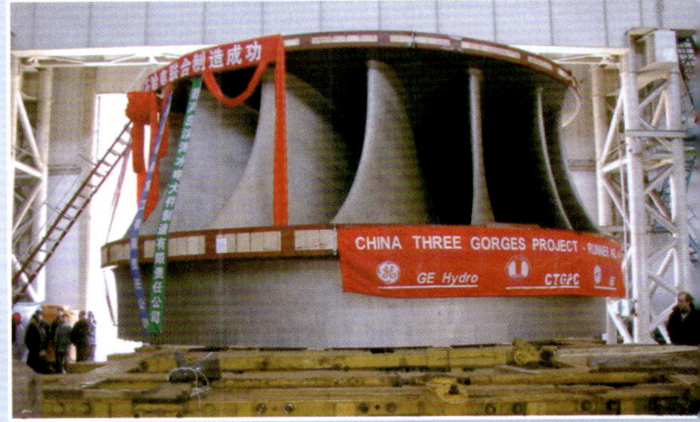

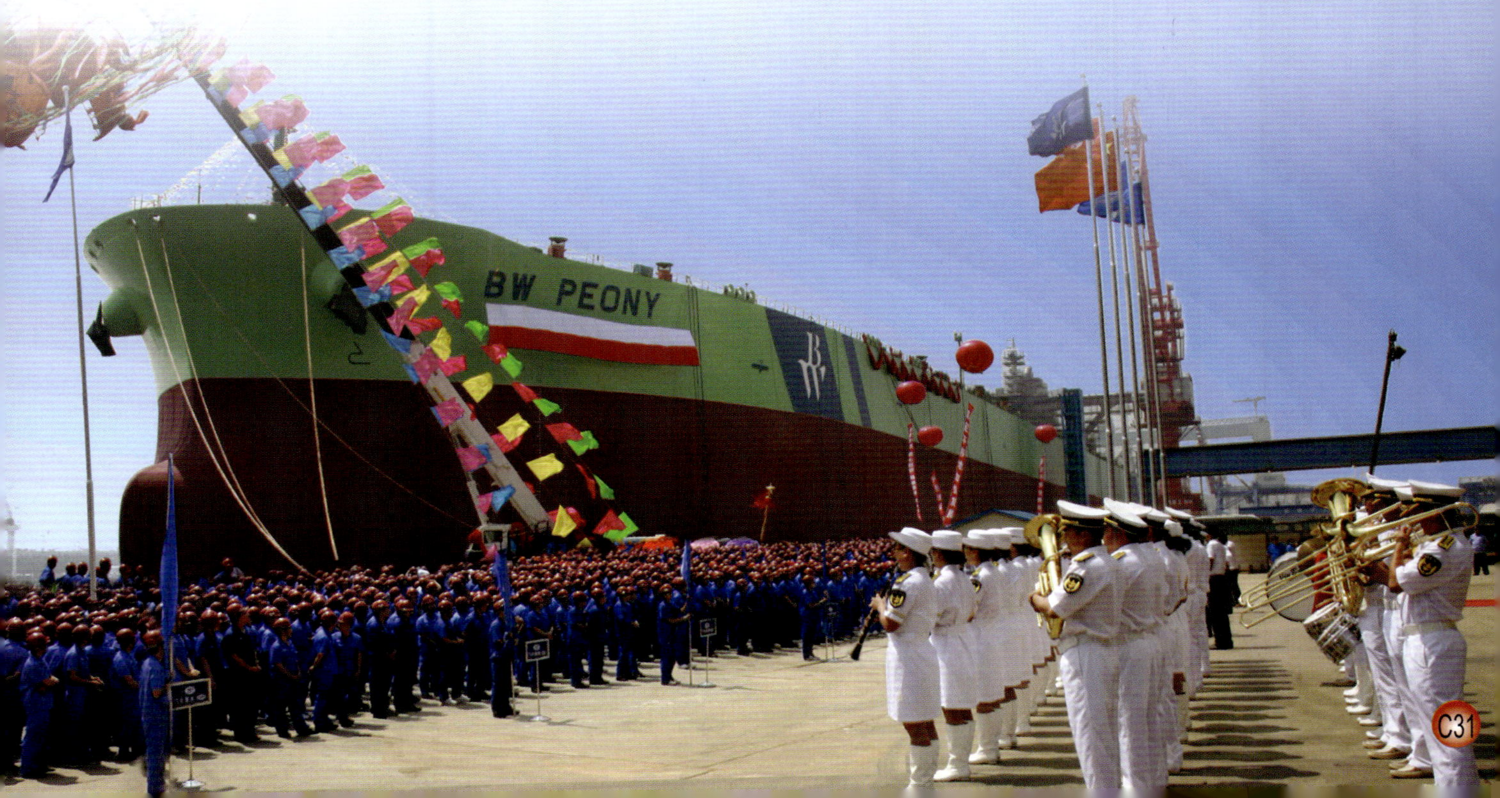
BW PEONY

中国新兴（集团）总公司

建筑——中央军委办公大楼

地产——新兴年代

中国新兴（集团）总公司1989年经国务院和中央军委批准组建，是集科工贸为一体、跨地区、跨行业的大型国有企业集团。20多年来，新兴集团以发展国有经济、服务国防事业为己任，锐意进取，顽强拼搏，为国家重点工程、国防军需后勤、国防交通、尖端医药等领域的建设和发展做出了突出贡献。

新兴集团传承“自强不息、雷厉风行”的传统精神，大力拓展市场，创新管理，实施科技兴企和人才强企战略，生产经营持续快速发展，建立了覆盖全国和海外的营销市场，产业涉及建筑、房地产、进出口贸易、交通物流、血制品医药、矿产化工等

新兴物流海南新兴港

海南新兴港

08北京奥运会老山自行车场馆

维修改建人民大会堂万人礼堂

众多领域。未来三年，新兴集团将以"建设中国一流建筑地产商和专业化商品供应链综合服务商"为宗旨，优先发展建筑地产业，大力发展军需品贸易，调整发展物流业，尝试发展矿产资源业，构建以建筑房地产、军品贸易为主，大宗商品及矿业资源、特色服务业为辅，主辅结合、协调发展的战略布局，努力开创新兴集团持续稳健发展的新局面。

POLICE

高速刘胡垌互通式立交桥

山东科达集

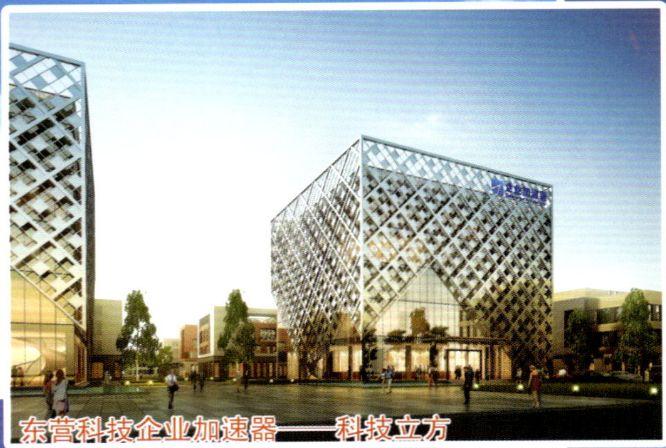

东营科技企业加速器——科技立方

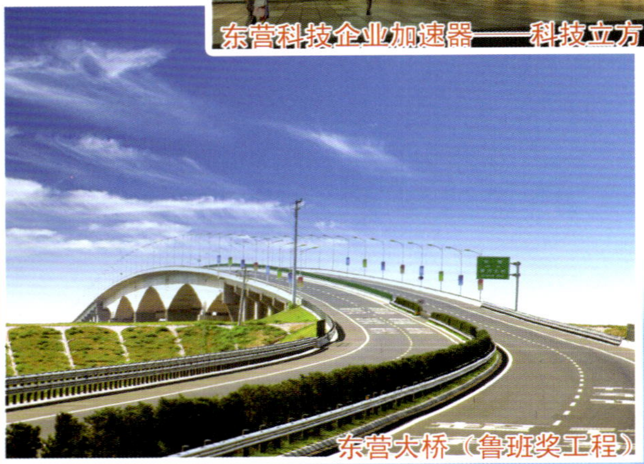

东营大桥（鲁班奖工程）

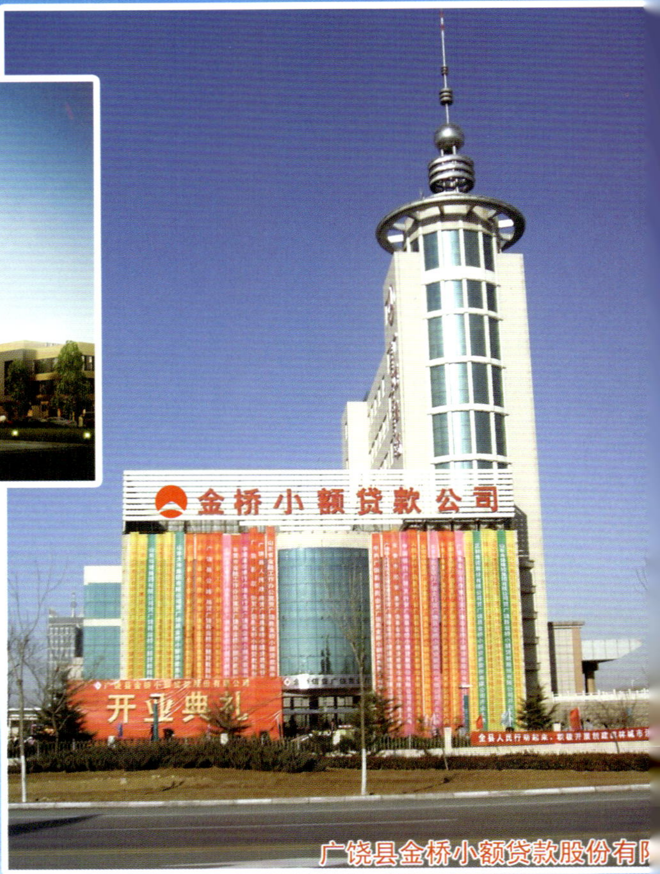

广饶县金桥小额贷款股份有

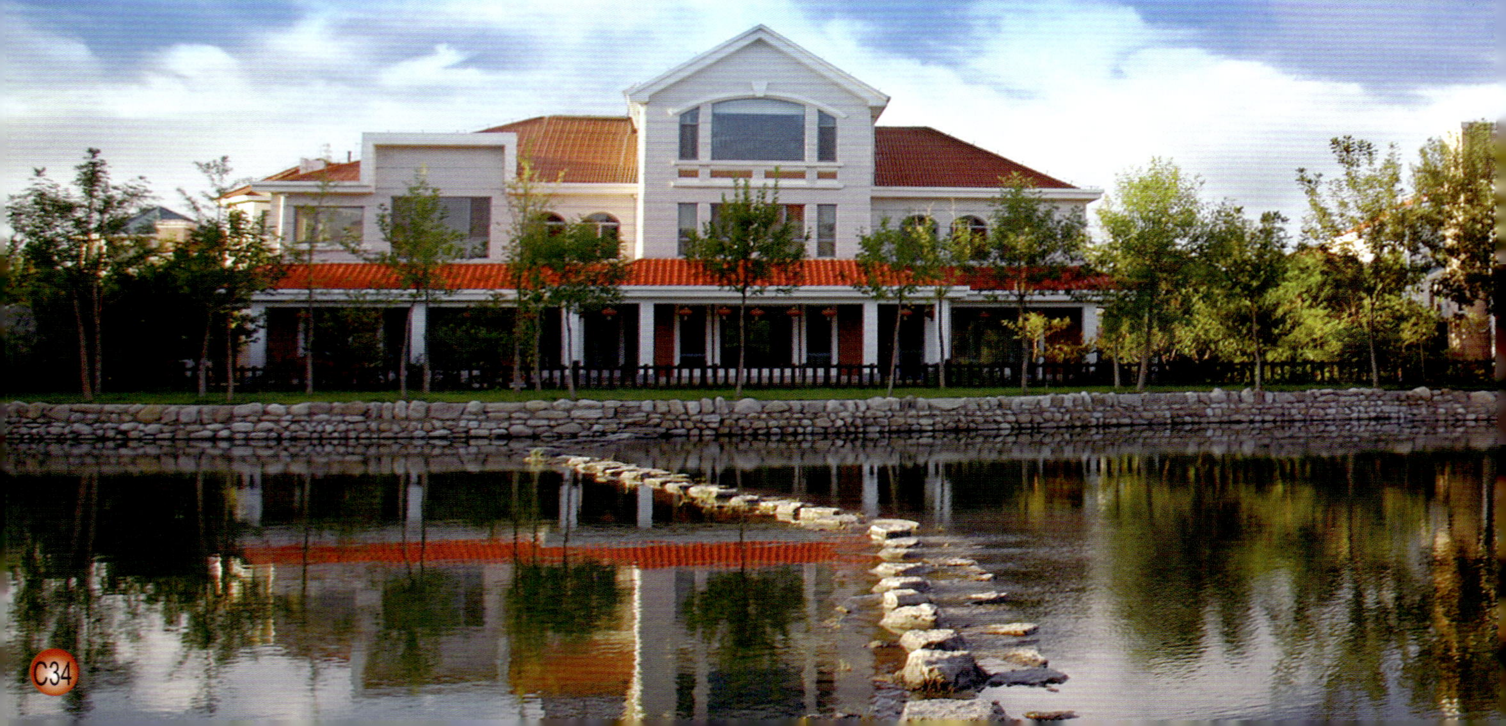

团有限公司

党委书记、董事长 **刘双珉**

科达集团成立于1984年，是以山东科达集团有限公司为主体，拥有科达集团股份有限公司（证券代码：600986）、东营大桥有限责任公司、青岛科达置业有限公司、山东中科园区发展有限公司、首信（北京）融资租赁有限公司、上诚（上海）融资租赁有限公司、青岛科英进出口有限公司、上海科煦国际贸易有限公司、东营科创生物化工有限公司、科达半导体有限公司等21家成员企业，在北京、上海、深圳、海南、香港以及阿联酋迪拜等地设有下属机构，在全国12个省市设有工程项目部。

科达集团主要从事基础设施投资、建设、管理运营，工程设计、咨询，房地产开发，功率半导体器件和生物技术产品的研发、设计、生产、销售，进出口贸易以及金融服务等业务。具有市政公用工程、公路工程施工总承包壹级资质，水利工程、铁路工程施工总承包贰级资质，桥梁、公路路基、路面工程专业承包壹级资质，公路工程检测壹级资质，计量认证专业资质，市政工程、风景园林、公路工程设计乙级资质，交通安全设施专业承包资质和出国施工经营权，房地产开发壹级资质，物业服务贰级资质。2006年以来，获国家专利20项，主编国家行业标准1项，获国家级工法3项，获省部级工法41项。

科达集团拥有博士后科研工作站、山东省企业技术中心、山东省功率半导体工程技术研究中心和山东省集成电路设计中心，是中国企业500强、中国民营企业500强、中国建筑业企业500强、中国企业信息化500强，先后荣获全国五一劳动奖状、中国建筑工程鲁班奖（国家优质工程）、全国优秀施工企业、全国守合同重信用企业、全国工程建设科技创新示范单位等荣誉称号。

科达集团实施“一基、一房、一金融”的发展战略，履行“筑就文明、奉献社会”的企业使命，发扬“艰苦奋斗、无私奉献、敬业报国、追求卓越”的企业精神，践行“视企业为生命、建绿色润人民”的核心价值观，以一流的管理、一流的质量、一流的信誉，创造一流的业绩，回报股东、回报社会。

恒力集团
HENGLI GROUP

更多恒力资讯，请访问

www.hengli.com

石 化

化 纤

织 造

机 械

热 点

酒 店

地 产

恒力集团始建于1994年，是以石化，聚酯化纤薄膜瓶片工程塑料，地产和织造等四大板块为主业，热电、机械、金融、酒店等多元化发展的国际型企业。集团现拥有全球单体产能名列前茅的PTA工厂、全球领先的超亮光丝和工业丝生产基地、国际化大规模的织造企业，员工6万多人，建有国家“企业技术中心”，企业竞争力和产品品牌价值均列国际行业前列。

2013年，恒力集团销售额1 350亿元，现名列中国百强民营企业第11位、中国企业500强第105位、中国纺织服装企业竞争力第1位，获国务院颁发的“国家科技进步奖”和“全国就业先进企业”等殊荣，还先后被评为“中国化纤行业环境友好企业”、“全国纺织工业先进集体”、“国家火炬计划重点高新技术企业”、“全国企业文化建设先进单位”，多项产品荣获“中国驰名商标”、“全国用户满意产品”等称号。

恒力集团下辖吴江化纤织造厂有限公司、江苏恒力化纤股份有限公司、恒力石化（大连）有限公司、江苏博雅达纺织有限公司、恒力（宿迁）工业园（江苏德顺纺织有限公司、江苏德华纺织有限公司、江苏德力化纤有限公司）、恒力（南通）纺织新材料产业园、营口康辉石化有限公司、苏州苏盛热电有限公司、苏州华毅机械有限公司、吴江同里湖度假村等10多家实体企业。

在石化板块，恒力石化（大连长兴岛）产业园一期PTA项目于2012年9月19日成功投产，刷新了国际同行业的多项记录。在聚酯化纤薄膜工程塑料板块，恒力集团全套原装进口世界先进设备，年聚合产能260万吨。在地产板块、10多家地产公司总

开发量超1 000万平方米。在织造板块，作为企业产业链的纵向延伸，恒力集团织造企业共拥有12 000套自主研发的喷水织机和喷气织机，8 500台倍捻机及其配套设备。

恒力集团坚持实施品牌战略和市场战略两大工程，自主研发能力在全国纺织业处于领先地位，同时积极开拓国内外高端市场，坚持自主创新，不断提升核心竞争能力，成立“恒力国际研发中心”和“恒力产学研基地”，聘请德国、日本、韩国以及中国台湾等国家和地区资深专家，组成国际研发团队，为企业进行高端差别化产品的研发。截至目前，恒力集团已先后承担国家、省以及行业协会的重大科技计划项目50多项，自主研发聚酯纤维关键技术获“国家科技进步奖”。

在企业发展壮大过程中，恒力集团积极开展党群工作，紧密围绕企业生产建设创造性地开展工作，形成奋发图强、力争上游的良好氛围。同时尽心尽力地履行社会责任，积极支持慈善事业的发展，扶助弱势群体。企业创立至今，各类捐款累计已达6亿多元。

恒力集团注重环境保护，节能减排工作取得了重大成果，通过了ISO环境管理体系认证和欧洲绿色环保认证，并率先在全国同行业中实施中水回用工程，实现了污水、废气零排放。

“建世界一流企业，创国际知名品牌”。展望未来，恒力集团将继续多元化全产业链发展，为中国民族工业的腾飞竭尽全力！

GOME 国美控股集团
GOME Holdings Group

国美控股集团创立于1987年，在创始人及其商业理念"商者无域，相融共生"的带领及引导下，至今已发展成为一家涵盖零售服务、电子商务、地产、金融、投资、文化传媒、医药健康、物流和高端俱乐部等多重业务，多元化发展的大型现代化集团企业。

国美电器：中国家电连锁的领军企业，拥有1 605家门店，覆盖全国400多个城市，年销售额超过千亿元。旗下拥有国美、大中、永乐、三联商社等全国四大知名家电连锁品牌。其中，三联商社（SH600898）是中国家电流通业首家上市公司。

鹏润地产：中国房地产百强企业，以产业地产、商业地产和住宅地产三大板块为核心业务。依托国美集团的雄厚实力和资源整合能力，以及规模化扩张、标准化复制的快速发展战略，地产项目已遍及全国各大城市，包括现代化的产业基地、高档写字楼、高档商业综合体、高档住宅小区等。

中关村科技发展股份有限公司：目前已发展成为在房地产开发建设、医药业务等领域拥有较大影响力的集团型企业。

国美控股集团，深植"被信任是一种快乐"的企业文化理念，将继续秉持"互动、互助、互补"的运作准则，坚守信任品行，致力于从不同的业务领域服务社会，带领下属各子公司协同成为"备受信赖的世界企业"。

永乐电器

国美电器

国美产业园

项目展示

被信任是一种快乐·信

鹏润大厦

大中电器

鹏润半山华府

鹏润大厦

国美生活广场

四川长虹电子集团有限公司

四川长虹电子集团有限公司创始于1958年，其前身国营长虹机器厂是我国“一五”期间的156项重点工程之一，是当时国内仅有的机载火控雷达生产基地。从军工立业、彩电兴业，到信息电子的多元拓展，产业拓展至黑电、白电、IT、通信、服务、零部件、军工等多种门类，现已成为集军工、消费电子、核心器件研发与制造为一体的综合型跨国企业集团，并正向具有全球竞争力的信息家电内容与服务提供商挺进。

近年来，长虹以市场为导向，强化技术创新，夯实内部管理，积极培育集成电路设计、软件设计、工业设计、工程技术、变频技术和可靠性技术等核心技术能力，构建消费类电子技术创新平台，并大力实施智能化战略，推进产业结构调整，不断提升企业综合竞争能力。

目前，长虹正秉持“员工满意、顾客满意、股东满意”的核心价值理念，恪守“责任、坚韧、创新”的企业精神，凭借品牌、技术、产业、人才、市场、服务等强大实力，全力推进制造业升级、服务业转型和全球化发展，逐步将长虹建设成为全球值得尊重的企业。

CHANGHONG 长虹
CHANGHONG
长虹商贸中心
CHANGHONG TRADING CENTER

四川长虹

金鱼集团
Goldfish

杭州金鱼电

杭州金鱼电器集团有限公司创建于1979年，是一家综合性大型国有控股企业，主要生产销售洗衣机、电冰箱、商用制冷设备、空气护理类、美健类小家电、净水器、医疗器械、家居用品、电子元器件、精密压铸、注塑成型、金属材料、树脂材料深加工、贴片印刷等产品，是集家电研发、制造、营销、技术服务及矿业等多元化产业为一体的浙江省和杭州市重点培育发展的大企业大集团。集团现有投资企业28家，其中合资企业10家。

集团历获中国制造业500强企业、浙江省百强企业、杭州市十大突出贡献工业企业、杭州市工业兴市功勋企业等荣誉称号。2013年，集团名列中国轻工业百强企业第63位、中国制造业企业500强第380位、浙江省百强企业第78位。

电话：（0571）89971610　　传真：（0571）89971616

地址：浙江杭州市西湖区天目山路159号现代国际大厦A座16层　　网址：www.hzgeg.com

器集团有限公司

电器杭州工业园

滚筒洗衣机生产线

环保节能家用冰箱产品

环保高效节能洗衣机产品

金鱼电器创新工业园

广东省广播电视

董事长 张 健

世界一

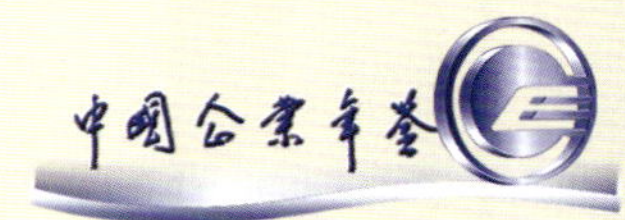

网络股份有限公司

广东省广播电视网络股份有限公司是经广东省委、省政府批准，由20家发起人共同发起组建的省属大型国有文化骨干企业，是以广播电视节目传输为主业的大型现代化有线广电网络运营商。公司下辖广东有线广播电视网络公司、19个地市分公司和68个县级分公司，网络覆盖全省20个地市、68个县区，家庭用户规模达到1 300多万户，总资产规模达154.8亿元。

公司继2011年获得广东省模范劳动关系和谐企业和中国安防十大极具影响力广东企业之后，2012年又先后获得全国文化企业30强、全国文化体制改革工作先进单位，连续三年获得中国服务业企业500强等荣誉称号。

公司坚持以科学发展为统领，以巩固和发展党的舆论宣传阵地为己任，以满足人民群众精神文化需求为目的，以管理创新、业态创新及技术创新为动力，以产业经营和资本运营为手段，做精、做强、做大主营业务，延伸产业链。在追求企业价值增长的同时，积极倡导广电网络可持续发展与经济、社会和谐同步前进的崭新局面，积极探索以商业模式创新履行社会责任，构建人与自然、环境、社会和谐共处的良好局面。

打造国内领先

的综合信息服务运营商

服务热线：96956

网址：www.gcable.tv

中建材集团进出口公司

打造具有国际竞争力的世界一流企业

中国建材集团进出口公司

作为全球500强企业之一的中国建筑材料集团有限公司旗下国际贸易和物流平台，中建材集团进出口公司是一家建材行业国际贸易综合服务商和集成供应商，致力于成为国内大宗基础原材料现代物流引领者。

公司本着“专业的人做专业的事，专业地去做事”的经营理念，现已建成六大业务平台：中建材国贸、中建材装备、中建材矿业、中建材钢铁、中建材木业、中建材能源，主营业务涵盖建材产品、钢材、木材、矿产品、煤炭、建筑机械、机电产品、新能源产品等商品贸易，大型成套装备出口及国际工程总包，通过搭建以销售建材及建材相关产品的跨境电子商务平台——“易单网”、工业品备件在线交易平台——“工业品大数据平台备件频道”，以及钢铁产业链的大宗现货交易平台，成功立足电子商务领域。公司与全球160多个国家和地区的客户建立长期稳定的合作关系，营业额以年均50%以上的速度递增，2013年实现营业收入985亿元。

公司弘扬“创新、绩效、和谐、责任”的核心价值，以“效率最高、成本最低、风险控制最好”为管理目标，不断创新经营模式，强化精细管理，努力打造具有国际竞争力的世界一流企业。

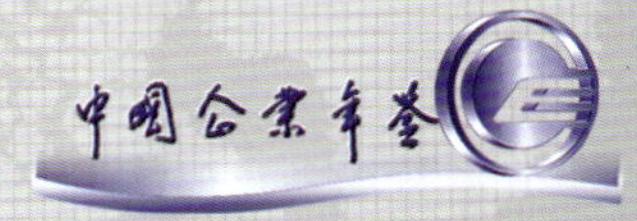
中国企业年鉴

福建省能源集团

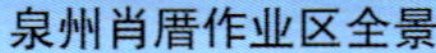
泉州肖厝作业区全景

煤炭井口

联美房产

永安建福水泥全

鸿山电厂全景

福建省能源集团有限责任公司(简称“福能集团”)系福建省属国有企业集团。于2009年12月由原福建省煤炭工业（集团）有限责任公司和福建省建材（控股）有限责任公司整合重组成立。注册资本金40亿元，资产总额492亿元，企业资信等级AAA，员工5万余人。

福能集团综合实力雄厚。历经50多年的发展和改革，形成了以煤炭、电力、港口物流、建材、民爆化工、建工房地产为主业，涉及金融、商贸、化纤、酒店、科研、设计、医院、制药等行业，拥有包括福建水泥、华福证券等上市公司在内的全资或控股企业近40家，2013年营业收入超过200亿元，入选中国企业500强。

福能集团区域优势明显。集团总部设在福州，产业遍布省内九个设区市。煤炭、水泥、电力等产能位居全省前列，拥有东南沿海少有的超大型专业化干散货中转码头（可门港30万吨级泊位）、全国较大规模的GE9F燃机基地（晋江气电公司）、全国较大供热量的热电联产企业（鸿山热电公司）和国家壹级施工企业（福建联美建

有限责任公司

鸿山中控室

设集团）。“建福”、“炼石”两大品牌水泥均为国家免检优质产品，“京闽”、“美伦”两大品牌酒店在省内拥有5家五星级高端酒店。在省属企业中率先设立了财务公司、期货公司，融资租赁、保险经纪等金融产业正蓬勃发展。

福能集团发展愿望强烈。以“百年基业、一流集团”为企业目标，以“心怀感恩、创造感动”为企业核心理念，致力和培育“真诚、有为、开心”的企业核心价值观。站在新的发展起点上，集团积极转变增长方式，实施项目带动，努力提升能源保障能力，力争通过5年的努力，实现再造一个福能集团的目标，规划至2020年实现营业收入超1 000亿元，经营管理达到国内同行业先进水平，建设成为主业优势突出、产业关联度大、综合实力强的大型综合性能源企业。

中国水电建设集团国际工程有限公司

中国水电建设集团国际工程有限公司（简称“国际公司”），是中国电建旗下国际业务的领军子企业，是SINOHYDRO（中国水电）品牌的持有、维护和管理者，是管理型国际著名承包商，全球水电开发建设的领导者，业务覆盖基础设施各领域。

国际公司由中国水利水电建设集团公司于2004年12月28日控股出资组建，目前注册资本金人民币40亿元。经过不懈努力，国际公司引领中国水电逐步成为国际知名的行业品牌。2013年，中国水电海外营业收入约人民币263亿元；在ENR全球最大国际工程承包商排名第14位；在商务部对外承包工程企业新签合同额和营业额排名中，双列第4位。

至今，国际公司共有员工460人，设有5个区域总部，在84个国家设有113个驻外机构，在72个国家有在建项目486个，业务覆盖能源、水务、交通、矿产、房建等各领域，在建项目合同总额超过425亿美元。

主控室

应急指挥中心

汽轮机厂房

核岛厂房

中广核工程有限公司

中国广核集团是由国务院国有资产监督管理委员会监管的大型骨干清洁能源企业。中广核工程有限公司作为中国广核集团的主要成员企业，是中国首家专业化的核电工程管理公司，成立于2004年2月，注册资本128 600万元，截至2014年4月底，公司拥有总资产约215亿元人民币，净资产约24亿元人民币，拥有员工6 388人。

公司以AE核心能力为基础，逐步拓展形成五大业务格局，具体包括核电工程建设、核电机组在役服务、核电机组退役服务、技术产业化以及非核高端工程服务。通过长期的核电建设实践，公司培养了一支具有丰富核电工程实践经验、大型复杂工程管理经验的专业化人才队伍，建立了完整且专业的施工安全、质量、进度、投资、技术和环境“六大控制”管理体系，形成了成熟的“矩阵型、项目式”管理运作体制，掌握了优质的设备供应、施工建设和工程安装资源，具备独立承担核电工程总承包以及承担工程建设各环节的专项咨询和服务能力。

宁德核电站
台山核电站
公司大楼
核岛内施工现场
核岛主设备运输
红沿河核电站
成为国际一流的AE公司

中核建中核燃料元件有限公司

400吨扩建技改项目形成产能

表面检测

零部件生产线

核电“粮仓”

授予：中核建中核燃料元件有限公司
2013年
四川制造业企业100强
四川省企业联合会
四川省企业家协会

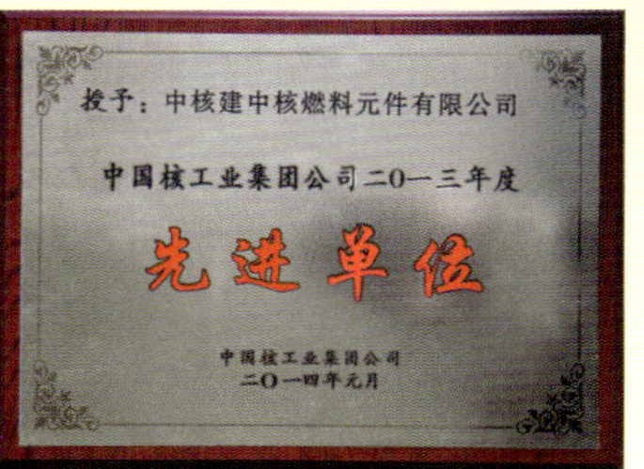
授予：中核建中核燃料元件有限公司
中国核工业集团公司二〇一三年度
先进单位
中国核工业集团公司
二〇一四年元月

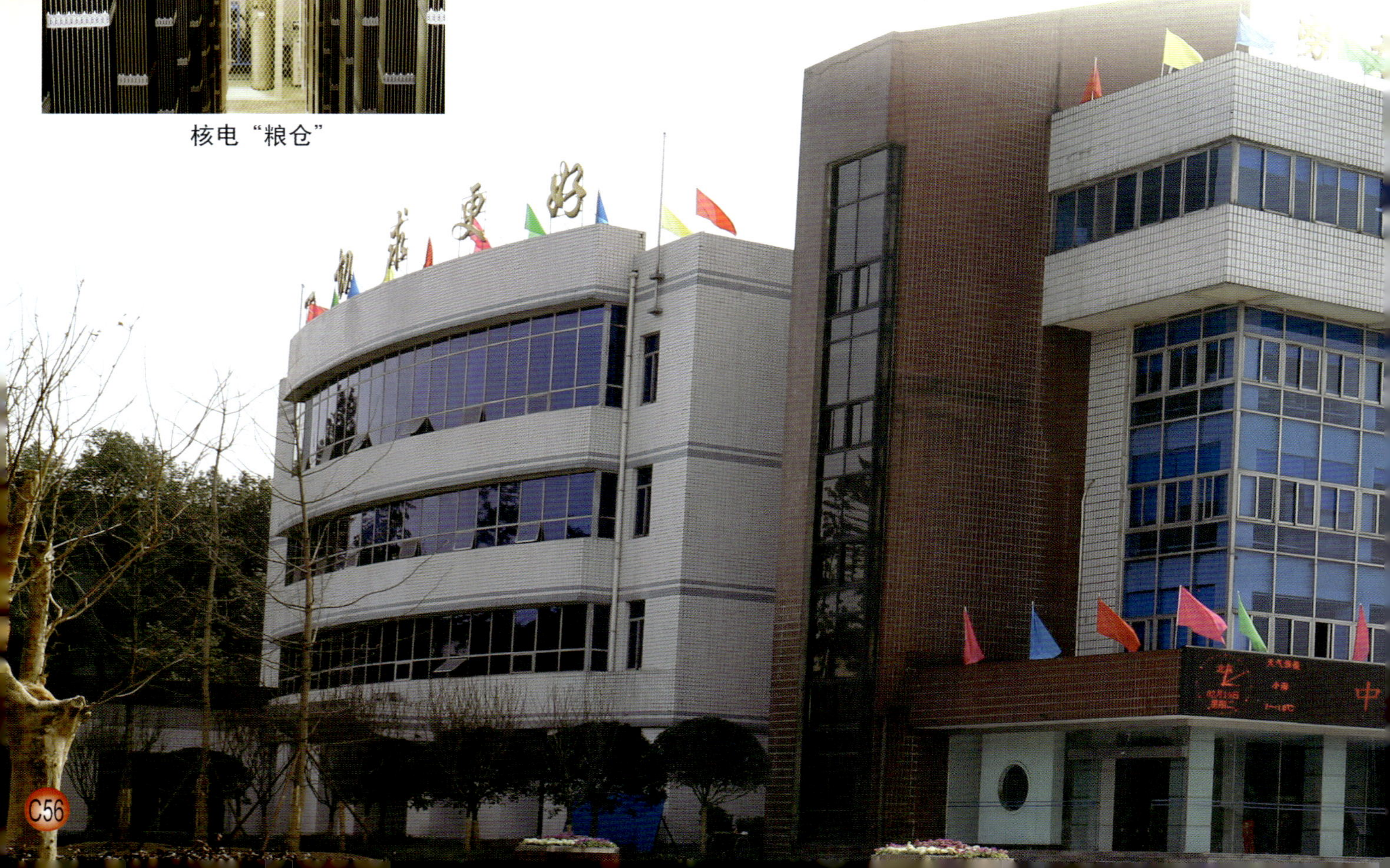

中核建中核燃料元件有限公司是中国核工业集团公司下属骨干成员单位，是我国主要的压水堆核电燃料元件生产基地。公司经过近50年的不断发展，现已发展成为以核电燃料元件制造为主导产业，香料、金属锂、锂电池为非核主要民品的军民结合型国有大型企业。

公司通过引进国外先进技术和不断自主创新，已具备300兆瓦、600兆瓦、1 000兆瓦、实验堆、低温核供热堆、小堆和快堆等各种类型燃料元件以及一次中子源组件、二次中子源组件、控制组件、可燃毒物组件、阻力塞组件等相关组件的全堆芯核燃料元件供应能力。自公司于1986年自主建成我国首条核燃料元件生产线以来，截至目前，已为秦山一期、二期核电站、广东大亚湾核电站、岭澳核电站、田湾核电站、宁德核电站、红沿河核电站、阳江核电站、福清核电站等国内多座核电站及巴基斯坦恰希玛核电站提供了8 000多组质量优良的燃料元件，为各座核电站安全、稳定、经济运行做出了重要贡献。公司在核燃料元件制造领域实现了跨越式发展，被核电界誉为“核电粮仓”。

公司建有国家级企业技术中心，同时也是首批国防科技工业认定企业技术中心。公司已在核燃料制造和相关领域取得了200多项省部级以上科研成果，其中，参与秦山300兆瓦核电站研制和建造项目荣获国家科技进步特等奖，百万千瓦级大型燃料组件国产化及制造技术创新、含钆燃料棒国产化技术研究、AFA3G燃料元件国产化制造技术创新等三个项目分别获得了国防科学技术进步奖一等奖。

公司拥有我国最大的胡椒醛和桉叶油系列产品生产基地，香料主要产品胡椒醛占有的国际市场份额达到90.0%以上；公司金属锂锭、条、片、带、粒、合金以及锂化合物等系列产品能满足各级市场的需求；锂电池产品还用于“神舟”系列航天飞船。

集成电路生产制造车间

研发人员正在紧张工作

董事长真才基获颁科学技术进步一等

大唐電信

大唐电信科技产业集团

DATANG TELECOM TECHNOLOGY &INDUSTRY GROUP

大唐电信科技产业集团（即电信科学技术研究院），是国务院国资委监管的一家专门从事电子信息系统装备开发、生产和销售的大型高科技中央企业，拥有国内无线移动通信和集成电路领域雄厚的科研开发和技术创新实力。多年来，大唐电信集团坚持自主创新，掌握了一批电子信息通信领域内的关键核心技术，拥有一系列具有完全自主知识产权的重大科技创新和突破，在无线移动通信、集成电路设计与制造以及战略性新兴产业等领域处于国内外领先水平。作为我国高科技领域科技创新的领军企业，大唐电信集团成功实践“正向系统创新”发展模式，积极承担中央企业的社会责任，全力推动我国移动通信产业结构升级与国际竞争力的提升，为我国社会经济持续健康发展积极做出贡献。

2012年1月，集团主导提出的TD-LTE-A被ITU正式确认为4G国际标准

娃哈哈®集团

娃哈哈集团创建于1987年，从3个人、14万元借款白手起家，在创始人宗庆后的领导下，现已发展成为中国领军的饮料生产企业，产量位居世界前列。娃哈哈拥有国家企业技术中心，自主开发产品，每年不断推出新品，产品涵盖含乳饮料、瓶装水、碳酸饮料、茶饮料、果汁饮料、罐头食品、医药保健品、休闲食品、婴儿奶粉等九大类150多个品种，同时有2个精密机械制造公司，自己设计开发、制造模具和饮料生产装备，另外还有娃哈哈童装公司、印刷厂、香精厂。

娃哈哈在中国29个省（自治区、直辖市）建有70个生产基地、170多家子公司，拥有员工3万名、总资产402亿元。企业饮料产销量、销售收入、利税、利润等各项经济指标已连续16年位居中国饮料行业首位，为中国500强企业，位居中国民营企业500强第18位。2013年集团实现营业收入783亿元，比上年同期增长23.0%，实现利税139亿元，其中上交税金61.7亿元，实现净利润77.7亿元。

娃哈哈在继续稳固扩大饮料主业的同时，积极开展多元化探索，通过开拓思路、扎实工作，进一步把企业做强、做大，为实现中华民族复兴的中国梦作出新的贡献。

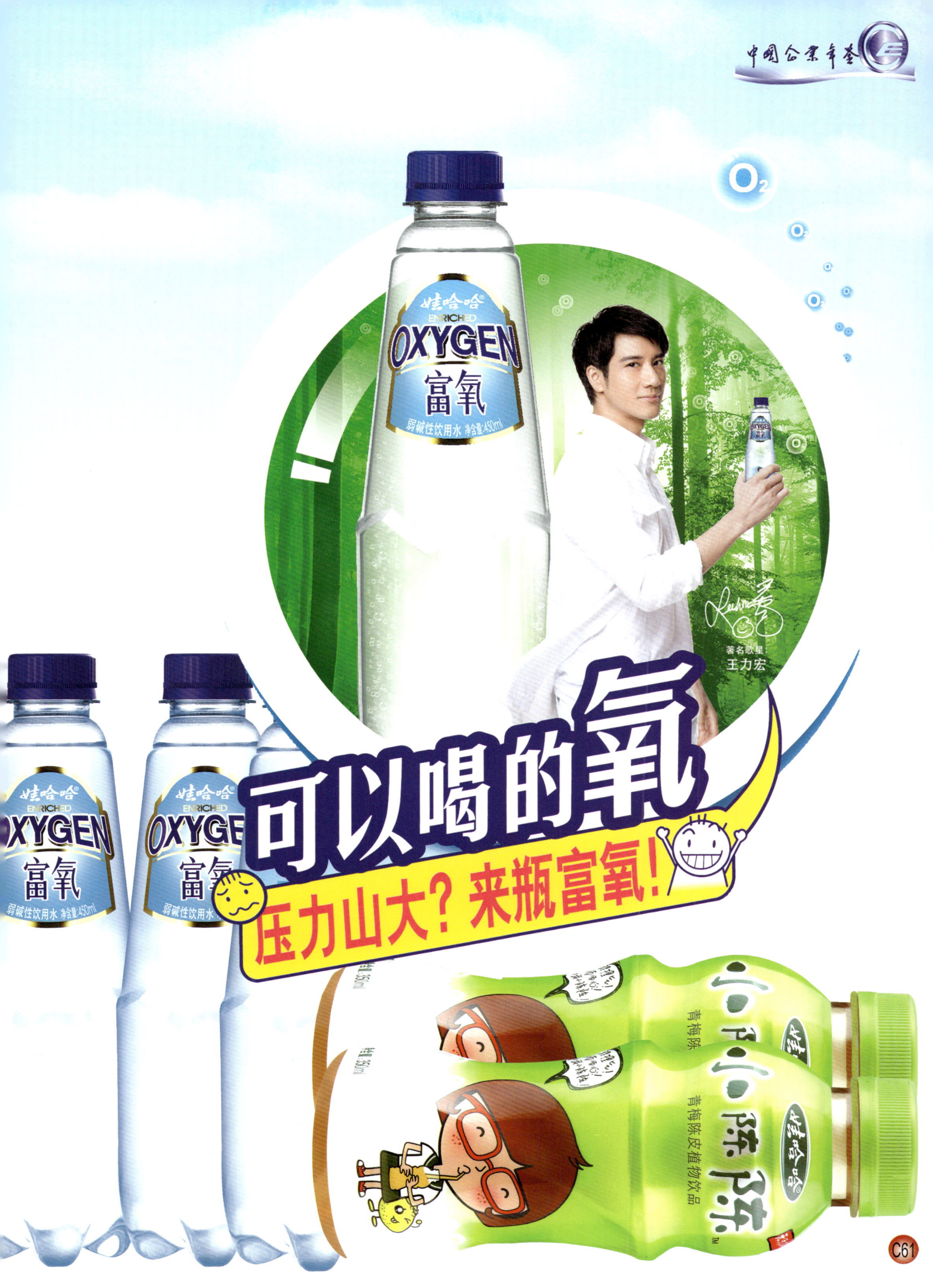
娃哈哈
ENRICHED
OXYGEN
富氧
弱碱性饮用水 净含量:450ml
著名歌星：
王力宏
可以喝的氧
压力山大？来瓶富氧！
娃哈哈
小陈陈
青梅陈皮植物饮品

打造一流

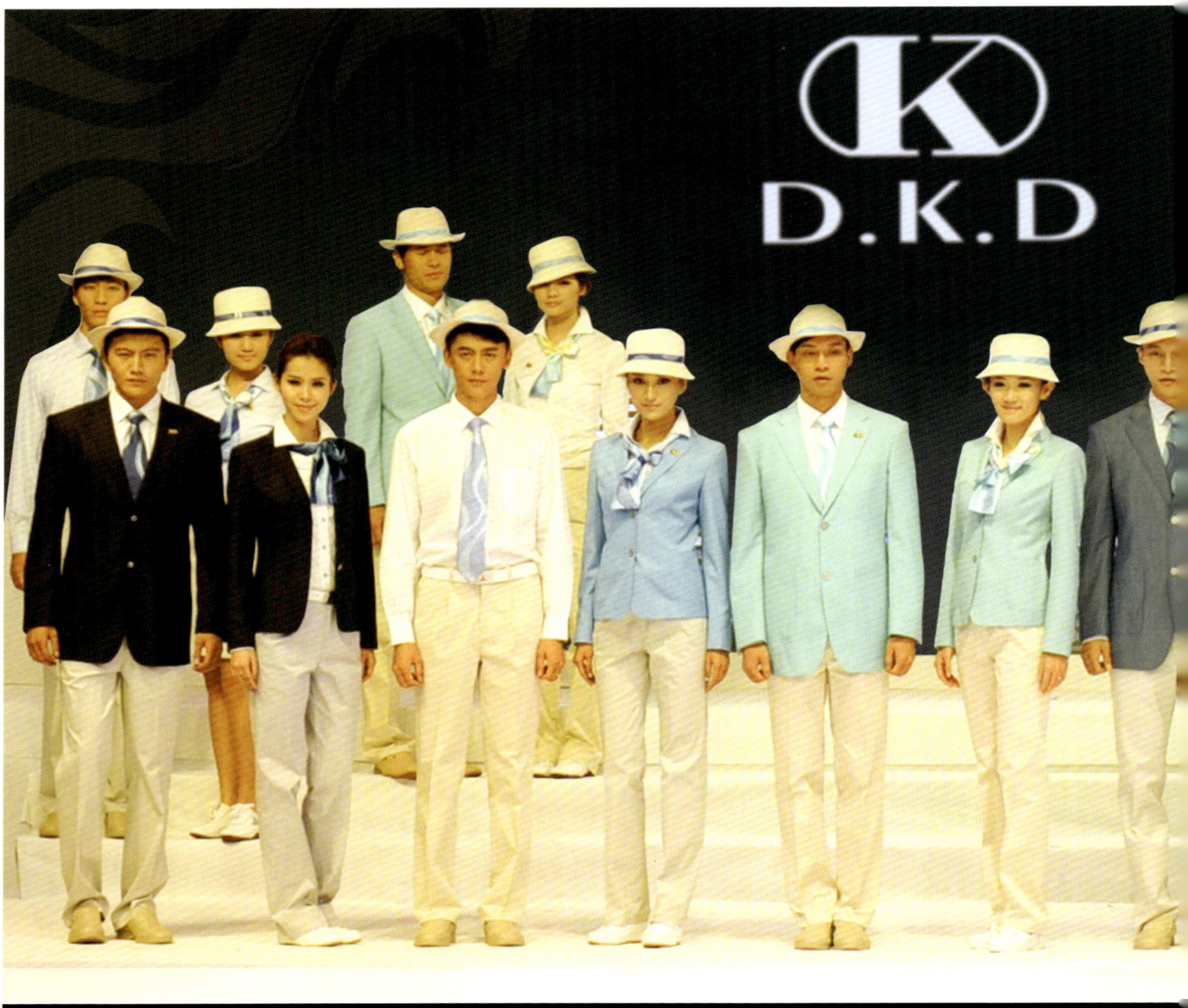

正装领袖 荣耀亚

D.K.D GUANG DONG D.K.D GROUP

地址：广州越秀区寺右一马路18号泰恒大厦24楼
电话：(020)83589308　传真：(020)83580280
邮编：510080

D-Delicate 优雅
K-Kudos 荣耀
D-Distinctive 出众

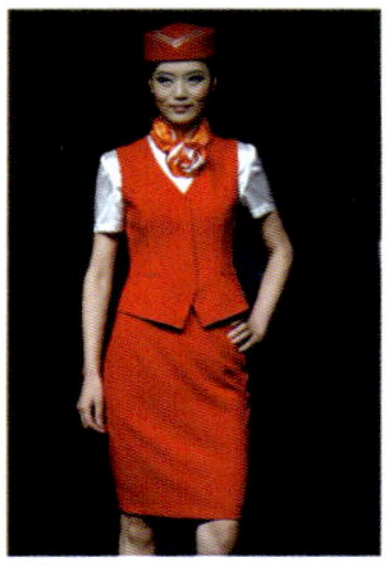

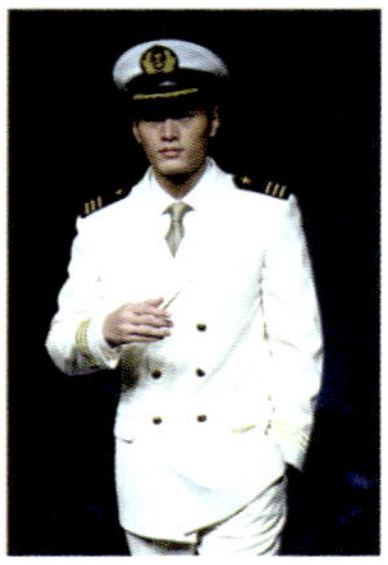

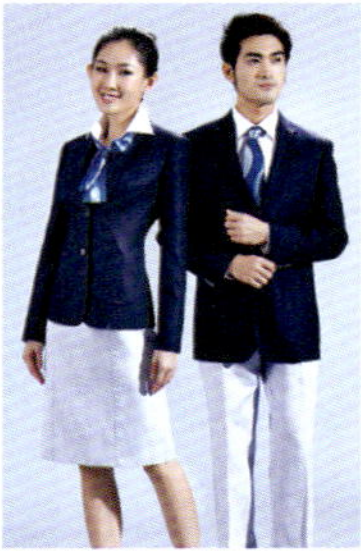

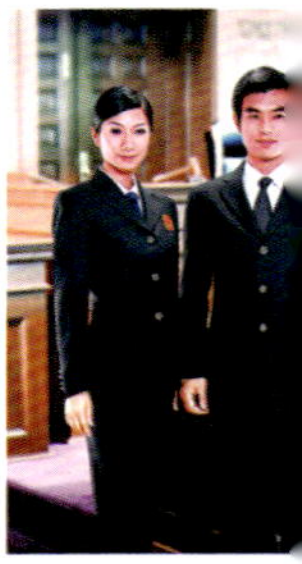

⌐装品牌

广州2010年亚运会官员正装集体亮相

tp：//www.dkdgroup.com
-mail：DKD001@21cn.com

南京2014年青奥会职业服装独家供应商
Offical Formal Wear Exclusive Supplier of Nanjing 2014 YOG

合作单位简况：

中国人民解放军总后勤部
最高人民检察院
最高人民法院
中国铁路总公司
司法部
国家工商总局
国家税务总局
中国南方航空有限公司
南方电网
中国武术协会
中国移动
中国电信
中国联通
中国工商银行
中国建设银行
中国农业银行
中国银行
交通银行
粤电集团
广发银行

浙江大东南
ZHEJIANG GREA

董事长、总经理 **黄飞刚**

浙江大东南股份有限公司是一家由浙江大东南集团有限公司作为主要发起人，经浙江省人民政府证券委员会批准于2000年6月成立的股份制企业，并于2008年7月正式在深圳证券交易所上市。主导产品包括可降解多功能塑料膜新材料系列，电子、化工、医药、军工膜基材系列，光转换农膜系列等，是国内生产装备较先进、产能较大的企业，也是中国多功能包装材料全面走向现代化、国际化的开拓者。公司借鉴国外先进技术自主开发出军用VCI防锈膜、锂离子电池隔膜、光学膜、光转化农膜、BOPP仿纸膜、耐高温新型电子绝缘材料等高端新材料膜，获得多项国家发明专利，实用新颖专利，并且是行业标准的起草单位。

公司确定“创新发展、科技强企”的理念，牢牢把握科学发展的主题，紧紧围绕以节能减排、新材料、新能源的高科技发展方式为主线，先后与中科院联合建立“高性能高分子膜联合实验室”、与浙江大学合作建立“锂电池隔膜研发中心”。2012年成立了“浙江大东南锂电池隔膜研究院”，引进和培养各类专业人才50余人。通过不断转型升级和科技创新，提升了企业在国内外市场的美誉度和影响力。

“团结、拼搏、科技、创新”这一企业精神，将永远激励大东南人不断拼搏、不断追求、不断发展。

(0575) 87380005 传真：(0575) 87380003
浙江诸暨市经济开发区千禧路5号 邮编：311800
http://www.[illegible]ddn.com

股份有限公司

SOUTHEAST CO.,LTD

浙江大东南股份有限公司
日本东丽工程株式会社 项目签约仪式

大东南股份

新

上海东浩兰生国际服

商 务 部
上海市政府
建国家会展项目框架协议签字仪式
2011年1月9日
SFSC
互联经济时代的企业变革
高峰论坛
上海东浩兰生国际服务贸易(集团)有限公司
成立揭牌仪式
上海东浩工艺品服务有限公司
SHANGHAI EAST BEST ARTS & CRAFTS CO.,LTD.

贸易（集团）有限公司

上海东浩兰生国际服务贸易（集团）有限公司是经市政府批准，由上海东浩国际服务贸易（集团）有限公司和上海兰生（集团）有限公司联合重组，于2013年12月11日成立的大型现代服务业国有骨干企业集团，注册资本为22亿元人民币。2013年12月18日，上海市国资委委托上海东浩兰生国际服务贸易（集团）有限公司管理上海外经贸投资（集团）有限公司。

集团的主营业务为人力资源、会展传播、贸易物流和置业等业务。其中，从事人力资源业务的上海外服公司从2006年起连续在全国人力资源行业位居首位；在会展业务中，集团建成上海世博展览馆、嘉定汽车城会展中心等综合性展馆，负责承办的广印展、工博会、华交会等成为国内外知名展会；贸易业务在地方国有外贸集团中名列前茅，拥有全国首家外贸上市公司上海兰生股份有限公司。2013年集团完成营业收入948亿元。

在2010上海世博会筹办中，集团负责建造了中国2010年上海世博会世博中心、主题馆两大永久性场馆和中国馆的前期建设，负责世博中心、主题馆在世博会期间的运营管理及世博会后主题馆的后续利用，在展览展示、人力资源、贸易物流等方面为上海世博会提供了大量服务。世博会结束后，集团出资并参与商务部和上海市合作的国家重大项目——中国博览会会展综合体的建设，该项目位于虹桥商务区核心区内，将于2014年基本建成。建成后将成为国际一流会展中心，是体现上海市乃至中国会展业发展水平的地标性建筑。

作为我国首个大型现代服务业企业集团，集团坚定地把“当一流的现代服务业领跑者”作为发展愿景，引导各项主营业务对标国际同行业领先企业，提升国际化竞争能力，争当新一轮国资国企改革的排头兵和科学发展的先行者，争创国内一流、国际知名的现代服务业大集团。

中和环球控股有限公司

ZHONGEH INTERNATIONAL HOLDINGS LTD.

中和环球控股有限公司成立于2001年，是一家致力于商业地产开发、房地产开发、矿产开发、基础设施投资、软件设计与开发、系统集成、企业信息化开发等综合性投资公司。公司业务遍及西南、西北及江、浙、沪、京津冀地区。

下属浙江浙商环球投资有限公司在西南地区的贵州省贵阳市投资建设的贵阳西南国际商贸城是一个特大型项目，该项目位于贵阳市观山湖区西南部，规划面积约10平方千米，投资总额600亿元，总建筑面积约1 420万平方米，是一个集市场经营、国际贸易、现代物流、电子商务、休闲娱乐于一体的大型综合性商业集群。目前项目一期服装、小商品鞋类百货、装饰建材、五金机电和酒类食品五大类专业商贸批发市场及必要的商业配套约220.6万平方米已基本建完成并于6月29日开业。

贵阳西南国际商贸城

盛大开业
盛大开业

中和环球控股
ZHONGHE INTERNATIONAL HOLDINGS

北京
天津
泰州
西安
滁州
上海
武汉
宁波
成都
长沙
福州
顺德
昆明
东莞
惠州
中山
深圳
主题公园
生态旅游
康佳
地产酒店
华力
中国旅游演艺的“领舞者”
现代服务业综合运营商

华侨城　优质生活创想家

创想，让生活更美丽。

优质生活的创想家——华侨城，29年开拓前行，从深圳走向全国，一步一步实现中国城市优质生活的非凡创想。

作为极少数以文化产业为主业的中央企业，华侨城在长期的经营实践中，形成具有独特竞争力的“以文化为核心，以旅游为导向、中国领先的现代服务业集聚型开发与运营”模式。与此同时，华侨城持续秉持环保生态理念，为中国城市的可持续发展注入了鲜活生命力，串联起一个绿意盎然的美丽国度。

深圳、北京、长沙、成都、上海、泰州、昆明、西安、武汉、天津、宁波、福州、顺德、重庆……华侨城的足迹遍及诸多城市。未来，创想的道路还将越走越广，越走越远。

世界旅游景区集团八强

中国文化企业30强

首批国家级文化产业示范园区

中国文化产业的航空母舰

中国高端纸包装龙头企业

十家最具影响力的文化产业示范基地

中国文化主题酒店的最佳实践者

安徽省旅游集团有限责任公司

安徽省旅游集团有限责任公司是经省人民政府批准，历经2003年和2011年两次战略重组，新设立的以旅游、粮食商贸、房地产为主业的省属国有企业，是安徽省属企业中仅有的一家从事旅游产业经营的省级旅游企业集团。

迄今，安徽省旅游集团下设各类子企业23家，拥有国家5A级旅游景区1个、4A级旅游景区2个、3A级旅游景区1个，标准五星级的酒店3家，全国百佳品牌国际旅行社1家，省内重点旅游运输企业2家，农业产业化省级龙头企业2家，大型现代粮食储备库5座，房地产开发骨干企业3家，国家综合甲级资质建设工程勘察设计院1家，形成了“旅游景区、宾馆酒店、旅行接待、粮食收储经营、房地产开发、城建规划设计”六大经营业态。自2009年以来，安徽省旅游集团连续5年荣登“中国旅游集团20强”排行榜；连续4年跨入“安徽省百强企业”行列；连续3年跻身“中国服务业500强”榜单。

近年来，安徽省旅游集团坚持以“稳增长、提效益、调结构、促转型”为目标，通过实施“3361”行动计划，谋划和实施了一批支撑作用较强的重点项目：天堂寨国家5A级旅游景区、中法合作唐模国际乡村旅游示范区、桃花潭休闲养生文化旅游区等3个景区的深度开发迈出新步伐，安徽饭店、天堂寨国际度假山庄、芜湖中央城大饭店等三个五星级酒店的扩建改造工程取得实质性进展，安徽国际金融中心、芜湖中央城、六安安兴正和城、合肥太阳湾养生公馆、淮北隋唐运河文化古镇、安徽旅游之窗等6个大型城市综合体项目建设取得阶段性成效，合肥新桥粮食产业园一期工程如期建成运营，集团公司经营发展的“升级版”正在加速构建。

集团开发的——安徽国际金融中心

电话：（0551）62852808
传真：（0551）62852899
地址：安徽合肥市梅山路18号IFC安徽国际金融中心
邮编：230022
网址：www.ahlyjt.com

国家5A级风景区——天堂寨

极具影响力的文化旅游项目——淮北隋唐运河文化古镇

领先水平的五星级酒店——安徽饭店

国家粮食安全工程重点扶持项目——合肥新桥粮食产业园

中国十佳极具潜力古镇——黄山唐模

武汉农村商业银行是经国务院、中国银监会批准成立的全国首家副省级省会城市农村商业银行，于2009年9月9日正式开业。

武汉农村商业银行现有分支行23家，其中：异地分行1家、一级支行22家，200余家营业网点遍布武汉城乡各地。目前，在湖北咸宁设立了分行，在广州增城，湖北咸安、赤壁、红安、英山，海南澄迈、五指山设立了7家村镇银行，省内增设异地分行的申请已获银监会批准，预计2014年底，在广东、江苏、云南、海南等五省“批量化”设立村镇银行将达30余家。

成立5年来，武汉农村商业银行始终坚持“服务三农、服务小微、服务民生”的市场定位，认真践行“敢为人先、追求卓越”的武汉精神，深化体制机制改革，完善公司治理结构，推进经营转型，创新服务功能，强化风险管控，探索出一条健康、稳健、持续的发展之路。

迎春文艺汇演

承办第四届全国农商银行董事长（行长）联席会

金融后台中心工程奠基仪式

武汉农村商业银行金融服务联系点

序号	所在区域	客户名称	商户地址	联系电话
1	黄陂区	武汉市黄陂区李集白庙文亮副食店	黄陂区土庙古谭大道（李集）	61624069
2		武汉市黄陂区供销姚湾农家店	黄陂区木兰乡姚湾村老观冲（塔耳）	15327167657
3		武汉市黄陂区蔡店张河晓明商店	黄陂区蔡店张河村 55 号（蔡店）	61530118
4		武汉市黄陂区长岭秀萍副食店	黄陂区长岭石门街 131 号（长岭）	15071141668
5		胡德明	黄陂区木兰乡柿子集（塔耳）	13871561838
6	蔡甸区	武汉市蔡甸谦顺超市	蔡甸区桐湖农场香炉山大队	69340376
7	新洲区	胡金喜经营店	新洲区徐古柳河村	13007123567
8		武汉市阳光购物中心三店街和平连锁农家	三店街和平宋寨村	13237109520
9		武汉市新洲区旧街邵小玲通讯器材经营部	新洲区旧街火车站二四岗	18071119481
10	汉南区	汉南区东荆郧阳村超市	汉南东荆街郧阳村	18963945292
11		汉南区湘口街汉江村民委员会	汉南区湘口街汉江村	
12	江夏支行	江夏区金口南岸长春商店	江夏金口南岸村	13971019145
13	盘龙城经济开发区	咪嫂超市	武湖圣海佳园	15377009596
14		浒铺副食店	黄陂区横店浒铺村	61755067 15071300180
15		康桥村卫生室	黄陂区天河街康桥村	61703499 13971274918
16	阳逻经济开发区	火生副食	武汉市新洲区仓埠街彭泗村一组	89006726
17		张华	武汉市新洲区大埠街	89775689
18		万见红超市	武汉市新洲区金台街北街	89802472 13387501178

惠民汉卡进万家欢乐社区行活动

连续三年中国服务企业500强

董事长、总经理 **杨问田**

北京印钞有限公司始建于1908年，是中国首家采用雕刻钢版凹印工艺印制纸币的官办印钞企业。新中国成立后，在中国人民银行、中国印钞造币总公司的领导下，先后参与了第一套至第五套人民币、中银港钞、澳钞和首张人民币塑料钞——迎接新世纪纪念钞的设计与印制任务，为十多个国家和地区设计印制过钞票和有价证券。2008年至今，先后承印了第29届奥运会奥运纪念钞、澳门生肖贺岁纪念钞等产品，先后获得了全国文明单位、全国五一劳动奖状、中国人民银行文明单位、首都文明单位标兵十一连冠、全国精神文明建设工作先进单位等荣誉称号。经过几代北钞人的不懈努力，北京印钞有限公司已经成为具有设计和印制货币、增值税专用发票、支票等有价证券及油墨制作、票证号码机制造、安全印务等综合生产能力的国家大型骨干印钞企业。

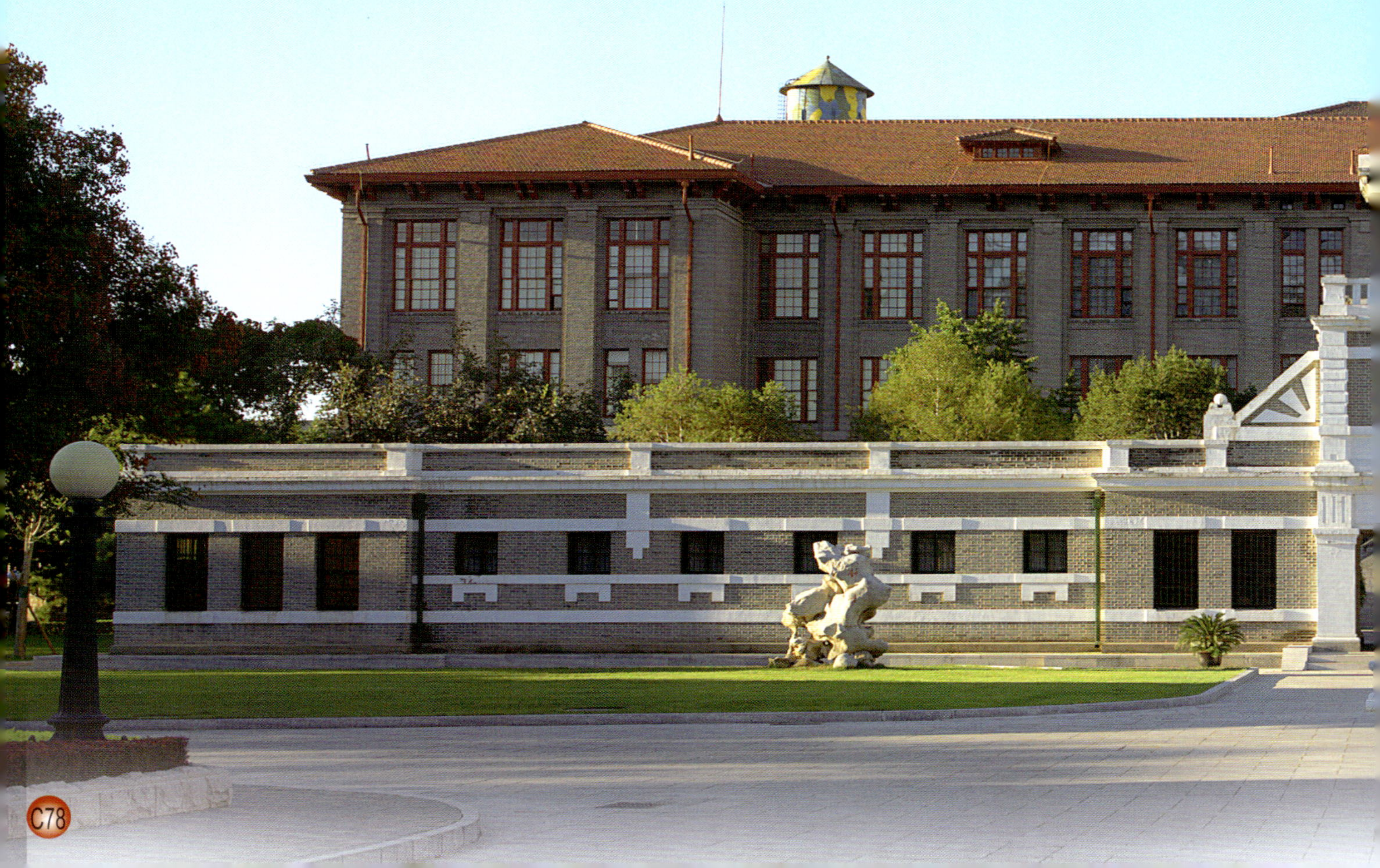

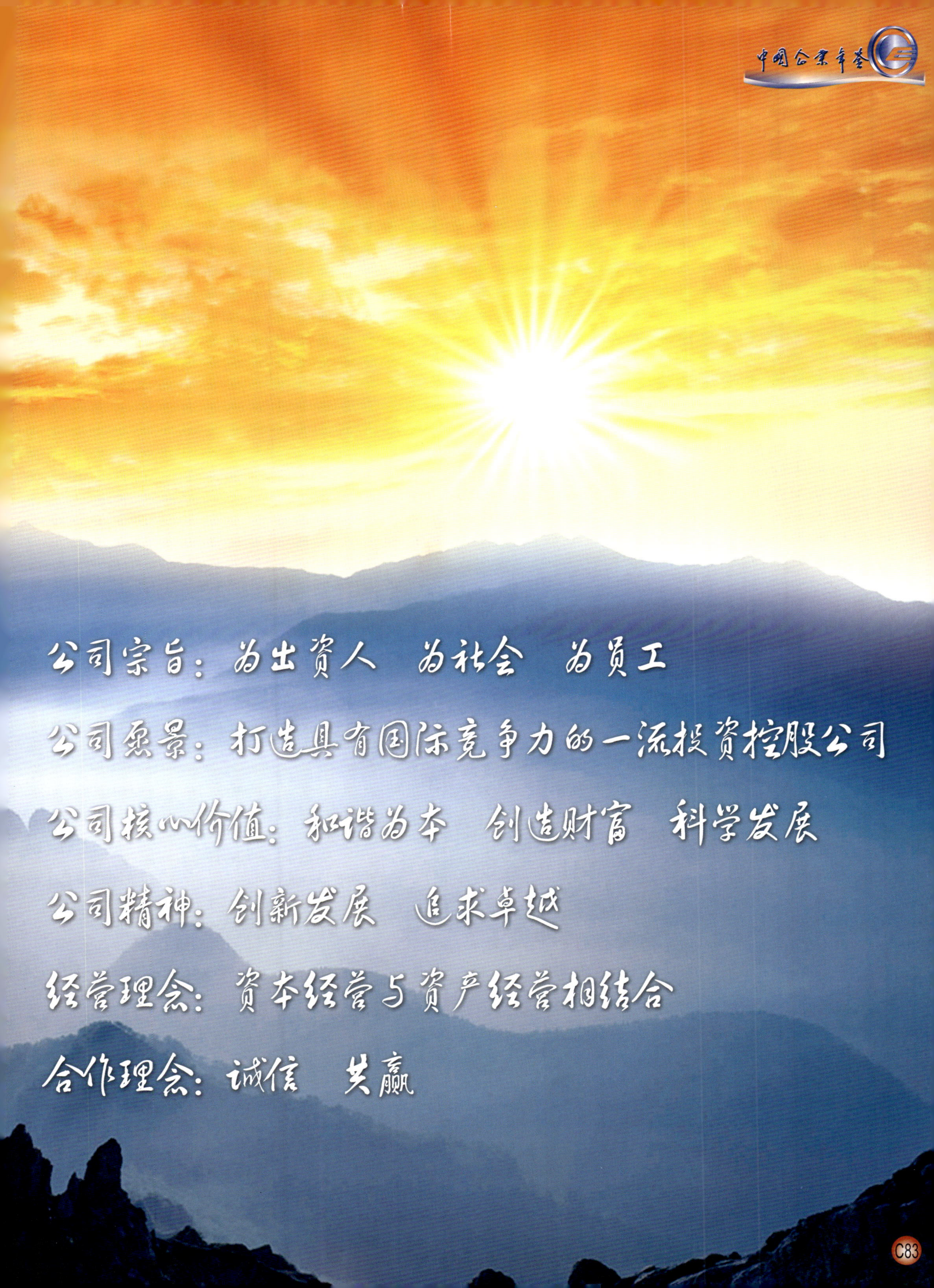

公司宗旨：为出资人　为社会　为员工

公司愿景：打造具有国际竞争力的一流投资控股公司

公司核心价值：和谐为本　创造财富　科学发展

公司精神：创新发展　追求卓越

经营理念：资本经营与资产经营相结合

合作理念：诚信　共赢

中国平煤神马集团

中国平煤神马集团创立于2008年12月，由原平煤集团和神马集团两家中国500强企业联合重组而成，是跨区域、跨行业、跨国经营的国有大型能源化工集团。平煤集团是新中国自行勘探设计开发建设的首个大型煤炭基地，神马集团是改革开放后首批国家工业化重点项目。企业以煤炭采选、煤焦化工、尼龙化工、盐化工为主导产业，拥有“平煤股份”、“神马股份”、“新大新材”上市公司3家、财务公司1家和国家技术中心2个，经营范围覆盖省内9个地市，辐射国内11个省（自治区、直辖市），产品销往五大洲30多个国家和地区，在美国、日本设有子公司2家。主要产品中，煤炭产能6 000万吨，是国内品种较全的炼焦煤、动力煤生产基地和产能居首的超高功率石墨电极生产基地，焦炭、碳化硅精细微粉、糖精钠产能全国为首，尼龙66盐、工程塑料产能亚洲为首，工业丝、帘子布产能世界为首。集团位居2013中国企业500强第98位。

2013年，完成营业收入1 400亿元，同比增长9.3%；资产总额1 270亿元，同比增长18.1%；利税42.5亿元，同比下降14.0%，其中利润2.6亿元；进出口总额10亿美元。

集团总部

尼龙66帘子布捻线生产线

工艺技术世界领先的尼龙66盐生产装置

年产120万吨的联合盐化公司

年产300万吨的
首山焦化公司焦炉

世界先进、国内列首位的超高功率
石墨电极生产企业——开封碳素公司

国内首个全国产自动化综采工作面

综合自动化全国领先的现代化矿井
——平宝公司首山一矿

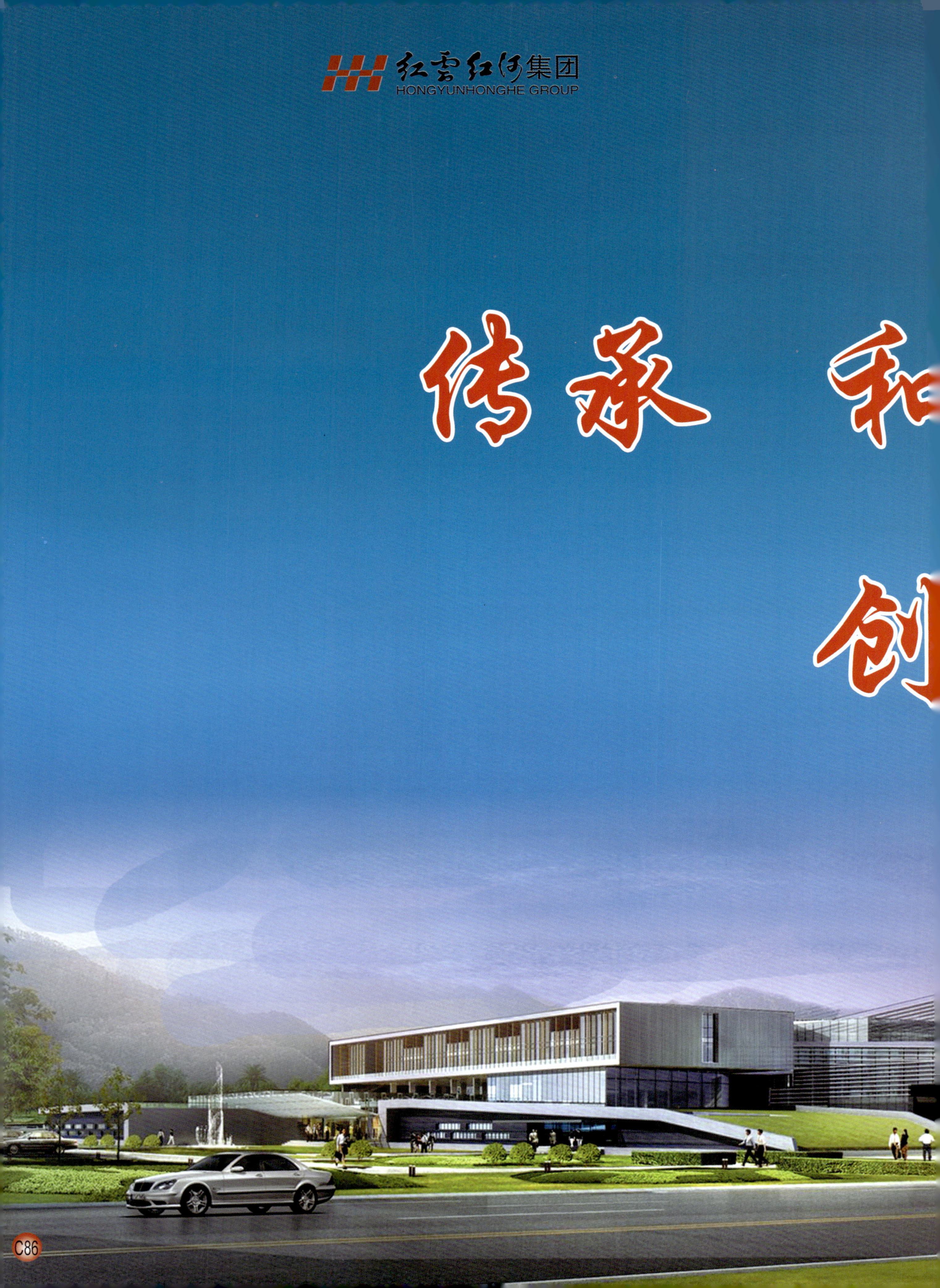

红云红河集团
HONGYUNHONGHE GROUP

传承